카툰성경

The CARTOON BIBLE

님께

하나님의 말씀을 드립니다.

년 월 일

드림

Originally published in English under the title

The Illustrated Children's Bible, ICB: Complete Old Testament

구약 2

카툰성경

열왕기상 ~ 말라기 | 개역개정판

The CARTOON BIBLE

규장

한국어판 발행인의 글

환영합니다! 방금 당신은 인류 역사상 가장 놀라운 책을 집어 들었습니다. 바로 성경이지요. 그런데 당신이 들고 있는 이 성경이 이전과는 전혀 다른 방식으로 만들어졌다는 것을 금세 발견하셨겠지요? 이 성경이 어떻게 다르고 또 왜 이런 성경을 만들었는지 궁금하다면 이 책을 계속 읽어보시기 바랍니다.

이번에 《카툰성경》 신약(마태복음~요한계시록), 구약 1(창세기~사무엘하)에 이어 구약 2(열왕기상~말라기)를 출간, 《카툰성경》(전 3권)을 완간하게 되어 매우 기쁩니다. 《카툰성경》은 신구약 성경 전장 전절을 수록한 만화성경으로, 특별히 구약 편은 미국 닐리 출판사의 《The Illustrated Children's Bible, ICB: Complete Old Testament》의 한국어판입니다. 그런데 닐리 출판사에서도 아직까지 구약성경의 각 책이 낱권으로만 출간되었을 뿐, 구약성경 합본을 발행하지 못하였으므로 원작보다 먼저 《카툰성경》 시리즈를 완간하게 된 것은 그 의미가 남다르다고 할 수 있습니다.

이 성경은 비단 어린이들만을 위한 성경으로 제한하기에는 너무나 놀라운 성경입니다. 탁월한 수천 장의 원화를 바탕으로 구성된 입체적인 만화가 한 편의 영화를 보는 것처럼 한눈에 다가와 살아 있는 하나님의 말씀을 외치고 있기 때문입니다. 따라서 성경을 좀 더 쉽고 친근하게 접할 수 있도록 선보인 기발하고 창의적인 양식의 완성도 높은 이 성경을 어린이뿐 아니라 청소년, 청장년에 이르기까지 더 많은 사람들에게 소개하고자 하는 마음의 소원을 갖게 되었습니다.

더욱이 이 성경의 본문은 다시 쓴 간추린 이야기 성경이 아닙니다. 우리는 대한성서공회의 허락을 받아 한글 개역개정판 성경 전문을 본문으로 수록코자 기획, 편집을 진행했습니다. 만화라는 시각적 효과로 성경 이해를 돕기 이전에, 가장 원칙적으로 하나님의 말씀을 온전히 높여드리기 원했기 때문입니다.

《카툰성경》 구약 편에는 총 5,500장 이상의 그림이 들어 있습니다. 생생한 그림들이 주옥같은 성경 스토리와 함께 눈앞에 펼쳐질 때, 우리는 흥분과 감동을 느끼게 됩니다. 지금 누가 말하는지, 등장하는 성경 인물들이 실제로 어떤 행동을 하는지, 그래서 이야기가 어떻게 흘러갈 것인지 구체적인 상황을 예측해볼 수 있습니다. 구약시대 이스라엘 역사의 현장, 하나님의 놀라운 이적과 기사의 현장에 마치 나도 있는 것 같은 박진감이 느껴집니다. 그렇기 때문에 흰 종이 위에 작고 검은 글자만 읽을 때보다 성경의 이야기를 더 잘 소화하고, 성경 구절을 더 잘 이해하고, 하나님의 말씀을 더 오래 선명하게 기억하게 되리라 확신합니다.

한 가지 독자 여러분에게 양해를 구할 것은 원작의 한계상 구약성경의 모든 책이 만화로 되어 있지는 못하다는 점입니다. 이 한국어판은 원작 만화를 기반으로 한글 개역개정판 성경을 다시 편집하기 때문입니다. 이에 구약 2에는 《카툰성경》 신약과 구약 1에 소개된 바 있는 그림을 일부 다시 사용하여 말씀의 이해를 돕고자 노력하였기에 이 자리에 밝혀둡니다.

모든 사람의 삶을 변화시킬 수 있는 능력이 살아 있는 하나님의 말씀에 있습니다.

하나님의 말씀은 살아 있고 활력이 있어 좌우에 날선 어떤 검보다도 예리하여 혼과 영과 및 관절과 골수를 찔러 쪼개기까지 하며 또 마음의 생각과 뜻을 판단하나니 히 4:12

오직 주의 말씀은 세세토록 있도다 하였으니 너희에게 전한 복음이 곧 이 말씀이니라 벧전 1:25

아무쪼록 어린이부터 어른까지, 초신자부터 장년부 신자에 이르기까지 모든 세대를 아울러 모든 크리스천 가정에서 《카툰성경》을 통해 하나님의 말씀을 더 가까이하게 되기를 바랍니다. 하나님의 말씀을 읽고, 그것을 주야로 묵상하고, 하나님의 말씀을 들었을 때 그 말씀에 순종하여 우리의 삶 가운데 삼십 배, 육십 배, 백 배로 말씀의 결실을 맺는, 놀라운 삶을 사시기를 간절히 기도합니다.

2012년 4월
규장 여진구 대표

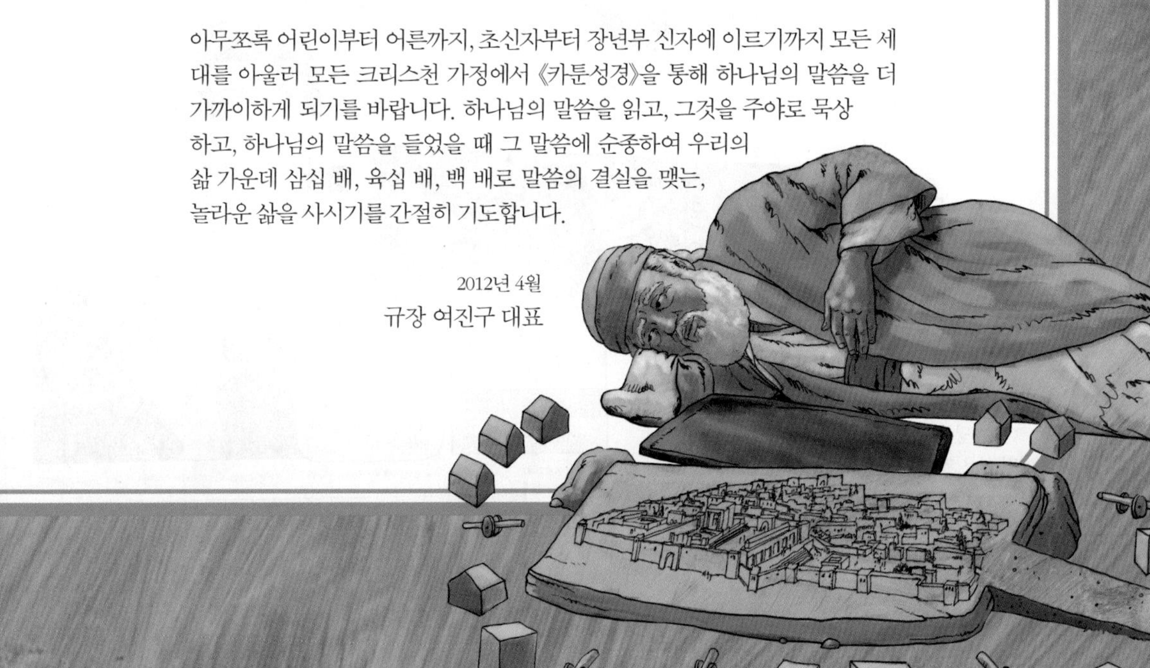

일러두기

1. 내용

실제 성경 말씀 구약전서 개역개정 4판을 사용했습니다. 전장 전절을 표시하였고 단락별 소제목까지 실었습니다.

듣는 마음을 종에게 주사 주의 백성을 재판하여 선 악을 분별하게 하옵소서
10 솔로몬이 이것을 구하매 그 말씀이 주의 마음에 든지라 11 이에 하나님이 그에게 이르시되
네가 이것을 구하도다 자기를 위하여 장수하기를 구하지 아니하며 부도 구하지 아니하며 자기 원수의 생명을 멸하기도 구하지 아니하고 오직 송사를 듣고 분별하는 지혜를 구하였으니 12 내가 네 말대로 하여 네게 지혜롭고 총명한 마음을 주노니

2. 구성

38 이에 여호와의 불이 내려서 번제물과 나무와 돌과 흙을 태우고 또 도랑의 물을 핥은지라
39 모든 백성이 보고 엎드려 말하되
여호와 그는 하나님이시로다 여호와 그는 하나님이시로다 하니
40 엘리야가 그들에게 이르되
바알의 선지자를 잡되 그들 중 하나도 도망하지 못하게 하라 하매
곧 잡은지라 엘리야가 그들을 기손 시내로 내려다가 거기서 죽이니라

말풍선 성경에 등장하는 인물들 간의 대화는 말풍선 안에 넣었기 때문에 누가 하는 말인지 명확히 알 수 있습니다. 또 직접적인 하나님의 말씀과 하나님의 사자를 통한 말씀은 별도로 표시했습니다.

지문 성경 말씀 중 대화가 아닌 내용은 사각박스 안에 넣어 구분했습니다. 역대기와 시가서, 예언서 등 작화되지 않은 성경은 부득이 지문으로만 처리되었으며 말씀의 이해를 돕기 위해 일부 페이지에 한컷만화를 추가했습니다.

글풍선 다른 사람을 통해 전하는 말이나 소식, 편지의 내용 등 간접적으로 전달되는 내용은 마치 대사와 같기 때문에 별도로 각진 말풍선을 사용했습니다.

색인 모든 페이지 상단에 해당하는 책, 장, 절을 기재했고 찾아보기 쉽도록 측면에 각 책의 색인을 정리했습니다.

각주 일부 페이지 하단에 각주가 나옵니다. 해당 단어나 구(句)에 대한 설명 및 구절 인용 정보 등을 더 얻을 수 있습니다.

배경 그림 그림을 통해 등장인물의 구체적인 행동과 특정 구절의 상황을 빠르게 이해할 수 있습니다. 예를 들면 누가 말하는 것인지, 하루 중 어느 때 일어난 사건인지, 얼마나 놀라운 이적과 기사인지 그 구체적인 정황이 그림으로 표현되었기 때문에 우리가 더 큰 그림을 연상할 수 있도록 도와줍니다. 특히 이집트와 이스라엘과 가나안, 고대 근동의 종교, 문화, 역사, 생활풍습 등 고대 세계의 이해를 도와 이스라엘의 삶뿐만 아니라 역사의 주관자 되시는 하나님을 생생하게 보여줍니다.

14 엘리야의 몸에서 떨어진 그의 겉옷을 가지고 물을 치며 이르되
엘리야의 하나님 여호와는 어디 계시니이까 하고
왕의 반지로 인치니라
그가 솔로몬에게 나아와 자기 마음에 있는 것을 다 말하매
그의 살이 어린 아이의 살 같이 회복되어 깨끗하게 되었더라
엘리야가 회오리 바람으로 하늘로 올라가더라
에스더가 가까이 가서 금 규 끝을 만진지라
여호와께서 그 청년의 눈을 여시매 그가 보니 불말과 불병거가 산에 가득하여 엘리사를 둘렀더라 18 아람 사람이 엘리사에게 내려오매
엘리사가 여호와께 기도하여 이르되
10 솔로몬의 모든 원대로 백향목 재목과 잣나무 재목을 주매
요단강
지중해
게바
여리고
예루살렘
사해
브엘세바
또 제사장이 분향하던 산당을 게바에서부터 브엘세바까지 더럽게 하고
여호와의 얼굴을 피하여 그들과 함께 다시스로 가려고 배삯을 주고 배에 올랐더라
다시스
니느웨
지중해
애굽
이스라엘

배경 지도 고대 근동 세계와 이스라엘의 구체적인 이해를 돕는 지도가 있습니다.

CONTENTS 차례

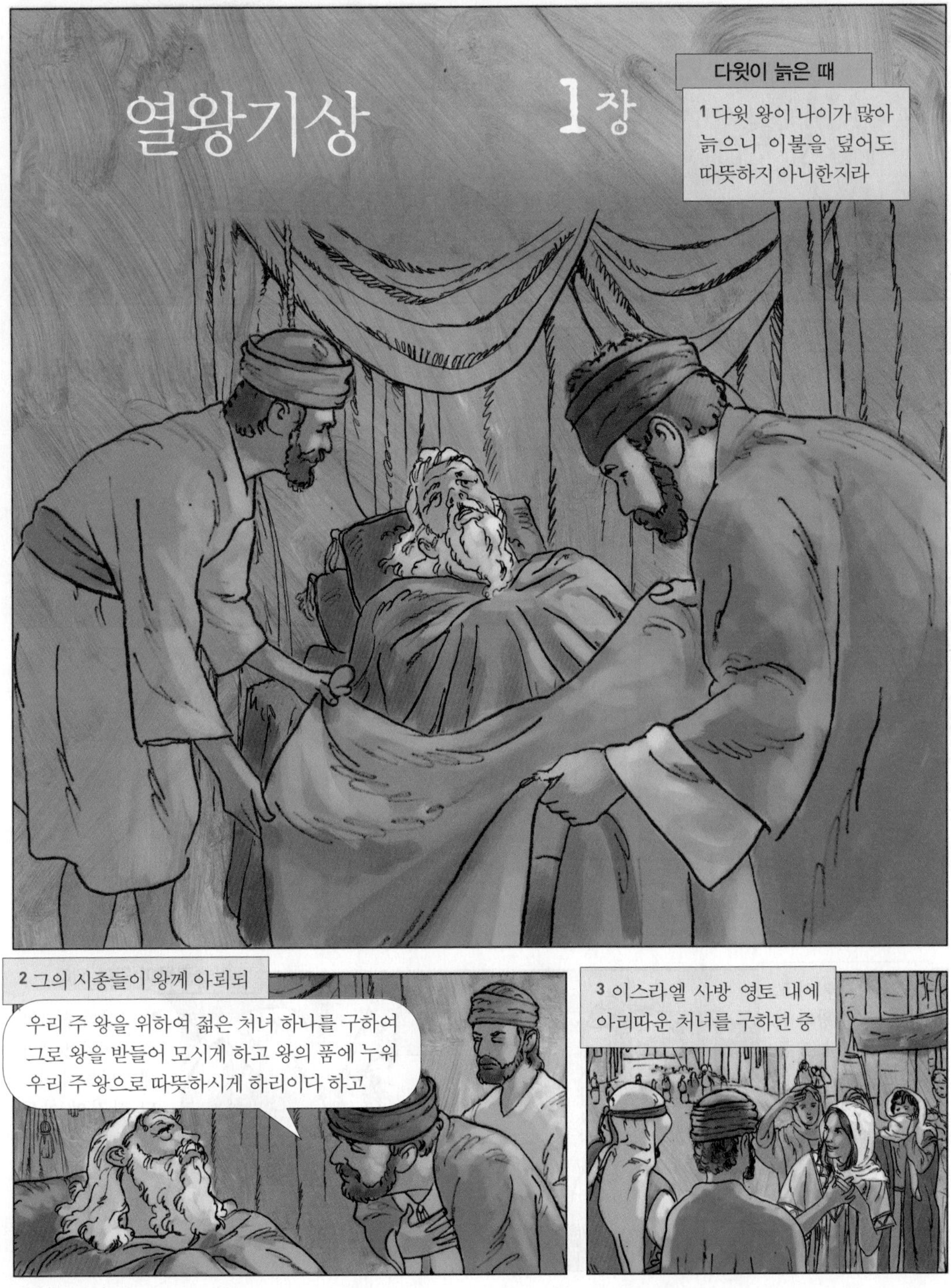

열왕기상 1장

다윗이 늙은 때

1 다윗 왕이 나이가 많아 늙으니 이불을 덮어도 따뜻하지 아니한지라

2 그의 시종들이 왕께 아뢰되
우리 주 왕을 위하여 젊은 처녀 하나를 구하여 그로 왕을 받들어 모시게 하고 왕의 품에 누워 우리 주 왕으로 따뜻하시게 하리이다 하고
3 이스라엘 사방 영토 내에 아리따운 처녀를 구하던 중

왕께 데려왔으니 4 이 처녀는 심히 아름다워 그가 왕을 받들어 시중들었으나 왕이 잠자리는 같이 하지 아니하였더라

아도니야가 왕이 되고자 하다

5 그 때에 학깃의 아들 아도니야가 스스로 높여서 이르기를

내가 왕이 되리라 하고

자기를 위하여 병거와 기병과 호위병 오십 명을 준비하니

6 그는 압살롬 다음에 태어난 자요 용모가 심히 준수한 자라 그의 아버지가 네가 어찌하여 그리 하였느냐 고 하는 말로 한 번도 그를 섭섭하게 한 일이 없었더라

7 아도니야가 스루야의 아들 요압과 제사장 아비아달과 모의하니 그들이 따르고 도우나

8 제사장 사독과 여호야다의 아들 브나야와 선지자 나단과 시므이와 레이와 다윗의 용사들은 아도니야와 같이 하지 아니하였더라

9 아도니야가 에느로겔 근방 소헬렛 바위 곁에서 양과 소와 살찐 송아지를 잡고

왕자 곧 자기의 모든 동생과 왕의 신하 된 유다 모든 사람을 다 청하였으나 10 선지자 나단과 브나야와 용사들과 자기 동생 솔로몬은 청하지 아니하였더라

솔로몬이 왕이 되다

11 나단이 솔로몬의 어머니 밧세바에게 말하여 이르되 학깃의 아들 아도니야가 왕이 되었음을 듣지 못하였나이까 우리 주 다윗은 알지 못하시나이다

12 이제 내게 당신의 생명과 당신의 아들 솔로몬의 생명을 구할 계책을 말하도록 허락하소서

13 당신은 다윗 왕 앞에 들어가서 아뢰기를

내 주 왕이여 전에 왕이 여종에게 맹세하여 이르시기를 네 아들 솔로몬이 반드시 나를 이어 왕이 되어 내 왕위에 앉으리라 하지 아니하셨나이까 그런데 아도니야가 무슨 이유로 왕이 되었나이까 하소서

14 당신이 거기서 왕과 말씀하실 때에 나도 뒤이어 들어가서 당신의 말씀을 확증하리이다

15 밧세바가 이에 침실에 들어가 왕에게 이르니 왕이 심히 늙었으므로 수넴 여자 아비삭이 시중들었더라

16 밧세바가 몸을 굽혀 왕께 절하니 왕이 이르되
어찌 됨이냐

17 그가 왕께 대답하되
내 주여 왕이 전에 왕의 하나님 여호와를 가리켜 여종에게 맹세하시기를 네 아들 솔로몬이 반드시 나를 이어 왕이 되어

내 왕위에 앉으리라 하셨거늘 18 이제 아도니야가 왕이 되었어도 내 주 왕은 알지 못하시나이다

19 그가 수소와 살찐 송아지와 양을 많이 잡고 왕의 모든 아들과 제사장 아비아달과 군사령관 요압을 청하였으나 왕의 종 솔로몬은 청하지 아니하였나이다

20 내 주 왕이여 온 이스라엘이 왕에게 다 주목하고 누가 내 주 왕을 이어 그 왕위에 앉을지를 공포하시기를 기다리나이다 21 그렇지 아니하면 내 주 왕께서 그의 조상들과 함께 잘 때에 나와 내 아들 솔로몬은 죄인이 되리이다

22 밧세바가 왕과 말할 때에 선지자 나단이 들어온지라 23 어떤 사람이 왕께 말하여 이르되
선지자 나단이 여기 있나이다 하니

그가 왕 앞에 들어와서 얼굴을 땅에 대고 왕께 절하고 24 이르되
내 주 왕께서 이르시기를 아도니야가 나를 이어 왕이 되어 내 왕위에 앉으리라 하셨나이까 25 그가 오늘 내려가서 수소와 살찐 송아지와 양을 많이 잡고 왕의 모든 아들과 군사령관들과 제사장 아비아달을 청하였는데 그들이 아도니야 앞에서 먹고 마시며 아도니야 왕은 만세수를 하옵소서 하였나이다 26 그러나 왕의 종 나와 제사장 사독과 여호야다의 아들 브나야와 왕의 종 솔로몬은 청하지 아니하였사오니 27 이것이 내 주 왕께서 정하신 일이니이까 그런데 왕께서 내 주 왕을 이어 그 왕위에 앉을 자를 종에게 알게 하지 아니하셨나이다

28 다윗 왕이 명령하여 이르되
밧세바를 내 앞으로 부르라 하매

그가 왕의 앞으로 들어가 그 앞에 서는지라
29 왕이 이르되
내 생명을 모든 환난에서 구하신 여호와께서 살아 계심을 두고 맹세하노라

30 내가 이전에 이스라엘의 하나님 여호와를 가리켜 네게 맹세하여 이르기를 네 아들 솔로몬이 반드시 나를 이어 왕이 되고 나를 대신하여 내 왕위에 앉으리라 하였으니 내가 오늘 그대로 행하리라

31 밧세바가 얼굴을 땅에 대고 절하며

내 주 다윗 왕은 만세 수를 하옵소서 하니라

32 다윗 왕이 이르되
제사장 사독과 선지자 나단과 여호야다의 아들 브나야를 내 앞으로 부르라 하니

그들이 왕 앞에 이른지라

33 왕이 그들에게 이르되
너희는 너희 주의 신하들을 데리고 내 아들 솔로몬을 내 노새에 태우고 기혼으로 인도하여 내려가고 34 거기서 제사장 사독과 선지자 나단은 그에게 기름을 부어 이스라엘 왕으로 삼고

너희는 뿔나팔을 불며 솔로몬 왕은 만세 수를 하옵소서 하고

35 그를 따라 올라오라 그가 와서 내 왕위에 앉아 나를 대신하여 왕이 되리라 내가 그를 세워 이스라엘과 유다의 통치자로 지명하였느니라

36 여호야다의 아들 브나야가 왕께 대답하여 이르되
아멘 내 주 왕의 하나님 여호와께서도 이렇게 말씀하시기를 원하오며 37 또 여호와께서 내 주 왕과 함께 계심 같이 솔로몬과 함께 계셔서 그의 왕위를 내 주 다윗 왕의 왕위보다 더 크게 하시기를 원하나이다 하니라
38 제사장 사독과 선지자 나단과 여호야다의 아들 브나야와 그렛 사람과 블렛 사람이 내려가서

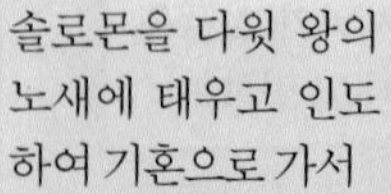

솔로몬을 다윗 왕의

하여 기혼으로 가서

성막 가운데에서
기름 담은 뿔을 가
져다가 솔로몬에

이에 뿔나팔을 불고 모든 백성이

솔로몬 왕은 만세수
를 하옵소서 하니라

40 모든 백성이 그를 따라 올라와서 피
리를 불며 크게 즐거워하므로 땅이 그
들의 소리로 말미암아 갈라질 듯하니

41 아도니야와 그와 함께 한 손님들
이 먹기를 마칠 때에 다 들은지라
요압이 뿔나팔 소리를 듣고 이르되

어찌하여
성읍 중에
서 소리가
요란하냐

42 말할 때에 제사장 아비
아달의 아들 요나단이 오
는지라 아도니야가 이르되
들어오라 너는 용사라 아름
다운 소식을 가져오는도다

43 요나단이 아도니야에게 대답하여 이르되

과연 우리 주 다윗 왕이
솔로몬을 왕으로 삼으셨
나이다 44 왕께서 제사장
사독과 선지자 나단과 여
호야다의 아들 브나야와
그렛 사람과 블렛 사람을
솔로몬과 함께 보내셨는
데 그들 무리가 왕의 노새
에 솔로몬을 태워다가

45 제사장 사독과 선지
자 나단이 기혼에서 기
름을 부어 왕으로 삼고

무리가 그 곳에서 올라오며 즐거워하므로 성읍이 진동하였나니 당신들에게 들린 소리가 이것이라

47 왕의 신하들도 와서 우리 주 다윗 왕에게 축복하여 이르기를 왕의 하나님이 솔로몬의 이름을 왕의 이름보다 더 아름답게 하시고 그의 왕위를 왕의 위보다 크게 하시기를 원하나이다 하매 왕이 침상에서 몸을 굽히고

48 또한 이르시기를 이스라엘의 하나님 여호와를 찬송하리로다 여호와께서 오늘 내 왕위에 앉을 자를 주사 내 눈으로 보게 하셨도다 하셨나이다 하니

49 아도니야와 함께 한 손님들이 다 놀라 일어나 각기 갈 길로 간지라

50 아도니야도 솔로몬을 두려워하여 일어나 가서 제단 뿔을 잡으니•

51 어떤 사람이 솔로몬에게 말하여 이르되
아도니야가 솔로몬 왕을 두려워하여 지금 제단 뿔을 잡고 말하기를 솔로몬 왕이 오늘 칼로 자기 종을 죽이지 않겠다고 내게 맹세하기를 원한다 하나이다
52 솔로몬이 이르되
그가 만일 선한 사람일진대 그의 머리털 하나도 땅에 떨어지지 아니하려니와 그에게 악한 것이 보이면 죽으리라 하고

53 사람을 보내어 그를 제단에서 이끌어 내리니 그가 와서 솔로몬 왕께 절하매 솔로몬이 이르기를
네 집으로 가라 하였더라

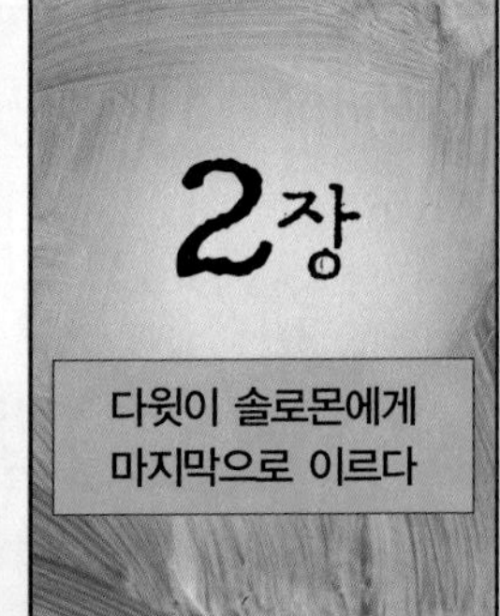

2장
다윗이 솔로몬에게 마지막으로 이르다

1:50 제단 뿔을 잡으니 '제단의 귀퉁이들을 잡으니'라고 번역될 수도 있다. 만일 어떤 사람이 죄를 범하지 않았으면 그는 성소로 도망할 수 있었다. 그곳에서 그가 제단의 귀퉁이들을 잡으면 처벌을 받지 않았다. 제단의 귀퉁이는 마치 뿔처럼 생겼다.

1 다윗이 죽을 날이 임박하매 그의 아들 솔로몬에게 명령하여 이르되

2 내가 이제 세상 모든 사람이 가는 길로 가게 되었노
니 너는 힘써 대장부가 되고 3 네 하나님 여호와의 명
령을 지켜 그 길로 행하여 그 법률과 계명과 율례와
증거를 모세의 율법에 기록된 대로 지키라 그리하면
네가 무엇을 하든지 어디로 가든지 형통할지라 4 여
호와께서 내 일에 대하여 말씀하시기를 만일 네 자손
들이 그들의 길을 삼가 마음을 다하고 성품을 다하여
진실히 내 앞에서 행하면 이스라엘 왕위에 오를 사람
이 네게서 끊어지지 아니하리라 하신 말씀을 확실히
이루게 하시리라 5 스루야의 아들 요압이 내게 행한
일 곧 이스라엘 군대의 두 사령관 넬의 아들 아브넬과
예델의 아들 아마사에게 행한 일을 네가 알거니와 그
가 그들을 죽여 태평 시대에 전쟁의 피를 흘리고 전쟁
의 피를 자기의 허리에 띤 띠와 발에 신은 신에 묻혔
으니 6 네 지혜대로 행하여 그의 백발이 평안히 스올
에 내려가지 못하게 하라 7 마땅히 길르앗 바르실래
의 아들들에게 은총을 베풀어 그들이 네 상에서 먹는
자 중에 참여하게 하라 내가 네 형 압살롬의 낯을 피
하여 도망할 때에 그들이 내게 나왔느니라 8 바후림
베냐민 사람 게라의 아들 시므이가 너와 함께 있나니
그는 내가 마하나임으로 갈 때에 악독한 말로 나를 저
주하였느니라 그러나 그가 요단에 내려와서 나를 영
접하므로 내가 여호와를 두고 맹세하여 이르기를 내
가 칼로 너를 죽이지 아니하리라 하였노라 9 그러나
그를 무죄한 자로 여기지 말지어다 너는 지혜 있는 사
람이므로 그에게 행할 일을 알지니 그의 백발이 피 가
운데 스올에 내려가게 하라

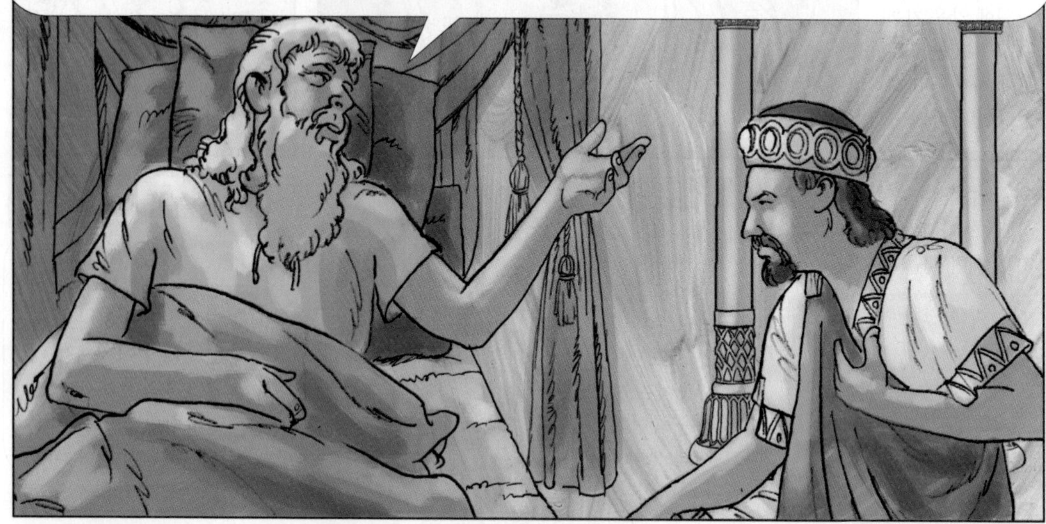

다윗이 죽다
10 다윗이 그의 조상들과 함께 누워 다윗 성
에 장사되니 11 다윗이 이스라엘 왕이 된 지
사십 년이라 헤브론에서 칠 년 동안 다스렸
고 예루살렘에서 삼십삼 년 동안 다스렸더라

12 솔로몬이 그의 아버지 다윗의 왕위에 앉으니 그의 나라가 심히 견고하니라

아도니야가 죽임을 당하다

13 학깃의 아들 아도니야가 솔로몬의 어머니 밧세바에게 나아온지라 밧세바가 이르되
네가 화평한 목적으로 왔느냐
대답하되
화평한 목적이니이다
14 또 이르되
내가 말씀드릴 일이 있나이다

15 그가 이르되
당신도 아시는 바이거니와 이 왕위는 내 것이었고 온 이스라엘은 다 얼굴을 내게로 향하여 왕으로 삼으려 하였는데 그 왕권이 돌아가 내 아우의 것이 되었음은 여호와께로 말미암음이니이다 16 이제 내가 한 가지 소원을 당신에게 구하오니 내 청을 거절하지 마옵소서

17 그가 이르되
청하건대 솔로몬 왕에게 말씀하여 그가 수넴 여자 아비삭을 내게 주어 아내를 삼게 하소서 왕이 당신의 청을 거절하지 아니하리이다
18 밧세바가 이르되
좋다 내가 너를 위하여 왕께 말하리라

19 밧세바가 이에 아도니야를 위하여 말하려고 솔로몬 왕에게 이르니

왕이 일어나 영접하여

절한 후에 다시 왕좌에 앉고 그의 어머니를 위하여 자리를 베푸니

그가 그의 오른쪽에 앉는지라

20 밧세바가 이르되
내가 한 가지 작은 일로 왕께 구하오니 내 청을 거절하지 마소서
왕이 대답하되
내 어머니여 구하소서 내가 어머니의 청을 거절하지 아니하리이다

21 이르되
청하건대 수넴 여자 아비삭을 아도니야에게 주어 아내로 삼게 하소서

22 솔로몬 왕이 그의 어머니에게 대답하여 이르되
어찌하여 아도니야를 위하여 수넴 여자 아비삭을 구하시나이까 그는 나의 형이오니 그를 위하여 왕권도 구하옵소서 그뿐 아니라 제사장 아비아달과 스루야의 아들 요압을 위해서도 구하옵소서 하고

23 여호와를 두고 맹세하여 이르되
아도니야가 이런 말을 하였은즉 그의 생명을 잃지 아니하면

하나님은 내게 벌 위에 벌을 내리심이 마땅하니이다 24 그러므로 이제 나를 세워 내 아버지 다윗의 왕위에 오르게 하시고 허락하신 말씀대로 나를 위하여 집을 세우신 여호와께서 살아 계심을 두고 맹세하노니

아도니야는 오늘 죽임을 당하리라 하고

25 여호야다의 아들 브나야를 보내매 그가 아도니야를 쳐서 죽였더라

아비아달의 추방과 요압의 처형

26 왕이 제사장 아비아달에게 이르되
네 고향 아나돗으로 가라 너는 마땅히 죽을 자이로되 네가 내 아버지 다윗 앞에서 주 여호와의 궤를 메었고 또 내 아버지가 모든 환난을 받을 때에 너도 환난을 받았은즉 내가 오늘 너를 죽이지 아니하노라 하고
27 아비아달을 쫓아내어 여호와의 제사장 직분을 파면하니 여호와께서 실로에서 엘리의 집에 대하여 하신 말씀을 응하게 함이더라

28 그 소문이 요압에게 들리매 그가 여호와의 장막으로 도망하여

제단 뿔을 잡으니 이는 그가 다윗을 떠나 압살롬을 따르지 아니하였으나 아도니야를 따랐음이더라

29 어떤 사람이 솔로몬 왕에게 아뢰되
요압이 여호와의 장막으로 도망하여 제단 곁에 있나이다

솔로몬이 여호야다의 아들 브나야를 보내며 이르되

너는 가서 그를 치라

30 브나야가 여호와의 장막에 이르러 그에게 이르되

왕께서 나오라 하시느니라

그가 대답하되

아니라 내가 여기서 죽겠노라

브나야가 돌아가서 왕께 아뢰어 이르되
요압이 이리이리 내게 대답하더이다
31 왕이 이르되
그의 말과 같이 하여 그를 죽여 묻으라

요압이 까닭 없이 흘린 피를 나와 내 아버지의 집에서 네가 제하리라 32 여호와께서 요압의 피를 그의 머리로 돌려보내실 것은 그가 자기보다 의롭고 선한 두 사람을 쳤음이니

곧 이스라엘 군사령관 넬의 아들 아브넬과 유다 군사령관 예델의 아들 아마사를 칼로 죽였음이라 이 일을 내 아버지 다윗은 알지 못하셨나니

33 그들의 피는 영영히 요압의 머리와 그의 자손의 머리로 돌아갈지라도 다윗과 그의 자손과 그의 집과 그의 왕위에는 여호와께로 말미암는 평강이 영원히 있으리라

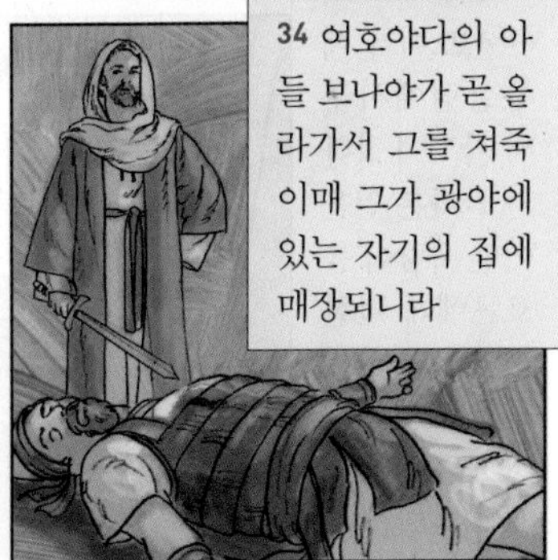

34 여호야다의 아들 브나야가 곧 올라가서 그를 쳐죽이매 그가 광야에 있는 자기의 집에 매장되니라

35 왕이 이에 여호야다의 아들 브나야를 요압을 대신하여 군사령관으로 삼고 또 제사장 사독으로 아비아달을 대신하게 하니라

시므이가 처형되다

36 왕이 사람을 보내어 시므이를 불러서 이르되

너는 예루살렘에서 너를 위하여 집을 짓고 거기서 살고 어디든지 나가지 말라
37 너는 분명히 알라 네가 나가서 기드론 시내를 건너는 날에는 반드시 죽임을 당하리니 네 피가 네 머리로 돌아가리라

38 시므이가 왕께 대답하되

이 말씀이 좋사오니 내 주 왕의 말씀대로 종이 그리 하겠나이다 하고

이에 날이 오래도록 예루살렘에 머무니라

39 삼 년 후에 시므이의 두 종이 가드 왕 마아가의 아들 아기스에게로 도망하여 간지라 어떤 사람이 시므이에게 말하여 이르되 당신의 종이 가드에 있나이다
40 시므이가 그 종을 찾으려고 일어나 그의 나귀에 안장을 지우고 가드로 가서 아기스에게 나아가

그의 종을 가드에서 데려왔더니

41 시므이가 예루살렘에서부터 가드에 갔다가 돌아온 일을 어떤 사람이 솔로몬에게 말한지라
42 왕이 사람을 보내어 시므이를 불러서 이르되

내가 너에게 여호와를 두고 맹세하게 하고 경고하여 이르기를 너는 분명히 알라 네가 밖으로 나가서 어디든지 가는 날에는 죽임을 당하리라 하지 아니하였느냐 너도 내게 말하기를 내가 들은 말씀이 좋으니이다 하였거늘

43 네가 어찌하여 여호와를 두
고 한 맹세와 내가 네게 이른 명
령을 지키지 아니하였느냐

44 왕이 또 시므
이에게 이르되
네가 네 마음으로 아는
모든 악 곧 내 아버지
에게 행한 바를 네가
스스로 아나니 여호와
께서 네 악을 네 머리
로 돌려보내시리라

45 그러나 솔로몬 왕은 복을 받
고 다윗의 왕위는 영원히 여호
와 앞에서 견고히 서리라 하고

46 여호야다의 아들 브나야에게
명령하매 그가 나가서 시므이를
치니 그가 죽은지라 이에 나라가
솔로몬의 손에 견고하여지니라

3장

솔로몬이 지혜를 구하다

1 솔로몬이 애굽의 왕 바로와 더불어
혼인 관계를 맺어 그의 딸을 맞이하고

다윗 성에 데려다가 두고 자기의 왕궁과 여호와의 성전
과 예루살렘 주위의 성의 공사가 끝나기를 기다리니라

2 그 때까지 여호와의 이름
을 위하여 성전을 아직 건
축하지 아니하였으므로

백성들이 산당에서 제사하며 3 솔로몬
이 여호와를 사랑하고 그의 아버지 다윗
의 법도를 행하였으나 산당에서 제사하
며 분향하더라 4 이에 왕이 제사하러 기
브온으로 가니 거기는 산당이 큼이라 솔
로몬이 그 제단에 일천 번제를 드렸더니

5 기브온에서 밤에 여호와
께서 솔로몬의 꿈에 나타나
시니라 하나님이 이르시되
내가 네게 무
엇을 줄꼬 너
는 구하라

6 솔로몬이 이르되
주의 종 내 아버지 다윗이
성실과 공의와 정직한 마
음으로 주와 함께 주 앞에
서 행하므로 주께서 그에
게 큰 은혜를 베푸셨고 주
께서 또 그를 위하여 이 큰
은혜를 항상 주사 오늘과
같이 그의 자리에 앉을 아
들을 그에게 주셨나이다

7 나의 하나님 여호
와여 주께서 종으로
종의 아버지 다윗을
대신하여 왕이 되게
하셨사오나 종은 작
은 아이라 출입할
줄을 알지 못하고

8 주께서 택하신 백성 가운데 있나이다 그
들은 큰 백성이라 수효가 많아서 셀 수도
없고 기록할 수도 없사오니 9 누가 주의
이 많은 백성을 재판할 수 있사오리이까

듣는 마음을 종에게 주사
주의 백성을 재판하여 선
악을 분별하게 하옵소서

10 솔로몬이 이것을 구하매 그 말씀이 주의 마음
에 든지라 11 이에 하나님이 그에게 이르시되

네가 이것을 구하도다 자기를 위하여 장수
하기를 구하지 아니하며 부도 구하지 아니
하며 자기 원수의 생명을 멸하기도 구하지
아니하고 오직 송사를 듣고 분별하는 지혜
를 구하였으니 12 내가 네 말대로 하여 네
게 지혜롭고 총명한 마음을 주노니

네 앞에도 너와 같은 자가 없었거
니와 네 뒤에도 너와 같은 자가 일
어남이 없으리라 13 내가 또 네가
구하지 아니한 부귀와 영광도 네게
주노니 네 평생에 왕들 중에 너와
같은 자가 없을 것이라 14 네가 만
일 네 아버지 다윗이 행함 같이 내
길로 행하며 내 법도와 명령을 지
키면 내가 또 네 날을 길게 하리라

보니 꿈이더라

이에 예루살렘에 이르러 여호와의 언약궤
앞에 서서 번제와 감사의 제물을 드리고

모든 신하들을 위하
여 잔치하였더라

솔로몬의 재판

16 그 때에 창기 두 여자가 왕에게 와
서 그 앞에 서며 17 한 여자는 말하되

내 주여 나와 이 여자가 한집에서 사는데
내가 그와 함께 집에 있으며 해산하였더
니 18 내가 해산한 지 사흘 만에 이 여자
도 해산하고 우리가 함께 있었고 우리 둘
외에는 집에 다른 사람이 없었나이다

19 그런데 밤에 저 여자가 그의
아들 위에 누우므로 그의 아들
이 죽으니 20 그가 밤중에 일어
나서 이 여종 내가 잠든 사이에
내 아들을 내 곁에서 가져다가
자기의 품에 누이고 자기의 죽
은 아들을 내 품에 뉘었나이다
21 아침에 내가 내 아들을 젖 먹
이려고 일어나 본즉 죽었기로
내가 아침에 자세히 보니 내가
낳은 아들이 아니더이다 하매
22 다른 여자
는 이르되
아니라 산
것은 내 아
들이요 죽
은 것은 네
아들이라
하고

이 여자는 이르되
아니라 죽은 것이 네 아들이
요 산 것이 내 아들이라 하며

왕 앞에서 그와 같
이 쟁론하는지라
23 왕이 이르되

이 여자는 말하기를 산 것
은 내 아들이요 죽은 것은
네 아들이라 하고 저 여자
는 말하기를 아니라 죽은
것이 네 아들이요 산 것이
내 아들이라 하는도다 하고

24 또 이르되

칼을 내게로 가져오라 하니

칼을 왕 앞으로 가져온지라 25 왕이 이르되
산 아이를 둘로 나누어 반은 이 여자에게 주고 반은 저 여자에게 주라

26 그 산 아들의 어머니 되는 여자가 그 아들을 위하여 마음이 불붙는 것 같아서 왕께 아뢰어

청하건대 내 주여 산 아이를 그에게 주시고 아무쪼록 죽이지 마옵소서 하되

다른 여자는 말하기를

내 것도 되게 말고 네 것도 되게 말고 나누게 하라 하는지라

27 왕이 대답하여 이르되
산 아이를 저 여자에게 주고 결코 죽이지 말라 저가 그의 어머니이니라 하매
28 온 이스라엘이 왕이 심리하여 판결함을 듣고 왕을 두려워하였으니 이는 하나님의 지혜가 그의 속에 있어 판결함을 봄이더라

4장

솔로몬이 거느린 신하들

1 솔로몬 왕이 온 이스라엘의 왕
이 되었고 2 그의 신하들은 이러
하니라 사독의 아들 아사리아는
제사장이요 3 시사의 아들 엘리
호렙과 아히야는 서기관이요 아
힐룻의 아들 여호사밧은 사관이
요 4 여호야다의 아들 브나야는
군사령관이요 사독과 아비아달은
제사장이요 5 나단의 아들 아사
리아는 지방 관장의 두령이요 나
단의 아들 사붓은 제사장이니 왕
의 벗이요 6 아히살은 궁내대신
이요 압다의 아들 아도니람은 노
동 감독관이더라 7 솔로몬이 또
온 이스라엘에 열두 지방 관장을
두매 그 사람들이 왕과 왕실을 위
하여 양식을 공급하되 각기 일 년
에 한 달씩 양식을 공급하였으니
8 그들의 이름은 이러하니라 에브
라임 산지에는 벤훌이요 9 마가
스와 사알빔과 벧세메스와 엘론
벧하난에는 벤데겔이요 10 아룹
봇에는 벤헤셋이니 소고와 헤벨
온 땅을 그가 주관하였으며 11 나
밧 돌 높은 땅 온 지방에는 벤아비
나답이니 그는 솔로몬의 딸 다밧
을 아내로 삼았으며 12 다아낙과
므깃도와 이스르엘 아래 사르단

가에 있는 벧스안 온 땅은 아힐룻
의 아들 바아나가 맡았으니 벧스
안에서부터 아벨므홀라에 이르고
욕느암 바깥까지 미쳤으며 13 길
르앗 라못에는 벤게벨이니 그는
길르앗에 있는 므낫세의 아들 야
일의 모든 마을을 주관하였고 또
바산 아르곱 땅의 성벽과 놋빗장
있는 육십 개의 큰 성읍을 주관하
였으며 14 마하나임에는 잇도의
아들 아히나답이요 15 납달리에
는 아히마아스이니 그는 솔로몬
의 딸 바스맛을 아내로 삼았으며
16 아셀과 아롯에는 후새의 아들
바아나요 17 잇사갈에는 바루아
의 아들 여호사밧이요 18 베냐민
에는 엘라의 아들 시므이요 19 아
모리 사람의 왕 시혼과 바산 왕 옥
의 나라 길르앗 땅에는 우리의 아
들 게벨이니 그 땅에서는 그 한 사
람만 지방 관장이 되었더라

솔로몬의 영화

20 유다와 이스라엘의 인구가 바
닷가의 모래 같이 많게 되매 먹고
마시며 즐거워하였으며 21 솔로
몬이 그 강에서부터 블레셋 사람
의 땅에 이르기까지와 애굽 지경
에 미치기까지의 모든 나라를 다
스리므로 솔로몬이 사는 동안에
그 나라들이 조공을 바쳐 섬겼더
라 22 솔로몬의 하루의 음식물은
가는 밀가루가 삼십 고르요 굵은
밀가루가 육십 고르요 23 살진 소
가 열 마리요 초장의 소가 스무 마
리요 양이 백 마리이며 그 외에 수
사슴과 노루와 암사슴과 살진 새
들이었더라 24 솔로몬이 그 강 건
너편을 딥사에서부터 가사까지
모두, 그 강 건너편의 왕을 모두
다스리므로 그가 사방에 둘린 민
족과 평화를 누렸으니 25 솔로몬
이 사는 동안에 유다와 이스라엘
이 단에서부터 브엘세바에 이르
기까지• 각기 포도나무 아래와 무
화과나무 아래에서 평안히 살았
더라 26 솔로몬의 병거의 말 외양
간이 사만이요 마병이 만 이천 명
이며 27 그 지방 관장들은 각각
자기가 맡은 달에 솔로몬 왕과 왕
의 상에 참여하는 모든 자를 위하
여 먹을 것을 공급하여 부족함이
없게 하였으며

4:25 **단에서부터 브엘세바에 이르기까지** 단은 이스라엘의 가장 북쪽에 있는 도시였고, 브엘세바는 이스라엘의 가장 남쪽에 있는 도시였다. 따라서 이 표현은 '온 이스라엘'을 의미한다.

28 또 그들이 각기 직무를 따라 말과 준마
에게 먹일 보리와 꼴을 그 말들이 있는 곳
으로 가져왔더라 29 하나님이 솔로몬에
게 지혜와 총명을 심히 많이 주시고 또 넓
은 마음을 주시되 바닷가의 모래 같이 하
시니 30 솔로몬의 지혜가 동쪽 모든 사람
의 지혜와 애굽의 모든 지혜보다 뛰어난
지라 31 그는 모든 사람보다 지혜로워서
예스라 사람 에단과 마홀의 아들 헤만과
갈골과 다르다보다 나으므로 그의 이름
이 사방 모든 나라에 들렸더라 32 그가
잠언 삼천 가지를 말하였고 그의 노래는
천다섯 편이며 33 그가 또 초목에 대하여
말하되 레바논의 백향목으로부터 담에
나는 우슬초까지 하고 그가 또 짐승과 새
와 기어다니는 것과 물고기에 대하여 말
한지라 34 사람들이 솔로몬의 지혜를 들
으러 왔으니 이는 그의 지혜의 소문을 들
은 천하 모든 왕들이 보낸 자들이더라

5장

솔로몬이 성전 건축을 준비하다

1 솔로몬이 기름 부음
을 받고 그의 아버지를
이어 왕이 되었다 함을
두로 왕 히람이 듣고
그의 신하들을 솔로몬
에게 보냈으니 이는 히
람이 평생에 다윗을 사
랑하였음이라 2 이에
솔로몬이 히람에게 사
람을 보내어 이르되

3 당신도 알거니와 내 아버지 다윗이 사방의 전쟁으로 말미암아 그의 하나님 여호와의 이름을 위하여 성전을 건축하지 못하고 여호와께서 그의 원수들을 그의 발바닥 밑에 두시기를 기다렸나이다 4 이제 내 하나님 여호와께서 내게 사방의 태평을 주시매 원수도 없고 재앙도 없도다 5 여호와께서 내 아버지 다윗에게 하신 말씀에 내가 너를 이어 네 자리에 오르게 할 네 아들 그가 내 이름을 위하여 성전을 건축하리라 하신 대로 내가 내 하나님 여호와의 이름을 위하여 성전을 건축하려 하오니 6 당신은 명령을 내려 나를 위하여 레바논에서 백향목을 베어내게 하소서 내 종과 당신의 종이 함께 할 것이요 또 내가 당신의 모든 말씀대로 당신의 종의 삯을 당신에게 드리리이다 당신도 알거니와 우리 중에는 시돈 사람처럼 벌목을 잘하는 자가 없나이다
7 히람이 솔로몬의 말을 듣고 크게 기뻐하여 이르되
오늘 여호와를 찬양할지로다 그가 다윗에게 지혜로운 아들을 주사 그 많은 백성을 다스리게 하셨도다 하고

8 이에 솔로몬에게 사람을 보내어 이르되

당신이 사람을 보내어 하신 말씀을 내가 들었거
니와 내 백향목 재목과 잣나무 재목에 대하여는
당신이 바라시는 대로 할지라 9 내 종이 레바논
에서 바다로 운반하겠고 내가 그것을 바다에서 뗏
목으로 엮어 당신이 지정하는 곳으로 보내고 거기
서 그것을 풀리니 당신은 받으시고 내 원을 이루
어 나의 궁정을 위하여 음식물을 주소서 하고

10 솔로몬의 모든 원대로 백향목 재목과 잣나무 재목을 주매

11 솔로몬이 히람에게 그의 궁정의 음식물로 밀 이만 고르와

맑은 기름 이십 고르를 주고 해마다 그와 같이 주었더라

12 여호와께서 그의 말씀대로 솔로몬에게 지혜를 주신 고로 히람과 솔로몬이 친목하여 두 사람이 함께 약조를 맺었더라

13 이에 솔로몬 왕이 온 이스라엘 가운데서 역군을 불러일으키니 그 역군의 수가 삼만 명이라
14 솔로몬이 그들을 한 달에 만 명씩 번갈아 레바논으로 보내매 그들이 한 달은 레바논에 있고 두 달은 집에 있으며 아도니람은 감독이 되었고

15 솔로몬에게 또 짐꾼이 칠만 명이요 산에서 돌을 뜨는 자가 팔만 명이며
16 이 외에 그 사역을 감독하는 관리가 삼천삼백 명이라 그들이 일하는 백성을 거느렸더라

17 이에 왕이 명령을 내려 크고 귀한 돌을 떠다가 다듬어서 성전의 기초석으로 놓게 하매
18 솔로몬의 건축자와 히람의 건축자와 그발 사람이 그 돌을 다듬고 성전을 건축하기 위하여 재목과 돌들을 갖추니라

6장

솔로몬이 성전을 건축하다

1 이스라엘 자손이 애굽 땅에서 나온
지 사백팔십 년이요 솔로몬이 이스라
엘 왕이 된 지 사 년 시브월 곧 둘째
달에 솔로몬이 여호와를 위하여 성전
건축하기를 시작하였더라 2 솔로몬
왕이 여호와를 위하여 건축한 성전은
길이가 육십 규빗이요 너비가 이십 규
빗이요 높이가 삼십 규빗이며 3 성전
의 성소 앞 주랑의 길이는 성전의 너
비와 같이 이십 규빗이요 그 너비는
성전 앞에서부터 십 규빗이며 4 성전
을 위하여 창틀 있는 붙박이 창문을
내고 5 또 성전의 벽 곧 성소와 지성
소의 벽에 연접하여 돌아가며 다락들
을 건축하되 다락마다 돌아가며 골방
들을 만들었으니 6 하층 다락의 너비
는 다섯 규빗이요 중층 다락의 너비는
여섯 규빗이요 셋째 층 다락의 너비는
일곱 규빗이라 성전의 벽 바깥으로 돌
아가며 턱을 내어 골방 들보들로 성전
의 벽에 박히지 아니하게 하였으며 7
이 성전은 건축할 때에 돌을 그 뜨는
곳에서 다듬고 가져다가 건축하였으
므로 건축하는 동안에 성전 속에서는
방망이나 도끼나 모든 철 연장 소리가
들리지 아니하였으며 8 중층 골방의
문은 성전 오른쪽에 있는데 나사 모양
층계로 말미암아 하층에서 중층에 오
르고 중층에서 셋째 층에 오르게 하였
더라 9 성전의 건축을 마치니라

열왕기상 6:10-13

그 성전은 백향목 서까
래와 널판으로 덮었고
10 또 온 성전으로 돌아
가며 높이가 다섯 규빗
되는 다락방을 건축하
되 백향목 들보로 성전
에 연접하게 하였더라

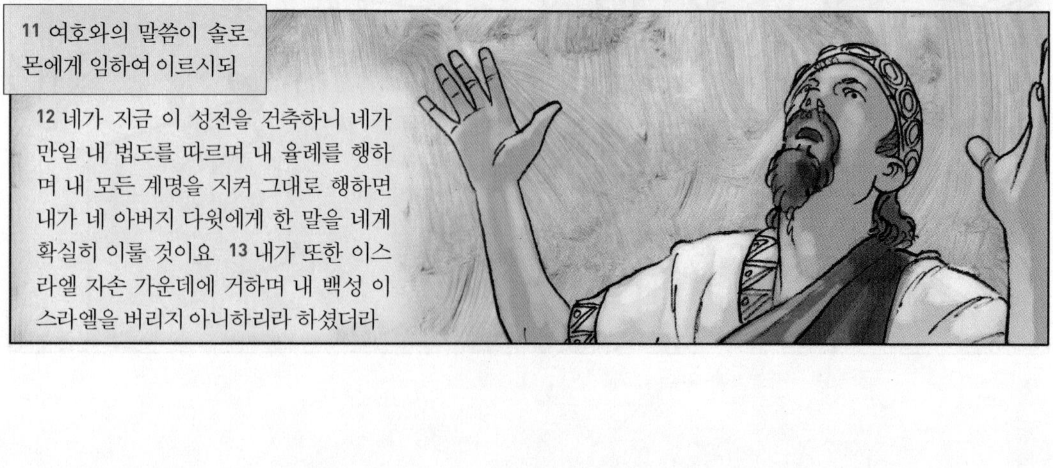

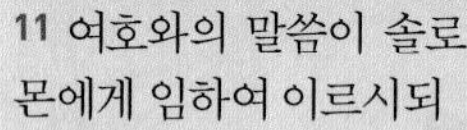

11 여호와의 말씀이 솔로
몬에게 임하여 이르시되

12 네가 지금 이 성전을 건축하니 네가
만일 내 법도를 따르며 내 율례를 행하
며 내 모든 계명을 지켜 그대로 행하면
내가 네 아버지 다윗에게 한 말을 네게
확실히 이룰 것이요 13 내가 또한 이스
라엘 자손 가운데에 거하며 내 백성 이
스라엘을 버리지 아니하리라 하셨더라

성전 내부 장식

14 솔로몬이 성전 건축하기를 마
치고 15 백향목 널판으로 성전의
안벽 곧 성전 마루에서 천장까지
의 벽에 입히고 또 잣나무 널판으
로 성전 마루를 놓고 16 또 성전
뒤쪽에서부터 이십 규빗 되는 곳
에 마루에서 천장까지 백향목 널
판으로 가로막아 성전의 내소 곧
지성소를 만들었으며 17 내소 앞
에 있는 외소 곧 성소의 길이가 사
십 규빗이며 18 성전 안에 입힌
백향목에는 박과 핀 꽃을 아로새
겼고 모두 백향목이라 돌이 보이
지 아니하며 19 여호와의 언약궤
를 두기 위하여 성전 안에 내소를
마련하였는데 20 그 내소의 안은
길이가 이십 규빗이요 너비가 이
십 규빗이요 높이가 이십 규빗이
라 정금으로 입혔고 백향목 제단
에도 입혔더라 21 솔로몬이 정금
으로 외소 안에 입히고 내소 앞에
금사슬로 건너지르고 내소를 금
으로 입히고 22 온 성전을 금으로
입히기를 마치고 내소에 속한 제
단의 전부를 금으로 입혔더라 23
내소 안에 감람나무로 두 그룹을
만들었는데 그 높이가 각각 십 규
빗이라 24 한 그룹의 이쪽 날개도
다섯 규빗이요 저쪽 날개도 다섯
규빗이니 이쪽 날개 끝으로부터
저쪽 날개 끝까지 십 규빗이며 25
다른 그룹도 십 규빗이니 그 두 그
룹은 같은 크기와 같은 모양이요
26 이 그룹의 높이가 십 규빗이요
저 그룹도 같았더라 27 솔로몬이
내소 가운데에 그룹을 두었으니
그룹들의 날개가 펴져 있는데 이
쪽 그룹의 날개는 이쪽 벽에 닿았
고 저쪽 그룹의 날개는 저쪽 벽에
닿았으며 두 날개는 성전의 중앙
에서 서로 닿았더라

28 그가 금으로 그룹을 입혔더라
29 내 외소 사방 벽에는 모두 그룹
들과 종려와 핀 꽃 형상을 아로새
겼고 30 내외 성전 마루에는 금으
로 입혔으며 31 내소에 들어가는
곳에는 감람나무로 문을 만들었는
데 그 문인방과 문설주는 벽의 오
분의 일이요 32 감람나무로 만든
그 두 문짝에 그룹과 종려와 핀 꽃
을 아로새기고 금으로 입히되 곧
그룹들과 종려에 금으로 입혔더라
33 또 외소의 문을 위하여 감람나
무로 문설주를 만들었으니 곧 벽
의 사분의 일이며 34 그 두 문짝은
잣나무라 이쪽 문짝도 두 짝으로
접게 되었고 저쪽 문짝도 두 짝으
로 접게 되었으며 35 그 문짝에 그
룹들과 종려와 핀 꽃을 아로새기
고 금으로 입히되 그 새긴 데에 맞
게 하였고 36 또 다듬은 돌 세 켜
와 백향목 두꺼운 판자 한 켜로 둘
러 안뜰을 만들었더라 37 넷째 해
시브월에 여호와의 성전 기초를
쌓았고 38 열한째 해 불월 곧 여덟
째 달에 그 설계와 식양대로 성전
건축이 다 끝났으니 솔로몬이 칠
년 동안 성전을 건축하였더라

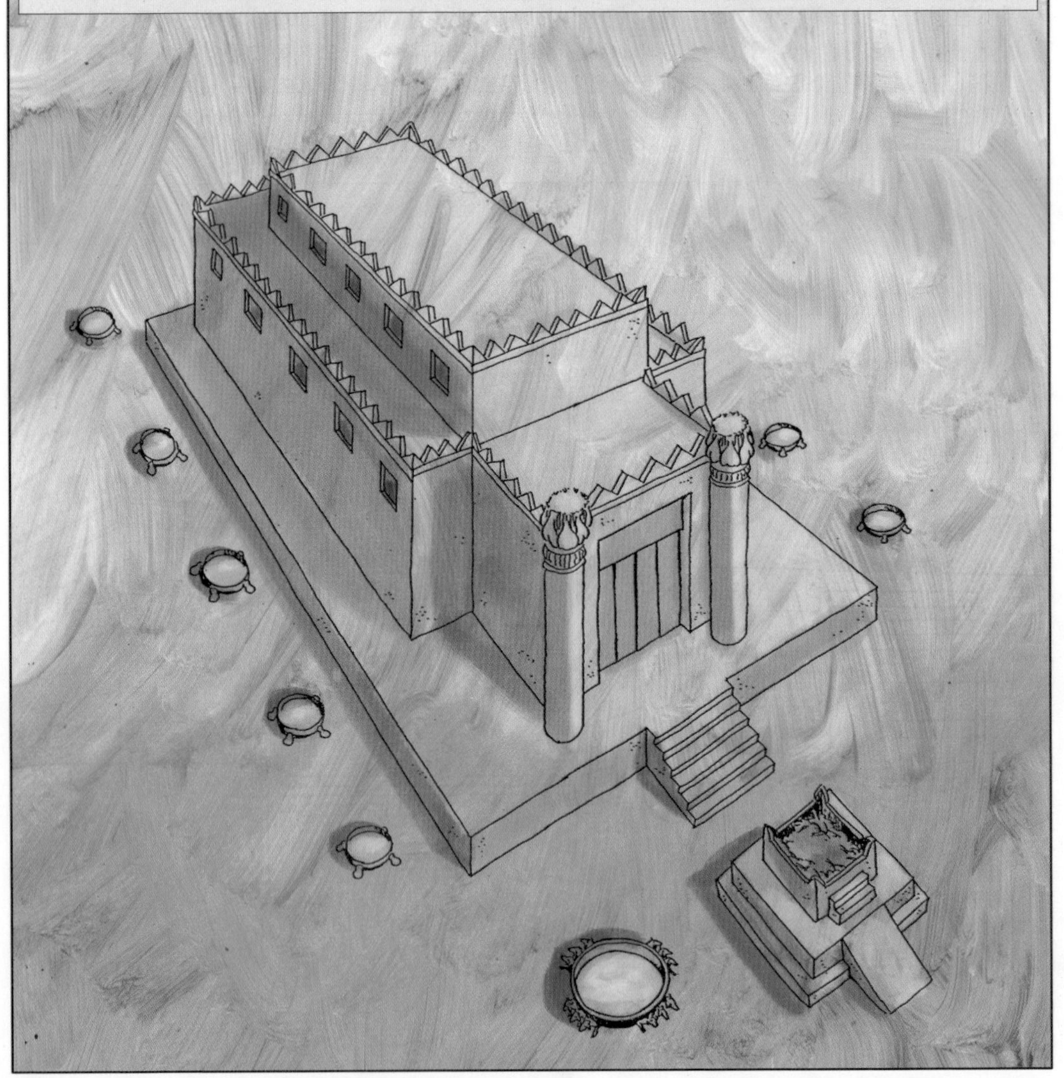

7장

솔로몬의 궁

1 솔로몬이 자기의 왕궁을 십삼
년 동안 건축하여 그 전부를 준공
하니라 2 그가 레바논 나무로 왕
궁을 지었으니 길이가 백 규빗이
요 너비가 오십 규빗이요 높이가
삼십 규빗이라 백향목 기둥이 네
줄이요 기둥 위에 백향목 들보가
있으며 3 기둥 위에 있는 들보 사
십오 개를 백향목으로 덮었는데
들보는 한 줄에 열 다섯이요 4 또
창틀이 세 줄로 있는데 창과 창이
세 층으로 서로 마주 대하였고 5
모든 문과 문설주를 다 큰 나무로
네모지게 만들었는데 창과 창이
세 층으로 서로 마주 대하였으며
6 또 기둥을 세워 주랑을 지었으
니 길이가 오십 규빗이요 너비가
삼십 규빗이며 또 기둥 앞에 한 주
랑이 있고 또 그 앞에 기둥과 섬돌
이 있으며 7 또 심판하기 위하여
보좌의 주랑 곧 재판하는 주랑을
짓고 온 마루를 백향목으로 덮었
고 8 솔로몬이 거처할 왕궁은 그
주랑 뒤 다른 뜰에 있으니 그 양식
이 동일하며 솔로몬이 또 그가 장
가 든 바로의 딸을 위하여 집을 지
었는데 이 주랑과 같더라 9 이 집
들은 안팎을 모두 귀하고 다듬은
돌로 지었으니 크기대로 톱으로
켠 것이라 그 초석에서 처마까지
와 외면에서 큰 뜰에 이르기까지
다 그러하니 10 그 초석은 귀하고
큰 돌 곧 십 규빗 되는 돌과 여덟
규빗 되는 돌이라 11 그 위에는
크기대로 다듬은 귀한 돌도 있고
백향목도 있으며 12 또 큰 뜰 주
위에는 다듬은 돌 세 켜와 백향목
두꺼운 판자 한 켜를 놓았으니 마
치 여호와의 성전 안뜰과 주랑에
놓은 것 같더라

놋쇠 대장장이 히람과 두 놋기둥

13 솔로몬 왕이 사람을 보내어 히
람을 두로에서 데려오니 14 그는
납달리 지파 과부의 아들이요 그
의 아버지는 두로 사람이니 놋쇠
대장장이라 이 히람은 모든 놋 일
에 지혜와 총명과 재능을 구비한
자이더니 솔로몬 왕에게 와서 그
모든 공사를 하니라 15 그가 놋기
둥 둘을 만들었으니 그 높이는 각
각 십팔 규빗이라 각각 십이 규빗
되는 줄을 두를 만하며 16 또 놋
을 녹여 부어서 기둥 머리를 만들
어 기둥 꼭대기에 두었으니 한쪽
머리의 높이도 다섯 규빗이요 다
른쪽 머리의 높이도 다섯 규빗이
며 17 기둥 꼭대기에 있는 머리를
위하여 바둑판 모양으로 얽은 그
물과 사슬 모양으로 땋은 것을 만
들었으니 이 머리에 일곱이요 저
머리에 일곱이라 18 기둥을 이렇
게 만들었고 또 두 줄 석류를 한
그물 위에 둘러 만들어서 기둥 꼭
대기에 있는 머리에 두르게 하였
고 다른 기둥 머리에도 그렇게 하
였으며 19 주랑 기둥 꼭대기에 있
는 머리의 네 규빗은 백합화 모양
으로 만들었으며 20 이 두 기둥
머리에 있는 그물 곁 곧 그 머리의
공 같이 둥근 곳으로 돌아가며 각
기 석류 이백 개가 줄을 지었더라
21 이 두 기둥을 성전의 주랑 앞에
세우되 오른쪽 기둥을 세우고 그
이름을 야긴이라 하고 왼쪽의 기
둥을 세우고 그 이름을 보아스라
하였으며 22 그 두 기둥 꼭대기에
는 백합화 형상이 있더라 두 기둥
의 공사가 끝나니라

놋을 부어 만든 바다

23 또 바다를 부어 만들었으니 그
직경이 십 규빗이요 그 모양이 둥
글며 그 높이는 다섯 규빗이요 주
위는 삼십 규빗 줄을 두를 만하며
24 그 가장자리 아래에는 돌아가
며 박이 있는데 매 규빗에 열 개씩

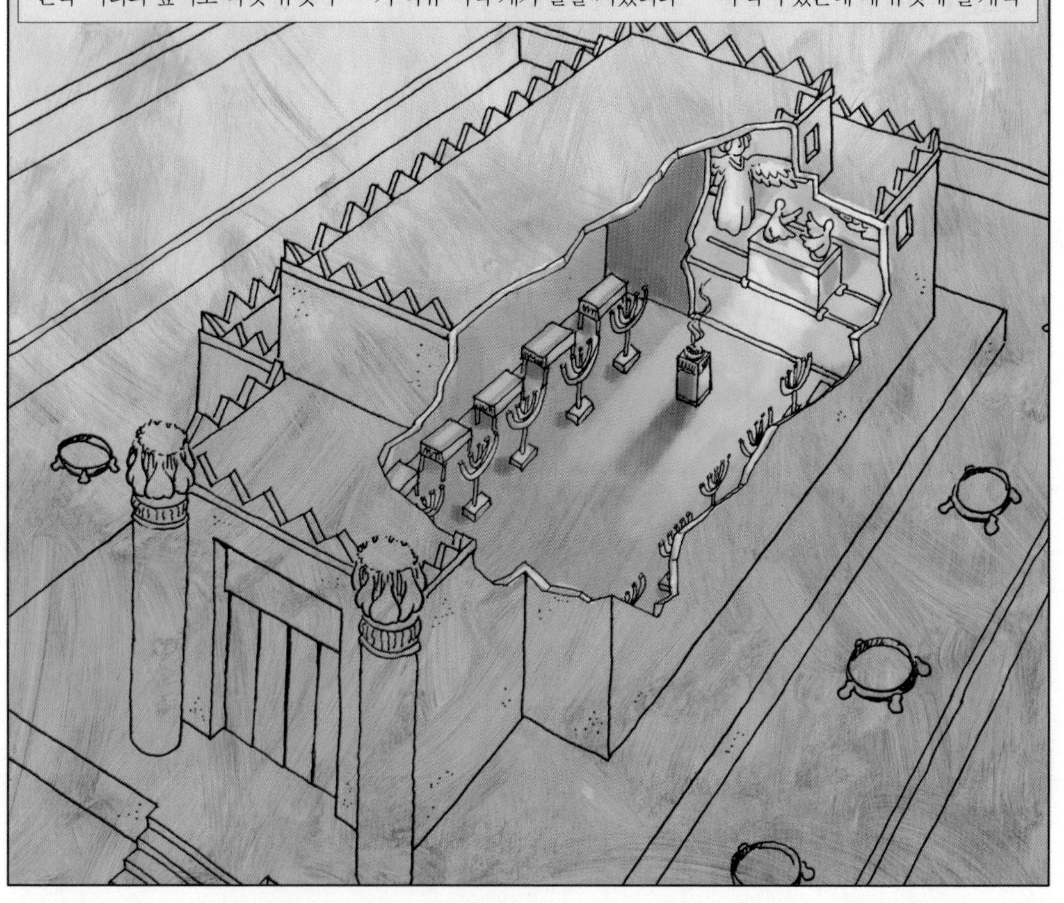

있어서 바다 주위에 둘렀으니 그 박
은 바다를 부어 만들 때에 두 줄로
부어 만들었으며 25 그 바다를 소
열두 마리가 받쳤으니 셋은 북쪽을
향하였고 셋은 서쪽을 향하였고 셋
은 남쪽을 향하였고 셋은 동쪽을 향
하였으며 바다를 그 위에 놓았고 소
의 뒤는 다 안으로 두었으며 26 바
다의 두께는 한 손 너비만 하고 그
것의 가는 백합화의 양식으로 잔 가
와 같이 만들었으니 그 바다에는 이
천 밧을 담겠더라

놋 받침 수레와 물두멍

27 또 놋으로 받침 수레 열을 만들
었으니 매 받침 수레의 길이가 네
규빗이요 너비가 네 규빗이요 높이
가 세 규빗이라 28 그 받침 수레의
구조는 이러하니 사면 옆 가장자리
가운데에는 판이 있고 29 가장자리
가운데 판에는 사자와 소와 그룹들
이 있고 또 가장자리 위에는 놓는
자리가 있고 사자와 소 아래에는 화
환 모양이 있으며 30 그 받침 수레
에 각각 네 놋바퀴와 놋축이 있고
받침 수레 네 발 밑에는 어깨 같은
것이 있으며 그 어깨 같은 것은 물
두멍 아래쪽에 부어 만들었고 화환
은 각각 그 옆에 있으며 31 그 받침
수레 위로 들이켜 높이가 한 규빗
되게 내민 것이 있고 그 면은 직경
한 규빗 반 되게 반원형으로 우묵하
며 그 나머지 면에는 아로새긴 것이
있으며 그 내민 판들은 네모지고 둥
글지 아니하며 32 네 바퀴는 옆판
밑에 있고 바퀴 축은 받침 수레에
연결되었는데 바퀴의 높이는 각각
한 규빗 반이며 33 그 바퀴의 구조
는 병거 바퀴의 구조 같은데 그 축
과 테와 살과 통이 다 부어 만든 것
이며 34 받침 수레 네 모퉁이에 어
깨 같은 것 넷이 있는데 그 어깨는
받침 수레와 연결되었고 35 받침
수레 위에 둥근 테두리가 있는데 높
이가 반 규빗이요 또 받침 수레 위
의 버팀대와 옆판들이 받침 수레와
연결되었고 36 버팀대 판과 옆판에
는 각각 빈 곳을 따라 그룹들과 사
자와 종려나무를 아로새겼고 또 그
둘레에 화환 모양이 있더라 37 이
와 같이 받침 수레 열 개를 만들었
는데 그 부어 만든 법과 크기와 양
식을 다 동일하게 만들었더라 38
또 물두멍 열 개를 놋으로 만들었는
데 물두멍마다 각각 사십 밧을 담게
하였으며 매 물두멍의 직경은 네 규
빗이라 열 받침 수레 위에 각각 물
두멍이 하나씩이더라 39 그 받침 수
레 다섯은 성전 오른쪽에 두었고 다
섯은 성전 왼쪽에 두었고 성전 오른

쪽 동남쪽에는 그 바다를 두었더라

성전 기구들

40 히람이 또 물두멍과 부삽과 대접
들을 만들었더라 이와 같이 히람이
솔로몬 왕을 위하여 여호와의 전의
모든 일을 마쳤으니 41 곧 기둥 둘
과 그 기둥 꼭대기의 공 같은 머리
둘과 또 기둥 꼭대기의 공 같은 머
리를 가리는 그물 둘과 42 또 그 그
물들을 위하여 만든 바 매 그물에
두 줄씩으로 기둥 위의 공 같은 두
머리를 가리게 한 석류 사백 개와
43 또 열 개의 받침 수레와 받침 수
레 위의 열 개의 물두멍과 44 한 바
다와 그 바다 아래의 소 열두 마리
와 45 솥과 부삽과 대접들이라 히
람이 솔로몬 왕을 위하여 여호와의
성전에 이 모든 그릇을 빛난 놋으로
만드니라 46 왕이 요단 평지에서
숙곳과 사르단 사이의 차진 흙에 그
것들을 부어 내었더라 47 기구가
심히 많으므로 솔로몬이 다 달아보
지 아니하고 두었으니 그 놋 무게를
능히 측량할 수 없었더라 48 솔로
몬이 또 여호와의 성전의 모든 기구
를 만들었으니 곧 금 단과 진설병의
금 상과 49 내소 앞에 좌우로 다섯
씩 둘 정금 등잔대며 또 금 꽃과 등
잔과 불집게며 50 또 정금 대접과
불집게와 주발과 숟가락과 불을 옮
기는 그릇이며 또 내소 곧 지성소
문의 금 돌쩌귀와 성전 곧 외소 문
의 금 돌쩌귀더라 51 솔로몬 왕이
여호와의 성전을 위하여 만드는 모
든 일을 마친지라 이에 솔로몬이 그
의 아버지 다윗이 드린 물건 곧 은
과 금과 기구들을 가져다가 여호와
의 성전 곳간에 두었더라

8장

언약궤를 성전으로 옮기다

1 이에 솔로몬이 여호와의 언약궤
를 다윗 성 곧 시온에서 메어 올리
고자 하여 이스라엘 장로와 모든
지파의 우두머리 곧 이스라엘 자
손의 족장들을 예루살렘에 있는
자기에게로 소집하니 2 이스라엘
모든 사람이 다 에다님월 곧 일곱
째 달 절기에 솔로몬 왕에게 모이
고 3 이스라엘 장로들이 다 이르
매 제사장들이 궤를 메니라 4 여
호와의 궤와 회막과 성막 안의 모
든 거룩한 기구들을 메고 올라가
되 제사장과 레위 사람이 그것들
을 메고 올라가매 5 솔로몬 왕과
그 앞에 모인 이스라엘 회중이 그
와 함께 그 궤 앞에 있어 양과 소
로 제사를 지냈으니 그 수가 많아
기록할 수도 없고 셀 수도 없었더
라 6 제사장들이 여호와의 언약
궤를 자기의 처소로 메어 들였으
니 곧 성전의 내소인 지성소 그룹
들의 날개 아래라 7 그룹들이 그
궤 처소 위에서 날개를 펴서 궤와
그 채를 덮었는데 8 채가 길므로
채 끝이 내소 앞 성소에서 보이나
밖에서는 보이지 아니하며 그 채
는 오늘까지 그 곳에 있으며 9 그
궤 안에는 두 돌판• 외에 아무것
도 없으니 이것은 이스라엘 자손
이 애굽 땅에서 나온 후 여호와께
서 저희와 언약을 맺으실 때에 모
세가 호렙에서 그 안에 넣은 것이
더라 10 제사장이 성소에서 나올
때에 구름이 여호와의 성전에 가
득하매 11 제사장이 그 구름으로
말미암아 능히 서서 섬기지 못하
였으니 이는 여호와의 영광이 여
호와의 성전에 가득함이었더라

8:9 **돌판** 이것은 하나님께서 십계명을 써주신 두 판을 가리킨다.

솔로몬의 연설
12 그 때에 솔로몬이 이르되
여호와께서 캄캄한 데 계시겠다 말씀하셨사오나 13 내가 참으로 주를 위하여 계실 성전을 건축하였사오니 주께서 영원히 계실 처소로소이다 하고
14 얼굴을 돌이켜 이스라엘의 온 회중을 위하여 축복하니 그 때에 이스라엘의 온 회중이 서 있더라

15 왕이 이르되
이스라엘의 하나님 여호와를 송축할지로다 여호와께서 그의 입으로 내 아버지 다윗에게 말씀하신 것을 이제 그의 손으로 이루셨도다 이르시기를 16 내가 내 백성 이스라엘을 애굽에서 인도하여 낸 날부터 내 이름을 둘 만한 집을 건축하기 위하여 이스라엘 모든 지파 가운데에서 아무 성읍도 택하지 아니하고 다만 다윗을 택하여 내 백성 이스라엘을 다스리게 하였노라 하신지라 17 내 아버지 다윗이 이스라엘의 하나님 여호와의 이름을 위하여 성전을 건축할 마음이 있었더니 18 여호와께서 내 아버지 다윗에게 이르시되 네가 내 이름을 위하여 성전을 건축할 마음이 있으니 이 마음이 네게 있는 것이 좋도다 19 그러나 너는 그 성전을 건축하지 못할 것이요 네 몸에서 낳을 네 아들 그가 내 이름을 위하여 성전을 건축하리라 하시더니 20 이제 여호와께서 말씀하신 대로 이루시도다 내가 여호와께서 말씀하신 대로 내 아버지 다윗을 이어서 일어나 이스라엘의 왕위에 앉고 이스라엘의 하나님 여호와의 이름을 위하여 성전을 건축하고 21 내가 또 그 곳에 우리 조상들을 애굽 땅에서 인도하여 내실 때에 그들과 세우신 바 여호와의 언약을 넣은 궤를 위하여 한 처소를 설치하였노라

솔로몬의 기도

22 솔로몬이 여호와의 제단 앞에서 이스라엘의 온 회
중과 마주서서 하늘을 향하여 손을 펴고 23 이르되

이스라엘의 하나님 여호와여 위
로 하늘과 아래로 땅에 주와 같
은 신이 없나이다 주께서는 온
마음으로 주의 앞에서 행하는 종
들에게 언약을 지키시고 은혜를
베푸시나이다 24 주께서 주의
종 내 아버지 다윗에게 하신 말
씀을 지키사 주의 입으로 말씀하
신 것을 손으로 이루심이 오늘과
같으니이다 25 이스라엘의 하나
님 여호와여 주께서 주의 종 내
아버지 다윗에게 말씀하시기를
네 자손이 자기 길을 삼가서 네
가 내 앞에서 행한 것 같이 내 앞
에서 행하기만 하면 네게서 나서
이스라엘의 왕위에 앉을 사람이
내 앞에서 끊어지지 아니하리라
하셨사오니 이제 다윗을 위하여
그 하신 말씀을 지키시옵소서
26 그런즉 이스라엘의 하나님이
여 원하건대 주는 주의 종 내 아
버지 다윗에게 하신 말씀이 확실
하게 하옵소서 27 하나님이 참
으로 땅에 거하시리이까 하늘과
하늘들의 하늘이라도 주를 용납
하지 못하겠거든 하물며 내가 건
축한 이 성전이오리이까 28 그
러나 내 하나님 여호와여 주의
종의 기도와 간구를 돌아보시며
이 종이 오늘 주 앞에서 부르짖
음과 비는 기도를 들으시옵소서
29 주께서 전에 말씀하시기를 내
이름이 거기 있으리라 하신 곳
이 성전을 향하여 주의 눈이 주
야로 보시오며 주의 종이 이 곳
을 향하여 비는 기도를 들으시옵
소서 30 주의 종과 주의 백성 이
스라엘이 이 곳을 향하여 기도할
때에 주는 그 간구함을 들으시되
주께서 계신 곳 하늘에서 들으시
고 들으시사 사하여 주옵소서
31 만일 어떤 사람이 그 이웃에
게 범죄함으로 맹세시킴을 받고
그가 와서 이 성전에 있는 주의
제단 앞에서 맹세하거든 32 주
는 하늘에서 들으시고 행하시되
주의 종들을 심판하사 악한 자의
죄를 정하여 그 행위대로 그 머
리에 돌리시고 의로운 자를 의롭
다 하사 그의 의로운 바대로 갚
으시옵소서 33 만일 주의 백성
이스라엘이 주께 범죄하여 적국
앞에 패하게 되므로 주께로 돌아
와서 주의 이름을 인정하고 이

성전에서 주께 기도하며 간구하거
든 34 주는 하늘에서 들으시고 주
의 백성 이스라엘의 죄를 사하시
고 그들의 조상들에게 주신 땅으
로 돌아오게 하옵소서 35 만일 그
들이 주께 범죄함으로 말미암아
하늘이 닫히고 비가 없어서 주께
벌을 받을 때에 이 곳을 향하여 기
도하며 주의 이름을 찬양하고 그
들의 죄에서 떠나거든 36 주는 하
늘에서 들으사 주의 종들과 주의
백성 이스라엘의 죄를 사하시고
그들이 마땅히 행할 선한 길을 가
르쳐 주시오며 주의 백성에게 기
업으로 주신 주의 땅에 비를 내리
시옵소서 37 만일 이 땅에 기근이
나 전염병이 있거나 곡식이 시들
거나 깜부기가 나거나 메뚜기나
황충이 나거나 적국이 와서 성읍
을 에워싸거나 무슨 재앙이나 무
슨 질병이 있든지 막론하고 38 한
사람이나 혹 주의 온 백성 이스라
엘이 다 각각 자기의 마음에 재앙
을 깨닫고 이 성전을 향하여 손을
펴고 무슨 기도나 무슨 간구를 하
거든 39 주는 계신 곳 하늘에서 들
으시고 사하시며 각 사람의 마음
을 아시오니 그들의 모든 행위대
로 행하사 갚으시옵소서 주만 홀
로 사람의 마음을 다 아심이니이
다 40 그리하시면 그들이 주께서
우리 조상들에게 주신 땅에서 사
는 동안에 항상 주를 경외하리이
다 41 또 주의 백성 이스라엘에 속
하지 아니한 자 곧 주의 이름을 위
하여 먼 지방에서 온 이방인이라
도 42 그들이 주의 크신 이름과 주
의 능한 손과 주의 펴신 팔의 소문
을 듣고 와서 이 성전을 향하여 기
도하거든 43 주는 계신 곳 하늘에
서 들으시고 이방인이 주께 부르
짖는 대로 이루사 땅의 만민이 주
의 이름을 알고 주의 백성 이스라
엘처럼 경외하게 하시오며 또 내
가 건축한 이 성전을 주의 이름으
로 일컫는 줄을 알게 하옵소서 44
주의 백성이 그들의 적국과 더불
어 싸우고자 하여 주께서 보내신
길로 나갈 때에 그들이 주께서 택
하신 성읍과 내가 주의 이름을 위
하여 건축한 성전이 있는 쪽을 향
하여 여호와께 기도하거든 45 주
는 하늘에서 그들의 기도와 간구
를 들으시고 그들의 일을 돌아보
옵소서 46 범죄하지 아니하는 사
람이 없사오니 그들이 주께 범죄
함으로 주께서 그들에게 진노하사
그들을 적국에게 넘기시매 적국이
그들을 사로잡아 원근을 막론하고
적국의 땅으로 끌어간 후에 47 그
들이 사로잡혀 간 땅에서 스스로
깨닫고 그 사로잡은 자의 땅에서
돌이켜 주께 간구하기를 우리가
범죄하여 반역을 행하며 악을 지
었나이다 하며 48 자기를 사로잡
아 간 적국의 땅에서 온 마음과 온
뜻으로 주께 돌아와서 주께서 그
들의 조상들에게 주신 땅 곧 주께
서 택하신 성읍과 내가 주의 이름
을 위하여 건축한 성전 있는 쪽을
향하여 주께 기도하거든 49 주는
계신 곳 하늘에서 그들의 기도와

간구를 들으시고 그들의 일을 돌
아보시오며 50 주께 범죄한 백성
을 용서하시며 주께 범한 그 모든
허물을 사하시고 그들을 사로잡
아 간 자 앞에서 그들로 불쌍히
여김을 얻게 하사 그 사람들로 그
들을 불쌍히 여기게 하옵소서 51
그들은 주께서 철 풀무 같은 애굽
에서 인도하여 내신 주의 백성,
주의 소유가 됨이니이다 52 원하
건대 주는 눈을 들어 종의 간구함
과 주의 백성 이스라엘의 간구함
을 보시고 주께 부르짖는 대로 들
으시옵소서 53 주 여호와여 주께
서 우리 조상을 애굽에서 인도하
여 내실 때에 주의 종 모세를 통
하여 말씀하심 같이 주께서 세상
만민 가운데에서 그들을 구별하
여 주의 기업으로 삼으셨나이다
솔로몬의 축복
54 솔로몬이 무릎을 꿇고 손을
펴서 하늘을 향하여 이 기도와
간구로 여호와께 아뢰기를 마치
고 여호와의 제단 앞에서 일어나

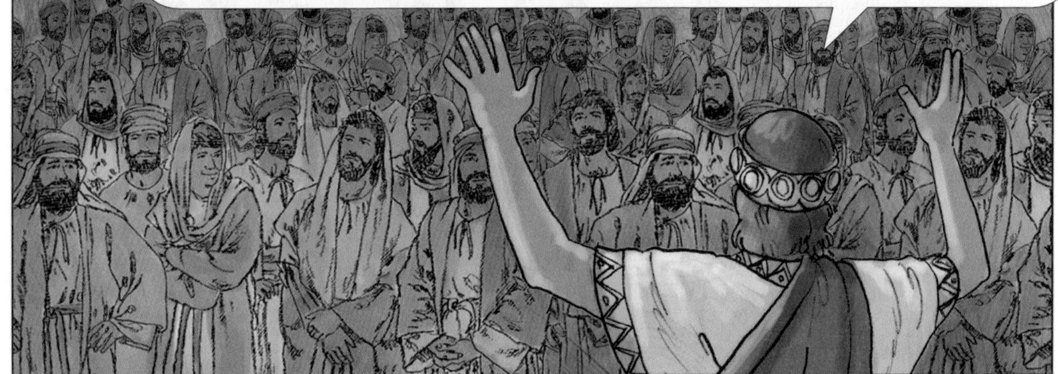
55 서서 큰 소
리로 이스라엘
의 온 회중을
위하여 축복
하며 이르되
56 여호와를 찬송할지로다 그가 말씀하신 대로
그의 백성 이스라엘에게 태평을 주셨으니 그 종
모세를 통하여 무릇 말씀하신 그 모든 좋은 약속
이 하나도 이루어지지 아니함이 없도다 57 우리
하나님 여호와께서 우리 조상들과 함께 계시던
것 같이 우리와 함께 계시옵고 우리를 떠나지 마
시오며 버리지 마시옵고 58 우리의 마음을 주께
로 향하여 그의 모든 길로 행하게 하시오며 우리
조상들에게 명령하신 계명과 법도와 율례를 지
키게 하시기를 원하오며 59 여호와 앞에서 내가
간구한 이 말씀이 주야로 우리 하나님 여호와께
가까이 있게 하시옵고 또 주의 종의 일과 주의
백성 이스라엘의 일을 날마다 필요한 대로 돌아
보사 60 이에 세상 만민에게 여호와께서만 하나
님이시고 그 외에는 없는 줄을 알게 하시기를 원
하노라 61 그런즉 너희의 마음을 우리 하나님
여호와께 온전히 바쳐 완전하게 하여 오늘과 같
이 그의 법도를 행하며 그의 계명을 지킬지어다

성전 봉헌식

62 이에 왕과 및 왕과 함께 한 이스라엘이 다 여호와
앞에 희생제물을 드리니라 63 솔로몬이 화목제의 희
생제물을 드렸으니 곧 여호와께 드린 소가 이만 이천
마리요 양이 십이만 마리라 이와 같이 왕과 모든 이
스라엘 자손이 여호와의 성전의 봉헌식을 행하였는
데 64 그 날에 왕이 여호와의 성전 앞뜰 가운데를 거
룩히 구별하고 거기서 번제와 소제와 감사제물의 기
름을 드렸으니 이는 여호와의 앞 놋 제단이 작으므로
번제물과 소제물과 화목제의 기름을 다 용납할 수 없
음이라

65 그 때에 솔로몬이 칠 일과 칠 일 도합 십사 일간을
우리 하나님 여호와 앞에서 절기로 지켰는데 하맛 어
귀에서부터 애굽 강까지의 온 이스라엘의 큰 회중이
모여 그와 함께 하였더니 66 여덟째 날에 솔로몬이 백
성을 돌려보내매 백성이 왕을 위하여 축복하고 자기
장막으로 돌아가는데 여호와께서 그의 종 다윗과 그
의 백성 이스라엘에게 베푸신 모든 은혜로 말미암아
기뻐하며 마음에 즐거워하였더라

9장

여호와께서 다시 솔로몬에게 나타나시다

1 솔로몬이 여호와의 성전
과 왕궁 건축하기를 마치
며 자기가 이루기를 원하
던 모든 것을 마친 때에 2
여호와께서 전에 기브온에
서 나타나심 같이 다시 솔
로몬에게 나타나사 3 여호
와께서 그에게 이르시되
네 기도와 네가 내 앞에서 간구한 바
를 내가 들었은즉 나는 네가 건축한
이 성전을 거룩하게 구별하여 내 이
름을 영원히 그 곳에 두며 내 눈길과
내 마음이 항상 거기에 있으리니 4
네가 만일 네 아버지 다윗이 행함 같
이 마음을 온전히 하고 바르게 하여
내 앞에서 행하며 내가 네게 명령한
대로 온갖 일에 순종하여 내 법도와
율례를 지키면 5 내가 네 아버지 다
윗에게 말하기를 이스라엘의 왕위에
오를 사람이 네게서 끊어지지 아니하
리라 한 대로 네 이스라엘의 왕위를
영원히 견고하게 하려니와 6 만일 너
희나 너희의 자손이 아주 돌아서서
나를 따르지 아니하며 내가 너희 앞
에 둔 나의 계명과 법도를 지키지 아
니하고 가서 다른 신을 섬겨 그것을
경배하면 7 내가 이스라엘을 내가 그
들에게 준 땅에서 끊어 버릴 것이요
내 이름을 위하여 내가 거룩하게 구
별한 이 성전이라도 내 앞에서 던져
버리리니 이스라엘은 모든 민족 가운
데에서 속담거리와 이야기거리가 될
것이며 8 이 성전이 높을지라도 지나
가는 자마다 놀라며 비웃어 이르되
여호와께서 무슨 까닭으로 이 땅과
이 성전에 이같이 행하셨는고 하면 9
대답하기를 그들이 그들의 조상들을
애굽 땅에서 인도하여 내신 그들의
하나님 여호와를 버리고 다른 신을
따라가서 그를 경배하여 섬기므로 여
호와께서 이 모든 재앙을 그들에게
내리심이라 하리라 하셨더라

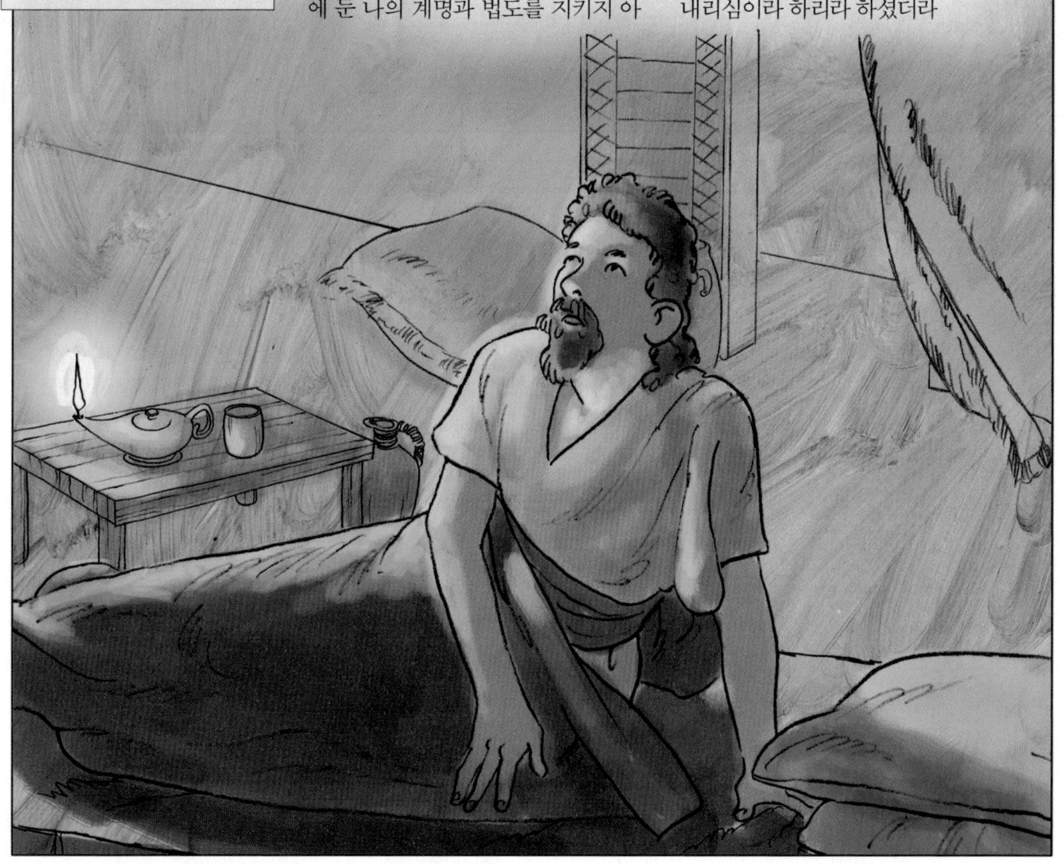

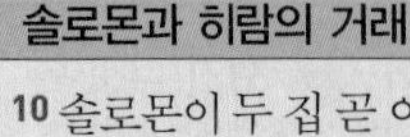

솔로몬과 히람의 거래

10 솔로몬이 두 집 곧 여호와의 성전과 왕
궁을 이십 년 만에 건축하기를 마치고
11 갈릴리 땅의 성읍 스무 곳을 히람에게
주었으니 이는 두로 왕 히람이 솔로몬에
게 그 온갖 소원대로 백향목과 잣나무와
금을 제공하였음이라 12 히람이 두로에
서 와서 솔로몬이 자기에게 준 성읍들을
보고 눈에 들지 아니하여 13 이르기를

내 형제여 내게 준 이 성
읍들이 이러한가 하고

이름하여 가불• 땅이라 하였
더니 그 이름이 오늘까지 있느
니라 14 히람이 금 일백이십
달란트를 왕에게 보내었더라

솔로몬의 나머지 업적

15 솔로몬 왕이 역군을 일으킨 까
닭은 이러하니 여호와의 성전과
자기 왕궁과 밀로와 예루살렘 성
과 하솔과 므깃도와 게셀을 건축
하려 하였음이라 16 전에 애굽 왕
바로가 올라와서 게셀을 탈취하
여 불사르고 그 성읍에 사는 가나
안 사람을 죽이고 그 성읍을 자기
딸 솔로몬의 아내에게 예물로 주
었더니 17 솔로몬이 게셀과 아래
벧호론을 건축하고 18 또 바알랏
과 그 땅의 들에 있는 다드몰과
19 자기에게 있는 모든 국고성과
병거성들과 마병의 성들을 건축
하고 솔로몬이 또 예루살렘과 레
바논과 그가 다스리는 온 땅에 건
축하고자 하던 것을 다 건축하였
는데 20 이스라엘 자손이 아닌 아
모리 사람과 헷 사람과 브리스 사
람과 히위 사람과 여부스 사람 중
남아 있는 모든 사람 21 곧 이스

9:13 **가불** 이 이름은 '가치 없다'라는 뜻

라엘 자손이 다 멸하지 못하므로
그 땅에 남아 있는 그들의 자손들
을 솔로몬이 노예로 역군을 삼아
오늘까지 이르렀으되 22 다만 이
스라엘 자손은 솔로몬이 노예를
삼지 아니하였으니 그들은 군사
와 그 신하와 고관과 대장이며 병
거와 마병의 지휘관이 됨이었더
라 23 솔로몬에게 일을 감독하는
우두머리 오백오십 명이 있어 일
하는 백성을 다스렸더라 24 바로
의 딸이 다윗 성에서부터 올라와
솔로몬이 그를 위하여 건축한 궁
에 이를 때에 솔로몬이 밀로를 건
축하였더라 25 솔로몬이 여호와
를 위하여 쌓은 제단 위에 해마다
세 번씩 번제와 감사의 제물을 드
리고 또 여호와 앞에 있는 제단에
분향하니라 이에 성전 짓는 일을
마치니라 26 솔로몬 왕이 에돔 땅
홍해 물 가의 엘롯 근처 에시온게
벨에서 배들을 지은지라 27 히람
이 자기 종 곧 바다에 익숙한 사공
들을 솔로몬의 종과 함께 그 배로
보내매 28 그들이 오빌에 이르러
거기서 금 사백이십 달란트를 얻
고 솔로몬 왕에게로 가져왔더라

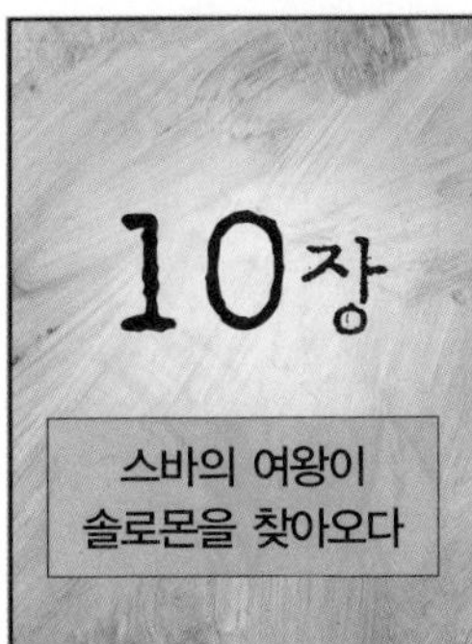

10장

스바의 여왕이 솔로몬을 찾아오다

1 스바의 여왕이 여호와의 이름으로 말미암은 솔로몬의 명성을 듣고 와서

어려운 문제로 그를
시험하고자 하여 2
예루살렘에 이르니
수행하는 자가 심히
많고 향품과 심히
많은 금과 보석을
낙타에 실었더라

그가 솔로몬에게 나
아와 자기 마음에 있
는 것을 다 말하매
3 솔로몬이 그가 묻
는 말에 다 대답하였
으니 왕이 알지 못하
여 대답하지 못한 것
이 하나도 없었더라
4 스바의 여왕이 솔
로몬의 모든 지혜와
그 건축한 왕궁과

5 그 상의 식물과
그의 신하들의 좌
석과 그의 시종들
이 시립한 것과
그들의 관복과 술
관원들과 여호와
의 성전에 올라가
는 층계를 보고
크게 감동되어

6 왕께 말하되
내가 내 나라에서 당신의
행위와 당신의 지혜에 대
하여 들은 소문이 사실이
로다 7 내가 그 말들을
믿지 아니하였더니 이제
와서 친히 본즉 내게 말
한 것은 절반도 못되니
당신의 지혜와 복이 내가
들은 소문보다 더하도다

8 복되도다 당신의 사람들이여 복되도다 당신의 이 신하들이여 항상 당신 앞에 서서 당신의 지혜를 들음이로다

9 당신의 하나님 여호와를 송축할지로다 여호와께서 당신을 기뻐하사 이스라엘 왕위에 올리셨고 여호와께서 영원히 이스라엘을 사랑하시므로 당신을 세워 왕으로 삼아 정의와 공의를 행하게 하셨도다 하고

10 이에 그가 금 일백이십 달란트와 심히 많은 향품과 보석을 왕에게 드렸으니 스바의 여왕이 솔로몬 왕에게 드린 것처럼 많은 향품이 다시 오지 아니하였더라

11 오빌에서부터 금을 실어온 히람의 배들이 오빌에서 많은 백단목과 보석을 운반하여 오매
12 왕이 백단목으로 여호와의 성전과 왕궁의 난간을 만들고 또 노래하는 자를 위하여 수금과 비파를 만들었으니 이같은 백단목은 전에도 온 일이 없었고 오늘까지도 보지 못하였더라

13 솔로몬 왕이 왕의 규례대로 스바의 여왕에게 물건을 준 것 외에
또 그의 소원대로 구하는 것을 주니 이에 그가 그의 신하들과 함께 본국으로 돌아갔더라

솔로몬의 재산과 지혜

14 솔로몬의 세입금의 무게가 금
육백육십육 달란트요 15 그 외에
또 상인들과 무역하는 객상과 아
라비아의 모든 왕들과 나라의 고
관들에게서도 가져온지라 16 솔
로몬 왕이 쳐서 늘인 금으로 큰 방
패 이백 개를 만들었으니 매 방패
에 든 금이 육백 세겔이며 17 또
쳐서 늘인 금으로 작은 방패 삼백
개를 만들었으니 매 방패에 든 금
이 삼 마네라 왕이 이것들을 레바
논 나무 궁에 두었더라 18 왕이
또 상아로 큰 보좌를 만들고 정금
으로 입혔으니 19 그 보좌에는 여
섯 층계가 있고 보좌 뒤에 둥근 머
리가 있고 앉는 자리 양쪽에는 팔
걸이가 있고 팔걸이 곁에는 사자
가 하나씩 서 있으며 20 또 열두
사자가 있어 그 여섯 층계 좌우편
에 서 있으니 어느 나라에도 이같
이 만든 것이 없었더라

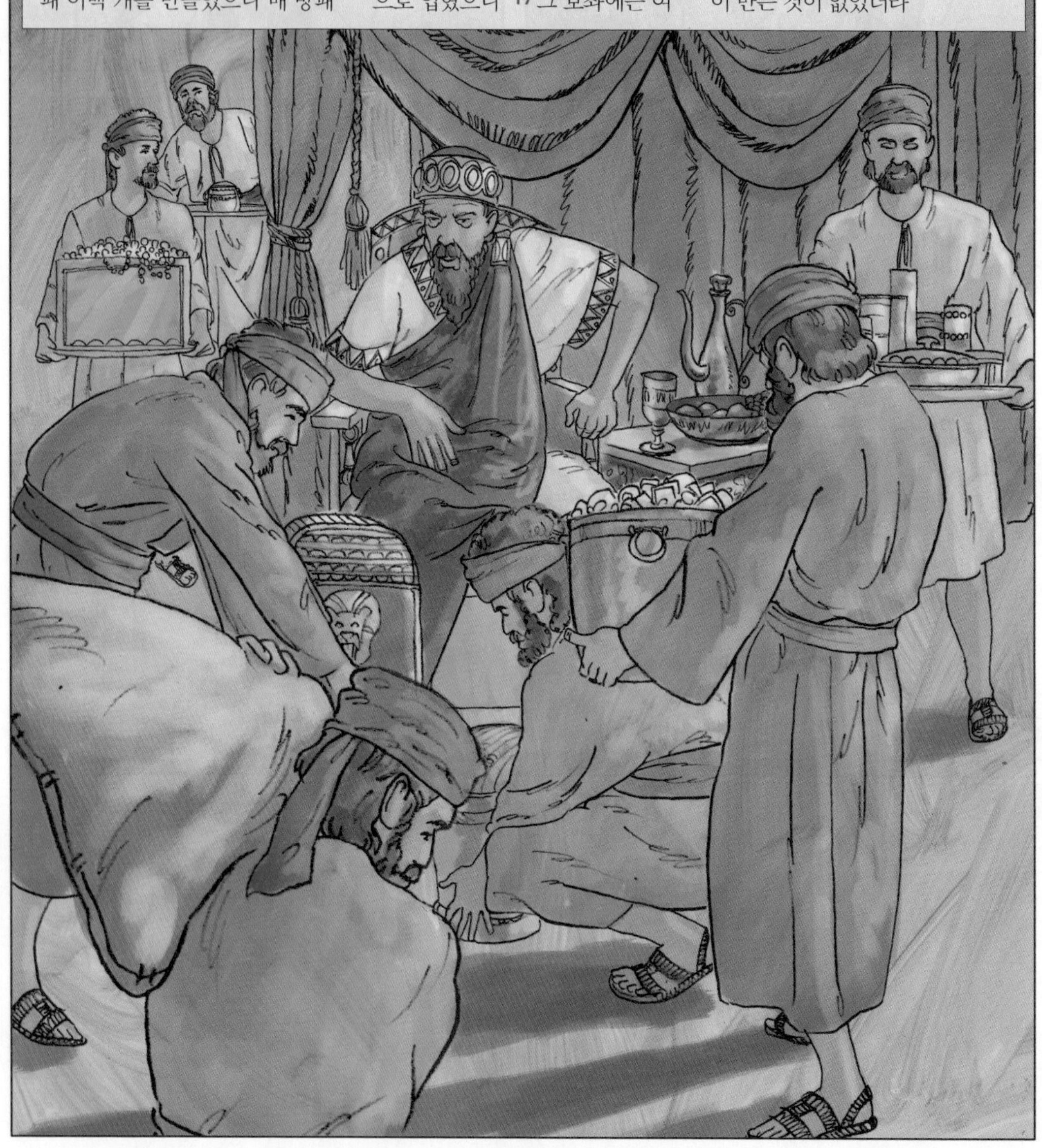

21 솔로몬 왕이 마시는 그릇은 다
금이요 레바논 나무 궁의 그릇들
도 다 정금이라 은 기물이 없으니
솔로몬의 시대에 은을 귀히 여기
지 아니함은 22 왕이 바다에 다시
스 배들을 두어 히람의 배와 함께
있게 하고 그 다시스 배로 삼 년에
한 번씩 금과 은과 상아와 원숭이
와 공작을 실어 왔음이더라 23 솔
로몬 왕의 재산과 지혜가 세상의
그 어느 왕보다 큰지라 24 온 세
상 사람들이 다 하나님께서 솔로
몬의 마음에 주신 지혜를 들으며
그의 얼굴을 보기 원하여 25 그들
이 각기 예물을 가지고 왔으니 곧
은 그릇과 금 그릇과 의복과 갑옷
과 향품과 말과 노새라 해마다 그
리하였더라 26 솔로몬이 병거와
마병을 모으매 병거가 천사백 대
요 마병이 만이천 명이라 병거성
에도 두고 예루살렘 왕에게도 두
었으며 27 왕이 예루살렘에서 은
을 돌 같이 흔하게 하고 백향목을
평지의 뽕나무 같이 많게 하였더
라 28 솔로몬의 말들은 애굽에서
들여왔으니 왕의 상인들이 값주
고 산 것이며 29 애굽에서 들여온
병거는 한 대에 은 육백 세겔이요
말은 한 필에 백오십 세겔이라 이
와 같이 헷 사람의 모든 왕과 아람
왕들에게 그것들을 되팔기도 하
였더라

11장

솔로몬의 마음이 여호와를 떠나다

1 솔로몬 왕
이 바로의 딸
외에 이방의
많은 여인을
사랑하였으
니 곧 모압과
암몬과 에돔
과 시돈과 헷
여인이라

2 여호와께서 일찍이 이 여러 백성에 대
하여 이스라엘 자손에게 말씀하시기를
너희는 그들과 서로 통혼하지 말며 그들도 너희와
서로 통혼하게 하지 말라 그들이 반드시 너희의 마
음을 돌려 그들의 신들을 따르게 하리라 하셨으나
솔로몬이 그들을 사랑하였더라 3 왕은 후궁이 칠백
명이요 첩이 삼백 명이라 그의 여인들이 왕의 마음
을 돌아서게 하였더라 4 솔로몬의 나이가 많을 때에
그의 여인들이 그의 마음을 돌려 다른 신들을 따르
게 하였으므로 왕의 마음이 그의 아버지 다윗의 마
음과 같지 아니하여 그의 하나님 여호와 앞에 온전
하지 못하였으니 5 이는 시돈 사람의 여신 아스다롯
을 따르고 암몬 사람의 가증한 밀곰을 따름이라 6
솔로몬이 여호와의 눈앞에서 악을 행하여 그의 아버
지 다윗이 여호와를 온전히 따름 같이 따르지 아니
하고 7 모압의 가증한 그모스를 위하여 예루살렘 앞
산에 산당을 지었고 또 암몬 자손의 가증한 몰록을
위하여 그와 같이 하였으며

8 그가 또 그의 이방 여
인들을 위하여 다 그와
같이 한지라 그들이 자
기의 신들에게 분향하
며 제사하였더라

9 솔로몬이 마음을 돌려 이스라엘의 하나
님 여호와를 떠나므로 여호와께서 그에게
진노하시니라 여호와께서 일찍이 두 번이
나 그에게 나타나시고 10 이 일에 대하여
명령하사 다른 신을 따르지 말라 하셨으나
그가 여호와의 명령을 지키지 않았으므로
11 여호와께서 솔로몬에게 말씀하시되

네게 이러한 일이 있었고 또 네가 내 언약과 내가 네게 명령한 법
도를 지키지 아니하였으니 내가 반드시 이 나라를 네게서 빼앗아
네 신하에게 주리라 12 그러나 네 아버지 다윗을 위하여 네 세대
에는 이 일을 행하지 아니하고 네 아들의 손에서 빼앗으려니와
13 오직 내가 이 나라를 다 빼앗지 아니하고 내 종 다윗과 내가 택
한 예루살렘을 위하여 한 지파를 네 아들에게 주리라 하셨더라

솔로몬의 대적

14 여호와께서 에돔 사람
하닷을 일으켜 솔로몬의 대
적이 되게 하시니 그는 왕
의 자손으로서 에돔에 거하
였더라 15 전에 다윗이 에
돔에 있을 때에 군대 지휘
관 요압이 가서 죽임을 당
한 자들을 장사하고 에돔의
남자를 다 쳐서 죽였는데

16 요압은 에돔의 남자를
다 없애기까지 이스라엘 무
리와 함께 여섯 달 동안 그
곳에 머물렀더라 17 그 때
에 하닷은 작은 아이라 그
의 아버지 신하 중 에돔 사
람 몇몇과 함께 도망하여
애굽으로 가려 하여 18 미
디안을 떠나 바란에 이르고

거기서 사람을 데리고 애굽으로 가서 애굽
왕 바로에게 나아가매 바로가 그에게 집과
먹을 양식을 주며 또 토지를 주었더라

19 하닷이 바로의 눈 앞에 크게 은총을 얻었으므로 바로가 자기의 처제 곧 왕비 다브네스의 아우를 그의 아내로 삼으매 20 다브네스의 아우가 그로 말미암아 아들 그누밧을 낳았더니 다브네스가 그 아이를 바로의 궁중에서 젖을 떼게 하매 그누밧이 바로의 궁에서 바로의 아들 가운데 있었더라

21 하닷이 애굽에 있어서 다윗이 그의 조상들과 함께 잔 것과 군대 지휘관 요압이 죽은 것을 듣고 바로에게 아뢰되
나를 보내어 내 고국으로 가게 하옵소서
22 바로가 그에게 이르되
네가 나와 함께 있어 무슨 부족함이 있기에 네 고국으로 가기를 구하느냐
대답하되
없나이다 그러나 아무쪼록 나를 보내옵소서 하였더라

23 하나님이 또 엘리아다의 아들 르손을 일으켜 솔로몬의 대적자가 되게 하시니 그는 그의 주인 소바 왕 하닷에셀에게서 도망한 자라
24 다윗이 소바 사람을 죽일 때에 르손이 사람들을 자기에게 모으고 그 무리의 괴수가 되어 다메섹으로 가서 살다가 거기서 왕이 되었더라
25 솔로몬의 일평생에 하닷이 끼친 환난 외에 르손이 수리아 왕이 되어 이스라엘을 대적하고 미워하였더라

여로보암에게 하신 여호와의 말씀

26 솔로몬의 신하 느밧의 아들 여로보암이 또한 손을
들어 왕을 대적하였으니 그는 에브라임 족속인 스레
다 사람이요 그의 어머니의 이름은 스루아이니 과부
더라 27 그가 손을 들어 왕을 대적하는 까닭은 이러
하니라 솔로몬이 밀로를 건축하고 그의 아버지 다윗
의 성읍이 무너진 것을 수축하였는데 28 이 사람 여
로보암은 큰 용사라 솔로몬이 이 청년의 부지런함을
보고 세워 요셉 족속의 일을 감독하게 하였더니

29 그 즈음에 여로보암이 예루살렘에서 나갈 때에 실로 사람 선지자 아히야가 길에서 그를 만나니 아히야가 새 의복을 입었고 그 두 사람만 들에 있었더라

30 아히야가 자기가 입은 새 옷을 잡아 열두 조각으로 찢고

31 여로보암에게 이르되

너는 열 조각을 가지라 이스라엘의 하나님 여호와의 말씀이 내가 이 나라를 솔로몬의 손에서 찢어 빼앗아 열 지파를 네게 주고

32 오직 내 종 다윗을 위하고 이스라엘 모든 지파 중에서 택한 성읍 예루살렘을 위하여 한 지파를 솔로몬에게 주리니

33 이는 그들이 나를 버리고 시돈 사람의 여신 아스다롯과 모압의 신 그모스와 암몬 자손의 신

밀곰을 경배하며 그의 아버지 다윗이 행함 같지 아니하여 내 길로 행하지 아니하며 나 보기에 정직한 일과 내 법도와 내 율례를 행하지 아니함이니라 34 그러나 내가 택한 내 종 다윗이 내 명령과 내 법도를 지켰으므로 내가 그를 위하여 솔로몬의 생전에는 온 나라를 그의 손에서 빼앗지 아니하고 주관하게 하려니와 35 내가 그의 아들의 손에서 나라를 빼앗아 그 열 지파를 네게 줄 것이요 36 그의 아들에게는 내가 한 지파를 주어서 내가 거기에 내 이름을 두고자 하여 택한 성읍 예루살렘에서 내 종 다윗이 항상 내 앞에 등불을 가지고 있게 하리라 37 내가 너를 취하리니 너는 네 마음에 원하는 대로 다스려 이스라엘 위에 왕이 되되
38 네가 만일 내가 명령한 모든 일에 순종하고 내 길로 행하며 내 눈에 합당한 일을 하며 내 종 다윗이 행함 같이 내 율례와 명령을 지키면 내가 너와 함께 있어 내가 다윗을 위하여 세운 것 같이 너를 위하여 견고한 집을 세우고 이스라엘을 네게 주리라 39 내가 이로 말미암아 다윗의 자손을 괴롭게 할 것이나 영원히 하지는 아니하리라 하셨느니라 한지라

40 이러므로 솔로몬이 여로보암을 죽이려 하매 여로보암이 일어나 애굽으로 도망하여 애굽 왕 시삭에게 이르러 솔로몬이 죽기까지 애굽에 있으니라

솔로몬이 죽다

41 솔로몬의 남은 사적과 그의 행한 모든 일과 그의 지혜는 솔로몬의 실록에 기록되지 아니하였느냐 42 솔로몬이 예루살렘에서 온 이스라엘을 다스린 날 수가 사십 년이라 43 솔로몬이 그의 조상들과 함께 자매 그의 아버지 다윗의 성읍에 장사되고 그의 아들 르호보암이 대신하여 왕이 되니라

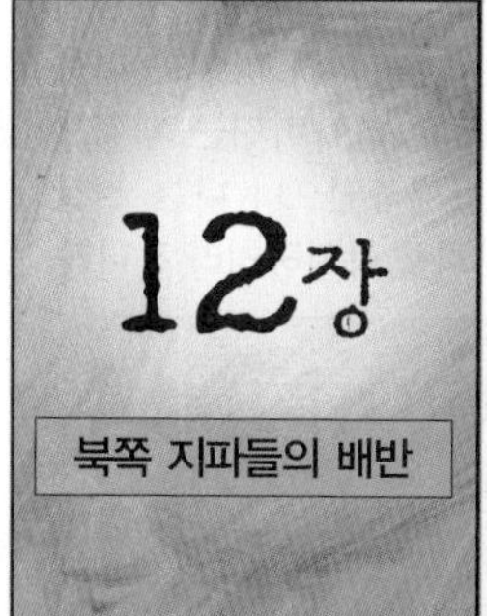

1 르호보암이 세겜으로 갔으니
이는 온 이스라엘이 그를 왕으로
삼고자 하여 세겜에 이르렀음이
더라 2 느밧의 아들 여로보암이
전에 솔로몬 왕의 얼굴을 피하여
애굽으로 도망하여 있었더니 이
제 그 소문을 듣고 여전히 애굽
에 있는 중에 3 무리가 사람을
보내 그를 불렀더라 여로보암과
이스라엘의 온 회중이 와서

르호보암에게
말하여 이르되

4 왕의 아버지가 우리의
멍에를 무겁게 하였으나
왕은 이제 왕의 아버지가
우리에게 시킨 고역과 메
운 무거운 멍에를 가볍게
하소서 그리하시면 우리
가 왕을 섬기겠나이다

5 르호보암
이 대답하되

갔다가 삼
일 후에 다
시 내게로
오라 하매

백성이 가니라

6 르호보암 왕이 그
의 아버지 솔로몬
의 생전에 그 앞에
모셨던 노인들과
의논하여 이르되

너희는 어떻게 충고
하여 이 백성에게 대
답하게 하겠느냐

7 대답하여 이르되

왕이 만일 오늘
이 백성을 섬기는
자가 되어 그들을
섬기고 좋은 말로
대답하여 이르시
면 그들이 영원히
왕의 종이 되리이
다 하나

8 왕이 노인들이 자문하
는 것을 버리고 자기 앞
에 모셔 있는 자기와 함
께 자라난 어린 사람들
과 의논하여 9 이르되

너희는 어떻게 자문하여 이
백성에게 대답하게 하겠느냐
백성이 내게 말하기를 왕의
아버지가 우리에게 메운 멍에
를 가볍게 하라 하였느니라

10 함께 자라난 소년들
이 왕께 아뢰어 이르되

이 백성들이 왕께 아뢰기를 왕의 부친이 우
리의 멍에를 무겁게 하였으나 왕은 우리를
위하여 가볍게 하라 하였은즉 왕은 대답하
기를 내 새끼 손가락이 내 아버지의 허리보
다 굵으니 11 내 아버지께서 너희에게 무
거운 멍에를 메게 하였으나 이제 나는 너희
의 멍에를 더욱 무겁게 할지라 내 아버지는
채찍으로 너희를 징계하였으나 나는 전갈
채찍으로 너희를 징계하리라 하소서

12 삼 일 만에 여로보암과 모든 백
성이 르호보암에게 나아왔으니
이는 왕이 명령하여 이르기를

삼 일 만에 내
게로 다시 오
라 하였음이라

13 왕이 포학한 말로 백성에게
대답할새 노인의 자문을 버리고
14 어린 사람들의 자문을 따라
그들에게 말하여 이르되

내 아버지는 너희의 멍에를 무겁게
하였으나 나는 너희의 멍에를 더욱
무겁게 할지라 내 아버지는 채찍으
로 너희를 징계하였으나 나는 전갈
채찍으로 너희를 징치하리라 하니라

15 왕이 이같이 백성의 말을 듣지 아니하였으
니 이 일은 여호와께로 말미암아 난 것이라 여
호와께서 전에 실로 사람 아히야로 느밧의 아
들 여로보암에게 하신 말씀을 이루게 하심이
더라 16 온 이스라엘이 자기들의 말을 왕이
듣지 아니함을 보고 왕에게 대답하여 이르되

우리가 다윗과 무슨 관계가 있느냐 이새
의 아들에게서 받을 유산이 없도다 이스
라엘아 너희의 장막으로 돌아가라 다윗
이여 이제 너는 네 집이나 돌아보라 하고

이스라엘이 그 장막으로 돌아가니라

17 그러나 유다 성읍들에
사는 이스라엘 자손에게는
르호보암이 그들의 왕이 되
었더라 18 르호보암 왕이
역군의 감독 아도람을 보냈
더니 온 이스라엘이 그를
돌로 쳐죽인지라 르호보암
왕이 급히 수레에 올라 예
루살렘으로 도망하였더라

19 이에 이스라엘이 다윗의 집을
배반하여 오늘까지 이르렀더라

20 온 이스라엘이 여로
보암이 돌아왔다 함을
듣고 사람을 보내 그를
공회로 청하여 온 이스
라엘의 왕으로 삼았으
니 유다 지파 외에는
다윗의 집을 따르는 자
가 없으니라

스마야가 여호와의 말씀을 전하다

21 르호보암이 예루살렘에 이르러 유
다 온 족속과 베냐민 지파를 모으니
택한 용사가 십팔만 명이라 이스라엘
족속과 싸워 나라를 회복하여 솔로몬
의 아들 르호보암에게 돌리려 하더니

22 하나님의 말씀이 하나님의 사
람 스마야에게 임하여 이르시되
23 솔로몬의 아들 유다 왕 르호보암과 유다와
베냐민 온 족속과 또 그 남은 백성에게 말하
여 이르기를 24 여호와의 말씀이 너희는 올
라가지 말라 너희 형제 이스라엘 자손과 싸우
지 말고 각기 집으로 돌아가라 이 일이 나로
말미암아 난 것이라 하셨다 하라 하신지라

그들이 여호와의 말씀을 듣고
그 말씀을 따라 돌아갔더라
여로보암이 금송아지를 만들다
25 여로보암이 에브라
임 산지에 세겜을 건
축하고 거기서 살며
또 거기서 나가서 부
느엘을 건축하고

26 그의 마음에 스스로 이르기를
나라가 이제 다윗의 집으로 돌아
가리로다 27 만일 이 백성이 예
루살렘에 있는 여호와의 성전에
제사를 드리고자 하여 올라가면
이 백성의 마음이 유다 왕 된 그
들의 주 르호보암에게로 돌아가
서 나를 죽이고 유다의 왕 르호보
암에게로 돌아가리로다 하고

28 이에 계획하고 두
금송아지를 만들고
무리에게 말하기를
너희가 다시는 예루살
렘에 올라갈 것이 없
도다 이스라엘아 이는
너희를 애굽 땅에서
인도하여 올린 너희의
신들이라 하고

29 하나는 벧엘에 두고 하나는 단에 둔지라

30 이 일이 죄가 되었으니 이는 백성들이 단까지 가서 그 하나에게 경배함이더라

31 그가 또 산당들을 짓고 레위 자손 아닌 보통 백성으로 제사장을 삼고

32 여덟째 달 곧 그 달 열다섯째 날로 절기를 정하여 유다의 절기와 비슷하게 하고 제단에 올라가되 벧엘에서 그와 같이 행하여 그가 만든 송아지에게 제사를 드렸으며 그가 지은 산당의 제사장을 벧엘에서 세웠더라
33 그가 자기 마음대로 정한 달 곧 여덟째 달 열다섯째 날로 이스라엘 자손을 위하여 절기로 정하고 벧엘에 쌓은 제단에 올라가서 분향하였더라

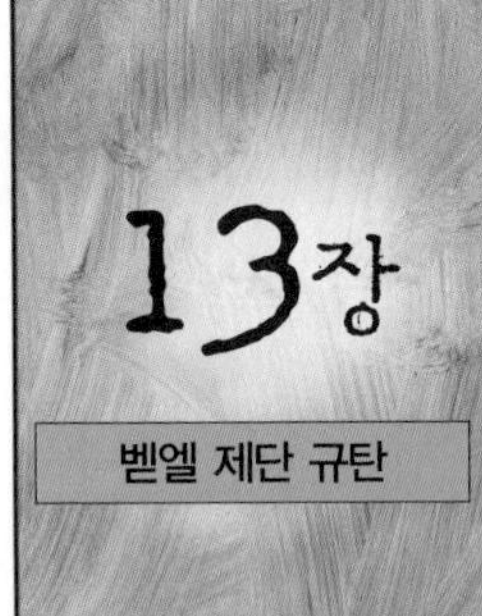
13장
벧엘 제단 규탄

1 보라 그 때에 하나님의 사람이 여호와의 말씀으로 말미암아 유다에서부터 벧엘에 이르니 마침 여로보암이 제단 곁에 서서 분향하는지라

2 하나님의 사람이 제단을 향하여 여호와의 말씀으로 외쳐 이르되
제단아 제단아 여호와께서 이와 같이 말씀하시기를 다윗의 집에 요시야라 이름하는 아들을 낳으리니 그가 네 위에 분향하는 산당 제사장을 네 위에서 제물로 바칠 것이요

또 사람의 뼈를 네 위에서 사르리라 하셨느니라 하고

3 그 날에 그가 징조를 들어 이르되
이는 여호와께서 말씀하신 징조라 제단이 갈라지며 그 위에 있는 재가 쏟아지리라 하매

4 여로보암 왕이 하나님의 사람이 벧엘에 있는 제단을 향하여 외쳐 말함을 들을 때에 제단에서 손을 펴며
그를 잡으라 하더라

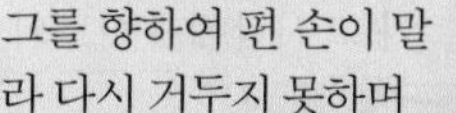

그를 향하여 편 손이 말라 다시 거두지 못하며

5 하나님의 사람이 여호와의 말씀으로 보인 징조대로
제단이 갈라지며 재가 제단에서 쏟아진지라

청하건대 너는 나를 위하여 네 하나님 여호와께 은혜를 구하여 내 손이 다시 성하게 기도하라

나와 함께 집에 가서 쉬라 내가 네게 예물을 주리라

10 이에 다른 길로 가고 자기가 벧엘에 오던 길로 되돌아가지도 아니하니라

벧엘의 늙은 선지자

11 벧엘에 한 늙은 선지자가 살더니 그의 아들들이 와서 이 날에 하나님의 사람이 벧엘에서 행한 모든 일을 그에게 말하고 또 그가 왕에게 드린 말씀도 그들이 그들의 아버지에게 말한지라

그가 어느 길로 가더냐 하니

그의 아들들이 유다에서
부터 온 하나님의 사람
의 간 길을 보았음이라
13 그가 그의 아들들에게 이르되
나를 위하여 나귀
에 안장을 지우라
그들이 나귀에 안장을 지우니 그가 타고
14 하나님의 사람을
뒤따라가서 상수리
나무 아래에 앉은
것을 보고 이르되
그대가 유다에서 온
하나님의 사람이냐
대답하되
그러하다

15 그가 그 사
람에게 이르되
나와 함께 집으로
가서 떡을 먹으라
16 대답하되
나는 그대와 함께 돌아가지도
못하겠고 그대와 함께 들어가
지도 못하겠으며 내가 이 곳에
서 그대와 함께 떡도 먹지 아
니하고 물도 마시지 아니하리
니 17 이는 여호와의 말씀이
내게 이르시기를 네가 거기서
떡도 먹지 말고 물도 마시지
말며 또 네가 오던 길로 되돌
아가지도 말라 하셨음이로다

18 그가 그 사람에게 이르되
나도 그대
와 같은 선
지자라

천사가 여호와의 말씀
으로 내게 이르기를 그
를 네 집으로 데리고
돌아가서 그에게 떡을
먹이고 물을 마시게 하
라 하였느니라 하니
이는 그 사람을 속임이라

19 이에 그 사람이 그와 함께 돌아가서
그의 집에서 떡을 먹으며 물을 마시니라

20 그들이 상 앞에 앉
아 있을 때에 여호와의
말씀이 그 사람을 데려
온 선지자에게 임하니
21 그가 유다에서부터
온 하나님의 사람을 향
하여 외쳐 이르되
여호와의 말씀에 네가 여호와의 말씀
을 어기며 네 하나님 여호와께서 네
게 내리신 명령을 지키지 아니하고
22 돌아와서 여호와가 너더러
떡도 먹지 말고 물도 마시지
말라 하신 곳에서 떡을 먹고
물을 마셨으니 네 시체가 네
조상들의 묘실에 들어가지
못하리라 하셨느니라 하니라

23 그리고 자기가 데리고 온 선지
자가 떡을 먹고 물을 마신 후에
그를 위하여 나귀에 안장을 지우
니라 24 이에 그 사람이 가더니

사자가 길에서 그를 만나 물어 죽이매

그의 시체가 길에 버린 바 되
니 나귀는 그 곁에 서 있고 사
자도 그 시체 곁에 서 있더라

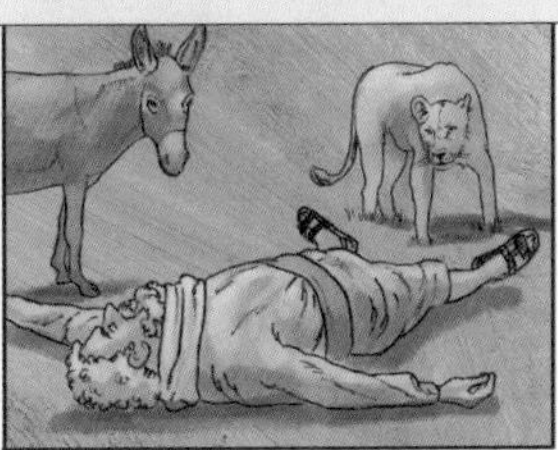

25 지나가는 사람들이 길
에 버린 시체와 그 시체
곁에 선 사자를 보고

그 늙은 선지자가 사는
성읍에 가서 말한지라

26 그 사람을 길에서 데리고
돌아간 선지자가 듣고 말하되

이는 여호와의 말씀을 어긴 하나님의 사람이로다 여호와께서 그에게 하신 말씀과 같이 여호와께서 그를 사자에게 넘기시매 사자가 그를 찢어 죽였도다 하고

27 이에 그의
아들들에게 말
하여 이르되

그들이 안장을 지우매

28 그가 가서 본즉 그의 시
체가 길에 버린 바 되었고
나귀와 사자는 그 시체 곁
에 서 있는데 사자가 시체
를 먹지도 아니하였고 나
귀를 찢지도 아니하였더라

29 늙은 선
지자가 하나
님의 사람의
시체를 들어
나귀에 실어
가지고 돌아
와 자기 성
읍으로 들어
가서

슬피 울며 장사하되 30 곧 그
의 시체를 자기의 묘실에 두고

그를 위하여 슬피 우니라

31 그 사람을 장사한 후에 그가
그 아들들에게 말하여 이르되

내가 죽거든 하나님의 사람을
장사한 묘실에 나를 장사하되
내 뼈를 그의 뼈 곁에 두라 32
그가 여호와의 말씀으로 벧엘
에 있는 제단을 향하고 또 사
마리아 성읍들에 있는 모든
산당을 향하여 외쳐 말한 것
이 반드시 이룰 것임이니라

여로보암의 죄

33 여로보암이 이 일 후에
도 그의 악한 길에서 떠나
돌이키지 아니하고 다시 일
반 백성을 산당의 제사장으
로 삼되 누구든지 자원하면
그 사람을 산당의 제사장으
로 삼았으므로 34 이 일이
여로보암 집에 죄가 되어
그 집이 땅 위에서 끊어져
멸망하게 되니라

14장

여로보암의 아들의 죽음

1 그 때에 여로보암의 아들
아비야가 병든지라 2 여로보
암이 자기 아내에게 이르되

청하건대 일어나 변장하여 사람
들이 그대가 여로보암의 아내임
을 알지 못하게 하고 실로로 가라
거기 선지자 아히야가 있나니 그
는 이전에 내가 이 백성의 왕이
될 것을 내게 말한 사람이니라

3 그대의 손에 떡
열 개와 과자와
꿀 한 병을 가지
고 그에게로 가라
그가 그대에게 이
아이가 어떻게 될
지를 알게 하리라

4 여로보암의 아내가 그대로 하여 일어
나 실로로 가서 아히야의 집에 이르니

아히야는 나이가 많아 눈이
어두워 보지 못하더라 5 여호
와께서 아히야에게 이르시되

여로보암의 아내가 자기 아들
이 병 들었으므로 네게 물으
러 오나니 너는 이러이러하게
대답하라 그가 들어올 때에
다른 사람인 체함이니라

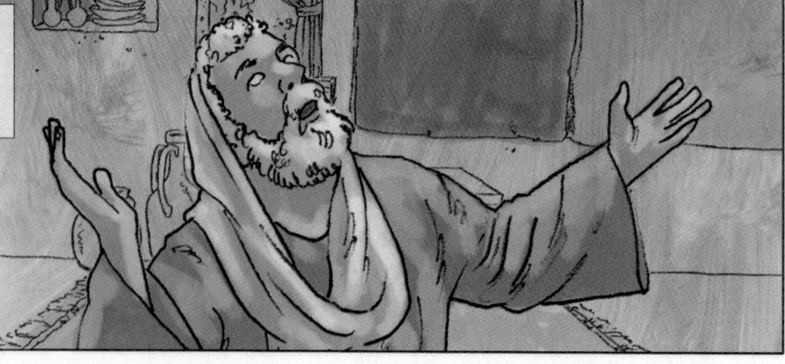

6 그가 문으로 들어올 때에 아히야가 그 발 소리를 듣고 말하되
여로보암의 아내여 들어오라 네가 어찌하여 다른 사람인 체하느냐
내가 명령을 받아 흉한 일을 네게 전하리니

7 가서 여로보암에게 말하라 이
스라엘의 하나님 여호와의 말
씀이 내가 너를 백성 중에서 들
어 내 백성 이스라엘의 주권자
가 되게 하고 8 나라를 다윗의
집에서 찢어내어 네게 주었거
늘 너는 내 종 다윗이 내 명령을
지켜 전심으로 나를 따르며 나
보기에 정직한 일만 행하였음
과 같지 아니하고 9 네 이전 사
람들보다도 더 악을 행하고 가
서 너를 위하여 다른 신을 만들
며 우상을 부어 만들어 나를 노
엽게 하고 나를 네 등 뒤에 버렸
도다 10 그러므로 내가 여로보
암의 집에 재앙을 내려 여로보
암에게 속한 사내는 이스라엘
가운데 매인 자나 놓인 자나 다
끊어 버리되 거름 더미를 쓸어
버림 같이 여로보암의 집을 말
갛게 쓸어 버릴지라 11 여로보
암에게 속한 자가 성읍에서 죽
은즉 개가 먹고 들에서 죽은즉
공중의 새가 먹으리니 이는 여
호와께서 말씀하셨음이니라 하
셨나니 12 너는 일어나 네 집으
로 가라 네 발이 성읍에 들어갈
때에 그 아이가 죽을지라 13 온
이스라엘이 그를 위하여 슬퍼하
며 장사하려니와 여로보암에게
속한 자는 오직 이 아이만 묘실
에 들어가리니 이는 여로보암의
집 가운데에서 그가 이스라엘의
하나님 여호와를 향하여 선한
뜻을 품었음이니라 14 여호와께
서 이스라엘 위에 한 왕을 일으
키신즉 그가 그 날에 여로보암
의 집을 끊어 버리리라 언제냐
하니 곧 이제라 15 여호와께서
이스라엘을 쳐서 물에서 흔들리
는 갈대 같이 되게 하시고 이스
라엘을 그의 조상들에게 주신
이 좋은 땅에서 뽑아 그들을 강
너머로 흩으시리니 그들이 아세
라 상을 만들어 여호와를 진노
하게 하였음이니라 16 여호와
께서 여로보암의 죄로 말미암
아 이스라엘을 버리시리니

이는 그도 범죄하고 이스라엘로 범죄하게 하였음이니라 하니라

17 여로보암의 아내가 일어나 디르사로 돌아가서 집 문지방에 이를 때에 그 아이가 죽은지라

18 온 이스라엘이 그를 장사하고 그를 위하여 슬퍼하니

여호와께서 그의 종 선지자 아히야를 통하여 하신 말씀과 같이 되었더라

여로보암의 죽음

19 여로보암의 그 남은 행적 곧 그가 어떻게 싸웠는지와 어떻게 다스렸는지는 이스라엘 왕 역대지략에 기록되니라 20 여로보암이 왕이 된 지 이십이 년이라 그가 그의 조상들과 함께 자매 그의 아들 나답이 대신하여 왕이 되니라

유다 왕 르호보암

21 솔로몬의 아들 르호보암은 유다 왕이 되었으니 르호보암이 왕위에 오를 때에 나이가 사십일 세라 여호와께서 자기 이름을 두시려고 이스라엘 모든 지파 가운데에서 택하신 성읍 예루살렘에서 십칠 년 동안 다스리니라 그의 어머니의 이름은 나아마요 암몬 사람이더라 22 유다가 여호와 보시기에 악을 행하되 그의 조상들이 행한 모든 일보다 뛰어나게 하여 그 범한 죄로 여호와를 노엽게 하였으니 23 이는 그들도 산 위에와 모든 푸른 나무 아래에 산당과 우상과 아세라 상을 세웠음이라 24 그 땅에 또 남색하는 자가 있었고 여호와께서 이스라엘 자손 앞에서 쫓아내신 국민의 모든 가증한 일을 무리가 본받아 행하였더라 25 르호보암 왕 제오년에 애굽의 왕 시삭이 올라와서 예루살렘을 치고 26 여호와의 성전의 보물과 왕궁의 보물을 모두 빼앗고 또 솔로몬이 만든 금 방패를 다 빼앗은지라 27 르호보암 왕이 그 대신 놋으로 방패를 만들어 왕궁 문을 지키는 시위대 대장의 손에 맡기매

28 왕이 여호와의 성전에 들어갈
때마다 시위하는 자가 그 방패를
들고 갔다가 시위소로 도로 가져
갔더라

29 르호보암의 남은 사적과 그가
행한 모든 일은 유다 왕 역대지략
에 기록되지 아니하였느냐 30 르
호보암과 여로보암 사이에 항상
전쟁이 있으니라

31 르호보암이 그의 조상들과 함
께 자니 그의 조상들과 함께 다윗
성에 장사되니라 그의 어머니의
이름은 나아마요 암몬 사람이더
라 그의 아들 아비얌이 대신하여
왕이 되니라

15장

유다 왕 아비얌

1 느밧의 아들 여로보암 왕 열여
덟째 해에 아비얌이 유다 왕이 되
고 2 예루살렘에서 삼 년 동안 다
스리니라 그의 어머니의 이름은
마아가요 아비살롬의 딸이더라

3 아비얌이 그의 아버지가 이미
행한 모든 죄를 행하고 그의 마음
이 그의 조상 다윗의 마음과 같지
아니하여 그의 하나님 여호와 앞
에 온전하지 못하였으나 4 그의
하나님 여호와께서 다윗을 위하
여 예루살렘에서 그에게 등불을
주시되 그의 아들을 세워 뒤를 잇
게 하사 예루살렘을 견고하게 하
셨으니 5 이는 다윗이 헷 사람 우
리아의 일 외에는 평생에 여호와
보시기에 정직하게 행하고 자기
에게 명령하신 모든 일을 어기지
아니하였음이라

6 르호보암과 여로보암 사이에 사
는 날 동안 전쟁이 있었더니 7 아
비얌과 여로보암 사이에도 전쟁
이 있으니라 아비얌의 남은 사적
과 그 행한 모든 일은 유다 왕 역
대지략에 기록되지 아니하였느냐
8 아비얌이 그의 조상들과 함께
자니 다윗 성에 장사되고 그 아들
아사가 대신하여 왕이 되니라

유다 왕 아사

9 이스라엘의 여로보암 왕 제이십
년에 아사가 유다 왕이 되어 10 예

루살렘에서 사십일 년 동안 다스리
니라 그의 어머니의 이름은 마아가
라 아비살롬의 딸이더라 11 아사
가 그의 조상 다윗 같이 여호와 보
시기에 정직하게 행하여 12 남색
하는 자를 그 땅에서 쫓아내고 그
의 조상들이 지은 모든 우상을 없
애고 13 또 그의 어머니 마아가가
혐오스러운 아세라 상을 만들었
으므로 태후의 위를 폐하고 그 우
상을 찍어 기드론 시냇가에서 불
살랐으나 14 다만 산당은 없애지
아니하니라 그러나 아사의 마음
이 일평생 여호와 앞에 온전하였
으며 15 그가 그의 아버지가 성별
한 것과 자기가 성별한 것을 여호
와의 성전에 받들어 드렸으니 곧
은과 금과 그릇들이더라 16 아사
와 이스라엘의 왕 바아사 사이에
일생 동안 전쟁이 있으니라 17 이
스라엘의 왕 바아사가 유다를 치
러 올라와서 라마를 건축하여 사
람을 유다 왕 아사와 왕래하지 못
하게 하려 한지라 18 아사가 여호
와의 성전 곳간과 왕궁 곳간에 남
은 은금을 모두 가져다가 그 신하
의 손에 넘겨 다메섹에 거주하고
있는 아람의 왕 헤시온의 손자 다
브림몬의 아들 벤하닷에게 보내
며 이르되 19 나와 당신 사이에
약조가 있고 내 아버지와 당신의
아버지 사이에도 있었느니라 내
가 당신에게 은금 예물을 보냈으
니 와서 이스라엘의 왕 바아사와
세운 약조를 깨뜨려서 그가 나를
떠나게 하라 하매 20 벤하닷이 아
사 왕의 말을 듣고 그의 군대 지휘
관들을 보내 이스라엘 성읍들을
치되 이욘과 단과 아벨벧마아가
와 긴네렛 온 땅과 납달리 온 땅을
쳤더니 21 바아사가 듣고 라마를
건축하는 일을 중단하고 디르사
에 거주하니라 22 이에 아사 왕이
온 유다에 명령을 내려 한 사람도
모면하지 못하게 하여 바아사가
라마를 건축하던 돌과 재목을 가
져오게 하고 그것으로 베냐민의
게바와 미스바를 건축하였더라
23 아사의 남은 사적과 모든 권세
와 그가 행한 모든 일과 성읍을 건
축한 일이 유다 왕 역대지략에 기

록되지 아니하였느냐 그러나 그
는 늙그막에 발에 병이 들었더라
24 아사가 그의 조상들과 함께 자
매 그의 조상들과 함께 그의 조상
다윗의 성읍에 장사되고 그의 아
들 여호사밧이 대신하여 왕이 되
니라

이스라엘 왕 나답

25 유다의 아사 왕 둘째 해에 여로
보암의 아들 나답이 이스라엘 왕
이 되어 이 년 동안 이스라엘을
다스리니라 26 그가 여호와 보시
기에 악을 행하되 그의 아버지의
길로 행하며 그가 이스라엘에게
범하게 한 그 죄 중에 행한지라
27 이에 잇사갈 족속 아히야의 아
들 바아사가 그를 모반하여 블레
셋 사람에게 속한 깁브돈에서 그
를 죽였으니 이는 나답과 온 이스
라엘이 깁브돈을 에워싸고 있었음
이더라 28 유다의 아사 왕 셋째 해
에 바아사가 나답을 죽이고 대신
하여 왕이 되고 29 왕이 될 때에
여로보암의 온 집을 쳐서 생명 있
는 자를 한 사람도 남기지 아니하
고 다 멸하였는데 여호와께서 그
의 종 실로 사람 아히야를 통하여
하신 말씀과 같이 되었으니 30 이
는 여로보암이 범죄하고 또 이스라
엘에게 범하게 한 죄로 말미암음이
며 또 그가 이스라엘의 하나님 여
호와를 노엽게 한 일 때문이었더라
31 나답의 남은 사적과 행한 모든
일은 이스라엘 왕 역대지략에 기록
되지 아니하였느냐 32 아사와 이
스라엘의 바아사 왕 사이에 일생
동안 전쟁이 있으니라

이스라엘 왕 바아사

33 유다의 아사 왕 셋째 해에 아히
야의 아들 바아사가 디르사에서
모든 이스라엘의 왕이 되어 이십
사 년 동안 다스리니라 34 바아사
가 여호와 보시기에 악을 행하되
여로보암의 길로 행하며 그가 이
스라엘에게 범하게 한 그 죄 중에
행하였더라

16장

1 여호와의 말씀이 하나니의
아들 예후에게 임하여 바아
사를 꾸짖어 이르시되

2 내가 너를 티끌에서 들어 내 백
성 이스라엘 위에 주권자가 되게
하였거늘 네가 여로보암의 길로
행하며 내 백성 이스라엘에게 범
죄하게 하여 그들의 죄로 나를 노
엽게 하였은즉 3 내가 너 바아사
와 네 집을 쓸어버려 네 집이 느밧
의 아들 여로보암의 집 같이 되게
하리니 4 바아사에게 속한 자가
성읍에서 죽은즉 개가 먹고 그에
게 속한 자가 들에서 죽은즉 공중
의 새가 먹으리라 하셨더라

5 바아사의 남은 사적과 행한 모
든 일과 권세는 이스라엘 왕 역대
지략에 기록되지 아니하였느냐

6 바아사가 그의 조상들과 함께
자매 디르사에 장사되고 그의 아
들 엘라가 대신하여 왕이 되니라
7 여호와의 말씀이 하나니의 아들
선지자 예후에게도 임하사 바아
사와 그의 집을 꾸짖으심은 그가
여로보암의 집과 같이 여호와 보
시기에 모든 악을 행하며 그의 손
의 행위로 여호와를 노엽게 하였
음이며 또 그의 집을 쳤음이더라

이스라엘 왕 엘라

8 유다의 아사 왕 제이십육년에
바아사의 아들 엘라가 디르사에
서 이스라엘의 왕이 되어 이 년 동
안 그 왕위에 있으니라 9 엘라가
디르사에 있어 왕궁 맡은 자 아르
사의 집에서 마시고 취할 때에 그
신하 곧 병거 절반을 통솔한 지휘
관 시므리가 왕을 모반하여 10 시
므리가 들어가서 그를 쳐죽이고
그를 대신하여 왕이 되니 곧 유다
의 아사 왕 제이십칠년이라

11 시므리가 왕이 되어 왕위에 오
를 때에 바아사의 온 집안 사람들
을 죽이되 남자는 그의 친족이든
지 그의 친구든지 한 사람도 남기
지 아니하고 12 바아사의 온 집을
멸하였는데 선지자 예후를 통하
여 바아사를 꾸짖어 하신 여호와

의 말씀 같이 되었으니 13 이는
바아사의 모든 죄와 그의 아들 엘
라의 죄 때문이라 그들이 범죄하
고 또 이스라엘에게 범죄하게 하
여 그들의 헛된 것들로 이스라엘
의 하나님 여호와를 노하시게 하
였더라 14 엘라의 남은 사적과 행
한 모든 일은 이스라엘 왕 역대지
략에 기록되지 아니하였느냐

이스라엘 왕 시므리

15 유다의 아사 왕 제이십칠년에
시므리가 디르사에서 칠 일 동안
왕이 되니라 그 때에 백성들이 블
레셋 사람에게 속한 깁브돈을 향
하여 진을 치고 있더니 16 진 중
백성들이 시므리가 모반하여 왕
을 죽였다는 말을 들은지라 그 날
에 이스라엘의 무리가 진에서 군
대 지휘관 오므리를 이스라엘의
왕으로 삼으매 17 오므리가 이에
이스라엘의 무리를 거느리고 깁
브돈에서부터 올라와서 디르사를
에워 쌌더라 18 시므리가 성읍이
함락됨을 보고 왕궁 요새에 들어
가서 왕궁에 불을 지르고 그 가운
데에서 죽었으니 19 이는 그가 여
호와 보시기에 악을 행하여 범죄
하였기 때문이니라 그가 여로보
암의 길로 행하며 그가 이스라엘
에게 죄를 범하게 한 그 죄 중에
행하였더라 20 시므리의 남은 행
위와 그가 반역한 일은 이스라엘
왕 역대지략에 기록되지 아니하
였느냐

이스라엘 왕 오므리

21 그 때에 이스라엘 백성이 둘로
나뉘어 그 절반은 기낫의 아들 디
브니를 따라 그를 왕으로 삼으려
하고 그 절반은 오므리를 따랐더
니 22 오므리를 따른 백성이 기낫
의 아들 디브니를 따른 백성을 이
긴지라 디브니가 죽으매 오므리
가 왕이 되니라 23 유다의 아사
왕 제삼십일년에 오므리가 이스
라엘의 왕이 되어 십이 년 동안 왕
위에 있으며 디르사에서 육 년 동
안 다스리니라 24 그가 은 두 달
란트로 세멜에게서 사마리아 산
을 사고 그 산 위에 성읍을 건축하
고 그 건축한 성읍 이름을 그 산
주인이었던 세멜의 이름을 따라
사마리아라 일컬었더라

25 오므리가 여호와 보시기에 악
을 행하되 그 전의 모든 사람보다
더욱 악하게 행하여 26 느밧의 아
들 여로보암의 모든 길로 행하며
그가 이스라엘에게 죄를 범하게
한 그 죄 중에 행하여 그들의 헛된
것들로 이스라엘의 하나님 여호
와를 노하시게 하였더라 27 오므
리가 행한 그 남은 사적과 그가 부
린 권세는 이스라엘 왕 역대지략
에 기록되지 아니하였느냐 28 오
므리가 그의 조상들과 함께 자매
사마리아에 장사되고 그의 아들
아합이 대신하여 왕이 되니라

이스라엘 왕 아합

29 유다의 아사 왕 제삼십팔년에
오므리의 아들 아합이 이스라엘
의 왕이 되니라 오므리의 아들 아
합이 사마리아에서 이십이 년 동
안 이스라엘을 다스리니라 30 오
므리의 아들 아합이 그의 이전의
모든 사람보다 여호와 보시기에
악을 더욱 행하여 31 느밧의 아들
여로보암의 죄를 따라 행하는 것
을 오히려 가볍게 여기며 시돈 사
람의 왕 엣바알의 딸 이세벨을 아
내로 삼고 가서 바알을 섬겨 예배
하고

32 사마리아에 건축한 바알의 신
전 안에 바알을 위하여 제단을 쌓
으며 33 또 아세라 상을 만들었으
니 그는 그 이전의 이스라엘의 모
든 왕보다 심히 이스라엘 하나님
여호와를 노하시게 하였더라 34
그 시대에 벧엘 사람 히엘이 여리
고를 건축하였는데 그가 그 터를
쌓을 때에 맏아들 아비람을 잃었
고 그 성문을 세울 때에 막내 아들
스굽을 잃었으니 여호와께서 눈
의 아들 여호수아를 통하여 하신
말씀과 같이 되었더라•

17장

엘리야와 가뭄

1 길르앗에 우거하는
자 중에 디셉 사람 엘리
야가 아합에게 말하되

내가 섬기는 이스라엘의 하나님 여호와께서 살아 계심을 두고 맹세하노니 내 말이 없으면 수 년 동안 비도 이슬도 있지 아니하리라 하니라

16:34 **여호와께서 … 되었더라** 여리고를 멸했을 때 여호수아는 누구든지 그 성을 재건하는 자는 맏아들과 막내아들을 잃을 것이라고 말했다 (수 6:26 참조).

2 여호와의 말씀이 엘리
야에게 임하여 이르시되
3 너는 여기서 떠나 동쪽
으로 가서 요단 앞 그릿
시냇가에 숨고 4 그 시냇
물을 마시라 내가 까마귀
들에게 명령하여 거기서
너를 먹이게 하리라

5 그가 여호와의 말씀과 같이 하여 곧 가
서 요단 앞 그릿 시냇가에 머물매

6 까마귀들이
아침에도 떡과
고기를, 저녁
에도 떡과 고
기를 가져왔고
그가 시냇물을
마셨으나

7 땅에 비가 내리지 아니하므로
얼마 후에 그 시내가 마르니라

엘리야와 사르밧 과부

8 여호와의 말씀이 엘리
야에게 임하여 이르시되
9 너는 일어나 시돈에 속
한 사르밧으로 가서 거
기 머물라 내가 그 곳 과
부에게 명령하여 네게
음식을 주게 하였느니라

10 그가 일어나 사르밧으로 가서

성문에 이를 때에 한 과부가 그
곳에서 나뭇가지를 줍는지라

이에 불러 이르되
청하건대 그
릇에 물을
조금 가져다
가 내가 마
시게 하라

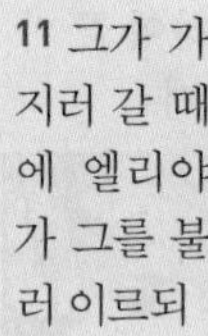
11 그가 가지러 갈 때에 엘리야가 그를 불러 이르되

청하건대 네 손의 떡 한 조각을 내게로 가져오라
12 그가 이르되
당신의 하나님 여호와께서 살아 계심을 두고 맹세하노니 나는 떡이 없고 다만 통에 가루 한 움큼과 병에 기름 조금 뿐이라 내가 나뭇가지 둘을 주워다가

나와 내 아들을 위하여 음식을 만들어 먹고 그 후에는 죽으리라
13 엘리야가 그에게 이르되
두려워하지 말고 가서 네 말대로 하려니와 먼저 그것으로 나를 위하여 작은 떡 한 개를 만들어

내게로 가져오고 그 후에 너와 네 아들을 위하여 만들라

14 이스라엘의 하나님 여호와의 말씀이 나 여호와가 비를 지면에 내리는 날까지 그 통의 가루가 떨어지지 아니하고 그 병의 기름이 없어지지 아니하리라 하셨느니라
15 그가 가서 엘리야의 말대로 하였더니 그와 엘리야와 그의 식구가

여러 날 먹었으나 16 여호와께서 엘리야를 통하여 하신 말씀 같이 통의 가루가 떨어지지 아니하고 병의 기름이 없어지지 아니하니라

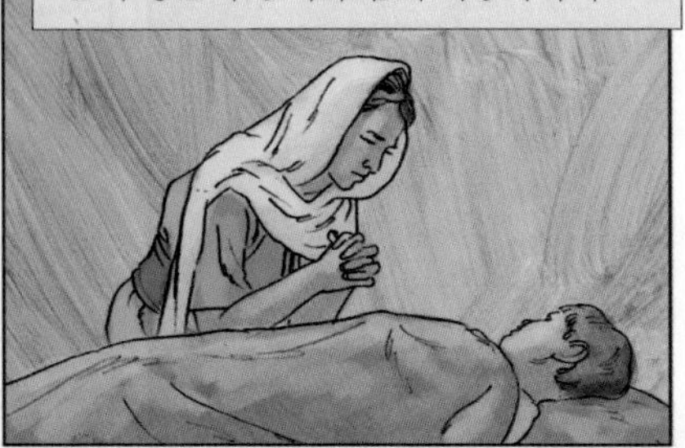
17 이 일 후에 그 집 주인 되는 여인의 아들이 병들어 증세가 심히 위중하다가

숨이 끊어진지라

18 여인이 엘리야에게 이르되
하나님의 사람이여 당신이 나와 더불어 무슨 상관이 있기로 내 죄를 생각나게 하고 또 내 아들을 죽게 하려고 내게 오셨나이까
19 엘리야가 그에게 그의 아들을 달라 하여

그를 그 여인의 품에서 받아 안고 자기가 거처하는 다락에 올라가서 자기 침상에 누이고

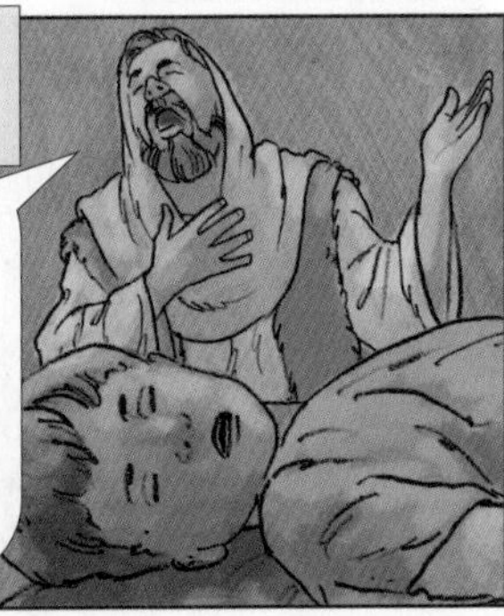
20 여호와께 부르짖어 이르되
내 하나님 여호와여 주께서 또 내가 우거하는 집 과부에게 재앙을 내리사 그 아들이 죽게 하셨나이까 하고

21 그 아이 위에 몸을 세 번 펴서 엎드리고 여호와께 부르짖어 이르되

내 하나님 여호와여 원하건대 이 아이의 혼으로 그의 몸에 돌아오게 하옵소서 하니

22 여호와께서 엘리야의 소리를 들으시므로 그 아이의 혼이 몸으로 돌아오고 살아난지라

23 엘리야가 그 아이를 안고 다락에서 방으로 내려가서 그의 어머니에게 주며 이르되
보라 네 아들이 살아났느니라

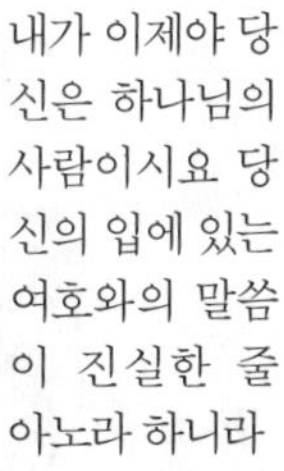
24 여인이 엘리야에게 이르되
내가 이제야 당신은 하나님의 사람이시요 당신의 입에 있는 여호와의 말씀이 진실한 줄 아노라 하니라

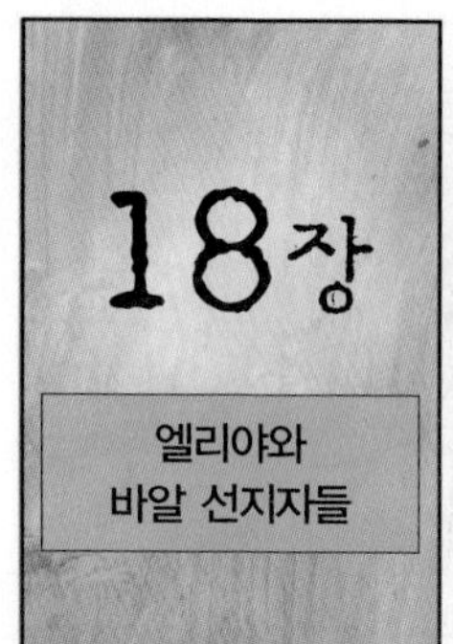
18장
엘리야와
바알 선지자들

1 많은 날이 지나고 제삼년에 여호와의 말씀이 엘리야에게 임하여 이르시되
너는 가서 아합에게 보이라 내가 비를 지면에 내리리라

2 엘리야가 아합에게 보이려고 가니

그 때에 사마리아에 기근이 심하였더라 3 아합이 왕궁 맡은 자 오바댜를 불렀으니

이 오바댜는 여호와를 지극히 경외하는 자라 4 이세벨이 여호와의 선지자들을 멸할 때에 오바댜가 선지자 백 명을 가지고 오십 명씩 굴에 숨기고 떡과 물을 먹였더라
5 아합이 오바댜에게 이르되
이 땅의 모든 물 근원과 모든 내로 가자

혹시 꼴을 얻으리라 그리하면 말과 노새를 살리리니 짐승을 다 잃지 않게 되리라 하고

6 두 사람이 두루 다닐 땅을 나누어 아합은 홀로 이 길로 가고 오바댜는 홀로 저 길로 가니라

7 오바댜가 길에 있을 때에 엘리야가 그를 만난지라

그가 알아보고 엎드려 말하되

내 주 엘리야여 당신이시니이까

8 그가 그에게 대답하되
그러하다 가서 네 주에게 말하기를 엘리야가 여기 있다 하라
9 이르되
내가 무슨 죄를 범하였기에 당신이 당신의 종을 아합의 손에 넘겨 죽이게 하려 하시나이까 10 당신의 하나님 여호와께서 살아 계심을 두고 맹세하노니 내 주께서 사람을 보내어 당신을 찾지 아니한 족속이나 나라가 없었는데 그들이 말하기를 엘리야가 없다 하면 그 나라와 그 족속으로 당신을 보지 못하였다는 맹세를 하게 하였거늘

11 이제 당신의 말씀이 가서 네 주에게 말하기를 엘리야가 여기 있다 하라 하시나

12 내가 당신을 떠나간 후에 여호와의 영이 내가 알지 못하는 곳으로 당신을 이끌어 가시리니 내가 가서 아합에게 말하였다가 그가 당신을 찾지 못하면 내가 죽임을 당하리이다 당신의 종은 어려서부터 여호와를 경외하는 자라

13 이세벨이 여호와의 선지자들을 죽일 때에 내가 여호와의 선지자 중에 백 명을 오십 명씩 굴에 숨기고

떡과 물로 먹인 일이 내 주에게 들리지 아니하였나이까 14 이제 당신의 말씀이 가서 네 주에게 말하기를 엘리야가 여기 있다 하라 하시니 그리하면 그가 나를 죽이리이다
15 엘리야가 이르되
내가 섬기는 만군의 여호와께서 살아 계심을 두고 맹세하노니 내가 오늘 아합에게 보이리라

16 오바댜가 가서 아합을 만나 그에게 말하매

아합이 엘리야를 만나러 가다가 17 엘리야를 볼 때에 아합이 그에게 이르되
이스라엘을 괴롭게 하는 자여 너냐
18 그가 대답하되
내가 이스라엘을 괴롭게 한 것이 아니라 당신과 당신의 아버지의 집이 괴롭게 하였으니 이는 여호와의 명령을 버렸고 당신이 바알들을 따랐음이라 19 그런즉 사람을 보내 온 이스라엘과 이세벨의 상에서 먹는 바알의 선지자 사백오십 명과 아세라의 선지자 사백 명을 갈멜 산으로 모아 내게로 나아오게 하소서

20 아합이 이에 이스라엘의 모든 자손에게로 사람을 보내 선지자들을 갈멜 산으로 모으니라 21 엘리야가 모든 백성에게 가까이 나아가 이르되
너희가 어느 때까지 둘 사이에서 머뭇머뭇 하려느냐 여호와가 만일 하나님이면 그를 따르고 바알이 만일 하나님이면 그를 따를지니라 하니
백성이 말 한마디도 대답하지 아니하는지라

22 엘리야가 백성에게 이르되
여호와의 선지자는 나만 홀로 남았으나 바알의 선지자는 사백오십 명이로다 23 그런즉 송아지 둘을 우리에게 가져오게 하고 그들은 송아지 한 마리를 택하여 각을 떠서 나무 위에 놓고 불은 붙이지 말며 나도 송아지 한 마리를 잡아 나무 위에 놓고 불은 붙이지 않고

24 너희는 너희 신의 이름을 부르라 나는 여호와의 이름을 부르리니 이에 불로 응답하는 신 그가 하나님이니라
백성이 다 대답하되 그 말이 옳도다 하니라

25 엘리야가 바알의 선지자들에게 이르되
너희는 많으니 먼저 송아지 한 마리를 택하여 잡고 너희 신의 이름을 부르라 그러나 불을 붙이지 말라

26 그들이 받은 송아지를 가져다가 잡고 아침부터 낮까지 바알의 이름을 불러

이르되
바알이여 우리에게 응답하소서 하나
아무 소리도 없고 아무 응답하는 자도 없으므로 그들이 그 쌓은 제단 주위에서 뛰놀더라

27 정오에 이르러는 엘리야가 그들을 조롱하여 이르되
큰 소리로 부르라 그는 신인즉 묵상하고 있는지 혹은 그가 잠깐 나갔는지 혹은 그가 길을 행하는지 혹은 그가 잠이 들어서 깨워야 할 것인지 하매

28 이에 그들이 큰 소리로 부르고 그들의 규례를 따라 피가 흐르기까지 칼과 창으로 그들의 몸을 상하게 하더라

29 이같이 하여 정오가 지났고 그들이 미친 듯이 떠들어 저녁 소제 드릴 때까지 이르렀으나 아무 소리도 없고 응답하는 자나 돌아보는 자가 아무도 없더라 30 엘리야가 모든 백성을 향하여 이르되
내게로 가까이 오라

백성이 다 그에게 가까이 가매
그가 무너진 여호와의 제단을
수축하되 31 야곱의 아들들의
지파의 수효를 따라 엘리야가
돌 열두 개를 취하니 이 야곱
은 옛적에 여호와의 말씀이 임
하여 이르시기를 네 이름을 이
스라엘이라 하리라 하신 자더
라 32 그가 여호와의 이름을
의지하여 그 돌로 제단을 쌓고

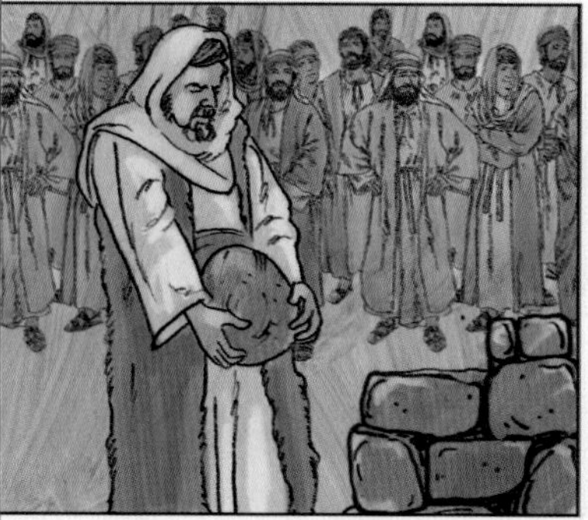

제단을 돌아가며 곡식 종자 두
세아를 둘 만한 도랑을 만들고

33 또 나무를 벌이고 송아지
의 각을 떠서 나무 위에 놓고

이르되
통 넷에 물을 채워다가 번제물과 나무 위에 부으라 하고

34 또 이르되

다시 그리하라 하여

다시 그리하니

또 이르되
세 번째로 그리하라 하여
세 번째로 그리하니
35 물이 제단으로 두
루 흐르고 도랑에도
물이 가득 찼더라 36
저녁 소제 드릴 때에
이르러 선지자 엘리야
가 나아가서 말하되

아브라함과 이삭과 이스라엘의 하나님 여호와여

주께서 이스라엘 중에서 하나
님이신 것과 내가 주의 종인
것과 내가 주의 말씀대로 이
모든 일을 행하는 것을 오늘
알게 하옵소서 37 여호와여
내게 응답하옵소서 내게 응답
하옵소서 이 백성에게 주 여
호와는 하나님이신 것과 주는
그들의 마음을 되돌이키심을
알게 하옵소서 하매

38 이에 여호와의 불이 내려서 번제물과 나무
와 돌과 흙을 태우고 또 도랑의 물을 핥은지라

39 모든 백성이 보고 엎드려 말하되

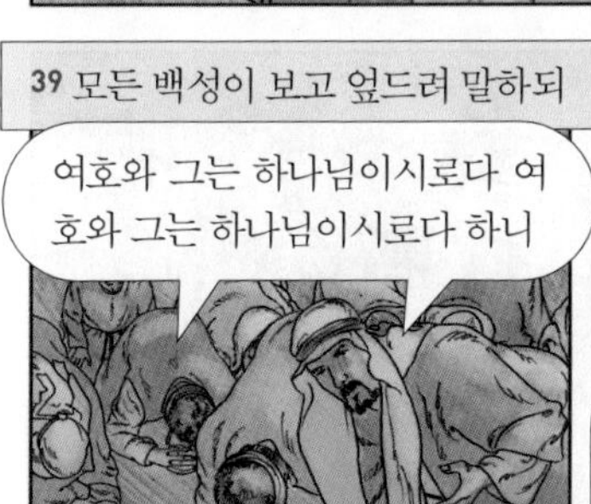
여호와 그는 하나님이시로다 여
호와 그는 하나님이시로다 하니

40 엘리야가 그들에게 이르되

바알의 선지자를
잡되 그들 중 하
나도 도망하지 못
하게 하라 하매
곧 잡은지라 엘리야가 그들을 기손
시내로 내려다가 거기서 죽이니라

가뭄이 그침

41 엘리야가 아
합에게 이르되

올라가서 먹고 마
시소서 큰 비 소
리가 있나이다

42 아합이 먹고 마시러 올
라가니라 엘리야가 갈멜
산 꼭대기로 올라가서

땅에 꿇어 엎드려 그의
얼굴을 무릎 사이에 넣고

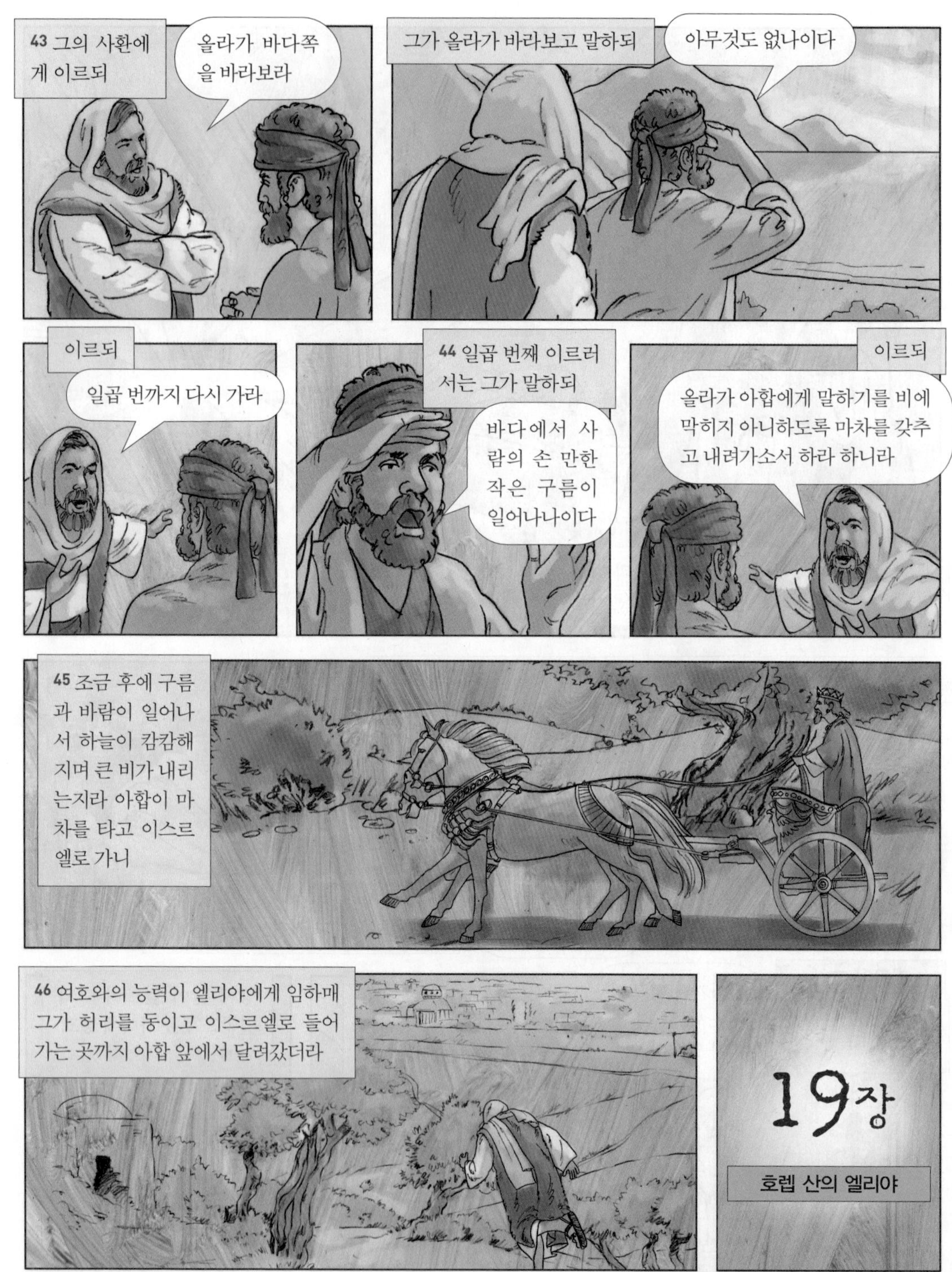
43 그의 사환에
게 이르되
올라가 바다쪽
을 바라보라
그가 올라가 바라보고 말하되
아무것도 없나이다
이르되
일곱 번까지 다시 가라
44 일곱 번째 이르러
서는 그가 말하되
바다에서 사
람의 손 만한
작은 구름이
일어나나이다
이르되
올라가 아합에게 말하기를 비에
막히지 아니하도록 마차를 갖추
고 내려가소서 하라 하니라
45 조금 후에 구름
과 바람이 일어나
서 하늘이 캄캄해
지며 큰 비가 내리
는지라 아합이 마
차를 타고 이스르
엘로 가니
46 여호와의 능력이 엘리야에게 임하매
그가 허리를 동이고 이스르엘로 들어
가는 곳까지 아합 앞에서 달려갔더라
19장
호렙 산의 엘리야

1 아합이 엘리야가 행한 모든 일과 그가 어떻게 모든 선지자를 칼로 죽였는지를 이세벨에게 말하니

2 이세벨이 사신을 엘리야에게 보내어 이르되
내가 내일 이맘때에는 반드시 네 생명을 저 사람들 중 한 사람의 생명과 같게 하리라 그렇게 하지 아니하면 신들이 내게 벌 위에 벌을 내림이 마땅하니라 한지라
3 그가 이 형편을 보고 일어나 자기의 생명을 위해 도망하여

유다에 속한 브엘세바에 이르러 자기의 사환을 그 곳에 머물게 하고 4 자기 자신은 광야로 들어가 하룻길쯤 가서 한 로뎀 나무 아래에 앉아서 자기가 죽기를 원하여 이르되
여호와여 넉넉하오니 지금 내 생명을 거두시옵소서 나는 내 조상들보다 낫지 못하니이다 하고

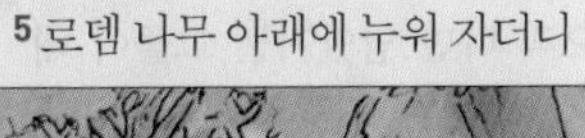
5 로뎀 나무 아래에 누워 자더니

천사가 그를 어루만지며

그에게 이르되
일어나서 먹으라 하는지라

6 본즉 머리맡에 숯불에 구운 떡과 한 병 물이 있더라
이에 먹고 마시고 다시 누웠더니

열왕기상 19:7-13

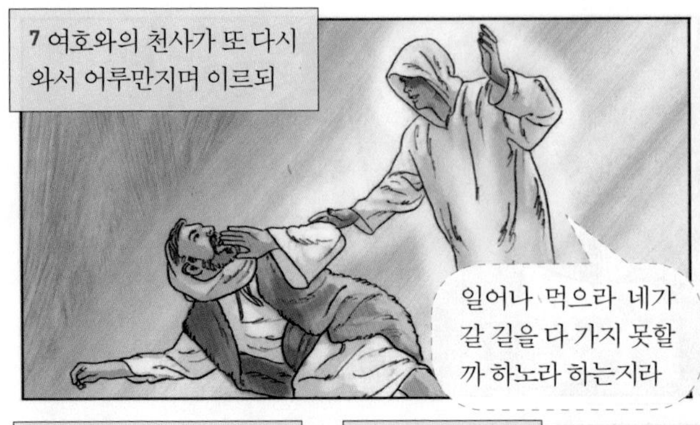
7 여호와의 천사가 또 다시
와서 어루만지며 이르되
일어나 먹으라 네가
갈 길을 다 가지 못할
까 하노라 하는지라

8 이에 일어나
먹고 마시고
그 음식물의
힘을 의지하여
사십 주 사십
야를 가서 하
나님의 산 호
렙에 이르니라

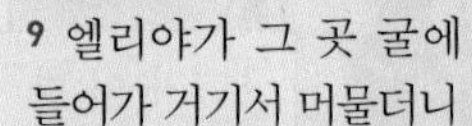
9 엘리야가 그 곳 굴에
들어가 거기서 머물더니

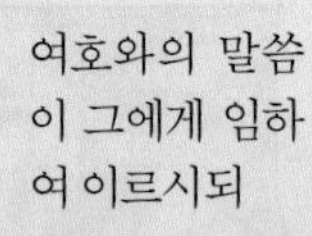
여호와의 말씀
이 그에게 임하
여 이르시되

엘리야야 네
가 어찌하여
여기 있느냐
10 그가 대답하되
내가 만군의 하나님
여호와께 열심이 유
별하오니 이는 이스
라엘 자손이 주의
언약을 버리고 주의
제단을 헐며 칼로
주의 선지자들을 죽
였음이오며

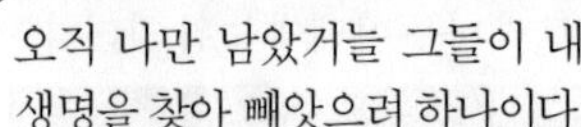
오직 나만 남았거늘 그들이 내
생명을 찾아 빼앗으려 하나이다

11 여호와께서 이르시되
너는 나가서
여호와 앞에
서 산에 서라
하시더니

여호와께서 지나가시는데 여호와 앞에 크
고 강한 바람이 산을 가르고 바위를 부수나
바람 가운데에 여호와
께서 계시지 아니하며

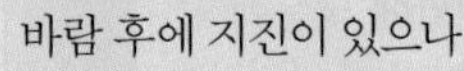
바람 후에 지진이 있으나

지진 가운데에도 여호와
께서 계시지 아니하며
12 또 지진 후에 불이 있으나
불 가운데에도 여호와께
서 계시지 아니하더니

불 후에 세미한 소리가 있는지라
13 엘리야가 듣고 겉옷으로 얼굴
을 가리고 나가 굴 어귀에 서매

소리가 그에게 임
하여 이르시되

엘리야야 네가
어찌하여 여기
있느냐

14 그가 대답하되

내가 만군의 하나님 여호와께
열심이 유별하오니 이는 이스
라엘 자손이 주의 언약을 버리
고 주의 제단을 헐며 칼로 주의
선지자들을 죽였음이오며 오
직 나만 남았거늘 그들이 내 생
명을 찾아 빼앗으려 하나이다

15 여호와께서 그에게 이르시되

너는 네 길을 돌이켜 광야를 통하
여 다메섹에 가서 이르거든 하사엘
에게 기름을 부어 아람의 왕이 되
게 하고 16 너는 또 님시의 아들 예
후에게 기름을 부어 이스라엘의 왕
이 되게 하고 또 아벨므홀라 사밧
의 아들 엘리사에게 기름을 부어
너를 대신하여 선지자가 되게 하라

17 하사엘의 칼을 피하는 자
를 예후가 죽일 것이요 예후
의 칼을 피하는 자를 엘리사
가 죽이리라 18 그러나 내가
이스라엘 가운데에 칠천 명을
남기리니 다 바알에게 무릎을
꿇지 아니하고 다 바알에게
입맞추지 아니한 자니라

엘리야가 엘리사를 부르다

19 엘리야가 거기서 떠나
사밧의 아들 엘리사를 만
나니 그가 열두 겨릿소를
앞세우고 밭을 가는데 자
기는 열두째 겨릿소와 함
께 있더라 엘리야가 그리
로 건너가서 겉옷을 그의
위에 던졌더니

20 그가 소를 버리
고 엘리야에게로
달려가서 이르되

청하건대 나를 내
부모와 입맞추게
하소서 그리한 후
에 내가 당신을
따르리이다

엘리야가 그
에게 이르되

돌아가라 내가 네
게 어떻게 행하였
느냐 하니라

21 엘리사가 그를 떠나 돌아
가서 한 겨릿소를 가져다가
잡고 소의 기구를 불살라

그 고기를 삶아 백성
에게 주어 먹게 하고

일어나 엘리야를 따
르며 수종 들었더라

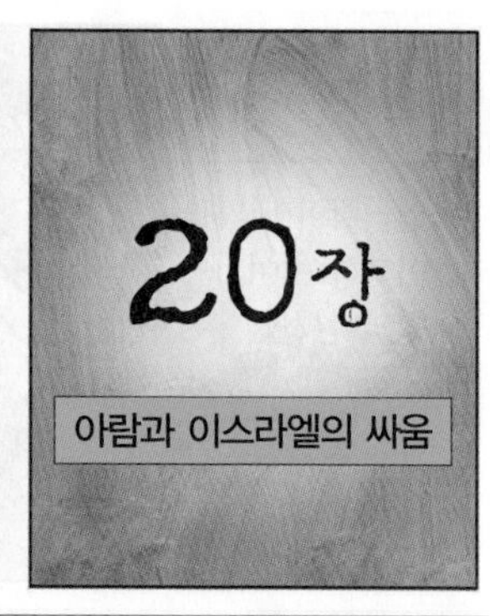
20장
아람과 이스라엘의 싸움

1 아람의 벤하닷 왕이 그의 군대를 다 모으니 왕 삼십이 명이 그와 함께 있고 또 말과 병거들이 있더라 이에 올라가서 사마리아를 에워싸고 그곳을 치며

2 사자들을 성 안에 있는 이스라엘의 아합 왕에게 보내 이르기를 벤하닷이 그에게 이르되

3 네 은금은 내 것이요 네 아내들과 네 자녀들의 아름다운 자도 내 것이니라 하매
4 이스라엘의 왕이 대답하여 말하기를
내 주 왕이여 왕의 말씀 같이 나와 내 것은 다 왕의 것이니이다 하였더니

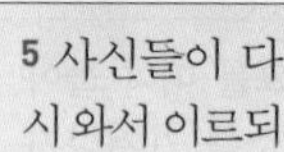
5 사신들이 다시 와서 이르되

벤하닷이 이르노라 내가 이미 네게 사람을 보내어 말하기를 너는 네 은금과 아내들과 자녀들을 내게 넘기라 하였거니와
6 내일 이맘때에 내가 내 신하들을 네게 보내리니

그들이 네 집과 네 신하들의 집을 수색하여 네 눈이 기뻐하는 것을 그들의 손으로 잡아 가져가리라 한지라

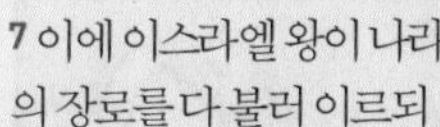
7 이에 이스라엘 왕이 나라
의 장로를 다 불러 이르되

너희는 이 사람이 악을 도모하고 있는 줄을 자세히 알라 그가 내 아내들과 내 자녀들과 내 은금을 빼앗으려고 사람을 내게 보냈으나 내가 거절하지 못하였노라
8 모든 장로와 백성들이 다 왕께 아뢰되
왕은 듣지도 말고 허락하지도 마옵소서 한지라

9 그러므로 왕이 벤하닷의 사신들에게 이르되
너희는 내 주 왕께 말하기를 왕이 처음에 보내 종에게 구하신 것은 내가 다 그대로 하려니와 이것은 내가 할 수 없나이다 하라 하니

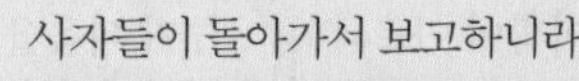
사자들이 돌아가서 보고하니라

10 그 때에 벤하닷이 다시 그에게 사람을 보내어 이르되
사마리아의 부스러진 것이 나를 따르는 백성의 무리의 손에 채우기에 족할 것 같으면 신들이 내게 벌 위에 벌을 내림이 마땅하니라 하매

11 이스라엘 왕이 대답하여 이르되
갑옷 입는 자가 갑옷 벗는 자 같이 자랑하지 못할 것이라 하라 하니라

12 그 때에 벤하닷이 왕들과 장막에서 마시다가 이 말을 듣고

그의 신하들에게 이르되
너희는 진영을 치라 하매
곧 성읍을 향하여 진영을 치니라

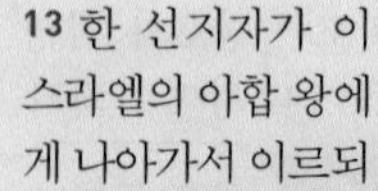
13 한 선지자가 이스라엘의 아합 왕에게 나아가서 이르되
여호와의 말씀이 네가 이 큰 무리를 보느냐 내가 오늘 그들을 네 손에 넘기리니 너는 내가 여호와인 줄을 알리라 하셨나이다

14 아합이 이르되
누구를 통하여 그렇게 하시리이까
대답하되
여호와의 말씀이 각 지방 고관의 청년들로 하리라 하셨나이다

아합이 이르되
누가 싸움을 시작하리이까
대답하되
왕이니이다

15 아합이 이에 각 지방 고관의 청년들을 계수하니 이백삼십이 명이요 그 외에 모든 백성 곧 이스라엘의 모든 자손을 계수하니 칠천 명이더라

16 그들이 정오에 나가니 벤하닷은 장막에서 돕는 왕 삼십이 명과 더불어 마시고 취한 중이라

17 각 지방의 고관의 청년들이 먼저 나갔더라 벤하닷이 정탐꾼을 보냈더니

그들이 보고하여 이르되 사마리아에서 사람들이 나오더이다 하매 18 그가 이르되
화친하러 나올지라도 사로잡고 싸우러 나올지라도 사로잡으라 하니라

19 각 지방 고관의 청년들과 그들을 따르는 군대가 성읍에서 나가서 20 각각 적군을 쳐죽이매 아람 사람이 도망하는지라 이스라엘이 쫓으니

아람 왕 벤하닷이 말을 타고 마
병과 더불어 도망하여 피하니라

왕이 나가서
말과 병거를
치고 또 아람

크게 이겼더라

아람 군대의 두 번째 공격

22 그 선지자가
이스라엘 왕에게
나아와 이르되

왕은 가서 힘을 기르고
왕께서 행할 일을 알고
준비하소서 해가 바뀌
면 아람 왕이 왕을 치
러 오리이다 하니라

23 아람 왕의 신하
들이 왕께 아뢰되

그들의 신은 산의
신이므로 그들이
우리보다 강하였거
니와 우리가 만일
평지에서 그들과
싸우면 반드시 그
들보다 강할지라

24 또 왕은 이 일을 행하실지니 곧 왕
들을 제하여 각각 그 곳에서 떠나게
하고 그들 대신에 총독들을 두시고

25 또 왕의 잃어버린
군대와 같은 군대를
왕을 위하여 보충하고
말은 말대로, 병거는
병거대로 보충하고 우
리가 평지에서 그들과
싸우면 반드시 그들보
다 강하리이다

왕이 그 말을 듣고 그리하니라

26 해가 바뀌니 벤하닷이
아람 사람을 소집하고 아
벡으로 올라와서 이스라엘
과 싸우려 하매 27 이스라
엘 자손도 소집되어 군량
을 받고 마주 나가서 그들
앞에 진영을 치니 이스라
엘 자손은 두 무리의 적은
염소 떼와 같고 아람 사람
은 그 땅에 가득하였더라

28 그 때에 하나님의 사람이 이스라엘 왕에게 나아와 말하여 이르되
여호와의 말씀에 아람 사람이 말하기를 여호와는 산의 신이요 골짜기의 신은 아니라 하는도다 그러므로 내가 이 큰 군대를 다 네 손에 넘기리니 너희는 내가 여호와인 줄을 알리라 하셨나이다 하니라

29 진영이 서로 대치한 지 칠 일이라 일곱째 날에 접전하여 이스라엘 자손이 하루에 아람 보병 십만 명을 죽이매

30 그 남은 자는 아벡으로 도망하여 성읍으로 들어갔더니

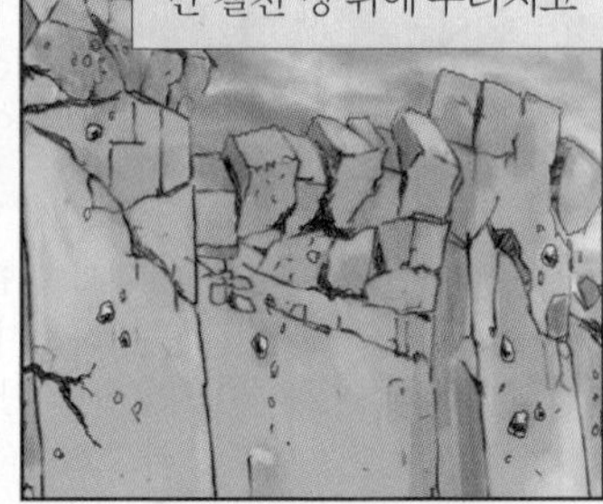
그 성벽이 그 남은 자 이만 칠천 명 위에 무너지고

벤하닷은 도망하여 성읍에 이르러 골방으로 들어가니라

31 그의 신하들이 그에게 말하되
우리가 들은즉 이스라엘 집의 왕들은 인자한 왕이라 하니 만일 우리가 굵은 베로 허리를 동이고 테두리를 머리에 쓰고 이스라엘의 왕에게로 나아가면 그가 혹시 왕의 생명을 살리리이다 하고

32 그들이 굵은 베로 허리를 동이고 테두리를 머리에 쓰고 이스라엘의 왕에게 이르러 이르되
왕의 종 벤하닷이 청하기를 내 생명을 살려 주옵소서 하더이다
아합이 이르되
그가 아직도 살아 있느냐 그는 내 형제이니라

33 그 사람들이 좋은 징조로 여기고 그 말을 얼른 받아 대답하여 이르되
벤하닷은 왕의 형제니이다
왕이 이르되
너희는 가서 그를 인도하여 오라

벤하닷이 이에 왕에게 나아오니 왕이 그를 병거에 올린지라

34 벤하닷이 왕께 아뢰되
내 아버지께서 당신의 아버지에게서 빼앗은 모든 성읍을 내가 돌려보내리이다 또 내 아버지께서 사마리아에서 만든 것 같이 당신도 다메섹에서 당신을 위하여 거리를 만드소서
아합이 이르되
내가 이 조약으로 인해 당신을 놓으리라 하고
이에 더불어 조약을 맺고 그를 놓았더라

한 선지자가 아합을 규탄하다

35 선지자의 무리 중 한 사람이 여호와의 말씀을 그의 친구에게 이르되
너는 나를 치라 하였더니

그 사람이 치기를 싫어하는지라 36 그가 그 사람에게 이르되

네가 여호와의 말씀을 듣지 아니하였으니 네가 나를 떠나갈 때에 사자가 너를 죽이리라

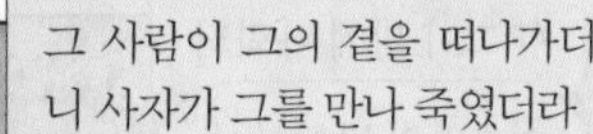
그 사람이 그의 곁을 떠나가더니 사자가 그를 만나 죽였더라

37 그가 또 다른 사람을 만나 이르되
너는 나를 치라 하매

그 사람이 그를 치되 상하도록 친지라

38 선지자가 가서 수건으로 자기의 눈을 가리어 변장하고 길 가에서 왕을 기다리다가

39 왕이 지나갈 때에 그가 소
리 질러 왕을 불러 이르되
종이 전장 가운데에 나갔더니
한 사람이 돌이켜 어떤 사람
을 끌고 내게로 와서 말하기
를 이 사람을 지키라 만일 그
를 잃어버리면 네 생명으로
그의 생명을 대신하거나 그렇
지 아니하면 네가 은 한 달란
트를 내어야 하리라 하였거늘
40 종이 이리 저리 일을 볼 동
안에 그가 없어졌나이다

그에게 이르되
네가 스스로 결정하였으니
그대로 당하여야 하리라

41 그가 급히 자기의 눈을 가린 수건
을 벗으니 이스라엘 왕이 그는 선지
자 중의 한 사람인 줄을 알아본지라

42 그가 왕께 아뢰되

여호와의 말씀이 내
가 멸하기로 작정한
사람을 네 손으로
놓았은즉 네 목숨은
그의 목숨을 대신하
고 네 백성은 그의
백성을 대신하리라
하셨나이다

43 이스라엘 왕이 근심하고 답답하여 그의
왕궁으로 돌아가려고 사마리아에 이르니라

21장

나봇의 포도원

1 그 후에 이 일이 있으
니라 이스르엘 사람 나
봇에게 이스르엘에 포
도원이 있어 사마리아
의 왕 아합의 왕궁에서
가깝더니 2 아합이 나봇
에게 말하여 이르되
네 포도원이 내 왕궁
곁에 가까이 있으니

내게 주어 채소 밭을 삼게 하라 내가 그 대신에 그보다 더 아름다운 포도원을 네게 줄 것이요 만일 네가 좋게 여기면 그 값을 돈으로 네게 주리라
3 나봇이 아합에게 말하되
내 조상의 유산을 왕에게 주기를 여호와께서 금하실지로다 하니

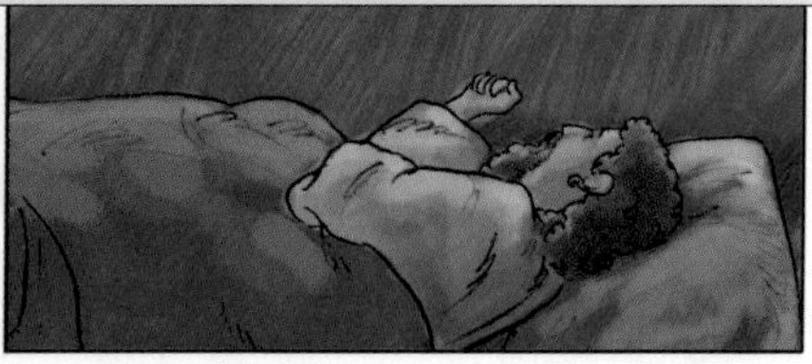
4 이스르엘 사람 나봇이 아합에게 대답하여 이르기를 내 조상의 유산을 왕께 줄 수 없다 하므로 아합이 근심하고 답답하여 왕궁으로 돌아와 침상에 누워 얼굴을 돌리고 식사를 아니하니

5 그의 아내 이세벨이 그에게 나아와 이르되
왕의 마음에 무엇을 근심하여 식사를 아니하나이까
6 왕이 그에게 이르되
내가 이스르엘 사람 나봇에게 말하여 이르기를 네 포도원을 내게 주되 돈으로 바꾸거나 만일 네가 좋아하면 내가 그 대신에 포도원을 네게 주리라 한즉 그가 대답하기를 내가 내 포도원을 네게 주지 아니하겠노라 하기 때문이로다

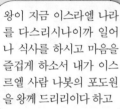

7 그의 아내 이세벨이 그에게 이르되
왕이 지금 이스라엘 나라를 다스리시나이까 일어나 식사를 하시고 마음을 즐겁게 하소서 내가 이스르엘 사람 나봇의 포도원을 왕께 드리리이다 하고

8 아합의 이름으로 편지들을 쓰고 그 인을 치고 봉하여 그의 성읍에서 나봇과 함께 사는 장로와 귀족들에게 보내니

9 그 편지 사연에 이르기를
금식을 선포하고 나봇을 백성 가운데에 높이 앉힌 후에 10 불량자 두 사람을 그의 앞에 마주 앉히고 그에게 대하여 증거하기를 네가 하나님과 왕을 저주하였다 하게 하고 곧 그를 끌고 나가서 돌로 쳐죽이라 하였더라

11 그의 성읍 사람 곧 그의 성읍에 사는 장로와 귀족들이 이세벨의 지시 곧 그가 자기들에게 보낸 편지에 쓴 대로 하여 12 금식을 선포하고
나봇을 백성 가운데 높이 앉히매

13 때에 불량자 두 사람이 들어와 그의 앞에 앉고 백성 앞에서 나봇에게 대하여 증언을 하여 이르기를 나봇이 하나님과 왕을 저주하였다 하매

무리가 그를 성읍 밖으로 끌고 나가서 돌로 쳐죽이고

14 이세벨에게 통보하기를

나봇이 돌에 맞아 죽었나이다 하니

15 이세벨이 나봇이 돌에 맞아 죽었다 함을 듣고 이세벨이 아합에게 이르되

일어나 그 이스르엘 사람 나봇이 돈으로 바꾸어 주기를 싫어하던 나봇의 포도원을 차지하소서 나봇이 살아 있지 아니하고 죽었나이다

16 아합은 나봇이 죽었다 함을 듣고 곧 일어나 이스르엘 사람 나봇의 포도원을 차지하러 그리로 내려갔더라

17 여호와의 말씀이 디셉 사람 엘리야에게 임하여 이르시되

18 너는 일어나 내려가서 사마리아에 있는 이스라엘의 아합 왕을 만나라 그가 나봇의 포도원을 차지하러 그리로 내려갔나니

19 너는 그에게 말하여 이르기를 여호와의 말씀이 네가 죽이고 또 빼앗았느냐고 하셨다 하고 또 그에게 이르기를 여호와의 말씀이 개들이 나봇의 피를 핥은 곳에서 개들이 네 피 곧 네 몸의 피도 핥으리라 하였다 하라

20 아합이 엘리야에게 이르되
내 대적자여 네가 나를 찾았느냐

대답하되

내가 찾았노라 네가 네 자신을 팔아 여호와
보시기에 악을 행하였으므로 21 여호와의 말
씀이 내가 재앙을 네게 내려 너를 쓸어버리
되 네게 속한 남자는 이스라엘 가운데에 매
인 자나 놓인 자를 다 멸할 것이요 22 또 네
집이 느밧의 아들 여로보암의 집처럼 되게
하고 아히야의 아들 바아사의 집처럼 되게
하리니 이는 네가 나를 노하게 하고 이스라
엘이 범죄하게 한 까닭이니라 하셨고 23 이
세벨에게 대하여도 여호와께서 말씀하여 이
르시되 개들이 이스르엘 성읍 곁에서 이세벨
을 먹을지라 24 아합에게 속한 자로서 성읍
에서 죽은 자는 개들이 먹고 들에서 죽은 자
는 공중의 새가 먹으리라고 하셨느니라 하니

25 예로부터 아합과 같이 그 자
신을 팔아 여호와 앞에서 악을
행한 자가 없음은 그를 그의 아
내 이세벨이 충동하였음이라 26
그가 여호와께서 이스라엘 자손
앞에서 쫓아내신 아모리 사람의
모든 행함 같이 우상에게 복종하
여 심히 가증하게 행하였더라

27 아합이 이 모든 말씀을
들을 때에 그의 옷을 찢고

굵은 베로 몸을 동이고 금식하고 굵은
베에 누우며 또 풀이 죽어 다니더라

28 여호와의 말씀이 디셉 사람
엘리야에게 임하여 이르시되

29 아합이 내 앞에서 겸비
함을 네가 보느냐 그가 내
앞에서 겸비하므로 내가
재앙을 저의 시대에는 내
리지 아니하고 그 아들의
시대에야 그의 집에 재앙
을 내리리라 하셨더라

22장

선지자 미가야가
아합에게 경고하다

1 아람과 이스라엘 사이에 전
쟁이 없이 삼 년을 지냈더라

2 셋째 해에 유다
의 여호사밧 왕
이 이스라엘의
왕에게 내려가매
3 이스라엘의 왕
이 그의 신하들
에게 이르되

길르앗 라못은 본래 우리의 것인 줄을 너희가 알지 못하느냐 우리가 어찌 아람의 왕의 손에서 도로 찾지 아니하고 잠잠히 있으리요 하고

4 여호사밧에게 이르되

당신은 나와 함께 길르앗 라못으로 가서 싸우시겠느냐

여호사밧이 이스라엘 왕에게 이르되

나는 당신과 같고 내 백성은 당신의 백성과 같고 내 말들도 당신의 말들과 같으니이다

5 여호사밧이 또 이스
라엘의 왕에게 이르되

청하건대 먼저 여호와의 말씀이 어떠하신지 물어 보소서

6 이스라엘의 왕
이 이에 선지자
사백 명쯤 모으고
그들에게 이르되

내가 길르앗 라못에 가서 싸우랴 말랴

그들이 이르되

올라가소서 주께서 그 성읍을 왕의 손에 넘기시리이다

7 여호사밧이 이르되

이 외에 우리가 물을 만한 여호와의 선지자가 여기 있지 아니하니이까

8 이스라엘의 왕이 여호사밧 왕에게 이르되
아직도 이믈라의 아들 미가야 한 사람이 있으니 그로 말미암아 여호와께 물을 수 있으나 그는 내게 대하여 길한 일은 예언하지 아니하고 흉한 일만 예언하기로 내가 그를 미워하나이다
여호사밧이 이르되
왕은 그런 말씀을 마소서

9 이스라엘의 왕이 한 내시를 불러 이르되
이믈라의 아들 미가야를 속히 오게 하라 하니라

10 이스라엘의 왕과 유다의 여호사밧 왕
이 왕복을 입고 사마리아 성문 어귀 광장
에서 각기 왕좌에 앉아 있고 모든 선지자
가 그들의 앞에서 예언을 하고 있는데 11
그나아나의 아들 시드기야는 자기를 위
하여 철로 뿔들을 만들어 가지고 말하되
여호와의 말씀이 왕이 이것들로 아람 사람을 찔러 진멸하리라 하셨다 하고

12 모든 선지자도 그와 같이 예언하여 이르기를
길르앗 라못으로 올라가 승리를 얻으소서 여호와께서 그 성읍을 왕의 손에 넘기시리이다 하더라

13 미가야를 부르러 간 사신이 일러 이르되
선지자들의 말이 하나 같이 왕에게 길하게 하니 청하건대 당신의 말도 그들 중 한 사람의 말처럼 길하게 하소서

14 미가야가 이르되
여호와께서 살아 계심을 두고 맹세하노니 여호와께서 내게 말씀하시는 것 곧 그것을 내가 말하리라 하고

15 이에 왕에게 이르니 왕이 그에게 이르되
미가야야 우리가 길르앗 라못으로 싸우러 가랴 또는 말랴

그가 왕께 이르되
올라가서 승리를 얻으소서 여호와께서 그 성읍을 왕의 손에 넘기시리이다

16 왕이 그에게 이르되
내가 몇 번이나 네게 맹세하게 하여야 네가 여호와의 이름으로 진실한 것으로만 내게 말하겠느냐

17 그가 이르되
내가 보니 온 이스라엘이 목자 없는 양 같이 산에 흩어졌는데 여호와의 말씀이 이 무리에게 주인이 없으니 각각 평안히 자기의 집으로 돌아갈 것이니라 하셨나이다
18 이스라엘의 왕이 여호사밧 왕에게 이르되
저 사람이 내게 대하여 길한 것을 예언하지 아니하고 흉한 것을 예언하겠다고 당신에게 말씀하지 아니하였나이까
19 미가야가 이르되
그런즉 왕은 여호와의 말씀을 들으소서 내가 보니 여호와께서 그의 보좌에 앉으셨고

하늘의 만군이 그의 좌우편에 모시고 서 있는데 20 여호와께서 말씀하시기를 누가 아합을 꾀어 그를 길르앗 라못에 올라가서 죽게 할꼬 하시니 하나는 이렇게 하겠다 하고 또 하나는 저렇게 하겠다 하였는데 21 한 영이 나아와 여호와 앞에 서서 말하되 내가 그를 꾀겠나이다

22 여호와께서 그에게 이르시되 어떻게 하겠느냐 이르되 내가 나가서 거짓말하는 영이 되어 그의 모든 선지자들의 입에 있겠나이다 여호와께서 이르시되 너는 꾀겠고 또 이루리라 나가서 그리하라 하셨은즉

23 이제 여호와께서 거짓말하는 영을 왕의 이 모든 선지자의 입에 넣으셨고 또 여호와께서 왕에 대하여 화를 말씀하셨나이다

24 그나아나의 아들 시드기야가 가까이 와서 미가야의 뺨을 치며

이르되
여호와의 영이 나를 떠나 어디로 가서 네게 말씀하시더냐
25 미가야가 이르되
네가 골방에 들어가서 숨는 그 날에 보리라

26 이스라엘의 왕이 이르되
미가야를 잡아 성주 아몬과 왕자 요아스에게로 끌고 돌아가서

27 말하기를 왕의 말씀이 이 놈을 옥에 가두고 내가 평안히 돌아올 때까지 고생의 떡과 고생의 물을 먹이라 하였다 하라
28 미가야가 이르되
왕이 참으로 평안히 돌아오시게 될진대 여호와께서 나를 통하여 말씀하지 아니하셨으리이다
또 이르되
너희 백성들아 다 들을지어다 하니라

아합의 죽음

29 이스라엘의 왕과 유다의 여호사밧 왕이 길르앗 라못으로 올라가니라

30 이스라엘의 왕이 여호사밧에게 이르되
나는 변장하고 전쟁터로 들어가려 하노니 당신은 왕복을 입으소서 하고
이스라엘의 왕이 변장하고 전쟁터로 들어가니라

31 아람 왕이 그의 병거의 지휘관 삼십이 명에게 명령하여 이르기를
너희는 작은 자나 큰 자와 더불어 싸우지 말고 오직 이스라엘 왕과 싸우라 한지라

32 병거의 지휘관들이 여호사밧을 보고 그들이 이르되 이가 틀림없이 이스라엘의 왕이라 하고 돌이켜 그와 싸우려 한즉
여호사밧이 소리를 지르는지라

33 병거의 지휘관들이 그가 이스라엘의 왕이 아님을 보고 쫓기를 그치고 돌이켰더라

34 한 사람이 무심코 활을 당겨 이스라엘 왕의 갑옷 솔기를 맞힌지라

왕이 그 병거 모는 자에게 이르되
내가 부상하였으니 네 손을 돌려 내가 전쟁터에서 나가게 하라 하였으나

35 이 날에 전쟁이 맹렬하였으
므로 왕이 병거 가운데에 붙들
려 서서 아람 사람을 막다가

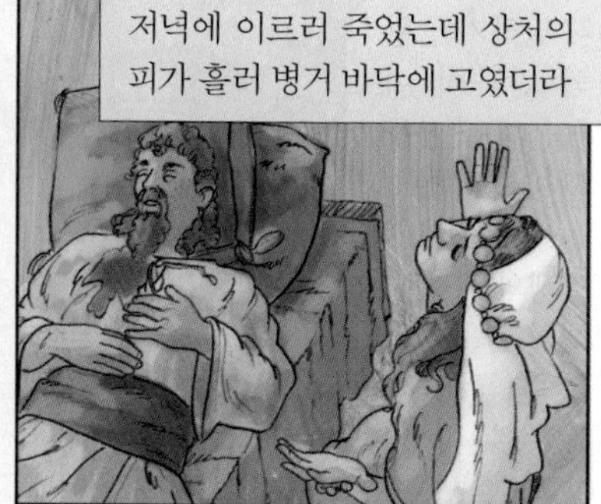
저녁에 이르러 죽었는데 상처의
피가 흘러 병거 바닥에 고였더라

36 해가 질 녘에 진중에서
외치는 소리가 있어 이르되
각기 성읍으로 또는 각기
본향으로 가라 하더라

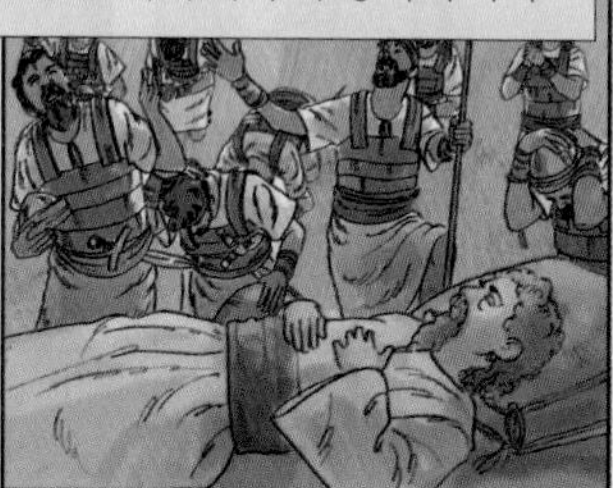
37 왕이 이미 죽으매 그의 시
체를 메어 사마리아에 이르러
왕을 사마리아에 장사하니라

38 그 병거를 사마리아
못에서 씻으매

개들이 그의 피를 핥았으니 여호와
께서 하신 말씀과 같이 되었더라 거
기는 창기들이 목욕하는 곳이었더라

39 아합의 남
은 행적과 그
가 행한 모든
일과 그가 건
축한 상아궁과

그가 건축한 모든 성읍은 이스라엘 왕 역대지략에 기
록되지 아니하였느냐 40 아합이 그의 조상들과 함께
자매 그의 아들 아하시야가 대신하여 왕이 되니라

유다 왕 여호사밧

41 이스라엘의
아합 왕 제사년
에 아사의 아들
여호사밧이 유
다의 왕이 되니

42 여호사밧이 왕이
될 때에 나이가 삼십
오 세라 예루살렘에
서 이십오 년 동안 다
스리니라 그의 어머
니의 이름은 아수바
라 실히의 딸이더라

43 여호사밧이 그의
아버지 아사의 모든
길로 행하며 돌이키지
아니하고 여호와 앞에
서 정직히 행하였으나
산당은 폐하지 아니하
였으므로 백성이 아직
도 산당에서 제사를
드리며 분향하였더라

44 여호사밧이 이스라
엘의 왕과 더불어 화평
하니라 45 여호사밧의
남은 사적과 그가 부린
권세와 그가 어떻게 전
쟁하였는지는 다 유다
왕 역대지략에 기록되
지 아니하였느냐

46 그가 그의 아버지 아
사의 시대에 남아 있던

남색하는 자들을 그 땅에서 쫓아내었더라

47 그 때에 에돔에
는 왕이 없고 섭정
왕이 있었더라 48
여호사밧이 다시스
의 선박을 제조하고
오빌로 금을 구하러
보내려 하였더니 그
배가 에시온게벨에
서 파선하였으므로
가지 못하게 되매

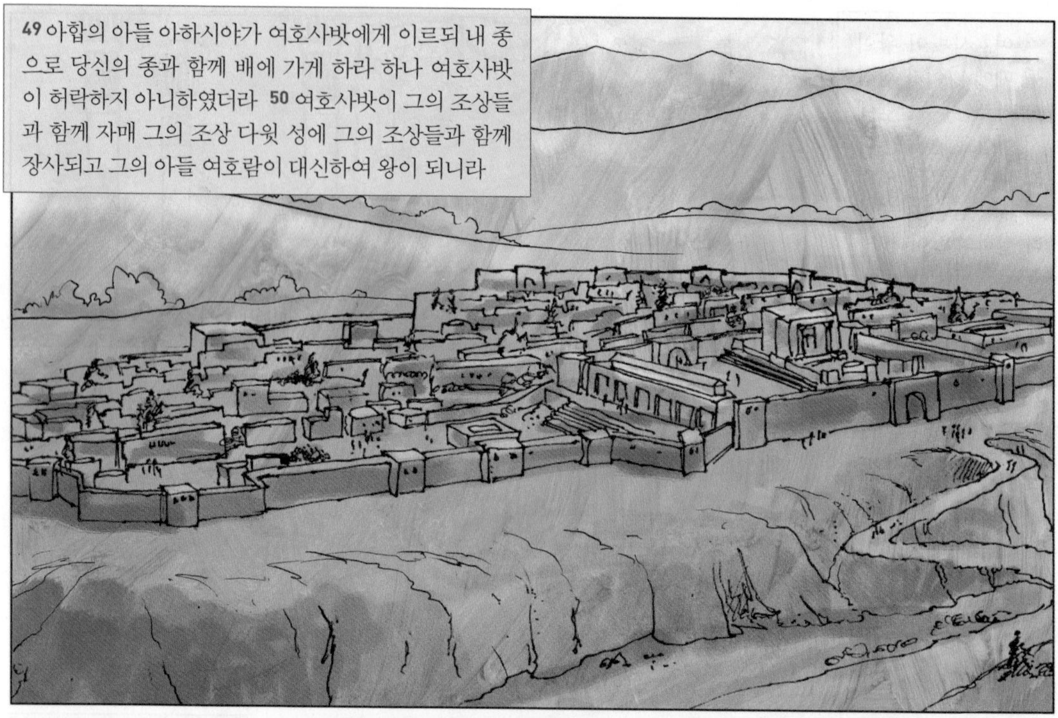

49 아합의 아들 아하시야가 여호사밧에게 이르되 내 종
으로 당신의 종과 함께 배에 가게 하라 하나 여호사밧
이 허락하지 아니하였더라 50 여호사밧이 그의 조상들
과 함께 자매 그의 조상 다윗 성에 그의 조상들과 함께
장사되고 그의 아들 여호람이 대신하여 왕이 되니라

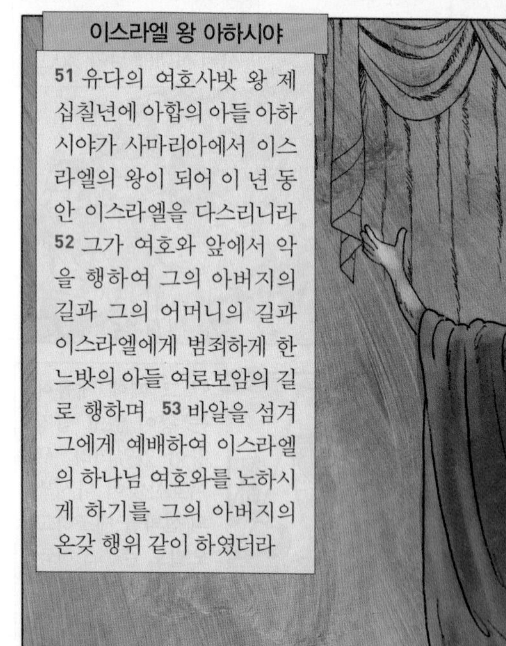

이스라엘 왕 아하시야
51 유다의 여호사밧 왕 제
십칠년에 아합의 아들 아하
시야가 사마리아에서 이스
라엘의 왕이 되어 이 년 동
안 이스라엘을 다스리니라
52 그가 여호와 앞에서 악
을 행하여 그의 아버지의
길과 그의 어머니의 길과
이스라엘에게 범죄하게 한
느밧의 아들 여로보암의 길
로 행하며 53 바알을 섬겨
그에게 예배하여 이스라엘
의 하나님 여호와를 노하시
게 하기를 그의 아버지의
온갖 행위 같이 하였더라

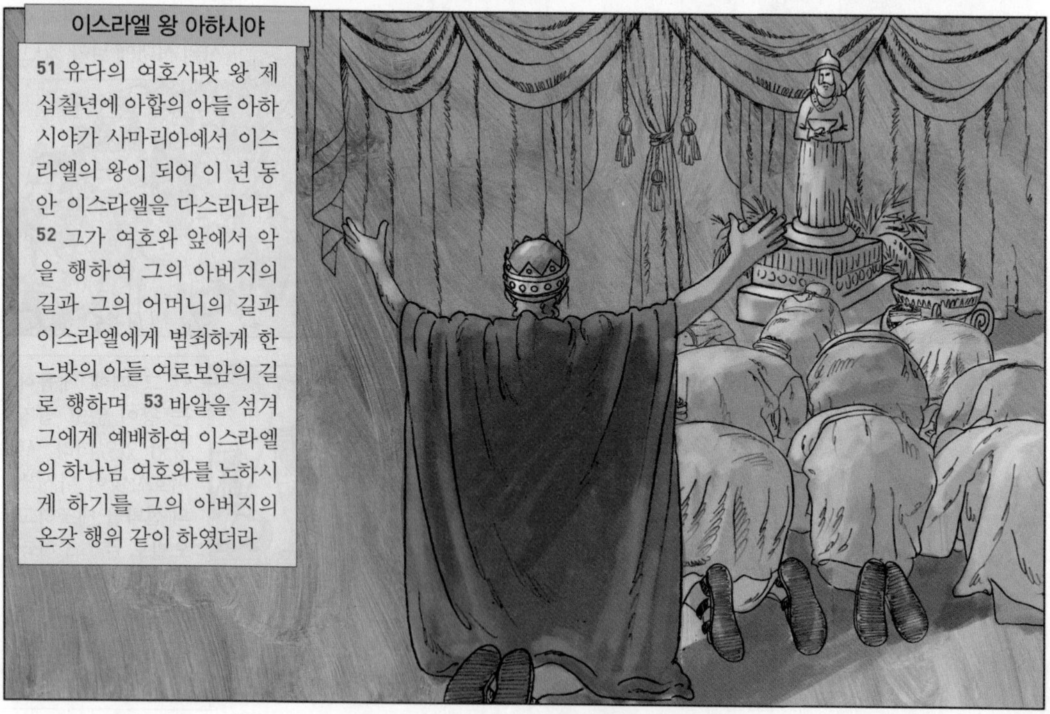

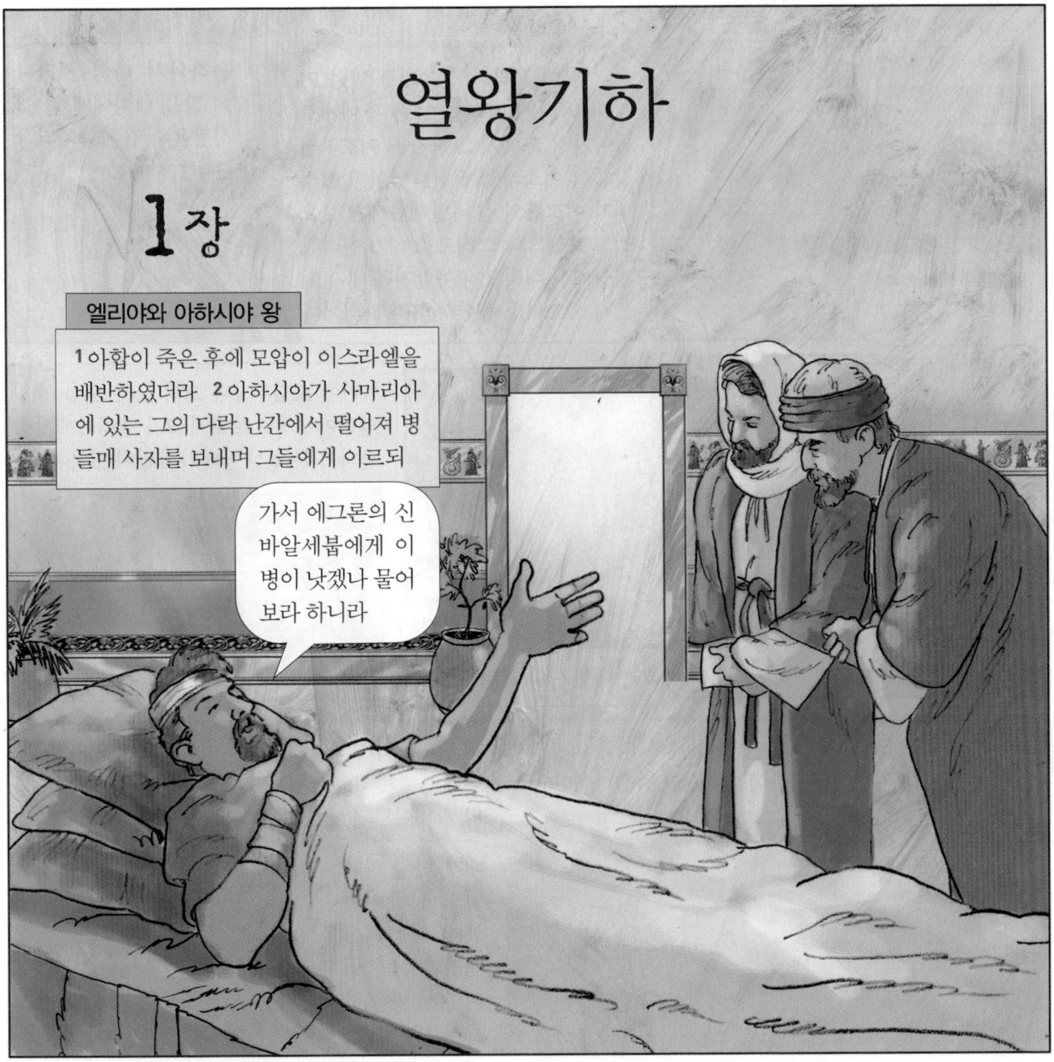

열왕기하

1장

엘리야와 아하시야 왕

1 아합이 죽은 후에 모압이 이스라엘을
배반하였더라 2 아하시야가 사마리아
에 있는 그의 다락 난간에서 떨어져 병
들매 사자를 보내며 그들에게 이르되

가서 에그론의 신
바알세붑에게 이
병이 낫겠나 물어
보라 하니라

3 여호와의 사자가 디셉 사람 엘리야에게 이르되
너는 일어나 올라가서 사마리아 왕의
사자를 만나 그에게 이르기를 이스라
엘에 하나님이 없어서 너희가 에그론
의 신 바알세붑에게 물으러 가느냐 4
그러므로 여호와의 말씀이 네가 올라
간 침상에서 내려오지 못할지라 네가
반드시 죽으리라 하셨다 하라
엘리야가 이에 가니라

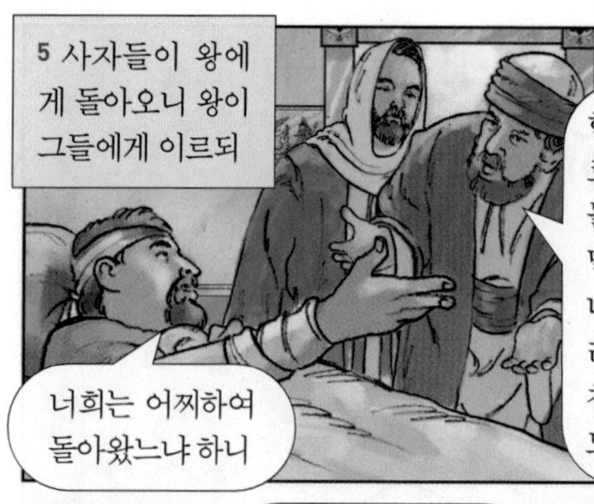
5 사자들이 왕에게 돌아오니 왕이 그들에게 이르되
너희는 어찌하여 돌아왔느냐 하니
6 그들이 말하되
한 사람이 올라와서 우리를 만나 이르되 너희는 너희를 보낸 왕에게로 돌아가서 그에게 고하기를 여호와의 말씀이 이스라엘에 하나님이 없어서 네가 에그론의 신 바알세붑에게 물으려고 보내느냐 그러므로 네가 올라간 침상에서 내려오지 못할지라 네가 반드시 죽으리라 하셨다 하라 하더이다

7 왕이 그들에게 이르되
올라와서 너희를 만나 이 말을 너희에게 한 그 사람은 어떤 사람이더냐

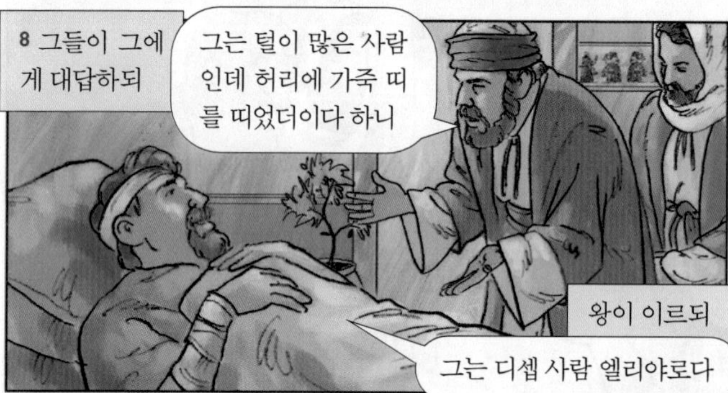
8 그들이 그에게 대답하되
그는 털이 많은 사람인데 허리에 가죽 띠를 띠었더이다 하니
왕이 이르되
그는 디셉 사람 엘리야로다

9 이에 오십부장과 그의 군사 오십 명을 엘리야에게로 보내매 그가 엘리야에게로 올라가 본즉 산 꼭대기에 앉아 있는지라

그가 엘리야에게 이르되
하나님의 사람이여 왕의 말씀이 내려오라 하셨나이다
10 엘리야가 오십부장에게 대답하여 이르되
내가 만일 하나님의 사람이면 불이 하늘에서 내려와 너와 너의 오십 명을 사를지로다 하매

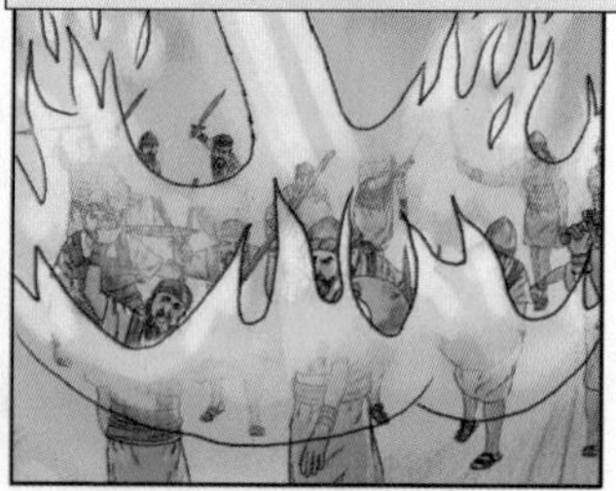
불이 곧 하늘에서 내려와 그와 그의 군사 오십 명을 살랐더라

11 왕이 다시 다른 오십부장과 그의 군사 오십 명을 엘리야에게로 보내니 그가 엘리야에게 말하여 이르되
하나님의 사람이여 왕의 말씀이 속히 내려오라 하셨나이다 하니
12 엘리야가 그들에게 대답하여 이르되
내가 만일 하나님의 사람이면 불이 하늘에서 내려와 너와 너의 오십 명을 사를지로다 하매

하나님의 불이 곧 하늘에서 내려와 그와 그의 군사 오십 명을 살랐더라

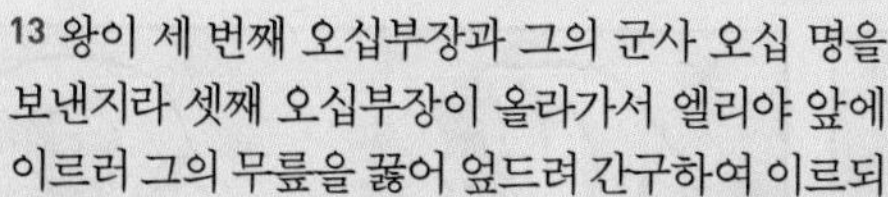

13 왕이 세 번째 오십부장과 그의 군사 오십 명을 보낸지라 셋째 오십부장이 올라가서 엘리야 앞에 이르러 그의 무릎을 꿇어 엎드려 간구하여 이르되

하나님의 사람이여 원하건대 나의 생명과 당신의 종인 이 오십 명의 생명을 당신은 귀히 보소서 14 불이 하늘에서 내려와 전번의 오십부장 둘과 그의 군사 오십 명을 살랐거니와 나의 생명을 당신은 귀히 보소서 하매

15 여호와의 사자가 엘리야에게 이르되
너는 그를 두려워 하지 말고 함께 내려가라 하신지라

엘리야가 곧 일어나 그와 함께 내려와 왕에게 이르러

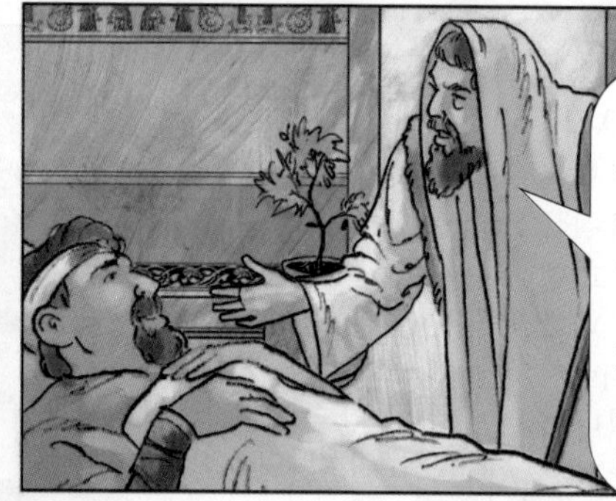

16 말하되
여호와의 말씀이 네가 사자를 보내 에그론의 신 바알세붑에게 물으려 하니 이스라엘에 그의 말을 물을 만한 하나님이 안 계심이냐 그러므로 네가 그 올라간 침상에서 내려오지 못할지라 네가 반드시 죽으리라 하셨다 하니라

17 왕이 엘리야가 전한 여호와의 말씀대로 죽고

그가 아들이 없으므로 여호람이 그를 대신하여 왕이 되니 유다 왕 여호사밧의 아들 여호람의 둘째 해였더라 18 아하시야가 행한 그 남은 사적은 모두 이스라엘 왕 역대지략에 기록되지 아니하였느냐

2장

엘리야가 하늘로 올라가다

1 여호와께서 회오리 바람으로 엘리야를 하늘로 올리고자 하실 때에 엘리야가 엘리사와 더불어 길갈에서 나가더니 2 엘리야가 엘리사에게 이르되

이에 두 사람이 벧엘로 내려가니 3 벧엘에 있는 선지자의 제자들이 엘리사에게로 나아와 그에게 이르되
여호와께서 오늘 당신의 선생을 당신의 머리 위로 데려가실 줄을 아시나이까 하니
이르되
나도 또한 아노니 너희는 잠잠하라 하니라

4 엘리야가 그에게 이르되
엘리사야 청하건대 너는 여기 머물라 여호와께서 나를 여리고로 보내시느니라

엘리사가 이르되
여호와께서 살아 계심과 당신의 영혼이 살아 있음을 두고 맹세하노니 내가 당신을 떠나지 아니하겠나이다 하니라

그들이 여리고에 이르매 5 여리고에 있는 선지자의 제자들이 엘리사에게 나아와 이르되
여호와께서 오늘 당신의 선생을 당신의 머리 위로 데려가실 줄을 아시나이까 하니
엘리사가 이르되
나도 아노니 너희는 잠잠하라

6 엘리야가 또 엘리사에게 이르되
청하건대 너는 여기 머물라 여호와께서 나를 요단으로 보내시느니라 하니
그가 이르되
여호와께서 살아 계심과 당신의 영혼이 살아 있음을 두고 맹세하노니 내가 당신을 떠나지 아니하겠나이다 하는지라

이에 두 사람이 가니라 7 선지자의 제자 오십 명이 가서 멀리 서서 바라보매 그 두 사람이 요단 가에 서 있더니

8 엘리야가 겉옷을 가지고 말아 물을 치매

물이 이리 저리 갈라지고

두 사람이 마른 땅 위로 건너더라

9 건너매 엘리야가 엘리사에게 이르되
나를 네게서 데려감을 당하기 전에 내가 네게 어떻게 할지를 구하라

엘리사가 이르되
당신의 성령이 하시는 역사가 갑절이나 내게 있게 하소서 하는지라

10 이르되

네가 어려운 일을 구하는도다 그러나 나를 네게서 데려가시는 것을 네가 보면 그 일이 네게 이루어지려니와 그렇지 아니하면 이루어지지 아니하리라 하고

11 두 사람이 길을 가며 말하더니

불수레와 불말들이 두 사람을 갈라놓고
엘리야가 회오리 바람으로 하늘로 올라가더라

12 엘리사가 보고 소리 지르되
내 아버지여 내 아버지여 이스라엘의 병거와 그 마병이여 하더니

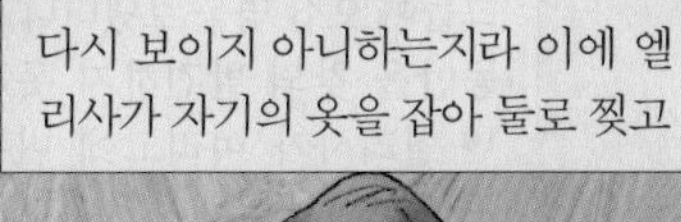
다시 보이지 아니하는지라 이에 엘리사가 자기의 옷을 잡아 둘로 찢고

13 엘리야의 몸에서 떨어진 겉옷을 주워 가지고

돌아와 요단 언덕에 서서

14 엘리야의 몸에서 떨어진 그의 겉옷을 가지고 물을 치며 이르되
엘리야의 하나님 여호와는 어디 계시니이까 하고

그도 물을 치매 물이 이리 저리 갈라지고 엘리사가 건너니라

15 맞은편 여리고에 있는 선지자의 제자들이 그를 보며 말하기를
엘리야의 성령이 하시는 역사가 엘리사 위에 머물렀다 하고

가서 그에게로 나아가 땅에 엎드려 그에게 경배하고

16 그에게 이르되
당신의 종들에게 용감한 사람 오십 명이 있으니 청하건대 그들이 가서 당신의 주인을 찾게 하소서 염려하건대 여호와의 성령이 그를 들고 가다가 어느 산에나 어느 골짜기에 던지셨을까 하나이다 하니라
엘리사가 이르되
보내지 말라 하나

17 무리가 그로 부끄러워하도록 강청하매
보내라 한지라

그들이 오십 명을 보냈더니 사흘 동안을 찾되 발견하지 못하고
18 엘리사가 여리고에 머무는 중에 무리가 그에게 돌아오니

엘리사가 그들에게 이르되
내가 가지 말라고 너희에게 이르지 아니하였느냐 하였더라

엘리사의 기적

19 그 성읍 사람들이 엘리사에게 말하되
우리 주인께서 보시는 바와 같이 이 성읍의 위치는 좋으나 물이 나쁘므로 토산이 익지 못하고 떨어지나이다
20 엘리사가 이르되
새 그릇에 소금을 담아 내게로 가져오라 하매
곧 가져온지라

21 엘리사가 물 근원으로 나아가서 소금을 그 가운데에 던지며 이르되
여호와의 말씀이 내가 이 물을 고쳤으니 이로부터 다시는 죽음이나 열매 맺지 못함이 없을지니라 하셨느니라 하니

22 그 물이 엘리사가 한 말과 같이 고쳐져서 오늘에 이르렀더라

23 엘리사가 거기서 벧엘로 올라가더니 그가 길에서 올라갈 때에 작은 아이들이 성읍에서 나와 그를 조롱하여 이르되
대머리여 올라가라 대머리여 올라가라 하는지라

24 엘리사가 뒤로 돌이켜 그들을 보고

여호와의 이름으로 저주하매

곧 수풀에서 암곰 둘이 나와서 아이들 중의 사십이 명을 찢었더라

25 엘리사가 거기서부터 갈멜 산으로 가고 거기서 사마리아로 돌아왔더라

이스라엘과 모압의 전쟁

1 유다의 여호사밧 왕 열여덟째 해에 아합의 아들 여호람이 사마리아에서 이스라엘
을 열두 해 동안 다스리니라 2 그가 여호와 보시기에 악을 행하였으나 그의 부모와 같
이 하지는 아니하였으니 이는 그가 그의 아버지가 만든 바알의 주상을 없이하였음이라

3 그러나 그가 느밧의 아
들 여로보암이 이스라엘
에게 범하게 한 그 죄를
따라 행하고 떠나지 아니
하였더라 4 모압 왕 메사
는 양을 치는 자라 새끼
양 십만 마리의 털과 숫
양 십만 마리의 털을 이
스라엘 왕에게 바치더니

5 아합이 죽은 후에 모압 왕이 이스라
엘 왕을 배반한지라 6 그 때에 여호
람 왕이 사마리아에서 나가 온 이스
라엘을 둘러보고 7 또 가서 유다의
왕 여호사밧에게 사신을 보내 이르되

모압 왕이 나를 배반하였으니 당신은 나와 함께 가서 모압을 치시겠느냐 하니

그가 이르되

내가 올라가리이다 나는 당신과 같고 내 백성은 당신의 백성과 같고 내 말들도 당신의 말들과 같으니이다 하는지라

8 여호람이 이르되

우리가 어느 길로 올라가리이까 하니

그가 대답하되

에돔 광야 길로 니이다 하니라

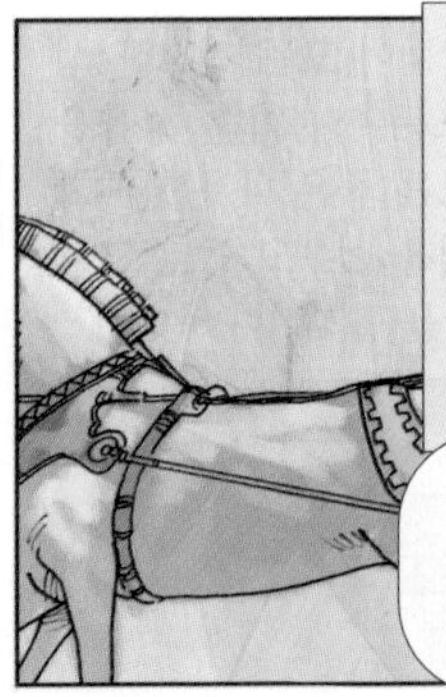

9 이스라엘 왕과 유다 왕
과 에돔 왕이 가더니 길
을 둘러 간 지 칠 일에 군
사와 따라가는 가축을 먹
일 물이 없는지라 10 이
스라엘 왕이 이르되
슬프다 여호와께서 이 세 왕을 불러 모아 모압의 손에 넘기려 하시는도다 하니

11 여호사밧이 이르되
우리가 여호와께 물을 만한 여호와의 선지자가 여기 없느냐 하는지라
이스라엘 왕의 신하들 중의 한 사람이 대답하여 이르되
전에 엘리야의 손에 물을 붓던 사밧의 아들 엘리사가 여기 있나이다 하니

12 여호사밧이 이르되
여호와의 말씀이 그에게 있도다 하는지라
이에 이스라엘 왕과 여호사밧과 에돔 왕이 그에게로 내려가니라

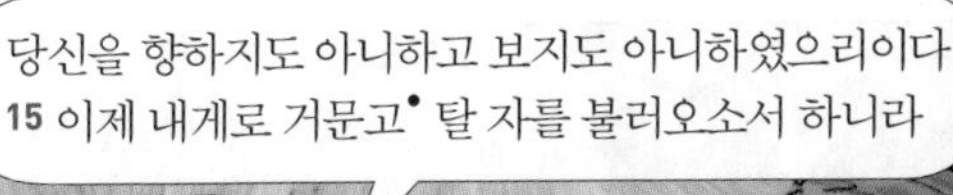

13 엘리사가 이스라엘 왕에게 이르되
내가 당신과 무슨 상관이 있나이까 당신의 부친의 선지자들과 당신의 모친의 선지자들에게로 가소서 하니
이스라엘 왕이 그에게 이르되
그렇지 아니하니이다 여호와께서 이 세 왕을 불러 모아 모압의 손에 넘기려 하시나이다 하니라

14 엘리사가 이르되
내가 섬기는 만군의 여호와께서 살아 계심을 두고 맹세하노니 내가 만일 유다의 왕 여호사밧의 얼굴을 봄이 아니면 그 앞에서

당신을 향하지도 아니하고 보지도 아니하였으리이다 15 이제 내게로 거문고• 탈 자를 불러오소서 하니라

거문고 타는 자가 거문고를 탈 때에 여호와의 손이 엘리사 위에 있더니 16 그가 이르되
여호와의 말씀이 이 골짜기에 개천을 많이 파라 하셨나이다

3:15 **거문고** 우리나라 현악기인 거문고로 번역되었지만 영어성경에는 하프(harp)로 나온다.

17 여호와께서 이르시기를 너희가 바람도 보지 못하고 비도 보지 못하되 이 골짜기에 물이 가득하여 너희와 너희 가축과 짐승이 마시리라 하셨나이다

18 이것은 여호와께서 보시기에 작은 일이라 여호와께서 모압 사람도 당신의 손에 넘기시리니

19 당신들이 모든 견고한 성읍과 모든 아름다운 성읍을 치고 모든 좋은 나무를 베고 모든 샘을 메우고 돌로 모든 좋은 밭을 헐리이다 하더니

20 아침이 되어 소제 드릴 때에 물이 에돔 쪽에서부터 흘러와 그 땅에 가득하였더라

21 모압의 모든 사람은 왕들이 올라와서 자기를 치려 한다 함을 듣고 갑옷 입을 만한 자로부터 그 이상이 다 모여 그 경계에 서 있더라

22 아침에 모압 사람이 일찍이 일어나서 해가 물에 비치므로 맞은편 물이 붉어 피와 같음을 보고

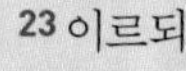

이는 피라 틀림없이 저 왕들이 싸워 서로 죽인 것이로다 모압 사람들아 이제 노략하러 가자 하고

24 이스라엘 진에 이르니 이스라엘 사람이 일어나 모압 사람을 쳐서 그들 앞에서 도망하게 하고

그 지경에 들어가며 모압 사람을 치고 25 그 성읍들을 쳐서 헐고 각기 돌을 던져 모든 좋은 밭에 가득하게 하고

길하레셋의 돌들은 남기고

물매꾼이 두루 다니며 치니라

26 모압 왕이 전세가 극렬하여 당하기 어려움을 보고 칼 찬 군사 칠백 명을 거느리고 돌파하여 지나서 에돔 왕에게로 가고자 하되 가지 못하고

27 이에 자기 왕위를 이어 왕이 될 맏아들을 데려와 성 위에서 번제를 드린지라

이스라엘에게 크게 격노함이 임하매 그들이 떠나 각기 고국으로 돌아갔더라

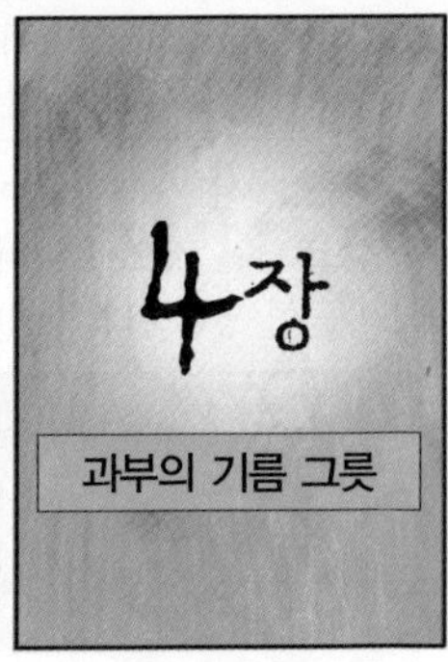

과부의 기름 그릇

1 선지자의 제자들의 아내 중의 한 여인이 엘리사에게 부르짖어 이르되

당신의 종 나의 남편이 이미 죽었는데 당신의 종이 여호와를 경외한 줄은 당신이 아시는 바니이다 이제 빚 준 사람이 와서 나의 두 아이를 데려가 그의 종을 삼고자 하나이다 하니
2 엘리사가 그에게 이르되
내가 너를 위하여 어떻게 하랴 네 집에 무엇이 있는지 내게 말하라

그가 이르되
계집종의 집에 기름 한 그릇 외에는 아무것도 없나이다 하니

3 이르되
너는 밖에 나가서 모든 이웃에게 그릇을 빌리라 빈 그릇을 빌리되 조금 빌리지 말고 4 너는 네 두 아들과 함께 들어가서 문을 닫고 그 모든 그릇에 기름을 부어서 차는 대로 옮겨 놓으라 하니라

5 여인이 물러가서 그의 두 아들과 함께 문을 닫은 후에 그들은 그릇을 그에게로 가져오고 그는 부었더니

6 그릇에 다 찬지라 여인이 아들에게 이르되
또 그릇을 내게로 가져오라 하니

아들이 이르되
다른 그릇이 없나이다 하니

기름이 곧 그쳤더라

7 그 여인이 하나님의 사람에게 나아가서 말하니 그가 이르되
너는 가서 기름을 팔아 빚을 갚고 남은 것으로 너와 네 두 아들이 생활하라 하였더라

엘리사와 수넴 여인

8 하루는 엘리사가 수넴에 이르렀더니 거기에 한 귀한 여인이 그를 간권하여 음식을 먹게 하였으므로 엘리사가 그 곳을 지날 때마다 음식을 먹으러 그리로 들어갔더라

9 여인이 그의 남편에게 이르되
항상 우리를 지나가는 이 사람은 하나님의 거룩한 사람인 줄을 내가 아노니 10 청하건대 우리가 그를 위하여 작은 방을 담 위에 만들고 침상과 책상과 의자와 촛대를 두사이다 그가 우리에게 이르면 거기에 머물리이다 하였더라

11 하루는 엘리사가 거기에 이르러 그 방에 들어가 누웠더니

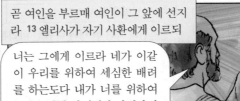

12 자기 사환 게하시에게 이르되
이 수넴 여인을 불러오라 하니

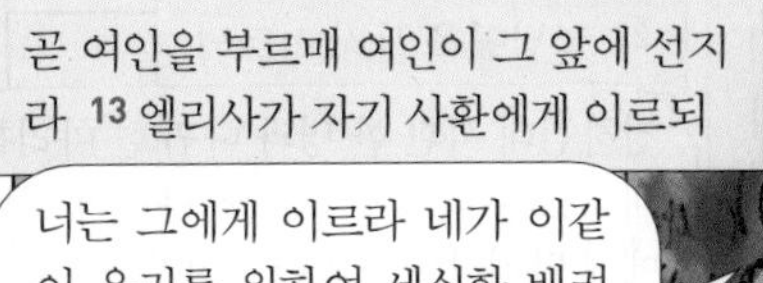
곧 여인을 부르매 여인이 그 앞에 선지라 13 엘리사가 자기 사환에게 이르되
너는 그에게 이르라 네가 이같이 우리를 위하여 세심한 배려를 하는도다 내가 너를 위하여 무엇을 하랴 왕에게나 사령관에게 무슨 구할 것이 있느냐 하니
여인이 이르되
나는 내 백성 중에 거주하나이다 하니라

14 엘리사가 이르되
그러면 그를 위하여 무엇을 하여야 할까 하니
게하시가 대답하되
참으로 이 여인은 아들이 없고 그 남편은 늙었나이다 하니

15 이르되
다시 부르라 하여

부르매 여인이 문에 서니라 16 엘리사가 이르되
한 해가 지나 이 때쯤에 네가 아들을 안으리라 하니
여인이 이르되
아니로소이다 내 주 하나님의 사람이여 당신의 계집종을 속이지 마옵소서 하니라
17 여인이 과연 잉태하여 한 해가 지나 이 때쯤에 엘리사가 여인에게 말한 대로 아들을 낳았더라

18 그 아이가 자라매 하루는 추수꾼들에게 나가서 그의 아버지에게 이르렀더니 19 그의 아버지에게 이르되
내 머리야 내 머리야 하는지라
그의 아버지가 사환에게 말하여
그의 어머니에게로 데려가라 하매

20 곧 어머니에게로 데려갔더니 낮까지 어머니의 무릎에 앉아 있다가 죽은지라

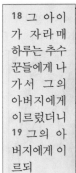

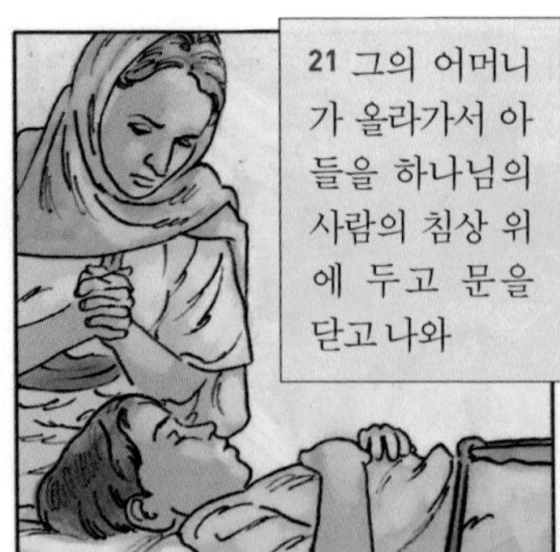
21 그의 어머니가 올라가서 아들을 하나님의 사람의 침상 위에 두고 문을 닫고 나와

22 그 남편을 불러 이르되
청하건대 사환 한 명과 나귀 한 마리를 내게로 보내소서 내가 하나님의 사람에게 달려갔다가 돌아오리이다 하니

23 그 남편이 이르되
초하루도 아니요 안식일도 아니거늘 그대가 오늘 어찌하여 그에게 나아가고자 하느냐 하는지라
여인이 이르되
평안을 비나이다 하니라

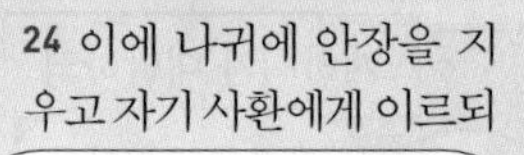
24 이에 나귀에 안장을 지우고 자기 사환에게 이르되

몰고 가라 내가 말하지 아니하거든 나를 위하여 달려가기를 멈추지 말라 하고

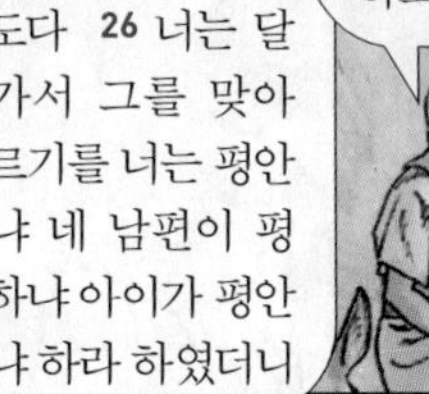
25 드디어 갈멜 산으로 가서 하나님의 사람에게로 나아가니라 하나님의 사람이 멀리서 그를 보고 자기 사환 게하시에게 이르되
저기 수넴 여인이 있도다 26 너는 달려가서 그를 맞아 이르기를 너는 평안하냐 네 남편이 평안하냐 아이가 평안하냐 하라 하였더니
여인이 대답하되
평안하다 하고

27 산에 이르러 하나님의 사람에게 나아가서 그 발을 안은지라

게하시가 가까이 와서 그를 물리치고자 하매 하나님의 사람이 이르되
가만 두라 그의 영혼이 괴로워하지마는 여호와께서 내게 숨기시고 이르지 아니하셨도다 하니라

28 여인이 이르되
내가 내 주께 아들을 구하더이까 나를 속이지 말라고 내가 말하지 아니하더이까 하니

29 엘리사가 게하시에게 이르되
네 허리를 묶고 내 지팡이를 손에 들고 가라 사람을 만나거든 인사하지 말며 사람이 네게 인사할지라도 대답하지 말고 내 지팡이를 그 아이 얼굴에 놓으라 하는지라
30 아이의 어머니가 이르되
여호와께서 살아 계심과 당신의 영혼이 살아 계심을 두고 맹세하노니 내가 당신을 떠나지 아니하리이다

엘리사가 이에 일어나 여인을 따라가니라

31 게하시가 그들보다 앞서 가서 지
팡이를 그 아이의 얼굴에 놓았으나
소리도 없고 듣지도 아니하는지라

돌아와서 엘리
사를 맞아 그
에게 말하여
아이가 깨지
아니하였나
이다 하니라

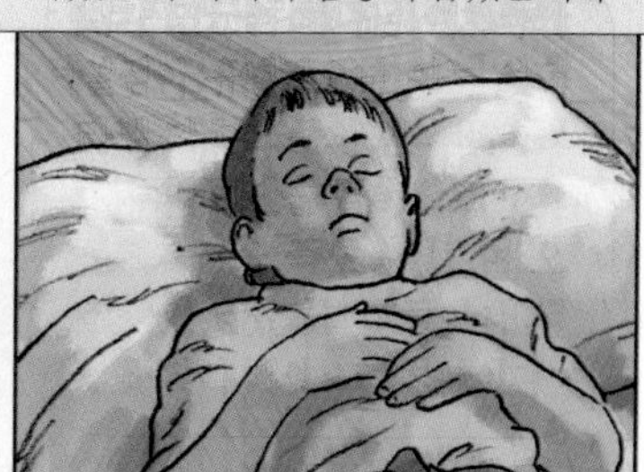

32 엘리사가 집에 들어가 보니 아이가
죽었는데 자기의 침상에 눕혔는지라

33 들어가서는 문을 닫
으니 두 사람 뿐이라

34 아이 위에 올라 엎드
려 자기 입을 그의 입에,

자기 눈을 그의 눈에,

자기 손을 그의 손에 대고 그의 몸에 엎드리니

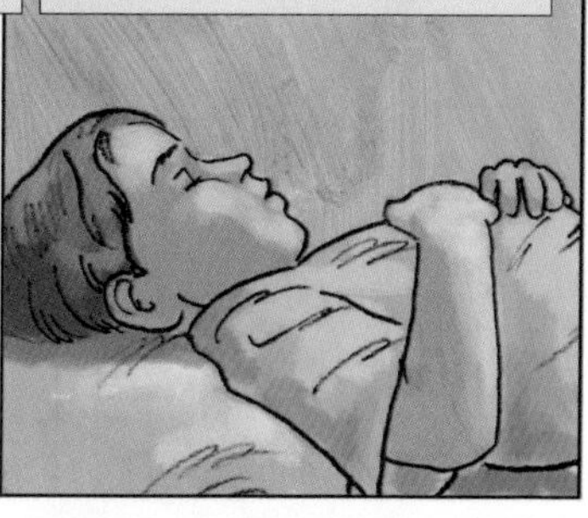

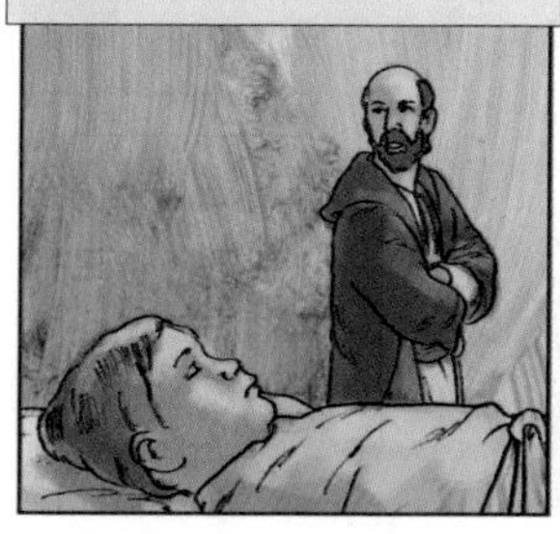

아이의 살이 차차 따뜻하더라

35 엘리사가 내려서 집 안에
서 한 번 이리 저리 다니고

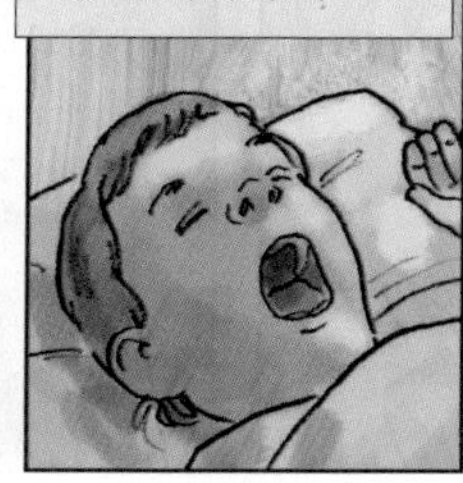

다시 아이 위에 올라
엎드리니 아이가 일
곱 번 재채기 하고

눈을 뜨는지라

36 엘리사가 게하시를 불러
저 수넴 여인을
불러오라 하니

여인이 들어가니 엘리사가 이르되
네 아들을 데리고 가라 하니라

37 여인이 들어가서 엘리사의 발 앞에서 땅에 엎드려 절하고

아들을 안고 나가니라

두 가지 기적

38 엘리사가 다시 길갈에 이르니 그 땅에 흉년이 들었는데 선지자의 제자들이 엘리사의 앞에 앉은지라 엘리사가 자기 사환에게 이르되
큰 솥을 걸고 선지자의 제자들을 위하여 국을 끓이라 하매

39 한 사람이 채소를 캐러 들에 나가 들포도덩굴을 만나 그것에서 들호박을 따서 옷자락에 채워가지고 돌아와

썰어 국 끓이는 솥에 넣되 그들은 무엇인지 알지 못한지라

40 이에 퍼다가 무리에게 주어 먹게 하였더니

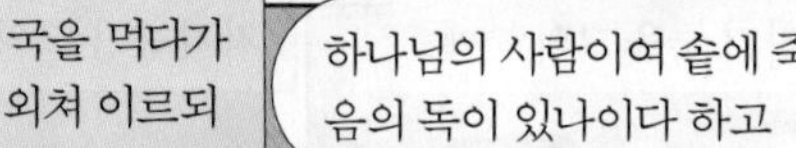

무리가 국을 먹다가 그들이 외쳐 이르되
하나님의 사람이여 솥에 죽음의 독이 있나이다 하고

41 엘리사가 이르되 그러면 가루를 가져오라 하여 솥에 던지고 이르되
퍼다가 무리에게 주어 먹게 하라 하매
이에 솥 가운데 독이 없어지니라

42 한 사람이 바알 살리사에서부터 와서 처음 만든 떡 곧 보리떡 이십 개와 또 자루에 담은 채소를 하나님의 사람에게 드린지라

43 그 사환이 이르되
내가 어찌 이것을 백 명에게 주겠나이까 하나
그가 이르되
무리에게 주어 먹게 하라

엘리사는 또 이르되
무리에게 주어 먹게 하라 여호와의 말씀이 그들이 먹고 남으리라 하셨느니라

44 그가 그들 앞에 주었더니 여호와께서 말씀하신 대로 먹고 남았더라

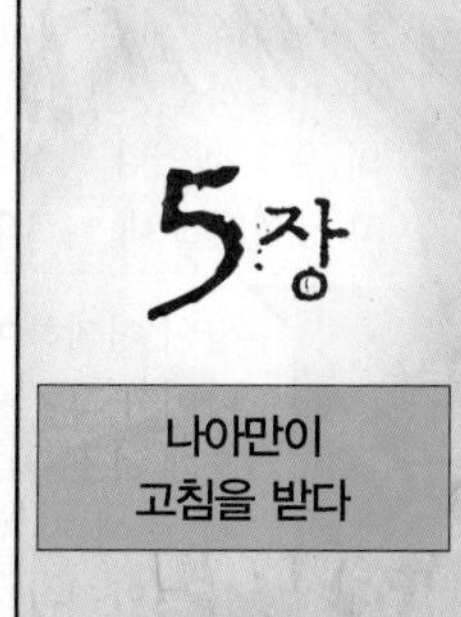

5장
나아만이 고침을 받다

1 아람 왕의 군대 장관 나아만은 그의 주인 앞에서 크고 존귀한 자니 이는 여호와께서 전에 그에게 아람을 구원하게 하셨음이라 그는 큰 용사이나 나병환자더라

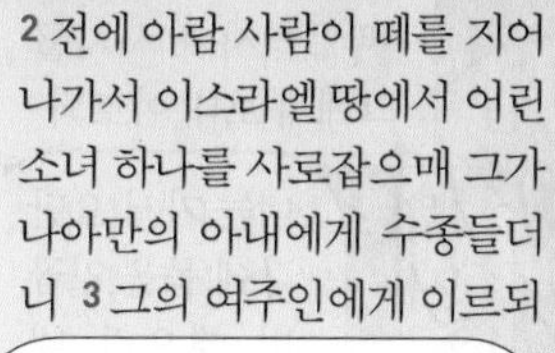

2 전에 아람 사람이 떼를 지어 나가서 이스라엘 땅에서 어린 소녀 하나를 사로잡으매 그가 나아만의 아내에게 수종들더니 3 그의 여주인에게 이르되
우리 주인이 사마리아에 계신 선지자 앞에 계셨으면 좋겠나이다 그가 그 나병을 고치리이다 하는지라

4 나아만이 들어가서 그의 주인께 아뢰어 이르되
이스라엘 땅에서 온 소녀의 말이 이러이러하더이다 하니

5 아람 왕이 이르되
갈지어다 이제 내가 이스라엘 왕에게 글을 보내리라 하더라

나아만이 곧 떠날새 은 십 달란트와 금 육천 개와 의복 열 벌을 가지고 가서

6 이스라엘 왕에게 그 글을 전하니 일렀으되
내가 내 신하 나아만을 당신에게 보내오니 이 글이 당신에게 이르거든 당신은 그의 나병을 고쳐 주소서 하였더라

7 이스라엘 왕이 그 글을 읽고 자기 옷을 찢으며

이르되
내가 사람을 죽이고 살리는 하나님이냐 그가 어찌하여 사람을 내게로 보내 그의 나병을 고치라 하느냐 너희는 깊이 생각하고 저 왕이 틈을 타서 나와 더불어 시비하려 함인 줄 알라 하니라
8 하나님의 사람 엘리사가 이스라엘 왕이 자기의 옷을 찢었다 함을 듣고 왕에게 보내 이르되
왕이 어찌하여 옷을 찢었나이까 그 사람을 내게로 오게 하소서 그가 이스라엘 중에 선지자가 있는 줄을 알리이다 하니라

9 나아만이 이에 말들과 병거들을 거느리고 이르러 엘리사의 집 문에 서니

10 엘리사가 사자를 그에게 보내 이르되
너는 가서 요단 강에 몸을 일곱 번 씻으라 네 살이 회복되어 깨끗하리라 하는지라

11 나아만이 노하여 물러가며 이르되
내 생각에는 그가 내게로 나와 서서 그의 하나님 여호와의 이름을 부르고 그의 손을 그 부위 위에 흔들어 나병을 고칠까 하였도다
12 다메섹 강 아바나와 바르발은 이스라엘 모든 강물보다 낫지 아니하냐 내가 거기서 몸을 씻으면 깨끗하게 되지 아니하랴 하고
몸을 돌려 분노하여 떠나니

13 그의 종들이 나아와서 말하여 이르되
내 아버지여 선지자가 당신에게 큰 일을 행하라 말하였더면 행하지 아니하였으리이까 하물며 당신에게 이르기를 씻어 깨끗하게 하라 함이리이까 하니

14 나아만이 이에 내려가서 하나님의 사람의 말대로 요단 강에 일곱 번 몸을 잠그니

그의 살이 어린 아이의 살 같이 회복되어 깨끗하게 되었더라

15 나아만이 모든 군대와 함께 하나님의 사람에게로 도로 와서

그의 앞에 서서 이르되
내가 이제 이스라엘 외에는 온 천하에 신이 없는 줄을 아나이다 청하건대 당신의 종에게서 예물을 받으소서 하니

16 이르되
내가 섬기는 여호와께서 살아 계심을 두고 맹세하노니 내가 그 앞에서 받지 아니하리라 하였더라
나아만이 받으라고 강권하되 그가 거절하니라 17 나아만이 이르되
그러면 청하건대 노새 두 마리에 실을 흙을 당신의 종에게 주소서

이제부터는 종이 번제물과 다른 희생제사를 여호와 외 다른 신에게는 드리지 아니하고 다만 여호와께 드리겠나이다 18 오직 한 가지 일이 있사오니 여호와께서 당신의 종을 용서하시기를 원하나이다

곧 내 주인께서 림몬의 신당에 들어가 거기서 경배하며 그가 내 손을 의지하시매 내가 림몬의 신당• 에서 몸을 굽히오니 내가 림몬의 신당에서 몸을 굽힐 때에 여호와께서 이 일에 대하여 당신의 종을 용서하시기를 원하나이다 하니

5:18 **림몬의 신당** 아람 사람들이 림몬이라는 거짓 신을 경배하던 곳

19 엘리사가 이르되
너는 평안히 가라 하니라
그가 엘리사를 떠나 조금 가니라

20 하나님의 사람 엘리사의 사환 게하시가 스스로 이르되
내 주인이 이 아람 사람 나아만에게 면하여 주고 그가 가지고 온 것을 그의 손에서 받지 아니하였도다 여호와께서 살아 계심을 두고 맹세하노니 내가 그를 쫓아가서 무엇이든지 그에게서 받으리라 하고

21 나아만의 뒤를 쫓아가니

나아만이 자기 뒤에 달려옴을 보고 수레에서 내려 맞이하여 이르되
평안이냐 하니
22 그가 이르되
평안하나이다 우리 주인께서 나를 보내시며 말씀하시기를 지금 선지자의 제자 중에 두 청년이 에브라임 산지에서부터 내게로 왔으니 청하건대 당신은 그들에게 은 한 달란트와 옷 두 벌을 주라 하시더이다

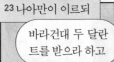

23 나아만이 이르되
바라건대 두 달란트를 받으라 하고
그를 강권하여 은 두 달란트를 두 전대에 넣어 매고 옷 두 벌을 아울러

두 사환에게 지우매 그들이 게하시 앞에서 지고 가니라 24 언덕에 이르러서는 게하시가 그 물건을 두 사환의 손에서 받아 집에 감추고 그들을 보내 가게 한 후

25 들어가 그의 주인 앞에 서니 엘리사가 이르되
게하시야 네가 어디서 오느냐 하니
대답하되
당신의 종이 아무데도 가지 아니하였나이다 하니라

26 엘리사가 이르되
한 사람이 수레에서 내려 너를 맞이할 때에 내 마음이 함께 가지 아니하였느냐

지금이 어찌 은을 받으며 옷을 받으며 감람원이나 포도원이나 양이나 소나 남종이나 여종을 받을 때이냐 27 그러므로 나아만의 나병이 네게 들어 네 자손에게 미쳐 영원토록 이르리라 하니

게하시가 그 앞에서 물러나오매 나병이 발하여 눈같이 되었더라

6장

쇠도끼를 찾다

1 선지자의 제자들이 엘리사에게 이르되
보소서 우리가 당신과 함께 거주하는 이 곳이 우리에게는 좁으니 2 우리가 요단으로 가서 거기서 각각 한 재목을 가져다가 그 곳에 우리가 거주할 처소를 세우사이다 하니
엘리사가 이르되
가라 하는지라

3 그 하나가 이르되

청하건대 당신도 종들과 함께 하소서 하니

엘리사가 이르되

내가 가리라 하고

4 드디어 그들과 함께 가니라 무리가 요단에 이르러 나무를 베더니

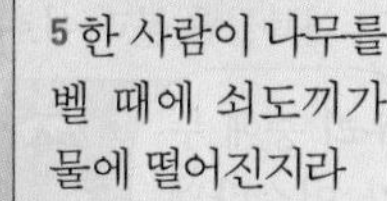

5 한 사람이 나무를 벨 때에 쇠도끼가 물에 떨어진지라

이에 외쳐 이르되
아아, 내 주여 이는 빌려온 것이니이다 하니
6 하나님의 사람이 이르되
어디 빠졌느냐 하매

그 곳을 보이는지라

엘리사가 나뭇가지를 베어 물에 던져

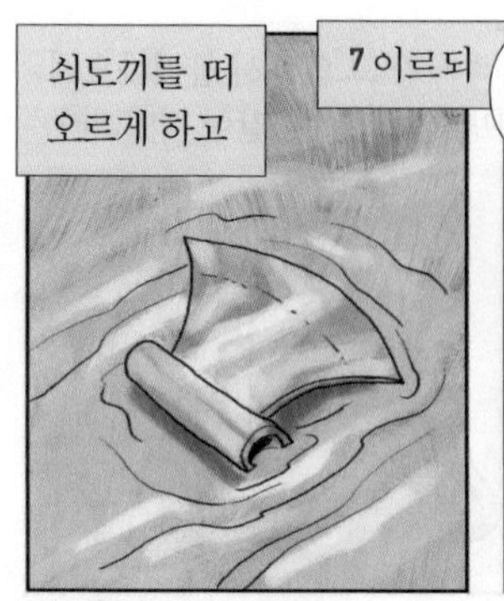
쇠도끼를 떠
오르게 하고

7 이르되
너는 그것을
집으라 하니
그 사람이 손을 내밀
어 그것을 집으니라

아람 군대를 물리치다

8 그 때에 아람 왕이 이스
라엘과 더불어 싸우며
그의 신복들과 의논하여

이르기를
우리가 아무데 아무데
진을 치리라 하였더니

9 하나님의 사람
이 이스라엘 왕에
게 보내 이르되
왕은 삼가 아무 곳으로 지나가지 마소서 아
람 사람이 그 곳으로 나오나이다 하는지라

10 이스라엘 왕이
하나님의 사람이
자기에게 말하여
경계한 곳으로 사
람을 보내 방비하
기가 한두 번이
아닌지라 11 이
러므로 아람 왕의
마음이 불안하여

그 신복들을 불러 이르되
우리 중에 누
가 이스라엘
왕과 내통하
는 것을 내게
말하지 아니
하느냐 하니

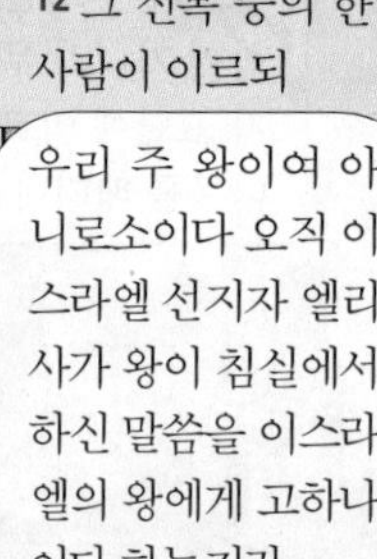

12 그 신복 중의 한
사람이 이르되
우리 주 왕이여 아
니로소이다 오직 이
스라엘 선지자 엘리
사가 왕이 침실에서
하신 말씀을 이스라
엘의 왕에게 고하나
이다 하는지라

13 왕이
이르되
너희는 가서 엘리사가 어
디 있나 보라 내가 사람을
보내어 그를 잡으리라

왕에게 아뢰어 이르되
보라 그가 도단에
있도다 하나이다

14 왕이 이에 말과 병거와 많
은 군사를 보내매 그들이 밤에
가서 그 성읍을 에워쌌더라

15 하나님의 사람의 사환이 일찍이 일어나서 나가보니 군사와 말과 병거가 성읍을 에워쌌는지라 그의 사환이 엘리사에게 말하되

아아, 내 주여 우리가 어찌하리이까 하니
16 대답하되
두려워하지 말라 우리와 함께 한 자가 그들과 함께 한 자보다 많으니라 하고
17 기도하여 이르되
여호와여 원하건대 그의 눈을 열어서 보게 하옵소서 하니

여호와께서 그 청년의 눈을 여시매 그가 보니 불말과 불병거가 산에 가득하여 엘리사를 둘렀더라 18 아람 사람이 엘리사에게 내려오매

엘리사가 여호와께 기도하여 이르되

원하건대 저 무리의 눈을 어둡게 하옵소서 하매

엘리사의 말대로 그들의 눈을 어둡게 하신지라 19 엘리사가 그들에게 이르되

이는 그 길이 아니요 이는 그 성읍도 아니니 나를 따라 오라 내가 너희를 인도하여 너희가 찾는 사람에게로 나아가리라 하고

그들을 인도하여 사마리아에 이르니라 20 사마리아에 들어갈 때에 엘리사가 이르되

여호와여 이 무리의 눈을 열어서 보게 하옵소서 하니

여호와께서 그들의 눈을 여시매 그들이 보니 자기들이 사마리아 가운데에 있더라

21 이스라엘 왕이 그들을 보고 엘리사에게 이르되

내 아버지여 내가 치리이까 내가 치리이까 하니
22 대답하되
치지 마소서 칼과 활로 사로잡은 자인들 어찌 치리이까 떡과 물을 그들 앞에 두어 먹고 마시게 하고 그들의 주인에게로 돌려보내소서 하는지라

23 왕이 위하여 음식을 많이 베풀고 그들이 먹고 마시매 놓아보내니 그들이 그들의 주인에게로 돌아가니라 이로부터 아람 군사의 부대가 다시는 이스라엘 땅에 들어오지 못하니라

에워싸인 사마리아가 굶주리다

24 이 후에 아람 왕 벤하닷이 그의 온 군대를 모아 올라와서 사마리아를 에워싸니

25 아람 사람이 사마리아를 에워싸므로 성중이 크게 주려서 나귀 머리 하나에 은 팔십 세겔이요 비둘기 똥 사분의 일 갑에 은 다섯 세겔이라 하니

26 이스라엘 왕이 성 위로 지나갈 때에 한 여인이 외쳐 이르되

27 왕이 이르되

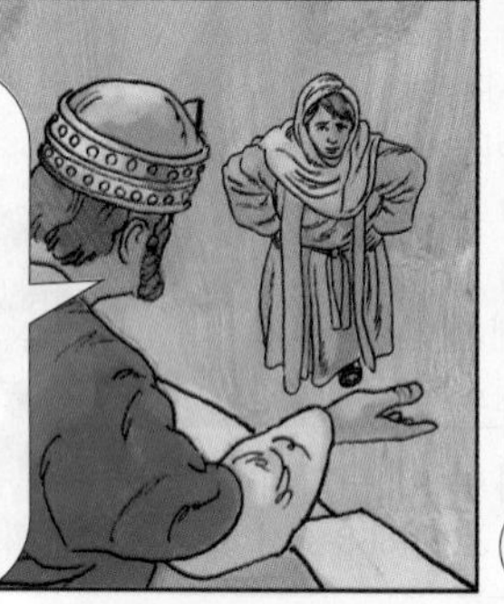

여호와께서 너를 돕지 아니하시면 내가 무엇으로 너를 도우랴 타작 마당으로 말미암아 하겠느냐 포도주 틀로 말미암아 하겠느냐 하니라

28 또 이르되

여인이 대답하되

이 여인이 내게 이르기를 네 아들을 내놓아라 우리가 오늘 먹고

내일은 내 아들을 먹자 하매 29 우리가 드디어 내 아들을 삶아 먹었더니 이튿날에 내가 그 여인에게 이르되 네 아들을 내놓아라 우리가 먹으리라 하나 그가 그의 아들을 숨겼나이다 하는지라

30 왕이 그 여인의 말을 듣고 자기 옷을 찢으니라 그가 성 위로 지나갈 때에 백성이 본즉 그의 속살에 굵은 베를 입었더라

31 왕이 이르되
사밧의 아들 엘리사의 머리가 오늘 그 몸에 붙어 있으면 하나님이 내게 벌 위에 벌을 내리실지로다 하니라

32 그 때에 엘리사가 그의 집에 앉아 있고 장로들이 그와 함께 앉아 있는데 왕이 자기 처소에서 사람을 보냈더니 그 사자가 이르기 전에 엘리사가 장로들에게 이르되
너희는 이 살인한 자의 아들이 내 머리를 베려고 사람을 보내는 것을 보느냐

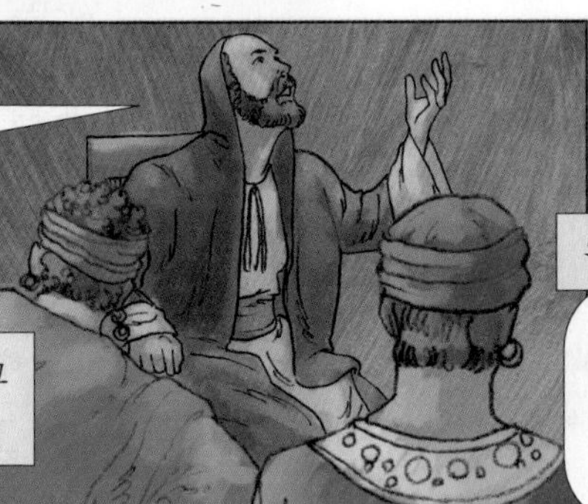

너희는 보다가 사자가 오거든 문을 닫고 문 안에 들이지 말라 그의 주인의 발소리가 그의 뒤에서 나지 아니하느냐 하고
33 무리와 말을 할 때에 그 사자가 그에게 이르니라

왕이 이르되

이 재앙이 여호와께로부터 나왔으니 어찌 더 여호와를 기다리리요

7장

1 엘리사가 이르되
여호와의 말씀을 들을지어다 여호와께서 이르시되 내일 이맘때에 사마리아 성문에서 고운 밀가루 한 스아를 한 세겔로 매매하고 보리 두 스아를 한 세겔로 매매하리라 하셨느니라

2 그 때에 왕이 그의 손에 의지하는 자 곧 한 장관이 하나님의 사람에게 대답하여 이르되
여호와께서 하늘에 창을 내신들 어찌 이런 일이 있으리요 하더라
엘리사가 이르되
네가 네 눈으로 보리라 그러나 그것을 먹지는 못하리라 하니라

아람 군대가 도망하다

3 성문 어귀에 나병환자 네 사람이 있더니

그 친구에게 서로 말하되
우리가 어찌하여 여기 앉아서 죽기
를 기다리랴 4 만일 우리가 성읍으
로 가자고 말한다면 성읍에는 굶주
림이 있으니 우리가 거기서 죽을 것
이요 만일 우리가 여기서 머무르면
역시 우리가 죽을 것이라 그런즉 우
리가 가서 아람 군대에게 항복하자
그들이 우리를 살려 두면 살 것이요
우리를 죽이면 죽을 것이라 하고

5 아람 진으로 가려 하여 해 질 무렵에
일어나 아람 진영 끝에 이르러서 본즉

그 곳에 한 사람도 없으니

6 이는 주께서 아람 군대로 병거
소리와 말 소리와 큰 군대의 소
리를 듣게 하셨으므로 아람 사람
이 서로 말하기를 이스라엘 왕이
우리를 치려 하여 헷 사람의 왕
들과 애굽 왕들에게 값을 주고
그들을 우리에게 오게 하였다 하
고 7 해질 무렵에 일어나서 도망
하되 그 장막과 말과 나귀를 버
리고 진영을 그대로 두고 목숨을
위하여 도망하였음이라

8 그 나병환자들이 진영 끝에 이르
자 한 장막에 들어가서 먹고 마시고

거기서 은과 금과 의복
을 가지고 가서 감추고

다시 와서 다른 장막에 들어가
거기서도 가지고 가서 감추니라

9 나병환자들이 그 친구에게 서로 말하되
우리가 이렇게 해서는
아니되겠도다 오늘은
아름다운 소식이 있는
날이거늘 우리가 침묵
하고 있도다 만일 밝
은 아침까지 기다리면
벌이 우리에게 미칠지
니 이제 떠나 왕궁에
가서 알리자 하고

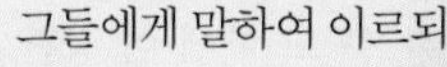
그들에게 말하여 이르되

우리가 아람 진에 이르러서 보니 거기에 한 사람도 없고 사람의 소리도 없고 오직 말과 나귀만 매여 있고 장막들이 그대로 있더이다 하는지라

11 그가 문지기들을 부르매 그들이 왕궁에 있는 자에게 말하니

12 왕이 밤에 일어나 그의 신복들에게 이르되
아람 사람이 우리에게 행한 것을 내가 너희에게 알게 하노니 그들이 우리가 주린 것을 알고 있으므로 그 진영을 떠나서 들에 매복하고 스스로 이르기를 그들이 성읍에서 나오거든 우리가 사로잡고 성읍에 들어가겠다 한 것이니라 하니
13 그의 신하 중 한 사람이 대답하여 이르되
청하건대 아직 성중에 남아 있는 말 다섯 마리를 취하고 사람을 보내 정탐하게 하소서 그것들이 성중에 남아 있는 이스라엘 온 무리 곧 멸망한 이스라엘 온 무리와 같으니이다 하고

14 그들이 병거 둘과 그 말들을 취한지라 왕이 아람 군대 뒤로 보내며
가서 정탐하라 하였더니

15 그들이 그들의 뒤를 따라 요단에 이른즉

아람 사람이 급히 도망하느라고 버린 의복과 병기가 길에 가득하였더라 사자가 돌아와서 왕에게 알리니

16 백성들이 나가서 아람 사람의 진영을 노략한지라 이에 고운 밀가루 한 스아에 한 세겔이 되고 보리 두 스아가 한 세겔이 되니 여호와의 말씀과 같이 되었고

17 왕이 그의 손에 의지하였던 그의 장관을 세워 성문을 지키게 하였더니 백성이 성문에서 그를 밟으매 하나님의 사람의 말대로 죽었으니 곧 왕이 내려왔을 때에 그가 말한 대로라 18 하나님의 사람이 왕에게 말한 바와 같으니 이르기를
내일 이맘 때에 사마리아 성문에서 보리 두 스아를 한 세겔로 매매하고 고운 밀가루 한 스아를 한 세겔로 매매하리라 한즉
19 그 때에 이 장관이 하나님의 사람에게 대답하여 이르되
여호와께서 하늘에 창을 내신들 어찌 이 일이 있으랴 하매

대답하기를
네가 네 눈으로 보리라 그러나 그것을 먹지는 못하리라 하였더니
20 그의 장관에게 그대로 이루어졌으니 곧 백성이 성문에서 그를 밟으매 죽었더라

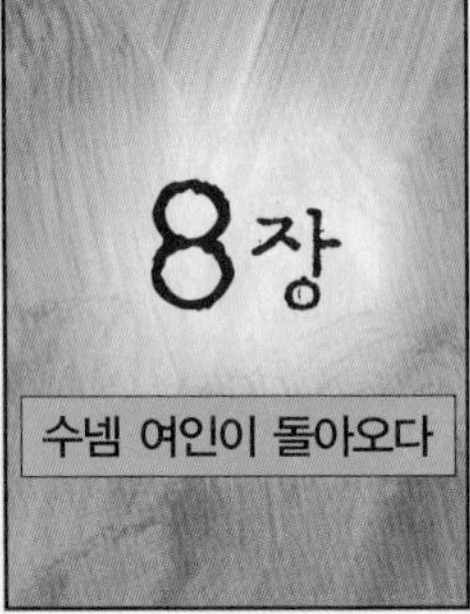
8장
수넴 여인이 돌아오다

1 엘리사가 이전에 아들을 다시 살려 준 여인에게 이르되

너는 일어나서 네 가족과 함께 거주할 만한 곳으로 가서 거주하라 여호와께서 기근을 부르셨으니 그대로 이 땅에 칠 년 동안 임하리라 하니

2 여인이 일어나서 하나님의 사람의 말대로 행하여 그의 가족과 함께 가서 블레셋 사람들의 땅에 칠 년을 우거하다가

3 칠 년이 다하매 여인이 블레셋 사람들의 땅에서 돌아와 자기 집과 전토를 위하여 호소하려 하여 왕에게 나아갔더라

4 그 때에 왕이 하나님의 사람의 사환 게하시와 서로 말하며 이르되
너는 엘리사가 행한 모든 큰 일을 내게 설명하라 하니

5 게하시가 곧 엘리사가 죽은 자를 다시 살린 일을 왕에게 이야기할 때에 그 다시 살린 아이의 어머니가 자기 집과 전토를 위하여 왕에게 호소하는지라

게하시가 이르되
내 주 왕이여 이는 그 여인이요 저는 그의 아들이니 곧 엘리사가 다시 살린 자니이다 하니라

6 왕이 그 여인에게 물으매 여인이 설명한지라 왕이 그를 위하여 한 관리를 임명하여

이르되
이 여인에게 속한 모든 것과 이 땅에서 떠날 때부터 이제까지 그의 밭의 소출을 다 돌려주라 하였더라

엘리사와 아람 왕 벤하닷

7 엘리사가 다메섹에 갔을 때에 아람 왕 벤하닷이 병들었더니 왕에게 들리기를

이르되

하나님의 사람이 여기 이르렀나이다 하니

8 왕이 하사엘에게 이르되

너는 손에 예물을 가지고 가서 하나님의 사람을 맞이하고 내가 이 병에서 살아나겠는지 그를 통하여 여호와께 물으라

9 하사엘이 그를 맞이하러 갈새 다메섹의 모든 좋은 물품으로 예물을 삼아 가지고 낙타 사십 마리에 싣고 나아가서 그의 앞에 서서 이르되

당신의 아들 아람 왕 벤하닷이 나를 당신에게 보내 이르되 나의 이 병이 낫겠나이까 하더이다 하니

10 엘리사가 이르되

너는 가서 그에게 말하기를 왕이 반드시 나으리라 하라 그러나 여호와께서 그가 반드시 죽으리라고 내게 알게 하셨느니라 하고

11 하나님의 사람이 그가 부끄러워하기까지 그의 얼굴을 쏘아보다가

우니
12 하사엘이 이르되
내 주여 어찌하여 우시나이까 하는지라

대답하되
네가 이스라엘 자손에게 행할 모든 악을 내가 앎이라

네가 그들의 성에 불을 지르며 장정을 칼로 죽이며 어린 아이를 메치며 아이 밴 부녀를 가르리라 하니
13 하사엘이 이르되
당신의 개 같은 종이 무엇이기에 이런 큰일을 행하오리이까 하더라
엘리사가 대답하되
여호와께서 네가 아람 왕이 될 것을 내게 알게 하셨느니라 하더라

14 그가 엘리사를 떠나가서 그의 주인에게 나아가니 왕이 그에게 묻되
엘리사가 네게 무슨 말을 하더냐 하니
대답하되
그가 내게 이르기를 왕이 반드시 살아나시리이다 하더이다 하더라

15 그 이튿날에 하사엘이 이불을 물에 적시어

왕의 얼굴에 덮으매 왕이 죽은지라 그가 대신하여 왕이 되니라

유다 왕 여호람

16 이스라엘의 왕 아합의 아들 요람 제오년에 여호사밧이 유다의 왕이었을 때에 유다의 왕 여호사밧의 아들 여호람이 왕이 되니라 17 여호람이 왕이 될 때에 나이가 삼십이 세라 예루살렘에서 팔 년 동안 통치하니라

18 그가 이스라엘 왕들의 길을 가
서 아합의 집과 같이 하였으니 이
는 아합의 딸이 그의 아내가 되었
음이라 그가 여호와 보시기에 악을
행하였으나 19 여호와께서 그의
종 다윗을 위하여 유다 멸하기를
즐겨하지 아니하셨으니 이는 그와
그의 자손에게 항상 등불을 주겠다
고 말씀하셨음이더라 20 여호람
때에 에돔이 유다의 손에서 배반하
여 자기 위에 왕을 세운 고로 21 여
호람이 모든 병거를 거느리고 사일
로 갔더니 밤에 일어나 자기를 에
워싼 에돔 사람과 그 병거의 장관
들을 치니 이에 백성이 도망하여
각각 그들의 장막들로 돌아갔더라
22 이와 같이 에돔이 유다의 수하
에서 배반하였더니 오늘까지 그러
하였으며 그 때에 립나도 배반하였
더라 23 여호람의 남은 사적과 그
가 행한 모든 일은 유다 왕 역대지
략에 기록되지 아니하였느냐 24
여호람이 그의 조상들과 함께 자매
그의 조상들과 함께 다윗 성에 장
사되고 그의 아들 아하시야가 대신
하여 왕이 되니라

유다 왕 아하시야

25 이스라엘의 왕 아합의 아들 요
람 제십이년에 유다 왕 여호람의
아들 아하시야가 왕이 되니 26 아
하시야가 왕이 될 때에 나이가 이
십이 세라 예루살렘에서 일 년을
통치하니라 그의 어머니의 이름
은 아달랴라 이스라엘 왕 오므리
의 손녀이더라 27 아하시야가 아
합의 집 길로 행하여 아합의 집과
같이 여호와 보시기에 악을 행하
였으니 그는 아합의 집의 사위가
되었음이러라 28 그가 아합의 아
들 요람과 함께 길르앗 라못으로
가서 아람 왕 하사엘과 더불어 싸
우더니 아람 사람들이 요람에게
부상을 입힌지라 29 요람 왕이 아
람 왕 하사엘과 싸울 때에 라마에
서 아람 사람에게 당한 부상을 치
료하려 하여 이스르엘로 돌아왔
더라 유다의 왕 여호람의 아들 아
하시야가 아합의 아들 요람을 보
기 위하여 내려갔으니 이는 그에
게 병이 생겼음이더라

9장

예후가 이스라엘 왕이 되다

1 선지자 엘리사가 선지자의 제자 중 하나를 불러 이르되
너는 허리를 동이고 이 기름병을 손에 가지고 길르앗 라못으로 가라 2 거기에 이르거든 님시의 손자 여호사밧의 아들 예후를 찾아 들어가서 그의 형제 중에서 일어나게 하고 그를 데리고 골방으로 들어가

3 기름병을 가지고 그의 머리에 부으며 이르기를 여호와의 말씀이 내가 네게 기름을 부어 이스라엘 왕으로 삼노라 하셨느니라 하고 곧 문을 열고 도망하되 지체하지 말지니라 하니

4 그 청년 곧 그 선지자의 청년이 길르앗 라못으로 가니라

5 그가 이르러 보니 군대 장관들이 앉아 있는지라 소년이 이르되
장관이여 내가 당신에게 할 말이 있나이다
예후가 이르되
우리 모든 사람 중에 누구에게 하려느냐 하니

이르되
장관이여 당신에게 니이다 하는지라

6 예후가 일어나 집으로 들어가니 청년이 그의 머리에 기름을 부으며 그에게 이르되
이스라엘 하나님 여호와의 말씀이 내가 네게 기름을 부어 여호와의 백성 곧 이스라엘의 왕으로 삼노니

내가 나의 종 곧 선지자들의 피와 여호와의 종들의 피를 이세벨에게 갚아 주리라 8 아합의 온 집이 멸망하리니 이스라엘 중에 매인 자나 놓인 자나 아합에게 속한 모든 남자는 내가 다 멸절하되

9 아합의 집을 느밧의 아들 여로보암의 집과 같게 하며 또 아히야의 아들 바아사의 집과 같게 할지라

10 이스르엘 지방에서 개들이 이세벨을 먹으리니 그를 장사할 사람이 없으리라 하셨느니라 하고

11 예후가 나와서 그의 주인의 신복들에게 이르니 한 사람이 그에게 묻되
평안하냐 그 미친 자가 무슨 까닭으로 그대에게 왔더냐

대답하되
그대들이 그 사람과 그가 말한 것을 알리라 하더라

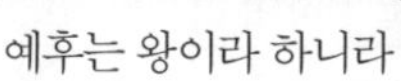

12 무리가 이르되
당치 아니한 말이라 청하건대 그대는 우리에게 이르라 하니

대답하되

그가 이리 이리 내게 말하여 이르기를 여호와의 말씀이 내가 네게 기름을 부어 이스라엘 왕으로 삼는다 하셨다 하더라 하는지라

13 무리가 각각 자기의 옷을 급히 가져다가 섬돌 위 곧 예후의 밑에 깔고 나팔을 불며 이르되

이스라엘 왕 요람이 살해되다

14 이에 님시의 손자 여호사밧의 아들 예후가 요람을 배반하였으니 곧 요람이 온 이스라엘과 더불어 아람의 왕 하사엘과 맞서서 길르앗 라못을 지키다가 15 아람의 왕 하사엘과 더불어 싸울 때에

아람 사람에게 부상한 것을 치료하려 하여 이스르엘로 돌아왔던 때라 예후가 이르되
너희 뜻에 합당하거든 한 사람이라도 이 성에서 도망하여 이스르엘에 알리러 가지 못하게 하라 하니라
16 예후가 병거를 타고 이스르엘로 가니
요람 왕이 거기에 누워 있었음이라 유다의 왕 아하시야는 요람을 보러 내려왔더라
17 이스르엘 망대에 파수꾼 하나가 서 있더니 예후의 무리가 오는 것을 보고 이르되
내가 한 무리를 보나이다 하니
요람이 이르되
한 사람을 말에 태워 보내어 맞이하여 평안하냐 묻게 하라 하는지라
18 한 사람이 말을 타고 가서 만나
이르되
왕의 말씀이 평안하냐 하시더이다 하매
예후가 이르되
평안이 네게 상관이 있느냐 내 뒤로 물러나라 하니라
파수꾼이 전하여 이르되
사자가 그들에게 갔으나 돌아오지 아니하나이다 하는지라
19 다시 한 사람을 말에 태워 보내었더니 그들에게 가서 이르되
왕의 말씀이 평안하냐 하시더이다 하매
예후가 이르되
평안이 네게 상관이 있느냐 내 뒤를 따르라 하더라
20 파수꾼이 또 전하여 이르되
그도 그들에게까지 갔으나 돌아오지 아니하고 그 병거 모는 것이 님시의 손자 예후가 모는 것 같이 미치게 모나이다 하니

메우라 하매

그의 병거를 메운지라 이스라엘 왕 요람과 유다 왕 아하시야가 각각 그의 병거를 타고 가서 예후를 맞을새 이스르엘 사람 나봇의 토지에서 만나매 22 요람이 예후를 보고 이르되
예후야 평안하냐 하니
대답하되
네 어머니 이세벨의 음행과 술수가 이렇게 많으니 어찌 평안이 있으랴 하더라

23 요람이 곧 손을 돌이켜 도망하며 아하시야에게 이르되
아하시야여 반역이로다 하니

24 예후가 힘을 다하여 활을 당겨 요람의 두 팔 사이를 쏘니

화살이 그의 염통을 꿰뚫고 나오매

그가 병거 가운데에 엎드러진지라

25 예후가 그의 장관 빗갈에게 이르되
그 시체를 가져다가 이스르엘 사람 나봇의 밭에 던지라 네가 기억하려니와 이전에 너와 내가 함께 타고 그의 아버지 아합을 좇았을 때에 여호와께서 이같이 그의 일을 예언하셨느니라

26 여호와께서 말씀하시기를 내가 어제 나봇의 피와 그의 아들들의 피를 분명히 보았노라 여호와께서 또 말씀하시기를 이 토지에서 네게 갚으리라 하셨으니 그런즉 여호와의 말씀대로 그의 시체를 가져다가 이 밭에 던질지니라 하는지라

유다 왕 아하시야가 살해되다

27 유다의 왕 아하시야가 이를 보고 정원의 정자 길로 도망하니 예후가 그 뒤를 좇아가며 이르되
그도 병거 가운데서 죽이라 하매

이블르암 가까운 구르 비탈에서 치니

그가 므깃도까지 도망하여 거기서 죽은지라

28 그의 신복들이
그를 병거에 싣고
예루살렘에 이르러
다윗 성에서 그들의
조상들과 함께 그의
묘실에 장사하니라
29 아합의 아들 요
람의 제십일년에 아
하시야가 유다 왕이
되었었더라

이세벨 왕후가 살해되다

30 예후가 이스르엘에 오니 이세벨
이 듣고 눈을 그리고 머리를 꾸미고

창에서 바라보다가

31 예후가 문에 들어오매 이르되

주인을 죽인 너 시므리•
여 평안하냐 하니

32 예후가 얼굴
을 들어 창을 향
하고 이르되

내 편이 될
자가 누구냐
누구냐 하니

두어 내시가 예후
를 내다보는지라

33 이르되

그를 내려 던
지라 하니

내려던지매 그의 피가 담과 말에게
튀더라 예후가 그의 시체를 밟으니라

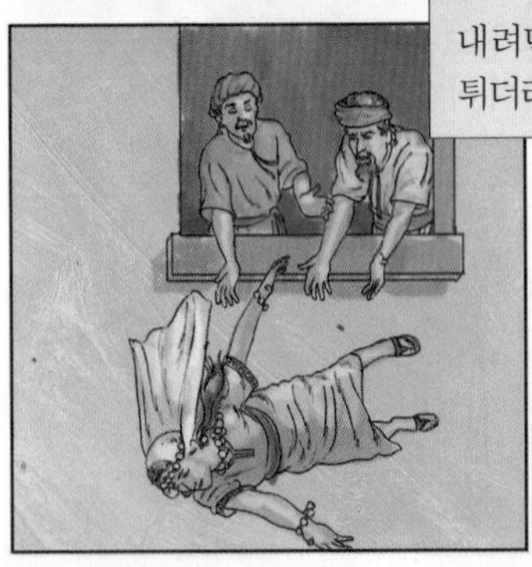

9:31 **시므리** 엘라 왕을 죽이고 또 바아사의 온 집을 죽인 사람(왕상 16:8-12 참조)

34 예후가 들어가서 먹고 마시고 이르되
가서 이 저주 받은 여자를 찾아 장사하라 그는 왕의 딸이니라 하매

35 가서 장사하려 한즉 그 두골과 발과 그의 손 외에는 찾지 못한지라

36 돌아와서 전하니 예후가 이르되
이는 여호와께서 그 종 디셉 사람 엘리야를 통하여 말씀하신 바라 이르시기를 이스르엘 토지에서 개들이 이세벨의 살을 먹을지라 37 그 시체가 이스르엘 토지에서 거름같이 밭에 있으리니 이것이 이세벨이라고 가리켜 말하지 못하게 되리라 하셨느니라 하였더라

10장
아합의 아들들이 살해되다

1 아합의 아들 칠십 명이 사마리아에 있는지라 예후가 편지들을 써서 사마리아에 보내서 이스르엘 귀족들 곧 장로들과 아합의 여러 아들을 교육하는 자들에게 전하니 일렀으되
2 너희 주의 아들들이 너희와 함께 있고 또 병거와 말과 견고한 성과 무기가 너희에게 있으니 이 편지가 너희에게 이르거든 3 너희 주의 아들들 중에서 가장 어질고 정직한 자를 택하여 그의 아버지의 왕좌에 두고 너희 주의 집을 위하여 싸우라 하였더라

4 그들이 심히 두려워하여 이르되
두 왕이 그를 당하지 못하였거든 우리가 어찌 당하리요 하고

5 그 왕궁을 책임지는 자와 그 성읍을 책임지는 자와 장로들과 왕자를 교육하는 자들이 예후에게 말을 전하여 이르되
우리는 당신의 종이라 당신이 말하는 모든 것을 우리가 행하고 어떤 사람이든지 왕으로 세우지 아니하리니 당신이 보기에 좋은 대로 행하라 한지라

6 예후가 다시 그들에게 편지를 부치니 일렀으되
만일 너희가 내 편이 되어 내 말을 너희가 들으려거든 너희 주의 아들 된 사람들의 머리를 가지고 내일 이맘때에 이스르엘에 이르러 내게 나아오라 하였더라

왕자 칠십 명이 그 성읍의 귀족들, 곧 그들을 양육하는 자들과 함께 있는 중에 7 편지가 그들에게 이르매 그들이 왕자 칠십 명을 붙잡아 죽이고

그들의 머리를 광주리에 담아 이스르엘 예후에게로 보내니라

8 사자가 와서 예후에게 전하여 이르되
그 무리가 왕자들의 머리를 가지고 왔나이다
이르되
두 무더기로 쌓아 내일 아침까지 문 어귀에 두라 하고

9 이튿날 아침에 그가 나가 서서 뭇 백성에게 이르되
너희는 의롭도다 나는 내 주를 배반하여 죽였거니와 이 여러 사람을 죽인 자는 누구냐 10 그런즉 이제 너희는 알라 곧 여호와께서 아합의 집에 대하여 하신 말씀은 하나도 땅에 떨어지지 아니하리라

여호와께서 그의 종 엘리야를 통하여 하신 말씀을 이제 이루셨도다 하니라

11 예후가 아합의 집에 속한 이스르엘에 남아 있는 자를 다 죽이고 또 그의 귀족들과 신뢰받는 자들과 제사장들을 죽이되 그에게 속한 자를 하나도 생존자를 남기지 아니하였더라

아하시야 왕의 형제들이 살해되다

12 예후가 일어나서 사
마리아로 가더니 도중
에 목자가 양털 깎는
집에 이르러 13 예후
가 유다의 왕 아하시야
의 형제들을 만나 묻되
너희는 누구냐 하니
대답하되
우리는 아하시야의
형제라 이제 왕자들
과 태후의 아들들에
게 문안하러 내려가
노라 하는지라
14 이르되
사로잡으라 하매

곧 사로잡아 목자가 양털 깎
는 집 웅덩이 곁에서 죽이니

사십이 명이 하나도
남지 아니하였더라

아합의 나머지 사람들이 살해되다

15 예후가 거기에서 떠나가다
가 자기를 맞이하러 오는 레갑
의 아들 여호나답을 만난지라

그의 안부를 묻고 그에게 이르되
내 마음이 네 마음을 향하여 진실함
과 같이 네 마음도 진실하냐 하니

여호나답이 대답하되
그러하니이다

그러면 나와 손을 잡자

손을 잡으니 예후가 끌어
병거에 올리며 16 이르되
나와 함께 가서
여호와를 위한
나의 열심을 보
라 하고
이에 자기 병거에 태우고

17 사마리아에 이르러 거기에 남아 있는 바 아합에게 속한 자들을 죽여 진멸하였으니 여호와께서 엘리야에게 이르신 말씀과 같이 되었더라

바알을 섬기는 자들이 살해되다

18 예후가 뭇 백성을 모으고 그들에게 이르되

아합은 바알을 조금 섬겼으나 예후는 많이 섬기리라

19 그러므로 내가 이제 큰 제사를 바알에게 드리고자 하노니 바알의 모든 선지자와 모든 섬기는 자와 모든 제사장들을 한 사람도 빠뜨리지 말고 불러 내게로 나아오게 하라

모든 오지 아니하는 자는 살려 두지 아니하리라 하니

이는 예후가 바알 섬기는 자를 멸하려 하여 계책을 씀이라

20 예후가

바알을 위하는 대회를 거룩히 열라 하매

드디어 공포되었더라

21 예후가 온 이스라엘에 사람을 두루 보냈더니 바알을 섬기는 모든 사람이 하나도 빠진 자가 없이 다 이르렀고 무리가 바알의 신당에 들어가매 바알의 신당 이쪽부터 저쪽까지 가득하였더라

22 예후가 예복 맡은 자에게 이르되

예복을 내다가 바알을 섬기는 모든 자에게 주라 하매

그들에게로 예복을 가져온지라

23 예후가 레갑의 아들 여호나답과 더불어 바알의 신당에 들어가서

바알을 섬기는 자들에게 이르되
너희는 살펴보아 바알을 섬기는 자들만 여기 있게 하고 여호와의 종은 하나도 여기 너희 중에 있지 못하게 하라 하고

24 무리가 번제와 다른 제사를 드리려고 들어간 때에
예후가 팔십 명을 밖에 두며

이르되
내가 너희 손에 넘겨 주는 사람을 한 사람이라도 도망하게 하는 자는 자기의 생명으로 그 사람의 생명을 대신하리라 하니라

25 번제 드리기를 다하매 예후가 호위병과 지휘관들에게 이르되
들어가서 한 사람도 나가지 못하게 하고 죽이라 하매

호위병과 지휘관들이 칼로 그들을 죽여

밖에 던지고

26 바알의 신당 있는 성으로 가서 바알의 신당에서 목상들을 가져다가 불사르고

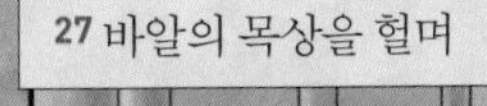
27 바알의 목상을 헐며

바알의 신당을 헐어서 변소를 만들었더니 오늘까지 이르니라 28 예후가 이와 같이 이스라엘 중에서 바알을 멸하였으나 29 이스라엘에게 범죄하게 한 느밧의 아들 여로보암의 죄

곧 벧엘과 단에 있는 금송아지를 섬
기는 죄에서는 떠나지 아니하였더라

30 여호와께서 예후에게 이르시되

네가 나보기에 정직한 일
을 행하되 잘 행하여 내 마
음에 있는 대로 아합 집에
다 행하였은즉 네 자손이
이스라엘 왕위를 이어 사
대를 지내리라 하시니라

31 그러나 예후가 전심으로 이스
라엘 하나님 여호와의 율법을 지
켜 행하지 아니하며 여로보암이
이스라엘에게 범하게 한 그 죄에
서 떠나지 아니하였더라

예후가 죽다

32 이 때에 여호와께서 이스라엘
에서 땅을 잘라 내기 시작하시매
하사엘이 이스라엘의 모든 영토

에서 공격하되 33 요단 동쪽 길르
앗 온 땅 곧 갓 사람과 르우벤 사
람과 므낫세 사람의 땅 아르논 골
짜기에 있는 아로엘에서부터 길
르앗과 바산까지 하였더라 34 예
후의 남은 사적과 행한 모든 일과
업적은 이스라엘 왕 역대지략에
기록되지 아니하였느냐 35 예후
가 그의 조상들과 함께 자매 사마
리아에 장사되고 그의 아들 여호
아하스가 그를 대신하여 왕이 되
니라 36 예후가 사마리아에서 이
스라엘을 다스린 햇수는 스물여
덟 해이더라

11장

유다 여왕 아달랴

1 아하시야의 어머니 아달랴가 그
의 아들이 죽은 것을 보고 일어나
왕의 자손을 모두 멸절하였으나

2 요람 왕의 딸 아하시야의 누이
여호세바가 아하시야의 아들 요

아스를 왕자들이 죽임을 당하는
중에서 빼내어 그와 그의 유모를
침실에 숨겨 아달랴를 피하여 죽
임을 당하지 아니하게 한지라

3 요아스가 그와 함께 여호와의
성전에 육 년을 숨어 있는 동안에
아달랴가 나라를 다스렸더라 4
일곱째 해에 여호야다가 사람을
보내 가리 사람의 백부장들과 호

위병의 백부장들을 불러 데리고
여호와의 성전으로 들어가서 그
들과 언약을 맺고

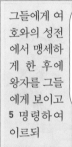

그들에게 여
호와의 성전
에서 맹세하
게 한 후에
왕자를 그들
에게 보이고
5 명령하여
이르되
너희가 행할 것
이 이러하니 안
식일에 들어온
너희 중 삼분의
일은 왕궁을 주
의하여 지키고

6 삼분의 일은 수르 문에 있
고 삼분의 일은 호위대 뒤에
있는 문에 있어서 이와 같이
왕궁을 주의하여 지키고

7 안식일에 나가
는 너희 중 두 대
는 여호와의 성전
을 주의하여 지켜
왕을 호위하되 8
너희는 각각 손에
무기를 잡고 왕을
호위하며 너희 대
열을 침범하는 모
든 자는 죽이고

왕이 출입할 때에
시위할지니라 하니

9 백부장들이 이
에 제사장 여호야
다의 모든 명령대
로 행하여 각기
관할하는 바 안식
일에 들어오는 자
와 안식일에 나가
는 자를 거느리고
제사장 여호야다
에게 나아오매

10 제사장
이 여호와
의 성전에
있는 다윗
왕의 창과
방패를 백
부장들에
게 주니

11 호위병이 각각 손에 무
기를 잡고 왕을 호위하되

성전 오른쪽에서부터 왼쪽
까지 제단과 성전 곁에 서고

12 여호
야다가
왕자를
인도하
여 내어
왕관을
씌우며

율법책을 주고

기름을 부어 왕으로 삼으매 무리가
박수하며 왕의 만세를 부르니라

13 아달랴가 호위병과 백성의 소리를 듣고 여호와의
성전에 들어가 백성에게 이르러 14 보매 왕이 규례
대로 단 위에 섰고 장관들과 나팔수가 왕의 곁에 모
셔 섰으며 온 백성이 즐거워하여 나팔을 부는지라

아달랴가 옷을 찢으며 외치되

반역이로다 반역이로다 하매

15 제사장 여호야다가
군대를 거느린 백부장들
에게 명령하여 이르되
그를 대열 밖으로 몰아
내라 그를 따르는 자는
모두 칼로 죽이라 하니
제사장의 이 말은 여호와의 성전
에서는 그를 죽이지 말라 함이라

16 이에 그의 길을 열어 주매 그가
왕궁의 말이 다니는 길로 가다가
거기서 죽임을 당하였더라

여호야다의 개혁

17 여호야다가 왕과 백성에게 여
호와와 언약을 맺어 여호와의 백
성이 되게 하고 왕과 백성 사이에
도 언약을 세우게 하매 18 온 백
성이 바알의 신당으로 가서 그 신

당을 허물고 그 제단들과 우상들
을 철저히 깨뜨리고 그 제단 앞에
서 바알의 제사장 맛단을 죽이니
라 제사장이 관리들을 세워 여호
와의 성전을 수직하게 하고 19 또
백부장들과 가리 사람과 호위병
과 온 백성을 거느리고 왕을 인도
하여 여호와의 성전에서 내려와
호위병의 문 길을 통하여 왕궁에

이르매 그가 왕의 왕좌에 앉으니
20 온 백성이 즐거워하고 온 성이
평온하더라 아달랴를 무리가 왕궁
에서 칼로 죽였더라 21 요아스가
왕이 될 때에 나이가 칠 세였더라

12장

유다 왕 요아스

1 예후의 제칠년에 요아스가 왕이
되어 예루살렘에서 사십 년간 통치
하니라 그의 어머니의 이름은 시비
아라 브엘세바 사람이더라 2 요아
스는 제사장 여호야다가 그를 교
훈하는 모든 날 동안에는 여호와
보시기에 정직히 행하였으되 3 다
만 산당들을 제거하지 아니하였
으므로 백성이 여전히 산당에서
제사하며 분향하였더라 4 요아스
가 제사장들에게 이르되

여호와의 성전에 거룩하게 하
여 드리는 모든 은 곧 사람이
통용하는 은이나 각 사람의
몸값으로 드리는 은이나 자원
하여 여호와의 성전에 드리는
모든 은을 5 제사장들이 각각
아는 자에게서 받아들여 성전
의 어느 곳이든지 파손된 것
을 보거든 그것으로 수리하라
하였으나

6 요아스 왕 제이십삼년에 이르도
록 제사장들이 성전의 파손한 데
를 수리하지 아니하였는지라 7
요아스 왕이 대제사장 여호야다
와 제사장들을 불러 이르되

너희가 어찌하여 성전의 파손한 데를 수리하지 아니하였느냐 이제부터는 너희가 아는 사람에게서 은을 받지 말고 그들이 성전의 파손한 데를 위하여 드리게 하라

8 제사장들이 다시는 백성에게 은
을 받지도 아니하고 성전 파손한
것을 수리하지도 아니하기로 동
의하니라 9 제사장 여호야다가
한 궤를 가져다가 그것의 뚜껑에
구멍을 뚫어 여호와의 전문 어귀
오른쪽 곧 제단 옆에 두매 여호와
의 성전에 가져 오는 모든 은을 다
문을 지키는 제사장들이 그 궤에
넣더라 10 이에 그 궤 가운데 은
이 많은 것을 보면 왕의 서기와 대
제사장이 올라와서 여호와의 성
전에 있는 대로 그 은을 계산하여
봉하고 11 그 달아본 은을 일하는
자 곧 여호와의 성전을 맡은 자의
손에 넘기면 그들은 또 여호와의
성전을 수리하는 목수와 건축하
는 자들에게 주고 12 또 미장이와
석수에게 주고 또 여호와의 성전
파손한 데를 수리할 재목과 다듬
은 돌을 사게 하며 그 성전을 수리
할 모든 물건을 위하여 쓰게 하였
으되 13 여호와의 성전에 드린 그
은으로 그 성전의 은 대접이나 불
집게나 주발이나 나팔이나 아무
금 그릇이나 은 그릇도 만들지 아
니하고 14 그 은을 일하는 자에게
주어 그것으로 여호와의 성전을
수리하게 하였으며 15 또 그 은을
받아 일꾼에게 주는 사람들과 회
계하지 아니하였으니 이는 그들
이 성실히 일을 하였음이라 16 속
건제의 은과 속죄제의 은은 여호
와의 성전에 드리지 아니하고 제
사장에게 돌렸더라 17 그 때에 아
람 왕 하사엘이 올라와서 가드를
쳐서 점령하고 예루살렘을 향하
여 올라오고자 하므로 18 유다의
왕 요아스가 그의 조상들 유다 왕
여호사밧과 여호람과 아하시야가
구별하여 드린 모든 성물과 자기
가 구별하여 드린 성물과 여호와
의 성전 곳간과 왕궁에 있는 금을
다 가져다가 아람 왕 하사엘에게
보냈더니 하사엘이 예루살렘에서
떠나갔더라 19 요아스의 남은 사
적과 그가 행한 모든 일은 유다 왕
역대지략에 기록되지 아니하였느

나 20 요아스의 신복들이 일어나
반역하여 실라로 내려가는 길 가
의 밀로 궁에서 그를 죽였고

21 그를 쳐서 죽인 신복은 시므앗
의 아들 요사갈과 소멜의 아들 여
호사바드였더라 그는 다윗 성에
그의 조상들과 함께 장사되고 그
의 아들 아마샤가 그를 대신하여
왕이 되니라

13장

이스라엘 왕 여호아하스

1 유다의 왕 아하시야의 아들 요
아스의 제이십삼 년에 예후의 아
들 여호아하스가 사마리아에서
이스라엘 왕이 되어 십칠 년간 다
스리며 2 여호와 보시기에 악을
행하여 이스라엘에게 범죄하게
한 느밧의 아들 여로보암의 죄를
따라가고 거기서 떠나지 아니하
였으므로 3 여호와께서 이스라엘
에게 노하사 늘 아람 왕 하사엘의
손과 그의 아들 벤하닷의 손에 넘
기셨더니 4 아람 왕이 이스라엘
을 학대하므로 여호아하스가 여
호와께 간구하매 여호와께서 들
으셨으니 이는 그들이 학대받음
을 보셨음이라 5 여호와께서 이
에 구원자를 이스라엘에게 주시
매 이스라엘 자손이 아람 사람의
손에서 벗어나 전과 같이 자기 장
막에 거하였으나 6 그들이 이스
라엘에게 범죄하게 한 여로보암
집의 죄에서 떠나지 아니하고 그
안에서 따라 행하며 또 사마리아
에 아세라 목상을 그냥 두었더라
7 아람 왕이 여호아하스의 백성을
멸절하여 타작 마당의 티끌 같이
되게 하고 마병 오십 명과 병거 열
대와 보병 만 명 외에는 여호아하
스에게 남겨 두지 아니하였더라
8 여호아하스의 남은 사적과 행한
모든 일과 그의 업적은 이스라엘
왕 역대지략에 기록되지 아니하
였느냐 9 여호아하스가 그의 조
상들과 함께 자매 사마리아에 장
사되고 그 아들 요아스가 대신하
여 왕이 되니라

이스라엘 왕 요아스

10 유다의 왕 요아스의 제삼십칠
년에 여호아하스의 아들 요아스
가 사마리아에서 이스라엘 왕이
되어 십육 년간 다스리며 11 여호
와께서 보시기에 악을 행하여 이
스라엘에게 범죄하게 한 느밧의
아들 여로보암의 모든 죄에서 떠
나지 아니하고 그 가운데 행하였
더라 12 요아스의 남은 사적과 행
한 모든 일과 유다 왕 아마샤와 싸
운 그의 업적은 이스라엘 왕 역대
지략에 기록되지 아니하였느냐
13 요아스가 그의 조상들과 함께
자매 이스라엘 왕들과 함께 사마
리아에 장사되고 여로보암이 그
자리에 앉으니라

엘리사가 죽다

14 엘리사가 죽을
병이 들매 이스라엘
의 왕 요아스가 그
에게로 내려와 자기
의 얼굴에 눈물을
흘리며 이르되

내 아버지여 내 아버지여 이스
라엘의 병거와 마병이여 하매

15 엘리사가 그
에게 이르되

활과 화살들
을 가져오소
서 하는지라

활과 화살들을 그에게 가져오매

16 또 이스라엘 왕에게 이르되
왕의 손으로 활을 잡으소서 하매

그가 손으로 잡으니 엘리사가 자기 손을 왕의 손 위에 얹고 17 이르되
동쪽 창을 여소서 하여

곧 열매 엘리사가 이르되

쏘소서 하는지라

곧 쏘매 엘리사가 이르되
이는 여호와를 위한 구원의 화살 곧 아람에 대한 구원의 화살이니 왕이 아람 사람을 멸절하도록 아벡에서 치리이다 하니라

18 또 이르되
화살들을 집으소서

곧 집으매 엘리사가 또 이스라엘 왕에게 이르되
땅을 치소서 하는지라

이에 세 번 치고 그친지라

19 하나님의 사람이 노하여 이르되
왕이 대여섯 번을 칠 것이니이다 그리하였더면 왕이 아람을 진멸하기까지 쳤으리이다 그런즉 이제는 왕이 아람을 세 번만 치리이다 하니라

20 엘리사가 죽으니 그를 장사하였고

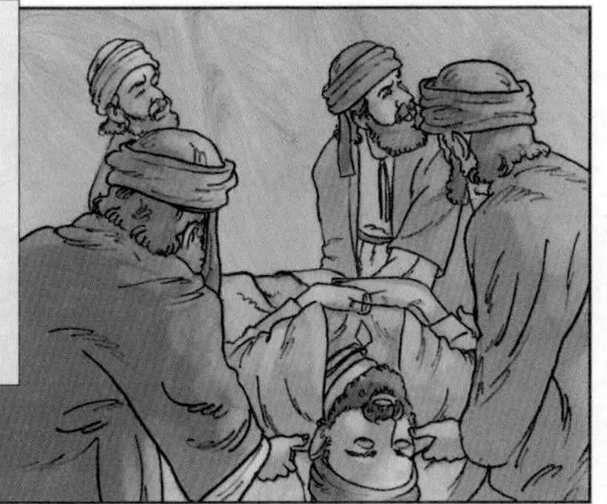
해가 바뀌매 모
압 도적 떼들이
그 땅에 온지라
21 마침 사람을
장사하는 자들
이 그 도적 떼
를 보고

그의 시체를 엘리사의
묘실에 들이던지매

시체가 엘리사
의 뼈에 닿자

곧 회생하여

일어섰더라

이스라엘과 아람의 전쟁

22 여호아하스 왕의 시대에 아람
왕 하사엘이 항상 이스라엘을 학
대하였으나 23 여호와께서 아브
라함과 이삭과 야곱과 더불어 세
우신 언약 때문에 이스라엘에게
은혜를 베풀며 그들을 불쌍히 여
기시며 돌보사 멸하기를 즐겨하
지 아니하시고 이 때까지 자기
앞에서 쫓아내지 아니하셨더라

24 아람의 왕 하사엘이 죽고 그
의 아들 벤하닷이 대신하여 왕
이 되매 25 여호아하스의 아들
요아스가 하사엘의 아들 벤하
닷의 손에서 성읍을 다시 빼앗
으니 이 성읍들은 자기 부친 여
호아하스가 전쟁 중에 빼앗겼
던 것이라 요아스가 벤하닷을
세 번 쳐서 무찌르고 이스라엘
성읍들을 회복하였더라

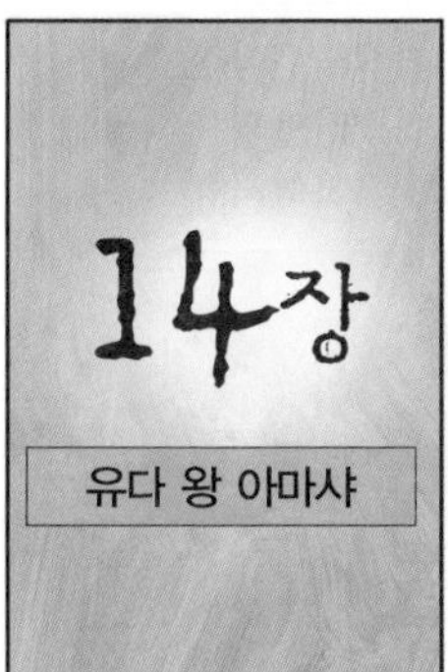

14장

유다 왕 아마샤

1 이스라엘의 왕
여호아하스의
아들 요아스 제
이년에 유다의
왕 요아스의 아
들 아마샤가 왕
이 되니

2 그가 왕이 된 때에 나이 이
십오 세라 예루살렘에서 이
십구 년간 다스리니라

그의 어머니의 이름은 여호앗단이요 예루살렘 사람이더라

3 아마샤가 여호와 보시기에 정직히 행하였으나 그의 조상 다윗과는 같지 아니하였으며 그의 아버지 요아스가 행한 대로 다 행하였어도 4 오직 산당들을 제거하지 아니하였으므로 백성이 여전히 산당에서 제사를 드리며 분향하였더라

5 나라가 그의 손에 굳게 서매 그의 부왕을 죽인 신복들을 죽였으나

6 왕을 죽인 자의 자녀들은 죽이지 아니하였으니 이는 모세의 율법책에 기록된 대로 함이라 곧 여호와께서 명령하여 이르시기를
자녀로 말미암아 아버지를 죽이지 말 것이요 아버지로 말미암아 자녀를 죽이지 말 것이라 오직 사람마다 자기의 죄로 말미암아 죽을 것이니라• 하셨더라

7 아마샤가 소금 골짜기에서 에돔 사람 만 명을 죽이고 또 전쟁을 하여 셀라를 취하고 이름을 욕드엘이라 하였더니 오늘까지 그러하니라

8 아마샤가 예후의 손자 여호아하스의 아들 이스라엘의 왕 요아스에게 사자를 보내 이르되

오라 우리가 서로 대면하자 한지라

9 이스라엘의 왕 요아스가 유다의 왕 아마샤에게 사람을 보내 이르되
레바논 가시나무가 레바논 백향목에게 전갈을 보내어 이르기를 네 딸을 내 아들에게 주어 아내로 삼게 하라 하였더니 레바논 들짐승이 지나가다가 그 가시나무를 짓밟았느니라 10 네가 에돔을 쳐서 파하였으므로 마음이 교만하였으니 스스로 영광을 삼아 왕궁에나 네 집으로 돌아가라 어찌하여 화를 자취하여 너와 유다가 함께 망하고자 하느냐 하나

11 아마샤가 듣지 아니하므로 이스라엘의 왕 요아스가 올라와서

14:6 자녀로 말미암아 … 죽을 것이니라 신 24:16 인용

그와 유다의 왕 아마샤가 유다의
벧세메스에서 대면하였더니 12
유다가 이스라엘 앞에서 패하여
각기 장막으로 도망한지라 13 이
스라엘 왕 요아스가 벧세메스에
서 아하시야의 손자 요아스의 아
들 유다 왕 아마샤를 사로잡고 예
루살렘에 이르러 예루살렘 성벽
을 에브라임 문에서부터 성 모퉁
이 문까지 사백 규빗을 헐고 14
또 여호와의 성전과 왕궁 곳간에
있는 금 은과 모든 기명을 탈취하
고 또 사람을 볼모로 잡고서 사마
리아로 돌아갔더라 15 요아스의
남은 사적과 그의 업적과 또 유다
의 왕 아마샤와 싸운 일은 이스라
엘 왕 역대지략에 기록되지 아니
하였느냐 16 요아스가 그의 조상
들과 함께 자매 이스라엘 왕들과
사마리아에 함께 장사되고 그의
아들 여로보암이 대신하여 왕이
되니라

유다 왕 아마샤가 죽다

17 이스라엘의 왕 여호아하스의
아들 요아스가 죽은 후에도 유다
의 왕 요아스의 아들 아마샤가 십
오 년간을 생존하였더라 18 아마
샤의 남은 행적은 유다 왕 역대지
략에 기록되지 아니하였느냐 19
예루살렘에서 무리가 그를 반역
한 고로 그가 라기스로 도망하였
더니 반역한 무리가 사람을 라기
스로 따라 보내 그를 거기서 죽이
게 하고 20 그 시체를 말에 실어
다가 예루살렘에서 그의 조상들
과 함께 다윗 성에 장사하니라 21
유다 온 백성이 아사랴를 그의 아
버지 아마샤를 대신하여 왕으로
삼으니 그 때에 그의 나이가 십육
세라 22 아마샤가 그의 조상들과
함께 잔 후에 아사랴가 엘랏을 건
축하여 유다에 복귀시켰더라

이스라엘 왕 여로보암 2세

23 유다의 왕 요아스의 아들 아마
샤 제십오년에 이스라엘의 왕 요
아스의 아들 여로보암이 사마리
아에서 왕이 되어 사십일 년간 다
스렸으며 24 여호와 보시기에 악
을 행하여 이스라엘에게 범죄하

게 한 느밧의 아들 여로보암의 모
든 죄에서 떠나지 아니하였더라
25 이스라엘의 하나님 여호와께서
그의 종 가드헤벨 아밋대의 아들
선지자 요나를 통하여 하신 말씀

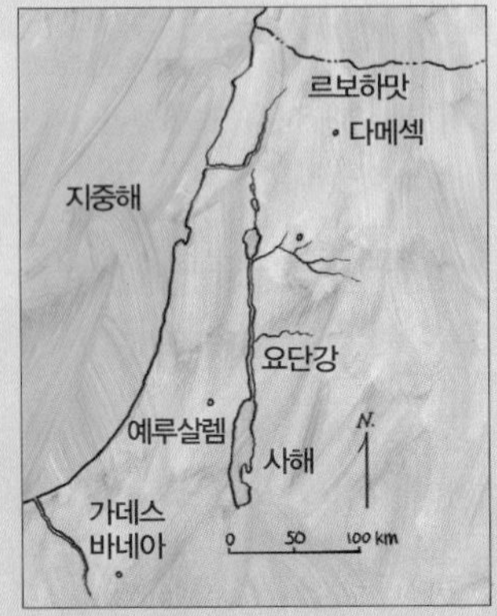

과 같이 여로보암이 이스라엘 영
토를 회복하되 하맛 어귀에서부
터 아라바 바다까지 하였으니 26
이는 여호와께서 이스라엘의 고
난이 심하여 매인 자도 없고 놓인
자도 없고 이스라엘을 도울 자도
없음을 보셨고 27 여호와께서 또
이스라엘의 이름을 천하에서 없
이 하겠다고도 아니하셨으므로
요아스의 아들 여로보암의 손으
로 구원하심이었더라 28 여로보
암의 남은 사적과 모든 행한 일과
싸운 업적과 다메섹을 회복한 일
과 이전에 유다에 속하였던 하맛
을 이스라엘에 돌린 일은 이스라
엘 왕 역대지략에 기록되지 아니
하였느냐 29 여로보암이 그의 조
상 이스라엘 왕들과 함께 자고 그
의 아들 스가랴가 대신하여 왕이
되니라

15장

유다 왕 아사랴

1 이스라엘 왕 여로보암 제이십칠
년에 유다 왕 아마샤의 아들 아사
랴가 왕이 되니 2 그가 왕이 될 때
에 나이가 십육 세라 예루살렘에
서 오십이 년간 다스리니라 그의
어머니의 이름은 여골리야라 예
루살렘 사람이더라 3 아사랴가
그의 아버지 아마샤의 모든 행위
대로 여호와 보시기에 정직히 행
하였으나 4 오직 산당은 제거하지
아니하였으므로 백성이 여전히
그 산당에서 제사를 드리며 분향
하였고 5 여호와께서 왕을 치셨
으므로 그가 죽는 날까지 나병환
자가 되어 별궁에 거하고 왕자 요
담이 왕궁을 다스리며 그 땅의 백
성을 치리하였더라 6 아사랴의
남은 사적과 행한 모든 일은 유다
왕 역대지략에 기록되지 아니하
였느냐 7 아사랴가 그의 조상들
과 함께 자매 다윗 성에 그의 조상
들과 함께 장사되고 그의 아들 요
담이 대신하여 왕이 되니라

이스라엘 왕 스가랴

8 유다의 왕 아사랴의 제삼십팔년
에 여로보암의 아들 스가랴가 사

마리아에서 여섯 달 동안 이스라
엘을 다스리며 9 그의 조상들의
행위대로 여호와 보시기에 악을
행하여 이스라엘로 범죄하게 한
느밧의 아들 여로보암의 죄에서
떠나지 아니한지라 10 야베스의
아들 살룸이 그를 반역하여 백성
앞에서 쳐죽이고 대신하여 왕이
되니라 11 스가랴의 남은 사적은
이스라엘 왕 역대지략에 기록되
니라 12 여호와께서 예후에게 말
씀하여 이르시기를 네 자손이 사
대 동안 이스라엘 왕위에 있으리
라 하신 그 말씀대로 과연 그렇게
되니라

이스라엘 왕 살룸

13 유다 왕 웃시야 제삼십구년에
야베스의 아들 살룸이 사마리아
에서 왕이 되어 한 달 동안 다스리
니라 14 가디의 아들 므나헴이 디
르사에서부터 사마리아로 올라가
서 야베스의 아들 살룸을 거기에
서 쳐죽이고 대신하여 왕이 되니
라 15 살룸의 남은 사적과 그가
반역한 일은 이스라엘 왕 역대지
략에 기록되니라 16 그 때에 므나
헴이 디르사에서 와서 딥사와 그
가운데에 있는 모든 사람과 그 사
방을 쳤으니 이는 그들이 성문을
열지 아니하였음이라 그러므로
그들이 그 곳을 치고 그 가운데에
아이 밴 부녀를 갈랐더라

이스라엘 왕 므나헴

17 유다 왕 아사랴 제삼십구년에
가디의 아들 므나헴이 이스라엘
왕이 되어 사마리아에서 십 년간
다스리며 18 여호와 보시기에 악
을 행하여 이스라엘로 범죄하게
한 느밧의 아들 여로보암의 죄에
서 평생 떠나지 아니하였더라 19
앗수르 왕 불이 와서 그 땅을 치려
하매 므나헴이 은 천 달란트를 불
에게 주어서 그로 자기를 도와 주
게 함으로 나라를 자기 손에 굳게
세우고자 하여 20 그 은을 이스라
엘 모든 큰 부자에게서 강탈하여
각 사람에게 은 오십 세겔씩 내게
하여 앗수르 왕에게 주었더니 이
에 앗수르 왕이 되돌아가 그 땅에
머물지 아니하였더라 21 므나헴
의 남은 사적과 그가 행한 모든 일
은 이스라엘 왕 역대지략에 기록
되지 아니하였느냐 22 므나헴이
그의 조상들과 함께 자고 그의 아
들 브가히야가 대신하여 왕이 되
니라

이스라엘 왕 브가히야

23 유다의 왕 아사랴 제오십년에
므나헴의 아들 브가히야가 사마
리아에서 이스라엘 왕이 되어 이
년간 다스리며 24 여호와께서 보
시기에 악을 행하여 이스라엘로
범죄하게 한 느밧의 아들 여로보
암의 죄에서 떠나지 아니한지라
25 그 장관 르말랴의 아들 베가가
반역하여 사마리아 왕궁 호위소
에서 왕과 아르곱과 아리에를 죽
이되 길르앗 사람 오십 명과 더불
어 죽이고 대신하여 왕이 되었더

라 26 브가히야의 남은 사적과 그
가 행한 모든 일은 이스라엘 왕 역
대지략에 기록되니라

이스라엘 왕 베가

27 유다의 왕 아사랴 제오십이년
에 르말랴의 아들 베가가 이스라
엘 왕이 되어 사마리아에서 이십
년간 다스리며 28 여호와께서 보
시기에 악을 행하여 이스라엘로
범죄하게 한 느밧의 아들 여로보
암의 죄에서 떠나지 아니하였더
라 29 이스라엘 왕 베가 때에 앗
수르 왕 디글랏 빌레셀이 와서 이
욘과 아벨벳 마아가와 야노아와
게데스와 하솔과 길르앗과 갈릴
리와 납달리 온 땅을 점령하고 그
백성을 사로잡아 앗수르로 옮겼
더라 30 웃시야의 아들 요담 제이
십년에 엘라의 아들 호세아가 반
역하여 르말랴의 아들 베가를 쳐
서 죽이고 대신하여 왕이 되니라
31 베가의 남은 사적과 그가 행한
모든 일은 이스라엘 왕 역대지략
에 기록되니라

유다 왕 요담

32 이스라엘의 왕 르말랴의 아들
베가 제이년에 유다 왕 웃시야의
아들 요담이 왕이 되니 33 나이가
이십오 세라 예루살렘에서 십육
년간 다스리니라 그의 어머니의
이름은 여루사라 사독의 딸이더
라 34 요담이 그의 아버지 웃시야
의 모든 행위대로 여호와께서 보
시기에 정직히 행하였으나 35 오
직 산당을 제거하지 아니하였으
므로 백성이 여전히 그 산당에서
제사를 드리며 분향하였더라 요
담이 여호와의 성전의 윗문을 건
축하니라 36 요담의 남은 사적과
그가 행한 모든 일은 유다 왕 역대
지략에 기록되지 아니하였느냐
37 그 때에 여호와께서 비로소 아
람 왕 르신과 르말랴의 아들 베가
를 보내어 유다를 치게 하셨더라
38 요담이 그의 조상들과 함께 자
매 그의 조상 다윗 성에 조상들과
함께 장사되고 그 아들 아하스가
대신하여 왕이 되니라

16장

유다 왕 아하스

1 르말랴의 아들 베가 제십칠년에
유다의 왕 요담의 아들 아하스가
왕이 되니 2 아하스가 왕이 될 때
에 나이가 이십 세라 예루살렘에
서 십육 년간 다스렸으나 그의 조
상 다윗과 같지 아니하여 그의 하
나님 여호와께서 보시기에 정직
히 행하지 아니하고 3 이스라엘
의 여러 왕의 길로 행하며 또 여호
와께서 이스라엘 자손 앞에서 쫓
아내신 이방 사람의 가증한 일을
따라 자기 아들을 불 가운데로 지
나가게 하며 4 또 산당들과 작은
산 위와 모든 푸른 나무 아래에서
제사를 드리며 분향하였더라 5
이 때에 아람의 왕 르신과 이스라
엘의 왕 르말랴의 아들 베가가 예
루살렘에 올라와서 싸우려 하여
아하스를 에워쌌으나 능히 이기
지 못하니라 6 당시에 아람의 왕
르신이 엘랏을 회복하여 아람에
돌리고 유다 사람을 엘랏에서 쫓
아내었고 아람 사람이 엘랏에 이
르러 거기에 거주하여 오늘까지
이르렀더라 7 아하스가 앗수르
왕 디글랏 빌레셀에게 사자를 보
내 이르되 나는 왕의 신복이요 왕
의 아들이라 이제 아람 왕과 이스
라엘 왕이 나를 치니 청하건대 올
라와 그 손에서 나를 구원하소서
하고 8 아하스가 여호와의 성전
과 왕궁 곳간에 있는 은금을 내어
다가 앗수르 왕에게 예물로 보냈
더니 9 앗수르 왕이 그 청을 듣고
곧 올라와서 다메섹을 쳐서 점령
하여 그 백성을 사로잡아 기르로
옮기고 또 르신을 죽였더라 10 아
하스 왕이 앗수르의 왕 디글랏 빌
레셀을 만나러 다메섹에 갔다가
거기 있는 제단을 보고 아하스 왕
이 그 제단의 모든 구조와 제도의
양식을 그려 제사장 우리야에게
보냈더니 11 아하스 왕이 다메섹
에서 돌아오기 전에 제사장 우리
야가 아하스 왕이 다메섹에서 보
낸 대로 모두 행하여 제사장 우리
야가 제단을 만든지라 12 왕이 다
메섹에서 돌아와 제단을 보고 제
단 앞에 나아가 그 위에 제사를 드
리되 13 자기의 번제물과 소제물
을 불사르고 또 전제물을 붓고 수
은제 짐승의 피를 제단에 뿌리고
14 또 여호와의 앞 곧 성전 앞에
있던 놋 제단을 새 제단과 여호와
의 성전 사이에서 옮겨다가 그 제
단 북쪽에 그것을 두니라 15 아하
스 왕이 제사장 우리야에게 명령
하여 이르되 아침 번제물과 저녁
소제물과 왕의 번제물과 그 소제

물과 모든 국민의 번제물과 그 소
제물과 전제물을 다 이 큰 제단 위
에 불사르고 또 번제물의 피와 다
른 제물의 피를 다 그 위에 뿌리라
오직 놋 제단은 내가 주께 여쭐 일
에만 쓰게 하라 하매 16 제사장
우리야가 아하스 왕의 모든 명령
대로 행하였더라 17 아하스 왕이
물두멍 받침의 옆판을 떼내고 물
두멍을 그 자리에서 옮기고 또 놋
바다를 놋소 위에서 내려다가 돌
판 위에 그것을 두며 18 또 안식
일에 쓰기 위하여 성전에 건축한
낭실과 왕이 밖에서 들어가는 낭
실을 앗수르 왕을 두려워하여 여
호와의 성전에 옮겨 세웠더라 19
아하스가 행한 그 남은 사적은 유
다 왕 역대지략에 기록되지 아니
하였느냐 20 아하스가 그의 조상
들과 함께 자매 다윗 성에 그 열조
와 함께 장사되고 그의 아들 히스
기야가 대신하여 왕이 되니라

17장

이스라엘 왕 호세아

1 유다의 왕 아하스 제십이년에
엘라의 아들 호세아가 사마리아
에서 이스라엘 왕이 되어 구 년간
다스리며 2 여호와께서 보시기에
악을 행하였으나 다만 그 전 이스
라엘 여러 왕들과 같이 하지는 아
니하였더라 3 앗수르의 왕 살만
에셀이 올라오니 호세아가 그에
게 종이 되어 조공을 드리더니 4
그가 애굽의 왕 소에게 사자들을
보내고 해마다 하던 대로 앗수르
왕에게 조공을 드리지 아니하매
앗수르 왕이 호세아가 배반함을
보고 그를 옥에 감금하여 두고 5
앗수르 왕이 올라와 그 온 땅에 두
루 다니고 사마리아로 올라와 그
곳을 삼 년간 에워쌌더라 6 호세
아 제구년에 앗수르 왕이 사마리
아를 점령하고 이스라엘 사람을
사로잡아 앗수르로 끌어다가 고
산 강 가에 있는 할라와 하볼과 메
대 사람의 여러 고을에 두었더라

앗수르 왕이 사마리아를 차지하다

7 이 일은 이스라엘 자손이 자기
를 애굽 땅에서 인도하여 내사 애
굽의 왕 바로의 손에서 벗어나게
하신 그 하나님 여호와께 죄를 범
하고 또 다른 신들을 경외하며 8
여호와께서 이스라엘 자손 앞에
서 쫓아내신 이방 사람의 규례와
이스라엘 여러 왕이 세운 율례를
행하였음이라 9 이스라엘의 자손
이 점차로 불의를 행하여 그 하나
님 여호와를 배역하여 모든 성읍
에 망대로부터 견고한 성에 이르
도록 산당을 세우고 10 모든 산
위에와 모든 푸른 나무 아래에 목
상과 아세라 상을 세우고 11 또
여호와께서 그들 앞에서 물리치
신 이방 사람 같이 그 곳 모든 산
당에서 분향하며 또 악을 행하여
여호와를 격노하게 하였으며 12
또 우상을 섬겼으니 이는 여호와
께서 그들에게 행하지 말라고 말
씀하신 일이라 13 여호와께서 각
선지자와 각 선견자를 통하여 이
스라엘과 유다에게 지정하여 이
르시기를 너희는 돌이켜 너희 악
한 길에서 떠나 나의 명령과 율례
를 지키되 내가 너희 조상들에게
명령하고 또 내 종 선지자들을 통
하여 너희에게 전한 모든 율법대
로 행하라 하셨으나 14 그들이 듣
지 아니하고 그들의 목을 곧게 하
기를 그들의 하나님 여호와를 믿
지 아니하던 그들 조상들의 목 같
이 하여 15 여호와의 율례와 여호
와께서 그들의 조상들과 더불어
세우신 언약과 경계하신 말씀을
버리고 허무한 것을 뒤따라 허망
하며 또 여호와께서 명령하사 따
르지 말라 하신 사방 이방 사람을
따라 16 그들의 하나님 여호와의
모든 명령을 버리고 자기들을 위
하여 두 송아지 형상을 부어 만들
고 또 아세라 목상을 만들고 하늘
의 일월 성신을 경배하며 또 바알
을 섬기고 17 또 자기 자녀를 불
가운데로 지나가게 하며 복술과
사술을 행하고 스스로 팔려 여호
와 보시기에 악을 행하여 그를 격
노하게 하였으므로 18 여호와께
서 이스라엘에게 심히 노하사 그
들을 그의 앞에서 제거하시니 오
직 유다 지파 외에는 남은 자가 없
으니라 19 유다도 그들의 하나님
여호와의 명령을 지키지 아니하

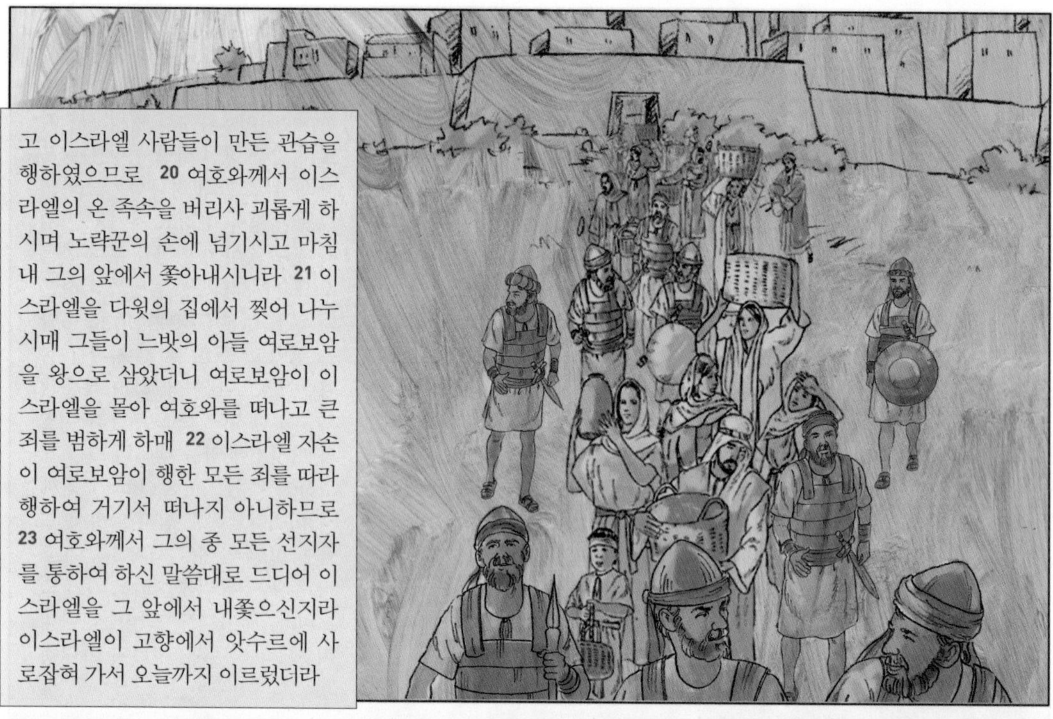

고 이스라엘 사람들이 만든 관습을
행하였으므로 20 여호와께서 이스
라엘의 온 족속을 버리사 괴롭게 하
시며 노략꾼의 손에 넘기시고 마침
내 그의 앞에서 쫓아내시니라 21 이
스라엘을 다윗의 집에서 찢어 나누
시매 그들이 느밧의 아들 여로보암
을 왕으로 삼았더니 여로보암이 이
스라엘을 몰아 여호와를 떠나고 큰
죄를 범하게 하매 22 이스라엘 자손
이 여로보암이 행한 모든 죄를 따라
행하여 거기서 떠나지 아니하므로
23 여호와께서 그의 종 모든 선지자
를 통하여 하신 말씀대로 드디어 이
스라엘을 그 앞에서 내쫓으신지라
이스라엘이 고향에서 앗수르에 사
로잡혀 가서 오늘까지 이르렀더라

앗수르 사람들이 사마리아에 거주하다

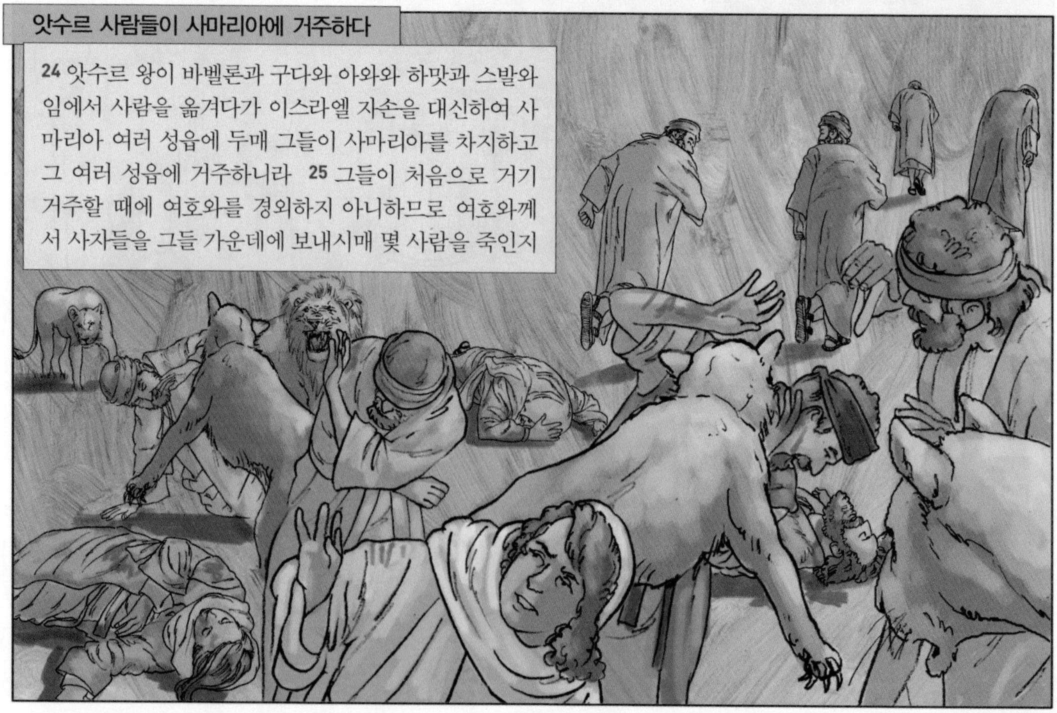

24 앗수르 왕이 바벨론과 구다와 아와와 하맛과 스발와
임에서 사람을 옮겨다가 이스라엘 자손을 대신하여 사
마리아 여러 성읍에 두매 그들이 사마리아를 차지하고
그 여러 성읍에 거주하니라 25 그들이 처음으로 거기
거주할 때에 여호와를 경외하지 아니하므로 여호와께
서 사자들을 그들 가운데에 보내시매 몇 사람을 죽인지

라 26 그러므로 어떤 사람이 앗수
르 왕에게 말하여 이르되 왕께서
사마리아 여러 성읍에 옮겨 거주
하게 하신 민족들이 그 땅 신의 법
을 알지 못하므로 그들의 신이 사
자들을 그들 가운데에 보내매 그
들을 죽였사오니 이는 그들이 그
땅 신의 법을 알지 못함이니이다
하니라 27 앗수르 왕이 명령하여
이르되 너희는 그 곳에서 사로잡
아 온 제사장 한 사람을 그 곳으로
데려가되 그가 그 곳에 가서 거주
하며 그 땅 신의 법을 무리에게 가
르치게 하라 하니 28 이에 사마리
아에서 사로잡혀 간 제사장 중 한
사람이 와서 벧엘에 살며 백성에
게 어떻게 여호와 경외할지를 가
르쳤더라 29 그러나 각 민족이 각
기 자기의 신상들을 만들어 사마
리아 사람이 지은 여러 산당들에
두되 각 민족이 자기들이 거주한
성읍에서 그렇게 하여 30 바벨론
사람들은 숙곳브놋을 만들었고
굿 사람들은 네르갈을 만들었고
하맛 사람들은 아시마를 만들었
고 31 아와 사람들은 닙하스와 다
르닥을 만들었고 스발와임 사람
들은 그 자녀를 불살라 그들의 신
아드람멜렉과 아남멜렉에게 드렸
으며 32 그들이 또 여호와를 경외
하여 자기 중에서 사람을 산당의
제사장으로 택하여 그 산당들에
서 자기를 위하여 제사를 드리게
하니라 33 이와 같이 그들이 여호
와도 경외하고 또한 어디서부터
옮겨왔든지 그 민족의 풍속대로
자기의 신들도 섬겼더라 34 그들
이 오늘까지 이전 풍속대로 행하
여 여호와를 경외하지 아니하며
또 여호와께서 이스라엘이라 이
름을 주신 야곱의 자손에게 명령
하신 율례와 법도와 율법과 계명
을 준행하지 아니하는도다 35 옛
적에 여호와께서 야곱의 자손에
게 언약을 세우시고 그들에게 명
령하여 이르시되 너희는 다른 신
을 경외하지 말며 그를 경배하지
말며 그를 섬기지 말며 그에게 제
사하지 말고 36 오직 큰 능력과
편 팔로 너희를 애굽에서 인도하
여 내신 여호와만 경외하여 그를
예배하며 그에게 제사를 드릴 것
이며 37 또 여호와가 너희를 위하
여 기록한 율례와 법도와 율법과
계명을 지켜 영원히 행하고 다른
신들을 경외하지 말며 38 또 내가
너희와 세운 언약을 잊지 말며 다
른 신들을 경외하지 말고 39 오
직 너희 하나님 여호와만을 경외
하라 그가 너희를 모든 원수의 손
에서 건져내리라 하셨으나 40 그
러나 그들이 듣지 아니하고 오히
려 이전 풍속대로 행하였느니라

41 이 여러 민족이 여호와를 경외
하고 또 그 아로새긴 우상을 섬기
니 그들의 자자 손손이 그들의 조
상들이 행하던 대로 그들도 오늘
까지 행하니라

18장

유다 왕 히스기야

1 이스라엘의 왕 엘라의 아들 호세
아 제삼년에 유다 왕 아하스의 아
들 히스기야가 왕이 되니 2 그가
왕이 될 때에 나이가 이십오 세라
예루살렘에서 이십구 년간 다스리
니라 그의 어머니의 이름은 아비
요 스가리야의 딸이더라 3 히스기
야가 그의 조상 다윗의 모든 행위
와 같이 여호와께서 보시기에 정
직하게 행하여 4 그가 여러 산당
들을 제거하며 주상을 깨뜨리며
아세라 목상을 찍으며 모세가 만
들었던 놋뱀을 이스라엘 자손이
이때까지 향하여 분향하므로 그것
을 부수고 느후스단이라 일컬었더
라 5 히스기야가 이스라엘 하나님
여호와를 의지하였는데 그의 전후
유다 여러 왕 중에 그러한 자가 없
었으니 6 곧 그가 여호와께 연합
하여 그에게서 떠나지 아니하고
여호와께서 모세에게 명령하신 계
명을 지켰더라 7 여호와께서 그와
함께 하시매 그가 어디로 가든지
형통하였더라 저가 앗수르 왕을
배반하고 섬기지 아니하였고 8 그
가 블레셋 사람들을 쳐서 가사와
그 사방에 이르고 망대에서부터
견고한 성까지 이르렀더라 9 히스
기야 왕 제사년 곧 이스라엘의 왕
엘라의 아들 호세아 제칠년에 앗
수르의 왕 살만에셀이 사마리아로
올라와서 에워쌌더라 10 삼 년 후
에 그 성읍이 함락되니 곧 히스기
야 왕의 제육년이요 이스라엘 왕
호세아의 제구년에 사마리아가 함
락되매 11 앗수르 왕이 이스라엘
을 사로잡아 앗수르에 이르러 고
산 강 가에 있는 할라와 하볼과 메
대 사람의 여러 성읍에 두었으니
12 이는 그들이 하나님 여호와의
말씀을 듣지 아니하고 그의 언약
과 여호와의 종 모세가 명령한 모
든 것을 따르지 아니하였음이더라

앗수르 사람들이 예루살렘을 위협하다

13 히스기야 왕 제십사년에 앗수
르의 왕 산헤립이 올라와서 유다
모든 견고한 성읍들을 쳐서 점령
하매 14 유다의 왕 히스기야가 라
기스로 사람을 보내어 앗수르 왕
에게 이르되 내가 범죄하였나이
다 나를 떠나 돌아가소서 왕이 내
게 지우시는 것을 내가 당하리이
다 하였더니 앗수르 왕이 곧 은 삼
백 달란트와 금 삼십 달란트를 정
하여 유다 왕 히스기야에게 내게
한지라

15 히스기야가 이에 여호와의 성전과
왕궁 곳간에 있는 은을 다 주었고

16 또 그 때에 유
다 왕 히스기야
가 여호와의 성
전 문의 금과 자
기가 모든 기둥
에 입힌 금을 벗
겨 모두 앗수르
왕에게 주었더라

17 앗수르 왕이
다르단과 랍사
리스와 랍사게
로 하여금 대군
을 거느리고 라
기스에서부터
예루살렘으로
가서 히스기야
왕을 치게 하매

그들이 예루살렘으로 올라
가니라 그들이 올라가서 윗
못 수도 곁 곧 세탁자의 밭
에 있는 큰 길에 이르러 서
니라 18 그들이 왕을 부르
매 힐기야의 아들로서 왕궁
의 책임자인 엘리야김과 서
기관 셉나와 아삽의 아들 사
관 요아가 그에게 나가니
19 랍사게
가 그들에
게 이르되
너희는 히스기
야에게 말하라
대왕 앗수르 왕
의 말씀이 네가
의뢰하는 이 의
뢰가 무엇이냐

20 네가 싸울 만한 계교와 용력이 있다
고 한다마는 이는 입에 붙은 말 뿐이라
네가 이제 누구를 의뢰하고 나를 반역하
였느냐 21 이제 네가 너를 위하여 저 상
한 갈대 지팡이 애굽을 의뢰하도다 사람
이 그것을 의지하면 그의 손에 찔려 들
어갈지라 애굽의 왕 바로는 그에게 의뢰
하는 모든 자에게 이와 같으니라 22 너
희가 내게 이르기를 우리는 우리 하나님
여호와를 의뢰하노라 하리라마는

히스기야가 그들의 산당들과 제단을 제거하고 유다와 예루살렘 사람에게 명령하기를 예루살렘 이 제단 앞에서만 예배하라 하지 아니하였느냐 하셨나니 23 청하건대 이제 너는 내 주 앗수르 왕과 내기하라 네가 만일 말을 탈 사람을 낼 수 있다면 나는 네게 말 이천 마리를 주리라

24 네가 어찌 내 주의 신하 중 지극히 작은 지휘관 한 사람인들 물리치며 애굽을 의뢰하고 그 병거와 기병을 얻을 듯하냐

25 내가 어찌 여호와의 뜻이 아니고야 이제 이 곳을 멸하러 올라왔겠느냐 여호와께서 전에 내게 이르시기를 이 땅으로 올라와서 쳐서 멸하라 하셨느니라 하는지라

26 힐기야의 아들 엘리야김과 셉나와 요아가 랍사게에게 이르되
우리가 알아듣겠사오니 청하건대 아람 말로 당신의 종들에게 말씀하시고 성 위에 있는 백성이 듣는 데서 유다 말로 우리에게 말씀하지 마옵소서

27 랍사게가 그에게 이르되
내 주께서 네 주와 네게만 이 말을 하라고 나를 보내신 것이냐 성 위에 앉은 사람들도 너희와 함께 자기의 대변을 먹게 하고 자기의 소변을 마시게 하신 것이 아니냐 하고

28 랍사게가 드디어 일어서서 유다 말로 크게 소리 질러 불러 이르되
너희는 대왕 앗수르 왕의 말씀을 들으라

29 왕의 말씀이 너희는 히스기야에게 속지 말라 그가 너희를 내 손에서 건져내지 못하리라 30 또한 히스기야가 너희에게 여호와를 의뢰하라 함을 듣지 말라

그가 이르기를 여호와께서 반드시 우리를 건지실지라 이 성읍이 앗수르 왕의 손에 함락되지

아니하게 하시리라 할지라도 31 너희는 히스기야의 말을 듣지 말라 앗수르 왕의 말씀이

너희는 내게 항복하고 내게로 나
아오라 그리하고 너희는 각각 그
의 포도와 무화과를 먹고 또한 각
각 자기의 우물의 물을 마시라 32
내가 장차 와서 너희를 한 지방으
로 옮기리니 그 곳은 너희 본토와
같은 지방 곧 곡식과 포도주가 있
는 지방이요 떡과 포도원이 있는
지방이요 기름 나는 감람과 꿀이
있는 지방이라 너희가 살고 죽지
아니하리라 히스기야가 너희를
설득하여 이르기를 여호와께서
우리를 건지시리라 하여도 히스
기야에게 듣지 말라 33 민족의
신들 중에 어느 한 신이 그의 땅
을 앗수르 왕의 손에서 건진 자가
있느냐 34 하맛과 아르밧의 신들
이 어디 있으며 스발와임과 헤나
와 아와의 신들이 어디 있느냐 그
들이 사마리아를 내 손에서 건졌
느냐 35 민족의 모든 신들 중에
누가 그의 땅을 내 손에서 건졌기
에 여호와가 예루살렘을 내 손에
서 건지겠느냐 하셨느니라

36 그러나 백성이 잠잠하고 한 마디도
그에게 대답하지 아니하니 이는 왕이
명령하여 대답하지 말라 하였음이라

37 이에 힐기야

궁 내의 책임자

관 요아가 옷을

을 전하니라

19장

왕이 이사야의
충고를 듣고자 하다

을 찢고 굵은 베를 두르고

들어가서 2 왕

제사장 중 장
로들에게 굵은
베를 둘러서

아모스의 아들 선지자 이사야에게로 보내매 3 그들이 이사야에게 이르되
히스기야의 말씀이 오늘은 환난과 징벌과 모욕의 날이라 아이를 낳을 때가 되었으나 해산할 힘이 없도다 4 랍사게가 그의 주 앗수르 왕의 보냄을 받고 와서 살아 계신 하나님을 비방하였으니 당신의 하나님 여호와께서 혹시 그의 말을 들으셨을지라 당신의 하나님 여호와께서 그 들으신 말 때문에 꾸짖으실 듯하니 당신은 이 남아 있는 자들을 위하여 기도하소서 하더이다 하니라
5 이와 같이 히스기야 왕의 신복이 이사야에게 나아가니 6 이사야가 그들에게 이르되
너희는 너희 주에게 이렇게 말하라 여호와의 말씀이 너는 앗수르 왕의 신복에게 들은 바 나를 모욕하는 말 때문에 두려워하지 말라 7 내가 한 영을 그의 속에 두어 그로 소문을 듣고 그의 본국으로 돌아가게 하고 또 그의 본국에서 그에게 칼에 죽게 하리라 하셨느니라 하더라
앗수르가 또 위협하다
8 랍사게가 돌아가다가 앗수르 왕이 이미 라기스에서 떠났다 함을 듣고 립나로 가서 앗수르 왕을 만났으니 왕이 거기서 립나와 싸우는 중이더라
9 앗수르 왕은 구스 왕 디르하가가 당신과 싸우고자 나왔다 함을 듣고 다시 히스기야에게 사자를 보내며 이르되
10 너희는 유다의 왕 히스기야에게 이같이 말하여 이르기를 네가 믿는 네 하나님이 예루살렘을 앗수르 왕의 손에 넘기지 아니하겠다 하는 말에 속지 말라

11 앗수르의 여러 왕이 여러 나라에
행한 바 진멸한 일을 네가 들었나니
네가 어찌 구원을 얻겠느냐 12 내
조상들이 멸하신 여러 민족 곧 고산
과 하란과 레셉과 들라살에 있는 에
덴 족속을 그 나라들의 신들이 건졌
느냐 13 하맛 왕과 아르밧 왕과 스
발와임 성의 왕과 헤나와 아와의 왕
들이 다 어디 있느냐 하라 하니라

14 히스기야
가 사자의 손
에서 편지를
받아보고

여호와의 성전에 올라가서 히스기야가
그 편지를 여호와 앞에 펴 놓고 15 그
앞에서 히스기야가 기도하여 이르되

그룹들 위에 계신 이스라엘의 하나님 여
호와여 주는 천하 만국에 홀로 하나님이
시라 주께서 천지를 만드셨나이다 16 여
호와여 귀를 기울여 들으소서 여호와여
눈을 떠서 보시옵소서 산헤립이 살아 계
신 하나님을 비방하러 보낸 말을 들으시
옵소서 17 여호와여 앗수르 여러 왕이 과
연 여러 민족과 그들의 땅을 황폐하게 하
고 18 또 그들의 신들을 불에 던졌사오니
이는 그들이 신이 아니요 사람의 손으로
만든 것 곧 나무와 돌뿐이므로 멸하였나
이다 19 우리 하나님 여호와여 원하건대
이제 우리를 그의 손에서 구원하옵소서
그리하시면 천하 만국이 주 여호와가 홀
로 하나님이신 줄 알리이다 하니라

이사야가 왕에게 보낸 여호와의 말씀

20 아모스
의 아들 이
사야가 히
스기야에
게 보내 이
르되

이스라엘 하나님 여호와의 말씀이 네가 앗수
르 왕 산헤립 때문에 내게 기도하는 것을 내가
들었노라 하셨나이다 21 여호와께서 앗수르
왕에게 대하여 이같이 말씀하시기를 처녀 딸
시온이 너를 멸시하며 너를 비웃었으며 딸 예
루살렘이 너를 향하여 머리를 흔들었느니라
22 네가 누구를 꾸짖었으며 비방하였느냐 누
구를 향하여 소리를 높였으며 눈을 높이 떴느
냐 이스라엘의 거룩한 자에게 그리하였도다

23 네가 사자들을 통하여 주를 비
방하여 이르기를 내가 많은 병거
를 거느리고 여러 산 꼭대기에 올
라가며 레바논 깊은 곳에 이르러
높은 백향목과 아름다운 잣나무
를 베고 내가 그 가장 먼 곳에 들
어가며 그의 동산의 무성한 수풀
에 이르리라 24 내가 땅을 파서
이방의 물을 마셨고 나의 발바닥
으로 애굽의 모든 강들을 말렸노
라 하였도다 25 네가 듣지 못하
였느냐 이 일은 내가 태초부터 행
하였고 옛날부터 정한 바라 이제
내가 이루어 너로 견고한 성들을
멸하여 무너진 돌무더기가 되게
함이니라 26 그러므로 거기에 거
주하는 백성의 힘이 약하여 두려
워하며 놀랐나니 그들은 들의 채
소와 푸른 풀과 지붕의 잡초와 자
라기 전에 시든 곡초 같이 되었느
니라 27 네 거처와 네 출입과 네
가 내게 향한 분노를 내가 다 아
노니 28 네가 내게 향한 분노와
네 교만한 말이 내 귀에 들렸도다
그러므로 내가 갈고리를 네 코에
꿰고 재갈을 네 입에 물려 너를
오던 길로 끌어 돌이키리라 하셨
나이다 29 또 네게 보일 징조가
이러하니 너희가 금년에는 스스
로 자라난 것을 먹고 내년에는 그
것에서 난 것을 먹되 제삼년에는
심고 거두며 포도원을 심고 그 열
매를 먹으리라 30 유다 족속 중
에서 피하고 남은 자는 다시 아래
로 뿌리를 내리고 위로 열매를 맺
을지라 31 남은 자는 예루살렘에
서부터 나올 것이요 피하는 자는
시온 산에서부터 나오리니 여호
와의 열심이 이 일을 이루리라 하
셨나이다 하니라 32 그러므로 여
호와께서 앗수르 왕을 가리켜 이
르시기를 그가 이 성에 이르지 못
하며 이리로 화살을 쏘지 못하며
방패를 성을 향하여 세우지 못하
며 치려고 토성을 쌓지도 못하고
33 오던 길로 돌아가고 이 성에
이르지 못하리라 하셨으니 이는
여호와의 말씀이시라 34 내가 나
와 나의 종 다윗을 위하여 이 성
을 보호하여 구원하리라 하셨나
이다 하였더라

산헤립이 죽다

35 이 밤에 여호와의 사자가 나와서 앗수르 진영에서 군사 십팔만 오천 명을 친지라 아침에 일찍이 일어나 보니 다 송장이 되었더라

36 앗수르 왕 산헤립이 떠나 돌아가서 니느웨에 거주하더니

37 그가 그의 신 니스록의 신전에서 경배할 때에 아드람멜렉과 사레셀이 그를 칼로 쳐죽이고

아라랏 땅으로 그들이 도망하매 그 아들 에살핫돈이 대신하여 왕이 되니라

20장

히스기야의 발병과 회복

1 그 때에 히스기야가 병들어 죽게 되매 아모스의 아들 선지자 이사야가 그에게 나아와서 그에게 이르되
여호와의 말씀이 너는 집을 정리하라 네가 죽고 살지 못하리라 하셨나이다

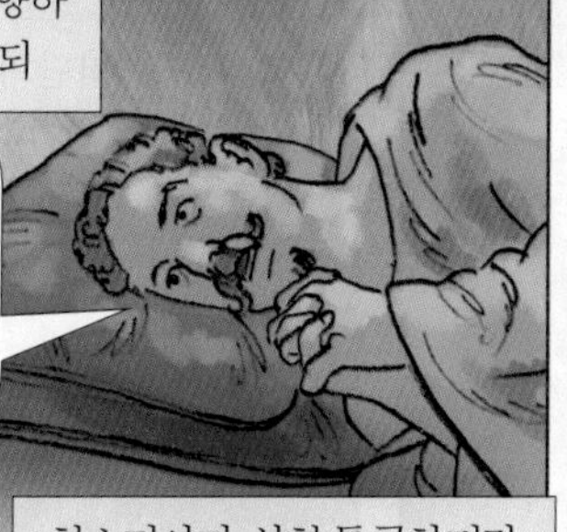

2 히스기야가 낯을 벽으로 향하고 여호와께 기도하여 이르되
3 여호와여 구하오니 내가 진실과 전심으로 주 앞에 행하며 주께서 보시기에 선하게 행한 것을 기억하옵소서 하고
히스기야가 심히 통곡하더라

4 이사야가 성읍 가운데까지도 이르기 전에 여호와의 말씀이 그에게 임하여 이르시되
5 너는 돌아가서 내 백성의 주권자 히스기야에게 이르기를

왕의 조상 다윗의 하나님 여호와의 말
씀이 내가 네 기도를 들었고 네 눈물
을 보았노라 내가 너를 낫게 하리니
네가 삼 일 만에 여호와의 성전에 올
라가겠고 6 내가 네 날에 십오 년을 더
할 것이며 내가 너와 이 성을 앗수르
왕의 손에서 구원하고 내가 나를 위하
고 또 내 종 다윗을 위하므로 이 성을
보호하리라 하셨다 하라 하셨더라

7 이사야가 이르되
무화과 반죽을 가져오라 하매

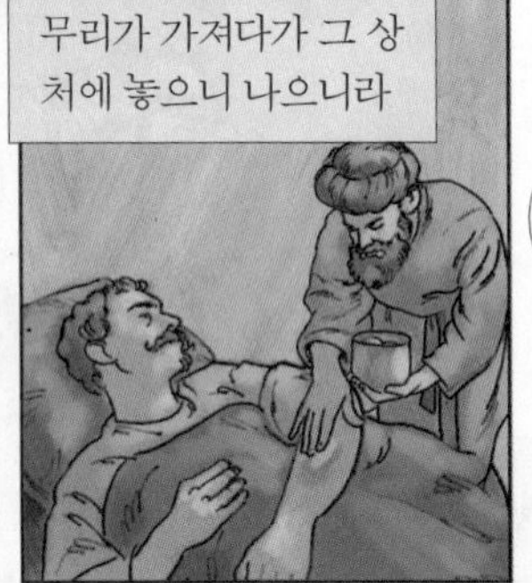
무리가 가져다가 그 상처에 놓으니 나으니라

8 히스기야가 이사야에게 이르되
여호와께서 나를 낫게 하시고

삼 일 만에 여호와의 성전에 올라가게 하실 무슨 징표가 있나이까 하니
9 이사야가 이르되
여호와께서 하신 말씀을 응하게 하실 일에 대하여 여호와께로부터 왕에게 한 징표가 임하리이다 해 그림자가 십도를 나아갈 것이니이까 혹 십도를 물러갈 것이니이까 하니
10 히스기야가 대답하되
그림자가 십도를 나아가기는 쉬우니 그리할 것이 아니라 십도가 뒤로 물러갈 것이니이다 하니라

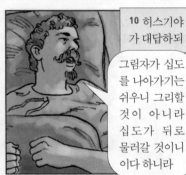

11 선지자 이사야가 여호와께 간구하매 아하스의 해시계 위에 나아갔던 해 그림자를 십도 뒤로 물러가게 하셨더라

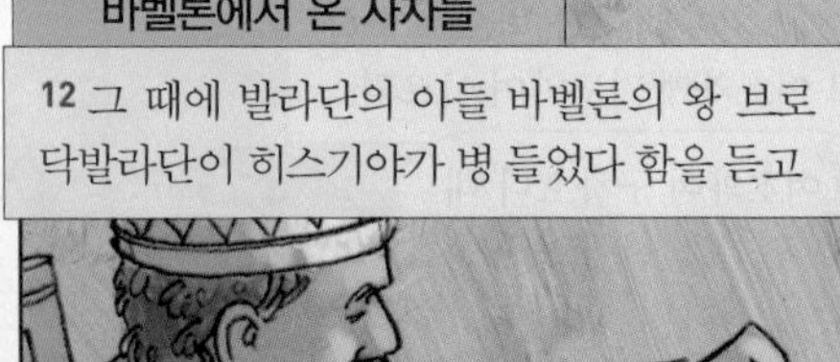
바벨론에서 온 사자들
12 그 때에 발라단의 아들 바벨론의 왕 브로닥발라단이 히스기야가 병 들었다 함을 듣고

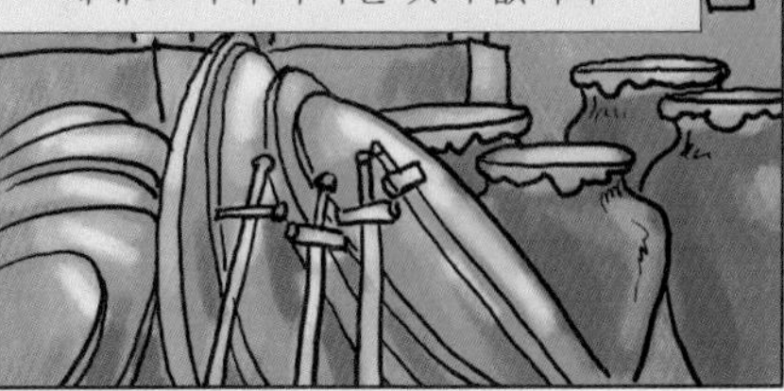

편지와 예물

가 사자들의

자기 보물고

향품과 보배

그의 군기고와 창고의 모든 것을 다 사
자들에게 보였는데 왕궁과 그의 나라
안에 있는 모든 것 중에서 히스기야가
그에게 보이지 아니한 것이 없더라

14 선지자 이사
야가 히스기야
왕에게 나아와
그에게 이르되
이 사람들이 무슨 말을 하였으며 어디서부터 왕에게 왔나이까
히스기야가 이르되
먼 지방 바벨론에서 왔나이다 하니

15 이사야가 이르되
그들이 왕궁에서 무엇을 보았나이까 하니

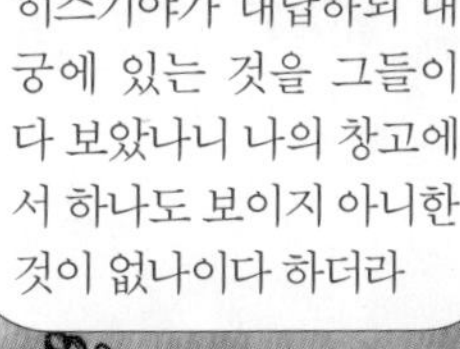

히스기야가 대답하되 내 궁에 있는 것을 그들이 다 보았나니 나의 창고에서 하나도 보이지 아니한 것이 없나이다 하더라

히스기야가 죽다

16 이사야가 히스기야에게 이르되

여호와의 말씀을 들으소서 17 여
호와의 말씀이 날이 이르리니 왕궁
의 모든 것과 왕의 조상들이 오늘
까지 쌓아 두었던 것이 바벨론으로
옮긴 바 되고 하나도 남지 아니할
것이요 18 또 왕의 몸에서 날 아들
중에서 사로잡혀 바벨론 왕궁의 환
관이 되리라 하셨나이다 하니

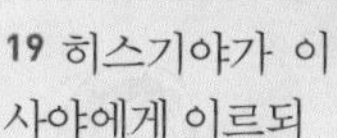

19 히스기야가 이
사야에게 이르되
당신이 전한 바 여호와의 말씀이 선하니이다 하고
또 이르되
만일 내가 사는 날에 태평과 진실이 있을진대 어찌 선하지 아니하리요 하니라

20 히스기야의 남은 사적과 그
의 모든 업적과 저수지와 수
도를 만들어 물을 성 안으로
끌어들인 일은 유다 왕 역대
지략에 기록되지 아니하였느
냐 21 히스기야가 그의 조상
들과 함께 자고 그의 아들 므
낫세가 대신하여 왕이 되니라

21장

유다 왕 므낫세

1 므낫세가 왕이 될 때에 나이가
십이 세라 예루살렘에서 오십오
년간 다스리니라 그의 어머니의
이름은 헵시바더라 2 므낫세가
여호와 보시기에 악을 행하여 여
호와께서 이스라엘 자손 앞에서
쫓아내신 이방 사람의 가증한 일
을 따라서 3 그의 아버지 히스기
야가 헐어 버린 산당들을 다시 세
우며 이스라엘의 왕 아합의 행위
를 따라 바알을 위하여 제단을 쌓
으며 아세라 목상을 만들며 하늘
의 일월 성신을 경배하여 섬기며
4 여호와께서 전에 이르시기를 내
가 내 이름을 예루살렘에 두리라
하신 여호와의 성전에 제단들을
쌓고 5 또 여호와의 성전 두 마당
에 하늘의 일월 성신을 위하여 제
단들을 쌓고 6 또 자기의 아들을
불 가운데로 지나게 하며 점치며
사술을 행하며 신접한 자와 박수
를 신임하여 여호와께서 보시기
에 악을 많이 행하여 그 진노를 일
으켰으며 7 또 자기가 만든 아로
새긴 아세라 목상을 성전에 세웠
더라 옛적에 여호와께서 이 성전
에 대하여 다윗과 그의 아들 솔로
몬에게 이르시기를 내가 이스라
엘의 모든 지파 중에서 택한 이 성
전과 예루살렘에 내 이름을 영원
히 둘지라 8 만일 이스라엘이 나
의 모든 명령과 나의 종 모세가 명
령한 모든 율법을 지켜 행하면 내
가 그들의 발로 다시는 그의 조상
들에게 준 땅에서 떠나 유리하지
아니하게 하리라 하셨으나 9 이
백성이 듣지 아니하였고 므낫세
의 꾐을 받고 악을 행한 것이 여호
와께서 이스라엘 자손 앞에서 멸
하신 여러 민족보다 더 심하였더
라 10 여호와께서 그의 종 모든
선지자들을 통하여 말씀하여 이
르시되 11 유다 왕 므낫세가 이
가증한 일과 악을 행함이 그 전에
있던 아모리 사람들의 행위보다
더욱 심하였고 또 그들의 우상으
로 유다를 범죄하게 하였도다 12
그러므로 이스라엘의 하나님 여
호와가 말하노니 내가 이제 예루
살렘과 유다에 재앙을 내리리니
듣는 자마다 두 귀가 울리리라 13
내가 사마리아를 잰 줄과 아합의
집을 다림 보던 추를 예루살렘에
베풀고 또 사람이 그릇을 씻어 엎
음 같이 예루살렘을 씻어 버릴지
라 14 내가 나의 기업에서 남은
자들을 버려 그들의 원수의 손에
넘긴즉 그들이 모든 원수에게 노
략거리와 겁탈거리가 되리니 15
이는 애굽에서 나온 그의 조상 때
부터 오늘까지 내가 보기에 악을

행하여 나의 진노를 일으켰음이
니라 하셨더라 16 므낫세가 유다
에게 범죄하게 하여 여호와께서
보시기에 악을 행한 것 외에도 또
무죄한 자의 피를 심히 많이 흘려
예루살렘 이 끝에서 저 끝까지 가
득하게 하였더라 17 므낫세의 남
은 사적과 그가 행한 모든 일과 범
한 죄는 유다 왕 역대지략에 기록
되지 아니하였느냐 18 므낫세가
그의 조상들과 함께 자매 그의 궁
궐 동산 곧 웃사의 동산에 장사되
고 그의 아들 아몬이 대신하여 왕
이 되니라

유다 왕 아몬

19 아몬이 왕이 될 때에 나이가 이
십이 세라 예루살렘에서 이 년간
다스리니라 그의 어머니의 이름
은 므술레멧이요 욧바 하루스의
딸이더라 20 아몬이 그의 아버지
므낫세의 행함 같이 여호와 보시
기에 악을 행하되 21 그의 아버지
가 행한 모든 길로 행하여 그의 아
버지가 섬기던 우상을 섬겨 그것
들에게 경배하고 22 그의 조상들
의 하나님 여호와를 버리고 그 길
로 행하지 아니하더니 23 그의 신
복들이 그에게 반역하여 왕을 궁

중에서 죽이매 24 그 국민이 아몬
왕을 반역한 사람들을 다 죽이고
그의 아들 요시야를 대신하게 하
여 왕을 삼았더라 25 아몬이 행한
바 남은 사적은 유다 왕 역대지략
에 기록되지 아니하였느냐 26 아
몬이 웃사의 동산 자기 묘실에 장
사되고 그의 아들 요시야가 대신
하여 왕이 되니라

22장

유다 왕 요시야

1 요시야가 왕위에 오를 때에 나
이가 팔 세라 예루살렘에서 삼십
일 년간 다스리니라 그의 어머니
의 이름은 여디다요 보스갓 아다
야의 딸이더라 2 요시야가 여호
와 보시기에 정직히 행하여 그의
조상 다윗의 모든 길로 행하고 좌
우로 치우치지 아니하였더라

율법책을 발견하다

3 요시야 왕 열여덟째 해에 왕이
므술람의 손자 아살리야의 아들
서기관 사반을 여호와의 성전에
보내며 이르되

4 너는 대제사장 힐기야에게
올라가서 백성이 여호와의 성
전에 드린 은 곧 문 지킨 자가
수납한 은을 계산하여 5 여호
와의 성전을 맡은 감독자의
손에 넘겨

그들이 여호와의 성전에 있는
작업자에게 주어 성전에 부서
진 것을 수리하게 하되 6 곧
목수와 건축자와 미장이에게
주게 하고 또 재목과 다듬은
돌을 사서 그 성전을 수리하
게 하라 7 그러나 그들의 손에
맡긴 은을 회계하지 말지니
이는 그들이 진실하게 행함이
니라

8 대제사장 힐기야가 서기관 사반
에게 이르되

내가 여호와의 성전에서 율법
책을 발견하였노라 하고

힐기야가 그 책을 사반에
게 주니 사반이 읽으니라

9 서기관 사반이 왕에게 돌
아가서 보고하여 이르되

왕의 신복들이 성전에서 찾아낸
돈을 쏟아 여호와의 성전을 맡은
감독자의 손에 맡겼나이다 하고

10 또 서기관 사반이
왕에게 말하여 이르되

제사장 힐기야가 내게 책을 주더이다 하고

사반이 왕의 앞에서 읽
으매 11 왕이 율법책의
말을 듣자 곧 그의 옷을
찢으니라 12 왕이 제사
장 힐기야와 사반의 아
들 아히감과 미가야의
아들 악볼과 서기관 사
반과 왕의 시종 아사야
에게 명령하여 이르되

13 너희는 가서 나와 백성과 온
유다를 위하여 이 발견한 책의
말씀에 대하여 여호와께 물으라
우리 조상들이 이 책의 말씀을
듣지 아니하며 이 책에 우리를
위하여 기록된 모든 것을 행하
지 아니하였으므로 여호와께서
우리에게 내리신 진노가 크도다

14 이에 제사장 힐기야
와 또 아히감과 악볼과
사반과 아사야가 여선지
훌다에게로 나아가니 그
는 할하스의 손자 디과
의 아들로서 예복을 주
관하는 살룸의 아내라
예루살렘 둘째 구역에
거주하였더라 그들이 그
와 더불어 말하매

15 훌다가 그들에게 이르되
이스라엘 하나님 여호와의 말씀이 너희는 너희를 내게 보낸 사람에게 말하기를 16 여호와의 말씀이 내가 이 곳과 그 주민에게 재앙을 내리되 곧 유다 왕이 읽은 책의 모든 말대로 하리니 17 이는 이 백성이 나를 버리고 다른 신에게 분향하며 그들의 손의 모든 행위로 나를 격노하게 하였음이라 그러므로 내가 이 곳을 향하여 내린 진노가 꺼지지 아니하리라 하라 하셨느니라 18 너희를 보내 여호와께 묻게 한 유다 왕에게는 너희가 이렇게 말하라 이스라엘의 하나님 여호와가 이같이 말씀하셨느니라 네가 들은 말들에 대하여는 19 내가 이 곳과 그 주민에게 대하여 빈터가 되고 저주가 되리라 한 말을 네가 듣고 마음이 부드러워져서 여호와 앞 곧 내 앞에서 겸비하여 옷을 찢고 통곡하였으므로 나도 네 말을 들었노라 여호와가 말하였느니라 20 그러므로 보라 내가 너로 너의 조상들에게 돌아가서 평안히 묘실로 들어가게 하리니 내가 이 곳에 내리는 모든 재앙을 네 눈이 보지 못하리라 하셨느니라 하니
사자들이 왕에게 보고하니라

23장

요시야가 이방 예배를 없애다

1 왕이 보내 유다와 예루살렘의 모든 장로를 자기에게로 모으고 2 이에 왕이 여호와의 성전에 올라가매

유다 모든 사람과 예루살렘 주민과 제사장
들과 선지자들과 모든 백성이 노소를 막론
하고 다 왕과 함께 한지라 왕이 여호와의
성전 안에서 발견한 언약책의 모든 말씀을
읽어 무리의 귀에 들리고 3 왕이 단 위에
서서 여호와 앞에서 언약을 세우되 마음을
다하고 뜻을 다하여 여호와께 순종하고 그
의 계명과 법도와 율례를 지켜 이 책에 기
록된 이 언약의 말씀을 이루게 하리라 하
매 백성이 다 그 언약을 따르기로 하니라

4 왕이 대제사장 힐기야와
모든 부제사장들과 문을 지
킨 자들에게 명령하여 바알
과 아세라와 하늘의 일월 성
신을 위하여 만든 모든 그릇
들을 여호와의 성전에서 내
다가 예루살렘 바깥 기드론
밭에서 불사르고 그것들의
재를 벧엘로 가져가게 하고

5 옛적에 유다 왕
들이 세워서 유다
모든 성읍과 예루
살렘 주위의 산당
들에서 분향하며
우상을 섬기게 한
제사장들을 폐하
며 또 바알과 해와
달과 별 떼와 하늘
의 모든 별에게

분향하는 자들을 폐하고

6 또 여호와의 성전에서 아세라 상
을 내다가 예루살렘 바깥 기드론
시내로 가져다 거기에서 불사르고

빻아서 가루를 만들어 그 가
루를 평민의 묘지에 뿌리고

7 또 여호와의 성전 가운데 남창의 집을 헐었으니 그 곳
은 여인이 아세라를 위하여 휘장을 짜는 처소였더라

8 또 유다 각 성읍에서
모든 제사장을 불러오고

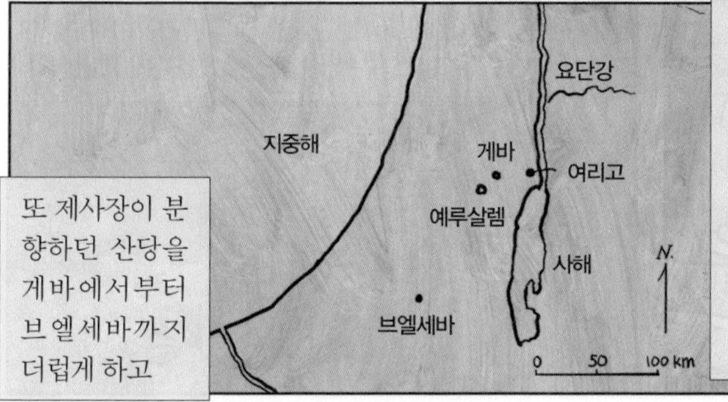
요단강
지중해
게바
여리고
예루살렘
사해
N.
브엘세바
0 50 100 km
또 제사장이 분
향하던 산당을
게바에서부터
브엘세바까지
더럽게 하고

또 성문의 산
당들을 헐어
버렸으니 이
산당들은 그
성읍의 지도
자 여호수아
의 대문 어귀
곧 성문 왼쪽
에 있었더라

9 산당들의 제사장들은 예
루살렘 여호와의 제단에
올라가지 못하고 다만 그
의 형제 중에서 무교병을
먹을 뿐이었더라 10 왕이
또 힌놈의 아들 골짜기의
도벳을 더럽게 하여 어떤
사람도 몰록에게 드리기
위하여 자기의 자녀를 불
로 지나가지 못하게 하고

11 또 유다 여러 왕이 태양을 위하여 드린 말들을 제하여 버렸으니 이 말들은 여호와의 성전으로 들어가는 곳의 근처 내시 나단멜렉의 집 곁에 있던 것이며 또 태양 수레를 불사르고

12 유다 여러 왕이 아하스의 다락 지붕에 세운 제단들과 므낫세가 여호와의 성전 두 마당에 세운 제단들을 왕이 다 헐고 거기서 빻아내려서

그것들의 가루를 기드론 시내에 쏟아 버리고

13 또 예루살렘 앞 멸망의 산 오른쪽에 세운 산당들을 왕이 더럽게 하였으니 이는 옛적에 이스라엘 왕 솔로몬이 시돈 사람의 가증한 아스다롯과 모압 사람의 가증한 그모스와 암몬 자손의 가증한 밀곰을 위하여 세웠던 것이며

14 왕이 또 석상들을 깨뜨리며 아세라 목상들을 찍고 사람의 해골로 그 곳에 채웠더라

15 또한 이스라엘에게 범죄하게 한 느밧의 아들 여로보암이 벧엘에 세운 제단과 산당을 왕이 헐고 또 그 산당을 불사르고 빻아서 가루를 만들며

16 요시야가 몸을 돌이켜 산에 있는 무덤들을 보고 보내어 그 무덤에서 해골을 가져다가 제단 위에서 불살라 그 제단을 더럽게 하니라 이 일을 하나님의 사람이 전하였더니 그 전한 여호와의 말씀대로 되었더라

17 요시야가 이르되
내게 보이는 저것은 무슨 비석이냐 하니
성읍 사람들이 그에게 말하되
왕께서 벧엘의 제단에 대하여 행하신 이 일을 전하러 유다에서 왔던 하나님의 사람의 묘실이니이다 하니라

18 이르되

그대로 두고 그의 뼈를 옮기지 말라 하매

무리가 그의 뼈와 사마리아에서 온 선지자의 뼈는 그대로 두었더라 19 전에 이스라엘 여러 왕이 사마리아 각 성읍에 지어서 여호와를 격노하게 한 산당을 요시야가 다 제거하되 벧엘에서 행한 모든 일대로 행하고

20 또 거기 있는 산당의 제사장들을 다 제단 위에서 죽이고 사람의 해골을 제단 위에서 불사르고 예루살렘으로 돌아왔더라

요시야 왕이 유월절을 지키다

21 왕이 뭇 백성에게 명령하여 이르되

이 언약책에 기록된 대로 너희의 하나님 여호와를 위하여 유월절을 지키라 하매

22 사사가 이스라엘을 다스리던 시대부터 이스라엘 여러 왕의 시대와 유다 여러 왕의 시대에 이렇게 유월절을 지킨 일이 없었더니 23 요시야 왕 열여덟째 해에 예루살렘에서 여호와 앞에 이 유월절을 지켰더라

요시야의 나머지 개혁

24 요시야가 또 유다 땅과 예루살렘에 보이는 신접한 자와 점쟁이와 드라빔과 우상과

모든 가증한 것
을 다 제거하였
으니 이는 대제
사장 힐기야가
여호와의 성전
에서 발견한 책
에 기록된 율법
의 말씀을 이루
려 함이라

25 요시야와 같이 마
음을 다하며 뜻을 다
하며 힘을 다하여 모
세의 모든 율법을 따
라 여호와께로 돌이킨
왕은 요시야 전에도
없었고 후에도 그와
같은 자가 없었더라

26 그러나 여호와께서 유다를 향하여
내리신 그 크게 타오르는 진노를 돌
이키지 아니하셨으니 이는 므낫세가
여호와를 격노하게 한 그 모든 격노
때문이라 27 여호와께서 이르시되

내가 이스라엘을 물리친 것 같이 유다
도 내 앞에서 물리치며 내가 택한 이
성 예루살렘과 내 이름을 거기에 두리
라 한 이 성전을 버리리라 하셨더라

요시야가 죽다

28 요시야의 남은
사적과 행한 모든
일은 유다 왕 역대
지략에 기록되지
아니하였느냐

29 요시야 당
시에 애굽의
왕 바로 느고
가 앗수르 왕
을 치고자 하
여 유브라데
강으로 올라
가므로 요시
야 왕이 맞서
나갔더니

애굽 왕이 요시야를
므깃도에서 만났을
때에 죽인지라

30 신복들이 그의 시체를 병거에 싣고
므깃도에서 예루살렘으로 돌아와 그의
무덤에 장사하니

백성들이 요시야의 아들
여호아하스를 데려다가

그에게 기름을 붓고 그의 아버
지를 대신하여 왕으로 삼았더라

유다 왕 여호아하스

31 여호아하스가 왕이 될 때에
나이가 이십삼 세라 예루살렘
에서 석 달간 다스리니라 그
의 어머니의 이름은 하무달이
라 립나 예레미야의 딸이더라

32 여호아하스가 그의 조상들의
모든 행위대로 여호와 보시기에
악을 행하였더니 33 바로 느고가
그를 하맛 땅 립나에 가두어 예루
살렘에서 왕이 되지 못하게 하고
또 그 나라로 은 백 달란트와 금
한 달란트를 벌금으로 내게 하고
34 바로 느고가 요시야의 아들 엘
리아김을 그의 아버지 요시야를
대신하여 왕으로 삼고 그의 이름
을 고쳐 여호야김이라 하고 여호
아하스는 애굽으로 잡아갔더니
그가 거기서 죽으니라 35 여호야
김이 은과 금을 바로에게 주니라
그가 바로 느고의 명령대로 그에
게 그 돈을 주기 위하여 나라에 부
과하되 백성들 각 사람의 힘대로
액수를 정하고 은금을 징수하였
더라

유다 왕 여호야김

36 여호야김이 왕이 될 때에 나이
가 이십오 세라 예루살렘에서 십
일 년간 다스리니라 그의 어머니
의 이름은 스비다라 루마 브다야
의 딸이더라 37 여호야김이 그의
조상들이 행한 모든 일을 따라서
여호와 보시기에 악을 행하였더라

24장

1 여호야김 시대에 바벨론의 왕
느부갓네살이 올라오매 여호야김
이 삼 년간 섬기다가 돌아서 그를
배반하였더니 2 여호와께서 그의
종 선지자들을 통하여 하신 말씀
과 같이 갈대아의 부대와 아람의
부대와 모압의 부대와 암몬 자손
의 부대를 여호야김에게로 보내
유다를 쳐 멸하려 하시니 3 이 일
이 유다에 임함은 곧 여호와의 말
씀대로 그들을 자기 앞에서 물리
치고자 하심이니 이는 므낫세의
지은 모든 죄 때문이며 4 또 그가
무죄한 자의 피를 흘려 그의 피가
예루살렘에 가득하게 하였음이라
여호와께서 사하시기를 즐겨하지
아니하시니라 5 여호야김의 남은
사적과 행한 모든 일은 유다 왕 역
대지략에 기록되지 아니하였느냐
6 여호야김이 그의 조상들과 함께
자매 그의 아들 여호야긴이 대신
하여 왕이 되니라 7 애굽 왕이 다
시는 그 나라에서 나오지 못하였
으니 이는 바벨론 왕이 애굽 강에
서부터 유브라데 강까지 애굽 왕
에게 속한 땅을 다 점령하였음이
더라

유다 왕 여호야긴

8 여호야긴이 왕이 될 때에 나이
가 십팔 세라 예루살렘에서 석 달
간 다스리니라 그의 어머니의 이
름은 느후스다요 예루살렘 엘라
단의 딸이더라 9 여호야긴이 그
의 아버지의 모든 행위를 따라서
여호와께서 보시기에 악을 행하
였더라 10 그 때에 바벨론의 왕
느부갓네살의 신복들이 예루살렘
에 올라와서 그 성을 에워싸니라
11 그의 신복들이 에워쌀 때에 바
벨론의 왕 느부갓네살도 그 성에

이르니 12 유다의 왕 여호야긴이
그의 어머니와 신복과 지도자들
과 내시들과 함께 바벨론 왕에게
나아가매 왕이 잡으니 때는 바벨
론의 왕 여덟째 해이라 13 그가
여호와의 성전의 모든 보물과 왕
궁 보물을 집어내고 또 이스라엘
의 왕 솔로몬이 만든 것 곧 여호와
의 성전의 금 그릇을 다 파괴하였
으니 여호와의 말씀과 같이 되었
더라 14 그가 또 예루살렘의 모든
백성과 모든 지도자와 모든 용사
만 명과 모든 장인과 대장장이를
사로잡아 가매 비천한 자 외에는
그 땅에 남은 자가 없었더라 15
그가 여호야긴을 바벨론으로 사
로잡아 가고 왕의 어머니와 왕의
아내들과 내시들과 나라에 권세
있는 자도 예루살렘에서 바벨론
으로 사로잡아 가고 16 또 용사
칠천 명과 장인과 대장장이 천 명
곧 용감하여 싸움을 할 만한 모든
자들을 바벨론 왕이 바벨론으로
사로잡아 가고 17 바벨론 왕이 또
여호야긴의 숙부 맛다니야를 대
신하여 왕으로 삼고 그의 이름을
고쳐 시드기야라 하였더라

유다 왕 시드기야

18 시드기야가 왕이 될 때에 나이
가 이십일 세라 예루살렘에서 십
일 년간 다스리니라 그의 어머니
의 이름은 하무달이요 립나인 예
레미야*의 딸이더라 19 그가 여
호야김의 모든 행위를 따라 여호
와 보시기에 악을 행한지라 20 여
호와께서 예루살렘과 유다를 진
노하심이 그들을 그 앞에서 쫓아
내실 때까지 이르렀더라 시드기
야가 바벨론 왕을 배반하니라

25장

예루살렘의 멸망

1 시드기야 제구년 열째 달 십일
에 바벨론의 왕 느부갓네살이 그
의 모든 군대를 거느리고 예루살
렘을 치러 올라와서 그 성에 대하
여 진을 치고 주위에 토성을 쌓으
매 2 그 성이 시드기야 왕 제십일
년까지 포위되었더라 3 그 해 넷
째 달 구일에 성 중에 기근이 심
하여 그 땅 백성의 양식이 떨어졌

24:18 **예레미야** 이 사람은 선지자 예레미야가 아니라 동명이인이다.

더라 4 그 성벽이 파괴되매 모든
군사가 밤중에 두 성벽 사이 왕의
동산 곁문 길로 도망하여 갈대아
인들이 그 성읍을 에워쌌으므로
그가 아라바 길로 가더니 5 갈대
아 군대가 그 왕을 뒤쫓아가서 여
리고 평지에서 그를 따라 잡으매
왕의 모든 군대가 그를 떠나 흩어
진지라 6 그들이 왕을 사로잡아
그를 립나에 있는 바벨론 왕에게
로 끌고 가매 그들이 그를 심문하
니라 7 그들이 시드기야의 아들
들을 그의 눈앞에서 죽이고 시드
기야의 두 눈을 빼고 놋 사슬로
그를 결박하여 바벨론으로 끌고
갔더라

성전 붕괴

8 바벨론 왕 느부갓네살의 열아홉
째 해 오월 칠일에 바벨론 왕의 신
복 시위대장 느부사라단이 예루
살렘에 이르러 9 여호와의 성전
과 왕궁을 불사르고 예루살렘의
모든 집을 귀인의 집까지 불살랐
으며 10 시위대장에게 속한 갈대
아 온 군대가 예루살렘 주위의 성
벽을 헐었으며 11 성 중에 남아
있는 백성과 바벨론 왕에게 항복
한 자들과 무리 중 남은 자는 시위
대장 느부사라단이 모두 사로잡
아 가고 12 시위대장이 그 땅의
비천한 자를 남겨 두어 포도원을
다스리는 자와 농부가 되게 하였
더라 13 갈대아 사람이 또 여호와
의 성전의 두 놋 기둥과 받침들과
여호와의 성전의 놋 바다를 깨뜨
려 그 놋을 바벨론으로 가져가고
14 또 가마들과 부삽들과 부집게
들과 숟가락들과 섬길 때에 쓰는
모든 놋그릇을 다 가져갔으며 15
시위대장이 또 불 옮기는 그릇들
과 주발들 곧 금으로 만든 것이나
은으로 만든 것이나 모두 가져갔
으며 16 또 솔로몬이 여호와의 성
전을 위하여 만든 두 기둥과 한 바
다와 받침들을 가져갔는데 이 모
든 기구의 놋 무게를 헤아릴 수 없
었으니 17 그 한 기둥은 높이가
열여덟 규빗이요 그 꼭대기에 놋
머리가 있어 높이가 세 규빗이요
그 머리에 둘린 그물과 석류가 다
놋이라 다른 기둥의 장식과 그물
도 이와 같았더라

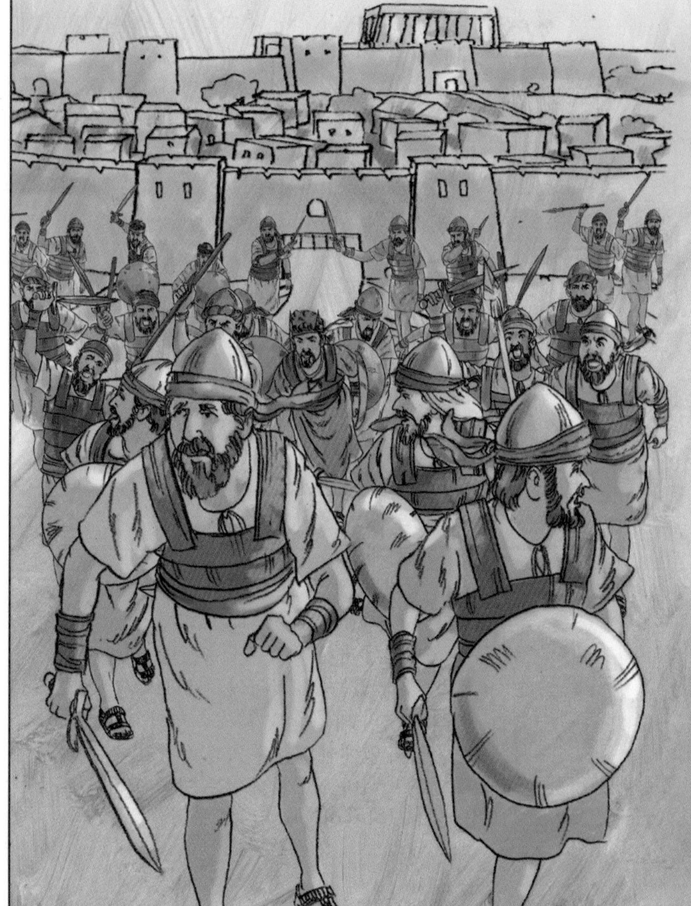

유다 백성이 바벨론으로 사로잡혀 가다

18 시위대장이 대제사장 스라야와
부제사장 스바냐와 성전 문지기
세 사람을 사로잡고 19 또 성 중
에서 사람을 사로잡았으니 곧 군
사를 거느린 내시 한 사람과 또 성
중에서 만난 바 왕의 시종 다섯 사
람과 백성을 징집하는 장관의 서
기관 한 사람과 성 중에서 만난 바

백성 육십 명이라 20 시위대장 느부사라단이
그들을 사로잡아 가지고 립나 바벨론 왕에게
나아가매 21 바벨론 왕이 하맛 땅 립나에서 다
쳐죽였더라 이와 같이 유다가 사로잡혀 본토
에서 떠났더라

유다 지도자 그달리야

22 유다 땅에 머물러 있는 백성은 곧 바벨론 왕
느부갓네살이 남긴 자라 왕이 사반의 손자 아
히감의 아들 그달리야가 관할하게 하였더라
23 모든 군대 지휘관과 그를 따르는 자가 바벨
론 왕이 그달리야를 지도자로 삼았다 함을 듣
고 이에 느다니야의 아들 이스마엘과 가레아
의 아들 요하난과 느도바 사람 단후멧의 아들
스라야와 마아가 사람의 아들 야아사니야와
그를 따르는 사람이 모두 미스바로 가서 그달
리야에게 나아가매 24 그달리야가 그들과 그
를 따르는 군사들에게 맹세하여 이르되 너희
는 갈대아 인을 섬기기를 두려워하지 말고 이
땅에 살며 바벨론 왕을 섬기라 그리하면 너희
가 평안하리라 하니라 25 칠월에 왕족 엘리사
마의 손자 느다니야의 아들 이스마엘이 부하
열 명을 거느리고 와서 그달리야를 쳐서 죽이
고 또 그와 함께 미스바에 있는 유다 사람과 갈
대아 사람을 죽인지라 26 노소를 막론하고 백
성과 군대 장관들이 다 일어나서 애굽으로 갔
으니 이는 갈대아 사람을 두려워함이었더라

여호야긴이 석방되다

27 유다의 왕 여호야긴이 사로잡혀 간 지 삼십
칠 년 곧 바벨론의 왕 에윌므로닥이 즉위한
원년 십이월 그 달 이십칠일에 유다의 왕 여
호야긴을 옥에서 내놓아 그 머리를 들게 하고
28 그에게 좋게 말하고 그의 지위를 바벨론에
그와 함께 있는 모든 왕의 지위보다 높이고
29 그 죄수의 의복을 벗게 하고 그의 일평생에
항상 왕의 앞에서 양식을 먹게 하였고 30 그가
쓸 것은 날마다 왕에게서 받는 양이 있어서 종
신토록 끊이지 아니하였더라

역대상

1장

아담에서 아브라함까지

1 아담, 셋, 에노스, 2 게난, 마할
랄렐, 야렛, 3 에녹, 므두셀라, 라
멕, 4 노아, 셈, 함과 야벳은 조상
들이라 5 야벳의 자손은 고멜과
마곡과 마대와 야완과 두발과 메
섹과 디라스요 6 고멜의 자손은
아스그나스와 디밧과 도갈마요
7 야완의 자손은 엘리사와 다시
스와 깃딤•과 도다님이더라 8 함
의 자손은 구스와 미스라임•과
붓과 가나안이요 9 구스의 자손
은 스바와 하윌라와 삽다와 라아
마와 삽드가요 라아마의 자손은
스바와 드단이요 10 구스가 또
니므롯을 낳았으니 세상에서 첫
영걸이며 11 미스라임은 루딤과
아나밈과 르하빔과 납두힘과 12
바드루심과 가슬루힘과 갑도림
을 낳았으니 블레셋 종족은 가슬
루힘에게서 나왔으며 13 가나안
은 맏아들 시돈과 헷을 낳고 14
또 여부스 종족과 아모리 종족과
기르가스 종족과 15 히위 종족
과 알가 종족과 신 종족과 16 아
르왓 종족과 스말 종족과 하맛
종족을 낳았더라 17 셈의 자손
은 엘람과 앗수르와 아르박삿과

1:7 **깃딤** 그의 후손이 구브로 민족이었다.
1:8 **미스라임** 애굽의 또 다른 이름

룻과 아람과 우스와 훌과 게델과
메섹이라 18 아르박삿은 셀라를
낳고 셀라는 에벨을 낳고 19 에
벨은 두 아들을 낳아 하나의 이
름을 벨렉•이라 하였으니 이는
그 때에 땅이 나뉘었음이요 그의
아우의 이름은 욕단이며 20 욕
단이 알모닷과 셀렙과 하살마웻
과 예라와 21 하도람과 우살과
디글라와 22 에발과 아비마엘과
스바와 23 오빌과 하윌라와 요
밥을 낳았으니 욕단의 자손은 이
상과 같으니라 24 셈, 아르박삿,
셀라, 25 에벨, 벨렉, 르우, 26 스
룩, 나홀, 데라, 27 아브람 곧 아
브라함은 조상들이요

이스마엘의 세계

28 아브라함의 자손은 이삭과 이
스마엘이라 29 이스마엘의 족보
는 이러하니 그의 맏아들은 느바
욧이요 다음은 게달과 앗브엘과
밉삼과 30 미스마와 두마와 맛
사와 하닷과 데마와 31 여둘과
나비스와 게드마라 이들은 이스
마엘의 자손들이라 32 아브라함
의 소실 그두라가 낳은 자손은
시므란과 욕산과 므단과 미디안
과 이스박과 수아요 욕산의 자손
은 스바와 드단이요 33 미디안
의 자손은 에바와 에벨과 하녹과
아비다와 엘다아니 이들은 모두
그두라의 자손들이라

에서의 자손

34 아브라함이 이삭을 낳았으니
이삭의 아들은 에서와 이스라엘
이더라 35 에서의 아들은 엘리
바스와 르우엘과 여우스와 얄람
과 고라요 36 엘리바스의 아들
은 데만과 오말과 스비와 가담과
그나스와 딤나와 아말렉이요 37
르우엘의 아들은 나핫과 세라와
삼마와 밋사요 38 세일의 아들
은 로단과 소발과 시브온과 아나
와 디손과 에셀과 디산이요 39
로단의 아들은 호리와 호맘이요
로단의 누이는 딤나요 40 소발
의 아들은 알랸과 마나핫과 에발
과 스비와 오남이요 시브온의 아
들은 아야와 아나요 41 아나의
아들은 디손이요 디손의 아들은
하므란과 에스반과 이드란과 그
란이요 42 에셀의 아들은 빌한
과 사아완과 야아간이요 디산의
아들은 우스와 아란이더라

에돔 땅을 다스린 왕들

43 이스라엘 자손을 다스리는 왕
이 있기 전에 에돔 땅을 다스린
왕은 이러하니라 브올의 아들 벨
라니 그의 도성 이름은 딘하바이
며 44 벨라가 죽으매 보스라 세
라의 아들 요밥이 대신하여 왕이
되고 45 요밥이 죽으매 데만 종
족의 땅의 사람 후삼이 대신하여
왕이 되고 46 후삼이 죽으매 브
닷의 아들 하닷이 대신하여 왕이
되었으니 하닷은 모압 들에서 미
디안을 친 자요 그 도성 이름은
아윗이며 47 하닷이 죽으매 마
스레가의 사믈라가 대신하여 왕
이 되고 48 사믈라가 죽으매 강
가의 르호봇 사울이 대신하여 왕
이 되고 49 사울이 죽으매 악볼
의 아들 바알하난이 대신하여 왕
이 되고 50 바알하난이 죽으매
하닷이 대신하여 왕이 되었으니
그의 도성 이름은 바이요 그의
아내의 이름은 므헤다벨이라 메
사합의 손녀요 마드렛의 딸이더
라 51 하닷이 죽으니라 그리고
에돔의 족장은 이러하니 딤나 족
장과 알랴 족장과 여뎃 족장과
52 오홀리바마 족장과 엘라 족장
과 비논 족장과 53 그나스 족장
과 데만 족장과 밉살 족장과 54
막디엘 족장과 이람 족장이라 에
돔의 족장이 이러하였더라

2장

1 이스라엘의 아들은 이러하니
르우벤과 시므온과 레위와 유다
와 잇사갈과 스불론과 2 단과 요
셉과 베냐민과 납달리와 갓과 아
셀이더라

1:19 **벨렉** 이 이름은 '나눔'이라는 뜻

유다의 자손

3 유다의 아들은 에르와 오난과
셀라니 이 세 사람은 가나안 사
람 수아의 딸이 유다에게 낳아
준 자요 유다의 맏아들 에르는
여호와 보시기에 악하였으므로
여호와께서 죽이셨고 4 유다의
며느리 다말이 유다에게 베레스
와 세라를 낳아 주었으니 유다의
아들이 모두 다섯이더라 5 베레
스의 아들은 헤스론과 하물이요
6 세라의 아들은 시므리와 에단
과 헤만과 갈골과 다라니 모두
다섯 사람이요 7 갈미의 아들은
아갈이니 그는 진멸시킬 물건을
범하여 이스라엘을 괴롭힌 자이
며 8 에단의 아들은 아사랴더라

다윗의 가계

9 헤스론이 낳은 아들은 여라므
엘과 람과 글루배라 10 람은 암
미나답을 낳고 암미나답은 나손
을 낳았으니 나손은 유다 자손의
방백이며 11 나손은 살마를 낳
고 살마는 보아스를 낳고 12 보
아스는 오벳을 낳고 오벳은 이새
를 낳고 13 이새는 맏아들 엘리
압과 둘째로 아비나답과 셋째로
시므아와 14 넷째로 느다넬과
다섯째로 랏대와 15 여섯째로
오셈과 일곱째로 다윗을 낳았으
며 16 그들의 자매는 스루야와
아비가일이라 스루야의 아들은
아비새와 요압과 아사헬 삼형제
요 17 아비가일은 아마사를 낳
았으니 아마사의 아버지는 이스
마엘 사람 예델이었더라

헤스론의 자손

18 헤스론의 아들 갈렙이 그의
아내 아수바와 여리옷에게서 아
들을 낳았으니 그가 낳은 아들들
은 예셀과 소밥과 아르돈이며
19 아수바가 죽은 후에 갈렙이
또 에브랏에게 장가 들었더니 에
브랏이 그에게 훌을 낳아 주었고
20 훌은 우리를 낳고 우리는 브
살렐을 낳았더라 21 그 후에 헤
스론이 육십 세에 길르앗의 아버
지 마길의 딸에게 장가 들어 동
침하였더니 그가 스굽을 헤스론
에게 낳아 주었으며 22 스굽은
야일을 낳았고 야일은 길르앗 땅
에서 스물세 성읍을 가졌더니
23 그술과 아람이 야일의 성읍들
과 그낫과 그에 딸린 성읍들 모
두 육십을 그들에게서 빼앗았으
며 이들은 다 길르앗의 아버지
마길의 자손이었더라 24 헤스론
이 갈렙 에브라다에서 죽은 후에
그의 아내 아비야가 그로 말미암
아 아스훌을 낳았으니 아스훌은
드고아의 아버지더라

여라므엘의 자손

25 헤스론의 맏아들 여라므엘의
아들은 맏아들 람과 그 다음 브
나와 오렌과 오셈과 아히야이며
26 여라므엘이 다른 아내가 있었
으니 이름은 아다라라 그는 오남
의 어머니더라 27 여라므엘의
맏아들 람의 아들은 마아스와 야
민과 에겔이요 28 오남의 아들
들은 삼매와 야다요 삼매의 아들
은 나답과 아비술이며 29 아비
술의 아내의 이름은 아비하일이
라 아비하일이 아반과 몰릿을 그
에게 낳아 주었으며 30 나답의
아들들은 셀렛과 압바임이라 셀
렛은 아들이 없이 죽었고 31 압
바임의 아들은 이시요 이시의 아
들은 세산이요 세산의 아들은 알
래요 32 삼매의 아우 야다의 아
들들은 예델과 요나단이라 예델
은 아들이 없이 죽었고 33 요나
단의 아들들은 벨렛과 사사라 여
라므엘의 자손은 이러하며 34
세산은 아들이 없고 딸뿐이라 그
에게 야르하라 하는 애굽 종이
있으므로 35 세산이 딸을 그 종
야르하에게 주어 아내를 삼게 하
였더니 그가 그로 말미암아 앗대
를 낳고 36 앗대는 나단을 낳고
나단은 사밧을 낳고 37 사밧은
에블랄을 낳고 에블랄은 오벳을
낳고 38 오벳은 예후를 낳고 예
후는 아사랴를 낳고 39 아사랴
는 헬레스를 낳고 헬레스는 엘르
아사를 낳고 40 엘르아사는 시
스매를 낳고 시스매는 살룸을 낳
고 41 살룸은 여가먀를 낳고 여
가먀는 엘리사마를 낳았더라

갈렙의 자손

42 여라므엘의 아우 갈렙의 아들
곧 맏아들은 메사이니 십의 아버
지요 그 아들은 마레사니 헤브론
의 아버지이며 43 헤브론의 아
들들은 고라와 답부아와 레겜과
세마라 44 세마는 라함을 낳았
으니 라함은 요르그암의 아버지
이며 레겜은 삼매를 낳았고 45
삼매의 아들은 마온이라 마온은
벧술의 아버지이며 46 갈렙의
소실 에바는 하란과 모사와 가세
스를 낳고 하란은 가세스를 낳았
으며 47 야대의 아들은 레겜과

요단과 게산과 벨렛과 에바와 사
압이며 48 갈렙의 소실 마아가
는 세벨과 디르하나를 낳았고
49 또 맛만나의 아버지 사압을
낳았고 또 막베나와 기브아의 아
버지 스와를 낳았으며 갈렙의 딸
은 악사더라 50 갈렙의 자손 곧
에브라다의 맏아들 훌의 아들은
이러하니 기럇여아림의 아버지
소발과 51 베들레헴의 아버지
살마와 벧가델의 아버지 하렙이
라 52 기럇여아림의 아버지 소
발의 자손은 하로에와 므누홋 사
람의 절반이니 53 기럇여아림
족속들은 이델 종족과 붓 종족과
수맛 종족과 미스라 종족이라 이
로 말미암아 소라와 에스다올 두
종족이 나왔으며 54 살마의 자
손들은 베들레헴과 느도바 종족
과 아다롯벳요압과 마나핫 종족
의 절반과 소라 종족과 55 야베
스에 살던 서기관 종족 곧 디랏
종족과 시므앗 종족과 수갓 종족
이니 이는 다 레갑 가문의 조상
함맛에게서 나온 겐 종족이더라

3장

다윗 왕의 아들과 딸

1 다윗이 헤브론에서 낳은 아들
들은 이러하니 맏아들은 암논이
라 이스르엘 여인 아히노암의 소
생이요 둘째는 다니엘이라 갈멜
여인 아비가일의 소생이요 2 셋
째는 압살롬이라 그술 왕 달매의
딸 마아가의 아들이요 넷째는 아
도니야라 학깃의 아들이요 3 다
섯째는 스바댜라 아비달의 소생
이요 여섯째는 이드르암이라 다
윗의 아내 에글라의 소생이니 4
이 여섯은 헤브론에서 낳았더라
다윗이 거기서 칠 년 육 개월 다
스렸고 또 예루살렘에서 삼십삼
년 다스렸으며 5 예루살렘에서
그가 낳은 아들들은 이러하니 시
므아와 소밥과 나단과 솔로몬 네
사람은 다 암미엘의 딸 밧수아의
소생이요 6 또 입할과 엘리사마
와 엘리벨렛과 7 노가와 네벡과
야비아와 8 엘리사마와 엘랴다
와 엘리벨렛 아홉 사람은 9 다
윗의 아들이요 그들의 누이는
다말이며 이 외에 또 소실의 아
들이 있었더라

솔로몬 왕의 자손

10 솔로몬의 아들은 르호보암이
요 그의 아들은 아비야요 그의
아들은 아사요 그의 아들은 여호
사밧이요 11 그의 아들은 요람
이요 그의 아들은 아하시야요 그
의 아들은 요아스요 12 그의 아
들은 아마샤요 그의 아들은 아사
랴요 그의 아들은 요담이요 13
그의 아들은 아하스요 그의 아들
은 히스기야요 그의 아들은 므낫
세요 14 그의 아들은 아몬이요
그의 아들은 요시야이며 15 요
시야의 아들들은 맏아들 요하난
과 둘째 여호야김과 셋째 시드기
야와 넷째 살룸이요 16 여호야
김의 아들들은 그의 아들 여고
냐, 그의 아들 시드기야요 17 사
로잡혀 간 여고냐의 아들들은 그
의 아들 스알디엘과 18 말기람
과 브다야와 세낫살과 여가먀와
호사마와 느다뱌요 19 브다야의
아들들은 스룹바벨과 시므이요

스룹바벨의 아들은 므술람과 하
나냐와 그의 매제 슬로밋과 20
또 하수바와 오헬과 베레갸와 하
사댜와 유삽헤셋 다섯 사람이요
21 하나냐의 아들은 블라댜와 여
사야요 또 르바야의 아들 아르난
의 아들들, 오바댜의 아들들, 스
가냐의 아들들이니 22 스가냐의
아들은 스마야요 스마야의 아들
들은 핫두스와 이갈과 바리야와
느아랴와 사밧 여섯 사람이요
23 느아랴의 아들은 에료에내와
히스기야와 아스리감 세 사람이
요 24 에료에내의 아들들은 호
다위야와 엘리아십과 블라야와
악굽과 요하난과 들라야와 아나
니 일곱 사람이더라

4장

유다의 자손

1 유다의 아들들은 베레스와 헤
스론과 갈미와 훌과 소발이라 2
소발의 아들 르아야는 야핫을 낳
고 야핫은 아후매와 라핫을 낳았
으니 이는 소라 사람의 종족이며
3 에담 조상의 자손들은 이스르
엘과 이스마와 잇바스와 그들의
매제 하술렐보니와 4 그돌의 아
버지 브누엘과 후사의 아버지 에
셀이니 이는 다 베들레헴의 아버
지 에브라다의 맏아들 훌의 소생
이며 5 드고아의 아버지 아스훌
의 두 아내는 헬라와 나아라라 6
나아라는 그에게 아훗삼과 헤벨
과 데므니와 하아하스다리를 낳
아 주었으니 이는 나아라의 소생
이요 7 헬라의 아들들은 세렛과
이소할과 에드난이며 8 고스는
아눕과 소베바와 하룸의 아들 아
하헬 종족들을 낳았으며 9 야베
스는 그의 형제보다 귀중한 자라
그의 어머니가 이름하여 이르되
야베스라 하였으니 이는 내가 수
고로이 낳았다 함이었더라 10 야
베스가 이스라엘 하나님께 아뢰
어 이르되 주께서 내게 복을 주시
려거든 나의 지역을 넓히시고 주
의 손으로 나를 도우사 나로 환난
을 벗어나 내게 근심이 없게 하옵
소서 하였더니 하나님이 그가 구
하는 것을 허락하셨더라

다른 족보

11 수하의 형 글룹이 므힐을 낳
았으니 므힐은 에스돈의 아버지
요 12 에스돈은 베드라바와 바
세아와 이르나하스의 아버지 드
힌나를 낳았으니 이는 다 레가
사람이며 13 그나스의 아들들은
옷니엘과 스라야요 옷니엘의 아
들은 하닷이며 14 므오노대는
오브라를 낳고 스라야는 요압을
낳았으니 요압은 게하라심의 조
상이라 그들은 공장이었더라 15
여분네의 아들 갈렙의 자손은 이
루와 엘라와 나암과 엘라의 자손
과 그나스요 16 여할렐렐의 아
들은 십과 시바와 디리아와 아사
렐이요 17 에스라의 아들들은
예델과 메렛과 에벨과 얄론이며
메렛은 미리암과 삼매와 에스드
모아의 조상 이스바를 낳았으니
18 이는 메렛이 아내로 맞은 바
로의 딸 비디아의 아들들이며 또
그의 아내 여후디야는 그돌의 조
상 예렛과 소고의 조상 헤벨과
사노아의 조상 여구디엘을 낳았
으며 19 나함의 누이인 호디야
의 아내의 아들들은 가미 사람
그일라의 아버지와 마아가 사람
에스드모아며 20 시몬의 아들들
은 암논과 린나와 벤하난과 딜
론이요 이시의 아들들은 소헷과
벤소헷이더라 21 유다의 아들
셀라의 자손은 레가의 아버지
에르와 마레사의 아버지 라아다
와 세마포 짜는 자의 집 곧 아스
베아의 집 종족과 22 또 요김과
고세바 사람들과 요아스와 모압
을 다스리던 사랍과 야수비네헴
이니 이는 다 옛 기록에 의존한
것이라 23 이 모든 사람은 토기
장이가 되어 수풀과 산울 가운
데에 거주하는 자로서 거기서
왕과 함께 거주하면서 왕의 일
을 하였더라

시므온의 자손

24 시므온의 아들들은 느무엘과
야민과 야립과 세라와 사울이요
25 사울의 아들은 살룸이요 그의
아들은 밉삼이요 그의 아들은 미
스마요 26 미스마의 아들은 함
무엘이요 그의 아들은 삭굴이요
그의 아들은 시므이라 27 시므
이에게는 아들 열여섯과 딸 여섯
이 있으나 그의 형제에게는 자녀
가 몇이 못 되니 그들의 온 종족
이 유다 자손처럼 번성하지 못하
였더라 28 시므온 자손이 거주
한 곳은 브엘세바와 몰라다와 하
살수알과 29 빌하와 에셈과 돌
랏과 30 브두엘과 호르마와 시
글락과 31 벧말가봇과 하살수심
과 벧비리와 사아라임이니 다윗
왕 때까지 이 모든 성읍이 그들
에게 속하였으며 32 그들이 사

는 곳은 에담과 아인과 림몬과
도겐과 아산 다섯 성읍이요 33
또 모든 성읍 주위에 살던 주민
들의 경계가 바알까지 다다랐으
니 시므온 자손의 거주지가 이러
하고 각기 계보가 있더라 34 또
메소밥과 야믈렉과 아마시야의
아들 요사와 35 요엘과 아시엘
의 증손 스라야의 손자 요시비야
의 아들 예후와 36 또 엘료에내
와 야아고바와 여소하야와 아사
야와 아디엘과 여시미엘과 브나
야와 37 또 스마야의 오대 손 시
므리의 현손 여다야의 증손 알론
의 손자 시비의 아들은 시사이니
38 여기 기록된 것들은 그들의
종족과 그들의 가문의 지도자들
의 이름이라 그들이 매우 번성한
지라 39 그들이 그들의 양 떼를
위하여 목장을 구하고자 하여 골
짜기 동쪽 그돌 지경에 이르러
40 기름지고 아름다운 목장을 발
견하였는데 그 땅이 넓고 안정
되고 평안하니 이는 옛적부터 거
기에 거주해 온 사람은 함의 자
손인 까닭이라 41 이 명단에 기
록된 사람들이 유다 왕 히스기야
때에 가서 그들의 장막을 쳐서
무찌르고 거기에 있는 모우님 사
람을 쳐서 진멸하고 대신하여 오
늘까지 거기에 살고 있으니 이는
그들의 양 떼를 먹일 목장이 거
기에 있음이며 42 또 시므온 자
손 중에 오백 명이 이시의 아들
블라댜와 느아랴와 르바야와 웃
시엘을 두목으로 삼고 세일 산으
로 가서 43 피신하여 살아남은
아말렉 사람을 치고 오늘까지 거
기에 거주하고 있더라

5장

르우벤의 자손

1 이스라엘의 장자 르우벤의 아
들들은 이러하니라 (르우벤은 장
자라도 그의 아버지의 침상을 더
럽혔으므로 장자의 명분이 이스
라엘의 아들 요셉의 자손에게로
돌아가서 족보에 장자의 명분대
로 기록되지 못하였느니라 2 유
다는 형제보다 뛰어나고 주권자
가 유다에게서 났으나 장자의 명
분은 요셉에게 있으니라) 3 이스
라엘의 장자 르우벤의 아들들은
하녹과 발루와 헤스론과 갈미요
4 요엘의 아들은 스마야요 그의
아들은 곡이요 그의 아들은 시므
이요 5 그의 아들은 미가요 그의
아들은 르아야요 그의 아들은 바
알이요 6 그의 아들은 브에라이
니 그는 르우벤 자손의 지도자로
서 앗수르 왕 디글랏빌레셀에게
사로잡힌 자라 7 그의 형제가 종
족과 계보대로 우두머리 된 자는
여이엘과 스가랴와 8 벨라니 벨
라는 아사스의 아들이요 세마의
손자요 요엘의 증손이라 그가 아
로엘에 살면서 느보와 바알므온
까지 다다랐고 9 또 동으로 가서
거주하면서 유브라데 강에서부
터 광야 지경까지 다다랐으니 이
는 길르앗 땅에서 그 가축이 번
식함이라 10 사울 왕 때에 그들
이 하갈 사람과 더불어 싸워 손
으로 쳐죽이고 길르앗 동쪽 온
땅에서 장막에 거주하였더라

갓의 자손

11 갓 자손은 르우벤 사람을 마
주 대하여 바산 땅에 거주하면서
살르가까지 다다랐으니 12 우두
머리는 요엘이요 다음은 사밤이
요 또 야내와 바산에 산 사밧이
요 13 그 조상의 가문의 형제들
은 미가엘과 므술람과 세바와 요
래와 야간과 시아와 에벨 일곱
명이니 14 이는 다 아비하일의
아들들이라 아비하일은 후리의
아들이요 야로아의 손자요 길르
앗의 증손이요 미가엘의 현손이
요 여시새의 오대 손이요 야도의
육대 손이요 부스의 칠대 손이며
15 또 구니의 손자 압디엘의 아
들 아히가 우두머리가 되었고
16 그들이 바산 길르앗과 그 마
을과 사론의 모든 들에 거주하여
그 사방 변두리에 다다랐더라
17 이상은 유다 왕 요담 때와 이
스라엘 왕 여로보암 때에 족보에
기록되었더라

므낫세 반 지파의 용사

18 르우벤 자손과 갓 사람과 므
낫세 반 지파에서 나가 싸울 만
한 용사 곧 능히 방패와 칼을 들
며 활을 당겨 싸움에 익숙한 자
는 사만 사천칠백육십 명이라
19 그들이 하갈 사람과 여두르와
나비스와 노답과 싸우는 중에
20 도우심을 입었으므로 하갈 사
람과 그들과 함께 있는 자들이
다 그들의 손에 패하였으니 이는
그들이 싸울 때에 하나님께 의뢰
하고 부르짖으므로 하나님이 그
들에게 응답하셨음이라 21 그들
이 대적의 짐승 곧 낙타 오만 마
리와 양 이십오만 마리와 나귀
이천 마리를 빼앗으며 사람 십만

명을 사로잡았고 22 죽임을 당
한 자가 많았으니 이 싸움이 하
나님께로 말미암았음이라 그들
이 그들의 땅에 거주하여 사로잡
힐 때까지 이르렀더라

므낫세 반 지파의 자손들

23 므낫세 반 지파 자손들이 그 땅
에 거주하면서 그들이 번성하여
바산에서부터 바알헤르몬과 스닐
과 헤르몬 산까지 다다랐으며 24
그들의 족장은 에벨과 이시와 엘
리엘과 아스리엘과 예레미야와
호다위야와 야디엘이며 다 용감
하고 유명한 족장이었더라

므낫세 반 지파의 추방

25 그들이 그들의 조상들의 하나
님께 범죄하여 하나님이 그들 앞
에서 멸하신 그 땅 백성의 신들
을 간음하듯 섬긴지라 26 그러
므로 이스라엘 하나님이 앗수르
왕 불의 마음을 일으키시며 앗수
르 왕 디글랏빌레셀의 마음을 일
으키시매 곧 르우벤과 갓과 므낫
세 반 지파를 사로잡아 할라와
하볼과 하라와 고산 강 가에 옮
긴지라 그들이 오늘까지 거기에
있으니라

6장

레위의 가계

1 레위의 아들들은 게르손과 그
핫과 므라리요 2 그핫의 아들들
은 아므람과 이스할과 헤브론과
웃시엘이요 3 아므람의 자녀는
아론과 모세와 미리암이요 아론
의 자녀는 나답과 아비후와 엘르
아살과 이다말이며 4 엘르아살
은 비느하스를 낳고 비느하스는
아비수아를 낳고 5 아비수아는
북기를 낳고 북기는 웃시를 낳고
6 웃시는 스라히야를 낳고 스라
히야는 므라욧을 낳고 7 므라욧
은 아마랴를 낳고 아마랴는 아히
둡을 낳고 8 아히둡은 사독을 낳
고 사독은 아히마아스를 낳고 9
아히마아스는 아사랴를 낳고 아
사랴는 요하난을 낳고 10 요하
난은 아사랴를 낳았으니 이 아사
랴는 솔로몬이 예루살렘에 세운
성전에서 제사장의 직분을 행한
자이며 11 아사랴는 아마랴를
낳고 아마랴는 아히둡을 낳고
12 아히둡은 사독을 낳고 사독은
살룸을 낳고 13 살룸은 힐기야
를 낳고 힐기야는 아사랴를 낳고
14 아사랴는 스라야를 낳고 스라
야는 여호사닥을 낳았으며 15
여호와께서 느부갓네살의 손으
로 유다와 예루살렘 백성을 옮기
실 때에 여호사닥도 가니라

레위의 자손

16 레위의 아들들은 게르손과 그
핫과 므라리이며 17 게르손의
아들들의 이름은 이러하니 립니
와 시므이요 18 그핫의 아들들
은 아므람과 이스할과 헤브론과
웃시엘이요 19 므라리의 아들들
은 말리와 무시라 그 조상에 따
라 레위의 종족은 이러하니 20
게르손에게서 난 자는 곧 그의
아들 립니요 그의 아들은 야핫이
요 그의 아들은 심마요 21 그의
아들은 요아요 그의 아들은 잇도
요 그의 아들은 세라요 그의 아
들은 여아드래이며 22 그핫에게
서 난 자는 곧 그 아들은 암미나
답이요 그의 아들은 고라요 그의
아들은 앗실이요 23 그의 아들
은 엘가나요 그의 아들은 에비아
삽이요 그의 아들은 앗실이요
24 그의 아들은 다핫이요 그의
아들은 우리엘이요 그의 아들은
웃시야요 그의 아들은 사울이라
25 엘가나의 아들들은 아마새와

아히못이라 26 엘가나로 말하면
그의 자손은 이러하니 그의 아들
은 소배요 그의 아들은 나핫이요
27 그의 아들은 엘리압이요 그의
아들은 여로함이요 그의 아들은
엘가나라 28 사무엘의 아들들은
맏아들 요엘이요 다음은 아비야
라 29 므라리에게서 난 자는 말
리요 그의 아들은 립니요 그의
아들은 시므이요 그의 아들은 웃
사요 30 그의 아들은 시므아요
그의 아들은 학기야요 그의 아들
은 아사야더라

회막 앞에서 찬송하는 사람들

31 언약궤가 평안을 얻었을 때에
다윗이 여호와의 성전에서 찬송
하는 직분을 맡긴 자들은 아래와
같았더라 32 솔로몬이 예루살렘
에서 여호와의 성전을 세울 때까
지 그들이 회막 앞에서 찬송하는
일을 행하되 그 계열대로 직무를
행하였더라 33 직무를 행하는
자와 그의 아들들은 이러하니 그
핫의 자손 중에 헤만은 찬송하는
자라 그는 요엘의 아들이요 요엘
은 사무엘의 아들이요 34 사무
엘은 엘가나의 아들이요 엘가나
는 여로함의 아들이요 여로함은
엘리엘의 아들이요 엘리엘은 도
아의 아들이요 35 도아는 숩의
아들이요 숩은 엘가나의 아들이
요 엘가나는 마핫의 아들이요 마
핫은 아마새의 아들이요 36 아
마새는 엘가나의 아들이요 엘가
나는 요엘의 아들이요 요엘은 아
사랴의 아들이요 아사랴는 스바
냐의 아들이요 37 스바냐는 다
핫의 아들이요 다핫은 앗실의 아
들이요 앗실은 에비아삽의 아들
이요 에비아삽은 고라의 아들이
요 38 고라는 이스할의 아들이
요 이스할은 그핫의 아들이요 그
핫은 레위의 아들이요 레위는 이
스라엘의 아들이라 39 헤만의
형제 아삽은 헤만의 오른쪽에서
직무를 행하였으니 그는 베레갸
의 아들이요 베레갸는 시므아의
아들이요 40 시므아는 미가엘의
아들이요 미가엘은 바아세야의
아들이요 바아세야는 말기야의
아들이요 41 말기야는 에드니의
아들이요 에드니는 세라의 아들
이요 세라는 아다야의 아들이요
42 아다야는 에단의 아들이요 에
단은 심마의 아들이요 심마는 시
므이의 아들이요 43 시므이는
야핫의 아들이요 야핫은 게르손
의 아들이요 게르손은 레위의 아
들이며 44 그들의 형제 므라리
의 자손 중 그의 왼쪽에서 직무
를 행하는 자는 에단이라 에단은
기시의 아들이요 기시는 압디의
아들이요 압디는 말룩의 아들이
요 45 말룩은 하사뱌의 아들이
요 하사뱌는 아마시야의 아들이
요 아마시야는 힐기야의 아들이
요 46 힐기야는 암시의 아들이
요 암시는 바니의 아들이요 바니
는 세멜의 아들이요 47 세멜은
말리의 아들이요 말리는 무시의
아들이요 무시는 므라리의 아들
이요 므라리는 레위의 아들이며
48 그들의 형제 레위 사람들은
하나님의 집 장막의 모든 일을
맡았더라

아론의 자손

49 아론과 그의 자손들은 번제단
과 향단 위에 분향하며 제사를
드리며 지성소의 모든 일을 하여
하나님의 종 모세의 모든 명령대
로 이스라엘을 위하여 속죄하니
50 아론의 자손들은 이러하니라

그의 아들은 엘르아살이요 그의
아들은 비느하스요 그의 아들은
아비수아요 51 그의 아들은 북
기요 그의 아들은 웃시요 그의
아들은 스라히야요 52 그의 아
들은 므라욧이요 그의 아들은 아
마랴요 그의 아들은 아히둡이요
53 그의 아들은 사독이요 그의
아들은 아히마아스이더라

레위 사람의 정착지

54 그들의 거주한 곳은 사방 지
계 안에 있으니 그들의 마을은
아래와 같으니라 아론 자손 곧
그핫 종족이 먼저 제비 뽑았으므
로 55 그들에게 유다 땅의 헤브
론과 그 사방 초원을 주었고 56
그러나 그 성의 밭과 마을은 여
분네의 아들 갈렙에게 주었으며
57 아론 자손에게 도피성•을 주
었으니 헤브론과 립나와 그 초원
과 얏딜과 에스드모아와 그 초원
과 58 힐렌과 그 초원과 드빌과
그 초원과 59 아산과 그 초원과
벧세메스와 그 초원이며 60 또
베냐민 지파 중에서는 게바와 그
초원과 알레멧과 그 초원과 아나
돗과 그 초원을 주었으니 그들의
종족이 얻은 성이 모두 열셋이었
더라 61 그핫 자손의 남은 자에
게는 절반 지파 즉 므낫세 반 지
파 종족 중에서 제비 뽑아 열 성
읍을 주었고 62 게르손 자손에
게는 그들의 종족대로 잇사갈 지
파와 아셀 지파와 납달리 지파와
바산에 있는 므낫세 지파 중에서
열세 성읍을 주었고 63 므라리
자손에게는 그 종족대로 르우벤
지파와 갓 지파와 스불론 지파
중에서 제비 뽑아 열두 성읍을
주었더라 64 이스라엘 자손이
이 모든 성읍과 그 목초지를 레
위 자손에게 주되 65 유다 자손
의 지파와 시므온 자손의 지파와
베냐민 자손의 지파 중에서 이
위에 기록한 여러 성읍을 제비
뽑아 주었더라 66 그핫 자손의
몇 종족은 에브라임 지파 중에서
성읍을 얻어 영토를 삼았으며
67 또 그들에게 도피성을 주었으
니 에브라임 산중 세겜과 그 초
원과 게셀과 그 초원과 68 욕므
암과 그 초원과 벧호론과 그 초
원과 69 아얄론과 그 초원과 가
드림몬과 그 초원이며 70 또 그
핫 자손의 남은 종족에게는 므낫
세 반 지파 중에서 아넬과 그 초
원과 빌르암과 그 초원을 주었더
라 71 게르손 자손에게는 므낫
세 반 지파 종족 중에서 바산의
골란과 그 초원과 아스다롯과 그
초원을 주고 72 또 잇사갈 지파
중에서 게데스와 그 초원과 다브
랏과 그 초원과 73 라못과 그 초
원과 아넴과 그 초원을 주고 74
아셀 지파 중에서 마살과 그 초
원과 압돈과 그 초원과 75 후곡
과 그 초원과 르홉과 그 초원을
주고 76 납달리 지파 중에서 갈
릴리의 게데스와 그 초원과 함몬
과 그 초원과 기랴다임과 그 초
원을 주니라 77 므라리 자손의
남은 자에게는 스불론 지파 중에
서 림모노와 그 초원과 다볼과
그 초원을 주었고 78 또 요단 건
너 동쪽 곧 여리고 맞은편 르우
벤 지파 중에서 광야의 베셀과
그 초원과 야사와 그 초원과 79
그데못과 그 초원과 메바앗과 그
초원을 주었고 80 또 갓 지파 중
에서 길르앗의 라못과 그 초원과
마하나임과 그 초원과 81 헤스
본과 그 초원과 야셀과 그 초원
을 주었더라

7장

잇사갈의 자손

1 잇사갈의 아들들은 돌라와 부
아와 야숩과 시므론 네 사람이며
2 돌라의 아들들은 웃시와 르바
야와 여리엘과 야매와 입삼과 스
므엘이니 다 그의 아버지 돌라의
집 우두머리라 대대로 용사이더
니 다윗 때에 이르러는 그 수효
가 이만 이천육백 명이었더라 3
웃시의 아들은 이스라히야요 이
스라히야의 아들들은 미가엘과
오바댜와 요엘과 잇시야 다섯 사
람이 모두 우두머리며 4 그들과
함께 있는 자는 그 계보와 종족
대로 능히 출전할 만한 군대가
삼만 육천 명이니 이는 그 처자
가 많기 때문이며 5 그의 형제
잇사갈의 모든 종족은 다 용감한
장사라 그 전체를 계수하면 팔만
칠천 명이었더라

베냐민의 자손

6 베냐민의 아들들은 벨라와 베
겔과 여디아엘 세 사람이며 7 벨
라의 아들들은 에스본과 우시와
웃시엘과 여리못과 이리 다섯 사
람이니 다 그 집의 우두머리요
큰 용사라 그 계보대로 계수하면
이만 이천삼십사 명이며 8 베겔
의 아들들은 스미라와 요아스와
엘리에셀과 엘료에내와 오므리

6:57 **도피성** 고의성 없이 사람을 죽인 사람은 여섯 개의 도피성 중 한 곳으로 피신하여 그곳에서 보호와 공정한 재판을 받을 수 있었다.

와 여레못과 아비야와 아나돗과
알레멧이니 베겔의 아들들은 모
두 이러하며 9 그들은 다 그 집
의 우두머리요 용감한 장사라 그
자손을 계보에 의해 계수하면 이
만 이백 명이며 10 여디아엘의
아들은 빌한이요 빌한의 아들들
은 여우스와 베냐민과 에훗과 그
나아나와 세단과 다시스와 아히
사할이니 11 이 여디아엘의 아
들들은 모두 그 집의 우두머리요
큰 용사라 그들의 자손 중에 능
히 출전할 만한 자가 만 칠천이
백 명이며 12 일의 아들은 숩빔
과 훕빔이요 아헬의 아들은 후심
이더라

납달리의 자손

13 납달리의 아들들은 야시엘과
구니와 예셀과 살룸이니 이는 빌
하의 손자더라

므낫세의 자손

14 므낫세의 아들들은 그의 아내
가 낳아 준 아스리엘과 그의 소
실 아람 여인이 낳아 준 길르앗
의 아버지 마길이니 15 마길은
훕빔과 숩빔의 누이 마아가라 하
는 이에게 장가 들었더라 므낫세
의 둘째 아들의 이름은 슬로브핫
이니 슬로브핫은 딸들만 낳았으
며 16 마길의 아내 마아가는 아
들을 낳아 그의 이름을 베레스라
하였으며 그의 아우의 이름은 세
레스이며 세레스의 아들들은 울
람과 라겜이요 17 울람의 아들
들은 브단이니 이는 다 길르앗의
자손이라 길르앗은 마길의 아들
이요 므낫세의 손자이며 18 그
의 누이 함몰레겟은 이스홋과 아
비에셀과 말라를 낳았고 19 스
미다의 아들들은 아히안과 세겜
과 릭히와 아니암이더라

에브라임의 자손

20 에브라임의 아들은 수델라요
그의 아들은 베렛이요 그의 아들
은 다핫이요 그의 아들은 엘르아
다요 그의 아들은 다핫이요 21
그의 아들은 사밧이요 그의 아들
은 수델라며 그가 또 에셀과 엘
르앗을 낳았으나 그들이 가드 원
주민에게 죽임을 당하였으니 이
는 그들이 내려가서 가드 사람의
짐승을 빼앗고자 하였음이라 22
그의 아버지 에브라임이 여러 날
슬퍼하므로 그의 형제가 가서 위
로하였더라 23 그리고 에브라임
이 그의 아내와 동침하매 임신하
여 아들을 낳으니 그 집이 재앙
을 받았으므로 그의 이름을 브리
아*라 하였더라 24 에브라임의
딸은 세에라이니 그가 아래 윗
성 벧호론과 우센세에라를 건설
하였더라 25 브리아의 아들들은
레바와 레셉이요 레셉의 아들은
델라요 그의 아들은 다한이요
26 그의 아들은 라단이요 그의
아들은 암미훗이요 그의 아들은
엘리사마요 27 그의 아들은 눈
이요 그의 아들은 여호수아더라
28 에브라임 자손의 토지와 거주
지는 벧엘과 그 주변 마을이요
동쪽으로는 나아란이요 서쪽에
는 게셀과 그 주변 마을이며 또
세겜과 그 주변 마을이니 아사와
그 주변 마을까지이며 29 또 므
낫세 자손의 지계에 가까운 벧스
안과 그 주변 마을과 다아낙과
그 주변 마을과 므깃도와 그 주
변 마을과 돌과 그 주변 마을이
라 이스라엘의 아들 요셉의 자손
이 이 여러 곳에 거하였더라

7:23 **브리아** 이 이름은 '재앙'이라는 뜻

아셀의 자손

30 아셀의 아들들은 임나와 이스
와와 이스위와 브리아요 그들의
매제는 세라이며 31 브리아의
아들들은 헤벨과 말기엘이니 말
기엘은 비르사잇의 아버지이며
32 헤벨은 야블렛과 소멜과 호담
과 그들의 매제 수아를 낳았으며
33 야블렛의 아들들은 바삭과 빔
할과 아스왓이니 야블렛의 아들
은 이러하며 34 소멜의 아들들
은 아히와 로가와 호바와 아람이
요 35 그의 아우 헬렘의 아들들
은 소바와 임나와 셀레스와 아말
이요 36 소바의 아들들은 수아
와 하르네벨과 수알과 베리와 이
므라와 37 베셀과 홋과 사마와
실사와 이드란과 브에라요 38
예델의 아들들은 여분네와 비스
바와 아라요 39 울라의 아들들
은 아라와 한니엘과 리시아이니
40 이는 다 아셀의 자손으로 우
두머리요 정선된 용감한 장사요
방백의 우두머리라 출전할 만한
자를 그들의 계보대로 계수하면
이만 육천 명이었더라

8장

베냐민의 자손

1 베냐민이 낳은 자는 맏아들 벨
라와 둘째 아스벨과 셋째 아하라
와 2 넷째 노하와 다섯째 라바이
며 3 벨라에게 아들들이 있으니
곧 앗달과 게라와 아비훗과 4 아
비수아와 나아만과 아호아와 5
게라와 스부반과 후람이라 6 에
훗의 아들들은 이러하니라 그들
은 게바 주민의 우두머리로서,
사로잡혀 마나핫으로 갔으니 7
곧 나아만과 아히야와 게라이며
게라는 또 웃사와 아히훗을 낳았
으며 8 사하라임은 두 아내 후심
과 바아라를 내 보낸 후에 모압
땅에서 자녀를 낳았으니 9 그의
아내 호데스에게서 낳은 자는 요
밥과 시비야와 메사와 말감과
10 여우스와 사갸와 미르마이니
이 아들들은 우두머리이며 11
또 그의 아내 후심에게서 아비둡
과 엘바알을 낳았으며 12 엘바
알의 아들들은 에벨과 미삼과 세
멧이니 그는 오노와 롯과 그 주
변 마을들을 세웠고 13 또 브리
아와 세마이니 그들은 아얄론 주
민의 우두머리가 되어 그들이 가
드 주민을 쫓아냈더라 14 아히
요와 사삭과 여레못과 15 스바
댜와 아랏과 에델과 16 미가엘
과 이스바와 요하는 다 브리아의
아들들이요 17 스바댜와 므술람
과 히스기와 헤벨과 18 이스므
래와 이슬리아와 요밥은 다 엘바
알의 아들들이요 19 야김과 시
그리와 삽디와 20 엘리에내와
실르대와 엘리엘과 21 아다야와
브라야와 시므랏은 다 시므이의
아들들이요 22 이스반과 에벨과
엘리엘과 23 압돈과 시그리와
하난과 24 하나냐와 엘람과 안
도디야와 25 이브드야와 브누엘
은 다 사삭의 아들들이요 26 삼
스래와 스하랴와 아달랴와 27
야아레시야와 엘리야와 시그리
는 다 여로함의 아들들이니 28
그들은 다 가문의 우두머리이며
그들의 족보의 우두머리로서 예
루살렘에 거주하였더라

기브온과 예루살렘의 베냐민 사람들

29 기브온의 조상 여이엘은 기브
온에 거주하였으니 그 아내의 이
름은 마아가며 30 장자는 압돈
이요 다음은 술과 기스와 바알과
나답과 31 그돌과 아히오와 세
겔이며 32 미글롯은 시므아를
낳았으며 그들은 친족들과 더불
어 마주하고 예루살렘에 거주하
였더라 33 넬은 기스를 낳고 기
스는 사울을 낳고 사울은 요나단
과 말기수아와 아비나답과 에스
바알을 낳았으며 34 요나단의
아들은 므립바알이라 므립바알
은 미가를 낳았고 35 미가의 아
들들은 비돈과 멜렉과 다레아와
아하스이며 36 아하스는 여호앗
다를 낳고 여호앗다는 알레멧과
아스마웻과 시므리를 낳고 시므
리는 모사를 낳고 37 모사는 비
느아를 낳았으며 비느아의 아들
은 라바요 그의 아들은 엘르아사
요 그의 아들은 아셀이며 38 아
셀에게 여섯 아들이 있어 그들의
이름은 이러하니 아스리감과 보
그루와 이스마엘과 스아랴와 오
바댜와 하난이라 아셀의 모든 아
들이 이러하며 39 그의 아우 에
섹의 아들은 이러하니 그의 맏아
들은 울람이요 둘째는 여우스요
셋째는 엘리벨렛이며 40 울람의
아들은 다 용감한 장사요 활을
잘 쏘는 자라 아들과 손자가 많
아 모두 백오십 명이었더라 베냐
민의 자손들은 이러하였더라

9장

포로 생활에서 돌아온 백성

1 온 이스라엘이 그 계보대로 계
수되어 그들은 이스라엘 왕조실
록에 기록되니라 유다가 범죄함
으로 말미암아 바벨론으로 사로
잡혀 갔더니 2 그들의 땅 안에
있는 성읍에 처음으로 거주한 이
스라엘 사람들은 제사장들과 레
위 사람들과 느디님 사람들이라
3 유다 자손과 베냐민 자손과 에
브라임과 므낫세 자손 중에서 예
루살렘에 거주한 자는 4 유다의
아들 베레스 자손 중에 우대이니
그는 암미훗의 아들이요 오므리
의 손자요 이므리의 증손이요 바
니의 현손이며 5 실로 사람 중에
서는 맏아들 아사야와 그의 아들
들이요 6 세라 자손 중에서는 여
우엘과 그 형제 육백구십 명이요
7 베냐민 자손 중에서는 핫스누
아의 증손 호다위아의 손자 므술
람의 아들 살루요 8 여로함의 아
들 이브느야와 미그리의 손자 웃
시의 아들 엘라요 이브니야의 증
손 르우엘의 손자 스바댜의 아들
무술람이요 9 또 그의 형제들이
라 그들의 계보대로 계수하면 구
백오십육 명이니 다 종족의 가문
의 우두머리들이더라

예루살렘에 정착한 제사장들

10 제사장 중에서는 여다야와 여
호야립과 야긴과 11 하나님의
성전을 맡은 자 아사랴이니 그는
힐기야의 아들이요 므술람의 손
자요 사독의 증손이요 므라욧의
현손이요 아히둡의 오대손이며
12 또 아다야이니 그는 여로함의
아들이요 바스훌의 손자요 말기
야의 증손이며 또 마아새니 그는
아디엘의 아들이요 야세라의 손
자요 므술람의 증손이요 므실레
밋의 현손이요 임멜의 오대손이
며 13 또 그의 형제들이니 종족
의 가문의 우두머리라 하나님의
성전의 임무를 수행할 힘있는 자
는 모두 천칠백육십 명이더라

예루살렘에 정착한 레위 사람들

14 레위 사람 중에서는 므라리
자손 스마야이니 그는 핫숩의 아
들이요 아스리감의 손자요 하사
뱌의 증손이며 15 또 박박갈과
헤레스와 갈랄과 맛다냐이니 그
는 미가의 아들이요 시그리의 손
자요 아삽의 증손이며 16 또 오
바댜이니 그는 스마야의 아들이
요 갈랄의 손자요 여두둔의 증손
이며 또 베레갸이니 그는 아사의
아들이요 엘가나의 손자라 느도
바 사람의 마을에 거주하였더라

예루살렘에 정착한 회막 문지기

17 문지기는 살룸과 악굽과 달몬
과 아히만과 그의 형제들이니 살
룸은 그 우두머리라 18 이 사람
들은 전에 왕의 문 동쪽 곧 레위
자손의 진영의 문지기이며 19
고라의 증손 에비아삽의 손자 고
레의 아들 살룸과 그의 종족 형
제 곧 고라의 자손이 수종 드는
일을 맡아 성막 문들을 지켰으니
그들의 조상들도 여호와의 진영
을 맡고 출입문을 지켰으며 20
여호와께서 함께 하신 엘르아살
의 아들 비느하스가 옛적에 그의
무리를 거느렸고 21 므셀레먀의
아들 스가랴는 회막 문지기가 되
었더라 22 택함을 입어 문지기
된 자가 모두 이백열두 명이니
이는 그들의 마을에서 그들의 계
보대로 계수된 자요 다윗과 선견
자 사무엘이 전에 세워서 이 직
분을 맡긴 자라 23 그들과 그들
의 자손이 그 순차를 좇아 여호
와의 성전 곧 성막 문을 지켰는
데 24 이 문지기가 동, 서, 남, 북
사방에 섰고 25 그들의 마을에
있는 형제들은 이레마다 와서 그
들과 함께 있으니 26 이는 문지
기의 우두머리 된 레위 사람 넷
이 중요한 직분을 맡아 하나님의
성전 모든 방과 곳간을 지켰음이
라 27 그들은 하나님의 성전을
맡은 직분이 있으므로 성전 주위
에서 밤을 지내며 아침마다 문을
여는 책임이 그들에게 있었더라

나머지 레위 사람들

28 그 중에 어떤 자는 섬기는 데
쓰는 기구를 맡아서 그 수효대로
들여가고 수효대로 내오며 29
또 어떤 자는 성소의 기구와 모
든 그릇과 고운 가루와 포도주와
기름과 유향과 향품을 맡았으며
30 또 제사장의 아들 중의 어떤
자는 향품으로 향기름을 만들었
으며 31 고라 자손 살룸의 맏아
들 맛디댜라 하는 레위 사람은
전병을 굽는 일을 맡았으며 32
또 그의 형제 그핫 자손 중에 어
떤 자는 진설하는 떡을 맡아 안
식일마다 준비하였더라 33 또
찬송하는 자가 있으니 곧 레위
우두머리라 그들은 골방에 거주
하면서 주야로 자기 직분에 전념

하므로 다른 일은 하지 아니하였
더라 34 그들은 다 레위 가문의
우두머리이며 그들의 족보의 우
두머리로서 예루살렘에 거주하
였더라

사울의 족보

35 기브온의 조상 여이엘은 기브
온에 거주하였으니 그의 아내의
이름은 마아가라 36 그의 맏아
들은 압돈이요 다음은 술과 기스
와 바알과 넬과 나답과 37 그돌
과 아히오와 스가랴와 미글롯이
며 38 미글롯은 시므암을 낳았
으니 그들은 그들의 친족들과 더
불어 마주하고 예루살렘에 거주
하였더라 39 넬은 기스를 낳고
기스는 사울을 낳고 사울은 요나
단과 말기수아와 아비나답과 에
스바알을 낳았으며 40 요나단의
아들은 므립바알이라 므립바알
은 미가를 낳았고 41 미가의 아
들들은 비돈과 멜렉과 다레아와
아하스이며 42 아하스는 야라를
낳고 야라는 알레멧과 아스마웻
과 시므리를 낳고 시므리는 모사
를 낳고 43 모사는 비느아를 낳
았으며 비느아의 아들은 르바야
요 그의 아들은 엘르아사요 그의
아들은 아셀이며 44 아셀이 여
섯 아들이 있으니 그들의 이름은
아스리감과 보그루와 이스마엘
과 스아랴와 오바댜와 하난이라
아셀의 아들들이 이러하였더라

10장

사울 왕이 죽다

1 블레셋 사람들과 이스라엘이
싸우더니 이스라엘 사람들이 블
레셋 사람들 앞에서 도망하다가
길보아 산에서 죽임을 당하여 엎
드러지니라 2 블레셋 사람들이
사울과 그 아들들을 추격하여 블
레셋 사람들이 사울의 아들 요나
단과 아비나답과 말기수아를 죽
이고 3 사울을 맹렬히 치며 활
쏘는 자가 사울에게 따라 미치매
사울이 그 쏘는 자로 말미암아
심히 다급하여 4 사울이 자기의
무기를 가진 자에게 이르되 너는
칼을 빼어 그것으로 나를 찌르라
할례 받지 못한 자들이 와서 나
를 욕되게 할까 두려워하노라 그
러나 그의 무기를 가진 자가 심
히 두려워하여 행하기를 원하지
아니하매 사울이 자기 칼을 뽑아
서 그 위에 엎드러지니 5 무기
가진 자가 사울이 죽는 것을 보
고 자기도 칼에 엎드러져 죽으니
라 6 이와 같이 사울과 그의 세
아들과 그 온 집안이 함께 죽으
니라 7 골짜기에 있는 모든 이스
라엘 사람이 그들의 도망한 것과
사울과 그의 아들들이 다 죽은
것을 보고 그 성읍들을 버리고
도망하매 블레셋 사람들이 와서
거기에 거주하니라 8 이튿날에
블레셋 사람들이 와서 죽임을 당
한 자의 옷을 벗기다가 사울과
그의 아들들이 길보아 산에 엎드
러졌음을 보고 9 곧 사울의 옷을
벗기고 그의 머리와 갑옷을 가져
다가 사람을 블레셋 땅 사방에
보내 모든 이방 신전과 그 백성
에게 소식을 전하고 10 사울의
갑옷을 그들의 신전에 두고 그의
머리를 다곤의 신전에 단지라
11 길르앗야베스 모든 사람이 블
레셋 사람들이 사울에게 행한 모
든 일을 듣고 12 용사들이 다 일
어나서 사울의 시체와 그의 아들
들의 시체를 거두어 야베스로 가
져다가 그 곳 상수리나무 아래에
그 해골을 장사하고 칠 일간 금

식하였더라 13 사울이 죽은 것
은 여호와께 범죄하였기 때문이
라 그가 여호와의 말씀을 지키지
아니하고 또 신접한 자에게 가르
치기를 청하고 14 여호와께 묻
지 아니하였으므로 여호와께서
그를 죽이시고 그 나라를 이새의
아들 다윗에게 넘겨 주셨더라

11장

다윗이 이스라엘과 유다의 왕이 되다

1 온 이스라엘이 헤브론에 모여
다윗을 보고 이르되 우리는 왕의
가까운 혈족이니이다 2 전에 곧
사울이 왕이 되었을 때에도 이스
라엘을 거느리고 출입하게 한 자
가 왕이시었고 왕의 하나님 여호
와께서도 왕에게 말씀하시기를
네가 내 백성 이스라엘의 목자가
되며 내 백성 이스라엘의 주권자
가 되리라 하셨나이다 하니라 3
이에 이스라엘의 모든 장로가 헤
브론에 있는 왕에게로 나아가니
헤브론에서 다윗이 그들과 여호
와 앞에 언약을 맺으매 그들이
다윗에게 기름을 부어 이스라엘
의 왕으로 삼으니 여호와께서 사
무엘을 통하여 전하신 말씀대로
되었더라 4 다윗이 온 이스라엘
과 더불어 예루살렘 곧 여부스에
이르니 여부스 땅의 주민들이 거
기에 거주하였더라 5 여부스 원
주민이 다윗에게 이르기를 네가
이리로 들어오지 못하리라 하나
다윗이 시온 산 성을 빼앗았으니
이는 다윗 성이더라 6 다윗이 이

르되 먼저 여부스 사람을 치는
자는 우두머리와 지휘관으로 삼
으리라 하였더니 스루야의 아들
요압이 먼저 올라갔으므로 우두
머리가 되었고 7 다윗이 그 산성
에 살았으므로 무리가 다윗 성이
라 불렀으며 8 다윗이 밀로에서
부터 두루 성을 쌓았고 그 성의
나머지는 요압이 중수하였더라
9 만군의 여호와께서 함께 계시
니 다윗이 점점 강성하여 가니라

다윗의 용사들

10 다윗에게 있는 용사의 우두머
리는 이러하니라 이 사람들이 온
이스라엘과 더불어 다윗을 힘껏
도와 나라를 얻게 하고 그를 세
워 왕으로 삼았으니 이는 여호와
께서 이스라엘에 대하여 이르신
말씀대로 함이었더라 11 다윗에
게 있는 용사의 수효가 이러하니
라 학몬 사람의 아들 야소브암은
삼십 명*의 우두머리라 그가 창
을 들어 한꺼번에 삼백 명을 죽
였고 12 그 다음은 아호아 사람
도도의 아들 엘르아살이니 세 용
사 중 하나이라 13 그가 바스담
밈에서 다윗과 함께 있었더니 블
레셋 사람들이 그 곳에 모여와서
치니 거기에 보리가 많이 난 밭
이 있더라 백성들이 블레셋 사람
들 앞에서 도망하되 14 그가 그
밭 가운데에 서서 그 밭을 보호
하여 블레셋 사람들을 죽였으니
여호와께서 큰 구원으로 구원하
심이었더라 15 삼십 우두머리
중 세 사람이 바위로 내려가서
아둘람 굴 다윗에게 이를 때에
블레셋 군대가 르바임 골짜기에
진 쳤더라 16 그 때에 다윗은 산
성에 있고 블레셋 사람들의 진영
은 베들레헴에 있는지라 17 다
윗이 갈망하여 이르되 베들레헴
성문 곁 우물 물을 누가 내게 마
시게 할꼬 하매 18 이 세 사람이
블레셋 사람들의 군대를 돌파하
고 지나가서 베들레헴 성문 곁
우물 물을 길어가지고 다윗에게
로 왔으나 다윗이 마시기를 기뻐
하지 아니하고 그 물을 여호와께
부어드리고 19 이르되 내 하나
님이여 내가 결단코 이런 일을
하지 아니하리이다 생명을 돌아
보지 아니하고 갔던 이 사람들의
피를 어찌 마시리이까 하고 그들
이 자기 생명도 돌보지 아니하고
이것을 가져왔으므로 그것을 마
시기를 원하지 아니하니라 세 용
사가 이런 일을 행하였더라 20
요압의 아우 아비새는 그 세 명
중 우두머리라 그가 창을 휘둘러
삼백 명을 죽이고 그 세 명 가운
데에 이름을 얻었으니 21 그는
둘째 세 명 가운데에 가장 뛰어
나 그들의 우두머리가 되었으나
첫째 세 명에게는 미치지 못하니
라 22 갑스엘 용사의 손자 여호
야다의 아들 브나야는 용감한 사
람이라 그가 모압 아리엘의 아들

11:11 **삼십 명** '세 명'으로 번역될 수도 있다. 이 사람들은 다윗의 가장 용맹스러운 용사들이었다(삼하 23:8 참조).

둘을 죽였고 또 눈 올 때에 함정
에 내려가서 사자 한 마리를 죽
였으며 23 또 키가 큰 애굽 사람
을 죽였는데 그 사람의 키가 다
섯 규빗이요 그 손에 든 창이 베
틀채 같으나 그가 막대기를 가지
고 내려가서 그 애굽 사람의 손
에서 창을 빼앗아 그 창으로 죽
였더라 24 여호야다의 아들 브
나야가 이런 일을 행하였으므로
세 용사 중에 이름을 얻고 25 삼
십 명 중에서는 뛰어나나 첫째
세 사람에게는 미치지 못하니라
다윗이 그를 세워 시위대장을 삼
았더라 26 또 군사 중의 큰 용사
는 요압의 아우 아사헬과 베들레
헴 사람 도도의 아들 엘하난과
27 하롤 사람 삼훗과 블론 사람
헬레스와 28 드고아 사람 익게
스의 아들 이라와 아나돗 사람
아비에셀과 29 후사 사람 십브
개와 아호아 사람 일래와 30 느
도바 사람 마하래와 느도바 사람
바아나의 아들 헬렛과 31 베냐
민 자손에 속한 기브아 사람 리
배의 아들 이대와 비라돈 사람
브나야와 32 가아스 시냇가에
사는 후래와 아르바 사람 아비엘
과 33 바하룸 사람 아스마웻과
사알본 사람 엘리아바와 34 기
손 사람 하셈의 아들들과 하랄
사람 사게의 아들 요나단과 35
하랄 사람 사갈의 아들 아히암과
울의 아들 엘리발과 36 므게랏
사람 헤벨과 블론 사람 아히야와
37 갈멜 사람 헤스로와 에스배의
아들 나아래와 38 나단의 아우
요엘과 하그리의 아들 밉할과
39 암몬 사람 셀렉과 스루야의
아들 요압의 무기 잡은 자 베롯
사람 나하래와 40 이델 사람 이
라와 이델 사람 가렙과 41 헷 사
람 우리아와 알래의 아들 사밧과
42 르우벤 자손 시사의 아들 곧
르우벤 자손의 우두머리 아디나
와 그 추종자 삼십 명과 43 마아
가의 아들 하난과 미덴 사람 요
사밧과 44 아스드랏 사람 웃시
야와 아로엘 사람 호담의 아들
사마와 여이엘과 45 시므리의
아들 여디아엘과 그의 아우 디스
사람 요하와 46 마하위 사람 엘
리엘과 엘라암의 아들 여리배와
요사위야와 모압 사람 이드마와
47 엘리엘과 오벳과 므소바 사람
야아시엘이더라

12장

베냐민 지파에서 다윗을 도운 용사들

1 다윗이 기스의 아들 사울로 말
미암아 시글락에 숨어 있을 때에
그에게 와서 싸움을 도운 용사
중에 든 자가 있었으니 2 그들은
활을 가지며 좌우 손을 놀려 물
매도 던지며 화살도 쏘는 자요
베냐민 지파 사울의 동족인데 그
이름은 이러하니라 3 그 우두머
리는 아히에셀이요 다음은 요아
스이니 기브아 사람 스마아의 두
아들이요 또 아스마웻의 아들
여시엘과 벨렛과 또 브라가와 아
나돗 사람 예후와 4 기브온 사람
곧 삼십 명 중에 용사요 삼십 명
의 우두머리가 된 이스마야이며
또 예레미야와 야하시엘과 요하
난과 그데라 사람 요사밧과 5 엘
루새와 여리못과 브아랴와 스마
랴와 하룹 사람 스바댜와 6 고라
사람들 엘가나와 잇시야와 아사
렐과 요에셀과 야소브암이며 7
그돌 사람 여로함의 아들 요엘라
와 스바댜더라

갓 지파에서 다윗을 도운 용사들

8 갓 사람 중에서 광야에 있는 요
새에 이르러 다윗에게 돌아온 자
가 있었으니 다 용사요 싸움에
익숙하여 방패와 창을 능히 쓰는
자라 그의 얼굴은 사자 같고 빠
르기는 산의 사슴 같으니 9 그
우두머리는 에셀이요 둘째는 오
바댜요 셋째는 엘리압이요 10
넷째는 미스만나요 다섯째는 예

레미야요 11 여섯째는 앗대요
일곱째는 엘리엘이요 12 여덟째
는 요하난이요 아홉째는 엘사밧
이요 13 열째는 예레미야요 열
한째는 막반내라 14 이 갓 자손
이 군대 지휘관이 되어 그 작은
자는 백부장이요, 그 큰 자는 천
부장이더니 15 정월에 요단 강
물이 모든 언덕에 넘칠 때에 이
무리가 강물을 건너서 골짜기에
있는 모든 자에게 동서로 도망하
게 하였더라

베냐민과 유다에서 다윗을 도운 용사들

16 베냐민과 유다 자손 중에서
요새에 이르러 다윗에게 나오매
17 다윗이 나가서 맞아 그들에게
말하여 이르되 만일 너희가 평화
로이 내게 와서 나를 돕고자 하
면 내 마음이 너희 마음과 하나
가 되려니와 만일 너희가 나를
속여 내 대적에게 넘기고자 하면
내 손에 불의함이 없으니 우리
조상들의 하나님이 감찰하시고
책망하시기를 원하노라 하매 18
그 때에 성령이 삼십 명의 우두
머리 아마새를 감싸시니 이르되
다윗이여 우리가 당신에게 속하
겠고 이새의 아들이여 우리가 당
신과 함께 있으리니 원하건대 평
안하소서 당신도 평안하고 당신
을 돕는 자에게도 평안이 있을지
니 이는 당신의 하나님이 당신을
도우심이니이다 한지라 다윗이
그들을 받아들여 군대 지휘관을
삼았더라

므낫세 지파에서 다윗을 도운 용사들

19 다윗이 전에 블레셋 사람들과
함께 가서 사울을 치려 할 때에
므낫세 지파에서 두어 사람이 다
윗에게 돌아왔으나 다윗 등이 블
레셋 사람들을 돕지 못하였음은
블레셋 사람들의 방백이 서로 의
논하고 보내며 이르기를 그가 그
의 왕 사울에게로 돌아가리니 우
리 머리가 위태할까 하노라 함이
라 20 다윗이 시글락으로 갈 때
에 므낫세 지파에서 그에게로 돌
아온 자는 아드나와 요사밧과 여
디아엘과 미가엘과 요사밧과 엘
리후와 실르대이니 다 므낫세의
천부장이라 21 이 무리가 다윗
을 도와 도둑 떼를 쳤으니 그들
은 다 큰 용사요 군대 지휘관이
됨이었더라 22 그 때에 사람이
날마다 다윗에게로 돌아와서 돕
고자 하매 큰 군대를 이루어 하
나님의 군대와 같았더라

다윗의 군사들

23 싸움을 준비한 군대 지휘관들
이 헤브론에 이르러 다윗에게로
나아와서 여호와의 말씀대로 사
울의 나라를 그에게 돌리고자 하
였으니 그 수효가 이러하였더라
24 유다 자손 중에서 방패와 창
을 들고 싸움을 준비한 자가 육
천팔백 명이요 25 시므온 자손
중에서 싸움하는 큰 용사가 칠천
백 명이요 26 레위 자손 중에서
사천육백 명이요 27 아론의 집
우두머리 여호야다와 그와 함께
있는 자가 삼천칠백 명이요 28
또 젊은 용사 사독과 그의 가문
의 지휘관이 이십이 명이요 29
베냐민 자손 곧 사울의 동족은
아직도 태반이나 사울의 집을 따
르나 그 중에서 나온 자가 삼천
명이요 30 에브라임 자손 중에
서 가족으로서 유명한 큰 용사가
이만 팔백 명이요 31 므낫세 반
지파 중에 이름이 기록된 자로서
와서 다윗을 세워 왕으로 삼으려
하는 자가 만 팔천 명이요 32 잇
사갈 자손 중에서 시세를 알고
이스라엘이 마땅히 행할 것을 아
는 우두머리가 이백 명이니 그들
은 그 모든 형제를 통솔하는 자
이며 33 스불론 중에서 모든 무
기를 가지고 전열을 갖추고 두
마음을 품지 아니하고 능히 진영
에 나아가서 싸움을 잘하는 자가
오만 명이요 34 납달리 중에서
지휘관 천 명과 방패와 창을 가
지고 따르는 자가 삼만 칠천 명
이요 35 단 자손 중에서 싸움을
잘하는 자가 이만 팔천육백 명이
요 36 아셀 중에서 능히 진영에
나가서 싸움을 잘하는 자가 사만
명이요 37 요단 저편 르우벤 자
손과 갓 자손과 므낫세 반 지파
중에서 모든 무기를 가지고 능히
싸우는 자가 십이만 명이었더라
38 이 모든 군사가 전열을 갖추
고 다 성심으로 헤브론에 이르러
다윗을 온 이스라엘 왕으로 삼고
자 하고 또 이스라엘의 남은 자
도 다 한 마음으로 다윗을 왕으
로 삼고자 하여 39 무리가 거기
서 다윗과 함께 사흘을 지내며
먹고 마셨으니 이는 그들의 형제
가 이미 식물을 준비하였음이며
40 또 그들의 근처에 있는 자로
부터 잇사갈과 스불론과 납달리
까지도 나귀와 낙타와 노새와 소
에다 음식을 많이 실어왔으니 곧
밀가루 과자와 무화과 과자와 건

포도와 포도주와 기름이요 소와
양도 많이 가져왔으니 이는 이스
라엘 가운데에 기쁨이 있음이었
더라

13장

하나님의 궤를 옮기다

1 다윗이 천부장과 백부장 곧 모
든 지휘관과 더불어 의논하고 2
다윗이 이스라엘의 온 회중에게
이르되 만일 너희가 좋게 여기고
또 우리의 하나님 여호와께로 말
미암았으면 우리가 이스라엘 온
땅에 남아 있는 우리 형제와 또
초원이 딸린 성읍에 사는 제사장
과 레위 사람에게 전령을 보내
그들을 우리에게로 모이게 하고
3 우리가 우리 하나님의 궤를 우
리에게로 옮겨오자 사울 때에는
우리가 궤 앞에서 묻지 아니하였
느니라 하매 4 뭇 백성의 눈이
이 일을 좋게 여기므로 온 회중
이 그대로 행하겠다 한지라 5 이
에 다윗이 애굽의 시홀 시내에서
부터 하맛 어귀까지 온 이스라엘
을 불러모으고 기럇여아림에서
부터 하나님의 궤를 메어오고자
할새 6 다윗이 온 이스라엘을 거
느리고 바알라 곧 유다에 속한
기럇여아림에 올라가서 여호와
하나님의 궤를 메어오려 하니 이
는 여호와께서 두 그룹 사이에
계시므로 그러한 이름으로 일컬
음을 받았더라 7 하나님의 궤를
새 수레에 싣고 아비나답의 집에
서 나오는데 웃사와 아히오는 수
레를 몰며 8 다윗과 이스라엘 온

무리는 하나님 앞에서 힘을 다하
여 뛰놀며 노래하며 수금과 비파
와 소고와 제금과 나팔로 연주하
니라 9 기돈의 타작 마당에 이르
러서는 소들이 뛰므로 웃사가 손
을 펴서 궤를 붙들었더니 10 웃
사가 손을 펴서 궤를 붙듦으로
말미암아 여호와께서 진노하사
치시매 그가 거기 하나님 앞에서
죽으니라 11 여호와께서 웃사의
몸을 찢으셨으므로 다윗이 노하
여 그 곳을 베레스 웃사라 부르
니 그 이름이 오늘까지 이르니라
12 그 날에 다윗이 하나님을 두
려워하여 이르되 내가 어떻게 하
나님의 궤를 내 곳으로 오게 하
리요 하고 13 다윗이 궤를 옮겨
자기가 있는 다윗 성으로 메어들
이지 못하고 그 대신 가드 사람
오벧에돔의 집으로 메어가니라
14 하나님의 궤가 오벧에돔의 집
에서 그의 가족과 함께 석 달을
있으니라 여호와께서 오벧에돔
의 집과 그의 모든 소유에 복을
내리셨더라

14장

예루살렘에서 다윗이 활동하다

1 두로 왕 히람이 다윗에게 사신
들과 백향목과 석수와 목수를 보
내 그의 궁전을 건축하게 하였더
라 2 다윗이 여호와께서 자기를
이스라엘의 왕으로 삼으신 줄을
깨달았으니 이는 그의 백성 이스
라엘을 위하여 그의 나라가 높이
들림을 받았음을 앎이었더라 3
다윗이 예루살렘에서 또 아내들
을 맞아 다윗이 다시 아들들과
딸들을 낳았으니 4 예루살렘에
서 낳은 아들들의 이름은 삼무아
와 소밥과 나단과 솔로몬과 5 입
할과 엘리수아와 엘벨렛과 6 노
가와 네벡과 야비아와 7 엘리사
마와 브엘랴다와 엘리벨렛이었
더라

다윗이 블레셋을 이기다

8 다윗이 기름 부음을 받아 온 이
스라엘의 왕이 되었다 함을 블레
셋 사람들이 듣고 모든 블레셋
사람들이 다윗을 찾으러 올라오

매 다윗이 듣고 대항하러 나갔으
나 9 블레셋 사람들이 이미 이르
러 르바임 골짜기로 쳐들어온지
라 10 다윗이 하나님께 물어 이
르되 내가 블레셋 사람들을 치러
올라가리이까 주께서 그들을 내
손에 넘기시겠나이까 하니 여호
와께서 그에게 이르시되 올라가
라 내가 그들을 네 손에 넘기리
라 하신지라 11 이에 무리가 바
알브라심•으로 올라갔더니 다윗
이 거기서 그들을 치고 다윗이
이르되 하나님이 물을 쪼갬 같이
내 손으로 내 대적을 흩으셨다
하므로 그 곳 이름을 바알브라심
이라 부르니라 12 블레셋 사람
이 그들의 우상을 그 곳에 버렸
으므로 다윗이 명령하여 불에 사
르니라 13 블레셋 사람들이 다
시 골짜기를 침범한지라 14 다
윗이 또 하나님께 묻자온대 하나
님이 이르시되 마주 올라가지 말
고 그들 뒤로 돌아 뽕나무 수풀
맞은편에서 그들을 기습하되 15
뽕나무 꼭대기에서 걸음 걷는 소
리가 들리거든 곧 나가서 싸우라
너보다 하나님이 앞서 나아가서
블레셋 사람들의 군대를 치리라
하신지라 16 이에 다윗이 하나
님의 명령대로 행하여 블레셋 사
람들의 군대를 쳐서 기브온에서
부터 게셀까지 이르렀더니 17
다윗의 명성이 온 세상에 퍼졌고
여호와께서 모든 이방 민족으로
그를 두려워하게 하셨더라

15장

하나님의 궤를 옮길 준비

1 다윗이 다윗 성에서 자기를 위
하여 궁전을 세우고 또 하나님의
궤를 둘 곳을 마련하고 그것을
위하여 장막을 치고 2 다윗이 이
르되 레위 사람 외에는 하나님의
궤를 멜 수 없나니 이는 여호와
께서 그들을 택하사 여호와의 궤
를 메고 영원히 그를 섬기게 하
셨음이라 하고 3 다윗이 이스라
엘 온 무리를 예루살렘으로 모으
고 여호와의 궤를 그 마련한 곳
으로 메어 올리고자 하여 4 다윗
이 아론 자손과 레위 사람을 모
으니 5 그핫 자손 중에 지도자
우리엘과 그의 형제가 백이십 명
이요 6 므라리 자손 중에 지도자
아사야와 그의 형제가 이백이십
명이요 7 게르솜 자손 중에 지도
자 요엘과 그의 형제가 백삼십
명이요 8 엘리사반 자손 중에 지
도자 스마야와 그의 형제가 이백
명이요 9 헤브론 자손 중에 지도
자 엘리엘과 그의 형제가 팔십
명이요 10 웃시엘 자손 중에 지
도자 암미나답과 그의 형제가 백
십이 명이라 11 다윗이 제사장
사독과 아비아달을 부르고 또 레
위 사람 우리엘과 아사야와 요엘
과 스마야와 엘리엘과 암미나답
을 불러 12 그들에게 이르되 너
희는 레위 사람의 지도자이니 너
희와 너희 형제는 몸을 성결하게
하고 내가 마련한 곳으로 이스라
엘의 하나님 여호와의 궤를 메어
올리라 13 전에는 너희가 메지
아니하였으므로 우리 하나님 여
호와께서 우리를 찢으셨으니 이
는 우리가 규례대로 그에게 구하
지 아니하였음이라 하니 14 이
에 제사장들과 레위 사람들이 이
스라엘 하나님 여호와의 궤를 메
고 올라가려 하여 몸을 성결하게
하고 15 모세가 여호와의 말씀
을 따라 명령한 대로 레위 자손
이 채에 하나님의 궤를 꿰어 어
깨에 메니라 16 다윗이 레위 사
람의 어른들에게 명령하여 그의
형제들을 노래하는 자들로 세우
고 비파와 수금과 제금 등의 악
기를 울려서 즐거운 소리를 크
게 내라 하매 17 레위 사람이 요
엘의 아들 헤만과 그의 형제 중
베레야의 아들 아삽과 그의 형
제 므라리 자손 중에 구사야의

14:11 바알브라심 이 이름은 "여호와께서 대적을 물리치신다"라는 뜻이다.

아들 에단을 세우고 18 그 다음
으로 그들의 형제 스가랴와 벤
과 야아시엘과 스미라못과 여히
엘과 운니와 엘리압과 브나야와
마아세야와 맛디디야와 엘리블
레후와 믹네야와 문지기 오벧에
돔과 여이엘을 세우니 19 노래
하는 자 헤만과 아삽과 에단은
놋제금을 크게 치는 자요 20 스
가랴와 아시엘과 스미라못과 여
히엘과 운니와 엘리압과 마아세
야와 브나야는 비파를 타서 알
라못에 맞추는 자요 21 맛디디
야와 엘리블레후와 믹네야와 오
벧에돔과 여이엘과 아사시야는
수금을 타서 여덟째 음에 맞추
어 인도하는 자요 22 레위 사람
의 지도자 그나냐는 노래에 익
숙하므로 노래를 인도하는 자요
23 베레갸와 엘가나는 궤 앞에서
문을 지키는 자요 24 제사장 스
바냐와 요사밧과 느다넬과 아미
새와 스가랴와 브나야와 엘리에
셀은 하나님의 궤 앞에서 나팔
을 부는 자요 오벧에돔과 여히
야는 궤 앞에서 문을 지키는 자
이더라

하나님의 궤를 예루살렘으로 옮기다

25 이에 다윗과 이스라엘 장로들
과 천부장들이 가서 여호와의 언
약궤를 즐거이 메고 오벧에돔의
집에서 올라왔는데 26 하나님이
여호와의 언약궤를 멘 레위 사람
을 도우셨으므로 무리가 수송아
지 일곱 마리와 숫양 일곱 마리
로 제사를 드렸더라 27 다윗과
및 궤를 멘 레위 사람과 노래하
는 자와 그의 우두머리 그나냐와
모든 노래하는 자도 다 세마포
겉옷을 입었으며 다윗은 또 베
에봇을 입었고 28 이스라엘 무
리는 크게 부르며 뿔나팔과 나팔
을 불며 제금을 치며 비파와 수
금을 힘있게 타며 여호와의 언약
궤를 메어 올렸더라 29 여호와
의 언약궤가 다윗 성으로 들어올
때에 사울의 딸 미갈이 창으로
내다보다가 다윗 왕이 춤추며 뛰
노는 것을 보고 그 마음에 업신
여겼더라

16장

1 하나님의 궤를 메고 들어가서
다윗이 그것을 위하여 친 장막
가운데에 두고 번제와 화목제를
하나님께 드리니라 2 다윗이 번
제와 화목제 드리기를 마치고 여

호와의 이름으로 백성에게 축복
하고 3 이스라엘 무리 중 남녀를
막론하고 각 사람에게 떡 한 덩
이와 야자열매로 만든 과자와 건
포도로 만든 과자 하나씩을 나누
어 주었더라 4 또 레위 사람을
세워 여호와의 궤 앞에서 섬기며
이스라엘 하나님 여호와를 칭송
하고 감사하며 찬양하게 하였으
니 5 아삽은 우두머리요 그 다음
은 스가랴와 여이엘과 스미라못
과 여히엘과 맛디디아와 엘리압
과 브나야와 오벧에돔과 여이엘
이라 비파와 수금을 타고 아삽은
제금을 힘있게 치고 6 제사장 브
나야와 야하시엘은 항상 하나님
의 언약궤 앞에서 나팔을 부니라

감사 찬양

7 그 날에 다윗이 아삽과 그의 형
제를 세워 먼저 여호와께 감사하
게 하여 이르기를 8 너희는 여호
와께 감사하며 그의 이름을 불러
아뢰며 그가 행하신 일을 만민
중에 알릴지어다 9 그에게 노래
하며 그를 찬양하고 그의 모든
기사를 전할지어다 10 그의 성
호를 자랑하라 여호와를 구하는
자마다 마음이 즐거울지로다 11
여호와와 그의 능력을 구할지어
다 항상 그의 얼굴을 찾을지어다
12-13 그의 종 이스라엘의 후손
곧 택하신 야곱의 자손 너희는
그의 행하신 기사와 그의 이적과
그의 입의 법도를 기억할지어다
14 그는 여호와 우리 하나님이시
라 그의 법도가 온 땅에 있도다
15 너희는 그의 언약 곧 천 대에
명령하신 말씀을 영원히 기억할
지어다 16 이것은 아브라함에게
하신 언약이며 이삭에게 하신 맹
세이며 17 이는 야곱에게 세우
신 율례 곧 이스라엘에게 하신
영원한 언약이라 18 이르시기를
내가 가나안 땅을 네게 주어 너
희 기업의 지경이 되게 하리라
하셨도다 19 그 때에 너희 사람
수가 적어서 보잘것없으며 그 땅
에 객이 되어 20 이 민족에게서
저 민족에게로, 이 나라에서 다
른 백성에게로 유랑하였도다 21
여호와께서는 사람이 그들을 해
하기를 용납하지 아니하시고 그
들 때문에 왕들을 꾸짖어 22 이
르시기를 나의 기름 부은 자에게
손을 대지 말며 나의 선지자를
해하지 말라 하셨도다 23 온 땅
이여 여호와께 노래하며 그의 구
원을 날마다 선포할지어다 24
그의 영광을 모든 민족 중에, 그
의 기이한 행적을 만민 중에 선
포할지어다 25 여호와는 위대하
시니 극진히 찬양할 것이요 모든
신보다 경외할 것임이여 26 만
국의 모든 신은 헛것이나 여호와
께서는 하늘을 지으셨도다 27
존귀와 위엄이 그의 앞에 있으며
능력과 즐거움이 그의 처소에 있
도다 28 여러 나라의 종족들아
영광과 권능을 여호와께 돌릴지
어다 여호와께 돌릴지어다 29
여호와의 이름에 합당한 영광을
그에게 돌릴지어다 제물을 들고
그 앞에 들어갈지어다 아름답고
거룩한 것으로 여호와께 경배할
지어다 30 온 땅이여 그 앞에서
떨지어다 세계가 굳게 서고 흔들
리지 아니하는도다 31 하늘은
기뻐하고 땅은 즐거워하며 모든
나라 중에서는 이르기를 여호와
께서 통치하신다 할지로다 32
바다와 거기 충만한 것이 외치며
밭과 그 가운데 모든 것은 즐거
워할지로다 33 그리 할 때에 숲
속의 나무들이 여호와 앞에서 즐
거이 노래하리니 주께서 땅을 심
판하러 오실 것임이로다 34 여
호와께 감사하라 그는 선하시며
그의 인자하심이 영원함이로다
35 너희는 이르기를 우리 구원의

하나님이여 우리를 구원하여 만
국 가운데에서 건져내시고 모으
사 우리로 주의 거룩한 이름을
감사하며 주의 영광을 드높이게
하소서 할지어다 36 여호와 이
스라엘의 하나님을 영원부터 영
원까지 송축할지로다 하매 모든
백성이 아멘 하고 여호와를 찬양
하였더라

기브온에서 번제를 드리다

37 다윗이 아삽과 그의 형제를 여
호와의 언약궤 앞에 있게 하며 항
상 그 궤 앞에서 섬기게 하되 날
마다 그 일대로 하게 하였고 38
오벧에돔과 그의 형제 육십팔 명
과 여두둔의 아들 오벧에돔과 호
사를 문지기로 삼았고 39 제사장
사독과 그의 형제 제사장들에게
기브온 산당에서 여호와의 성막
앞에 모시게 하여 40 항상 아침
저녁으로 번제단 위에 여호와께
번제를 드리되 여호와의 율법에
기록하여 이스라엘에게 명령하
신 대로 다 준행하게 하였고 41
또 여호와의 인자하심이 영원하
시므로 그들과 함께 헤만과 여두
둔과 그리고 택함을 받아 지명된
나머지 사람을 세워 감사하게 하
였고 42 또 그들과 함께 헤만과
여두둔을 세워 나팔과 제금들과
하나님을 찬송하는 악기로 소리
를 크게 내게 하였고 또 여두둔의
아들에게 문을 지키게 하였더라
43 이에 뭇 백성은 각각 그 집으
로 돌아가고 다윗도 자기 집을 위
하여 축복하려고 돌아갔더라

17장

다윗에 대한 여호와의 말씀과 계시

1 다윗이 그의 궁전에 거주할 때
에 다윗이 선지자 나단에게 이르
되 나는 백향목 궁에 거주하거늘
여호와의 언약궤는 휘장 아래에
있도다 2 나단이 다윗에게 아뢰
되 하나님이 왕과 함께 계시니
마음에 있는 바를 모두 행하소서
3 그 밤에 하나님의 말씀이 나단
에게 임하여 이르시되 4 가서 내
종 다윗에게 말하기를 여호와의
말씀이 너는 내가 거할 집을 건
축하지 말라 5 내가 이스라엘을
애굽에서 올라오게 한 날부터 오
늘까지 집에 있지 아니하고 오직
이 장막과 저 장막에 있으며 이
성막과 저 성막에 있었나니 6 이
스라엘 무리와 더불어 가는 모든
곳에서 내가 내 백성을 먹이라고
명령한 이스라엘 어느 사사에게
내가 말하기를 너희가 어찌하여
내 백향목 집을 건축하지 아니하
였느냐고 말하였느냐 하고 7 또
한 내 종 다윗에게 이처럼 말하
라 만군의 여호와께서 이처럼 말
씀하시기를 내가 너를 목장 곧
양 떼를 따라다니던 데에서 데려
다가 내 백성 이스라엘의 주권자
로 삼고 8 네가 어디로 가든지
내가 너와 함께 있어 네 모든 대
적을 네 앞에서 멸하였은즉 세상
에서 존귀한 자들의 이름 같은
이름을 네게 만들어 주리라 9 내
가 또 내 백성 이스라엘을 위하
여 한 곳을 정하여 그들을 심고
그들이 그 곳에 거주하면서 다시
는 옮겨가지 아니하게 하며 악한
사람들에게 전과 같이 그들을 해
치지 못하게 하여 10 전에 내가
사사에게 명령하여 내 백성 이스
라엘을 다스리던 때와 같지 아니
하게 하고 또 네 모든 대적으로
네게 복종하게 하리라 또 네게
이르노니 여호와가 너를 위하여
한 왕조를 세울지라 11 네 생명
의 연한이 차서 네가 조상들에게
로 돌아가면 내가 네 뒤에 네 씨
곧 네 아들 중 하나를 세우고 그
나라를 견고하게 하리니 12 그
는 나를 위하여 집을 건축할 것
이요 나는 그의 왕위를 영원히
견고하게 하리라 13 나는 그의
아버지가 되고 그는 나의 아들이
되리니 나의 인자를 그에게서 빼
앗지 아니하기를 내가 네 전에

있던 자에게서 빼앗음과 같이 하
지 아니할 것이며 14 내가 영원
히 그를 내 집과 내 나라에 세우
리니 그의 왕위가 영원히 견고하
리라 하셨다 하라 15 나단이 이
모든 말씀과 이 모든 계시대로
다윗에게 전하니라

다윗의 감사 기도

16 다윗 왕이 여호와 앞에 들어
가 앉아서 이르되 여호와 하나님
이여 나는 누구이오며 내 집은
무엇이기에 나에게 이에 이르게
하셨나이까 17 하나님이여 주께
서 이것을 오히려 작게 여기시고
또 종의 집에 대하여 먼 장래까
지 말씀하셨사오니 여호와 하나
님이여 나를 존귀한 자들 같이
여기셨나이다 18 주께서 주의
종에게 베푸신 영예에 대하여 이
다윗이 다시 주께 무슨 말을 하
오리이까 주께서는 주의 종을 아
시나이다 19 여호와여 주께서
주의 종을 위하여 주의 뜻대로
이 모든 큰 일을 행하사 이 모든
큰 일을 알게 하셨나이다 20 여
호와여 우리 귀로 들은 대로는
주와 같은 이가 없고 주 외에는
하나님이 없나이다 21 땅의 어
느 한 나라가 주의 백성 이스라
엘과 같으리이까 하나님이 자기
백성을 구속하시려고 나가사 크
고 두려운 일로 말미암아 이름을
얻으시고 애굽에서 구속하신 자
기 백성 앞에서 모든 민족을 쫓
아내셨사오며 22 주께서 주의
백성 이스라엘을 영원히 주의 백
성으로 삼으셨사오니 여호와여
주께서 그들의 하나님이 되셨나
이다 23 여호와여 이제 주의 종
과 그의 집에 대하여 말씀하신
것을 영원히 견고하게 하시며 말
씀하신 대로 행하사 24 견고하
게 하시고 사람에게 영원히 주의
이름을 높여 이르기를 만군의 여
호와는 이스라엘의 하나님 곧 이
스라엘에게 하나님이시라 하게
하시며 주의 종 다윗의 왕조가
주 앞에서 견고히 서게 하옵소서
25 나의 하나님이여 주께서 종을
위하여 왕조를 세우실 것을 이미
듣게 하셨으므로 주의 종이 주
앞에서 이 기도로 간구할 마음이
생겼나이다 26 여호와여 오직
주는 하나님이시라 주께서 이 좋
은 것으로 주의 종에게 허락하시
고 27 이제 주께서 종의 왕조에
복을 주사 주 앞에 영원히 두시
기를 기뻐하시나이다 여호와여
주께서 복을 주셨사오니 이 복을
영원히 누리리이다 하니라

18장

다윗의 승전 기록

1 그 후에 다윗이 블레셋 사람들
을 쳐서 항복을 받고 블레셋 사
람들의 손에서 가드와 그 동네를
빼앗고 2 또 모압을 치매 모압
사람이 다윗의 종이 되어 조공을
바치니라 3 소바 왕 하닷에셀이
유브라데 강 가에서 자기 세력을
펴고자 하매 다윗이 그를 쳐서
하맛까지 이르고 4 다윗이 그에
게서 병거 천 대와 기병 칠천 명
과 보병 이만 명을 빼앗고 다윗
이 그 병거 백 대의 말들만 남기
고 그 외의 병거의 말은 다 발의
힘줄을 끊었더니 5 다메섹 아람
사람이 소바 왕 하닷에셀을 도우
러 온지라 다윗이 아람 사람 이
만 이천 명을 죽이고 6 다윗이
다메섹 아람에 수비대를 두매 아
람 사람이 다윗의 종이 되어 조
공을 바치니라 다윗이 어디로 가
든지 여호와께서 이기게 하시니
라 7 다윗이 하닷에셀의 신하들
이 가진 금 방패를 빼앗아 예루
살렘으로 가져오고 8 또 하닷에
셀의 성읍 디브핫과 군에서 심히
많은 놋을 빼앗았더니 솔로몬이
그것으로 놋대야와 기둥과 놋그
릇들을 만들었더라 9 하맛 왕 도
우가 다윗이 소바 왕 하닷에셀의
온 군대를 쳐서 무찔렀다 함을
듣고 10 그의 아들 하도람을 보
내서 다윗 왕에게 문안하고 축복
하게 하니 이는 하닷에셀이 벌써
도우와 맞서 여러 번 전쟁이 있
던 터에 다윗이 하닷에셀을 쳐서
무찔렀음이라 하도람이 금과 은
과 놋의 여러 가지 그릇을 가져
온지라 11 다윗 왕이 그것도 여
호와께 드리되 에돔과 모압과 암
몬 자손과 블레셋 사람들과 아말
렉 등 모든 이방 민족에게서 빼

앗아 온 은금과 함께 하여 드리
니라 12 스루야의 아들 아비새
가 소금 골짜기에서 에돔 사람
만 팔천 명을 쳐죽인지라 13 다
윗이 에돔에 수비대를 두매 에돔
사람이 다 다윗의 종이 되니라
다윗이 어디로 가든지 여호와께
서 이기게 하셨더라 14 다윗이
온 이스라엘을 다스려 모든 백성
에게 정의와 공의를 행할새 15
스루야의 아들 요압은 군대사령
관이 되고 아힐룻의 아들 여호사
밧은 행정장관이 되고 16 아히
둡의 아들 사독과 아비아달의 아
들 아비멜렉은 제사장이 되고 사
워사는 서기관이 되고 17 여호
야다의 아들 브나야는 그렛 사람
과 블렛 사람을 다스리고 다윗의
아들들은 왕을 모시는 사람들의
우두머리가 되니라

19장

다윗이 암몬과 아람을 치다

1 그 후에 암몬 자손의 왕 나하스
가 죽고 그의 아들이 대신하여
왕이 되니 2 다윗이 이르되 하눈
의 아버지 나하스가 전에 내게
호의를 베풀었으니 이제 내가 그
의 아들 하눈에게 호의를 베풀리
라 하고 사절들을 보내서 그의
아버지 죽음을 문상하게 하니라
다윗의 신하들이 암몬 자손의 땅
에 이르러 하눈에게 나아가 문상
하매 3 암몬 자손의 방백들이 하
눈에게 말하되 왕은 다윗이 조문
사절을 보낸 것이 왕의 부친을
존경함인 줄로 여기시나이까 그
의 신하들이 왕에게 나아온 것이
이 땅을 엿보고 정탐하여 전복시
키고자 함이 아니니이까 하는지
라 4 하눈이 이에 다윗의 신하들
을 잡아 그들의 수염을 깎고 그
의복을 볼기 중간까지 자르고 돌
려보내매 5 어떤 사람이 다윗에
게 가서 그 사람들이 당한 일을
말하니라 그 사람들이 심히 부끄
러워하므로 다윗이 그들을 맞으
러 보내 왕이 이르기를 너희는
수염이 자라기까지 여리고에 머
물다가 돌아오라 하니라 6 암몬
자손이 자기가 다윗에게 밉게 한
줄 안지라 하눈과 암몬 자손은
더불어 은 천 달란트를 아람 나
하라임과 아람마아가와 소바에
보내 병거와 마병을 삯 내되 7
곧 병거 삼만 이천 대와 마아가
왕과 그의 군대를 고용하였더니
그들이 와서 메드바 앞에 진 치
매 암몬 자손이 그 모든 성읍으
로부터 모여 와서 싸우려 한지라
8 다윗이 듣고 요압과 용사의 온
무리를 보냈더니 9 암몬 자손은
나가서 성문 앞에 진을 치고 도
우러 온 여러 왕은 따로 들에 있
더라 10 요압이 앞 뒤에 친 적진
을 보고 이스라엘에서 뽑은 자
중에서 또 뽑아 아람 사람을 대
하여 진을 치고 11 그 남은 무리
는 그의 아우 아비새의 수하에
맡겨 암몬 자손을 대하여 진을
치게 하고 12 이르되 만일 아람
사람이 나보다 강하면 네가 나를
돕고 만일 암몬 자손이 너보다
강하면 내가 너를 도우리라 13
너는 힘을 내라 우리가 우리 백
성과 우리 하나님의 성읍들을 위
하여 힘을 내자 여호와께서 선히
여기시는 대로 행하시기를 원하
노라 하고 14 요압과 그 추종자
가 싸우려고 아람 사람 앞에 나
아가니 그들이 그 앞에서 도망하
고 15 암몬 자손은 아람 사람이
도망함을 보고 그들도 요압의 아
우 아비새 앞에서 도망하여 성읍
으로 들어간지라 이에 요압이 예
루살렘으로 돌아오니라 16 아람
사람이 자기가 이스라엘 앞에서
패하였음을 보고 사신을 보내 강
건너편에 있는 아람 사람을 불러
내니 하닷에셀의 군대사령관 소

박이 그들을 거느린지라 17 어
떤 사람이 다윗에게 전하매 다윗
이 온 이스라엘을 모으고 요단을
건너 아람 사람에게 이르러 그들
을 향하여 진을 치니라 다윗이
아람 사람을 향하여 진을 치매
그들이 다윗과 맞서 싸우더니
18 아람 사람이 이스라엘 앞에서
도망한지라 다윗이 아람 병거 칠
천 대의 군사와 보병 사만 명을
죽이고 또 군대 지휘관 소박을
죽이매 19 하닷에셀의 부하들이
자기가 이스라엘 앞에서 패하였
음을 보고 다윗과 더불어 화친하
여 섬기고 그 후로는 아람 사람
이 암몬 자손 돕기를 원하지 아
니하였더라

20장

다윗이 랍바를 함락시키다

1 해가 바뀌어 왕들이 출전할 때
가 되매 요압이 그 군대를 거느
리고 나가서 암몬 자손의 땅을
격파하고 들어가 랍바를 에워싸
고 다윗은 예루살렘에 그대로 있
더니 요압이 랍바를 쳐서 함락시
키매 2 다윗이 그 왕의 머리에서
보석 있는 왕관을 빼앗아 중량을
달아보니 금 한 달란트라 그들의
왕관을 자기 머리에 쓰니라 다윗
이 또 그 성에서 노략한 물건을
무수히 내오고 3 그 가운데 백성
을 끌어내어 톱과 쇠도끼와 돌써
래로 일하게 하니라 다윗이 암몬
자손의 모든 성읍을 이같이 하고
다윗이 모든 백성과 함께 예루살
렘으로 돌아오니라

블레셋 사람들과 싸우다

4 이 후에 블레셋 사람들과 게셀
에서 전쟁할 때에 후사 사람 십
브개가 키가 큰 자의 아들 중에
십배를 쳐죽이매 그들이 항복하
였더라 5 다시 블레셋 사람들과
전쟁할 때에 야일의 아들 엘하난
이 가드 사람 골리앗의 아우 라
흐미를 죽였는데 이 사람의 창자
루는 베틀채 같았더라 6 또 가드
에서 전쟁할 때에 그 곳에 키 큰
자 하나는 손과 발에 가락이 여
섯씩 모두 스물넷이 있는데 그도
키가 큰 자의 소생이라 7 그가
이스라엘을 능욕하므로 다윗의
형 시므아의 아들 요나단이 그를
죽이니라 8 가드의 키 큰 자의
소생이라도 다윗의 손과 그 신하
의 손에 다 죽었더라

21장

다윗의 인구 조사

1 사탄이 일어나 이스라엘을 대
적하고 다윗을 충동하여 이스라
엘을 계수하게 하니라 2 다윗이
요압과 백성의 지도자들에게 이
르되 너희는 가서 브엘세바에서
부터 단까지• 이스라엘을 계수
하고 돌아와 내게 보고하여 그
수효를 알게 하라 하니 3 요압이
아뢰되 여호와께서 그 백성을 지
금보다 백 배나 더하시기를 원하
나이다 내 주 왕이여 이 백성이
다 내 주의 종이 아니니이까 내
주께서 어찌하여 이 일을 명령하
시나이까 어찌하여 이스라엘이
범죄하게 하시나이까 하나 4 왕
의 명령이 요압을 재촉한지라 드
디어 요압이 떠나 이스라엘 땅에
두루 다닌 후에 예루살렘으로 돌
아와 5 요압이 백성의 수효를 다
윗에게 보고하니 이스라엘 중에
칼을 뺄 만한 자가 백십만 명이
요 유다 중에 칼을 뺄 만한 자가
사십칠만 명이라 6 요압이 왕의
명령을 마땅치 않게 여겨 레위와
베냐민 사람은 계수하지 아니하
였더라 7 하나님이 이 일을 악하
게 여기사 이스라엘을 치시매 8
다윗이 하나님께 아뢰되 내가 이
일을 행함으로 큰 죄를 범하였나
이다 이제 간구하옵나니 종의 죄

21:2 **브엘세바에서부터 단까지** 단은 이스라엘의 가장 북쪽에 있는 도시였고, 브엘세바는 이스라엘의 가장 남쪽에 있는 도시였다. 따라서 이 표현은 '온 이스라엘'을 의미한다.

를 용서하여 주옵소서 내가 심히
미련하게 행하였나이다 하니라
9 여호와께서 다윗의 선견자 갓
에게 말씀하여 이르시되 10 가
서 다윗에게 말하여 이르기를 여
호와의 말씀이 내가 네게 세 가
지를 내어 놓으리니 그 중에서
하나를 네가 택하라 내가 그것을
네게 행하리라 하셨다 하라 하신
지라 11 갓이 다윗에게 나아가
그에게 말하되 여호와의 말씀이
너는 마음대로 택하라 12 혹 삼
년 기근이든지 혹 네가 석 달을
적군에게 패하여 적군의 칼에 쫓
길 일이든지 혹 여호와의 칼 곧
전염병이 사흘 동안 이 땅에 유
행하며 여호와의 천사가 이스라
엘 온 지경을 멸할 일이든지라고
하셨나니 내가 무슨 말로 나를
보내신 이에게 대답할지를 결정
하소서 하니 13 다윗이 갓에게
이르되 내가 곤경에 빠졌도다 여
호와께서는 긍휼이 심히 크시니
내가 그의 손에 빠지고 사람의
손에 빠지지 아니하기를 원하나
이다 하는지라 14 이에 여호와
께서 이스라엘 백성에게 전염병
을 내리시매 이스라엘 백성 중에
서 죽은 자가 칠만 명이었더라
15 하나님이 예루살렘을 멸하러
천사를 보내셨더니 천사가 멸하
려 할 때에 여호와께서 보시고
이 재앙 내림을 뉘우치사 멸하는
천사에게 이르시되 족하다 이제
는 네 손을 거두라 하시니 그 때
에 여호와의 천사가 여부스 사람
오르난의 타작 마당 곁에 선지라
16 다윗이 눈을 들어 보매 여호
와의 천사가 천지 사이에 섰고
칼을 빼어 손에 들고 예루살렘
하늘을 향하여 편지라 다윗이 장
로들과 더불어 굵은 베를 입고
얼굴을 땅에 대고 엎드려 17 하
나님께 아뢰되 명령하여 백성을
계수하게 한 자가 내가 아니니이
까 범죄하고 악을 행한 자는 곧
나이니이다 이 양 떼는 무엇을
행하였나이까 청하건대 나의 하
나님 여호와여 주의 손으로 나와
내 아버지의 집을 치시고 주의
백성에게 재앙을 내리지 마옵소
서 하니라 18 여호와의 천사가
갓에게 명령하여 다윗에게 이르
시기를 다윗은 올라가서 여부스
사람 오르난의 타작 마당에서 여
호와를 위하여 제단을 쌓으라 하
신지라 19 이에 갓이 여호와의
이름으로 이른 말씀대로 다윗이
올라가니라 20 그 때에 오르난
이 밀을 타작하다가 돌이켜 천사
를 보고 오르난이 네 명의 아들
과 함께 숨었더니 21 다윗이 오
르난에게 나아가매 오르난이 내
다보다가 다윗을 보고 타작 마당
에서 나와 얼굴을 땅에 대고 다
윗에게 절하매 22 다윗이 오르
난에게 이르되 이 타작하는 곳을
내게 넘기라 너는 상당한 값으로
내게 넘기라 내가 여호와를 위하
여 여기 한 제단을 쌓으리니 그
리하면 전염병이 백성 중에서 그
치리라 하니 23 오르난이 다윗
에게 말하되 왕은 취하소서 내
주 왕께서 좋게 여기시는 대로
행하소서 보소서 내가 이것들을
드리나이다 소들은 번제물로, 곡
식 떠는 기계는 화목으로, 밀은
소제물로 삼으시기 위하여 다 드
리나이다 하는지라 24 다윗 왕
이 오르난에게 이르되 그렇지 아
니하다 내가 반드시 상당한 값으
로 사리라 내가 여호와께 드리려
고 네 물건을 빼앗지 아니하겠고
값 없이는 번제를 드리지도 아니

하리라 하니라 25 그리하여 다
윗은 그 터 값으로 금 육백 세겔
을 달아 오르난에게 주고 26 다
윗이 거기서 여호와를 위하여 제
단을 쌓고 번제와 화목제를 드려
여호와께 아뢰었더니 여호와께
서 하늘에서부터 번제단 위에 불
을 내려 응답하시고 27 여호와
께서 천사를 명령하시매 그가 칼
을 칼집에 꽂았더라 28 이 때에
다윗이 여호와께서 여부스 사람
오르난의 타작 마당에서 응답하
심을 보고 거기서 제사를 드렸으
니 29 옛적에 모세가 광야에서
지은 여호와의 성막과 번제단이
그 때에 기브온 산당에 있었으나
30 다윗이 여호와의 천사의 칼을
두려워하여 감히 그 앞에 가서
하나님께 묻지 못하더라

22장

1 다윗이 이르되 이는 여호와 하
나님의 성전이요 이는 이스라엘
의 번제단이라 하였더라

성전 건축 준비

2 다윗이 명령하여 이스라엘 땅
에 거류하는 이방 사람을 모으고
석수를 시켜 하나님의 성전을 건
축할 돌을 다듬게 하고 3 다윗이
또 문짝 못과 거멀 못에 쓸 철을
많이 준비하고 또 무게를 달 수
없을 만큼 심히 많은 놋을 준비
하고 4 또 백향목을 무수히 준비
하였으니 이는 시돈 사람과 두로
사람이 백향목을 다윗에게로 많
이 수운하여 왔음이라 5 다윗이
이르되 내 아들 솔로몬은 어리고
미숙하고 여호와를 위하여 건축
할 성전은 극히 웅장하여 만국에
명성과 영광이 있게 하여야 할지
라 그러므로 내가 이제 그것을
위하여 준비하리라 하고 다윗이
죽기 전에 많이 준비하였더라 6
다윗이 그의 아들 솔로몬을 불러
이스라엘 하나님 여호와를 위하
여 성전 건축하기를 부탁하여 7
다윗이 솔로몬에게 이르되 내 아
들아 나는 내 하나님 여호와의
이름을 위하여 성전을 건축할 마
음이 있었으나 8 여호와의 말씀
이 내게 임하여 이르시되 너는
피를 심히 많이 흘렸고 크게 전
쟁하였느니라 네가 내 앞에서 땅
에 피를 많이 흘렸은즉 내 이름
을 위하여 성전을 건축하지 못하
리라 9 보라 한 아들이 네게서
나리니 그는 온순한 사람이라 내
가 그로 주변 모든 대적에게서
평온을 얻게 하리라 그의 이름을
솔로몬이라 하리니 이는 내가 그
의 생전에 평안과 안일함을 이스
라엘에게 줄 것임이니라 10 그
가 내 이름을 위하여 성전을 건
축할지라 그는 내 아들이 되고
나는 그의 아버지가 되어 그 나
라 왕위를 이스라엘 위에 굳게
세워 영원까지 이르게 하리라 하
셨나니 11 이제 내 아들아 여호
와께서 너와 함께 계시기를 원하
며 네가 형통하여 여호와께서 네
게 대하여 말씀하신 대로 네 하
나님 여호와의 성전을 건축하며
12 여호와께서 네게 지혜와 총명
을 주사 네게 이스라엘을 다스리
게 하시고 네 하나님 여호와의
율법을 지키게 하시기를 더욱 원
하노라 13 그 때에 네가 만일 여
호와께서 모세를 통하여 이스라
엘에게 명령하신 모든 규례와 법
도를 삼가 행하면 형통하리니 강
하고 담대하여 두려워하지 말고
놀라지 말지어다 14 내가 환난
중에 여호와의 성전을 위하여 금
십만 달란트와 은 백만 달란트와
놋과 철을 그 무게를 달 수 없을
만큼 심히 많이 준비하였고 또
재목과 돌을 준비하였으나 너는
더할 것이며 15 또 장인이 네게
많이 있나니 곧 석수와 목수와
온갖 일에 익숙한 모든 사람이니
라 16 금과 은과 놋과 철이 무수
하니 너는 일어나 일하라 여호와
께서 너와 함께 계실지로다 하니
라 17 다윗이 또 이스라엘 모든
방백에게 명령하여 그의 아들 솔
로몬을 도우라 하여 이르되 18
너희 하나님 여호와께서 너희와
함께 계시지 아니하시느냐 사면
으로 너희에게 평온함을 주지 아
니하셨느냐 이 땅 주민을 내 손
에 넘기사 이 땅으로 여호와와
그의 백성 앞에 복종하게 하셨나
니 19 이제 너희는 마음과 뜻을
바쳐서 너희 하나님 여호와를 구
하라 그리고 일어나서 여호와 하
나님의 성전을 건축하고 여호와
의 언약궤와 하나님 성전의 기물
을 가져다가 여호와의 이름을 위
하여 건축한 성전에 들이게 하라
하였더라

23장

레위 사람의 일

1 다윗이 나이가 많아 늙으매 아

들 솔로몬을 이스라엘 왕으로 삼
고 2 이스라엘 모든 방백과 제사
장과 레위 사람을 모았더라 3 레
위 사람은 삼십 세 이상으로 계
수하니 모든 남자의 수가 삼만
팔천 명인데 4 그 중의 이만 사
천 명은 여호와의 성전의 일을
보살피는 자요 육천 명은 관원과
재판관이요 5 사천 명은 문지기
요 사천 명은 그가 여호와께 찬
송을 드리기 위하여 만든 악기로
찬송하는 자들이라 6 다윗이 레
위의 아들들을 게르손과 그핫과
므라리에 따라 각 반으로 나누었
더라 7 게르손 자손은 라단과 시
므이라 8 라단의 아들들은 우두
머리 여히엘과 또 세담과 요엘
세 사람이요 9 시므이의 아들들
은 슬로밋과 하시엘과 하란 세
사람이니 이는 라단의 우두머리
들이며 10 또 시므이의 아들들
은 야핫과 시나와 여우스와 브리
아이니 이 네 사람도 시므이의
아들이라 11 그 우두머리는 야
핫이요 그 다음은 시사며 여우스
와 브리아는 아들이 많지 아니하
므로 그들과 한 조상의 가문으로
계수되었더라 12 그핫의 아들들
은 아므람과 이스할과 헤브론과
웃시엘 네 사람이라 13 아므람
의 아들들은 아론과 모세이니 아
론은 그 자손들과 함께 구별되어
몸을 성결하게 하여 영원토록 심
히 거룩한 자가 되어 여호와 앞
에 분향하고 섬기며 영원토록 그
이름으로 축복하게 되었느니라
14 하나님의 사람 모세의 아들들
은 레위 지파 중에 기록되었으니
15 모세의 아들은 게르솜과 엘리
에셀이라 16 게르솜의 아들중에
스브엘이 우두머리가 되었고 17
엘리에셀의 아들들은 우두머리
르하뱌라 엘리에셀에게 이 외에
는 다른 아들이 없고 르하뱌의
아들들은 심히 많았으며 18 이
스할의 아들들은 우두머리 슬로
밋이요 19 헤브론의 아들들은
우두머리 여리야와 둘째 아마랴
와 셋째 야하시엘과 넷째 여가므
암이며 20 웃시엘의 아들들은
우두머리 미가와 그 다음 잇시야
더라 21 므라리의 아들들은 마
흘리와 무시요 마흘리의 아들들
은 엘르아살과 기스라 22 엘르
아살이 아들이 없이 죽고 딸만
있더니 그의 형제 기스의 아들이
그에게 장가 들었으며 23 무시
의 아들들은 마흘리와 에델과 여
레못 세 사람이더라 24 이는 다
레위 자손이니 그 조상의 가문을
따라 계수된 이름이 기록되고 여
호와의 성전에서 섬기는 일을 하
는 이십 세 이상 된 우두머리들
이라 25 다윗이 이르기를 이스
라엘 하나님 여호와께서 평강을
그의 백성에게 주시고 예루살렘
에 영원히 거하시나니 26 레위
사람이 다시는 성막과 그 가운데
에서 쓰는 모든 기구를 멜 필요
가 없다 한지라 27 다윗의 유언
대로 레위 자손이 이십 세 이상
으로 계수되었으니 28 그 직분
은 아론의 자손을 도와 여호와의
성전과 뜰과 골방에서 섬기고 또
모든 성물을 정결하게 하는 일
곧 하나님의 성전에서 섬기는 일
과 29 또 진설병과 고운 가루의
소제물 곧 무교전병이나 과자를
굽는 것이나 반죽하는 것이나 또
모든 저울과 자를 맡고 30 아침
과 저녁마다 서서 여호와께 감사
하고 찬송하며 31 또 안식일과
초하루와 절기에 모든 번제를 여
호와께 드리되 그가 명령하신 규
례의 정한 수효대로 항상 여호와
앞에 드리며 32 또 회막의 직무
와 성소의 직무와 그들의 형제
아론 자손의 직무를 지켜 여호와
의 성전에서 수종드는 것이더라

24장

제사장 직분을 맡은 사람들

1 아론 자손의 계열들이 이러하
니라 아론의 아들들은 나답과 아
비후와 엘르아살과 이다말이라
2 나답과 아비후가 그들의 아버
지보다 먼저 죽고 그들에게 아들
이 없으므로 엘르아살과 이다말
이 제사장의 직분을 행하였더라
3 다윗이 엘르아살의 자손 사독
과 이다말의 자손 아히멜렉과 더
불어 그들을 나누어 각각 그 섬
기는 직무를 맡겼는데 4 엘르아
살의 자손 중에 우두머리가 이다
말의 자손보다 많으므로 나눈 것
이 이러하니 엘르아살 자손의 우
두머리가 열여섯 명이요 이다말
자손은 그 조상들의 가문을 따라
여덟 명이라 5 이에 제비 뽑아
피차에 차등이 없이 나누었으니
이는 성전의 일을 다스리는 자와
하나님의 일을 다스리는 자가 엘
르아살의 자손 중에도 있고 이다
말의 자손 중에도 있음이라 6 레
위 사람 느다넬의 아들 서기관
스마야가 왕과 방백과 제사장 사
독과 아비아달의 아들 아히멜렉
과 및 제사장과 레위 사람의 우
두머리 앞에서 그 이름을 기록하
여 엘르아살의 자손 중에서 한
집을 뽑고 이다말의 자손 중에서
한 집을 뽑았으니 7 첫째로 제비
뽑힌 자는 여호야립이요 둘째는
여다야요 8 셋째는 하림이요 넷
째는 스오림이요 9 다섯째는 말
기야요 여섯째는 미야민이요 10
일곱째는 학고스요 여덟째는 아
비야요 11 아홉째는 예수아요
열째는 스가냐요 12 열한째는
엘리아십이요 열두째는 야김이
요 13 열셋째는 훕바요 열넷째
는 예세브압이요 14 열다섯째는
빌가요 열여섯째는 임멜이요 15
열일곱째는 헤실이요 열여덟째
는 합비세스요 16 열아홉째는
브다히야요 스무째는 여헤스겔
이요 17 스물한째는 야긴이요
스물두째는 가물이요 18 스물셋
째는 들라야요 스물넷째는 마아
시야라 19 이와 같은 직무에 따
라 여호와의 성전에 들어가서 그
의 아버지 아론을 도왔으니 이는
이스라엘의 하나님 여호와께서
명하신 규례더라

레위 자손 중에 남은 자들

20 레위 자손 중에 남은 자는 이
러하니 아므람의 아들들 중에는
수바엘이요 수바엘의 아들들 중
에는 예드야며 21 르하뱌에게
이르러는 그의 아들들 중에 우두
머리 잇시야요 22 이스할의 아
들들 중에는 슬로못이요 슬로못
의 아들들 중에는 야핫이요 23
헤브론의 아들들은 장자 여리야
와 둘째 아마랴와 셋째 야하시엘
과 넷째 여가므암이요 24 웃시
엘의 아들들은 미가요 미가의 아
들들 중에는 사밀이요 25 미가
의 아우는 잇시야라 잇시야의 아
들들 중에는 스가랴이며 26 므
라리의 아들들은 마흘리와 무시
요 야아시야의 아들들은 브노이
니 27 므라리의 자손 야아시야
에게서 난 자는 브노와 소함과
삭굴과 이브리요 28 마흘리의
아들 중에는 엘르아살이니 엘르
아살은 아들이 없으며 29 기스
에게 이르러는 그의 아들 여라므
엘이요 30 무시의 아들들은 마
흘리와 에델과 여리못이니 이는
다 그 조상의 가문에 따라 기록
한 레위 자손이라 31 이 여러 사
람도 다윗 왕과 사독과 아히멜렉
과 제사장과 레위 우두머리 앞에
서 그들의 형제 아론 자손처럼
제비 뽑혔으니 장자의 가문과 막
내 동생의 가문이 다름이 없더라

25장

찬송을 맡은 사람들

1 다윗이 군대 지휘관들과 더불
어 아삽과 헤만과 여두둔의 자손
중에서 구별하여 섬기게 하되 수
금과 비파와 제금을 잡아 신령한
노래를 하게 하였으니 그 직무대
로 일하는 자의 수효는 이러하니
라 2 아삽의 아들들은 삭굴과 요
셉과 느다냐와 아사렐라니 이 아
삽의 아들들이 아삽의 지휘 아래
왕의 명령을 따라 신령한 노래를
하며 3 여두둔에게 이르러서는
그의 아들들 그달리야와 스리와
여사야와 시므이와 하사뱌와 맛
디디야 여섯 사람이니 그의 아버
지 여두둔의 지휘 아래 수금을
잡아 신령한 노래를 하며 여호와
께 감사하며 찬양하며 4 헤만에
게 이르러는 그의 아들들 북기야
와 맛다냐와 웃시엘과 스브엘과
여리못과 하나냐와 하나니와 엘
리아다와 깃달디와 로맘디에셀
과 요스브가사와 말로디와 호딜
과 마하시옷이라 5 이는 다 헤만

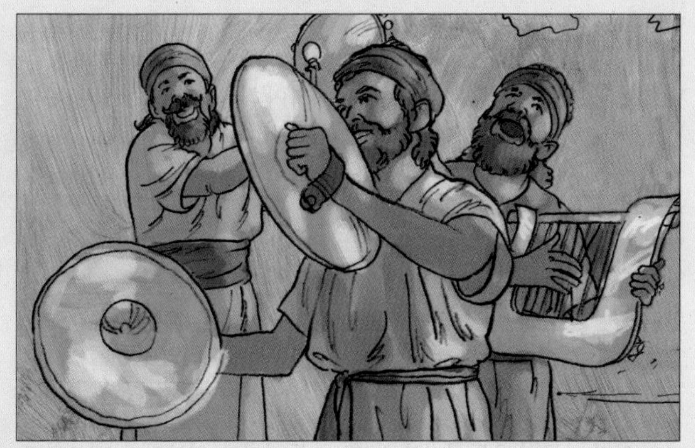

의 아들들이니 나팔을 부는 자들
이며 헤만은 하나님의 말씀을 가
진 왕의 선견자라 하나님이 헤만
에게 열네 아들과 세 딸을 주셨
더라 6 이들이 다 그들의 아버지
의 지휘 아래 제금과 비파와 수
금을 잡아 여호와의 전에서 노래
하여 하나님의 전을 섬겼으며 아
삽과 여두둔과 헤만은 왕의 지휘
아래 있었으니 7 그들과 모든 형
제 곧 여호와 찬송하기를 배워
익숙한 자의 수효가 이백팔십팔
명이라 8 이 무리의 큰 자나 작
은 자나 스승이나 제자를 막론하
고 다같이 제비 뽑아 직임을 얻
었으니 9 첫째로 제비 뽑힌 자는
아삽의 아들 중 요셉이요 둘째는
그달리야이니 그와 그의 형제들
과 아들들 십이 명이요 10 셋째
는 삭굴이니 그의 아들들과 형제
들과 십이 명이요 11 넷째는 이
스리이니 그의 아들들과 형제들
과 십이 명이요 12 다섯째는 느
다냐니 그의 아들들과 형제들과
십이 명이요 13 여섯째는 북기
야니 그의 아들들과 형제들과 십
이 명이요 14 일곱째는 여사렐
라니 그의 아들들과 형제들과 십
이 명이요 15 여덟째는 여사야
니 그의 아들들과 형제들과 십이
명이요 16 아홉째는 맛다냐니
그의 아들들과 형제들과 십이 명
이요 17 열째는 시므이니 그의
아들들과 형제들과 십이 명이요
18 열한째는 아사렐이니 그의 아
들들과 형제들과 십이 명이요
19 열두째는 하사뱌니 그의 아들
들과 형제들과 십이 명이요 20
열셋째는 수바엘이니 그의 아들
들과 형제들과 십이 명이요 21
열넷째는 맛디디야니 그의 아들
들과 형제들과 십이 명이요 22
열다섯째는 여레못이니 그의 아
들들과 형제들과 십이 명이요
23 열여섯째는 하나냐니 그의 아
들들과 형제들과 십이 명이요
24 열일곱째는 요스브가사니 그
의 아들들과 형제들과 십이 명이
요 25 열여덟째는 하나니니 그
의 아들들과 형제들과 십이 명이
요 26 열아홉째는 말로디니 그
의 아들들과 형제들과 십이 명이
요 27 스무째는 엘리아다니 그
의 아들들과 형제들과 십이 명이
요 28 스물한째는 호딜이니 그
의 아들들과 형제들과 십이 명이
요 29 스물두째는 깃달디니 그
의 아들들과 형제들과 십이 명이
요 30 스물셋째는 마하시옷이니
그의 아들들과 형제들과 십이 명
이요 31 스물넷째는 로맘디에셀
이니 그의 아들들과 형제들과 십
이 명이었더라

26장

성전 문지기

1 고라 사람들의 문지기 반들은
이러하니라 아삽의 가문 중 고레
의 아들 므셀레먀라 2 므셀레먀
의 아들들인 맏아들 스가랴와 둘
째 여디야엘과 셋째 스바댜와 넷
째 야드니엘과 3 다섯째 엘람과
여섯째 여호하난과 일곱째 엘여
호에내이며 4 오벧에돔의 아들
들은 맏아들 스마야와 둘째 여호
사밧과 셋째 요아와 넷째 사갈과
다섯째 느다넬과 5 여섯째 암미
엘과 일곱째 잇사갈과 여덟째 브
울래대이니 이는 하나님이 오벧
에돔에게 복을 주셨음이라 6 그
의 아들 스마야도 두어 아들을
낳았으니 그들의 조상의 가문을
다스리는 자요 큰 용사라 7 스마
야의 아들들은 오드니와 르바엘
과 오벳과 엘사밧이며 엘사밧의
형제 엘리후와 스마갸는 능력이
있는 자이니 8 이는 다 오벧에돔
의 자손이라 그들과 그의 아들들
과 그의 형제들은 다 능력이 있
어 그 직무를 잘하는 자이니 오
벧에돔에게서 난 자가 육십이 명

이며 9 또 므셸레먀의 아들과 형
제 열여덟 명은 능력이 있는 자
라 10 므라리 자손 중 호사에게
도 아들들이 있으니 그의 장자는
시므리라 시므리는 본래 맏아들
이 아니나 그의 아버지가 장자로
삼았고 11 둘째는 힐기야요 셋째
는 드발리야요 넷째는 스가랴이
니 호사의 아들들과 형제들이 열
세 명이더라 12 이상은 다 문지
기의 반장으로서 그 형제처럼 직
임을 얻어 여호와의 성전에서 섬
기는 자들이라 13 각 문을 지키
기 위하여 그의 조상의 가문을
따라 대소를 막론하고 다 제비
뽑혔으니 14 셀레먀는 동쪽을 뽑
았고 그의 아들 스가랴는 명철한
모사라 모사를 위하여 제비 뽑으
니 북쪽을 뽑았고 15 오벧에돔
은 남쪽을 뽑았고 그의 아들들은
곳간에 뽑혔으며 16 숩빔과 호
사는 서쪽을 뽑아 큰 길로 통한
살래껫 문 곁에 있어 서로 대하
여 파수하였으니 17 동쪽 문에
레위 사람이 여섯이요 북쪽 문에
매일 네 사람이요 남쪽 문에 매
일 네 사람이요 곳간에는 둘씩이
며 18 서쪽 뜰에 있는 큰 길에 네
사람 그리고 뜰에 두 사람이라
19 고라와 므라리 자손의 문지기
의 직책은 이러하였더라

성전 곳간을 맡은 사람들

20 레위 사람 중에 아히야는 하
나님의 전 곳간과 성물 곳간을
맡았으며 21 라단의 자손은 곧
라단에게 속한 게르손 사람의 자
손이니 게르손 사람 라단에게 속
한 가문의 우두머리는 여히엘리
라 22 여히엘리의 아들들은 스
담과 그의 아우 요엘이니 여호와
의 성전 곳간을 맡았고 23 아므
람 자손과 이스할 자손과 헤브론
자손과 웃시엘 자손 중에 24 모
세의 아들 게르솜의 자손 스브엘
은 곳간을 맡았고 25 그의 형제
곧 엘리에셀에게서 난 자는 그의
아들 르하뱌와 그의 아들 여사야
와 그의 아들 요람과 그의 아들
시그리와 그의 아들 슬로못이라
26 이 슬로못과 그의 형제는 성
물의 모든 곳간을 맡았으니 곧
다윗 왕과 가문의 우두머리와 천
부장과 백부장과 군대의 모든 지
휘관이 구별하여 드린 성물이라
27 그들이 싸울 때에 노략하여
얻은 물건 중에서 구별하여 드려
여호와의 성전을 개수한 일과
28 선견자 사무엘과 기스의 아들
사울과 넬의 아들 아브넬과 스루
야의 아들 요압이 무엇이든지 구
별하여 드린 성물은 다 슬로못과
그의 형제의 지휘를 받았더라

다른 레위 사람들의 직임

29 이스할 자손 중에 그나냐와 그
의 아들들은 성전 밖에서 이스라
엘의 일을 다스리는 관원과 재판
관이 되었고 30 헤브론 자손 중에
하사뱌와 그의 동족 용사 천칠백
명은 요단 서쪽에서 이스라엘을
주관하여 여호와의 모든 일과 왕
을 섬기는 직임을 맡았으며 31 헤
브론 자손 중에서는 여리야가 그
의 족보와 종족대로 헤브론 자손
의 우두머리가 되었더라 다윗이
왕 위에 있은 지 사십 년에 길르앗
야셀에서 그들 중에 구하여 큰 용
사를 얻었으니 32 그의 형제 중
이천칠백 명이 다 용사요 가문의
우두머리라 다윗 왕이 그들로 르
우벤과 갓과 므낫세 반 지파를 주
관하여 하나님의 모든 일과 왕의
일을 다스리게 하였더라

27장

모든 가문의 우두머리와 관원들

1 이스라엘 자손의 모든 가문의
우두머리와 천부장과 백부장과
왕을 섬기는 관원들이 그들의 숫
자대로 반이 나누이니 각 반열이
이만 사천 명씩이라 일 년 동안
달마다 들어가며 나왔으니 2 첫
째 달 반의 반장은 삽디엘의 아
들 야소브암이요 그의 반에 이만
사천 명이라 3 그는 베레스의 자
손으로서 첫째 달 반의 모든 지
휘관의 우두머리가 되었고 4 둘
째 달 반의 반장은 아호아 사람
도대요 또 미글롯이 그의 반의
주장이 되었으니 그의 반에 이만
사천 명이요 5 셋째 달 군대의
셋째 지휘관은 대제사장 여호야
다의 아들 브나야요 그의 반에
이만 사천 명이라 6 이 브나야는
삼십 명 중에 용사요 삼십 명 위
에 있으며 그의 반 중에 그의 아
들 암미사밧이 있으며 7 넷째 달
넷째 지휘관은 요압의 아우 아사
헬이요 그 다음은 그의 아들 스
바댜이니 그의 반에 이만 사천
명이요 8 다섯째 달 다섯째 지휘
관은 이스라 사람 삼훗이니 그의
반에 이만 사천 명이요 9 여섯째
달 여섯째 지휘관은 드고아 사람
익게스의 아들 이라이니 그의 반

에 이만 사천 명이요 10 일곱째
달 일곱째 지휘관은 에브라임 자
손에 속한 발론 사람 헬레스이니
그의 반에 이만 사천 명이요 11
여덟째 달 여덟째 지휘관은 세라
족속 후사 사람 십브개이니 그의
반에 이만 사천 명이요 12 아홉
째 달 아홉째 지휘관은 베냐민
자손 아나돗 사람 아비에셀이니
그의 반에 이만 사천 명이요 13
열째 달 열째 지휘관은 세라 족
속 느도바 사람 마하래이니 그의
반에 이만 사천 명이요 14 열한
째 달 열한째 지휘관은 에브라임
자손에 속한 비라돈 사람 브나야
이니 그의 반에 이만 사천 명이
요 15 열두째 달 열두째 지휘관
은 옷니엘 자손에 속한 느도바
사람 헬대니 그 반에 이만 사천
명이었더라

각 지파를 관할하는 자들

16 이스라엘 지파를 관할하는 자
는 이러하니라 르우벤 사람의 지
도자는 시그리의 아들 엘리에셀
이요 시므온 사람의 지도자는 마
아가의 아들 스바댜요 17 레위
사람의 지도자는 그무엘의 아들
하사뱌요 아론 자손의 지도자는
사독이요 18 유다의 지도자는
다윗의 형 엘리후요 잇사갈의 지
도자는 미가엘의 아들 오므리요
19 스불론의 지도자는 오바댜의
아들 이스마야요 납달리의 지도
자는 아스리엘의 아들 여레못이
요 20 에브라임 자손의 지도자
는 아사시야의 아들 호세아요 므
낫세 반 지파의 지도자는 브다야
의 아들 요엘이요 21 길르앗에
있는 므낫세 반 지파의 지도자는
스가랴의 아들 잇도요 베냐민의
지도자는 아브넬의 아들 야아시
엘이요 22 단은 여로함의 아들
아사렐이니 이들은 이스라엘 지
파의 지휘관이었더라 23 이스라
엘 사람의 이십 세 이하의 수효
는 다윗이 조사하지 아니하였으
니 이는 여호와께서 전에 말씀하
시기를 이스라엘 사람을 하늘의
별 같이 많게 하리라 하셨음이라
24 스루야의 아들 요압이 조사하
기를 시작하고 끝내지도 못해서
그 일로 말미암아 진노가 이스라
엘에게 임한지라 그 수효를 다윗
왕의 역대지략에 기록하지 아니
하였더라

왕의 재산을 맡은 자들

25 아디엘의 아들 아스마웻은 왕
의 곳간을 맡았고 웃시야의 아들
요나단은 밭과 성읍과 마을과 망
대의 곳간을 맡았고 26 글룹의
아들 에스리는 밭 가는 농민을
거느렸고 27 라마 사람 시므이
는 포도원을 맡았고 스밤 사람
삽디는 포도원의 소산 포도주 곳
간을 맡았고 28 게델 사람 바알
하난은 평야의 감람나무와 뽕나
무를 맡았고 요아스는 기름 곳간
을 맡았고 29 사론 사람 시드래
는 사론에서 먹이는 소 떼를 맡
았고 아들래의 아들 사밧은 골짜
기에 있는 소 떼를 맡았고 30 이
스마엘 사람 오빌은 낙타를 맡았
고 메로놋 사람 예드야는 나귀를

맡았고 하갈 사람 야시스는 양
떼를 맡았으니 31 다윗 왕의 재
산을 맡은 자들이 이러하였더라

다윗을 섬기는 사람들

32 다윗의 숙부 요나단은 지혜가
있어서 모사가 되며 서기관도 되
었고 학모니의 아들 여히엘은 왕
자들의 수종자가 되었고 33 아
히도벨은 왕의 모사가 되었고 아
렉 사람 후새는 왕의 벗이 되었
고 34 브나야의 아들 여호야다
와 아비아달은 아히도벨의 뒤를
이었고 요압은 왕의 군대 지휘관
이 되었더라

28장

다윗이 성전 건축을 지시하다

1 다윗이 이스라엘 모든 고관들
곧 각 지파의 어른과 왕을 섬기
는 반장들과 천부장들과 백부장
들과 및 왕과 왕자의 모든 소유
와 가축의 감독과 내시와 장사와
모든 용사를 예루살렘으로 소집
하고 2 이에 다윗 왕이 일어서서
이르되 나의 형제들, 나의 백성
들아 내 말을 들으라 나는 여호
와의 언약궤 곧 우리 하나님의
발판을 봉안할 성전을 건축할 마
음이 있어서 건축할 재료를 준비
하였으나 3 하나님이 내게 이르
시되 너는 전쟁을 많이 한 사람
이라 피를 많이 흘렸으니 내 이
름을 위하여 성전을 건축하지 못
하리라 하셨느니라 4 그러나 이
스라엘 하나님 여호와께서 전에
나를 내 부친의 온 집에서 택하

여 영원히 이스라엘 왕이 되게
하셨나니 곧 하나님이 유다 지파
를 택하사 머리를 삼으시고 유다
의 가문에서 내 부친의 집을 택
하시고 내 부친의 아들들 중에서
나를 기뻐하사 온 이스라엘의 왕
을 삼으셨느니라 5 여호와께서
내게 여러 아들을 주시고 그 모
든 아들 중에서 내 아들 솔로몬
을 택하사 여호와의 나라 왕 위
에 앉혀 이스라엘을 다스리게 하
려 하실새 6 내게 이르시기를 네
아들 솔로몬 그가 내 성전을 건
축하고 내 여러 뜰을 만들리니
이는 내가 그를 택하여 내 아들
로 삼고 나는 그의 아버지가 될
것임이라 7 그가 만일 나의 계명
과 법도를 힘써 준행하기를 오늘
과 같이 하면 내가 그의 나라를
영원히 견고하게 하리라 하셨느
니라 8 이제 너희는 온 이스라엘
곧 여호와의 회중이 보는 데에서
와 우리 하나님이 들으시는 데에
서 너희 하나님 여호와의 모든
계명을 구하여 지키기로 하라 그
리하면 너희가 이 아름다운 땅을
누리고 너희 후손에게 끼쳐 영원
한 기업이 되게 하리라 9 내 아
들 솔로몬아 너는 네 아버지의
하나님을 알고 온전한 마음과 기
쁜 뜻으로 섬길지어다 여호와께
서는 모든 마음을 감찰하사 모든
의도를 아시나니 네가 만일 그를
찾으면 만날 것이요 만일 네가
그를 버리면 그가 너를 영원히
버리시리라 10 그런즉 이제 너
는 삼갈지어다 여호와께서 너를
택하여 성전의 건물을 건축하게
하셨으니 힘써 행할지니라 하니
라 11 다윗이 성전의 복도와 그
집들과 그 곳간과 다락과 골방과
속죄소의 설계도를 그의 아들 솔
로몬에게 주고 12 또 그가 영감
으로 받은 모든 것 곧 여호와의
성전의 뜰과 사면의 모든 방과
하나님의 성전 곳간과 성물 곳간
의 설계도를 주고 13 또 제사장
과 레위 사람의 반열과 여호와의
성전에서 섬기는 모든 일과 여호
와의 성전을 섬기는 데에 쓰는
모든 그릇의 양식을 설명하고
14 또 모든 섬기는 데에 쓰는 금
기구를 만들 금의 무게와 모든
섬기는 데에 쓰는 은 기구를 만
들 은의 무게를 정하고 15 또 금
등잔대들과 그 등잔 곧 각 등잔

대와 그 등잔을 만들 금의 무게
와 은 등잔대와 그 등잔을 만들
은의 무게를 각기 그 기구에 알
맞게 하고 16 또 진설병의 각 상
을 만들 금의 무게를 정하고 은
상을 만들 은도 그렇게 하고 17
갈고리와 대접과 종지를 만들 순
금과 금 잔 곧 각 잔을 만들 금의
무게와 또 은 잔 곧 각 잔을 만들
은의 무게를 정하고 18 또 향단
에 쓸 순금과 또 수레 곧 금 그룹
들의 설계도대로 만들 금의 무게
를 정해 주니 이 그룹들은 날개
를 펴서 여호와의 언약궤를 덮는
것이더라 19 다윗이 이르되 여
호와의 손이 내게 임하여 이 모
든 일의 설계를 그려 나에게 알
려 주셨느니라 20 또 그의 아들
솔로몬에게 이르되 너는 강하고
담대하게 이 일을 행하라 두려워
하지 말며 놀라지 말라 네가 여
호와의 성전 공사의 모든 일을
마치기까지 여호와 하나님 나의
하나님이 너와 함께 계시사 네게
서 떠나지 아니하시고 너를 버리
지 아니하시리라 21 제사장과
레위 사람의 반이 있으니 하나님
의 성전의 모든 공사를 도울 것
이요 또 모든 공사에 유능한 기
술자가 기쁜 마음으로 너와 함께
할 것이요 또 모든 지휘관과 백
성이 온전히 네 명령 아래에 있
으리라

29장

성전 건축에 쓸 예물

1 다윗 왕이 온 회중에게 이르되
내 아들 솔로몬이 유일하게 하나
님께서 택하신 바 되었으나 아직
어리고 미숙하며 이 공사는 크도
다 이 성전은 사람을 위한 것이
아니요 여호와 하나님을 위한 것
이라 2 내가 이미 내 하나님의
성전을 위하여 힘을 다하여 준비
하였나니 곧 기구를 만들 금과
은과 놋과 철과 나무와 또 마노
와 가공할 검은 보석과 채석과
다른 모든 보석과 옥돌이 매우
많으며 3 성전을 위하여 준비한
이 모든 것 외에도 내 마음이 내
하나님의 성전을 사모하므로 내
가 사유한 금, 은으로 내 하나님
의 성전을 위하여 드렸노니 4 곧
오빌의 금 삼천 달란트와 순은
칠천 달란트라 모든 성전 벽에
입히며 5 금, 은 그릇을 만들며
장인의 손으로 하는 모든 일에
쓰게 하였노니 오늘 누가 즐거이
손에 채워 여호와께 드리겠느냐
하는지라 6 이에 모든 가문의 지
도자들과 이스라엘 모든 지파의
지도자들과 천부장과 백부장과
왕의 사무관이 다 즐거이 드리되
7 하나님의 성전 공사를 위하여
금 오천 달란트와 금 만 다릭 은
만 달란트와 놋 만 팔천 달란트
와 철 십만 달란트를 드리고 8
보석을 가진 모든 사람은 게르손
사람 여히엘의 손에 맡겨 여호와
의 성전 곳간에 드렸더라 9 백성
들은 자원하여 드렸으므로 기뻐
하였으니 곧 그들이 성심으로 여
호와께 자원하여 드렸으므로 다
윗 왕도 심히 기뻐하니라

다윗의 감사 기도

10 다윗이 온 회중 앞에서 여호
와를 송축하여 이르되 우리 조상
이스라엘의 하나님 여호와여 주
는 영원부터 영원까지 송축을 받
으시옵소서 11 여호와여 위대하
심과 권능과 영광과 승리와 위엄
이 다 주께 속하였사오니 천지에
있는 것이 다 주의 것이로소이다
여호와여 주권도 주께 속하였사
오니 주는 높으사 만물의 머리이
심이니이다 12 부와 귀가 주께
로 말미암고 또 주는 만물의 주
재가 되사 손에 권세와 능력이
있사오니 모든 사람을 크게 하심
과 강하게 하심이 주의 손에 있
나이다 13 우리 하나님이여 이
제 우리가 주께 감사하오며 주의
영화로운 이름을 찬양하나이다
14 나와 내 백성이 무엇이기에

이처럼 즐거운 마음으로 드릴 힘
이 있었나이까 모든 것이 주께로
말미암았사오니 우리가 주의 손
에서 받은 것으로 주께 드렸을
뿐이니이다 15 우리는 우리 조
상들과 같이 주님 앞에서 이방
나그네와 거류민들이라 세상에
있는 날이 그림자 같아서 희망이
없나이다 16 우리 하나님 여호
와여 우리가 주의 거룩한 이름을
위하여 성전을 건축하려고 미리
저축한 이 모든 물건이 다 주의
손에서 왔사오니 다 주의 것이니
이다 17 나의 하나님이여 주께
서 마음을 감찰하시고 정직을 기
뻐하시는 줄을 내가 아나이다 내
가 정직한 마음으로 이 모든 것
을 즐거이 드렸사오며 이제 내가
또 여기 있는 주의 백성이 주께
자원하여 드리는 것을 보오니 심
히 기쁘도소이다 18 우리 조상
들 아브라함과 이삭과 이스라엘
의 하나님 여호와여 주께서 이것
을 주의 백성의 심중에 영원히
두어 생각하게 하시고 그 마음을
준비하여 주께로 돌아오게 하시
오며 19 또 내 아들 솔로몬에게
정성된 마음을 주사 주의 계명과
권면과 율례를 지켜 이 모든 일
을 행하게 하시고 내가 위하여
준비한 것으로 성전을 건축하게
하옵소서 하였더라 20 다윗이
온 회중에게 이르되 너희는 너희
하나님 여호와를 송축하라 하매
회중이 그의 조상들의 하나님 여
호와를 송축하고 머리를 숙여 여
호와와 왕에게 절하고 21 이튿
날 여호와께 제사를 드리고 또
여호와께 번제를 드리니 수송아
지가 천 마리요 숫양이 천 마리
요 어린 양이 천 마리요 또 그 전
제라 온 이스라엘을 위하여 풍성
한 제물을 드리고 22 이 날에 무
리가 크게 기뻐하여 여호와 앞에
서 먹으며 마셨더라 무리가 다윗
의 아들 솔로몬을 다시 왕으로
삼아 기름을 부어 여호와께 돌려
주권자가 되게 하고 사독에게도
기름을 부어 제사장이 되게 하니
라 23 솔로몬이 여호와께서 주
신 왕위에 앉아 아버지 다윗을
이어 왕이 되어 형통하니 온 이
스라엘이 그의 명령에 순종하며
24 모든 방백과 용사와 다윗 왕
의 여러 아들들이 솔로몬 왕에게
복종하니 25 여호와께서 솔로몬
을 모든 이스라엘의 목전에서 심
히 크게 하시고 또 왕의 위엄을
그에게 주사 그전 이스라엘 모든
왕보다 뛰어나게 하셨더라

다윗의 행적

26 이새의 아들 다윗이 온 이스
라엘의 왕이 되어 27 이스라엘
을 다스린 기간은 사십 년이라
헤브론에서 칠 년간 다스렸고 예
루살렘에서 삼십삼 년을 다스렸
더라 28 그가 나이 많아 늙도록
부하고 존귀를 누리다가 죽으매
그의 아들 솔로몬이 대신하여 왕
이 되니라 29 다윗 왕의 행적은
처음부터 끝까지 선견자 사무엘
의 글과 선지자 나단의 글과 선
견자 갓의 글에 다 기록되고 30
또 그의 왕 된 일과 그의 권세와
그와 이스라엘과 온 세상 모든
나라의 지난 날의 역사가 다 기
록되어 있느니라

역대하

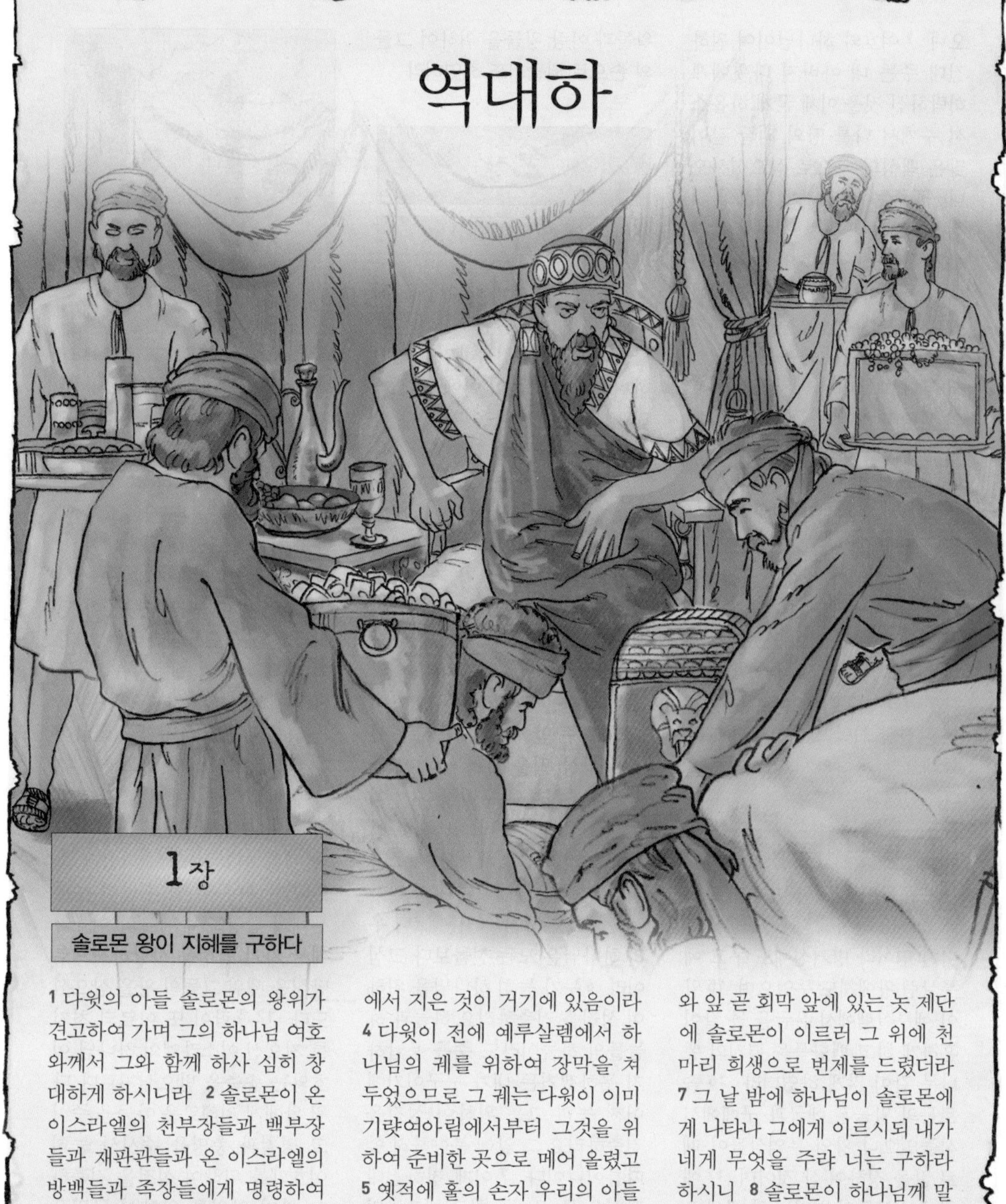

1장

솔로몬 왕이 지혜를 구하다

1 다윗의 아들 솔로몬의 왕위가
견고하여 가며 그의 하나님 여호
와께서 그와 함께 하사 심히 창
대하게 하시니라 2 솔로몬이 온
이스라엘의 천부장들과 백부장
들과 재판관들과 온 이스라엘의
방백들과 족장들에게 명령하여
3 솔로몬이 온 회중과 함께 기브
온 산당으로 갔으니 하나님의 회
막 곧 여호와의 종 모세가 광야
에서 지은 것이 거기에 있음이라
4 다윗이 전에 예루살렘에서 하
나님의 궤를 위하여 장막을 쳐
두었으므로 그 궤는 다윗이 이미
기럇여아림에서부터 그것을 위
하여 준비한 곳으로 메어 올렸고
5 옛적에 훌의 손자 우리의 아들
브살렐이 지은 놋 제단은 여호와
의 장막 앞에 있더라 솔로몬이
회중과 더불어 나아가서 6 여호
와 앞 곧 회막 앞에 있는 놋 제단
에 솔로몬이 이르러 그 위에 천
마리 희생으로 번제를 드렸더라
7 그 날 밤에 하나님이 솔로몬에
게 나타나 그에게 이르시되 내가
네게 무엇을 주랴 너는 구하라
하시니 8 솔로몬이 하나님께 말
하되 주께서 전에 큰 은혜를 내
아버지 다윗에게 베푸시고 내가
그를 대신하여 왕이 되게 하셨사

오니 9 여호와 하나님이여 원하
건대 주는 내 아버지 다윗에게
허락하신 것을 이제 굳게 하옵소
서 주께서 나를 땅의 티끌 같이
많은 백성의 왕으로 삼으셨사오
니 10 주는 이제 내게 지혜와 지
식을 주사 이 백성 앞에서 출입
하게 하옵소서 이렇게 많은 주의
백성을 누가 능히 재판하리이까
하니 11 하나님이 솔로몬에게
이르시되 이런 마음이 네게 있어
서 부나 재물이나 영광이나 원수
의 생명 멸하기를 구하지 아니하
며 장수도 구하지 아니하고 오직
내가 네게 다스리게 한 내 백성
을 재판하기 위하여 지혜와 지식
을 구하였으니 12 그러므로 내
가 네게 지혜와 지식을 주고 부
와 재물과 영광도 주리니 네 전
의 왕들도 이런 일이 없었거니와
네 후에도 이런 일이 없으리라
하시니라 13 이에 솔로몬이 기
브온 산당 회막 앞에서부터 예루
살렘으로 돌아와서 이스라엘을
다스렸더라

솔로몬의 부귀영화

14 솔로몬이 병거와 마병을 모으
매 병거가 천사백 대요 마병이 만
이천 명이라 병거성에도 두고 예
루살렘 왕에게도 두었으며 15 왕
이 예루살렘에서 은금을 돌 같이
흔하게 하고 백향목을 평지의 뽕
나무 같이 많게 하였더라 16 솔
로몬의 말들은 애굽과 구에에서
사들였으니 왕의 무역상들이 떼
로 값을 정하여 산 것이며 17 애
굽에서 사들인 병거는 한 대에 은
육백 세겔이요 말은 백오십 세겔
이라 이와 같이 헷 사람들의 모든
왕들과 아람 왕들을 위하여 그들
의 손으로 되팔기도 하였더라

2장

성전 건축을 준비하다

1 솔로몬이 여호와의 이름을 위
하여 성전을 건축하고 자기 왕위
를 위하여 궁궐 건축하기를 결심
하니라 2 솔로몬이 이에 짐꾼 칠
만 명과 산에서 돌을 떠낼 자 팔
만 명과 일을 감독할 자 삼천육
백 명을 뽑고 3 솔로몬이 사절을
두로 왕 후람에게 보내어 이르되
당신이 전에 내 아버지 다윗에게
백향목을 보내어 그가 거주하실
궁궐을 건축하게 한 것 같이 내
게도 그리 하소서 4 이제 내가
나의 하나님 여호와의 이름을 위
하여 성전을 건축하여 구별하여
드리고 주 앞에서 향 재료를 사
르며 항상 떡을 차려 놓으며 안
식일과 초하루와 우리 하나님 여
호와의 절기에 아침 저녁으로 번
제를 드리려 하오니 이는 이스라
엘의 영원한 규례니이다 5 내가
건축하고자 하는 성전은 크니 우
리 하나님은 모든 신들보다 크심
이라 6 누가 능히 하나님을 위하
여 성전을 건축하리요 하늘과 하
늘들의 하늘이라도 주를 용납하
지 못하겠거든 내가 누구이기에
어찌 능히 그를 위하여 성전을
건축하리요 그 앞에 분향하려 할
따름이니이다 7 이제 청하건대
당신은 금, 은, 동, 철로 제조하며
자색 홍색 청색 실로 직조하며
또 아로새길 줄 아는 재주 있는

사람 하나를 내게 보내어 내 아
버지 다윗이 유다와 예루살렘에
서 준비한 나의 재주 있는 사람
들과 함께 일하게 하고 8 또 레
바논에서 백향목과 잣나무와 백
단목을 내게로 보내소서 내가 알
거니와 당신의 종은 레바논에서
벌목을 잘 하나니 내 종들이 당
신의 종들을 도울지라 9 이와 같
이 나를 위하여 재목을 많이 준
비하게 하소서 내가 건축하려 하
는 성전은 크고 화려할 것이니이
다 10 내가 당신의 벌목하는 종
들에게 찧은 밀 이만 고르와 보
리 이만 고르와 포도주 이만 밧
과 기름 이만 밧을 주리이다 하
였더라 11 두로 왕 후람이 솔로
몬에게 답장하여 이르되 여호와
께서 자기 백성을 사랑하시므로
당신을 세워 그들의 왕을 삼으셨
도다 12 후람이 또 이르되 천지
를 지으신 이스라엘의 하나님 여
호와는 송축을 받으실지로다 다
윗 왕에게 지혜로운 아들을 주시
고 명철과 총명을 주시사 능히
여호와를 위하여 성전을 건축하
고 자기 왕위를 위하여 궁궐을
건축하게 하시도다 13 내가 이
제 재주 있고 총명한 사람을 보

내오니 전에 내 아버지 후람에게
속하였던 자라 14 이 사람은 단
의 여자들 중 한 여인의 아들이
요 그의 아버지는 두로 사람이라
능히 금, 은, 동, 철과 돌과 나무
와 자색 청색 홍색 실과 가는 베
로 일을 잘하며 또 모든 아로새
기는 일에 익숙하고 모든 기묘한
양식에 능한 자이니 그에게 당신
의 재주 있는 사람들과 당신의
아버지 내 주 다윗의 재주 있는
사람들과 함께 일하게 하소서
15 내 주께서 말씀하신 밀과 보
리와 기름과 포도주는 주의 종들
에게 보내소서 16 우리가 레바
논에서 당신이 쓰실 만큼 벌목하
여 떼를 엮어 바다에 띄워 욥바
로 보내리니 당신은 재목들을 예
루살렘으로 올리소서 하였더라

성전 건축 시작

17 전에 솔로몬의 아버지 다윗이
이스라엘 땅에 사는 이방 사람들
을 조사하였더니 이제 솔로몬이
다시 조사하매 모두 십오만 삼천
육백 명이라 18 그 중에서 칠만
명은 짐꾼이 되게 하였고 팔만
명은 산에서 벌목하게 하였고 삼
천육백 명은 감독으로 삼아 백성
들에게 일을 시키게 하였더라

3장

1 솔로몬이 예루살렘 모리아 산
에 여호와의 전 건축하기를 시작
하니 그 곳은 전에 여호와께서
그의 아버지 다윗에게 나타나신
곳이요 여부스 사람 오르난의 타
작 마당에 다윗이 정한 곳이라 2
솔로몬이 왕위에 오른 지 넷째
해 둘째 달 둘째 날 건축을 시작
하였더라 3 솔로몬이 하나님의
전을 위하여 놓은 지대는 이러하
니 옛날에 쓰던 자로 길이가 육
십 규빗이요 너비가 이십 규빗이
며 4 그 성전 앞에 있는 낭실의
길이가 성전의 너비와 같이 이십
규빗이요 높이가 백이십 규빗이
니 안에는 순금으로 입혔으며 5
그 대전 천장은 잣나무로 만들고
또 순금으로 입히고 그 위에 종
려나무와 사슬 형상을 새겼고 6
또 보석으로 성전을 꾸며 화려하
게 하였으니 그 금은 바르와임•
금이며 7 또 금으로 성전과 그
들보와 문지방과 벽과 문짝에 입
히고 벽에 그룹들을 아로새겼더
라 8 또 지성소를 지었으니 성전
넓이대로 길이가 이십 규빗이요
너비도 이십 규빗이라 순금 육백
달란트로 입혔으니 9 못 무게가
금 오십 세겔이요 다락들도 금으
로 입혔더라 10 지성소 안에 두

3:6 **바르와임** 이곳에는 금이 많았다. 바르와임은 오빌 땅에 있었던 것으로 추정된다.

그룹의 형상을 새겨 만들어 금으
로 입혔으니 11 두 그룹의 날개
길이가 모두 이십 규빗이라 왼쪽
그룹의 한 날개는 다섯 규빗이니
성전 벽에 닿았고 그 다른 날개
도 다섯 규빗이니 오른쪽 그룹의
날개에 닿았으며 12 오른쪽 그
룹의 한 날개도 다섯 규빗이니
성전 벽에 닿았고 그 다른 날개
도 다섯 규빗이니 왼쪽 그룹의
날개에 닿았으며 13 이 두 그룹
이 편 날개가 모두 이십 규빗이
라 그 얼굴을 내전으로 향하여
서 있으며 14 청색 자색 홍색 실
과 고운 베로 휘장문을 짓고 그
위에 그룹의 형상을 수놓았더라

두 기둥

15 성전 앞에 기둥 둘을 만들었
으니 높이가 삼십오 규빗이요 각
기둥 꼭대기의 머리가 다섯 규빗
이라 16 성소 같이 사슬을 만들
어 그 기둥 머리에 두르고 석류
백 개를 만들어 사슬에 달았으며
17 그 두 기둥을 성전 앞에 세웠
으니 왼쪽에 하나요 오른쪽에 하
나라 오른쪽 것은 야긴이라 부르
고 왼쪽 것은 보아스라 불렀더라

4장

성전 안에 있는 물건들

1 솔로몬이 또 놋으로 제단을 만
들었으니 길이가 이십 규빗이요
너비가 이십 규빗이요 높이가 십
규빗이며 2 또 놋을 부어 바다를
만들었으니 지름이 십 규빗이요
그 모양이 둥글며 그 높이는 다
섯 규빗이요 주위는 삼십 규빗
길이의 줄을 두를 만하며 3 그
가장자리 아래에는 돌아가며 소
형상이 있는데 각 규빗에 소가
열 마리씩 있어서 바다 주위에
둘렸으니 그 소는 바다를 부어
만들 때에 두 줄로 부어 만들었
으며 4 그 바다를 놋쇠 황소 열
두 마리가 받쳤으니 세 마리는
북쪽을 향하였고 세 마리는 서쪽
을 향하였고 세 마리는 남쪽을
향하였고 세 마리는 동쪽을 향하
였으며 바다를 그 위에 놓았고
소의 엉덩이는 다 안으로 향하였
으며 5 바다의 두께는 한 손 너
비만 하고 그 둘레는 잔 둘레와
같이 백합화의 모양으로 만들었
으니 그 바다에는 삼천 밧을 담
겠으며 6 또 물두멍 열 개를 만
들어 다섯 개는 오른쪽에 두고
다섯 개는 왼쪽에 두어 씻게 하
되 번제에 속한 물건을 거기서
씻게 하였으며 그 바다는 제사장
들이 씻기 위한 것이더라 7 또
규례대로 금으로 등잔대 열 개를
만들어 내전 안에 두었으니 왼쪽
에 다섯 개요 오른쪽에 다섯 개
이며 8 또 상 열 개를 만들어 내
전 안에 두었으니 왼쪽에 다섯
개요 오른쪽에 다섯 개이며 또
금으로 대접 백 개를 만들었고 9
또 제사장의 뜰과 큰 뜰과 뜰 문
을 만들고 그 문짝에 놋을 입혔
고 10 그 바다는 성전 오른쪽 동
남방에 두었더라 11 후람이 또
솥과 부삽과 대접을 만들었더라
이와 같이 후람이 솔로몬 왕을
위하여 하나님의 성전에서 할 일
을 마쳤으니 12 곧 기둥 둘과 그
기둥 꼭대기의 공 같은 머리 둘
과 또 기둥 꼭대기의 공 같은 기
둥 머리를 가리는 그물 둘과 13
또 그 그물들을 위하여 만든 각
그물에 두 줄씩으로 기둥 위의

공 같은 두 머리를 가리는 석류
사백 개와 14 또 받침과 받침 위
의 물두멍과 15 한 바다와 그 바
다 아래에 소 열두 마리와 16 솥
과 부삽과 고기 갈고리와 여호와
의 전의 모든 그릇들이라 후람의
아버지가 솔로몬 왕을 위하여 빛
나는 놋으로 만들 때에 17 왕이
요단 평지에서 숙곳과 스레다 사
이의 진흙에 그것들을 부어 내었
더라 18 이와 같이 솔로몬이 이
모든 기구를 매우 많이 만들었으
므로 그 놋 무게를 능히 측량할
수 없었더라 19 솔로몬이 또 하
나님의 전의 모든 기구를 만들었
으니 곧 금 제단과 진설병 상들
과 20 지성소 앞에서 규례대로
불을 켤 순금 등잔대와 그 등잔
이며 21 또 순수한 금으로 만든
꽃과 등잔과 부젓가락이며 22
또 순금으로 만든 불집게와 주발
과 숟가락과 불 옮기는 그릇이며
또 성전 문 곧 지성소의 문과 내
전의 문을 금으로 입혔더라

5장

1 솔로몬이 여호와의 전을 위하
여 만드는 모든 일을 마친지라
이에 솔로몬이 그의 아버지 다윗
이 드린 은과 금과 모든 기구를
가져다가 하나님의 전 곳간에 두
었더라

언약궤를 성전으로 옮기다

2 이에 솔로몬이 여호와의 언약
궤를 다윗 성 곧 시온에서부터
메어 올리고자 하여 이스라엘 장
로들과 모든 지파의 우두머리 곧
이스라엘 자손의 족장들을 다 예
루살렘으로 소집하니 3 일곱째
달 절기에 이스라엘 모든 사람이
다 왕에게로 모이고 4 이스라엘
장로들이 이르매 레위 사람들이
궤를 메니라 5 궤와 회막과 장막
안에 모든 거룩한 기구를 메고
올라가되 레위인 제사장들이 그
것들을 메고 올라가매 6 솔로몬
왕과 그 앞에 모인 모든 이스라
엘 회중이 궤 앞에서 양과 소로
제사를 드렸으니 그 수가 많아
기록할 수도 없고 셀 수도 없었
더라 7 제사장들이 여호와의 언
약궤를 그 처소로 메어 들였으니
곧 본전 지성소 그룹들의 날개
아래라 8 그룹들이 궤 처소 위에
서 날개를 펴서 궤와 그 채를 덮
었는데 9 그 채가 길어서 궤에서
나오므로 그 끝이 본전 앞에서
보이나 밖에서는 보이지 아니하
며 그 궤가 오늘까지 그 곳에 있
으며 10 궤 안에는 두 돌판* 외
에 아무것도 없으니 이것은 이스
라엘 자손이 애굽에서 나온 후
여호와께서 그들과 언약을 세우
실 때에 모세가 호렙에서 그 안
에 넣은 것이더라

여호와의 영광

11 이 때에는 제사장들이 그 반
열대로 하지 아니하고 스스로
정결하게 하고 성소에 있다가
나오매 12 노래하는 레위 사람
아삽과 헤만과 여두둔과 그의
아들들과 형제들이 다 세마포를
입고 제단 동쪽에 서서 제금과
비파와 수금을 잡고 또 나팔 부
는 제사장 백이십 명이 함께 서
있다가 13 나팔 부는 자와 노래
하는 자들이 일제히 소리를 내
어 여호와를 찬송하며 감사하는
데 나팔 불고 제금 치고 모든 악
기를 울리며 소리를 높여 여호
와를 찬송하여 이르되 선하시도
다 그의 자비하심이 영원히 있
도다 하매 그 때에 여호와의 전
에 구름이 가득한지라 14 제사
장들이 그 구름으로 말미암아
능히 서서 섬기지 못하였으니
이는 여호와의 영광이 하나님의
전에 가득함이었더라

6장

솔로몬의 축복

1 그 때에 솔로몬이 이르되 여호
와께서 캄캄한 데 계시겠다 말씀
하셨사오나 2 내가 주를 위하여
거하실 성전을 건축하였사오니
주께서 영원히 계실 처소로소이
다 하고 3 얼굴을 돌려 이스라엘
온 회중을 위하여 축복하니 그
때에 이스라엘의 온 회중이 서
있더라 4 왕이 이르되 이스라엘
하나님 여호와를 송축할지로다
여호와께서 그의 입으로 내 아버
지 다윗에게 말씀하신 것을 이제
그의 손으로 이루셨도다 이르시
기를 5 내가 내 백성을 애굽 땅
에서 인도하여 낸 날부터 내 이
름을 둘 만한 집을 건축하기 위
하여 이스라엘 모든 지파 가운데
서 아무 성읍도 택하지 아니하였
으며 내 백성 이스라엘의 주권자
가 될 사람을 아무도 택하지 아
니하였더니 6 예루살렘을 택하
여 내 이름을 거기 두고 또 다윗

5:10 **두 돌판** 이것은 하나님께서 십계명을 써주신 두 판을 가리킨다.

을 택하여 내 백성 이스라엘을 다
스리게 하였노라 하신지라 7 내
아버지 다윗이 이스라엘의 하나
님 여호와의 이름을 위하여 성전
을 건축할 마음이 있었더니 8 여
호와께서 내 아버지 다윗에게
이르시되 네가 내 이름을 위하
여 성전을 건축할 마음이 있으
니 이 마음이 네게 있는 것이 좋
도다 9 그러나 너는 그 성전을
건축하지 못할 것이요 네 허리에
서 나올 네 아들 그가 내 이름을
위하여 성전을 건축하리라 하시
더니 10 이제 여호와께서 말씀
하신 대로 이루셨도다 내가 여호
와께서 말씀하신 대로 내 아버지
다윗을 대신하여 일어나 이스라
엘 왕위에 앉고 이스라엘의 하나
님 여호와의 이름을 위하여 성전
을 건축하고 11 내가 또 그 곳에
여호와께서 이스라엘 자손과 더
불어 세우신 언약을 넣은 궤를
두었노라 하니라

솔로몬의 기도

12 솔로몬이 여호와의 제단 앞에
서 이스라엘의 모든 회중과 마주
서서 그의 손을 펴니라 13 솔로
몬이 일찍이 놋으로 대를 만들었
으니 길이가 다섯 규빗이요 너비
가 다섯 규빗이요 높이가 세 규
빗이라 뜰 가운데에 두었더니 그
가 그 위에 서서 이스라엘의 모
든 회중 앞에서 무릎을 꿇고 하
늘을 향하여 손을 펴고 14 이르
되 이스라엘의 하나님 여호와여
천지에 주와 같은 신이 없나이다
주께서는 온 마음으로 주의 앞에
서 행하는 주의 종들에게 언약을
지키시고 은혜를 베푸시나이다
15 주께서 주의 종 내 아버지 다
윗에게 허락하신 말씀을 지키시
되 주의 입으로 말씀하신 것을
손으로 이루심이 오늘과 같으니
이다 16 이스라엘의 하나님 여
호와여 주께서 주의 종 내 아버
지 다윗에게 말씀하시기를 네 자
손이 그들의 행위를 삼가서 네가
내 앞에서 행한 것 같이 내 율법
대로 행하기만 하면 네게로부터
나서 이스라엘 왕위에 앉을 사람
이 내 앞에서 끊어지지 아니하리
라 하셨사오니 이제 다윗을 위하
여 그 허락하신 말씀을 지키시옵
소서 17 그런즉 이스라엘 하나
님 여호와여 원하건대 주는 주의
종 다윗에게 하신 말씀이 확실하
게 하옵소서 18 하나님이 참으
로 사람과 함께 땅에 계시리이까
보소서 하늘과 하늘들의 하늘이
라도 주를 용납하지 못하겠거든
하물며 내가 건축한 이 성전이오
리이까 19 그러나 나의 하나님
여호와여 주의 종의 기도와 간구
를 돌아보시며 주의 종이 주 앞
에서 부르짖는 것과 비는 기도를
들으시옵소서 20 주께서 전에
말씀하시기를 내 이름을 거기에
두리라 하신 곳 이 성전을 향하
여 주의 눈이 주야로 보시오며
종이 이 곳을 향하여 비는 기도
를 들으시옵소서 21 주의 종과
주의 백성 이스라엘이 이 곳을
향하여 기도할 때에 주는 그 간
구함을 들으시되 주께서 계신 곳
하늘에서 들으시고 들으시사 사
하여 주옵소서 22 만일 어떤 사
람이 그의 이웃에게 범죄하므로
맹세시킴을 받고 그가 와서 이
성전에 있는 주의 제단 앞에서
맹세하거든 23 주는 하늘에서
들으시고 행하시되 주의 종들을
심판하사 악한 자의 죄를 정하여
그의 행위대로 그의 머리에 돌리
시고 공의로운 자를 의롭다 하사
그 의로운 대로 갚으시옵소서
24 만일 주의 백성 이스라엘이
주께 범죄하여 적국 앞에 패하게
되므로 주의 이름을 인정하고 주
께로 돌아와서 이 성전에서 주께
빌며 간구하거든 25 주는 하늘
에서 들으시고 주의 백성 이스라
엘의 죄를 사하시고 그들과 그들
의 조상들에게 주신 땅으로 돌아
오게 하옵소서 26 만일 그들이
주께 범죄함으로 말미암아 하늘
이 닫히고 비가 내리지 않는 주
의 벌을 받을 때에 이 곳을 향하
여 빌며 주의 이름을 인정하고
그들의 죄에서 떠나거든 27 주
께서는 하늘에서 들으사 주의 종
들과 주의 백성 이스라엘의 죄를
사하시고 그 마땅히 행할 선한
길을 가르쳐 주시오며 주의 백성
에게 기업으로 주신 주의 땅에
비를 내리시옵소서 28 만일 이
땅에 기근이나 전염병이 있거나
곡식이 시들거나 깜부기가 나거
나 메뚜기나 황충이 나거나 적국
이 와서 성읍들을 에워싸거나 무
슨 재앙이나 무슨 질병이 있거나
를 막론하고 29 한 사람이나 혹
주의 온 백성 이스라엘이 다 각
각 자기의 마음에 재앙과 고통을
깨닫고 이 성전을 향하여 손을
펴고 무슨 기도나 무슨 간구를
하거든 30 주는 계신 곳 하늘에
서 들으시며 사유하시되 각 사람
의 마음을 아시오니 그의 모든
행위대로 갚으시옵소서 주만 홀

로 사람의 마음을 아심이니이다
31 그리하시면 그들이 주께서 우
리 조상들에게 주신 땅에서 사는
동안에 항상 주를 경외하며 주의
길로 걸어가리이다 32 주의 백
성 이스라엘에 속하지 않은 이방
인에게 대하여도 그들이 주의 큰
이름과 능한 손과 펴신 팔을 위
하여 먼 지방에서 와서 이 성전
을 향하여 기도하거든 33 주는
계신 곳 하늘에서 들으시고 모든
이방인이 주께 부르짖는 대로 이
루사 땅의 만민이 주의 이름을
알고 주의 백성 이스라엘처럼 경
외하게 하시오며 또 내가 건축한
이 성전을 주의 이름으로 일컫는
줄을 알게 하옵소서 34 주의 백
성이 그 적국과 더불어 싸우고자
하여 주께서 보내신 길로 나갈
때에 그들이 주께서 택하신 이
성과 내가 주의 이름을 위하여
건축한 성전 있는 쪽을 향하여
주께 기도하거든 35 주는 하늘
에서 그들의 기도와 간구를 들으
시고 그들의 일을 돌보시옵소서
36 주께 범죄하지 아니하는 사람
이 없사오니 그들이 주께 범죄하
므로 주께서 그들에게 진노하사
그들을 적국에게 넘기시매 적국
이 그들을 사로잡아 땅의 원근을
막론하고 끌고 간 후에 37 그들
이 사로잡혀 간 땅에서 스스로
깨닫고 그들을 사로잡은 자들의
땅에서 돌이켜 주께 간구하기를
우리가 범죄하여 패역을 행하며
악을 행하였나이다 하며 38 자
기들을 사로잡아 간 적국의 땅에
서 온 마음과 온 뜻으로 주께 돌
아와서 주께서 그들의 조상들에
게 주신 땅과 주께서 택하신 성
과 내가 주의 이름을 위하여 건
축한 성전 있는 쪽을 향하여 기
도하거든 39 주는 계신 곳 하늘
에서 그들의 기도와 간구를 들으
시고 그들의 일을 돌보시오며 주
께 범죄한 주의 백성을 용서하옵
소서 40 나의 하나님이여 이제
이 곳에서 하는 기도에 눈을 드
시고 귀를 기울이소서 41 여호
와 하나님이여 일어나 들어가사
주의 능력의 궤와 함께 주의 평
안한 처소에 계시옵소서 여호와
하나님이여 원하옵건대 주의 제
사장들에게 구원을 입게 하시고
또 주의 성도들에게 은혜를 기뻐
하게 하옵소서 42 여호와 하나
님이여 주의 기름 부음 받은 자
에게서 얼굴을 돌리지 마시옵고
주의 종 다윗에게 베푸신 은총을
기억하옵소서 하였더라

7장

성전 낙성식

1 솔로몬이 기도를 마치매 불이
하늘에서부터 내려와서 그 번제
물과 제물들을 사르고 여호와의
영광이 그 성전에 가득하니 2 여
호와의 영광이 여호와의 전에 가
득하므로 제사장들이 여호와의
전으로 능히 들어가지 못하였고
3 이스라엘 모든 자손은 불이 내
리는 것과 여호와의 영광이 성전
위에 있는 것을 보고 돌을 깐 땅
에 엎드려 경배하며 여호와께 감
사하여 이르되 선하시도다 그의
인자하심이 영원하도다 하니라
4 이에 왕과 모든 백성이 여호와
앞에 제사를 드리니 5 솔로몬 왕
이 드린 제물이 소가 이만 이천
마리요 양이 십이만 마리라 이와
같이 왕과 모든 백성이 하나님의
전의 낙성식을 행하니라 6 그 때
에 제사장들은 직분대로 모셔 서
고 레위 사람도 여호와의 악기를
가지고 섰으니 이 악기는 전에

다윗 왕이 레위 사람들에게 여호
와께 감사하게 하려고 만들어서
여호와의 인자하심이 영원함을
찬송하게 하던 것이라 제사장들
은 무리 앞에서 나팔을 불고 온
이스라엘은 서 있더라 7 솔로몬
이 또 여호와의 전 앞뜰 가운데
를 거룩하게 하고 거기서 번제물
과 화목제의 기름을 드렸으니 이
는 솔로몬이 지은 놋 제단이 능
히 그 번제물과 소제물과 기름을
용납할 수 없음이더라 8 그 때에
솔로몬이 칠 일 동안 절기를 지
켰는데 하맛 어귀에서부터 애굽
강까지의 온 이스라엘의 심히 큰
회중이 모여 그와 함께 하였더니
9 여덟째 날에 무리가 한 성회를
여니라 제단의 낙성식을 칠 일
동안 행한 후 이 절기를 칠 일 동
안 지키니라 10 일곱째 달 제이
십삼일에 왕이 백성을 그들의 장
막으로 돌려보내매 백성이 여호
와께서 다윗과 솔로몬과 그의 백
성 이스라엘에게 베푸신 은혜로
말미암아 기뻐하며 마음에 즐거
워하였더라

여호와께서 다시 솔로몬에게 나타나시다

11 솔로몬이 여호와의 전과 왕궁
건축을 마치고 솔로몬의 심중에
여호와의 전과 자기의 궁궐에 그
가 이루고자 한 것을 다 형통하
게 이루니라 12 밤에 여호와께
서 솔로몬에게 나타나사 그에게
이르시되 내가 이미 네 기도를
듣고 이 곳을 택하여 내게 제사
하는 성전을 삼았으니 13 혹 내
가 하늘을 닫고 비를 내리지 아
니하거나 혹 메뚜기들에게 토산

을 먹게 하거나 혹 전염병이 내
백성 가운데에 유행하게 할 때에
14 내 이름으로 일컫는 내 백성
이 그들의 악한 길에서 떠나 스
스로 낮추고 기도하여 내 얼굴을
찾으면 내가 하늘에서 듣고 그들
의 죄를 사하고 그들의 땅을 고
칠지라 15 이제 이 곳에서 하는
기도에 내가 눈을 들고 귀를 기
울이리니 16 이는 내가 이미 이
성전을 택하고 거룩하게 하여 내
이름을 여기에 영원히 있게 하였
음이라 내 눈과 내 마음이 항상
여기에 있으리라 17 네가 만일
내 앞에서 행하기를 네 아버지
다윗이 행한 것과 같이 하여 내
가 네게 명령한 모든 것을 행하
여 내 율례와 법규를 지키면 18
내가 네 나라 왕위를 견고하게
하되 전에 내가 네 아버지 다윗
과 언약하기를 이스라엘을 다스
릴 자가 네게서 끊어지지 아니하
리라 한 대로 하리라 19 그러나
너희가 만일 돌아서서 내가 너희
앞에 둔 내 율례와 명령을 버리
고 가서 다른 신들을 섬겨 그들
을 경배하면 20 내가 너희에게
준 땅에서 그 뿌리를 뽑아내고
내 이름을 위하여 거룩하게 한
이 성전을 내 앞에서 버려 모든
민족 중에 속담거리와 이야깃거
리가 되게 하리니 21 이 성전이
비록 높을지라도 그리로 지나가
는 자마다 놀라 이르되 여호와께
서 무슨 까닭으로 이 땅과 이 성
전에 이같이 행하셨는고 하면
22 대답하기를 그들이 자기 조상
들을 애굽 땅에서 인도하여 내신
자기 하나님 여호와를 버리고 다
른 신들에게 붙잡혀서 그것들을
경배하여 섬기므로 여호와께서
이 모든 재앙을 그들에게 내리셨
다 하리라 하셨더라

8장

솔로몬의 업적

1 솔로몬이 여호와의 전과 자기
의 궁궐을 이십 년 동안에 건축
하기를 마치고 2 후람이 솔로몬

에게 되돌려 준 성읍들을 솔로몬
이 건축하여 이스라엘 자손에게
거기에 거주하게 하니라 3 솔로
몬이 가서 하맛소바를 쳐서 점령
하고 4 또 광야에서 다드몰을 건
축하고 하맛에서 모든 국고성들
을 건축하고 5 또 윗 벧호론과
아랫 벧호론을 건축하되 성벽과
문과 문빗장이 있게 하여 견고한
성읍으로 만들고 6 또 바알랏과
자기에게 있는 모든 국고성들과
모든 병거성들과 마병의 성들을
건축하고 솔로몬이 또 예루살렘
과 레바논과 그가 다스리는 온
땅에 건축하고자 하던 것을 다
건축하니라 7 이스라엘이 아닌
헷 족속과 아모리 족속과 브리스
족속과 히위 족속과 여부스 족속
의 남아 있는 모든 자 8 곧 이스
라엘 자손이 다 멸하지 않았으므
로 그 땅에 남아 있는 그들의 자
손들을 솔로몬이 역군으로 삼아
오늘에 이르렀으되 9 오직 이스
라엘 자손은 솔로몬이 노예로 삼
아 일을 시키지 아니하였으니 그
들은 군사와 지휘관의 우두머리
들과 그의 병거와 마병의 지휘관
들이 됨이라 10 솔로몬 왕의 공
장을 감독하는 자들이 이백오십
명이라 그들이 백성을 다스렸더
라 11 솔로몬이 바로의 딸을 데
리고 다윗 성에서부터 그를 위하
여 건축한 왕궁에 이르러 이르되
내 아내가 이스라엘 왕 다윗의
왕궁에 살지 못하리니 이는 여호
와의 궤가 이른 곳은 다 거룩함
이니라 하였더라 12 솔로몬이
낭실 앞에 쌓은 여호와의 제단
위에 여호와께 번제를 드리되
13 모세의 명령을 따라 매일의
일과대로 안식일과 초하루와 정
한 절기 곧 일년의 세 절기 무교
절과 칠칠절과 초막절에 드렸더
라 14 솔로몬이 또 그의 아버지
다윗의 규례를 따라 제사장들의
반열을 정하여 섬기게 하고 레위
사람들에게도 그 직분을 맡겨 매
일의 일과대로 찬송하며 제사장
들 앞에서 수종들게 하며 또 문
지기들에게 그 반열을 따라 각
문을 지키게 하였으니 이는 하나
님의 사람 다윗이 전에 이렇게
명령하였음이라 15 제사장들과
레위 사람들이 국고 일에든지 무
슨 일에든지 왕이 명령한 바를
전혀 어기지 아니하였더라 16
솔로몬이 여호와의 전의 기초를
쌓던 날부터 준공하기까지 모든
것을 완비하였으므로 여호와의
전 공사가 결점 없이 끝나니라
17 그 때에 솔로몬이 에돔 땅의
바닷가 에시온게벨과 엘롯에 이
르렀더니 18 후람이 그의 신복
들에게 부탁하여 배와 바닷길을
아는 종들을 보내매 그들이 솔로
몬의 종들과 함께 오빌에 이르러
거기서 금 사백오십 달란트를 얻
어 솔로몬 왕에게로 가져왔더라

9장

스바 여왕이 솔로몬을 찾아오다

1 스바 여왕이 솔로몬의 명성을
듣고 와서 어려운 질문으로 솔로
몬을 시험하고자 하여 예루살렘
에 이르니 매우 많은 시종들을
거느리고 향품과 많은 금과 보석
을 낙타에 실었더라 그가 솔로몬
에게 나아와 자기 마음에 있는
것을 다 말하매 2 솔로몬이 그가
묻는 말에 다 대답하였으니 솔로
몬이 몰라서 대답하지 못한 것이
없었더라 3 스바 여왕이 솔로몬
의 지혜와 그가 건축한 궁과 4
그의 상의 음식물과 그의 신하들
의 좌석과 그의 신하들이 도열한
것과 그들의 공복과 술 관원들과
그들의 공복과 여호와의 전에 올
라가는 층계를 보고 정신이 황홀
하여 5 왕께 말하되 내가 내 나
라에서 당신의 행위와 당신의 지
혜에 대하여 들은 소문이 진실하
도다 6 내가 그 말들을 믿지 아
니하였더니 이제 와서 본즉 당신
의 지혜가 크다 한 말이 그 절반
도 못 되니 당신은 내가 들은 소
문보다 더하도다 7 복되도다 당
신의 사람들이여, 복되도다 당신
의 이 신하들이여, 항상 당신 앞
에 서서 당신의 지혜를 들음이로
다 8 당신의 하나님 여호와를 송
축할지로다 하나님이 당신을 기
뻐하시고 그 자리에 올리사 당신
의 하나님 여호와를 위하여 왕이
되게 하셨도다 당신의 하나님이
이스라엘을 사랑하사 영원히 견
고하게 하시려고 당신을 세워 그

들의 왕으로 삼아 정의와 공의를
행하게 하셨도다 하고 9 이에 그
가 금 백이십 달란트와 매우 많
은 향품과 보석을 왕께 드렸으니
스바 여왕이 솔로몬 왕께 드린
향품 같은 것이 전에는 없었더라
10 (후람의 신하들과 솔로몬의
신하들도 오빌에서 금을 실어 올
때에 백단목과 보석을 가져온지
라 11 왕이 백단목으로 여호와
의 전과 왕궁의 층대를 만들고
또 노래하는 자들을 위하여 수금
과 비파를 만들었으니 이같은 것
들은 유다 땅에서 전에는 보지
못하였더라) 12 솔로몬 왕이 스
바 여왕이 가져온 대로 답례하고
그 외에 또 그의 소원대로 구하
는 것을 모두 주니 이에 그가 그
의 신하들과 더불어 본국으로 돌
아갔더라

솔로몬의 재산과 지혜

13 솔로몬의 세입금의 무게가 금
육백육십육 달란트요 14 그 외
에 또 무역상과 객상들이 가져온
것이 있고 아라비아 왕들과 그
나라 방백들도 금과 은을 솔로몬
에게 가져온지라 15 솔로몬 왕
이 쳐서 늘인 금으로 큰 방패 이
백 개를 만들었으니 방패 하나에
든 금이 육백 세겔이며 16 또 쳐
서 늘인 금으로 작은 방패 삼백
개를 만들었으니 방패 하나에 든
금이 삼백 세겔이라 왕이 이것들
을 레바논 나무 궁에 두었더라
17 왕이 또 상아로 큰 보좌를 만
들고 순금으로 입혔으니 18 그
보좌에는 여섯 층계와 금 발판이
있어 보좌와 이어졌고 앉는 자리
양쪽에는 팔걸이가 있고 팔걸이
곁에는 사자가 하나씩 섰으며
19 또 열두 사자가 있어 그 여섯
층계 양쪽에 섰으니 어떤 나라에
도 이같이 만든 것이 없었더라
20 솔로몬 왕이 마시는 그릇은
다 금이요 레바논 나무 궁의 그
릇들도 다 순금이라 솔로몬의 시
대에 은을 귀하게 여기지 아니함
은 21 왕의 배들이 후람의 종들
과 함께 다시스로 다니며 그 배
들이 삼 년에 일 차씩 다시스의
금과 은과 상아와 원숭이와 공작
을 실어옴이더라 22 솔로몬 왕
의 재산과 지혜가 천하의 모든
왕들보다 큰지라 23 천하의 열
왕이 하나님께서 솔로몬의 마음
에 주신 지혜를 들으며 그의 얼
굴을 보기 원하여 24 각기 예물
을 가지고 왔으니 곧 은 그릇과
금 그릇과 의복과 갑옷과 향품과

말과 노새라 해마다 정한 수가
있었더라 25 솔로몬의 병거 메
는 말의 외양간은 사천이요 마병
은 만 이천 명이라 병거성에도
두고 예루살렘 왕에게도 두었으
며 26 솔로몬이 유브라데 강에
서부터 블레셋 땅과 애굽 지경까
지의 모든 왕을 다스렸으며 27
왕이 예루살렘에서 은을 돌 같이
흔하게 하고 백향목을 평지의 뽕
나무 같이 많게 하였더라 28 솔
로몬을 위하여 애굽과 각국에서
말들을 가져왔더라

솔로몬이 죽다

29 이 외에 솔로몬의 시종 행적
은 선지자 나단의 글과 실로 사
람 아히야의 예언과 선견자 잇도
의 묵시 책 곧 잇도가 느밧의 아
들 여로보암에 대하여 쓴 책에
기록되지 아니하였느냐 30 솔로
몬이 예루살렘에서 온 이스라엘
을 다스린 지 사십 년이라 31 솔
로몬이 그의 조상들과 함께 자매
그의 아버지 다윗의 성에 장사되
고 그의 아들 르호보암이 대신하
여 왕이 되니라

10장

북쪽 지파들의 배반

1 르호보암이 세겜으로 갔으니
이는 온 이스라엘이 그를 왕으로
삼고자 하여 세겜에 이르렀음이
더라 2 느밧의 아들 여로보암이
전에 솔로몬 왕의 낯을 피하여
애굽으로 도망하여 있었더니 이
일을 듣고 여로보암이 애굽에서
부터 돌아오매 3 무리가 사람을
보내어 그를 불렀더라 여로보암
과 온 이스라엘이 와서 르호보암
에게 말하여 이르되 4 왕의 아버
지께서 우리의 멍에를 무겁게 하
였으나 왕은 이제 왕의 아버지께
서 우리에게 시킨 고역과 메운
무거운 멍에를 가볍게 하소서 그
리하시면 우리가 왕을 섬기겠나
이다 5 르호보암이 그들에게 대
답하되 삼 일 후에 다시 내게로
오라 하매 백성이 가니라 6 르호
보암 왕이 그의 아버지 솔로몬의
생전에 그 앞에 모셨던 원로들과
의논하여 이르되 너희는 이 백성
에게 어떻게 대답하도록 권고하
겠느냐 하니 7 그들이 대답하여
이르되 왕이 만일 이 백성을 후
대하여 기쁘게 하고 선한 말을
하시면 그들이 영원히 왕의 종이
되리이다 하나 8 왕은 원로들이
가르치는 것을 버리고 그 앞에
모시고 있는 자기와 함께 자라난
젊은 신하들과 의논하여 9 이르
되 너희는 이 백성에게 어떻게
대답하도록 권고하겠느냐 백성
이 내게 말하기를 왕의 아버지께
서 우리에게 메운 멍에를 가볍게
하라 하였느니라 하니 10 함께
자라난 젊은 신하들이 왕께 말하
여 이르되 이 백성들이 왕께 아
뢰기를 왕의 아버지께서 우리의
멍에를 무겁게 하였으나 왕은 우
리를 위하여 가볍게 하라 하였은
즉 왕은 대답하시기를 내 새끼
손가락이 내 아버지의 허리보다
굵으니 11 내 아버지가 너희에
게 무거운 멍에를 메게 하였으나
이제 나는 너희의 멍에를 더욱
무겁게 할지라 내 아버지는 가죽
채찍으로 너희를 치셨으나 나는
전갈 채찍으로 하리라 하소서 하
더라 12 삼 일 만에 여로보암과
모든 백성이 르호보암에게 나왔
으니 이는 왕이 명령하여 이르기
를 삼 일 만에 내게로 다시 오라
하였음이라 13 왕이 포학한 말
로 대답할새 르호보암이 원로들
의 가르침을 버리고 14 젊은 신
하들의 가르침을 따라 그들에게
말하여 이르되 내 아버지는 너희
의 멍에를 무겁게 하였으나 나는
더 무겁게 할지라 내 아버지는
가죽 채찍으로 너희를 치셨으나
나는 전갈 채찍으로 치리라 하니
라 15 왕이 이같이 백성의 말을
듣지 아니하였으니 이 일은 하나
님께로 말미암아 난 것이라 여호

와께서 전에 실로 사람 아히야로
하여금 느밧의 아들 여로보암에
게 이르신 말씀을 응하게 하심이
더라 16 온 이스라엘은 왕이 자
기들의 말을 듣지 아니함을 보고
왕에게 대답하여 이르되 우리가
다윗과 무슨 관계가 있느냐 이새
의 아들에게서 받을 유산이 없도
다 이스라엘아 각각 너희의 장막
으로 돌아가라 다윗이여 이제 너
는 네 집이나 돌보라 하고 온 이
스라엘이 그들의 장막으로 돌아
가니라 17 그러나 유다 성읍들
에 사는 이스라엘 자손들에게는
르호보암이 그들의 왕이 되었더
라 18 르호보암 왕이 역군의 감
독 하도람을 보냈더니 이스라엘
자손이 저를 돌로 쳐 죽인지라
르호보암 왕이 급히 수레에 올라
예루살렘으로 도망하였더라 19
이에 이스라엘이 다윗의 집을 배
반하여 오늘날까지 이르니라

11장

스마야가 여호와의 말씀을 전하다

1 르호보암이 예루살렘에 이르러
유다와 베냐민 족속을 모으니 택
한 용사가 십팔만 명이라 이스라
엘과 싸워 나라를 회복하여 르호
보암에게 돌리려 하더니 2 여호
와의 말씀이 하나님의 사람 스마
야에게 임하여 이르시되 3 솔로
몬의 아들 유다 왕 르호보암과
유다와 베냐민에 속한 모든 이스
라엘 무리에게 말하여 이르기를
4 여호와께서 이같이 말씀하시기
를 너희는 올라가지 말라 너희
형제와 싸우지 말고 각기 집으로
돌아가라 이 일이 내게로 말미암
아 난 것이라 하셨다 하라 하신
지라 그들이 여호와의 말씀을 듣
고 돌아가고 여로보암을 치러 가
던 길에서 되돌아왔더라

르호보암이 방비하는 성읍들을 건축하다

5 르호보암이 예루살렘에 살면서
유다 땅에 방비하는 성읍들을 건
축하였으니 6 곧 베들레헴과 에
담과 드고아와 7 벧술과 소고와
아둘람과 8 가드와 마레사와 십
과 9 아도라임과 라기스와 아세
가와 10 소라와 아얄론과 헤브
론이니 다 유다와 베냐민 땅에
있어 견고한 성읍들이라 11 르
호보암이 그 방비하는 성읍들을
더욱 견고하게 하고 지휘관들을
그 가운데에 두고 양식과 기름과
포도주를 저축하고 12 모든 성
읍에 방패와 창을 두어 매우 강
하게 하니라 유다와 베냐민이 르
호보암에게 속하였더라

제사장들과 레위 사람들이 유다로 오다

13 온 이스라엘의 제사장들과 레
위 사람들이 그들의 모든 지방에
서부터 르호보암에게 돌아오되
14 레위 사람들이 자기들의 마을
들과 산업을 떠나 유다와 예루살
렘에 이르렀으니 이는 여로보암
과 그의 아들들이 그들을 해임하
여 여호와께 제사장의 직분을 행
하지 못하게 하고 15 여로보암
이 여러 산당과 숫염소 우상과
자기가 만든 송아지 우상을 위하
여 친히 제사장들을 세움이라
16 이스라엘 모든 지파 중에 마
음을 굳게 하여 이스라엘의 하나
님 여호와를 찾는 자들이 레위
사람들을 따라 예루살렘에 이르
러 그들의 조상들의 하나님 여호
와께 제사하고자 한지라 17 그
러므로 삼 년 동안 유다 나라를
도와 솔로몬의 아들 르호보암을
강성하게 하였으니 이는 무리가
삼 년 동안을 다윗과 솔로몬의
길로 행하였음이더라

르호보암의 가족

18 르호보암이 다윗의 아들 여리
못의 딸 마할랏을 아내로 삼았으
니 마할랏은 이새의 아들 엘리압
의 딸 아비하일의 소생이라 19
그가 아들들 곧 여우스와 스마랴
와 사함을 낳았으며 20 그 후에

압살롬의 딸 마아가에게 장가 들
었더니 그가 아비야와 앗대와 시
사와 슬로밋을 낳았더라 21 르
호보암은 아내 열여덟 명과 첩
예순 명을 거느려 아들 스물여덟
명과 딸 예순 명을 낳았으나 압
살롬의 딸 마아가를 모든 처첩보
다 더 사랑하여 22 르호보암은
마아가의 아들 아비야를 후계자
로 세웠으니 이는 그의 형제들
가운데 지도자로 삼아 왕으로 세
우고자 함이었더라 23 르호보암
이 지혜롭게 행하여 그의 모든
아들을 유다와 베냐민의 온 땅
모든 견고한 성읍에 흩어 살게
하고 양식을 후히 주고 아내를
많이 구하여 주었더라

12장

애굽이 유다를 치다

1 르호보암의 나라가 견고하고
세력이 강해지매 그가 여호와의
율법을 버리니 온 이스라엘이 본
받은지라 2 그들이 여호와께 범
죄하였으므로 르호보암 왕 제오
년에 애굽 왕 시삭이 예루살렘을
치러 올라오니 3 그에게 병거가
천이백 대요 마병이 육만 명이며
애굽에서 그와 함께 온 백성 곧
리비아와 숙과 구스 사람이 헤아
릴 수 없이 많더라 4 시삭이 유
다의 견고한 성읍들을 빼앗고 예
루살렘에 이르니 5 그 때에 유다
방백들이 시삭의 일로 예루살렘
에 모였는지라 선지자 스마야가
르호보암과 방백들에게 나아와
이르되 여호와께서 이같이 말씀
하시기를 너희가 나를 버렸으므
로 나도 너희를 버려 시삭의 손
에 넘겼노라 하셨다 한지라 6 이
에 이스라엘 방백들과 왕이 스스
로 겸비하여 이르되 여호와는 의
로우시다 하매 7 여호와께서 그
들이 스스로 겸비함을 보신지라
여호와의 말씀이 스마야에게 임
하여 이르시되 그들이 스스로 겸
비하였으니 내가 멸하지 아니하
고 저희를 조금 구원하여 나의
노를 시삭의 손을 통하여 예루살
렘에 쏟지 아니하리라 8 그러나
그들이 시삭의 종이 되어 나를
섬기는 것과 세상 나라들을 섬기
는 것이 어떠한지 알게 되리라
하셨더라 9 애굽 왕 시삭이 올라
와서 예루살렘을 치고 여호와의
전 보물과 왕궁의 보물을 모두
빼앗고 솔로몬이 만든 금 방패도
빼앗은지라 10 르호보암 왕이
그 대신에 놋으로 방패를 만들어
궁문을 지키는 경호 책임자들의
손에 맡기매 11 왕이 여호와의
전에 들어갈 때마다 경호하는 자
가 그 방패를 들고 갔다가 경호
실로 도로 가져갔더라 12 르호
보암이 스스로 겸비하였고 유다
에 선한 일도 있으므로 여호와께
서 노를 돌이키사 다 멸하지 아
니하셨더라

르호보암이 죽다

13 르호보암 왕은 예루살렘에서
스스로 세력을 굳게 하여 다스리
니라 르호보암이 왕위에 오를 때
에 나이가 사십일 세라 예루살렘
곧 여호와께서 이스라엘의 모든
지파 중에서 택하여 그의 이름을
두신 성에서 십칠 년 동안 다스
리니라 르호보암의 어머니의 이
름은 나아마요 암몬 여인이더라
14 르호보암이 악을 행하였으니
이는 그가 여호와를 구하는 마음
을 굳게 하지 아니함이었더라
15 르호보암의 처음부터 끝까지
의 행적은 선지자 스마야와 선견
자 잇도의 족보책에 기록되지 아
니하였느냐 르호보암과 여로보
암 사이에 항상 전쟁이 있으니라
16 르호보암이 그의 조상들과 함
께 누우매 다윗 성에 장사되고
그의 아들 아비야가 그를 대신하
여 왕이 되니라

13장

아비야와 여로보암의 전쟁

1 여로보암 왕 열여덟째 해에 아
비야가 유다의 왕이 되고 2 예루
살렘에서 삼 년 동안 다스리니라
그의 어머니의 이름은 미가야요
기브아 사람 우리엘의 딸이더라
아비야가 여로보암과 더불어 싸

울새 3 아비야는 싸움에 용감한
군사 사십만 명을 택하여 싸움을
준비하였고 여로보암은 큰 용사
팔십만 명을 택하여 그와 대진한
지라 4 아비야가 에브라임 산 중
스마라임 산 위에 서서 이르되
여로보암과 이스라엘 무리들아
다 들으라 5 이스라엘 하나님 여
호와께서 소금 언약으로 이스라
엘 나라를 영원히 다윗과 그의
자손에게 주신 것을 너희가 알
것 아니냐 6 다윗의 아들 솔로몬
의 신하 느밧의 아들 여로보암이
일어나 자기의 주를 배반하고 7
난봉꾼과 잡배가 모여 따르므로
스스로 강하게 되어 솔로몬의 아
들 르호보암을 대적하였으나 그
때에 르호보암이 어리고 마음이
연약하여 그들의 입을 능히 막지
못하였었느니라 8 이제 너희가
또 다윗 자손의 손으로 다스리는
여호와의 나라를 대적하려 하는
도다 너희는 큰 무리요 또 여로
보암이 너희를 위하여 신으로 만
든 금송아지들이 너희와 함께 있
도다 9 너희가 아론 자손인 여호
와의 제사장들과 레위 사람들을
쫓아내고 이방 백성들의 풍속을
따라 제사장을 삼지 아니하였느
냐 누구를 막론하고 어린 수송아
지 한 마리와 숫양 일곱 마리를
끌고 와서 장립을 받고자 하는
자마다 허무한 신들의 제사장이
될 수 있도다 10 우리에게는 여
호와께서 우리 하나님이 되시니
우리가 그를 배반하지 아니하였
고 여호와를 섬기는 제사장들이
있으니 아론의 자손이요 또 레위
사람들이 수종 들어 11 매일 아
침 저녁으로 여호와 앞에 번제를
드리며 분향하며 또 깨끗한 상에
진설병을 놓고 또 금 등잔대가
있어 그 등에 저녁마다 불을 켜
나니 우리는 우리 하나님 여호와
의 계명을 지키나 너희는 그를
배반하였느니라 12 하나님이 우
리와 함께 하사 우리의 머리가
되시고 그의 제사장들도 우리와
함께 하여 전쟁의 나팔을 불어
너희를 공격하느니라 이스라엘
자손들아 너희 조상들의 하나님
여호와와 싸우지 말라 너희가 형
통하지 못하리라 13 여로보암이
유다의 뒤를 둘러 복병하였으므
로 그 앞에는 이스라엘 사람들이
있고 그 뒤에는 복병이 있는지라
14 유다 사람이 뒤를 돌아보고
자기 앞 뒤의 적병으로 말미암아
여호와께 부르짖고 제사장들은
나팔을 부니라 15 유다 사람이
소리 지르매 유다 사람이 소리
지를 때에 하나님이 여로보암과
온 이스라엘을 아비야와 유다 앞
에서 치시니 16 이스라엘 자손
이 유다 앞에서 도망하는지라 하
나님이 그들의 손에 넘기셨으므
로 17 아비야와 그의 백성이 크
게 무찌르니 이스라엘이 택한 병
사들이 죽임을 당하고 엎드러진
자들이 오십만 명이었더라 18
그 때에 이스라엘 자손이 항복하
고 유다 자손이 이겼으니 이는
그들이 그들의 조상들의 하나님
여호와를 의지하였음이라 19 아
비야가 여로보암을 쫓아가서 그
의 성읍들을 빼앗았으니 곧 벧엘
과 그 동네들과 여사나와 그 동
네들과 에브론과 그 동네들이라
20 아비야 때에 여로보암이 다시
강성하지 못하고 여호와의 치심
을 입어 죽었고 21 아비야는 점
점 강성하며 아내 열넷을 거느려
아들 스물둘과 딸 열여섯을 낳았
더라 22 아비야의 남은 사적과
그의 행위와 그의 말은 선지자
잇도의 주석 책에 기록되니라

14장

아사가 유다 왕이 되다

1 아비야가 그의 조상들과 함께
누우매 다윗 성에 장사되고 그의
아들 아사가 대신하여 왕이 되니
그의 시대에 그의 땅이 십 년 동
안 평안하니라 2 아사가 그의 하
나님 여호와 보시기에 선과 정의
를 행하여 3 이방 제단과 산당을
없애고 주상을 깨뜨리며 아세라
상을 찍고 4 유다 사람에게 명하
여 그 조상들의 하나님 여호와를
찾게 하며 그의 율법과 명령을
행하게 하고 5 또 유다 모든 성

읍에서 산당과 태양상을 없애매
나라가 그 앞에서 평안함을 누리
니라 6 여호와께서 아사에게 평
안을 주셨으므로 그 땅이 평안하
여 여러 해 싸움이 없은지라 그
가 견고한 성읍들을 유다에 건축
하니라 7 아사가 일찍이 유다 사
람에게 이르되 우리가 우리 하나
님 여호와를 찾았으므로 이 땅이
아직 우리 앞에 있나니 우리가
이 성읍들을 건축하고 그 주위에
성곽과 망대와 문과 빗장을 만들
자 우리가 주를 찾았으므로 주께
서 우리 사방에 평안을 주셨느니
라 하고 이에 그들이 성읍을 형
통하게 건축하였더라 8 아사의
군대는 유다 중에서 큰 방패와
창을 잡는 자가 삼십만 명이요
베냐민 중에서 작은 방패를 잡으
며 활을 당기는 자가 이십팔만
명이라 그들은 다 큰 용사였더라
9 구스 사람 세라가 그들을 치려
하여 군사 백만 명과 병거 삼백
대를 거느리고 마레사에 이르매
10 아사가 마주 나가서 마레사의
스바다 골짜기에 전열을 갖추고
11 아사가 그의 하나님 여호와께
부르짖어 이르되 여호와여 힘이
강한 자와 약한 자 사이에는 주
밖에 도와 줄 이가 없사오니 우
리 하나님 여호와여 우리를 도우
소서 우리가 주를 의지하오며 주
의 이름을 의탁하옵고 이 많은
무리를 치러 왔나이다 여호와여
주는 우리 하나님이시오니 원하
건대 사람이 주를 이기지 못하게
하옵소서 하였더니 12 여호와께
서 구스 사람들을 아사와 유다
사람들 앞에서 치시니 구스 사람
들이 도망하는지라 13 아사와
그와 함께 한 백성이 구스 사람
들을 추격하여 그랄까지 이르매
이에 구스 사람들이 엎드러지고
살아 남은 자가 없었으니 이는
여호와 앞에서와 그의 군대 앞에
서 패망하였음이라 노략한 물건
이 매우 많았더라 14 여호와께
서 그랄 사면 모든 성읍 백성을
두렵게 하시니 무리가 그의 모든
성읍을 치고 그 가운데에 있는
많은 물건을 노략하고 15 또 짐
승 지키는 천막을 치고 양과 낙
타를 많이 이끌고 예루살렘으로
돌아왔더라

15장

아사의 개혁

1 하나님의 영이 오뎃의 아들 아
사랴에게 임하시매 2 그가 나가
서 아사를 맞아 이르되 아사와
및 유다와 베냐민의 무리들아 내
말을 들으라 너희가 여호와와 함
께 하면 여호와께서 너희와 함께
하실지라 너희가 만일 그를 찾으
면 그가 너희와 만나게 되시려니
와 너희가 만일 그를 버리면 그
도 너희를 버리시리라 3 이스라
엘에는 참 신이 없고 가르치는
제사장도 없고 율법도 없은 지가
오래 되었으나 4 그들이 그 환난
때에 이스라엘 하나님 여호와께
로 돌아가서 찾으매 그가 그들과
만나게 되셨나니 5 그 때에 온
땅의 모든 주민이 크게 요란하여
사람의 출입이 평안하지 못하며
6 이 나라와 저 나라가 서로 치고
이 성읍이 저 성읍과 또한 그러
하여 피차 상한 바 되었나니 이
는 하나님이 여러 가지 고난으로
요란하게 하셨음이라 7 그런즉
너희는 강하게 하라 너희의 손이
약하지 않게 하라 너희 행위에는
상급이 있음이라 하니라 8 아사
가 이 말 곧 선지자 오뎃의 예언
을 듣고 마음을 강하게 하여 가
증한 물건들을 유다와 베냐민 온
땅에서 없애고 또 에브라임 산지
에서 빼앗은 성읍들에서도 없애
고 또 여호와의 낭실 앞에 있는
여호와의 제단을 재건하고 9 또
유다와 베냐민의 무리를 모으고
에브라임과 므낫세와 시므온 가
운데에서 나와서 저희 중에 머물
러 사는 자들을 모았으니 이는
이스라엘 사람들이 아사의 하나
님 여호와께서 그와 함께 하심을
보고 아사에게로 돌아오는 자가
많았음이더라 10 아사 왕 제십
오년 셋째 달에 그들이 예루살렘
에 모이고 11 그 날에 노략하여
온 물건 중에서 소 칠백 마리와
양 칠천 마리로 여호와께 제사를
지내고 12 또 마음을 다하고 목
숨을 다하여 조상들의 하나님 여
호와를 찾기로 언약하고 13 이
스라엘 하나님 여호와를 찾지 아
니하는 자는 대소 남녀를 막론하
고 죽이는 것이 마땅하다 하고
14 무리가 큰 소리로 외치며 피
리와 나팔을 불어 여호와께 맹세
하매 15 온 유다가 이 맹세를 기
뻐한지라 무리가 마음을 다하여
맹세하고 뜻을 다하여 여호와를
찾았으므로 여호와께서도 그들
을 만나 주시고 그들의 사방에
평안을 주셨더라 16 아사 왕의
어머니 마아가가 아세라의 가증

한 목상을 만들었으므로 아사가
그의 태후의 자리를 폐하고 그의
우상을 찍고 빻아 기드론 시냇가
에서 불살랐으니 17 산당은 이
스라엘 중에서 제하지 아니하였
으나 아사의 마음이 일평생 온전
하였더라 18 그가 또 그의 아버
지가 구별한 물건과 자기가 구별
한 물건 곧 은과 금과 그릇들을
하나님의 전에 드렸더니 19 이
때부터 아사 왕 제삼십오 년까지
다시는 전쟁이 없으니라

16장

이스라엘과 유다의 충돌

1 아사 왕 제삼십육 년에 이스라
엘 왕 바아사가 유다를 치러 올
라와서 라마를 건축하여 사람을
유다 왕 아사에게 왕래하지 못하
게 하려 한지라 2 아사가 여호와
의 전 곳간과 왕궁 곳간의 은금
을 내어다가 다메섹에 사는 아람
왕 벤하닷에게 보내며 이르되 3
내 아버지와 당신의 아버지 사이
에와 같이 나와 당신 사이에 약
조하자 내가 당신에게 은금을 보
내노니 와서 이스라엘 왕 바아사
와 세운 약조를 깨뜨려 그가 나
를 떠나게 하라 하매 4 벤하닷이
아사 왕의 말을 듣고 그의 군대
지휘관들을 보내어 이스라엘 성
읍들을 치되 이욘과 단과 아벨마
임과 납달리의 모든 국고성들을
쳤더니 5 바아사가 듣고 라마 건
축하는 일을 포기하고 그 공사를
그친지라 6 아사 왕이 온 유다
무리를 거느리고 바아사가 라마
를 건축하던 돌과 재목을 운반하
여다가 게바와 미스바를 건축하
였더라

선견자 하나니

7 그 때에 선견자 하나니가 유다
왕 아사에게 나와서 그에게 이르
되 왕이 아람 왕을 의지하고 왕
의 하나님 여호와를 의지하지 아
니하였으므로 아람 왕의 군대가
왕의 손에서 벗어났나이다 8 구
스 사람과 룹 사람의 군대가 크
지 아니하며 말과 병거가 심히
많지 아니하더이까 그러나 왕이
여호와를 의지하였으므로 여호
와께서 왕의 손에 넘기셨나이다
9 여호와의 눈은 온 땅을 두루 감
찰하사 전심으로 자기에게 향하
는 자들을 위하여 능력을 베푸시
나니 이 일은 왕이 망령되이 행
하였은즉 이 후부터는 왕에게 전
쟁이 있으리이다 하매 10 아사가
노하여 선견자를 옥에 가두었으
니 이는 그의 말에 크게 노하였음
이며 그 때에 아사가 또 백성 중
에서 몇 사람을 학대하였더라

아사가 죽다

11 아사의 처음부터 끝까지의 행
적은 유다와 이스라엘 열왕기에
기록되니라 12 아사가 왕이 된
지 삼십구 년에 그의 발이 병들
어 매우 위독했으나 병이 있을
때에 그가 여호와께 구하지 아니
하고 의원들에게 구하였더라 13
아사가 왕위에 있은 지 사십일
년 후에 죽어 그의 조상들과 함
께 누우매 14 다윗 성에 자기를
위하여 파 두었던 묘실에 무리가
장사하되 그의 시체를 법대로 만
든 각양 향 재료를 가득히 채운
상에 두고 또 그것을 위하여 많
이 분향하였더라

17장

여호사밧이 유다의 왕이 되다

1 아사의 아들 여호사밧이 대신
하여 왕이 되어 스스로 강하게
하여 이스라엘을 방어하되 2 유
다 모든 견고한 성읍에 군대를
주둔시키고 또 유다 땅과 그의
아버지 아사가 정복한 에브라임
성읍들에 영문을 두었더라 3 여
호와께서 여호사밧과 함께 하셨
으니 이는 그가 그의 조상 다윗
의 처음 길로 행하여 바알들에게
구하지 아니하고 4 오직 그의 아
버지의 하나님께 구하며 그의 계
명을 행하고 이스라엘의 행위를
따르지 아니하였음이라 5 그러
므로 여호와께서 나라를 그의 손
에서 견고하게 하시매 유다 무리
가 여호사밧에게 예물을 드렸으
므로 그가 부귀와 영광을 크게
떨쳤더라 6 그가 전심으로 여호
와의 길을 걸어 산당들과 아세라
목상들도 유다에서 제거하였더
라 7 그가 왕위에 있은 지 삼 년
에 그의 방백들 벤하일과 오바댜
와 스가랴와 느다넬과 미가야를
보내어 유다 여러 성읍에 가서
가르치게 하고 8 또 그들과 함께
레위 사람 스마야와 느다냐와 스
바댜와 아사헬과 스미라못과 여
호나단과 아도니야와 도비야와
도바도니야 등 레위 사람들을 보
내고 또 저희와 함께 제사장 엘

리사마와 여호람을 보내었더니
9 그들이 여호와의 율법책을 가
지고 유다에서 가르치되 그 모든
유다 성읍들로 두루 다니며 백성
들을 가르쳤더라

여호사밧이 강대하여지다

10 여호와께서 유다 사방의 모든
나라에 두려움을 주사 여호사밧
과 싸우지 못하게 하시매 11 블
레셋 사람들 중에서는 여호사밧
에게 예물을 드리며 은으로 조공
을 바쳤고 아라비아 사람들도 짐
승 떼 곧 숫양 칠천칠백 마리와
숫염소 칠천칠백 마리를 드렸더
라 12 여호사밧이 점점 강대하
여 유다에 견고한 요새와 국고성
을 건축하고 13 유다 여러 성에
공사를 많이 하고 또 예루살렘에
크게 용맹스러운 군사를 두었으
니 14 군사의 수효가 그들의 족
속대로 이러하니라 유다에 속한
천부장 중에는 아드나가 으뜸이
되어 큰 용사 삼십만 명을 거느
렸고 15 그 다음은 지휘관 여호
하난이니 이십팔만 명을 거느렸
고 16 그 다음은 시그리의 아들
아마시야니 그는 자기를 여호와
께 즐거이 드린 자라 큰 용사 이
십만 명을 거느렸고 17 베냐민
에 속한 자 중에 큰 용사 엘리아
다는 활과 방패를 잡은 자 이십
만 명을 거느렸고 18 그 다음은
여호사밧이라 싸움을 준비한 자
십팔만 명을 거느렸으니 19 이
는 다 왕을 모시는 자요 이 외에
또 온 유다 견고한 성읍들에 왕
이 군사를 두었더라

18장

선지자 미가야가 아합 왕에게 경고하다

1 여호사밧이 부귀와 영광을 크
게 떨쳤고 아합 가문과 혼인함으
로 인척 관계를 맺었더라• 2 이
년 후에 그가 사마리아의 아합에
게 내려갔더니 아합이 그와 시종
을 위하여 양과 소를 많이 잡고
함께 가서 길르앗 라못 치기를
권하였더라 3 이스라엘 왕 아합
이 유다 왕 여호사밧에게 이르되
당신이 나와 함께 길르앗 라못으
로 가시겠느냐 하니 여호사밧이
대답하되 나는 당신과 다름이 없
고 내 백성은 당신의 백성과 다
름이 없으니 당신과 함께 싸우리
이다 하는지라 4 여호사밧이 또
이스라엘 왕에게 이르되 청하건
대 먼저 여호와의 말씀이 어떠하
신지 오늘 물어 보소서 하더라 5
이스라엘 왕이 이에 선지자 사백
명을 모으고 그들에게 이르되 우
리가 길르앗 라못에 가서 싸우랴
말랴 하니 그들이 이르되 올라가
소서 하나님이 그 성읍을 왕의
손에 붙이시리이다 하더라 6 여
호사밧이 이르되 이 외에 우리가
물을 만한 여호와의 선지자가 여
기 있지 아니하니이까 하니 7 이
스라엘 왕이 여호사밧에게 이르
되 아직도 이믈라의 아들 미가야
한 사람이 있으니 그로 말미암아
여호와께 물을 수 있으나 그는
내게 대하여 좋은 일로는 예언하
지 아니하고 항상 나쁜 일로만
예언하기로 내가 그를 미워하나
이다 하더라 여호사밧이 이르되
왕은 그런 말씀을 마소서 하니 8
이스라엘 왕이 한 내시를 불러
이르되 이믈라의 아들 미가야를
속히 오게 하라 하니라 9 이스라
엘 왕과 유다 왕 여호사밧이 왕
복을 입고 사마리아 성문 어귀
광장에서 각기 보좌에 앉았고 여
러 선지자들이 그 앞에서 예언을
하는데 10 그나아나의 아들 시
드기야는 철로 뿔들을 만들어 가
지고 말하되 여호와께서 이같이
말씀하시기를 왕이 이것들로 아
람 사람을 찔러 진멸하리라 하셨
다 하고 11 여러 선지자들도 그
와 같이 예언하여 이르기를 길르

18:1 **아합 가문과 … 맺었더라** 여호사밧의 아들 여호람은 아합의 딸 아달랴와 결혼하였다(대하 21:6 참조).

앗 라못으로 올라가서 승리를 거
두소서 여호와께서 그 성읍을 왕
의 손에 넘기시리이다 하더라
12 미가야를 부르러 간 사자가
그에게 말하여 이르되 선지자들
의 말이 하나 같이 왕에게 좋게
말하니 청하건대 당신의 말도 그
들 중 한 사람처럼 좋게 말하소
서 하니 13 미가야가 이르되 여
호와께서 살아 계심을 두고 맹세
하노니 내 하나님께서 말씀하시
는 것 곧 그것을 내가 말하리라
하고 14 이에 왕에게 이르니 왕
이 그에게 이르되 미가야야 우리
가 길르앗 라못으로 싸우러 가랴
말랴 하는지라 이르되 올라가서
승리를 거두소서 그들이 왕의 손
에 넘긴 바 되리이다 하니 15 왕
이 그에게 이르되 여호와의 이름
으로 진실한 것 이외에는 아무것
도 말하지 말라고 내가 몇 번이
나 네게 맹세하게 하여야 하겠느
냐 하니 16 그가 이르되 내가 보
니 온 이스라엘이 목자 없는 양
같이 산에 흩어졌는데 여호와의
말씀이 이 무리가 주인이 없으니
각각 평안히 자기들의 집으로 돌
아갈 것이니라 하셨나이다 하는
지라 17 이스라엘 왕이 여호사
밧에게 이르되 저 사람이 내게
대하여 좋은 일로 예언하지 아니
하고 나쁜 일로만 예언할 것이라
고 당신에게 말씀하지 아니하였
나이까 하더라 18 미가야가 이
르되 그런즉 왕은 여호와의 말씀
을 들으소서 내가 보니 여호와께
서 그의 보좌에 앉으셨고 하늘의
만군이 그의 좌우편에 모시고 섰
는데 19 여호와께서 말씀하시기
를 누가 이스라엘 왕 아합을 꾀

어 그에게 길르앗 라못에 올라가
서 죽게 할까 하시니 하나는 이
렇게 하겠다 하고 하나는 저렇게
하겠다 하였는데 20 한 영이 나
와서 여호와 앞에 서서 말하되
내가 그를 꾀겠나이다 하니 여호
와께서 그에게 이르시되 어떻게
하겠느냐 하시니 21 그가 이르
되 내가 나가서 거짓말하는 영이
되어 그의 모든 선지자들의 입에
있겠나이다 하니 여호와께서 이
르시되 너는 꾀겠고 또 이루리라
나가서 그리하라 하셨은즉 22
이제 보소서 여호와께서 거짓말
하는 영을 왕의 이 모든 선지자
들의 입에 넣으셨고 또 여호와께
서 왕에게 대하여 재앙을 말씀하
셨나이다 하니 23 그나아나의 아
들 시드기야가 가까이 와서 미가
야의 뺨을 치며 이르되 여호와의
영이 나를 떠나 어디로 가서 네게
말씀하더냐 하는지라 24 미가야
가 이르되 네가 골방에 들어가서
숨는 바로 그 날에 보리라 하더라
25 이스라엘 왕이 이르되 미가야
를 잡아 시장 아몬과 왕자 요아스
에게로 끌고 돌아가서 26 왕이
이같이 말하기를 이 놈을 옥에 가
두고 내가 평안히 돌아올 때까지
고난의 떡과 고난의 물을 먹게 하
라 하셨나이다 하니 27 미가야가
이르되 왕이 참으로 평안히 돌아
오시게 된다면 여호와께서 내게
말씀하지 아니하셨으리이다 하
고 또 이르되 너희 백성들아 다
들을지어다 하니라

아합이 죽다

28 이스라엘 왕과 유다 왕 여호
사밧이 길르앗 라못으로 올라가
니라 29 이스라엘 왕이 여호사
밧에게 이르되 나는 변장하고 전
쟁터로 들어가려 하노니 당신은
왕복을 입으소서 하고 이스라엘
왕이 변장하고 둘이 전쟁터로 들
어가니라 30 아람 왕이 그의 병
거 지휘관들에게 이미 명령하여
이르기를 너희는 작은 자나 큰
자나 더불어 싸우지 말고 오직
이스라엘 왕하고만 싸우라 한지
라 31 병거의 지휘관들이 여호
사밧을 보고 이르되 이가 이스라
엘 왕이라 하고 돌아서서 그와
싸우려 한즉 여호사밧이 소리를
지르매 여호와께서 그를 도우시
며 하나님이 그들을 감동시키사
그를 떠나가게 하신지라 32 병
거의 지휘관들이 그가 이스라엘
왕이 아님을 보고 추격을 그치고
돌아갔더라 33 한 사람이 무심코

활을 당겨 이스라엘 왕의 갑옷 솔
기를 쏜지라 왕이 그의 병거 모는
자에게 이르되 내가 부상하였으
니 네 손을 돌려 나를 진중에서
나가게 하라 하였으나 34 이 날
의 전쟁이 맹렬하였으므로 이스
라엘 왕이 병거에서 겨우 지탱하
며 저녁 때까지 아람 사람을 막다
가 해가 질 즈음에 죽었더라

19장

선견자 예후가 여호사밧을 규탄하다

1 유다 왕 여호사밧이 평안히 예
루살렘에 돌아와서 그의 궁으로
들어가니라 2 하나니의 아들 선
견자 예후가 나가서 여호사밧 왕
을 맞아 이르되 왕이 악한 자를
돕고 여호와를 미워하는 자들을
사랑하는 것이 옳으니이까 그러
므로 여호와께로부터 진노하심
이 왕에게 임하리이다 3 그러나
왕에게 선한 일도 있으니 이는
왕이 아세라 목상들을 이 땅에서
없애고 마음을 기울여 하나님을
찾음이니이다 하였더라

여호사밧의 개혁

4 여호사밧이 예루살렘에 살더니
다시 나가서 브엘세바에서부터
에브라임 산지까지 민간에 두루
다니며 그들을 그들의 조상들의
하나님 여호와께로 돌아오게 하
고 5 또 유다 온 나라의 견고한
성읍에 재판관을 세우되 성읍마
다 있게 하고 6 재판관들에게 이
르되 너희가 재판하는 것이 사람

을 위하여 할 것인지 여호와를
위하여 할 것인지를 잘 살피라
너희가 재판할 때에 여호와께서
너희와 함께 하심이니라 7 그런
즉 너희는 여호와를 두려워하는
마음으로 삼가 행하라 우리의 하
나님 여호와께서는 불의함도 없
으시고 치우침도 없으시고 뇌물
을 받는 일도 없으시니라 하니라
8 여호사밧이 또 예루살렘에서
레위 사람들과 제사장들과 이스
라엘 족장들 중에서 사람을 세워
여호와께 속한 일과 예루살렘 주
민의 모든 송사를 재판하게 하고
9 그들에게 명령하여 이르되 너
희는 진실과 성심을 다하여 여호
와를 경외하라 10 어떤 성읍에
사는 너희 형제가 혹 피를 흘림
이나 혹 율법이나 계명이나 율례
나 규례로 말미암아 너희에게 와
서 송사하거든 어떤 송사든지 그
들에게 경고하여 여호와께 죄를
범하지 않게 하여 너희와 너희
형제에게 진노하심이 임하지 말
게 하라 너희가 이렇게 행하면
죄가 없으리라 11 여호와께 속
한 모든 일에는 대제사장 아마랴
가 너희를 다스리고 왕에게 속한
모든 일은 유다 지파의 어른 이
스마엘의 아들 스바댜가 다스리
고 레위 사람들은 너희 앞에 관
리가 되리라 너희는 힘써 행하라
여호와께서 선한 자와 함께 하실
지로다 하니라

20장

여호사밧과 아람의 전쟁

1 그 후에 모압 자손과 암몬 자손
들이 마온 사람들과 함께 와서
여호사밧을 치고자 한지라 2 어
떤 사람이 와서 여호사밧에게 전
하여 이르되 큰 무리가 바다 저
쪽 아람에서 왕을 치러 오는데
이제 하사손다말 곧 엔게디에 있
나이다 하니 3 여호사밧이 두려
워하여 여호와께로 낯을 향하여
간구하고 온 유다 백성에게 금식
하라 공포하매 4 유다 사람이 여
호와께 도우심을 구하려 하여 유
다 모든 성읍에서 모여와서 여호
와께 간구하더라 5 여호사밧이
여호와의 전 새 뜰 앞에서 유다
와 예루살렘의 회중 가운데 서서
6 이르되 우리 조상들의 하나님
여호와여 주는 하늘에서 하나님

이 아니시니이까 이방 사람들의
모든 나라를 다스리지 아니하시
나이까 주의 손에 권세와 능력이
있사오니 능히 주와 맞설 사람이
없나이다 7 우리 하나님이시여
전에 이 땅 주민을 주의 백성 이
스라엘 앞에서 쫓아내시고 그 땅
을 주께서 사랑하시는 아브라함
의 자손에게 영원히 주지 아니하
셨나이까 8 그들이 이 땅에 살면
서 주의 이름을 위하여 한 성소
를 주를 위해 건축하고 이르기를
9 만일 재앙이나 난리나 견책이
나 전염병이나 기근이 우리에게
임하면 주의 이름이 이 성전에
있으니 우리가 이 성전 앞과 주
앞에 서서 이 환난 가운데에서
주께 부르짖은즉 들으시고 구원
하시리라 하였나이다 10 옛적에
이스라엘이 애굽 땅에서 나올 때
에 암몬 자손과 모압 자손과 세
일 산 사람들을 침노하기를 주께
서 용납하지 아니하시므로 이에
돌이켜 그들을 떠나고 멸하지 아
니하였거늘 11 이제 그들이 우
리에게 갚는 것을 보옵소서 그들
이 와서 주께서 우리에게 주신
주의 기업에서 우리를 쫓아내고
자 하나이다 12 우리 하나님이
여 그들을 징벌하지 아니하시나
이까 우리를 치러 오는 이 큰 무
리를 우리가 대적할 능력이 없고
어떻게 할 줄도 알지 못하옵고
오직 주만 바라보나이다 하고
13 유다 모든 사람들이 그들의
아내와 자녀와 어린이와 더불어
여호와 앞에 섰더라 14 여호와
의 영이 회중 가운데에서 레위
사람 야하시엘에게 임하셨으니
그는 아삽 자손 맛다냐의 현손이
요 여이엘의 증손이요 브나야의
손자요 스가랴의 아들이더라 15
야하시엘이 이르되 온 유다와 예
루살렘 주민과 여호사밧 왕이여
들을지어다 여호와께서 이같이
너희에게 말씀하시기를 너희는
이 큰 무리로 말미암아 두려워하
거나 놀라지 말라 이 전쟁은 너
희에게 속한 것이 아니요 하나님
께 속한 것이니라 16 내일 너희
는 그들에게로 내려가라 그들이
시스 고개로 올라올 때에 너희가
골짜기 어귀 여루엘 들 앞에서
그들을 만나려니와 17 이 전쟁
에는 너희가 싸울 것이 없나니
대열을 이루고 서서 너희와 함께
한 여호와가 구원하는 것을 보라
유다와 예루살렘아 너희는 두려
워하지 말며 놀라지 말고 내일
그들을 맞서 나가라 여호와가 너
희와 함께 하리라 하셨느니라 하
매 18 여호사밧이 몸을 굽혀 얼
굴을 땅에 대니 온 유다와 예루
살렘 주민들도 여호와 앞에 엎드
려 여호와께 경배하고 19 그핫
자손과 고라 자손에게 속한 레위
사람들은 서서 심히 큰 소리로
이스라엘 하나님 여호와를 찬송
하니라 20 이에 백성들이 아침
에 일찍이 일어나서 드고아 들로
나가니라 나갈 때에 여호사밧이
서서 이르되 유다와 예루살렘 주
민들아 내 말을 들을지어다 너희
는 너희 하나님 여호와를 신뢰하
라 그리하면 견고히 서리라 그의
선지자들을 신뢰하라 그리하면
형통하리라 하고 21 백성과 더
불어 의논하고 노래하는 자들을
택하여 거룩한 예복을 입히고 군
대 앞에서 행진하며 여호와를 찬
송하여 이르기를 여호와께 감사
하세 그의 인자하심이 영원하도
다 하게 하였더니 22 그 노래와
찬송이 시작될 때에 여호와께서
복병을 두어 유다를 치러 온 암
몬 자손과 모압과 세일 산 주민
들을 치게 하시므로 그들이 패하

였으니 23 곧 암몬과 모압 자손
이 일어나 세일 산 주민들을 쳐
서 진멸하고 세일 주민들을 멸한
후에는 그들이 서로 쳐죽였더라
24 유다 사람이 들 망대에 이르
러 그 무리를 본즉 땅에 엎드러
진 시체들뿐이요 한 사람도 피한
자가 없는지라 25 여호사밧과
그의 백성이 가서 적군의 물건을
탈취할새 본즉 그 가운데에 재물
과 의복과 보물이 많이 있으므로
각기 탈취하는데 그 물건이 너무
많아 능히 가져갈 수 없을 만큼
많으므로 사흘 동안에 거두어들
이고 26 넷째 날에 무리가 브라
가 골짜기에 모여서 거기서 여호
와를 송축한지라 그러므로 오늘
날까지 그 곳을 브라가* 골짜기
라 일컫더라 27 유다와 예루살
렘 모든 사람이 다시 여호사밧을
선두로 하여 즐겁게 예루살렘으
로 돌아왔으니 이는 여호와께서
그들이 그 적군을 이김으로써 즐
거워하게 하셨음이라 28 그들이
비파와 수금과 나팔을 합주하고
예루살렘에 이르러 여호와의 전
에 나아가니라 29 이방 모든 나
라가 여호와께서 이스라엘의 적
군을 치셨다 함을 듣고 하나님을
두려워하므로 30 여호사밧의 나
라가 태평하였으니 이는 그의 하
나님이 사방에서 그들에게 평강
을 주셨음이더라

여호사밧의 행적

31 여호사밧이 유다의 왕이 되어
왕위에 오를 때에 나이가 삼십오
세라 예루살렘에서 이십오 년 동
안 다스리니라 그의 어머니의 이
름은 아수바라 실히의 딸이더라
32 여호사밧이 그의 아버지 아사
의 길로 행하여 돌이켜 떠나지
아니하고 여호와 보시기에 정직
하게 행하였으나 33 산당만은
철거하지 아니하였으므로 백성
이 여전히 마음을 정하여 그들의
조상들의 하나님께로 돌아오지
아니하였더라 34 이 외에 여호
사밧의 시종 행적은 하나니의 아
들 예후의 글에 다 기록되었고
그 글은 이스라엘 열왕기에 올랐
더라 35 유다 왕 여호사밧이 나
중에 이스라엘 왕 아하시야와 교
제하였는데 아하시야는 심히 악
을 행하는 자였더라 36 두 왕이
서로 연합하고 배를 만들어 다시
스로 보내고자 하여 에시온게벨
에서 배를 만들었더니 37 마레
사 사람 도다와후의 아들 엘리에
셀이 여호사밧을 향하여 예언하
여 이르되 왕이 아하시야와 교제
하므로 여호와께서 왕이 지은 것
들을 파하시리라 하더니 이에 그
배들이 부서져서 다시스로 가지
못하였더라

21장

유다 왕 여호람

1 여호사밧이 그의 조상들과 함
께 누우매 그의 조상들과 함께
다윗 성에 장사되고 그의 아들
여호람이 대신하여 왕이 되니라
2 여호사밧의 아들 여호람의 아
우들 아사랴와 여히엘과 스가랴
와 아사랴와 미가엘과 스바댜는
다 유다 왕 여호사밧의 아들들이
라 3 그의 아버지가 그들에게는

은금과 보물과 유다 견고한 성읍
들을 선물로 후히 주었고 여호람
은 장자이므로 왕위를 주었더니
4 여호람이 그의 아버지의 왕국
을 다스리게 되어 세력을 얻은
후에 그의 모든 아우들과 이스라
엘 방백들 중 몇 사람을 칼로 죽
였더라 5 여호람이 왕위에 오를
때에 나이가 삼십이 세라 예루
살렘에서 팔 년 동안 다스리니
라 6 그가 이스라엘 왕들의 길로
행하여 아합의 집과 같이 하였으
니 이는 아합의 딸이 그의 아내
가 되었음이라 그가 여호와 보시
기에 악을 행하였으나 7 여호와
께서 다윗의 집을 멸하기를 즐겨
하지 아니하셨음은 이전에 다윗
과 더불어 언약을 세우시고 또
다윗과 그의 자손에게 항상 등불
을 주겠다고 말씀하셨음이더라
8 여호람 때에 에돔이 배반하여
유다의 지배하에서 벗어나 자기
위에 왕을 세우므로 9 여호람이
지휘관들과 모든 병거를 거느리
고 출정하였더니 밤에 일어나서
자기를 에워싼 에돔 사람과 그
병거의 지휘관들을 쳤더라 10
이와 같이 에돔이 배반하여 유다
의 지배하에서 벗어났더니 오늘

20:26 브라가 이 이름은 '찬미'라는 뜻

까지 그러하였으며 그 때에 립나
도 배반하여 여호람의 지배 하에
서 벗어났으니 이는 그가 그의
조상들의 하나님 여호와를 버렸
음이더라 11 여호람이 또 유다
여러 산에 산당을 세워 예루살렘
주민으로 음행하게 하고 또 유다
를 미혹하게 하였으므로 12 선
지자 엘리야가 여호람에게 글을
보내어 이르되 왕의 조상 다윗의
하나님 여호와께서 이같이 말씀
하시기를 네가 네 아비 여호사밧
의 길과 유다 왕 아사의 길로 행
하지 아니하고 13 오직 이스라
엘 왕들의 길로 행하여 유다와
예루살렘 주민들이 음행하게 하
기를 아합의 집이 음행하듯 하며
또 네 아비 집에서 너보다 착한
아우들을 죽였으니 14 여호와가
네 백성과 네 자녀들과 네 아내
들과 네 모든 재물을 큰 재앙으
로 치시리라 15 또 너는 창자에
중병이 들고 그 병이 날로 중하
여 창자가 빠져나오리라 하셨다
하였더라 16 여호와께서 블레셋
사람들과 구스에서 가까운 아라
비아 사람들의 마음을 격동시키
사 여호람을 치게 하셨으므로
17 그들이 올라와서 유다를 침략
하여 왕궁의 모든 재물과 그의
아들들과 아내들을 탈취하였으
므로 막내 아들 여호아하스 외에
는 한 아들도 남지 아니하였더라
18 이 모든 일 후에 여호와께서
여호람을 치사 능히 고치지 못할
병이 그 창자에 들게 하셨으므로
19 여러 날 후 이 년 만에 그의 창
자가 그 병으로 말미암아 빠져나
오매 그가 그 심한 병으로 죽으
니 백성이 그들의 조상들에게 분
향하던 것 같이 그에게 분향하지
아니하였으며 20 여호람이 삼십
이 세에 즉위하고 예루살렘에서
팔 년 동안 다스리다가 아끼는
자 없이 세상을 떠났으며 무리
가 그를 다윗 성에 장사하였으
나 열왕의 묘실에는 두지 아니
하였더라

22장

유다 왕 아하시야

1 예루살렘 주민이 여호람의 막
내 아들 아하시야에게 왕위를 계
승하게 하였으니 이는 전에 아라
비아 사람들과 함께 와서 진을
치던 부대가 그의 모든 형들을
죽였음이라 그러므로 유다 왕 여
호람의 아들 아하시야가 왕이 되
었더라 2 아하시야가 왕이 될 때
에 나이가 사십이 세라 예루살렘
에서 일 년 동안 다스리니라 그
의 어머니의 이름은 아달랴요 오
므리의 손녀더라 3 아하시야도
아합의 집 길로 행하였으니 이는
그의 어머니가 꾀어 악을 행하게
하였음이라 4 그의 아버지가 죽
은 후에 그가 패망하게 하는 아
합의 집의 가르침을 따라 여호와
보시기에 아합의 집 같이 악을
행하였더라 5 아하시야가 아합
의 집의 가르침을 따라 이스라엘
왕 아합의 아들 요람과 함께 길
르앗 라못으로 가서 아람 왕 하
사엘과 더불어 싸우더니 아람 사
람들이 요람을 상하게 한지라 6
요람이 아람 왕 하사엘과 싸울
때에 라마에서 맞아 상한 것을
치료하려 하여 이스르엘로 돌아
왔더라 아합의 아들 요람이 병이
있으므로 유다 왕 여호람의 아들
아사랴가 이스르엘에 내려가서
방문하였더라 7 아하시야가 요
람에게 가므로 해를 입었으니 이

는 하나님께로 말미암은 것이라
아하시야가 갔다가 요람과 함께
나가서 님시의 아들 예후를 맞았
으니 그는 여호와께서 기름을 부
으시고 아합의 집을 멸하게 하신
자이더라 8 예후로 하여금 아합
의 집을 심판하게 하실 때에 유
다 방백들과 아하시야의 형제들
의 아들들 곧 아하시야를 섬기는
자들을 만나서 죽였고 9 아하시
야는 사마리아에 숨었더니 예후
가 찾으매 무리가 그를 예후에게
로 잡아가서 죽이고 이르기를 그
는 전심으로 여호와를 구하던 여
호사밧의 아들이라 하고 장사하
였더라 이에 아하시야의 집이 약
하여 왕위를 힘으로 지키지 못하
게 되니라

유다 여왕 아달랴

10 아하시야의 어머니 아달랴가
자기의 아들이 죽은 것을 보고
일어나 유다 집의 왕국의 씨를
모두 진멸하였으나 11 왕의 딸
여호사브앗이 아하시야의 아들
요아스를 왕자들이 죽임을 당하
는 중에서 몰래 빼내어 그와 그
의 유모를 침실에 숨겨 아달랴를
피하게 하였으므로 아달랴가 그
를 죽이지 못하였더라 여호사브
앗은 여호람 왕의 딸이요 아하시
야의 누이요 제사장 여호야다의
아내이더라 12 요아스가 그들과
함께 하나님의 전에 육 년을 숨
어 있는 동안에 아달랴가 나라를
다스렸더라

23장

아달랴에 대한 반역

1 제칠년에 여호야다가 용기를
내어 백부장 곧 여로함의 아들
아사랴와 여호하난의 아들 이스
마엘과 오벳의 아들 아사랴와 아
다야의 아들 마아세야와 시그리
의 아들 엘리사밧 등과 더불어
언약을 세우매 2 그들이 유다를
두루 다니며 유다 모든 고을에서
레위 사람들과 이스라엘 족장들
을 모아 예루살렘에 이른지라 3
온 회중이 하나님의 전에서 왕과
언약을 세우매 여호야다가 무리
에게 이르되 여호와께서 다윗의
자손에게 대하여 말씀하신 대로
왕자가 즉위하여야 할지니 4 이
제 너희는 이와 같이 행하라 너
희 제사장들과 레위 사람들 곧
안식일에 당번인 자들의 삼분의
일은 문을 지키고 5 삼분의 일은
왕궁에 있고 삼분의 일은 기초문
에 있고 백성들은 여호와의 전
뜰에 있을지라 6 제사장들과 수
종 드는 레위 사람들은 거룩한즉
여호와의 전에 들어오려니와 그
외의 다른 사람은 들어오지 못할
것이니 모든 백성은 여호와께 지
켜야 할 바를 지킬지며 7 레위
사람들은 각각 손에 무기를 잡고
왕을 호위하며 다른 사람이 성전
에 들어오거든 죽이고 왕이 출입
할 때에 경호할지니라 하니 8 레
위 사람들과 모든 유다 사람들이
제사장 여호야다가 명령한 모든
것을 준행하여 각기 수하에 안식
일에 당번인 자와 안식일에 비번

인 자들을 거느리고 있었으니 이
는 제사장 여호야다가 비번인 자
들을 보내지 아니함이더라 9 제
사장 여호야다가 하나님의 전 안
에 있는 다윗 왕의 창과 큰 방패
와 작은 방패를 백부장들에게 주
고 10 또 백성들에게 각각 손에
무기를 잡고 왕을 호위하되 성전
오른쪽에서부터 성전 왼쪽까지
제단과 성전 곁에 서게 하고 11
무리가 왕자를 인도해 내어 면류
관을 씌우며 율법책을 주고 세워
왕으로 삼을새 여호야다와 그의
아들들이 그에게 기름을 붓고 이
르기를 왕이여 만세 수를 누리소
서 하니라 12 아달랴가 백성들
이 뛰며 왕을 찬송하는 소리를
듣고 여호와의 전에 들어가서 백
성에게 이르러 13 보매 왕이 성
전 문 기둥 곁에 섰고 지휘관들
과 나팔수들이 왕의 곁에 모셔
서 있으며 그 땅의 모든 백성들
이 즐거워하여 나팔을 불며 노래
하는 자들은 주악하며 찬송을 인
도하는지라 이에 아달랴가 그의
옷을 찢으며 외치되 반역이로다
반역이로다 하매 14 제사장 여
호야다가 군대를 거느린 백부장
들을 불러내어 이르되 반열 밖으

로 몰아내라 그를 따르는 자는
칼로 죽이라 하니 제사장의 이
말은 여호와의 전에서는 그를 죽
이지 말라 함이라 15 이에 무리
가 그에게 길을 열어 주고 그가
왕궁 말문 어귀에 이를 때에 거
기서 죽였더라

여호야다의 개혁

16 여호야다가 자기와 모든 백성
과 왕 사이에 언약을 세워 여호
와의 백성이 되리라 한지라 17
온 국민이 바알의 신당으로 가서
그 신당을 부수고 그의 제단들과
형상들을 깨뜨리고 그 제단 앞에
서 바알의 제사장 맛단을 죽이니
라 18 여호야다가 여호와의 전
의 직원들을 세워 레위 제사장의
수하에 맡기니 이들은 다윗이 전
에 그들의 반열을 나누어서 여호
와의 전에서 모세의 율법에 기록
한 대로 여호와께 번제를 드리며
자기들의 정한 규례대로 즐거이
부르고 노래하게 하였던 자들이
더라 19 또 문지기를 여호와의
전 여러 문에 두어 무슨 일에든
지 부정한 모든 자는 들어오지
못하게 하고 20 백부장들과 존
귀한 자들과 백성의 방백들과 그
땅의 모든 백성을 거느리고 왕을
인도하여 여호와의 전에서 내려
와 윗문으로부터 왕궁에 이르러
왕을 나라 보좌에 앉히매 21 그
땅의 모든 백성이 즐거워하고 성
중이 평온하더라 아달랴를 무리
가 칼로 죽였었더라

24장

유다 왕 요아스

1 요아스가 왕위에 오를 때에 나
이가 칠 세라 예루살렘에서 사십
년 동안 다스리니라 그의 어머니
의 이름은 시비아요 브엘세바 사
람이더라 2 제사장 여호야다가
세상에 사는 모든 날에 요아스가
여호와 보시기에 정직하게 행하
였으며 3 여호야다가 그를 두 아
내에게 장가들게 하였더니 자녀
를 낳았더라 4 그 후에 요아스가
여호와의 전을 보수할 뜻을 두고
5 제사장들과 레위 사람들을 모
으고 그들에게 이르되 너희는 유
다 여러 성읍에 가서 모든 이스
라엘에게 해마다 너희의 하나님
의 전을 수리할 돈을 거두되 그
일을 빨리 하라 하였으나 레위
사람이 빨리 하지 아니한지라 6
왕이 대제사장 여호야다를 불러
이르되 네가 어찌하여 레위 사람
들을 시켜서 여호와의 종 모세와
이스라엘의 회중이 성막을 위하
여 정한 세를 유다와 예루살렘에
서 거두게 하지 아니하였느냐 하
니 7 이는 그 악한 여인 아달랴
의 아들들이 하나님의 전을 파괴
하고 또 여호와의 전의 모든 성
물들을 바알들을 위하여 사용하
였음이었더라 8 이에 왕이 말하
여 한 궤를 만들어 여호와의 전
문 밖에 두게 하고 9 유다와 예
루살렘에 공포하여 하나님의 종
모세가 광야에서 이스라엘에게
정한 세를 여호와께 드리라 하였
더니 10 모든 방백들과 백성들
이 기뻐하여 마치기까지 돈을 가
져다가 궤에 던지니라 11 레위
사람들이 언제든지 궤를 메고 왕
의 관리에게 가지고 가서 돈이
많은 것을 보이면 왕의 서기관과
대제사장에게 속한 관원이 와서
그 궤를 쏟고 다시 그 곳에 가져
다 두었더라 때때로 이렇게 하여
돈을 많이 거두매 12 왕과 여호
야다가 그 돈을 여호와의 전 감
독자에게 주어 석수와 목수를 고
용하여 여호와의 전을 보수하며
또 철공과 놋쇠공을 고용하여 여
호와의 전을 수리하게 하였더니
13 기술자들이 맡아서 수리하는
공사가 점점 진척되므로 하나님
의 전을 이전 모양대로 견고하게
하니라 14 공사를 마친 후에 그
남은 돈을 왕과 여호야다 앞으로
가져왔으므로 그것으로 여호와
의 전에 쓸 그릇을 만들었으니 곧
섬겨 제사 드리는 그릇이며 또 숟
가락과 금은 그릇들이라 여호야
다가 세상에 사는 모든 날에 여호
와의 전에 항상 번제를 드렸더라

여호야다의 정책이 뒤집히다

15 여호야다가 나이가 많고 늙어

서 죽으니 죽을 때에 백삼십 세
라 16 무리가 다윗 성 여러 왕의
묘실 중에 장사하였으니 이는 그
가 이스라엘과 하나님과 그의 성
전에 대하여 선을 행하였음이더
라 17 여호야다가 죽은 후에 유
다 방백들이 와서 왕에게 절하매
왕이 그들의 말을 듣고 18 그의
조상들의 하나님 여호와의 전을
버리고 아세라 목상과 우상을 섬
겼으므로 그 죄로 말미암아 진노
가 유다와 예루살렘에 임하니라
19 그러나 여호와께서 그들에게
선지자를 보내사 다시 여호와에
게로 돌아오게 하려 하시매 선지
자들이 그들에게 경고하였으나
듣지 아니하니라 20 이에 하나
님의 영이 제사장 여호야다의 아
들 스가랴를 감동시키시매 그가
백성 앞에 높이 서서 그들에게
이르되 하나님이 이같이 말씀하
시기를 너희가 어찌하여 여호와
의 명령을 거역하여 스스로 형통
하지 못하게 하느냐 하셨나니 너
희가 여호와를 버렸으므로 여호
와께서도 너희를 버리셨느니라
하나 21 무리가 함께 꾀하고 왕
의 명령을 따라 그를 여호와의
전 뜰 안에서 돌로 쳐죽였더라
22 요아스 왕이 이와 같이 스가
랴의 아버지 여호야다가 베푼 은
혜를 기억하지 아니하고 그의 아
들을 죽이니 그가 죽을 때에 이
르되 여호와는 감찰하시고 신원
하여 주옵소서 하니라

요아스가 죽다

23 일 주년 말에 아람 군대가 요
아스를 치려고 올라와서 유다와
예루살렘에 이르러 백성 중에서
모든 방백들을 다 죽이고 노략한
물건을 다메섹 왕에게로 보내니
라 24 아람 군대가 적은 무리로
왔으나 여호와께서 심히 큰 군대
를 그들의 손에 넘기셨으니 이는
유다 사람들이 그들의 조상들의
하나님 여호와를 버렸음이라 이
와 같이 아람 사람들이 요아스를
징벌하였더라 25 요아스가 크게
부상하매 적군이 그를 버리고 간
후에 그의 신하들이 제사장 여호
야다의 아들들의 피로 말미암아
반역하여 그를 그의 침상에서 쳐
죽인지라 다윗 성에 장사하였으
나 왕들의 묘실에는 장사하지 아
니하였더라 26 반역한 자들은
암몬 여인 시므앗의 아들 사밧과
모압 여인 시므릿의 아들 여호사
밧이더라 27 요아스의 아들들의
사적과 요아스가 중대한 경책을
받은 것과 하나님의 전을 보수한
사적은 다 열왕기 주석에 기록되
니라 그의 아들 아마샤가 대신하
여 왕이 되니라

25장

유다 왕 아마샤

1 아마샤가 왕위에 오를 때에 나
이가 이십오 세라 예루살렘에서
이십구 년 동안 다스리니라 그의
어머니의 이름은 여호앗단이요
예루살렘 사람이더라 2 아마샤
가 여호와께서 보시기에 정직하
게 행하기는 하였으나 온전한 마
음으로 행하지 아니하였더라 3
그의 나라가 굳게 서매 그의 부
왕을 죽인 신하들을 죽였으나 4
그들의 자녀들은 죽이지 아니하
였으니 이는 모세의 율법책에 기
록된 대로 함이라 곧 여호와께서
명령하여 이르시기를 자녀로 말
미암아 아버지를 죽이지 말 것이
요 아버지로 말미암아 자녀를 죽
이지 말 것이라 오직 각 사람은
자기의 죄로 말미암아 죽을 것이
니라* 하셨더라

아마샤와 에돔의 전쟁

5 아마샤가 유다 사람들을 모으
고 그 여러 족속을 따라 천부장
들과 백부장들을 세우되 유다와
베냐민을 함께 그리하고 이십 세
이상으로 계수하여 창과 방패를

25:4 자녀로 말미암아 … 죽을 것이니라 신 24:16 인용

잡고 능히 전장에 나갈 만한 자
삼십만 명을 얻고 6 또 은 백 달
란트로 이스라엘 나라에서 큰 용
사 십만 명을 고용하였더니 7 어
떤 하나님의 사람이 아마샤에게
나아와서 이르되 왕이여 이스라
엘 군대를 왕과 함께 가게 하지
마옵소서 여호와께서는 이스라
엘 곧 온 에브라임 자손과 함께
하지 아니하시나니 8 왕이 만일
가시거든 힘써 싸우소서 하나님
이 왕을 적군 앞에 엎드러지게
하시리이다 하나님은 능히 돕기
도 하시고 능히 패하게도 하시나
이다 하니 9 아마샤가 하나님의
사람에게 이르되 내가 백 달란트
를 이스라엘 군대에게 주었으니
어찌할까 하나님의 사람이 말하
되 여호와께서 능히 이보다 많은
것을 왕에게 주실 수 있나이다
하니라 10 아마샤가 이에 에브
라임에서 자기에게 온 군대를 나
누어 그들의 고향으로 돌아가게
하였더니 그 무리가 유다 사람에
게 심히 노하여 분연히 고향으로
돌아갔더라 11 아마샤가 담력을
내어 그의 백성을 거느리고 소금
골짜기에 이르러 세일 자손 만
명을 죽이고 12 유다 자손이 또
만 명을 사로잡아 가지고 바위
꼭대기에 올라가서 거기서 밀쳐
내려뜨려서 그들의 온 몸이 부서
지게 하였더라 13 아마샤가 자
기와 함께 전장에 나가지 못하게
하고 돌려보낸 군사들이 사마리
아에서부터 벧호론까지 유다 성
읍들을 약탈하고 사람 삼천 명을
죽이고 물건을 많이 노략하였더
라 14 아마샤가 에돔 사람들을
죽이고 돌아올 때에 세일 자손의
신들을 가져와서 자기의 신으로
세우고 그것들 앞에 경배하며 분
향한지라 15 그러므로 여호와께
서 아마샤에게 진노하사 한 선지
자를 그에게 보내시니 그가 이르
되 저 백성의 신들이 그들의 백
성을 왕의 손에서 능히 구원하지
못하였거늘 왕은 어찌하여 그 신
들에게 구하나이까 하며 16 선
지자가 아직 그에게 말할 때에
왕이 그에게 이르되 우리가 너를
왕의 모사로 삼았느냐 그치라 어
찌하여 맞으려 하느냐 하니 선지
자가 그치며 이르되 왕이 이 일
을 행하고 나의 경고를 듣지 아
니하니 하나님이 왕을 멸하시기
로 작정하신 줄 아노라 하였더라

유다와 이스라엘의 전쟁

17 유다 왕 아마샤가 상의하고 예
후의 손자 여호아하스의 아들 이
스라엘 왕 요아스에게 사신을 보
내어 이르되 오라 서로 대면하자
한지라 18 이스라엘 왕 요아스가
유다 왕 아마샤에게 사람을 보내
어 이르되 레바논 가시나무가 레
바논 백향목에게 전갈을 보내어
이르기를 네 딸을 내 아들에게 주
어 아내로 삼게 하라 하였더니 레
바논 들짐승이 지나가다가 그 가
시나무를 짓밟았느니라 19 네가
에돔 사람들을 쳤다고 네 마음이
교만하여 자긍하는도다 네 궁에
나 있으라 어찌하여 화를 자초하
여 너와 유다가 함께 망하고자 하
느냐 하나 20 아마샤가 듣지 아
니하였으니 이는 하나님께로 말
미암은 것이라 그들이 에돔 신들
에게 구하였으므로 그 대적의 손
에 넘기려 하심이더라 21 이스라
엘 왕 요아스가 올라와서 유다 왕
아마샤와 더불어 유다의 벧세메
스에서 대면하였더니 22 유다가
이스라엘 앞에서 패하여 각기 장
막으로 도망한지라 23 이스라엘
왕 요아스가 벧세메스에서 여호
아하스의 손자 요아스의 아들 유
다 왕 아마샤를 사로잡고 예루살
렘에 이르러 예루살렘 성벽을 에
브라임 문에서부터 성 모퉁이 문
까지 사백 규빗을 헐고 24 또 하
나님의 전 안에서 오벧에돔이 지
키는 모든 금은과 그릇과 왕궁의
재물을 빼앗고 또 사람들을 볼모
로 잡아 가지고 사마리아로 돌아
갔더라 25 이스라엘 왕 요아하스
의 아들 요아스가 죽은 후에도 유
다 왕 요아스의 아들 아마샤가 십
오 년 간 생존하였더라 26 아마
샤의 이 외의 처음부터 끝까지의
행적은 유다와 이스라엘 열왕기
에 기록되지 아니하였느냐 27 아
마샤가 돌아서서 여호와를 버린
후로부터 예루살렘에서 무리가
그를 반역하였으므로 그가 라기
스로 도망하였더니 반역한 무리
가 사람을 라기스로 따라 보내어
그를 거기서 죽이게 하고 28 그
의 시체를 말에 실어다가 그의 조
상들과 함께 유다 성읍에 장사하
였더라

26장

유다 왕 웃시야

1 유다 온 백성이 나이가 십육 세
된 웃시야를 세워 그의 아버지
아마샤를 대신하여 왕으로 삼으

니 2아마샤 왕이 그의 열조들의
묘실에 누운 후에 웃시야가 엘롯
을 건축하여 유다에 돌렸더라 3
웃시야가 왕위에 오를 때에 나이
가 십육 세라 예루살렘에서 오십
이 년 간 다스리니라 그의 어머
니의 이름은 여골리아요 예루살
렘 사람이더라 4웃시야가 그의
아버지 아마샤의 모든 행위대로
여호와 보시기에 정직하게 행하
며 5하나님의 묵시를 밝히 아는
스가랴가 사는 날에 하나님을 찾
았고 그가 여호와를 찾을 동안에
는 하나님이 형통하게 하셨더라
6웃시야가 나가서 블레셋 사람
들과 싸우고 가드 성벽과 야브네
성벽과 아스돗 성벽을 헐고 아스
돗 땅과 블레셋 사람들 가운데에
성읍들을 건축하매 7하나님이
그를 도우사 블레셋 사람들과 구
르바알에 거주하는 아라비아 사
람들과 마온 사람들을 치게 하신
지라 8암몬 사람들이 웃시야에
게 조공을 바치매 웃시야가 매우
강성하여 이름이 애굽 변방까지
퍼졌더라 9웃시야가 예루살렘
에서 성 모퉁이 문과 골짜기 문
과 성굽이에 망대를 세워 견고하
게 하고 10또 광야에 망대를 세
우고 물 웅덩이를 많이 파고 고
원과 평지에 가축을 많이 길렀으
며 또 여러 산과 좋은 밭에 농부
와 포도원을 다스리는 자들을 두
었으니 농사를 좋아함이었더라
11웃시야에게 또 싸우는 군사가
있으니 서기관 여이엘과 병영장
마아세야가 직접 조사한 수효대
로 왕의 지휘관 하나냐의 휘하에
속하여 떼를 지어 나가서 싸우는
자라 12족장의 총수가 이천육

백 명이니 모두 큰 용사요 13그
의 휘하의 군대가 삼십만 칠천오
백 명이라 건장하고 싸움에 능하
여 왕을 도와 적을 치는 자이며
14웃시야가 그의 온 군대를 위
하여 방패와 창과 투구와 갑옷과
활과 물매 돌을 준비하고 15또
예루살렘에서 재주 있는 사람들
에게 무기를 고안하게 하여 망대
와 성곽 위에 두어 화살과 큰 돌
을 쏘고 던지게 하였으니 그의
이름이 멀리 퍼짐은 기이한 도우
심을 얻어 강성하여짐이었더라

웃시야에게 나병이 생기다

16그가 강성하여지매 그의 마음
이 교만하여 악을 행하여 그의
하나님 여호와께 범죄하되 곧 여
호와의 성전에 들어가서 향단에
분향하려 한지라 17제사장 아
사랴가 여호와의 용맹한 제사장
팔십 명을 데리고 그의 뒤를 따
라 들어가서 18웃시야 왕 곁에
서서 그에게 이르되 웃시야여 여
호와께 분향하는 일은 왕이 할
바가 아니요 오직 분향하기 위하
여 구별함을 받은 아론의 자손
제사장들이 할 바니 성소에서 나
가소서 왕이 범죄하였으니 하나
님 여호와에게서 영광을 얻지 못
하리이다 19웃시야가 손으로
향로를 잡고 분향하려 하다가 화
를 내니 그가 제사장에게 화를
낼 때에 여호와의 전 안 향단 곁
제사장들 앞에서 그의 이마에 나
병이 생긴지라 20대제사장 아
사랴와 모든 제사장이 왕의 이마
에 나병이 생겼음을 보고 성전에
서 급히 쫓아내고 여호와께서 치
시므로 왕도 속히 나가니라 21
웃시야 왕이 죽는 날까지 나병환
자가 되었고 나병환자가 되매 여
호와의 전에서 끊어져 별궁에 살
았으므로 그의 아들 요담이 왕궁
을 관리하며 백성을 다스렸더라
22웃시야의 남은 시종 행적은
아모스의 아들 선지자 이사야가
기록하였더라 23웃시야가 그의
조상들과 함께 누우매 그는 나병
환자라 하여 왕들의 묘실에 접한
땅 곧 그의 조상들의 곁에 장사
하니라 그의 아들 요담이 대신하
여 왕이 되니라

27장

유다 왕 요담

1 요담이 왕위에 오를 때에 나이
가 이십오 세라 예루살렘에서 십
육 년 동안 다스리니라 그의 어
머니의 이름은 여루사요 사독의
딸이더라 2 요담이 그의 아버지
웃시야의 모든 행위대로 여호와
보시기에 정직하게 행하였으나
여호와의 성전에는 들어가지 아
니하였고 백성은 여전히 부패하
였더라 3 그가 여호와의 전 윗문
을 건축하고 또 오벨 성벽을 많
이 증축하고 4 유다 산중에 성읍
들을 건축하며 수풀 가운데에 견
고한 진영들과 망대를 건축하고
5 암몬 자손의 왕과 더불어 싸워
그들을 이겼더니 그 해에 암몬
자손이 은 백 달란트와 밀 만 고
르와 보리 만 고르를 바쳤고 제
이년과 제삼년에도 암몬 자손이
그와 같이 바쳤더라 6 요담이 그
의 하나님 여호와 앞에서 바른
길을 걸었으므로 점점 강하여졌
더라 7 요담의 남은 사적과 그의
모든 전쟁과 행위는 이스라엘과
유다 열왕기에 기록되니라 8 요
담이 왕위에 오를 때에 나이가
이십오 세요 예루살렘에서 다스
린 지 십육 년이라 9 그가 그의
조상들과 함께 누우매 다윗 성에
장사되고 그의 아들 아하스가 대
신하여 왕이 되니라

28장

유다 왕 아하스

1 아하스가 왕위에 오를 때에 나
이가 이십 세라 예루살렘에서 십
육 년 동안 다스렸으나 그의 조
상 다윗과 같지 아니하여 여호와
보시기에 정직하게 행하지 아니
하고 2 이스라엘 왕들의 길로 행
하여 바알들의 우상을 부어 만들
고 3 또 힌놈의 아들 골짜기에서
분향하고 여호와께서 이스라엘
자손 앞에서 쫓아내신 이방 사람
들의 가증한 일을 본받아 그의
자녀들을 불사르고 4 또 산당과
작은 산 위와 모든 푸른 나무 아
래에서 제사를 드리며 분향하니
라 5 그러므로 그의 하나님 여호
와께서 그를 아람 왕의 손에 넘
기시매 그들이 쳐서 심히 많은
무리를 사로잡아 다메섹으로 갔
으며 또 이스라엘 왕의 손에 넘
기시매 그가 쳐서 크게 살육하였
으니 6 이는 그의 조상들의 하나
님 여호와를 버렸음이라 르말랴
의 아들 베가가 유다에서 하루
동안에 용사 십이만 명을 죽였으
며 7 에브라임의 용사 시그리는
왕의 아들 마아세야와 궁내대신
아스리감과 총리대신 엘가나를
죽였더라

선지자 오뎃

8 이스라엘 자손이 그들의 형제
중에서 그들의 아내와 자녀를 합
하여 이십만 명을 사로잡고 그들
의 재물을 많이 노략하여 사마리
아로 가져가니 9 그 곳에 여호와
의 선지자가 있는데 이름은 오뎃
이라 그가 사마리아로 돌아오는
군대를 영접하고 그들에게 이르
되 너희 조상의 하나님 여호와께
서 유다에게 진노하셨으므로 너
희 손에 넘기셨거늘 너희의 노기
가 충천하여 살육하고 10 이제
너희가 또 유다와 예루살렘 백성
들을 압제하여 노예로 삼고자 생
각하는도다 그러나 너희는 너희
의 하나님 여호와께 범죄함이 없
느냐 11 그런즉 너희는 내 말을
듣고 너희의 형제들 중에서 사로
잡아 온 포로를 놓아 돌아가게
하라 여호와의 진노가 너희에게
임박하였느니라 한지라 12 에브
라임 자손의 우두머리 몇 사람
곧 요하난의 아들 아사랴와 무실
레못의 아들 베레갸와 살룸의 아
들 여히스기야와 하들래의 아들
아마사가 일어나서 전장에서 돌

아오는 자들을 막으며 13 그들
에게 이르되 너희는 이 포로를
이리로 끌어들이지 못하리라 너
희가 행하는 일이 우리를 여호와
께 허물이 있게 함이니 우리의
죄와 허물을 더하게 함이로다 우
리의 허물이 이미 커서 진노하심
이 이스라엘에게 임박하였느니
라 하매 14 이에 무기를 가진 사
람들이 포로와 노략한 물건을 방
백들과 온 회중 앞에 둔지라 15
이 위에 이름이 기록된 자들이
일어나서 포로를 맞고 노략하여
온 것 중에서 옷을 가져다가 벗
은 자들에게 입히며 신을 신기며
먹이고 마시게 하며 기름을 바르
고 그 약한 자들은 모두 나귀에
태워 데리고 종려나무 성 여리고
에 이르러 그의 형제에게 돌려준
후에 사마리아로 돌아갔더라

아하스가 앗수르에 도움을 구하다

16 그 때에 아하스 왕이 앗수르
왕에게 사람을 보내어 도와 주기
를 구하였으니 17 이는 에돔 사
람들이 다시 와서 유다를 치고
그의 백성을 사로잡았음이며 18
블레셋 사람들도 유다의 평지와
남방 성읍들을 침노하여 벧세메
스와 아얄론과 그데롯과 소고 및
그 주변 마을들과 딤나 및 그 주
변 마을들과 김소 및 그 주변 마
을들을 점령하고 거기에 살았으
니 19 이는 이스라엘 왕 아하스
가 유다에서 망령되이 행하여 여
호와께 크게 범죄하였으므로 여
호와께서 유다를 낮추심이라 20
앗수르 왕 디글랏빌레셀이 그에
게 이르렀으나 돕지 아니하고 도
리어 그를 공격하였더라 21 아
하스가 여호와의 전과 왕궁과 방
백들의 집에서 재물을 가져다가
앗수르 왕에게 주었으나 그에게
유익이 없었더라

아하스의 범죄

22 이 아하스 왕이 곤고할 때에
더욱 여호와께 범죄하여 23 자기
를 친 다메섹 신들에게 제사하여
이르되 아람 왕들의 신들이 그들
을 도왔으니 나도 그 신에게 제사
하여 나를 돕게 하리라 하였으나
그 신이 아하스와 온 이스라엘을
망하게 하였더라 24 아하스가 하
나님의 전의 기구들을 모아 하나
님의 전의 기구들을 부수고 또 여
호와의 전 문들을 닫고 예루살렘
구석마다 제단을 쌓고 25 유다
각 성읍에 산당을 세워 다른 신에
게 분향하여 그의 조상들의 하나
님 여호와를 진노하게 하였더라
26 아하스의 남은 시종 사적과 모
든 행위는 유다와 이스라엘 열왕
기에 기록되니라 27 아하스가 그
의 조상들과 함께 누우매 이스라
엘 왕들의 묘실에 들이지 아니하
고 예루살렘 성에 장사하였더라
그의 아들 히스기야가 대신하여
왕이 되니라

29장

유다 왕 히스기야의 성전 정화

1 히스기야가 왕위에 오를 때에
나이가 이십오 세라 예루살렘에
서 이십구 년 동안 다스리니라
그의 어머니의 이름은 아비야요
스가랴의 딸이더라 2 히스기야
가 그의 조상 다윗의 모든 행실
과 같이 여호와 보시기에 정직하
게 행하여 3 첫째 해 첫째 달에
여호와의 전 문들을 열고 수리하
고 4 제사장들과 레위 사람들을
동쪽 광장에 모으고 5 그들에게
이르되 레위 사람들아 내 말을
들으라 이제 너희는 성결하게 하
고 또 너희 조상들의 하나님 여
호와의 전을 성결하게 하여 그
더러운 것을 성소에서 없애라 6
우리 조상들이 범죄하여 우리 하
나님 여호와 보시기에 악을 행하
여 하나님을 버리고 얼굴을 돌려
여호와의 성소를 등지고 7 또 낭
실 문을 닫으며 등불을 끄고 성
소에서 분향하지 아니하며 이스
라엘의 하나님께 번제를 드리지
아니하므로 8 여호와께서 유다
와 예루살렘에 진노하시고 내버
리사 두려움과 놀람과 비웃음거
리가 되게 하신 것을 너희가 똑
똑히 보는 바라 9 이로 말미암아
우리의 조상들이 칼에 엎드러지
며 우리의 자녀와 아내들이 사로
잡혔느니라 10 이제 이스라엘의
하나님 여호와와 더불어 언약을
세워 그 맹렬한 노를 우리에게서
떠나게 할 마음이 내게 있노니
11 내 아들들아 이제는 게으르지
말라 여호와께서 이미 너희를 택
하사 그 앞에 서서 수종들어 그
를 섬기며 분향하게 하셨느니라
12 이에 레위 사람들이 일어나니
곧 그핫의 자손 중 아마새의 아
들 마핫과 아사랴의 아들 요엘과
므라리의 자손 중 압디의 아들
기스와 여할렐렐의 아들 아사랴
와 게르손 사람 중 심마의 아들
요아와 요아의 아들 에덴과 13
엘리사반의 자손 중 시므리와 여
우엘과 아삽의 자손 중 스가랴와
맛다냐와 14 헤만의 자손 중 여
후엘과 시므이와 여두둔의 자손
중 스마야와 웃시엘이라 15 그
들이 그들의 형제들을 모아 성결
하게 하고 들어가서 왕이 여호와
의 말씀대로 명령한 것을 따라
여호와의 전을 깨끗하게 할새
16 제사장들도 여호와의 전 안에
들어가서 깨끗하게 하여 여호와
의 전에 있는 모든 더러운 것을
끌어내어 여호와의 전 뜰에 이르
매 레위 사람들이 받아 바깥 기
드론 시내로 가져갔더라 17 첫
째 달 초하루에 성결하게 하기를
시작하여 그 달 초팔일에 여호와
의 낭실에 이르고 또 팔 일 동안
여호와의 전을 성결하게 하여 첫
째 달 십육 일에 이르러 마치고
18 안으로 들어가서 히스기야 왕
을 보고 이르되 우리가 여호와의
온 전과 번제단과 그 모든 그릇
들과 떡을 진설하는 상과 그 모
든 그릇들을 깨끗하게 하였고
19 또 아하스 왕이 왕위에 있어
범죄할 때에 버린 모든 그릇들도
우리가 정돈하고 성결하게 하여
여호와의 제단 앞에 두었나이다
하니라

성전의 일이 갖추어지다

20 히스기야 왕이 일찍이 일어나
성읍의 귀인들을 모아 여호와의
전에 올라가서 21 수송아지 일
곱 마리와 숫양 일곱 마리와 어
린 양 일곱 마리와 숫염소 일곱
마리를 끌어다가 나라와 성소와
유다를 위하여 속죄제물로 삼고
아론의 자손 제사장들을 명령하
여 여호와의 제단에 드리게 하니
22 이에 수소를 잡으매 제사장들
이 그 피를 받아 제단에 뿌리고
또 숫양들을 잡으매 그 피를 제
단에 뿌리고 또 어린 양들을 잡
으매 그 피를 제단에 뿌리고 23
이에 속죄제물로 드릴 숫염소들
을 왕과 회중 앞으로 끌어오매
그들이 그 위에 안수하고 24 제
사장들이 잡아 그 피를 속죄제로
삼아 제단에 드려 온 이스라엘을
위하여 속죄하니 이는 왕이 명령
하여 온 이스라엘을 위하여 번제
와 속죄제를 드리게 하였음이더
라 25 왕이 레위 사람들을 여호
와의 전에 두어서 다윗과 왕의
선견자 갓과 선지자 나단이 명령
한 대로 제금과 비파와 수금을
잡게 하니 이는 여호와께서 그의
선지자들로 이렇게 명령하셨음
이라 26 레위 사람은 다윗의 악
기를 잡고 제사장은 나팔을 잡고
서매 27 히스기야가 명령하여
번제를 제단에 드릴새 번제 드리
기를 시작하는 동시에 여호와의
시로 노래하고 나팔을 불며 이스
라엘 왕 다윗의 악기를 울리고
28 온 회중이 경배하며 노래하는
자들은 노래하고 나팔 부는 자들
은 나팔을 불어 번제를 마치기까

지 이르니라 **29** 제사 드리기를
마치매 왕과 그와 함께 있는 자
들이 다 엎드려 경배하니라 **30**
히스기야 왕이 귀인들과 더불어
레위 사람을 명령하여 다윗과 선
견자 아삽의 시로 여호와를 찬송
하게 하매 그들이 즐거움으로 찬
송하고 몸을 굽혀 예배하니라
31 이에 히스기야가 말하여 이르
되 너희가 이제 스스로 몸을 깨
끗하게 하여 여호와께 드렸으니
마땅히 나아와 제물과 감사제물
을 여호와의 전으로 가져오라 하
니 회중이 제물과 감사제물을 가
져오되 무릇 마음에 원하는 자는
또한 번제물도 가져오니 **32** 회
중이 가져온 번제물의 수효는 수
소가 칠십 마리요 숫양이 백 마
리요 어린 양이 이백 마리이니
이는 다 여호와께 번제물로 드리
는 것이며 **33** 또 구별하여 드린
소가 육백 마리요 양이 삼천 마
리라 **34** 그런데 제사장이 부족
하여 그 모든 번제 짐승들의 가
죽을 능히 벗기지 못하는 고로
그의 형제 레위 사람들이 그 일
을 마치기까지 돕고 다른 제사장
들이 성결하게 하기까지 기다렸
으니 이는 레위 사람들의 성결하
게 함이 제사장들보다 성심이 있
었음이라 **35** 번제와 화목제의
기름과 각 번제에 속한 전제들이
많더라 이와 같이 여호와의 전에
서 섬기는 일이 순서대로 갖추어
지니라 **36** 이 일이 갑자기 되었
으나 하나님께서 백성을 위하여
예비하셨으므로 히스기야가 백
성과 더불어 기뻐하였더라

30장

유월절 준비

1 히스기야가 온 이스라엘과 유
다에 사람을 보내고 또 에브라임
과 므낫세에 편지를 보내어 예루
살렘 여호와의 전에 와서 이스라
엘 하나님 여호와를 위하여 유월
절을 지키라 하니라 **2** 왕이 방백
들과 예루살렘 온 회중과 더불어
의논하고 둘째 달에 유월절을 지
키려 하였으니 **3** 이는 성결하게
한 제사장들이 부족하고 백성도
예루살렘에 모이지 못하였으므
로 그 정한 때에 지킬수 없었음
이라 **4** 왕과 온 회중이 이 일을
좋게 여기고 **5** 드디어 왕이 명령
을 내려 브엘세바에서부터 단까
지* 온 이스라엘에 공포하여 일
제히 예루살렘으로 와서 이스라
엘 하나님 여호와의 유월절을 지
키라 하니 이는 기록한 규례대로
오랫동안 지키지 못하였음이더
라 **6** 보발꾼들이 왕과 방백들의
편지를 받아 가지고 왕의 명령을
따라 온 이스라엘과 유다에 두루
다니며 전하니 일렀으되 이스라
엘 자손들아 너희는 아브라함과
이삭과 이스라엘의 하나님 여호
와께로 돌아오라 그리하면 그가
너희 남은 자 곧 앗수르 왕의 손
에서 벗어난 자에게로 돌아오시
리라 **7** 너희 조상들과 너희 형제
같이 하지 말라 그들은 그의 조

30:5 **브엘세바에서부터 단까지** 단은 이스라엘의 가장 북쪽에 있는 도시였고, 브엘세바는 이스라엘의 가장 남쪽에 있는 도시였다. 따라서 이 표현은 '온 이스라엘'을 의미한다.

상들의 하나님 여호와께 범죄하
였으므로 여호와께서 멸망하도
록 버려 두신 것을 너희가 똑똑
히 보는 바니라 8 그런즉 너희
조상들 같이 목을 곧게 하지 말
고 여호와께 돌아와 영원히 거룩
하게 하신 전에 들어가서 너희
하나님 여호와를 섬겨 그의 진노
가 너희에게서 떠나게 하라 9 너
희가 만일 여호와께 돌아오면 너
희 형제들과 너희 자녀가 사로잡
은 자들에게서 자비를 입어 다시
이 땅으로 돌아오리라 너희 하나
님 여호와는 은혜로우시고 자비
하신지라 너희가 그에게로 돌아
오면 그의 얼굴을 너희에게서 돌
이키지 아니하시리라 하였더라
10 보발꾼이 에브라임과 므낫세
지방 각 성읍으로 두루 다녀서
스불론까지 이르렀으나 사람들
이 그들을 조롱하며 비웃었더라
11 그러나 아셀과 므낫세와 스불
론 중에서 몇 사람이 스스로 겸
손한 마음으로 예루살렘에 이르
렀고 12 하나님의 손이 또한 유
다 사람들을 감동시키사 그들에
게 왕과 방백들이 여호와의 말씀
대로 전한 명령을 한 마음으로
준행하게 하셨더라

유월절을 성대히 지키다

13 둘째 달에 백성이 무교절을
지키려 하여 예루살렘에 많이 모
이니 매우 큰 모임이라 14 무리
가 일어나 예루살렘에 있는 제단
과 향단들을 모두 제거하여 기드
론 시내에 던지고 15 둘째 달 열
넷째 날에 유월절 양을 잡으니
제사장과 레위 사람이 부끄러워
하여 성결하게 하고 번제물을 가
지고 여호와의 전에 이르러 16
규례대로 각각 자기들의 처소에
서고 하나님의 사람 모세의 율법
을 따라 제사장들이 레위 사람의
손에서 피를 받아 뿌리니라 17
회중 가운데 많은 사람이 자신들
을 성결하게 하지 못하였으므로
레위 사람들이 모든 부정한 사람
을 위하여 유월절 양을 잡아 그
들로 여호와 앞에서 성결하게 하
였으나 18 에브라임과 므낫세와
잇사갈과 스불론의 많은 무리는
자기들을 깨끗하게 하지 아니하
고 유월절 양을 먹어 기록한 규
례를 어긴지라 히스기야가 그들
을 위하여 기도하여 이르되 선하
신 여호와여 사하옵소서 19 결
심하고 하나님 곧 그의 조상들의
하나님 여호와를 구하는 사람은
누구든지 비록 성소의 결례대로
스스로 깨끗하게 못하였을지라
도 사하옵소서 하였더니 20 여호
와께서 히스기야의 기도를 들으
시고 백성을 고치셨더라 21 예
루살렘에 모인 이스라엘 자손이
크게 즐거워하며 칠 일 동안 무
교절을 지켰고 레위 사람들과 제
사장들은 날마다 여호와를 칭송
하며 큰 소리 나는 악기를 울려
여호와를 찬양하였으며 22 히스
기야는 여호와를 섬기는 일에 능
숙한 모든 레위 사람들을 위로하
였더라 이와 같이 절기 칠 일 동
안에 무리가 먹으며 화목제를 드
리고 그의 조상들의 하나님 여호
와께 감사하였더라

두 번째 절기

23 온 회중이 다시 칠 일을 지키
기로 결의하고 이에 또 칠 일을
즐겁게 지켰더라 24 유다 왕 히
스기야가 수송아지 천 마리와 양
칠천 마리를 회중에게 주었고 방
백들은 수송아지 천 마리와 양
만 마리를 회중에게 주었으며 자
신들을 성결하게 한 제사장들도
많았더라 25 유다 온 회중과 제
사장들과 레위 사람들과 이스라
엘에서 온 모든 회중과 이스라엘
땅에서 나온 나그네들과 유다에
사는 나그네들이 다 즐거워하였
으므로 26 예루살렘에 큰 기쁨
이 있었으니 이스라엘 왕 다윗의
아들 솔로몬 때로부터 이러한 기
쁨이 예루살렘에 없었더라 27
그 때에 제사장들과 레위 사람들
이 일어나서 백성을 위하여 축복
하였으니 그 소리가 하늘에 들리
고 그 기도가 여호와의 거룩한
처소 하늘에 이르렀더라

31장

히스기야의 개혁

1 이 모든 일이 끝나매 거기에 있
는 이스라엘 무리가 나가서 유다
여러 성읍에 이르러 주상들을 깨
뜨리며 아세라 목상들을 찍으며
유다와 베냐민과 에브라임과 므
낫세 온 땅에서 산당들과 제단들
을 제거하여 없애고 이스라엘 모
든 자손이 각각 자기들의 본성
기업으로 돌아갔더라 2 히스기
야가 제사장들과 레위 사람들의
반열을 정하고 그들의 반열에 따
라 각각 그들의 직임을 행하게
하되 곧 제사장들과 레위 사람들
에게 번제와 화목제를 드리며 여

호와의 휘장 문에서 섬기며 감사
하며 찬송하게 하고 3 또 왕의
재산 중에서 얼마를 정하여 여호
와의 율법에 기록된 대로 번제
곧 아침과 저녁의 번제와 안식일
과 초하루와 절기의 번제에 쓰게
하고 4 또 예루살렘에 사는 백성
을 명령하여 제사장들과 레위 사
람들 몫의 음식을 주어 그들에게
여호와의 율법을 힘쓰게 하라 하
니라 5 왕의 명령이 내리자 곧
이스라엘 자손이 곡식과 포도주
와 기름과 꿀과 밭의 모든 소산
의 첫 열매들을 풍성히 드렸고
또 모든 것의 십일조를 많이 가
져왔으며 6 유다 여러 성읍에 사
는 이스라엘과 유다 자손들도 소
와 양의 십일조를 가져왔고 또
그들의 하나님 여호와께 구별하
여 드릴 성물의 십일조를 가져왔
으며 그것을 쌓아 여러 더미를
이루었는데 7 셋째 달에 그 더미
들을 쌓기 시작하여 일곱째 달에
마친지라 8 히스기야와 방백들
이 와서 쌓인 더미들을 보고 여
호와를 송축하고 그의 백성 이스
라엘을 위하여 축복하니라 9 히
스기야가 그 더미들에 대하여 제
사장들과 레위 사람들에게 물으
니 10 사독의 족속 대제사장 아
사랴가 그에게 대답하여 이르되
백성이 예물을 여호와의 전에 드
리기 시작함으로부터 우리가 만
족하게 먹었으나 남은 것이 많으
니 이는 여호와께서 그의 백성에
게 복을 주셨음이라 그 남은 것
이 이렇게 많이 쌓였나이다 11
그 때에 히스기야가 명령하여 여
호와의 전 안에 방들을 준비하라
하므로 그렇게 준비하고 12 성
심으로 그 예물과 십일조와 구별
한 물건들을 갖다 두고 레위 사
람 고나냐가 그 일의 책임자가
되고 그의 아우 시므이는 부책임
자가 되며 13 여히엘과 아사시
야와 나핫과 아사헬과 여리못과
요사밧과 엘리엘과 이스마갸와
마핫과 브나야는 고나냐와 그의
아우 시므이의 수하에서 보살피
는 자가 되니 이는 히스기야 왕
과 하나님의 전을 관리하는 아사
랴가 명령한 바이며 14 동문지
기 레위 사람 임나의 아들 고레
는 즐거이 하나님께 드리는 예물
을 맡아 여호와께 드리는 것과
모든 지성물을 나눠 주며 15 그
의 수하의 에덴과 미냐민과 예수
아와 스마야와 아마랴와 스가냐
는 제사장들의 성읍들에 있어서
직임을 맡아 그의 형제들에게 반
열대로 대소를 막론하고 나눠 주
되 16 삼 세 이상으로 족보에 기
록된 남자 외에 날마다 여호와의
전에 들어가서 그 반열대로 직무
에 수종드는 자들에게 다 나눠
주며 17 또 그들의 족속대로 족
보에 기록된 제사장들에게 나눠
주며 이십 세 이상에서 그 반열
대로 직무를 맡은 레위 사람들에
게 나눠 주며 18 또 그 족보에 기
록된 온 회중의 어린 아이들 아
내들 자녀들에게 나눠 주었으니
이 회중은 성결하고 충실히 그
직분을 다하는 자며 19 각 성읍
에서 등록된 사람이 있어 성읍
가까운 들에 사는 아론 자손 제
사장들에게도 나눠 주되 제사장
들의 모든 남자와 족보에 기록된
레위 사람들에게 나눠 주었더라
20 히스기야가 온 유다에 이같이
행하되 그의 하나님 여호와 보시
기에 선과 정의와 진실함으로 행
하였으니 21 그가 행하는 모든
일 곧 하나님의 전에 수종드는
일에나 율법에나 계명에나 그의
하나님을 찾고 한 마음으로 행하
여 형통하였더라

32장

앗수르 군대가 예루살렘을 위협하다

1 이 모든 충성된 일을 한 후에
앗수르 왕 산헤립이 유다에 들어
와서 견고한 성읍들을 향하여 진
을 치고 쳐서 점령하고자 한지라

2 히스기야가 산헤립이 예루살렘
을 치러 온 것을 보고 3 그의 방
백들과 용사들과 더불어 의논하
고 성 밖의 모든 물 근원을 막고
자 하매 그들이 돕더라 4 이에
백성이 많이 모여 모든 물 근원
과 땅으로 흘러가는 시내를 막고
이르되 어찌 앗수르 왕들이 와서
많은 물을 얻게 하리요 하고 5
히스기야가 힘을 내어 무너진 모
든 성벽을 보수하되 망대까지 높
이 쌓고 또 외성을 쌓고 다윗 성
의 밀로를 견고하게 하고 무기와
방패를 많이 만들고 6 군대 지휘
관들을 세워 백성을 거느리게 하
고 성문 광장에서 자기 앞에 무
리를 모으고 말로 위로하여 이르
되 7 너희는 마음을 강하게 하며
담대히 하고 앗수르 왕과 그를
따르는 온 무리로 말미암아 두려
워하지 말며 놀라지 말라 우리와
함께 하시는 이가 그와 함께 하
는 자보다 크니 8 그와 함께 하
는 자는 육신의 팔이요 우리와
함께 하시는 이는 우리의 하나님
여호와시라 반드시 우리를 도우
시고 우리를 대신하여 싸우시리
라 하매 백성이 유다 왕 히스기
야의 말로 말미암아 안심하니라
9 그 후에 앗수르 왕 산헤립이 그
의 온 군대를 거느리고 라기스를
치며 그의 신하들을 예루살렘에
보내어 유다 왕 히스기야와 예루
살렘에 있는 유다 무리에게 말하
여 이르기를 10 앗수르 왕 산헤
립은 이같이 말하노라 너희가 예
루살렘에 에워싸여 있으면서 무
엇을 의뢰하느냐 11 히스기야가
너희를 꾀어 이르기를 우리 하나
님 여호와께서 우리를 앗수르 왕
의 손에서 건져내시리라 하거니
와 이 어찌 너희를 주림과 목마
름으로 죽게 함이 아니냐 12 이
히스기야가 여호와의 산당들과
제단들을 제거하여 버리고 유다
와 예루살렘에 명령하여 이르기
를 너희는 다만 한 제단 앞에서
예배하고 그 위에 분향하라 하지
아니하였느냐 13 나와 내 조상
들이 이방 모든 백성들에게 행한
것을 너희가 알지 못하느냐 모든
나라의 신들이 능히 그들의 땅을
내 손에서 건져낼 수 있었느냐
14 내 조상들이 진멸한 모든 나
라의 그 모든 신들 중에 누가 능
히 그의 백성을 내 손에서 건져
내었기에 너희 하나님이 능히 너
희를 내 손에서 건지겠느냐 15
그런즉 이와 같이 너희는 히스기
야에게 속지 말라 꾀임을 받지
말라 그를 믿지도 말라 어떤 백
성이나 어떤 나라의 신도 능히
자기의 백성을 나의 손과 나의
조상들의 손에서 건져내지 못하
였나니 하물며 너희 하나님이 너
희를 내 손에서 건져내겠느냐 하
였더라 16 산헤립의 신하들도
더욱 여호와 하나님과 그의 종
히스기야를 비방하였으며 17 산
헤립이 또 편지를 써 보내어 이
스라엘 하나님 여호와를 욕하고
비방하여 이르기를 모든 나라의
신들이 그들의 백성을 내 손에서
구원하여 내지 못한 것 같이 히
스기야의 신들도 그의 백성을 내
손에서 구원하여 내지 못하리라
하고 18 산헤립의 신하가 유다
방언으로 크게 소리 질러 예루살
렘 성 위에 있는 백성을 놀라게
하고 괴롭게 하여 그 성을 점령
하려 하였는데 19 그들이 예루
살렘의 하나님을 비방하기를 사
람의 손으로 지은 세상 사람의
신들을 비방하듯 하였더라 20
이러므로 히스기야 왕이 아모스
의 아들 선지자 이사야와 더불어
하늘을 향하여 부르짖어 기도하
였더니 21 여호와께서 한 천사
를 보내어 앗수르 왕의 진영에서
모든 큰 용사와 대장과 지휘관들
을 멸하신지라 앗수르 왕이 낯이
뜨거워 그의 고국으로 돌아갔더
니 그의 신의 전에 들어갔을 때
에 그의 몸에서 난 자들이 거기
서 칼로 죽였더라 22 이와 같이
여호와께서 히스기야와 예루살
렘 주민을 앗수르 왕 산헤립의
손과 모든 적국의 손에서 구원하
여 내사 사면으로 보호하시매
23 여러 사람이 예물을 가지고

예루살렘에 와서 여호와께 드리
고 또 보물을 유다 왕 히스기야
에게 드린지라 이 후부터 히스기
야가 모든 나라의 눈에 존귀하게
되었더라

히스기야의 병과 교만

24 그 때에 히스기야가 병들어
죽게 되었으므로 여호와께 기도
하매 여호와께서 그에게 대답하
시고 또 이적•을 보이셨으나 25
히스기야가 마음이 교만하여 그
받은 은혜를 보답하지 아니하므
로 진노가 그와 유다와 예루살렘
에 내리게 되었더니 26 히스기
야가 마음의 교만함을 뉘우치고
예루살렘 주민들도 그와 같이 하
였으므로 여호와의 진노가 히스
기야의 생전에는 그들에게 내리
지 아니하니라

히스기야의 부와 영광

27 히스기야가 부와 영광이 지극
한지라 이에 은금과 보석과 향품
과 방패와 온갖 보배로운 그릇들
을 위하여 창고를 세우며 28 곡
식과 새 포도주와 기름의 산물을
위하여 창고를 세우며 온갖 짐승
의 외양간을 세우며 양 떼의 우
리를 갖추며 29 양 떼와 많은 소
떼를 위하여 성읍들을 세웠으니
이는 하나님이 그에게 재산을 심
히 많이 주셨음이며 30 이 히스
기야가 또 기혼의 윗샘물을 막아
그 아래로부터 다윗 성 서쪽으로
곧게 끌어들였으니 히스기야가
그의 모든 일에 형통하였더라
31 그러나 바벨론 방백들이 히스
기야에게 사신을 보내어 그 땅에
서 나타난 이적을 물을 때에 하
나님이 히스기야를 떠나시고 그
의 심중에 있는 것을 다 알고자
하사 시험하셨더라•

히스기야가 죽다

32 히스기야의 남은 행적과 그의
모든 선한 일은 아모스의 아들
선지자 이사야의 묵시 책과 유다
와 이스라엘 열왕기에 기록되니
라 33 히스기야가 그의 조상들
과 함께 누우매 온 유다와 예루
살렘 주민이 그를 다윗 자손의
묘실 중 높은 곳에 장사하여 그
의 죽음에 그에게 경의를 표하였
더라 그의 아들 므낫세가 대신하
여 왕이 되니라

33장

유다 왕 므낫세

1 므낫세가 왕위에 오를 때에 나
이가 십이 세라 예루살렘에서 오
십오 년 동안 다스리며 2 여호와
보시기에 악을 행하여 여호와께
서 이스라엘 자손 앞에서 쫓아내
신 이방 사람들의 가증한 일을
본받아 3 그의 아버지 히스기야
가 헐어 버린 산당을 다시 세우
며 바알들을 위하여 제단을 쌓으
며 아세라 목상을 만들며 하늘의
모든 일월성신을 경배하여 섬기
며 4 여호와께서 전에 이르시기
를 내가 내 이름을 예루살렘에
영원히 두리라 하신 여호와의 전
에 제단들을 쌓고 5 또 여호와의
전 두 마당에 하늘의 일월성신을
위하여 제단들을 쌓고 6 또 힌놈
의 아들 골짜기에서 그의 아들들
을 불 가운데로 지나가게 하며
또 점치며 사술과 요술을 행하며
신접한 자와 박수를 신임하여 여
호와 보시기에 악을 많이 행하여
여호와를 진노하게 하였으며 7
또 자기가 만든 아로새긴 목상을
하나님의 전에 세웠더라 옛적에
하나님이 이 성전에 대하여 다윗
과 그의 아들 솔로몬에게 이르시

32:24 **이적** 이사야서 38장 1-8절을 보라.
32:31 **하나님이 히스기야를 … 시험하셨더라** 열왕기하 20장 12-19절을 보라.

기를 내가 이스라엘 모든 지파
중에서 택한 이 성전과 예루살렘
에 내 이름을 영원히 둘지라 8
만일 이스라엘 사람이 내가 명령
한 일들 곧 모세를 통하여 전한
모든 율법과 율례와 규례를 지켜
행하면 내가 그들의 발로 다시는
그의 조상들에게 정하여 준 땅에
서 옮기지 않게 하리라 하셨으나
9 유다와 예루살렘 주민이 므낫
세의 꾀임을 받고 악을 행한 것
이 여호와께서 이스라엘 자손 앞
에서 멸하신 모든 나라보다 더욱
심하였더라

므낫세가 기도하다

10 여호와께서 므낫세와 그의 백
성에게 이르셨으나 그들이 듣지
아니하므로 11 여호와께서 앗수
르 왕의 군대 지휘관들이 와서
치게 하시매 그들이 므낫세를 사
로잡고 쇠사슬로 결박하여 바벨
론으로 끌고 간지라 12 그가 환
난을 당하여 그의 하나님 여호와
께 간구하고 그의 조상들의 하나
님 앞에 크게 겸손하여 13 기도
하였으므로 하나님이 그의 기도
를 받으시며 그의 간구를 들으시
사 그가 예루살렘에 돌아와서 다
시 왕위에 앉게 하시매 므낫세가
그제서야 여호와께서 하나님이
신 줄을 알았더라

므낫세가 죽다

14 그 후에 다윗 성 밖 기혼 서쪽
골짜기 안에 외성을 쌓되 어문
어귀까지 이르러 오벨을 둘러 매
우 높이 쌓고 또 유다 모든 견고
한 성읍에 군대 지휘관을 두며
15 이방 신들과 여호와의 전의
우상을 제거하며 여호와의 전을
건축한 산에와 예루살렘에 쌓은
모든 제단들을 다 성 밖에 던지
고 16 여호와의 제단을 보수하
고 화목제와 감사제를 그 제단
위에 드리고 유다를 명령하여 이
스라엘 하나님 여호와를 섬기라
하매 17 백성이 그의 하나님 여
호와께만 제사를 드렸으나 아직
도 산당에서 제사를 드렸더라
18 므낫세의 남은 사적과 그가
하나님께 한 기도와 선견자가 이
스라엘 하나님 여호와의 이름으
로 권한 말씀은 모두 이스라엘
왕들의 행장에 기록되었고 19
또 그의 기도와 그의 기도를 들
으신 것과 그의 모든 죄와 허물
과 겸손하기 전에 산당을 세운
곳과 아세라 목상과 우상을 세운
곳들이 다 호새의 사기에 기록되
니라 20 므낫세가 그의 열조와
함께 누우매 그의 궁에 장사되고
그의 아들 아몬이 대신하여 왕이
되니라

유다 왕 아몬

21 아몬이 왕위에 오를 때에 나
이가 이십이 세라 예루살렘에서
이 년 동안 다스리며 22 그의 아
버지 므낫세의 행함 같이 여호와
보시기에 악을 행하여 아몬이 그
의 아버지 므낫세가 만든 아로새

긴 모든 우상에게 제사하여 섬겼
으며 23 이 아몬이 그의 아버지
므낫세가 스스로 겸손함 같이 여
호와 앞에서 스스로 겸손하지 아
니하고 더욱 범죄하더니 24 그
의 신하가 반역하여 왕을 궁중에
서 죽이매 25 백성들이 아몬 왕
을 반역한 사람들을 다 죽이고
그의 아들 요시야를 대신하여 왕
으로 삼으니라

34장

유다 왕 요시야의 개혁

1 요시야가 왕위에 오를 때에 나
이가 팔 세라 예루살렘에서 삼십
일 년 동안 다스리며 2 여호와
보시기에 정직하게 행하여 그의
조상 다윗의 길로 걸으며 좌우로
치우치지 아니하고 3 아직도 어
렸을 때 곧 왕위에 있은 지 팔 년
에 그의 조상 다윗의 하나님을
비로소 찾고 제십이년에 유다와
예루살렘을 비로소 정결하게 하
여 그 산당들과 아세라 목상들과
아로새긴 우상들과 부어 만든 우
상들을 제거하여 버리매 4 무리
가 왕 앞에서 바알의 제단들을
헐었으며 왕이 또 그 제단 위에
높이 달린 태양상들을 찍고 또
아세라 목상들과 아로새긴 우상
들과 부어 만든 우상들을 빻아
가루를 만들어 제사하던 자들의
무덤에 뿌리고 5 제사장들의 뼈
를 제단 위에서 불살라 유다와
예루살렘을 정결하게 하였으며
6 또 므낫세와 에브라임과 시므
온과 납달리까지 사면 황폐한 성

읍들에도 그렇게 행하여 7 제단
들을 허물며 아세라 목상들과 아
로새긴 우상들을 빻아 가루를 만
들며 온 이스라엘 땅에 있는 모
든 태양상을 찍고 예루살렘으로
돌아왔더라

율법책의 발견

8 요시야가 왕위에 있은 지 열여
덟째 해에 그 땅과 성전을 정결
하게 하기를 마치고 그의 하나님
여호와의 전을 수리하려 하여 아
살랴의 아들 사반과 시장 마아세
야와 서기관 요아하스의 아들 요
아를 보낸지라 9 그들이 대제사
장 힐기야에게 나아가 전에 하나
님의 전에 헌금한 돈을 그에게
주니 이 돈은 문을 지키는 레위
사람들이 므낫세와 에브라임과
남아 있는 모든 이스라엘 사람과
온 유다와 베냐민과 예루살렘 주
민들에게서 거둔 것이라 10 그
돈을 여호와의 전 공사를 감독하
는 자들의 손에 넘기니 그들이
여호와의 전에 있는 일꾼들에게
주어 그 전을 수리하게 하되 11
곧 목수들과 건축하는 자들에게
주어 다듬은 돌과 연접하는 나무
를 사며 유다 왕들이 헐어버린
성전들을 위하여 들보를 만들게
하매 12 그 사람들이 성실하게
그 일을 하니라 그의 감독들은
레위 사람들 곧 므라리 자손 중
야핫과 오바댜요 그핫 자손들 중
스가랴와 무술람이라 다 그 일을
감독하고 또 악기에 익숙한 레위
사람들이 함께 하였으며 13 그
들은 또 목도꾼을 감독하며 모든
공사 담당자를 감독하고 어떤 레
위 사람은 서기와 관리와 문지기
가 되었더라 14 무리가 여호와
의 전에 헌금한 돈을 꺼낼 때에
제사장 힐기야가 모세가 전한 여
호와의 율법책을 발견하고 15
힐기야가 서기관 사반에게 말하
여 이르되 내가 여호와의 전에서
율법책을 발견하였노라 하고 힐
기야가 그 책을 사반에게 주매
16 사반이 책을 가지고 왕에게
나아가서 복명하여 이르되 왕께
서 종들에게 명령하신 것을 종들
이 다 준행하였나이다 17 또 여
호와의 전에서 발견한 돈을 쏟아
서 감독자들과 일꾼들에게 주었
나이다 하고 18 서기관 사반이
또 왕에게 아뢰어 이르되 제사장
힐기야가 내게 책을 주더이다 하
고 사반이 왕 앞에서 그것을 읽
으매 19 왕이 율법의 말씀을 듣
자 곧 자기 옷을 찢더라 20 왕이

힐기야와 사반의 아들 아히감과
미가의 아들 압돈과 서기관 사반
과 왕의 시종 아사야에게 명령하
여 이르되 21 너희는 가서 나와
및 이스라엘과 유다의 남은 자들
을 위하여 이 발견한 책의 말씀
에 대하여 여호와께 물으라 우리
조상들이 여호와의 말씀을 지키
지 아니하고 이 책에 기록된 모
든 것을 준행하지 아니하였으므
로 여호와께서 우리에게 쏟으신
진노가 크도다 하니라 22 이에
힐기야와 왕이 보낸 사람들이 여
선지자 훌다에게로 나아가니 그
는 하스라의 손자 독핫의 아들로
서 예복을 관리하는 살룸의 아내
라 예루살렘 둘째 구역에 살았더
라 그들이 그에게 이 뜻을 전하
매 23 훌다가 그들에게 이르되
이스라엘의 하나님 여호와께서
이같이 말씀하시기를 너희는 너
희를 내게 보낸 사람에게 말하라
하시니라 24 여호와께서 이같이
말씀하시기를 내가 이 곳과 그
주민에게 재앙을 내리되 곧 유다
왕 앞에서 읽은 책에 기록된 모
든 저주대로 하리니 25 이는 이
백성들이 나를 버리고 다른 신들
에게 분향하며 그의 손의 모든
행위로 나의 노여움을 샀음이라
그러므로 나의 노여움을 이 곳에
쏟으매 꺼지지 아니하리라 하라
하셨느니라 26 너희를 보내어
여호와께 묻게 한 유다 왕에게는
너희가 이렇게 전하라 이스라엘
의 하나님 여호와께서 이같이 말
씀하시기를 네가 들은 말을 의논
하건대 27 내가 이 곳과 그 주민
을 가리켜 말한 것을 네가 듣고
마음이 연약하여 하나님 앞 곧
내 앞에서 겸손하여 옷을 찢고
통곡하였으므로 나도 네 말을 들
었노라 여호와가 말하였느니라
28 그러므로 내가 네게 너의 조
상들에게 돌아가서 평안히 묘실
로 들어가게 하리니 내가 이 곳
과 그 주민에게 내리는 모든 재
앙을 네가 눈으로 보지 못하리라
하셨느니라 이에 사신들이 왕에
게 복명하니라

여호와께 순종하기로 하다

29 왕이 사람을 보내어 유다와
예루살렘의 모든 장로를 불러 모
으고 30 여호와의 전에 올라가
매 유다 모든 사람과 예루살렘
주민들과 제사장들과 레위 사람
들과 모든 백성이 노소를 막론하
고 다 함께 한지라 왕이 여호와
의 전 안에서 발견한 언약책의
모든 말씀을 읽어 무리의 귀에
들려 주고 31 왕이 자기 처소에
서서 여호와 앞에서 언약을 세우
되 마음을 다하고 목숨을 다하여
여호와를 순종하고 그의 계명과
법도와 율례를 지켜 이 책에 기
록된 언약의 말씀을 이루리라 하
고 32 예루살렘과 베냐민에 있
는 자들이 다 여기에 참여하게
하매 예루살렘 주민이 하나님 곧
그의 조상들의 하나님의 언약을
따르니라 33 이와 같이 요시야
가 이스라엘 자손에게 속한 모든
땅에서 가증한 것들을 다 제거하
여 버리고 이스라엘의 모든 사람
으로 그들의 하나님 여호와를 섬
기게 하였으므로 요시야가 사는
날에 백성이 그들의 조상들의 하
나님 여호와께 복종하고 떠나지
아니하였더라

35장

요시야가 유월절을 지키다

1 요시야가 예루살렘에서 여호와
께 유월절을 지켜 첫째 달 열넷
째 날에 유월절 어린 양을 잡으
니라 2 왕이 제사장들에게 그들
의 직분을 맡기고 격려하여 여호
와의 전에서 직무를 수행하게 하
고 3 또 여호와 앞에 구별되어서
온 이스라엘을 가르치는 레위 사
람에게 이르되 거룩한 궤를 이스
라엘 왕 다윗의 아들 솔로몬이
건축한 전 가운데 두고 다시는
너희 어깨에 메지 말고 마땅히
너희의 하나님 여호와와 그의 백
성 이스라엘을 섬길 것이라 4 너
희는 이스라엘 왕 다윗의 글과
다윗의 아들 솔로몬의 글을 준행
하여 너희 족속대로 반열을 따라
스스로 준비하고 5 너희 형제 모
든 백성의 족속의 서열대로 또는
레위 족속의 서열대로 성소에 서
서 6 스스로 성결하게 하고 유월
절 어린 양을 잡아 너희 형제들
을 위하여 준비하되 여호와께서
모세를 통하여 전하신 말씀을 따

라 행할지니라 7 요시야가 그 모
인 모든 이를 위하여 백성들에게
자기의 소유 양 떼 중에서 어린
양과 어린 염소 삼만 마리와 수
소 삼천 마리를 내어 유월절 제
물로 주매 8 방백들도 즐거이 희
생을 드려 백성과 제사장들과 레
위 사람들에게 주었고 하나님의
전을 주장하는 자 힐기야와 스가
랴와 여히엘은 제사장들에게 양
이천육백 마리와 수소 삼백 마리
를 유월절 제물로 주었고 9 또
레위 사람들의 우두머리들 곧 고
나냐와 그의 형제 스마야와 느다
넬과 또 하사뱌와 여이엘과 요사
밧은 양 오천 마리와 수소 오백
마리를 레위 사람들에게 유월절
제물로 주었더라 10 이와 같이
섬길 일이 구비되매 왕의 명령을
따라 제사장들은 그들의 처소에
서고 레위 사람들은 그들의 반열
대로 서고 11 유월절 양을 잡으
니 제사장들은 그들의 손에서 피
를 받아 뿌리고 또 레위 사람들
은 잡은 짐승의 가죽을 벗기고
12 그 번제물을 옮겨 족속의 서
열대로 모든 백성에게 나누어 모
세의 책에 기록된 대로 여호와께
드리게 하고 소도 그와 같이 하
고 13 이에 규례대로 유월절 양
을 불에 굽고 그 나머지 성물은
솥과 가마와 냄비에 삶아 모든
백성들에게 속히 분배하고 14
그 후에 자기와 제사장들을 위하
여 준비하니 이는 아론의 자손
제사장들이 번제와 기름을 저녁
까지 드리므로 레위 사람들이 자
기와 아론의 자손 제사장들을 위
하여 준비함이더라 15 아삽의
자손 노래하는 자들은 다윗과 아
삽과 헤만과 왕의 선견자 여두둔
이 명령한 대로 자기 처소에 있
고 문지기들은 각 문에 있고 그
직무에서 떠날 것이 없었으니 이
는 그의 형제 레위 사람들이 그
들을 위하여 준비하였음이더라
16 이와 같이 당일에 여호와를
섬길 일이 다 준비되매 요시야
왕의 명령대로 유월절을 지키며
번제를 여호와의 제단에 드렸으
며 17 그 때에 모인 이스라엘 자
손이 유월절을 지키고 이어서 무
교절을 칠 일 동안 지켰으니 18
선지자 사무엘 이후로 이스라엘
가운데서 유월절을 이같이 지키
지 못하였고 이스라엘 모든 왕들
도 요시야가 제사장들과 레위 사
람들과 모인 온 유다와 이스라엘
무리와 예루살렘 주민과 함께 지
킨 것처럼은 유월절을 지키지 못
하였더라 19 요시야가 왕위에
있은 지 열여덟째 해에 이 유월
절을 지켰더라

요시야가 죽다

20 이 모든 일 후 곧 요시야가 성
전을 정돈하기를 마친 후에 애굽
왕 느고가 유브라데 강 가의 갈
그미스를 치러 올라왔으므로 요
시야가 나가서 방비하였더니 21
느고가 요시야에게 사신을 보내
어 이르되 유다 왕이여 내가 그
대와 무슨 관계가 있느냐 내가
오늘 그대를 치려는 것이 아니요
나와 더불어 싸우는 족속을 치려
는 것이라 하나님이 나에게 명령
하사 속히 하라 하셨은즉 하나님
이 나와 함께 계시니 그대는 하
나님을 거스르지 말라 그대를 멸
하실까 하노라 하나 22 요시야
가 몸을 돌이켜 떠나기를 싫어하
고 오히려 변장하고 그와 싸우고
자 하여 하나님의 입에서 나온
느고의 말을 듣지 아니하고 므깃
도 골짜기에 이르러 싸울 때에
23 활 쏘는 자가 요시야 왕을 쏜
지라 왕이 그의 신하들에게 이르
되 내가 중상을 입었으니 나를
도와 나가게 하라 24 그 부하들
이 그를 병거에서 내리게 하고
그의 버금 병거에 태워 예루살렘
에 이른 후에 그가 죽으니 그의
조상들의 묘실에 장사되니라 온
유다와 예루살렘 사람들이 요시
야를 슬퍼하고 25 예레미야는
그를 위하여 애가를 지었으며 모

든 노래하는 남자들과 여자들은
요시야를 슬피 노래하니 이스라
엘에 규례가 되어 오늘까지 이르
렀으며 그 가사는 애가 중에 기
록되었더라 26 요시야의 남은
사적과 여호와의 율법에 기록된
대로 행한 모든 선한 일과 27 그
의 처음부터 끝까지의 행적은 이
스라엘과 유다 열왕기에 기록되
니라

36장

유다 왕 여호아하스

1 그 땅의 백성이 요시야의 아들
여호아하스를 세워 그의 아버지
를 대신하여 예루살렘에서 왕으
로 삼으니 2 여호아하스가 왕위
에 오를 때에 나이가 이십삼 세더
라 그가 예루살렘에서 다스린 지
석 달에 3 애굽 왕이 예루살렘에
서 그의 왕위를 폐하고 또 그 나
라에 은 백 달란트와 금 한 달란
트를 벌금으로 내게 하며 4 애굽
왕 느고가 또 그의 형제 엘리아김
을 세워 유다와 예루살렘 왕으로
삼고 그의 이름을 고쳐 여호야김
이라 하고 그의 형제 여호아하스
를 애굽으로 잡아갔더라

유다 왕 여호야김

5 여호야김이 왕위에 오를 때에
나이가 이십오 세라 예루살렘에
서 십일 년 동안 다스리며 그의
하나님 여호와 보시기에 악을 행
하였더라 6 바벨론 왕 느부갓네
살이 올라와서 그를 치고 그를
쇠사슬로 결박하여 바벨론으로
잡아가고 7 느부갓네살이 또 여
호와의 전 기구들을 바벨론으로
가져다가 바벨론에 있는 자기 신
당에 두었더라 8 여호야김의 남
은 사적과 그가 행한 모든 가증
한 일들과 그에게 발견된 악행이
이스라엘과 유다 열왕기에 기록
되니라 그의 아들 여호야긴이 대
신하여 왕이 되니라

유다 왕 여호야긴

9 여호야긴이 왕위에 오를 때에
나이가 팔 세라 예루살렘에서 석
달 열흘 동안 다스리며 여호와
보시기에 악을 행하였더라 10
그 해에 느부갓네살 왕이 사람을
보내어 여호야긴을 바벨론으로
잡아가고 여호와의 전의 귀한 그
릇들도 함께 가져가고 그의 숙부
시드기야를 세워 유다와 예루살
렘 왕으로 삼았더라

유다 왕 시드기야

11 시드기야가 왕위에 오를 때에
나이가 이십일 세라 예루살렘에
서 십일 년 동안 다스리며 12 그
의 하나님 여호와 보시기에 악을
행하고 선지자 예레미야가 여호
와의 말씀으로 일러도 그 앞에서
겸손하지 아니하였으며 13 또한
느부갓네살 왕이 그를 그의 하나
님을 가리켜 맹세하게 하였으나
그가 왕을 배반하고 목을 곧게
하며 마음을 완악하게 하여 이스
라엘 하나님 여호와께로 돌아오
지 아니하였고 14 모든 제사장
들의 우두머리들과 백성도 크게
범죄하여 이방 모든 가증한 일을
따라서 여호와께서 예루살렘에
거룩하게 두신 그의 전을 더럽게
하였으며 15 그 조상들의 하나
님 여호와께서 그의 백성과 그
거하시는 곳을 아끼사 부지런히
그의 사신들을 그 백성에게 보내
어 이르셨으나 16 그의 백성이
하나님의 사신들을 비웃고 그의
말씀을 멸시하며 그의 선지자를
욕하여 여호와의 진노를 그의 백
성에게 미치게 하여 회복할 수
없게 하였으므로 17 하나님이
갈대아 왕의 손에 그들을 다 넘
기시매 그가 와서 그들의 성전에

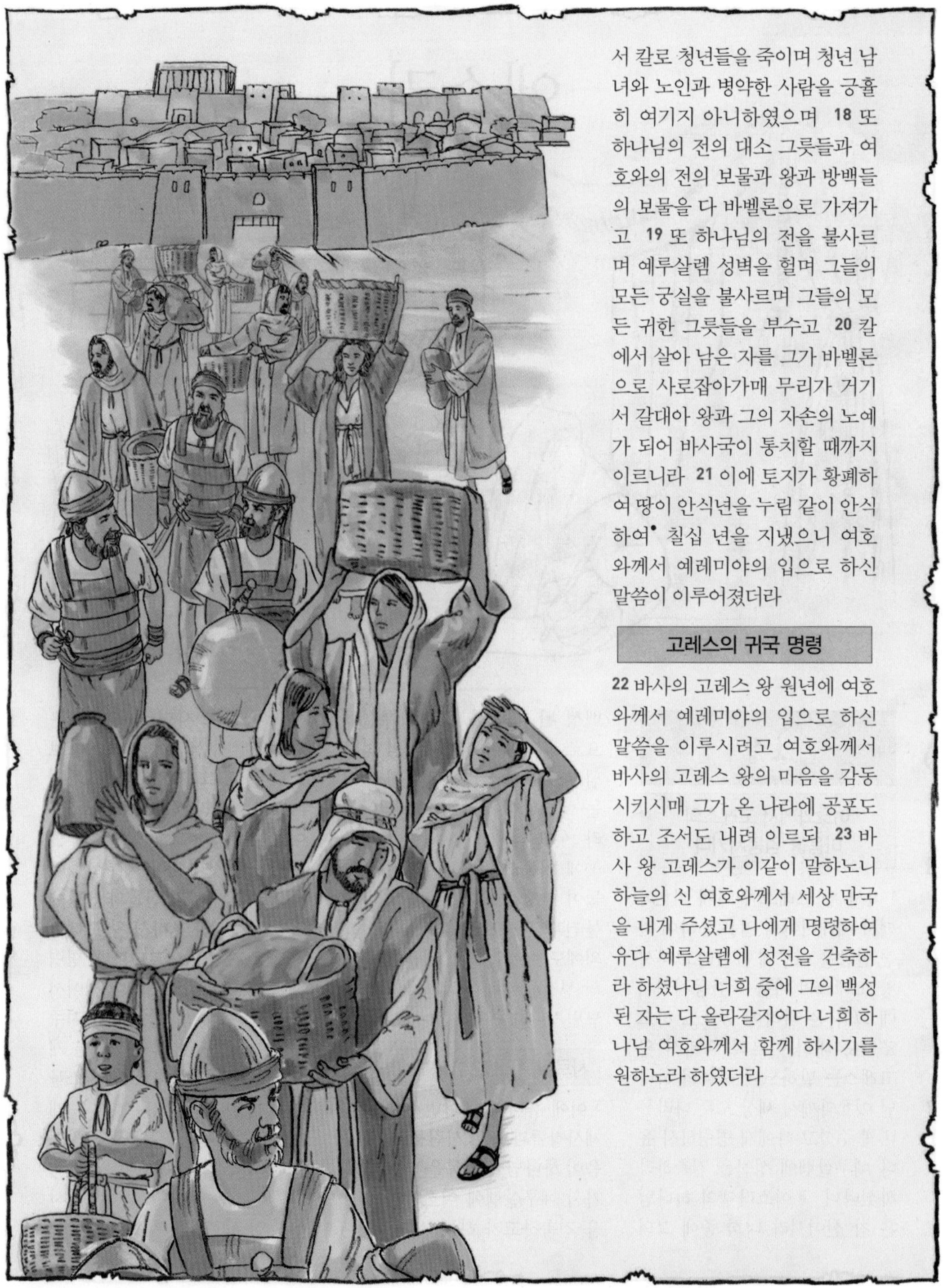

서 칼로 청년들을 죽이며 청년 남
녀와 노인과 병약한 사람을 긍휼
히 여기지 아니하였으며 18 또
하나님의 전의 대소 그릇들과 여
호와의 전의 보물과 왕과 방백들
의 보물을 다 바벨론으로 가져가
고 19 또 하나님의 전을 불사르
며 예루살렘 성벽을 헐며 그들의
모든 궁실을 불사르며 그들의 모
든 귀한 그릇들을 부수고 20 칼
에서 살아 남은 자를 그가 바벨론
으로 사로잡아가매 무리가 거기
서 갈대아 왕과 그의 자손의 노예
가 되어 바사국이 통치할 때까지
이르니라 21 이에 토지가 황폐하
여 땅이 안식년을 누림 같이 안식
하여• 칠십 년을 지냈으니 여호
와께서 예레미야의 입으로 하신
말씀이 이루어졌더라

고레스의 귀국 명령

22 바사의 고레스 왕 원년에 여호
와께서 예레미야의 입으로 하신
말씀을 이루시려고 여호와께서
바사의 고레스 왕의 마음을 감동
시키시매 그가 온 나라에 공포도
하고 조서도 내려 이르되 23 바
사 왕 고레스가 이같이 말하노니
하늘의 신 여호와께서 세상 만국
을 내게 주셨고 나에게 명령하여
유다 예루살렘에 성전을 건축하
라 하셨나니 너희 중에 그의 백성
된 자는 다 올라갈지어다 너희 하
나님 여호와께서 함께 하시기를
원하노라 하였더라

36:21 땅이 안식년을 누림 같이 안식하여 율법에 의하면, 이스라엘 백성은 7년에 한 번씩 땅의 경작을 쉬어야 했다(레 25:1-7 참조).

스

에스라

1장

여호와께서 고레스의 마음을 감동시키다

1 바사 왕 고레스 원년에 여호와
께서 예레미야의 입을 통하여 하
신 말씀을 이루게 하시려고 바사
왕 고레스의 마음을 감동시키시
매 그가 온 나라에 공포도 하고
조서도 내려 이르되 2 바사 왕
고레스는 말하노니 하늘의 하나
님 여호와께서 세상 모든 나라를
내게 주셨고 나에게 명령하사 유
다 예루살렘에 성전을 건축하라
하셨나니 3 이스라엘의 하나님
은 참 신이시라 너희 중에 그의
백성 된 자는 다 유다 예루살렘
으로 올라가서 이스라엘의 하나
님 여호와의 성전을 건축하라 그
는 예루살렘에 계신 하나님이시
라 4 그 남아 있는 백성이 어느
곳에 머물러 살든지 그 곳 사람
들이 마땅히 은과 금과 그 밖의
물건과 짐승으로 도와 주고 그
외에도 예루살렘에 세울 하나님
의 성전을 위하여 예물을 기쁘게
드릴지니라 하였더라

사로잡혀 간 백성이 돌아오다

5 이에 유다와 베냐민 족장들과
제사장들과 레위 사람들과 그 마
음이 하나님께 감동을 받고 올라
가서 예루살렘에 여호와의 성전
을 건축하고자 하는 자가 다 일
어나니 6 그 사면 사람들이 은
그릇과 금과 물품들과 짐승과 보
물로 돕고 그 외에도 예물을 기
쁘게 드렸더라 7 고레스 왕이 또
여호와의 성전 그릇을 꺼내니 옛
적에 느부갓네살이 예루살렘에
서 옮겨다가 자기 신들의 신당에
두었던 것이라 8 바사 왕 고레스
가 창고지기 미드르닷에게 명령
하여 그 그릇들을 꺼내어 세어서
유다 총독 세스바살에게 넘겨주
니 9 그 수는 금 접시가 서른 개
요 은 접시가 천 개요 칼이 스물
아홉 개요 10 금 대접이 서른 개
요 그보다 못한 은 대접이 사백
열 개요 그밖의 그릇이 천 개이
니 11 금, 은 그릇이 모두 오천사
백 개라 사로잡힌 자를 바벨론에

서 예루살렘으로 데리고 갈 때에
세스바살이 그 그릇들을 다 가지
고 갔더라

2장

돌아온 사람들

1 옛적에 바벨론 왕 느부갓네살
에게 사로잡혀 바벨론으로 갔던
자들의 자손들 중에서 놓임을 받
고 예루살렘과 유다 도로 돌아와
각기 각자의 성읍으로 돌아간 자
2 곧 스룹바벨과 예수아와 느헤
미야와 스라야와 르엘라야와 모
르드개와 빌산과 미스발과 비그
왜와 르훔과 바아나 등과 함께
나온 이스라엘 백성의 명수가 이
러하니 3 바로스 자손이 이천백
칠십이 명이요 4 스바댜 자손이
삼백칠십이 명이요 5 아라 자손
이 칠백칠십오 명이요 6 바핫모
압 자손 곧 예수아와 요압 자손
이 이천팔백십이 명이요 7 엘람
자손이 천이백오십사 명이요 8
삿두 자손이 구백사십오 명이요
9 삭개 자손이 칠백육십 명이요
10 바니 자손이 육백사십이 명이
요 11 브배 자손이 육백이십삼
명이요 12 아스갓 자손이 천이
백이십이 명이요 13 아도니감
자손이 육백육십육 명이요 14
비그왜 자손이 이천오십육 명이
요 15 아딘 자손이 사백오십사
명이요 16 아델 자손 곧 히스기
야 자손이 구십팔 명이요 17 베
새 자손이 삼백이십삼 명이요
18 요라 자손이 백십이 명이요
19 하숨 자손이 이백이십삼 명이
요 20 깁발 자손이 구십오 명이
요 21 베들레헴 사람이 백이십
삼 명이요 22 느도바 사람이 오
십육 명이요 23 아나돗 사람이
백이십팔 명이요 24 아스마웻
자손이 사십이 명이요 25 기랴
다림과 그비라와 브에롯 자손이
칠백사십삼 명이요 26 라마와
게바 자손이 육백이십일 명이요
27 믹마스 사람이 백이십이 명이
요 28 벧엘과 아이 사람이 이백
이십삼 명이요 29 느보 자손이
오십이 명이요 30 막비스 자손
이 백오십육 명이요 31 다른 엘
람 자손이 천이백오십사 명이요
32 하림 자손이 삼백이십 명이요
33 로드와 하딧과 오노 자손이
칠백이십오 명이요 34 여리고
자손이 삼백사십오 명이요 35
스나아 자손이 삼천육백삼십 명
이었더라 36 제사장들은 예수아
의 집 여다야 자손이 구백칠십삼
명이요 37 임멜 자손이 천오십
이 명이요 38 바스훌 자손이 천
이백사십칠 명이요 39 하림 자
손이 천십칠 명이었더라 40 레
위 사람은 호다위야 자손 곧 예
수아와 갓미엘 자손이 칠십사 명
이요 41 노래하는 자들은 아삽
자손이 백이십팔 명이요 42 문
지기의 자손들은 살룸과 아델과
달문과 악굽과 하디다와 소배 자
손이 모두 백삼십구 명이었더라
43 느디님 사람들은 시하 자손과
하수바 자손과 답바옷 자손과
44 게로스 자손과 시아하 자손과
바돈 자손과 45 르바나 자손과
하가바 자손과 악굽 자손과 46
하갑 자손과 사믈래 자손과 하난
자손과 47 깃델 자손과 가할 자
손과 르아야 자손과 48 르신 자
손과 느고다 자손과 갓삼 자손과

49 웃사 자손과 바세아 자손과
베새 자손과 50 아스나 자손과
므우님 자손과 느부심 자손과
51 박북 자손과 하그바 자손과
할훌 자손과 52 바슬룻 자손과
므히다 자손과 하르사 자손과
53 바르고스 자손과 시스라 자손
과 데마 자손과 54 느시야 자손
과 하디바 자손이었더라 55 솔
로몬의 신하의 자손은 소대 자손
과 하소베렛 자손과 브루다 자손
과 56 야알라 자손과 다르곤 자
손과 깃델 자손과 57 스바댜 자
손과 하딜 자손과 보게렛하스바
임 자손과 아미 자손이니 58 모
든 느디님 사람과 솔로몬의 신하
의 자손이 삼백구십이 명이었더
라 59 델멜라와 델하르사와 그
룹과 앗단과 임멜에서 올라온 자
가 있으나 그들의 조상의 가문과
선조가 이스라엘에 속하였는지
밝힐 수 없었더라 60 그들은 들
라야 자손과 도비야 자손과 느고
다 자손이라 모두 육백오십이 명
이요 61 제사장 중에는 하바야
자손과 학고스 자손과 바르실래
자손이니 바르실래는 길르앗 사
람 바르실래의 딸 중의 한 사람
을 아내로 삼고 바르실래의 이름
을 따른 자라 62 이 사람들은 계
보 중에서 자기 이름을 찾아도
얻지 못하므로 그들을 부정하게
여겨 제사장의 직분을 행하지 못
하게 하고 63 방백이 그들에게
명령하여 우림과 둠밈을 가진 제
사장이 일어나기 전에는 지성물
을 먹지 말라 하였느니라 64 온
회중의 합계가 사만 이천삼백육
십 명이요 65 그 외에 남종과 여
종이 칠천삼백삼십칠 명이요 노
래하는 남녀가 이백 명이요 66
말이 칠백삼십육이요 노새가 이
백사십오요 67 낙타가 사백삼십
오요 나귀가 육천칠백이십이었
더라 68 어떤 족장들이 예루살
렘에 있는 여호와의 성전 터에
이르러 하나님의 전을 그 곳에
다시 건축하려고 예물을 기쁘게
드리되 69 힘 자라는 대로 공사
하는 금고에 들이니 금이 육만
천 다릭이요 은이 오천 마네요
제사장의 옷이 백 벌이었더라
70 이에 제사장들과 레위 사람들
과 백성 몇과 노래하는 자들과
문지기들과 느디님 사람들이 각
자의 성읍에 살았고 이스라엘 무
리도 각자의 성읍에 살았더라

3장

비로소 여호와께 번제를 드리다

1 이스라엘 자손이 각자의 성읍
에 살았더니 일곱째 달에 이르러
일제히 예루살렘에 모인지라 2
요사닥의 아들 예수아와 그의 형
제 제사장들과 스알디엘의 아들
스룹바벨과 그의 형제들이 다 일
어나 이스라엘 하나님의 제단을
만들고 하나님의 사람 모세의 율
법에 기록한 대로 번제를 그 위
에서 드리려 할새 3 무리가 모든
나라 백성을 두려워하여 제단을
그 터에 세우고 그 위에서 아침
저녁으로 여호와께 번제를 드리
며 4 기록된 규례대로 초막절을
지켜 번제를 매일 정수대로 날마
다 드리고 5 그 후에는 항상 드
리는 번제와 초하루와 여호와의
모든 거룩한 절기의 번제와 사람
이 여호와께 기쁘게 드리는 예물
을 드리되 6 일곱째 달 초하루부
터 비로소 여호와께 번제를 드렸
으나 그 때에 여호와의 성전 지
대는 미처 놓지 못한지라 7 이에
석수와 목수에게 돈을 주고 또
시돈 사람과 두로 사람에게 먹을
것과 마실 것과 기름을 주고 바
사 왕 고레스의 명령대로 백향목
을 레바논에서 욥바 해변까지 운
송하게 하였더라

성전 건축을 시작하다

8 예루살렘에 있는 하나님의 성
전에 이른 지 이 년 둘째 달에 스
알디엘의 아들 스룹바벨과 요사
닥의 아들 예수아와 다른 형제
제사장들과 레위 사람들과 무릇
사로잡혔다가 예루살렘에 돌아
온 자들이 공사를 시작하고 이십
세 이상의 레위 사람들을 세워
여호와의 성전 공사를 감독하게
하매 9 이에 예수아와 그의 아들
들과 그의 형제들과 갓미엘과 그
의 아들들과 유다 자손과 헤나닷
자손과 그의 형제 레위 사람들이
일제히 일어나 하나님의 성전 일
꾼들을 감독하니라 10 건축자가
여호와의 성전의 기초를 놓을 때
에 제사장들은 예복을 입고 나팔
을 들고 아삽 자손 레위 사람들
은 제금을 들고 서서 이스라엘
왕 다윗의 규례대로 여호와를 찬
송하되 11 찬양으로 화답하며
여호와께 감사하여 이르되 주는
지극히 선하시므로 그의 인자하
심이 이스라엘에게 영원하시도
다 하니 모든 백성이 여호와의
성전 기초가 놓임을 보고 여호와

를 찬송하며 큰 소리로 즐거이
부르며 12 제사장들과 레위 사
람들과 나이 많은 족장들은 첫
성전을 보았으므로 이제 이 성전
의 기초가 놓임을 보고 대성통곡
하였으나 여러 사람은 기쁨으로
크게 함성을 지르니 13 백성이
크게 외치는 소리가 멀리 들리므
로 즐거이 부르는 소리와 통곡하
는 소리를 백성들이 분간하지 못
하였더라

4장

성전 건축을 방해하는 사람들

1 사로잡혔던 자들의 자손이 이
스라엘의 하나님 여호와의 성전
을 건축한다 함을 유다와 베냐민
의 대적이 듣고 2 스룹바벨과 족
장들에게 나아와 이르되 우리도
너희와 함께 건축하게 하라 우리
도 너희 같이 너희 하나님을 찾노
라 앗수르 왕 에살핫돈이 우리를
이리로 오게 한 날부터 우리가 하
나님께 제사를 드리노라 하니 3
스룹바벨과 예수아와 기타 이스
라엘 족장들이 이르되 우리 하나
님의 성전을 건축하는 데 너희는
우리와 상관이 없느니라 바사 왕
고레스가 우리에게 명령하신 대
로 우리가 이스라엘의 하나님 여
호와를 위하여 홀로 건축하리라
하였더니 4 이로부터 그 땅 백성
이 유다 백성의 손을 약하게 하여
그 건축을 방해하되 5 바사 왕 고
레스의 시대부터 바사 왕 다리오
가 즉위할 때까지 관리들에게 뇌
물을 주어 그 계획을 막았으며 6
또 아하수에로가 즉위할 때에 그
들이 글을 올려 유다와 예루살렘
주민을 고발하니라 7 아닥사스
다 때에 비슬람과 미드르닷과 다
브엘과 그의 동료들이 바사 왕 아
닥사스다에게 글을 올렸으니 그
글은 아람 문자와 아람 방언으로
써서 진술하였더라 8 방백 르훔
과 서기관 심새가 아닥사스다 왕
에게 올려 예루살렘 백성을 고발
한 그 글에 9 방백 르훔과 서기관
심새와 그의 동료 디나 사람과 아
바삿 사람과 다블래 사람과 아바
새 사람과 아렉 사람과 바벨론 사
람과 수산 사람과 데해 사람과 엘
람 사람과 10 그 밖에 백성 곧 존
귀한 오스납발이 사마리아 성과
유브라데 강 건너편 다른 땅에 옮
겨 둔 자들과 함께 고발한다 하였
더라 11 아닥사스다 왕에게 올린
그 글의 초본은 이러하니 강 건너
편에 있는 신하들은 12 왕에게
아뢰나이다 당신에게서 우리에
게로 올라온 유다 사람들이 예루
살렘에 이르러 이 패역하고 악한
성읍을 건축하는데 이미 그 기초
를 수축하고 성곽을 건축하오니
13 이제 왕은 아시옵소서 만일 이
성읍을 건축하고 그 성곽을 완공
하면 저 무리가 다시는 조공과 관
세와 통행세를 바치지 아니하리
니 결국 왕들에게 손해가 되리이
다 14 우리가 이제 왕궁의 소금
을 먹으므로 왕이 수치 당함을 차
마 보지 못하여 사람을 보내어 왕
에게 아뢰오니 15 왕은 조상들의

스

사기를 살펴보시면 그 사기에서
이 성읍은 패역한 성읍이라 예로
부터 그 중에서 항상 반역하는 일
을 행하여 왕들과 각 도에 손해가
된 것을 보시고 아실지라 이 성읍
이 무너짐도 이 때문이니이다 16
이제 감히 왕에게 아뢰오니 이 성
읍이 중건되어 성곽이 준공되면
이로 말미암아 왕의 강 건너편 영
지가 없어지리이다 하였더라 17
왕이 방백 르훔과 서기관 심새와
사마리아에 거주하는 그들 동관
들과 강 건너편 다른 땅 백성에게
조서를 내리니 일렀으되 너희는
평안할지어다 18 너희가 올린 글
을 내 앞에서 낭독시키고 19 명
령하여 살펴보니 과연 이 성읍이
예로부터 왕들을 거역하며 그 중
에서 항상 패역하고 반역하는 일
을 행하였으며 20 옛적에는 예루
살렘을 다스리는 큰 군왕들이 있
어서 강 건너편 모든 땅이 그들에
게 조공과 관세와 통행세를 다 바
쳤도다 21 이제 너희는 명령을
전하여 그 사람들에게 공사를 그
치게 하여 그 성을 건축하지 못하
게 하고 내가 다시 조서 내리기를
기다리라 22 너희는 삼가서 이
일에 게으르지 말라 어찌하여 화
를 더하여 왕들에게 손해가 되게
하랴 하였더라 23 아닥사스다 왕
의 조서 초본이 르훔과 서기관 심
새와 그의 동료 앞에서 낭독되매
그들이 예루살렘으로 급히 가서
유다 사람들을 보고 권력으로 억
제하여 그 공사를 그치게 하니
24 이에 예루살렘에서 하나님의
성전 공사가 바사 왕 다리오 제이
년까지 중단되니라

5장

성전 건축을 다시 시작하다

1 선지자들 곧 선지자 학개와 잇
도의 손자 스가랴가 이스라엘의
하나님의 이름으로 유다와 예루
살렘에 거주하는 유다 사람들에
게 예언하였더니 2 이에 스알디
엘의 아들 스룹바벨과 요사닥의
아들 예수아가 일어나 예루살렘
에 있던 하나님의 성전을 다시
건축하기 시작하매 하나님의 선
지자들이 함께 있어 그들을 돕더
니 3 그 때에 유브라데 강 건너
편 총독 닷드내와 스달보스내와
그들의 동관들이 다 나아와 그들
에게 이르되 누가 너희에게 명령
하여 이 성전을 건축하고 이 성
곽을 마치게 하였느냐 하기로 4
우리가 이 건축하는 자의 이름을
아뢰었으나 5 하나님이 유다 장
로들을 돌보셨으므로 그들이 능
히 공사를 막지 못하고 이 일을
다리오에게 아뢰고 그 답장이 오
기를 기다렸더라 6 유브라데 강
건너편 총독 닷드내와 스달보스
내와 그들의 동관인 유브라데 강
건너편 아바삭 사람이 다리오 왕
에게 올린 글의 초본은 이러하니
라 7 그 글에 일렀으되 다리오
왕은 평안하옵소서 8 왕께 아뢰
옵나이다 우리가 유다 도에 가서
지극히 크신 하나님의 성전에 나
아가 본즉 성전을 큰 돌로 세우
며 벽에 나무를 얹고 부지런히
일하므로 공사가 그 손에서 형통
하옵기에 9 우리가 그 장로들에
게 물어보기를 누가 너희에게 명
령하여 이 성전을 건축하고 이
성곽을 마치라고 하였느냐 하고
10 우리가 또 그 우두머리들의
이름을 적어 왕에게 아뢰고자 하
여 그들의 이름을 물은즉 11 그
들이 우리에게 대답하여 이르기
를 우리는 천지의 하나님의 종이
라 예전에 건축되었던 성전을 우
리가 다시 건축하노라 이는 본래
이스라엘의 큰 왕이 건축하여 완

공한 것이었으나 12 우리 조상
들이 하늘에 계신 하나님을 노엽
게 하였으므로 하나님이 그들을
갈대아 사람 바벨론 왕 느부갓네
살의 손에 넘기시매 그가 이 성
전을 헐며 이 백성을 사로잡아
바벨론으로 옮겼더니 13 바벨론
왕 고레스 원년에 고레스 왕이
조서를 내려 하나님의 이 성전을
다시 건축하게 하고 14 또 느부
갓네살이 예루살렘 하나님의 성
전 안에서 금, 은 그릇을 옮겨다
가 바벨론 신당에 두었던 것을
고레스 왕이 그 신당에서 꺼내어
그가 세운 총독 세스바살이라고
부르는 자에게 내주고 15 일러
말하되 너는 이 그릇들을 가지고
가서 예루살렘 성전에 두고 하나
님의 전을 제자리에 건축하라 하
매 16 이에 이 세스바살이 이르
러 예루살렘 하나님의 성전 지대
를 놓았고 그 때로부터 지금까지
건축하여 오나 아직도 마치지 못
하였다 하였사오니 17 이제 왕께
서 좋게 여기시거든 바벨론에서
왕의 보물전각에서 조사하사 과
연 고레스 왕이 조서를 내려 하나
님의 이 성전을 예루살렘에 다시
건축하라 하셨는지 보시고 왕은
이 일에 대하여 왕의 기쁘신 뜻을
우리에게 보이소서 하였더라

6장

고레스의 조서와 다리오 왕의 명령

1 이에 다리오 왕이 조서를 내려
문서창고 곧 바벨론의 보물을 쌓
아둔 보물전각에서 조사하게 하
여 2 메대도 악메다 궁성에서 한
두루마리를 찾았으니 거기에 기
록하였으되 3 고레스 왕 원년에
조서를 내려 이르기를 예루살렘
에 있는 하나님의 성전에 대하여
이르노니 이 성전 곧 제사 드리
는 처소를 건축하되 지대를 견고
히 쌓고 그 성전의 높이는 육십
규빗으로, 너비도 육십 규빗으로
하고 4 큰 돌 세 켜에 새 나무 한
켜를 놓으라 그 경비는 다 왕실
에서 내리라 5 또 느부갓네살이
예루살렘 성전에서 탈취하여 바
벨론으로 옮겼던 하나님의 성전
금, 은 그릇들을 돌려보내어 예
루살렘 성전에 가져다가 하나님
의 성전 안 각기 제자리에 둘지
니라 하였더라 6 이제 유브라데
강 건너편 총독 닷드내와 스달보
스내와 너희 동관 유브라데 강
건너편 아바삭 사람들은 그 곳을
멀리하여 7 하나님의 성전 공사
를 막지 말고 유다 총독과 장로
들이 하나님의 이 성전을 제자리
에 건축하게 하라 8 내가 또 조
서를 내려서 하나님의 이 성전을
건축함에 대하여 너희가 유다 사
람의 장로들에게 행할 것을 알리
노니 왕의 재산 곧 유브라데 강
건너편에서 거둔 세금 중에서 그
경비를 이 사람들에게 끊임없이
주어 그들로 멈추지 않게 하라 9
또 그들이 필요로 하는 것 곧 하
늘의 하나님께 드릴 번제의 수송
아지와 숫양과 어린 양과 또 밀
과 소금과 포도주와 기름을 예루
살렘 제사장의 요구대로 어김없
이 날마다 주어 10 그들이 하늘
의 하나님께 향기로운 제물을 드
려 왕과 왕자들의 생명을 위하여
기도하게 하라 11 내가 또 명령
을 내리노니 누구를 막론하고 이
명령을 변조하면 그의 집에서 들
보를 빼내고 그를 그 위에 매어
달게 하고 그의 집은 이로 말미
암아 거름더미가 되게 하라 12
만일 왕들이나 백성이 이 명령을
변조하고 손을 들어 예루살렘 하
나님의 성전을 헐진대 그 곳에
이름을 두신 하나님이 그들을 멸
하시기를 원하노라 나 다리오가
조서를 내렸노니 신속히 행할지
어다 하였더라

성전 봉헌

13 다리오 왕의 조서가 내리매
유브라데 강 건너편 총독 닷드내
와 스달보스내와 그들의 동관들
이 신속히 준행하니라 14 유다
사람의 장로들이 선지자 학개와
잇도의 손자 스가랴의 권면을 따
랐으므로 성전 건축하는 일이 형
통한지라 이스라엘 하나님의 명
령과 바사 왕 고레스와 다리오와
아닥사스다의 조서를 따라 성전
을 건축하며 일을 끝내되 15 다
리오 왕 제육년 아달월 삼일에
성전 일을 끝내니라 16 이스라
엘 자손과 제사장들과 레위 사람
들과 기타 사로잡혔던 자의 자손
이 즐거이 하나님의 성전 봉헌식
을 행하니 17 하나님의 성전 봉
헌식을 행할 때에 수소 백 마리
와 숫양 이백 마리와 어린 양 사
백 마리를 드리고 또 이스라엘
지파의 수를 따라 숫염소 열두
마리로 이스라엘 전체를 위하여
속죄제를 드리고 18 제사장을
그 분반대로, 레위 사람을 그 순

스

차대로 세워 예루살렘에서 하나
님을 섬기게 하되 모세의 책에
기록된 대로 하게 하니라

유월절

19 사로잡혔던 자의 자손이 첫째
달 십사일에 유월절을 지키되
20 제사장들과 레위 사람들이 일
제히 몸을 정결하게 하여 다 정
결하매 사로잡혔던 자들의 모든
자손과 자기 형제 제사장들과 자
기를 위하여 유월절 양을 잡으니
21 사로잡혔다가 돌아온 이스라
엘 자손과 자기 땅에 사는 이방
사람의 더러운 것으로부터 스스
로를 구별한 모든 이스라엘 사람
들에게 속하여 이스라엘의 하나
님 여호와를 찾는 자들이 다 먹
고 22 즐거움으로 이레 동안 무
교절을 지켰으니 이는 여호와께
서 그들을 즐겁게 하시고 또 앗
수르 왕의 마음을 그들에게로 돌
려 이스라엘의 하나님이신 하나
님의 성전 건축하는 손을 힘 있
게 하도록 하셨음이었더라

7장

에스라가 예루살렘에 이르다

1 이 일 후에• 바사 왕 아닥사스
다가 왕위에 있을 때에 에스라라
하는 자가 있으니라 그는 스라야
의 아들이요 아사랴의 손자요 힐
기야의 증손이요 2 살룸의 현손
이요 사독의 오대 손이요 아히둡
의 육대 손이요 3 아마랴의 칠대
손이요 아사랴의 팔대 손이요 므
라욧의 구대 손이요 4 스라히야
의 십대 손이요 웃시엘의 십일대
손이요 북기의 십이대 손이요 5
아비수아의 십삼대 손이요 비느
하스의 십사대 손이요 엘르아살
의 십오대 손이요 대제사장 아론
의 십육대 손이라 6 이 에스라가
바벨론에서 올라왔으니 그는 이
스라엘의 하나님 여호와께서 주
신 모세의 율법에 익숙한 학자로
서 그의 하나님 여호와의 도우심
을 입음으로 왕에게 구하는 것은
다 받는 자이더니 7 아닥사스다
왕 제칠년에 이스라엘 자손과 제
사장들과 레위 사람들과 노래하
는 자들과 문지기들과 느디님 사
람들 중에 몇 사람이 예루살렘으
로 올라올 때에 8 이 에스라가
올라왔으니 왕의 제칠년 다섯째
달이라 9 첫째 달 초하루에 바벨
론에서 길을 떠났고 하나님의 선
한 손의 도우심을 입어 다섯째
달 초하루에 예루살렘에 이르니
라 10 에스라가 여호와의 율법
을 연구하여 준행하며 율례와 규
례를 이스라엘에게 가르치기로
결심하였었더라

아닥사스다 왕이 내린 조서

11 여호와의 계명의 말씀과 이스
라엘에게 주신 율례 학자요 학자
겸 제사장인 에스라에게 아닥사
스다 왕이 내린 조서의 초본은
아래와 같으니라 12 모든 왕의
왕 아닥사스다는 하늘의 하나님
의 율법에 완전한 학자 겸 제사
장 에스라에게 13 조서를 내리
노니 우리 나라에 있는 이스라엘
백성과 그들 제사장들과 레위 사
람들 중에 예루살렘으로 올라갈
뜻이 있는 자는 누구든지 너와
함께 갈지어다 14 너는 네 손에
있는 네 하나님의 율법을 따라
유다와 예루살렘의 형편을 살피
기 위하여 왕과 일곱 자문관의
보냄을 받았으니 15 왕과 자문
관들이 예루살렘에 거하시는 이
스라엘 하나님께 성심으로 드리
는 은금을 가져가고 16 또 네가
바벨론 온 도에서 얻을 모든 은
금과 및 백성과 제사장들이 예루

7:1 **이 일 후에** 6장과 7장 사이에 약 60년이라는 간격이 있다.

살렘에 있는 그들의 하나님의 성
전을 위하여 기쁘게 드릴 예물을
가져다가 17 그들의 돈으로 수
송아지와 숫양과 어린 양과 그
소제와 그 전제의 물품을 신속히
사서 예루살렘 네 하나님의 성전
제단 위에 드리고 18 그 나머지
은금은 너와 너의 형제가 좋게
여기는 일에 너희 하나님의 뜻을
따라 쓸지며 19 네 하나님의 성
전에서 섬기는 일을 위하여 네게
준 그릇은 예루살렘 하나님 앞에
드리고 20 그 외에도 네 하나님
의 성전에 쓰일 것이 있어서 네
가 드리고자 하거든 무엇이든지
궁중창고에서 내다가 드릴지니
라 21 나 곧 아닥사스다 왕이 유
브라데 강 건너편 모든 창고지기
에게 조서를 내려 이르기를 하늘
의 하나님의 율법 학자 겸 제사
장 에스라가 무릇 너희에게 구하
는 것을 신속히 시행하되 22 은
은 백 달란트까지, 밀은 백 고르
까지, 포도주는 백 밧까지, 기름
도 백 밧까지 하고 소금은 정량
없이 하라 23 무릇 하늘의 하나
님의 전을 위하여 하늘의 하나님
이 명령하신 것은 삼가 행하라
어찌하여 진노가 왕과 왕자의 나
라에 임하게 하랴 24 내가 너희
에게 이르노니 제사장들이나 레
위 사람들이나 노래하는 자들이
나 문지기들이나 느디님 사람들
이나 혹 하나님의 성전에서 일하
는 자들에게 조공과 관세와 통행
세를 받는 것이 옳지 않으니라
하였노라 25 에스라여 너는 네
손에 있는 네 하나님의 지혜를
따라 네 하나님의 율법을 아는
자를 법관과 재판관을 삼아 강
건너편 모든 백성을 재판하게 하
고 그 중 알지 못하는 자는 너희
가 가르치라 26 무릇 네 하나님
의 명령과 왕의 명령을 준행하지
아니하는 자는 속히 그 죄를 정
하여 혹 죽이거나 귀양 보내거나
가산을 몰수하거나 옥에 가둘지
니라 하였더라

에스라가 여호와를 송축하다

27 우리 조상들의 하나님 여호와
를 송축할지로다 그가 왕의 마음
에 예루살렘 여호와의 성전을 아
름답게 할 뜻을 두시고 28 또 나
로 왕과 그의 보좌관들 앞과 왕
의 권세 있는 모든 방백의 앞에
서 은혜를 얻게 하셨도다 내 하
나님 여호와의 손이 내 위에 있
으므로 내가 힘을 얻어 이스라엘
중에 우두머리들을 모아 나와 함
께 올라오게 하였노라

8장

에스라와 함께 돌아온 백성들

1 아닥사스다 왕이 왕위에 있을
때에 나와 함께 바벨론에서 올라
온 족장들과 그들의 계보는 이러
하니라 2 비느하스 자손 중에서
는 게르솜이요 이다말 자손 중에
서는 다니엘이요 다윗 자손 중에
서는 핫두스요 3 스가냐 자손 곧
바로스 자손 중에서는 스가랴니
그와 함께 족보에 기록된 남자가
백오십 명이요 4 바핫모압 자손
중에서는 스라히야의 아들 엘여
호에내니 그와 함께 있는 남자가
이백 명이요 5 스가냐 자손 중에
서는 야하시엘의 아들이니 그와
함께 있는 남자가 삼백 명이요 6
아딘 자손 중에서는 요나단의 아
들 에벳이니 그와 함께 있는 남자
가 오십 명이요 7 엘람 자손 중에
서는 아달리야의 아들 여사야니
그와 함께 있는 남자가 칠십 명이
요 8 스바댜 자손 중에서는 미가
엘의 아들 스바댜니 그와 함께 있
는 남자가 팔십 명이요 9 요압 자
손 중에서는 여히엘의 아들 오바
댜니 그와 함께 있는 남자가 이백
십팔 명이요 10 슬로밋 자손 중
에서는 요시뱌의 아들이니 그와
함께 있는 남자가 백육십 명이요
11 베배 자손 중에서는 베배의 아
들 스가랴니 그와 함께 있는 남자
가 이십팔 명이요 12 아스갓 자
손 중에서는 학가단의 아들 요하
난이니 그와 함께 있는 남자가 백
십 명이요 13 아도니감 자손 중
에 나중된 자의 이름은 엘리벨렛
과 여우엘과 스마야니 그와 함께
있는 남자가 육십 명이요 14 비
그왜 자손 중에서는 우대와 사붓
이니 그와 함께 있는 남자가 칠십
명이었느니라

에스라가 레위 사람을 찾다

15 내가 무리를 아하와로 흐르는
강 가에 모으고 거기서 삼 일 동
안 장막에 머물며 백성과 제사장
들을 살핀즉 그 중에 레위 자손
이 한 사람도 없는지라 16 이에
모든 족장 곧 엘리에셀과 아리엘
과 스마야와 엘라단과 야립과 엘
라단과 나단과 스가랴와 므술람
을 부르고 또 명철한 사람 요야
립과 엘라단을 불러 17 가시뱌
지방으로 보내어 그 곳 족장 잇

스

도에게 나아가게 하고 잇도와 그
의 형제 곧 가시뱌 지방에 사는
느디님 사람들에게 할 말을 일러
주고 우리 하나님의 성전을 위하
여 섬길 자를 데리고 오라 하였
더니 18 우리 하나님의 선한 손
의 도우심을 입고 그들이 이스라
엘의 손자 레위의 아들 말리의
자손 중에서 한 명철한 사람을
데려오고 또 세레뱌와 그의 아들
들과 형제 십팔 명과 19 하사뱌
와 므라리 자손 중 여사야와 그
의 형제와 그의 아들들 이십 명
을 데려오고 20 다윗과 방백들
이 레위 사람들을 섬기라고 준
느디님 사람 중 성전 일꾼은 이
백이십 명이었는데 그들은 모두
지명 받은 이들이었더라

에스라가 금식하며 간구하다

21 그 때에 내가 아하와 강 가에
서 금식을 선포하고 우리 하나님
앞에서 스스로 겸비하여 우리와
우리 어린 아이와 모든 소유를
위하여 평탄한 길을 그에게 간구
하였으니 22 이는 우리가 전에
왕에게 아뢰기를 우리 하나님의
손은 자기를 찾는 모든 자에게
선을 베푸시고 자기를 배반하는
모든 자에게는 권능과 진노를 내
리신다 하였으므로 길에서 적군
을 막고 우리를 도울 보병과 마
병을 왕에게 구하기를 부끄러워
하였음이라 23 그러므로 우리가
이를 위하여 금식하며 우리 하나
님께 간구하였더니 그의 응낙하
심을 입었느니라

성전에 바친 예물

24 그 때에 내가 제사장의 우두
머리들 중 열두 명 곧 세레뱌와
하사뱌와 그의 형제 열 명을 따
로 세우고 25 그들에게 왕과 모
사들과 방백들과 또 그 곳에 있
는 이스라엘 무리가 우리 하나님
의 성전을 위하여 드린 은과 금
과 그릇들을 달아서 주었으니
26 내가 달아서 그들 손에 준 것
은 은이 육백오십 달란트요 은
그릇이 백 달란트요 금이 백 달
란트며 27 또 금잔이 스무 개라
그 무게는 천 다릭이요 또 아름
답고 빛나 금 같이 보배로운 놋
그릇이 두 개라 28 내가 그들에
게 이르되 너희는 여호와께 거룩
한 자요 이 그릇들도 거룩하고
그 은과 금은 너희 조상들의 하
나님 여호와께 즐거이 드린 예물
이니 29 너희는 예루살렘 여호
와의 성전 골방에 이르러 제사장
들과 레위 사람의 우두머리들과
이스라엘의 족장들 앞에서 이 그
릇을 달기까지 삼가 지키라 30
이에 제사장들과 레위 사람들이
은과 금과 그릇을 예루살렘 우리
하나님의 성전으로 가져가려 하
여 그 무게대로 받으니라

에스라가 예루살렘으로 돌아오다

31 첫째 달 십이 일에 우리가 아
하와 강을 떠나 예루살렘으로 갈
새 우리 하나님의 손이 우리를 도
우사 대적과 길에 매복한 자의 손
에서 건지신지라 32 이에 예루살
렘에 이르러 거기서 삼 일 간 머
물고 33 제사일에 우리 하나님의
성전에서 은과 금과 그릇을 달아
서 제사장 우리아의 아들 므레못
의 손에 넘기니 비느하스의 아들
엘르아살과 레위 사람 예수아의
아들 요사밧과 빈누이의 아들 노
아댜가 함께 있어 34 모든 것을
다 세고 달아 보고 그 무게의 총
량을 그 때에 기록하였느니라 35
사로잡혔던 자의 자손 곧 이방에
서 돌아온 자들이 이스라엘의 하
나님께 번제를 드렸는데 이스라
엘 전체를 위한 수송아지가 열두
마리요 또 숫양이 아흔여섯 마리
요 어린 양이 일흔일곱 마리요 또
속죄제의 숫염소가 열두 마리니
모두 여호와께 드린 번제물이라
36 무리가 또 왕의 조서를 왕의
총독들과 유브라데 강 건너편 총
독들에게 넘겨 주매 그들이 백성
과 하나님의 성전을 도왔느니라

9장

에스라의 회개 기도

1 이 일 후에 방백들이 내게 나아
와 이르되 이스라엘 백성과 제사
장들과 레위 사람들이 이 땅 백
성들에게서 떠나지 아니하고 가
나안 사람들과 헷 사람들과 브리
스 사람들과 여부스 사람들과 암
몬 사람들과 모압 사람들과 애굽
사람들과 아모리 사람들의 가증
한 일을 행하여 2 그들의 딸을
맞이하여 아내와 며느리로 삼아
거룩한 자손이 그 지방 사람들과
서로 섞이게 하는데 방백들과 고
관들이 이 죄에 더욱 으뜸이 되
었다 하는지라 3 내가 이 일을
듣고 속옷과 겉옷을 찢고 머리털
과 수염을 뜯으며 기가 막혀 앉
으니 4 이에 이스라엘의 하나님

의 말씀으로 말미암아 떠는 자가
사로잡혔던 이 사람들의 죄 때문
에 다 내게로 모여오더라 내가
저녁 제사 드릴 때까지 기가 막
혀 앉았더니 5 저녁 제사를 드릴
때에 내가 근심 중에 일어나서
속옷과 겉옷을 찢은 채 무릎을
꿇고 나의 하나님 여호와를 향하
여 손을 들고 6 말하기를 나의
하나님이여 내가 부끄럽고 낯이
뜨거워서 감히 나의 하나님을 향
하여 얼굴을 들지 못하오니 이는
우리 죄악이 많아 정수리에 넘치
고 우리 허물이 커서 하늘에 미
침이니이다 7 우리 조상들의 때
로부터 오늘까지 우리의 죄가 심
하매 우리의 죄악으로 말미암아
우리와 우리 왕들과 우리 제사장
들을 여러 나라 왕들의 손에 넘
기사 칼에 죽으며 사로잡히며 노
략을 당하며 얼굴을 부끄럽게 하
심이 오늘날과 같으니이다 8 이
제 우리 하나님 여호와께서 우리
에게 잠시 동안 은혜를 베푸사
얼마를 남겨 두어 피하게 하신
우리를 그 거룩한 처소에 박힌
못과 같게 하시고 우리 하나님이
우리 눈을 밝히사 우리가 종노릇
하는 중에서 조금 소생하게 하셨
나이다 9 우리가 비록 노예가 되
었사오나 우리 하나님이 우리를
그 종살이하는 중에 버려 두지
아니하시고 바사 왕들 앞에서 우
리가 불쌍히 여김을 입고 소생하
여 우리 하나님의 성전을 세우게
하시며 그 무너진 것을 수리하게
하시며 유다와 예루살렘에서 우
리에게 울타리를 주셨나이다 10
우리 하나님이여 이렇게 하신 후
에도 우리가 주의 계명을 저버렸
사오니 이제 무슨 말씀을 하오리
이까 11 전에 주께서 주의 종 선
지자들에게 명령하여 이르시되
너희가 가서 얻으려 하는 땅은
더러운 땅이니 이는 이방 백성들
이 더럽고 가증한 일을 행하여
이 끝에서 저 끝까지 그 더러움
으로 채웠음이라 12 그런즉 너
희 여자들을 그들의 아들들에게
주지 말고 그들의 딸들을 너희
아들들을 위하여 데려오지 말며
그들을 위하여 평화와 행복을 영
원히 구하지 말라 그리하면 너희
가 왕성하여 그 땅의 아름다운
것을 먹으며 그 땅을 자손에게
물려 주어 영원한 유산으로 물려
주게 되리라 하셨나이다 13 우
리의 악한 행실과 큰 죄로 말미
암아 이 모든 일을 당하였사오나
우리 하나님이 우리 죄악보다 형
벌을 가볍게 하시고 이만큼 백성
을 남겨 주셨사오니 14 우리가
어찌 다시 주의 계명을 거역하고
이 가증한 백성들과 통혼하오리
이까 그리하면 주께서 어찌 우리
를 멸하시고 남아 피할 자가 없
도록 진노하시지 아니하시리이
까 15 이스라엘의 하나님 여호와
여 주는 의로우시니 우리가 남아
피한 것이 오늘날과 같사옵거늘
도리어 주께 범죄하였사오니 이
로 말미암아 주 앞에 한 사람도
감히 서지 못하겠나이다 하니라

10장

이방 아내와 그 소생을 내쫓기로 하다

1 에스라가 하나님의 성전 앞에
엎드려 울며 기도하여 죄를 자복
할 때에 많은 백성이 크게 통곡
하매 이스라엘 중에서 백성의 남
녀와 어린 아이의 큰 무리가 그
앞에 모인지라 2 엘람 자손 중
여히엘의 아들 스가냐가 에스라
에게 이르되 우리가 우리 하나님
께 범죄하여 이 땅 이방 여자를
맞이하여 아내로 삼았으나 이스
라엘에게 아직도 소망이 있나니
3 곧 내 주의 교훈을 따르며 우리
하나님의 명령을 떨며 준행하는
자의 가르침을 따라 이 모든 아
내와 그들의 소생을 다 내보내기
로 우리 하나님과 언약을 세우고
율법대로 행할 것이라 4 이는 당
신이 주장할 일이니 일어나소서
우리가 도우리니 힘써 행하소서
하니라 5 이에 에스라가 일어나

제사장들과 레위 사람들과 온 이
스라엘에게 이 말대로 행하기를
맹세하게 하매 무리가 맹세하는
지라 6 이에 에스라가 하나님의
성전 앞에서 일어나 엘리아십의
아들 여호하난의 방으로 들어가
니라 그가 들어가서 사로잡혔던
자들의 죄를 근심하여 음식도 먹
지 아니하며 물도 마시지 아니하
더니 7 유다와 예루살렘에 사로
잡혔던 자들의 자손들에게 공포
하기를 너희는 예루살렘으로 모
이라 8 누구든지 방백들과 장로
들의 훈시를 따라 삼일 내에 오
지 아니하면 그의 재산을 적몰하
고 사로잡혔던 자의 모임에서 쫓
아내리라 하매 9 유다와 베냐민
모든 사람들이 삼 일 내에 예루
살렘에 모이니 때는 아홉째 달
이십일이라 무리가 하나님의 성
전 앞 광장에 앉아서 이 일과 큰
비 때문에 떨고 있더니 10 제사
장 에스라가 일어나 그들에게 이
르되 너희가 범죄하여 이방 여자
를 아내로 삼아 이스라엘의 죄를
더하게 하였으니 11 이제 너희
조상들의 하나님 앞에서 죄를 자
복하고 그의 뜻대로 행하여 그
지방 사람들과 이방 여인을 끊어
버리라 하니 12 모든 회중이 큰
소리로 대답하여 이르되 당신의
말씀대로 우리가 마땅히 행할 것
이니이다 13 그러나 백성이 많
고 또 큰 비가 내리는 때니 능히
밖에 서지 못할 것이요 우리가
이 일로 크게 범죄하였은즉 하루
이틀에 할 일이 아니오니 14 이
제 온 회중을 위하여 우리의 방
백들을 세우고 우리 모든 성읍에
이방 여자에게 장가든 자는 다
기한에 각 고을의 장로들과 재판
장과 함께 오게 하여 이 일로 인
한 우리 하나님의 진노가 우리에
게서 떠나게 하소서 하나 15 오
직 아사헬의 아들 요나단과 디과
의 아들 야스야가 일어나 그 일
을 반대하고 므술람과 레위 사람
삽브대가 그들을 돕더라 16 사
로잡혔던 자들의 자손이 그대로
한지라 제사장 에스라가 그 종족
을 따라 각각 지명된 족장들 몇
사람을 선임하고 열째 달 초하루
에 앉아 그 일을 조사하여 17 첫
째 달 초하루에 이르러 이방 여
인을 아내로 맞이한 자의 일 조
사하기를 마치니라

이방 여자와 결혼한 남자들

18 제사장의 무리 중에 이방 여
인을 아내로 맞이한 자는 예수
아 자손 중 요사닥의 아들과 그
의 형제 마아세야와 엘리에셀과
야립과 그달랴라 19 그들이 다
손을 잡아 맹세하여 그들의 아
내를 내보내기로 하고 또 그 죄
로 말미암아 숫양 한 마리를 속
건제로 드렸으며 20 또 임멜 자
손 중에서는 하나니와 스바댜요
21 하림 자손 중에서는 마아세야
와 엘리야와 스마야와 여히엘과
웃시야요 22 바스훌 자손 중에
서는 엘료에내와 마아세야와 이
스마엘과 느다넬과 요사밧과 엘
라사였더라 23 레위 사람 중에
서는 요사밧과 시므이와 글라야
라 하는 글리다와 브다히야와
유다와 엘리에셀이었더라 24 노
래하는 자 중에서는 엘리아십이
요 문지기 중에서는 살룸과 델
렘과 우리였더라 25 이스라엘
중에서는 바로스 자손 중에서는
라먀와 잇시야와 말기야와 미야
민과 엘르아살과 말기야와 브나
야요 26 엘람 자손 중에서는 맛
다냐와 스가랴와 여히엘과 압디
와 여레못과 엘리야요 27 삿두
자손 중에서는 엘료에내와 엘리
아십과 맛다냐와 여레못과 사밧
과 아시사요 28 베배 자손 중에
서는 여호하난과 하나냐와 삽배
와 아들래요 29 바니 자손 중에
서는 므술람과 말룩과 아다야와
야숩과 스알과 여레못이요 30
바핫모압 자손 중에서는 앗나와
글랄과 브나야와 마아세야와 맛
다냐와 브살렐과 빈누이와 므낫
세요 31 하림 자손 중에서는 엘
리에셀과 잇시야와 말기야와 스
마야와 시므온과 32 베냐민과
말룩과 스마랴요 33 하숨 자손
중에서는 맛드내와 맛닷다와 사
밧과 엘리벨렛과 여레매와 므낫
세와 시므이요 34 바니 자손 중
에서는 마아대와 아므람과 우엘
과 35 브나야와 베드야와 글루
히와 36 와냐와 므레못과 에랴
십과 37 맛다냐와 맛드내와 야
아수와 38 바니와 빈누이와 시
므이와 39 셀레먀와 나단과 아
다야와 40 막나드배와 사새와
사래와 41 아사렐과 셀레먀와
스마랴와 42 살룸과 아마랴와
요셉이요 43 느보 자손 중에서
는 여이엘과 맛디디야와 사밧과
스비내와 잇도와 요엘과 브나야
더라 44 이상은 모두 이방 여인
을 아내로 맞이한 자라 그 중에
는 자녀를 낳은 여인도 있었더라

느헤미야

1장

느헤미야가 예루살렘을 두고 기도하다

1 하가랴의 아들 느헤미야의 말
이라 아닥사스다 왕 제이십년*
기슬르월에 내가 수산 궁에 있는
데 2 내 형제들 가운데 하나인
하나니가 두어 사람과 함께 유다
에서 내게 이르렀기로 내가 그
사로잡힘을 면하고 남아 있는 유
다와 예루살렘 사람들의 형편을
물은즉 3 그들이 내게 이르되 사
로잡힘을 면하고 남아 있는 자들
이 그 지방 거기에서 큰 환난을
당하고 능욕을 받으며 예루살렘
성은 허물어지고 성문들은 불탔
다 하는지라 4 내가 이 말을 듣
고 앉아서 울고 수일 동안 슬퍼
하며 하늘의 하나님 앞에 금식하
며 기도하여 5 이르되 하늘의 하
나님 여호와 크고 두려우신 하나
님이여 주를 사랑하고 주의 계명
을 지키는 자에게 언약을 지키시
며 긍휼을 베푸시는 주여 간구하
나이다 6 이제 종이 주의 종들인
이스라엘 자손을 위하여 주야로
기도하오며 우리 이스라엘 자손
이 주께 범죄한 죄들을 자복하오
니 주는 귀를 기울이시며 눈을
여시사 종의 기도를 들으시옵소
서 나와 내 아버지의 집이 범죄
하여 7 주를 향하여 크게 악을
행하여 주께서 주의 종 모세에게
명령하신 계명과 율례와 규례를
지키지 아니하였나이다 8 옛적
에 주께서 주의 종 모세에게 명
령하여 이르시되 만일 너희가 범
죄하면 내가 너희를 여러 나라
가운데에 흩을 것이요 9 만일 내
게로 돌아와 내 계명을 지켜 행
하면 너희 쫓긴 자가 하늘 끝에
있을지라도 내가 거기서부터 그
들을 모아 내 이름을 두려고 택
한 곳에 돌아오게 하리라 하신
말씀을 이제 청하건대 기억하옵
소서 10 이들은 주께서 일찍이
큰 권능과 강한 손으로 구속하신
주의 종들이요 주의 백성이니이
다 11 주여 구하오니 귀를 기울
이사 종의 기도와 주의 이름을
경외하기를 기뻐하는 종들의 기

1:1 제이십년 이것은 아닥사스다 왕이 바사에서 다스린 지 20년째 되는 해를 가리키는 것 같다.

도를 들으시고 오늘 종이 형통하
여 이 사람 앞에서 은혜를 입게
하옵소서 하였나니 그 때에 내가
왕의 술 관원이 되었느니라

2장

느헤미야가 예루살렘으로 가다

1 아닥사스다 왕 제이십년 니산
월에 왕 앞에 포도주가 있기로 내
가 그 포도주를 왕에게 드렸는데
이전에는 내가 왕 앞에서 수심이
없었더니 2 왕이 내게 이르시되
네가 병이 없거늘 어찌하여 얼굴
에 수심이 있느냐 이는 필연 네
마음에 근심이 있음이로다 하더
라 그 때에 내가 크게 두려워하여
3 왕께 대답하되 왕은 만세수를
하옵소서 내 조상들의 묘실이 있
는 성읍이 이제까지 황폐하고 성
문이 불탔사오니 내가 어찌 얼굴
에 수심이 없사오리이까 하니 4
왕이 내게 이르시되 그러면 네가
무엇을 원하느냐 하시기로 내가
곧 하늘의 하나님께 묵도하고 5
왕에게 아뢰되 왕이 만일 좋게 여
기시고 종이 왕의 목전에서 은혜
를 얻었사오면 나를 유다 땅 나의
조상들의 묘실이 있는 성읍에 보
내어 그 성을 건축하게 하옵소서
하였는데 6 그 때에 왕후도 왕 곁
에 앉아 있었더라 왕이 내게 이르
시되 네가 몇 날에 다녀올 길이며
어느 때에 돌아오겠느냐 하고 왕
이 나를 보내기를 좋게 여기시기
로 내가 기한을 정하고 7 내가 또
왕에게 아뢰되 왕이 만일 좋게 여
기시거든 강 서쪽 총독들에게 내
리시는 조서를 내게 주사 그들이
나를 용납하여 유다에 들어가기
까지 통과하게 하시고 8 또 왕의
삼림 감독 아삽에게 조서를 내리
사 그가 성전에 속한 영문의 문과
성곽과 내가 들어갈 집을 위하여
들보로 쓸 재목을 내게 주게 하옵
소서 하매 내 하나님의 선한 손이
나를 도우시므로 왕이 허락하고
9 군대 장관과 마병을 보내어 나
와 함께 하게 하시기로 내가 강
서쪽에 있는 총독들에게 이르러
왕의 조서를 전하였더니 10 호론
사람 산발랏과 종이었던 암몬 사
람 도비야가 이스라엘 자손을 흥
왕하게 하려는 사람이 왔다 함을
듣고 심히 근심하더라 11 내가
예루살렘에 이르러 머무른 지 사
흘 만에 12 내 하나님께서 예루
살렘을 위해 무엇을 할 것인지 내
마음에 주신 것을 내가 아무에게
도 말하지 아니하고 밤에 일어나
몇몇 사람과 함께 나갈새 내가 탄
짐승 외에는 다른 짐승이 없더라
13 그 밤에 골짜기 문으로 나가서
용정으로 분문에 이르는 동안에
보니 예루살렘 성벽이 다 무너졌
고 성문은 불탔더라 14 앞으로
나아가 샘문과 왕의 못에 이르러
서는 탄 짐승이 지나갈 곳이 없는
지라 15 그 밤에 시내를 따라 올
라가서 성벽을 살펴본 후에 돌아
서 골짜기 문으로 들어와 돌아왔
으나 16 방백들은 내가 어디 갔
었으며 무엇을 하였는지 알지 못
하였고 나도 그 일을 유다 사람들
에게나 제사장들에게나 귀족들
에게나 방백들에게나 그 외에 일
하는 자들에게 알리지 아니하다
가 17 후에 그들에게 이르기를
우리가 당한 곤경은 너희도 보고
있는 바라 예루살렘이 황폐하고
성문이 불탔으니 자, 예루살렘 성
을 건축하여 다시 수치를 당하지
말자 하고 18 또 그들에게 하나
님의 선한 손이 나를 도우신 일과

왕이 내게 이른 말씀을 전하였더
니 그들의 말이 일어나 건축하자
하고 모두 힘을 내어 이 선한 일
을 하려 하매 **19** 호론 사람 산발
랏과 종이었던 암몬 사람 도비야
와 아라비아 사람 게셈이 이 말을
듣고 우리를 업신여기고 우리를
비웃어 이르되 너희가 하는 일이
무엇이냐 너희가 왕을 배반하고
자 하느냐 하기로 **20** 내가 그들
에게 대답하여 이르되 하늘의 하
나님이 우리를 형통하게 하시리
니 그의 종들인 우리가 일어나 건
축하려니와 오직 너희에게는 예
루살렘에서 아무 기업도 없고 권
리도 없고 기억되는 바도 없다 하
였느니라

3장

예루살렘 성벽 중수

1 그 때에 대제사장 엘리아십이
그의 형제 제사장들과 함께 일어
나 양문을 건축하여 성별하고 문
짝을 달고 또 성벽을 건축하여
함메아 망대에서부터 하나넬 망
대까지 성별하였고 **2** 그 다음은
여리고 사람들이 건축하였고 또
그 다음은 이므리의 아들 삭굴이
건축하였으며 **3** 어문은 하스나
아의 자손들이 건축하여 그 들보
를 얹고 문짝을 달고 자물쇠와
빗장을 갖추었고 **4** 그 다음은 학
고스의 손자 우리아의 아들 므레
못이 중수하였고 그 다음은 므세
사벨의 손자 베레갸의 아들 므술
람이 중수하였고 그 다음은 바아
나의 아들 사독이 중수하였고 **5**
그 다음은 드고아 사람들이 중수
하였으나 그 귀족들은 그들의 주
인들의 공사를 분담하지 아니하
였으며 **6** 옛 문은 바세아의 아들
요야다와 브소드야의 아들 므술
람이 중수하여 그 들보를 얹고
문짝을 달고 자물쇠와 빗장을 갖
추었고 **7** 그 다음은 기브온 사람
믈라댜와 메로놋 사람 야돈이 강
서쪽 총독의 관할에 속한 기브온
사람들 및 미스바 사람들과 더불
어 중수하였고 **8** 그 다음은 금장
색 할해야의 아들 웃시엘 등이
중수하였고 그 다음은 향품 장사
하나냐 등이 중수하되 그들이 예
루살렘의 넓은 성벽까지 하였고
9 그 다음은 예루살렘 지방의 절
반을 다스리는 후르의 아들 르바
야가 중수하였고 **10** 그 다음은
하루맙의 아들 여다야가 자기 집
과 마주 대한 곳을 중수하였고
그 다음은 하삽느야의 아들 핫두
스가 중수하였고 **11** 하림의 아
들 말기야와 바핫모압의 아들 핫
숩이 한 부분과 화덕 망대를 중
수하였고 **12** 그 다음은 예루살
렘 지방 절반을 다스리는 할로헤
스의 아들 살룸과 그의 딸들이
중수하였고 **13** 골짜기 문은 하
눈과 사노아 주민이 중수하여 문
을 세우며 문짝을 달고 자물쇠와
빗장을 갖추고 또 분문까지 성벽
천 규빗을 중수하였고 **14** 분문
은 벧학게렘 지방을 다스리는 레
갑의 아들 말기야가 중수하여 문
을 세우며 문짝을 달고 자물쇠와
빗장을 갖추었고 **15** 샘문은 미
스바 지방을 다스리는 골호세의
아들 살룬이 중수하여 문을 세우
고 덮었으며 문짝을 달고 자물쇠
와 빗장을 갖추고 또 왕의 동산
근처 셀라 못 가의 성벽을 중수
하여 다윗 성에서 내려오는 층계
까지 이르렀고 **16** 그 다음은 벧
술 지방 절반을 다스리는 아스북
의 아들 느헤미야*가 중수하여
다윗의 묘실과 마주 대한 곳에
이르고 또 파서 만든 못을 지나
용사의 집까지 이르렀고 **17** 그
다음은 레위 사람 바니의 아들
르훔이 중수하였고 그 다음은 그
일라 지방 절반을 다스리는 하사
뱌가 그 지방을 대표하여 중수하
였고 **18** 그 다음은 그들의 형제
들 가운데 그일라 지방 절반을
다스리는 헤나닷의 아들 바왜가
중수하였고 **19** 그 다음은 미스
바를 다스리는 예수아의 아들 에
셀이 한 부분을 중수하여 성 굽
이에 있는 군기고 맞은편까지 이
르렀고 **20** 그 다음은 삽배의 아
들 바룩이 한 부분을 힘써 중수
하여 성 굽이에서부터 대제사장
엘리아십의 집 문에 이르렀고
21 그 다음은 학고스의 손자 우
리야의 아들 므레못이 한 부분을
중수하여 엘리아십의 집 문에서
부터 엘리아십의 집 모퉁이에 이
르렀고 **22** 그 다음은 평지에 사
는 제사장들이 중수하였고 **23**
그 다음은 베냐민과 핫숩이 자기
집 맞은편 부분을 중수하였고 그
다음은 아나냐의 손자 마아세야
의 아들 아사랴가 자기 집에서
가까운 부분을 중수하였고 **24**
그 다음은 헤나닷의 아들 빈누이
가 한 부분을 중수하되 아사랴의
집에서부터 성 굽이를 지나 성
모퉁이에 이르렀고 **25** 우새의
아들 발랄은 성 굽이 맞은편과

3:16 **느헤미야** 이 사람은 느헤미야서를 쓴 느헤미야와는 동명이인이다.

왕의 윗 궁에서 내민 망대 맞은
편 곧 시위청에서 가까운 부분을
중수하였고 그 다음은 바로스의
아들 브다야가 중수하였고 26
(그 때에 느디님 사람은 오벨에
거주하여 동쪽 수문과 마주 대한
곳에서부터 내민 망대까지 이르
렀느니라) 27 그 다음은 드고아
사람들이 한 부분을 중수하여 내
민 큰 망대와 마주 대한 곳에서
부터 오벨 성벽까지 이르렀느니
라 28 마문 위로부터는 제사장
들이 각각 자기 집과 마주 대한
부분을 중수하였고 29 그 다음
은 임멜의 아들 사독이 자기 집
과 마주 대한 부분을 중수하였고
그 다음은 동문지기 스가냐의 아
들 스마야가 중수하였고 30 그
다음은 셀레먀의 아들 하나냐와
살랍의 여섯째 아들 하눈이 한
부분을 중수하였고 그 다음은 베
레갸의 아들 므술람이 자기의 방
과 마주 대한 부분을 중수하였고
31 그 다음은 금장색 말기야가
함밉갓 문과 마주 대한 부분을
중수하여 느디님 사람과 상인들
의 집에서부터 성 모퉁이 성루에
이르렀고 32 성 모퉁이 성루에
서 양문까지는 금장색과 상인들
이 중수하였느니라

4장

방해를 물리치다

1 산발랏이 우리가 성을 건축한
다 함을 듣고 크게 분노하여 유
다 사람들을 비웃으며 2 자기 형
제들과 사마리아 군대 앞에서 일
러 말하되 이 미약한 유다 사람
들이 하는 일이 무엇인가, 스스
로 견고하게 하려는가, 제사를
드리려는가, 하루에 일을 마치려
는가 불탄 돌을 흙 무더기에서
다시 일으키려는가 하고 3 암몬
사람 도비야는 곁에 있다가 이르
되 그들이 건축하는 돌 성벽은
여우가 올라가도 곧 무너지리라
하더라 4 우리 하나님이여 들으
시옵소서 우리가 업신여김을 당
하나이다 원하건대 그들이 욕하
는 것을 자기들의 머리에 돌리사
노략거리가 되어 이방에 사로잡
히게 하시고 5 주 앞에서 그들의
악을 덮어 두지 마시며 그들의
죄를 도말하지 마옵소서 그들이
건축하는 자 앞에서 주를 노하시
게 하였음이니이다 하고 6 이에
우리가 성을 건축하여 전부가 연
결되고 높이가 절반에 이르렀으
니 이는 백성이 마음 들여 일을
하였음이니라 7 산발랏과 도비
야와 아라비아 사람들과 암몬 사
람들과 아스돗 사람들이 예루살
렘 성이 중수되어 그 허물어진
틈이 메꾸어져 간다 함을 듣고
심히 분노하여 8 다 함께 꾀하기
를 예루살렘으로 가서 치고 그
곳을 요란하게 하자 하기로 9 우
리가 우리 하나님께 기도하며 그
들로 말미암아 파수꾼을 두어 주
야로 방비하는데 10 유다 사람
들은 이르기를 흙무더기가 아직
도 많거늘 짐을 나르는 자의 힘
이 다 빠졌으니 우리가 성을 건
축하지 못하리라 하고 11 우리
의 원수들은 이르기를 그들이 알
지 못하고 보지 못하는 사이에
우리가 그들 가운데 달려 들어가
서 살륙하여 역사를 그치게 하리
라 하고 12 그 원수들의 근처에
거주하는 유다 사람들도 그 각처
에서 와서 열 번이나 우리에게
말하기를 너희가 우리에게로 와
야 하리라 하기로 13 내가 성벽
뒤의 낮고 넓은 곳에 백성이 그
들의 종족을 따라 칼과 창과 활
을 가지고 서 있게 하고 14 내가
돌아본 후에 일어나서 귀족들과
민장들과 남은 백성에게 말하기
를 너희는 그들을 두려워하지 말

고 지극히 크시고 두려우신 주를
기억하고 너희 형제와 자녀와 아
내와 집을 위하여 싸우라 하였느
니라 15 우리의 대적이 우리가
그들의 의도를 눈치챘다 함을 들
으니라 하나님이 그들의 꾀를 폐
하셨으므로 우리가 다 성에 돌아
와서 각각 일하였는데 16 그 때
로부터 내 수하 사람들의 절반은
일하고 절반은 갑옷을 입고 창과
방패와 활을 가졌고 민장은 유다
온 족속의 뒤에 있었으며 17 성
을 건축하는 자와 짐을 나르는
자는 다 각각 한 손으로 일을 하
며 한 손에는 병기를 잡았는데
18 건축하는 자는 각각 허리에
칼을 차고 건축하며 나팔 부는
자는 내 곁에 섰었느니라 19 내
가 귀족들과 민장들과 남은 백성
에게 이르기를 이 공사는 크고
넓으므로 우리가 성에서 떨어져
거리가 먼즉 20 너희는 어디서
든지 나팔 소리를 듣거든 그리로
모여서 우리에게로 나아오라 우
리 하나님이 우리를 위하여 싸우
시리라 하였느니라 21 우리가
이같이 공사하는데 무리의 절반
은 동틀 때부터 별이 나기까지
창을 잡았으며 22 그 때에 내가
또 백성에게 말하기를 사람마다
그 종자와 함께 예루살렘 안에서
잘지니 밤에는 우리를 위하여 파
수하겠고 낮에는 일하리라 하고
23 나나 내 형제들이나 종자들이
나 나를 따라 파수하는 사람들이
나 우리가 다 우리의 옷을 벗지
아니하였으며 물을 길으러 갈 때
에도 각각 병기를 잡았느니라

5장

가난한 백성이 부르짖다

1 그 때에 백성들이 그들의 아내
와 함께 크게 부르짖어 그들의
형제인 유다 사람들을 원망하는
데 2 어떤 사람은 말하기를 우리
와 우리 자녀가 많으니 양식을
얻어 먹고 살아야 하겠다 하고 3
어떤 사람은 말하기를 우리가 밭
과 포도원과 집이라도 저당 잡히
고 이 흉년에 곡식을 얻자 하고
4 어떤 사람은 말하기를 우리는
밭과 포도원으로 돈을 빚내서 왕
에게 세금을 바쳤도다 5 우리 육
체도 우리 형제의 육체와 같고
우리 자녀도 그들의 자녀와 같거
늘 이제 우리 자녀를 종으로 파
는도다 우리 딸 중에 벌써 종된
자가 있고 우리의 밭과 포도원이
이미 남의 것이 되었으나 우리에
게는 아무런 힘이 없도다 하더라
6 내가 백성의 부르짖음과 이런
말을 듣고 크게 노하였으나 7 깊
이 생각하고 귀족들과 민장들을
꾸짖어 그들에게 이르기를 너희
가 각기 형제에게 높은 이자를
취하는도다 하고 대회를 열고 그
들을 쳐서 8 그들에게 이르기를
우리는 이방인의 손에 팔린 우리
형제 유다 사람들을 우리의 힘을
다하여 도로 찾았거늘 너희는 너
희 형제를 팔고자 하느냐 더구나
우리의 손에 팔리게 하겠느냐 하
매 그들이 잠잠하여 말이 없기로
9 내가 또 이르기를 너희의 소행
이 좋지 못하도다 우리의 대적
이방 사람의 비방을 생각하고 우
리 하나님을 경외하는 가운데 행
할 것이 아니냐 10 나와 내 형제
와 종자들도 역시 돈과 양식을
백성에게 꾸어 주었거니와 우리
가 그 이자 받기를 그치자 11 그
런즉 너희는 그들에게 오늘이라
도 그들의 밭과 포도원과 감람원
과 집이며 너희가 꾸어 준 돈이
나 양식이나 새 포도주나 기름의
백분의 일을 돌려보내라 하였더
니 12 그들이 말하기를 우리가

당신의 말씀대로 행하여 돌려보
내고 그들에게서 아무것도 요구
하지 아니하리이다 하기로 내가
제사장들을 불러 그들에게 그 말
대로 행하겠다고 맹세하게 하고
13 내가 옷자락을 털며 이르기를
이 말대로 행하지 아니하는 자는
모두 하나님이 또한 이와 같이
그 집과 산업에서 털어 버리실지
니 그는 곧 이렇게 털려서 빈손
이 될지로다 하매 회중이 다 아
멘 하고 여호와를 찬송하고 백성
들이 그 말한 대로 행하였느니라

느헤미야가 총독의 녹을 받지 아니하다

14 또한 유다 땅 총독으로 세움
을 받은 때 곧 아닥사스다 왕 제
이십 년부터 제삼십이 년까지 십
이 년 동안은 나와 내 형제들이
총독의 녹을 먹지 아니하였느니
라 15 나보다 먼저 있었던 총독
들은 백성에게서, 양식과 포도주
와 또 은 사십 세겔을 그들에게
서 빼앗았고 또한 그들의 종자들
도 백성을 압제하였으나 나는 하
나님을 경외하므로 이같이 행하
지 아니하고 16 도리어 이 성벽
공사에 힘을 다하며 땅을 사지
아니하였고 내 모든 종자들도 모
여서 일을 하였으며 17 또 내 상
에는 유다 사람들과 민장들 백오
십 명이 있고 그 외에도 우리 주
위에 있는 이방 족속들 중에서
우리에게 나아온 자들이 있었는
데 18 매일 나를 위하여 소 한 마
리와 살진 양 여섯 마리를 준비
하며 닭도 많이 준비하고 열흘에
한 번씩은 각종 포도주를 갖추었
나니 비록 이같이 하였을지라도
내가 총독의 녹을 요구하지 아니
하였음은 이 백성의 부역이 중함
이었더라 19 내 하나님이여 내
가 이 백성을 위하여 행한 모든
일을 기억하사 내게 은혜를 베푸
시옵소서

6장

느헤미야에 대한 음모

1 산발랏과 도비야와 아라비아
사람 게셈과 그 나머지 우리의
원수들이 내가 성벽을 건축하여
허물어진 틈을 남기지 아니하였
다 함을 들었는데 그 때는 내가
아직 성문에 문짝을 달지 못한
때였더라 2 산발랏과 게셈이 내
게 사람을 보내어 이르기를 오라
우리가 오노 평지 한 촌에서 서
로 만나자 하니 실상은 나를 해
하고자 함이었더라 3 내가 곧 그
들에게 사자들을 보내어 이르기
를 내가 이제 큰 역사를 하니 내
려가지 못하겠노라 어찌하여 역
사를 중지하게 하고 너희에게로
내려가겠느냐 하매 4 그들이 네
번이나 이같이 내게 사람을 보내
되 나는 꼭 같이 대답하였더니 5
산발랏이 다섯 번째는 그 종자의
손에 봉하지 않은 편지를 들려
내게 보냈는데 6 그 글에 이르기
를 이방 중에도 소문이 있고 가
스무도 말하기를 너와 유다 사람
들이 모반하려 하여 성벽을 건축
한다 하나니 네가 그 말과 같이
왕이 되려 하는도다 7 또 네가
선지자를 세워 예루살렘에서 너
를 들어 선전하기를 유다에 왕이
있다 하게 하였으니 지금 이 말
이 왕에게 들릴지라 그런즉 너는
이제 오라 함께 의논하자 하였기
로 8 내가 사람을 보내어 그에게

이르기를 네가 말한 바 이런 일
은 없는 일이요 네 마음에서 지
어낸 것이라 하였나니 9 이는 그
들이 다 우리를 두렵게 하고자
하여 말하기를 그들의 손이 피곤
하여 역사를 중지하고 이루지 못
하리라 함이라 이제 내 손을 힘
있게 하옵소서 하였노라 10 이
후에 므헤다벨의 손자 들라야의
아들 스마야가 두문불출 하기로
내가 그 집에 가니 그가 이르기
를 그들이 너를 죽이러 올 터이
니 우리가 하나님의 전으로 가서
외소 안에 머물고 그 문을 닫자
저들이 반드시 밤에 와서 너를
죽이리라 하기로 11 내가 이르
기를 나 같은 자가 어찌 도망하
며 나 같은 몸이면 누가 외소에
들어가서 생명을 보존하겠느냐
나는 들어가지 않겠노라 하고
12 깨달은즉 그는 하나님께서 보
내신 바가 아니라 도비야와 산발
랏에게 뇌물을 받고 내게 이런
예언을 함이라 13 그들이 뇌물
을 준 까닭은 나를 두렵게 하고
이렇게 함으로 범죄하게 하고 악
한 말을 지어 나를 비방하려 함
이었느니라 14 내 하나님이여
도비야와 산발랏과 여선지 노아
댜와 그 남은 선지자들 곧 나를
두렵게 하고자 한 자들의 소행을
기억하옵소서 하였노라

성벽 공사가 끝나다

15 성벽 역사가 오십이 일 만인
엘룰월 이십오일에 끝나매 16
우리의 모든 대적과 주위에 있는
이방 족속들이 이를 듣고 다 두
려워하여 크게 낙담하였으니 그
들이 우리 하나님께서 이 역사를
이루신 것을 앎이니라 17 또한
그 때에 유다의 귀족들이 여러
번 도비야에게 편지하였고 도비
야의 편지도 그들에게 이르렀으
니 18 도비야는 아라의 아들 스
가냐의 사위가 되었고 도비야의
아들 여호하난도 베레갸의 아들
므술람의 딸을 아내로 맞이하였
으므로 유다에서 그와 동맹한 자
가 많음이라 19 그들이 도비야
의 선행을 내 앞에 말하고 또 내
말도 그에게 전하매 도비야가 내
게 편지하여 나를 두렵게 하고자
하였느니라

7장

느헤미야가 지도자들을 세우다

1 성벽이 건축되매 문짝을 달고
문지기와 노래하는 자들과 레위
사람들을 세운 후에 2 내 아우 하
나니와 영문의 관원 하나냐가 함
께 예루살렘을 다스리게 하였는
데 하나냐는 충성스러운 사람이
요 하나님을 경외함이 무리 중에
서 뛰어난 자라 3 내가 그들에게
이르기를 해가 높이 뜨기 전에는
예루살렘 성문을 열지 말고 아직
파수할 때에 곧 문을 닫고 빗장을
지르며 또 예루살렘 주민이 각각
자기가 지키는 곳에서 파수하되
자기 집 맞은편을 지키게 하라 하
였노니 4 그 성읍은 광대하고 그
주민은 적으며 가옥은 미처 건축
하지 못하였음이니라

포로에서 돌아온 사람들

5 내 하나님이 내 마음을 감동하
사 귀족들과 민장들과 백성을 모
아 그 계보대로 등록하게 하시므
로 내가 처음으로 돌아온 자의
계보를 얻었는데 거기에 기록된
것을 보면 6 옛적에 바벨론 왕
느부갓네살에게 사로잡혀 갔던
자들 중에서 놓임을 받고 예루살
렘과 유다에 돌아와 각기 자기들
의 성읍에 이른 자들 곧 7 스룹
바벨과 예수아와 느헤미야와 아
사랴와 라아먀와 나하마니와 모
르드개와 빌산과 미스베렛과 비
그왜와 느훔과 바아나와 함께 나
온 이스라엘 백성의 명수가 이러
하니라 8 바로스 자손이 이천백
칠십이 명이요 9 스바댜 자손이
삼백칠십이 명이요 10 아라 자
손이 육백오십이 명이요 11 바
핫모압 자손 곧 예수아와 요압
자손이 이천팔백십팔 명이요 12
엘람 자손이 천이백오십사 명이
요 13 삿두 자손이 팔백사십오
명이요 14 삭개 자손이 칠백육
십 명이요 15 빈누이 자손이 육
백사십팔 명이요 16 브배 자손
이 육백이십팔 명이요 17 아스
갓 자손이 이천삼백이십이 명이
요 18 아도니감 자손이 육백육
십칠 명이요 19 비그왜 자손이
이천육십칠 명이요 20 아딘 자
손이 육백오십오 명이요 21 아
델 자손 곧 히스기야 자손이 구
십팔 명이요 22 하숨 자손이 삼
백이십팔 명이요 23 베새 자손
이 삼백이십사 명이요 24 하립
자손이 백십이 명이요 25 기브
온 사람이 구십오 명이요 26 베
들레헴과 느도바 사람이 백팔십
팔 명이요 27 아나돗 사람이 백
이십팔 명이요 28 벧아스마웻

느

사람이 사십이 명이요 29 기랴
여아림과 그비라와 브에롯 사람
이 칠백사십삼 명이요 30 라마
와 게바 사람이 육백이십일 명이
요 31 믹마스 사람이 백이십이
명이요 32 벧엘과 아이 사람이
백이십삼 명이요 33 기타 느보
사람이 오십이 명이요 34 기타
엘람 자손이 천이백오십사 명이
요 35 하림 자손이 삼백이십 명
이요 36 여리고 자손이 삼백사
십오 명이요 37 로드와 하딧과
오노 자손이 칠백이십일 명이요
38 스나아 자손이 삼천 구백삼십
명이었느니라 39 제사장들은 예
수아의 집 여다야 자손이 구백칠
십삼 명이요 40 임멜 자손이 천
오십이 명이요 41 바스훌 자손
이 천이백사십칠 명이요 42 하
림 자손이 천십칠 명이었느니라
43 레위 사람들은 호드야 자손
곧 예수아와 갓미엘 자손이 칠십
사 명이요 44 노래하는 자들은
아삽 자손이 백사십팔 명이요
45 문지기들은 살룸 자손과 아델
자손과 달문 자손과 악굽 자손과
하디다 자손과 소배 자손이 모두
백삼십팔 명이었느니라 46 느디
님 사람들은 시하 자손과 하수바
자손과 답바옷 자손과 47 게로
스 자손과 시아 자손과 바돈 자
손과 48 르바나 자손과 하가바
자손과 살매 자손과 49 하난 자
손과 깃델 자손과 가할 자손과
50 르아야 자손과 르신 자손과
느고다 자손과 51 갓삼 자손과
웃사 자손과 바세아 자손과 52
베새 자손과 므우님 자손과 느비
스심 자손과 53 박북 자손과 하
그바 자손과 할훌 자손과 54 바
슬릿 자손과 므히다 자손과 하르
사 자손과 55 바르고스 자손과
시스라 자손과 데마 자손과 56
느시야 자손과 하디바 자손이었
느니라 57 솔로몬의 신하의 자
손은 소대 자손과 소베렛 자손과
브리다 자손과 58 야알라 자손
과 다르곤 자손과 깃델 자손과
59 스바댜 자손과 핫딜 자손과
보게렛하스바임 자손과 아몬 자
손이니 60 모든 느디님 사람과
솔로몬의 신하의 자손이 삼백구
십이 명이었느니라 61 델멜라와
델하르사와 그룹과 앗돈과 임멜
로부터 올라온 자가 있으나 그들
의 종족이나 계보가 이스라엘에
속하였는지는 증거할 수 없으니
62 그들은 들라야 자손과 도비야
자손과 느고다 자손이라 모두가
육백사십이 명이요 63 제사장
중에는 호바야 자손과 학고스 자
손과 바르실래 자손이니 바르실
래는 길르앗 사람 바르실래의 딸
중의 하나로 아내를 삼고 바르실
래의 이름으로 불린 자라 64 이
사람들은 계보 중에서 자기 이름
을 찾아도 찾지 못하였으므로 그
들을 부정하게 여겨 제사장의 직
분을 행하지 못하게 하고 65 총
독이 그들에게 명령하여 우림과
둠밈을 가진 제사장이 일어나기
전에는 지성물을 먹지 말라 하였
느니라 66 온 회중의 합계는 사
만 이천삼백육십 명이요 67 그
외에 노비가 칠천삼백삼십칠 명

이요 그들에게 노래하는 남녀가
이백사십오 명이 있었고 68 말
이 칠백삼십육 마리요 노새가 이
백사십오 마리요 69 낙타가 사
백삼십오 마리요 나귀가 육천칠
백이십 마리였느니라 70 어떤
족장들은 역사를 위하여 보조하
였고 총독은 금 천 드라크마와
대접 오십과 제사장의 의복 오백
삼십 벌을 보물 곳간에 드렸고
71 또 어떤 족장들은 금 이만 드
라크마와 은 이천이백 마네를 역
사 곳간에 드렸고 72 그 나머지
백성은 금 이만 드라크마와 은
이천 마네와 제사장의 의복 육십
칠 벌을 드렸느니라

백성 앞에서 율법책을 읽다

73 이와 같이 제사장들과 레위 사
람들과 문지기들과 노래하는 자
들과 백성 몇 명과 느디님 사람들
과 온 이스라엘 자손이 다 자기들
의 성읍에 거주하였느니라

8장

1 이스라엘 자손이 자기들의 성
읍에 거주하였더니 일곱째 달에
이르러 모든 백성이 일제히 수문
앞 광장에 모여 학사 에스라에게
여호와께서 이스라엘에게 명령
하신 모세의 율법책을 가져오기
를 청하매 2 일곱째 달 초하루에
제사장 에스라가 율법책을 가지
고 회중 앞 곧 남자나 여자나 알
아들을 만한 모든 사람 앞에 이
르러 3 수문 앞 광장에서 새벽부
터 정오까지 남자나 여자나 알아
들을 만한 모든 사람 앞에서 읽
으매 뭇 백성이 그 율법책에 귀
를 기울였는데 4 그 때에 학사
에스라가 특별히 지은 나무 강단
에 서고 그의 곁 오른쪽에 선 자
는 맛디댜와 스마와 아나야와 우
리야와 힐기야와 마아세야요 그
의 왼쪽에 선 자는 브다야와 미
사엘과 말기야와 하숨과 하스밧
다나와 스가랴와 므술람이라 5
에스라가 모든 백성 위에 서서
그들 목전에 책을 펴니 책을 펼
때에 모든 백성이 일어서니라 6
에스라가 위대하신 하나님 여호
와를 송축하매 모든 백성이 손을
들고 아멘 아멘 하고 응답하고
몸을 굽혀 얼굴을 땅에 대고 여
호와께 경배하니라 7 예수아와
바니와 세레뱌와 야민과 악굽과
사브대와 호디야와 마아세야와
그리다와 아사랴와 요사밧과 하
난과 블라야와 레위 사람들은 백
성이 제자리에 서 있는 동안 그
들에게 율법을 깨닫게 하였는데
8 하나님의 율법책을 낭독하고
그 뜻을 해석하여 백성에게 그
낭독하는 것을 다 깨닫게 하니 9
백성이 율법의 말씀을 듣고 다
우는지라 총독 느헤미야와 제사
장 겸 학사 에스라와 백성을 가
르치는 레위 사람들이 모든 백성
에게 이르기를 오늘은 너희 하나
님 여호와의 성일이니 슬퍼하지
말며 울지 말라 하고 10 느헤미
야가 또 그들에게 이르기를 너희
는 가서 살진 것을 먹고 단 것을
마시되 준비하지 못한 자에게는
나누어 주라 이 날은 우리 주의
성일이니 근심하지 말라 여호와
로 인하여 기뻐하는 것이 너희의
힘이니라 하고 11 레위 사람들
도 모든 백성을 정숙하게 하여
이르기를 오늘은 성일이니 마땅
히 조용하고 근심하지 말라 하니
12 모든 백성이 곧 가서 먹고 마
시며 나누어 주고 크게 즐거워하
니 이는 그들이 그 읽어 들려 준
말을 밝히 앎이라 13 그 이튿날
뭇 백성의 족장들과 제사장들과
레위 사람들이 율법의 말씀을 밝
히 알고자 하여 학사 에스라에게

모여서 14 율법에 기록된 바를
본즉 여호와께서 모세를 통하여
명령하시기를 이스라엘 자손은
일곱째 달 절기에 초막에서 거할
지니라 하였고 15 또 일렀으되
모든 성읍과 예루살렘에 공포하
여 이르기를 너희는 산에 가서
감람나무 가지와 들감람나무 가
지와 화석류나무 가지와 종려나
무 가지와 기타 무성한 나무 가
지를 가져다가 기록한 바를 따라
초막을 지으라 하라 한지라 16
백성이 이에 나가서 나뭇가지를
가져다가 혹은 지붕 위에, 혹은
뜰 안에, 혹은 하나님의 전 뜰에,
혹은 수문 광장에, 혹은 에브라
임 문 광장에 초막을 짓되 17 사
로잡혔다가 돌아온 회중이 다 초
막을 짓고 그 안에서 거하니 눈
의 아들 여호수아 때로부터 그
날까지 이스라엘 자손이 이같이
행한 일이 없었으므로 이에 크게
기뻐하며 18 에스라는 첫날부터
끝날까지 날마다 하나님의 율법
책을 낭독하고 무리가 이레 동안
절기를 지키고 여덟째 날에 규례
를 따라 성회를 열었느니라

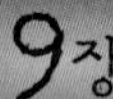

9장

백성들이 죄를 자복하다

1 그 달 스무나흗 날에 이스라엘
자손이 다 모여 금식하며 굵은
베 옷을 입고 티끌을 무릅쓰며 2
모든 이방 사람들과 절교하고 서
서 자기의 죄와 조상들의 허물을
자복하고 3 이 날에 낮 사분의
일은 그 제자리에 서서 그들의

하나님 여호와의 율법책을 낭독
하고 낮 사분의 일은 죄를 자복
하며 그들의 하나님 여호와께 경
배하는데 4 레위 사람 예수아와
바니와 갓미엘과 스바냐와 분니
와 세레뱌와 바니와 그나니는 단
에 올라서서 큰 소리로 그들의
하나님 여호와께 부르짖고 5 또
레위 사람 예수아와 갓미엘과 바
니와 하삽느야와 세레뱌와 호디
야와 스바냐와 브다히야는 이르
기를 너희 무리는 마땅히 일어나
영원부터 영원까지 계신 너희 하
나님 여호와를 송축할지어다 주
여 주의 영화로운 이름을 송축하
올 것은 주의 이름이 존귀하여
모든 송축이나 찬양에서 뛰어남
이니이다 6 오직 주는 여호와시
라 하늘과 하늘들의 하늘과 일월
성신과 땅과 땅 위의 만물과 바
다와 그 가운데 모든 것을 지으
시고 다 보존하시오니 모든 천군
이 주께 경배하나이다 7 주는 하
나님 여호와시라 옛적에 아브람
을 택하시고 갈대아 우르에서 인
도하여 내시고 아브라함이라는
이름을 주시고 8 그의 마음이 주
앞에서 충성됨을 보시고 그와 더
불어 언약을 세우사 가나안 족속
과 헷 족속과 아모리 족속과 브
리스 족속과 여부스 족속과 기르
가스 족속의 땅을 그의 씨에게
주리라 하시더니 그 말씀대로 이
루셨사오매 주는 의로우심이로
소이다 9 주께서 우리 조상들이
애굽에서 고난 받는 것을 감찰하
시며 홍해에서 그들의 부르짖음
을 들으시고 10 이적과 기사를
베푸사 바로와 그의 모든 신하와
그의 나라 온 백성을 치셨사오니
이는 그들이 우리의 조상들에게
교만하게 행함을 아셨음이라 주
께서 오늘과 같이 명예를 얻으셨
나이다 11 또 주께서 우리 조상
들 앞에서 바다를 갈라지게 하사
그들이 바다 가운데를 육지 같이
통과하게 하시고 쫓아오는 자들
을 돌을 큰 물에 던짐 같이 깊은
물에 던지시고 12 낮에는 구름
기둥으로 인도하시고 밤에는 불
기둥으로 그들이 행할 길을 그들
에게 비추셨사오며 13 또 시내
산에 강림하시고 하늘에서부터
그들과 말씀하사 정직한 규례와
진정한 율법과 선한 율례와 계명
을 그들에게 주시고 14 거룩한
안식일을 그들에게 알리시며 주
의 종 모세를 통하여 계명과 율
례와 율법을 그들에게 명령하시
고 15 그들의 굶주림 때문에 그
들에게 양식을 주시며 그들의 목
마름 때문에 그들에게 반석에서
물을 내시고 또 주께서 옛적에
손을 들어 맹세하시고 주겠다고
하신 땅을 들어가서 차지하라 말
씀하셨사오나 16 그들과 우리

조상들이 교만하고 목을 굳게 하
여 주의 명령을 듣지 아니하고
17 거역하며 주께서 그들 가운데
에서 행하신 기사를 기억하지 아
니하고 목을 굳게 하며 패역하여
스스로 한 우두머리를 세우고 종
되었던 땅으로 돌아가고자 하였
나이다 그러나 주께서는 용서하
시는 하나님이시라 은혜로우시
며 긍휼히 여기시며 더디 노하시
며 인자가 풍부하시므로 그들을
버리지 아니하셨나이다 18 또
그들이 자기들을 위하여 송아지
를 부어 만들고 이르기를 이는
곧 너희를 인도하여 애굽에서 나
오게 한 신이라 하여 하나님을
크게 모독하였사오나 19 주께서
는 주의 크신 긍휼로 그들을 광
야에 버리지 아니하시고 낮에는
구름 기둥이 그들에게서 떠나지
아니하고 길을 인도하며 밤에는
불 기둥이 그들이 갈 길을 비추
게 하셨사오며 20 또 주의 선한
영을 주사 그들을 가르치시며 주
의 만나가 그들의 입에서 끊어지
지 않게 하시고 그들의 목마름을
인하여 그들에게 물을 주어 21
사십 년 동안 들에서 기르시되
부족함이 없게 하시므로 그 옷이
해어지지 아니하였고 발이 부르
트지 아니하였사오며 22 또 나
라들과 족속들을 그들에게 각각
나누어 주시매 그들이 시혼의 땅
곧 헤스본 왕의 땅과 바산 왕 옥
의 땅을 차지하였나이다 23 주
께서 그들의 자손을 하늘의 별같
이 많게 하시고 전에 그들의 열
조에게 들어가서 차지하라고 말
씀하신 땅으로 인도하여 이르게
하셨으므로 24 그 자손이 들어
가서 땅을 차지하되 주께서 그
땅 가나안 주민들이 그들 앞에
복종하게 하실 때에 가나안 사람
들과 그들의 왕들과 본토 여러
족속들을 그들의 손에 넘겨 임의
로 행하게 하시매 25 그들이 견
고한 성읍들과 기름진 땅을 점령
하고 모든 아름다운 물건이 가득
한 집과 판 우물과 포도원과 감
람원과 허다한 과목을 차지하여
배불리 먹어 살찌고 주의 큰 복
을 즐겼사오나 26 그들은 순종
하지 아니하고 주를 거역하며 주
의 율법을 등지고 주께로 돌아오
기를 권면하는 선지자들을 죽여
주를 심히 모독하였나이다 27
그러므로 주께서 그들을 대적의
손에 넘기사 그들이 곤고를 당하
게 하시매 그들이 환난을 당하여
주께 부르짖을 때에 주께서 하늘
에서 들으시고 주의 크신 긍휼로
그들에게 구원자들을 주어 그들
을 대적의 손에서 구원하셨거늘
28 그들이 평강을 얻은 후에 다
시 주 앞에서 악을 행하므로 주
께서 그들을 원수들의 손에 버려
두사 원수들에게 지배를 당하게
하시다가 그들이 돌이켜 주께 부
르짖으매 주께서 하늘에서 들으
시고 여러 번 주의 긍휼로 건져
내시고 29 다시 주의 율법을 복
종하게 하시려고 그들에게 경계
하셨으나 그들이 교만하여 사람
이 준행하면 그 가운데에서 삶을
얻는 주의 계명을 듣지 아니하며
주의 규례를 범하여 고집하는 어
깨를 내밀며 목을 굳게 하여 듣
지 아니하였나이다 30 그러나
주께서 그들을 여러 해 동안 참
으시고 또 주의 선지자들을 통하
여 주의 영으로 그들을 경계하시
되 그들이 듣지 아니하므로 열방
사람들의 손에 넘기시고도 31
주의 크신 긍휼로 그들을 아주
멸하지 아니하시며 버리지도 아
니하셨사오니 주는 은혜로우시
고 불쌍히 여기시는 하나님이심
이니이다 32 우리 하나님이여
광대하시고 능하시고 두려우시
며 언약과 인자하심을 지키시는

하나님이여 우리와 우리 왕들과
방백들과 제사장들과 선지자들
과 조상들과 주의 모든 백성이
앗수르 왕들의 때로부터 오늘까
지 당한 모든 환난을 이제 작게
여기지 마옵소서 33 그러나 우
리가 당한 모든 일에 주는 공의
로우시니 우리는 악을 행하였사
오나 주께서는 진실하게 행하셨
음이니이다 34 우리 왕들과 방
백들과 제사장들과 조상들이 주
의 율법을 지키지 아니하며 주의
명령과 주께서 그들에게 경계하
신 말씀을 순종하지 아니하고
35 그들이 그 나라와 주께서 그
들에게 베푸신 큰 복과 자기 앞
에 주신 넓고 기름진 땅을 누리
면서도 주를 섬기지 아니하며 악
행을 그치지 아니하였으므로 36
우리가 오늘날 종이 되었는데 곧
주께서 우리 조상들에게 주사 그
것의 열매를 먹고 그것의 아름다
운 소산을 누리게 하신 땅에서
우리가 종이 되었나이다 37 우
리의 죄로 말미암아 주께서 우리
위에 세우신 이방 왕들이 이 땅
의 많은 소산을 얻고 그들이 우
리의 몸과 가축을 임의로 관할하
오니 우리의 곤란이 심하오며
38 우리가 이 모든 일로 말미암
아 이제 견고한 언약을 세워 기
록하고 우리의 방백들과 레위 사
람들과 제사장들이 다 인봉하나
이다 하였느니라

10장

언약에 인봉한 사람들

1 그 인봉한 자는 하가랴의 아들
총독 느헤미야와 시드기야, 2 스
라야, 아사랴, 예레미야, 3 바스
훌, 아마랴, 말기야, 4 핫두스, 스
바냐, 말룩, 5 하림, 므레못, 오바
댜, 6 다니엘, 긴느돈, 바룩, 7 므
술람, 아비야, 미야민, 8 마아시
야, 빌개, 스마야이니 이는 제사
장들이요 9 또 레위 사람 곧 아
사냐의 아들 예수아, 헤나닷의
자손 중 빈누이, 갓미엘과 10 그
의 형제 스바냐, 호디야, 그리다,
블라야, 하난, 11 미가, 르홉, 하
사뱌, 12 삭굴, 세레뱌, 스바냐,
13 호디야, 바니, 브니누요 14 또
백성의 우두머리들 곧 바로스,
바핫모압, 엘람, 삿두, 바니, 15
분니, 아스갓, 베배, 16 아도니
야, 비그왜, 아딘, 17 아델, 히스
기야, 앗술, 18 호디야, 하숨, 베
새, 19 하립, 아나돗, 노배, 20 막
비아스, 므술람, 헤실, 21 므세사
벨, 사독, 얏두아, 22 블라댜, 하
난, 아나야, 23 호세아, 하나냐,
핫숩, 24 할르헤스, 빌하, 소벡,
25 르훔, 하삽나, 마아세야, 26 아
히야, 하난, 아난, 27 말룩, 하림,
바아나이니라 28 그 남은 백성
과 제사장들과 레위 사람들과 문
지기들과 노래하는 자들과 느디
님 사람들과 및 이방 사람과 절
교하고 하나님의 율법을 준행하
는 모든 자와 그들의 아내와 그
들의 자녀들 곧 지식과 총명이
있는 자들은 29 다 그들의 형제
귀족들을 따라 저주로 맹세하기
를 우리가 하나님의 종 모세를
통하여 주신 하나님의 율법을 따
라 우리 주 여호와의 모든 계명
과 규례와 율례를 지켜 행하여
30 우리의 딸들을 이 땅 백성에
게 주지 아니하고 우리의 아들들
을 위하여 그들의 딸들을 데려오
지 아니하며 31 혹시 이 땅 백성
이 안식일에 물품이나 온갖 곡물
을 가져다가 팔려고 할지라도 우
리가 안식일이나 성일에는 그들
에게서 사지 않겠고 일곱째 해마
다 땅을 쉬게 하고 모든 빚을 탕
감하리라 하였고 32 우리가 또
스스로 규례를 정하기를 해마다
각기 세겔의 삼분의 일을 수납하
여 하나님의 전을 위하여 쓰게
하되 33 곧 진설병과 항상 드리
는 소제와 항상 드리는 번제와
안식일과 초하루와 정한 절기에
쓸 것과 성물과 이스라엘을 위하
는 속죄제와 우리 하나님의 전의
모든 일을 위하여 쓰게 하였고
34 또 우리 제사장들과 레위 사
람들과 백성들이 제비 뽑아 각기
종족대로 해마다 정한 시기에 나
무를 우리 하나님의 전에 바쳐
율법에 기록한 대로 우리 하나님
여호와의 제단에 사르게 하였고
35 해마다 우리 토지 소산의 만
물과 각종 과목의 첫 열매를 여
호와의 전에 드리기로 하였고
36 또 우리의 맏아들들과 가축의
처음 난 것과 소와 양의 처음 난
것을 율법에 기록된 대로 우리
하나님의 전으로 가져다가 우리
하나님의 전에서 섬기는 제사장
들에게 주고 37 또 처음 익은 밀
의 가루와 거제물과 각종 과목의
열매와 새 포도주와 기름을 제사
장들에게로 가져다가 우리 하나
님의 전의 여러 방에 두고 또 우
리 산물의 십일조를 레위 사람들
에게 주리라 하였나니 이 레위

사람들은 우리의 모든 성읍에서
산물의 십일조를 받는 자임이며
38 레위 사람들이 십일조를 받을
때에는 아론의 자손 제사장 한
사람이 함께 있을 것이요 레위
사람들은 그 십일조의 십분의 일
을 가져다가 우리 하나님의 전
곳간의 여러 방에 두되 39 곧 이
스라엘 자손과 레위 자손이 거제
로 드린 곡식과 새 포도주와 기
름을 가져다가 성소의 그릇들을
두는 골방 곧 섬기는 제사장들과
문지기들과 노래하는 자들이 있
는 골방에 둘 것이라 그리하여
우리가 우리 하나님의 전을 버려
두지 아니하리라

11장

예루살렘에 거주하는 백성들

1 백성의 지도자들은 예루살렘에
거주하였고 그 남은 백성은 제비
뽑아 십분의 일은 거룩한 성 예
루살렘에서 거주하게 하고 그 십
분의 구는 다른 성읍에 거주하게
하였으며 2 예루살렘에 거주하
기를 자원하는 모든 자를 위하여
백성들이 복을 빌었느니라 3 이
스라엘과 제사장들과 레위 사람
들과 느디님 사람들과 솔로몬의
신하들의 자손은 유다 여러 성읍
에서 각각 자기 성읍 자기 기업
에 거주하였느니라 예루살렘에
거주한 그 지방의 지도자들은 이
러하니 4 예루살렘에 거주한 자
는 유다 자손과 베냐민 자손 몇
명이라 유다 자손 중에는 베레스
자손 아다야이니 그는 웃시야의
아들이요 스가랴의 손자요 아마
랴의 증손이요 스바댜의 현손이
요 마할랄렐의 오대 손이며 5 또
마아세야니 그는 바룩의 아들이
요 골호세의 손자요 하사야의 증
손이요 아다야의 현손이요 요야
립의 오대 손이요 스가랴의 육대
손이요 실로 사람의 칠대 손이라
6 예루살렘에 거주한 베레스 자
손은 모두 사백육십팔 명이니 다
용사였느니라 7 베냐민 자손은
살루이니 그는 므술람의 아들이
요 요엣의 손자요 브다야의 증손
이요 골라야의 현손이요 마아세
야의 오대 손이요 이디엘의 육대
손이요 여사야의 칠대 손이며 8
그 다음은 갑배와 살래 등이니
모두 구백이십팔 명이라 9 시그
리의 아들 요엘이 그들의 감독이
되었고 핫스누아의 아들 유다는
버금이 되어 성읍을 다스렸느니
라 10 제사장 중에는 요야립의
아들 여다야와 야긴이며 11 또
하나님의 전을 맡은 자 스라야이
니 그는 힐기야의 아들이요 므술
람의 손자요 사독의 증손이요 므
라욧의 현손이요 아히둡의 오대
손이며 12 또 전에서 일하는 그
들의 형제니 모두 팔백이십이 명
이요 또 아다야이니 그는 여로함
의 아들이요 블라야의 손자요 암
시의 증손이요 스가랴의 현손이
요 바스훌의 오대 손이요 말기야
의 육대 손이며 13 또 그 형제의
족장된 자이니 모두 이백사십이
명이요 또 아맛새이니 그는 아사
렐의 아들이요 아흐새의 손자요
므실레못의 증손이요 임멜의 현
손이며 14 또 그들의 형제의 큰
용사들이니 모두 백이십팔 명이
라 하그돌림의 아들 삽디엘이 그
들의 감독이 되었느니라 15 레
위 사람 중에는 스마야이니 그는
핫숩의 아들이요 아스리감의 손
자요 하사뱌의 증손이요 분니의
현손이며 16 또 레위 사람의 족
장 삽브대와 요사밧이니 그들은
하나님의 전 바깥 일을 맡았고
17 또 아삽의 증손 삽디의 손자
미가의 아들 맛다냐이니 그는 기
도할 때에 감사하는 말씀을 인도
하는 자가 되었고 형제 중에 박
부갸가 버금이 되었으며 또 여두
둔의 증손 갈랄의 손자 삼무아의
아들 압다니 18 거룩한 성에 레
위 사람은 모두 이백팔십사 명이

었느니라 19 성 문지기는 악굽
과 달몬과 그 형제이니 모두 백
칠십이 명이며 20 그 나머지 이
스라엘 백성과 제사장과 레위 사
람은 유다 모든 성읍에 흩어져
각각 자기 기업에 살았고 21 느
디님 사람은 오벨에 거주하니 시
하와 기스바가 그들의 책임자가
되었느니라 22 노래하는 자들인
아삽 자손 중 미가의 현손 맛다
냐의 증손 하사뱌의 손자 바니의
아들 웃시는 예루살렘에 거주하
는 레위 사람의 감독이 되어 하
나님의 전 일을 맡아 다스렸으니
23 이는 왕의 명령대로 노래하는
자들에게 날마다 할 일을 정해
주었기 때문이며 24 유다의 아
들 세라의 자손 곧 므세사벨의
아들 브다히야는 왕의 수하에서
백성의 일을 다스렸느니라

마을과 주변 동네들에 거주하는 백성들

25 마을과 들로 말하면 유다 자
손의 일부는 기럇 아르바와 그
주변 동네들과 디본과 그 주변
동네들과 여갑스엘과 그 마을들
에 거주하며 26 또 예수아와 몰
라다와 벧벨렛과 27 하살수알과
브엘세바와 그 주변 동네들에 거
주하며 28 또 시글락과 므고나
와 그 주변 동네들에 거주하며
29 또 에느림몬과 소라와 야르뭇
에 거주하며 30 또 사노아와 아
둘람과 그 마을들과 라기스와 그
들판과 아세가와 그 주변 동네들
에 살았으니 그들은 브엘세바에
서부터 힌놈의 골짜기까지 장막
을 쳤으며 31 또 베냐민 자손은
게바에서부터 믹마스와 아야와
벧엘과 그 주변 동네들에 거주하
며 32 아나돗과 놉과 아나냐와
33 하솔과 라마와 깃다임과 34
하딧과 스보임과 느발랏과 35
로드와 오노와 장인들의 골짜기
에 거주하였으며 36 유다에 있
던 레위 사람의 일부는 베냐민과
합하였느니라

12장

제사장과 레위 사람들

1 스알디엘의 아들 스룹바벨과
예수아와 함께 돌아온 제사장들
과 레위 사람들은 이러하니라 제
사장들은 스라야와 예레미야와
에스라와 2 아마랴와 말룩과 핫
두스와 3 스가냐와 르훔과 므레
못과 4 잇도와 긴느도이와 아비
야와 5 미야민과 마아댜와 빌가
와 6 스마야와 요야립과 여다야
와 7 살루와 아목과 힐기야와 여
다야니 이상은 예수아 때에 제사
장들과 그들의 형제의 지도자들
이었느니라

대제사장 예수아의 자손들

8 레위 사람들은 예수아와 빈누
이와 갓미엘과 세레뱌와 유다와
맛다냐니 이 맛다냐는 그의 형제
와 함께 찬송하는 일을 맡았고 9
또 그들의 형제 박부갸와 운노는
직무를 따라 그들의 맞은편에 있
으며 10 예수아는 요야김을 낳
고 요야김은 엘리아십을 낳고 엘
리아십은 요야다를 낳고 11 요
야다는 요나단을 낳고 요나단은
얏두아를 낳았느니라

제사장의 족장들

12 요야김 때에 제사장, 족장 된
자는 스라야 족속에는 므라야요
예레미야 족속에는 하나냐요 13
에스라 족속에는 므술람이요 아
마랴 족속에는 여호하난이요 14
말루기 족속에는 요나단이요 스
바냐 족속에는 요셉이요 15 하
림 족속에는 아드나요 므라욧 족
속에는 헬개요 16 잇도 족속에
는 스가랴요 긴느돈 족속에는 므
술람이요 17 아비야 족속에는
시그리요 미냐민 곧 모아댜 족속
에는 빌대요 18 빌가 족속에는
삼무아요 스마야 족속에는 여호
나단이요 19 요야립 족속에는
맛드내요 여다야 족속에는 웃시
오 20 살래 족속에는 갈래요 아

목 족속에는 에벨이요 21 힐기
야 족속에는 하사뱌요 여다야 족
속에는 느다넬이었느니라

제사장과 레위 사람들에 관한 기록

22 엘리아십과 요야다와 요하난
과 얏두아 때에 레위 사람의 족
장이 모두 책에 기록되었고 바사
왕 다리오 때에 제사장도 책에
기록되었고 23 레위 자손의 족
장들은 엘리아십의 아들 요하난
때까지 역대지략에 기록되었으
며 24 레위 족속의 지도자들은
하사뱌와 세레뱌와 갓미엘의 아
들 예수아라 그들은 그들의 형제
의 맞은편에 있어 하나님의 사람
다윗의 명령대로 순서를 따라 주
를 찬양하며 감사하고 25 맛다
냐와 박부갸와 오바댜와 므술람
과 달몬과 악굽은 다 문지기로서
순서대로 문안의 곳간을 파수하
였나니 26 이상의 모든 사람들은
요사닥의 손자 예수아의 아들 요
야김과 총독 느헤미야와 제사장
겸 학사 에스라 때에 있었느니라

느헤미야가 성벽을 봉헌하다

27 예루살렘 성벽을 봉헌하게 되
니 각처에서 레위 사람들을 찾아
예루살렘으로 데려다가 감사하
며 노래하며 제금을 치며 비파와
수금을 타며 즐거이 봉헌식을 행
하려 하매 28 이에 노래하는 자
들이 예루살렘 사방 들과 느도바
사람의 마을에서 모여들고 29
또 벧길갈과 게바와 아스마웻
들에서 모여들었으니 이 노래하
는 자들은 자기들을 위하여 예루
살렘 사방에 마을들을 이루었음
이라 30 제사장들과 레위 사람
들이 몸을 정결하게 하고 또 백
성과 성문과 성벽을 정결하게 하
니라 31 이에 내가 유다의 방백
들을 성벽 위에 오르게 하고 또
감사 찬송하는 자의 큰 무리를
둘로 나누어 성벽 위로 대오를
지어 가게 하였는데 한 무리는
오른쪽으로 분문을 향하여 가게
하니 32 그들의 뒤를 따르는 자
는 호세야와 유다 지도자의 절반
이요 33 또 아사랴와 에스라와
므술람과 34 유다와 베냐민과
스마야와 예레미야이며 35 또
제사장들의 자손 몇 사람이 나팔
을 잡았으니 요나단의 아들 스마
야의 손자 맛다냐의 증손 미가야
의 현손 삭굴의 오대 손 아삽의
육대 손 스가랴와 36 그의 형제
들인 스마야와 아사렐과 밀랄래
와 길랄래와 마애와 느다넬과 유
다와 하나니라 다 하나님의 사람
다윗의 악기를 잡았고 학사 에스
라가 앞서서 37 샘문으로 전진
하여 성벽으로 올라가는 곳에 이
르러 다윗 성의 층계로 올라가서
다윗의 궁 윗 길에서 동쪽으로
향하여 수문에 이르렀고 38 감
사 찬송하는 다른 무리는 왼쪽으
로 행진하는데 내가 백성의 절반
과 더불어 그 뒤를 따라 성벽 위
로 가서 화덕 망대 윗 길로 성벽
넓은 곳에 이르고 39 에브라임
문 위로 옛문과 어문과 하나넬
망대와 함메아 망대를 지나 양문
에 이르러 감옥 문에 멈추매 40
이에 감사 찬송하는 두 무리가
하나님의 전에 섰고 또 나와 민
장의 절반도 함께 하였고 41 제
사장 엘리아김과 마아세야와 미
냐민과 미가야와 엘료에내와 스
가랴와 하나냐는 다 나팔을 잡았
고 42 또 마아세야와 스마야와
엘르아살과 웃시와 여호하난과
말기야와 엘람과 에셀이 함께 있
으며 노래하는 자는 크게 찬송하
였는데 그 감독은 예스라히야라
43 이 날에 무리가 큰 제사를 드
리고 심히 즐거워하였으니 이는
하나님이 크게 즐거워하게 하셨
음이라 부녀와 어린 아이도 즐거
워하였으므로 예루살렘이 즐거
워하는 소리가 멀리 들렸느니라

제사장과 레위 사람에게 준 몫

44 그 날에 사람을 세워 곳간을
맡기고 제사장들과 레위 사람들
에게 돌릴 것 곧 율법에 정한 대
로 거제물과 처음 익은 것과 십
일조를 모든 성읍 밭에서 거두어
이 곳간에 쌓게 하였노니 이는
유다 사람이 섬기는 제사장들과
레위 사람들로 말미암아 즐거워
하기 때문이라 45 그들은 하나
님을 섬기는 일과 결례의 일을
힘썼으며 노래하는 자들과 문지
기들도 그러하여 모두 다윗과 그
의 아들 솔로몬의 명령을 따라
행하였으니 46 옛적 다윗과 아
삽의 때에는 노래하는 자의 지도
자가 있어서 하나님께 찬송하는
노래와 감사하는 노래를 하였음
이며 47 스룹바벨 때와 느헤미
야 때에는 온 이스라엘이 노래하
는 자들과 문지기들에게 날마다
쓸 몫을 주되 그들이 성별한 것
을 레위 사람들에게 주고 레위
사람들은 그것을 또 성별하여 아
론 자손에게 주었느니라

느

13장

느헤미야의 개혁

1 그 날 모세의 책을 낭독하여 백
성에게 들렸는데 그 책에 기록하
기를 암몬 사람과 모압 사람은
영원히 하나님의 총회에 들어오
지 못하리니 2 이는 그들이 양식
과 물로 이스라엘 자손을 영접하
지 아니하고 도리어 발람에게 뇌
물을 주어 저주하게 하였음이라
그러나 우리 하나님이 그 저주를
돌이켜 복이 되게 하셨다 하였는
지라 3 백성이 이 율법을 듣고
곧 섞인 무리를 이스라엘 가운데
에서 모두 분리하였느니라 4 이
전에 우리 하나님의 전의 방을
맡은 제사장 엘리아십이 도비야
와 연락이 있었으므로 5 도비야
를 위하여 한 큰 방을 만들었으
니 그 방은 원래 소제물과 유향
과 그릇과 또 레위 사람들과 노
래하는 자들과 문지기들에게 십
일조로 주는 곡물과 새 포도주와
기름과 또 제사장들에게 주는 거
제물을 두는 곳이라 6 그 때에는
내가 예루살렘에 있지 아니하였
느니라 바벨론 왕 아닥사스다 삼
십이 년에 내가 왕에게 나아갔다
가 며칠 후에 왕에게 말미를 청
하고 7 예루살렘에 이르러서야
엘리아십이 도비야를 위하여 하
나님의 전 뜰에 방을 만든 악한
일을 안지라 8 내가 심히 근심하
여 도비야의 세간을 그 방 밖으
로 다 내어 던지고 9 명령하여
그 방을 정결하게 하고 하나님의
전의 그릇과 소제물과 유향을 다

시 그리로 들여놓았느니라 10
내가 또 알아본즉 레위 사람들이
받을 몫을 주지 아니하였으므로
그 직무를 행하는 레위 사람들과
노래하는 자들이 각각 자기 밭으
로 도망하였기로 11 내가 모든
민장들을 꾸짖어 이르기를 하나
님의 전이 어찌하여 버린 바 되
었느냐 하고 곧 레위 사람을 불
러 모아 다시 제자리에 세웠더니
12 이에 온 유다가 곡식과 새 포
도주와 기름의 십일조를 가져다
가 곳간에 들이므로 13 내가 제
사장 셀레먀와 서기관 사독과 레
위 사람 브다야를 창고지기로 삼
고 맛다냐의 손자 삭굴의 아들
하난을 버금으로 삼았나니 이는
그들이 충직한 자로 인정됨이라
그 직분은 형제들에게 분배하는
일이었느니라 14 내 하나님이여
이 일로 말미암아 나를 기억하옵
소서 내 하나님의 전과 그 모든
직무를 위하여 내가 행한 선한
일을 도말하지 마옵소서 15 그
때에 내가 본즉 유다에서 어떤
사람이 안식일에 술틀을 밟고 곡
식단을 나귀에 실어 운반하며 포
도주와 포도와 무화과와 여러 가
지 짐을 지고 안식일에 예루살렘
에 들어와서 음식물을 팔기로 그
날에 내가 경계하였고 16 또 두
로 사람이 예루살렘에 살며 물고
기와 각양 물건을 가져다가 안식
일에 예루살렘에서도 유다 자손
에게 팔기로 17 내가 유다의 모
든 귀인들을 꾸짖어 그들에게 이
르기를 너희가 어찌 이 악을 행
하여 안식일을 범하느냐 18 너
희 조상들이 이같이 행하지 아니
하였느냐 그래서 우리 하나님이
이 모든 재앙을 우리와 이 성읍
에 내리신 것이 아니냐 그럼에도
불구하고 너희가 안식일을 범하
여 진노가 이스라엘에게 더욱 심
하게 임하도록 하는도다 하고
19 안식일 전 예루살렘 성문이
어두워갈 때에 내가 성문을 닫고
안식일이 지나기 전에는 열지 말
라 하고 나를 따르는 종자 몇을
성문마다 세워 안식일에는 아무
짐도 들어오지 못하게 하였으므
로 20 장사꾼들과 각양 물건 파
는 자들이 한두 번 예루살렘 성
밖에서 자므로 21 내가 그들에
게 경계하여 이르기를 너희가 어
찌하여 성 밑에서 자느냐 다시

이같이 하면 내가 잡으리라 하였
더니 그후부터는 안식일에 그들
이 다시 오지 아니하였느니라
22 내가 또 레위 사람들에게 몸
을 정결하게 하고 와서 성문을
지켜서 안식일을 거룩하게 하라
하였느니라 내 하나님이여 나를
위하여 이 일도 기억하시옵고 주
의 크신 은혜대로 나를 아끼시옵
소서 23 그 때에 내가 또 본즉 유
다 사람이 아스돗과 암몬과 모압
여인을 맞아 아내로 삼았는데
24 그들의 자녀가 아스돗 방언을
절반쯤은 하여도 유다 방언은 못
하니 그 하는 말이 각 족속의 방
언이므로 25 내가 그들을 책망
하고 저주하며 그들 중 몇 사람
을 때리고 그들의 머리털을 뽑고
이르되 너희는 너희 딸들을 그들
의 아들들에게 주지 말고 너희
아들들이나 너희를 위하여 그들
의 딸을 데려오지 아니하겠다고
하나님을 가리켜 맹세하라 하고
26 또 이르기를 옛적에 이스라엘
왕 솔로몬이 이 일로 범죄하지
아니하였느냐 그는 많은 나라 중
에 비길 왕이 없이 하나님의 사
랑을 입은 자라 하나님이 그를
왕으로 삼아 온 이스라엘을 다스
리게 하셨으나 이방 여인이 그를
범죄하게 하였나니 27 너희가
이방 여인을 아내로 맞아 이 모
든 큰 악을 행하여 우리 하나님
께 범죄하는 것을 우리가 어찌
용납하겠느냐 28 대제사장 엘리
아십의 손자 요야다의 아들 하나
가 호론 사람 산발랏의 사위가
되었으므로 내가 쫓아내어 나를
떠나게 하였느니라 29 내 하나
님이여 그들이 제사장의 직분을
더럽히고 제사장의 직분과 레위
사람에 대한 언약을 어겼사오니
그들을 기억하옵소서 30 내가
이와 같이 그들에게 이방 사람을
떠나게 하여 그들을 깨끗하게 하
고 또 제사장과 레위 사람의 반
열을 세워 각각 자기의 일을 맡
게 하고 31 또 정한 기한에 나무
와 처음 익은 것을 드리게 하였
사오니 내 하나님이여 나를 기억
하사 복을 주옵소서

에

에스더

1장

와스디 왕후가 폐위되다

1 이 일은 아하수에로 왕
때에 있었던 일이니 아
하수에로는 인도로부터
구스까지 백이십칠 지방
을 다스리는 왕이라

2 당시에 아하수에로 왕이 수산 궁에서 즉위하
고 3 왕위에 있은 지 제삼년에 그의 모든 지방
관과 신하들을 위하여 잔치를 베푸니 바사와 메
대의 장수와 각 지방의 귀족과 지방관들이 다
왕 앞에 있는지라 4 왕이 여러 날 곧 백팔십 일
동안에 그의 영화로운 나라의 부함과 위엄의 혁
혁함을 나타내니라 5 이 날이 지나매 왕이 또
도성 수산에 있는 귀천간의 백성을 위하여 왕궁
후원 뜰에서 칠 일 동안 잔치를 베풀새 6 백색,
녹색, 청색 휘장을 자색 가는 베 줄로 대리석 기
둥 은고리에 매고 금과 은으로 만든 걸상을 화
반석, 백석, 운모석, 흑석을 깐 땅에 진설하고 7
금 잔으로 마시게 하니 잔의 모양이 각기 다르
고 왕이 풍부하였으므로 어주가 한이 없으며

8 마시는 것도 법도가 있어 사람으로 억지로 하지 않게 하니 이는 왕이 모든 궁내 관리에게 명령하여 각 사람이 마음대로 하게 함이더라

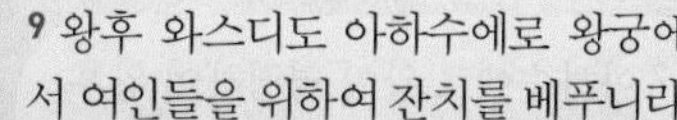

9 왕후 와스디도 아하수에로 왕궁에서 여인들을 위하여 잔치를 베푸니라

10 제칠 일에 왕이 주흥이 일어나서 어전 내시 므후만과 비스다와 하르보나와 빅다와 아박다와 세달과 가르가스 일곱 사람을 명령하여 11 왕후 와스디를 청하여 왕후의 관을 정제하고 왕 앞으로 나아오게 하여 그의 아리따움을 뭇 백성과 지방관들에게 보이게 하라 하니 이는 왕후의 용모가 보기에 좋음이라

12 그러나 왕후 와스디는 내시가 전하는 왕명을

따르기를 싫어하니

왕이 진노하여 마음속이 불 붙는 듯하더라

13 왕이 사례를 아는 현자들에게 묻되 (왕이 규례와 법률을 아는 자에게 묻는 전례가 있는데

14 그 때에 왕에게 가까이 하여 왕의 기색을 살피며 나라 첫 자리에 앉은 자는 바사와 메대의 일곱 지방관 곧 가르스나와 세달과 아드마다와 다시스와 메레스와 마르스나와 므무간이라)

15 왕후 와스디가 내시가 전하는 아하수에로 왕의 명령을 따르지 아니하니 규례대로 하면 어떻게 처치할까
16 므무간이 왕과 지방관 앞에서 대답하여 이르되
왕후 와스디가 왕에게만 잘못했을 뿐 아니라 아하수에로 왕의 각 지방의 관리들과 뭇 백성에게도 잘못하였나이다

17 아하수에로 왕이 명령하여 왕후
와스디를 청하여도 오지 아니하였
다 하는 왕후의 행위의 소문이 모
든 여인들에게 전파되면 그들도 그
들의 남편을 멸시할 것인즉

18 오늘이라도 바사와
메대의 귀부인들이 왕후
의 행위를 듣고 왕의 모
든 지방관들에게 그렇게
말하리니 멸시와 분노가
많이 일어나리이다

19 왕이 만일 좋게 여기실진대 와스
디가 다시는 왕 앞에 오지 못하게
하는 조서를 내리되 바사와 메대의
법률에 기록하여 변개함이 없게 하
고 그 왕후의 자리를 그보다 나은
사람에게 주소서 20 왕의 조서가
이 광대한 전국에 반포되면 귀천을
막론하고 모든 여인들이 그들의 남
편을 존경하리이다 하니라

21 왕과 지방관들
이 그 말을 옳게
여긴지라 왕이 므
무간의 말대로 행
하여 22 각 지방
각 백성의 문자와
언어로 모든 지방
에 조서를 내려
이르기를

남편이 자기의 집을 주관하
게 하고 자기 민족의 언어
로 말하게 하라 하였더라

2장

에스더가
왕후가 되다

1 그 후에 아하수
에로 왕의 노가
그치매 와스디와
그가 행한 일과
그에 대하여 내린
조서를 생각하거
늘 2 왕의 측근
신하들이 아뢰되

왕은 왕을 위하여 아리따운
처녀들을 구하게 하시되

3 전국 각 지방에 관리를 명령하여 아리따운 처녀를 다 도성 수산으로 모아 후궁으로 들여 궁녀를 주관하는 내시 헤개의 손에 맡겨 그 몸을 정결하게 하는 물품을 주게 하시고

4 왕의 눈에 아름다운 처녀를 와스디 대신 왕후로 삼으소서 하니

왕이 그 말을 좋게 여겨 그대로 행하니라

5 도성 수산에 한 유다인이 있으니 이름은 모르드개라 그는 베냐민 자손이니 기스의 증손이요 시므이의 손자요 야일의 아들이라 6 전에 바벨론 왕 느부갓네살이 예루살렘에서 유다 왕 여고냐와 백성을 사로잡아 갈 때에 모르드개도 함께 사로잡혔더라 7 그의 삼촌의 딸 하닷사

곧 에스더는 부모가 없었으나 용모가 곱고 아리따운 처녀라

그의 부모가 죽은 후에 모르드개가 자기 딸 같이 양육하더라

8 왕의 조서와 명령이 반포되매 처녀들이 도성 수산에 많이 모여

헤개의 수하에 나아갈 때에 에스더도 왕궁으로 이끌려 가서 궁녀를 주관하는 헤개의 수하에 속하니

9 헤개가 이 처녀를 좋게 보고 은혜를 베풀어 몸을 정결하게 할 물품과 일용품을 곧 주며

또 왕궁에서 으레 주는 일곱 궁녀를 주고 에스더와 그 궁녀들을 후궁 아름다운 처소로 옮기더라

10 에스더가 자기의 민족과 종족을 말하지 아니하니 이는 모르드개가 명령하여 말하지 말라 하였음이라

11 모르드개가 날마다 후궁 뜰 앞으로 왕래하며 에스더의 안부와 어떻게 될지를 알고자 하였더라
12 처녀마다 차례대로 아하수에로 왕에게 나아가기 전에 여자에 대하여 정한 규례대로 열두 달 동안을 행하되 여섯 달은 몰약 기름을 쓰고 여섯 달은 향품과 여자에게 쓰는 다른 물품을 써서 몸을 정결하게 하는 기한을 마치며

13 처녀가 왕에게 나아갈 때에는 그가 구하는 것을 다 주어 후궁에서 왕궁으로 가지고 가게 하고

14 저녁이면 갔다가

아침에는 둘째 후궁으로 돌아와서 비빈을 주관하는 내시 사아스가스의 수하에 속하고
왕이 그를 기뻐하여 그의 이름을 부르지 아니하면 다시 왕에게 나아가지 못하더라

15 모르드개의 삼촌 아비하일

차례대로 왕에게

내시 헤개가 정
한 것 외에는 다
른 것을 구하지
아니하였으나 모
든 보는 자에게
사랑을 받더라

16 아하수에로 왕의 제칠 년 시월
곧 데벳월에 에스더가 왕궁에 인
도되어 들어가서 왕 앞에 나가니

17 왕이 모든 여자보다
에스더를 더 사랑하므로

그가 모든 처녀보다 왕 앞에 더 은총을
얻은지라 왕이 그의 머리에 관을 씌우고

와스디를 대신하여
왕후로 삼은 후에 18
왕이 크게 잔치를 베
푸니 이는 에스더를
위한 잔치라 모든 지

또 각 지방의 세금을
면제하고 왕의 이름
으로 큰 상을 주니라

모르드개가 왕의 목숨을 구하다

19 처녀들을 다시 모을 때에는
모르드개가 대궐 문에 앉았더라

20 에스더는 모

한 대로 그 종
족과 민족을

니 그가 모르
드개의 명령을
양육 받을 때

21 모르드개가 대궐 문에 앉았을 때에 문을 지키던 왕의 내시 빅단과 데레스 두 사람이 원한을 품고 아하수에로 왕을 암살하려는 음모를 꾸미는 것을

22 모르드개가 알고 왕후 에스더에게 알리니

에스더가 모르드개의 이름으로 왕에게 아뢴지라

23 조사하여 실증을 얻었으므로 두 사람을 나무에 달고 그 일을 왕 앞에서 궁중 일기에 기록하니라

3장

하만이 유다 사람을 멸하고자 하다

1 그 후에 아하수에로 왕이 아각 사람 함므다다의 아들 하만의 지위를 높이 올려 함께 있는 모든 대신 위에 두니 2 대궐 문에 있는 왕의 모든 신하들이 다 왕의 명령대로 하만에게 꿇어 절하되

모르드개는 꿇지도 아니하고 절하지도 아니하니 3 대궐 문에 있는 왕의 신하들이 모르드개에게 이르되

너는 어찌하여 왕의 명령을 거역하느냐 하고

4 날마다 권하되

모르드개가 듣지 아니하고 자기는 유다인임을 알렸더니

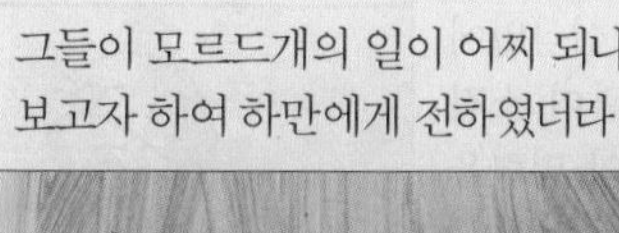

그들이 모르드개의 일이 어찌 되나
보고자 하여 하만에게 전하였더라

5 하만이 모르드개가 무릎을 꿇지도 아니하
고 절하지도 아니함을 보고 매우 노하더니

6 그들이 모르드개의
민족을 하만에게 알
리므로 하만이 모르
드개만 죽이는 것이
부족하다고 생각하고
아하수에로의 온 나
라에 있는 유다인 곧
모르드개의 민족을
다 멸하고자 하더라

7 아하수에로 왕 제십이 년 첫째 달 곧 니산월에 무
리가 하만 앞에서 날과 달에 대하여 부르 곧 제비를
뽑아 열두째 달 곧 아달월을 얻은지라

8 하만이 아하수에
로 왕에게 아뢰되

한 민족이 왕의
나라 각 지방
백성 중에 흩어
져 거하는데 그
법률이 만민의
것과 달라서

왕의 법률을 지키지 아
니하오니 용납하는 것이
왕에게 무익하니이다

9 왕이 옳게 여
기시거든 조서
를 내려 그들을
진멸하소서 내
가 은 일만 달
란트를 왕의 일
을 맡은 자의
손에 맡겨 왕의
금고에 드리리
이다 하니

10 왕이 반지를 손에서 빼어 유
다인의 대적 곧 아각 사람 함

11 이르되
그 은을 네게 주고 그 백성도 그리하노니 너의 소견에 좋을 대로 행하라 하더라

12 첫째 달 십삼일에 왕의 서기관이 소집되어 하만의 명령을 따라 왕의 대신과 각 지방의 관리와 각 민족의 관원에게 아하수에로 왕의 이름으로 조서를 쓰되 곧 각 지방의 문자와 각 민족의 언어로 쓰고

왕의 반지로 인치니라

13 이에 그 조서를 역졸에게 맡겨 왕의 각 지방에 보내니
열두째 달 곧 아달월 십삼일 하루 동안에 모든 유다인을 젊은이 늙은이 어린이 여인들을 막론하고 죽이고 도륙하고 진멸하고 또 그 재산을 탈취하라 하였고

14 이 명령을 각 지방에 전하기 위하여 조서의 초본을 모든 민족에게 선포하여 그 날을 위하여 준비하게 하라 하였더라 15 역졸이 왕의 명령을 받들어 급히 나가매 그 조서가 도성 수산에도 반포되니 왕은 하만과 함께 앉아 마시되 수산 성은 어지럽더라

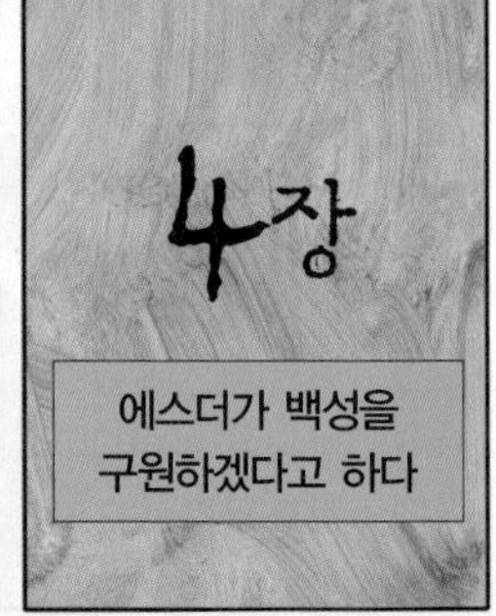
4장
에스더가 백성을 구원하겠다고 하다

1 모르드개가 이 모든 일을 알고 자기의 옷을 찢고 굵은 베 옷을 입고 재를 뒤집어쓰고 성중에 나가서 대성 통곡하며

2 대궐 문 앞까지 이르렀으니 굵은 베 옷을 입은 자는 대궐 문에 들어가지 못함이라

3 왕의 명령과 조서가 각 지방에 이르매 유다인이 크게 애통하여 금식하며 울며 부르짖고 굵은 베 옷을 입고 재에 누운 자가 무수하더라

4 에스더의 시녀와 내시가 나아와 전하니

왕후가 매우 근심하여

입을 의복을 모르드개에게 보내어 그 굵은 베 옷을 벗기고자 하나 모르드개가 받지 아니하는지라

5 에스더가 왕의 어명으로 자기에게 가까이 있는 내시 하닥을 불러 명령하여
모르드개에게 가서 이것이 무슨 일이며 무엇 때문인가 알아보라 하매

6 하닥이 대궐 문 앞 성 중 광장에 있는 모르드개에게 이르니 7 모르드개가 자기가 당한 모든 일과 하만이 유다인을 멸하려고 왕의 금고에 바치기로 한 은의 정확한 액수를 하닥에게 말하고

8 또 유다인을 진멸하라고 수산 궁에서 내린 조서 초본을 하닥에게 주어

에스더에게 보여 알게 하고 또 그에게 부탁하여
왕에게 나아가서 그 앞에서 자기 민족을 위하여 간절히 구하라 하니

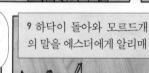

9 하닥이 돌아와 모르드개의 말을 에스더에게 알리매

10 에스더가 하닥에게 이르되
너는 모르드개에게 전하기를 11 왕의 신하들과 왕의 각 지방 백성이 다 알거니와

남녀를 막론하고 부름을 받지 아니하고 안뜰에 들어가서 왕에게 나가면 오직 죽이는 법이요 왕이 그 자에게 금규를 내밀어야 살 것이라 이제 내가 부름을 입어 왕에게 나가지 못한 지가 이미 삼십 일이라 하라 하니라

12 그가 에스더의 말을 모르드개에게 전하매

13 모르드개가 그를 시켜 에스더에게 회답하되
너는 왕궁에 있으니 모든 유다인 중에 홀로 목숨을 건지리라 생각하지 말라 14 이 때에 네가 만일 잠잠하여 말이 없으면 유다인은 다른 데로 말미암아 놓임과 구원을 얻으려니와 너와 네 아버지 집은 멸망하리라 네가 왕후의 자리를 얻은 것이 이 때를 위함이 아닌지 누가 알겠느냐 하니

15 에스더가 모르드개에게 회답하여 이르되
16 당신은 가서 수산에 있는 유다인을 다 모으고 나를 위하여 금식하되 밤낮 삼 일을 먹지도 말고 마시지도 마소서 나도 나의 시녀와 더불어 이렇게 금식한 후에

규례를 어기고 왕에게 나아가리니 죽으면 죽으리이다 하니라
17 모르드개가 가서 에스더가 명령한 대로 다 행하니라

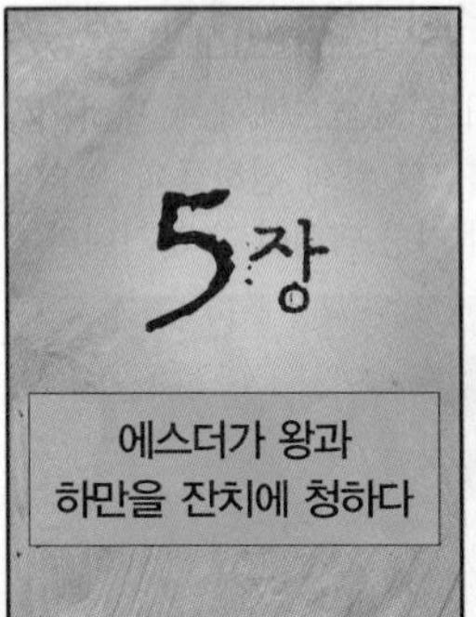
5장
에스더가 왕과 하만을 잔치에 청하다

1 제삼일에 에스더가 왕후의 예복을 입고 왕궁 안 뜰 곧 어전 맞은편에 서니

왕이 어전에서 전 문을 대하여 왕좌에 앉았다가

2 왕후 에스더가 뜰에 선 것을 본즉 매우 사랑스
러우므로 손에 잡았던 금 규를 그에게 내미니

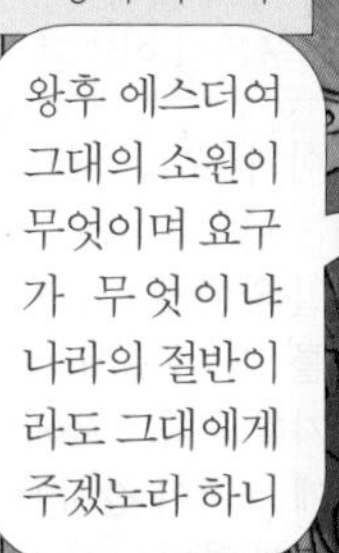

왕후 에스더여 그대의 소원이 무엇이며 요구가 무엇이냐 나라의 절반이라도 그대에게 주겠노라 하니

4 에스더가 이르되
오늘 내가 왕을 위하여 잔치를 베풀었사오니 왕이 좋게 여기시거든 하만과 함께 오소서 하니

에스더가 말한 대로 하도록 하만을 급히 부르라 하고

이에 왕이 하만과 함께 에스더가 베푼 잔치에 가니라 6 잔치의 술을 마실 때에 왕이 에스더에게 이르되

그대의 소청이 무엇이뇨 곧 허락하겠노라 그대의 요구가 무엇이뇨 나라의 절반이라 할지라도 시행하겠노라 하니

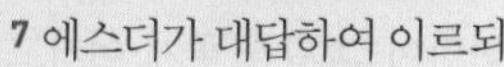

나의 소청, 나의 요구가 이러하니이다 8 내가 만일 왕의 목전에서 은혜를 입었고 왕이 내 소청을 허락하시며 내 요구를 시행하시기를 좋게 여기시면 내가 왕과 하만을 위하여 베푸는 잔치에 또 오소서 내일은 왕의 말씀대로 하리이다 하니라

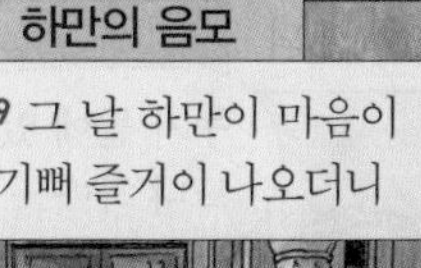

하만의 음모
9 그 날 하만이 마음이 기뻐 즐거이 나오더니

몸을 움직이지도 아니하는 것을 보고

매우 노하나

10 참고 집에 돌아와서

사람을 보내어 그의 친구들과 그의 아내 세레스를 청하여 11 자기의 큰 영광과 자녀가 많은 것과 왕이 자기를 들어 왕의 모든 지방관이나 신하들보다 높인 것을 다 말하고

12 또 하만이 이르되
왕후 에스더가 그 베푼 잔치에 왕과 함께 오기를 허락 받은 자는 나밖에 없었고 내일도 왕과 함께 청함을 받았느니라 13 그러나 유다 사람 모르드개가 대궐 문에 앉은 것을 보는 동안에는 이 모든 일이 만족하지 아니하도다 하니
14 그의 아내 세레스와 모든 친구들이 이르되
높이가 오십 규빗 되는 나무를 세우고 내일 왕에게 모르드개를 그 나무에 매달기를 구하고 왕과 함께 즐거이 잔치에 가소서 하니

하만이 그 말을 좋게 여기고 명령하여 나무를 세우니라

6장
왕이 모르드개를 존귀하게 하다
1 그 날 밤에 왕이 잠이 오지 아니하므로 명령하여 역대 일기를 가져다가 자기 앞에서 읽히더니

2 그 속에 기록하기를 문을 지키던 왕의 두 내시 빅다나와 데레스가 아하수에로 왕을 암살하려는 음모를 모르드개가 고발하였다 하였는지라 3 왕이 이르되
이 일에 대하여 무슨 존귀와 관작을 모르드개에게 베풀었느냐 하니
측근 신하들이 대답하되
아무것도 베풀지 아니하였나이다 하니라

4 왕이 이르되
누가 뜰에 있느냐 하매

마침 하만이 자기가 세운 나무에 모르드개 달기를 왕께 구하고자 하여 왕궁 바깥뜰에 이른지라

5 측근 신하들이 아뢰되
하만이 뜰에 섰나이다 하니
왕이 이르되
들어오게 하라 하니

6 하만이 들어오거늘 왕이 묻되
왕이 존귀하게 하기를 원하는 사람에게 어떻게 하여야 하겠느냐

하만이 심중에 이르되
왕이 존귀하게 하기를 원하시는 자는 나 외에 누구리요 하고

7 왕께 아뢰되
왕께서 사람을 존귀하게 하시려면

8 왕께서 입으시는 왕복과 왕께서 타시는 말과 머리에 쓰시는 왕관을 가져다가

9 그 왕복과 말을 왕의 신하 중 가장 존귀한 자의 손에 맡겨서 왕이 존귀하게 하시기를 원하시는 사람에게 옷을 입히고 말을 태워서 성 중 거리로 다니며

그 앞에서 반포하여 이르기를 왕이 존귀하게 하기를 원하시는 사람에게는 이같이 할 것이라 하게 하소서 하니라
10 이에 왕이 하만에게 이르되
너는 네 말대로 속히 왕복과 말을 가져다가

대궐 문에 앉은 유다 사람 모르드개에게 행하되 무릇 네가 말한 것에서 조금도 빠짐이 없이 하라

에

에

11 하만이 왕복과 말을 가져다가 모르드개에게 옷을 입히고 말을 태워 성 중 거리로 다니며 그 앞에서 반포하되
왕이 존귀하게 하시기를 원하시는 사람에게는 이같이 할 것이라 하니라

12 모르드개는 다시 대궐 문으로 돌아오고 하만은 번뇌하여 머리를 싸고 급히 집으로 돌아가서

13 자기가 당한 모든 일을 그의 아내 세레스와 모든 친구에게 말하매 그 중 지혜로운 자와 그의 아내 세레스가 이르되
모르드개가 과연 유다 사람의 후손이면 당신이 그 앞에서 굴욕을 당하기 시작하였으니 능히 그를 이기지 못하고 분명히 그 앞에 엎드러지리이다

14 아직 말이 그치지 아니하여서 왕의 내시들이 이르러

하만을 데리고 에스더가 베푼 잔치에 빨리 나아가니라

7장

하만의 몰락

1 왕이 하만과 함께 또 왕후 에스더의 잔치에 가니라

2 왕이 이 둘째 날 잔치에 술을 마실 때에 다시 에스더에게 물어 이르되
왕후 에스더여 그대의 소청이 무엇이냐 곧 허락하겠노라 그대의 요구가 무엇이냐 곧 나라의 절반이라 할지라도 시행하겠노라
3 왕후 에스더가 대답하여 이르되
왕이여 내가 만일 왕의 목전에서 은혜를 입었으며 왕이 좋게 여기시면 내 소청대로 내 생명을 내게 주시고 내 요구대로 내 민족을 내게 주소서 4 나와 내 민족이 팔려서 죽임과 도륙함과 진멸함을 당하게 되었나이다

만일 우리가 노비로 팔렸더라면 내가
잠잠하였으리이다 그래도 대적이 왕의
손해를 보충하지 못하였으리이다 하니

감히 이런 일을 심중
에 품은 자가 누구며

6 에스더가 이르되

대적과 원수는 이 악
한 하만이니이다 하니

하만이 왕과 왕
후 앞에서 두려

7 왕이 노하여 일어나서

잔치 자리를 떠나 왕궁
후원으로 들어가니라

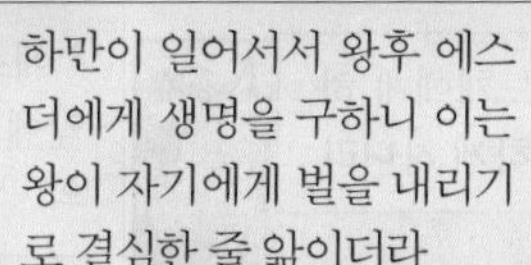

하만이 일어서서 왕후 에스
더에게 생명을 구하니 이는
왕이 자기에게 벌을 내리기
로 결심한 줄 앎이더라

8 왕이 후원으로부터 잔치 자리에 돌아오니
하만이 에스더가 앉은 걸상 위에 엎드렸거늘

왕이 이르되

이 말이 왕의 입에서
나오매 무리가 하만의
얼굴을 싸더라

9 왕을 모신 내시 중에 하르
보나가 왕에게 아뢰되

왕을 위하여 충성된 말로 고
발한 모르드개를 달고자 하여

에

하만이 높이가 오십 규빗 되는 나무를 준비하였는데 이제 그 나무가 하만의 집에 섰나이다
왕이 이르되
하만을 그 나무에 달라 하매

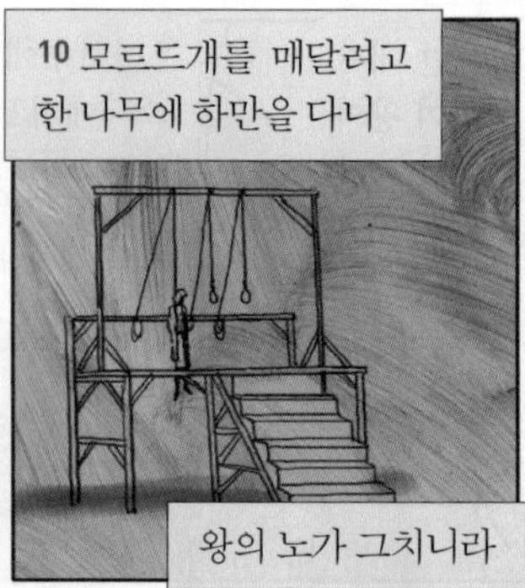
10 모르드개를 매달려고 한 나무에 하만을 다니
왕의 노가 그치니라

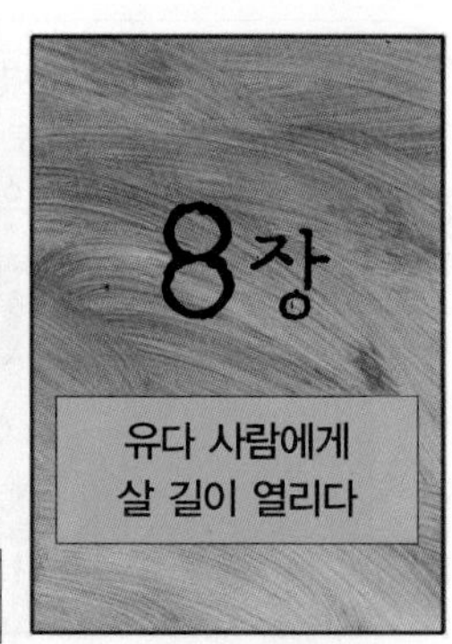
8장
유다 사람에게 살 길이 열리다

1 그 날 아하수에로 왕이 유다인의 대적 하만의 집을 왕후 에스더에게 주니라 에스더가 모르드개는 자기에게 어떻게 관계됨을 왕께 아뢰었으므로 모르드개가 왕 앞에 나오니

2 왕이 하만에게서 거둔 반지를 빼어 모르드개에게 준지라

에스더가 모르드개에게 하만의 집을 관리하게 하니라

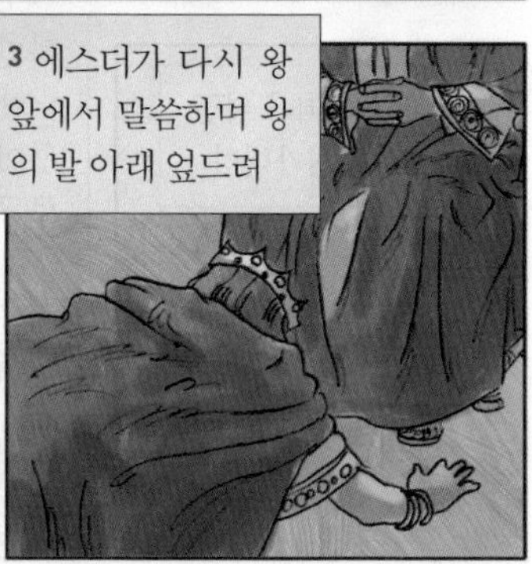
3 에스더가 다시 왕 앞에서 말씀하며 왕의 발 아래 엎드려

아각 사람 하만이 유다인을 해하려 한 악한 꾀를 제거하기를 울며 구하니

4 왕이 에스더를 향하여 금 규를 내미는지라

에스더가 일어나 왕 앞에 서서

5 이르되
왕이 만일 즐거워하시며 내가 왕의 목전에 은혜를 입었고 또 왕이 이 일을 좋게 여기시며 나를 좋게 보실진대 조서를 내리사 아각 사람 함므다다의 아들 하만이 왕의 각 지방에 있는 유다인을 진멸하려고 꾀하고 쓴 조서를 철회하소서 6 내가 어찌 내 민족이 화 당함을 차마 보며

내 친척의 멸망함을 차마 보리이까 하니

7 아하수에로 왕이 왕후 에스더와 유다인 모르드개에게 이르되
하만이 유다인을 살해하려 하므로 나무에 매달렸고 내가 그 집을 에스더에게 주었으니 8 너희는 왕의 명의로 유다인에게 조서를 뜻대로 쓰고 왕의 반지로 인을 칠지어다 왕의 이름을 쓰고 왕의 반지로 인친 조서는 누구든지 철회할 수 없음이니라 하니라

9 그 때 시완월 곧 삼월 이십삼일에 왕의 서기관이 소집되고 모르드개가 시키는 대로 조서를 써서

인도로부터 구스까지의 백이십칠 지방 유다인과 대신과 지방관과 관원에게 전할새 각 지방의 문자와 각 민족의 언어와 유다인의 문자와 언어로 쓰되

10 아하수에로 왕의 명의로 쓰고

그 조서를 역졸
들에게 부쳐 전
하게 하니 그들
은 왕궁에서 길
러서 왕의 일에
쓰는 준마를 타
는 자들이라

에

11 조서에는

왕이 여러 고을에 있는 유다인에게 허락하여 그들이 함께 모
여 스스로 생명을 보호하여 각 지방의 백성 중 세력을 가지
고 그들을 치려 하는 자들과 그들의 처자를 죽이고 도륙하고
진멸하고 그 재산을 탈취하게 하되 12 아하수에로 왕의 각
지방에서 아달월 곧 십이월 십삼일 하루 동안에 하게 하였고

13 이 조서 초본을 각 지방에 전
하고 각 민족에게 반포하고 유
다인들에게 준비하였다가 그 날
에 대적에게 원수를 갚게 한지
라 14 왕의 어명이 매우 급하매
역졸이 왕의 일에 쓰는 준마를
타고 빨리 나가고 그 조서가 도
성 수산에도 반포되니라

15 모르드개가 푸르고
흰 조복을 입고 큰 금
관을 쓰고 자색 가는
베 겉옷을 입고 왕 앞
에서 나오니 수산 성이
즐거이 부르며 기뻐하
고 16 유다인에게는
영광과 즐거움과 기쁨
과 존귀함이 있는지라

17 왕의 어명이 이
르는 각 지방, 각 읍
에서 유다인들이 즐
기고 기뻐하여 잔치
를 베풀고 그 날을
명절로 삼으니 본토
백성이 유다인을 두
려워하여 유다인 되
는 자가 많더라

9장

유다 사람이 대적들을 진멸하다

1 아달월 곧 열두째 달 십삼일은 왕의 어명을 시행하게 된 날이라 유다인의 대적들이 그들을 제거하기를 바랐더니 유다인이 도리어 자기들을 미워하는 자들을 제거하게 된 그 날에

2 유다인들이 아하수에로 왕의 각 지방, 각 읍에 모여 자기들을 해하고자 한 자를 죽이려 하니 모든 민족이 그들을 두려워하여 능히 막을 자가 없고

3 각 지방 모든 지방관과 대신들과 총독들과 왕의 사무를 보는 자들이 모르드개를 두려워하므로 다 유다인을 도우니 4 모르드개가 왕궁에서 존귀하여 점점 창대하매 이 사람 모르드개의 명성이 각 지방에 퍼지더라

5 유다인이 칼로 그 모든 대적들을 쳐서 도륙하고 진멸하고 자기를 미워하는 자에게 마음대로 행하고 6 유다인이 또 도성 수산에서 오백 명을 죽이고 진멸하고

7 또 바산다다와 달본과 아스바다와 8 보라다와 아달리야와 아리다다와 9 바마스다와 아리새와 아리대와 왜사다 10 곧 함므다다의 손자요 유다인의 대적 하만의 열 아들을 죽였으나 그들의 재산에는 손을 대지 아니하였더라

11 그 날에 도성 수산에서 도륙한 자의 수효를 왕께 아뢰니 12 왕이 왕후 에스더에게 이르되

13 에스더가 이르되

유다인이 도성 수산에서 이미 오백 명을 죽이고 멸하고 또 하만의 열 아들을 죽였으니 왕의 다른 지방에서는 어떠하였겠느냐 이제 그대의 소청이 무엇이냐 곧 허락하겠노라 그대의 요구가 무엇이냐 또한 시행하겠노라 하니
왕이 만일 좋게 여기시면 수산에 사는 유다인들이 내일도 오늘 조서대로 행하게 하시고 하만의 열 아들의 시체를 나무에 매달게 하소서 하니

14 왕이 그대로 행하기를 허락하
고 조서를 수산에 내리니 하만의
열 아들의 시체가 매달리니라 15
아달월 십사일에도 수산에 있는
유다인이 모여 또 삼백 명을 수산
에서 도륙하되 그들의 재산에는
손을 대지 아니하였고 16 왕의 각
지방에 있는 다른 유다인들이 모
여 스스로 생명을 보호하여 대적
들에게서 벗어나며 자기들을 미
워하는 자 칠만 오천 명을 도륙하
되 그들의 재산에는 손을 대지 아
니하였더라 17 아달월 십삼일에
그 일을 행하였고 십사일에 쉬며
그 날에 잔치를 베풀어 즐겼고 18
수산에 사는 유다인들은 십삼일
과 십사일에 모였고 십오일에 쉬
며 이 날에 잔치를 베풀어 즐긴지
라 19 그러므로 시골의 유다인 곧
성이 없는 고을고을에 사는 자들
이 아달월 십사일을 명절로 삼아
잔치를 베풀고 즐기며 서로 예물
을 주더라

부림일

20 모르드개가 이 일을 기록하고
아하수에로 왕의 각 지방에 있는
모든 유다인에게 원근을 막론하
고 글을 보내어 이르기를 21 한
규례를 세워 해마다 아달월 십사
일과 십오일을 지키라 22 이 달
이 날에 유다인들이 대적에게서
벗어나서 평안함을 얻어 슬픔이
변하여 기쁨이 되고 애통이 변하
여 길한 날이 되었으니 이 두 날
을 지켜 잔치를 베풀고 즐기며 서
로 예물을 주며 가난한 자를 구제
하라 하매 23 유다인이 자기들이
이미 시작한 대로 또한 모르드개
가 보낸 글대로 계속하여 행하였
으니 24 곧 아각 사람 함므다다의
아들 모든 유다인의 대적 하만이
유다인을 진멸하기를 꾀하고 부
르 곧 제비를 뽑아 그들을 죽이고
멸하려 하였으나 25 에스더가 왕
앞에 나아감으로 말미암아 왕이
조서를 내려 하만이 유다인을 해
하려던 악한 꾀를 그의 머리에 돌
려보내어 하만과 그의 여러 아들
을 나무에 달게 하였으므로 26 무
리가 부르의 이름을 따라 이 두
날을 부림이라 하고 유다인이 이
글의 모든 말과 이 일에 보고 당
한 것으로 말미암아 27 뜻을 정하
고 자기들과 자손과 자기들과 화
합한 자들이 해마다 그 기록하고
정해 놓은 때 이 두 날을 이어서
지켜 폐하지 아니하기로 작정하
고 28 각 지방, 각 읍, 각 집에서
대대로 이 두 날을 기념하여 지키
되 이 부림일을 유다인 중에서 폐
하지 않게 하고 그들의 후손들이
계속해서 기념하게 하였더라 29
아비하일의 딸 왕후 에스더와 유
다인 모르드개가 전권으로 글을
쓰고 부림에 대한 이 둘째 편지를
굳게 지키게 하되 30 화평하고 진
실한 말로 편지를 써서 아하수에
로의 나라 백이십칠 지방에 있는
유다 모든 사람에게 보내어 31 정
한 기간에 이 부림일을 지키게 하
였으니 이는 유다인 모르드개와
왕후 에스더가 명령한 바와 유다
인이 금식하며 부르짖은 것으로
말미암아 자기와 자기 자손을 위
하여 정한 바가 있음이더라 32 에
스더의 명령이 이 부림에 대한 일
을 견고하게 하였고 그 일이 책에
기록되었더라

10장

왕과 모르드개가 높임을 받다

1 아하수에로 왕이 그의 본토와
바다 섬들로 하여금 조공을 바치
게 하였더라 2 왕의 능력 있는 모
든 행적과 모르드개를 높여 존귀
하게 한 사적이 메대와 바사 왕들
의 일기에 기록되지 아니하였느
냐 3 유다인 모르드개가 아하수
에로 왕의 다음이 되고 유다인 중
에 크게 존경받고 그의 허다한 형
제에게 사랑을 받고 그의 백성의
이익을 도모하며 그의 모든 종족
을 안위하였더라

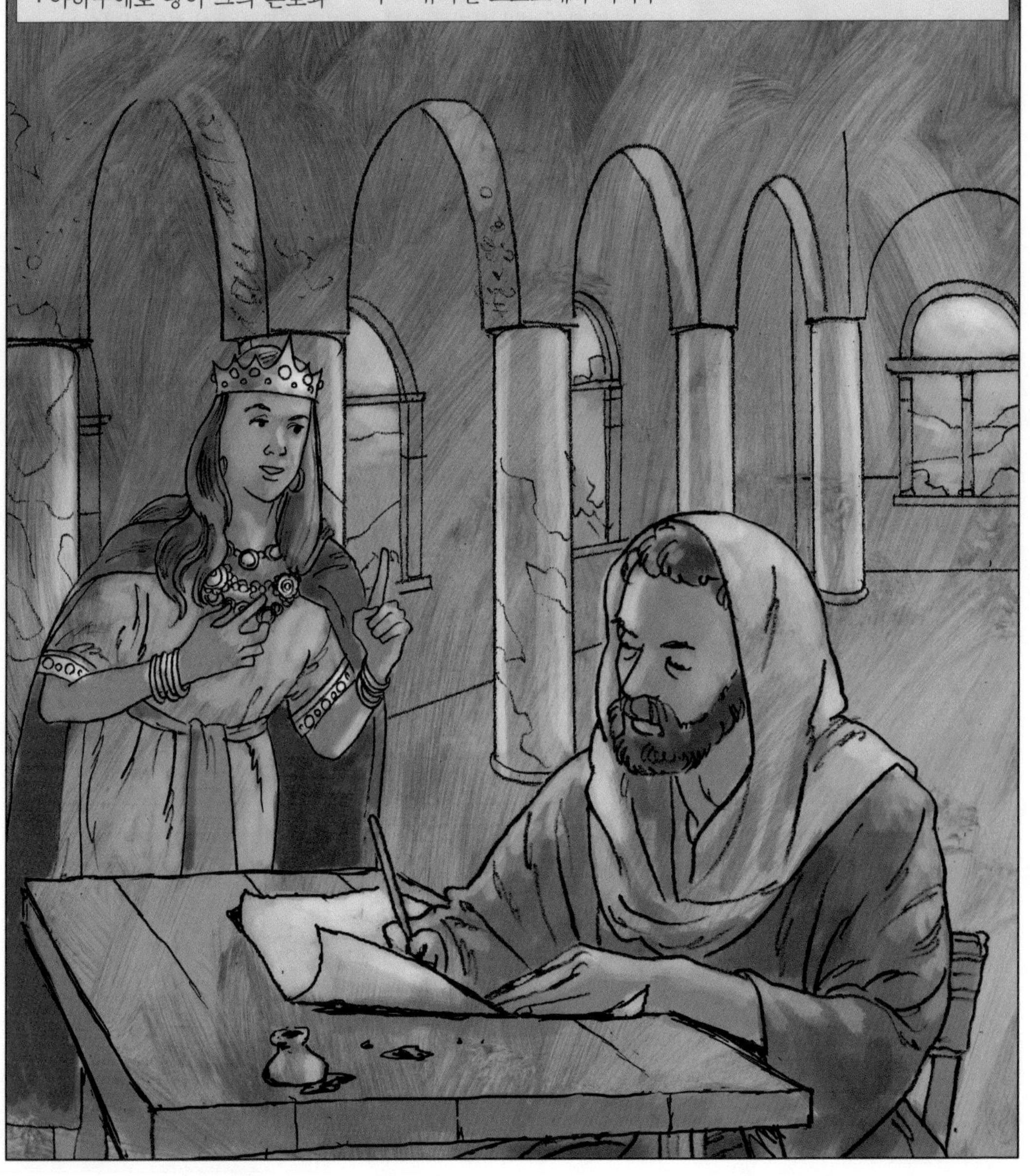

욥기
1장
사탄이 욥을 시험하다
1 우스 땅에 욥이라 불리는 사람
이 있었는데 그 사람은 온전하고
정직하여 하나님을 경외하며 악
에서 떠난 자더라 2 그에게 아들
일곱과 딸 셋이 태어나니라 3 그
의 소유물은 양이 칠천 마리요 낙
타가 삼천 마리요 소가 오백 겨리
요 암나귀가 오백 마리이며 종도
많이 있었으니 이 사람은 동방 사
람 중에 가장 훌륭한 자라
4 그의 아들들이 자기 생일에 각각 자
기의 집에서 잔치를 베풀고 그의 누이
세 명도 청하여 함께 먹고 마시더라
5 그들이 차례대로 잔치
를 끝내면 욥이 그들을
불러다가 성결하게 하되
아침에 일어나서 그들의
명수대로 번제를 드렸으
니 이는 욥이 말하기를
혹시 내 아들들이 죄를 범
하여 마음으로 하나님을
욕되게 하였을까 함이라
욥의 행위가 항상 이러하였더라

6 하루는 하나님의 아들들이 와서 여호와 앞에 섰고 사탄도 그들 가운데에 온지라 7 여호와께서 사탄에게 이르시되
네가 어디서 왔느냐
사탄이 여호와께 대답하여 이르되
땅을 두루 돌아 여기저기 다녀왔나이다

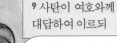

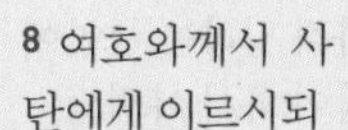

8 여호와께서 사탄에게 이르시되
네가 내 종 욥을 주의하여 보았느냐 그와 같이 온전하고 정직하여 하나님을 경외하며 악에서 떠난 자는 세상에 없느니라
9 사탄이 여호와께 대답하여 이르되
욥이 어찌 까닭 없이 하나님을 경외하리이까 10 주께서 그와 그의 집과 그의 모든 소유물을 울타리로 두르심 때문이 아니니이까 주께서 그의 손으로 하는 바를 복되게 하사 그의 소유물이 땅에 넘치게 하셨음이니이다

11 이제 주의 손을 펴서 그의 모든 소유물을 치소서 그리하시면 틀림없이 주를 향하여 욕하지 않겠나이까
12 여호와께서 사탄에게 이르시되
내가 그의 소유물을 다 네 손에 맡기노라 다만 그의 몸에는 네 손을 대지 말지니라
사탄이 곧 여호와 앞에서 물러가니라

욥이 자녀와 재산을 잃다

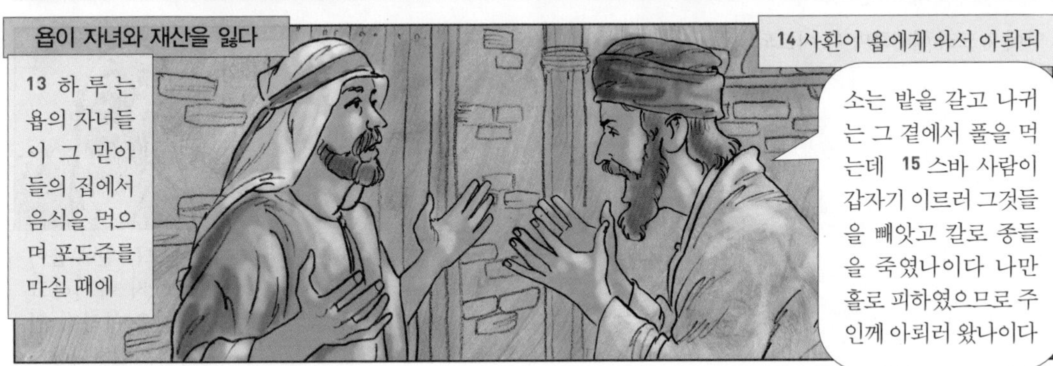
13 하루는 욥의 자녀들이 그 맏아들의 집에서 음식을 먹으며 포도주를 마실 때에
14 사환이 욥에게 와서 아뢰되
소는 밭을 갈고 나귀는 그 곁에서 풀을 먹는데 15 스바 사람이 갑자기 이르러 그것들을 빼앗고 칼로 종들을 죽였나이다 나만 홀로 피하였으므로 주인께 아뢰러 왔나이다

16 그가 아직 말하는 동안에 또 한 사람이 와서 아뢰되
하나님의 불이 하늘에서 떨어져서 양과 종들을 살라 버렸나이다 나만 홀로 피하였으므로 주인께 아뢰러 왔나이다

17 그가 아직 말하는 동안에 또 한 사람이 와서 아뢰되

갈대아 사람이 세 무리를 지어 갑자기 낙타에게 달려들어 그것을 빼앗으며 칼로 종들을 죽였나이다

나만 홀로 피하였으므로 주인께 아뢰러 왔나이다
18 그가 아직 말하는 동안에 또 한 사람이 와서 아뢰되
주인의 자녀들이 그들의 맏아들의 집에서 음식을 먹으며 포도주를 마시는데 19 거친 들에서 큰 바람이 와서 집 네 모퉁이를 치매

그 청년들 위에 무너지므로 그들이 죽었나이다 나만 홀로 피하였으므로 주인께 아뢰러 왔나이다 한지라

20 욥이 일어나 겉옷을 찢고

머리털을 밀고

땅에 엎드려 예배하며 21 이르되
내가 모태에서 알몸으로 나왔사온즉 또한 알몸이 그리로 돌아가올지라 주신 이도 여호와시요 거두신 이도 여호와시오니

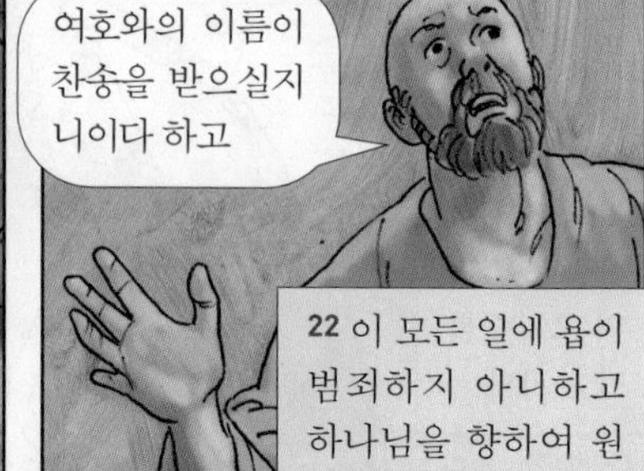
여호와의 이름이 찬송을 받으실지니이다 하고
22 이 모든 일에 욥이 범죄하지 아니하고 하나님을 향하여 원망하지 아니하니라

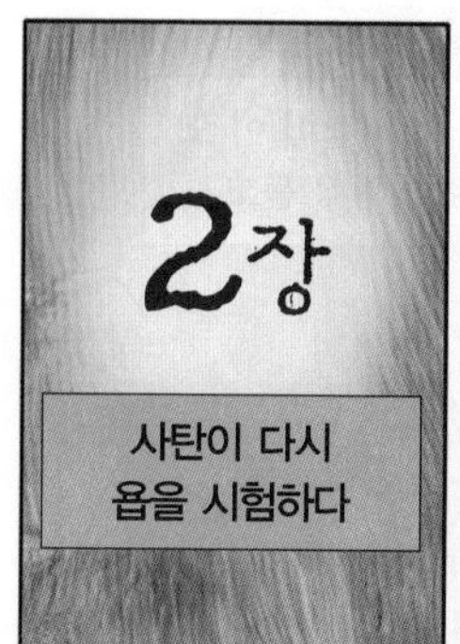
2장
사탄이 다시
욥을 시험하다

1 또 하루는 하나님의 아들들이 와
서 여호와 앞에 서고 사탄도 그들
가운데에 와서 여호와 앞에 서니
2 여호와께서 사탄에게 이르시되
네가 어디서 왔느냐
사탄이 여호와께
대답하여 이르되
땅을 두루 돌아
여기 저기 다녀
왔나이다

3 여호와께서 사탄에게 이르시되
네가 내 종 욥을 주의하여 보
았느냐 그와 같이 온전하고
정직하여 하나님을 경외하며
악에서 떠난 자가 세상에 없
느니라 네가 나를 충동하여
까닭 없이 그를 치게 하였어
도 그가 여전히 자기의 온전
함을 굳게 지켰느니라
4 사탄이 여호와께
대답하여 이르되
가죽으로 가죽을 바꾸오니
사람이 그의 모든 소유물
로 자기의 생명을 바꾸올
지라 5 이제 주의 손을 펴
서 그의 뼈와 살을 치소서
그리하시면 틀림없이 주를
향하여 욕하지 않겠나이까

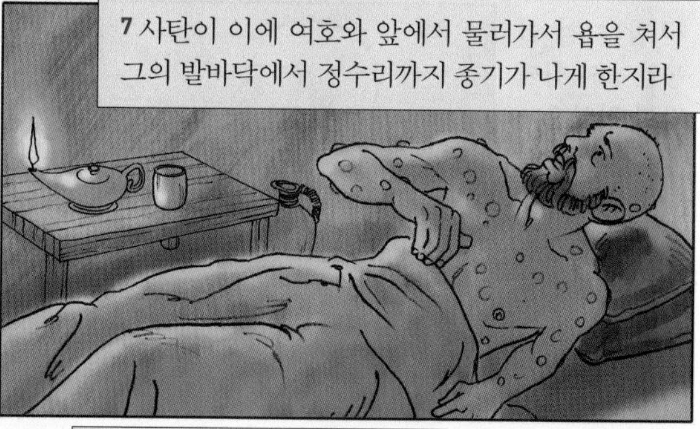
6 여호와께서 사탄에게 이르시되
내가 그를 네 손에 맡기노라 다만
그의 생명은 해하지 말지니라
7 사탄이 이에 여호와 앞에서 물러가서 욥을 쳐서
그의 발바닥에서 정수리까지 종기가 나게 한지라

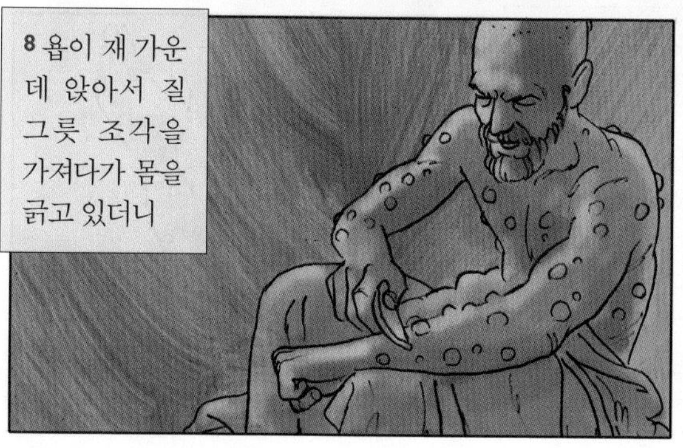
8 욥이 재 가운
데 앉아서 질
그릇 조각을
가져다가 몸을
긁고 있더니

9 그의 아내가 그에게 이르되
당신이 그래도
자기의 온전함
을 굳게 지키
느냐 하나님을
욕하고 죽으라

10 그가 이르되
그대의 말이 한 어리석은 여자의 말 같도다 우리가 하나님께 복을 받았은즉 화도 받지 아니하겠느냐 하고

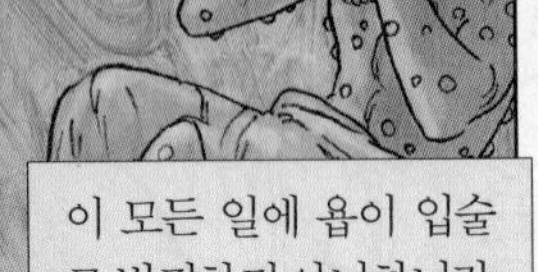

이 모든 일에 욥이 입술로 범죄하지 아니하니라

친구들이 욥을 위로하러 오다

11 그 때에 욥의 친구 세 사람이 이 모든 재앙이 그에게 내렸다 함을 듣고

각각 자기 지역에서부터 이르렀으니 곧 데만 사람 엘리바스와 수아 사람 빌닷과 나아마 사람 소발이라

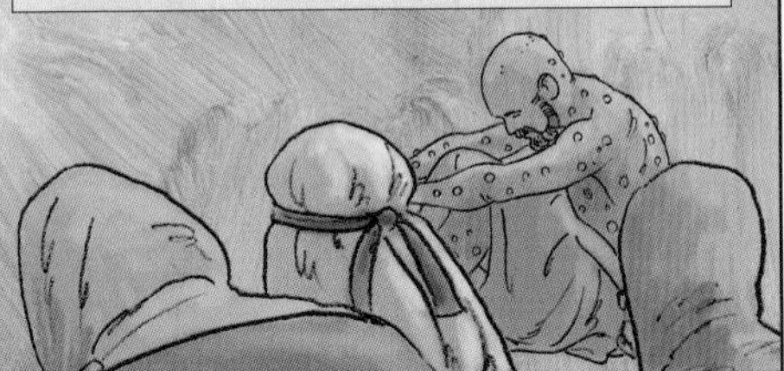

그들이 욥을 위문하고 위로하려 하여 서로 약속하고 오더니 12 눈을 들어 멀리 보매 그가 욥인 줄 알기 어렵게 되었으므로

그들이 일제히 소리 질러 울며 각각 자기의 겉옷을 찢고 하늘을 향하여 티끌을 날려 자기 머리에 뿌리고

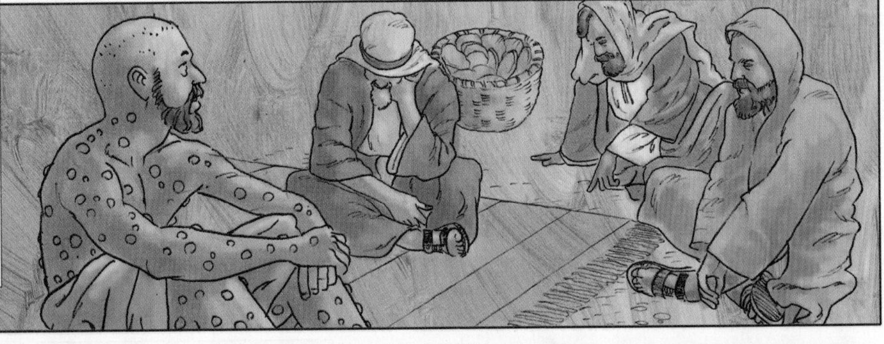

13 밤낮 칠 일 동안 그와 함께 땅에 앉았으나 욥의 고통이 심함을 보므로 그에게 한마디도 말하는 자가 없었더라

3장

욥이 자기 생일을 저주하다

1 그 후에 욥이 입을 열어 자기의 생일을 저주하니라 2 욥이 입을 열어 이르되
3 내가 난 날이 멸망하였더라면, 사내 아이를 배었다 하던 그 밤도 그러하였더라면, 4 그 날이 캄캄하였더라면, 하나님이 위에서 돌아보지 않으셨더라면, 빛도 그 날을 비추지 않았더라면,

5 어둠과 죽음의 그늘이 그 날을
자기의 것이라 주장하였더라면,
구름이 그 위에 덮였더라면, 흑암
이 그 날을 덮었더라면, 6 그 밤이
캄캄한 어둠에 잡혔더라면, 해의
날 수와 달의 수에 들지 않았더라
면, 7 그 밤에 자식을 배지 못하였
더라면, 그 밤에 즐거운 소리가 나
지 않았더라면, 8 날을 저주하는
자들 곧 리워야단을 격동시키기
에 익숙한 자들이 그 밤을 저주하
였더라면, 9 그 밤에 새벽 별들이
어두웠더라면, 그 밤이 광명을 바
랄지라도 얻지 못하며 동틈을 보
지 못하였더라면 좋았을 것을, 10
이는 내 모태의 문을 닫지 아니하
여 내 눈으로 환난을 보게 하였음
이로구나 11 어찌하여 내가 태에
서 죽어 나오지 아니하였던가 어
찌하여 내 어머니가 해산할 때에
내가 숨지지 아니하였던가 12 어
찌하여 무릎이 나를 받았던가 어
찌하여 내가 젖을 빨았던가 13 그
렇지 아니하였던들 이제는 내가
평안히 누워서 자고 쉬었을 것이
니 14 자기를 위하여 폐허를 일으
킨 세상 임금들과 모사들과 함께
있었을 것이요 15 혹시 금을 가지
며 은으로 집을 채운 고관들과 함
께 있었을 것이며 16 또는 낙태되
어 땅에 묻힌 아이처럼 나는 존재
하지 않았겠고 빛을 보지 못한 아
이들 같았을 것이라 17 거기서는
악한 자가 소요를 그치며 거기서
는 피곤한 자가 쉼을 얻으며 18
거기서는 갇힌 자가 다 함께 평안
히 있어 감독자의 호통 소리를 듣
지 아니하며 19 거기서는 작은 자
와 큰 자가 함께 있고 종이 상전에
게서 놓이느니라 20 어찌하여 고
난 당하는 자에게 빛을 주셨으며
마음이 아픈 자에게 생명을 주셨
는고 21 이러한 자는 죽기를 바라
도 오지 아니하니 땅을 파고 숨긴
보배를 찾음보다 죽음을 구하는
것을 더하다가 22 무덤을 찾아 얻
으면 심히 기뻐하고 즐거워하나
니 23 하나님에게 둘러 싸여 길이
아득한 사람에게 어찌하여 빛을
주셨는고 24 나는 음식 앞에서도
탄식이 나며 내가 앓는 소리는 물
이 쏟아지는 소리 같구나 25 내가
두려워하는 그것이 내게 임하고
내가 무서워하는 그것이 내 몸에
미쳤구나 26 나에게는 평온도 없
고 안일도 없고 휴식도 없고 다만
불안만이 있구나

욥

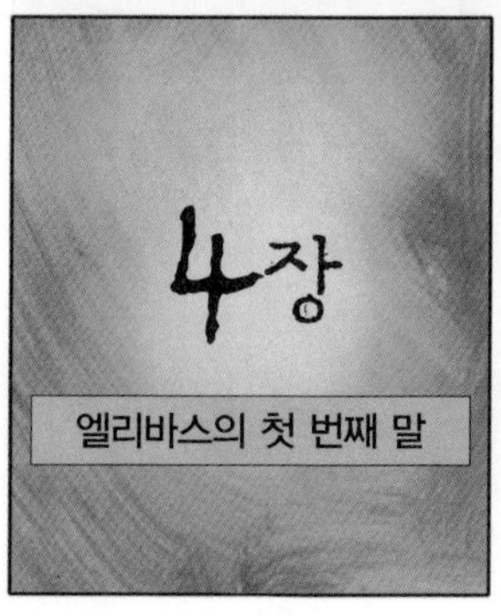

1 데만 사람 엘리바스
가 대답하여 이르되
2 누가 네게 말하면 네
가 싫증을 내겠느냐,
누가 참고 말하지 아니
하겠느냐 3 보라 전에
네가 여러 사람을 훈계
하였고 손이 늘어진 자
를 강하게 하였고

4 넘어지는 자를 말로 붙들어 주
었고 무릎이 약한 자를 강하게 하
였거늘 5 이제 이 일이 네게 이르
매 네가 힘들어 하고 이 일이 네게
닥치매 네가 놀라는구나 6 네 경
외함이 네 자랑이 아니냐 네 소망
이 네 온전한 길이 아니냐 7 생각
하여 보라 죄 없이 망한 자가 누구
인가 정직한 자의 끊어짐이 어디
있는가 8 내가 보건대 악을 밭 갈
고 독을 뿌리는 자는 그대로 거두
나니 9 다 하나님의 입 기운에 멸
망하고 그의 콧김에 사라지느니
라 10 사자의 우는 소리와 젊은
사자의 소리가 그치고 어린 사자
의 이가 부러지며 11 사자는 사냥
한 것이 없어 죽어 가고 암사자의
새끼는 흩어지느니라 12 어떤 말
씀이 내게 가만히 이르고 그 가느
다란 소리가 내 귀에 들렸었나니
13 사람이 깊이 잠들 즈음 내가 그
밤에 본 환상으로 말미암아 생각
이 번거로울 때에 14 두려움과 떨
림이 내게 이르러서 모든 뼈마디
가 흔들렸느니라 15 그 때에 영이
내 앞으로 지나매 내 몸에 털이 주
뼛하였느니라 16 그 영이 서 있는
데 나는 그 형상을 알아보지는 못
하여도 오직 한 형상이 내 눈 앞에
있었느니라 그 때에 내가 조용한
중에 한 목소리를 들으니 17 사람
이 어찌 하나님보다 의롭겠느냐
사람이 어찌 그 창조하신 이보다
깨끗하겠느냐 18 하나님은 그의
종이라도 그대로 믿지 아니하시
며 그의 천사라도 미련하다 하시
나니 19 하물며 흙 집•에 살며 티
끌로 터를 삼고 하루살이 앞에서
라도 무너질 자이겠느냐 20 아침
과 저녁 사이에 부스러져 가루가
되며 영원히 사라지되 기억하는
자가 없으리라 21 장막 줄이 그들
에게서 뽑히지 아니하겠느냐 그
들은 지혜가 없이 죽느니라

5장

1 너는 부르짖어 보라 네게 응답
할 자가 있겠느냐 거룩한 자 중에
네가 누구에게로 향하겠느냐 2
분노가 미련한 자를 죽이고 시기
가 어리석은 자를 멸하느니라 3
내가 미련한 자가 뿌리 내리는 것
을 보고 그의 집을 당장에 저주하
였노라 4 그의 자식들은 구원에
서 멀고 성문에서 억눌리나 구하
는 자가 없으며 5 그가 추수한 것
은 주린 자가 먹되 덫에 걸린 것도
빼앗으며 올무가 그의 재산을 향
하여 입을 벌리느니라 6 재난은
티끌에서 일어나는 것이 아니며
고생은 흙에서 나는 것이 아니니
라 7 사람은 고생을 위하여 났으
니 불꽃이 위로 날아가는 것 같으
니라 8 나라면 하나님을 찾겠고
내 일을 하나님께 의탁하리라 9
하나님은 헤아릴 수 없이 큰 일을
행하시며 기이한 일을 셀 수 없이
행하시나니 10 비를 땅에 내리시
고 물을 밭에 보내시며 11 낮은
자를 높이 드시고 애곡하는 자를
일으키사 구원에 이르게 하시느
니라 12 하나님은 교활한 자의 계
교를 꺾으사 그들의 손이 성공하
지 못하게 하시며 13 지혜로운 자
가 자기의 계략에 빠지게 하시며
간교한 자의 계략을 무너뜨리시
므로 14 그들은 낮에도 어두움을
만나고 대낮에도 더듬기를 밤과
같이 하느니라 15 하나님은 가난
한 자를 강한 자의 칼과 그 입에
서, 또한 그들의 손에서 구출하여
주시나니 16 그러므로 가난한 자
가 희망이 있고 악행이 스스로 입

4:19 **흙 집** 이것은 아마 사람들의 몸을 가리키는 말인 것 같다.

을 다무느니라 17 볼지어다 하나
님께 징계 받는 자에게는 복이 있
나니 그런즉 너는 전능자의 징계
를 업신여기지 말지니라 18 하나
님은 아프게 하시다가 싸매시며
상하게 하시다가 그의 손으로 고
치시나니19 여섯 가지 환난에서
너를 구원하시며 일곱 가지 환난
이라도 그 재앙이 네게 미치지 않
게 하시며 20 기근 때에 죽음에서,
전쟁 때에 칼의 위협에서 너를 구
원하실 터인즉 21 네가 혀의 채찍
을 피하여 숨을 수가 있고 멸망이
올 때에도 두려워하지 아니할 것
이라 22 너는 멸망과 기근을 비웃
으며 들짐승을 두려워하지 말라
23 들에 있는 돌이 너와 언약을 맺
겠고 들짐승이 너와 화목하게 살
것이니라 24 네가 네 장막의 평안
함을 알고 네 우리를 살펴도 잃은
것이 없을 것이며 25 네 자손이 많
아지며 네 후손이 땅의 풀과 같이
될 줄을 네가 알 것이라 26 네가
장수하다가 무덤에 이르리니 마치
곡식단을 제 때에 들어올림 같으
니라 27 볼지어다 우리가 연구한
바가 이와 같으니 너는 들어 보라
그러면 네가 알리라

6장

욥의 대답

1 욥이 대답하여 이르되

2 나의 괴로움을 달아 보며 나의
파멸을 저울 위에 모두 놓을 수
있다면 3 바다의 모래보다도 무
거울 것이라 그러므로 나의 말이
경솔하였구나 4 전능자의 화살
이 내게 박히매 나의 영이 그 독
을 마셨나니 하나님의 두려움이
나를 엄습하여 치는구나 5 들나
귀가 풀이 있으면 어찌 울겠으며
소가 꼴이 있으면 어찌 울겠느냐
6 싱거운 것이 소금 없이 먹히겠
느냐 닭의 알 흰자위가 맛이 있
겠느냐 7 내 마음이 이런 것을
만지기도 싫어하나니 꺼리는 음
식물 같이 여김이니라 8 나의 간
구를 누가 들어 줄 것이며 나의
소원을 하나님이 허락하시랴 9
이는 곧 나를 멸하시기를 기뻐하
사 하나님이 그의 손을 들어 나
를 끊어 버리실 것이라 10 그러
할지라도 내가 오히려 위로를 받
고 그칠 줄 모르는 고통 가운데
서도 기뻐하는 것은 내가 거룩하
신 이의 말씀을 거역하지 아니하
였음이라 11 내가 무슨 기력이
있기에 기다리겠느냐 내 마지막
이 어떠하겠기에 그저 참겠느냐
12 나의 기력이 어찌 돌의 기력
이겠느냐 나의 살이 어찌 놋쇠겠
느냐 13 나의 도움이 내 속에 없
지 아니하냐 나의 능력이 내게서
쫓겨나지 아니하였느냐 14 낙심
한 자가 비록 전능자를 경외하기
를 저버릴지라도 그의 친구로부
터 동정을 받느니라 15 내 형제
들은 개울과 같이 변덕스럽고 그
들은 개울의 물살 같이 지나가누
나 16 얼음이 녹으면 물이 검어
지며 눈이 그 속에 감추어질지라
도 17 따뜻하면 마르고 더우면
그 자리에서 아주 없어지나니
18 대상들은 그들의 길을 벗어나
서 삭막한 들에 들어가 멸망하느
니라 19 데마의 떼들이 그것을
바라보고 스바의 행인들도 그것
을 사모하다가 20 거기 와서는
바라던 것을 부끄러워하고 낙심
하느니라 21 이제 너희는 아무
것도 아니로구나 너희가 두려운
일을 본즉 겁내는구나 22 내가
언제 너희에게 무엇을 달라고
말했더냐 나를 위하여 너희 재
물을 선물로 달라고 하더냐 23
내가 언제 말하기를 원수의 손
에서 나를 구원하라 하더냐 폭

군의 손에서 나를 구원하라 하더
냐 24 내게 가르쳐서 나의 허물된
것을 깨닫게 하라 내가 잠잠하리
라 25 옳은 말이 어찌 그리 고통
스러운고, 너희의 책망은 무엇을
책망함이냐 26 너희가 남의 말을
꾸짖을 생각을 하나 실망한 자의
말은 바람에 날아가느니라 27 너
희는 고아를 제비 뽑으며 너희 친
구를 팔아 넘기는구나 28 이제 원
하건대 너희는 내게로 얼굴을 돌
리라 내가 너희를 대면하여 결코
거짓말하지 아니하리라 29 너희
는 돌이켜 행악자가 되지 말라 아
직도 나의 의가 건재하니 돌아오
라 30 내 혀에 어찌 불의한 것이
있으랴 내 미각이 어찌 속임을 분
간하지 못하랴

7장

1 이 땅에 사는 인생에게 힘든 노
동이 있지 아니하겠느냐 그의 날
이 품꾼의 날과 같지 아니하겠느
냐 2 종은 저녁 그늘을 몹시 바라
고 품꾼은 그의 삯을 기다리나니
3 이와 같이 내가 여러 달째 고통
을 받으니 고달픈 밤이 내게 작정
되었구나 4 내가 누울 때면 말하
기를 언제나 일어날까, 언제나 밤
이 갈까 하며 새벽까지 이리 뒤척,
저리 뒤척 하는구나 5 내 살에는
구더기와 흙덩이가 의복처럼 입혀
졌고 내 피부는 굳어졌다가 터지
는구나 6 나의 날은 베틀의 북보
다 빠르니 희망 없이 보내는구나
7 내 생명이 한낱 바람 같음을 생
각하옵소서 나의 눈이 다시는 행
복을 보지 못하리이다 8 나를 본
자의 눈이 다시는 나를 보지 못할
것이고 주의 눈이 나를 향하실지
라도 내가 있지 아니하리이다 9
구름이 사라져 없어짐 같이 스올
로 내려가는 자는 다시 올라오지
못할 것이오니 10 그는 다시 자기
집으로 돌아가지 못하겠고 자기
처소도 다시 그를 알지 못하리이
다 11 그런즉 내가 내 입을 금하지
아니하고 내 영혼의 아픔 때문에
말하며 내 마음의 괴로움 때문에
불평하리이다 12 내가 바다니이
까 바다 괴물이니이까 주께서 어
찌하여 나를 지키시나이까 13 혹
시 내가 말하기를 내 잠자리가 나
를 위로하고 내 침상이 내 수심을
풀리라 할 때에 14 주께서 꿈으로
나를 놀라게 하시고 환상으로 나
를 두렵게 하시나이다 15 이러므
로 내 마음이 뼈를 깎는 고통을 겪
느니 차라리 숨이 막히는 것과 죽
는 것을 택하리이다 16 내가 생명
을 싫어하고 영원히 살기를 원하
지 아니하오니 나를 놓으소서 내
날은 헛 것이니이다 17 사람이 무
엇이기에 주께서 그를 크게 만드
사 그에게 마음을 두시고 18 아침
마다 권징하시며 순간마다 단련하
시나이까 19 주께서 내게서 눈을
돌이키지 아니하시며 내가 침을
삼킬 동안도 나를 놓지 아니하시
기를 어느 때까지 하시리이까 20
사람을 감찰하시는 이여 내가 범
죄하였던들 주께 무슨 해가 되오
리이까 어찌하여 나를 당신의 과
녁으로 삼으셔서 내게 무거운 짐
이 되게 하셨나이까

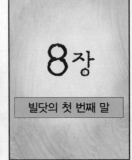

욥

21 주께서 어찌하여 내 허물을 사하여 주지 아니하시며 내 죄악을 제거하여 버리지 아니하시나이까 내가 이제 흙에 누우리니 주께서 나를 애써 찾으실지라도 내가 남아 있지 아니하리이다

8장

빌닷의 첫 번째 말

1 수아 사람 빌닷이 대답하여 이르되
2 네가 어느 때까지 이런 말을 하겠으며 어느 때까지 네 입의 말이 거센 바람과 같겠는가

3 하나님이 어찌 정의를 굽게 하시겠
으며 전능하신 이가 어찌 공의를 굽게
하시겠는가 4 네 자녀들이 주께 죄를
지었으므로 주께서 그들을 그 죄에 버
려두셨나니 5 네가 만일 하나님을 찾
으며 전능하신 이에게 간구하고 6 또
청결하고 정직하면 반드시 너를 돌보
시고 네 의로운 처소를 평안하게 하실
것이라 7 네 시작은 미약하였으나 네
나중은 심히 창대하리라 8 청하건대
너는 옛 시대 사람에게 물으며 조상들
이 터득한 일을 배울지어다 9 (우리
는 어제부터 있었을 뿐이라 우리는 아
는 것이 없으며 세상에 있는 날이 그
림자와 같으니라) 10 그들이 네게 가
르쳐 이르지 아니하겠느냐 그 마음에
서 나오는 말을 하지 아니하겠느냐
11 왕골이 진펄 아닌 데서 크게 자라
겠으며 갈대가 물 없는 데서 크게 자
라겠느냐 12 이런 것은 새 순이 돋아
아직 뜯을 때가 되기 전에 다른 풀보
다 일찍이 마르느니라 13 하나님을
잊어버리는 자의 길은 다 이와 같고
저속한 자의 희망은 무너지리니 14
그가 믿는 것이 끊어지고 그가 의지하
는 것이 거미줄 같은즉 15 그 집을 의
지할지라도 집이 서지 못하고 굳게 붙
잡아 주어도 집이 보존되지 못하리라
16 그는 햇빛을 받고 물이 올라 그 가
지가 동산에 뻗으며 17 그 뿌리가 돌
무더기에 서리어서 돌 가운데로 들어
갔을지라도 18 그 곳에서 뽑히면 그
자리도 모르는 체하고 이르기를 내가
너를 보지 못하였다 하리니 19 그 길
의 기쁨은 이와 같고 그 후에 다른 것
이 흙에서 나리라 20 하나님은 순전
한 사람을 버리지 아니하시고 악한 자
를 붙들어 주지 아니하시므로 21 웃
음을 네 입에, 즐거운 소리를 네 입술
에 채우시리니 22 너를 미워하는 자
는 부끄러움을 당할 것이라 악인의 장
막은 없어지리라

9장

욥의 대답

1 욥이 대답하여 이르되

2 진실로 내가 이 일이 그런 줄
을 알거니와 인생이 어찌 하나
님 앞에 의로우랴 3 사람이 하
나님께 변론하기를 좋아할지
라도 천 마디에 한 마디도 대답
하지 못하리라 4 그는 마음이
지혜로우시고 힘이 강하시니
그를 거슬러 스스로 완악하게
행하고도 형통할 자가 누구이
랴 5 그가 진노하심으로 산을
무너뜨리시며 옮기실지라도
산이 깨닫지 못하며 6 그가 땅
을 그 자리에서 움직이시니 그
기둥들이 흔들리도다 7 그가
해를 명령하여 뜨지 못하게 하
시며 별들을 가두시도다 8 그
가 홀로 하늘을 펴시며 바다 물
결을 밟으시며 9 북두성과 삼
성과 묘성•과 남방의 밀실을
만드셨으며 10 측량할 수 없는
큰 일을, 셀 수 없는 기이한 일
을 행하시느니라 11 그가 내
앞으로 지나시나 내가 보지 못
하며 그가 내 앞에서 움직이시
나 내가 깨닫지 못하느니라 12
하나님이 빼앗으시면 누가 막
을 수 있으며 무엇을 하시나이
까 하고 누가 물을 수 있으랴
13 하나님이 진노를 돌이키지
아니하시나니 라합을 돕는 자
들이 그 밑에 굴복하겠거든 14
하물며 내가 감히 대답하겠으
며 그 앞에서 무슨 말을 택하랴
15 가령 내가 의로울지라도 대
답하지 못하겠고 나를 심판하
실 그에게 간구할 뿐이며 16
가령 내가 그를 부르므로 그가
내게 대답하셨을지라도 내 음
성을 들으셨다고는 내가 믿지
아니하리라 17 그가 폭풍으로
나를 치시고 까닭 없이 내 상처
를 깊게 하시며 18 나를 숨 쉬
지 못하게 하시며 괴로움을 내
게 채우시는구나 19 힘으로 말
하면 그가 강하시고 심판으로
말하면 누가 그를 소환하겠느
냐 20 가령 내가 의로울지라도
내 입이 나를 정죄하리니 가령
내가 온전할지라도 나를 정죄

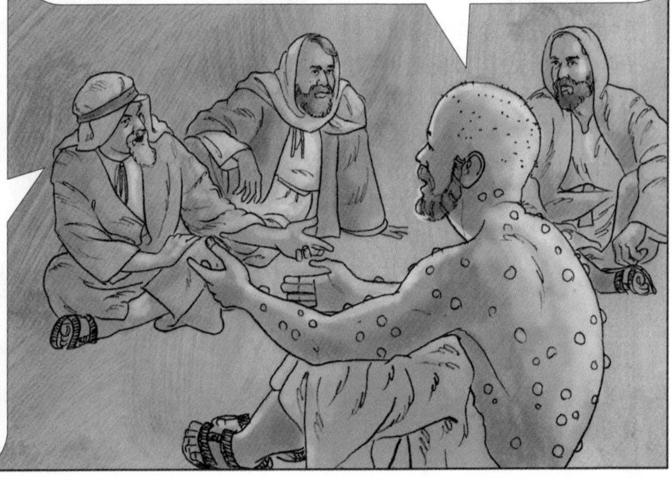

9:9 **북두성과 삼성과 묘성** 잘 알려진 성단(星團)들의 이름

하시리라 21 나는 온전하다마는
내가 나를 돌아보지 아니하고 내
생명을 천히 여기는구나 22 일이
다 같은 것이라 그러므로 나는 말
하기를 하나님이 온전한 자나 악
한 자나 멸망시키신다 하나니 23
갑자기 재난이 닥쳐 죽을지라도
무죄한 자의 절망도 그가 비웃으
시리라 24 세상이 악인의 손에 넘
어갔고 재판관의 얼굴도 가려졌
나니 그렇게 되게 한 이가 그가 아
니시면 누구냐 25 나의 날이 경주
자보다 빨리 사라져 버리니 복을
볼 수 없구나 26 그 지나가는 것
이 빠른 배 같고 먹이에 날아 내리
는 독수리와도 같구나 27 가령 내
가 말하기를 내 불평을 잊고 얼굴
빛을 고쳐 즐거운 모양을 하자 할
지라도 28 내 모든 고통을 두려워
하오니 주께서 나를 죄 없다고 여
기지 않으실 줄을 아나이다 29 내
가 정죄하심을 당할진대 어찌 헛
되이 수고하리이까 30 내가 눈 녹
은 물로 몸을 씻고 잿물로 손을 깨
끗하게 할지라도 31 주께서 나를
개천에 빠지게 하시리니 내 옷이
라도 나를 싫어하리이다 32 하나
님은 나처럼 사람이 아니신즉 내
가 그에게 대답할 수 없으며 함께
들어가 재판을 할 수도 없고 33
우리 사이에 손을 얹을 판결자도
없구나 34 주께서 그의 막대기를
내게서 떠나게 하시고 그의 위엄
이 나를 두렵게 하지 아니하시기
를 원하노라 35 그리하시면 내가
두려움 없이 말하리라 나는 본래
그렇게 할 수 있는 자가 아니니라

10장

1 내 영혼이 살기에 곤비하니 내
불평을 토로하고 내 마음이 괴로
운 대로 말하리라 2 내가 하나님
께 아뢰오리니 나를 정죄하지 마
시옵고 무슨 까닭으로 나와 더불
어 변론하시는지 내게 알게 하옵
소서 3 주께서 주의 손으로 지으
신 것을 학대하시며 멸시하시고
악인의 꾀에 빛을 비추시기를 선
히 여기시나이까 4 주께도 육신
의 눈이 있나이까 주께서 사람처
럼 보시나이까 5 주의 날이 어찌
사람의 날과 같으며 주의 해가 어
찌 인생의 해와 같기로 6 나의 허
물을 찾으시며 나의 죄를 들추어
내시나이까 7 주께서는 내가 악
하지 않은 줄을 아시나이다 주의
손에서 나를 벗어나게 할 자도 없
나이다 8 주의 손으로 나를 빚으
셨으며 만드셨는데 이제 나를 멸
하시나이다 9 기억하옵소서 주께
서 내 몸 지으시기를 흙을 뭉치듯
하셨거늘 다시 나를 티끌로 돌려
보내려 하시나이까 10 주께서 나
를 젖과 같이 쏟으셨으며 엉긴 젖
처럼 엉기게 하지 아니하셨나이
까 11 피부와 살을 내게 입히시며
뼈와 힘줄로 나를 엮으시고 12 생
명과 은혜를 내게 주시고 나를 보
살피심으로 내 영을 지키셨나이
다 13 그러한데 주께서 이것들을
마음에 품으셨나이다 이 뜻이 주
께 있는 줄을 내가 아나이다 14
내가 범죄하면 주께서 나를 죄인
으로 인정하시고 내 죄악을 사하
지 아니하시나이다 15 내가 악하
면 화가 있을 것이오며 내가 의로
울지라도 머리를 들지 못하는 것
은 내 속에 부끄러움이 가득하고
내 환난을 내 눈이 보기 때문이니
이다 16 내가 머리를 높이 들면
주께서 젊은 사자처럼 나를 사냥
하시며 내게 주의 놀라움을 다시
나타내시나이다 17 주께서 자주
자주 증거하는 자를 바꾸어 나를
치시며 나를 향하여 진노를 더하
시니 군대가 번갈아서 치는 것 같
으니이다 18 주께서 나를 태에서

나오게 하셨음은 어찌함이니
이까 그렇지 아니하셨더라면
내가 기운이 끊어져 아무 눈
에도 보이지 아니하였을 것이
라 19 있어도 없던 것 같이 되
어서 태에서 바로 무덤으로
옮겨졌으리이다 20 내 날은
적지 아니하니이까 그런즉 그
치시고 나를 버려두사 잠시나
마 평안하게 하시되 21 내가
돌아오지 못할 땅 곧 어둡고
죽음의 그늘진 땅으로 가기
전에 그리하옵소서 22 땅은
어두워서 흑암 같고 죽음의
그늘이 져서 아무 구별이 없
고 광명도 흑암 같으니이다

11장

소발의 첫 번째 말

1 나아마 사람 소발이
대답하여 이르되

2 말이 많으니 어찌 대답이 없으
랴 말이 많은 사람이 어찌 의롭
다 함을 얻겠느냐 3 네 자랑하
는 말이 어떻게 사람으로 잠잠
하게 하겠으며 네가 비웃으면
어찌 너를 부끄럽게 할 사람이
없겠느냐 4 네 말에 의하면 내
도는 정결하고 나는 주께서 보
시기에 깨끗하다 하는구나 5
하나님은 말씀을 내시며 너를
향하여 입을 여시고 6 지혜의
오묘함으로 네게 보이시기를 원
하노니 이는 그의 지식이 광대
하심이라 하나님께서 너로 하여
금 너의 죄를 잊게 하여 주셨음
을 알라 7 네가 하나님의 오묘
함을 어찌 능히 측량하며 전능
자를 어찌 능히 완전히 알겠느
냐 8 하늘보다 높으시니 네가
무엇을 하겠으며 스올보다 깊으
시니 네가 어찌 알겠느냐 9 그
의 크심은 땅보다 길고 바다보
다 넓으니라 10 하나님이 두루
다니시며 사람을 잡아 가두시고
재판을 여시면 누가 능히 막을
소냐 11 하나님은 허망한 사람
을 아시나니 악한 일은 상관하
지 않으시는 듯하나 다 보시느
니라 12 허망한 사람은 지각이
없나니 그의 출생함이 들나귀
새끼 같으니라 13 만일 네가 마
음을 바로 정하고 주를 향하여
손을 들 때에 14 네 손에 죄악이
있거든 멀리 버리라 불의가 네
장막에 있지 못하게 하라 15 그
리하면 네가 반드시 흠 없는 얼
굴을 들게 되고 굳게 서서 두려
움이 없으리니 16 곧 네 환난을
잊을 것이라 네가 기억할지라도
물이 흘러감 같을 것이며 17 네
생명의 날이 대낮보다 밝으리니
어둠이 있다 할지라도 아침과
같이 될 것이요 18 네가 희망이
있으므로 안전할 것이며 두루
살펴보고 평안히 쉬리라 19 네
가 누워도 두렵게 할 자가 없겠
고 많은 사람이 네게 은혜를 구
하리라 20 그러나 악한 자들은
눈이 어두워서 도망할 곳을 찾
지 못하리니 그들의 희망은 숨
을 거두는 것이니라

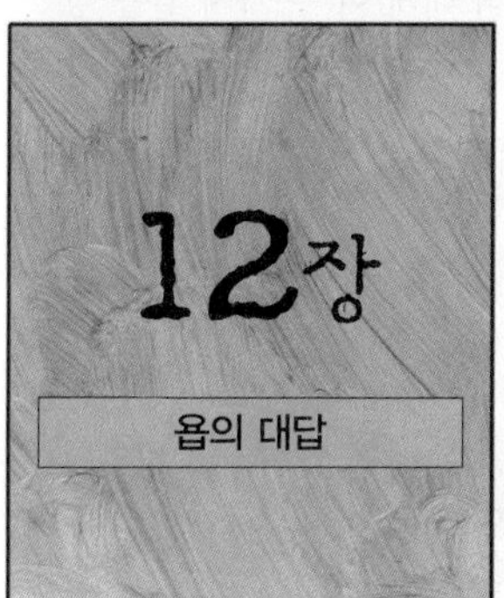

12장

욥의 대답

1 욥이 대답하여 이르되

2 너희만 참으로 백성이로구나
너희가 죽으면 지혜도 죽겠구나
3 나도 너희 같이 생각이 있어
너희만 못하지 아니하니 그같은
일을 누가 알지 못하겠느냐 4
하나님께 불러 아뢰어 들으심을
입은 내가 이웃에게 웃음거리가
되었으니 의롭고 온전한 자가
조롱거리가 되었구나

욥

5 평안한 자의 마음은 재앙을 멸
시하나 재앙이 실족하는 자를 기
다리는구나 6 강도의 장막은 형
통하고 하나님을 진노하게 하는
자는 평안하니 하나님이 그의 손
에 후히 주심이니라 7 이제 모든
짐승에게 물어 보라 그것들이 네
게 가르치리라 공중의 새에게 물
어 보라 그것들이 또한 네게 말하
리라 8 땅에게 말하라 네게 가르
치리라 바다의 고기도 네게 설명
하리라 9 이것들 중에 어느 것이
여호와의 손이 이를 행하신 줄을
알지 못하랴 10 모든 생물의 생명
과 모든 사람의 육신의 목숨이 다
그의 손에 있느니라 11 입이 음식
의 맛을 구별함 같이 귀가 말을 분
간하지 아니하느냐 12 늙은 자에
게는 지혜가 있고 장수하는 자에
게는 명철이 있느니라 13 지혜와
권능이 하나님께 있고 계략과 명
철도 그에게 속하였나니 14 그가
헐으신즉 다시 세울 수 없고 사람
을 가두신즉 놓아주지 못하느니
라 15 그가 물을 막으신즉 곧 마
르고 물을 보내신즉 곧 땅을 뒤집
나니 16 능력과 지혜가 그에게 있
고 속은 자와 속이는 자가 다 그에
게 속하였으므로 17 모사를 벌거
벗겨 끌어 가시며 재판장을 어리
석은 자가 되게 하시며 18 왕들이
맨 것을 풀어 그들의 허리를 동이
시며 19 제사장들을 벌거벗겨 끌
어 가시고 권력이 있는 자를 넘어
뜨리시며 20 충성된 사람들의 말
을 물리치시며 늙은 자들의 판단
을 빼앗으시며 21 귀인들에게 멸
시를 쏟으시며 강한 자의 띠를 푸
시며 22 어두운 가운데에서 은밀
한 것을 드러내시며 죽음의 그늘
을 광명한 데로 나오게 하시며 23
민족들을 커지게도 하시고 다시
멸하기도 하시며 민족들을 널리
퍼지게도 하시고 다시 끌려가게
도 하시며 24 만민의 우두머리들
의 총명을 빼앗으시고 그들을 길
없는 거친 들에서 방황하게 하시
며 25 빛 없이 캄캄한 데를 더듬
게 하시며 취한 사람 같이 비틀거
리게 하시느니라

13장

1 나의 눈이 이것을 다 보았고 나
의 귀가 이것을 듣고 깨달았느니
라 2 너희 아는 것을 나도 아노니
너희만 못하지 않으니라 3 참으
로 나는 전능자에게 말씀하려 하
며 하나님과 변론하려 하노라 4
너희는 거짓말을 지어내는 자요
다 쓸모 없는 의원이니라 5 너희
가 참으로 잠잠하면 그것이 너희
의 지혜일 것이니라 6 너희는 나
의 변론을 들으며 내 입술의 변명
을 들어 보라 7 너희가 하나님을
위하여 불의를 말하려느냐 그를
위하여 속임을 말하려느냐 8 너
희가 하나님의 낯을 따르려느냐
그를 위하여 변론하려느냐 9 하
나님이 너희를 감찰하시면 좋겠
느냐 너희가 사람을 속임 같이 그
를 속이려느냐 10 만일 너희가 몰
래 낯을 따를진대 그가 반드시 책
망하시리니 11 그의 존귀가 너희
를 두렵게 하지 않겠으며 그의 두
려움이 너희 위에 임하지 않겠느
냐 12 너희의 격언은 재 같은 속
담이요 너희가 방어하는 것은 토
성이니라 13 너희는 잠잠하고 나
를 버려두어 말하게 하라 무슨 일
이 닥치든지 내가 당하리라 14 내
가 어찌하여 내 살을 내 이로 물고
내 생명을 내 손에 두겠느냐 15
그가 나를 죽이시리니 내가 희망
이 없노라 그러나 그의 앞에서 내
행위를 아뢰리라 16 경건하지 않
은 자는 그 앞에 이르지 못하나니
이것이 나의 구원이 되리라 17 너
희들은 내 말을 분명히 들으라 내
가 너희 귀에 알려 줄 것이 있느니
라 18 보라 내가 내 사정을 진술
하였거니와 내가 정의롭다 함을
얻을 줄 아노라 19 나와 변론할
자가 누구이랴 그러면 내가 잠잠
하고 기운이 끊어지리라

욥의 기도

20 오직 내게 이 두 가지 일을 행
하지 마옵소서 그리하시면 내가

주의 얼굴을 피하여 숨지 아니하
오리니 21 곧 주의 손을 내게 대
지 마시오며 주의 위엄으로 나를
두렵게 하지 마실 것이니이다 22
그리하시고 주는 나를 부르소서
내가 대답하리이다 혹 내가 말씀
하게 하옵시고 주는 내게 대답하
옵소서 23 나의 죄악이 얼마나
많으니이까 나의 허물과 죄를 내
게 알게 하옵소서 24 주께서 어
찌하여 얼굴을 가리시고 나를 주
의 원수로 여기시나이까 25 주께
서 어찌하여 날리는 낙엽을 놀라
게 하시며 마른 검불을 뒤쫓으시
나이까 26 주께서 나를 대적하사
괴로운 일들을 기록하시며 내가
젊었을 때에 지은 죄를 내가 받
게 하시오며 27 내 발을 차꼬에
채우시며 나의 모든 길을 살피사
내 발자취를 점검하시나이다 28
나는 썩은 물건의 낡아짐 같으며
좀 먹은 의복 같으니이다

14장

1 여인에게서 태어난 사람은 생
애가 짧고 걱정이 가득하며 2 그
는 꽃과 같이 자라나서 시들며
그림자 같이 지나가며 머물지 아
니하거늘 3 이와 같은 자를 주께
서 눈여겨 보시나이까 나를 주
앞으로 이끌어서 재판하시나이
까 4 누가 깨끗한 것을 더러운 것
가운데에서 낼 수 있으리이까 하
나도 없나이다 5 그의 날을 정하
셨고 그의 달 수도 주께 있으므
로 그의 규례를 정하여 넘어가지
못하게 하셨사온즉 6 그에게서
눈을 돌이켜 그가 품꾼 같이 그
의 날을 마칠 때까지 그를 홀로
있게 하옵소서 7 나무는 희망이
있나니 찍힐지라도 다시 움이 나
서 연한 가지가 끊이지 아니하며
8 그 뿌리가 땅에서 늙고 줄기가
흙에서 죽을지라도 9 물 기운에
움이 돋고 가지가 뻗어서 새로
심은 것과 같거니와 10 장정이라
도 죽으면 소멸되나니 인생이 숨
을 거두면 그가 어디 있느냐 11
물이 바다에서 줄어들고 강물이
잦아서 마름 같이 12 사람이 누
우면 다시 일어나지 못하고 하늘
이 없어지기까지 눈을 뜨지 못하
며 잠을 깨지 못하느니라 13 주
는 나를 스올에 감추시며 주의
진노를 돌이키실 때까지 나를 숨
기시고 나를 위하여 규례를 정하
시고 나를 기억하옵소서 14 장정
이라도 죽으면 어찌 다시 살리이
까 나는 나의 모든 고난의 날 동
안을 참으면서 풀려나기를 기다
리겠나이다 15 주께서는 나를 부
르시겠고 나는 대답하겠나이다
주께서는 주의 손으로 지으신 것
을 기다리시겠나이다 16 그러하
온데 이제 주께서 나의 걸음을
세시오니 나의 죄를 감찰하지 아
니하시나이까 17 주는 내 허물을
주머니에 봉하시고 내 죄악을 싸
매시나이다 18 무너지는 산은 반
드시 흩어지고 바위는 그 자리에
서 옮겨가고 19 물은 돌을 닳게
하고 넘치는 물은 땅의 티끌을
씻어버리나이다 이와 같이 주께
서는 사람의 희망을 끊으시나이
다 20 주께서 사람을 영원히 이
기셔서 떠나게 하시며 그의 얼굴
빛을 변하게 하시고 쫓아보내시
오니 21 그의 아들들이 존귀하게
되어도 그가 알지 못하며 그들이
비천하게 되어도 그가 깨닫지 못
하나이다 22 다만 그의 살이 아
프고 그의 영혼이 애곡할 뿐이니
이다

15장

엘리바스의 두 번째 말

1 데만 사람 엘리바스
가 대답하여 이르되

2 지혜로운 자가 어찌 헛된 지식
으로 대답하겠느냐 어찌 동풍
을 그의 복부에 채우겠느냐 3
어찌 도움이 되지 아니하는 이
야기, 무익한 말로 변론하겠느
냐 4 참으로 네가 하나님 경외
하는 일을 그만두어 하나님 앞
에 묵도하기를 그치게 하는구
나 5 네 죄악이 네 입을 가르치
나니 네가 간사한 자의 혀를 좋
아하는구나 6 너를 정죄한 것은
내가 아니요 네 입이라 네 입술
이 네게 불리하게 증언하느니
라 7 네가 제일 먼저 난 사람이
냐 산들이 있기 전에 네가 출생
하였느냐 8 하나님의 오묘하심
을 네가 들었느냐 지혜를 홀로
가졌느냐 9 네가 아는 것을 우
리가 알지 못하는 것이 무엇이
냐 네가 깨달은 것을 우리가 소
유하지 못한 것이 무엇이냐 10
우리 중에는 머리가 흰 사람도

욥

있고 연로한 사람도 있고 네 아
버지보다 나이가 많은 사람도 있
느니라 11 하나님의 위로와 은
밀하게 하시는 말씀이 네게 작은
것이냐 12 어찌하여 네 마음에
불만스러워하며 네 눈을 번뜩거
리며 13 네 영이 하나님께 분노
를 터뜨리며 네 입을 놀리느냐
14 사람이 어찌 깨끗하겠느냐 여
인에게서 난 자가 어찌 의롭겠느
냐 15 하나님은 거룩한 자들을
믿지 아니하시나니 하늘이라도
그가 보시기에 부정하거든 16
하물며 악을 저지르기를 물 마심
같이 하는 가증하고 부패한 사람
을 용납하시겠느냐 17 내가 네
게 보이리니 내게서 들으라 내가
본 것을 설명하리라 18 이는 곧
지혜로운 자들이 전하여 준 것이
니 그들의 조상에게서 숨기지 아
니하였느니라 19 이 땅은 그들
에게만 주셨으므로 외인은 그들
중에 왕래하지 못하였느니라 20
그 말에 이르기를 악인은 그의
일평생에 고통을 당하며 포악자
의 햇수는 정해졌으므로 21 그
의 귀에는 무서운 소리가 들리고
그가 평안할 때에 멸망시키는 자
가 그에게 이르리니 22 그가 어
두운 데서 나오기를 바라지 못하
고 칼날이 숨어서 기다리느니라
23 그는 헤매며 음식을 구하여
이르기를 어디 있느냐 하며 흑암
의 날이 가까운 줄을 스스로 아
느니라 24 환난과 역경이 그를
두렵게 하며 싸움을 준비한 왕처
럼 그를 쳐서 이기리라 25 이는
그의 손을 들어 하나님을 대적하
며 교만하여 전능자에게 힘을 과
시하였음이니라 26 그는 목을
세우고 방패를 들고 하나님께 달
려드니 27 그의 얼굴에는 살이
찌고 허리에는 기름이 엉기었고
28 그는 황폐한 성읍, 사람이 살
지 아니하는 집, 돌무더기가 될
곳에 거주하였음이니라 29 그는
부요하지 못하고 재산이 보존되
지 못하고 그의 소유가 땅에서
증식되지 못할 것이라 30 어두
운 곳을 떠나지 못하리니 불꽃이
그의 가지를 말릴 것이라 하나님
의 입김으로 그가 불려가리라
31 그가 스스로 속아 허무한 것
을 믿지 아니할 것은 허무한 것
이 그의 보응이 될 것임이라 32
그의 날이 이르기 전에 그 일이
이루어질 것인즉 그의 가지가 푸
르지 못하리니 33 포도 열매가
익기 전에 떨어짐 같고 감람 꽃
이 곧 떨어짐 같으리라 34 경건
하지 못한 무리는 자식을 낳지
못할 것이며 뇌물을 받는 자의
장막은 불탈 것이라 35 그들은
재난을 잉태하고 죄악을 낳으며
그들의 뱃속에 속임을 준비하느
니라

16장

욥의 대답

1 욥이 대답하여 이르되

2 이런 말은 내가 많이 들었나니
너희는 다 재난을 주는 위로자
들이로구나 3 헛된 말이 어찌
끝이 있으랴 네가 무엇에 자극
을 받아 이같이 대답하는가 4
나도 너희처럼 말할 수 있나니
가령 너희 마음이 내 마음 자리
에 있다 하자 나도 그럴 듯한 말
로 너희를 치며 너희를 향하여
머리를 흔들 수 있느니라 5 그
래도 입으로 너희를 강하게 하
며 입술의 위로로 너희의 근심
을 풀었으리라 6 내가 말하여도
내 근심이 풀리지 아니하고 잠
잠하여도 내 아픔이 줄어들지
않으리라 7 이제 주께서 나를
피로하게 하시고 나의 온 집안
을 패망하게 하셨나이다 8 주께
서 나를 시들게 하셨으니 이는
나를 향하여 증거를 삼으심이라
나의 파리한 모습이 일어나서

대면하여 내 앞에서 증언하리이
다 9 그는 진노하사 나를 찢고 적
대시 하시며 나를 향하여 이를 갈
고 원수가 되어 날카로운 눈초리
로 나를 보시고 10 무리들은 나를
향하여 입을 크게 벌리며 나를 모
욕하여 뺨을 치며 함께 모여 나를
대적하는구나 11 하나님이 나를
악인에게 넘기시며 행악자의 손
에 던지셨구나 12 내가 평안하더
니 그가 나를 꺾으시며 내 목을 잡
아 나를 부서뜨리시며 나를 세워
과녁을 삼으시고 13 그의 화살들
이 사방에서 날아와 사정 없이 나
를 쏨으로 그는 내 콩팥들을 꿰뚫
고 그는 내 쓸개가 땅에 흘러나오
게 하시는구나 14 그가 나를 치고
다시 치며 용사 같이 내게 달려드
시니 15 내가 굵은 베를 꿰매어
내 피부에 덮고 내 뿔을 티끌에 더
럽혔구나 16 내 얼굴은 울음으로
붉었고 내 눈꺼풀에는 죽음의 그
늘이 있구나 17 그러나 내 손에는
포학이 없고 나의 기도는 정결하
니라 18 땅아 내 피를 가리지 말
라 나의 부르짖음이 쉴 자리를 잡
지 못하게 하라 19 지금 나의 증
인이 하늘에 계시고 나의 중보자
가 높은 데 계시니라 20 나의 친
구는 나를 조롱하고 내 눈은 하나
님을 향하여 눈물을 흘리니 21 사
람과 하나님 사이에와 인자와 그
이웃 사이에 중재하시기를 원하
노니 22 수년이 지나면 나는 돌아
오지 못할 길로 갈 것임이니라

17장

1 나의 기운이 쇠하였으며 나의
날이 다하였고 무덤이 나를 위하
여 준비되었구나 2 나를 조롱하
는 자들이 나와 함께 있으므로 내
눈이 그들의 충동함을 항상 보는
구나 3 청하건대 나에게 담보물
을 주소서 나의 손을 잡아 줄 자가
누구리이까 4 주께서 그들의 마
음을 가리어 깨닫지 못하게 하셨
사오니 그들을 높이지 마소서 5
보상을 얻으려고 친구를 비난하
는 자는 그의 자손들의 눈이 멀게
되리라 6 하나님이 나를 백성의
속담거리가 되게 하시니 그들이
내 얼굴에 침을 뱉는구나 7 내 눈
은 근심 때문에 어두워지고 나의
온 지체는 그림자 같구나 8 정직
한 자는 이로 말미암아 놀라고 죄
없는 자는 경건하지 못한 자 때문
에 분을 내나니 9 그러므로 의인
은 그 길을 꾸준히 가고 손이 깨끗
한 자는 점점 힘을 얻느니라 10
너희는 모두 다시 올지니라 내가
너희 중에서 지혜자를 찾을 수 없
느니라 11 나의 날이 지나갔고 내
계획, 내 마음의 소원이 다 끊어졌
구나 12 그들은 밤으로 낮을 삼고
빛 앞에서 어둠이 가깝다 하는구
나 13 내가 스올이 내 집이 되기
를 희망하여 내 침상을 흑암에 펴
놓으매 14 무덤에게 너는 내 아버
지라, 구더기에게 너는 내 어머니,
내 자매라 할지라도 15 나의 희망
이 어디 있으며 나의 희망을 누가
보겠느냐 16 우리가 흙 속에서 쉴
때에는 희망이 스올의 문으로 내
려갈 뿐이니라

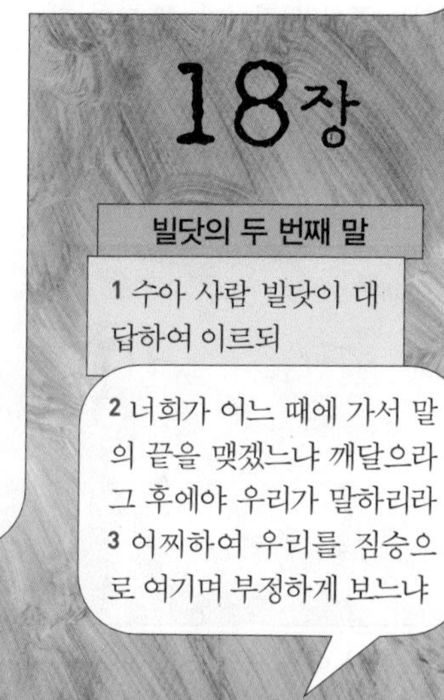

18장

빌닷의 두 번째 말

1 수아 사람 빌닷이 대
답하여 이르되

2 너희가 어느 때에 가서 말
의 끝을 맺겠느냐 깨달으라
그 후에야 우리가 말하리라
3 어찌하여 우리를 짐승으
로 여기며 부정하게 보느냐

4 울분을 터뜨리며 자기 자신을
찢는 사람아 너 때문에 땅이 버
림을 받겠느냐 바위가 그 자리에
서 옮겨지겠느냐 5 악인의 빛은
꺼지고 그의 불꽃은 빛나지 않을
것이요 6 그의 장막 안의 빛은 어
두워지고 그 위의 등불은 꺼질
것이요 7 그의 활기찬 걸음이 피
곤하여지고 그가 마련한 꾀에 스
스로 빠질 것이니 8 이는 그의 발
이 그물에 빠지고 올가미에 걸려
들며 9 그의 발 뒤꿈치는 덫에 치
이고 그의 몸은 올무에 얽힐 것
이며 10 그를 잡을 덫이 땅에 숨
겨져 있고 그를 빠뜨릴 함정이
길목에 있으며 11 무서운 것이
사방에서 그를 놀라게 하고 그
뒤를 쫓아갈 것이며 12 그의 힘
은 기근으로 말미암아 쇠하고 그
곁에는 재앙이 기다릴 것이며 13
질병이 그의 피부를 삼키리니 곧
사망의 장자가 그의 지체를 먹을
것이며 14 그가 의지하던 것들이
장막에서 뽑히며 그는 공포의 왕
에게로 잡혀가고 15 그에게 속하
지 않은 자가 그의 장막에 거하
리니 유황이 그의 처소에 뿌려질
것이며 16 밑으로 그의 뿌리가
마르고 위로는 그의 가지가 시들
것이며 17 그를 기념함이 땅에서
사라지고 거리에서는 그의 이름
이 전해지지 않을 것이며 18 그
는 광명으로부터 흑암으로 쫓겨
들어가며 세상에서 쫓겨날 것이
며 19 그는 그의 백성 가운데 후
손도 없고 후예도 없을 것이며
그가 거하던 곳에는 남은 자가
한 사람도 없을 것이라 20 그의
운명에 서쪽에서 오는 자와 동
쪽에서 오는 자가 깜짝 놀라리
라 21 참으로 불의한 자의 집이
이러하고 하나님을 알지 못하는
자의 처소도 이러하니라

19장

욥의 대답

1 욥이 대답하여 이르되

2 너희가 내 마음을 괴롭히며 말로
나를 짓부수기를 어느 때까지 하겠
느냐 3 너희가 열 번이나 나를 학
대하고도 부끄러워 아니하는구나
4 비록 내게 허물이 있다 할지라도
그 허물이 내게만 있느냐 5 너희가
참으로 나를 향하여 자만하며 내게
수치스러운 행위가 있다고 증언하
려면 하려니와 6 하나님이 나를 억
울하게 하시고 자기 그물로 나를
에워싸신 줄을 알아야 할지니라 7
내가 폭행을 당한다고 부르짖으나
응답이 없고 도움을 간구하였으나
정의가 없구나 8 그가 내 길을 막
아 지나가지 못하게 하시고 내 앞
길에 어둠을 두셨으며 9 나의 영광
을 거두어가시며 나의 관모를 머리
에서 벗기시고 10 사면으로 나를

헐으시니 나는 죽었구나 내
희망을 나무 뽑듯 뽑으시고
11 나를 향하여 진노하시고
원수 같이 보시는구나 12
그 군대가 일제히 나아와서
길을 돋우고 나를 치며 내
장막을 둘러 진을 쳤구나
13 나의 형제들이 나를 멀리
떠나게 하시니 나를 아는 모
든 사람이 내게 낯선 사람이
되었구나 14 내 친척은 나

를 버렸으며 가까운 친지
들은 나를 잊었구나 15
내 집에 머물러 사는 자
와 내 여종들은 나를 낯
선 사람으로 여기니 내가
그들 앞에서 타국 사람이
되었구나 16 내가 내 종
을 불러도 대답하지 아니
하니 내 입으로 그에게
간청하여야 하겠구나

17 내 아내도 내 숨결을 싫어하며 내 허
리의 자식들도 나를 가련하게 여기는
구나 18 어린 아이들까지도 나를 업신
여기고 내가 일어나면 나를 조롱하는
구나 19 나의 가까운 친구들이 나를 미
워하며 내가 사랑하는 사람들이 돌이
켜 나의 원수가 되었구나 20 내 피부와
살이 뼈에 붙었고 남은 것은 겨우 잇몸
뿐이로구나 21 나의 친구야 너희는 나
를 불쌍히 여겨다오 나를 불쌍히 여겨
다오 하나님의 손이 나를 치셨구나 22
너희가 어찌하여 하나님처럼 나를 박
해하느냐 내 살로도 부족하냐 23 나
의 말이 곧 기록되었으면, 책에 씌어
졌으면, 24 철필과 납으로 영원히 돌
에 새겨졌으면 좋겠노라 25 내가 알
기에는 나의 대속자가 살아 계시니 마
침내 그가 땅 위에 서실 것이라 26 내
가죽이 벗김을 당한 뒤에도 내가 육체
밖에서 하나님을 보리라 27 내가 그
를 보리니 내 눈으로 그를 보기를 낯
선 사람처럼 하지 않을 것이라 내 마
음이 초조하구나 28 너희가 만일 이
르기를 우리가 그를 어떻게 칠까 하며
또 이르기를 일의 뿌리가 그에게 있다
할진대 29 너희는 칼을 두려워할지니
라 분노는 칼의 형벌을 부르나니 너희
가 심판장이 있는 줄을 알게 되리라

20장

소발의 두 번째 말

1 나아마 사람 소발이
대답하여 이르되

2 그러므로 내 초조한 마음이
나로 하여금 대답하게 하나니
이는 내 중심이 조급함이니라
3 내가 나를 부끄럽게 하는 책
망을 들었으므로 나의 슬기로
운 마음이 나로 하여금 대답하
게 하는구나 4 네가 알지 못하
느냐 예로부터 사람이 이 세상
에 생긴 때로부터 5 악인이 이
긴다는 자랑도 잠시요 경건하
지 못한 자의 즐거움도 잠깐이
니라 6 그 존귀함이 하늘에 닿
고 그 머리가 구름에 미칠지라
도 7 자기의 똥처럼 영원히 망
할 것이라 그를 본 자가 이르기
를 그가 어디 있느냐 하리라 8
그는 꿈 같이 지나가니 다시 찾
을 수 없을 것이요 밤에 보이는
환상처럼 사라지리라 9 그를
본 눈이 다시 그를 보지 못할
것이요 그의 처소도 다시 그를
보지 못할 것이며 10 그의 아
들들은 가난한 자에게 은혜를
구하겠고 그도 얻은 재물을 자
기 손으로 도로 줄 것이며 11
그의 기골이 청년 같이 강장하
나 그 기세가 그와 함께 흙에
누우리라 12 그는 비록 악을
달게 여겨 혀 밑에 감추며 13
아껴서 버리지 아니하고 입천
장에 물고 있을지라도 14 그의
음식이 창자 속에서 변하며 뱃
속에서 독사의 쓸개가 되느니
라 15 그가 재물을 삼켰을지라
도 토할 것은 하나님이 그의 배
에서 도로 나오게 하심이니 16
그는 독사의 독을 빨며 뱀의 혀
에 죽을 것이라 17 그는 강 곧
꿀과 엉긴 젖이 흐르는 강을 보
지 못할 것이요 18 수고하여
얻은 것을 삼키지 못하고 돌려
주며 매매하여 얻은 재물로 즐
거움을 삼지 못하리니 19 이는
그가 가난한 자를 학대하고 버

렸음이요 자기가 세우지 않은 집
을 빼앗음이니라 20 그는 마음
에 평안을 알지 못하니 그가 기
뻐하는 것을 하나도 보존하지 못
하겠고 21 남기는 것이 없이 모
두 먹으니 그런즉 그 행복이 오
래 가지 못할 것이라 22 풍족할
때에도 괴로움이 이르리니 모든
재난을 주는 자의 손이 그에게
임하리라 23 그가 배를 불리려
할 때에 하나님이 맹렬한 진노를
내리시리니 음식을 먹을 때에 그
의 위에 비 같이 쏟으시리라 24
그가 철 병기를 피할 때에는 놋
화살을 쏘아 꿰뚫을 것이요 25
몸에서 그의 화살을 빼낸즉 번쩍
번쩍하는 촉이 그의 쓸개에서 나
오고 큰 두려움이 그에게 닥치느
니라 26 큰 어둠이 그를 위하여
예비되어 있고 사람이 피우지 않
은 불이 그를 멸하며 그 장막에
남은 것을 해치리라 27 하늘이
그의 죄악을 드러낼 것이요 땅이
그를 대항하여 일어날 것인즉
28 그의 가산이 떠나가며 하나님
의 진노의 날에 끌려가리라 29
이는 악인이 하나님께 받을 분깃
이요 하나님이 그에게 정하신 기
업이니라

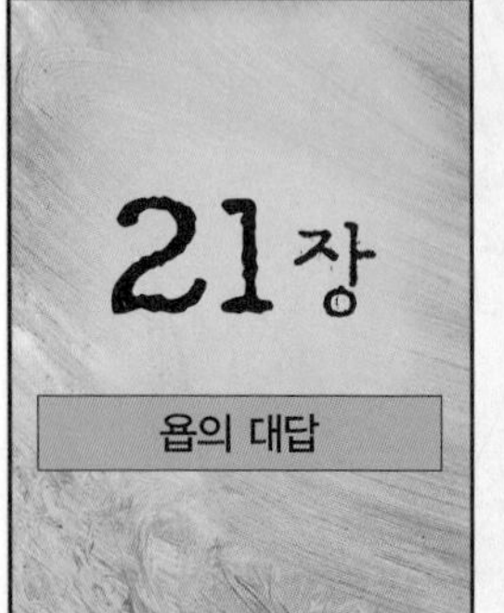

21장

욥의 대답

1 욥이 대답하여 이르되
2 너희는 내 말을
자세히 들으라 이
것이 너희의 위로
가 될 것이니라 3
나를 용납하여 말
하게 하라 내가
말한 후에 너희가
조롱할지니라

4 나의 원망이 사람을 향하여 하
는 것이냐 내 마음이 어찌 조급하
지 아니하겠느냐 5 너희가 나를
보면 놀라리라 손으로 입을 가리
리라 6 내가 기억하기만 하여도
불안하고 두려움이 내 몸을 잡는
구나 7 어찌하여 악인이 생존하
고 장수하며 세력이 강하냐 8 그
들의 후손이 앞에서 그들과 함께
굳게 서고 자손이 그들의 목전에
서 그러하구나 9 그들의 집이 평
안하여 두려움이 없고 하나님의
매가 그들 위에 임하지 아니하며
10 그들의 수소는 새끼를 배고 그
들의 암소는 낙태하는 일이 없이
새끼를 낳는구나 11 그들은 아이
들을 양 떼 같이 내보내고 그들의
자녀들은 춤추는구나 12 그들은
소고와 수금으로 노래하고 피리
불어 즐기며 13 그들의 날을 행복
하게 지내다가 잠깐 사이에 스올
에 내려가느니라 14 그러할지라
도 그들은 하나님께 말하기를 우
리를 떠나소서 우리가 주의 도리
알기를 바라지 아니하나이다 15
전능자가 누구이기에 우리가 섬
기며 우리가 그에게 기도한들 무
슨 소용이 있으랴 하는구나 16 그
러나 그들의 행복이 그들의 손 안
에 있지 아니하니 악인의 계획은
나에게서 멀구나 17 악인의 등불
이 꺼짐과 재앙이 그들에게 닥침
과 하나님이 진노하사 그들을 곤
고하게 하심이 몇 번인가 18 그들
이 바람 앞에 검불 같이, 폭풍에
날려가는 겨 같이 되었도다 19 하
나님은 그의 죄악을 그의 자손들
을 위하여 쌓아 두시며 그에게 갚
으실 것을 알게 하시기를 원하노
라 20 자기의 멸망을 자기의 눈으
로 보게 하며 전능자의 진노를 마
시게 할 것이니라 21 그의 달 수
가 다하면 자기 집에 대하여 무슨
관계가 있겠느냐 22 그러나 하나
님께서는 높은 자들을 심판하시
나니 누가 능히 하나님께 지식을
가르치겠느냐 23 어떤 사람은 죽
도록 기운이 충실하여 안전하며
평안하고 24 그의 그릇에는 젖이
가득하며 그의 골수는 윤택하고
25 어떤 사람은 마음에 고통을 품
고 죽으므로 행복을 맛보지 못하
는도다 26 이 둘이 매한가지로 흙
속에 눕고 그들 위에 구더기가 덮
이는구나 27 내가 너희의 생각을
알고 너희가 나를 해하려는 속셈
도 아노라 28 너희의 말이 귀인의
집이 어디 있으며 악인이 살던 장
막이 어디 있느냐 하는구나 29 너
희가 길 가는 사람들에게 묻지 아
니하였느냐 그들의 증거를 알지
못하느냐 30 악인은 재난의 날을
위하여 남겨둔 바 되었고 진노의
날을 향하여 끌려가느니라 31 누
가 능히 그의 면전에서 그의 길을
알려 주며 누가 그의 소행을 보응
하랴 32 그를 무덤으로 메어 가고
사람이 그 무덤을 지키리라 33 그
는 골짜기의 흙덩이를 달게 여기
리니 많은 사람들이 그보다 앞서
갔으며 모든 사람이 그의 뒤에 줄
지었느니라 34 그런데도 너희는
나를 헛되이 위로하려느냐 너희
대답은 거짓일 뿐이니라

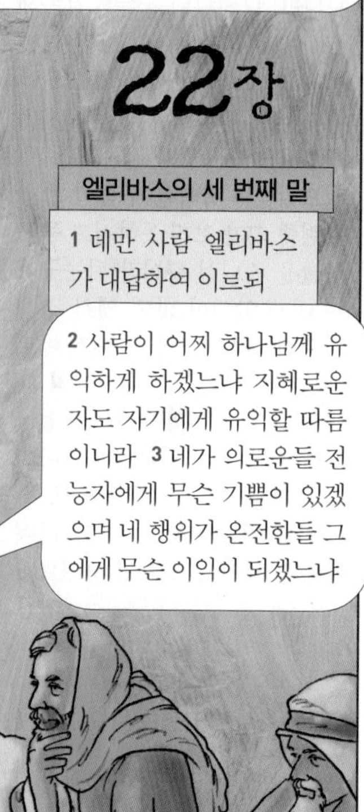

22장

엘리바스의 세 번째 말

1 데만 사람 엘리바스
가 대답하여 이르되

2 사람이 어찌 하나님께 유
익하게 하겠느냐 지혜로운
자도 자기에게 유익할 따름
이니라 3 네가 의로운들 전
능자에게 무슨 기쁨이 있겠
으며 네 행위가 온전한들 그
에게 무슨 이익이 되겠느냐

4 하나님이 너를 책망하시며 너
를 심문하심이 너의 경건함 때문
이냐 5 네 악이 크지 아니하냐 네
죄악이 끝이 없느니라 6 까닭 없
이 형제를 볼모로 잡으며 헐벗은
자의 의복을 벗기며 7 목마른 자
에게 물을 마시게 하지 아니하며
주린 자에게 음식을 주지 아니하
였구나 8 권세 있는 자는 토지를
얻고 존귀한 자는 거기에서 사는
구나 9 너는 과부를 빈손으로 돌
려보내며 고아의 팔을 꺾는구나
10 그러므로 올무들이 너를 둘러
있고 두려움이 갑자기 너를 엄습
하며 11 어둠이 너로 하여금 보
지 못하게 하고 홍수가 너를 덮
느니라 12 하나님은 높은 하늘에
계시지 아니하냐 보라 우두머리
별이 얼마나 높은가 13 그러나
네 말은 하나님이 무엇을 아시며
흑암 중에서 어찌 심판하실 수
있으랴 14 빽빽한 구름이 그를
가린즉 그가 보지 못하시고 둥근
하늘을 거니실 뿐이라 하는구나
15 네가 악인이 밟던 옛적 길을
지키려느냐 16 그들은 때가 이르
기 전에 끊겨 버렸고 그들의 터
는 강물로 말미암아 함몰되었느
니라 17 그들이 하나님께 말하기
를 우리를 떠나소서 하며 또 말
하기를 전능자가 우리를 위하여
무엇을 하실 수 있으랴 하였으나
18 하나님이 좋은 것으로 그들의
집에 채우셨느니라 악인의 계획
은 나에게서 머니라 19 의인은
보고 기뻐하고 죄 없는 자는 그
들을 비웃기를 20 우리의 원수가
망하였고 그들의 남은 것을 불이
삼켰느니라 하리라 21 너는 하나
님과 화목하고 평안하라 그리하
면 복이 네게 임하리라 22 청하
건대 너는 하나님의 입에서 교훈
을 받고 하나님의 말씀을 네 마
음에 두라 23 네가 만일 전능자
에게로 돌아가면 네가 지음을 받
을 것이며 또 네 장막에서 불의
를 멀리 하리라 24 네 보화를 티
끌로 여기고 오빌의 금을 계곡의
돌로 여기라 25 그리하면 전능자
가 네 보화가 되시며 네게 고귀
한 은이 되시리니 26 이에 네가
전능자를 기뻐하여 하나님께로
얼굴을 들 것이라 27 너는 그에
게 기도하겠고 그는 들으실 것이
며 너의 서원을 네가 갚으리라
28 네가 무엇을 결정하면 이루어
질 것이요 네 길에 빛이 비치리
라 29 사람들이 너를 낮추거든
너는 교만했노라고 말하라 하나
님은 겸손한 자를 구원하시리라
30 죄 없는 자가 아니라도 건지시
리니 네 손이 깨끗함으로 말미암
아 건지심을 받으리라

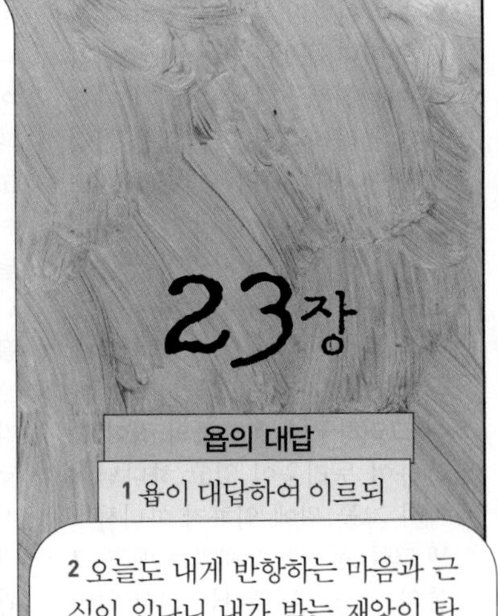

23장

욥의 대답

1 욥이 대답하여 이르되

2 오늘도 내게 반항하는 마음과 근
심이 있나니 내가 받는 재앙이 탄
식보다 무거움이라 3 내가 어찌하
면 하나님을 발견하고 그의 처소에
나아가랴 4 어찌하면 그 앞에서 내
가 호소하며 변론할 말을 내 입에
채우고 5 내게 대답하시는 말씀을
내가 알며 내게 이르시는 것을 내
가 깨달으랴 6 그가 큰 권능을 가
지시고 나와 더불어 다투시겠느냐
아니로다 도리어 내 말을 들으시리
라 7 거기서는 정직한 자가 그와
변론할 수 있은즉 내가 심판자에게
서 영원히 벗어나리라 8 그런데 내
가 앞으로 가도 그가 아니 계시고
뒤로 가도 보이지 아니하며 9 그가

왼쪽에서 일하시나 내가 만날 수
없고 그가 오른쪽으로 돌이키시
나 뵈올 수 없구나 10 그러나 내
가 가는 길을 그가 아시나니 그가
나를 단련하신 후에는 내가 순금
같이 되어 나오리라 11 내 발이
그의 걸음을 바로 따랐으며 내가
그의 길을 지켜 치우치지 아니하
였고 12 내가 그의 입술의 명령을
어기지 아니하고 정한 음식보다
그의 입의 말씀을 귀히 여겼도다
13 그는 뜻이 일정하시니 누가 능
히 돌이키랴 그의 마음에 하고자
하시는 것이면 그것을 행하시나
니 14 그런즉 내게 작정하신 것을
이루실 것이라 이런 일이 그에게
많이 있느니라 15 그러므로 내가
그 앞에서 떨며 지각을 얻어 그를
두려워하리라 16 하나님이 나의
마음을 약하게 하시며 전능자가
나를 두렵게 하셨나니 17 이는 내
가 두려워하는 것이 어둠 때문이
나 흑암이 내 얼굴을 가렸기 때문
이 아니로다

24장

1 어찌하여 전능자는 때를 정해
놓지 아니하셨는고 그를 아는 자
들이 그의 날을 보지 못하는고 2
어떤 사람은 땅의 경계표를 옮기
며 양 떼를 빼앗아 기르며 3 고아
의 나귀를 몰아 가며 과부의 소를
볼모 잡으며 4 가난한 자를 길에
서 몰아내나니 세상에서 학대 받
는 자가 다 스스로 숨는구나 5 그
들은 거친 광야의 들나귀 같아서
나가서 일하며 먹을 것을 부지런
히 구하니 빈 들이 그들의 자식을
위하여 그에게 음식을 내는구나
6 밭에서 남의 꼴을 베며 악인이
남겨 둔 포도를 따며 7 의복이 없
어 벗은 몸으로 밤을 지내며 추워
도 덮을 것이 없으며 8 산중에서
만난 소나기에 젖으며 가릴 것이
없어 바위를 안고 있느니라 9 어
떤 사람은 고아를 어머니의 품에
서 빼앗으며 가난한 자의 옷을 볼
모 잡으므로 10 그들이 옷이 없어
벌거벗고 다니며 곡식 이삭을 나
르나 굶주리고 11 그 사람들의 담
사이에서 기름을 짜며 목말라 하
면서 술 틀을 밟느니라 12 성 중
에서 죽어가는 사람들이 신음하
며 상한 자가 부르짖으나 하나님
이 그들의 참상을 보지 아니하시
느니라 13 또 광명을 배반하는 사
람들은 이러하니 그들은 그 도리
를 알지 못하며 그 길에 머물지 아
니하는 자라 14 사람을 죽이는 자
는 밝을 때에 일어나서 학대 받는
자나 가난한 자를 죽이고 밤에는
도둑 같이 되며 15 간음하는 자의
눈은 저물기를 바라며 아무 눈도
나를 보지 못하리라 하고 얼굴을
가리며 16 어둠을 틈타 집을 뚫는
자는 낮에는 잠그고 있으므로 광
명을 알지 못하나니 17 그들은 아
침을 죽음의 그늘 같이 여기니 죽
음의 그늘의 두려움을 앎이니라
18 그들은 물 위에 빨리 흘러가고
그들의 소유는 세상에서 저주를
받나니 그들이 다시는 포도원 길
로 다니지 못할 것이라 19 가뭄과

더위가 눈 녹은 물을 곧 빼앗나니 스올이 범
죄자에게도 그와 같이 하느니라 20 모태가
그를 잊어버리고 구더기가 그를 달게 먹을 것
이라 그는 다시 기억되지 않을 것이니 불의가
나무처럼 꺾이리라 21 그는 임신하지 못하는
여자를 박대하며 과부를 선대하지 아니하는
도다 22 그러나 하나님이 그의 능력으로 강
포한 자들을 끌어내시나니 일어나는 자는 있
어도 살아남을 확신은 없으리라 23 하나님은
그에게 평안을 주시며 지탱해 주시나 그들의
길을 살피시도다 24 그들은 잠깐 동안 높아
졌다가 천대를 받을 것이며 잘려 모아진 곡식
이삭처럼 되리라 25 가령 그렇지 않을지라도
능히 내 말을 거짓되다고 지적하거나 내 말을
헛되게 만들 자 누구랴

25장

빌닷의 세 번째 말

1 수아 사람 빌닷이 대답하여 이르되

2 하나님은 주권과 위엄을 가지셨고 높은 곳에
서 화평을 베푸시느니라 3 그의 군대를 어찌
계수할 수 있으랴 그가 비추는 광명을 받지 않
은 자가 누구냐 4 그런즉 하나님 앞에서 사람
이 어찌 의롭다 하며 여자에게서 난 자가 어찌
깨끗하다 하랴 5 보라 그의 눈에는 달이라도
빛을 발하지 못하고 별도 빛나지 못하거든 6
하물며 구더기 같은 사람, 벌레 같은 인생이랴

26장

욥의 대답

1 욥이 대답하여 이르되

2 네가 힘 없는 자를
참 잘도 도와 주는구
나 기력 없는 팔을
참 잘도 구원하여 주
는구나 3 지혜 없는
자를 참 잘도 가르치
는구나 큰 지식을 참
잘도 자랑하는구나

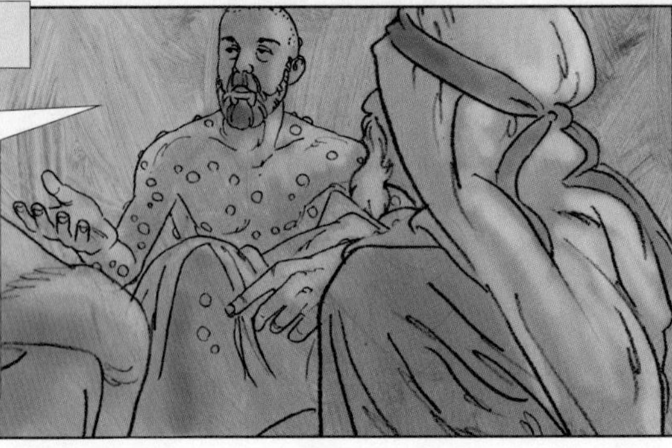

4 네가 누구를 향하여 말하느냐
누구의 정신이 네게서 나왔느
냐 5 죽은 자의 영들이 물 밑에
서 떨며 물에서 사는 것들도 그
러하도다 6 하나님 앞에서는
스올도 벗은 몸으로 드러나며
멸망도 가림이 없음이라 7 그
는 북쪽을 허공에 펴시며 땅을
아무것도 없는 곳에 매다시며
8 물을 빽빽한 구름에 싸시나
그 밑의 구름이 찢어지지 아니
하느니라 9 그는 보름달을 가
리시고 자기의 구름을 그 위에
펴시며 10 수면에 경계를 그으
시니 빛과 어둠이 함께 끝나는
곳이니라 11 그가 꾸짖으신즉
하늘 기둥이 흔들리며 놀라느
니라 12 그는 능력으로 바다를
잔잔하게 하시며 지혜로 라합
을 깨뜨리시며 13 그의 입김으
로 하늘을 맑게 하시고 손으로
날렵한 뱀을 무찌르시나니 14
보라 이런 것들은 그의 행사의
단편일 뿐이요 우리가 그에게
서 들은 것도 속삭이는 소리일
뿐이니 그의 큰 능력의 우렛소
리를 누가 능히 헤아리랴

27장

세 친구에 대한 욥의 말

1 욥이 또 풍자하여 이르되

2 나의 정당함을 물리치신 하나
님, 나의 영혼을 괴롭게 하신 전
능자의 사심을 두고 맹세하노니
3 (나의 호흡이 아직 내 속에 완
전히 있고 하나님의 숨결이 아직
도 내 코에 있느니라) 4 결코 내
입술이 불의를 말하지 아니하며
내 혀가 거짓을 말하지 아니하리
라 5 나는 결코 너희를 옳다 하
지 아니하겠고 내가 죽기 전에는
나의 온전함을 버리지 아니할 것
이라 6 내가 내 공의를 굳게 잡
고 놓지 아니하리니 내 마음이
나의 생애를 비웃지 아니하리라
7 나의 원수는 악인 같이 되고 일
어나 나를 치는 자는 불의한 자
같이 되기를 원하노라 8 불경건
한 자가 이익을 얻었으나 하나님
이 그의 영혼을 거두실 때에는
무슨 희망이 있으랴 9 환난이 그
에게 닥칠 때에 하나님이 어찌
그의 부르짖음을 들으시랴 10
그가 어찌 전능자를 기뻐하겠느
냐 항상 하나님께 부르짖겠느냐
11 하나님의 솜씨를 내가 너희에
게 가르칠 것이요 전능자에게 있
는 것을 내가 숨기지 아니하리라
12 너희가 다 이것을 보았거늘 어
찌하여 그토록 무익한 사람이 되
었는고 13 악인이 하나님께 얻을
분깃, 포악자가 전능자에게서 받
을 산업은 이것이라 14 그의 자
손은 번성하여도 칼을 위함이요
그의 후손은 음식물로 배부르지
못할 것이며 15 그 남은 자들은
죽음의 병이 돌 때에 묻히리니
그들의 과부들이 울지 못할 것이
며 16 그가 비록 은을 티끌 같이
쌓고 의복을 진흙 같이 준비할지
라도 17 그가 준비한 것을 의인
이 입을 것이요 그의 은은 죄 없
는 자가 차지할 것이며 18 그가
지은 집은 좀의 집 같고 파수꾼의
초막 같을 것이며 19 부자로 누
우려니와 다시는 그렇지 못할 것
이요 눈을 뜬즉 아무것도 없으리
라 20 두려움이 물 같이 그에게
닥칠 것이요 폭풍이 밤에 그를 앗
아갈 것이며 21 동풍이 그를 들
어올리리니 그는 사라질 것이며
그의 처소에서 그를 몰아내리라
22 하나님은 그를 아끼지 아니하
시고 던져 버릴 것이니 그의 손에
서 도망치려고 힘쓰리라 23 사람
들은 그를 바라보며 손뼉치고 그
의 처소에서 그를 비웃으리라

28장

지혜와 명철

1 은이 나는 곳이 있고 금을 제련
하는 곳이 있으며 2 철은 흙에서
캐내고 동은 돌에서 녹여 얻느니
라 3 사람은 어둠을 뚫고 모든 것
을 끝까지 탐지하여 어둠과 죽음
의 그늘에 있는 광석도 탐지하되
4 그는 사람이 사는 곳에서 멀리
떠나 갱도를 깊이 뚫고 발길이 닿
지 않는 곳 사람이 없는 곳에 매달
려 흔들리느니라 5 음식은 땅으
로부터 나오나 그 밑은 불처럼 변
하였도다 6 그 돌에는 청옥이 있
고 사금도 있으며 7 그 길은 솔개
도 알지 못하고 매의 눈도 보지 못
하며 8 용맹스러운 짐승도 밟지
못하였고 사나운 사자도 그리로
지나가지 못하였느니라 9 사람이
굳은 바위에 손을 대고 산을 뿌리
까지 뒤엎으며 10 반석에 수로를
터서 각종 보물을 눈으로 발견하
고 11 누수를 막아 스며 나가지
않게 하고 감추어져 있던 것을 밝
은 데로 끌어내느니라 12 그러나
지혜는 어디서 얻으며 명철이 있
는 곳은 어디인고 13 그 길을 사
람이 알지 못하나니 사람 사는 땅
에서는 찾을 수 없구나 14 깊은
물이 이르기를 내 속에 있지 아니
하다 하며 바다가 이르기를 나와
함께 있지 아니하다 하느니라 15
순금으로도 바꿀 수 없고 은을 달
아도 그 값을 당하지 못하리니 16
오빌의 금이나 귀한 청옥수나 남
보석으로도 그 값을 당하지 못하
겠고 17 황금이나 수정이라도 비
교할 수 없고 정금 장식품으로도
바꿀 수 없으며 18 진주와 벽옥으
로도 비길 수 없나니 지혜의 값은
산호보다 귀하구나 19 구스의 황
옥으로도 비교할 수 없고 순금으
로도 그 값을 헤아리지 못하리라
20 그런즉 지혜는 어디서 오며 명
철이 머무는 곳은 어디인고 21 모
든 생물의 눈에 숨겨졌고 공중의
새에게 가려졌으며 22 멸망과 사
망도 이르기를 우리가 귀로 그 소
문은 들었다 하느니라 23 하나님
이 그 길을 아시며 있는 곳을 아시
나니 24 이는 그가 땅 끝까지 감
찰하시며 온 천하를 살피시며 25
바람의 무게를 정하시며 물의 분
량을 정하시며 26 비 내리는 법칙
을 정하시고 비구름의 길과 우레
의 법칙을 만드셨음이라 27 그 때
에 그가 보시고 선포하시며 굳게
세우시며 탐구하셨고 28 또 사람
에게 말씀하셨도다 보라 주를 경
외함이 지혜요 악을 떠남이 명철
이니라

29장

욥의 마지막 말

1 욥이 풍자하여 이르되

2 나는 지난 세월과 하나님이 나
를 보호하시던 때가 다시 오기를
원하노라 3 그 때에는 그의 등불
이 내 머리에 비치었고 내가 그의
빛을 힘입어 암흑에서도 걸어다
녔느니라 4 내가 원기 왕성하던
날과 같이 지내기를 원하노라 그
때에는 하나님이 내 장막에 기름
을 발라 주셨도다 5 그 때에는 전
능자가 아직도 나와 함께 계셨으
며 나의 젊은이들이 나를 둘러 있
었으며 6 젖으로 내 발자취를 씻
으며 바위가 나를 위하여 기름 시
내를 쏟아냈으며 7 그 때에는 내
가 나가서 성문에 이르기도 하며
내 자리를 거리에 마련하기도 하
였느니라 8 나를 보고 젊은이들
은 숨으며 노인들은 일어나서 서
며 9 유지들은 말을 삼가고 손으
로 입을 가리며 10 지도자들은 말
소리를 낮추었으니 그들의 혀가
입천장에 붙었느니라 11 귀가 들
은즉 나를 축복하고 눈이 본즉 나
를 증언하였나니 12 이는 부르짖
는 빈민과 도와 줄 자 없는 고아를
내가 건졌음이라 13 망하게 된 자
도 나를 위하여 복을 빌었으며 과
부의 마음이 나로 말미암아 기뻐
노래하였느니라 14 내가 의를 옷
으로 삼아 입었으며 나의 정의는
겉옷과 모자 같았느니라 15 나는
맹인의 눈도 되고 다리 저는 사람
의 발도 되고 16 빈궁한 자의 아

버지도 되며 내가 모르는 사람의
송사를 돌보아 주었으며 17 불의
한 자의 턱뼈를 부수고 노획한 물
건을 그 잇새에서 빼내었느니라
18 내가 스스로 말하기를 나는 내
보금자리에서 숨을 거두며 나의
날은 모래알 같이 많으리라 하였
느니라 19 내 뿌리는 물로 뻗어나
가고 이슬이 내 가지에서 밤을 지
내고 갈 것이며 20 내 영광은 내
게 새로워지고 내 손에서 내 화살
이 끊이지 않았노라 21 무리는 내
말을 듣고 희망을 걸었으며 내가
가르칠 때에 잠잠하였노라 22 내
가 말한 후에는 그들이 말을 거듭
하지 못하였나니 나의 말이 그들
에게 스며들었음이라 23 그들은
비를 기다리듯 나를 기다렸으며
봄비를 맞이하듯 입을 벌렸느니
라 24 그들이 의지 없을 때에 내
가 미소하면 그들이 나의 얼굴 빛
을 무색하게 아니하였느니라 25
내가 그들의 길을 택하여 주고 으
뜸되는 자리에 앉았나니 왕이 군
대 중에 있는 것과도 같았고 애곡
하는 자를 위로하는 사람과도 같
았느니라

30장

1 그러나 이제는 나보다 젊은 자
들이 나를 비웃는구나 그들의 아
비들은 내가 보기에 내 양 떼를 지
키는 개 중에도 둘 만하지 못한 자
들이니라 2 그들의 기력이 쇠잔
하였으니 그들의 손의 힘이 내게
무슨 소용이 있으랴 3 그들은 곧
궁핍과 기근으로 인하여 파리하
며 캄캄하고 메마른 땅에서 마른
흙을 씹으며 4 떨기나무 가운데
에서 짠 나물을 꺾으며 대싸리 뿌
리로 먹을거리를 삼느니라 5 무
리가 그들에게 소리를 지름으로
도둑 같이 사람들 가운데에서 쫓
겨나서 6 침침한 골짜기와 흙 구
덩이와 바위 굴에서 살며 7 떨기
나무 가운데에서 부르짖으며 가
시나무 아래에 모여 있느니라 8
그들은 본래 미련한 자의 자식이
요 이름 없는 자들의 자식으로서
고토에서 쫓겨난 자들이니라 9
이제는 그들이 나를 노래로 조롱
하며 내가 그들의 놀림거리가 되
었으며 10 그들이 나를 미워하여
멀리 하고 서슴지 않고 내 얼굴에
침을 뱉는도다 11 이는 하나님이
내 활시위를 늘어지게 하시고 나
를 곤고하게 하심으로 무리가 내
앞에서 굴레를 벗었음이니라 12
그들이 내 오른쪽에서 일어나 내
발에 덫을 놓으며 나를 대적하여
길을 에워싸며 13 그들이 내 길을
헐고 내 재앙을 재촉하는데도 도
울 자가 없구나 14 그들은 성을
파괴하고 그 파괴한 가운데로 몰
려드는 것 같이 내게로 달려드니
15 순식간에 공포가 나를 에워싸
고 그들이 내 품위를 바람 같이 날
려 버리니 나의 구원은 구름 같이
지나가 버렸구나 16 이제는 내 생
명이 내 속에서 녹으니 환난 날이
나를 사로잡음이라 17 밤이 되면
내 뼈가 쑤시니 나의 아픔이 쉬지
아니하는구나 18 그가 큰 능력으
로 나의 옷을 떨쳐 버리시며 나의
옷깃처럼 나를 휘어잡으시는구나
19 하나님이 나를 진흙 가운데 던
지셨고 나를 티끌과 재 같게 하셨
구나 20 내가 주께 부르짖으나 주
께서 대답하지 아니하시오며 내
가 섰사오나 주께서 나를 돌아보
지 아니하시나이다 21 주께서 돌
이켜 내게 잔혹하게 하시고 힘 있
는 손으로 나를 대적하시나이다
22 나를 바람 위에 들어 불려가게
하시며 무서운 힘으로 나를 던져
버리시나이다 23 내가 아나이다
주께서 나를 죽게 하사 모든 생물
을 위하여 정한 집으로 돌려보내

시리이다 24 그러나 사람이 넘어
질 때에 어찌 손을 펴지 아니하며
재앙을 당할 때에 어찌 도움을 부
르짖지 아니하리이까 25 고생의
날을 보내는 자를 위하여 내가 울
지 아니하였는가 빈궁한 자를 위
하여 내 마음에 근심하지 아니하
였는가 26 내가 복을 바랐더니 화
가 왔고 광명을 기다렸더니 흑암
이 왔구나 27 내 마음이 들끓어
고요함이 없구나 환난 날이 내게
임하였구나 28 나는 햇볕에 쬐지
않고도 검어진 피부를 가지고 걸
으며 회중 가운데 서서 도움을 부
르짖고 있느니라 29 나는 이리의
형제요 타조의 벗이로구나 30 나
를 덮고 있는 피부는 검어졌고 내
뼈는 열기로 말미암아 탔구나 31
내 수금은 통곡이 되었고 내 피리
는 애곡이 되었구나

31장

1 내가 내 눈과 약속하였나니 어
찌 처녀에게 주목하랴 2 그리하
면 위에 계신 하나님께서 내리시
는 분깃이 무엇이겠으며 높은 곳
의 전능자께서 주시는 기업이 무
엇이겠느냐 3 불의한 자에게는
환난이 아니겠느냐 행악자에게는
불행이 아니겠느냐 4 그가 내 길
을 살피지 아니하시느냐 내 걸음
을 다 세지 아니하시느냐 5 만일
내가 허위와 함께 동행하고 내 발
이 속임수에 빨랐다면 6 하나님
께서 나를 공평한 저울에 달아보
시고 그가 나의 온전함을 아시기
를 바라노라 7 만일 내 걸음이 길
에서 떠났거나 내 마음이 내 눈을
따랐거나 내 손에 더러운 것이 묻
었다면 8 내가 심은 것을 타인이
먹으며 나의 소출이 뿌리째 뽑히
기를 바라노라 9 만일 내 마음이
여인에게 유혹되어 이웃의 문을
엿보아 문에서 숨어 기다렸다면
10 내 아내가 타인의 맷돌을 돌리
며 타인과 더불어 동침하기를 바
라노라 11 그것은 참으로 음란한
일이니 재판에 회부할 죄악이요
12 멸망하도록 사르는 불이니 나
의 모든 소출을 뿌리째 뽑기를 바
라노라 13 만일 남종이나 여종이
나와 더불어 쟁론할 때에 내가 그
의 권리를 저버렸다면 14 하나님
이 일어나실 때에 내가 어떻게 하
겠느냐 하나님이 심판하실 때에
내가 무엇이라 대답하겠느냐 15
나를 태 속에 만드신 이가 그도 만
들지 아니하셨느냐 우리를 뱃속
에 지으신 이가 한 분이 아니시냐
16 내가 언제 가난한 자의 소원을
막았거나 과부의 눈으로 하여금
실망하게 하였던가 17 나만 혼자
내 떡덩이를 먹고 고아에게 그 조
각을 먹이지 아니하였던가 18 실
상은 내가 젊었을 때부터 고아 기
르기를 그의 아비처럼 하였으며
내가 어렸을 때부터 과부를 인도
하였노라 19 만일 내가 사람이 의
복이 없이 죽어가는 것이나 가난
한 자가 덮을 것이 없는 것을 못
본 체 했다면 20 만일 나의 양털
로 그의 몸을 따뜻하게 입혀서 그
의 허리가 나를 위하여 복을 빌게
하지 아니하였다면 21 만일 나를
도와 주는 자가 성문에 있음을 보
고 내가 주먹을 들어 고아를 향해
휘둘렀다면 22 내 팔이 어깨 뼈에
서 떨어지고 내 팔 뼈가 그 자리에
서 부스러지기를 바라노라 23 나
는 하나님의 재앙을 심히 두려워
하고 그의 위엄으로 말미암아 그

런 일을 할 수 없느니라 24 만일
내가 내 소망을 금에다 두고 순금
에게 너는 내 의뢰하는 바라 하였
다면 25 만일 재물의 풍부함과 손
으로 얻은 것이 많음으로 기뻐하
였다면 26 만일 해가 빛남과 달이
밝게 뜬 것을 보고 27 내 마음이
슬며시 유혹되어 내 손에 입맞추
었다면 28 그것도 재판에 회부할
죄악이니 내가 그리하였으면 위
에 계신 하나님을 속이는 것이리
라 29 내가 언제 나를 미워하는
자의 멸망을 기뻐하고 그가 재난
을 당함으로 즐거워하였던가 30
실상은 나는 그가 죽기를 구하는
말로 그의 생명을 저주하여 내 입
이 범죄하게 하지 아니하였노라
31 내 장막 사람들은 주인의 고기
에 배부르지 않은 자가 어디 있느
뇨 하지 아니하였는가 32 실상은
나그네가 거리에서 자지 아니하
도록 나는 행인에게 내 문을 열어
주었노라 33 내가 언제 다른 사람
처럼 내 악행을 숨긴 일이 있거나
나의 죄악을 나의 품에 감추었으
며 34 내가 언제 큰 무리와 여러
종족의 수모가 두려워서 대문 밖
으로 나가지 못하고 잠잠하였던
가 35 누구든지 나의 변명을 들어
다오 나의 서명이 여기 있으니 전
능자가 내게 대답하시기를 바라
노라 나를 고발하는 자가 있다면
그에게 고소장을 쓰게 하라 36 내
가 그것을 어깨에 메기도 하고 왕
관처럼 머리에 쓰기도 하리라 37
내 걸음의 수효를 그에게 알리고
왕족처럼 그를 가까이 하였으리
라 38 만일 내 밭이 나를 향하여
부르짖고 밭이랑이 함께 울었다
면 39 만일 내가 값을 내지 않고
그 소출을 먹고 그 소유주가 생명
을 잃게 하였다면 40 밀 대신에
가시나무가 나고 보리 대신에 독
보리가 나는 것이 마땅하니라 하
고 욥의 말이 그치니라

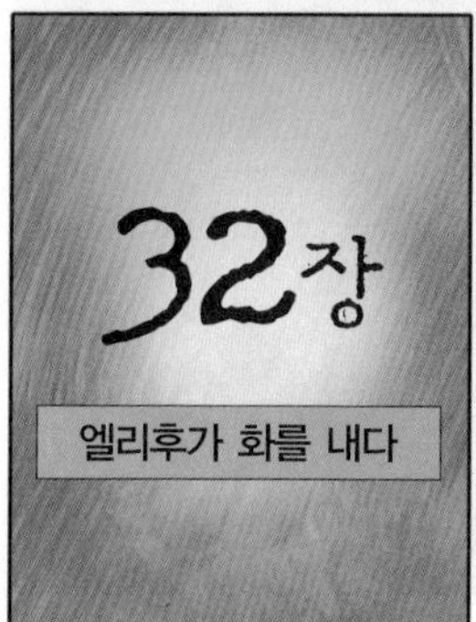
32장
엘리후가 화를 내다

1 욥이 자신을 의인으로 여기므로 그 세 사람
이 말을 그치니 2 람 종족 부스 사람 바라겔의
아들 엘리후가 화를 내니 그가 욥에게 화를 냄
은 욥이 하나님보다 자기가 의롭다 함이요

3 또 세 친구에게 화를 냄은

그들이 능히 대답하지 못
하면서도 욥을 정죄함이라

4 엘리후는 그들의 나이가
자기보다 여러 해 위이므로
욥에게 말하기를 참고 있다
가 5 세 사람의 입에 대답이
없음을 보고 화를 내니라

엘리후의 말

6 부스 사람 바라겔의 아들
엘리후가 대답하여 이르되

나는 연소하고 당신
들은 연로하므로 뒷
전에서 나의 의견을
감히 내놓지 못하였
노라 7 내가 말하기
를 나이가 많은 자
가 말할 것이요 연
륜이 많은 자가 지
혜를 가르칠 것이라
하였노라

8 그러나 사람의 속에는 영이 있
고 전능자의 숨결이 사람에게 깨
달음을 주시나니 9 어른이라고
지혜롭거나 노인이라고 정의를
깨닫는 것이 아니니라 10 그러므
로 내가 말하노니 내 말을 들으라
나도 내 의견을 말하리라 11 보라
나는 당신들의 말을 기다렸노라
당신들의 슬기와 당신들의 말에
귀 기울이고 있었노라 12 내가 자
세히 들은즉 당신들 가운데 욥을
꺾어 그의 말에 대답하는 자가 없
도다 13 당신들이 말하기를 우리
가 진상을 파악했으나 그를 추궁
할 자는 하나님이시요 사람이 아
니라 하지 말지니라 14 그가 내게
자기 이론을 제기하지 아니하였
으니 나도 당신들의 이론으로 그
에게 대답하지 아니하리라

15 그들이 놀라서 다시 대답
하지 못하니 할 말이 없음이
었더라

16 당신들이 말 없이 가만히 서서
다시 대답하지 아니한즉 내가 어
찌 더 기다리랴 17 나는 내 본분
대로 대답하고 나도 내 의견을 보
이리라 18 내 속에는 말이 가득하
니 내 영이 나를 압박함이니라 19
보라 내 배는 봉한 포도주통 같고
터지게 된 새 가죽 부대 같구나
20 내가 말을 하여야 시원할 것이
라 내 입을 열어 대답하리라 21
나는 결코 사람의 낯을 보지 아니
하며 사람에게 영광을 돌리지 아
니하리니 22 이는 아첨할 줄을 알
지 못함이라 만일 그리하면 나를
지으신 이가 속히 나를 데려가시
리로다

33장

엘리후가 욥에게 하는 말

1 그런즉 욥이여 내 말을 들으며
내 모든 말에 귀를 기울이기를 원
하노라 2 내가 입을 여니 내 혀가
입에서 말하는구나 3 내 마음의
정직함이 곧 내 말이며 내 입술이
아는 바가 진실을 말하느니라 4
하나님의 영이 나를 지으셨고 전
능자의 기운이 나를 살리시느니
라 5 그대가 할 수 있거든 일어서
서 내게 대답하고 내 앞에 진술하
라 6 나와 그대가 하나님 앞에서
동일하니 나도 흙으로 지으심을
입었은즉 7 내 위엄으로는 그대
를 두렵게 하지 못하고 내 손으로
는 그대를 누르지 못하느니라 8
그대는 실로 내가 듣는 데서 말하
였고 나는 그대의 말소리를 들었
느니라 9 이르기를 나는 깨끗하
여 악인이 아니며 순전하고 불의
도 없거늘 10 참으로 하나님이 나
에게서 잘못을 찾으시며 나를 자
기의 원수로 여기사 11 내 발을
차꼬에 채우시고 나의 모든 길을
감시하신다 하였느니라 12 내가
그대에게 대답하리라 이 말에 그
대가 의롭지 못하니 하나님은 사

람보다 크심이니라 13 하나님께
서 사람의 말에 대답하지 않으신
다 하여 어찌 하나님과 논쟁하겠
느냐 14 하나님은 한 번 말씀하시
고 다시 말씀하시되 사람은 관심
이 없도다 15 사람이 침상에서 졸
며 깊이 잠들 때에나 꿈에나 밤에
환상을 볼 때에 16 그가 사람의
귀를 여시고 경고로써 두렵게 하
시니 17 이는 사람에게 그의 행실
을 버리게 하려 하심이며 사람의
교만을 막으려 하심이라 18 그는
사람의 혼을 구덩이에 빠지지 않
게 하시며 그 생명을 칼에 맞아 멸
망하지 않게 하시느니라 19 혹은
사람이 병상의 고통과 뼈가 늘 쑤
심의 징계를 받나니 20 그의 생명
은 음식을 싫어하고 그의 마음은
별미를 싫어하며 21 그의 살은 파
리하여 보이지 아니하고 보이지
않던 뼈가 드러나서 22 그의 마음
은 구덩이에, 그의 생명은 멸하는
자에게 가까워지느니라 23 만일
일천 천사 가운데 하나가 그 사람
의 중보자로 함께 있어서 그의 정
당함을 보일진대 24 하나님이 그
사람을 불쌍히 여기사 그를 건져
서 구덩이에 내려가지 않게 하라
내가 대속물을 얻었다 하시리라
25 그런즉 그의 살이 청년보다 부
드러워지며 젊음을 회복하리라
26 그는 하나님께 기도하므로 하
나님이 은혜를 베푸사 그로 말미
암아 기뻐 외치며 하나님의 얼굴
을 보게 하시고 사람에게 그의 공
의를 회복시키시느니라 27 그가
사람 앞에서 노래하여 이르기를
내가 범죄하여 옳은 것을 그르쳤
으나 내게 무익하였구나 28 하나
님이 내 영혼을 건지사 구덩이에
내려가지 않게 하셨으니 내 생명
이 빛을 보겠구나 하리라 29 실로
하나님이 사람에게 이 모든 일을
재삼 행하심은 30 그들의 영혼을
구덩이에서 이끌어 생명의 빛을
그들에게 비추려 하심이니라 31
욥이여 내 말을 귀담아 들으라 잠
잠하라 내가 말하리라 32 만일 할
말이 있거든 대답하라 내가 기쁜
마음으로 그대를 의롭다 하리니
그대는 말하라 33 만일 없으면 내
말을 들으라 잠잠하라 내가 지혜
로 그대를 가르치리라

34장

1 엘리후가 말하여 이르되

2 지혜 있는 자들아 내 말을 들으
며 지식 있는 자들아 내게 귀를 기
울이라 3 입이 음식물의 맛을 분
별함 같이 귀가 말을 분별하나니
4 우리가 정의를 가려내고 무엇이
선한가 우리끼리 알아보자 5 욥
이 말하기를 내가 의로우나 하나
님이 내 의를 부인하셨고 6 내가
정당함에도 거짓말쟁이라 하였고
나는 허물이 없으나 화살로 상처
를 입었노라 하니 7 어떤 사람이
욥과 같으랴 욥이 비방하기를 물
마시듯 하며 8 악한 일을 하는 자
들과 한패가 되어 악인과 함께 다
니면서 9 이르기를 사람이 하나
님을 기뻐하나 무익하다 하는구
나 10 그러므로 너희 총명한 자들
아 내 말을 들으라 하나님은 악을
행하지 아니하시며 전능자는 결
코 불의를 행하지 아니하시고 11
사람의 행위를 따라 갚으사 각각
그의 행위대로 받게 하시나니 12
진실로 하나님은 악을 행하지 아
니하시며 전능자는 공의를 굽히
지 아니하시느니라 13 누가 땅을
그에게 맡겼느냐 누가 온 세상을
그에게 맡겼느냐 14 그가 만일 뜻
을 정하시고 그의 영과 목숨을 거
두실진대 15 모든 육체가 다 함께
죽으며 사람은 흙으로 돌아가리
라 16 만일 네가 총명이 있거든
이것을 들으며 내 말소리에 귀를
기울이라 17 정의를 미워하시는
이시라면 어찌 그대를 다스리시
겠느냐 의롭고 전능하신 이를 그
대가 정죄하겠느냐 18 그는 왕에
게라도 무용지물이라 하시며 지
도자들에게라도 악하다 하시며

19 고관을 외모로 대하지 아니하
시며 가난한 자들 앞에서 부자의
낯을 세워주지 아니하시나니 이
는 그들이 다 그의 손으로 지으신
바가 됨이라 20 그들은 한밤중에
순식간에 죽나니 백성은 떨며 사
라지고 세력 있는 자도 사람의 손
을 빌리지 않고 제거함을 당하느
니라 21 그는 사람의 길을 주목하
시며 사람의 모든 걸음을 감찰하
시나니 22 행악자는 숨을 만한 흑
암이나 사망의 그늘이 없느니라
23 하나님은 사람을 심판하시기에
오래 생각하실 것이 없으시니 24
세력 있는 자를 조사할 것 없이 꺾
으시고 다른 사람을 세워 그를 대
신하게 하시느니라 25 그러므로
그는 그들의 행위를 아시고 그들
을 밤 사이에 뒤집어엎어 흩으시
는도다 26 그들을 악한 자로 여겨
사람의 눈 앞에서 치심은 27 그들
이 그를 떠나고 그의 모든 길을 깨
달아 알지 못함이라 28 그들이 이
와 같이 하여 가난한 자의 부르짖
음이 그에게 상달하게 하며 빈궁
한 사람의 부르짖음이 그에게 들
리게 하느니라 29 주께서 침묵하
신다고 누가 그를 정죄하며 그가
얼굴을 가리신다면 누가 그를 뵈
올 수 있으랴 그는 민족에게나 인
류에게나 동일하시니 30 이는 경
건하지 못한 자가 권세를 잡아 백
성을 옭아매지 못하게 하려 하심
이니라 31 그대가 하나님께 아뢰
기를 내가 죄를 지었사오니 다시
는 범죄하지 아니하겠나이다 32
내가 깨닫지 못하는 것을 내게 가
르치소서 내가 악을 행하였으나
다시는 아니하겠나이다 하였는가
33 하나님께서 그대가 거절한다고
하여 그대의 뜻대로 속전을 치르
시겠느냐 그러면 그대가 스스로
택할 것이요 내가 할 것이 아니니
그대는 아는 대로 말하라 34 슬기
로운 자와 내 말을 듣는 지혜 있는
사람은 반드시 내게 말하기를 35
욥이 무식하게 말하니 그의 말이
지혜롭지 못하도다 하리라 36 나
는 욥이 끝까지 시험 받기를 원하
노니 이는 그 대답이 악인과 같음
이라 37 그가 그의 죄에 반역을
더하며 우리와 어울려 손뼉을 치
며 하나님을 거역하는 말을 많이
하는구나

35장

1 엘리후가 말을 이어 이르되

2 그대는 이것을 합당하게 여기느
냐 그대는 그대의 의가 하나님께
로부터 왔다는 말이냐 3 그대는
그것이 내게 무슨 소용이 있으며
범죄하지 않는 것이 내게 무슨 유
익이 있겠느냐고 묻지마는 4 내
가 그대와 및 그대와 함께 있는 그
대의 친구들에게 대답하리라 5
그대는 하늘을 우러러보라 그대
보다 높이 뜬 구름을 바라보라 6
그대가 범죄한들 하나님께 무슨
영향이 있겠으며 그대의 악행이
가득한들 하나님께 무슨 상관이
있겠으며 7 그대가 의로운들 하
나님께 무엇을 드리겠으며 그가
그대의 손에서 무엇을 받으시겠
느냐 8 그대의 악은 그대와 같은
사람에게나 있는 것이요 그대의
공의는 어떤 인생에게도 있느니
라 9 사람은 학대가 많으므로 부
르짖으며 군주들의 힘에 눌려 소
리치나 10 나를 지으신 하나님은
어디 계시냐고 하며 밤에 노래를
주시는 자가 어디 계시냐고 말하
는 자가 없구나 11 땅의 짐승들보
다도 우리를 더욱 가르치시고 하

늘의 새들보다도 우리를 더욱 지
혜롭게 하시는 이가 어디 계시냐
고 말하는 이도 없구나 12 그들이
악인의 교만으로 말미암아 거기
에서 부르짖으나 대답하는 자가
없음은 13 헛된 것은 하나님이 결
코 듣지 아니하시며 전능자가 돌아
보지 아니하심이라 14 하물며 말
하기를 하나님은 뵈올 수 없고 일
의 판단하심은 그 앞에 있으니 나
는 그를 기다릴 뿐이라 말하는 그
대일까보냐 15 그러나 지금은 그
가 진노하심으로 벌을 주지 아니하
셨고 악행을 끝까지 살피지 아니하
셨으므로 16 욥이 헛되이 입을 열
어 지식 없는 말을 많이 하는구나

36장

1 엘리후가 말을 이어 이르되

2 나를 잠깐 용납하라 내가 그대
에게 보이리니 이는 내가 하나님
을 위하여 아직도 할 말이 있음이
라 3 내가 먼 데서 지식을 얻고 나
를 지으신 이에게 의를 돌려보내
리라 4 진실로 내 말은 거짓이 아
니라 온전한 지식을 가진 이가 그
대와 함께 있느니라 5 하나님은
능하시나 아무도 멸시하지 아니
하시며 그의 지혜가 무궁하사 6
악인을 살려두지 아니하시며 고
난 받는 자에게 공의를 베푸시며
7 그의 눈을 의인에게서 떼지 아
니하시고 그를 왕들과 함께 왕좌
에 앉히사 영원토록 존귀하게 하
시며 8 혹시 그들이 족쇄에 매이
거나 환난의 줄에 얽혔으면 9 그
들의 소행과 악행과 자신들의 교
만한 행위를 알게 하시고 10 그들
의 귀를 열어 교훈을 듣게 하시며
명하여 죄악에서 돌이키게 하시
나니 11 만일 그들이 순종하여 섬
기면 형통한 날을 보내며 즐거운
해를 지낼 것이요 12 만일 그들이
순종하지 아니하면 칼에 망하며
지식 없이 죽을 것이니라 13 마음
이 경건하지 아니한 자들은 분노
를 쌓으며 하나님이 속박할지라
도 도움을 구하지 아니하나니 14
그들의 몸은 젊어서 죽으며 그들
의 생명은 남창과 함께 있도다 15
하나님은 곤고한 자를 그 곤고에
서 구원하시며 학대 당할 즈음에
그의 귀를 여시나니 16 그러므로
하나님이 그대를 환난에서 이끌
어 내사 좁지 않고 넉넉한 곳으로
옮기려 하셨은즉 무릇 그대의 상
에는 기름진 것이 놓이리라 17 이
제는 악인의 받을 벌이 그대에게
가득하였고 심판과 정의가 그대
를 잡았나니 18 그대는 분노하지
않도록 조심하며 많은 뇌물이 그
대를 그릇된 길로 가게 할까 조심
하라 19 그대의 부르짖음이나 그
대의 능력이 어찌 능히 그대가 곤
고한 가운데에서 그대를 유익하
게 하겠느냐 20 그대는 밤을 사모
하지 말라 인생들이 밤에 그들이
있는 곳에서 끌려 가리라 21 삼가
악으로 치우치지 말라 그대가 환
난보다 이것을 택하였느니라 22
하나님은 그의 권능으로 높이 계
시나니 누가 그같이 교훈을 베풀
겠느냐 23 누가 그를 위하여 그의
길을 정하였느냐 누가 말하기를
주께서 불의를 행하셨나이다 할
수 있으랴 24 그대는 하나님께서
하신 일을 기억하고 높이라 잊지
말지니라 인생이 그의 일을 찬송
하였느니라 25 그의 일을 모든 사
람이 우러러보나니 먼 데서도 보
느니라 26 하나님은 높으시니 우
리가 그를 알 수 없고 그의 햇수를
헤아릴 수 없느니라 27 그가 물방
울을 가늘게 하시며 빗방울이 증
발하여 안개가 되게 하시도다 28
그것이 구름에서 내려 많은 사람
에게 쏟아지느니라 29 겹겹이 쌓
인 구름과 그의 장막의 우렛소리
를 누가 능히 깨달으랴 30 보라
그가 번갯불을 자기의 사면에 펼
치시며 바다 밑까지 비치시고 31
이런 것들로 만민을 심판하시며
음식을 풍성하게 주시느니라 32

그가 번갯불을 손바닥 안에 넣으
시고 그가 번갯불을 명령하사 과
녁을 치시도다 33 그의 우레가 다
가오는 풍우를 알려 주니 가축들
도 그 다가옴을 아느니라

37장

1 이로 말미암아 내 마음이 떨며
그 자리에서 흔들렸도다 2 하나
님의 음성 곧 그의 입에서 나오는
소리를 똑똑히 들으라 3 그 소리
를 천하에 펼치시며 번갯불을 땅
끝까지 이르게 하시고 4 그 후에
음성을 발하시며 그의 위엄 찬 소
리로 천둥을 치시며 그 음성이 들
릴 때에 번개를 멈추게 아니하시
느니라 5 하나님은 놀라운 음성
을 내시며 우리가 헤아릴 수 없는
큰 일을 행하시느니라 6 눈을 명
하여 땅에 내리라 하시며 적은 비
와 큰 비도 내리게 명하시느니라
7 그가 모든 사람의 손에 표를 주
시어 모든 사람이 그가 지으신 것
을 알게 하려 하심이라 8 그러나
짐승들은 땅 속에 들어가 그 처소
에 머무느니라 9 폭풍우는 그 밀
실에서 나오고 추위는 북풍을 타
고 오느니라 10 하나님의 입김이
얼음을 얼게 하고 물의 너비를 줄
어들게 하느니라 11 또한 그는 구
름에 습기를 실으시고 그의 번개
로 구름을 흩어지게 하시느니라
12 그는 감싸고 도시며 그들의 할
일을 조종하시느니라 그는 땅과
육지 표면에 있는 모든 자들에게
명령하시느니라 13 혹은 징계를
위하여 혹은 땅을 위하여 혹은 긍
휼을 위하여 그가 이런 일을 생기
게 하시느니라 14 욥이여 이것을
듣고 가만히 서서 하나님의 오묘
한 일을 깨달으라 15 하나님이 이
런 것들에게 명령하셔서 그 구름
의 번개로 번쩍거리게 하시는 것
을 그대가 아느냐 16 그대는 겹겹
이 쌓인 구름과 완전한 지식의 경
이로움을 아느냐 17 땅이 고요할
때에 남풍으로 말미암아 그대의
의복이 따뜻한 까닭을 그대가 아
느냐 18 그대는 그를 도와 구름장
들을 두들겨 넓게 만들어 녹여 부
어 만든 거울 같이 단단하게 할 수
있겠느냐 19 우리가 그에게 할 말
을 그대는 우리에게 가르치라 우
리는 아둔하여 아뢰지 못하겠노
라 20 내가 말하고 싶은 것을 어
찌 그에게 고할 수 있으랴 삼켜지
기를 바랄 자가 어디 있으랴 21
그런즉 바람이 불어 하늘이 말끔
하게 되었을 때 그 밝은 빛을 아무
도 볼 수 없느니라 22 북쪽에서는
황금 같은 빛이 나오고 하나님께
는 두려운 위엄이 있느니라 23 전
능자를 우리가 찾을 수 없나니 그
는 권능이 지극히 크사 정의나 무
한한 공의를 굽히지 아니하심이
니라 24 그러므로 사람들은 그를
경외하고 그는 스스로 지혜롭다
하는 모든 자를 무시하시느니라

38장
여호와께서
욥에게 말씀하시다

1 그 때에 여호와께서 폭풍우 가운
데에서 욥에게 말씀하여 이르시되
2 무지한 말로 생각을 어둡게
하는 자가 누구냐 3 너는 대
장부처럼 허리를 묶고 내가
네게 묻는 것을 대답할지니라

4 내가 땅의 기초를 놓을 때에 네
가 어디 있었느냐 네가 깨달아 알
았거든 말할지니라 5 누가 그것
의 도량법을 정하였는지, 누가 그
줄을 그것의 위에 띄웠는지 네가
아느냐 6 그것의 주추는 무엇 위
에 세웠으며 그 모퉁잇돌을 누가
놓았느냐 7 그 때에 새벽 별들이
기뻐 노래하며 하나님의 아들들
이 다 기뻐 소리를 질렀느니라 8
바다가 그 모태에서 터져 나올 때
에 문으로 그것을 가둔 자가 누구
냐 9 그 때에 내가 구름으로 그 옷
을 만들고 흑암으로 그 강보를 만
들고 10 한계를 정하여 문빗장을
지르고 11 이르기를 네가 여기까
지 오고 더 넘어가지 못하리니 네
높은 파도가 여기서 그칠지니라
하였노라 12 네가 너의 날에 아침
에게 명령하였느냐 새벽에게 그
자리를 일러 주었느냐 13 그것으
로 땅 끝을 붙잡고 악한 자들을 그
땅에서 떨쳐 버린 일이 있었느냐
14 땅이 변하여 진흙에 인친 것 같
이 되었고 그들은 옷 같이 나타나
되 15 악인에게는 그 빛이 차단되
고 그들의 높이 든 팔이 꺾이느니
라 16 네가 바다의 샘에 들어갔었
느냐 깊은 물 밑으로 걸어 다녀 보
았느냐 17 사망의 문이 네게 나타
났느냐 사망의 그늘진 문을 네가
보았느냐 18 땅의 너비를 네가 측
량할 수 있느냐 네가 그 모든 것들
을 다 알거든 말할지니라 19 어느
것이 광명이 있는 곳으로 가는 길
이냐 어느 것이 흑암이 있는 곳으
로 가는 길이냐 20 너는 그의 지
경으로 그를 데려갈 수 있느냐 그
의 집으로 가는 길을 알고 있느냐
21 네가 아마도 알리라 네가 그 때
에 태어났으리니 너의 햇수가 많
음이니라 22 네가 눈 곳간에 들어
갔었느냐 우박 창고를 보았느냐
23 내가 환난 때와 교전과 전쟁의
날을 위하여 이것을 남겨 두었노
라 24 광명이 어느 길로 뻗치며
동풍이 어느 길로 땅에 흩어지느
냐 25 누가 홍수를 위하여 물길을
터 주었으며 우레와 번개 길을 내
어 주었느냐 26 누가 사람 없는
땅에, 사람 없는 광야에 비를 내리
며 27 황무하고 황폐한 토지를 흡
족하게 하여 연한 풀이 돋아나게
하였느냐 28 비에게 아비가 있느
냐 이슬방울은 누가 낳았느냐 29
얼음은 누구의 태에서 났느냐 공
중의 서리는 누가 낳았느냐 30 물
은 돌 같이 굳어지고 깊은 바다의
수면은 얼어붙느니라 31 네가 묘
성을 매어 묶을 수 있으며 삼성의
띠를 풀 수 있겠느냐 32 너는 별
자리들을 각각 제 때에 이끌어 낼
수 있으며 북두성을 다른 별들에
게로 이끌어 갈 수 있겠느냐 33
네가 하늘의 궤도를 아느냐 하늘
로 하여금 그 법칙을 땅에 베풀게
하겠느냐 34 네가 목소리를 구름
에까지 높여 넘치는 물이 네게 덮
이게 하겠느냐 35 네가 번개를 보
내어 가게 하되 번개가 네게 우리
가 여기 있나이다 하게 하겠느냐
36 가슴 속의 지혜는 누가 준 것이
냐 수탉에게 슬기를 준 자가 누구
냐 37 누가 지혜로 구름의 수를
세겠느냐 누가 하늘의 물주머니
를 기울이겠느냐 38 티끌이 덩어
리를 이루며 흙덩이가 서로 붙게
하겠느냐 39 네가 사자를 위하여
먹이를 사냥하겠느냐 젊은 사자

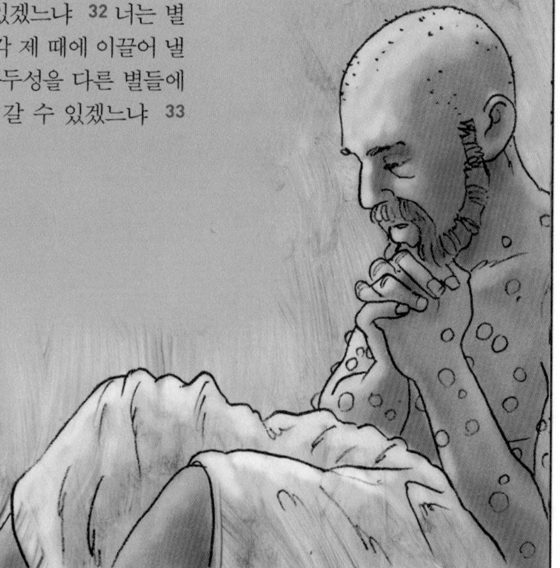

의 식욕을 채우겠느냐 40 그것들
이 굴에 엎드리며 숲에 앉아 숨어
기다리느니라 41 까마귀 새끼가
하나님을 향하여 부르짖으며 먹
을 것이 없어서 허우적거릴 때에
그것을 위하여 먹이를 마련하는
이가 누구냐

39장

1 산 염소가 새끼 치는 때를 네가
아느냐 암사슴이 새끼 낳는 것을
네가 본 적이 있느냐 2 그것이 몇
달 만에 만삭되는지 아느냐 그 낳
을 때를 아느냐 3 그것들은 몸을
구푸리고 새끼를 낳으니 그 괴로
움이 지나가고 4 그 새끼는 강하
여져서 빈 들에서 크다가 나간 후
에는 다시 돌아오지 아니하느니
라 5 누가 들나귀를 놓아 자유롭
게 하였느냐 누가 빠른 나귀의 매
인 것을 풀었느냐 6 내가 들을 그
것의 집으로, 소금 땅을 그것이 사
는 처소로 삼았느니라 7 들나귀
는 성읍에서 지껄이는 소리를 비
웃나니 나귀 치는 사람이 지르는
소리는 그것에게 들리지 아니하
며 8 초장 언덕으로 두루 다니며
여러 가지 푸른 풀을 찾느니라 9
들소가 어찌 기꺼이 너를 위하여
일하겠으며 네 외양간에 머물겠
느냐 10 네가 능히 줄로 매어 들
소가 이랑을 갈게 하겠느냐 그것
이 어찌 골짜기에서 너를 따라 써
레를 끌겠느냐 11 그것이 힘이 세
다고 네가 그것을 의지하겠느냐
네 수고를 그것에게 맡기겠느냐
12 그것이 네 곡식을 집으로 실어
오며 네 타작 마당에 곡식 모으기
를 그것에게 의탁하겠느냐 13 타
조는 즐거이 날개를 치나 학의 깃
털과 날개 같겠느냐 14 그것이 알
을 땅에 버려두어 흙에서 더워지
게 하고 15 발에 깨어질 것이나
들짐승에게 밟힐 것을 생각하지
아니하고 16 그 새끼에게 모질게
대함이 제 새끼가 아닌 것처럼 하
며 그 고생한 것이 헛되게 될지라
도 두려워하지 아니하나니 17 이
는 하나님이 지혜를 베풀지 아니
하셨고 총명을 주지 아니함이라
18 그러나 그것이 몸을 떨쳐 뛰어
갈 때에는 말과 그 위에 탄 자를
우습게 여기느니라 19 말의 힘을
네가 주었느냐 그 목에 흩날리는
갈기를 네가 입혔느냐 20 네가 그
것으로 메뚜기처럼 뛰게 하였느
냐 그 위엄스러운 콧소리가 두려
우니라 21 그것이 골짜기에서 발
굽질하고 힘 있음을 기뻐하며 앞
으로 나아가서 군사들을 맞되 22
두려움을 모르고 겁내지 아니하
며 칼을 대할지라도 물러나지 아
니하니 23 그의 머리 위에서는 화
살통과 빛나는 창과 투창이 번쩍
이며 24 땅을 삼킬 듯이 맹렬히
성내며 나팔 소리에 머물러 서지
아니하고 25 나팔 소리가 날 때마
다 힝힝 울며 멀리서 싸움 냄새를
맡고 지휘관들의 호령과 외치는
소리를 듣느니라 26 매가 떠올라
서 날개를 펼쳐 남쪽으로 향하는
것이 어찌 네 지혜로 말미암음이
냐 27 독수리가 공중에 떠서 높은
곳에 보금자리를 만드는 것이 어
찌 네 명령을 따름이냐 28 그것이
낭떠러지에 집을 지으며 뾰족한
바위 끝이나 험준한 데 살며 29
거기서 먹이를 살피나니 그 눈이
멀리 봄이며 30 그 새끼들도 피를
빠나니 시체가 있는 곳에는 독수
리가 있느니라

40장

1 여호와께서 또 욥에
게 일러 말씀하시되
2 트집 잡는 자가 전
능자와 다투겠느냐
하나님을 탓하는 자
는 대답할지니라
3 욥이 여호와께
대답하여 이르되
4 보소서 나는 비천하
오니 무엇이라 주께 대
답하리이까 손으로 내
입을 가릴 뿐이로소이
다 5 내가 한 번 말하였
사온즉 다시는 더 대답
하지 아니하겠나이다

6 그 때에 여호와께서 폭풍
우 가운데에서 욥에게 일러
말씀하시되

7 너는 대장부처럼 허리를 묶고
내가 네게 묻겠으니 내게 대답할
지니라 8 네가 내 공의를 부인하
려느냐 네 의를 세우려고 나를 악
하다 하겠느냐 9 네가 하나님처
럼 능력이 있느냐 하나님처럼 천
둥 소리를 내겠느냐 10 너는 위엄
과 존귀로 단장하며 영광과 영화
를 입을지니라 11 너의 넘치는 노
를 비우고 교만한 자를 발견하여
모두 낮추되 12 모든 교만한 자를
발견하여 낮아지게 하며 악인을
그들의 처소에서 짓밟을지니라
13 그들을 함께 진토에 묻고 그들
의 얼굴을 싸서 은밀한 곳에 둘지
니라 14 그리하면 네 오른손이 너
를 구원할 수 있다고 내가 인정하
리라 15 이제 소 같이 풀을 먹는
베헤못•을 볼지어다 내가 너를 지
은 것 같이 그것도 지었느니라 16
그것의 힘은 허리에 있고 그 뚝심
은 배의 힘줄에 있고 17 그것이
꼬리 치는 것은 백향목이 흔들리
는 것 같고 그 넓적다리 힘줄은 서
로 얽혀 있으며 18 그 뼈는 놋관
같고 그 뼈대는 쇠 막대기 같으니
19 그것은 하나님이 만드신 것 중
에 으뜸이라 그것을 지으신 이가
자기의 칼을 가져 오기를 바라노
라 20 모든 들 짐승들이 뛰노는
산은 그것을 위하여 먹이를 내느
니라 21 그것이 연 잎 아래에나
갈대 그늘에서나 늪 속에 엎드리
니 22 연 잎 그늘이 덮으며 시내
버들이 그를 감싸는도다 23 강물
이 소용돌이칠지라도 그것이 놀
라지 않고 요단 강 물이 쏟아져 그
입으로 들어가도 태연하니 24 그
것이 눈을 뜨고 있을 때 누가 능히
잡을 수 있겠으며 갈고리로 그것
의 코를 꿸 수 있겠느냐

41장

1 네가 낚시로 리워야단•을 끌어
낼 수 있겠느냐 노끈으로 그 혀를
맬 수 있겠느냐 2 너는 밧줄로 그
코를 꿸 수 있겠느냐 갈고리로 그
아가미를 꿸 수 있겠느냐 3 그것
이 어찌 네게 계속하여 간청하겠
느냐 부드럽게 네게 말하겠느냐 4
어찌 그것이 너와 계약을 맺고 너
는 그를 영원히 종으로 삼겠느냐
5 네가 어찌 그것을 새를 가지고
놀 듯 하겠으며 네 여종들을 위하
여 그것을 매어두겠느냐 6 어찌
장사꾼들이 그것을 놓고 거래하겠
으며 상인들이 그것을 나누어 가
지겠느냐 7 네가 능히 많은 창으
로 그 가죽을 찌르거나 작살을 그
머리에 꽂을 수 있겠느냐 8 네 손
을 그것에게 얹어 보라 다시는 싸
울 생각을 못하리라 9 참으로 잡

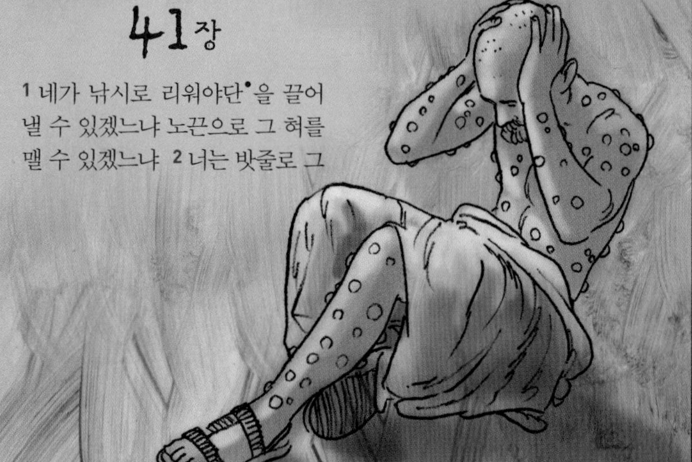

40:15 **베헤못** 거대한 육지 동물로 추정하나 정확히 어떤 것인지 알 수 없다.
41:1 **리워야단** 바다의 생물로 추정되나 정확히 어떤 것인지 알 수 없다.

으려는 그의 희망은 헛된 것이니
라 그것의 모습을 보기만 해도 그
는 기가 꺾이리라 10 아무도 그것
을 격동시킬 만큼 담대하지 못하
거든 누가 내게 감히 대항할 수 있
겠느냐 11 누가 먼저 내게 주고 나
로 하여금 갚게 하겠느냐 온 천하
에 있는 것이 다 내 것이니라 12
내가 그것의 지체와 그것의 큰 용
맹과 늠름한 체구에 대하여 잠잠
하지 아니하리라 13 누가 그것의
겉가죽을 벗기겠으며 그것에게 겹
재갈을 물릴 수 있겠느냐 14 누가
그것의 턱을 벌릴 수 있겠느냐 그
의 둥근 이틀은 심히 두렵구나 15
그의 즐비한 비늘은 그의 자랑이
로다 튼튼하게 봉인하듯이 닫혀
있구나 16 그것들이 서로 달라붙
어 있어 바람이 그 사이로 지나가
지 못하는구나 17 서로 이어져 붙
었으니 능히 나눌 수도 없구나 18
그것이 재채기를 한즉 빛을 발하
고 그것의 눈은 새벽의 눈꺼풀 빛
같으며 19 그것의 입에서는 횃불
이 나오고 불꽃이 튀어 나오며 20
그것의 콧구멍에서는 연기가 나오
니 마치 갈대를 태울 때에 솥이 끓
는 것과 같구나 21 그의 입김은 숯
불을 지피며 그의 입은 불길을 뿜
는구나 22 그것의 힘은 그의 목덜
미에 있으니 그 앞에서는 절망만
감돌 뿐이구나 23 그것의 살껍질
은 서로 밀착되어 탄탄하며 움직
이지 않는구나 24 그것의 가슴은
돌처럼 튼튼하며 맷돌 아래짝 같
이 튼튼하구나 25 그것이 일어나
면 용사라도 두려워하며 달아나리
라 26 칼이 그에게 꽂혀도 소용이
없고 창이나 투창이나 화살촉도
꽂히지 못하는구나 27 그것이 쇠
를 지푸라기 같이, 놋을 썩은 나무
같이 여기니 28 화살이라도 그것
을 물리치지 못하겠고 물맷돌도
그것에게는 겨 같이 되는구나 29
그것은 몽둥이도 지푸라기 같이
여기고 창이 날아오는 소리를 우
습게 여기며 30 그것의 아래쪽에
는 날카로운 토기 조각 같은 것이
달려 있고 그것이 지나갈 때는 진
흙 바닥에 도리깨로 친 자국을 남
기는구나 31 깊은 물을 솥의 물이
끓음 같게 하며 바다를 기름병 같
이 다루는도다 32 그것의 뒤에서
빛나는 물줄기가 나오니 그는 깊
은 바다를 백발로 만드는구나 33
세상에는 그것과 비할 것이 없으
니 그것은 두려움이 없는 것으로
지음 받았구나 34 그것은 모든 높
은 자를 내려다보며 모든 교만한
자들에게 군림하는 왕이니라

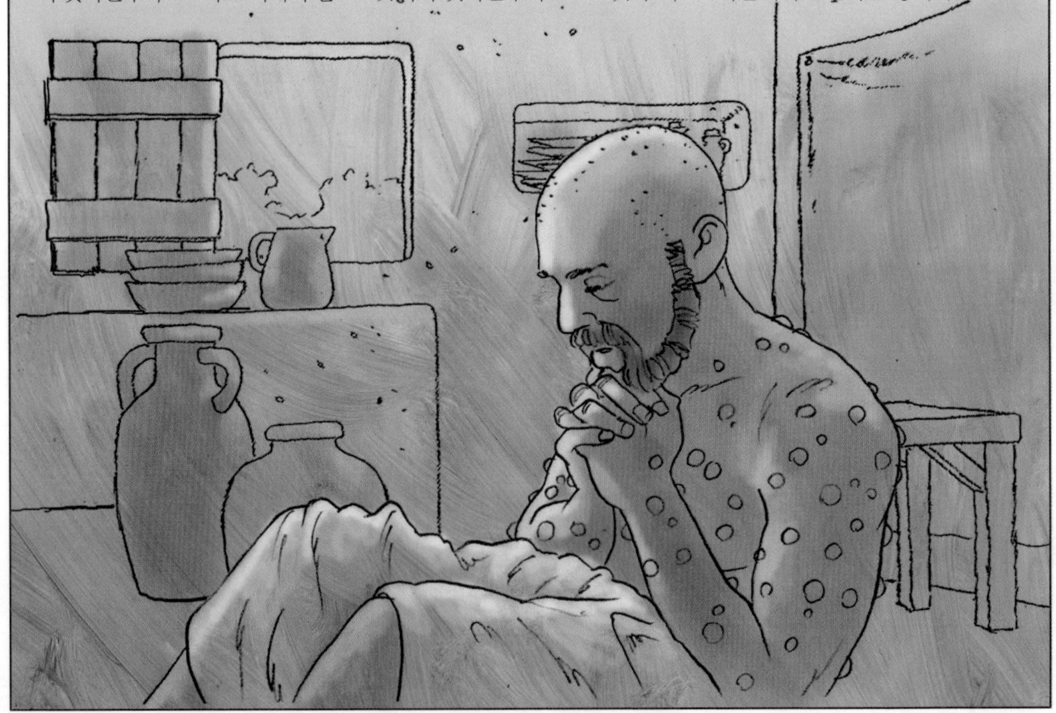

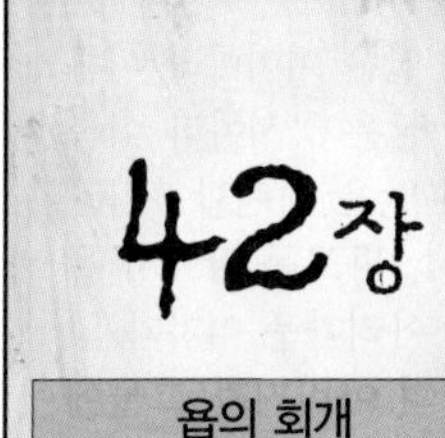
42장
욥의 회개

1 욥이 여호와께 대답하여 이르되
2 주께서는 못 하실 일이 없사오며 무슨 계획이든지 못 이루실 것이 없는 줄 아오니 3 무지한 말로 이치를 가리는 자가 누구니이까 나는 깨닫지도 못한 일을 말하였고 스스로 알 수도 없고 헤아리기도 어려운 일을 말하였나이다

4 내가 말하겠사오니 주는 들으시고 내가 주께 묻겠사오니 주여 내게 알게 하옵소서

5 내가 주께 대하여 귀로 듣기만 하였사오나 이제는 눈으로 주를 뵈옵나이다

6 그러므로 내가 스스로 거두어 들이고 티끌과 재 가운데에서 회개하나이다

결론
7 여호와께서 욥에게 이 말씀을 하신 후에 여호와께서 데만 사람 엘리바스에게 이르시되
내가 너와 네 두 친구에게 노하나니 이는 너희가 나를 가리켜 말한 것이 내 종 욥의 말 같이 옳지 못함이니라 8 그런즉 너희는 수소 일곱과 숫양 일곱을 가지고 내 종 욥에게 가서 너희를 위하여 번제를 드리라 내 종 욥이 너희를 위하여 기도할 것인즉 내가 그를 기쁘게 받으리니 너희가 우매한 만큼 너희에게 갚지 아니하리라 이는 너희가 나를 가리켜 말한 것이 내 종 욥의 말 같이 옳지 못함이라

9 이에 데만 사람 엘리바스와 수아 사람 빌닷과 나아마 사람 소발이 가서

여호와께서 자기들에게 명령하신 대로 행하니라 여호와께서 욥을 기쁘게 받으셨더라

여호와께서 욥에게 복을 주시다

10 욥이 그의 친구들을 위하여 기
도할 때 여호와께서 욥의 곤경을
돌이키시고 여호와께서 욥에게
이전 모든 소유보다 갑절이나 주
신지라 11 이에 그의 모든 형제와
자매와 이전에 알던 이들이 다 와
서 그의 집에서 그와 함께 음식을
먹고 여호와께서 그에게 내리신
모든 재앙에 관하여 그를 위하여
슬퍼하며 위로하고 각각 케쉬타
하나씩과 금 고리 하나씩을 주었
더라 12 여호와께서 욥의 말년에
욥에게 처음보다 더 복을 주시니
그가 양 만 사천과 낙타 육천과 소
천 겨리와 암나귀 천을 두었고 13
또 아들 일곱과 딸 셋을 두었으며
14 그가 첫째 딸은 여미마라 이름
하였고 둘째 딸은 긋시아라 이름
하였고 셋째 딸은 게렌합북이라
이름하였으니 15 모든 땅에서 욥
의 딸들처럼 아리따운 여자가 없
었더라 그들의 아버지가 그들에
게 그들의 오라비들처럼 기업을
주었더라

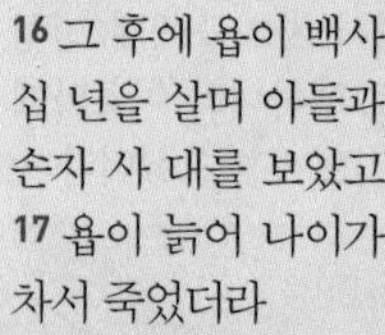
16 그 후에 욥이 백사
십 년을 살며 아들과
손자 사 대를 보았고
17 욥이 늙어 나이가
차서 죽었더라

시편

제일권

1편

1 복 있는 사람은 악인들의 꾀를
따르지 아니하며 죄인들의 길에
서지 아니하며 오만한 자들의 자
리에 앉지 아니하고 2 오직 여호
와의 율법을 즐거워하여 그의 율
법을 주야로 묵상하는도다 3 그
는 시냇가에 심은 나무가 철을
따라 열매를 맺으며 그 잎사귀가
마르지 아니함 같으니 그가 하는
모든 일이 다 형통하리로다 4 악
인들은 그렇지 아니함이여 오직
바람에 나는 겨와 같도다 5 그러
므로 악인들은 심판을 견디지 못
하며 죄인들이 의인들의 모임에
들지 못하리로다 6 무릇 의인들
의 길은 여호와께서 인정하시나
악인들의 길은 망하리로다

2편

1 어찌하여 이방 나라들이 분노
하며 민족들이 헛된 일을 꾸미는
가 2 세상의 군왕들이 나서며 관
원들이 서로 꾀하여 여호와와 그
의 기름 부음 받은 자를 대적하

시

며 3 우리가 그들의 맨 것을 끊
고 그의 결박을 벗어 버리자 하
는도다 4 하늘에 계신 이가 웃으
심이여 주께서 그들을 비웃으시
리로다 5 그 때에 분을 발하며
진노하사 그들을 놀라게 하여 이
르시기를 6 내가 나의 왕을 내
거룩한 산 시온에 세웠다 하시리
로다 7 내가 여호와의 명령을 전
하노라 여호와께서 내게 이르시
되 너는 내 아들이라 오늘 내가
너를 낳았도다 8 내게 구하라 내
가 이방 나라를 네 유업으로 주
리니 네 소유가 땅 끝까지 이르
리로다 9 네가 철장으로 그들을
깨뜨림이여 질그릇 같이 부수리
라 하시도다 10 그런즉 군왕들
아 너희는 지혜를 얻으며 세상의
재판관들아 너희는 교훈을 받을
지어다 11 여호와를 경외함으로
섬기고 떨며 즐거워할지어다 12
그의 아들에게 입맞추라 그렇지
아니하면 진노하심으로 너희가
길에서 망하리니 그의 진노가 급
하심이라 여호와께 피하는 모든
사람은 다 복이 있도다

편

[다윗이 그의 아들 압살롬을 피할 때에 지은 시]

1 여호와여 나의 대적이 어찌 그
리 많은지요 일어나 나를 치는
자가 많으니이다 2 많은 사람이
나를 대적하여 말하기를 그는 하
나님께 구원을 받지 못한다 하나
이다 (셀라) 3 여호와여 주는 나
의 방패시요 나의 영광이시요 나

의 머리를 드시는 자이시니이다
4 내가 나의 목소리로 여호와께
부르짖으니 그의 성산에서 응답
하시는도다 (셀라) 5 내가 누워
자고 깨었으니 여호와께서 나를
붙드심이로다 6 천만인이 나를
에워싸 진 친다 하여도 나는 두
려워하지 아니하리이다 7 여호
와여 일어나소서 나의 하나님이
여 나를 구원하소서 주께서 나의
모든 원수의 뺨을 치시며 악인의
이를 꺾으셨나이다 8 구원은 여
호와께 있사오니 주의 복을 주의
백성에게 내리소서 (셀라)

4편

[다윗의 시, 인도자를 따라 현악에 맞춘 노래]

1 내 의의 하나님이여 내가 부를
때에 응답하소서 곤란 중에 나를
너그럽게 하셨사오니 내게 은혜
를 베푸사 나의 기도를 들으소서
2 인생들아 어느 때까지 나의 영
광을 바꾸어 욕되게 하며 헛된
일을 좋아하고 거짓을 구하려는
가 (셀라) 3 여호와께서 자기를
위하여 경건한 자를 택하신 줄
너희가 알지어다 내가 그를 부를
때에 여호와께서 들으시리로다
4 너희는 떨며 범죄하지 말지어
다 자리에 누워 심중에 말하고
잠잠할지어다 (셀라) 5 의의 제
사를 드리고 여호와를 의지할지
어다 6 여러 사람의 말이 우리에
게 선을 보일 자 누구뇨 하오니
여호와여 주의 얼굴을 들어 우
리에게 비추소서 7 주께서 내
마음에 두신 기쁨은 그들의 곡
식과 새 포도주가 풍성할 때보
다 더하니이다 8 내가 평안히 눕
고 자기도 하리니 나를 안전히
살게 하시는 이는 오직 여호와이
시니이다

5편

[다윗의 시, 인도자를 따라 관악에 맞춘 노래]

1 여호와여 나의 말에 귀를 기울
이사 나의 심정을 헤아려 주소
서 2 나의 왕, 나의 하나님이여
내가 부르짖는 소리를 들으소서
내가 주께 기도하나이다 3 여호
와여 아침에 주께서 나의 소리
를 들으시리니 아침에 내가 주
께 기도하고 바라리이다 4 주는
죄악을 기뻐하는 신이 아니시니

악이 주와 함께 머물지 못하며
5 오만한 자들이 주의 목전에 서
지 못하리이다 주는 모든 행악
자를 미워하시며 6 거짓말하는
자들을 멸망시키시리이다 여호
와께서는 피 흘리기를 즐기는
자와 속이는 자를 싫어하시나이
다 7 오직 나는 주의 풍성한 사
랑을 힘입어 주의 집에 들어가
주를 경외함으로 성전을 향하여
예배하리이다 8 여호와여 나의
원수들로 말미암아 주의 의로
나를 인도하시고 주의 길을 내
목전에 곧게 하소서 9 그들의
입에 신실함이 없고 그들의 심
중이 심히 악하며 그들의 목구
멍은 열린 무덤 같고 그들의 혀
로는 아첨하나이다 10 하나님
이여 그들을 정죄하사 자기 꾀
에 빠지게 하시고 그 많은 허물
로 말미암아 그들을 쫓아내소서
그들이 주를 배역함이니이다 11
그러나 주께 피하는 모든 사람
은 다 기뻐하며 주의 보호로 말
미암아 영원히 기뻐 외치고 주
의 이름을 사랑하는 자들은 주
를 즐거워하리이다 12 여호와
여 주는 의인에게 복을 주시고
방패로 함 같이 은혜로 그를 호
위하시리이다

6편

[다윗의 시, 인도자를 따라 현악 여덟째 줄에 맞춘 노래]

1 여호와여 주의 분노로 나를 책
망하지 마시오며 주의 진노로 나
를 징계하지 마옵소서 2 여호와
여 내가 수척하였사오니 내게 은
혜를 베푸소서 여호와여 나의 뼈
가 떨리오니 나를 고치소서 3 나
의 영혼도 매우 떨리나이다 여호
와여 어느 때까지니이까 4 여호
와여 돌아와 나의 영혼을 건지시
며 주의 사랑으로 나를 구원하소
서 5 사망 중에서는 주를 기억하
는 일이 없사오니 스올에서 주께
감사할 자 누구리이까 6 내가 탄
식함으로 피곤하여 밤마다 눈물
로 내 침상을 띄우며 내 요를 적
시나이다 7 내 눈이 근심으로 말
미암아 쇠하며 내 모든 대적으로
말미암아 어두워졌나이다 8 악
을 행하는 너희는 다 나를 떠나
라 여호와께서 내 울음 소리를
들으셨도다 9 여호와께서 내 간
구를 들으셨음이여 여호와께서
내 기도를 받으시리로다 10 내
모든 원수들이 부끄러움을 당하
고 심히 떪이여 갑자기 부끄러워
물러가리로다

7편

[다윗의 식가욘, 베냐민인 구시의 말에 따라 여호와께 드린 노래]

1 여호와 내 하나님이여 내가 주
께 피하오니 나를 쫓아오는 모든
자들에게서 나를 구원하여 내소
서 2 건져낼 자가 없으면 그들이
사자 같이 나를 찢고 뜯을까 하
나이다 3 여호와 내 하나님이여
내가 이런 일을 행하였거나 내
손에 죄악이 있거나 4 화친한 자
를 악으로 갚았거나 내 대적에게
서 까닭 없이 빼앗았거든 5 원수
가 나의 영혼을 쫓아 잡아 내 생
명을 땅에 짓밟게 하고 내 영광
을 먼지 속에 살게 하소서 (셀라)
6 여호와여 진노로 일어나사 내

시

대적들의 노를 막으시며 나를 위
하여 깨소서 주께서 심판을 명령
하셨나이다 7 민족들의 모임이
주를 두르게 하시고 그 위 높은
자리에 돌아오소서 8 여호와께
서 만민에게 심판을 행하시오니
여호와여 나의 의와 나의 성실함
을 따라 나를 심판하소서 9 악인
의 악을 끊고 의인을 세우소서
의로우신 하나님이 사람의 마음
과 양심을 감찰하시나이다 10
나의 방패는 마음이 정직한 자를
구원하시는 하나님께 있도다 11
하나님은 의로우신 재판장이심
이여 매일 분노하시는 하나님이
시로다 12 사람이 회개하지 아
니하면 그가 그의 칼을 가심이여
그의 활을 이미 당기어 예비하셨
도다 13 죽일 도구를 또한 예비
하심이여 그가 만든 화살은 불화
살들이로다 14 악인이 죄악을
낳음이여 재앙을 배어 거짓을 낳
았도다 15 그가 웅덩이를 파 만
듦이여 제가 만든 함정에 빠졌도
다 16 그의 재앙은 자기 머리로
돌아가고 그의 포악은 자기 정수
리에 내리리로다 17 내가 여호
와께 그의 의를 따라 감사함이여
지존하신 여호와의 이름을 찬양
하리로다

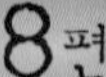

8편

[다윗의 시, 인도자를 따라 깃딧에 맞춘 노래]

1 여호와 우리 주여 주의 이름이
온 땅에 어찌 그리 아름다운지요
주의 영광이 하늘을 덮었나이다

2 주의 대적으로 말미암아 어린
아이들과 젖먹이들의 입으로 권
능을 세우심이여 이는 원수들과
보복자들을 잠잠하게 하려 하심
이니이다 3 주의 손가락으로 만
드신 주의 하늘과 주께서 베풀어
두신 달과 별들을 내가 보오니 4
사람이 무엇이기에 주께서 그를
생각하시며 인자가 무엇이기에
주께서 그를 돌보시나이까 5 그
를 하나님보다 조금 못하게 하시
고 영화와 존귀로 관을 씌우셨나
이다 6 주의 손으로 만드신 것을
다스리게 하시고 만물을 그의 발
아래 두셨으니 7 곧 모든 소와
양과 들짐승이며 8 공중의 새와
바다의 물고기와 바닷길에 다니
는 것이니이다 9 여호와 우리 주
여 주의 이름이 온 땅에 어찌 그
리 아름다운지요

9편

[다윗의 시, 인도자를 따라 뭇랍벤에 맞춘 노래]

1 내가 전심으로 여호와께 감사
하오며 주의 모든 기이한 일들을
전하리이다 2 내가 주를 기뻐하
고 즐거워하며 지존하신 주의 이
름을 찬송하리니 3 내 원수들이
물러갈 때에 주 앞에서 넘어져
망함이니이다 4 주께서 나의 의
와 송사를 변호하셨으며 보좌에
앉으사 의롭게 심판하셨나이다
5 이방 나라들을 책망하시고 악
인을 멸하시며 그들의 이름을 영
원히 지우셨나이다 6 원수가 끊
어져 영원히 멸망하였사오니 주
께서 무너뜨린 성읍들을 기억할
수 없나이다 7 여호와께서 영원
히 앉으심이여 심판을 위하여 보
좌를 준비하셨도다 8 공의로 세
계를 심판하심이여 정직으로 만
민에게 판결을 내리시리로다 9
여호와는 압제를 당하는 자의 요
새이시요 환난 때의 요새이시로
다 10 여호와여 주의 이름을 아
는 자는 주를 의지하오리니 이는
주를 찾는 자들을 버리지 아니하
심이니이다 11 너희는 시온에
계신 여호와를 찬송하며 그의 행
사를 백성 중에 선포할지어다
12 피 흘림을 심문하시는 이가
그들을 기억하심이여 가난한 자
의 부르짖음을 잊지 아니하시도
다 13 여호와여 내게 은혜를 베
푸소서 나를 사망의 문에서 일으
키시는 주여 나를 미워하는 자에

게서 받는 나의 고통을 보소서
14 그리하시면 내가 주의 찬송을
다 전할 것이요 딸 시온의 문에
서 주의 구원을 기뻐하리이다
15 이방 나라들은 자기가 판 웅
덩이에 빠짐이여 자기가 숨긴 그
물에 자기 발이 걸렸도다 16 여
호와께서 자기를 알게 하사 심판
을 행하셨음이여 악인은 자기가
손으로 행한 일에 스스로 얽혔도
다 (힉가욘, 셀라) 17 악인들이
스올로 돌아감이여 하나님을 잊
어버린 모든 이방 나라들이 그리
하리로다 18 궁핍한 자가 항상
잊어버림을 당하지 아니함이여
가난한 자들이 영원히 실망하지
아니하리로다 19 여호와여 일어
나사 인생으로 승리를 얻지 못하
게 하시며 이방 나라들이 주 앞
에서 심판을 받게 하소서 20 여
호와여 그들을 두렵게 하시며 이
방 나라들이 자기는 인생일 뿐인
줄 알게 하소서 (셀라)

10편

1 여호와여 어찌하여 멀리 서시
며 어찌하여 환난 때에 숨으시나
이까 2 악한 자가 교만하여 가련
한 자를 심히 압박하오니 그들이
자기가 베푼 꾀에 빠지게 하소서
3 악인은 그의 마음의 욕심을 자
랑하며 탐욕을 부리는 자는 여호
와를 배반하여 멸시하나이다 4
악인은 그의 교만한 얼굴로 말하
기를 여호와께서 이를 감찰하지
아니하신다 하며 그의 모든 사상
에 하나님이 없다 하나이다 5 그
의 길은 언제든지 견고하고 주의
심판은 높아서 그에게 미치지 못
하오니 그는 그의 모든 대적들을
멸시하며 6 그의 마음에 이르기
를 나는 흔들리지 아니하며 대대
로 환난을 당하지 아니하리라 하
나이다 7 그의 입에는 저주와 거
짓과 포악이 충만하며 그의 혀
밑에는 잔해와 죄악이 있나이다
8 그가 마을 구석진 곳에 앉으며
그 은밀한 곳에서 무죄한 자를
죽이며 그의 눈은 가련한 자를
엿보나이다 9 사자가 자기의 굴
에 엎드림 같이 그가 은밀한 곳
에 엎드려 가련한 자를 잡으려고
기다리며 자기 그물을 끌어당겨
가련한 자를 잡나이다 10 그가
구푸려 엎드리니 그의 포악으로
말미암아 가련한 자들이 넘어지
나이다 11 그가 그의 마음에 이
르기를 하나님이 잊으셨고 그의
얼굴을 가리셨으니 영원히 보지
아니하시리라 하나이다 12 여호
와여 일어나옵소서 하나님이여
손을 드옵소서 가난한 자들을 잊
지 마옵소서 13 어찌하여 악인
이 하나님을 멸시하여 그의 마음
에 이르기를 주는 감찰하지 아니
하리라 하나이까 14 주께서는
보셨나이다 주는 재앙과 원한을
감찰하시고 주의 손으로 갚으려
하시오니 외로운 자가 주를 의지
하나이다 주는 벌써부터 고아를
도우시는 이시니이다 15 악인의
팔을 꺾으소서 악한 자의 악을
더 이상 찾아낼 수 없을 때까지
찾으소서 16 여호와께서는 영원
무궁하도록 왕이시니 이방 나라
들이 주의 땅에서 멸망하였나이
다 17 여호와여 주는 겸손한 자
의 소원을 들으셨사오니 그들의
마음을 준비하시며 귀를 기울여
들으시고 18 고아와 압제 당하
는 자를 위하여 심판하사 세상에
속한 자가 다시는 위협하지 못하
게 하시리이다

11편

[다윗의 시, 인도자를 따라 부르는 노래]

1 내가 여호와께 피하였거늘 너
희가 내 영혼에게 새 같이 네 산
으로 도망하라 함은 어찌함인가
2 악인이 활을 당기고 화살을 시
위에 먹임이여 마음이 바른 자를
어두운 데서 쏘려 하는도다 3 터

시

가 무너지면 의인이 무엇을 하랴
4 여호와께서는 그의 성전에 계
시고 여호와의 보좌는 하늘에 있
음이여 그의 눈이 인생을 통촉하
시고 그의 안목이 그들을 감찰하
시도다 5 여호와는 의인을 감찰
하시고 악인과 폭력을 좋아하는
자를 마음에 미워하시도다 6 악
인에게 그물을 던지시리니 불과
유황과 태우는 바람이 그들의 잔
의 소득이 되리로다 7 여호와는
의로우사 의로운 일을 좋아하시
나니 정직한 자는 그의 얼굴을
뵈오리로다

12편

[다윗의 시, 인도자를 따라 여덟째 줄에 맞춘 노래]

1 여호와여 도우소서 경건한 자
가 끊어지며 충실한 자들이 인생
중에 없어지나이다 2 그들이 이
웃에게 각기 거짓을 말함이여 아
첨하는 입술과 두 마음으로 말하
는도다 3 여호와께서 모든 아첨
하는 입술과 자랑하는 혀를 끊으
시리니 4 그들이 말하기를 우리
의 혀가 이기리라 우리 입술은
우리 것이니 우리를 주관할 자
누구리요 함이로다 5 여호와의
말씀에 가련한 자들의 눌림과 궁
핍한 자들의 탄식으로 말미암아
내가 이제 일어나 그를 그가 원
하는 안전한 지대에 두리라 하시
도다 6 여호와의 말씀은 순결함
이여 흙 도가니에 일곱 번 단련
한 은 같도다 7 여호와여 그들을
지키사 이 세대로부터 영원까지
보존하시리이다 8 비열함이 인
생 중에 높임을 받는 때에 악인
들이 곳곳에서 날뛰는도다

13편

[다윗의 시, 인도자를 따라 부르는 노래]

1 여호와여 어느 때까지니이까
나를 영원히 잊으시나이까 주의
얼굴을 나에게서 어느 때까지 숨
기시겠나이까 2 나의 영혼이 번
민하고 종일토록 마음에 근심하
기를 어느 때까지 하오며 내 원
수가 나를 치며 자랑하기를 어느
때까지 하리이까 3 여호와 내 하
나님이여 나를 생각하사 응답하
시고 나의 눈을 밝히소서 두렵건
대 내가 사망의 잠을 잘까 하오
며 4 두렵건대 나의 원수가 이르
기를 내가 그를 이겼다 할까 하
오며 내가 흔들릴 때에 나의 대
적들이 기뻐할까 하나이다 5 나
는 오직 주의 사랑을 의지하였사
오니 나의 마음은 주의 구원을
기뻐하리이다 6 내가 여호와를
찬송하리니 이는 주께서 내게 은
덕을 베푸심이로다

14편

[다윗의 시, 인도자를 따라 부르는 노래]

1 어리석은 자는 그의 마음에 이
르기를 하나님이 없다 하는도다
그들은 부패하고 그 행실이 가증
하니 선을 행하는 자가 없도다 2
여호와께서 하늘에서 인생을 굽
어살피사 지각이 있어 하나님을
찾는 자가 있는가 보려 하신즉 3
다 치우쳐 함께 더러운 자가 되
고 선을 행하는 자가 없으니 하
나도 없도다 4 죄악을 행하는 자
는 다 무지하냐 그들이 떡 먹듯
이 내 백성을 먹으면서 여호와를
부르지 아니하는도다 5 그러나
거기서 그들은 두려워하고 두려
워하였으니 하나님이 의인의 세
대에 계심이로다 6 너희가 가난
한 자의 계획을 부끄럽게 하나
오직 여호와는 그의 피난처가 되
시도다 7 이스라엘의 구원이 시
온에서 나오기를 원하도다 여호
와께서 그의 백성을 포로된 곳에
서 돌이키실 때에 야곱이 즐거워
하고 이스라엘이 기뻐하리로다

15편

[다윗의 시]

1 여호와여 주의 장막에 머무를
자 누구오며 주의 성산에 사는
자 누구오니이까 2 정직하게 행
하며 공의를 실천하며 그의 마음
에 진실을 말하며 3 그의 혀로
남을 허물하지 아니하고 그의 이
웃에게 악을 행하지 아니하며 그
의 이웃을 비방하지 아니하며 4
그의 눈은 망령된 자를 멸시하며
여호와를 두려워하는 자들을 존
대하며 그의 마음에 서원한 것은
해로울지라도 변하지 아니하며
5 이자를 받으려고 돈을 꾸어 주
지 아니하며 뇌물을 받고 무죄한

자를 해하지 아니하는 자이니 이
런 일을 행하는 자는 영원히 흔
들리지 아니하리이다

16편

[다윗의 믹담]

1 하나님이여 나를 지켜 주소서
내가 주께 피하나이다 2 내가 여
호와께 아뢰되 주는 나의 주님이
시오니 주밖에는 나의 복이 없다
하였나이다 3 땅에 있는 성도들
은 존귀한 자들이니 나의 모든
즐거움이 그들에게 있도다 4 다
른 신에게 예물을 드리는 자는
괴로움이 더할 것이라 나는 그들
이 드리는 피의 전제를 드리지
아니하며 내 입술로 그 이름도
부르지 아니하리로다 5 여호와
는 나의 산업과 나의 잔의 소득
이시니 나의 분깃을 지키시나이
다 6 내게 줄로 재어 준 구역은
아름다운 곳에 있음이여 나의 기
업이 실로 아름답도다 7 나를 훈
계하신 여호와를 송축할지라 밤
마다 내 양심이 나를 교훈하도다
8 내가 여호와를 항상 내 앞에 모
심이여 그가 나의 오른쪽에 계시
므로 내가 흔들리지 아니하리로
다 9 이러므로 나의 마음이 기쁘
고 나의 영도 즐거워하며 내 육
체도 안전히 살리니 10 이는 주
께서 내 영혼을 스올에 버리지
아니하시며 주의 거룩한 자를 멸
망시키지 않으실 것임이니이다
11 주께서 생명의 길을 내게 보
이시리니 주의 앞에는 충만한 기
쁨이 있고 주의 오른쪽에는 영원
한 즐거움이 있나이다

17편

[다윗의 기도]

1 여호와여 의의 호소를 들으소
서 나의 울부짖음에 주의하소서
거짓 되지 아니한 입술에서 나오
는 나의 기도에 귀를 기울이소서
2 주께서 나를 판단하시며 주의
눈으로 공평함을 살피소서 3 주
께서 내 마음을 시험하시고 밤에
내게 오시어서 나를 감찰하셨으
나 흠을 찾지 못하셨사오니 내가
결심하고 입으로 범죄하지 아니
하리이다 4 사람의 행사로 논하
면 나는 주의 입술의 말씀을 따라
스스로 삼가서 포악한 자의 길을
가지 아니하였사오며 5 나의 걸
음이 주의 길을 굳게 지키고 실족
하지 아니하였나이다 6 하나님
이여 내게 응답하시겠으므로 내
가 불렀사오니 내게 귀를 기울여
내 말을 들으소서 7 주께 피하는
자들을 그 일어나 치는 자들에게
서 오른손으로 구원하시는 주여
주의 기이한 사랑을 나타내소서
8 나를 눈동자 같이 지키시고 주
의 날개 그늘 아래에 감추사 9 내
앞에서 나를 압제하는 악인들과
나의 목숨을 노리는 원수들에게
서 벗어나게 하소서 10 그들의
마음은 기름에 잠겼으며 그들의
입은 교만하게 말하나이다 11 이
제 우리가 걸어가는 것을 그들이
에워싸서 노려보고 땅에 넘어뜨

리려 하나이다 12 그는 그 움킨
것을 찢으려 하는 사자 같으며
은밀한 곳에 엎드린 젊은 사자
같으니이다 13 여호와여 일어나
그를 대항하여 넘어뜨리시고 주
의 칼로 악인에게서 나의 영혼을
구원하소서 14 여호와여 이 세
상에 살아 있는 동안 그들의 분
깃을 받은 사람들에게서 주의 손
으로 나를 구하소서 그들은 주의
재물로 배를 채우고 자녀로 만족
하고 그들의 남은 산업을 그들의
어린 아이들에게 물려 주는 자니
이다 15 나는 의로운 중에 주의
얼굴을 뵈오리니 깰 때에 주의
형상으로 만족하리이다

18편

[여호와의 종 다윗의 시, 인도자를 따라 부르는 노래, 여호와께서 다윗을 그 모든 원수들의 손에서와 사울의 손에서 건져 주신 날에 다윗이 이 노래의 말로 여호와께 아뢰어 이르되]

1 나의 힘이신 여호와여 내가 주
를 사랑하나이다 2 여호와는 나
의 반석이시요 나의 요새시요 나
를 건지시는 이시요 나의 하나님
이시요 내가 그 안에 피할 나의
바위시요 나의 방패시요 나의 구
원의 뿔이시요 나의 산성이시로
다 3 내가 찬송 받으실 여호와께
아뢰리니 내 원수들에게서 구원
을 얻으리로다 4 사망의 줄이 나
를 얽고 불의의 창수가 나를 두
렵게 하였으며 5 스올의 줄이 나
를 두르고 사망의 올무가 내게
이르렀도다 6 내가 환난 중에서

여호와께 아뢰며 나의 하나님께
부르짖었더니 그가 그의 성전에
서 내 소리를 들으심이여 그의
앞에서 나의 부르짖음이 그의 귀
에 들렸도다 7 이에 땅이 진동하
고 산들의 터도 요동하였으니 그
의 진노로 말미암음이로다 8 그
의 코에서 연기가 오르고 입에서
불이 나와 사름이여 그 불에 숯
이 피었도다 9 그가 또 하늘을
드리우시고 강림하시니 그의 발
아래는 어두캄캄하도다 10 그룹
을 타고 다니심이여 바람 날개를
타고 높이 솟아오르셨도다 11
그가 흑암을 그의 숨는 곳으로
삼으사 장막 같이 자기를 두르게
하심이여 곧 물의 흑암과 공중의
빽빽한 구름으로 그리하시도다
12 그 앞에 광채로 말미암아 빽
빽한 구름이 지나며 우박과 숯불
이 내리도다 13 여호와께서 하
늘에서 우렛소리를 내시고 지존
하신 이가 음성을 내시며 우박과
숯불을 내리시도다 14 그의 화
살을 날려 그들을 흩으심이여 많
은 번개로 그들을 깨뜨리셨도다
15 이럴 때에 여호와의 꾸지람과
콧김으로 말미암아 물 밑이 드러
나고 세상의 터가 나타났도다
16 그가 높은 곳에서 손을 펴사
나를 붙잡아 주심이여 많은 물에
서 나를 건져내셨도다 17 나를
강한 원수와 미워하는 자에게서
건지셨음이여 그들은 나보다 힘
이 세기 때문이로다 18 그들이
나의 재앙의 날에 내게 이르렀으
나 여호와께서 나의 의지가 되셨
도다 19 나를 넓은 곳으로 인도
하시고 나를 기뻐하시므로 나를
구원하셨도다 20 여호와께서 내
의를 따라 상 주시며 내 손의 깨
끗함을 따라 내게 갚으셨으니
21 이는 내가 여호와의 도를 지
키고 악하게 내 하나님을 떠나지
아니하였으며 22 그의 모든 규
례가 내 앞에 있고 내게서 그의
율례를 버리지 아니하였음이로
다 23 또한 나는 그의 앞에 완전
하여 나의 죄악에서 스스로 자신
을 지켰나니 24 그러므로 여호
와께서 내 의를 따라 갚으시되
그의 목전에서 내 손이 깨끗한
만큼 내게 갚으셨도다 25 자비
로운 자에게는 주의 자비로우심
을 나타내시며 완전한 자에게는
주의 완전하심을 보이시며 26

깨끗한 자에게는 주의 깨끗하심
을 보이시며 사악한 자에게는 주
의 거스르심을 보이시리니 27
주께서 곤고한 백성은 구원하시
고 교만한 눈은 낮추시리이다
28 주께서 나의 등불을 켜심이여
여호와 내 하나님이 내 흑암을
밝히시리이다 29 내가 주를 의
뢰하고 적군을 향해 달리며 내
하나님을 의지하고 담을 뛰어넘
나이다 30 하나님의 도는 완전
하고 여호와의 말씀은 순수하니
그는 자기에게 피하는 모든 자의
방패시로다 31 여호와 외에 누
가 하나님이며 우리 하나님 외에
누가 반석이냐 32 이 하나님이
힘으로 내게 띠 띠우시며 내 길
을 완전하게 하시며 33 나의 발
을 암사슴 발 같게 하시며 나를
나의 높은 곳에 세우시며 34 내
손을 가르쳐 싸우게 하시니 내
팔이 놋 활을 당기도다 35 또 주
께서 주의 구원하는 방패를 내게
주시며 주의 오른손이 나를 붙들
고 주의 온유함이 나를 크게 하
셨나이다 36 내 걸음을 넓게 하
셨고 나를 실족하지 않게 하셨나
이다 37 내가 내 원수를 뒤쫓아
가리니 그들이 망하기 전에는 돌
아서지 아니하리이다 38 내가
그들을 쳐서 능히 일어나지 못하
게 하리니 그들이 내 발 아래에
엎드러지리이다 39 주께서 나를
전쟁하게 하려고 능력으로 내게
띠 띠우사 일어나 나를 치는 자
들이 내게 굴복하게 하셨나이다
40 또 주께서 내 원수들에게 등
을 내게로 향하게 하시고 나를
미워하는 자들을 내가 끊어 버리
게 하셨나이다 41 그들이 부르
짖으나 구원할 자가 없었고 여호
와께 부르짖어도 그들에게 대답
하지 아니하셨나이다 42 내가
그들을 바람 앞에 티끌 같이 부
서뜨리고 거리의 진흙 같이 쏟아
버렸나이다 43 주께서 나를 백
성의 다툼에서 건지시고 여러 민
족의 으뜸으로 삼으셨으니 내가
알지 못하는 백성이 나를 섬기리
이다 44 그들이 내 소문을 들은
즉시로 내게 청종함이여 이방인
들이 내게 복종하리로다 45 이
방 자손들이 쇠잔하여 그 견고한
곳에서 떨며 나오리로다 46 여
호와는 살아 계시니 나의 반석을
찬송하며 내 구원의 하나님을 높
일지로다 47 이 하나님이 나를
위하여 보복해 주시고 민족들이
내게 복종하게 해 주시도다 48
주께서 나를 내 원수들에게서 구
조하시니 주께서 나를 대적하는
자들의 위에 나를 높이 드시고
나를 포악한 자에게서 건지시나
이다 49 여호와여 이러므로 내
가 이방 나라들 중에서 주께 감
사하며 주의 이름을 찬송하리이
다 50 여호와께서 그 왕에게 큰
구원을 주시며 기름 부음 받은
자에게 인자를 베푸심이여 영원
토록 다윗과 그 후손에게로다

19편

[다윗의 시, 인도자를 따라 부르는 노래]

1 하늘이 하나님의 영광을 선포
하고 궁창이 그의 손으로 하신
일을 나타내는도다 2 날은 날에
게 말하고 밤은 밤에게 지식을
전하니 3 언어도 없고 말씀도 없
으며 들리는 소리도 없으나 4 그
의 소리가 온 땅에 통하고 그의
말씀이 세상 끝까지 이르도다 하
나님이 해를 위하여 하늘에 장막
을 베푸셨도다 5 해는 그의 신방
에서 나오는 신랑과 같고 그의
길을 달리기 기뻐하는 장사 같아
서 6 하늘 이 끝에서 나와서 하
늘 저 끝까지 운행함이여 그의
열기에서 피할 자가 없도다 7 여
호와의 율법은 완전하여 영혼을
소성시키며 여호와의 증거는 확
실하여 우둔한 자를 지혜롭게 하
며 8 여호와의 교훈은 정직하여

시

마음을 기쁘게 하고 여호와의 계
명은 순결하여 눈을 밝게 하시도
다 9 여호와를 경외하는 도는 정
결하여 영원까지 이르고 여호와
의 법도 진실하여 다 의로우니
10 금 곧 많은 순금보다 더 사모
할 것이며 꿀과 송이꿀보다 더
달도다 11 또 주의 종이 이것으
로 경고를 받고 이것을 지킴으로
상이 크니이다 12 자기 허물을
능히 깨달을 자 누구리요 나를
숨은 허물에서 벗어나게 하소서
13 또 주의 종에게 고의로 죄를
짓지 말게 하사 그 죄가 나를 주
장하지 못하게 하소서 그리하면
내가 정직하여 큰 죄과에서 벗어
나겠나이다 14 나의 반석이시요
나의 구속자이신 여호와여 내 입
의 말과 마음의 묵상이 주님 앞
에 열납되기를 원하나이다

20편

[다윗의 시, 인도자를 따라 부르는 노래]

1 환난 날에 여호와께서 네게 응
답하시고 야곱의 하나님의 이름
이 너를 높이 드시며 2 성소에서
너를 도와 주시고 시온에서 너를
붙드시며 3 네 모든 소제를 기억
하시며 네 번제를 받아 주시기를
원하노라 (셀라) 4 네 마음의 소
원대로 허락하시고 네 모든 계획
을 이루어 주시기를 원하노라 5
우리가 너의 승리로 말미암아 개
가를 부르며 우리 하나님의 이름
으로 우리의 깃발을 세우리니 여
호와께서 네 모든 기도를 이루어
주시기를 원하노라 6 여호와께
서 자기에게 기름 부음 받은 자
를 구원하시는 줄 이제 내가 아
노니 그의 오른손의 구원하는 힘
으로 그의 거룩한 하늘에서 그에
게 응답하시리로다 7 어떤 사람
은 병거, 어떤 사람은 말을 의지
하나 우리는 여호와 우리 하나님
의 이름을 자랑하리로다 8 그들
은 비틀거리며 엎드러지고 우리
는 일어나 바로 서도다 9 여호와
여 왕을 구원하소서 우리가 부를
때에 우리에게 응답하소서

21편

[다윗의 시, 인도자를 따라 부르는 노래]

1 여호와여 왕이 주의 힘으로 말
미암아 기뻐하며 주의 구원으로
말미암아 크게 즐거워하리이다
2 그의 마음의 소원을 들어 주셨
으며 그의 입술의 요구를 거절하
지 아니하셨나이다 (셀라) 3 주
의 아름다운 복으로 그를 영접하
시고 순금 관을 그의 머리에 씌
우셨나이다 4 그가 생명을 구하
매 주께서 그에게 주셨으니 곧
영원한 장수로소이다 5 주의 구
원이 그의 영광을 크게 하시고
존귀와 위엄을 그에게 입히시나
이다 6 그가 영원토록 지극한 복
을 받게 하시며 주 앞에서 기쁘
고 즐겁게 하시나이다 7 왕이 여
호와를 의지하오니 지존하신 이
의 인자함으로 흔들리지 아니하
리이다 8 왕의 손이 왕의 모든
원수들을 찾아냄이여 왕의 오른

손이 왕을 미워하는 자들을 찾아
내리로다 9 왕이 노하실 때에 그
들을 풀무불 같게 할 것이라 여
호와께서 진노하사 그들을 삼키
시리니 불이 그들을 소멸하리로
다 10 왕이 그들의 후손을 땅에
서 멸함이여 그들의 자손을 사람
중에서 끊으리로다 11 비록 그
들이 왕을 해하려 하여 음모를
꾸몄으나 이루지 못하도다 12
왕이 그들로 돌아서게 함이여 그
들의 얼굴을 향하여 활시위를 당
기리로다 13 여호와여 주의 능
력으로 높임을 받으소서 우리가
주의 권능을 노래하고 찬송하게
하소서

22편

[다윗의 시, 인도자를 따라 아옐렛 샤할에 맞춘 노래]

1 내 하나님이여 내 하나님이여
어찌 나를 버리셨나이까 어찌 나
를 멀리 하여 돕지 아니하시오며
내 신음 소리를 듣지 아니하시나
이까 2 내 하나님이여 내가 낮에
도 부르짖고 밤에도 잠잠하지 아
니하오나 응답하지 아니하시나
이다 3 이스라엘의 찬송 중에 계
시는 주여 주는 거룩하시니이다
4 우리 조상들이 주께 의뢰하고
의뢰하였으므로 그들을 건지셨
나이다 5 그들이 주께 부르짖어
구원을 얻고 주께 의뢰하여 수치
를 당하지 아니하였나이다 6 나
는 벌레요 사람이 아니라 사람의
비방거리요 백성의 조롱거리니
이다 7 나를 보는 자는 다 나를
비웃으며 입술을 비쭉거리고 머
리를 흔들며 말하되 8 그가 여호
와께 의탁하니 구원하실 걸, 그
를 기뻐하시니 건지실 걸 하나이
다 9 오직 주께서 나를 모태에서
나오게 하시고 내 어머니의 젖을
먹을 때에 의지하게 하셨나이다
10 내가 날 때부터 주께 맡긴 바
되었고 모태에서 나올 때부터 주
는 나의 하나님이 되셨나이다
11 나를 멀리 하지 마옵소서 환
난이 가까우나 도울 자 없나이다
12 많은 황소가 나를 에워싸며
바산의 힘센 소들이 나를 둘러쌌
으며 13 내게 그 입을 벌림이 찢
으며 부르짖는 사자 같으니이다
14 나는 물 같이 쏟아졌으며 내
모든 뼈는 어그러졌으며 내 마음
은 밀랍 같아서 내 속에서 녹았
으며 15 내 힘이 말라 질그릇 조
각 같고 내 혀가 입천장에 붙었
나이다 주께서 또 나를 죽음의
진토 속에 두셨나이다 16 개들
이 나를 에워쌌으며 악한 무리가
나를 둘러 내 수족을 찔렀나이다
17 내가 내 모든 뼈를 셀 수 있나
이다 그들이 나를 주목하여 보고
18 내 겉옷을 나누며 속옷을 제
비 뽑나이다 19 여호와여 멀리
하지 마옵소서 나의 힘이시여 속
히 나를 도우소서 20 내 생명을
칼에서 건지시며 내 유일한 것을
개의 세력에서 구하소서 21 나
를 사자의 입에서 구하소서 주께
서 내게 응답하시고 들소의 뿔에
서 구원하셨나이다 22 내가 주
의 이름을 형제에게 선포하고 회
중 가운데에서 주를 찬송하리이
다 23 여호와를 두려워하는 너
희여 그를 찬송할지어다 야곱의
모든 자손이여 그에게 영광을 돌
릴지어다 너희 이스라엘 모든 자
손이여 그를 경외할지어다 24
그는 곤고한 자의 곤고를 멸시하
거나 싫어하지 아니하시며 그의
얼굴을 그에게서 숨기지 아니하
시고 그가 울부짖을 때에 들으셨
도다 25 큰 회중 가운데에서 나
의 찬송은 주께로부터 온 것이니
주를 경외하는 자 앞에서 나의
서원을 갚으리이다 26 겸손한
자는 먹고 배부를 것이며 여호와
를 찾는 자는 그를 찬송할 것이
라 너희 마음은 영원히 살지어다
27 땅의 모든 끝이 여호와를 기
억하고 돌아오며 모든 나라의 모
든 족속이 주의 앞에 예배하리니
28 나라는 여호와의 것이요 여호
와는 모든 나라의 주재심이로다
29 세상의 모든 풍성한 자가 먹
고 경배할 것이요 진토 속으로
내려가는 자 곧 자기 영혼을 살
리지 못할 자도 다 그 앞에 절하
리로다 30 후손이 그를 섬길 것
이요 대대에 주를 전할 것이며
31 와서 그의 공의를 태어날 백
성에게 전함이여 주께서 이를 행
하셨다 할 것이로다

23편

[다윗의 시]

1 여호와는 나의 목자시니 내게
부족함이 없으리로다 2 그가 나
를 푸른 풀밭에 누이시며 쉴 만
한 물 가로 인도하시는도다 3 내
영혼을 소생시키시고 자기 이름
을 위하여 의의 길로 인도하시는

도다 4 내가 사망의 음침한 골짜
기로 다닐지라도 해를 두려워하
지 않을 것은 주께서 나와 함께
하심이라 주의 지팡이와 막대기
가 나를 안위하시나이다 5 주께
서 내 원수의 목전에서 내게 상을
차려 주시고 기름을 내 머리에 부
으셨으니• 내 잔이 넘치나이다 6
내 평생에 선하심과 인자하심이
반드시 나를 따르리니 내가 여호
와의 집에 영원히 살리로다

24편

[다윗의 시]

1 땅과 거기에 충만한 것과 세계
와 그 가운데에 사는 자들은 다
여호와의 것이로다 2 여호와께
서 그 터를 바다 위에 세우심이
여 강들 위에 건설하셨도다 3 여
호와의 산에 오를 자가 누구며
그의 거룩한 곳에 설 자가 누구
인가 4 곧 손이 깨끗하며 마음이
청결하며 뜻을 허탄한 데에 두지
아니하며 거짓 맹세하지 아니하
는 자로다 5 그는 여호와께 복을
받고 구원의 하나님께 의를 얻으
리니 6 이는 여호와를 찾는 족속
이요 야곱의 하나님의 얼굴을 구
하는 자로다 (셀라) 7 문들아 너
희 머리를 들지어다 영원한 문들
아 들릴지어다 영광의 왕이 들어
가시리로다 8 영광의 왕이 누구
시냐 강하고 능한 여호와시요 전
쟁에 능한 여호와시로다 9 문들
아 너희 머리를 들지어다 영원한
문들아 들릴지어다 영광의 왕이
들어가시리로다 10 영광의 왕이
누구시냐 만군의 여호와께서 곧
영광의 왕이시로다 (셀라)

25편

[다윗의 시]

1 여호와여 나의 영혼이 주를 우
러러보나이다 2 나의 하나님이
여 내가 주께 의지하였사오니 나
를 부끄럽지 않게 하시고 나의
원수들이 나를 이겨 개가를 부르
지 못하게 하소서 3 주를 바라는
자들은 수치를 당하지 아니하려
니와 까닭 없이 속이는 자들은
수치를 당하리이다 4 여호와여
주의 도를 내게 보이시고 주의
길을 내게 가르치소서 5 주의 진
리로 나를 지도하시고 교훈하소
서 주는 내 구원의 하나님이시니
내가 종일 주를 기다리나이다 6
여호와여 주의 긍휼하심과 인자
하심이 영원부터 있었사오니 주
여 이것들을 기억하옵소서 7 여

23:5 **기름을 내 머리에 부으셨으니** 이것은 하나님께서 시편 기자에게 많은 재산과 복을 주셨다는 것을 의미할 수 있다.

호와여 내 젊은 시절의 죄와 허
물을 기억하지 마시고 주의 인자
하심을 따라 주께서 나를 기억하
시되 주의 선하심으로 하옵소서
8 여호와는 선하시고 정직하시
니 그러므로 그의 도로 죄인들을
교훈하시리로다 9 온유한 자를
정의로 지도하심이여 온유한 자
에게 그의 도를 가르치시리로다
10 여호와의 모든 길은 그의 언
약과 증거를 지키는 자에게 인자
와 진리로다 11 여호와여 나의
죄악이 크오니 주의 이름으로 말
미암아 사하소서 12 여호와를
경외하는 자 누구냐 그가 택할
길을 그에게 가르치시리로다 13
그의 영혼은 평안히 살고 그의
자손은 땅을 상속하리로다 14
여호와의 친밀하심이 그를 경외
하는 자들에게 있음이여 그의 언
약을 그들에게 보이시리로다 15
내 눈이 항상 여호와를 바라봄은
내 발을 그물에서 벗어나게 하실
것임이로다 16 주여 나는 외롭
고 괴로우니 내게 돌이키사 나에
게 은혜를 베푸소서 17 내 마음
의 근심이 많사오니 나를 고난에
서 끌어내소서 18 나의 곤고와
환난을 보시고 내 모든 죄를 사
하소서 19 내 원수를 보소서 그
들의 수가 많고 나를 심히 미워
하나이다 20 내 영혼을 지켜 나
를 구원하소서 내가 주께 피하오
니 수치를 당하지 않게 하소서
21 내가 주를 바라오니 성실과
정직으로 나를 보호하소서 22
하나님이여 이스라엘을 그 모든
환난에서 속량하소서

26편

[다윗의 시]

1 내가 나의 완전함에 행하였사
오며 흔들리지 아니하고 여호와
를 의지하였사오니 여호와여 나
를 판단하소서 2 여호와여 나를
살피시고 시험하사 내 뜻과 내
양심을 단련하소서 3 주의 인자
하심이 내 목전에 있나이다 내가
주의 진리 중에 행하여 4 허망한
사람과 같이 앉지 아니하였사오
니 간사한 자와 동행하지도 아니
하리이다 5 내가 행악자의 집회
를 미워하오니 악한 자와 같이
앉지 아니하리이다 6 여호와여
내가 무죄하므로 손을 씻고 주의
제단에 두루 다니며 7 감사의 소
리를 들려 주고 주의 기이한 모
든 일을 말하리이다 8 여호와여
내가 주께서 계신 집과 주의 영
광이 머무는 곳을 사랑하오니 9
내 영혼을 죄인과 함께, 내 생명
을 살인자와 함께 거두지 마소서
10 그들의 손에 사악함이 있고 그
들의 오른손에 뇌물이 가득하오
나 11 나는 나의 완전함에 행하
오리니 나를 속량하시고 내게 은
혜를 베푸소서 12 내 발이 평탄
한 데에 섰사오니 무리 가운데에
서 여호와를 송축하리이다

27편

[다윗의 시]

1 여호와는 나의 빛이요 나의 구
원이시니 내가 누구를 두려워하
리요 여호와는 내 생명의 능력이
시니 내가 누구를 무서워하리요
2 악인들이 내 살을 먹으려고 내
게로 왔으나 나의 대적들, 나의
원수들인 그들은 실족하여 넘어
졌도다 3 군대가 나를 대적하여
진 칠지라도 내 마음이 두렵지
아니하며 전쟁이 일어나 나를 치
려 할지라도 나는 여전히 태연하
리로다 4 내가 여호와께 바라는
한 가지 일 그것을 구하리니 곧
내가 내 평생에 여호와의 집에
살면서 여호와의 아름다움을 바
라보며 그의 성전에서 사모하는
그것이라 5 여호와께서 환난 날
에 나를 그의 초막 속에 비밀히
지키시고 그의 장막 은밀한 곳에
나를 숨기시며 높은 바위 위에
두시리로다 6 이제 내 머리가 나
를 둘러싼 내 원수 위에 들리리
니 내가 그의 장막에서 즐거운
제사를 드리겠고 노래하며 여호
와를 찬송하리로다 7 여호와여
내가 소리 내어 부르짖을 때에
들으시고 또한 나를 긍휼히 여기
사 응답하소서 8 너희는 내 얼굴
을 찾으라 하실 때에 내가 마음
으로 주께 말하되 여호와여 내가
주의 얼굴을 찾으리이다 하였나
이다 9 주의 얼굴을 내게서 숨기

지 마시고 주의 종을 노하여 버
리지 마소서 주는 나의 도움이
되셨나이다 나의 구원의 하나님
이시여 나를 버리지 마시고 떠나
지 마소서 **10** 내 부모는 나를 버
렸으나 여호와는 나를 영접하시
리이다 **11** 여호와여 주의 도를
내게 가르치시고 내 원수를 생각
하셔서 평탄한 길로 나를 인도하
소서 **12** 내 생명을 내 대적에게
맡기지 마소서 위증자와 악을 토
하는 자가 일어나 나를 치려 함
이니이다 **13** 내가 산 자들의 땅
에서 여호와의 선하심을 보게 될
줄 확실히 믿었도다 **14** 너는 여
호와를 기다릴지어다 강하고 담
대하며 여호와를 기다릴지어다

28편

[다윗의 시]

1 여호와여 내가 주께 부르짖으
오니 나의 반석이여 내게 귀를
막지 마소서 주께서 내게 잠잠하
시면 내가 무덤에 내려가는 자와
같을까 하나이다 **2** 내가 주의 지
성소를 향하여 나의 손을 들고
주께 부르짖을 때에 나의 간구하
는 소리를 들으소서 **3** 악인과 악
을 행하는 자들과 함께 나를 끌
어내지 마옵소서 그들은 그 이웃
에게 화평을 말하나 그들의 마음
에는 악독이 있나이다 **4** 그들이
하는 일과 그들의 행위가 악한
대로 갚으시며 그들의 손이 지은
대로 그들에게 갚아 그 마땅히
받을 것으로 그들에게 갚으소서
5 그들은 여호와께서 행하신 일
과 손으로 지으신 것을 생각하지
아니하므로 여호와께서 그들을
파괴하고 건설하지 아니하시리
로다 **6** 여호와를 찬송함이여 내
간구하는 소리를 들으심이로다
7 여호와는 나의 힘과 나의 방패
이시니 내 마음이 그를 의지하여
도움을 얻었도다 그러므로 내 마
음이 크게 기뻐하며 내 노래로
그를 찬송하리로다 **8** 여호와는
그들의 힘이시요 그의 기름 부음
받은 자의 구원의 요새이시로다
9 주의 백성을 구원하시며 주의
산업에 복을 주시고 또 그들의
목자가 되시어 영원토록 그들을
인도하소서

29편

[다윗의 시]

1 너희 권능 있는 자들아 영광과
능력을 여호와께 돌리고 돌릴지
어다 **2** 여호와께 그의 이름에 합
당한 영광을 돌리며 거룩한 옷을
입고 여호와께 예배할지어다 **3**
여호와의 소리가 물 위에 있도다
영광의 하나님이 우렛소리를 내
시니 여호와는 많은 물 위에 계
시도다 **4** 여호와의 소리가 힘 있
음이여 여호와의 소리가 위엄차
도다 **5** 여호와의 소리가 백향목
을 꺾으심이여 여호와께서 레바
논 백향목을 꺾어 부수시도다 **6**

그 나무를 송아지 같이 뛰게 하
심이여 레바논과 시룐으로 들송
아지 같이 뛰게 하시도다 7 여호
와의 소리가 화염을 가르시도다
8 여호와의 소리가 광야를 진동
하심이여 여호와께서 가데스 광
야를 진동시키시도다 9 여호와
의 소리가 암사슴을 낙태하게 하
시고 삼림을 말갛게 벗기시니 그
의 성전에서 그의 모든 것들이
말하기를 영광이라 하도다 10
여호와께서 홍수 때에 좌정하셨
음이여 여호와께서 영원하도록
왕으로 좌정하시도다 11 여호와
께서 자기 백성에게 힘을 주심이
여 여호와께서 자기 백성에게 평
강의 복을 주시리로다

30편

[다윗의 시, 곧 성전 낙성가]

1 여호와여 내가 주를 높일 것은
주께서 나를 끌어내사 내 원수로
하여금 나로 말미암아 기뻐하지
못하게 하심이니이다 2 여호와
내 하나님이여 내가 주께 부르짖
으매 나를 고치셨나이다 3 여호
와여 주께서 내 영혼을 스올에서
끌어내어 나를 살리사 무덤으로
내려가지 아니하게 하셨나이다
4 주의 성도들아 여호와를 찬송
하며 그의 거룩함을 기억하며 감
사하라 5 그의 노염은 잠깐이요
그의 은총은 평생이로다 저녁에
는 울음이 깃들일지라도 아침에
는 기쁨이 오리로다 6 내가 형통
할 때에 말하기를 영원히 흔들리
지 아니하리라 하였도다 7 여호
와여 주의 은혜로 나를 산 같이
굳게 세우셨더니 주의 얼굴을 가
리시매 내가 근심하였나이다 8
여호와여 내가 주께 부르짖고 여
호와께 간구하기를 9 내가 무덤
에 내려갈 때에 나의 피가 무슨
유익이 있으리요 진토가 어떻게
주를 찬송하며 주의 진리를 선포
하리이까 10 여호와여 들으시고
내게 은혜를 베푸소서 여호와여
나를 돕는 자가 되소서 하였나이
다 11 주께서 나의 슬픔이 변하
여 내게 춤이 되게 하시며 나의
베옷을 벗기고 기쁨으로 띠 띠우
셨나이다 12 이는 잠잠하지 아
니하고 내 영광으로 주를 찬송하
게 하심이니 여호와 나의 하나님
이여 내가 주께 영원히 감사하리
이다

31편

[다윗의 시, 인도자를 따라 부르는 노래]

1 여호와여 내가 주께 피하오니
나를 영원히 부끄럽게 하지 마시
고 주의 공의로 나를 건지소서 2
내게 귀를 기울여 속히 건지시고
내게 견고한 바위와 구원하는 산
성이 되소서 3 주는 나의 반석과
산성이시니 그러므로 주의 이름
을 생각하셔서 나를 인도하시고
지도하소서 4 그들이 나를 위하
여 비밀히 친 그물에서 빼내소서
주는 나의 산성이시니이다 5 내
가 나의 영을 주의 손에 부탁하
나이다 진리의 하나님 여호와여
나를 속량하셨나이다 6 내가 허
탄한 거짓을 숭상하는 자들을 미
워하고 여호와를 의지하나이다
7 내가 주의 인자하심을 기뻐하
며 즐거워할 것은 주께서 나의
고난을 보시고 환난 중에 있는
내 영혼을 아셨으며 8 나를 원수
의 수중에 가두지 아니하셨고 내
발을 넓은 곳에 세우셨음이니이
다 9 여호와여 내가 고통 중에
있사오니 내게 은혜를 베푸소서
내가 근심 때문에 눈과 영혼과
몸이 쇠하였나이다 10 내 일생
을 슬픔으로 보내며 나의 연수를
탄식으로 보냄이여 내 기력이 나
의 죄악 때문에 약하여지며 나의
뼈가 쇠하도소이다 11 내가 모
든 대적들 때문에 욕을 당하고
내 이웃에게서는 심히 당하니 내
친구가 놀라고 길에서 보는 자가
나를 피하였나이다 12 내가 잊
어버린 바 됨이 죽은 자를 마음
에 두지 아니함 같고 깨진 그릇
과 같으니이다 13 내가 무리의
비방을 들었으므로 사방이 두려
움으로 감싸였나이다 그들이 나
를 치려고 함께 의논할 때에 내
생명을 빼앗기로 꾀하였나이다
14 여호와여 그러하여도 나는 주
께 의지하고 말하기를 주는 내
하나님이시라 하였나이다 15 나
의 앞날이 주의 손에 있사오니
내 원수들과 나를 핍박하는 자들
의 손에서 나를 건져 주소서 16
주의 얼굴을 주의 종에게 비추시
고 주의 사랑하심으로 나를 구원
하소서 17 여호와여 내가 주를
불렀사오니 나를 부끄럽게 하지
마시고 악인들을 부끄럽게 하사
스올에서 잠잠하게 하소서 18
교만하고 완악한 말로 무례히 의

인을 치는 거짓 입술이 말 못하
는 자 되게 하소서 19 주를 두려
워하는 자를 위하여 쌓아 두신
은혜 곧 주께 피하는 자를 위하
여 인생 앞에 베푸신 은혜가 어
찌 그리 큰지요 20 주께서 그들
을 주의 은밀한 곳에 숨기사 사
람의 꾀에서 벗어나게 하시고 비
밀히 장막에 감추사 말 다툼에서
면하게 하시리이다 21 여호와를
찬송할지어다 견고한 성에서 그
의 놀라운 사랑을 내게 보이셨음
이로다 22 내가 놀라서 말하기
를 주의 목전에서 끊어졌다 하였
사오나 내가 주께 부르짖을 때에
주께서 나의 간구하는 소리를 들
으셨나이다 23 너희 모든 성도
들아 여호와를 사랑하라 여호와
께서 진실한 자를 보호하시고 교
만하게 행하는 자에게 엄중히 갚
으시느니라 24 여호와를 바라는
너희들아 강하고 담대하라

32편

[다윗의 마스길]

1 허물의 사함을 받고 자신의 죄
가 가려진 자는 복이 있도다 2
마음에 간사함이 없고 여호와께
정죄를 당하지 아니하는 자는 복
이 있도다 3 내가 입을 열지 아
니할 때에 종일 신음하므로 내
뼈가 쇠하였도다 4 주의 손이 주
야로 나를 누르시오니 내 진액이
빠져서 여름 가뭄에 마름 같이
되었나이다 (셀라) 5 내가 이르
기를 내 허물을 여호와께 자복하
리라 하고 주께 내 죄를 아뢰고
내 죄악을 숨기지 아니하였더니
곧 주께서 내 죄악을 사하셨나이
다 (셀라) 6 이로 말미암아 모든
경건한 자는 주를 만날 기회를
얻어서 주께 기도할지라 진실로
홍수가 범람할지라도 그에게 미
치지 못하리이다 7 주는 나의 은
신처이오니 환난에서 나를 보호
하시고 구원의 노래로 나를 두르
시리이다 (셀라) 8 내가 네 갈 길
을 가르쳐 보이고 너를 주목하여
훈계하리로다 9 너희는 무지한
말이나 노새 같이 되지 말지어다
그것들은 재갈과 굴레로 단속하
지 아니하면 너희에게 가까이 가
지 아니하리로다 10 악인에게는
많은 슬픔이 있으나 여호와를 신
뢰하는 자에게는 인자하심이 두
르리로다 11 너희 의인들아 여
호와를 기뻐하며 즐거워할지어
다 마음이 정직한 너희들아 다
즐거이 외칠지어다

33편

1 너희 의인들아 여호와를 즐거
워하라 찬송은 정직한 자들이 마
땅히 할 바로다 2 수금으로 여호
와께 감사하고 열 줄 비파로 찬
송할지어다 3 새 노래로 그를 노
래하며 즐거운 소리로 아름답게
연주할지어다 4 여호와의 말씀
은 정직하며 그가 행하시는 일은
다 진실하시도다 5 그는 공의와
정의를 사랑하심이여 세상에는
여호와의 인자하심이 충만하도
다 6 여호와의 말씀으로 하늘이
지음이 되었으며 그 만상을 그의
입 기운으로 이루었도다 7 그가
바닷물을 모아 무더기 같이 쌓으
시며 깊은 물을 곳간에 두시도다
8 온 땅은 여호와를 두려워하며
세상의 모든 거민들은 그를 경외
할지어다 9 그가 말씀하시매 이
루어졌으며 명령하시매 견고히
섰도다 10 여호와께서 나라들의
계획을 폐하시며 민족들의 사상
을 무효하게 하시도다 11 여호
와의 계획은 영원히 서고 그의
생각은 대대에 이르리로다 12
여호와를 자기 하나님으로 삼은

나라 곧 하나님의 기업으로 선택
된 백성은 복이 있도다 13 여호
와께서 하늘에서 굽어보사 모든
인생을 살피심이여 14 곧 그가
거하시는 곳에서 세상의 모든 거
민들을 굽어살피시는도다 15 그
는 그들 모두의 마음을 지으시며
그들이 하는 일을 굽어살피시는
이로다 16 많은 군대로 구원 얻
은 왕이 없으며 용사가 힘이 세
어도 스스로 구원하지 못하는도
다 17 구원하는 데에 군마는 헛
되며 군대가 많다 하여도 능히
구하지 못하는도다 18 여호와는
그를 경외하는 자 곧 그의 인자
하심을 바라는 자를 살피사 19
그들의 영혼을 사망에서 건지시
며 그들이 굶주릴 때에 그들을
살리시는도다 20 우리 영혼이
여호와를 바람이여 그는 우리의
도움과 방패시로다 21 우리 마
음이 그를 즐거워함이여 우리가
그의 성호를 의지하였기 때문이
로다 22 여호와여 우리가 주께
바라는 대로 주의 인자하심을 우
리에게 베푸소서

34편

[다윗이 아비멜렉 앞에서 미친 체하다가 쫓겨나서 지은 시]

1 내가 여호와를 항상 송축함이
여 내 입술로 항상 주를 찬양하
리이다 2 내 영혼이 여호와를 자
랑하리니 곤고한 자들이 이를 듣
고 기뻐하리로다 3 나와 함께 여
호와를 광대하시다 하며 함께 그
의 이름을 높이세 4 내가 여호와

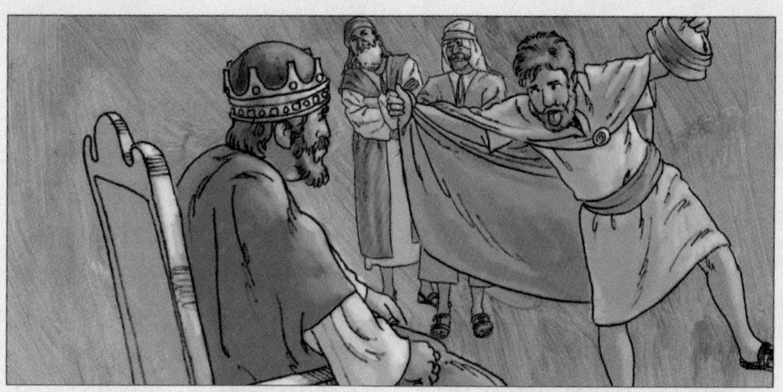

께 간구하매 내게 응답하시고 내
모든 두려움에서 나를 건지셨도
다 5 그들이 주를 앙망하고 광채
를 내었으니 그들의 얼굴은 부끄
럽지 아니하리로다 6 이 곤고한
자가 부르짖으매 여호와께서 들
으시고 그의 모든 환난에서 구원
하셨도다 7 여호와의 천사가 주
를 경외하는 자를 둘러 진 치고
그들을 건지시는도다 8 너희는
여호와의 선하심을 맛보아 알지
어다 그에게 피하는 자는 복이
있도다 9 너희 성도들아 여호와
를 경외하라 그를 경외하는 자에
게는 부족함이 없도다 10 젊은
사자는 궁핍하여 주릴지라도 여
호와를 찾는 자는 모든 좋은 것
에 부족함이 없으리로다 11 너
희 자녀들아 와서 내 말을 들으
라 내가 여호와를 경외하는 법을
너희에게 가르치리로다 12 생명
을 사모하고 연수를 사랑하여 복
받기를 원하는 사람이 누구뇨
13 네 혀를 악에서 금하며 네 입
술을 거짓말에서 금할지어다 14
악을 버리고 선을 행하며 화평을
찾아 따를지어다 15 여호와의
눈은 의인을 향하시고 그의 귀는
그들의 부르짖음에 기울이시는
도다 16 여호와의 얼굴은 악을
행하는 자를 향하사 그들의 자취
를 땅에서 끊으려 하시는도다
17 의인이 부르짖으매 여호와께
서 들으시고 그들의 모든 환난에
서 건지셨도다 18 여호와는 마
음이 상한 자를 가까이 하시고
충심으로 통회하는 자를 구원하
시는도다 19 의인은 고난이 많
으나 여호와께서 그의 모든 고난
에서 건지시는도다 20 그의 모
든 뼈를 보호하심이여 그 중에서
하나도 꺾이지 아니하도다 21
악이 악인을 죽일 것이라 의인을
미워하는 자는 벌을 받으리로다
22 여호와께서 그의 종들의 영혼
을 속량하시나니 그에게 피하는
자는 다 벌을 받지 아니하리로다

35편

[다윗의 시]

1 여호와여 나와 다투는 자와 다
투시고 나와 싸우는 자와 싸우소
서 2 방패와 손 방패를 잡으시고
일어나 나를 도우소서 3 창을 빼
사 나를 쫓는 자의 길을 막으시
고 또 내 영혼에게 나는 네 구원
이라 이르소서 4 내 생명을 찾는

자들이 부끄러워 수치를 당하게
하시며 나를 상해하려 하는 자들
이 물러가 낭패를 당하게 하소서
5 그들을 바람 앞에 겨와 같게 하
시고 여호와의 천사가 그들을 몰
아내게 하소서 6 그들의 길을 어
둡고 미끄럽게 하시며 여호와의
천사가 그들을 뒤쫓게 하소서 7
그들이 까닭 없이 나를 잡으려고
그들의 그물을 웅덩이에 숨기며
까닭 없이 내 생명을 해하려고
함정을 팠사오니 8 멸망이 순식
간에 그에게 닥치게 하시며 그가
숨긴 그물에 자기가 잡히게 하시
며 멸망 중에 떨어지게 하소서 9
내 영혼이 여호와를 즐거워함이
여 그의 구원을 기뻐하리로다
10 내 모든 뼈가 이르기를 여호
와와 같은 이가 누구냐 그는 가
난한 자를 그보다 강한 자에게서
건지시고 가난하고 궁핍한 자를
노략하는 자에게서 건지시는 이
라 하리로다 11 불의한 증인들
이 일어나서 내가 알지 못하는
일로 내게 질문하며 12 내게 선
을 악으로 갚아 나의 영혼을 외
롭게 하나 13 나는 그들이 병 들
었을 때에 굵은 베 옷을 입으며
금식하여 내 영혼을 괴롭게 하였
더니 내 기도가 내 품으로 돌아
왔도다 14 내가 나의 친구와 형
제에게 행함 같이 그들에게 행하
였으며 내가 몸을 굽히고 슬퍼하
기를 어머니를 곡함 같이 하였도
다 15 그러나 내가 넘어지매 그
들이 기뻐하여 서로 모임이여 불
량배가 내가 알지 못하는 중에
모여서 나를 치며 찢기를 마지아
니하도다 16 그들은 연회에서
망령되이 조롱하는 자 같이 나를
향하여 그들의 이를 갈도다 17
주여 어느 때까지 관망하시려 하
나이까 내 영혼을 저 멸망자에게
서 구원하시며 내 유일한 것을
사자들에게서 건지소서 18 내가
대회 중에서 주께 감사하며 많은
백성 중에서 주를 찬송하리이다
19 부당하게 나의 원수 된 자가
나로 말미암아 기뻐하지 못하게
하시며 까닭 없이 나를 미워하는
자들이 서로 눈짓하지 못하게 하
소서 20 무릇 그들은 화평을 말
하지 아니하고 오히려 평안히 땅
에 사는 자들을 거짓말로 모략하
며 21 또 그들이 나를 향하여 입
을 크게 벌리고 하하 우리가 목
격하였다 하나이다 22 여호와여
주께서 이를 보셨사오니 잠잠하
지 마옵소서 주여 나를 멀리하지
마옵소서 23 나의 하나님, 나의
주여 떨치고 깨셔서 나를 공판하
시며 나의 송사를 다스리소서
24 여호와 나의 하나님이여 주의
공의대로 나를 판단하사 그들이
나로 말미암아 기뻐하지 못하게
하소서 25 그들이 마음속으로
이르기를 아하 소원을 성취하였
다 하지 못하게 하시며 우리가
그를 삼켰다 말하지 못하게 하소
서 26 나의 재난을 기뻐하는 자
들이 함께 부끄러워 낭패를 당하
게 하시며 나를 향하여 스스로
뽐내는 자들이 수치와 욕을 당하
게 하소서 27 나의 의를 즐거워
하는 자들이 기꺼이 노래 부르고
즐거워하게 하시며 그의 종의 평
안함을 기뻐하시는 여호와는 위
대하시다 하는 말을 그들이 항상
말하게 하소서 28 나의 혀가 주
의 의를 말하며 종일토록 주를
찬송하리이다

36편

[여호와의 종 다윗의 시, 인도자를 따라 부르는 노래]

1 악인의 죄가 그의 마음속으로
이르기를 그의 눈에는 하나님을
두려워하는 빛이 없다 하니 2 그
가 스스로 자랑하기를 자기의 죄
악은 드러나지 아니하고 미워함
을 받지도 아니하리라 함이로다
3 그의 입에서 나오는 말은 죄악
과 속임이라 그는 지혜와 선행을
그쳤도다 4 그는 그의 침상에서
죄악을 꾀하며 스스로 악한 길에
서고 악을 거절하지 아니하는도
다 5 여호와여 주의 인자하심이
하늘에 있고 주의 진실하심이 공
중에 사무쳤으며 6 주의 의는 하
나님의 산들과 같고 주의 심판은
큰 바다와 같으니이다 여호와여
주는 사람과 짐승을 구하여 주시
나이다 7 하나님이여 주의 인자
하심이 어찌 그리 보배로우신지
요 사람들이 주의 날개 그늘 아
래에 피하나이다 8 그들이 주의
집에 있는 살진 것으로 풍족할
것이라 주께서 주의 복락의 강물
을 마시게 하시리이다 9 진실로

생명의 원천이 주께 있사오니 주
의 빛 안에서 우리가 빛을 보리
이다 10 주를 아는 자들에게 주
의 인자하심을 계속 베푸시며 마
음이 정직한 자에게 주의 공의를
베푸소서 11 교만한 자의 발이
내게 이르지 못하게 하시며 악인
들의 손이 나를 쫓아내지 못하게
하소서 12 악을 행하는 자들이
거기서 넘어졌으니 엎드러지고
다시 일어날 수 없으리이다

37편

[다윗의 시]

1 악을 행하는 자들 때문에 불평
하지 말며 불의를 행하는 자들을
시기하지 말지어다 2 그들은 풀
과 같이 속히 베임을 당할 것이
며 푸른 채소 같이 쇠잔할 것임
이로다 3 여호와를 의뢰하고 선
을 행하라 땅에 머무는 동안 그
의 성실을 먹을거리로 삼을지어
다 4 또 여호와를 기뻐하라 그가
네 마음의 소원을 네게 이루어
주시리로다 5 네 길을 여호와께
맡기라 그를 의지하면 그가 이루
시고 6 네 의를 빛 같이 나타내
시며 네 공의를 정오의 빛 같이
하시리로다 7 여호와 앞에 잠잠
하고 참고 기다리라 자기 길이
형통하며 악한 꾀를 이루는 자
때문에 불평하지 말지어다 8 분
을 그치고 노를 버리며 불평하지
말라 오히려 악을 만들 뿐이라 9
진실로 악을 행하는 자들은 끊어
질 것이나 여호와를 소망하는 자
들은 땅을 차지하리로다 10 잠
시 후에는 악인이 없어지리니 네
가 그 곳을 자세히 살필지라도
없으리로다 11 그러나 온유한
자들은 땅을 차지하며 풍성한 화
평으로 즐거워하리로다 12 악인
이 의인 치기를 꾀하고 그를 향
하여 그의 이를 가는도다 13 그
러나 주께서 그를 비웃으시리니
그의 날이 다가옴을 보심이로다
14 악인이 칼을 빼고 활을 당겨
가난하고 궁핍한 자를 엎드러뜨
리며 행위가 정직한 자를 죽이고
자 하나 15 그들의 칼은 오히려
그들의 양심을 찌르고 그들의 활
은 부러지리로다 16 의인의 적
은 소유가 악인의 풍부함보다 낫
도다 17 악인의 팔은 부러지나
의인은 여호와께서 붙드시는도
다 18 여호와께서 온전한 자의
날을 아시나니 그들의 기업은 영
원하리로다 19 그들은 환난 때
에 부끄러움을 당하지 아니하며
기근의 날에도 풍족할 것이나
20 악인들은 멸망하고 여호와의
원수들은 어린 양의 기름 같이
타서 연기가 되어 없어지리로다
21 악인은 꾸고 갚지 아니하나
의인은 은혜를 베풀고 주는도다
22 주의 복을 받은 자들은 땅을
차지하고 주의 저주를 받은 자들
은 끊어지리로다 23 여호와께서
사람의 걸음을 정하시고 그의 길
을 기뻐하시나니 24 그는 넘어
지나 아주 엎드러지지 아니함은

여호와께서 그의 손으로 붙드심
이로다 25 내가 어려서부터 늙
기까지 의인이 버림을 당하거나
그의 자손이 걸식함을 보지 못하
였도다 26 그는 종일토록 은혜
를 베풀고 꾸어 주니 그의 자손
이 복을 받는도다 27 악에서 떠
나 선을 행하라 그리하면 영원히
살리니 28 여호와께서 정의를
사랑하시고 그의 성도를 버리지
아니하심이로다 그들은 영원히
보호를 받으나 악인의 자손은 끊
어지리로다 29 의인이 땅을 차
지함이여 거기서 영원히 살리로
다 30 의인의 입은 지혜로우며
그의 혀는 정의를 말하며 31 그
의 마음에는 하나님의 법이 있으
니 그의 걸음은 실족함이 없으리
로다 32 악인이 의인을 엿보아
살해할 기회를 찾으나 33 여호
와는 그를 악인의 손에 버려 두
지 아니하시고 재판 때에도 정죄
하지 아니하시리로다 34 여호와
를 바라고 그의 도를 지키라 그
리하면 네가 땅을 차지하게 하실
것이라 악인이 끊어질 때에 네가
똑똑히 보리로다 35 내가 악인
의 큰 세력을 본즉 그 본래의 땅
에 서 있는 나무 잎이 무성함과
같으나 36 내가 지나갈 때에 그
는 없어졌나니 내가 찾아도 발견
하지 못하였도다 37 온전한 사
람을 살피고 정직한 자를 볼지어
다 모든 화평한 자의 미래는 평
안이로다 38 범죄자들은 함께
멸망하리니 악인의 미래는 끊어
질 것이나 39 의인들의 구원은
여호와로부터 오나니 그는 환난
때에 그들의 요새이시로다 40
여호와께서 그들을 도와 건지시
되 악인들에게서 건져 구원하심
은 그를 의지한 까닭이로다

38편

[다윗의 기념하는 시]

1 여호와여 주의 노하심으로 나
를 책망하지 마시고 주의 분노하
심으로 나를 징계하지 마소서 2
주의 화살이 나를 찌르고 주의
손이 나를 심히 누르시나이다 3
주의 진노로 말미암아 내 살에
성한 곳이 없사오며 나의 죄로
말미암아 내 뼈에 평안함이 없나
이다 4 내 죄악이 내 머리에 넘
쳐서 무거운 짐 같으니 내가 감
당할 수 없나이다 5 내 상처가
썩어 악취가 나오니 내가 우매한
까닭이로소이다 6 내가 아프고
심히 구부러졌으며 종일토록 슬
픔 중에 다니나이다 7 내 허리에
열기가 가득하고 내 살에 성한
곳이 없나이다 8 내가 피곤하고
심히 상하였으매 마음이 불안하
여 신음하나이다 9 주여 나의 모
든 소원이 주 앞에 있사오며 나
의 탄식이 주 앞에 감추이지 아
니하나이다 10 내 심장이 뛰고
내 기력이 쇠하여 내 눈의 빛도
나를 떠났나이다 11 내가 사랑
하는 자와 내 친구들이 내 상처
를 멀리하고 내 친척들도 멀리
섰나이다 12 내 생명을 찾는 자
가 올무를 놓고 나를 해하려는
자가 괴악한 일을 말하여 종일토
록 음모를 꾸미오나 13 나는 못
듣는 자 같이 듣지 아니하고 말
못하는 자 같이 입을 열지 아니
하오니 14 나는 듣지 못하는 자
같아서 내 입에는 반박할 말이
없나이다 15 여호와여 내가 주
를 바랐사오니 내 주 하나님이
내게 응답하시리이다 16 내가
말하기를 두렵건대 그들이 나 때
문에 기뻐하며 내가 실족할 때에
나를 향하여 스스로 교만할까 하
였나이다 17 내가 넘어지게 되
었고 나의 근심이 항상 내 앞에
있사오니 18 내 죄악을 아뢰고
내 죄를 슬퍼함이니이다 19 내
원수가 활발하며 강하고 부당하
게 나를 미워하는 자가 많으며
20 또 악으로 선을 대신하는 자
들이 내가 선을 따른다는 것 때
문에 나를 대적하나이다 21 여
호와여 나를 버리지 마소서 나의
하나님이여 나를 멀리하지 마소
서 22 속히 나를 도우소서 주 나
의 구원이시여

39편

[다윗의 시, 인도자를 따라 여두둔 형식으로 부르는 노래]

1 내가 말하기를 나의 행위를 조
심하여 내 혀로 범죄하지 아니하
리니 악인이 내 앞에 있을 때에
내가 내 입에 재갈을 먹이리라
하였도다 2 내가 잠잠하여 선한
말도 하지 아니하니 나의 근심이
더 심하도다 3 내 마음이 내 속
에서 뜨거워서 작은 소리로 읊조
릴 때에 불이 붙으니 나의 혀로
말하기를 4 여호와여 나의 종말
과 연한이 언제까지인지 알게 하
사 내가 나의 연약함을 알게 하

소서 5 주께서 나의 날을 한 뼘
길이만큼 되게 하시매 나의 일생
이 주 앞에는 없는 것 같사오니
사람은 그가 든든히 서 있는 때
에도 진실로 모두가 허사뿐이니
이다 (셀라) 6 진실로 각 사람은
그림자 같이 다니고 헛된 일로
소란하며 재물을 쌓으나 누가 거
둘는지 알지 못하나이다 7 주여
이제 내가 무엇을 바라리요 나의
소망은 주께 있나이다 8 나를 모
든 죄에서 건지시며 우매한 자에
게서 욕을 당하지 아니하게 하소
서 9 내가 잠잠하고 입을 열지 아
니함은 주께서 이를 행하신 까닭
이니이다 10 주의 징벌을 나에게
서 옮기소서 주의 손이 치심으로
내가 쇠망하였나이다 11 주께서
죄악을 책망하사 사람을 징계하
실 때에 그 영화를 좀먹음 같이
소멸하게 하시니 참으로 인생이
란 모두 헛될 뿐이니이다 (셀라)
12 여호와여 나의 기도를 들으시
며 나의 부르짖음에 귀를 기울이
소서 내가 눈물 흘릴 때에 잠잠하
지 마옵소서 나는 주와 함께 있는
나그네이며 나의 모든 조상들처
럼 떠도나이다 13 주는 나를 용
서하사 내가 떠나 없어지기 전에
나의 건강을 회복시키소서

40편

[다윗의 시, 인도자를 따라 부르는 노래]

1 내가 여호와를 기다리고 기다
렸더니 귀를 기울이사 나의 부르
짖음을 들으셨도다 2 나를 기가
막힐 웅덩이와 수렁에서 끌어올
리시고 내 발을 반석 위에 두사
내 걸음을 견고하게 하셨도다 3
새 노래 곧 우리 하나님께 올릴
찬송을 내 입에 두셨으니 많은
사람이 보고 두려워하여 여호와
를 의지하리로다 4 여호와를 의
지하고 교만한 자와 거짓에 치우
치는 자를 돌아보지 아니하는 자
는 복이 있도다 5 여호와 나의
하나님이여 주께서 행하신 기적
이 많고 우리를 향하신 주의 생
각도 많아 누구도 주와 견줄 수
가 없나이다 내가 널리 알려 말
하고자 하나 너무 많아 그 수를
셀 수도 없나이다 6 주께서 내
귀를 통하여 내게 들려 주시기를
제사와 예물을 기뻐하지 아니하
시며 번제와 속죄제를 요구하지
아니하신다 하신지라 7 그 때에
내가 말하기를 내가 왔나이다 나
를 가리켜 기록한 것이 두루마리
책에 있나이다 8 나의 하나님이
여 내가 주의 뜻 행하기를 즐기
오니 주의 법이 나의 심중에 있
나이다 하였나이다 9 내가 많은
회중 가운데에서 의의 기쁜 소식
을 전하였나이다 여호와여 내가
내 입술을 닫지 아니할 줄을 주
께서 아시나이다 10 내가 주의
공의를 내 심중에 숨기지 아니하
고 주의 성실과 구원을 선포하였
으며 내가 주의 인자와 진리를
많은 회중 가운데에서 감추지 아
니하였나이다 11 여호와여 주의
긍휼을 내게서 거두지 마시고 주
의 인자와 진리로 나를 항상 보
호하소서 12 수많은 재앙이 나
를 둘러싸고 나의 죄악이 나를
덮치므로 우러러볼 수도 없으며
죄가 나의 머리털보다 많으므로
내가 낙심하였음이니이다 13 여
호와여 은총을 베푸사 나를 구원
하소서 여호와여 속히 나를 도우
소서 14 내 생명을 찾아 멸하려
하는 자는 다 수치와 낭패를 당
하게 하시며 나의 해를 기뻐하는
자는 다 물러가 욕을 당하게 하
소서 15 나를 향하여 하하 하하
하며 조소하는 자들이 자기 수치
로 말미암아 놀라게 하소서 16
주를 찾는 자는 다 주 안에서 즐

시

거워하고 기뻐하게 하시며 주의
구원을 사랑하는 자는 항상 말하
기를 여호와는 위대하시다 하게
하소서 17 나는 가난하고 궁핍
하오나 주께서는 나를 생각하시
오니 주는 나의 도움이시요 나를
건지시는 이시라 나의 하나님이
여 지체하지 마소서

41편

[다윗의 시, 인도자를 따라 부르는 노래]

1 가난한 자를 보살피는 자에게
복이 있음이여 재앙의 날에 여호
와께서 그를 건지시리로다 2 여
호와께서 그를 지키사 살게 하시
리니 그가 이 세상에서 복을 받
을 것이라 주여 그를 그 원수들
의 뜻에 맡기지 마소서 3 여호와
께서 그를 병상에서 붙드시고 그
가 누워 있을 때마다 그의 병을
고쳐 주시나이다 4 내가 말하기
를 여호와여 내게 은혜를 베푸소
서 내가 주께 범죄하였사오니 나
를 고치소서 하였나이다 5 나의
원수가 내게 대하여 악담하기를
그가 어느 때에나 죽고 그의 이
름이 언제나 없어질까 하며 6 나
를 보러 와서는 거짓을 말하고
그의 중심에 악을 쌓았다가 나가
서는 이를 널리 선포하오며 7 나
를 미워하는 자가 다 하나같이
내게 대하여 수군거리고 나를 해
하려고 꾀하며 8 이르기를 악한
병이 그에게 들었으니 이제 그가
눕고 다시 일어나지 못하리라 하
오며 9 내가 신뢰하여 내 떡을
나눠 먹던 나의 가까운 친구도
나를 대적하여 그의 발꿈치를 들
었나이다 10 그러하오나 주 여
호와여 내게 은혜를 베푸시고 나
를 일으키사 내가 그들에게 보응
하게 하소서 이로써 11 내 원수
가 나를 이기지 못하오니 주께서
나를 기뻐하시는 줄을 내가 알았
나이다 12 주께서 나를 온전한
중에 붙드시고 영원히 주 앞에
세우시나이다 13 이스라엘의 하
나님 여호와를 영원부터 영원까
지 송축할지로다 아멘 아멘

제이권

42편

[고라 자손의 마스길, 인도자를 따라 부르는 노래]

1 하나님이여 사슴이 시냇물을
찾기에 갈급함 같이 내 영혼이
주를 찾기에 갈급하니이다 2 내
영혼이 하나님 곧 살아 계시는
하나님을 갈망하나니 내가 어느
때에 나아가서 하나님의 얼굴을
뵈올까 3 사람들이 종일 내게 하
는 말이 네 하나님이 어디 있느
뇨 하오니 내 눈물이 주야로 내
음식이 되었도다 4 내가 전에 성
일을 지키는 무리와 동행하여 기
쁨과 감사의 소리를 내며 그들을
하나님의 집으로 인도하였더니
이제 이 일을 기억하고 내 마음
이 상하는도다 5 내 영혼아 네가
어찌하여 낙심하며 어찌하여 내
속에서 불안해 하는가 너는 하나
님께 소망을 두라 그가 나타나
도우심으로 말미암아 내가 여전
히 찬송하리로다 6 내 하나님이
여 내 영혼이 내 속에서 낙심이
되므로 내가 요단 땅과 헤르몬과
미살 산에서 주를 기억하나이다
7 주의 폭포 소리에 깊은 바다가
서로 부르며 주의 모든 파도와
물결이 나를 휩쓸었나이다 8 낮
에는 여호와께서 그의 인자하심
을 베푸시고 밤에는 그의 찬송이
내게 있어 생명의 하나님께 기도
하리로다 9 내 반석이신 하나님
께 말하기를 어찌하여 나를 잊으
셨나이까 내가 어찌하여 원수의
압제로 말미암아 슬프게 다니나
이까 하리로다 10 내 뼈를 찌르
는 칼 같이 내 대적이 나를 비방

하여 늘 내게 말하기를 네 하나
님이 어디 있느냐 하도다 11 내
영혼아 네가 어찌하여 낙심하며
어찌하여 내 속에서 불안해 하는
가 너는 하나님께 소망을 두라
나는 그가 나타나 도우심으로 말
미암아 내 하나님을 여전히 찬송
하리로다

43편

1 하나님이여 나를 판단하시되
경건하지 아니한 나라에 대하여
내 송사를 변호하시며 간사하고
불의한 자에게서 나를 건지소서
2 주는 나의 힘이 되신 하나님이
시거늘 어찌하여 나를 버리셨나
이까 내가 어찌하여 원수의 억압
으로 말미암아 슬프게 다니나이
까 3 주의 빛과 주의 진리를 보
내시어 나를 인도하시고 주의 거
룩한 산과 주께서 계시는 곳에
이르게 하소서 4 그런즉 내가 하
나님의 제단에 나아가 나의 큰
기쁨의 하나님께 이르리이다 하
나님이여 나의 하나님이여 내가
수금으로 주를 찬양하리이다 5
내 영혼아 네가 어찌하여 낙심하
며 어찌하여 내 속에서 불안해
하는가 너는 하나님께 소망을 두
라 그가 나타나 도우심으로 말미
암아 내 하나님을 여전히 찬송하
리로다

44편

**[고라 자손의 마스길, 인도자를 따
라 부르는 노래]**

1 하나님이여 주께서 우리 조상
들의 날 곧 옛날에 행하신 일을
그들이 우리에게 일러 주매 우리
가 우리 귀로 들었나이다 2 주께
서 주의 손으로 뭇 백성을 내쫓
으시고 우리 조상들을 이 땅에
뿌리 박게 하시며 주께서 다른
민족들은 고달프게 하시고 우리
조상들은 번성하게 하셨나이다
3 그들이 자기 칼로 땅을 얻어 차
지함이 아니요 그들의 팔이 그들
을 구원함도 아니라 오직 주의
오른손과 주의 팔과 주의 얼굴의
빛으로 하셨으니 주께서 그들을
기뻐하신 까닭이니이다 4 하나
님이여 주는 나의 왕이시니 야곱
에게 구원을 베푸소서 5 우리가
주를 의지하여 우리 대적을 누르
고 우리를 치러 일어나는 자를
주의 이름으로 밟으리이다 6 나
는 내 활을 의지하지 아니할 것
이라 내 칼이 나를 구원하지 못
하리이다 7 오직 주께서 우리를
우리 원수들에게서 구원하시고
우리를 미워하는 자로 수치를 당
하게 하셨나이다 8 우리가 종일
하나님을 자랑하였나이다 우리
는 하나님의 이름에 영원히 감사
하리이다 (셀라) 9 그러나 이제
는 주께서 우리를 버려 욕을 당
하게 하시고 우리 군대와 함께
나아가지 아니하시나이다 10 주
께서 우리를 대적들에게서 돌아
서게 하시니 우리를 미워하는 자
가 자기를 위하여 탈취하였나이
다 11 주께서 우리를 잡아먹힐
양처럼 그들에게 넘겨 주시고 여
러 민족 중에 우리를 흩으셨나이
다 12 주께서 주의 백성을 헐값
으로 파심이여 그들을 판 값으로
이익을 얻지 못하셨나이다 13
주께서 우리로 하여금 이웃에게
욕을 당하게 하시니 그들이 우리
를 둘러싸고 조소하고 조롱하나
이다 14 주께서 우리를 뭇 백성
중에 이야기거리가 되게 하시며
민족 중에서 머리 흔듦을 당하게
하셨나이다 15 나의 능욕이 종
일 내 앞에 있으며 수치가 내 얼
굴을 덮었으니 16 나를 비방하
고 욕하는 소리 때문이요 나의
원수와 나의 복수자 때문이니이
다 17 이 모든 일이 우리에게 임
하였으나 우리가 주를 잊지 아니
하며 주의 언약을 어기지 아니하
였나이다 18 우리의 마음은 위
축되지 아니하고 우리 걸음도 주
의 길을 떠나지 아니하였으나
19 주께서 우리를 승냥이의 처소
에 밀어 넣으시고 우리를 사망의
그늘로 덮으셨나이다 20 우리가
우리 하나님의 이름을 잊어버렸
거나 우리 손을 이방 신에게 향
하여 폈더면 21 하나님이 이를
알아내지 아니하셨으리이까 무
릇 주는 마음의 비밀을 아시나이
다 22 우리가 종일 주를 위하여
죽임을 당하게 되며 도살할 양
같이 여김을 받았나이다 23 주
여 깨소서 어찌하여 주무시나이
까 일어나시고 우리를 영원히 버
리지 마소서 24 어찌하여 주의
얼굴을 가리시고 우리의 고난과
압제를 잊으시나이까 25 우리
영혼은 진토 속에 파묻히고 우리
몸은 땅에 붙었나이다 26 일어
나 우리를 도우소서 주의 인자하
심으로 말미암아 우리를 구원하
소서

45편

[고라 자손의 마스길, 사랑의 노래, 인도자를 따라 소산님에 맞춘 것]

1 내 마음이 좋은 말로 왕을 위하
여 지은 것을 말하리니 내 혀는
글솜씨가 뛰어난 서기관의 붓끝
과 같도다 2 왕은 사람들보다 아
름다워 은혜를 입술에 머금으니
그러므로 하나님이 왕에게 영원
히 복을 주시도다 3 용사여 칼을
허리에 차고 왕의 영화와 위엄을
입으소서 4 왕은 진리와 온유와
공의를 위하여 왕의 위엄을 세우
시고 병거에 오르소서 왕의 오른
손이 왕에게 놀라운 일을 가르치
리이다 5 왕의 화살은 날카로워
왕의 원수의 염통을 뚫으니 만민
이 왕의 앞에 엎드러지는도다 6
하나님이여 주의 보좌는 영원하
며 주의 나라의 규는 공평한 규
이니이다 7 왕은 정의를 사랑하
고 악을 미워하시니 그러므로 하
나님 곧 왕의 하나님이 즐거움의
기름을 왕에게 부어 왕의 동료보
다 뛰어나게 하셨나이다 8 왕의
모든 옷은 몰약과 침향과 육계의
향기가 있으며 상아궁에서 나오
는 현악은 왕을 즐겁게 하도다 9
왕이 가까이 하는 여인들 중에는
왕들의 딸이 있으며 왕후는 오빌
의 금으로 꾸미고 왕의 오른쪽에
서도다 10 딸이여 듣고 보고 귀
를 기울일지어다 네 백성과 네
아버지의 집을 잊어버릴지어다
11 그리하면 왕이 네 아름다움을
사모하실지라 그는 네 주인이시
니 너는 그를 경배할지어다 12
두로의 딸은 예물을 드리고 백성
중 부한 자도 네 얼굴 보기를 원
하리로다 13 왕의 딸은 궁중에
서 모든 영화를 누리니 그의 옷
은 금으로 수 놓았도다 14 수 놓
은 옷을 입은 그는 왕께로 인도
함을 받으며 시종하는 친구 처녀
들도 왕께로 이끌려 갈 것이라
15 그들은 기쁨과 즐거움으로 인
도함을 받고 왕궁에 들어가리로
다 16 왕의 아들들은 왕의 조상
들을 계승할 것이라 왕이 그들로
온 세계의 군왕을 삼으리로다
17 내가 왕의 이름을 만세에 기
억하게 하리니 그러므로 만민이
왕을 영원히 찬송하리로다

46편

[고라 자손의 시, 인도자를 따라 알라못에 맞춘 노래]

1 하나님은 우리의 피난처시요
힘이시니 환난 중에 만날 큰 도
움이시라 2 그러므로 땅이 변하
든지 산이 흔들려 바다 가운데에
빠지든지 3 바닷물이 솟아나고
뛰놀든지 그것이 넘침으로 산이
흔들릴지라도 우리는 두려워하
지 아니하리로다 (셀라) 4 한 시
내가 있어 나뉘어 흘러 하나님의
성 곧 지존하신 이의 성소를 기
쁘게 하도다 5 하나님이 그 성
중에 계시매 성이 흔들리지 아니
할 것이라 새벽에 하나님이 도우
시리로다 6 뭇 나라가 떠들며 왕
국이 흔들렸더니 그가 소리를 내
시매 땅이 녹았도다 7 만군의 여
호와께서 우리와 함께 하시니 야
곱의 하나님은 우리의 피난처시
로다 (셀라) 8 와서 여호와의 행
적을 볼지어다 그가 땅을 황무지
로 만드셨도다 9 그가 땅 끝까지
전쟁을 쉬게 하심이여 활을 꺾고
창을 끊으며 수레를 불사르시는
도다 10 이르시기를 너희는 가
만히 있어 내가 하나님 됨을 알
지어다 내가 뭇 나라 중에서 높
임을 받으리라 내가 세계 중에서
높임을 받으리라 하시도다 11
만군의 여호와께서 우리와 함께
하시니 야곱의 하나님은 우리의
피난처시로다 (셀라)

47편

[고라 자손의 시, 인도자를 따라 부르는 노래]

1 너희 만민들아 손바닥을 치고
즐거운 소리로 하나님께 외칠지
어다 2 지존하신 여호와는 두려
우시고 온 땅에 큰 왕이 되심이
로다 3 여호와께서 만민을 우리
에게, 나라들을 우리 발 아래에
복종하게 하시며 4 우리를 위하
여 기업을 택하시나니 곧 사랑하
신 야곱의 영화로다 (셀라) 5 하
나님께서 즐거운 함성 중에 올라
가심이여 여호와께서 나팔 소리
중에 올라가시도다 6 찬송하라
하나님을 찬송하라 찬송하라 우
리 왕을 찬송하라 7 하나님은
온 땅의 왕이심이라 지혜의 시
로 찬송할지어다 8 하나님이 뭇
백성을 다스리시며 하나님이 그
의 거룩한 보좌에 앉으셨도다 9
뭇 나라의 고관들이 모임이여
아브라함의 하나님의 백성이 되
도다 세상의 모든 방패는 하나
님의 것임이여 그는 높임을 받
으시리로다

48편

[고라 자손의 시 곧 노래]

1 여호와는 위대하시니 우리 하
나님의 성, 거룩한 산에서 극진히
찬양 받으시리로다 2 터가 높고
아름다워 온 세계가 즐거워함이
여 큰 왕의 성 곧 북방에 있는 시

온 산이 그러하도다 3 하나님이
그 여러 궁중에서 자기를 요새로
알리셨도다 4 왕들이 모여서 함
께 지나갔음이여 5 그들이 보고
놀라고 두려워 빨리 지나갔도다
6 거기서 떨림이 그들을 사로잡
으니 고통이 해산하는 여인의 고
통 같도다 7 주께서 동풍으로 다
시스의 배를 깨뜨리시도다 8 우
리가 들은 대로 만군의 여호와의
성, 우리 하나님의 성에서 보았나
니 하나님이 이를 영원히 견고하
게 하시리로다 (셀라) 9 하나님
이여 우리가 주의 전 가운데에서
주의 인자하심을 생각하였나이
다 10 하나님이여 주의 이름과
같이 찬송도 땅 끝까지 미쳤으며
주의 오른손에는 정의가 충만하
였나이다 11 주의 심판으로 말미
암아 시온 산은 기뻐하고 유다의
딸들은 즐거워할지어다 12 너희
는 시온을 돌면서 그 곳을 둘러보
고 그 망대들을 세어 보라 13 그
의 성벽을 자세히 보고 그의 궁전
을 살펴서 후대에 전하라 14 이
하나님은 영원히 우리 하나님이
시니 그가 우리를 죽을 때까지 인
도하시리로다

49편

[고라 자손의 시, 인도자를 따라 부르는 노래]

1 뭇 백성들아 이를 들으라 세상
의 거민들아 모두 귀를 기울이라
2 귀천 빈부를 막론하고 다 들을
지어다 3 내 입은 지혜를 말하겠
고 내 마음은 명철을 작은 소리
로 읊조리리로다 4 내가 비유에
내 귀를 기울이고 수금으로 나의
오묘한 말을 풀리로다 5 죄악이
나를 따라다니며 나를 에워싸는
환난의 날을 내가 어찌 두려워하
랴 6 자기의 재물을 의지하고 부
유함을 자랑하는 자는 7 아무도
자기의 형제를 구원하지 못하며
그를 위한 속전을 하나님께 바치
지도 못할 것은 8 그들의 생명을
속량하는 값이 너무 엄청나서 영
원히 마련하지 못할 것임이니라
9 그가 영원히 살아서 죽음을 보
지 않을 것인가 10 그러나 그는
지혜 있는 자도 죽고 어리석고
무지한 자도 함께 망하며 그들의
재물은 남에게 남겨 두고 떠나는
것을 보게 되리로다 11 그러나
그들의 속 생각에 그들의 집은
영원히 있고 그들의 거처는 대대
에 이르리라 하여 그들의 토지를
자기 이름으로 부르도다 12 사
람은 존귀하나 장구하지 못함이
여 멸망하는 짐승 같도다 13 이

것이 바로 어리석은 자들의 길이
며 그들의 말을 기뻐하는 자들의
종말이로다 (셀라) 14 그들은 양
같이 스올에 두기로 작정되었으
니 사망이 그들의 목자일 것이라
정직한 자들이 아침에 그들을 다
스리리니 그들의 아름다움은 소
멸하고 스올이 그들의 거처가 되
리라 15 그러나 하나님은 나를
영접하시리니 이러므로 내 영혼
을 스올의 권세에서 건져내시리
로다 (셀라) 16 사람이 치부하여
그의 집의 영광이 더할 때에 너
는 두려워하지 말지어다 17 그
가 죽으매 가져가는 것이 없고
그의 영광이 그를 따라 내려가지
못함이로다 18 그가 비록 생시
에 자기를 축하하며 스스로 좋게
함으로 사람들에게 칭찬을 받을
지라도 19 그들은 그들의 역대
조상들에게로 돌아가리니 영원
히 빛을 보지 못하리로다 20 존
귀하나 깨닫지 못하는 사람은 멸
망하는 짐승 같도다

50편

[아삽의 시]

1 전능하신 이 여호와 하나님께
서 말씀하사 해 돋는 데서부터
지는 데까지 세상을 부르셨도다
2 온전히 아름다운 시온에서 하
나님이 빛을 비추셨도다 3 우리
하나님이 오사 잠잠하지 아니하
시니 그 앞에는 삼키는 불이 있
고 그 사방에는 광풍이 불리로다
4 하나님이 자기의 백성을 판결
하시려고 위 하늘과 아래 땅에
선포하여 5 이르시되 나의 성도
들을 내 앞에 모으라 그들은 제
사로 나와 언약한 이들이니라 하
시도다 6 하늘이 그의 공의를 선
포하리니 하나님 그는 심판장이
심이로다 (셀라) 7 내 백성아 들
을지어다 내가 말하리라 이스라
엘아 내가 네게 증언하리라 나는
하나님 곧 네 하나님이로다 8 나
는 네 제물 때문에 너를 책망하
지는 아니하리니 네 번제가 항상
내 앞에 있음이로다 9 내가 네
집에서 수소나 네 우리에서 숫염
소를 가져가지 아니하리니 10
이는 삼림의 짐승들과 뭇 산의
가축이 다 내 것이며 11 산의 모
든 새들도 내가 아는 것이며 들
의 짐승도 내 것임이로다 12 내
가 가령 주려도 네게 이르지 아
니할 것은 세계와 거기에 충만한
것이 내 것임이로다 13 내가 수
소의 고기를 먹으며 염소의 피를
마시겠느냐 14 감사로 하나님께
제사를 드리며 지존하신 이에게
네 서원을 갚으며 15 환난 날에
나를 부르라 내가 너를 건지리니
네가 나를 영화롭게 하리로다
16 악인에게는 하나님이 이르시
되 네가 어찌하여 내 율례를 전
하며 내 언약을 네 입에 두느냐
17 네가 교훈을 미워하고 내 말
을 네 뒤로 던지며 18 도둑을 본
즉 그와 연합하고 간음하는 자들
과 동료가 되며 19 네 입을 악에
게 내어 주고 네 혀로 거짓을 꾸
미며 20 앉아서 네 형제를 공박
하며 네 어머니의 아들을 비방하
는도다 21 네가 이 일을 행하여
도 내가 잠잠하였더니 네가 나를
너와 같은 줄로 생각하였도다 그
러나 내가 너를 책망하여 네 죄
를 네 눈 앞에 낱낱이 드러내리
라 하시는도다 22 하나님을 잊
어버린 너희여 이제 이를 생각하

라 그렇지 아니하면 내가 너희를
찢으리니 건질 자 없으리라 23
감사로 제사를 드리는 자가 나를
영화롭게 하나니 그의 행위를 옳
게 하는 자에게 내가 하나님의
구원을 보이리라

51편

[다윗의 시, 인도자를 따라 부르는 노래, 다윗이 밧세바와 동침한 후 선지자 나단이 그에게 왔을 때]

1 하나님이여 주의 인자를 따라
내게 은혜를 베푸시며 주의 많은
긍휼을 따라 내 죄악을 지워 주
소서 2 나의 죄악을 말갛게 씻으
시며 나의 죄를 깨끗이 제하소서
3 무릇 나는 내 죄과를 아오니 내
죄가 항상 내 앞에 있나이다 4
내가 주께만 범죄하여 주의 목전
에 악을 행하였사오니 주께서 말
씀하실 때에 의로우시다 하고 주
께서 심판하실 때에 순전하시다
하리이다 5 내가 죄악 중에서 출
생하였음이여 어머니가 죄 중에
서 나를 잉태하였나이다 6 보소
서 주께서는 중심이 진실함을 원
하시오니 내게 지혜를 은밀히 가
르치시리이다 7 우슬초로 나를
정결하게 하소서 내가 정하리이
다 나의 죄를 씻어 주소서 내가
눈보다 희리이다 8 내게 즐겁고
기쁜 소리를 들려 주시사 주께서
꺾으신 뼈들도 즐거워하게 하소
서 9 주의 얼굴을 내 죄에서 돌이
키시고 내 모든 죄악을 지워 주소
서 10 하나님이여 내 속에 정한
마음을 창조하시고 내 안에 정직

한 영을 새롭게 하소서 11 나를
주 앞에서 쫓아내지 마시며 주의
성령을 내게서 거두지 마소서 12
주의 구원의 즐거움을 내게 회복
시켜 주시고 자원하는 심령을 주
사 나를 붙드소서 13 그리하면
내가 범죄자에게 주의 도를 가르
치리니 죄인들이 주께 돌아오리
이다 14 하나님이여 나의 구원의
하나님이여 피 흘린 죄에서 나를
건지소서 내 혀가 주의 의를 높이
노래하리이다 15 주여 내 입술을
열어 주소서 내 입이 주를 찬송하
여 전파하리이다 16 주께서는 제
사를 기뻐하지 아니하시나니 그
렇지 아니하면 내가 드렸을 것이
라 주는 번제를 기뻐하지 아니하
시나이다 17 하나님께서 구하시
는 제사는 상한 심령이라 하나님
이여 상하고 통회하는 마음을 주
께서 멸시하지 아니하시리이다
18 주의 은택으로 시온에 선을 행
하시고 예루살렘 성을 쌓으소서
19 그 때에 주께서 의로운 제사와
번제와 온전한 번제를 기뻐하시
리니 그 때에 그들이 수소를 주의
제단에 드리리이다

52편

[다윗의 마스길, 인도자를 따라 부르는 노래, 에돔인 도엑이 사울에게 이르러 다윗이 아히멜렉의 집에 왔다고 그에게 말하던 때에]

1 포악한 자여 네가 어찌하여 악
한 계획을 스스로 자랑하는가 하
나님의 인자하심은 항상 있도다
2 네 혀가 심한 악을 꾀하여 날카
로운 삭도 같이 간사를 행하는도
다 3 네가 선보다 악을 사랑하며
의를 말함보다 거짓을 사랑하는
도다 (셀라) 4 간사한 혀여 너는
남을 해치는 모든 말을 좋아하는
도다 5 그런즉 하나님이 영원히
너를 멸하심이여 너를 붙잡아 네
장막에서 뽑아 내며 살아 있는
땅에서 네 뿌리를 빼시리로다
(셀라) 6 의인이 보고 두려워하
며 또 그를 비웃어 말하기를 7
이 사람은 하나님을 자기 힘으로
삼지 아니하고 오직 자기 재물의
풍부함을 의지하며 자기의 악으
로 스스로 든든하게 하던 자라
하리로다 8 그러나 나는 하나님

의 집에 있는 푸른 감람나무 같
음이여 하나님의 인자하심을 영
원히 의지하리로다 9 주께서 이
를 행하셨으므로 내가 영원히 주
께 감사하고 주의 이름이 선하시
므로 주의 성도 앞에서 내가 주
의 이름을 사모하리이다

53편

[다윗의 마스길, 인도자를 따라 마할랏에 맞춘 노래]

1 어리석은 자는 그의 마음에 이
르기를 하나님이 없다 하도다 그
들은 부패하며 가증한 악을 행함
이여 선을 행하는 자가 없도다 2
하나님이 하늘에서 인생을 굽어
살피사 지각이 있는 자와 하나님
을 찾는 자가 있는가 보려 하신즉
3 각기 물러가 함께 더러운 자가
되고 선을 행하는 자 없으니 한
사람도 없도다 4 죄악을 행하는
자들은 무지하냐 그들이 떡 먹듯
이 내 백성을 먹으면서 하나님을
부르지 아니하는도다 5 그들이
두려움이 없는 곳에서 크게 두려
워하였으니 너를 대항하여 진 친
그들의 뼈를 하나님이 흩으심이
라 하나님이 그들을 버리셨으므
로 네가 그들에게 수치를 당하게
하였도다 6 시온에서 이스라엘
을 구원하여 줄 자 누구인가 하나
님이 자기 백성의 포로된 것을 돌
이키실 때에 야곱이 즐거워하며
이스라엘이 기뻐하리로다

54편

[다윗의 마스길, 인도자를 따라 현악에 맞춘 노래, 십 사람이 사울에게 이르러 말하기를 다윗이 우리가 있는 곳에 숨지 아니하였나이까 하던 때에]

1 하나님이여 주의 이름으로 나
를 구원하시고 주의 힘으로 나를
변호하소서 2 하나님이여 내 기
도를 들으시며 내 입의 말에 귀
를 기울이소서 3 낯선 자들이 일
어나 나를 치고 포악한 자들이
나의 생명을 수색하며 하나님을
자기 앞에 두지 아니하였음이니
이다 (셀라) 4 하나님은 나를 돕
는 이시며 주께서는 내 생명을
붙들어 주시는 이시니이다 5 주
께서는 내 원수에게 악으로 갚으
시리니 주의 성실하심으로 그들
을 멸하소서 6 내가 낙헌제로 주
께 제사하리이다 여호와여 주의
이름에 감사하오리니 주의 이름
이 선하심이니이다 7 참으로 주
께서는 모든 환난에서 나를 건지
시고 내 원수가 보응 받는 것을
내 눈이 똑똑히 보게 하셨나이다

55편

[다윗의 마스길, 인도자를 따라 현악에 맞춘 노래]

1 하나님이여 내 기도에 귀를 기
울이시고 내가 간구할 때에 숨지
마소서 2 내게 굽히사 응답하소
서 내가 근심으로 편하지 못하여
탄식하오니 3 이는 원수의 소리
와 악인의 압제 때문이라 그들이
죄악을 내게 더하며 노하여 나를
핍박하나이다 4 내 마음이 내 속
에서 심히 아파하며 사망의 위험
이 내게 이르렀도다 5 두려움과
떨림이 내게 이르고 공포가 나를
덮었도다 6 나는 말하기를 만일
내게 비둘기 같이 날개가 있다면
날아가서 편히 쉬리로다 7 내가
멀리 날아가서 광야에 머무르리
로다 (셀라) 8 내가 나의 피난처
로 속히 가서 폭풍과 광풍을 피
하리라 하였도다 9 내가 성내에
서 강포와 분쟁을 보았사오니 주
여 그들을 멸하소서 그들의 혀를
잘라 버리소서 10 그들이 주야
로 성벽 위에 두루 다니니 성 중
에는 죄악과 재난이 있으며 11
악독이 그 중에 있고 압박과 속
임수가 그 거리를 떠나지 아니하
도다 12 나를 책망하는 자는 원
수가 아니라 원수일진대 내가 참
았으리라 나를 대하여 자기를 높
이는 자는 나를 미워하는 자가
아니라 미워하는 자일진대 내가
그를 피하여 숨었으리라 13 그
는 곧 너로다 나의 동료, 나의 친
구요 나의 가까운 친우로다 14
우리가 같이 재미있게 의논하며

무리와 함께 하여 하나님의 집
안에서 다녔도다 15 사망이 갑
자기 그들에게 임하여 산 채로
스올에 내려갈지어다 이는 악독
이 그들의 거처에 있고 그들 가
운데에 있음이로다 16 나는 하
나님께 부르짖으리니 여호와께
서 나를 구원하시리로다 17 저
녁과 아침과 정오에 내가 근심하
여 탄식하리니 여호와께서 내 소
리를 들으시리로다 18 나를 대
적하는 자 많더니 나를 치는 전
쟁에서 그가 내 생명을 구원하사
평안하게 하셨도다 19 옛부터
계시는 하나님이 들으시고 그들
을 낮추시리이다 (셀라) 그들은
변하지 아니하며 하나님을 경외
하지 아니함이니이다 20 그는
손을 들어 자기와 화목한 자를
치고 그의 언약을 배반하였도다
21 그의 입은 우유 기름보다 미
끄러우나 그의 마음은 전쟁이요
그의 말은 기름보다 유하나 실상
은 뽑힌 칼이로다 22 네 짐을 여
호와께 맡기라 그가 너를 붙드시
고 의인의 요동함을 영원히 허락
하지 아니하시리로다 23 하나님
이여 주께서 그들로 파멸의 웅덩
이에 빠지게 하시리이다 피를 흘
리게 하며 속이는 자들은 그들의
날의 반도 살지 못할 것이나 나
는 주를 의지하리이다

56편

[다윗의 믹담 시, 인도자를 따라 요낫 엘렘 르호김에 맞춘 노래, 다윗이 가드에서 블레셋인에게 잡힌 때에]

1 하나님이여 내게 은혜를 베푸
소서 사람이 나를 삼키려고 종일
치며 압제하나이다 2 내 원수가
종일 나를 삼키려 하며 나를 교
만하게 치는 자들이 많사오니 3
내가 두려워하는 날에는 내가 주
를 의지하리이다 4 내가 하나님
을 의지하고 그 말씀을 찬송하올
지라 내가 하나님을 의지하였은
즉 두려워하지 아니하리니 혈육
을 가진 사람이 내게 어찌하리이
까 5 그들이 종일 내 말을 곡해
하며 나를 치는 그들의 모든 생
각은 사악이라 6 그들이 내 생명
을 엿보았던 것과 같이 또 모여
숨어 내 발자취를 지켜보나이다
7 그들이 악을 행하고야 안전하
오리이까 하나님이여 분노하사
뭇 백성을 낮추소서 8 나의 유리
함을 주께서 계수하셨사오니 나
의 눈물을 주의 병에 담으소서
이것이 주의 책에 기록되지 아니
하였나이까 9 내가 아뢰는 날에
내 원수들이 물러가리니 이것으
로 하나님이 내 편이심을 내가
아나이다 10 내가 하나님을 의
지하여 그의 말씀을 찬송하며 여
호와를 의지하여 그의 말씀을 찬
송하리이다 11 내가 하나님을
의지하였은즉 두려워하지 아니
하리니 사람이 내게 어찌하리이
까 12 하나님이여 내가 주께 서
원함이 있사온즉 내가 감사제를
주께 드리리니 13 주께서 내 생
명을 사망에서 건지셨음이라 주
께서 나로 하나님 앞, 생명의 빛
에 다니게 하시려고 실족하지 아
니하게 하지 아니하셨나이까

57편

[다윗의 믹담 시, 인도자를 따라 알다스헷에 맞춘 노래, 다윗이 사울을 피하여 굴에 있던 때에]

1 하나님이여 내게 은혜를 베푸
소서 내게 은혜를 베푸소서 내
영혼이 주께로 피하되 주의 날개
그늘 아래에서 이 재앙들이 지나
기까지 피하리이다 2 내가 지존
하신 하나님께 부르짖음이여 곧
나를 위하여 모든 것을 이루시는
하나님께로다 3 그가 하늘에서
보내사 나를 삼키려는 자의 비방
에서 나를 구원하실지라 (셀라)
하나님이 그의 인자와 진리를 보
내시리로다 4 내 영혼이 사자들
가운데에서 살며 내가 불사르는
자들 중에 누웠으니 곧 사람의
아들들 중에라 그들의 이는 창과
화살이요 그들의 혀는 날카로운

칼 같도다 5 하나님이여 주는 하
늘 위에 높이 들리시며 주의 영
광이 온 세계 위에 높아지기를
원하나이다 6 그들이 내 걸음을
막으려고 그물을 준비하였으니
내 영혼이 억울하도다 그들이 내
앞에 웅덩이를 팠으나 자기들이
그 중에 빠졌도다 (셀라) 7 하나
님이여 내 마음이 확정되었고 내
마음이 확정되었사오니 내가 노
래하고 내가 찬송하리이다 8 내
영광아 깰지어다 비파야, 수금
아, 깰지어다 내가 새벽을 깨우
리로다 9 주여 내가 만민 중에서
주께 감사하오며 뭇 나라 중에서
주를 찬송하리이다 10 무릇 주
의 인자는 커서 하늘에 미치고
주의 진리는 궁창에 이르나이다
11 하나님이여 주는 하늘 위에 높
이 들리시며 주의 영광이 온 세
계 위에 높아지기를 원하나이다

58편

**[다윗의 믹담 시, 인도자를 따라 알
다스헷에 맞춘 노래]**

1 통치자들아 너희가 정의를 말
해야 하거늘 어찌 잠잠하냐 인자
들아 너희가 올바르게 판결해야
하거늘 어찌 잠잠하냐 2 아직도
너희가 중심에 악을 행하며 땅에
서 너희 손으로 폭력을 달아 주
는도다 3 악인은 모태에서부터
멀어졌음이여 나면서부터 곁길
로 나아가 거짓을 말하는도다 4
그들의 독은 뱀의 독 같으며 그
들은 귀를 막은 귀머거리 독사
같으니 5 술사의 홀리는 소리도
듣지 않고 능숙한 술객의 요술도
따르지 아니하는 독사로다 6 하
나님이여 그들의 입에서 이를 꺾
으소서 여호와여 젊은 사자의 어
금니를 꺾어 내시며 7 그들이 급
히 흐르는 물 같이 사라지게 하
시며 겨누는 화살이 꺾임 같게
하시며 8 소멸하여 가는 달팽이
같게 하시며 만삭 되지 못하여
출생한 아이가 햇빛을 보지 못함
같게 하소서 9 가시나무 불이 가
마를 뜨겁게 하기 전에 생나무든
지 불 붙는 나무든지 강한 바람
으로 휩쓸려 가게 하소서 10 의
인이 악인의 보복 당함을 보고
기뻐함이여 그의 발을 악인의 피
에 씻으리로다 11 그 때에 사람
의 말이 진실로 의인에게 갚음이
있고 진실로 땅에서 심판하시는
하나님이 계시다 하리로다

59편

**[다윗의 믹담 시, 인도자를 따라 알
다스헷에 맞춘 노래, 사울이 사람을
보내어 다윗을 죽이려고 그 집을 지
킨 때에]**

1 나의 하나님이여 나의 원수에
게서 나를 건지시고 일어나 치려
는 자에게서 나를 높이 드소서 2
악을 행하는 자에게서 나를 건지
시고 피 흘리기를 즐기는 자에게
서 나를 구원하소서 3 그들이 나
의 생명을 해하려고 엎드려 기다
리고 강한 자들이 모여 나를 치
려 하오니 여호와여 이는 나의
잘못으로 말미암음이 아니요 나
의 죄로 말미암음도 아니로소이
다 4 내가 허물이 없으나 그들이
달려와서 스스로 준비하오니 주
여 나를 도우시기 위하여 깨어
살펴 주소서 5 주님은 만군의 하
나님 여호와, 이스라엘의 하나님
이시오니 일어나 모든 나라들을
벌하소서 악을 행하는 모든 자들
에게 은혜를 베풀지 마소서 (셀
라) 6 그들이 저물어 돌아와서
개처럼 울며 성으로 두루 다니고
7 그들의 입으로는 악을 토하며

그들의 입술에는 칼이 있어 이르
기를 누가 들으리요 하나이다 8
여호와여 주께서 그들을 비웃으
시며 모든 나라들을 조롱하시리
이다 9 하나님은 나의 요새이시
니 그의 힘으로 말미암아 내가
주를 바라리이다 10 나의 하나
님이 그의 인자하심으로 나를 영
접하시며 하나님이 나의 원수가
보응 받는 것을 내가 보게 하시
리이다 11 그들을 죽이지 마옵
소서 나의 백성이 잊을까 하나이
다 우리 방패 되신 주여 주의 능
력으로 그들을 흩으시고 낮추소
서 12 그들의 입술의 말은 곧 그
들의 입의 죄라 그들이 말하는
저주와 거짓말로 말미암아 그들
이 그 교만한 중에서 사로잡히게
하소서 13 진노하심으로 소멸하
시되 없어지기까지 소멸하사 하
나님이 야곱 중에서 다스리심을
땅 끝까지 알게 하소서 (셀라)
14 그들에게 저물어 돌아와서 개
처럼 울며 성으로 두루 다니게
하소서 15 그들은 먹을 것을 찾
아 유리하다가 배부름을 얻지 못
하면 밤을 새우려니와 16 나는
주의 힘을 노래하며 아침에 주의
인자하심을 높이 부르오리니 주
는 나의 요새이시며 나의 환난
날에 피난처심이니이다 17 나의
힘이시여 내가 주께 찬송하오리
니 하나님은 나의 요새이시며 나
를 긍휼히 여기시는 하나님이심
이니이다

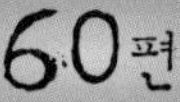

60편

**[다윗이 교훈하기 위하여 지은 믹
담, 인도자를 따라 수산에둣에 맞춘
노래, 다윗이 아람 나하라임과 아람
소바와 싸우는 중에 요압이 돌아와
에돔을 소금 골짜기에서 쳐서 만 이
천 명을 죽인 때에]**

1 하나님이여 주께서 우리를 버
려 흩으셨고 분노하셨사오나 지
금은 우리를 회복시키소서 2 주
께서 땅을 진동시키사 갈라지게
하셨사오니 그 틈을 기우소서 땅
이 흔들림이니이다 3 주께서 주
의 백성에게 어려움을 보이시고
비틀거리게 하는 포도주를 우리
에게 마시게 하셨나이다 4 주를
경외하는 자에게 깃발을 주시고
진리를 위하여 달게 하셨나이다
(셀라) 5 주께서 사랑하시는 자
를 건지시기 위하여 주의 오른손
으로 구원하시고 응답하소서 6
하나님이 그의 거룩하심으로 말
씀하시되 내가 뛰놀리라 내가 세
겜을 나누며 숙곳 골짜기를 측량
하리라 7 길르앗이 내 것이요 므
낫세도 내 것이며 에브라임은 내
머리의 투구요 유다는 나의 규이
며 8 모압은 나의 목욕통이라 에
돔에는 나의 신발을 던지리라 블
레셋아 나로 말미암아 외치라 하
셨도다 9 누가 나를 이끌어 견고
한 성에 들이며 누가 나를 에돔에
인도할까 10 하나님이여 주께서
우리를 버리지 아니하셨나이까
하나님이여 주께서 우리 군대와
함께 나아가지 아니하시나이다
11 우리를 도와 대적을 치게 하소
서 사람의 구원은 헛됨이니이다
12 우리가 하나님을 의지하고 용
감하게 행하리니 그는 우리의 대
적을 밟으실 이심이로다

61편

**[다윗의 시, 인도자를 따라 현악에
맞춘 노래]**

1 하나님이여 나의 부르짖음을
들으시며 내 기도에 유의하소서
2 내 마음이 약해질 때에 땅 끝에
서부터 주께 부르짖으오리니 나
보다 높은 바위에 나를 인도하소
서 3 주는 나의 피난처시요 원수
를 피하는 견고한 망대이심이니
이다 4 내가 영원히 주의 장막에
머물며 내가 주의 날개 아래로
피하리이다 (셀라) 5 주 하나님
이여 주께서 나의 서원을 들으시
고 주의 이름을 경외하는 자가
얻을 기업을 내게 주셨나이다 6
주께서 왕에게 장수하게 하사 그
의 나이가 여러 대에 미치게 하
시리이다 7 그가 영원히 하나님
앞에서 거주하리니 인자와 진리

를 예비하사 그를 보호하소서 8
그리하시면 내가 주의 이름을 영
원히 찬양하며 매일 나의 서원을
이행하리이다

62편

[다윗의 시, 인도자를 따라 여두둔 의 법칙에 따라 부르는 노래]

1 나의 영혼이 잠잠히 하나님만
바람이여 나의 구원이 그에게서
나오는도다 2 오직 그만이 나의
반석이시요 나의 구원이시요 나
의 요새이시니 내가 크게 흔들리
지 아니하리로다 3 넘어지는 담
과 흔들리는 울타리 같이 사람을
죽이려고 너희가 일제히 공격하
기를 언제까지 하려느냐 4 그들
이 그를 그의 높은 자리에서 떨
어뜨리기만 꾀하고 거짓을 즐겨
하니 입으로는 축복이요 속으로
는 저주로다 (셀라) 5 나의 영혼
아 잠잠히 하나님만 바라라 무릇
나의 소망이 그로부터 나오는도
다 6 오직 그만이 나의 반석이시
요 나의 구원이시요 나의 요새이
시니 내가 흔들리지 아니하리로
다 7 나의 구원과 영광이 하나님
께 있음이여 내 힘의 반석과 피
난처도 하나님께 있도다 8 백성
들아 시시로 그를 의지하고 그의
앞에 마음을 토하라 하나님은 우
리의 피난처시로다 (셀라) 9 아,
슬프도다 사람은 입김이며 인생
도 속임수이니 저울에 달면 그들
은 입김보다 가벼우리로다 10
포악을 의지하지 말며 탈취한 것
으로 허망하여지지 말며 재물이
늘어도 거기에 마음을 두지 말지
어다 11 하나님이 한두 번 하신
말씀을 내가 들었나니 권능은 하
나님께 속하였다 하셨도다 12
주여 인자함은 주께 속하오니 주
께서 각 사람이 행한 대로 갚으
심이니이다

63편

[다윗의 시, 유다 광야에 있을 때에]

1 하나님이여 주는 나의 하나님
이시라 내가 간절히 주를 찾되
물이 없어 마르고 황폐한 땅에서
내 영혼이 주를 갈망하며 내 육
체가 주를 앙모하나이다 2 내가
주의 권능과 영광을 보기 위하여
이와 같이 성소에서 주를 바라보
았나이다 3 주의 인자하심이 생
명보다 나으므로 내 입술이 주를
찬양할 것이라 4 이러므로 나의
평생에 주를 송축하며 주의 이름
으로 말미암아 나의 손을 들리이
다 5 골수와 기름진 것을 먹음과
같이 나의 영혼이 만족할 것이라
나의 입이 기쁜 입술로 주를 찬
송하되 6 내가 나의 침상에서 주
를 기억하며 새벽에 주의 말씀을
작은 소리로 읊조릴 때에 하오리
니 7 주는 나의 도움이 되셨음이
라 내가 주의 날개 그늘에서 즐
겁게 부르리이다 8 나의 영혼이
주를 가까이 따르니 주의 오른손
이 나를 붙드시거니와 9 나의 영
혼을 찾아 멸하려 하는 그들은
땅 깊은 곳에 들어가며 10 칼의
세력에 넘겨져 승냥이의 먹이가
되리이다 11 왕은 하나님을 즐
거워하리니 주께 맹세한 자마다
자랑할 것이나 거짓말하는 자의
입은 막히리로다

64편

[다윗의 시, 인도자를 따라 부르는 노래]

1 하나님이여 내가 근심하는 소
리를 들으시고 원수의 두려움에
서 나의 생명을 보존하소서 2 주
는 악을 꾀하는 자들의 음모에서
나를 숨겨 주시고 악을 행하는 자
들의 소동에서 나를 감추어 주소
서 3 그들이 칼 같이 자기 혀를
연마하며 화살 같이 독한 말로 겨
누고 4 숨은 곳에서 온전한 자를
쏘며 갑자기 쏘고 두려워하지 아
니하는도다 5 그들은 악한 목적
으로 서로 격려하며 남몰래 올무
놓기를 함께 의논하고 하는 말이
누가 우리를 보리요 하며 6 그들
은 죄악을 꾸미며 이르기를 우리
가 묘책을 찾았다 하나니 각 사람
의 속 뜻과 마음이 깊도다 7 그러
나 하나님이 그들을 쏘시리니 그
들이 갑자기 화살에 상하리로다
8 이러므로 그들이 엎드러지리니

그들의 혀가 그들을 해함이라 그
들을 보는 자가 다 머리를 흔들리
로다 9 모든 사람이 두려워하여
하나님의 일을 선포하며 그의 행
하심을 깊이 생각하리로다 10 의
인은 여호와로 말미암아 즐거워
하며 그에게 피하리니 마음이 정
직한 자는 다 자랑하리로다

65편

[다윗의 시, 인도자를 따라 부르는 노래]

1 하나님이여 찬송이 시온에서
주를 기다리오며 사람이 서원을
주께 이행하리이다 2 기도를 들
으시는 주여 모든 육체가 주께
나아오리이다 3 죄악이 나를 이
겼사오니 우리의 허물을 주께서
사하시리이다 4 주께서 택하시
고 가까이 오게 하사 주의 뜰에
살게 하신 사람은 복이 있나이다
우리가 주의 집 곧 주의 성전의
아름다움으로 만족하리이다 5
우리 구원의 하나님이시여 땅의
모든 끝과 먼 바다에 있는 자가
의지할 주께서 의를 따라 엄위하
신 일로 우리에게 응답하시리이
다 6 주는 주의 힘으로 산을 세
우시며 권능으로 띠를 띠시며 7
바다의 설렘과 물결의 흔들림과
만민의 소요까지 진정하시나이
다 8 땅 끝에 사는 자가 주의 징
조를 두려워하나이다 주께서 아
침 되는 것과 저녁 되는 것을 즐
거워하게 하시며 9 땅을 돌보사
물을 대어 심히 윤택하게 하시며
하나님의 강에 물이 가득하게 하
시고 이같이 땅을 예비하신 후에
그들에게 곡식을 주시나이다 10
주께서 밭고랑에 물을 넉넉히 대
사 그 이랑을 평평하게 하시며
또 단비로 부드럽게 하시고 그
싹에 복을 주시나이다 11 주의
은택으로 한 해를 관 씌우시니
주의 길에는 기름 방울이 떨어지
며 12 들의 초장에도 떨어지니
작은 산들이 기쁨으로 띠를 띠었
나이다 13 초장은 양 떼로 옷 입
었고 골짜기는 곡식으로 덮였으
매 그들이 다 즐거이 외치고 또
노래하나이다

66편

[시, 인도자를 따라 부르는 노래]

1 온 땅이여 하나님께 즐거운 소
리를 낼지어다 2 그의 이름의 영
광을 찬양하고 영화롭게 찬송할
지어다 3 하나님께 아뢰기를 주
의 일이 어찌 그리 엄위하신지요
주의 큰 권능으로 말미암아 주의
원수가 주께 복종할 것이며 4 온
땅이 주께 경배하고 주를 노래하
며 주의 이름을 노래하리이다 할
지어다 (셀라) 5 와서 하나님께
서 행하신 것을 보라 사람의 아
들들에게 행하심이 엄위하시도
다 6 하나님이 바다를 변하여 육
지가 되게 하셨으므로 무리가 걸
어서 강을 건너고 우리가 거기서
주로 말미암아 기뻐하였도다 7
그가 그의 능력으로 영원히 다스
리시며 그의 눈으로 나라들을 살
피시나니 거역하는 자들은 교만
하지 말지어다 (셀라) 8 만민들
아 우리 하나님을 송축하며 그의
찬양 소리를 들리게 할지어다 9
그는 우리 영혼을 살려 두시고
우리의 실족함을 허락하지 아니
하시는 주시로다 10 하나님이여
주께서 우리를 시험하시되 우리
를 단련하시기를 은을 단련함 같
이 하셨으며 11 우리를 끌어 그
물에 걸리게 하시며 어려운 짐을
우리 허리에 매어 두셨으며 12
사람들이 우리 머리를 타고 가게
하셨나이다 우리가 불과 물을 통
과하였더니 주께서 우리를 끌어

내사 풍부한 곳에 들이셨나이다
13 내가 번제물을 가지고 주의
집에 들어가서 나의 서원을 주께
갚으리니 14 이는 내 입술이 낸
것이요 내 환난 때에 내 입이 말
한 것이니이다 15 내가 숫양의
향기와 함께 살진 것으로 주께
번제를 드리며 수소와 염소를 드
리리이다 (셀라) 16 하나님을 두
려워하는 너희들아 다 와서 들으
라 하나님이 나의 영혼을 위하여
행하신 일을 내가 선포하리로다
17 내가 나의 입으로 그에게 부
르짖으며 나의 혀로 높이 찬송하
였도다 18 내가 나의 마음에 죄
악을 품었더라면 주께서 듣지 아
니하시리라 19 그러나 하나님이
실로 들으셨음이여 내 기도 소리
에 귀를 기울이셨도다 20 하나
님을 찬송하리로다 그가 내 기도
를 물리치지 아니하시고 그의 인
자하심을 내게서 거두지도 아니
하셨도다

67편

[시 곧 노래, 인도자를 따라 현악에 맞춘 것]

1 하나님은 우리에게 은혜를 베
푸사 복을 주시고 그의 얼굴 빛
을 우리에게 비추사 (셀라) 2 주
의 도를 땅 위에, 주의 구원을 모
든 나라에게 알리소서 3 하나님
이여 민족들이 주를 찬송하게 하
시며 모든 민족들이 주를 찬송하
게 하소서 4 온 백성은 기쁘고
즐겁게 노래할지니 주는 민족들
을 공평히 심판하시며 땅 위의
나라들을 다스리실 것임이니이
다 (셀라) 5 하나님이여 민족들
이 주를 찬송하게 하시며 모든
민족으로 주를 찬송하게 하소서
6 땅이 그의 소산을 내어 주었으
니 하나님 곧 우리 하나님이 우
리에게 복을 주시리로다 7 하나
님이 우리에게 복을 주시리니 땅
의 모든 끝이 하나님을 경외하리
로다

68편

[다윗의 시, 인도자를 따라 부르는 노래]

1 하나님이 일어나시니 원수들은
흩어지며 주를 미워하는 자들은
주 앞에서 도망하리이다 2 연기
가 불려 가듯이 그들을 몰아내소
서 불 앞에서 밀이 녹음 같이 악
인이 하나님 앞에서 망하게 하소
서 3 의인은 기뻐하여 하나님 앞
에서 뛰놀며 기뻐하고 즐거워할
지어다 4 하나님께 노래하며 그
의 이름을 찬양하라 하늘을 타고
광야에 행하시던 이를 위하여 대
로를 수축하라 그의 이름은 여호
와이시니 그의 앞에서 뛰놀지어
다 5 그의 거룩한 처소에 계신
하나님은 고아의 아버지시며 과
부의 재판장이시라 6 하나님이
고독한 자들은 가족과 함께 살게
하시며 갇힌 자들은 이끌어 내사
형통하게 하시느니라 오직 거역
하는 자들의 거처는 메마른 땅이
로다 7 하나님이여 주의 백성 앞
에서 앞서 나가사 광야에서 행진
하셨을 때에 (셀라) 8 땅이 진동
하며 하늘이 하나님 앞에서 떨어
지며 저 시내 산도 하나님 곧 이
스라엘의 하나님 앞에서 진동하
였나이다 9 하나님이여 주께서
흡족한 비를 보내사 주의 기업이
곤핍할 때에 주께서 그것을 견고
하게 하셨고 10 주의 회중을 그
가운데에 살게 하셨나이다 하나
님이여 주께서 가난한 자를 위하
여 주의 은택을 준비하셨나이다
11 주께서 말씀을 주시니 소식을
공포하는 여자들은 큰 무리라
12 여러 군대의 왕들이 도망하고
도망하니 집에 있던 여자들도 탈
취물을 나누도다 13 너희가 양
우리에 누울 때에는 그 날개를
은으로 입히고 그 깃을 황금으로
입힌 비둘기 같도다 14 전능하
신 이가 왕들을 그 중에서 흩으
실 때에는 살몬에 눈이 날림 같
도다 15 바산의 산은 하나님의
산임이여 바산의 산은 높은 산이
로다 16 너희 높은 산들아 어찌
하여 하나님이 계시려 하는 산을
시기하여 보느냐 진실로 여호와
께서 이 산에 영원히 계시리로다
17 하나님의 병거는 천천이요 만
만이라 주께서 그 중에 계심이
시내 산 성소에 계심 같도다 18
주께서 높은 곳으로 오르시며 사
로잡은 자들을 취하시고 선물들
을 사람들에게서 받으시며 반역
자들로부터도 받으시니 여호와
하나님이 그들과 함께 계시기 때
문이로다 19 날마다 우리 짐을
지시는 주 곧 우리의 구원이신
하나님을 찬송할지로다 (셀라)
20 하나님은 우리에게 구원의 하
나님이시라 사망에서 벗어남은
주 여호와로 말미암거니와 21

그의 원수들의 머리 곧 죄를 짓
고 다니는 자의 정수리는 하나님
이 쳐서 깨뜨리시리로다 22 주
께서 말씀하시기를 내가 그들을
바산에서 돌아오게 하며 바다 깊
은 곳에서 도로 나오게 하고 23
네가 그들을 심히 치고 그들의
피에 네 발을 잠그게 하며 네 집
의 개의 혀로 네 원수들에게서
제 분깃을 얻게 하리라 하시도다
24 하나님이여 그들이 주께서 행
차하심을 보았으니 곧 나의 하나
님, 나의 왕이 성소로 행차하시
는 것이라 25 소고 치는 처녀들
중에서 노래 부르는 자들은 앞서
고 악기를 연주하는 자들은 뒤따
르나이다 26 이스라엘의 근원에
서 나온 너희여 대회 중에 하나
님 곧 주를 송축할지어다 27 거
기에는 그들을 주관하는 작은 베
냐민과 유다의 고관과 그들의 무
리와 스불론의 고관과 납달리의
고관이 있도다 28 네 하나님이
너의 힘을 명령하셨도다 하나님
이여 우리를 위하여 행하신 것을
견고하게 하소서 29 예루살렘에
있는 주의 전을 위하여 왕들이
주께 예물을 드리리이다 30 갈
밭의 들짐승과 수소의 무리와 만
민의 송아지를 꾸짖으시고 은 조
각을 발 아래에 밟으소서 그가
전쟁을 즐기는 백성을 흩으셨도
다 31 고관들은 애굽에서 나오
고 구스인은 하나님을 향하여 그
손을 신속히 들리로다 32 땅의
왕국들아 하나님께 노래하고 주
께 찬송할지어다 (셀라) 33 옛적
하늘들의 하늘을 타신 자에게 찬
송하라 주께서 그 소리를 내시니
웅장한 소리로다 34 너희는 하나
님께 능력을 돌릴지어다 그의 위
엄이 이스라엘 위에 있고 그의 능
력이 구름 속에 있도다 35 하나
님이여 위엄을 성소에서 나타내
시나이다 이스라엘의 하나님은
그의 백성에게 힘과 능력을 주시
나니 하나님을 찬송할지어다

69편

[다윗의 시, 인도자를 따라 소산님에 맞춘 노래]

1 하나님이여 나를 구원하소서
물들이 내 영혼에까지 흘러 들어
왔나이다 2 나는 설 곳이 없는
깊은 수렁에 빠지며 깊은 물에
들어가니 큰 물이 내게 넘치나이
다 3 내가 부르짖음으로 피곤하
여 나의 목이 마르며 나의 하나
님을 바라서 나의 눈이 쇠하였나
이다 4 까닭 없이 나를 미워하는
자가 나의 머리털보다 많고 부당
하게 나의 원수가 되어 나를 끊
으려 하는 자가 강하였으니 내가
빼앗지 아니한 것도 물어 주게
되었나이다 5 하나님이여 주는
나의 우매함을 아시오니 나의 죄
가 주 앞에서 숨김이 없나이다 6
주 만군의 여호와여 주를 바라는
자들이 나를 인하여 수치를 당하
게 하지 마옵소서 이스라엘의 하
나님이여 주를 찾는 자가 나로
말미암아 욕을 당하게 하지 마옵
소서 7 내가 주를 위하여 비방을
받았사오니 수치가 나의 얼굴에
덮였나이다 8 내가 나의 형제에
게는 객이 되고 나의 어머니의
자녀에게는 낯선 사람이 되었나
이다 9 주의 집을 위하는 열성이
나를 삼키고 주를 비방하는 비방
이 내게 미쳤나이다 10 내가 곡
하고 금식하였더니 그것이 도리
어 나의 욕이 되었으며 11 내가
굵은 베로 내 옷을 삼았더니 내
가 그들의 말거리가 되었나이다
12 성문에 앉은 자가 나를 비난
하며 독주에 취한 무리가 나를
두고 노래하나이다 13 여호와여

나를 반기시는 때에 내가 주께
기도하오니 하나님이여 많은 인
자와 구원의 진리로 내게 응답하
소서 **14** 나를 수렁에서 건지사
빠지지 말게 하시고 나를 미워하
는 자에게서와 깊은 물에서 건지
소서 **15** 큰 물이 나를 휩쓸거나
깊음이 나를 삼키지 못하게 하시
며 웅덩이가 내 위에 덮쳐 그것
의 입을 닫지 못하게 하소서 **16**
여호와여 주의 인자하심이 선하
시오니 내게 응답하시며 주의 많
은 긍휼에 따라 내게로 돌이키소
서 **17** 주의 얼굴을 주의 종에게
서 숨기지 마소서 내가 환난 중
에 있사오니 속히 내게 응답하소
서 **18** 내 영혼에게 가까이하사
구원하시며 내 원수로 말미암아
나를 속량하소서 **19** 주께서 나
의 비방과 수치와 능욕을 아시나
이다 나의 대적자들이 다 주님
앞에 있나이다 **20** 비방이 나의
마음을 상하게 하여 근심이 충만
하니 불쌍히 여길 자를 바라나
없고 긍휼히 여길 자를 바라나
찾지 못하였나이다 **21** 그들이
쓸개를 나의 음식물로 주며 목마
를 때에는 초를 마시게 하였사오
니 **22** 그들의 밥상이 올무가 되
게 하시며 그들의 평안이 덫이
되게 하소서 **23** 그들의 눈이 어
두워 보지 못하게 하시며 그들의
허리가 항상 떨리게 하소서 **24**
주의 분노를 그들의 위에 부으시
며 주의 맹렬하신 노가 그들에게
미치게 하소서 **25** 그들의 거처
가 황폐하게 하시며 그들의 장막
에 사는 자가 없게 하소서 **26** 무
릇 그들이 주께서 치신 자를 핍
박하며 주께서 상하게 하신 자의
슬픔을 말하였사오니 **27** 그들의
죄악에 죄악을 더하사 주의 공의
에 들어오지 못하게 하소서 **28**
그들을 생명책에서 지우사 의인
들과 함께 기록되지 말게 하소서
29 오직 나는 가난하고 슬프오니
하나님이여 주의 구원으로 나를
높이소서 **30** 내가 노래로 하나
님의 이름을 찬송하며 감사함으
로 하나님을 위대하시다 하리니
31 이것이 소 곧 뿔과 굽이 있는
황소를 드림보다 여호와를 더욱
기쁘시게 함이 될 것이라 **32** 곤
고한 자가 이를 보고 기뻐하나니
하나님을 찾는 너희들아 너희 마
음을 소생하게 할지어다 **33** 여
호와는 궁핍한 자의 소리를 들으
시며 자기로 말미암아 갇힌 자를
멸시하지 아니하시나니 **34** 천지
가 그를 찬송할 것이요 바다와
그 중의 모든 생물도 그리할지로
다 **35** 하나님이 시온을 구원하
시고 유다 성읍들을 건설하시리
니 무리가 거기에 살며 소유를
삼으리로다 **36** 그의 종들의 후
손이 또한 이를 상속하고 그의
이름을 사랑하는 자가 그 중에
살리로다

70편

[다윗의 시로 기념식에서 인도자를 따라 부르는 노래]

1 하나님이여 나를 건지소서 여
호와여 속히 나를 도우소서 **2** 나
의 영혼을 찾는 자들이 수치와
무안을 당하게 하시며 나의 상함
을 기뻐하는 자들이 뒤로 물러가
수모를 당하게 하소서 **3** 아하,
아하 하는 자들이 자기 수치로
말미암아 뒤로 물러가게 하소서
4 주를 찾는 모든 자들이 주로 말
미암아 기뻐하고 즐거워하게 하
시며 주의 구원을 사랑하는 자들
이 항상 말하기를 하나님은 위대
하시다 하게 하소서 **5** 나는 가난
하고 궁핍하오니 하나님이여 속
히 내게 임하소서 주는 나의 도
움이시요 나를 건지시는 이시오
니 여호와여 지체하지 마소서

71편

1 여호와여 내가 주께 피하오니
내가 영원히 수치를 당하게 하지
마소서 **2** 주의 의로 나를 건지시
며 나를 풀어 주시며 주의 귀를
내게 기울이사 나를 구원하소서
3 주는 내가 항상 피하여 숨을 바
위가 되소서 주께서 나를 구원하
라 명령하셨으니 이는 주께서 나
의 반석이시요 나의 요새이심이
니이다 **4** 나의 하나님이여 나를
악인의 손 곧 불의한 자와 흉악
한 자의 장중에서 피하게 하소서
5 주 여호와여 주는 나의 소망이
시요 내가 어릴 때부터 신뢰한
이시라 **6** 내가 모태에서부터 주
를 의지하였으며 나의 어머니의
배에서부터 주께서 나를 택하셨
사오니 나는 항상 주를 찬송하리
이다 **7** 나는 무리에게 이상한 징
조 같이 되었사오나 주는 나의
견고한 피난처시오니 **8** 주를 찬
송함과 주께 영광 돌림이 종일토
록 내 입에 가득하리이다 **9** 늙을
때에 나를 버리지 마시며 내 힘

이 쇠약할 때에 나를 떠나지 마
소서 10 내 원수들이 내게 대하
여 말하며 내 영혼을 엿보는 자
들이 서로 꾀하여 11 이르기를
하나님이 그를 버리셨은즉 따라
잡으라 건질 자가 없다 하오니
12 하나님이여 나를 멀리 하지
마소서 나의 하나님이여 속히 나
를 도우소서 13 내 영혼을 대적
하는 자들이 수치와 멸망을 당하
게 하시며 나를 모해하려 하는
자들에게는 욕과 수욕이 덮이게
하소서 14 나는 항상 소망을 품
고 주를 더욱더욱 찬송하리이다
15 내가 측량할 수 없는 주의 공
의와 구원을 내 입으로 종일 전
하리이다 16 내가 주 여호와의
능하신 행적을 가지고 오겠사오
며 주의 공의만 전하겠나이다
17 하나님이여 나를 어려서부터
교훈하셨으므로 내가 지금까지
주의 기이한 일들을 전하였나이
다 18 하나님이여 내가 늙어 백
발이 될 때에도 나를 버리지 마
시며 내가 주의 힘을 후대에 전
하고 주의 능력을 장래의 모든
사람에게 전하기까지 나를 버리
지 마소서 19 하나님이여 주의
의가 또한 지극히 높으시니이다
하나님이여 주께서 큰 일을 행하
셨사오니 누가 주와 같으리이까
20 우리에게 여러 가지 심한 고
난을 보이신 주께서 우리를 다시
살리시며 땅 깊은 곳에서 다시
이끌어 올리시리이다 21 나를
더욱 창대하게 하시고 돌이키사
나를 위로하소서 22 나의 하나
님이여 내가 또 비파로 주를 찬
양하며 주의 성실을 찬양하리이
다 이스라엘의 거룩하신 주여 내
가 수금으로 주를 찬양하리이다
23 내가 주를 찬양할 때에 나의
입술이 기뻐 외치며 주께서 속량
하신 내 영혼이 즐거워하리이다
24 나의 혀도 종일토록 주의 의
를 작은 소리로 읊조리오리니 나
를 모해하려 하던 자들이 수치와
무안을 당함이니이다

72편

[솔로몬의 시]

1 하나님이여 주의 판단력을 왕
에게 주시고 주의 공의를 왕의
아들에게 주소서 2 그가 주의 백
성을 공의로 재판하며 주의 가난
한 자를 정의로 재판하리니 3 의
로 말미암아 산들이 백성에게 평
강을 주며 작은 산들도 그리하리
로다 4 그가 가난한 백성의 억울
함을 풀어 주며 궁핍한 자의 자
손을 구원하며 압박하는 자를 꺾
으리로다 5 그들이 해가 있을 동
안에도 주를 두려워하며 달이 있
을 동안에도 대대로 그리하리로
다 6 그는 벤 풀 위에 내리는 비
같이, 땅을 적시는 소낙비 같이
내리리니 7 그의 날에 의인이 흥
왕하여 평강의 풍성함이 달이 다
할 때까지 이르리로다 8 그가 바
다에서부터 바다까지와 강에서
부터 땅 끝까지 다스리리니 9 광
야에 사는 자는 그 앞에 굽히며
그의 원수들은 티끌을 핥을 것이
며 10 다시스와 섬의 왕들이 조
공을 바치며 스바와 시바 왕들이
예물을 드리리로다 11 모든 왕
이 그의 앞에 부복하며 모든 민
족이 다 그를 섬기리로다 12 그
는 궁핍한 자가 부르짖을 때에
건지며 도움이 없는 가난한 자도
건지며 13 그는 가난한 자와 궁
핍한 자를 불쌍히 여기며 궁핍한
자의 생명을 구원하며 14 그들
의 생명을 압박과 강포에서 구원
하리니 그들의 피가 그의 눈 앞
에서 존귀히 여김을 받으리로다
15 그들이 생존하여 스바의 금을
그에게 드리며 사람들이 그를 위
하여 항상 기도하고 종일 찬송하
리로다 16 산 꼭대기의 땅에도
곡식이 풍성하고 그것의 열매가
레바논 같이 흔들리며 성에 있는
자가 땅의 풀 같이 왕성하리로다

17 그의 이름이 영구함이여 그의
이름이 해와 같이 장구하리로다
사람들이 그로 말미암아 복을 받
으리니 모든 민족이 다 그를 복
되다 하리로다 18 홀로 기이한
일들을 행하시는 여호와 하나님
곧 이스라엘의 하나님을 찬송하
며 19 그 영화로운 이름을 영원
히 찬송할지어다 온 땅에 그의
영광이 충만할지어다 아멘 아멘
20 이새의 아들 다윗의 기도가
끝나니라

제삼권

73편

[아삽의 시]

1 하나님이 참으로 이스라엘 중
마음이 정결한 자에게 선을 행하
시나 2 나는 거의 넘어질 뻔하였
고 나의 걸음이 미끄러질 뻔하였
으니 3 이는 내가 악인의 형통함
을 보고 오만한 자를 질투하였음
이로다 4 그들은 죽을 때에도 고
통이 없고 그 힘이 강건하며 5
사람들이 당하는 고난이 그들에
게는 없고 사람들이 당하는 재앙
도 그들에게는 없나니 6 그러므
로 교만이 그들의 목걸이요 강포
가 그들의 옷이며 7 살찜으로 그
들의 눈이 솟아나며 그들의 소득
은 마음의 소원보다 많으며 8 그
들은 능욕하며 악하게 말하며 높
은 데서 거만하게 말하며 9 그들
의 입은 하늘에 두고 그들의 혀
는 땅에 두루 다니도다 10 그러
므로 그의 백성이 이리로 돌아와
서 잔에 가득한 물을 다 마시며
11 말하기를 하나님이 어찌 알랴
지존자에게 지식이 있으랴 하는
도다 12 볼지어다 이들은 악인
들이라도 항상 평안하고 재물은
더욱 불어나도다 13 내가 내 마
음을 깨끗하게 하며 내 손을 씻
어 무죄하다 한 것이 실로 헛되
도다 14 나는 종일 재난을 당하
며 아침마다 징벌을 받았도다
15 내가 만일 스스로 이르기를
내가 그들처럼 말하리라 하였더
라면 나는 주의 아들들의 세대에
대하여 악행을 행하였으리이다
16 내가 어쩌면 이를 알까 하여
생각한즉 그것이 내게 심한 고통
이 되었더니 17 하나님의 성소
에 들어갈 때에야 그들의 종말을
내가 깨달았나이다 18 주께서
참으로 그들을 미끄러운 곳에 두
시며 파멸에 던지시니 19 그들
이 어찌하여 그리 갑자기 황폐되
었는가 놀랄 정도로 그들은 전멸
하였나이다 20 주여 사람이 깬
후에는 꿈을 무시함 같이 주께서
깨신 후에는 그들의 형상을 멸시
하시리이다 21 내 마음이 산란
하며 내 양심이 찔렸나이다 22
내가 이같이 우매 무지함으로 주
앞에 짐승이오나 23 내가 항상
주와 함께 하니 주께서 내 오른
손을 붙드셨나이다 24 주의 교
훈으로 나를 인도하시고 후에는
영광으로 나를 영접하시리니 25
하늘에서는 주 외에 누가 내게
있으리요 땅에서는 주밖에 내가
사모할 이 없나이다 26 내 육체
와 마음은 쇠약하나 하나님은 내
마음의 반석이시요 영원한 분깃
이시라 27 무릇 주를 멀리하는
자는 망하리니 음녀 같이 주를
떠난 자를 주께서 다 멸하셨나이
다 28 하나님께 가까이 함이 내
게 복이라 내가 주 여호와를 나
의 피난처로 삼아 주의 모든 행
적을 전파하리이다

74편

[아삽의 마스길]

1 하나님이여 주께서 어찌하여
우리를 영원히 버리시나이까 어
찌하여 주께서 기르시는 양을 향
하여 진노의 연기를 뿜으시나이
까 2 옛적부터 얻으시고 속량하
사 주의 기업의 지파로 삼으신
주의 회중을 기억하시며 주께서
계시던 시온 산도 생각하소서 3
영구히 파멸된 곳을 향하여 주의
발을 옮겨 놓으소서 원수가 성소
에서 모든 악을 행하였나이다 4
주의 대적이 주의 회중 가운데에
서 떠들며 자기들의 깃발을 세워
표적으로 삼았으니 5 그들은 마
치 도끼를 들어 삼림을 베는 사
람 같으니이다 6 이제 그들이 도
끼와 철퇴로 성소의 모든 조각품
을 쳐서 부수고 7 주의 성소를
불사르며 주의 이름이 계신 곳을
더럽혀 땅에 엎었나이다 8 그들
이 마음속으로 이르기를 우리가
그들을 진멸하자 하고 이 땅에
있는 하나님의 모든 회당을 불살
랐나이다 9 우리의 표적은 보이
지 아니하며 선지자도 더 이상
없으며 이런 일이 얼마나 오랠는
지 우리 중에 아는 자도 없나이
다 10 하나님이여 대적이 언제

까지 비방하겠으며 원수가 주의
이름을 영원히 능욕하리이까 11
주께서 어찌하여 주의 손 곧 주
의 오른손을 거두시나이까 주의
품에서 손을 빼내시어 그들을 멸
하소서 12 하나님은 예로부터
나의 왕이시라 사람에게 구원을
베푸셨나이다 13 주께서 주의
능력으로 바다를 나누시고 물 가
운데 용들의 머리를 깨뜨리셨으
며 14 리워야단의 머리를 부수
시고 그것을 사막에 사는 자에게
음식물로 주셨으며 15 주께서
바위를 쪼개어 큰 물을 내시며
주께서 늘 흐르는 강들을 마르게
하셨나이다 16 낮도 주의 것이
요 밤도 주의 것이라 주께서 빛
과 해를 마련하셨으며 17 주께
서 땅의 경계를 정하시며 주께서
여름과 겨울을 만드셨나이다 18
여호와여 이것을 기억하소서 원
수가 주를 비방하며 우매한 백성
이 주의 이름을 능욕하였나이다
19 주의 멧비둘기의 생명을 들짐
승에게 주지 마시며 주의 가난한
자의 목숨을 영원히 잊지 마소서
20 그 언약을 눈여겨 보소서 무
릇 땅의 어두운 곳에 포악한 자
의 처소가 가득하나이다 21 학
대 받은 자가 부끄러이 돌아가게
하지 마시고 가난한 자와 궁핍한
자가 주의 이름을 찬송하게 하소
서 22 하나님이여 일어나 주의
원통함을 푸시고 우매한 자가 종
일 주를 비방하는 것을 기억하소
서 23 주의 대적들의 소리를 잊
지 마소서 일어나 주께 항거하는
자의 떠드는 소리가 항상 주께
상달되나이다

75편

[아삽의 시, 인도자를 따라 알다스 헷에 맞춘 노래]

1 하나님이여 우리가 주께 감사
하고 감사함은 주의 이름이 가까
움이라 사람들이 주의 기이한 일
들을 전파하나이다 2 주의 말씀
이 내가 정한 기약이 이르면 내
가 바르게 심판하리니 3 땅의 기
둥은 내가 세웠거니와 땅과 그
모든 주민이 소멸되리라 하시도
다 (셀라) 4 내가 오만한 자들에
게 오만하게 행하지 말라 하며
악인들에게 뿔을 들지 말라 하였
노니 5 너희 뿔을 높이 들지 말
며 교만한 목으로 말하지 말지어
다 6 무릇 높이는 일이 동쪽에서
나 서쪽에서 말미암지 아니하며
남쪽에서도 말미암지 아니하고
7 오직 재판장이신 하나님이 이
를 낮추시고 저를 높이시느니라
8 여호와의 손에 잔이 있어 술 거
품이 일어나는도다 속에 섞은 것
이 가득한 그 잔을 하나님이 쏟
아 내시나니 실로 그 찌꺼기까지
도 땅의 모든 악인이 기울여 마
시리로다 9 나는 야곱의 하나님
을 영원히 선포하며 찬양하며
10 또 악인들의 뿔을 다 베고 의
인의 뿔은 높이 들리로다

76편

[아삽의 시, 인도자를 따라 현악에 맞춘 노래]

1 하나님은 유다에 알려지셨으며
그의 이름이 이스라엘에 알려지
셨도다 2 그의 장막은 살렘에 있
음이여 그의 처소는 시온에 있도
다 3 거기에서 그가 화살과 방패
와 칼과 전쟁을 없이하셨도다
(셀라) 4 주는 약탈한 산에서 영
화로우시며 존귀하시도다 5 마
음이 강한 자도 가진 것을 빼앗
기고 잠에 빠질 것이며 장사들도
모두 그들에게 도움을 줄 손을
만날 수 없도다 6 야곱의 하나님
이여 주께서 꾸짖으시매 병거와
말이 다 깊이 잠들었나이다 7 주
께서는 경외 받을 이시니 주께서
한 번 노하실 때에 누가 주의 목
전에 서리이까 8 주께서 하늘에
서 판결을 선포하시매 땅이 두려
워 잠잠하였나니 9 곧 하나님이
땅의 모든 온유한 자를 구원하시

려고 심판하러 일어나신 때에로
다 (셀라) 10 진실로 사람의 노여
움은 주를 찬송하게 될 것이요
그 남은 노여움은 주께서 금하시
리이다 11 너희는 여호와 너희
하나님께 서원하고 갚으라 사방
에 있는 모든 사람도 마땅히 경
외할 이에게 예물을 드릴지로다
12 그가 고관들의 기를 꺾으시리
니 그는 세상의 왕들에게 두려움
이시로다

77편

[아삽의 시, 인도자를 따라 여두둔의 법칙에 따라 부르는 노래]

1 내가 내 음성으로 하나님께 부
르짖으리니 내 음성으로 하나님
께 부르짖으면 내게 귀를 기울이
시리로다 2 나의 환난 날에 내가
주를 찾았으며 밤에는 내 손을
들고 거두지 아니하였나니 내 영
혼이 위로 받기를 거절하였도다
3 내가 하나님을 기억하고 불안
하여 근심하니 내 심령이 상하도
다 (셀라) 4 주께서 내가 눈을 붙
이지 못하게 하시니 내가 괴로워
말할 수 없나이다 5 내가 옛날
곧 지나간 세월을 생각하였사오
며 6 밤에 부른 노래를 내가 기
억하여 내 심령으로, 내가 내 마
음으로 간구하기를 7 주께서 영
원히 버리실까, 다시는 은혜를
베풀지 아니하실까, 8 그의 인자
하심은 영원히 끝났는가, 그의
약속하심도 영구히 폐하였는가,
9 하나님이 그가 베푸실 은혜를
잊으셨는가, 노하심으로 그가 베
푸실 긍휼을 그치셨는가 하였나
이다 (셀라) 10 또 내가 말하기를
이는 나의 잘못이라 지존자의 오
른손의 해 11 곧 여호와의 일들
을 기억하며 주께서 옛적에 행하
신 기이한 일을 기억하리이다
12 또 주의 모든 일을 작은 소리
로 읊조리며 주의 행사를 낮은
소리로 되뇌이리이다 13 하나님
이여 주의 도는 극히 거룩하시오
니 하나님과 같이 위대하신 신이
누구오니이까 14 주는 기이한
일을 행하신 하나님이시라 민족
들 중에 주의 능력을 알리시고
15 주의 팔로 주의 백성 곧 야곱
과 요셉의 자손을 속량하셨나이
다 (셀라) 16 하나님이여 물들이
주를 보았나이다 물들이 주를 보
고 두려워하며 깊음도 진동하였
고 17 구름이 물을 쏟고 궁창이
소리를 내며 주의 화살도 날아갔
나이다 18 회오리바람 중에 주
의 우렛소리가 있으며 번개가 세
계를 비추며 땅이 흔들리고 움직
였나이다 19 주의 길이 바다에
있었고 주의 곧은 길이 큰 물에
있었으나 주의 발자취를 알 수
없었나이다 20 주의 백성을 양
떼 같이 모세와 아론의 손으로
인도하셨나이다

78편

[아삽의 마스길]

1 내 백성이여, 내 율법을 들으며
내 입의 말에 귀를 기울일지어다
2 내가 입을 열어 비유로 말하며
예로부터 감추어졌던 것을 드러
내려 하니 3 이는 우리가 들어서
아는 바요 우리의 조상들이 우리
에게 전한 바라 4 우리가 이를
그들의 자손에게 숨기지 아니하
고 여호와의 영예와 그의 능력과
그가 행하신 기이한 사적을 후대
에 전하리로다 5 여호와께서 증
거를 야곱에게 세우시며 법도를
이스라엘에게 정하시고 우리 조
상들에게 명령하사 그들의 자손

에게 알리라 하셨으니 6 이는 그
들로 후대 곧 태어날 자손에게
이를 알게 하고 그들은 일어나
그들의 자손에게 일러서 7 그들
로 그들의 소망을 하나님께 두며
하나님께서 행하신 일을 잊지 아
니하고 오직 그의 계명을 지켜서
8 그들의 조상들 곧 완고하고 패
역하여 그들의 마음이 정직하지
못하며 그 심령이 하나님께 충성
하지 아니하는 세대와 같이 되지
아니하게 하려 하심이로다 9 에
브라임 자손은 무기를 갖추며 활
을 가졌으나 전쟁의 날에 물러갔
도다 10 그들이 하나님의 언약
을 지키지 아니하고 그의 율법
준행을 거절하며 11 여호와께서
행하신 것과 그들에게 보이신 그
의 기이한 일을 잊었도다 12 옛
적에 하나님이 애굽 땅 소안 들
에서 기이한 일을 그들의 조상들
의 목전에서 행하셨으되 13 그
가 바다를 갈라 물을 무더기 같
이 서게 하시고 그들을 지나가게
하셨으며 14 낮에는 구름으로,
밤에는 불빛으로 인도하셨으며
15 광야에서 반석을 쪼개시고 매
우 깊은 곳에서 나오는 물처럼
흡족하게 마시게 하셨으며 16
또 바위에서 시내를 내사 물이
강 같이 흐르게 하셨으나 17 그
들은 계속해서 하나님께 범죄하
여 메마른 땅에서 지존자를 배반
하였도다 18 그들이 그들의 탐
욕대로 음식을 구하여 그들의 심
중에 하나님을 시험하였으며 19
그뿐 아니라 하나님을 대적하여
말하기를 하나님이 광야에서 식
탁을 베푸실 수 있으랴 20 보라
그가 반석을 쳐서 물을 내시니
시내가 넘쳤으나 그가 능히 떡도
주시며 자기 백성을 위하여 고기
도 예비하시랴 하였도다 21 그
러므로 여호와께서 듣고 노하셨
으며 야곱에게 불 같이 노하셨고
또한 이스라엘에게 진노가 불타
올랐으니 22 이는 하나님을 믿
지 아니하며 그의 구원을 의지하
지 아니한 때문이로다 23 그러
나 그가 위의 궁창을 명령하시며
하늘 문을 여시고 24 그들에게
만나를 비 같이 내려 먹이시며
하늘 양식을 그들에게 주셨나니
25 사람이 힘센 자의 떡을 먹었
으며 그가 음식을 그들에게 충족
히 주셨도다 26 그가 동풍을 하
늘에서 일게 하시며 그의 권능으
로 남풍을 인도하시고 27 먼지
처럼 많은 고기를 비 같이 내리
시고 나는 새를 바다의 모래 같
이 내리셨도다 28 그가 그것들
을 그들의 진중에 떨어지게 하사
그들의 거처에 두르셨으므로 29
그들이 먹고 심히 배불렀나니 하
나님이 그들의 원대로 그들에게
주셨도다 30 그러나 그들이 그
들의 욕심을 버리지 아니하여 그
들의 먹을 것이 아직 그들의 입
에 있을 때에 31 하나님이 그들
에게 노염을 나타내사 그들 중
강한 자를 죽이시며 이스라엘의
청년을 쳐 엎드러뜨리셨도다 32
이러함에도 그들은 여전히 범죄
하여 그의 기이한 일들을 믿지
아니하였으므로 33 하나님이 그
들의 날들을 헛되이 보내게 하시
며 그들의 햇수를 두려움으로 보
내게 하셨도다 34 하나님이 그
들을 죽이실 때에 그들이 그에게
구하며 돌이켜 하나님을 간절히
찾았고 35 하나님이 그들의 반
석이시며 지존하신 하나님이 그
들의 구속자이심을 기억하였도
다 36 그러나 그들이 입으로 그
에게 아첨하며 자기 혀로 그에게
거짓을 말하였으니 37 이는 하
나님께 향하는 그들의 마음이 정
함이 없으며 그의 언약에 성실하
지 아니하였음이로다 38 오직
하나님은 긍휼하시므로 죄악을
덮어 주시어 멸망시키지 아니하
시고 그의 진노를 여러 번 돌이
키시며 그의 모든 분을 다 쏟아
내지 아니하셨으니 39 그들은
육체이며 가고 다시 돌아오지 못
하는 바람임을 기억하셨음이라
40 그들이 광야에서 그에게 반항
하며 사막에서 그를 슬프시게 함
이 몇 번인가 41 그들이 돌이켜
하나님을 거듭거듭 시험하며 이
스라엘의 거룩하신 이를 노엽게
하였도다 42 그들이 그의 권능
의 손을 기억하지 아니하며 대적
에게서 그들을 구원하신 날도 기

억하지 아니하였도다 43 그 때
에 하나님이 애굽에서 그의 표적
들을, 소안 들에서 그의 징조들
을 나타내사 44 그들의 강과 시
내를 피로 변하여 그들로 마실
수 없게 하시며 45 쇠파리 떼를
그들에게 보내어 그들을 물게 하
시고 개구리를 보내어 해하게 하
셨으며 46 그들의 토산물을 황
충에게 주셨고 그들이 수고한 것
을 메뚜기에게 주셨으며 47 그
들의 포도나무를 우박으로, 그들
의 뽕나무를 서리로 죽이셨으며
48 그들의 가축을 우박에, 그들
의 양 떼를 번갯불에 넘기셨으며
49 그의 맹렬한 노여움과 진노와
분노와 고난 곧 재앙의 천사들을
그들에게 내려보내셨으며 50 그
는 진노로 길을 닦으사 그들의
목숨이 죽음을 면하지 못하게 하
시고 그들의 생명을 전염병에 붙
이셨으며 51 애굽에서 모든 장
자 곧 함•의 장막에 있는 그들의
기력의 처음 것을 치셨으나 52
그가 자기 백성은 양 같이 인도
하여 내시고 광야에서 양 떼 같
이 지도하셨도다 53 그들을 안
전히 인도하시니 그들은 두려움
이 없었으나 그들의 원수는 바다
에 빠졌도다 54 그들을 그의 성
소의 영역 곧 그의 오른손으로
만드신 산으로 인도하시고 55
또 나라를 그들의 앞에서 쫓아내
시며 줄을 쳐서 그들의 소유를
분배하시고 이스라엘의 지파들
이 그들의 장막에 살게 하셨도다
56 그러나 그들은 지존하신 하나
님을 시험하고 반항하여 그의 명
령을 지키지 아니하며 57 그들
의 조상들 같이 배반하고 거짓을
행하여 속이는 활 같이 빗나가서
58 자기 산당들로 그의 노여움을
일으키며 그들의 조각한 우상들
로 그를 진노하게 하였으매 59
하나님이 들으시고 분내어 이스
라엘을 크게 미워하사 60 사람
가운데 세우신 장막 곧 실로의
성막을 떠나시고 61 그가 그의
능력을 포로에게 넘겨 주시며 그
의 영광을 대적의 손에 붙이시고
62 그가 그의 소유 때문에 분내
사 그의 백성을 칼에 넘기셨으니
63 그들의 청년은 불에 살라지고
그들의 처녀들은 혼인 노래를 들
을 수 없었으며 64 그들의 제사
장들은 칼에 엎드러지고 그들의
과부들은 애곡도 하지 못하였도
다 65 그 때에 주께서 잠에서 깨
어난 것처럼, 포도주를 마시고
고함치는 용사처럼 일어나사 66
그의 대적들을 쳐 물리쳐서 영원
히 그들에게 욕되게 하셨도다
67 또 요셉의 장막을 버리시며
에브라임 지파를 택하지 아니하
시고 68 오직 유다 지파와 그가
사랑하시는 시온 산을 택하시며
69 그의 성소를 산의 높음 같이,
영원히 두신 땅 같이 지으셨도다
70 또 그의 종 다윗을 택하시되
양의 우리에서 취하시며 71 젖
양을 지키는 중에서 그들을 이끌
어 내사 그의 백성인 야곱, 그의
소유인 이스라엘을 기르게 하셨
더니 72 이에 그가 그들을 자기
마음의 완전함으로 기르고 그의
손의 능숙함으로 그들을 지도하
였도다

79편

[아삽의 시]

1 하나님이여 이방 나라들이 주
의 기업의 땅에 들어와서 주의
성전을 더럽히고 예루살렘이 돌
무더기가 되게 하였나이다 2 그
들이 주의 종들의 시체를 공중의
새에게 밥으로, 주의 성도들의
육체를 땅의 짐승에게 주며 3 그
들의 피를 예루살렘 사방에 물
같이 흘렸으나 그들을 매장하는
자가 없었나이다 4 우리는 우리
이웃에게 비방거리가 되며 우리
를 에워싼 자에게 조소와 조롱거
리가 되었나이다 5 여호와여 어
느 때까지니이까 영원히 노하시
리이까 주의 질투가 불붙듯 하시
리이까 6 주를 알지 아니하는 민
족들과 주의 이름을 부르지 아니
하는 나라들에게 주의 노를 쏟으
소서 7 그들이 야곱을 삼키고 그

78:51 **함** 애굽의 사람들은 노아의 아들들 중 한 사람인 함의 후손이었다(창 10:6 참조).

의 거처를 황폐하게 함이니이다
8 우리 조상들의 죄악을 기억하
지 마시고 주의 긍휼로 우리를
속히 영접하소서 우리가 매우 가
련하게 되었나이다 9 우리 구원
의 하나님이여 주의 이름의 영광
스러운 행사를 위하여 우리를 도
우시며 주의 이름을 증거하기 위
하여 우리를 건지시며 우리 죄를
사하소서 10 이방 나라들이 어
찌하여 그들의 하나님이 어디 있
느냐 말하나이까 주의 종들이 피
흘림에 대한 복수를 우리의 목전
에서 이방 나라에게 보여 주소서
11 갇힌 자의 탄식을 주의 앞에
이르게 하시며 죽이기로 정해진
자도 주의 크신 능력을 따라 보
존하소서 12 주여 우리 이웃이
주를 비방한 그 비방을 그들의
품에 칠 배나 갚으소서 13 우리
는 주의 백성이요 주의 목장의
양이니 우리는 영원히 주께 감사
하며 주의 영예를 대대에 전하리
이다

80편

[아삽의 시, 인도자를 따라 소산님에듯에 맞춘 노래]

1 요셉을 양 떼 같이 인도하시는
이스라엘의 목자여 귀를 기울이
소서 그룹 사이에 좌정하신 이여
빛을 비추소서 2 에브라임과 베
냐민과 므낫세 앞에서 주의 능력
을 나타내사 우리를 구원하러 오
소서 3 하나님이여 우리를 돌이
키시고 주의 얼굴빛을 비추사 우
리가 구원을 얻게 하소서 4 만군
의 하나님 여호와여 주의 백성의
기도에 대하여 어느 때까지 노하
시리이까 5 주께서 그들에게 눈
물의 양식을 먹이시며 많은 눈물
을 마시게 하셨나이다 6 우리를
우리 이웃에게 다툼거리가 되게
하시니 우리 원수들이 서로 비웃
나이다 7 만군의 하나님이여 우
리를 회복하여 주시고 주의 얼굴
의 광채를 비추사 우리가 구원을
얻게 하소서 8 주께서 한 포도나
무를 애굽에서 가져다가 민족들
을 쫓아내시고 그것을 심으셨나
이다 9 주께서 그 앞서 가꾸셨으
므로 그 뿌리가 깊이 박혀서 땅
에 가득하며 10 그 그늘이 산들
을 가리고 그 가지는 하나님의
백향목 같으며 11 그 가지가 바
다까지 뻗고 넝쿨이 강까지 미쳤
거늘 12 주께서 어찌하여 그 담
을 허시사 길을 지나가는 모든
이들이 그것을 따게 하셨나이까
13 숲 속의 멧돼지들이 상해하며
들짐승들이 먹나이다 14 만군의
하나님이여 구하옵나니 돌아오
소서 하늘에서 굽어보시고 이 포
도나무를 돌보소서 15 주의 오
른손으로 심으신 줄기요 주를 위
하여 힘있게 하신 가지니이다
16 그것이 불타고 베임을 당하며
주의 면책으로 말미암아 멸망하
오니 17 주의 오른쪽에 있는 자
곧 주를 위하여 힘있게 하신 인자
에게 주의 손을 얹으소서 18 그
리하시면 우리가 주에게서 물러
가지 아니하오리니 우리를 소생
하게 하소서 우리가 주의 이름을
부르리이다 19 만군의 하나님 여
호와여 우리를 돌이켜 주시고 주
의 얼굴의 광채를 우리에게 비추
소서 우리가 구원을 얻으리이다

81편

[아삽의 시, 인도자를 따라 깃딧에 맞춘 노래]

1 우리의 능력이 되시는 하나님
을 향하여 기쁘게 노래하며 야곱
의 하나님을 향하여 즐거이 소리
칠지어다 2 시를 읊으며 소고를
치고 아름다운 수금에 비파를 아
우를지어다 3 초하루와 보름과
우리의 명절에 나팔을 불지어다
4 이는 이스라엘의 율례요 야곱
의 하나님의 규례로다 5 하나님
이 애굽 땅을 치러 나아가시던

때에 요셉의 족속 중에 이를 증
거로 세우셨도다 거기서 내가 알
지 못하던 말씀을 들었나니 6 이
르시되 내가 그의 어깨에서 짐을
벗기고 그의 손에서 광주리를 놓
게 하였도다 7 네가 고난 중에
부르짖으매 내가 너를 건졌고 우
렛소리의 은밀한 곳에서 네게 응
답하며 므리바 물 가에서 너를
시험하였도다 (셀라) 8 내 백성
이여 들으라 내가 네게 증언하리
라 이스라엘이여 내게 듣기를 원
하노라 9 너희 중에 다른 신을
두지 말며 이방 신에게 절하지
말지어다 10 나는 너를 애굽 땅
에서 인도하여 낸 여호와 네 하
나님이니 네 입을 크게 열라 내
가 채우리라 하였으나 11 내 백
성이 내 소리를 듣지 아니하며
이스라엘이 나를 원하지 아니하
였도다 12 그러므로 내가 그의
마음을 완악한 대로 버려 두어
그의 임의대로 행하게 하였도다
13 내 백성아 내 말을 들으라 이
스라엘아 내 도를 따르라 14 그
리하면 내가 속히 그들의 원수를
누르고 내 손을 돌려 그들의 대
적들을 치리니 15 여호와를 미
워하는 자는 그에게 복종하는 체
할지라도 그들의 시대는 영원히
계속되리라 16 또 내가 기름진
밀을 그들에게 먹이며 반석에서
나오는 꿀로 너를 만족하게 하리
라 하셨도다

82편

[아삽의 시]

1 하나님은 신들의 모임 가운데
에 서시며 하나님은 그들 가운데
에서 재판하시느니라 2 너희가
불공평한 판단을 하며 악인의 낯
보기를 언제까지 하려느냐 (셀
라) 3 가난한 자와 고아를 위하
여 판단하며 곤란한 자와 빈궁한
자에게 공의를 베풀지며 4 가난
한 자와 궁핍한 자를 구원하여
악인들의 손에서 건질지니라 하
시는도다 5 그들은 알지도 못하
고 깨닫지도 못하여 흑암 중에
왕래하니 땅의 모든 터가 흔들리
도다 6 내가 말하기를 너희는 신
들이며 다 지존자의 아들들이라
하였으나 7 그러나 너희는 사람
처럼 죽으며 고관의 하나 같이
넘어지리로다 8 하나님이여 일
어나사 세상을 심판하소서 모든
나라가 주의 소유이기 때문이니
이다

83편

[아삽의 시 곧 노래]

1 하나님이여 침묵하지 마소서
하나님이여 잠잠하지 마시고 조
용하지 마소서 2 무릇 주의 원수
들이 떠들며 주를 미워하는 자들
이 머리를 들었나이다 3 그들이
주의 백성을 치려 하여 간계를
꾀하며 주께서 숨기신 자를 치려
고 서로 의논하여 4 말하기를 가
서 그들을 멸하여 다시 나라가
되지 못하게 하여 이스라엘의 이
름으로 다시는 기억되지 못하게
하자 하나이다 5 그들이 한마음
으로 의논하고 주를 대적하여 서
로 동맹하니 6 곧 에돔의 장막과
이스마엘인과 모압과 하갈인이
며 7 그발과 암몬과 아말렉이며
블레셋과 두로 사람이요 8 앗수
르도 그들과 연합하여 롯 자손의
도움이 되었나이다 (셀라) 9 주
는 미디안인에게 행하신 것 같
이, 기손 시내에서 시스라와 야
빈에게 행하신 것 같이 그들에게
도 행하소서 10 그들은 엔돌에
서 패망하여 땅에 거름이 되었나
이다 11 그들의 귀인들이 오렙
과 스엡 같게 하시며 그들의 모
든 고관들은 세바와 살문나와 같
게 하소서 12 그들이 말하기를
우리가 하나님의 목장을 우리의
소유로 취하자 하였나이다 13
나의 하나님이여 그들이 굴러가
는 검불 같게 하시며 바람에 날
리는 지푸라기 같게 하소서 14
삼림을 사르는 불과 산에 붙는
불길 같이 15 주의 광풍으로 그
들을 쫓으시며 주의 폭풍으로 그
들을 두렵게 하소서 16 여호와
여 그들의 얼굴에 수치가 가득하
게 하사 그들이 주의 이름을 찾
게 하소서 17 그들로 수치를 당
하여 영원히 놀라게 하시며 낭패
와 멸망을 당하게 하사 18 여호
와라 이름하신 주만 온 세계의
지존자로 알게 하소서

84편

**[고라 자손의 시, 인도자를 따라 깃
딧에 맞춘 노래]**

1 만군의 여호와여 주의 장막이
어찌 그리 사랑스러운지요 2 내

영혼이 여호와의 궁정을 사모하
여 쇠약함이여 내 마음과 육체가
살아 계시는 하나님께 부르짖나
이다 3 나의 왕, 나의 하나님, 만
군의 여호와여 주의 제단에서 참
새도 제 집을 얻고 제비도 새끼
둘 보금자리를 얻었나이다 4 주
의 집에 사는 자들은 복이 있나
니 그들이 항상 주를 찬송하리이
다 (셀라) 5 주께 힘을 얻고 그
마음에 시온의 대로가 있는 자는
복이 있나이다 6 그들이 눈물 골
짜기로 지나갈 때에 그 곳에 많
은 샘이 있을 것이며 이른 비가
복을 채워 주나이다 7 그들은 힘
을 얻고 더 얻어 나아가 시온에
서 하나님 앞에 각기 나타나리이
다 8 만군의 하나님 여호와여 내
기도를 들으소서 야곱의 하나님
이여 귀를 기울이소서 (셀라) 9
우리 방패이신 하나님이여 주께
서 기름 부으신 자의 얼굴을 살
펴 보옵소서 10 주의 궁정에서
의 한 날이 다른 곳에서의 천 날
보다 나은즉 악인의 장막에 사는
것보다 내 하나님의 성전 문지기
로 있는 것이 좋사오니 11 여호
와 하나님은 해요 방패이시라 여
호와께서 은혜와 영화를 주시며
정직하게 행하는 자에게 좋은 것
을 아끼지 아니하실 것임이니이
다 12 만군의 여호와여 주께 의
지하는 자는 복이 있나이다

85편

[고라 자손의 시, 인도자를 따라 부르는 노래]

1 여호와여 주께서 주의 땅에 은
혜를 베푸사 야곱의 포로 된 자
들이 돌아오게 하셨으며 2 주의
백성의 죄악을 사하시고 그들의
모든 죄를 덮으셨나이다 (셀라)
3 주의 모든 분노를 거두시며 주
의 진노를 돌이키셨나이다 4 우
리 구원의 하나님이여 우리를 돌
이키시고 우리에게 향하신 주의
분노를 거두소서 5 주께서 우리
에게 영원히 노하시며 대대에 진
노하시겠나이까 6 주께서 우리
를 다시 살리사 주의 백성이 주
를 기뻐하도록 하지 아니하시겠
나이까 7 여호와여 주의 인자하
심을 우리에게 보이시며 주의 구
원을 우리에게 주소서 8 내가 하
나님 여호와께서 하실 말씀을 들
으리니 무릇 그의 백성, 그의 성
도들에게 화평을 말씀하실 것이
라 그들은 다시 어리석은 데로
돌아가지 말지로다 9 진실로 그
의 구원이 그를 경외하는 자에게
가까우니 영광이 우리 땅에 머무
르리이다 10 인애와 진리가 같
이 만나고 의와 화평이 서로 입
맞추었으며 11 진리는 땅에서
솟아나고 의는 하늘에서 굽어보
도다 12 여호와께서 좋은 것을
주시리니 우리 땅이 그 산물을
내리로다 13 의가 주의 앞에 앞
서 가며 주의 길을 닦으리로다

86편

[다윗의 기도]

1 여호와여 나는 가난하고 궁핍
하오니 주의 귀를 기울여 내게
응답하소서 2 나는 경건하오니
내 영혼을 보존하소서 내 주 하
나님이여 주를 의지하는 종을 구
원하소서 3 주여 내게 은혜를 베

푸소서 내가 종일 주께 부르짖나
이다 4 주여 내 영혼이 주를 우
러러보오니 주여 내 영혼을 기쁘
게 하소서 5 주는 선하사 사죄하
기를 즐거워하시며 주께 부르짖
는 자에게 인자함이 후하심이니
이다 6 여호와여 나의 기도에 귀
를 기울이시고 내가 간구하는 소
리를 들으소서 7 나의 환난 날에
내가 주께 부르짖으리니 주께서
내게 응답하시리이다 8 주여 신
들 중에 주와 같은 자 없사오며
주의 행하심과 같은 일도 없나이
다 9 주여 주께서 지으신 모든
민족이 와서 주의 앞에 경배하며
주의 이름에 영광을 돌리리이다
10 무릇 주는 위대하사 기이한
일들을 행하시오니 주만이 하나
님이시니이다 11 여호와여 주의
도를 내게 가르치소서 내가 주의
진리에 행하오리니 일심으로 주
의 이름을 경외하게 하소서 12
주 나의 하나님이여 내가 전심으
로 주를 찬송하고 영원토록 주의
이름에 영광을 돌리오리니 13
이는 내게 향하신 주의 인자하심
이 크사 내 영혼을 깊은 스올에
서 건지셨음이니이다 14 하나님
이여 교만한 자들이 일어나 나를
치고 포악한 자의 무리가 내 영
혼을 찾았사오며 자기 앞에 주를
두지 아니하였나이다 15 그러나
주여 주는 긍휼히 여기시며 은혜
를 베푸시며 노하기를 더디 하시
며 인자와 진실이 풍성하신 하나
님이시오니 16 내게로 돌이키사
내게 은혜를 베푸소서 주의 종에
게 힘을 주시고 주의 여종의 아
들을 구원하소서 17 은총의 표
적을 내게 보이소서 그러면 나를
미워하는 그들이 보고 부끄러워
하오리니 여호와여 주는 나를 돕
고 위로하시는 이시니이다

87편

[고라 자손의 시 곧 노래]

1 그의 터전이 성산에 있음이여
2 여호와께서 야곱의 모든 거처
보다 시온의 문들을 사랑하시는
도다 3 하나님의 성이여 너를 가
리켜 영광스럽다 말하는도다 (셀
라) 4 나는 라합과 바벨론이 나
를 아는 자 중에 있다 말하리라
보라 블레셋과 두로와 구스여 이
것들도 거기서 났다 하리로다 5
시온에 대하여 말하기를 이 사
람, 저 사람이 거기서 났다고 말
하리니 지존자가 친히 시온을 세
우리라 하는도다 6 여호와께서
민족들을 등록하실 때에는 그 수
를 세시며 이 사람이 거기서 났
다 하시리로다 (셀라) 7 노래하
는 자와 뛰어 노는 자들이 말하
기를 나의 모든 근원이 네게 있
다 하리로다

88편

[고라 자손의 찬송 시 곧 에스라인 헤만의 마스길, 인도자를 따라 마할랏르안놋에 맞춘 노래]

1 여호와 내 구원의 하나님이여
내가 주야로 주 앞에서 부르짖었
사오니 2 나의 기도가 주 앞에
이르게 하시며 나의 부르짖음에
주의 귀를 기울여 주소서 3 무릇
나의 영혼에는 재난이 가득하며
나의 생명은 스올에 가까웠사오
니 4 나는 무덤에 내려가는 자
같이 인정되고 힘없는 용사와 같
으며 5 죽은 자 중에 던져진 바
되었으며 죽임을 당하여 무덤에
누운 자 같으니이다 주께서 그들
을 다시 기억하지 아니하시니 그
들은 주의 손에서 끊어진 자니이
다 6 주께서 나를 깊은 웅덩이와
어둡고 음침한 곳에 두셨사오며
7 주의 노가 나를 심히 누르시고
주의 모든 파도가 나를 괴롭게
하셨나이다 (셀라) 8 주께서 내
가 아는 자를 내게서 멀리 떠나
게 하시고 나를 그들에게 가증한
것이 되게 하셨사오니 나는 갇혀
서 나갈 수 없게 되었나이다 9
곤란으로 말미암아 내 눈이 쇠하
였나이다 여호와여 내가 매일 주
를 부르며 주를 향하여 나의 두
손을 들었나이다 10 주께서 죽은
자에게 기이한 일을 보이시겠나
이까 유령들이 일어나 주를 찬송
하리이까 (셀라) 11 주의 인자하
심을 무덤에서, 주의 성실하심을
멸망 중에서 선포할 수 있으리이
까 12 흑암 중에서 주의 기적과
잊음의 땅에서 주의 공의를 알
수 있으리이까 13 여호와여 오직
내가 주께 부르짖었사오니 아침
에 나의 기도가 주의 앞에 이르
리이다 14 여호와여 어찌하여 나
의 영혼을 버리시며 어찌하여 주
의 얼굴을 내게서 숨기시나이까
15 내가 어릴 적부터 고난을 당하
여 죽게 되었사오며 주께서 두렵
게 하실 때에 당황하였나이다 16
주의 진노가 내게 넘치고 주의

두려움이 나를 끊었나이다 17 이
런 일이 물 같이 종일 나를 에우
며 함께 나를 둘러쌌나이다 18
주는 내게서 사랑하는 자와 친구
를 멀리 떠나게 하시며 내가 아
는 자를 흑암에 두셨나이다

89편

[에스라인 에단의 마스길]

1 내가 여호와의 인자하심을 영
원히 노래하며 주의 성실하심을
내 입으로 대대에 알게 하리이다
2 내가 말하기를 인자하심을 영
원히 세우시며 주의 성실하심을
하늘에서 견고히 하시리라 하였
나이다 3 주께서 이르시되 나는
내가 택한 자와 언약을 맺으며
내 종 다윗에게 맹세하기를 4 내
가 네 자손을 영원히 견고히 하
며 네 왕위를 대대에 세우리라
하셨나이다 (셀라) 5 여호와여
주의 기이한 일을 하늘이 찬양할
것이요 주의 성실도 거룩한 자들
의 모임 가운데에서 찬양하리이
다 6 무릇 구름 위에서 능히 여
호와와 비교할 자 누구며 신들
중에서 여호와와 같은 자 누구리
이까 7 하나님은 거룩한 자의 모
임 가운데에서 매우 무서워할 이
시오며 둘러 있는 모든 자 위에
더욱 두려워할 이시니이다 8 여
호와 만군의 하나님이여 주와 같
이 능력 있는 이가 누구리이까
여호와여 주의 성실하심이 주를
둘렀나이다 9 주께서 바다의 파
도를 다스리시며 그 파도가 일어
날 때에 잔잔하게 하시나이다
10 주께서 라합을 죽임 당한 자
같이 깨뜨리시고 주의 원수를 주
의 능력의 팔로 흩으셨나이다
11 하늘이 주의 것이요 땅도 주
의 것이라 세계와 그 중에 충만
한 것을 주께서 건설하셨나이다
12 남북을 주께서 창조하셨으니
다볼과 헤르몬이 주의 이름으로
말미암아 즐거워하나이다 13 주
의 팔에 능력이 있사오며 주의
손은 강하고 주의 오른손은 높이
들리우셨나이다 14 의와 공의가
주의 보좌의 기초라 인자함과 진
실함이 주 앞에 있나이다 15 즐
겁게 소리칠 줄 아는 백성은 복
이 있나니 여호와여 그들이 주의
얼굴 빛 안에서 다니리로다 16
그들은 종일 주의 이름 때문에
기뻐하며 주의 공의로 말미암아
높아지오니 17 주는 그들의 힘
의 영광이심이라 우리의 뿔이 주
의 은총으로 높아지오리니 18
우리의 방패는 여호와께 속하였
고 우리의 왕은 이스라엘의 거룩
한 이에게 속하였기 때문이니이
다 19 그 때에 주께서 환상 중에
주의 성도들에게 말씀하여 이르
시기를 내가 능력 있는 용사에게
는 돕는 힘을 더하며 백성 중에
서 택함 받은 자를 높였으되 20
내가 내 종 다윗을 찾아내어 나
의 거룩한 기름을 그에게 부었도
다 21 내 손이 그와 함께 하여 견
고하게 하고 내 팔이 그를 힘이
있게 하리로다 22 원수가 그에
게서 강탈하지 못하며 악한 자가
그를 곤고하게 못하리로다 23
내가 그의 앞에서 그 대적들을
박멸하며 그를 미워하는 자들을
치려니와 24 나의 성실함과 인
자함이 그와 함께 하리니 내 이
름으로 말미암아 그의 뿔이 높아
지리로다 25 내가 또 그의 손을
바다 위에 놓으며 오른손을 강들
위에 놓으리니 26 그가 내게 부
르기를 주는 나의 아버지시요 나
의 하나님이시요 나의 구원의 바
위시라 하리로다 27 내가 또 그
를 장자로 삼고 세상 왕들에게
지존자가 되게 하며 28 그를 위
하여 나의 인자함을 영원히 지키
고 그와 맺은 나의 언약을 굳게
세우며 29 또 그의 후손을 영구
하게 하여 그의 왕위를 하늘의
날과 같게 하리로다 30 만일 그
의 자손이 내 법을 버리며 내 규

례대로 행하지 아니하며 31 내
율례를 깨뜨리며 내 계명을 지키
지 아니하면 32 내가 회초리로
그들의 죄를 다스리며 채찍으로
그들의 죄악을 벌하리로다 33
그러나 나의 인자함을 그에게서
다 거두지는 아니하며 나의 성실
함도 폐하지 아니하며 34 내 언
약을 깨뜨리지 아니하고 내 입술
에서 낸 것은 변하지 아니하리로
다 35 내가 나의 거룩함으로 한
번 맹세하였은즉 다윗에게 거짓
말을 하지 아니할 것이라 36 그
의 후손이 장구하고 그의 왕위는
해 같이 내 앞에 항상 있으며 37
또 궁창의 확실한 증인인 달 같
이 영원히 견고하게 되리라 하셨
도다 (셀라) 38 그러나 주께서 주
의 기름 부음 받은 자에게 노하
사 물리치셔서 버리셨으며 39
주의 종의 언약을 미워하사 그의
관을 땅에 던져 욕되게 하셨으며
40 그의 모든 울타리를 파괴하시
며 그 요새를 무너뜨리셨으므로
41 길로 지나가는 자들에게 다
탈취를 당하며 그의 이웃에게 욕
을 당하나이다 42 주께서 그의
대적들의 오른손을 높이시고 그
들의 모든 원수들은 기쁘게 하셨
으나 43 그의 칼날은 둔하게 하
사 그가 전장에서 더 이상 버티
지 못하게 하셨으며 44 그의 영
광을 그치게 하시고 그의 왕위를
땅에 엎으셨으며 45 그의 젊은
날들을 짧게 하시고 그를 수치로
덮으셨나이다 (셀라) 46 여호와
여 언제까지니이까 스스로 영원
히 숨기시리이까 주의 노가 언제
까지 불붙듯 하시겠나이까 47
나의 때가 얼마나 짧은지 기억하
소서 주께서 모든 사람을 어찌
그리 허무하게 창조하셨는지요
48 누가 살아서 죽음을 보지 아
니하고 자기의 영혼을 스올의 권
세에서 건지리이까 (셀라) 49 주
여 주의 성실하심으로 다윗에게
맹세하신 그 전의 인자하심이 어
디 있나이까 50 주는 주의 종들
이 받은 비방을 기억하소서 많은
민족의 비방이 내 품에 있사오니
51 여호와여 이 비방은 주의 원
수들이 주의 기름 부음 받은 자
의 행동을 비방한 것이로소이다
52 여호와를 영원히 찬송할지어
다 아멘 아멘

제사권

90편

[하나님의 사람 모세의 기도]

1 주여 주는 대대에 우리의 거처
가 되셨나이다 2 산이 생기기
전, 땅과 세계도 주께서 조성하
시기 전 곧 영원부터 영원까지
주는 하나님이시니이다 3 주께
서 사람을 티끌로 돌아가게 하시
고 말씀하시기를 너희 인생들은
돌아가라 하셨사오니 4 주의 목
전에는 천 년이 지나간 어제 같
으며 밤의 한 순간 같을 뿐임이
니이다 5 주께서 그들을 홍수처
럼 쓸어가시나이다 그들은 잠깐
자는 것 같으며 아침에 돋는 풀
같으니이다 6 풀은 아침에 꽃이
피어 자라다가 저녁에는 시들어
마르나이다 7 우리는 주의 노에
소멸되며 주의 분내심에 놀라나
이다 8 주께서 우리의 죄악을 주
의 앞에 놓으시며 우리의 은밀한
죄를 주의 얼굴 빛 가운데에 두
셨사오니 9 우리의 모든 날이 주
의 분노 중에 지나가며 우리의
평생이 순식간에 다하였나이다
10 우리의 연수가 칠십이요 강건
하면 팔십이라도 그 연수의 자랑
은 수고와 슬픔뿐이요 신속히 가
니 우리가 날아가나이다 11 누
가 주의 노여움의 능력을 알며
누가 주의 진노의 두려움을 알리
이까 12 우리에게 우리 날 계수
함을 가르치사 지혜로운 마음을
얻게 하소서 13 여호와여 돌아
오소서 언제까지니이까 주의 종
들을 불쌍히 여기소서 14 아침
에 주의 인자하심이 우리를 만족
하게 하사 우리를 일생 동안 즐
겁고 기쁘게 하소서 15 우리를
괴롭게 하신 날수대로와 우리가
화를 당한 연수대로 우리를 기쁘
게 하소서 16 주께서 행하신 일
을 주의 종들에게 나타내시며 주
의 영광을 그들의 자손에게 나타
내소서 17 주 우리 하나님의 은
총을 우리에게 내리게 하사 우리
의 손이 행한 일을 우리에게 견
고하게 하소서 우리의 손이 행한

일을 견고하게 하소서

91편

1 지존자의 은밀한 곳에 거주하
며 전능자의 그늘 아래에 사는
자여, 2 나는 여호와를 향하여
말하기를 그는 나의 피난처요 나
의 요새요 내가 의뢰하는 하나님
이라 하리니 3 이는 그가 너를
새 사냥꾼의 올무에서와 심한 전
염병에서 건지실 것임이로다 4
그가 너를 그의 깃으로 덮으시리
니 네가 그의 날개 아래에 피하
리로다 그의 진실함은 방패와 손
방패가 되시나니 5 너는 밤에 찾
아오는 공포와 낮에 날아드는 화
살과 6 어두울 때 퍼지는 전염병
과 밝을 때 닥쳐오는 재앙을 두
려워하지 아니하리로다 7 천 명
이 네 왼쪽에서, 만 명이 네 오른
쪽에서 엎드러지나 이 재앙이 네
게 가까이 하지 못하리로다 8 오
직 너는 똑똑히 보리니 악인들의
보응을 네가 보리로다 9 네가 말
하기를 여호와는 나의 피난처시
라 하고 지존자를 너의 거처로
삼았으므로 10 화가 네게 미치
지 못하며 재앙이 네 장막에 가
까이 오지 못하리니 11 그가 너
를 위하여 그의 천사들을 명령하
사 네 모든 길에서 너를 지키게
하심이라 12 그들이 그들의 손
으로 너를 붙들어 발이 돌에 부
딪히지 아니하게 하리로다 13
네가 사자와 독사를 밟으며 젊
은 사자와 뱀을 발로 누르리로
다 14 하나님이 이르시되 그가
나를 사랑한즉 내가 그를 건지리

라 그가 내 이름을 안즉 내가 그
를 높이리라 15 그가 내게 간구
하리니 내가 그에게 응답하리라
그들이 환난 당할 때에 내가 그
와 함께 하여 그를 건지고 영화
롭게 하리라 16 내가 그를 장수
하게 함으로 그를 만족하게 하며
나의 구원을 그에게 보이리라 하
시도다

92편

[안식일의 찬송 시]

1-3 지존자여 십현금과 비파와 수
금으로 여호와께 감사하며 주의
이름을 찬양하고 아침마다 주의
인자하심을 알리며 밤마다 주의
성실하심을 베풂이 좋으니이다
4 여호와여 주께서 행하신 일로
나를 기쁘게 하셨으니 주의 손이
행하신 일로 말미암아 내가 높이
외치리이다 5 여호와여 주께서
행하신 일이 어찌 그리 크신지요
주의 생각이 매우 깊으시니이다
6 어리석은 자도 알지 못하며 무
지한 자도 이를 깨닫지 못하나이
다 7 악인들은 풀 같이 자라고 악
을 행하는 자들은 다 흥왕할지라
도 영원히 멸망하리이다 8 여호
와여 주는 영원토록 지존하시니
이다 9 여호와여 주의 원수들은
패망하리이다 정녕 주의 원수들
은 패망하리니 죄악을 행하는 자
들은 다 흩어지리이다 10 그러나
주께서 내 뿔을 들소의 뿔 같이
높이셨으며 내게 신선한 기름을
부으셨나이다 11 내 원수들이 보
응 받는 것을 내 눈으로 보며 일
어나 나를 치는 행악자들이 보응
받는 것을 내 귀로 들었도다 12
의인은 종려나무 같이 번성하며
레바논의 백향목 같이 성장하리
로다 13 이는 여호와의 집에 심
겼음이여 우리 하나님의 뜰 안에
서 번성하리로다 14 그는 늙어도
여전히 결실하며 진액이 풍족하
고 빛이 청청하니 15 여호와의
정직하심과 나의 바위 되심과 그
에게는 불의가 없음이 선포되리
로다

93편

1 여호와께서 다스리시니 스스로
권위를 입으셨도다 여호와께서
능력의 옷을 입으시며 띠를 띠셨
으므로 세계도 견고히 서서 흔들
리지 아니하는도다 2 주의 보좌
는 예로부터 견고히 섰으며 주는
영원부터 계셨나이다 3 여호와
여 큰 물이 소리를 높였고 큰 물
이 그 소리를 높였으니 큰 물이
그 물결을 높이나이다 4 높이 계
신 여호와의 능력은 많은 물 소
리와 바다의 큰 파도보다 크니이
다 5 여호와여 주의 증거들이 매
우 확실하고 거룩함이 주의 집에
합당하니 여호와는 영원무궁하
시리이다

94편

1 여호와여 복수하시는 하나님이
여 복수하시는 하나님이여 빛을
비추어 주소서 2 세계를 심판하
시는 주여 일어나사 교만한 자들
에게 마땅한 벌을 주소서 3 여호
와여 악인이 언제까지, 악인이
언제까지 개가를 부르리이까 4
그들이 마구 지껄이며 오만하게
떠들며 죄악을 행하는 자들이 다
자만하나이다 5 여호와여 그들
이 주의 백성을 짓밟으며 주의
소유를 곤고하게 하며 6 과부와
나그네를 죽이며 고아들을 살해
하며 7 말하기를 여호와가 보지
못하며 야곱의 하나님이 알아차
리지 못하리라 하나이다 8 백성
중의 어리석은 자들아 너희는 생
각하라 무지한 자들아 너희가 언
제나 지혜로울까 9 귀를 지으신
이가 듣지 아니하시랴 눈을 만드
신 이가 보지 아니하시랴 10 뭇
백성을 징벌하시는 이 곧 지식으
로 사람을 교훈하시는 이가 징벌
하지 아니하시랴 11 여호와께서
는 사람의 생각이 허무함을 아시
느니라 12 여호와여 주로부터
징벌을 받으며 주의 법으로 교훈
하심을 받는 자가 복이 있나니
13 이런 사람에게는 환난의 날을
피하게 하사 악인을 위하여 구덩
이를 팔 때까지 평안을 주시리이
다 14 여호와께서는 자기 백성
을 버리지 아니하시며 자기의 소
유를 외면하지 아니하시리로다
15 심판이 의로 돌아가리니 마음
이 정직한 자가 다 따르리로다
16 누가 나를 위하여 일어나서
행악자들을 치며 누가 나를 위하
여 일어나서 악행하는 자들을 칠
까 17 여호와께서 내게 도움이
되지 아니하셨더면 내 영혼이 벌
써 침묵 속에 잠겼으리로다 18
여호와여 나의 발이 미끄러진다
고 말할 때에 주의 인자하심이
나를 붙드셨사오며 19 내 속에
근심이 많을 때에 주의 위안이
내 영혼을 즐겁게 하시나이다
20 율례를 빙자하고 재난을 꾸미
는 악한 재판장이 어찌 주와 어
울리리이까 21 그들이 모여 의
인의 영혼을 치려 하며 무죄한
자를 정죄하여 피를 흘리려 하나
22 여호와는 나의 요새이시요 나
의 하나님은 내가 피할 반석이시
라 23 그들의 죄악을 그들에게
로 되돌리시며 그들의 악으로 말
미암아 그들을 끊으시리니 여호
와 우리 하나님이 그들을 끊으시
리로다

95편

1 오라 우리가 여호와께 노래하
며 우리의 구원의 반석을 향하여
즐거이 외치자 2 우리가 감사함
으로 그 앞에 나아가며 시를 지
어 즐거이 그를 노래하자 3 여호
와는 크신 하나님이시요 모든 신
들보다 크신 왕이시기 때문이로
다 4 땅의 깊은 곳이 그의 손 안
에 있으며 산들의 높은 곳도 그
의 것이로다 5 바다도 그의 것이
라 그가 만드셨고 육지도 그의
손이 지으셨도다 6 오라 우리가
굽혀 경배하며 우리를 지으신 여
호와 앞에 무릎을 꿇자 7 그는
우리의 하나님이시요 우리는 그
가 기르시는 백성이며 그의 손이
돌보시는 양이기 때문이라 너희
가 오늘 그의 음성을 듣거든 8
너희는 므리바에서와 같이 또 광
야의 맛사에서 지냈던 날과 같이
너희 마음을 완악하게 하지 말지
어다 9 그 때에 너희 조상들이
내가 행한 일을 보고서도 나를
시험하고 조사하였도다 10 내가
사십 년 동안 그 세대로 말미암
아 근심하여 이르기를 그들은 마
음이 미혹된 백성이라 내 길을
알지 못한다 하였도다 11 그러
므로 내가 노하여 맹세하기를 그
들은 내 안식에 들어오지 못하리
라 하였도다

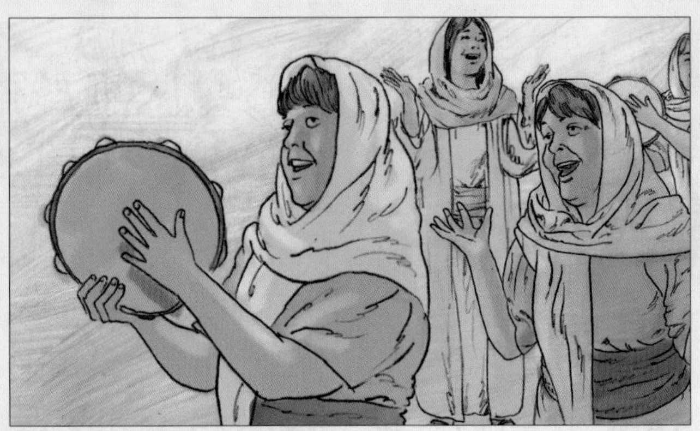

96편

1 새 노래로 여호와께 노래하라
온 땅이여 여호와께 노래할지어
다 2 여호와께 노래하여 그의 이
름을 송축하며 그의 구원을 날마
다 전파할지어다 3 그의 영광을
백성들 가운데에, 그의 기이한
행적을 만민 가운데에 선포할지
어다 4 여호와는 위대하시니 지
극히 찬양할 것이요 모든 신들보
다 경외할 것임이여 5 만국의 모
든 신들은 우상들이지만 여호와
께서는 하늘을 지으셨음이로다
6 존귀와 위엄이 그의 앞에 있으
며 능력과 아름다움이 그의 성소
에 있도다 7 만국의 족속들아 영
광과 권능을 여호와께 돌릴지어
다 여호와께 돌릴지어다 8 여호
와의 이름에 합당한 영광을 그에
게 돌릴지어다 예물을 들고 그의
궁정에 들어갈지어다 9 아름답
고 거룩한 것으로 여호와께 예배
할지어다 온 땅이여 그 앞에서
떨지어다 10 모든 나라 가운데
서 이르기를 여호와께서 다스리
시니 세계가 굳게 서고 흔들리지
않으리라 그가 만민을 공평하게
심판하시리라 할지로다 11 하늘
은 기뻐하고 땅은 즐거워하며 바
다와 거기에 충만한 것이 외치고
12 밭과 그 가운데에 있는 모든
것은 즐거워할지로다 그 때 숲의
모든 나무들이 여호와 앞에서 즐
거이 노래하리니 13 그가 임하
시되 땅을 심판하러 임하실 것임
이라 그가 의로 세계를 심판하시
며 그의 진실하심으로 백성을 심
판하시리로다

97편

1 여호와께서 다스리시나니 땅은
즐거워하며 허다한 섬은 기뻐할
지어다 2 구름과 흑암이 그를 둘
렀고 의와 공평이 그의 보좌의
기초로다 3 불이 그의 앞에서 나
와 사방의 대적들을 불사르시는
도다 4 그의 번개가 세계를 비추
니 땅이 보고 떨었도다 5 산들이
여호와의 앞 곧 온 땅의 주 앞에
서 밀랍 같이 녹았도다 6 하늘이
그의 의를 선포하니 모든 백성이
그의 영광을 보았도다 7 조각한
신상을 섬기며 허무한 것으로 자
랑하는 자는 다 수치를 당할 것
이라 너희 신들아 여호와께 경배
할지어다 8 여호와여 시온이 주
의 심판을 듣고 기뻐하며 유다의
딸들이 즐거워하였나이다 9 여
호와여 주는 온 땅 위에 지존하
시고 모든 신들보다 위에 계시니
이다 10 여호와를 사랑하는 너
희여 악을 미워하라 그가 그의
성도의 영혼을 보전하사 악인의
손에서 건지시느니라 11 의인을
위하여 빛을 뿌리고 마음이 정직
한 자를 위하여 기쁨을 뿌리시는
도다 12 의인이여 너희는 여호
와로 말미암아 기뻐하며 그의 거
룩한 이름에 감사할지어다

98편

[시]

1 새 노래로 여호와께 찬송하라
그는 기이한 일을 행하사 그의
오른손과 거룩한 팔로 자기를 위
하여 구원을 베푸셨음이로다 2
여호와께서 그의 구원을 알게 하
시며 그의 공의를 뭇 나라의 목
전에서 명백히 나타내셨도다 3
그가 이스라엘의 집에 베푸신 인
자와 성실을 기억하셨으므로 땅
끝까지 이르는 모든 것이 우리
하나님의 구원을 보았도다 4 온
땅이여 여호와께 즐거이 소리칠
지어다 소리 내어 즐겁게 노래하
며 찬송할지어다 5 수금으로 여
호와를 노래하라 수금과 음성으
로 노래할지어다 6 나팔과 호각
소리로 왕이신 여호와 앞에 즐겁

게 소리칠지어다 7 바다와 거기
충만한 것과 세계와 그 중에 거
주하는 자는 다 외칠지어다 8 여
호와 앞에서 큰 물은 박수할지어
다 산악이 함께 즐겁게 노래할지
어다 9 그가 땅을 심판하러 임하
실 것임이로다 그가 의로 세계를
판단하시며 공평으로 그의 백성
을 심판하시리로다

99편

1 여호와께서 다스리시니 만민이
떨 것이요 여호와께서 그룹 사이
에 좌정하시니 땅이 흔들릴 것이
로다 2 시온에 계시는 여호와는
위대하시고 모든 민족보다 높으
시도다 3 주의 크고 두려운 이름
을 찬송할지니 그는 거룩하심이
로다 4 능력 있는 왕은 정의를
사랑하느니라 주께서 공의를 견
고하게 세우시고 주께서 야곱에
게 정의와 공의를 행하시나이다
5 너희는 여호와 우리 하나님을
높여 그의 발등상 앞에서 경배할
지어다 그는 거룩하시도다 6 그
의 제사장들 중에는 모세와 아론
이 있고 그의 이름을 부르는 자
들 중에는 사무엘이 있도다 그들
이 여호와께 간구하매 응답하셨
도다 7 여호와께서 구름 기둥 가
운데서 그들에게 말씀하시니 그
들은 그가 그들에게 주신 증거와
율례를 지켰도다 8 여호와 우리
하나님이여 주께서는 그들에게
응답하셨고 그들의 행한 대로 갚
기는 하셨으나 그들을 용서하신
하나님이시니이다 9 너희는 여
호와 우리 하나님을 높이고 그
성산에서 예배할지어다 여호와
우리 하나님은 거룩하심이로다

100편

[감사의 시]

1 온 땅이여 여호와께 즐거운 찬
송을 부를지어다 2 기쁨으로 여
호와를 섬기며 노래하면서 그의
앞에 나아갈지어다 3 여호와가
우리 하나님이신 줄 너희는 알지
어다 그는 우리를 지으신 이요 우
리는 그의 것이니 그의 백성이요
그의 기르시는 양이로다 4 감사
함으로 그의 문에 들어가며 찬송
함으로 그의 궁정에 들어가서 그
에게 감사하며 그의 이름을 송축
할지어다 5 여호와는 선하시니
그의 인자하심이 영원하고 그의
성실하심이 대대에 이르리로다

101편

[다윗의 시]

1 내가 인자와 정의를 노래하겠
나이다 여호와여 내가 주께 찬양
하리이다 2 내가 완전한 길을 주
목하오리니 주께서 어느 때나 내
게 임하시겠나이까 내가 완전한
마음으로 내 집 안에서 행하리이
다 3 나는 비천한 것을 내 눈 앞
에 두지 아니할 것이요 배교자들
의 행위를 내가 미워하오리니 나
는 그 어느 것도 붙들지 아니하
리이다 4 사악한 마음이 내게서
떠날 것이니 악한 일을 내가 알
지 아니하리로다 5 자기의 이웃
을 은근히 헐뜯는 자를 내가 멸
할 것이요 눈이 높고 마음이 교
만한 자를 내가 용납하지 아니하
리로다 6 내 눈이 이 땅의 충성
된 자를 살펴 나와 함께 살게 하
리니 완전한 길에 행하는 자가

나를 따르리로다 7 거짓을 행하
는 자는 내 집 안에 거주하지 못
하며 거짓말하는 자는 내 목전에
서지 못하리로다 8 아침마다 내
가 이 땅의 모든 악인을 멸하리
니 악을 행하는 자는 여호와의
성에서 다 끊어지리로다

102편

[고난 당한 자가 마음이 상하여 그 의 근심을 여호와 앞에 토로하는 기도]

1 여호와여 내 기도를 들으시고
나의 부르짖음을 주께 상달하게
하소서 2 나의 괴로운 날에 주의
얼굴을 내게서 숨기지 마소서 주
의 귀를 내게 기울이사 내가 부
르짖는 날에 속히 내게 응답하소
서 3 내 날이 연기 같이 소멸하
며 내 뼈가 숯 같이 탔음이니이
다 4 내가 음식 먹기도 잊었으므
로 내 마음이 풀 같이 시들고 말
라 버렸사오며 5 나의 탄식 소리
로 말미암아 나의 살이 뼈에 붙
었나이다 6 나는 광야의 올빼미
같고 황폐한 곳의 부엉이 같이
되었사오며 7 내가 밤을 새우니
지붕 위의 외로운 참새 같으니이
다 8 내 원수들이 종일 나를 비
방하며 내게 대항하여 미칠 듯이
날뛰는 자들이 나를 가리켜 맹세
하나이다 9 나는 재를 양식 같이
먹으며 나는 눈물 섞인 물을 마
셨나이다 10 주의 분노와 진노
로 말미암음이라 주께서 나를 들
어서 던지셨나이다 11 내 날이
기울어지는 그림자 같고 내가 풀
의 시들어짐 같으니이다 12 여
호와여 주는 영원히 계시고 주에
대한 기억은 대대에 이르리이다
13 주께서 일어나사 시온을 긍휼
히 여기시리니 지금은 그에게 은
혜를 베푸실 때라 정한 기한이
다가옴이니이다 14 주의 종들이
시온의 돌들을 즐거워하며 그의
티끌도 은혜를 받나이다 15 이
에 뭇 나라가 여호와의 이름을
경외하며 이 땅의 모든 왕들이
주의 영광을 경외하리니 16 여
호와께서 시온을 건설하시고 그
의 영광 중에 나타나셨음이라
17 여호와께서 빈궁한 자의 기도
를 돌아보시며 그들의 기도를 멸
시하지 아니하셨도다 18 이 일
이 장래 세대를 위하여 기록되리
니 창조함을 받을 백성이 여호와
를 찬양하리로다 19 여호와께서
그의 높은 성소에서 굽어보시며
하늘에서 땅을 살펴 보셨으니
20 이는 갇힌 자의 탄식을 들으
시며 죽이기로 정한 자를 해방하
사 21 여호와의 이름을 시온에
서, 그 영예를 예루살렘에서 선
포하게 하려 하심이라 22 그 때
에 민족들과 나라들이 함께 모여
여호와를 섬기리로다 23 그가
내 힘을 중도에 쇠약하게 하시며
내 날을 짧게 하셨도다 24 나의
말이 나의 하나님이여 나의 중년
에 나를 데려가지 마옵소서 주의
연대는 대대에 무궁하니이다 25
주께서 옛적에 땅의 기초를 놓으
셨사오며 하늘도 주의 손으로 지
으신 바니이다 26 천지는 없어
지려니와 주는 영존하시겠고 그
것들은 다 옷 같이 낡으리니 의
복 같이 바꾸시면 바뀌려니와
27 주는 한결같으시고 주의 연대
는 무궁하리이다 28 주의 종들
의 자손은 항상 안전히 거주하고
그의 후손은 주 앞에 굳게 서리
이다 하였도다

103편

[다윗의 시]

1 내 영혼아 여호와를 송축하라
내 속에 있는 것들아 다 그의 거
룩한 이름을 송축하라 2 내 영혼
아 여호와를 송축하며 그의 모든
은택을 잊지 말지어다 3 그가 네
모든 죄악을 사하시며 네 모든
병을 고치시며 4 네 생명을 파멸
에서 속량하시고 인자와 긍휼로
관을 씌우시며 5 좋은 것으로 네
소원을 만족하게 하사 네 청춘을
독수리 같이 새롭게 하시는도다
6 여호와께서 공의로운 일을 행
하시며 억압 당하는 모든 자를
위하여 심판하시는도다 7 그의
행위를 모세에게, 그의 행사를
이스라엘 자손에게 알리셨도다
8 여호와는 긍휼이 많으시고 은
혜로우시며 노하기를 더디 하시
고 인자하심이 풍부하시도다 9
자주 경책하지 아니하시며 노를
영원히 품지 아니하시리로다 10
우리의 죄를 따라 우리를 처벌하

지는 아니하시며 우리의 죄악을
따라 우리에게 그대로 갚지는 아
니하셨으니 11 이는 하늘이 땅
에서 높음 같이 그를 경외하는
자에게 그의 인자하심이 크심이
로다 12 동이 서에서 먼 것 같이
우리의 죄과를 우리에게서 멀리
옮기셨으며 13 아버지가 자식을
긍휼히 여김 같이 여호와께서는
자기를 경외하는 자를 긍휼히 여
기시나니 14 이는 그가 우리의
체질을 아시며 우리가 단지 먼지
뿐임을 기억하심이로다 15 인생
은 그 날이 풀과 같으며 그 영화
가 들의 꽃과 같도다 16 그것은
바람이 지나가면 없어지나니 그
있던 자리도 다시 알지 못하거니
와 17 여호와의 인자하심은 자
기를 경외하는 자에게 영원부터
영원까지 이르며 그의 의는 자손
의 자손에게 이르리니 18 곧 그
의 언약을 지키고 그의 법도를
기억하여 행하는 자에게로다 19
여호와께서 그의 보좌를 하늘에
세우시고 그의 왕권으로 만유를
다스리시도다 20 능력이 있어
여호와의 말씀을 행하며 그의 말
씀의 소리를 듣는 여호와의 천사
들이여 여호와를 송축하라 21
그에게 수종들며 그의 뜻을 행하
는 모든 천군이여 여호와를 송축
하라 22 여호와의 지으심을 받
고 그가 다스리시는 모든 곳에
있는 너희여 여호와를 송축하라
내 영혼아 여호와를 송축하라

104편

1 내 영혼아 여호와를 송축하라
여호와 나의 하나님이여 주는 심
히 위대하시며 존귀와 권위로 옷
입으셨나이다 2 주께서 옷을 입
음 같이 빛을 입으시며 하늘을
휘장 같이 치시며 3 물에 자기
누각의 들보를 얹으시며 구름으
로 자기 수레를 삼으시고 바람
날개로 다니시며 4 바람을 자기
사신으로 삼으시고 불꽃으로 자
기 사역자를 삼으시며 5 땅에 기
초를 놓으사 영원히 흔들리지 아
니하게 하셨나이다 6 옷으로 덮
음 같이 주께서 땅을 깊은 바다
로 덮으시매 물이 산들 위로 솟
아올랐으나 7 주께서 꾸짖으시
니 물은 도망하며 주의 우렛소리
로 말미암아 빨리 가며 8 주께서
그들을 위하여 정하여 주신 곳으
로 흘러갔고 산은 오르고 골짜기
는 내려갔나이다 9 주께서 물의
경계를 정하여 넘치지 못하게 하
시며 다시 돌아와 땅을 덮지 못
하게 하셨나이다 10 여호와께서
샘을 골짜기에서 솟아나게 하시
고 산 사이에 흐르게 하사 11 각
종 들짐승에게 마시게 하시니 들
나귀들도 해갈하며 12 공중의
새들도 그 가에서 깃들이며 나뭇
가지 사이에서 지저귀는도다 13
그가 그의 누각에서부터 산에 물
을 부어 주시니 주께서 하시는
일의 결실이 땅을 만족시켜 주는
도다 14 그가 가축을 위한 풀과
사람을 위한 채소를 자라게 하시
며 땅에서 먹을 것이 나게 하셔
서 15 사람의 마음을 기쁘게 하
는 포도주와 사람의 얼굴을 윤택
하게 하는 기름과 사람의 마음을
힘있게 하는 양식을 주셨도다
16 여호와의 나무에는 물이 흡족
함이여 곧 그가 심으신 레바논
백향목들이로다 17 새들이 그
속에 깃들임이여 학은 잣나무로
집을 삼는도다 18 높은 산들은
산양을 위함이여 바위는 너구리
의 피난처로다 19 여호와께서

달로 절기를 정하심이여 해는 그
지는 때를 알도다 20 주께서 흑
암을 지어 밤이 되게 하시니 삼
림의 모든 짐승이 기어나오나이
다 21 젊은 사자들은 그들의 먹
이를 쫓아 부르짖으며 그들의 먹
이를 하나님께 구하다가 22 해
가 돋으면 물러가서 그들의 굴
속에 눕고 23 사람은 나와서 일
하며 저녁까지 수고하는도다 24
여호와여 주께서 하신 일이 어찌
그리 많은지요 주께서 지혜로 그
들을 다 지으셨으니 주께서 지으
신 것들이 땅에 가득하니이다
25 거기에는 크고 넓은 바다가
있고 그 속에는 생물 곧 크고 작
은 동물들이 무수하니이다 26
그 곳에는 배들이 다니며 주께서
지으신 리워야단이 그 속에서 노
나이다 27 이것들은 다 주께서
때를 따라 먹을 것을 주시기를
바라나이다 28 주께서 주신즉
그들이 받으며 주께서 손을 펴신
즉 그들이 좋은 것으로 만족하다
가 29 주께서 낯을 숨기신즉 그
들이 떨고 주께서 그들의 호흡을
거두신즉 그들은 죽어 먼지로 돌
아가나이다 30 주의 영을 보내
어 그들을 창조하사 지면을 새롭
게 하시나이다 31 여호와의 영
광이 영원히 계속할지며 여호와
는 자신께서 행하시는 일들로 말
미암아 즐거워하시리로다 32 그
가 땅을 보신즉 땅이 진동하며
산들을 만지신즉 연기가 나는도
다 33 내가 평생토록 여호와께
노래하며 내가 살아 있는 동안
내 하나님을 찬양하리로다 34
나의 기도를 기쁘게 여기시기를
바라나니 나는 여호와로 말미암
아 즐거워하리로다 35 죄인들을
땅에서 소멸하시며 악인들을 다
시 있지 못하게 하시리로다 내
영혼아 여호와를 송축하라 할렐
루야

105편

1 여호와께 감사하고 그의 이름
을 불러 아뢰며 그가 하는 일을
만민 중에 알게 할지어다 2 그에
게 노래하며 그를 찬양하며 그의
모든 기이한 일들을 말할지어다
3 그의 거룩한 이름을 자랑하라
여호와를 구하는 자들은 마음이
즐거울지로다 4 여호와와 그의
능력을 구할지어다 그의 얼굴을
항상 구할지어다 5-6 그의 종 아
브라함의 후손 곧 택하신 야곱의
자손 너희는 그가 행하신 기적과
그의 이적과 그의 입의 판단을
기억할지어다 7 그는 여호와 우
리 하나님이시라 그의 판단이 온
땅에 있도다 8 그는 그의 언약
곧 천 대에 걸쳐 명령하신 말씀
을 영원히 기억하셨으니 9 이것
은 아브라함과 맺은 언약이고 이
삭에게 하신 맹세이며 10 야곱
에게 세우신 율례 곧 이스라엘에
게 하신 영원한 언약이라 11 이
르시기를 내가 가나안 땅을 네게
주어 너희에게 할당된 소유가 되
게 하리라 하셨도다 12 그 때에
그들의 사람 수가 적어 그 땅의
나그네가 되었고 13 이 족속에
게서 저 족속에게로, 이 나라에
서 다른 민족에게로 떠돌아다녔
도다 14 그러나 그는 사람이 그
들을 억압하는 것을 용납하지 아
니하시고 그들로 말미암아 왕들
을 꾸짖어 15 이르시기를 나의
기름 부은 자를 손대지 말며 나
의 선지자들을 해하지 말라 하셨
도다 16 그가 또 그 땅에 기근이
들게 하사 그들이 의지하고 있는
양식을 다 끊으셨도다 17 그가
한 사람을 앞서 보내셨음이여 요
셉이 종으로 팔렸도다 18 그의
발은 차꼬를 차고 그의 몸은 쇠
사슬에 매였으니 19 곧 여호와
의 말씀이 응할 때까지라 그의
말씀이 그를 단련하였도다 20
왕이 사람을 보내어 그를 석방함
이여 뭇 백성의 통치자가 그를
자유롭게 하였도다 21 그를 그
의 집의 주관자로 삼아 그의 모
든 소유를 관리하게 하고 22 그

의 뜻대로 모든 신하를 다스리며
그의 지혜로 장로들을 교훈하게
하였도다 23 이에 이스라엘이
애굽•에 들어감이여 야곱이 함
의 땅에 나그네가 되었도다 24
여호와께서 자기의 백성을 크게
번성하게 하사 그의 대적들보다
강하게 하셨으며 25 또 그 대적
들의 마음이 변하게 하여 그의
백성을 미워하게 하시며 그의 종
들에게 교활하게 행하게 하셨도
다 26 그리하여 그는 그의 종 모
세와 그의 택하신 아론을 보내시
니 27 그들이 그들의 백성 중에
서 여호와의 표적을 보이고 함의
땅에서 징조들을 행하였도다 28
여호와께서 흑암을 보내사 그곳
을 어둡게 하셨으나 그들은 그의
말씀을 지키지 아니하였도다 29
그들의 물도 변하여 피가 되게
하사 그들의 물고기를 죽이셨도
다 30 그 땅에 개구리가 많아져
서 왕의 궁실에도 있었도다 31
여호와께서 말씀하신즉 파리 떼
가 오며 그들의 온 영토에 이가
생겼도다 32 비 대신 우박을 내
리시며 그들의 땅에 화염을 내리
셨도다 33 그들의 포도나무와
무화과나무를 치시며 그들의 지
경에 있는 나무를 찍으셨도다
34 여호와께서 말씀하신즉 황충
과 수많은 메뚜기가 몰려와 35
그들의 땅에 있는 모든 채소를
먹으며 그들의 밭에 있는 열매를
먹었도다 36 또 여호와께서 그
들의 기력의 시작인 그 땅의 모
든 장자를 치셨도다 37 마침내
그들을 인도하여 은 금을 가지고
나오게 하시니 그의 지파 중에
비틀거리는 자가 하나도 없었도
다 38 그들이 떠날 때에 애굽이
기뻐하였으니 그들이 그들을 두
려워함이로다 39 여호와께서 낮
에는 구름을 펴사 덮개를 삼으시
고 밤에는 불로 밝히셨으며 40
그들이 구한즉 메추라기를 가져
오시고 또 하늘의 양식으로 그들
을 만족하게 하셨도다 41 반석
을 여신즉 물이 흘러나와 마른
땅에 강 같이 흘렀으니 42 이는
그의 거룩한 말씀과 그의 종 아
브라함을 기억하셨음이로다 43
그의 백성이 즐겁게 나오게 하시
며 그의 택한 자는 노래하며 나
오게 하시고 44 여러 나라의 땅
을 그들에게 주시며 민족들이 수
고한 것을 소유로 가지게 하셨으
니 45 이는 그들이 그의 율례를
지키고 그의 율법을 따르게 하려
하심이로다 할렐루야

105:23 **애굽** 직역하면 '함의 땅'이라고 번역될 수 있다.

106편

1 할렐루야 여호와께 감사하라
그는 선하시며 그 인자하심이 영
원함이로다 2 누가 능히 여호와
의 권능을 다 말하며 주께서 받
으실 찬양을 다 선포하랴 3 정의
를 지키는 자들과 항상 공의를
행하는 자는 복이 있도다 4 여호
와여 주의 백성에게 베푸시는 은
혜로 나를 기억하시며 주의 구원
으로 나를 돌보사 5 내가 주의
택하신 자가 형통함을 보고 주의
나라의 기쁨을 나누어 가지게 하
사 주의 유산을 자랑하게 하소서
6 우리가 우리의 조상들처럼 범
죄하여 사악을 행하며 악을 지었
나이다 7 우리의 조상들이 애굽
에 있을 때 주의 기이한 일들을
깨닫지 못하며 주의 크신 인자를
기억하지 아니하고 바다 곧 홍해
에서 거역하였나이다 8 그러나
여호와께서는 자기의 이름을 위
하여 그들을 구원하셨으니 그의
큰 권능을 만인이 알게 하려 하
심이로다 9 이에 홍해를 꾸짖으
시니 곧 마르니 그들을 인도하여
바다 건너가기를 마치 광야를 지
나감 같게 하사 10 그들을 그 미
워하는 자의 손에서 구원하시며
그 원수의 손에서 구원하셨고
11 그들의 대적들은 물로 덮으시
매 그들 중에서 하나도 살아 남
지 못하였도다 12 이에 그들이
그의 말씀을 믿고 그를 찬양하는
노래를 불렀도다 13 그러나 그
들은 그가 행하신 일을 곧 잊어
버리며 그의 가르침을 기다리지
아니하고 14 광야에서 욕심을

크게 내며 사막에서 하나님을 시
험하였도다 15 그러므로 여호와
께서는 그들이 요구한 것을 그들
에게 주셨을지라도 그들의 영혼
은 쇠약하게 하셨도다 16 그들
이 진영에서 모세와 여호와의 거
룩한 자 아론을 질투하매 17 땅
이 갈라져 다단을 삼키며 아비람
의 당을 덮었고 18 불이 그들의
당에 붙음이여 화염이 악인들을
살랐도다 19 그들이 호렙에서
송아지를 만들고 부어 만든 우상
을 경배하여 20 자기 영광을 풀
먹는 소의 형상으로 바꾸었도다
21 애굽에서 큰 일을 행하신 그
의 구원자 하나님을 그들이 잊었
나니 22 그는 함의 땅에서 기사
와 홍해에서 놀랄 만한 일을 행
하신 이시로다 23 그러므로 여
호와께서 그들을 멸하리라 하셨
으나 그가 택하신 모세가 그 어
려움 가운데에서 그의 앞에 서서
그의 노를 돌이켜 멸하시지 아니
하게 하였도다 24 그들이 그 기
쁨의 땅을 멸시하며 그 말씀을
믿지 아니하고 25 그들의 장막
에서 원망하며 여호와의 음성을
듣지 아니하였도다 26 이러므로
그가 그의 손을 들어 그들에게
맹세하기를 그들이 광야에 엎드
러지게 하고 27 또 그들의 후손

을 뭇 백성 중에 엎드러뜨리며
여러 나라로 흩어지게 하리라 하
셨도다 28 그들이 또 브올의 바
알과 연합하여 죽은 자에게 제사
한 음식을 먹어서 29 그 행위로
주를 격노하게 함으로써 재앙이
그들 중에 크게 유행하였도다
30 그 때에 비느하스가 일어서서
중재하니 이에 재앙이 그쳤도다
31 이 일이 그의 의로 인정되었
으니 대대로 영원까지로다 32
그들이 또 므리바 물에서 여호와
를 노하시게 하였으므로 그들 때
문에 재난이 모세에게 이르렀나
니 33 이는 그들이 그의 뜻을 거
역함으로 말미암아 모세가 그의
입술로 망령되이 말하였음이로
다 34 그들은 여호와께서 멸하
라고 말씀하신 그 이방 민족들을
멸하지 아니하고 35 그 이방 나
라들과 섞여서 그들의 행위를 배
우며 36 그들의 우상들을 섬기
므로 그것들이 그들에게 올무가
되었도다 37 그들이 그들의 자
녀를 악귀들에게 희생제물로 바
쳤도다 38 무죄한 피 곧 그들의
자녀의 피를 흘려 가나안의 우상
들에게 제사하므로 그 땅이 피로
더러워졌도다 39 그들은 그들의
행위로 더러워지니 그들의 행동
이 음탕하도다 40 그러므로 여

호와께서 자기 백성에게 맹렬히
노하시며 자기의 유업을 미워하
사 41 그들을 이방 나라의 손에
넘기시매 그들을 미워하는 자들
이 그들을 다스렸도다 42 그들
이 원수들의 압박을 받고 그들의
수하에 복종하게 되었도다 43
여호와께서 여러 번 그들을 건지
시나 그들은 교묘하게 거역하며
자기 죄악으로 말미암아 낮아짐
을 당하였도다 44 그러나 여호
와께서 그들의 부르짖음을 들으
실 때에 그들의 고통을 돌보시며
45 그들을 위하여 그의 언약을
기억하시고 그 크신 인자하심을
따라 뜻을 돌이키사 46 그들을
사로잡은 모든 자에게서 긍휼히
여김을 받게 하셨도다 47 여호
와 우리 하나님이여 우리를 구원
하사 여러 나라로부터 모으시고
우리가 주의 거룩하신 이름을 감
사하며 주의 영예를 찬양하게 하
소서 48 여호와 이스라엘의 하
나님을 영원부터 영원까지 찬양
할지어다 모든 백성들아 아멘 할
지어다 할렐루야

제오권

107편

1 여호와께 감사하라 그는 선하
시며 그 인자하심이 영원함이로
다 2 여호와의 속량을 받은 자들
은 이같이 말할지어다 여호와께
서 대적의 손에서 그들을 속량하
사 3 동서 남북 각 지방에서부터
모으셨도다 4 그들이 광야 사막
길에서 방황하며 거주할 성읍을
찾지 못하고 5 주리고 목이 말라
그들의 영혼이 그들 안에서 피곤
하였도다 6 이에 그들이 근심 중
에 여호와께 부르짖으매 그들의
고통에서 건지시고 7 또 바른 길
로 인도하사 거주할 성읍에 이르
게 하셨도다 8 여호와의 인자하
심과 인생에게 행하신 기적으로
말미암아 그를 찬송할지로다 9
그가 사모하는 영혼에게 만족을
주시며 주린 영혼에게 좋은 것으
로 채워주심이로다 10 사람이
흑암과 사망의 그늘에 앉으며 곤
고와 쇠사슬에 매임은 11 하나
님의 말씀을 거역하며 지존자의
뜻을 멸시함이라 12 그러므로
그가 고통을 주어 그들의 마음을
겸손하게 하셨으니 그들이 엎드
러져도 돕는 자가 없었도다 13
이에 그들이 그 환난 중에 여호
와께 부르짖으매 그들의 고통에
서 구원하시되 14 흑암과 사망
의 그늘에서 인도하여 내시고 그
들의 얽어 맨 줄을 끊으셨도다
15 여호와의 인자하심과 인생에
게 행하신 기적으로 말미암아 그
를 찬송할지로다 16 그가 놋문
을 깨뜨리시며 쇠빗장을 꺾으셨
음이로다 17 미련한 자들은 그
들의 죄악의 길을 따르고 그들의
악을 범하기 때문에 고난을 받아
18 그들은 그들의 모든 음식물을
싫어하게 되어 사망의 문에 이르
렀도다 19 이에 그들이 그들의
고통 때문에 여호와께 부르짖으
매 그가 그들의 고통에서 그들을
구원하시되 20 그가 그의 말씀
을 보내어 그들을 고치시고 위험
한 지경에서 건지시는도다 21
여호와의 인자하심과 인생에게
행하신 기적으로 말미암아 그를
찬송할지로다 22 감사제를 드리
며 노래하여 그가 행하신 일을
선포할지로다 23 배들을 바다에
띄우며 큰 물에서 일을 하는 자
는 24 여호와께서 행하신 일들
과 그의 기이한 일들을 깊은 바
다에서 보나니 25 여호와께서
명령하신즉 광풍이 일어나 바다
물결을 일으키는도다 26 그들이
하늘로 솟구쳤다가 깊은 곳으로
내려가나니 그 위험 때문에 그들
의 영혼이 녹는도다 27 그들이
이리저리 구르며 취한 자 같이
비틀거리니 그들의 모든 지각이
혼돈 속에 빠지는도다 28 이에
그들이 그들의 고통 때문에 여호
와께 부르짖으매 그가 그들의 고
통에서 그들을 인도하여 내시고
29 광풍을 고요하게 하사 물결도
잔잔하게 하시는도다 30 그들이
평온함으로 말미암아 기뻐하는
중에 여호와께서 그들이 바라는
항구로 인도하시는도다 31 여호
와의 인자하심과 인생에게 행하
신 기적으로 말미암아 그를 찬송
할지로다 32 백성의 모임에서
그를 높이며 장로들의 자리에서
그를 찬송할지로다 33 여호와께
서는 강이 변하여 광야가 되게
하시며 샘이 변하여 마른 땅이
되게 하시며 34 그 주민의 악으
로 말미암아 옥토가 변하여 염전
이 되게 하시며 35 또 광야가 변
하여 못이 되게 하시며 마른 땅
이 변하여 샘물이 되게 하시고
36 주린 자들로 말미암아 거기에
살게 하사 그들이 거주할 성읍을
준비하게 하시고 37 밭에 파종
하며 포도원을 재배하여 풍성한

소출을 거두게 하시며 38 또 복
을 주사 그들이 크게 번성하게
하시고 그의 가축이 감소하지 아
니하게 하실지라도 39 다시 압
박과 재난과 우환을 통하여 그들
의 수를 줄이시며 낮추시는도다
40 여호와께서 고관들에게는 능
욕을 쏟아 부으시고 길 없는 황
야에서 유리하게 하시나 41 궁
핍한 자는 그의 고통으로부터 건
져 주시고 그의 가족을 양 떼 같
이 지켜 주시나니 42 정직한 자
는 보고 기뻐하며 모든 사악한
자는 자기 입을 봉하리로다 43
지혜 있는 자들은 이러한 일들을
지켜 보고 여호와의 인자하심을
깨달으리로다

108편

[다윗의 찬송 시]

1 하나님이여 내 마음을 정하였
사오니 내가 노래하며 나의 마음
을 다하여 찬양하리로다 2 비파
야, 수금아, 깰지어다 내가 새벽
을 깨우리로다 3 여호와여 내가
만민 중에서 주께 감사하고 뭇
나라 중에서 주를 찬양하오리니
4 주의 인자하심이 하늘보다 높
으시며 주의 진실은 궁창에까지
이르나이다 5 하나님이여 주는
하늘 위에 높이 들리시며 주의
영광이 온 땅에서 높임 받으시기
를 원하나이다 6 주께서 사랑하
시는 자들을 건지시기 위하여 우
리에게 응답하사 오른손으로 구
원하소서 7 하나님이 그의 성소
에서 말씀하시되 내가 기뻐하리

라 내가 세겜을 나누며 숙곳 골
짜기를 측량하리라 8 길르앗이
내 것이요 므낫세도 내 것이며
에브라임은 내 머리의 투구요 유
다는 나의 규이며 9 모압은 내
목욕통이라 에돔에는 내 신발을
벗어 던질지며 블레셋 위에서 내
가 외치리라 하셨도다 10 누가
나를 이끌어 견고한 성읍으로 인
도해 들이며 누가 나를 에돔으로
인도할꼬 11 하나님이여 주께서
우리를 버리지 아니하셨나이까
하나님이여 주께서 우리의 군대
들과 함께 나아가지 아니하시나
이다 12 우리를 도와 대적을 치
게 하소서 사람의 구원은 헛됨이
니이다 13 우리가 하나님을 의
지하고 용감히 행하리니 그는 우
리의 대적들을 밟으실 자이심이
로다

109편

[다윗의 시, 인도자를 따라 부르는 노래]

1 내가 찬양하는 하나님이여 잠
잠하지 마옵소서 2 그들이 악한
입과 거짓된 입을 열어 나를 치
며 속이는 혀로 내게 말하며 3
또 미워하는 말로 나를 두르고
까닭 없이 나를 공격하였음이니
이다 4 나는 사랑하나 그들은 도
리어 나를 대적하니 나는 기도할
뿐이라 5 그들이 악으로 나의 선
을 갚으며 미워함으로 나의 사랑
을 갚았사오니 6 악인이 그를 다
스리게 하시며 사탄이 그의 오른
쪽에 서게 하소서 7 그가 심판을
받을 때에 죄인이 되어 나오게
하시며 그의 기도가 죄로 변하게
하시며 8 그의 연수를 짧게 하시
며 그의 직분을 타인이 빼앗게
하시며 9 그의 자녀는 고아가 되
고 그의 아내는 과부가 되며 10
그의 자녀들은 유리하며 구걸하
고 그들의 황폐한 집을 떠나 빌
어먹게 하소서 11 고리대금하는
자가 그의 소유를 다 빼앗게 하
시며 그가 수고한 것을 낯선 사
람이 탈취하게 하시며 12 그에
게 인애를 베풀 자가 없게 하시
며 그의 고아에게 은혜를 베풀
자도 없게 하시며 13 그의 자손
이 끊어지게 하시며 후대에 그들

의 이름이 지워지게 하소서 14
여호와는 그의 조상들의 죄악을
기억하시며 그의 어머니의 죄를
지워 버리지 마시고 15 그 죄악
을 항상 여호와 앞에 있게 하사
그들의 기억을 땅에서 끊으소서
16 그가 인자를 베풀 일을 생각
하지 아니하고 가난하고 궁핍한
자와 마음이 상한 자를 핍박하여
죽이려 하였기 때문이니이다 17
그가 저주하기를 좋아하더니 그
것이 자기에게 임하고 축복하기
를 기뻐하지 아니하더니 복이 그
를 멀리 떠났으며 18 또 저주하
기를 옷 입듯 하더니 저주가 물
같이 그의 몸 속으로 들어가며
기름 같이 그의 뼈 속으로 들어
갔나이다 19 저주가 그에게는
입는 옷 같고 항상 띠는 띠와 같
게 하소서 20 이는 나의 대적들
이 곧 내 영혼을 대적하여 악담
하는 자들이 여호와께 받는 보응
이니이다 21 그러나 주 여호와
여 주의 이름으로 말미암아 나를
선대하소서 주의 인자하심이 선
하시오니 나를 건지소서 22 나
는 가난하고 궁핍하여 나의 중심
이 상함이니이다 23 나는 석양
그림자 같이 지나가고 또 메뚜기
같이 불려 가오며 24 금식하므
로 내 무릎이 흔들리고 내 육체
는 수척하오며 25 나는 또 그들
의 비방거리라 그들이 나를 보면
머리를 흔드나이다 26 여호와
나의 하나님이여 나를 도우시며
주의 인자하심을 따라 나를 구원
하소서 27 이것이 주의 손이 하
신 일인 줄을 그들이 알게 하소
서 주 여호와께서 이를 행하셨나
이다 28 그들은 내게 저주하여
도 주는 내게 복을 주소서 그들
은 일어날 때에 수치를 당할지라
도 주의 종은 즐거워하리이다
29 나의 대적들이 욕을 옷 입듯
하게 하시며 자기 수치를 겉옷
같이 입게 하소서 30 내가 입으
로 여호와께 크게 감사하며 많은
사람 중에서 찬송하리니 31 그
가 궁핍한 자의 오른쪽에 서사
그의 영혼을 심판하려 하는 자들
에게서 구원하실 것임이로다

110편

[다윗의 시]

1 여호와께서 내 주에게 말씀하
시기를 내가 네 원수들로 네 발판
이 되게 하기까지 너는 내 오른쪽
에 앉아 있으라 하셨도다 2 여호
와께서 시온에서부터 주의 권능
의 규를 내보내시리니 주는 원수

들 중에서 다스리소서 3 주의 권
능의 날에 주의 백성이 거룩한 옷
을 입고 즐거이 헌신하니 새벽 이
슬 같은 주의 청년들이 주께 나오
는도다 4 여호와는 맹세하고 변
하지 아니하시리라 이르시기를
너는 멜기세덱의 서열을 따라 영
원한 제사장이라 하셨도다 5 주
의 오른쪽에 계신 주께서 그의 노
하시는 날에 왕들을 쳐서 깨뜨리
실 것이라 6 뭇 나라를 심판하여
시체로 가득하게 하시고 여러 나
라의 머리를 쳐서 깨뜨리시며 7
길 가의 시냇물을 마시므로 그의
머리를 드시리로다

111편

1 할렐루야, 내가 정직한 자들의
모임과 회중 가운데에서 전심으
로 여호와께 감사하리로다 2 여
호와께서 행하시는 일들이 크시
오니 이를 즐거워하는 자들이 다
기리는도다 3 그의 행하시는 일
이 존귀하고 엄위하며 그의 의가
영원히 서 있도다 4 그의 기적을
사람이 기억하게 하셨으니 여호
와는 은혜로우시고 자비로우시
도다 5 여호와께서 자기를 경외
하는 자들에게 양식을 주시며 그
의 언약을 영원히 기억하시리로
다 6 그가 그들에게 뭇 나라의
기업을 주사 그가 행하시는 일의
능력을 그들에게 알리셨도다 7
그의 손이 하는 일은 진실과 정
의이며 그의 법도는 다 확실하니
8 영원무궁토록 정하신 바요 진
실과 정의로 행하신 바로다 9 여
호와께서 그의 백성을 속량하시
며 그의 언약을 영원히 세우셨으
니 그의 이름이 거룩하고 지존하
시도다 10 여호와를 경외함이
지혜의 근본이라 그의 계명을 지
키는 자는 다 훌륭한 지각을 가
진 자이니 여호와를 찬양함이 영
원히 계속되리로다

112편

1 할렐루야, 여호와를 경외하며
그의 계명을 크게 즐거워하는 자
는 복이 있도다 2 그의 후손이
땅에서 강성함이여 정직한 자들
의 후손에게 복이 있으리로다 3
부와 재물이 그의 집에 있음이여
그의 공의가 영구히 서 있으리로
다 4 정직한 자들에게는 흑암 중
에 빛이 일어나나니 그는 자비롭
고 긍휼이 많으며 의로운 이로다
5 은혜를 베풀며 꾸어 주는 자는
잘 되나니 그 일을 정의로 행하
리로다 6 그는 영원히 흔들리지
아니함이여 의인은 영원히 기억
되리로다 7 그는 흉한 소문을 두
려워하지 아니함이여 여호와를
의뢰하고 그의 마음을 굳게 정하
였도다 8 그의 마음이 견고하여
두려워하지 아니할 것이라 그의
대적들이 받는 보응을 마침내 보
리로다 9 그가 재물을 흩어 빈궁
한 자들에게 주었으니 그의 의가
영구히 있고 그의 뿔이 영광 중
에 들리리로다 10 악인은 이를
보고 한탄하여 이를 갈면서 소멸
되리니 악인들의 욕망은 사라지
리로다

113편

1 할렐루야, 여호와의 종들아 찬
양하라 여호와의 이름을 찬양하
라 2 이제부터 영원까지 여호와
의 이름을 찬송할지로다 3 해 돋
는 데에서부터 해 지는 데에까지
여호와의 이름이 찬양을 받으시
리로다 4 여호와는 모든 나라보
다 높으시며 그의 영광은 하늘보
다 높으시도다 5 여호와 우리 하
나님과 같은 이가 누구리요 높은
곳에 앉으셨으나 6 스스로 낮추
사 천지를 살피시고 7 가난한 자
를 먼지 더미에서 일으키시며 궁
핍한 자를 거름 더미에서 들어
세워 8 지도자들 곧 그의 백성의
지도자들과 함께 세우시며 9 또
임신하지 못하던 여자를 집에 살
게 하사 자녀들을 즐겁게 하는
어머니가 되게 하시는도다 할렐
루야

114편

1 이스라엘이 애굽에서 나오며
야곱의 집안이 언어가 다른 민족
에게서 나올 때에 2 유다는 여호
와의 성소가 되고 이스라엘은 그
의 영토가 되었도다 3 바다가 보

고 도망하며 요단은 물러갔으니
4 산들은 숫양들 같이 뛰놀며 작
은 산들은 어린 양들 같이 뛰었
도다 5 바다야 네가 도망함은 어
찌함이며 요단아 네가 물러감은
어찌함인가 6 너희 산들아 숫양
들 같이 뛰놀며 작은 산들아 어
린 양들 같이 뛰놂은 어찌함인가
7 땅이여 너는 주 앞 곧 야곱의
하나님 앞에서 떨지어다 8 그가
반석을 쳐서 못물이 되게 하시며
차돌로 샘물이 되게 하셨도다

115편

1 여호와여 영광을 우리에게 돌
리지 마옵소서 우리에게 돌리지
마옵소서 오직 주는 인자하시고
진실하시므로 주의 이름에만 영
광을 돌리소서 2 어찌하여 뭇 나
라가 그들의 하나님이 이제 어디
있느냐 말하게 하리이까 3 오직
우리 하나님은 하늘에 계셔서 원
하시는 모든 것을 행하셨나이다
4 그들의 우상들은 은과 금이요
사람이 손으로 만든 것이라 5 입
이 있어도 말하지 못하며 눈이
있어도 보지 못하며 6 귀가 있어
도 듣지 못하며 코가 있어도 냄
새 맡지 못하며 7 손이 있어도
만지지 못하며 발이 있어도 걷지
못하며 목구멍이 있어도 작은 소
리조차 내지 못하느니라 8 우상
들을 만드는 자들과 그것을 의지
하는 자들이 다 그와 같으리로다
9 이스라엘아 여호와를 의지하라
그는 너희의 도움이시요 너희의
방패시로다 10 아론의 집이여
여호와를 의지하라 그는 너희의
도움이시요 너희의 방패시로다
11 여호와를 경외하는 자들아 너
희는 여호와를 의지하여라 그는
너희의 도움이시요 너희의 방패
시로다 12 여호와께서 우리를
생각하사 복을 주시되 이스라엘
집에도 복을 주시고 아론의 집에
도 복을 주시며 13 높은 사람이
나 낮은 사람을 막론하고 여호와
를 경외하는 자들에게 복을 주시
리로다 14 여호와께서 너희를
곧 너희와 너희의 자손을 더욱
번창하게 하시기를 원하노라 15
너희는 천지를 지으신 여호와께
복을 받는 자로다 16 하늘은 여
호와의 하늘이라도 땅은 사람에
게 주셨도다 17 죽은 자들은 여
호와를 찬양하지 못하나니 적막
한 데로 내려가는 자들은 아무도
찬양하지 못하리로다 18 우리는
이제부터 영원까지 여호와를 송
축하리로다 할렐루야

116편

1 여호와께서 내 음성과 내 간구
를 들으시므로 내가 그를 사랑하
는도다 2 그의 귀를 내게 기울이
셨으므로 내가 평생에 기도하리
로다 3 사망의 줄이 나를 두르고
스올의 고통이 내게 이르므로 내
가 환난과 슬픔을 만났을 때에 4
내가 여호와의 이름으로 기도하
기를 여호와여 주께 구하오니 내
영혼을 건지소서 하였도다 5 여
호와는 은혜로우시며 의로우시
며 우리 하나님은 긍휼이 많으시
도다 6 여호와께서는 순진한 자
를 지키시나니 내가 어려울 때에
나를 구원하셨도다 7 내 영혼아
네 평안함으로 돌아갈지어다 여
호와께서 너를 후대하심이로다
8 주께서 내 영혼을 사망에서, 내
눈을 눈물에서, 내 발을 넘어짐
에서 건지셨나이다 9 내가 생명
이 있는 땅에서 여호와 앞에 행
하리로다 10 내가 크게 고통을
당하였다고 말할 때에도 나는 믿
었도다 11 내가 놀라서 이르기
를 모든 사람이 거짓말쟁이라 하
였도다 12 내게 주신 모든 은혜
를 내가 여호와께 무엇으로 보답
할까 13 내가 구원의 잔을 들고
여호와의 이름을 부르며 14 여
호와의 모든 백성 앞에서 나는
나의 서원을 여호와께 갚으리로
다 15 그의 경건한 자들의 죽음
은 여호와께서 보시기에 귀중한
것이로다 16 여호와여 나는 진

실로 주의 종이요 주의 여종의
아들 곧 주의 종이라 주께서 나
의 결박을 푸셨나이다 17 내가
주께 감사제를 드리고 여호와의
이름을 부르리이다 18 내가 여
호와께 서원한 것을 그의 모든
백성이 보는 앞에서 내가 지키리
로다 19 예루살렘아, 네 한가운
데에서 곧 여호와의 성전 뜰에서
지키리로다 할렐루야

117편

1 너희 모든 나라들아 여호와를
찬양하며 너희 모든 백성들아 그
를 찬송할지어다 2 우리에게 향
하신 여호와의 인자하심이 크시
고 여호와의 진실하심이 영원함
이로다 할렐루야

118편

1 여호와께 감사하라 그는 선하
시며 그의 인자하심이 영원함이
로다 2 이제 이스라엘은 말하기
를 그의 인자하심이 영원하다 할
지로다 3 이제 아론의 집은 말하
기를 그의 인자하심이 영원하다
할지로다 4 이제 여호와를 경외
하는 자는 말하기를 그의 인자하
심이 영원하다 할지로다 5 내가
고통 중에 여호와께 부르짖었더
니 여호와께서 응답하시고 나를
넓은 곳에 세우셨도다 6 여호와
는 내 편이시라 내가 두려워하지
아니하리니 사람이 내게 어찌할
까 7 여호와께서 내 편이 되사
나를 돕는 자들 중에 계시니 그
러므로 나를 미워하는 자들에게
보응하시는 것을 내가 보리로다
8 여호와께 피하는 것이 사람을
신뢰하는 것보다 나으며 9 여호
와께 피하는 것이 고관들을 신뢰
하는 것보다 낫도다 10 뭇 나라
가 나를 에워쌌으니 내가 여호와
의 이름으로 그들을 끊으리로다
11 그들이 나를 에워싸고 에워쌌
으니 내가 여호와의 이름으로 그
들을 끊으리로다 12 그들이 벌
들처럼 나를 에워쌌으나 가시덤
불의 불 같이 타 없어졌나니 내
가 여호와의 이름으로 그들을 끊
으리로다 13 너는 나를 밀쳐 넘
어뜨리려 하였으나 여호와께서
는 나를 도우셨도다 14 여호와
는 나의 능력과 찬송이시요 또
나의 구원이 되셨도다 15 의인
들의 장막에는 기쁜 소리, 구원
의 소리가 있음이여 여호와의 오
른손이 권능을 베푸시며 16 여
호와의 오른손이 높이 들렸으며
여호와의 오른손이 권능을 베푸
시는도다 17 내가 죽지 않고 살
아서 여호와께서 하시는 일을 선
포하리로다 18 여호와께서 나를
심히 경책하셨어도 죽음에는 넘
기지 아니하셨도다 19 내게 의
의 문들을 열지어다 내가 그리로
들어가서 여호와께 감사하리로
다 20 이는 여호와의 문이라 의
인들이 그리로 들어가리로다 21
주께서 내게 응답하시고 나의 구
원이 되셨으니 내가 주께 감사하
리이다 22 건축자가 버린 돌이
집 모퉁이의 머릿돌이 되었나니
23 이는 여호와께서 행하신 것이
요 우리 눈에 기이한 바로다 24
이 날은 여호와께서 정하신 것이

라 이 날에 우리가 즐거워하고
기뻐하리로다 25 여호와여 구하
옵나니 이제 구원하소서 여호와
여 우리가 구하옵나니 이제 형통
하게 하소서 26 여호와의 이름
으로 오는 자가 복이 있음이여
우리가 여호와의 집에서 너희를
축복하였도다 27 여호와는 하나
님이시라 그가 우리에게 빛을 비
추셨으니 밧줄로 절기 제물을 제
단 뿔에 맬지어다 28 주는 나의
하나님이시라 내가 주께 감사하
리이다 주는 나의 하나님이시라
내가 주를 높이리이다 29 여호
와께 감사하라 그는 선하시며 그
의 인자하심이 영원함이로다

119편

1 행위가 온전하여 여호와의 율
법을 따라 행하는 자들은 복이
있음이여 2 여호와의 증거들을
지키고 전심으로 여호와를 구하
는 자는 복이 있도다 3 참으로
그들은 불의를 행하지 아니하고
주의 도를 행하는도다 4 주께서
명령하사 주의 법도를 잘 지키게
하셨나이다 5 내 길을 굳게 정하
사 주의 율례를 지키게 하소서 6
내가 주의 모든 계명에 주의할
때에는 부끄럽지 아니하리이다

7 내가 주의 의로운 판단을 배울
때에는 정직한 마음으로 주께 감
사하리이다 8 내가 주의 율례들
을 지키오리니 나를 아주 버리지
마옵소서 9 청년이 무엇으로 그
의 행실을 깨끗하게 하리이까 주
의 말씀만 지킬 따름이니이다
10 내가 전심으로 주를 찾았사오
니 주의 계명에서 떠나지 말게
하소서 11 내가 주께 범죄하지
아니하려 하여 주의 말씀을 내
마음에 두었나이다 12 찬송을
받으실 주 여호와여 주의 율례들
을 내게 가르치소서 13 주의 입
의 모든 규례들을 나의 입술로
선포하였으며 14 내가 모든 재
물을 즐거워함 같이 주의 증거들
의 도를 즐거워하였나이다 15
내가 주의 법도들을 작은 소리로
읊조리며 주의 길들에 주의하며
16 주의 율례들을 즐거워하며 주
의 말씀을 잊지 아니하리이다
17 주의 종을 후대하여 살게 하
소서 그리하시면 주의 말씀을 지
키리이다 18 내 눈을 열어서 주
의 율법에서 놀라운 것을 보게
하소서 19 나는 땅에서 나그네
가 되었사오니 주의 계명들을 내
게 숨기지 마소서 20 주의 규례
들을 항상 사모함으로 내 마음이
상하나이다 21 교만하여 저주를
받으며 주의 계명들에서 떠나는
자들을 주께서 꾸짖으셨나이다
22 내가 주의 교훈들을 지켰사오
니 비방과 멸시를 내게서 떠나게
하소서 23 고관들도 앉아서 나
를 비방하였사오나 주의 종은 주
의 율례들을 작은 소리로 읊조렸
나이다 24 주의 증거들은 나의
즐거움이요 나의 충고자니이다
25 내 영혼이 진토에 붙었사오니
주의 말씀대로 나를 살아나게 하
소서 26 내가 나의 행위를 아뢰
매 주께서 내게 응답하셨사오니
주의 율례들을 내게 가르치소서
27 나에게 주의 법도들의 길을
깨닫게 하여 주소서 그리하시면
내가 주의 기이한 일들을 작은
소리로 읊조리리이다 28 나의
영혼이 눌림으로 말미암아 녹사
오니 주의 말씀대로 나를 세우소
서 29 거짓 행위를 내게서 떠나
게 하시고 주의 법을 내게 은혜
로이 베푸소서 30 내가 성실한
길을 택하고 주의 규례들을 내
앞에 두었나이다 31 내가 주의
증거들에 매달렸사오니 여호와
여 내가 수치를 당하지 말게 하
소서 32 주께서 내 마음을 넓히
시면 내가 주의 계명들의 길로
달려가리이다 33 여호와여 주의
율례들의 도를 내게 가르치소서
내가 끝까지 지키리이다 34 나
로 하여금 깨닫게 하여 주소서
내가 주의 법을 준행하며 전심으
로 지키리이다 35 나로 하여금
주의 계명들의 길로 행하게 하소
서 내가 이를 즐거워함이니이다
36 내 마음을 주의 증거들에게
향하게 하시고 탐욕으로 향하지
말게 하소서 37 내 눈을 돌이켜
허탄한 것을 보지 말게 하시고
주의 길에서 나를 살아나게 하소
서 38 주를 경외하게 하는 주의
말씀을 주의 종에게 세우소서
39 내가 두려워하는 비방을 내게
서 떠나게 하소서 주의 규례들은
선하심이니이다 40 내가 주의
법도들을 사모하였사오니 주의
의로 나를 살아나게 하소서 41
여호와여 주의 말씀대로 주의 인
자하심과 주의 구원을 내게 임하
게 하소서 42 그리하시면 내가
나를 비방하는 자들에게 대답할
말이 있사오리니 내가 주의 말씀
을 의지함이니이다 43 진리의
말씀이 내 입에서 조금도 떠나지
말게 하소서 내가 주의 규례를
바랐음이니이다 44 내가 주의
율법을 항상 지키리이다 영원히
지키리이다 45 내가 주의 법도
들을 구하였사오니 자유롭게 걸
어갈 것이오며 46 또 왕들 앞에
서 주의 교훈들을 말할 때에 수
치를 당하지 아니하겠사오며 47
내가 사랑하는 주의 계명들을 스
스로 즐거워하며 48 또 내가 사
랑하는 주의 계명들을 향하여 내
손을 들고 주의 율례들을 작은
소리로 읊조리리이다 49 주의

종에게 하신 말씀을 기억하소서
주께서 내게 소망을 가지게 하셨
나이다 50 이 말씀은 나의 고난
중의 위로라 주의 말씀이 나를
살리셨기 때문이니이다 51 교만
한 자들이 나를 심히 조롱하였어
도 나는 주의 법을 떠나지 아니
하였나이다 52 여호와여 주의
옛 규례들을 내가 기억하고 스스
로 위로하였나이다 53 주의 율
법을 버린 악인들로 말미암아 내
가 맹렬한 분노에 사로잡혔나이
다 54 내가 나그네 된 집에서 주
의 율례들이 나의 노래가 되었나
이다 55 여호와여 내가 밤에 주
의 이름을 기억하고 주의 법을
지켰나이다 56 내 소유는 이것
이니 곧 주의 법도들을 지킨 것
이니이다 57 여호와는 나의 분
깃이시니 나는 주의 말씀을 지키
리라 하였나이다 58 내가 전심
으로 주께 간구하였사오니 주의
말씀대로 내게 은혜를 베푸소서
59 내가 내 행위를 생각하고 주
의 증거들을 향하여 내 발길을
돌이켰사오며 60 주의 계명들을
지키기에 신속히 하고 지체하지
아니하였나이다 61 악인들의 줄
이 내게 두루 얽혔을지라도 나는
주의 법을 잊지 아니하였나이다
62 내가 주의 의로운 규례들로

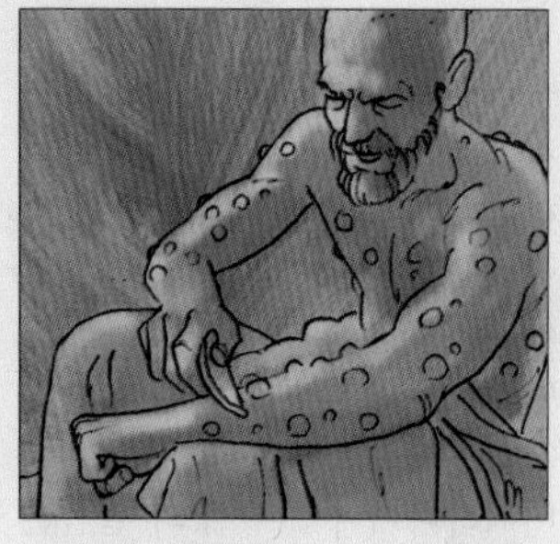

말미암아 밤중에 일어나 주께 감
사하리이다 63 나는 주를 경외
하는 모든 자들과 주의 법도들을
지키는 자들의 친구라 64 여호
와여 주의 인자하심이 땅에 충만
하였사오니 주의 율례들로 나를
가르치소서 65 여호와여 주의
말씀대로 주의 종을 선대하셨나
이다 66 내가 주의 계명들을 믿
었사오니 좋은 명철과 지식을 내
게 가르치소서 67 고난 당하기
전에는 내가 그릇 행하였더니 이
제는 주의 말씀을 지키나이다
68 주는 선하사 선을 행하시오니
주의 율례들로 나를 가르치소서
69 교만한 자들이 거짓을 지어
나를 치려 하였사오나 나는 전심
으로 주의 법도들을 지키리이다
70 그들의 마음은 살져서 기름덩
이 같으나 나는 주의 법을 즐거
워하나이다 71 고난 당한 것이
내게 유익이라 이로 말미암아 내
가 주의 율례들을 배우게 되었나
이다 72 주의 입의 법이 내게는
천천 금은보다 좋으니이다 73
주의 손이 나를 만들고 세우셨사
오니 내가 깨달아 주의 계명들을
배우게 하소서 74 주를 경외하
는 자들이 나를 보고 기뻐하는
것은 내가 주의 말씀을 바라는
까닭이니이다 75 여호와여 내가

알거니와 주의 심판은 의로우시
고 주께서 나를 괴롭게 하심은
성실하심 때문이니이다 76 구하
오니 주의 종에게 하신 말씀대로
주의 인자하심이 나의 위안이 되
게 하시며 77 주의 긍휼히 여기
심이 내게 임하사 내가 살게 하
소서 주의 법은 나의 즐거움이니
이다 78 교만한 자들이 거짓으
로 나를 엎드러뜨렸으니 그들이
수치를 당하게 하소서 나는 주의
법도들을 작은 소리로 읊조리리
이다 79 주를 경외하는 자들이
내게 돌아오게 하소서 그리하시
면 그들이 주의 증거들을 알리이
다 80 내 마음으로 주의 율례들
에 완전하게 하사 내가 수치를
당하지 아니하게 하소서 81 나
의 영혼이 주의 구원을 사모하기
에 피곤하오나 나는 주의 말씀을
바라나이다 82 나의 말이 주께
서 언제나 나를 안위하실까 하면
서 내 눈이 주의 말씀을 바라기
에 피곤하니이다 83 내가 연기
속의 가죽 부대 같이 되었으나
주의 율례들을 잊지 아니하나이
다 84 주의 종의 날이 얼마나 되
나이까 나를 핍박하는 자들을 주
께서 언제나 심판하시리이까 85
주의 법을 따르지 아니하는 교만
한 자들이 나를 해하려고 웅덩이
를 팠나이다 86 주의 모든 계명
들은 신실하니이다 그들이 이유
없이 나를 핍박하오니 나를 도우
소서 87 그들이 나를 세상에서
거의 멸하였으나 나는 주의 법도
들을 버리지 아니하였사오니 88
주의 인자하심을 따라 나를 살아
나게 하소서 그리하시면 주의 입
의 교훈들을 내가 지키리이다

89 여호와여 주의 말씀은 영원히
하늘에 굳게 섰사오며 90 주의
성실하심은 대대에 이르나이다
주께서 땅을 세우셨으므로 땅이
항상 있사오니 91 천지가 주의
규례들대로 오늘까지 있음은 만
물이 주의 종이 된 까닭이니이다
92 주의 법이 나의 즐거움이 되
지 아니하였더면 내가 내 고난
중에 멸망하였으리이다 93 내가
주의 법도들을 영원히 잊지 아니
하오니 주께서 이것들 때문에 나
를 살게 하심이니이다 94 나는
주의 것이오니 나를 구원하소서
내가 주의 법도들만을 찾았나이
다 95 악인들이 나를 멸하려고
엿보오나 나는 주의 증거들만을
생각하겠나이다 96 내가 보니
모든 완전한 것이 다 끝이 있어
도 주의 계명들은 심히 넓으니이
다 97 내가 주의 법을 어찌 그리
사랑하는지요 내가 그것을 종일
작은 소리로 읊조리나이다 98
주의 계명들이 항상 나와 함께
하므로 그것들이 나를 원수보다
지혜롭게 하나이다 99 내가 주
의 증거들을 늘 읊조리므로 나의
명철함이 나의 모든 스승보다 나
으며 100 주의 법도들을 지키므
로 나의 명철함이 노인보다 나으
니이다 101 내가 주의 말씀을 지
키려고 발을 금하여 모든 악한
길로 가지 아니하였사오며 102
주께서 나를 가르치셨으므로 내
가 주의 규례들에서 떠나지 아니
하였나이다 103 주의 말씀의 맛
이 내게 어찌 그리 단지요 내 입
에 꿀보다 더 다니이다 104 주의
법도들로 말미암아 내가 명철하
게 되었으므로 모든 거짓 행위를
미워하나이다 105 주의 말씀은
내 발에 등이요 내 길에 빛이니
이다 106 주의 의로운 규례들을
지키기로 맹세하고 굳게 정하였
나이다 107 나의 고난이 매우 심
하오니 여호와여 주의 말씀대로
나를 살아나게 하소서 108 여호
와여 구하오니 내 입이 드리는
자원제물을 받으시고 주의 공의
를 내게 가르치소서 109 나의 생
명이 항상 위기에 있사오나 나는
주의 법을 잊지 아니하나이다
110 악인들이 나를 해하려고 올
무를 놓았사오나 나는 주의 법도
들에서 떠나지 아니하였나이다
111 주의 증거들로 내가 영원히
나의 기업을 삼았사오니 이는 내
마음의 즐거움이 됨이니이다
112 내가 주의 율례들을 영원히
행하려고 내 마음을 기울였나이
다 113 내가 두 마음 품는 자들
을 미워하고 주의 법을 사랑하나
이다 114 주는 나의 은신처요 방
패시라 내가 주의 말씀을 바라나
이다 115 너희 행악자들이여 나
를 떠날지어다 나는 내 하나님의
계명들을 지키리로다 116 주의
말씀대로 나를 붙들어 살게 하시
고 내 소망이 부끄럽지 않게 하
소서 117 나를 붙드소서 그리하
시면 내가 구원을 얻고 주의 율
례들에 항상 주의하리이다 118
주의 율례들에서 떠나는 자는 주
께서 다 멸시하셨으니 그들의 속
임수는 허무함이니이다 119 주
께서 세상의 모든 악인들을 찌꺼
기 같이 버리시니 그러므로 내가
주의 증거들을 사랑하나이다
120 내 육체가 주를 두려워함으
로 떨며 내가 또 주의 심판을 두
려워하나이다 121 내가 정의와
공의를 행하였사오니 나를 박해
하는 자들에게 나를 넘기지 마옵
소서 122 주의 종을 보증하사 복
을 얻게 하시고 교만한 자들이
나를 박해하지 못하게 하소서
123 내 눈이 주의 구원과 주의 의
로운 말씀을 사모하기에 피곤하
니이다 124 주의 인자하심대로
주의 종에게 행하사 내게 주의
율례들을 가르치소서 125 나는
주의 종이오니 나를 깨닫게 하사
주의 증거들을 알게 하소서 126
그들이 주의 법을 폐하였사오니
지금은 여호와께서 일하실 때니
이다 127 그러므로 내가 주의 계

명들을 금 곧 순금보다 더 사랑
하나이다 128 그러므로 내가 범
사에 모든 주의 법도들을 바르게
여기고 모든 거짓 행위를 미워하
나이다 129 주의 증거들은 놀라
우므로 내 영혼이 이를 지키나이
다 130 주의 말씀을 열면 빛이
비치어 우둔한 사람들을 깨닫게
하나이다 131 내가 주의 계명들
을 사모하므로 내가 입을 열고
헐떡였나이다 132 주의 이름을
사랑하는 자들에게 베푸시던 대
로 내게 돌이키사 내게 은혜를
베푸소서 133 나의 발걸음을 주
의 말씀에 굳게 세우시고 어떤
죄악도 나를 주관하지 못하게 하
소서 134 사람의 박해에서 나를
구원하소서 그리하시면 내가 주
의 법도들을 지키리이다 135 주
의 얼굴을 주의 종에게 비추시고
주의 율례로 나를 가르치소서
136 그들이 주의 법을 지키지 아
니하므로 내 눈물이 시냇물 같이
흐르나이다 137 여호와여 주는
의로우시고 주의 판단은 옳으니
이다 138 주께서 명령하신 증거
들은 의롭고 지극히 성실하니이
다 139 내 대적들이 주의 말씀을
잊어버렸으므로 내 열정이 나를
삼켰나이다 140 주의 말씀이 심
히 순수하므로 주의 종이 이를 사
랑하나이다 141 내가 미천하여
멸시를 당하나 주의 법도를 잊지
아니하였나이다 142 주의 의는
영원한 의요 주의 율법은 진리로
소이다 143 환난과 우환이 내게
미쳤으나 주의 계명은 나의 즐거
움이니이다 144 주의 증거들은
영원히 의로우시니 나로 하여금
깨닫게 하사 살게 하소서 145 여
호와여 내가 전심으로 부르짖었
사오니 내게 응답하소서 내가 주
의 교훈들을 지키리이다 146 내
가 주께 부르짖었사오니 나를 구
원하소서 내가 주의 증거들을 지
키리이다 147 내가 날이 밝기 전
에 부르짖으며 주의 말씀을 바랐
사오며 148 주의 말씀을 조용히
읊조리려고 내가 새벽녘에 눈을
떴나이다 149 주의 인자하심을
따라 내 소리를 들으소서 여호와
여 주의 규례들을 따라 나를 살리
소서 150 악을 따르는 자들이 가
까이 왔사오니 그들은 주의 법에
서 머니이다 151 여호와여 주께
서 가까이 계시오니 주의 모든 계
명들은 진리니이다 152 내가 전
부터 주의 증거들을 알고 있었으
므로 주께서 영원히 세우신 것인
줄을 알았나이다 153 나의 고난
을 보시고 나를 건지소서 내가 주
의 율법을 잊지 아니함이니이다
154 주께서 나를 변호하시고 나
를 구하사 주의 말씀대로 나를 살
리소서 155 구원이 악인들에게
서 멀어짐은 그들이 주의 율례들
을 구하지 아니함이니이다 156
여호와여 주의 긍휼이 많으오니
주의 규례들에 따라 나를 살리소
서 157 나를 핍박하는 자들과 나
의 대적들이 많으나 나는 주의 증
거들에서 떠나지 아니하였나이
다 158 주의 말씀을 지키지 아니
하는 거짓된 자들을 내가 보고 슬
퍼하였나이다 159 내가 주의 법
도들을 사랑함을 보옵소서 여호
와여 주의 인자하심을 따라 나를
살리소서 160 주의 말씀의 강령
은 진리이오니 주의 의로운 모든
규례들은 영원하리이다 161 고

관들이 거짓으로 나를 핍박하오
나 나의 마음은 주의 말씀만 경외
하나이다 162 사람이 많은 탈취
물을 얻은 것처럼 나는 주의 말씀
을 즐거워하나이다 163 나는 거
짓을 미워하며 싫어하고 주의 율
법을 사랑하나이다 164 주의 의
로운 규례들로 말미암아 내가 하
루 일곱 번씩 주를 찬양하나이다
165 주의 법을 사랑하는 자에게
는 큰 평안이 있으니 그들에게 장
애물이 없으리이다 166 여호와
여 내가 주의 구원을 바라며 주의
계명들을 행하였나이다 167 내
영혼이 주의 증거들을 지켰사오
며 내가 이를 지극히 사랑하나이
다 168 내가 주의 법도들과 증거
들을 지켰사오니 나의 모든 행위
가 주 앞에 있음이니이다 169 여
호와여 나의 부르짖음이 주의 앞
에 이르게 하시고 주의 말씀대로
나를 깨닫게 하소서 170 나의 간
구가 주의 앞에 이르게 하시고 주
의 말씀대로 나를 건지소서 171
주께서 율례를 내게 가르치시므
로 내 입술이 주를 찬양하리이다
172 주의 모든 계명들이 의로우
므로 내 혀가 주의 말씀을 노래하
리이다 173 내가 주의 법도들을
택하였사오니 주의 손이 항상 나
의 도움이 되게 하소서 174 여호

와여 내가 주의 구원을 사모하였
사오며 주의 율법을 즐거워하나
이다 175 내 영혼을 살게 하소서
그리하시면 주를 찬송하리이다
주의 규례들이 나를 돕게 하소서
176 잃은 양 같이 내가 방황하오
니 주의 종을 찾으소서 내가 주의
계명들을 잊지 아니함이니이다

120편

[성전에 올라가는 노래]

1 내가 환난 중에 여호와께 부르
짖었더니 내게 응답하셨도다 2
여호와여 거짓된 입술과 속이는
혀에서 내 생명을 건져 주소서 3
너 속이는 혀여 무엇을 네게 주며
무엇을 네게 더할꼬 4 장사의 날
카로운 화살과 로뎀 나무 숯불이
리로다 5 메섹에 머물며 게달의
장막 중에 머무는 것이 내게 화로
다 6 내가 화평을 미워하는 자들
과 함께 오래 거주하였도다 7 나
는 화평을 원할지라도 내가 말할
때에 그들은 싸우려 하는도다

121편

[성전에 올라가는 노래]

1 내가 산을 향하여 눈을 들리라
나의 도움이 어디서 올까 2 나의
도움은 천지를 지으신 여호와에
게서로다 3 여호와께서 너를 실
족하지 아니하게 하시며 너를 지
키시는 이가 졸지 아니하시리로
다 4 이스라엘을 지키시는 이는

졸지도 아니하시고 주무시지도
아니하시리로다 5 여호와는 너
를 지키시는 이시라 여호와께서
네 오른쪽에서 네 그늘이 되시나
니 6 낮의 해가 너를 상하게 하지
아니하며 밤의 달도 너를 해치지
아니하리로다 7 여호와께서 너
를 지켜 모든 환난을 면하게 하시
며 또 네 영혼을 지키시리로다 8
여호와께서 너의 출입을 지금부
터 영원까지 지키시리로다

122편

[다윗의 시 곧 성전에 올라가는 노래]

1 사람이 내게 말하기를 여호와
의 집에 올라가자 할 때에 내가
기뻐하였도다 2 예루살렘아 우
리 발이 네 성문 안에 섰도다 3
예루살렘아 너는 잘 짜여진 성읍
과 같이 건설되었도다 4 지파들
곧 여호와의 지파들이 여호와의
이름에 감사하려고 이스라엘의
전례대로 그리로 올라가는도다
5 거기에 심판의 보좌를 두셨으
니 곧 다윗의 집의 보좌로다 6
예루살렘을 위하여 평안을 구하
라 예루살렘을 사랑하는 자는 형
통하리로다 7 네 성 안에는 평안
이 있고 네 궁중에는 형통함이
있을지어다 8 내가 내 형제와 친
구를 위하여 이제 말하리니 네
가운데에 평안이 있을지어다 9
여호와 우리 하나님의 집을 위하
여 내가 너를 위하여 복을 구하
리로다

123편

[성전에 올라가는 노래]

1 하늘에 계시는 주여 내가 눈을
들어 주께 향하나이다 2 상전의
손을 바라보는 종들의 눈 같이,
여주인의 손을 바라보는 여종의
눈 같이 우리의 눈이 여호와 우
리 하나님을 바라보며 우리에게
은혜 베풀어 주시기를 기다리나
이다 3 여호와여 우리에게 은혜
를 베푸시고 또 은혜를 베푸소서
심한 멸시가 우리에게 넘치나이
다 4 안일한 자의 조소와 교만한
자의 멸시가 우리 영혼에 넘치나
이다

124편

[다윗의 시 곧 성전에 올라가는 노래]

1 이스라엘은 이제 말하기를 여
호와께서 우리 편에 계시지 아니
하셨더라면 우리가 어떻게 하였
으랴 2 사람들이 우리를 치러 일
어날 때에 여호와께서 우리 편에
계시지 아니하셨더라면 3 그 때
에 그들의 노여움이 우리에게 맹
렬하여 우리를 산 채로 삼켰을
것이며 4 그 때에 물이 우리를
휩쓸며 시내가 우리 영혼을 삼켰
을 것이며 5 그 때에 넘치는 물
이 우리 영혼을 삼켰을 것이라
할 것이로다 6 우리를 내주어 그
들의 이에 씹히지 아니하게 하신
여호와를 찬송할지로다 7 우리
의 영혼이 사냥꾼의 올무에서 벗
어난 새 같이 되었나니 올무가
끊어지므로 우리가 벗어났도다
8 우리의 도움은 천지를 지으신
여호와의 이름에 있도다

125편

[성전에 올라가는 노래]

1 여호와를 의지하는 자는 시온
산이 흔들리지 아니하고 영원히
있음 같도다 2 산들이 예루살렘
을 두름과 같이 여호와께서 그의
백성을 지금부터 영원까지 두르
시리로다 3 악인의 규가 의인들
의 땅에서는 그 권세를 누리지
못하리니 이는 의인들로 하여금
죄악에 손을 대지 아니하게 함이
로다 4 여호와여 선한 자들과 마
음이 정직한 자들에게 선대하소
서 5 자기의 굽은 길로 치우치는
자들은 여호와께서 죄를 범하는 자
들과 함께 다니게 하시리로다 이스
라엘에게는 평강이 있을지어다

126편

[성전에 올라가는 노래]

1 여호와께서 시온의 포로를 돌
려 보내실 때에 우리는 꿈꾸는
것 같았도다 2 그 때에 우리 입
에는 웃음이 가득하고 우리 혀에
는 찬양이 찼었도다 그 때에 뭇
나라 가운데에서 말하기를 여호
와께서 그들을 위하여 큰 일을
행하셨다 하였도다 3 여호와께
서 우리를 위하여 큰 일을 행하
셨으니 우리는 기쁘도다 4 여호
와여 우리의 포로를 남방 시내들
같이 돌려 보내소서 5 눈물을 흘
리며 씨를 뿌리는 자는 기쁨으로
거두리로다 6 울며 씨를 뿌리러
나가는 자는 반드시 기쁨으로 그
곡식 단을 가지고 돌아오리로다

127편

[솔로몬의 시 곧 성전에 올라가는 노래]

1 여호와께서 집을 세우지 아니
하시면 세우는 자의 수고가 헛되
며 여호와께서 성을 지키지 아니
하시면 파수꾼의 깨어 있음이 헛
되도다 2 너희가 일찍이 일어나
고 늦게 누우며 수고의 떡을 먹
음이 헛되도다 그러므로 여호와
께서 그의 사랑하시는 자에게는
잠을 주시는도다 3 보라 자식들
은 여호와의 기업이요 태의 열매
는 그의 상급이로다 4 젊은 자의

자식은 장사의 수중의 화살 같으
니 5 이것이 그의 화살통에 가득
한 자는 복되도다 그들이 성문에
서 그들의 원수와 담판할 때에
수치를 당하지 아니하리로다

128편

[성전에 올라가는 노래]

1 여호와를 경외하며 그의 길을
걷는 자마다 복이 있도다 2 네가
네 손이 수고한 대로 먹을 것이
라 네가 복되고 형통하리로다 3
네 집 안방에 있는 네 아내는 결
실한 포도나무 같으며 네 식탁에
둘러 앉은 자식들은 어린 감람나
무 같으리로다 4 여호와를 경외
하는 자는 이같이 복을 얻으리로
다 5 여호와께서 시온에서 네게
복을 주실지어다 너는 평생에 예
루살렘의 번영을 보며 6 네 자식
의 자식을 볼지어다 이스라엘에
게 평강이 있을지로다

129편

[성전에 올라가는 노래]

1 이스라엘은 이제 말하기를 그
들이 내가 어릴 때부터 여러 번
나를 괴롭혔도다 2 그들이 내가
어릴 때부터 여러 번 나를 괴롭
혔으나 나를 이기지 못하였도다
3 밭 가는 자들이 내 등을 갈아
그 고랑을 길게 지었도다 4 여호
와께서는 의로우사 악인들의 줄
을 끊으셨도다 5 무릇 시온을 미
워하는 자들은 수치를 당하여 물
러갈지어다 6 그들은 지붕의 풀
과 같을지어다 그것은 자라기 전
에 마르는 것이라 7 이런 것은
베는 자의 손과 묶는 자의 품에
차지 아니하나니 8 지나가는 자
들도 여호와의 복이 너희에게 있
을지어다 하거나 우리가 여호와
의 이름으로 너희에게 축복한다
하지 아니하느니라

130편

[성전에 올라가는 노래]

1 여호와여 내가 깊은 곳에서 주
께 부르짖었나이다 2 주여 내 소
리를 들으시며 나의 부르짖는 소
리에 귀를 기울이소서 3 여호와
여 주께서 죄악을 지켜보실진대
주여 누가 서리이까 4 그러나 사
유하심이 주께 있음은 주를 경외
하게 하심이니이다 5 나 곧 내
영혼은 여호와를 기다리며 나는
주의 말씀을 바라는도다 6 파수
꾼이 아침을 기다림보다 내 영혼
이 주를 더 기다리나니 참으로
파수꾼이 아침을 기다림보다 더
하도다 7 이스라엘아 여호와를
바랄지어다 여호와께서는 인자
하심과 풍성한 속량이 있음이라
8 그가 이스라엘을 그의 모든 죄
악에서 속량하시리로다

131편

[다윗의 시 곧 성전에 올라가는 노래]

1 여호와여 내 마음이 교만하지
아니하고 내 눈이 오만하지 아니
하오며 내가 큰 일과 감당하지
못할 놀라운 일을 하려고 힘쓰지
아니하나이다 2 실로 내가 내 영
혼으로 고요하고 평온하게 하기
를 젖 뗀 아이가 그의 어머니 품
에 있음 같게 하였나니 내 영혼
이 젖 뗀 아이와 같도다 3 이스
라엘아 지금부터 영원까지 여호
와를 바랄지어다

132편

[성전에 올라가는 노래]

1 여호와여 다윗을 위하여 그의
모든 겸손을 기억하소서 2 그가
여호와께 맹세하며 야곱의 전능
자에게 서원하기를 3 내가 내 장
막 집에 들어가지 아니하며 내
침상에 오르지 아니하고 4 내 눈
으로 잠들게 하지 아니하며 내
눈꺼풀로 졸게 하지 아니하기를
5 여호와의 처소 곧 야곱의 전능
자의 성막을 발견하기까지 하리
라 하였나이다 6 우리가 그것이
에브라다에 있다 함을 들었더니
나무 밭에서 찾았도다 7 우리가
그의 계신 곳으로 들어가서 그의
발등상 앞에서 엎드려 예배하리
로다 8 여호와여 일어나사 주의
권능의 궤와 함께 평안한 곳으로
들어가소서 9 주의 제사장들은
의를 옷 입고 주의 성도들은 즐
거이 외칠지어다 10 주의 종 다
윗을 위하여 주의 기름 부음 받
은 자의 얼굴을 외면하지 마옵소
서 11 여호와께서 다윗에게 성
실히 맹세하셨으니 변하지 아니
하실지라 이르시기를 네 몸의 소
생을 네 왕위에 둘지라 12 네 자
손이 내 언약과 그들에게 교훈하
는 내 증거를 지킬진대 그들의
후손도 영원히 네 왕위에 앉으리
라 하셨도다 13 여호와께서 시
온을 택하시고 자기 거처를 삼고
자 하여 이르시기를 14 이는 내
가 영원히 쉴 곳이라 내가 여기
거주할 것은 이를 원하였음이로
다 15 내가 이 성의 식료품에 풍
족히 복을 주고 떡으로 그 빈민
을 만족하게 하리로다 16 내가
그 제사장들에게 구원을 옷 입히
리니 그 성도들은 즐거이 외치리
로다 17 내가 거기서 다윗에게
뿔이 나게 할 것이라 내가 내 기
름 부음 받은 자를 위하여 등을
준비하였도다 18 내가 그의 원
수에게는 수치를 옷 입히고 그에
게는 왕관이 빛나게 하리라 하셨
도다

133편

[다윗의 시 곧 성전에 올라가는 노래]

1 보라 형제가 연합하여 동거함
이 어찌 그리 선하고 아름다운고
2 머리에 있는 보배로운 기름이
수염 곧 아론의 수염에 흘러서
그의 옷깃까지 내림 같고 3 헐몬
의 이슬이 시온의 산들에 내림
같도다 거기서 여호와께서 복을
명령하셨나니 곧 영생이로다

134편

[성전에 올라가는 노래]

1 보라 밤에 여호와의 성전에 서
있는 여호와의 모든 종들아 여호
와를 송축하라 2 성소를 향하여
너희 손을 들고 여호와를 송축하
라 3 천지를 지으신 여호와께서
시온에서 네게 복을 주실지어다

135편

1 할렐루야 여호와의 이름을 찬
송하라 여호와의 종들아 찬송하
라 2 여호와의 집 우리 여호와의
성전 곧 우리 하나님의 성전 뜰
에 서 있는 너희여 3 여호와를
찬송하라 여호와는 선하시며 그
의 이름이 아름다우니 그의 이름
을 찬양하라 4 여호와께서 자기
를 위하여 야곱 곧 이스라엘을
자기의 특별한 소유로 택하셨음
이로다 5 내가 알거니와 여호와
께서는 위대하시며 우리 주는 모
든 신들보다 위대하시도다 6 여
호와께서 그가 기뻐하시는 모든
일을 천지와 바다와 모든 깊은
데서 다 행하셨도다 7 안개를 땅
끝에서 일으키시며 비를 위하여
번개를 만드시며 바람을 그 곳간
에서 내시는도다 8 그가 애굽의
처음 난 자를 사람부터 짐승까지
치셨도다 9 애굽이여 여호와께
서 네게 행한 표적들과 징조들을

바로와 그의 모든 신하들에게 보
내셨도다 10 그가 많은 나라를
치시고 강한 왕들을 죽이셨나니
11 곧 아모리인의 왕 시혼과 바
산 왕 옥과 가나안의 모든 국왕
이로다 12 그들의 땅을 기업으
로 주시되 자기 백성 이스라엘에
게 기업으로 주셨도다 13 여호
와여 주의 이름이 영원하시니이
다 여호와여 주를 기념함이 대대
에 이르리이다 14 여호와께서
자기 백성을 판단하시며 그의 종
들로 말미암아 위로를 받으시리
로다 15 열국의 우상은 은금이
요 사람의 손으로 만든 것이라
16 입이 있어도 말하지 못하며
눈이 있어도 보지 못하며 17 귀
가 있어도 듣지 못하며 그들의
입에는 아무 호흡도 없나니 18
그것을 만든 자와 그것을 의지하
는 자가 다 그것과 같으리로다
19 이스라엘 족속아 여호와를 송
축하라 아론의 족속아 여호와를
송축하라 20 레위 족속아 여호
와를 송축하라 여호와를 경외하
는 너희들아 여호와를 송축하라
21 예루살렘에 계시는 여호와는
시온에서 찬송을 받으실지어다
할렐루야

136편

1 여호와께 감사하라 그는 선하
시며 그 인자하심이 영원함이로
다 2 신들 중에 뛰어난 하나님께
감사하라 그 인자하심이 영원함
이로다 3 주들 중에 뛰어난 주께
감사하라 그 인자하심이 영원함
이로다 4 홀로 큰 기이한 일들을
행하시는 이에게 감사하라 그 인
자하심이 영원함이로다 5 지혜
로 하늘을 지으신 이에게 감사하
라 그 인자하심이 영원함이로다
6 땅을 물 위에 펴신 이에게 감사
하라 그 인자하심이 영원함이로
다 7 큰 빛들을 지으신 이에게
감사하라 그 인자하심이 영원함
이로다 8 해로 낮을 주관하게 하
신 이에게 감사하라 그 인자하심
이 영원함이로다 9 달과 별들로
밤을 주관하게 하신 이에게 감사
하라 그 인자하심이 영원함이로
다 10 애굽의 장자를 치신 이에
게 감사하라 그 인자하심이 영원
함이로다 11 이스라엘을 그들
중에서 인도하여 내신 이에게 감
사하라 그 인자하심이 영원함이
로다 12 강한 손과 펴신 팔로 인
도하여 내신 이에게 감사하라 그
인자하심이 영원함이로다 13 홍
해를 가르신 이에게 감사하라 그
인자하심이 영원함이로다 14 이
스라엘을 그 가운데로 통과하게
하신 이에게 감사하라 그 인자하
심이 영원함이로다 15 바로와
그의 군대를 홍해에 엎드러뜨리
신 이에게 감사하라 그 인자하심
이 영원함이로다 16 그의 백성
을 인도하여 광야를 통과하게 하
신 이에게 감사하라 그 인자하심
이 영원함이로다 17 큰 왕들을
치신 이에게 감사하라 그 인자하
심이 영원함이로다 18 유명한
왕들을 죽이신 이에게 감사하라
그 인자하심이 영원함이로다 19

아모리인의 왕 시혼을 죽이신 이
에게 감사하라 그 인자하심이 영
원함이로다 20 바산 왕 옥을 죽
이신 이에게 감사하라 그 인자하
심이 영원함이로다 21 그들의
땅을 기업으로 주신 이에게 감사
하라 그 인자하심이 영원함이로
다 22 곧 그 종 이스라엘에게 기
업으로 주신 이에게 감사하라 그
인자하심이 영원함이로다 23 우
리를 비천한 가운데에서도 기억
해 주신 이에게 감사하라 그 인
자하심이 영원함이로다 24 우리
를 우리의 대적에게서 건지신 이
에게 감사하라 그 인자하심이 영
원함이로다 25 모든 육체에게
먹을 것을 주신 이에게 감사하라
그 인자하심이 영원함이로다 26
하늘의 하나님께 감사하라 그 인
자하심이 영원함이로다

137편

1 우리가 바벨론의 여러 강변 거
기에 앉아서 시온을 기억하며 울
었도다 2 그 중의 버드나무에 우
리가 우리의 수금을 걸었나니 3
이는 우리를 사로잡은 자가 거기
서 우리에게 노래를 청하며 우리
를 황폐하게 한 자가 기쁨을 청
하고 자기들을 위하여 시온의 노
래 중 하나를 노래하라 함이로다
4 우리가 이방 땅에서 어찌 여호
와의 노래를 부를까 5 예루살렘
아 내가 너를 잊을진대 내 오른
손이 그의 재주를 잊을지로다 6
내가 예루살렘을 기억하지 아니
하거나 내가 가장 즐거워하는 것
보다 더 즐거워하지 아니할진대
내 혀가 내 입천장에 붙을지로다
7 여호와여 예루살렘이 멸망하던
날을 기억하시고 에돔 자손을 치
소서 그들의 말이 헐어 버리라
헐어 버리라 그 기초까지 헐어
버리라 하였나이다 8 멸망할 딸
바벨론아 네가 우리에게 행한 대
로 네게 갚는 자가 복이 있으리
로다 9 네 어린 것들을 바위에
메어치는 자는 복이 있으리로다

138편

[다윗의 시]

1 내가 전심으로 주께 감사하며
신들 앞에서 주께 찬송하리이다
2 내가 주의 성전을 향하여 예배
하며 주의 인자하심과 성실하심
으로 말미암아 주의 이름에 감사
하오리니 이는 주께서 주의 말씀
을 주의 모든 이름보다 높게 하
셨음이라 3 내가 간구하는 날에
주께서 응답하시고 내 영혼에 힘
을 주어 나를 강하게 하셨나이다
4 여호와여 세상의 모든 왕들이
주께 감사할 것은 그들이 주의
입의 말씀을 들음이오며 5 그들
이 여호와의 도를 노래할 것은
여호와의 영광이 크심이니이다
6 여호와께서는 높이 계셔도 낮
은 자를 굽어살피시며 멀리서도
교만한 자를 아심이니이다 7 내
가 환난 중에 다닐지라도 주께서
나를 살아나게 하시고 주의 손을
펴사 내 원수들의 분노를 막으시
며 주의 오른손이 나를 구원하시
리이다 8 여호와께서 나를 위하
여 보상해 주시리이다 여호와여
주의 인자하심이 영원하오니 주
의 손으로 지으신 것을 버리지
마옵소서

139편

**[다윗의 시, 인도자를 따라 부르는
노래]**

1 여호와여 주께서 나를 살펴 보
셨으므로 나를 아시나이다 2 주
께서 내가 앉고 일어섬을 아시고
멀리서도 나의 생각을 밝히 아시
오며 3 나의 모든 길과 내가 눕
는 것을 살펴 보셨으므로 나의
모든 행위를 익히 아시오니 4 여
호와여 내 혀의 말을 알지 못하
시는 것이 하나도 없으시니이다
5 주께서 나의 앞뒤를 둘러싸시
고 내게 안수하셨나이다 6 이 지
식이 내게 너무 기이하니 높아서
내가 능히 미치지 못하나이다 7
내가 주의 영을 떠나 어디로 가
며 주의 앞에서 어디로 피하리이
까 8 내가 하늘에 올라갈지라도
거기 계시며 스올에 내 자리를
펼지라도 거기 계시니이다 9 내
가 새벽 날개를 치며 바다 끝에
가서 거주할지라도 10 거기서도
주의 손이 나를 인도하시며 주의
오른손이 나를 붙드시리이다 11
내가 혹시 말하기를 흑암이 반드
시 나를 덮고 나를 두른 빛은 밤
이 되리라 할지라도 12 주에게
서는 흑암이 숨기지 못하며 밤이
낮과 같이 비추이나니 주에게는
흑암과 빛이 같음이니이다 13
주께서 내 내장을 지으시며 나의
모태에서 나를 만드셨나이다 14

내가 주께 감사하옴은 나를 지으
심이 심히 기묘하심이라 주께서
하시는 일이 기이함을 내 영혼이
잘 아나이다 15 내가 은밀한 데
서 지음을 받고 땅의 깊은 곳에
서 기이하게 지음을 받은 때에
나의 형체가 주의 앞에 숨겨지지
못하였나이다 16 내 형질이 이
루어지기 전에 주의 눈이 보셨으
며 나를 위하여 정한 날이 하루
도 되기 전에 주의 책에 다 기록
이 되었나이다 17 하나님이여
주의 생각이 내게 어찌 그리 보
배로우신지요 그 수가 어찌 그리
많은지요 18 내가 세려고 할지
라도 그 수가 모래보다 많도소이
다 내가 깰 때에도 여전히 주와
함께 있나이다 19 하나님이여
주께서 반드시 악인을 죽이시리
이다 피 흘리기를 즐기는 자들아
나를 떠날지어다 20 그들이 주
를 대하여 악하게 말하며 주의
원수들이 주의 이름으로 헛되이
맹세하나이다 21 여호와여 내가
주를 미워하는 자들을 미워하지
아니하오며 주를 치러 일어나는
자들을 미워하지 아니하나이까
22 내가 그들을 심히 미워하니
그들은 나의 원수들이니이다 23
하나님이여 나를 살피사 내 마음
을 아시며 나를 시험하사 내 뜻
을 아옵소서 24 내게 무슨 악한
행위가 있나 보시고 나를 영원한
길로 인도하소서

140편

[다윗의 시, 인도자를 따라 부르는 노래]

1 여호와여 악인에게서 나를 건
지시며 포악한 자에게서 나를 보
전하소서 2 그들이 마음속으로
악을 꾀하고 싸우기 위하여 매일
모이오며 3 뱀 같이 그 혀를 날
카롭게 하니 그 입술 아래에는
독사의 독이 있나이다 (셀라) 4
여호와여 나를 지키사 악인의 손
에 빠지지 않게 하시며 나를 보
전하사 포악한 자에게서 벗어나
게 하소서 그들은 나의 걸음을
밀치려 하나이다 5 교만한 자가
나를 해하려고 올무와 줄을 놓으
며 길 곁에 그물을 치며 함정을
두었나이다 (셀라) 6 내가 여호
와께 말하기를 주는 나의 하나님
이시니 여호와여 나의 간구하는
소리에 귀를 기울이소서 하였나
이다 7 내 구원의 능력이신 주
여호와여 전쟁의 날에 주께서 내
머리를 가려 주셨나이다 8 여호
와여 악인의 소원을 허락하지 마
시며 그의 악한 꾀를 이루지 못
하게 하소서 그들이 스스로 높일
까 하나이다 (셀라) 9 나를 에워
싸는 자들이 그들의 머리를 들
때에 그들의 입술의 재난이 그들
을 덮게 하소서 10 뜨거운 숯불
이 그들 위에 떨어지게 하시며
불 가운데와 깊은 웅덩이에 그들
로 하여금 빠져 다시 일어나지
못하게 하소서 11 악담하는 자는
세상에서 굳게 서지 못하며 포악
한 자는 재앙이 따라서 패망하게
하리이다 12 내가 알거니와 여호
와는 고난 당하는 자를 변호해
주시며 궁핍한 자에게 정의를 베
푸시리이다 13 진실로 의인들이
주의 이름에 감사하며 정직한 자
들이 주의 앞에서 살리이다

141편

[다윗의 시]

1 여호와여 내가 주를 불렀사오
니 속히 내게 오시옵소서 내가
주께 부르짖을 때에 내 음성에
귀를 기울이소서 2 나의 기도가
주의 앞에 분향함과 같이 되며
나의 손 드는 것이 저녁 제사 같
이 되게 하소서 3 여호와여 내 입
에 파수꾼을 세우시고 내 입술의
문을 지키소서 4 내 마음이 악한
일에 기울어 죄악을 행하는 자들
과 함께 악을 행하지 말게 하시
며 그들의 진수성찬을 먹지 말게
하소서 5 의인이 나를 칠지라도
은혜로 여기며 책망할지라도 머
리의 기름 같이 여겨서 내 머리
가 이를 거절하지 아니할지라 그

들의 재난 중에도 내가 항상 기
도하리로다 6 그들의 재판관들
이 바위 곁에 내려 던져졌도다
내 말이 달므로 무리가 들으리로
다 7 사람이 밭 갈아 흙을 부스러
뜨림 같이 우리의 해골이 스올
입구에 흩어졌도다 8 주 여호와
여 내 눈이 주께 향하며 내가 주
께 피하오니 내 영혼을 빈궁한
대로 버려 두지 마옵소서 9 나를
지키사 그들이 나를 잡으려고 놓
은 올무와 악을 행하는 자들의
함정에서 벗어나게 하옵소서 10
악인은 자기 그물에 걸리게 하시
고 나만은 온전히 면하게 하소서

142편

[다윗이 굴에 있을 때에 지은 마스길 곧 기도]

1 내가 소리 내어 여호와께 부르
짖으며 소리 내어 여호와께 간구
하는도다 2 내가 내 원통함을 그
의 앞에 토로하며 내 우환을 그
의 앞에 진술하는도다 3 내 영이
내 속에서 상할 때에도 주께서
내 길을 아셨나이다 내가 가는
길에 그들이 나를 잡으려고 올무
를 숨겼나이다 4 오른쪽을 살펴
보소서 나를 아는 이도 없고 나
의 피난처도 없고 내 영혼을 돌
보는 이도 없나이다 5 여호와여
내가 주께 부르짖어 말하기를 주
는 나의 피난처시요 살아 있는
사람들의 땅에서 나의 분깃이시
라 하였나이다 6 나의 부르짖음
을 들으소서 나는 심히 비천하니
이다 나를 핍박하는 자들에게서
나를 건지소서 그들은 나보다 강
하니이다 7 내 영혼을 옥에서 이
끌어 내사 주의 이름을 감사하게
하소서 주께서 나에게 갚아 주시
리니 의인들이 나를 두르리이다

143편

[다윗의 시]

1 여호와여 내 기도를 들으시며
내 간구에 귀를 기울이시고 주의
진실과 의로 내게 응답하소서 2
주의 종에게 심판을 행하지 마소
서 주의 눈 앞에는 의로운 인생
이 하나도 없나이다 3 원수가 내
영혼을 핍박하며 내 생명을 땅에
엎어서 나로 죽은 지 오랜 자 같
이 나를 암흑 속에 두었나이다 4
그러므로 내 심령이 속에서 상하
며 내 마음이 내 속에서 참담하
니이다 5 내가 옛날을 기억하고
주의 모든 행하신 것을 읊조리며
주의 손이 행하는 일을 생각하고
6 주를 향하여 손을 펴고 내 영혼
이 마른 땅 같이 주를 사모하나
이다 (셀라) 7 여호와여 속히 내
게 응답하소서 내 영이 피곤하니
이다 주의 얼굴을 내게서 숨기지
마소서 내가 무덤에 내려가는 자
같을까 두려워하나이다 8 아침
에 나로 하여금 주의 인자한 말
씀을 듣게 하소서 내가 주를 의
뢰함이니이다 내가 다닐 길을 알
게 하소서 내가 내 영혼을 주께
드림이니이다 9 여호와여 나를
내 원수들에게서 건지소서 내가
주께 피하여 숨었나이다 10 주
는 나의 하나님이시니 나를 가르
쳐 주의 뜻을 행하게 하소서 주
의 영은 선하시니 나를 공평한
땅에 인도하소서 11 여호와여
주의 이름을 위하여 나를 살리시
고 주의 의로 내 영혼을 환난에
서 끌어내소서 12 주의 인자하
심으로 나의 원수들을 끊으시고
내 영혼을 괴롭게 하는 자를 다
멸하소서 나는 주의 종이니이다

144편

[다윗의 시]

1 나의 반석이신 여호와를 찬송
하리로다 그가 내 손을 가르쳐
싸우게 하시며 손가락을 가르쳐
전쟁하게 하시는도다 2 여호와
는 나의 사랑이시요 나의 요새이
시요 나의 산성이시요 나를 건지
시는 이시요 나의 방패이시니 내
가 그에게 피하였고 그가 내 백
성을 내게 복종하게 하셨나이다
3 여호와여 사람이 무엇이기에
주께서 그를 알아 주시며 인생이
무엇이기에 그를 생각하시나이
까 4 사람은 헛것 같고 그의 날
은 지나가는 그림자 같으니이다
5 여호와여 주의 하늘을 드리우

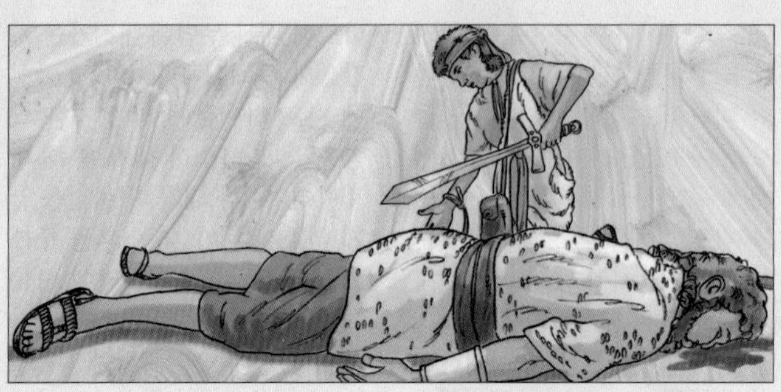

고 강림하시며 산들에 접촉하사
연기를 내게 하소서 6 번개를 번
쩍이사 원수들을 흩으시며 주의
화살을 쏘아 그들을 무찌르소서
7 위에서부터 주의 손을 펴사 나
를 큰 물과 이방인의 손에서 구
하여 건지소서 8 그들의 입은 거
짓을 말하며 그의 오른손은 거짓
의 오른손이니이다 9 하나님이
여 내가 주께 새 노래로 노래하
며 열 줄 비파로 주를 찬양하리
이다 10 주는 왕들에게 구원을
베푸시는 자시요 그의 종 다윗을
그 해하려는 칼에서 구하시는 자
시니이다 11 이방인의 손에서
나를 구하여 건지소서 그들의 입
은 거짓을 말하며 그 오른손은
거짓의 오른손이니이다 12 우리
아들들은 어리다가 장성한 나무
들과 같으며 우리 딸들은 궁전의
양식대로 아름답게 다듬은 모퉁
잇돌들과 같으며 13 우리의 곳
간에는 백곡이 가득하며 우리의
양은 들에서 천천과 만만으로 번
성하며 14 우리 수소는 무겁게
실었으며 또 우리를 침노하는 일
이나 우리가 나아가 막는 일이 없
으며 우리 거리에는 슬피 부르짖
음이 없을진대 15 이러한 백성은
복이 있나니 여호와를 자기 하나
님으로 삼는 백성은 복이 있도다

145편

[다윗의 찬송시]

1 왕이신 나의 하나님이여 내가
주를 높이고 영원히 주의 이름을
송축하리이다 2 내가 날마다 주
를 송축하며 영원히 주의 이름을
송축하리이다 3 여호와는 위대
하시니 크게 찬양할 것이라 그의
위대하심을 측량하지 못하리로
다 4 대대로 주께서 행하시는 일
을 크게 찬양하며 주의 능한 일
을 선포하리로다 5 주의 존귀하
고 영광스러운 위엄과 주의 기이
한 일들을 나는 작은 소리로 읊
조리리이다 6 사람들은 주의 두
려운 일의 권능을 말할 것이요
나도 주의 위대하심을 선포하리
이다 7 그들이 주의 크신 은혜를
기념하여 말하며 주의 의를 노래
하리이다 8 여호와는 은혜로우
시며 긍휼이 많으시며 노하기를
더디 하시며 인자하심이 크시도
다 9 여호와께서는 모든 것을 선
대하시며 그 지으신 모든 것에
긍휼을 베푸시는도다 10 여호와
여 주께서 지으신 모든 것들이
주께 감사하며 주의 성도들이 주
를 송축하리이다 11 그들이 주
의 나라의 영광을 말하며 주의
업적을 일러서 12 주의 업적과
주의 나라의 위엄 있는 영광을
인생들에게 알게 하리이다 13
주의 나라는 영원한 나라이니 주
의 통치는 대대에 이르리이다
14 여호와께서는 모든 넘어지는
자들을 붙드시며 비굴한 자들을
일으키시는도다 15 모든 사람의
눈이 주를 앙망하오니 주는 때를
따라 그들에게 먹을 것을 주시며
16 손을 펴사 모든 생물의 소원
을 만족하게 하시나이다 17 여
호와께서는 그 모든 행위에 의로
우시며 그 모든 일에 은혜로우시
도다 18 여호와께서는 자기에게
간구하는 모든 자 곧 진실하게
간구하는 모든 자에게 가까이 하
시는도다 19 그는 자기를 경외
하는 자들의 소원을 이루시며 또
그들의 부르짖음을 들으사 구원
하시리로다 20 여호와께서 자기
를 사랑하는 자들은 다 보호하시
고 악인들은 다 멸하시리로다
21 내 입이 여호와의 영예를 말
하며 모든 육체가 그의 거룩하신
이름을 영원히 송축할지로다

146편

1 할렐루야 내 영혼아 여호와를
찬양하라 2 나의 생전에 여호와
를 찬양하며 나의 평생에 내 하
나님을 찬송하리로다 3 귀인들
을 의지하지 말며 도울 힘이 없
는 인생도 의지하지 말지니 4 그

의 호흡이 끊어지면 흙으로 돌아
가서 그 날에 그의 생각이 소멸
하리로다 5 야곱의 하나님을 자
기의 도움으로 삼으며 여호와 자
기 하나님에게 자기의 소망을 두
는 자는 복이 있도다 6 여호와는
천지와 바다와 그 중의 만물을
지으시며 영원히 진실함을 지키
시며 7 억눌린 사람들을 위해 정
의로 심판하시며 주린 자들에게
먹을 것을 주시는 이시로다 여호
와께서는 갇힌 자들에게 자유를
주시는도다 8 여호와께서 맹인
들의 눈을 여시며 여호와께서 비
굴한 자들을 일으키시며 여호와
께서 의인들을 사랑하시며 9 여
호와께서 나그네들을 보호하시
며 고아와 과부를 붙드시고 악인
들의 길은 굽게 하시는도다 10
시온아 여호와는 영원히 다스리
시고 네 하나님은 대대로 통치하
시리로다 할렐루야

147편

1 할렐루야 우리 하나님을 찬양
하는 일이 선함이여 찬송하는 일
이 아름답고 마땅하도다 2 여호
와께서 예루살렘을 세우시며 이
스라엘의 흩어진 자들을 모으시
며 3 상심한 자들을 고치시며 그
들의 상처를 싸매시는도다 4 그
가 별들의 수효를 세시고 그것들
을 다 이름대로 부르시는도다 5
우리 주는 위대하시며 능력이 많
으시며 그의 지혜가 무궁하시도
다 6 여호와께서 겸손한 자들은
붙드시고 악인들은 땅에 엎드러
뜨리시는도다 7 감사함으로 여
호와께 노래하며 수금으로 하나
님께 찬양할지어다 8 그가 구름
으로 하늘을 덮으시며 땅을 위하
여 비를 준비하시며 산에 풀이
자라게 하시며 9 들짐승과 우는
까마귀 새끼에게 먹을 것을 주시
는도다 10 여호와는 말의 힘이
세다 하여 기뻐하지 아니하시며
사람의 다리가 억세다 하여 기뻐
하지 아니하시고 11 여호와는
자기를 경외하는 자들과 그의 인
자하심을 바라는 자들을 기뻐하
시는도다 12 예루살렘아 여호와
를 찬송할지어다 시온아 네 하나
님을 찬양할지어다 13 그가 네
문빗장을 견고히 하시고 네 가운
데에 있는 너의 자녀들에게 복을
주셨으며 14 네 경내를 평안하
게 하시고 아름다운 밀로 너를
배불리시며 15 그의 명령을 땅
에 보내시니 그의 말씀이 속히
달리는도다 16 눈을 양털 같이
내리시며 서리를 재 같이 흩으시
며 17 우박을 떡 부스러기 같이
뿌리시나니 누가 능히 그의 추위
를 감당하리요 18 그의 말씀을
보내사 그것들을 녹이시고 바람
을 불게 하신즉 물이 흐르는도다
19 그가 그의 말씀을 야곱에게
보이시며 그의 율례와 규례를 이
스라엘에게 보이시는도다 20 그
는 어느 민족에게도 이와 같이
행하지 아니하셨나니 그들은 그
의 법도를 알지 못하였도다 할렐
루야

148편

1 할렐루야 하늘에서 여호와를
찬양하며 높은 데서 그를 찬양할
지어다 2 그의 모든 천사여 찬양
하며 모든 군대여 그를 찬양할지
어다 3 해와 달아 그를 찬양하며
밝은 별들아 다 그를 찬양할지어
다 4 하늘의 하늘도 그를 찬양하
며 하늘 위에 있는 물들도 그를

찬양할지어다 5 그것들이 여호
와의 이름을 찬양함은 그가 명령
하시므로 지음을 받았음이로다
6 그가 또 그것들을 영원히 세우
시고 폐하지 못할 명령을 정하셨
도다 7 너희 용들과 바다여 땅에
서 여호와를 찬양하라 8 불과 우
박과 눈과 안개와 그의 말씀을
따르는 광풍이며 9 산들과 모든
작은 산과 과수와 모든 백향목이
며 10 짐승과 모든 가축과 기는
것과 나는 새며 11 세상의 왕들
과 모든 백성들과 고관들과 땅의
모든 재판관들이며 12 총각과
처녀와 노인과 아이들아 13 여
호와의 이름을 찬양할지어다 그
의 이름이 홀로 높으시며 그의
영광이 땅과 하늘 위에 뛰어나심
이로다 14 그가 그의 백성의 뿔
을 높이셨으니 그는 모든 성도
곧 그를 가까이 하는 백성 이스
라엘 자손의 찬양 받을 이시로다
할렐루야

149편

1 할렐루야 새 노래로 여호와께
노래하며 성도의 모임 가운데에
서 찬양할지어다 2 이스라엘은
자기를 지으신 이로 말미암아 즐
거워하며 시온의 주민은 그들의
왕으로 말미암아 즐거워할지어
다 3 춤 추며 그의 이름을 찬양
하며 소고와 수금으로 그를 찬양
할지어다 4 여호와께서는 자기
백성을 기뻐하시며 겸손한 자를
구원으로 아름답게 하심이로다
5 성도들은 영광 중에 즐거워하
며 그들의 침상에서 기쁨으로 노
래할지어다 6 그들의 입에는 하
나님에 대한 찬양이 있고 그들의
손에는 두 날 가진 칼이 있도다
7 이것으로 뭇 나라에 보수하며
민족들을 벌하며 8 그들의 왕들
은 사슬로, 그들의 귀인은 철고
랑으로 결박하고 9 기록한 판결
대로 그들에게 시행할지로다 이
런 영광은 그의 모든 성도에게
있도다 할렐루야

150편

1 할렐루야 그의 성소에서 하나
님을 찬양하며 그의 권능의 궁창
에서 그를 찬양할지어다 2 그의
능하신 행동을 찬양하며 그의 지
극히 위대하심을 따라 찬양할지
어다 3 나팔 소리로 찬양하며 비
파와 수금으로 찬양할지어다 4
소고 치며 춤 추어 찬양하며 현
악과 퉁소로 찬양할지어다 5 큰
소리 나는 제금으로 찬양하며 높
은 소리 나는 제금으로 찬양할지
어다 6 호흡이 있는 자마다 여호
와를 찬양할지어다 할렐루야

잠언

1장

솔로몬의 잠언

1 다윗의 아들 이스라엘 왕 솔로
몬의 잠언이라 2 이는 지혜와 훈
계를 알게 하며 명철의 말씀을
깨닫게 하며 3 지혜롭게, 공의롭
게, 정의롭게, 정직하게 행할 일
에 대하여 훈계를 받게 하며 4
어리석은 자를 슬기롭게 하며 젊
은 자에게 지식과 근신함을 주기
위한 것이니 5 지혜 있는 자는
듣고 학식이 더할 것이요 명철한
자는 지략을 얻을 것이라 6 잠언
과 비유와 지혜 있는 자의 말과
그 오묘한 말을 깨달으리라

젊은이에게 주는 교훈

7 여호와를 경외하는 것이 지식
의 근본이거늘 미련한 자는 지혜
와 훈계를 멸시하느니라 8 내 아
들아 네 아비의 훈계를 들으며
네 어미의 법을 떠나지 말라 9
이는 네 머리의 아름다운 관이요
네 목의 금 사슬이니라 10 내 아
들아 악한 자가 너를 꾈지라도
따르지 말라 11 그들이 네게 말
하기를 우리와 함께 가자 우리가
가만히 엎드렸다가 사람의 피를
흘리자 죄 없는 자를 까닭 없이
숨어 기다리다가 12 스올 같이
그들을 산 채로 삼키며 무덤에
내려가는 자들 같이 통으로 삼키
자 13 우리가 온갖 보화를 얻으
며 빼앗은 것으로 우리 집을 채
우리니 14 너는 우리와 함께 제
비를 뽑고 우리가 함께 전대 하
나만 두자 할지라도 15 내 아들
아 그들과 함께 길에 다니지 말
라 네 발을 금하여 그 길을 밟지
말라 16 대저 그 발은 악으로 달
려가며 피를 흘리는 데 빠름이니
라 17 새가 보는 데서 그물을 치
면 헛일이겠거늘 18 그들이 가
만히 엎드림은 자기의 피를 흘릴
뿐이요 숨어 기다림은 자기의 생
명을 해할 뿐이니 19 이익을 탐
하는 모든 자의 길은 다 이러하
여 자기의 생명을 잃게 하느니라

지혜가 부른다

20 지혜가 길거리에서 부르며 광
장에서 소리를 높이며 21 시끄러
운 길목에서 소리를 지르며 성문
어귀와 성중에서 그 소리를 발하
여 이르되 22 너희 어리석은 자
들은 어리석음을 좋아하며 거만
한 자들은 거만을 기뻐하며 미련
한 자들은 지식을 미워하니 어느
때까지 하겠느냐 23 나의 책망을
듣고 돌이키라 보라 내가 나의 영
을 너희에게 부어 주며 내 말을
너희에게 보이리라 24 내가 불렀
으나 너희가 듣기 싫어하였고 내
가 손을 폈으나 돌아보는 자가 없
었고 25 도리어 나의 모든 교훈
을 멸시하며 나의 책망을 받지 아

니하였은즉 26 너희가 재앙을 만
날 때에 내가 웃을 것이며 너희에
게 두려움이 임할 때에 내가 비웃
으리라 27 너희의 두려움이 광풍
같이 임하겠고 너희의 재앙이 폭
풍 같이 이르겠고 너희에게 근심
과 슬픔이 임하리니 28 그 때에
너희가 나를 부르리라 그래도 내
가 대답하지 아니하겠고 부지런
히 나를 찾으리라 그래도 나를
만나지 못하리니 29 대저 너희가
지식을 미워하며 여호와 경외하
기를 즐거워하지 아니하며 30 나
의 교훈을 받지 아니하고 나의
모든 책망을 업신여겼음이니라
31 그러므로 자기 행위의 열매를
먹으며 자기 꾀에 배부르리라 32
어리석은 자의 퇴보는 자기를 죽
이며 미련한 자의 안일은 자기를
멸망시키려니와 33 오직 내 말을
듣는 자는 평안히 살며 재앙의 두
려움이 없이 안전하리라

2장

지혜가 주는 유익

1 내 아들아 네가 만일 나의 말을
받으며 나의 계명을 네게 간직하
며 2 네 귀를 지혜에 기울이며
네 마음을 명철에 두며 3 지식을
불러 구하며 명철을 얻으려고 소
리를 높이며 4 은을 구하는 것
같이 그것을 구하며 감추어진 보
배를 찾는 것 같이 그것을 찾으
면 5 여호와 경외하기를 깨달으
며 하나님을 알게 되리니 6 대저
여호와는 지혜를 주시며 지식과
명철을 그 입에서 내심이며 7 그
는 정직한 자를 위하여 완전한
지혜를 예비하시며 행실이 온전
한 자에게 방패가 되시나니 8 대
저 그는 정의의 길을 보호하시며
그의 성도들의 길을 보전하려 하
심이니라 9 그런즉 네가 공의와
정의와 정직 곧 모든 선한 길을
깨달을 것이라 10 곧 지혜가 네
마음에 들어가며 지식이 네 영혼
을 즐겁게 할 것이요 11 근신이
너를 지키며 명철이 너를 보호하
여 12 악한 자의 길과 패역을 말
하는 자에게서 건져 내리라 13
이 무리는 정직한 길을 떠나 어
두운 길로 행하며 14 행악하기
를 기뻐하며 악인의 패역을 즐거
워하나니 15 그 길은 구부러지
고 그 행위는 패역하니라 16 지
혜가 또 너를 음녀에게서, 말로
호리는 이방 계집에게서 구원하
리니 17 그는 젊은 시절의 짝을
버리며 그의 하나님의 언약을 잊
어버린 자라 18 그의 집은 사망
으로, 그의 길은 스올로 기울어
졌나니 19 누구든지 그에게로
가는 자는 돌아오지 못하며 또
생명 길을 얻지 못하느니라 20
지혜가 너를 선한 자의 길로 행
하게 하며 또 의인의 길을 지키
게 하리니 21 대저 정직한 자는
땅에 거하며 완전한 자는 땅에

남아 있으리라 22 그러나 악인
은 땅에서 끊어지겠고 간사한 자
는 땅에서 뽑히리라

3장

젊은이에게 주는 교훈

1 내 아들아 나의 법을 잊어버리
지 말고 네 마음으로 나의 명령
을 지키라 2 그리하면 그것이 네
가 장수하여 많은 해를 누리게
하며 평강을 더하게 하리라 3 인
자와 진리가 네게서 떠나지 말게
하고 그것을 네 목에 매며 네 마
음판에 새기라 4 그리하면 네가
하나님과 사람 앞에서 은총과 귀
중히 여김을 받으리라 5 너는 마
음을 다하여 여호와를 신뢰하고
네 명철을 의지하지 말라 6 너는
범사에 그를 인정하라 그리하면
네 길을 지도하시리라 7 스스로
지혜롭게 여기지 말지어다 여호
와를 경외하며 악을 떠날지어다
8 이것이 네 몸에 양약이 되어 네
골수를 윤택하게 하리라 9 네 재
물과 네 소산물의 처음 익은 열
매로 여호와를 공경하라 10 그
리하면 네 창고가 가득히 차고
네 포도즙 틀에 새 포도즙이 넘
치리라 11 내 아들아 여호와의
징계를 경히 여기지 말라 그 꾸
지람을 싫어하지 말라 12 대저
여호와께서 그 사랑하시는 자를
징계하시기를 마치 아비가 그 기
뻐하는 아들을 징계함 같이 하시
느니라 13 지혜를 얻은 자와 명
철을 얻은 자는 복이 있나니 14
이는 지혜를 얻는 것이 은을 얻
는 것보다 낫고 그 이익이 정금
보다 나음이니라 15 지혜는 진
주보다 귀하니 네가 사모하는 모
든 것으로도 이에 비교할 수 없
도다 16 그의 오른손에는 장수
가 있고 그의 왼손에는 부귀가
있나니 17 그 길은 즐거운 길이
요 그의 지름길은 다 평강이니라
18 지혜는 그 얻은 자에게 생명
나무라 지혜를 가진 자는 복되도
다 19 여호와께서는 지혜로 땅
에 터를 놓으셨으며 명철로 하늘
을 견고히 세우셨고 20 그의 지
식으로 깊은 바다를 갈라지게 하
셨으며 공중에서 이슬이 내리게
하셨느니라 21 내 아들아 완전
한 지혜와 근신을 지키고 이것들
이 네 눈 앞에서 떠나지 말게 하
라 22 그리하면 그것이 네 영혼
의 생명이 되며 네 목에 장식이
되리니 23 네가 네 길을 평안히
행하겠고 네 발이 거치지 아니하
겠으며 24 네가 누울 때에 두려
워하지 아니하겠고 네가 누운즉
네 잠이 달리로다 25 너는 갑작
스러운 두려움도 악인에게 닥치
는 멸망도 두려워하지 말라 26
대저 여호와는 네가 의지할 이시
니라 네 발을 지켜 걸리지 않게
하시리라 27 네 손이 선을 베풀
힘이 있거든 마땅히 받을 자에게
베풀기를 아끼지 말며 28 네게
있거든 이웃에게 이르기를 갔다
가 다시 오라 내일 주겠노라 하
지 말며 29 네 이웃이 네 곁에서
평안히 살거든 그를 해하려고 꾀
하지 말며 30 사람이 네게 악을
행하지 아니하였거든 까닭 없이
더불어 다투지 말며 31 포학한
자를 부러워하지 말며 그의 어떤
행위도 따르지 말라 32 대저 패
역한 자는 여호와께서 미워하시
나 정직한 자에게는 그의 교통하
심이 있으며 33 악인의 집에는
여호와의 저주가 있거니와 의인
의 집에는 복이 있느니라 34 진
실로 그는 거만한 자를 비웃으시
며 겸손한 자에게 은혜를 베푸시
나니 35 지혜로운 자는 영광을
기업으로 받거니와 미련한 자의
영달함은 수치가 되느니라

4장

지혜와 명철을 얻으라

1 아들들아 아비의 훈계를 들으
며 명철을 얻기에 주의하라 2 내
가 선한 도리를 너희에게 전하노
니 내 법을 떠나지 말라 3 나도
내 아버지에게 아들이었으며 내
어머니 보기에 유약한 외아들이
었노라 4 아버지가 내게 가르쳐
이르기를 내 말을 네 마음에 두
라 내 명령을 지키라 그리하면
살리라 5 지혜를 얻으며 명철을
얻으라 내 입의 말을 잊지 말며
어기지 말라 6 지혜를 버리지 말
라 그가 너를 보호하리라 그를
사랑하라 그가 너를 지키리라 7
지혜가 제일이니 지혜를 얻으라
네가 얻은 모든 것을 가지고 명
철을 얻을지니라 8 그를 높이라
그리하면 그가 너를 높이 들리라
만일 그를 품으면 그가 너를 영
화롭게 하리라 9 그가 아름다운
관을 네 머리에 두겠고 영화로운
면류관을 네게 주리라 하셨느니
라 10 내 아들아 들으라 내 말을

받으라 그리하면 네 생명의 해가
길리라 11 내가 지혜로운 길을
네게 가르쳤으며 정직한 길로 너
를 인도하였은즉 12 다닐 때에
네 걸음이 곤고하지 아니하겠고
달려갈 때에 실족하지 아니하리
라 13 훈계를 굳게 잡아 놓치지
말고 지키라 이것이 네 생명이니
라 14 사악한 자의 길에 들어가
지 말며 악인의 길로 다니지 말
지어다 15 그의 길을 피하고 지
나가지 말며 돌이켜 떠나갈지어
다 16 그들은 악을 행하지 못하
면 자지 못하며 사람을 넘어뜨리
지 못하면 잠이 오지 아니하며
17 불의의 떡을 먹으며 강포의
술을 마심이니라 18 의인의 길
은 돋는 햇살 같아서 크게 빛나
한낮의 광명에 이르거니와 19
악인의 길은 어둠 같아서 그가
걸려 넘어져도 그것이 무엇인지
깨닫지 못하느니라 20 내 아들
아 내 말에 주의하며 내가 말하
는 것에 네 귀를 기울이라 21 그
것을 네 눈에서 떠나게 하지 말
며 네 마음 속에 지키라 22 그것
은 얻는 자에게 생명이 되며 그
의 온 육체의 건강이 됨이니라
23 모든 지킬 만한 것 중에 더욱
네 마음을 지키라 생명의 근원이
이에서 남이니라 24 구부러진
말을 네 입에서 버리며 비뚤어진
말을 네 입술에서 멀리 하라 25
네 눈은 바로 보며 네 눈꺼풀은
네 앞을 곧게 살펴 26 네 발이 행
할 길을 평탄하게 하며 네 모든
길을 든든히 하라 27 좌로나 우
로나 치우치지 말고 네 발을 악
에서 떠나게 하라

5장

사지와 스올로 가지 말라

1 내 아들아 내 지혜에 주의하며
내 명철에 네 귀를 기울여서 2
근신을 지키며 네 입술로 지식을
지키도록 하라 3 대저 음녀의 입
술은 꿀을 떨어뜨리며 그의 입은
기름보다 미끄러우나 4 나중은
쑥 같이 쓰고 두 날 가진 칼 같이
날카로우며 5 그의 발은 사지로
내려가며 그의 걸음은 스올로 나
아가나니 6 그는 생명의 평탄한
길을 찾지 못하며 자기 길이 든
든하지 못하여도 그것을 깨닫지
못하느니라 7 그런즉 아들들아
나에게 들으며 내 입의 말을 버
리지 말고 8 네 길을 그에게서
멀리 하라 그의 집 문에도 가까
이 가지 말라 9 두렵건대 네 존
영이 남에게 잃어버리게 되며 네
수한이 잔인한 자에게 빼앗기게
될까 하노라 10 두렵건대 타인
이 네 재물로 충족하게 되며 네
수고한 것이 외인의 집에 있게
될까 하노라 11 두렵건대 마지
막에 이르러 네 몸, 네 육체가 쇠
약할 때에 네가 한탄하여 12 말
하기를 내가 어찌하여 훈계를 싫
어하며 내 마음이 꾸지람을 가벼
이 여기고 13 내 선생의 목소리
를 청종하지 아니하며 나를 가르
치는 이에게 귀를 기울이지 아니
하였던고 14 많은 무리들이 모
인 중에서 큰 악에 빠지게 되었
노라 하게 될까 염려하노라 15
너는 네 우물에서 물을 마시며
네 샘에서 흐르는 물을 마시라
16 어찌하여 네 샘물을 집 밖으
로 넘치게 하며 네 도랑물을 거
리로 흘러가게 하겠느냐 17 그
물이 네게만 있게 하고 타인과
더불어 그것을 나누지 말라 18
네 샘으로 복되게 하라 네가 젊
어서 취한 아내를 즐거워하라
19 그는 사랑스러운 암사슴 같고
아름다운 암노루 같으니 너는 그
의 품을 항상 족하게 여기며 그
의 사랑을 항상 연모하라 20 내
아들아 어찌하여 음녀를 연모하
겠으며 어찌하여 이방 계집의 가
슴을 안겠느냐 21 대저 사람의
길은 여호와의 눈 앞에 있나니
그가 그 사람의 모든 길을 평탄
하게 하시느니라 22 악인은 자
기의 악에 걸리며 그 죄의 줄에

잠

매이나니 23 그는 훈계를 받지
아니함으로 말미암아 죽겠고 심
히 미련함으로 말미암아 혼미하
게 되느니라

6장

실제적 교훈

1 내 아들아 네가 만일 이웃을 위
하여 담보하며 타인을 위하여 보
증하였으면 2 네 입의 말로 네가
얽혔으며 네 입의 말로 인하여
잡히게 되었느니라 3 내 아들아
네가 네 이웃의 손에 빠졌은즉
이같이 하라 너는 곧 가서 겸손
히 네 이웃에게 간구하여 스스로
구원하되 4 네 눈을 잠들게 하지
말며 눈꺼풀을 감기게 하지 말고
5 노루가 사냥꾼의 손에서 벗어
나는 것 같이, 새가 그물 치는 자
의 손에서 벗어나는 것 같이 스
스로 구원하라 6 게으른 자여 개
미에게 가서 그가 하는 것을 보
고 지혜를 얻으라 7 개미는 두령
도 없고 감독자도 없고 통치자도
없으되 8 먹을 것을 여름 동안에
예비하며 추수 때에 양식을 모으
느니라 9 게으른 자여 네가 어느
때까지 누워 있겠느냐 네가 어느
때에 잠이 깨어 일어나겠느냐
10 좀 더 자자, 좀 더 졸자, 손을
모으고 좀 더 누워 있자 하면 11
네 빈궁이 강도 같이 오며 네 곤
핍이 군사 같이 이르리라 12 불
량하고 악한 자는 구부러진 말을
하고 다니며 13 눈짓을 하며 발
로 뜻을 보이며 손가락질을 하며
14 그의 마음에 패역을 품으며
항상 악을 꾀하여 다툼을 일으키
는 자라 15 그러므로 그의 재앙
이 갑자기 내려 당장에 멸망하여
살릴 길이 없으리라 16 여호와
께서 미워하시는 것 곧 그의 마
음에 싫어하시는 것이 예닐곱 가
지이니 17 곧 교만한 눈과 거짓
된 혀와 무죄한 자의 피를 흘리
는 손과 18 악한 계교를 꾀하는
마음과 빨리 악으로 달려가는 발
과 19 거짓을 말하는 망령된 증
인과 및 형제 사이를 이간하는
자이니라

훈계와 명령

20 내 아들아 네 아비의 명령을
지키며 네 어미의 법을 떠나지
말고 21 그것을 항상 네 마음에
새기며 네 목에 매라 22 그것이
네가 다닐 때에 너를 인도하며
네가 잘 때에 너를 보호하며 네
가 깰 때에 너와 더불어 말하리
니 23 대저 명령은 등불이요 법
은 빛이요 훈계의 책망은 곧 생
명의 길이라 24 이것이 너를 지
켜 악한 여인에게, 이방 여인의
혀로 호리는 말에 빠지지 않게
하리라 25 네 마음에 그의 아름
다움을 탐하지 말며 그 눈꺼풀에
홀리지 말라 26 음녀로 말미암
아 사람이 한 조각 떡만 남게 됨
이며 음란한 여인은 귀한 생명을
사냥함이니라 27 사람이 불을
품에 품고서야 어찌 그의 옷이
타지 아니하겠으며 28 사람이
숯불을 밟고서야 어찌 그의 발이
데지 아니하겠느냐 29 남의 아
내와 통간하는 자도 이와 같을
것이라 그를 만지는 자마다 벌을
면하지 못하리라 30 도둑이 만
일 주릴 때에 배를 채우려고 도
둑질하면 사람이 그를 멸시하지
는 아니하려니와 31 들키면 칠
배를 갚아야 하리니 심지어 자기
집에 있는 것을 다 내주게 되리
라 32 여인과 간음하는 자는 무
지한 자라 이것을 행하는 자는
자기의 영혼을 망하게 하며 33
상함과 능욕을 받고 부끄러움을
씻을 수 없게 되나니 34 남편이
투기로 분노하여 원수 갚는 날에
용서하지 아니하고 35 어떤 보
상도 받지 아니하며 많은 선물을

잠

줄지라도 듣지 아니하리라

7장

음녀의 길로 치우치지 말라

1 내 아들아 내 말을 지키며 내
계명을 간직하라 2 내 계명을 지
켜 살며 내 법을 네 눈동자처럼
지키라 3 이것을 네 손가락에 매
며 이것을 네 마음판에 새기라 4
지혜에게 너는 내 누이라 하며
명철에게 너는 내 친족이라 하라
5 그리하면 이것이 너를 지켜서

음녀에게, 말로 호리는 이방 여
인에게 빠지지 않게 하리라 6 내
가 내 집 들창으로, 살창으로 내
다 보다가 7 어리석은 자 중에,
젊은이 가운데에 한 지혜 없는
자를 보았노라 8 그가 거리를 지
나 음녀의 골목 모퉁이로 가까이
하여 그의 집쪽으로 가는데 9 저
물 때, 황혼 때, 깊은 밤 흑암 중
에라 10 그 때에 기생의 옷을 입
은 간교한 여인이 그를 맞으니
11 이 여인은 떠들며 완악하며
그의 발이 집에 머물지 아니하여
12 어떤 때에는 거리, 어떤 때에
는 광장 또 모퉁이마다 서서 사
람을 기다리는 자라 13 그 여인
이 그를 붙잡고 그에게 입맞추며
부끄러움을 모르는 얼굴로 그에
게 말하되 14 내가 화목제를 드
려 서원한 것을 오늘 갚았노라
15 이러므로 내가 너를 맞으려고
나와 네 얼굴을 찾다가 너를 만
났도다 16 내 침상에는 요와 애
굽의 무늬 있는 이불을 폈고 17
몰약과 침향과 계피를 뿌렸노라
18 오라 우리가 아침까지 흡족하
게 서로 사랑하며 사랑함으로 희
락하자 19 남편은 집을 떠나 먼
길을 갔는데 20 은 주머니를 가
졌은즉 보름 날에나 집에 돌아오
리라 하여 21 여러 가지 고운 말
로 유혹하며 입술의 호리는 말로
꾀므로 22 젊은이가 곧 그를 따
랐으니 소가 도수장으로 가는 것
같고 미련한 자가 벌을 받으려고
쇠사슬에 매이러 가는 것과 같도
다 23 필경은 화살이 그 간을 뚫
게 되리라 새가 빨리 그물로 들
어가되 그의 생명을 잃어버릴 줄
을 알지 못함과 같으니라 24 이
제 아들들아 내 말을 듣고 내 입
의 말에 주의하라 25 네 마음이
음녀의 길로 치우치지 말며 그
길에 미혹되지 말지어다 26 대
저 그가 많은 사람을 상하여 엎
드러지게 하였나니 그에게 죽은
자가 허다하니라 27 그의 집은
스올의 길이라 사망의 방으로 내
려가느니라

8장

지혜와 명철 찬양

1 지혜가 부르지 아니하느냐 명
철이 소리를 높이지 아니하느냐
2 그가 길 가의 높은 곳과 네거리
에 서며 3 성문 곁과 문 어귀와
여러 출입하는 문에서 불러 이르
되 4 사람들아 내가 너희를 부르
며 내가 인자들에게 소리를 높이
노라 5 어리석은 자들아 너희는
명철할지니라 미련한 자들아 너
희는 마음이 밝을지니라 6 너희
는 들을지어다 내가 가장 선한
것을 말하리라 내 입술을 열어
정직을 내리라 7 내 입은 진리를
말하며 내 입술은 악을 미워하느
니라 8 내 입의 말은 다 의로운
즉 그 가운데에 굽은 것과 패역
한 것이 없나니 9 이는 다 총명
있는 자가 밝히 아는 바요 지식
얻은 자가 정직하게 여기는 바니
라 10 너희가 은을 받지 말고 나
의 훈계를 받으며 정금보다 지식
을 얻으라 11 대저 지혜는 진주
보다 나으므로 원하는 모든 것을
이에 비교할 수 없음이니라 12
나 지혜는 명철로 주소를 삼으며
지식과 근신을 찾아 얻나니 13
여호와를 경외하는 것은 악을 미
워하는 것이라 나는 교만과 거만
과 악한 행실과 패역한 입을 미
워하느니라 14 내게는 계략과
참 지식이 있으며 나는 명철이라
내게 능력이 있으므로 15 나로
말미암아 왕들이 치리하며 방백
들이 공의를 세우며 16 나로 말
미암아 재상과 존귀한 자 곧 모
든 의로운 재판관들이 다스리느
니라 17 나를 사랑하는 자들이
나의 사랑을 입으며 나를 간절히
찾는 자가 나를 만날 것이니라
18 부귀가 내게 있고 장구한 재
물과 공의도 그러하니라 19 내

잠

열매는 금이나 정금보다 나으며
내 소득은 순은보다 나으니라
20 나는 정의로운 길로 행하며
공의로운 길 가운데로 다니나니
21 이는 나를 사랑하는 자가 재
물을 얻어서 그 곳간에 채우게
하려 함이니라 22 여호와께서
그 조화의 시작 곧 태초에 일하
시기 전에 나를 가지셨으며 23
만세 전부터, 태초부터, 땅이 생
기기 전부터 내가 세움을 받았나
니 24 아직 바다가 생기지 아니
하였고 큰 샘들이 있기 전에 내
가 이미 났으며 25 산이 세워지
기 전에, 언덕이 생기기 전에 내
가 이미 났으니 26 하나님이 아
직 땅도, 들도, 세상 진토의 근원
도 짓지 아니하셨을 때에라 27
그가 하늘을 지으시며 궁창을 해
면에 두르실 때에 내가 거기 있
었고 28 그가 위로 구름 하늘을
견고하게 하시며 바다의 샘들을
힘 있게 하시며 29 바다의 한계
를 정하여 물이 명령을 거스르지
못하게 하시며 또 땅의 기초를
정하실 때에 30 내가 그 곁에 있
어서 창조자가 되어 날마다 그
의 기뻐하신 바가 되었으며 항
상 그 앞에서 즐거워하였으며
31 사람이 거처할 땅에서 즐거워
하며 인자들을 기뻐하였느니라
32 아들들아 이제 내게 들으라
내 도를 지키는 자가 복이 있느
니라 33 훈계를 들어서 지혜를
얻으라 그것을 버리지 말라 34
누구든지 내게 들으며 날마다
내 문 곁에서 기다리며 문설주
옆에서 기다리는 자는 복이 있
나니 35 대저 나를 얻는 자는 생
명을 얻고 여호와께 은총을 얻
을 것임이니라 36 그러나 나를
잃는 자는 자기의 영혼을 해하
는 자라 나를 미워하는 자는 사
망을 사랑하느니라

9장

지혜와 어리석음

1 지혜가 그의 집을 짓고 일곱 기
둥을 다듬고 2 짐승을 잡으며 포
도주를 혼합하여 상을 갖추고 3
자기의 여종을 보내어 성중 높은
곳에서 불러 이르기를 4 어리석
은 자는 이리로 돌이키라 또 지
혜 없는 자에게 이르기를 5 너는
와서 내 식물을 먹으며 내 혼합
한 포도주를 마시고 6 어리석음
을 버리고 생명을 얻으라 명철의
길을 행하라 하느니라 7 거만한
자를 징계하는 자는 도리어 능욕
을 받고 악인을 책망하는 자는
도리어 흠이 잡히느니라 8 거만
한 자를 책망하지 말라 그가 너
를 미워할까 두려우니라 지혜 있
는 자를 책망하라 그가 너를 사
랑하리라 9 지혜 있는 자에게 교
훈을 더하라 그가 더욱 지혜로워
질 것이요 의로운 사람을 가르치
라 그의 학식이 더하리라 10 여
호와를 경외하는 것이 지혜의 근
본이요 거룩하신 자를 아는 것이
명철이니라 11 나 지혜로 말미
암아 네 날이 많아질 것이요 네
생명의 해가 네게 더하리라 12
네가 만일 지혜로우면 그 지혜가
네게 유익할 것이나 네가 만일
거만하면 너 홀로 해를 당하리라
13 미련한 여인이 떠들며 어리석
어서 아무것도 알지 못하고 14
자기 집 문에 앉으며 성읍 높은
곳에 있는 자리에 앉아서 15 자
기 길을 바로 가는 행인들을 불
러 이르되 16 어리석은 자는 이
리로 돌이키라 또 지혜 없는 자
에게 이르기를 17 도둑질한 물
이 달고 몰래 먹는 떡이 맛이 있
다 하는도다 18 오직 그 어리석
은 자는 죽은 자들이 거기 있는
것과 그의 객들이 스올 깊은 곳
에 있는 것을 알지 못하느니라

10장

솔로몬의 잠언

1 솔로몬의 잠언이라 지혜로운
아들은 아비를 기쁘게 하거니와
미련한 아들은 어미의 근심이니
라 2 불의의 재물은 무익하여도

공의는 죽음에서 건지느니라 3
여호와께서 의인의 영혼은 주리
지 않게 하시나 악인의 소욕은
물리치시느니라 4 손을 게으르
게 놀리는 자는 가난하게 되고
손이 부지런한 자는 부하게 되느
니라 5 여름에 거두는 자는 지혜
로운 아들이나 추수 때에 자는
자는 부끄러움을 끼치는 아들이
니라 6 의인의 머리에는 복이 임
하나 악인의 입은 독을 머금었느
니라 7 의인을 기념할 때에는 칭
찬하거니와 악인의 이름은 썩게
되느니라 8 마음이 지혜로운 자
는 계명을 받거니와 입이 미련한
자는 멸망하리라 9 바른 길로 행
하는 자는 걸음이 평안하려니와
굽은 길로 행하는 자는 드러나리
라 10 눈짓하는 자는 근심을 끼
치고 입이 미련한 자는 멸망하느
니라 11 의인의 입은 생명의 샘
이라도 악인의 입은 독을 머금었
느니라 12 미움은 다툼을 일으
켜도 사랑은 모든 허물을 가리느
니라 13 명철한 자의 입술에는
지혜가 있어도 지혜 없는 자의
등을 위하여는 채찍이 있느니라
14 지혜로운 자는 지식을 간직하
거니와 미련한 자의 입은 멸망에
가까우니라 15 부자의 재물은
그의 견고한 성이요 가난한 자의
궁핍은 그의 멸망이니라 16 의
인의 수고는 생명에 이르고 악인
의 소득은 죄에 이르느니라 17
훈계를 지키는 자는 생명 길로
행하여도 징계를 버리는 자는 그
릇 가느니라 18 미움을 감추는
자는 거짓된 입술을 가진 자요
중상하는 자는 미련한 자이니라
19 말이 많으면 허물을 면하기
어려우나 그 입술을 제어하는 자
는 지혜가 있느니라 20 의인의
혀는 순은과 같거니와 악인의 마
음은 가치가 적으니라 21 의인
의 입술은 여러 사람을 교육하나
미련한 자는 지식이 없어 죽느니
라 22 여호와께서 주시는 복은
사람을 부하게 하고 근심을 겸하
여 주지 아니하시느니라 23 미
련한 자는 행악으로 낙을 삼는
것 같이 명철한 자는 지혜로 낙
을 삼느니라 24 악인에게는 그
의 두려워하는 것이 임하거니와
의인은 그 원하는 것이 이루어지
느니라 25 회오리바람이 지나가
면 악인은 없어져도 의인은 영원
한 기초 같으니라 26 게으른 자
는 그 부리는 사람에게 마치 이
에 식초 같고 눈에 연기 같으니
라 27 여호와를 경외하면 장수
하느니라 그러나 악인의 수명은
짧아지느니라 28 의인의 소망은
즐거움을 이루어도 악인의 소망
은 끊어지느니라 29 여호와의
도가 정직한 자에게는 산성이요
행악하는 자에게는 멸망이니라
30 의인은 영영히 이동되지 아니
하여도 악인은 땅에 거하지 못하
게 되느니라 31 의인의 입은 지
혜를 내어도 패역한 혀는 베임을
당할 것이니라 32 의인의 입술
은 기쁘게 할 것을 알거늘 악인
의 입은 패역을 말하느니라

11장

1 속이는 저울은 여호와께서 미
워하시나 공평한 추는 그가 기뻐
하시느니라 2 교만이 오면 욕도
오거니와 겸손한 자에게는 지혜
가 있느니라 3 정직한 자의 성실
은 자기를 인도하거니와 사악한
자의 패역은 자기를 망하게 하느
니라 4 재물은 진노하시는 날에
무익하나 공의는 죽음에서 건지
느니라 5 완전한 자의 공의는 자
기의 길을 곧게 하려니와 악한
자는 자기의 악으로 말미암아 넘
어지리라 6 정직한 자의 공의는
자기를 건지려니와 사악한 자는
자기의 악에 잡히리라 7 악인은
죽을 때에 그 소망이 끊어지나니
불의의 소망이 없어지느니라 8
의인은 환난에서 구원을 얻으나
악인은 자기의 길로 가느니라 9
악인은 입으로 그의 이웃을 망하
게 하여도 의인은 그의 지식으로
말미암아 구원을 얻느니라 10
의인이 형통하면 성읍이 즐거워
하고 악인이 패망하면 기뻐 외치
느니라 11 성읍은 정직한 자의

축복으로 인하여 진흥하고 악한
자의 입으로 말미암아 무너지느
니라 12 지혜 없는 자는 그의 이
웃을 멸시하나 명철한 자는 잠잠
하느니라 13 두루 다니며 한담
하는 자는 남의 비밀을 누설하나
마음이 신실한 자는 그런 것을
숨기느니라 14 지략이 없으면
백성이 망하여도 지략이 많으면
평안을 누리느니라 15 타인을
위하여 보증이 되는 자는 손해를
당하여도 보증이 되기를 싫어하
는 자는 평안하니라 16 유덕한
여자는 존영을 얻고 근면한 남자
는 재물을 얻느니라 17 인자한
자는 자기의 영혼을 이롭게 하고
잔인한 자는 자기의 몸을 해롭게
하느니라 18 악인의 삯은 허무
하되 공의를 뿌린 자의 상은 확
실하니라 19 공의를 굳게 지키
는 자는 생명에 이르고 악을 따
르는 자는 사망에 이르느니라
20 마음이 굽은 자는 여호와께
미움을 받아도 행위가 온전한 자
는 그의 기뻐하심을 받느니라
21 악인은 피차 손을 잡을지라도
벌을 면하지 못할 것이나 의인의
자손은 구원을 얻으리라 22 아
름다운 여인이 삼가지 아니하는
것은 마치 돼지 코에 금 고리 같
으니라 23 의인의 소원은 오직
선하나 악인의 소망은 진노를 이
루느니라 24 흩어 구제하여도
더욱 부하게 되는 일이 있나니
과도히 아껴도 가난하게 될 뿐이
니라 25 구제를 좋아하는 자는
풍족하여질 것이요 남을 윤택하
게 하는 자는 자기도 윤택하여지
리라 26 곡식을 내놓지 아니하
는 자는 백성에게 저주를 받을

것이나 파는 자는 그의 머리에
복이 임하리라 27 선을 간절히
구하는 자는 은총을 얻으려니와
악을 더듬어 찾는 자에게는 악이
임하리라 28 자기의 재물을 의
지하는 자는 패망하려니와 의인
은 푸른 잎사귀 같아서 번성하리
라 29 자기 집을 해롭게 하는 자
의 소득은 바람이라 미련한 자는
마음이 지혜로운 자의 종이 되리
라 30 의인의 열매는 생명 나무
라 지혜로운 자는 사람을 얻느니
라 31 보라 의인이라도 이 세상
에서 보응을 받겠거든 하물며 악
인과 죄인이리요

12장

1 훈계를 좋아하는 자는 지식을
좋아하거니와 징계를 싫어하는
자는 짐승과 같으니라 2 선인은
여호와께 은총을 받으려니와 악
을 꾀하는 자는 정죄하심을 받으
리라 3 사람이 악으로서 굳게 서
지 못하거니와 의인의 뿌리는 움
직이지 아니하느니라 4 어진 여
인은 그 지아비의 면류관이나 욕
을 끼치는 여인은 그 지아비의
뼈가 썩음 같게 하느니라 5 의인
의 생각은 정직하여도 악인의 도
모는 속임이니라 6 악인의 말은
사람을 엿보아 피를 흘리자 하는
것이거니와 정직한 자의 입은 사
람을 구원하느니라 7 악인은 엎
드러져서 소멸되려니와 의인의
집은 서 있으리라 8 사람은 그
지혜대로 칭찬을 받으려니와 마
음이 굽은 자는 멸시를 받으리라
9 비천히 여김을 받을지라도 종
을 부리는 자는 스스로 높은 체
하고도 음식이 핍절한 자보다 나
으니라 10 의인은 자기의 가축
의 생명을 돌보나 악인의 긍휼은
잔인이니라 11 자기의 토지를
경작하는 자는 먹을 것이 많거니
와 방탕한 것을 따르는 자는 지
혜가 없느니라 12 악인은 불의
의 이익을 탐하나 의인은 그 뿌
리로 말미암아 결실하느니라 13
악인은 입술의 허물로 말미암아
그물에 걸려도 의인은 환난에서
벗어나느니라 14 사람은 입의
열매로 말미암아 복록에 족하며
그 손이 행하는 대로 자기가 받
느니라 15 미련한 자는 자기 행
위를 바른 줄로 여기나 지혜로운
자는 권고를 듣느니라 16 미련
한 자는 당장 분노를 나타내거니
와 슬기로운 자는 수욕을 참느니
라 17 진리를 말하는 자는 의를
나타내어도 거짓 증인은 속이는
말을 하느니라 18 칼로 찌름 같
이 함부로 말하는 자가 있거니와
지혜로운 자의 혀는 양약과 같으
니라 19 진실한 입술은 영원히
보존되거니와 거짓 혀는 잠시 동
안만 있을 뿐이니라 20 악을 꾀
하는 자의 마음에는 속임이 있고
화평을 의논하는 자에게는 희락
이 있느니라 21 의인에게는 어
떤 재앙도 임하지 아니하려니와

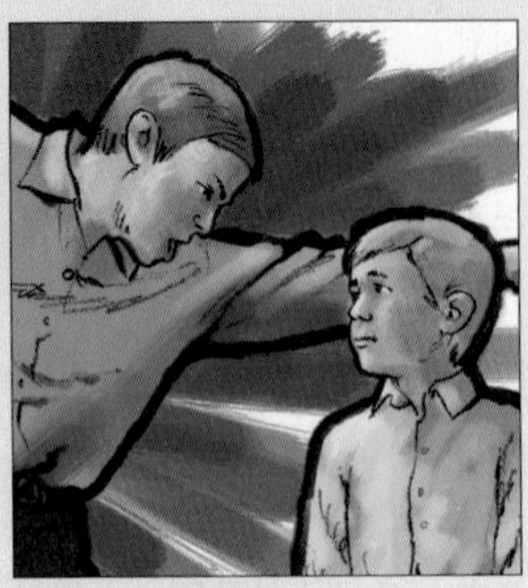

악인에게는 앙화가 가득하리라
22 거짓 입술은 여호와께 미움을
받아도 진실하게 행하는 자는 그
의 기뻐하심을 받느니라 23 슬
기로운 자는 지식을 감추어도 미
련한 자의 마음은 미련한 것을
전파하느니라 24 부지런한 자의
손은 사람을 다스리게 되어도 게
으른 자는 부림을 받느니라 25
근심이 사람의 마음에 있으면 그
것으로 번뇌하게 되나 선한 말은
그것을 즐겁게 하느니라 26 의
인은 그 이웃의 인도자가 되나
악인의 소행은 자신을 미혹하느
니라 27 게으른 자는 그 잡을 것
도 사냥하지 아니하나니 사람의
부귀는 부지런한 것이니라 28
공의로운 길에 생명이 있나니 그
길에는 사망이 없느니라

13장

1 지혜로운 아들은 아비의 훈계
를 들으나 거만한 자는 꾸지람을
즐겨 듣지 아니하느니라 2 사람
은 입의 열매로 인하여 복록을
누리거니와 마음이 궤사한 자는
강포를 당하느니라 3 입을 지키
는 자는 자기의 생명을 보전하나
입술을 크게 벌리는 자에게는 멸
망이 오느니라 4 게으른 자는 마
음으로 원하여도 얻지 못하나 부
지런한 자의 마음은 풍족함을 얻
느니라 5 의인은 거짓말을 미워
하나 악인은 행위가 흉악하여 부
끄러운 데에 이르느니라 6 공의
는 행실이 정직한 자를 보호하고
악은 죄인을 패망하게 하느니라
7 스스로 부한 체하여도 아무 것
도 없는 자가 있고 스스로 가난
한 체하여도 재물이 많은 자가
있느니라 8 사람의 재물이 자기

생명의 속전일 수 있으나 가난한
자는 협박을 받을 일이 없느니라
9 의인의 빛은 환하게 빛나고 악
인의 등불은 꺼지느니라 10 교
만에서는 다툼만 일어날 뿐이라
권면을 듣는 자는 지혜가 있느니
라 11 망령되이 얻은 재물은 줄
어가고 손으로 모은 것은 늘어가
느니라 12 소망이 더디 이루어
지면 그것이 마음을 상하게 하거
니와 소원이 이루어지는 것은 곧
생명 나무니라 13 말씀을 멸시
하는 자는 자기에게 패망을 이루
고 계명을 두려워하는 자는 상을
받느니라 14 지혜 있는 자의 교
훈은 생명의 샘이니 사망의 그물
에서 벗어나게 하느니라 15 선
한 지혜는 은혜를 베푸나 사악한
자의 길은 험하니라 16 무릇 슬
기로운 자는 지식으로 행하거니
와 미련한 자는 자기의 미련한
것을 나타내느니라 17 악한 사
자는 재앙에 빠져도 충성된 사신
은 양약이 되느니라 18 훈계를
저버리는 자에게는 궁핍과 수욕
이 이르거니와 경계를 받는 자는
존영을 받느니라 19 소원을 성
취하면 마음에 달아도 미련한 자
는 악에서 떠나기를 싫어하느니
라 20 지혜로운 자와 동행하면
지혜를 얻고 미련한 자와 사귀면
해를 받느니라 21 재앙은 죄인
을 따르고 선한 보응은 의인에게
이르느니라 22 선인은 그 산업
을 자자 손손에게 끼쳐도 죄인의
재물은 의인을 위하여 쌓이느니
라 23 가난한 자는 밭을 경작함
으로 양식이 많아지거니와 불의
로 말미암아 가산을 탕진하는 자
가 있느니라 24 매를 아끼는 자
는 그의 자식을 미워함이라 자식
을 사랑하는 자는 근실히 징계하
느니라 25 의인은 포식하여도
악인의 배는 주리느니라

14장

1 지혜로운 여인은 자기 집을 세
우되 미련한 여인은 자기 손으로
그것을 허느니라 2 정직하게 행
하는 자는 여호와를 경외하여도
패역하게 행하는 자는 여호와를
경멸하느니라 3 미련한 자는 교
만하여 입으로 매를 자청하고 지
혜로운 자의 입술은 자기를 보전
하느니라 4 소가 없으면 구유는
깨끗하려니와 소의 힘으로 얻는
것이 많으니라 5 신실한 증인은

잠

거짓말을 아니하여도 거짓 증인
은 거짓말을 뱉느니라 6 거만한
자는 지혜를 구하여도 얻지 못하
거니와 명철한 자는 지식 얻기가
쉬우니라 7 너는 미련한 자의 앞
을 떠나라 그 입술에 지식 있음
을 보지 못함이니라 8 슬기로운
자의 지혜는 자기의 길을 아는
것이라도 미련한 자의 어리석음
은 속이는 것이니라 9 미련한 자
는 죄를 심상히 여겨도 정직한
자 중에는 은혜가 있느니라 10
마음의 고통은 자기가 알고 마음
의 즐거움은 타인이 참여하지 못
하느니라 11 악한 자의 집은 망
하겠고 정직한 자의 장막은 흥하
리라 12 어떤 길은 사람이 보기
에 바르나 필경은 사망의 길이니
라 13 웃을 때에도 마음에 슬픔
이 있고 즐거움의 끝에도 근심이
있느니라 14 마음이 굽은 자는
자기 행위로 보응이 가득하겠고
선한 사람도 자기의 행위로 그러
하리라 15 어리석은 자는 온갖
말을 믿으나 슬기로운 자는 자기
의 행동을 삼가느니라 16 지혜
로운 자는 두려워하여 악을 떠나
나 어리석은 자는 방자하여 스스
로 믿느니라 17 노하기를 속히
하는 자는 어리석은 일을 행하고
악한 계교를 꾀하는 자는 미움을
받느니라 18 어리석은 자는 어
리석음으로 기업을 삼아도 슬기
로운 자는 지식으로 면류관을 삼
느니라 19 악인은 선인 앞에 엎
드리고 불의한 자는 의인의 문에
엎드리느니라 20 가난한 자는
이웃에게도 미움을 받게 되나 부
요한 자는 친구가 많으니라 21
이웃을 업신여기는 자는 죄를 범
하는 자요 빈곤한 자를 불쌍히
여기는 자는 복이 있는 자니라
22 악을 도모하는 자는 잘못 가
는 것이 아니냐 선을 도모하는
자에게는 인자와 진리가 있으리
라 23 모든 수고에는 이익이 있
어도 입술의 말은 궁핍을 이룰
뿐이니라 24 지혜로운 자의 재
물은 그의 면류관이요 미련한 자
의 소유는 다만 미련한 것이니라
25 진실한 증인은 사람의 생명을
구원하여도 거짓말을 뱉는 사람
은 속이느니라 26 여호와를 경
외하는 자에게는 견고한 의뢰가
있나니 그 자녀들에게 피난처가
있으리라 27 여호와를 경외하는
것은 생명의 샘이니 사망의 그물
에서 벗어나게 하느니라 28 백
성이 많은 것은 왕의 영광이요
백성이 적은 것은 주권자의 패망
이니라 29 노하기를 더디 하는
자는 크게 명철하여도 마음이 조
급한 자는 어리석음을 나타내느
니라 30 평온한 마음은 육신의
생명이나 시기는 뼈를 썩게 하느
니라 31 가난한 사람을 학대하
는 자는 그를 지으신 이를 멸시
하는 자요 궁핍한 사람을 불쌍히
여기는 자는 주를 공경하는 자니
라 32 악인은 그의 환난에 엎드
러져도 의인은 그의 죽음에도 소
망이 있느니라 33 지혜는 명철
한 자의 마음에 머물거니와 미련
한 자의 속에 있는 것은 나타나
느니라 34 공의는 나라를 영화
롭게 하고 죄는 백성을 욕되게
하느니라 35 슬기롭게 행하는
신하는 왕에게 은총을 입고 욕을
끼치는 신하는 그의 진노를 당하
느니라

15장

1 유순한 대답은 분노를 쉬게 하
여도 과격한 말은 노를 격동하느
니라 2 지혜 있는 자의 혀는 지
식을 선히 베풀고 미련한 자의
입은 미련한 것을 쏟느니라 3 여
호와의 눈은 어디서든지 악인과

선인을 감찰하시느니라 4 온순
한 혀는 곧 생명 나무이지만 패
역한 혀는 마음을 상하게 하느니
라 5 아비의 훈계를 업신여기는
자는 미련한 자요 경계를 받는
자는 슬기를 얻을 자니라 6 의인
의 집에는 많은 보물이 있어도
악인의 소득은 고통이 되느니라
7 지혜로운 자의 입술은 지식을
전파하여도 미련한 자의 마음은
정함이 없느니라 8 악인의 제사
는 여호와께서 미워하셔도 정직
한 자의 기도는 그가 기뻐하시느
니라 9 악인의 길은 여호와께서
미워하셔도 공의를 따라가는 자
는 그가 사랑하시느니라 10 도
를 배반하는 자는 엄한 징계를
받을 것이요 견책을 싫어하는 자
는 죽을 것이니라 11 스올과 아
바돈도 여호와의 앞에 드러나거
든 하물며 사람의 마음이리요
12 거만한 자는 견책 받기를 좋
아하지 아니하며 지혜 있는 자에
게로 가지도 아니하느니라 13
마음의 즐거움은 얼굴을 빛나게
하여도 마음의 근심은 심령을 상
하게 하느니라 14 명철한 자의
마음은 지식을 요구하고 미련한
자의 입은 미련한 것을 즐기느니
라 15 고난 받는 자는 그 날이 다
험악하나 마음이 즐거운 자는 항
상 잔치하느니라 16 가산이 적
어도 여호와를 경외하는 것이 크
게 부하고 번뇌하는 것보다 나으
니라 17 채소를 먹으며 서로 사
랑하는 것이 살진 소를 먹으며
서로 미워하는 것보다 나으니라
18 분을 쉽게 내는 자는 다툼을
일으켜도 노하기를 더디 하는 자
는 시비를 그치게 하느니라 19
게으른 자의 길은 가시 울타리
같으나 정직한 자의 길은 대로니
라 20 지혜로운 아들은 아비를
즐겁게 하여도 미련한 자는 어미
를 업신여기느니라 21 무지한
자는 미련한 것을 즐겨 하여도
명철한 자는 그 길을 바르게 하
느니라 22 의논이 없으면 경영
이 무너지고 지략이 많으면 경영
이 성립하느니라 23 사람은 그
입의 대답으로 말미암아 기쁨을
얻나니 때에 맞는 말이 얼마나
아름다운고 24 지혜로운 자는
위로 향한 생명 길로 말미암음으
로 그 아래에 있는 스올을 떠나
게 되느니라 25 여호와는 교만
한 자의 집을 허시며 과부의 지
계를 정하시느니라 26 악한 꾀
는 여호와께서 미워하시나 선한
말은 정결하니라 27 이익을 탐
하는 자는 자기 집을 해롭게 하
나 뇌물을 싫어하는 자는 살게
되느니라 28 의인의 마음은 대
답할 말을 깊이 생각하여도 악인
의 입은 악을 쏟느니라 29 여호
와는 악인을 멀리 하시고 의인의
기도를 들으시느니라 30 눈이
밝은 것은 마음을 기쁘게 하고
좋은 기별은 뼈를 윤택하게 하느
니라 31 생명의 경계를 듣는 귀
는 지혜로운 자 가운데에 있느니
라 32 훈계 받기를 싫어하는 자
는 자기의 영혼을 경히 여김이라
견책을 달게 받는 자는 지식을
얻느니라 33 여호와를 경외하는
것은 지혜의 훈계라 겸손은 존귀
의 길잡이니라

16장

1 마음의 경영은 사람에게 있어
도 말의 응답은 여호와께로부터
나오느니라 2 사람의 행위가 자
기 보기에는 모두 깨끗하여도 여
호와는 심령을 감찰하시느니라
3 너의 행사를 여호와께 맡기라
그리하면 네가 경영하는 것이 이
루어지리라 4 여호와께서 온갖
것을 그 쓰임에 적당하게 지으셨
나니 악인도 악한 날에 적당하게
하셨느니라 5 무릇 마음이 교만
한 자를 여호와께서 미워하시나
니 피차 손을 잡을지라도 벌을
면하지 못하리라 6 인자와 진리
로 인하여 죄악이 속하게 되고
여호와를 경외함으로 말미암아
악에서 떠나게 되느니라 7 사람
의 행위가 여호와를 기쁘시게 하
면 그 사람의 원수라도 그와 더
불어 화목하게 하시느니라 8 적
은 소득이 공의를 겸하면 많은
소득이 불의를 겸한 것보다 나으
니라 9 사람이 마음으로 자기의
길을 계획할지라도 그의 걸음을
인도하시는 이는 여호와시니라
10 하나님의 말씀이 왕의 입술에
있은즉 재판할 때에 그의 입이
그르치지 아니하리라 11 공평한
저울과 접시 저울은 여호와의 것
이요 주머니 속의 저울추도 다

그가 지으신 것이니라 12 악을
행하는 것은 왕들이 미워할 바니
이는 그 보좌가 공의로 말미암아
굳게 섬이니라 13 의로운 입술
은 왕들이 기뻐하는 것이요 정직
하게 말하는 자는 그들의 사랑을
입느니라 14 왕의 진노는 죽음
의 사자들과 같아도 지혜로운 사
람은 그것을 쉬게 하리라 15 왕
의 희색은 생명을 뜻하나니 그의
은택이 늦은 비를 내리는 구름과
같으니라 16 지혜를 얻는 것이
금을 얻는 것보다 얼마나 나은고
명철을 얻는 것이 은을 얻는 것
보다 더욱 나으니라 17 악을 떠
나는 것은 정직한 사람의 대로이
니 자기의 길을 지키는 자는 자
기의 영혼을 보전하느니라 18
교만은 패망의 선봉이요 거만한
마음은 넘어짐의 앞잡이니라 19
겸손한 자와 함께 하여 마음을
낮추는 것이 교만한 자와 함께
하여 탈취물을 나누는 것보다 나
으니라 20 삼가 말씀에 주의하
는 자는 좋은 것을 얻나니 여호
와를 의지하는 자는 복이 있느니
라 21 마음이 지혜로운 자는 명
철하다 일컬음을 받고 입이 선한
자는 남의 학식을 더하게 하느니
라 22 명철한 자에게는 그 명철
이 생명의 샘이 되거니와 미련한
자에게는 그 미련한 것이 징계가
되느니라 23 지혜로운 자의 마
음은 그의 입을 슬기롭게 하고
또 그의 입술에 지식을 더하느니
라 24 선한 말은 꿀송이 같아서
마음에 달고 뼈에 양약이 되느니
라 25 어떤 길은 사람이 보기에
바르나 필경은 사망의 길이니라
26 고되게 일하는 자는 식욕으로
말미암아 애쓰나니 이는 그의 입
이 자기를 독촉함이니라 27 불
량한 자는 악을 꾀하나니 그 입
술에는 맹렬한 불 같은 것이 있
느니라 28 패역한 자는 다툼을
일으키고 말쟁이는 친한 벗을 이
간하느니라 29 강포한 사람은
그 이웃을 꾀어 좋지 아니한 길
로 인도하느니라 30 눈짓을 하
는 자는 패역한 일을 도모하며
입술을 닫는 자는 악한 일을 이
루느니라 31 백발은 영화의 면
류관이라 공의로운 길에서 얻으
리라 32 노하기를 더디 하는 자
는 용사보다 낫고 자기의 마음을
다스리는 자는 성을 빼앗는 자보
다 나으니라 33 제비는 사람이
뽑으나 모든 일을 작정하기는 여
호와께 있느니라

17장

1 마른 떡 한 조각만 있고도 화목
하는 것이 제육이 집에 가득하고
도 다투는 것보다 나으니라 2 슬
기로운 종은 부끄러운 짓을 하는
주인의 아들을 다스리겠고 또 형
제들 중에서 유업을 나누어 얻으
리라 3 도가니는 은을, 풀무는
금을 연단하거니와 여호와는 마
음을 연단하시느니라 4 악을 행
하는 자는 사악한 입술이 하는
말을 잘 듣고 거짓말을 하는 자
는 악한 혀가 하는 말에 귀를 기
울이느니라 5 가난한 자를 조롱
하는 자는 그를 지으신 주를 멸
시하는 자요 사람의 재앙을 기뻐
하는 자는 형벌을 면하지 못할
자니라 6 손자는 노인의 면류관
이요 아비는 자식의 영화니라 7
지나친 말을 하는 것도 미련한
자에게 합당하지 아니하거든 하
물며 거짓말을 하는 것이 존귀한
자에게 합당하겠느냐 8 뇌물은
그 임자가 보기에 보석 같은즉
그가 어디로 향하든지 형통하게
하느니라 9 허물을 덮어 주는 자
는 사랑을 구하는 자요 그것을
거듭 말하는 자는 친한 벗을 이
간하는 자니라 10 한 마디 말로
총명한 자에게 충고하는 것이 매
백 대로 미련한 자를 때리는 것
보다 더욱 깊이 박히느니라 11
악한 자는 반역만 힘쓰나니 그러
므로 그에게 잔인한 사자가 보냄
을 받으리라 12 차라리 새끼 빼
앗긴 암곰을 만날지언정 미련한
일을 행하는 미련한 자를 만나지
말 것이니라 13 누구든지 악으

로 선을 갚으면 악이 그 집을 떠
나지 아니하리라 14 다투는 시
작은 둑에서 물이 새는 것 같은
즉 싸움이 일어나기 전에 시비를
그칠 것이니라 15 악인을 의롭
다 하고 의인을 악하다 하는 이
두 사람은 다 여호와께 미움을
받느니라 16 미련한 자는 무지
하거늘 손에 값을 가지고 지혜를
사려 함은 어찜인고 17 친구는
사랑이 끊어지지 아니하고 형제
는 위급한 때를 위하여 났느니라
18 지혜 없는 자는 남의 손을 잡
고 그의 이웃 앞에서 보증이 되
느니라 19 다툼을 좋아하는 자
는 죄과를 좋아하는 자요 자기
문을 높이는 자는 파괴를 구하는
자니라 20 마음이 굽은 자는 복
을 얻지 못하고 혀가 패역한 자
는 재앙에 빠지느니라 21 미련
한 자를 낳는 자는 근심을 당하
나니 미련한 자의 아비는 낙이
없느니라 22 마음의 즐거움은
양약이라도 심령의 근심은 뼈를
마르게 하느니라 23 악인은 사
람의 품에서 뇌물을 받고 재판을
굽게 하느니라 24 지혜는 명철
한 자 앞에 있거늘 미련한 자는
눈을 땅 끝에 두느니라 25 미련
한 아들은 그 아비의 근심이 되
고 그 어미의 고통이 되느니라
26 의인을 벌하는 것과 귀인을
정직하다고 때리는 것은 선하지
못하니라 27 말을 아끼는 자는
지식이 있고 성품이 냉철한 자는
명철하니라 28 미련한 자라도
잠잠하면 지혜로운 자로 여겨지
고 그의 입술을 닫으면 슬기로운
자로 여겨지느니라

18장

1 무리에게서 스스로 갈라지는
자는 자기 소욕을 따르는 자라
온갖 참 지혜를 배척하느니라 2
미련한 자는 명철을 기뻐하지 아
니하고 자기의 의사를 드러내기
만 기뻐하느니라 3 악한 자가 이
를 때에는 멸시도 따라오고 부끄
러운 것이 이를 때에는 능욕도
함께 오느니라 4 명철한 사람의
입의 말은 깊은 물과 같고 지혜
의 샘은 솟구쳐 흐르는 내와 같
으니라 5 악인을 두둔하는 것과
재판할 때에 의인을 억울하게 하
는 것이 선하지 아니하니라 6 미
련한 자의 입술은 다툼을 일으키
고 그의 입은 매를 자청하느니라
7 미련한 자의 입은 그의 멸망이
되고 그의 입술은 그의 영혼의
그물이 되느니라 8 남의 말하기
를 좋아하는 자의 말은 별식과
같아서 뱃속 깊은 데로 내려가느
니라 9 자기의 일을 게을리하는
자는 패가하는 자의 형제니라
10 여호와의 이름은 견고한 망대
라 의인은 그리로 달려가서 안전
함을 얻느니라 11 부자의 재물
은 그의 견고한 성이라 그가 높
은 성벽 같이 여기느니라 12 사
람의 마음의 교만은 멸망의 선봉
이요 겸손은 존귀의 길잡이니라
13 사연을 듣기 전에 대답하는
자는 미련하여 욕을 당하느니라
14 사람의 심령은 그의 병을 능
히 이기려니와 심령이 상하면 그
것을 누가 일으키겠느냐 15 명
철한 자의 마음은 지식을 얻고
지혜로운 자의 귀는 지식을 구하
느니라 16 사람의 선물은 그의

길을 넓게 하며 또 존귀한 자 앞
으로 그를 인도하느니라 17 송
사에서는 먼저 온 사람의 말이
바른 것 같으나 그의 상대자가
와서 밝히느니라 18 제비 뽑는
것은 다툼을 그치게 하여 강한
자 사이에 해결하게 하느니라
19 노엽게 한 형제와 화목하기가
견고한 성을 취하기보다 어려운
즉 이러한 다툼은 산성 문빗장
같으니라 20 사람은 입에서 나
오는 열매로 말미암아 배부르게
되나니 곧 그의 입술에서 나는

것으로 말미암아 만족하게 되느
니라 21 죽고 사는 것이 혀의 힘
에 달렸나니 혀를 쓰기 좋아하는
자는 혀의 열매를 먹으리라 22
아내를 얻는 자는 복을 얻고 여
호와께 은총을 받는 자니라 23
가난한 자는 간절한 말로 구하여
도 부자는 엄한 말로 대답하느니
라 24 많은 친구를 얻는 자는 해
를 당하게 되거니와 어떤 친구는
형제보다 친밀하니라

19장

1 가난하여도 성실하게 행하는
자는 입술이 패역하고 미련한 자
보다 나으니라 2 지식 없는 소원
은 선하지 못하고 발이 급한 사
람은 잘못 가느니라 3 사람이 미
련하므로 자기 길을 굽게 하고
마음으로 여호와를 원망하느니
라 4 재물은 많은 친구를 더하게
하나 가난한즉 친구가 끊어지느
니라 5 거짓 증인은 벌을 면하지
못할 것이요 거짓말을 하는 자도
피하지 못하리라 6 너그러운 사
람에게는 은혜를 구하는 자가 많
고 선물 주기를 좋아하는 자에게
는 사람마다 친구가 되느니라 7
가난한 자는 그의 형제들에게도
미움을 받거든 하물며 친구야 그
를 멀리 하지 아니하겠느냐 따라
가며 말하려 할지라도 그들이 없
어졌으리라 8 지혜를 얻는 자는
자기 영혼을 사랑하고 명철을 지
키는 자는 복을 얻느니라 9 거짓
증인은 벌을 면하지 못할 것이요
거짓말을 뱉는 자는 망할 것이니
라 10 미련한 자가 사치하는 것
이 적당하지 못하거든 하물며 종
이 방백을 다스림이랴 11 노하
기를 더디 하는 것이 사람의 슬
기요 허물을 용서하는 것이 자기
의 영광이니라 12 왕의 노함은
사자의 부르짖음 같고 그의 은택
은 풀 위의 이슬 같으니라 13 미
련한 아들은 그의 아비의 재앙이
요 다투는 아내는 이어 떨어지는
물방울이니라 14 집과 재물은
조상에게서 상속하거니와 슬기
로운 아내는 여호와께로서 말미
암느니라 15 게으름이 사람으로
깊이 잠들게 하나니 태만한 사람
은 주릴 것이니라 16 계명을 지
키는 자는 자기의 영혼을 지키거
니와 자기의 행실을 삼가지 아니
하는 자는 죽으리라 17 가난한
자를 불쌍히 여기는 것은 여호와
께 꾸어 드리는 것이니 그의 선
행을 그에게 갚아 주시리라 18
네가 네 아들에게 희망이 있은즉
그를 징계하되 죽일 마음은 두지
말지니라 19 노하기를 맹렬히
하는 자는 벌을 받을 것이라 네
가 그를 건져 주면 다시 그런 일
이 생기리라 20 너는 권고를 들
으며 훈계를 받으라 그리하면 네
가 필경은 지혜롭게 되리라 21
사람의 마음에는 많은 계획이 있
어도 오직 여호와의 뜻만이 완전
히 서리라 22 사람은 자기의 인
자함으로 남에게 사모함을 받느
니라 가난한 자는 거짓말하는 자
보다 나으니라 23 여호와를 경
외하는 것은 사람으로 생명에 이
르게 하는 것이라 경외하는 자는
족하게 지내고 재앙을 당하지 아
니하느니라 24 게으른 자는 자
기의 손을 그릇에 넣고서도 입으
로 올리기를 괴로워하느니라 25
거만한 자를 때리라 그리하면 어
리석은 자도 지혜를 얻으리라 명
철한 자를 견책하라 그리하면 그
가 지식을 얻으리라 26 아비를
구박하고 어미를 쫓아내는 자는
부끄러움을 끼치며 능욕을 부르
는 자식이니라 27 내 아들아 지
식의 말씀에서 떠나게 하는 교훈
을 듣지 말지니라 28 망령된 증
인은 정의를 업신여기고 악인의
입은 죄악을 삼키느니라 29 심
판은 거만한 자를 위하여 예비된
것이요 채찍은 어리석은 자의 등
을 위하여 예비된 것이니라

20장

1 포도주는 거만하게 하는 것이
요 독주는 떠들게 하는 것이라
이에 미혹되는 자마다 지혜가 없
느니라 2 왕의 진노는 사자의 부
르짖음 같으니 그를 노하게 하는
것은 자기의 생명을 해하는 것이
니라 3 다툼을 멀리 하는 것이
사람에게 영광이거늘 미련한 자
마다 다툼을 일으키느니라 4 게
으른 자는 가을에 밭 갈지 아니
하나니 그러므로 거둘 때에는 구
걸할지라도 얻지 못하리라 5 사
람의 마음에 있는 모략은 깊은

물 같으니라 그럴지라도 명철한
사람은 그것을 길어 내느니라 6
많은 사람이 각기 자기의 인자함
을 자랑하나니 충성된 자를 누가
만날 수 있으랴 7 온전하게 행하
는 자가 의인이라 그의 후손에게
복이 있느니라 8 심판 자리에 앉
은 왕은 그의 눈으로 모든 악을
흩어지게 하느니라 9 내가 내 마
음을 정하게 하였다 내 죄를 깨
끗하게 하였다 할 자가 누구냐
10 한결같지 않은 저울 추와 한
결같지 않은 되는 다 여호와께서
미워하시느니라 11 비록 아이라
도 자기의 동작으로 자기 품행이
청결한 여부와 정직한 여부를 나
타내느니라 12 듣는 귀와 보는
눈은 다 여호와께서 지으신 것이
니라 13 너는 잠자기를 좋아하
지 말라 네가 빈궁하게 될까 두
려우니라 네 눈을 뜨라 그리하면
양식이 족하리라 14 물건을 사
는 자가 좋지 못하다 좋지 못하
다 하다가 돌아간 후에는 자랑하
느니라 15 세상에 금도 있고 진
주도 많거니와 지혜로운 입술이
더욱 귀한 보배니라 16 타인을
위하여 보증 선 자의 옷을 취하
라 외인들을 위하여 보증 선 자
는 그의 몸을 볼모 잡을지니라
17 속이고 취한 음식물은 사람에
게 맛이 좋은 듯하나 후에는 그
의 입에 모래가 가득하게 되리라
18 경영은 의논함으로 성취하나
니 지략을 베풀고 전쟁할지니라
19 두루 다니며 한담하는 자는
남의 비밀을 누설하나니 입술을
벌린 자를 사귀지 말지니라 20
자기의 아비나 어미를 저주하는
자는 그의 등불이 흑암 중에 꺼
짐을 당하리라 21 처음에 속히
잡은 산업은 마침내 복이 되지
아니하느니라 22 너는 악을 갚
겠다 말하지 말고 여호와를 기다

리라 그가 너를 구원하시리라
23 한결같지 않은 저울 추는 여
호와께서 미워하시는 것이요 속
이는 저울은 좋지 못한 것이니라
24 사람의 걸음은 여호와로 말미
암나니 사람이 어찌 자기의 길을
알 수 있으랴 25 함부로 이 물건
은 거룩하다 하여 서원하고 그
후에 살피면 그것이 그 사람에게
덫이 되느니라 26 지혜로운 왕
은 악인들을 키질하며 타작하는
바퀴를 그들 위에 굴리느니라
27 사람의 영혼은 여호와의 등불
이라 사람의 깊은 속을 살피느니
라 28 왕은 인자와 진리로 스스
로 보호하고 그의 왕위도 인자함
으로 말미암아 견고하니라 29
젊은 자의 영화는 그의 힘이요
늙은 자의 아름다움은 백발이니
라 30 상하게 때리는 것이 악을
없이하나니 매는 사람 속에 깊이
들어가느니라

21장

1 왕의 마음이 여호와의 손에 있
음이 마치 봇물과 같아서 그가
임의로 인도하시느니라 2 사람
의 행위가 자기 보기에는 모두
정직하여도 여호와는 마음을 감
찰하시느니라 3 공의와 정의를
행하는 것은 제사 드리는 것보다
여호와께서 기쁘게 여기시느니
라 4 눈이 높은 것과 마음이 교
만한 것과 악인이 형통한 것은
다 죄니라 5 부지런한 자의 경영
은 풍부함에 이를 것이나 조급한
자는 궁핍함에 이를 따름이니라
6 속이는 말로 재물을 모으는 것
은 죽음을 구하는 것이라 곧 불
려다니는 안개니라 7 악인의 강
포는 자기를 소멸하나니 이는 정
의를 행하기 싫어함이니라 8 죄
를 크게 범한 자의 길은 심히 구
부러지고 깨끗한 자의 길은 곧으
니라 9 다투는 여인과 함께 큰
집에서 사는 것보다 움막에서 사
는 것이 나으니라• 10 악인의 마
음은 남의 재앙을 원하나니 그
이웃도 그 앞에서 은혜를 입지
못하느니라 11 거만한 자가 벌
을 받으면 어리석은 자도 지혜를
얻겠고 지혜로운 자가 교훈을 받
으면 지식이 더하리라 12 의로
우신 자는 악인의 집을 감찰하시
고 악인을 환난에 던지시느니라
13 귀를 막고 가난한 자가 부르
짖는 소리를 듣지 아니하면 자기
가 부르짖을 때에도 들을 자가
없으리라 14 은밀한 선물은 노
를 쉬게 하고 품 안의 뇌물은 맹
렬한 분을 그치게 하느니라 15
정의를 행하는 것이 의인에게는
즐거움이요 죄인에게는 패망이
니라 16 명철의 길을 떠난 사람
은 사망의 회중에 거하리라 17
연락을 좋아하는 자는 가난하게
되고 술과 기름을 좋아하는 자는
부하게 되지 못하느니라 18 악
인은 의인의 속전이 되고 사악한
자는 정직한 자의 대신이 되느니
라 19 다투며 성내는 여인과 함
께 사는 것보다 광야에서 사는
것이 나으니라 20 지혜 있는 자
의 집에는 귀한 보배와 기름이
있으나 미련한 자는 이것을 다
삼켜 버리느니라 21 공의와 인
자를 따라 구하는 자는 생명과
공의와 영광을 얻느니라 22 지
혜로운 자는 용사의 성에 올라가
서 그 성이 의지하는 방벽을 허
느니라 23 입과 혀를 지키는 자
는 자기의 영혼을 환난에서 보전
하느니라 24 무례하고 교만한
자를 이름하여 망령된 자라 하나
니 이는 넘치는 교만으로 행함이
니라 25 게으른 자의 욕망이 자
기를 죽이나니 이는 자기의 손으
로 일하기를 싫어함이니라 26
어떤 자는 종일토록 탐하기만 하
나 의인은 아끼지 아니하고 베푸
느니라 27 악인의 제물은 본래
가증하거든 하물며 악한 뜻으로
드리는 것이랴 28 거짓 증인은
패망하려니와 확실히 들은 사람
의 말은 힘이 있느니라 29 악인
은 자기의 얼굴을 굳게 하나 정
직한 자는 자기의 행위를 삼가느
니라 30 지혜로도 못하고, 명철
로도 못하고 모략으로도 여호와
를 당하지 못하느니라 31 싸울
날을 위하여 마병을 예비하거니
와 이김은 여호와께 있느니라

22장

1 많은 재물보다 명예를 택할 것
이요 은이나 금보다 은총을 더욱
택할 것이니라 2 가난한 자와 부
한 자가 함께 살거니와 그 모두
를 지으신 이는 여호와시니라 3
슬기로운 자는 재앙을 보면 숨어
피하여도 어리석은 자는 나가다
가 해를 받느니라 4 겸손과 여호
와를 경외함의 보상은 재물과 영
광과 생명이니라 5 패역한 자의
길에는 가시와 올무가 있거니와
영혼을 지키는 자는 이를 멀리
하느니라 6 마땅히 행할 길을 아
이에게 가르치라 그리하면 늙어
도 그것을 떠나지 아니하리라 7
부자는 가난한 자를 주관하고 빚
진 자는 채주의 종이 되느니라 8
악을 뿌리는 자는 재앙을 거두리
니 그 분노의 기세가 쇠하리라 9
선한 눈을 가진 자는 복을 받으
리니 이는 양식을 가난한 자에게
줌이니라 10 거만한 자를 쫓아
내면 다툼이 쉬고 싸움과 수욕이
그치느니라 11 마음의 정결을
사모하는 자의 입술에는 덕이 있
으므로 임금이 그의 친구가 되느
니라 12 여호와의 눈은 지식 있
는 사람을 지키시나 사악한 사람
의 말은 패하게 하시느니라 13
게으른 자는 말하기를 사자가 밖
에 있은즉 내가 나가면 거리에서
찢기겠다 하느니라 14 음녀의
입은 깊은 함정이라 여호와의 노
를 당한 자는 거기 빠지리라 15
아이의 마음에는 미련한 것이 얽

21:9 **다투는 여인과 … 사는 것이 나으니라** 이것은 "다투는 여인과 함께 집 안에서 사는 것보다 지붕의 한 구석에서 사는 것이 나으니라"라고 번역될 수도 있다.

혔으나 징계하는 채찍이 이를 멀
리 쫓아내리라 16 이익을 얻으
려고 가난한 자를 학대하는 자와
부자에게 주는 자는 가난하여질
뿐이니라 17 너는 귀를 기울여
지혜 있는 자의 말씀을 들으며
내 지식에 마음을 둘지어다 18
이것을 네 속에 보존하며 네 입
술 위에 함께 있게 함이 아름다
우니라 19 내가 네게 여호와를
의뢰하게 하려 하여 이것을 오늘
특별히 네게 알게 하였노니 20
내가 모략과 지식의 아름다운 것
을 너를 위해 기록하여 21 네가
진리의 확실한 말씀을 깨닫게 하
며 또 너를 보내는 자에게 진리
의 말씀으로 회답하게 하려 함이
아니냐 22 약한 자를 그가 약하
다고 탈취하지 말며 곤고한 자를
성문에서 압제하지 말라 23 대
저 여호와께서 신원하여 주시고
또 그를 노략하는 자의 생명을
빼앗으시리라 24 노를 품는 자
와 사귀지 말며 울분한 자와 동
행하지 말지니 25 그의 행위를
본받아 네 영혼을 올무에 빠뜨릴
까 두려움이니라 26 너는 사람
과 더불어 손을 잡지 말며 남의
빚에 보증을 서지 말라 27 만일
갚을 것이 네게 없으면 네 누운
침상도 빼앗길 것이라 네가 어찌
그리하겠느냐 28 네 선조가 세
운 옛 지계석을 옮기지 말지니라
29 네가 자기의 일에 능숙한 사
람을 보았느냐 이러한 사람은 왕
앞에 설 것이요 천한 자 앞에 서
지 아니하리라

23장

1 네가 관원과 함께 앉아 음식을
먹게 되거든 삼가 네 앞에 있는
자가 누구인지를 생각하며 2 네
가 만일 음식을 탐하는 자이거든
네 목에 칼을 둘 것이니라 3 그
의 맛있는 음식을 탐하지 말라
그것은 속이는 음식이니라 4 부
자 되기에 애쓰지 말고 네 사사
로운 지혜를 버릴지어다 5 네가
어찌 허무한 것에 주목하겠느냐
정녕히 재물은 스스로 날개를 내
어 하늘을 나는 독수리처럼 날아
가리라 6 악한 눈이 있는 자의
음식을 먹지 말며 그의 맛있는
음식을 탐하지 말지어다 7 대저
그 마음의 생각이 어떠하면 그
위인도 그러한즉 그가 네게 먹고
마시라 할지라도 그의 마음은 너
와 함께 하지 아니함이라 8 네가
조금 먹은 것도 토하겠고 네 아
름다운 말도 헛된 데로 돌아가리
라 9 미련한 자의 귀에 말하지
말지니 이는 그가 네 지혜로운
말을 업신여길 것임이니라 10
옛 지계석을 옮기지 말며 고아들
의 밭을 침범하지 말지어다 11
대저 그들의 구속자는 강하시니
그가 너를 대적하여 그들의 원한
을 풀어 주시리라 12 훈계에 착
심하며 지식의 말씀에 귀를 기울
이라 13 아이를 훈계하지 아니
하려고 하지 말라 채찍으로 그를
때릴지라도 그가 죽지 아니하리
라 14 네가 그를 채찍으로 때리
면 그의 영혼을 스올에서 구원하
리라 15 내 아들아 만일 네 마음
이 지혜로우면 나 곧 내 마음이
즐겁겠고 16 만일 네 입술이 정
직을 말하면 내 속이 유쾌하리라
17 네 마음으로 죄인의 형통을
부러워하지 말고 항상 여호와를
경외하라 18 정녕히 네 장래가
있겠고 네 소망이 끊어지지 아니
하리라 19 내 아들아 너는 듣고
지혜를 얻어 네 마음을 바른 길
로 인도할지니라 20 술을 즐겨
하는 자들과 고기를 탐하는 자들
과도 더불어 사귀지 말라 21 술
취하고 음식을 탐하는 자는 가난
하여질 것이요 잠 자기를 즐겨
하는 자는 해어진 옷을 입을 것
임이니라 22 너를 낳은 아비에
게 청종하고 네 늙은 어미를 경
히 여기지 말지니라 23 진리를
사되 팔지는 말며 지혜와 훈계와
명철도 그리할지니라 24 의인의
아비는 크게 즐거울 것이요 지혜
로운 자식을 낳은 자는 그로 말
미암아 즐거울 것이니라 25 네
부모를 즐겁게 하며 너를 낳은
어미를 기쁘게 하라 26 내 아들
아 네 마음을 내게 주며 네 눈으
로 내 길을 즐거워할지어다 27
대저 음녀는 깊은 구덩이요 이방
여인은 좁은 함정이라 28 참으
로 그는 강도 같이 매복하며 사
람들 중에 사악한 자가 많아지게
하느니라 29 재앙이 뉘게 있느
뇨 근심이 뉘게 있느뇨 분쟁이
뉘게 있느뇨 원망이 뉘게 있느뇨
까닭 없는 상처가 뉘게 있느뇨
붉은 눈이 뉘게 있느뇨 30 술에
잠긴 자에게 있고 혼합한 술을
구하러 다니는 자에게 있느니라
31 포도주는 붉고 잔에서 번쩍이
며 순하게 내려가나니 너는 그것
을 보지도 말지어다 32 그것이
마침내 뱀 같이 물 것이요 독사
같이 쏠 것이며 33 또 네 눈에는
괴이한 것이 보일 것이요 네 마
음은 구부러진 말을 할 것이며
34 너는 바다 가운데에 누운 자
같을 것이요 돛대 위에 누운 자

잠

같을 것이며 35 네가 스스로 말
하기를 사람이 나를 때려도 나는
아프지 아니하고 나를 상하게 하
여도 내게 감각이 없도다 내가
언제나 깰까 다시 술을 찾겠다
하리라

24장

1 너는 악인의 형통함을 부러워
하지 말며 그와 함께 있으려고
하지도 말지어다 2 그들의 마음
은 강포를 품고 그들의 입술은
재앙을 말함이니라 3 집은 지혜
로 말미암아 건축되고 명철로 말
미암아 견고하게 되며 4 또 방들
은 지식으로 말미암아 각종 귀하
고 아름다운 보배로 채우게 되느
니라 5 지혜 있는 자는 강하고
지식 있는 자는 힘을 더하나니 6
너는 전략으로 싸우라 승리는 지
략이 많음에 있느니라 7 지혜는
너무 높아서 미련한 자가 미치지
못할 것이므로 그는 성문에서 입
을 열지 못하느니라 8 악행하기
를 꾀하는 자를 일컬어 사악한
자라 하느니라 9 미련한 자의 생
각은 죄요 거만한 자는 사람에게
미움을 받느니라 10 네가 만일
환난 날에 낙담하면 네 힘이 미
약함을 보임이니라 11 너는 사
망으로 끌려가는 자를 건져 주며
살륙을 당하게 된 자를 구원하지
아니하려고 하지 말라 12 네가
말하기를 나는 그것을 알지 못하
였노라 할지라도 마음을 저울질
하시는 이가 어찌 통찰하지 못하
시겠으며 네 영혼을 지키시는 이
가 어찌 알지 못하시겠느냐 그가
각 사람의 행위대로 보응하시리
라 13 내 아들아 꿀을 먹으라 이
것이 좋으니라 송이꿀을 먹으라
이것이 네 입에 다니라 14 지혜
가 네 영혼에게 이와 같은 줄을
알라 이것을 얻으면 정녕히 네
장래가 있겠고 네 소망이 끊어지
지 아니하리라 15 악한 자여 의
인의 집을 엿보지 말며 그가 쉬
는 처소를 헐지 말지니라 16 대
저 의인은 일곱 번 넘어질지라도
다시 일어나려니와 악인은 재앙
으로 말미암아 엎드러지느니라
17 네 원수가 넘어질 때에 즐거
워하지 말며 그가 엎드러질 때에
마음에 기뻐하지 말라 18 여호
와께서 이것을 보시고 기뻐하지
아니하사 그의 진노를 그에게서
옮기실까 두려우니라 19 너는
행악자들로 말미암아 분을 품지
말며 악인의 형통함을 부러워하
지 말라 20 대저 행악자는 장래
가 없겠고 악인의 등불은 꺼지리
라 21 내 아들아 여호와와 왕을
경외하고 반역자와 더불어 사귀
지 말라 22 대저 그들의 재앙은
속히 임하리니 그 둘의 멸망을
누가 알랴 23 이것도 지혜로운
자들의 말씀이라 재판할 때에 낯
을 보아 주는 것이 옳지 못하니
라 24 악인에게 네가 옳다 하는
자는 백성에게 저주를 받을 것이
요 국민에게 미움을 받으려니와
25 오직 그를 견책하는 자는 기
쁨을 얻을 것이요 또 좋은 복을
받으리라 26 적당한 말로 대답
함은 입맞춤과 같으니라 27 네
일을 밖에서 다스리며 너를 위하
여 밭에서 준비하고 그 후에 네
집을 세울지니라 28 너는 까닭
없이 네 이웃을 쳐서 증인이 되
지 말며 네 입술로 속이지 말지
니라 29 너는 그가 내게 행함 같
이 나도 그에게 행하여 그가 행
한 대로 그 사람에게 갚겠다 말
하지 말지니라 30 내가 게으른
자의 밭과 지혜 없는 자의 포도
원을 지나며 본즉 31 가시덤불이
그 전부에 퍼졌으며 그 지면이 거
친 풀로 덮였고 돌담이 무너져 있
기로 32 내가 보고 생각이 깊었
고 내가 보고 훈계를 받았노라
33 네가 좀 더 자자, 좀 더 졸자,
손을 모으고 좀 더 누워 있자 하
니 34 네 빈궁이 강도 같이 오며
네 곤핍이 군사 같이 이르리라

25장

솔로몬의 잠언

1 이것도 솔로몬의 잠언이요 유
다 왕 히스기야의 신하들이 편집
한 것이니라 2 일을 숨기는 것은
하나님의 영화요 일을 살피는 것
은 왕의 영화니라 3 하늘의 높음
과 땅의 깊음 같이 왕의 마음은
헤아릴 수 없느니라 4 은에서 찌
꺼기를 제하라 그리하면 장색의
쓸 만한 그릇이 나올 것이요 5
왕 앞에서 악한 자를 제하라 그
리하면 그의 왕위가 의로 말미암
아 견고히 서리라 6 왕 앞에서
스스로 높은 체하지 말며 대인들
의 자리에 서지 말라 7 이는 사
람이 네게 이리로 올라오라고 말
하는 것이 네 눈에 보이는 귀인
앞에서 저리로 내려가라고 말하
는 것보다 나음이니라 8 너는 서
둘러 나가서 다투지 말라 마침내
네가 이웃에게서 욕을 보게 될
때에 네가 어찌할 줄을 알지 못
할까 두려우니라 9 너는 이웃과
다투거든 변론만 하고 남의 은밀
한 일은 누설하지 말라 10 듣는
자가 너를 꾸짖을 터이요 또 네
게 대한 악평이 네게서 떠나지
아니할까 두려우니라 11 경우에
합당한 말은 아로새긴 은 쟁반에
금 사과니라 12 슬기로운 자의
책망은 청종하는 귀에 금 고리와
정금 장식이니라 13 충성된 사
자는 그를 보낸 이에게 마치 추
수하는 날에 얼음 냉수 같아서
능히 그 주인의 마음을 시원하게
하느니라 14 선물한다고 거짓
자랑하는 자는 비 없는 구름과
바람 같으니라 15 오래 참으면
관원도 설득할 수 있나니 부드러
운 혀는 뼈를 꺾느니라 16 너는
꿀을 보거든 족하리만큼 먹으라
과식함으로 토할까 두려우니라
17 너는 이웃집에 자주 다니지
말라 그가 너를 싫어하며 미워할
까 두려우니라 18 자기의 이웃
을 쳐서 거짓 증거하는 사람은
방망이요 칼이요 뾰족한 화살이
니라 19 환난 날에 진실하지 못
한 자를 의뢰하는 것은 부러진
이와 위골된 발 같으니라 20 마
음이 상한 자에게 노래하는 것은
추운 날에 옷을 벗음 같고 소다
위에 식초를 부음 같으니라 21
네 원수가 배고파하거든 음식을
먹이고 목말라하거든 물을 마시
게 하라 22 그리 하는 것은 핀 숯
을 그의 머리에 놓는 것과 일반
이요 여호와께서 네게 갚아 주시
리라 23 북풍이 비를 일으킴 같
이 참소하는 혀는 사람의 얼굴에
분을 일으키느니라 24 다투는
여인과 함께 큰 집에서 사는 것
보다 움막에서 혼자 사는 것이
나으니라 25 먼 땅에서 오는 좋
은 기별은 목마른 사람에게 냉수
와 같으니라 26 의인이 악인 앞
에 굴복하는 것은 우물이 흐려짐
과 샘이 더러워짐과 같으니라 27
꿀을 많이 먹는 것이 좋지 못하고
자기의 영예를 구하는 것이 헛되
니라 28 자기의 마음을 제어하지
아니하는 자는 성읍이 무너지고
성벽이 없는 것과 같으니라

26장

1 미련한 자에게는 영예가 적당
하지 아니하니 마치 여름에 눈
오는 것과 추수 때에 비 오는 것
같으니라 2 까닭 없는 저주는 참
새가 떠도는 것과 제비가 날아가
는 것 같이 이루어지지 아니하느
니라 3 말에게는 채찍이요 나귀
에게는 재갈이요 미련한 자의 등
에는 막대기니라 4 미련한 자의
어리석은 것을 따라 대답하지 말
라 두렵건대 너도 그와 같을까

잠

하노라 5 미련한 자에게는 그의
어리석음을 따라 대답하라 두렵
건대 그가 스스로 지혜롭게 여길
까 하노라 6 미련한 자 편에 기
별하는 것은 자기의 발을 베어
버림과 해를 받음과 같으니라 7
저는 자의 다리는 힘 없이 달렸
나니 미련한 자의 입의 잠언도
그러하니라 8 미련한 자에게 영
예를 주는 것은 돌을 물매에 매
는 것과 같으니라 9 미련한 자의
입의 잠언은 술 취한 자가 손에
든 가시나무 같으니라 10 장인
이 온갖 것을 만들지라도 미련한
자를 고용하는 것은 지나가는 행
인을 고용함과 같으니라 11 개
가 그 토한 것을 도로 먹는 것 같
이 미련한 자는 그 미련한 것을
거듭 행하느니라 12 네가 스스
로 지혜롭게 여기는 자를 보느냐
그보다 미련한 자에게 오히려 희
망이 있느니라 13 게으른 자는
길에 사자가 있다 거리에 사자가
있다 하느니라 14 문짝이 돌쩌
귀를 따라서 도는 것 같이 게으
른 자는 침상에서 도느니라 15
게으른 자는 그 손을 그릇에 넣
고도 입으로 올리기를 괴로워하
느니라 16 게으른 자는 사리에
맞게 대답하는 사람 일곱보다 자
기를 지혜롭게 여기느니라 17
길로 지나가다가 자기와 상관 없
는 다툼을 간섭하는 자는 개의
귀를 잡는 자와 같으니라 18 횃
불을 던지며 화살을 쏘아서 사람
을 죽이는 미친 사람이 있나니
19 자기의 이웃을 속이고 말하기
를 내가 희롱하였노라 하는 자도
그러하니라 20 나무가 다하면
불이 꺼지고 말쟁이가 없어지면
다툼이 쉬느니라 21 숯불 위에
숯을 더하는 것과 타는 불에 나
무를 더하는 것 같이 다툼을 좋
아하는 자는 시비를 일으키느니
라 22 남의 말 하기를 좋아하는
자의 말은 별식과 같아서 뱃속
깊은 데로 내려가느니라 23 온
유한 입술에 악한 마음은 낮은
은을 입힌 토기니라 24 원수는
입술로는 꾸미고 속으로는 속임
을 품나니 25 그 말이 좋을지라
도 믿지 말 것은 그 마음에 일곱
가지 가증한 것이 있음이니라
26 속임으로 그 미움을 감출지라
도 그의 악이 회중 앞에 드러나
리라 27 함정을 파는 자는 그것
에 빠질 것이요 돌을 굴리는 자
는 도리어 그것에 치이리라 28
거짓말 하는 자는 자기가 해한
자를 미워하고 아첨하는 입은 패 
망을 일으키느니라

27장

1 너는 내일 일을 자랑하지 말라
하루 동안에 무슨 일이 일어날는
지 네가 알 수 없음이니라 2 타
인이 너를 칭찬하게 하고 네 입
으로는 하지 말며 외인이 너를
칭찬하게 하고 네 입술로는 하지
말지니라 3 돌은 무겁고 모래도
가볍지 아니하거니와 미련한 자
의 분노는 이 둘보다 무거우니라
4 분은 잔인하고 노는 창수 같거
니와 투기 앞에야 누가 서리요 5
면책은 숨은 사랑보다 나으니라
6 친구의 아픈 책망은 충직으로
말미암는 것이나 원수의 잦은 입
맞춤은 거짓에서 난 것이니라 7
배부른 자는 꿀이라도 싫어하고
주린 자에게는 쓴 것이라도 다니
라 8 고향을 떠나 유리하는 사람
은 보금자리를 떠나 떠도는 새와
같으니라 9 기름과 향이 사람의
마음을 즐겁게 하나니 친구의 충
성된 권고가 이와 같이 아름다우
니라 10 네 친구와 네 아비의 친
구를 버리지 말며 네 환난 날에
형제의 집에 들어가지 말지어다
가까운 이웃이 먼 형제보다 나으
니라 11 내 아들아 지혜를 얻고
내 마음을 기쁘게 하라 그리하면
나를 비방하는 자에게 내가 대답
할 수 있으리라 12 슬기로운 자
는 재앙을 보면 숨어 피하여도
어리석은 자들은 나가다가 해를
받느니라 13 타인을 위하여 보
증 선 자의 옷을 취하라 외인들
을 위하여 보증 선 자는 그의 몸

을 볼모 잡을지니라 14 이른 아
침에 큰 소리로 자기 이웃을 축
복하면 도리어 저주 같이 여기게
되리라 15 다투는 여자는 비 오
는 날에 이어 떨어지는 물방울이
라 16 그를 제어하기가 바람을
제어하는 것 같고 오른손으로 기
름을 움키는 것 같으니라 17 철
이 철을 날카롭게 하는 것 같이
사람이 그의 친구의 얼굴을 빛나
게 하느니라 18 무화과나무를
지키는 자는 그 과실을 먹고 자
기 주인에게 시중드는 자는 영화
를 얻느니라 19 물에 비치면 얼
굴이 서로 같은 것 같이 사람의
마음도 서로 비치느니라 20 스
올과 아바돈은 만족함이 없고 사
람의 눈도 만족함이 없느니라
21 도가니로 은을, 풀무로 금을,
칭찬으로 사람을 단련하느니라
22 미련한 자를 곡물과 함께 절
구에 넣고 공이로 찧을지라도 그
의 미련은 벗겨지지 아니하느니
라 23 네 양 떼의 형편을 부지런
히 살피며 네 소 떼에게 마음을
두라 24 대저 재물은 영원히 있
지 못하나니 면류관이 어찌 대대
에 있으랴 25 풀을 벤 후에는 새
로 움이 돋나니 산에서 꼴을 거
둘 것이니라 26 어린 양의 털은
네 옷이 되며 염소는 밭을 사는
값이 되며 27 염소의 젖은 넉넉
하여 너와 네 집의 음식이 되며
네 여종의 먹을 것이 되느니라

28장

1 악인은 쫓아오는 자가 없어도
도망하나 의인은 사자 같이 담대
하니라 2 나라는 죄가 있으면 주
관자가 많아져도 명철과 지식 있
는 사람으로 말미암아 장구하게
되느니라 3 가난한 자를 학대하
는 가난한 자는 곡식을 남기지
아니하는 폭우 같으니라 4 율법
을 버린 자는 악인을 칭찬하나
율법을 지키는 자는 악인을 대적
하느니라 5 악인은 정의를 깨닫
지 못하나 여호와를 찾는 자는
모든 것을 깨닫느니라 6 가난하
여도 성실하게 행하는 자는 부유
하면서 굽게 행하는 자보다 나으
니라 7 율법을 지키는 자는 지혜
로운 아들이요 음식을 탐하는 자
와 사귀는 자는 아비를 욕되게
하는 자니라 8 중한 변리로 자기
재산을 늘이는 것은 가난한 사람
을 불쌍히 여기는 자를 위해 그
재산을 저축하는 것이니라 9 사
람이 귀를 돌려 율법을 듣지 아
니하면 그의 기도도 가증하니라
10 정직한 자를 악한 길로 유인
하는 자는 스스로 자기 함정에
빠져도 성실한 자는 복을 받느니
라 11 부자는 자기를 지혜롭게
여기나 가난해도 명철한 자는 자
기를 살펴 아느니라 12 의인이
득의하면 큰 영화가 있고 악인이
일어나면 사람이 숨느니라 13
자기의 죄를 숨기는 자는 형통하
지 못하나 죄를 자복하고 버리는
자는 불쌍히 여김을 받으리라
14 항상 경외하는 자는 복되거니
와 마음을 완악하게 하는 자는
재앙에 빠지리라 15 가난한 백
성을 압제하는 악한 관원은 부르
짖는 사자와 주린 곰 같으니라
16 무지한 치리자는 포학을 크게
행하거니와 탐욕을 미워하는 자
는 장수하리라 17 사람의 피를
흘린 자는 함정으로 달려갈 것이
니 그를 막지 말지니라 18 성실
하게 행하는 자는 구원을 받을
것이나 굽은 길로 행하는 자는
곧 넘어지리라 19 자기의 토지
를 경작하는 자는 먹을 것이 많
으려니와 방탕을 따르는 자는 궁
핍함이 많으리라 20 충성된 자
는 복이 많아도 속히 부하고자
하는 자는 형벌을 면하지 못하리
라 21 사람의 낯을 보아 주는 것
이 좋지 못하고 한 조각 떡으로
말미암아 사람이 범법하는 것도
그러하니라 22 악한 눈이 있는
자는 재물을 얻기에만 급하고 빈
궁이 자기에게로 임할 줄은 알지
못하느니라 23 사람을 경책하는
자는 혀로 아첨하는 자보다 나중
에 더욱 사랑을 받느니라 24 부
모의 물건을 도둑질하고서도 죄
가 아니라 하는 자는 멸망 받게

하는 자의 동류니라 25 욕심이
많은 자는 다툼을 일으키나 여호
와를 의지하는 자는 풍족하게 되
느니라 26 자기의 마음을 믿는
자는 미련한 자요 지혜롭게 행하
는 자는 구원을 얻을 자니라 27
가난한 자를 구제하는 자는 궁핍
하지 아니하려니와 못 본 체하는
자에게는 저주가 크리라 28 악
인이 일어나면 사람이 숨고 그가
멸망하면 의인이 많아지느니라

29장

1 자주 책망을 받으면서도 목이
곧은 사람은 갑자기 패망을 당하
고 피하지 못하리라 2 의인이 많
아지면 백성이 즐거워하고 악인
이 권세를 잡으면 백성이 탄식하
느니라 3 지혜를 사모하는 자는
아비를 즐겁게 하여도 창기와 사
귀는 자는 재물을 잃느니라 4 왕
은 정의로 나라를 견고하게 하나
뇌물을 억지로 내게 하는 자는
나라를 멸망시키느니라 5 이웃
에게 아첨하는 것은 그의 발 앞
에 그물을 치는 것이니라 6 악인
이 범죄하는 것은 스스로 올무가
되게 하는 것이나 의인은 노래하
고 기뻐하느니라 7 의인은 가난
한 자의 사정을 알아 주나 악인
은 알아 줄 지식이 없느니라 8
거만한 자는 성읍을 요란하게 하
여도 슬기로운 자는 노를 그치게
하느니라 9 지혜로운 자와 미련
한 자가 다투면 지혜로운 자가
노하든지 웃든지 그 다툼은 그침
이 없느니라 10 피 흘리기를 좋
아하는 자는 온전한 자를 미워하
고 정직한 자의 생명을 찾느니라
11 어리석은 자는 자기의 노를
다 드러내어도 지혜로운 자는 그
것을 억제하느니라 12 관원이
거짓말을 들으면 그의 하인들은
다 악하게 되느니라 13 가난한
자와 포학한 자가 섞여 살거니와
여호와께서는 그 모두의 눈에 빛
을 주시느니라 14 왕이 가난한
자를 성실히 신원하면 그의 왕위
가 영원히 견고하리라 15 채찍
과 꾸지람이 지혜를 주거늘 임의
로 행하게 버려 둔 자식은 어미
를 욕되게 하느니라 16 악인이
많아지면 죄도 많아지나니 의인
은 그들의 망함을 보리라 17 네
자식을 징계하라 그리하면 그가
너를 평안하게 하겠고 또 네 마
음에 기쁨을 주리라 18 묵시가
없으면 백성이 방자히 행하거니
와 율법을 지키는 자는 복이 있
느니라 19 종은 말로만 하면 고
치지 아니하나니 이는 그가 알고
도 따르지 아니함이니라 20 네
가 말이 조급한 사람을 보느냐
그보다 미련한 자에게 오히려 희
망이 있느니라 21 종을 어렸을
때부터 곱게 양육하면 그가 나중
에는 자식인 체하리라 22 노하
는 자는 다툼을 일으키고 성내는
자는 범죄함이 많으니라 23 사
람이 교만하면 낮아지게 되겠고
마음이 겸손하면 영예를 얻으리
라 24 도둑과 짝하는 자는 자기
의 영혼을 미워하는 자라 그는
저주를 들어도 진술하지 아니하
느니라 25 사람을 두려워하면
올무에 걸리게 되거니와 여호와
를 의지하는 자는 안전하리라
26 주권자에게 은혜를 구하는 자
가 많으나 사람의 일의 작정은
여호와께로 말미암느니라 27 불
의한 자는 의인에게 미움을 받고
바르게 행하는 자는 악인에게 미
움을 받느니라

30장

아굴의 잠언

1 이 말씀은 야게의 아들 아굴의
잠언이니 그가 이디엘 곧 이디엘
과 우갈에게 이른 것이니라 2 나
는 다른 사람에게 비하면 짐승이
라 내게는 사람의 총명이 있지
아니하니라 3 나는 지혜를 배우
지 못하였고 또 거룩하신 자를
아는 지식이 없거니와 4 하늘에
올라갔다가 내려온 자가 누구인
지, 바람을 그 장중에 모은 자가
누구인지, 물을 옷에 싼 자가 누
구인지, 땅의 모든 끝을 정한 자
가 누구인지, 그의 이름이 무엇
인지, 그의 아들의 이름이 무엇
인지 너는 아느냐 5 하나님의 말
씀은 다 순전하며 하나님은 그를
의지하는 자의 방패시니라 6 너
는 그의 말씀에 더하지 말라 그
가 너를 책망하시겠고 너는 거짓
말하는 자가 될까 두려우니라 7
내가 두 가지 일을 주께 구하였
사오니 내가 죽기 전에 내게 거
절하지 마시옵소서 8 곧 헛된 것
과 거짓말을 내게서 멀리 하옵시
며 나를 가난하게도 마옵시고 부
하게도 마옵시고 오직 필요한 양
식으로 나를 먹이시옵소서 9 혹
내가 배불러서 하나님을 모른다
여호와가 누구냐 할까 하오며 혹
내가 가난하여 도둑질하고 내 하
나님의 이름을 욕되게 할까 두려
워함이니이다 10 너는 종을 그
의 상전에게 비방하지 말라 그가
너를 저주하겠고 너는 죄책을 당
할까 두려우니라 11 아비를 저

주하며 어미를 축복하지 아니하
는 무리가 있느니라 12 스스로
깨끗한 자로 여기면서도 자기의
더러운 것을 씻지 아니하는 무리
가 있느니라 13 눈이 심히 높으
며 눈꺼풀이 높이 들린 무리가
있느니라 14 앞니는 장검 같고
어금니는 군도 같아서 가난한 자
를 땅에서 삼키며 궁핍한 자를
사람 중에서 삼키는 무리가 있느
니라 15 거머리에게는 두 딸이
있어 다오 다오 하느니라 족한
줄을 알지 못하여 족하다 하지
아니하는 것 서넛이 있나니 16
곧 스올과 아이 배지 못하는 태
와 물로 채울 수 없는 땅과 족하
다 하지 아니하는 불이니라 17
아비를 조롱하며 어미 순종하기
를 싫어하는 자의 눈은 골짜기의
까마귀에게 쪼이고 독수리 새끼
에게 먹히리라 18 내가 심히 기
이히 여기고도 깨닫지 못하는 것
서넛이 있나니 19 곧 공중에 날
아다니는 독수리의 자취와 반석
위로 기어 다니는 뱀의 자취와
바다로 지나다니는 배의 자취와
남자가 여자와 함께 한 자취며
20 음녀의 자취도 그러하니라 그
가 먹고 그의 입을 씻음 같이 말
하기를 내가 악을 행하지 아니하
였다 하느니라 21 세상을 진동
시키며 세상이 견딜 수 없게 하
는 것 서넛이 있나니 22 곧 종이
임금된 것과 미련한 자가 음식으
로 배부른 것과 23 미움 받는 여
자가 시집 간 것과 여종이 주모
를 이은 것이니라 24 땅에 작고
도 가장 지혜로운 것 넷이 있나
니 25 곧 힘이 없는 종류로되 먹
을 것을 여름에 준비하는 개미와
26 약한 종류로되 집을 바위 사
이에 짓는 사반과 27 임금이 없
으되 다 떼를 지어 나아가는 메
뚜기와 28 손에 잡힐 만하여도
왕궁에 있는 도마뱀이니라 29
잘 걸으며 위풍 있게 다니는 것
서넛이 있나니 30 곧 짐승 중에
가장 강하여 아무 짐승 앞에서도
물러가지 아니하는 사자와 31
사냥개와 숫염소와 및 당할 수
없는 왕이니라 32 만일 네가 미
련하여 스스로 높은 체하였거나

혹 악한 일을 도모하였거든 네
손으로 입을 막으라 33 대저 젖
을 저으면 엉긴 젖이 되고 코를
비틀면 피가 나는 것 같이 노를
격동하면 다툼이 남이니라

31장

르무엘 왕을 훈계한 잠언

1 르무엘 왕이 말씀한 바 곧 그의
어머니가 그를 훈계한 잠언이라
2 내 아들아 내가 무엇을 말하랴
내 태에서 난 아들아 내가 무엇
을 말하랴 서원대로 얻은 아들아
내가 무엇을 말하랴 3 네 힘을
여자들에게 쓰지 말며 왕들을 멸
망시키는 일을 행하지 말지어다
4 르무엘아 포도주를 마시는 것
이 왕들에게 마땅하지 아니하고
왕들에게 마땅하지 아니하며 독
주를 찾는 것이 주권자들에게 마
땅하지 않도다 5 술을 마시다가
법을 잊어버리고 모든 곤고한 자
들의 송사를 굽게 할까 두려우니
라 6 독주는 죽게 된 자에게, 포
도주는 마음에 근심하는 자에게
줄지어다 7 그는 마시고 자기의
빈궁한 것을 잊어버리겠고 다시
자기의 고통을 기억하지 아니하
리라 8 너는 말 못하는 자와 모
든 고독한 자의 송사를 위하여
입을 열지니라 9 너는 입을 열어
공의로 재판하여 곤고한 자와 궁
핍한 자를 신원할지니라

현숙한 아내

10 누가 현숙한 여인을 찾아 얻
겠느냐 그의 값은 진주보다 더
하니라 11 그런 자의 남편의 마
음은 그를 믿나니 산업이 핍절하
지 아니하겠으며 12 그런 자는
살아 있는 동안에 그의 남편에게
선을 행하고 악을 행하지 아니하
느니라 13 그는 양털과 삼을 구
하여 부지런히 손으로 일하며
14 상인의 배와 같아서 먼 데서
양식을 가져 오며 15 밤이 새기
전에 일어나서 자기 집안 사람들
에게 음식을 나누어 주며 여종들
에게 일을 정하여 맡기며 16 밭
을 살펴 보고 사며 자기의 손으
로 번 것을 가지고 포도원을 일
구며 17 힘 있게 허리를 묶으며
자기의 팔을 강하게 하며 18 자
기의 장사가 잘 되는 줄을 깨닫
고 밤에 등불을 끄지 아니하며
19 손으로 솜뭉치를 들고 손가락
으로 가락을 잡으며 20 그는 곤
고한 자에게 손을 펴며 궁핍한
자를 위하여 손을 내밀며 21 자
기 집 사람들은 다 홍색 옷을 입
었으므로 눈이 와도 그는 자기
집 사람들을 위하여 염려하지 아
니하며 22 그는 자기를 위하여
아름다운 이불을 지으며 세마포
와 자색 옷을 입으며 23 그의 남
편은 그 땅의 장로들과 함께 성
문에 앉으며 사람들의 인정을 받
으며 24 그는 베로 옷을 지어 팔
며 띠를 만들어 상인들에게 맡기
며 25 능력과 존귀로 옷을 삼고
후일을 웃으며 26 입을 열어 지
혜를 베풀며 그의 혀로 인애의
법을 말하며 27 자기의 집안 일
을 보살피고 게을리 얻은 양식을
먹지 아니하나니 28 그의 자식
들은 일어나 감사하며 그의 남편
은 칭찬하기를 29 덕행 있는 여
자가 많으나 그대는 모든 여자보
다 뛰어나다 하느니라 30 고운
것도 거짓되고 아름다운 것도 헛
되나 오직 여호와를 경외하는 여
자는 칭찬을 받을 것이라 31 그
손의 열매가 그에게로 돌아갈 것
이요 그 행한 일로 말미암아 성
문에서 칭찬을 받으리라

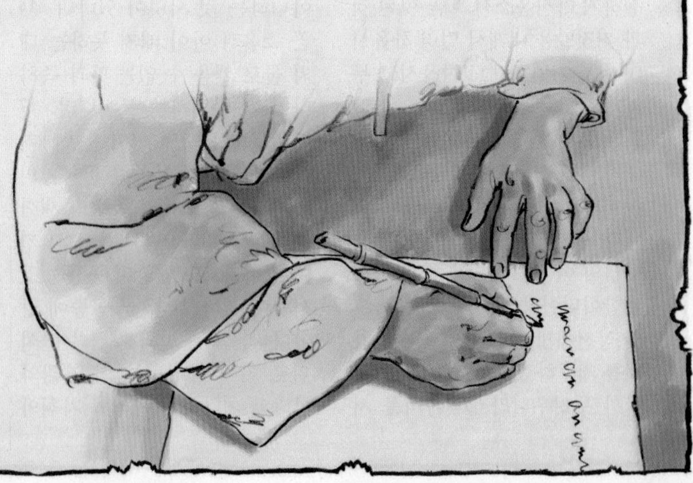

전도서

1장

모든 것이 헛되다

1 다윗의 아들 예루살렘 왕 전도
자의 말씀이라 2 전도자가 이르
되 헛되고 헛되며 헛되고 헛되니
모든 것이 헛되도다 3 해 아래에
서 수고하는 모든 수고가 사람에
게 무엇이 유익한가 4 한 세대는
가고 한 세대는 오되 땅은 영원
히 있도다 5 해는 뜨고 해는 지
되 그 떴던 곳으로 빨리 돌아가
고 6 바람은 남으로 불다가 북으
로 돌아가며 이리 돌며 저리 돌
아 바람은 그 불던 곳으로 돌아
가고 7 모든 강물은 다 바다로
흐르되 바다를 채우지 못하며 강
물은 어느 곳으로 흐르든지 그리
로 연하여 흐르느니라 8 모든 만
물이 피곤하다는 것을 사람이 말
로 다 말할 수는 없나니 눈은 보
아도 족함이 없고 귀는 들어도
가득 차지 아니하도다 9 이미 있
던 것이 후에 다시 있겠고 이미
한 일을 후에 다시 할지라 해 아
래에는 새 것이 없나니 10 무엇
을 가리켜 이르기를 보라 이것이
새 것이라 할 것이 있으랴 우리
가 있기 오래 전 세대들에도 이
미 있었느니라 11 이전 세대들
이 기억됨이 없으니 장래 세대도
그 후 세대들과 함께 기억됨이
없으리라

전

지혜가 많으면 번뇌도 많다

12 나 전도자는 예루살렘에서 이
스라엘 왕이 되어 13 마음을 다
하며 지혜를 써서 하늘 아래에서
행하는 모든 일을 연구하며 살핀
즉 이는 괴로운 것이니 하나님이
인생들에게 주사 수고하게 하신
것이라 14 내가 해 아래에서 행
하는 모든 일을 보았노라 보라 모
두 다 헛되어 바람을 잡으려는 것
이로다 15 구부러진 것도 곧게
할 수 없고 모자란 것도 셀 수 없
도다 16 내가 내 마음 속으로 말
하여 이르기를 보라 내가 크게 되
고 지혜를 더 많이 얻었으므로 나
보다 먼저 예루살렘에 있던 모든
사람들보다 낫다 하였나니 내 마
음이 지혜와 지식을 많이 만나 보
았음이로다 17 내가 다시 지혜를
알고자 하며 미친 것들과 미련한
것들을 알고자 하여 마음을 썼으
나 이것도 바람을 잡으려는 것인
줄을 깨달았도다 18 지혜가 많으
면 번뇌도 많으니 지식을 더하는
자는 근심을 더하느니라

2장

즐거움도 헛되다

1 나는 내 마음에 이르기를 자,
내가 시험삼아 너를 즐겁게 하리
니 너는 낙을 누리라 하였으나
보라 이것도 헛되도다 2 내가 웃
음에 관하여 말하여 이르기를 그
것은 미친 것이라 하였고 희락에
대하여 이르기를 이것이 무슨 소
용이 있는가 하였노라 3 내가 내
마음으로 깊이 생각하기를 내가
어떻게 하여야 내 마음을 지혜로
다스리면서 술로 내 육신을 즐겁
게 할까 또 내가 어떻게 하여야
천하의 인생들이 그들의 인생을
살아가는 동안 어떤 것이 선한
일인지를 알아볼 때까지 내 어리
석음을 꼭 붙잡아 둘까 하여 4
나의 사업을 크게 하였노라 내가
나를 위하여 집들을 짓고 포도원
을 일구며 5 여러 동산과 과원을
만들고 그 가운데에 각종 과목을
심었으며 6 나를 위하여 수목을
기르는 삼림에 물을 주기 위하여
못들을 팠으며 7 남녀 노비들을
사기도 하였고 나를 위하여 집에
서 종들을 낳기도 하였으며 나보
다 먼저 예루살렘에 있던 모든
자들보다도 내가 소와 양 떼의
소유를 더 많이 가졌으며 8 은
금과 왕들이 소유한 보배와 여러
지방의 보배를 나를 위하여 쌓고
또 노래하는 남녀들과 인생들이
기뻐하는 처첩들을 많이 두었노
라 9 내가 이같이 창성하여 나보
다 먼저 예루살렘에 있던 모든
자들보다 더 창성하니 내 지혜도
내게 여전하도다 10 무엇이든지
내 눈이 원하는 것을 내가 금하
지 아니하며 무엇이든지 내 마음
이 즐거워하는 것을 내가 막지
아니하였으니 이는 나의 모든 수
고를 내 마음이 기뻐하였음이라
이것이 나의 모든 수고로 말미암
아 얻은 몫이로다 11 그 후에 내
가 생각해 본즉 내 손으로 한 모
든 일과 내가 수고한 모든 것이
다 헛되어 바람을 잡는 것이며

해 아래에서 무익한 것이로다

지혜자나 우매자나

12 내가 돌이켜 지혜와 망령됨과
어리석음을 보았나니 왕 뒤에 오
는 자는 무슨 일을 행할까 이미
행한 지 오래 전의 일일 뿐이리
라 13 내가 보니 지혜가 우매보
다 뛰어남이 빛이 어둠보다 뛰어
남 같도다 14 지혜자는 그의 눈
이 그의 머리 속에 있고 우매자
는 어둠 속에 다니지만 그들 모
두가 당하는 일이 모두 같으리라
는 것을 나도 깨달아 알았도다
15 내가 내 마음속으로 이르기를
우매자가 당한 것을 나도 당하리
니 내게 지혜가 있었다 한들 내
게 무슨 유익이 있으리요 하였도
다 이에 내가 내 마음속으로 이
르기를 이것도 헛되도다 하였도
다 16 지혜자도 우매자와 함께
영원하도록 기억함을 얻지 못하
나니 후일에는 모두 다 잊어버린
지 오랜 것임이라 오호라 지혜자
의 죽음이 우매자의 죽음과 일반
이로다 17 이러므로 내가 사는
것을 미워하였노니 이는 해 아래
에서 하는 일이 내게 괴로움이요
모두 다 헛되어 바람을 잡으려는
것이기 때문이로다

수고도 헛되다

18 내가 해 아래에서 내가 한 모
든 수고를 미워하였노니 이는 내
뒤를 이을 이에게 남겨 주게 됨
이라 19 그 사람이 지혜자일지,
우매자일지야 누가 알랴마는 내
가 해 아래에서 내 지혜를 다하
여 수고한 모든 결과를 그가 다
관리하리니 이것도 헛되도다 20

이러므로 내가 해 아래에서 한
모든 수고에 대하여 내가 내 마
음에 실망하였도다 21 어떤 사
람은 그 지혜와 지식과 재주를
다하여 수고하였어도 그가 얻은
것을 수고하지 아니한 자에게 그
의 몫으로 넘겨 주리니 이것도
헛된 것이며 큰 악이로다 22 사
람이 해 아래에서 행하는 모든
수고와 마음에 애쓰는 것이 무슨
소득이 있으랴 23 일평생에 근
심하며 수고하는 것이 슬픔뿐이
라 그의 마음이 밤에도 쉬지 못
하나니 이것도 헛되도다 24 사
람이 먹고 마시며 수고하는 것보
다 그의 마음을 더 기쁘게 하는
것은 없나니 내가 이것도 본즉
하나님의 손에서 나오는 것이로
다 25 아, 먹고 즐기는 일을 누가
나보다 더 해 보았으랴 26 하나
님은 그가 기뻐하시는 자에게는
지혜와 지식과 희락을 주시나 죄
인에게는 노고를 주시고 그가 모
아 쌓게 하사 하나님을 기뻐하는
자에게 그가 주게 하시지만 이것
도 헛되어 바람을 잡는 것이로다

3장

모든 일에 때가 있다

1 범사에 기한이 있고 천하 만사
가 다 때가 있나니 2 날 때가 있
고 죽을 때가 있으며 심을 때가
있고 심은 것을 뽑을 때가 있으
며 3 죽일 때가 있고 치료할 때
가 있으며 헐 때가 있고 세울 때
가 있으며 4 울 때가 있고 웃을
때가 있으며 슬퍼할 때가 있고
춤출 때가 있으며 5 돌을 던져
버릴 때가 있고 돌을 거둘 때가
있으며 안을 때가 있고 안는 일
을 멀리 할 때가 있으며 6 찾을
때가 있고 잃을 때가 있으며 지
킬 때가 있고 버릴 때가 있으며
7 찢을 때가 있고 꿰맬 때가 있으
며 잠잠할 때가 있고 말할 때가
있으며 8 사랑할 때가 있고 미워
할 때가 있으며 전쟁할 때가 있
고 평화할 때가 있느니라 9 일하
는 자가 그의 수고로 말미암아
무슨 이익이 있으랴 10 하나님
이 인생들에게 노고를 주사 애쓰
게 하신 것을 내가 보았노라 11
하나님이 모든 것을 지으시되 때
를 따라 아름답게 하셨고 또 사
람들에게는 영원을 사모하는 마
음을 주셨느니라 그러나 하나님
이 하시는 일의 시종을 사람으로

측량할 수 없게 하셨도다 12 사
람들이 사는 동안에 기뻐하며 선
을 행하는 것보다 더 나은 것이
없는 줄을 내가 알았고 13 사람
마다 먹고 마시는 것과 수고함으
로 낙을 누리는 그것이 하나님의
선물인 줄도 또한 알았도다 14
하나님께서 행하시는 모든 것은
영원히 있을 것이라 그 위에 더
할 수도 없고 그것에서 덜 할 수
도 없나니 하나님이 이같이 행하
심은 사람들이 그의 앞에서 경외
하게 하려 하심인 줄을 내가 알
았도다 15 이제 있는 것이 옛적
에 있었고 장래에 있을 것도 옛
적에 있었나니 하나님은 이미 지
난 것을 다시 찾으시느니라 16
또 내가 해 아래에서 보건대 재
판하는 곳 거기에도 악이 있고
정의를 행하는 곳 거기에도 악이
있도다 17 내가 내 마음속으로
이르기를 의인과 악인을 하나님
이 심판하시리니 이는 모든 소망
하는 일과 모든 행사에 때가 있
음이라 하였으며 18 내가 내 마
음속으로 이르기를 인생들의 일
에 대하여 하나님이 그들을 시험
하시리니 그들이 자기가 짐승과
다름이 없는 줄을 깨닫게 하려
하심이라 하였노라 19 인생이
당하는 일을 짐승도 당하나니 그
들이 당하는 일이 일반이라 다
동일한 호흡이 있어서 짐승이 죽
음 같이 사람도 죽으니 사람이
짐승보다 뛰어남이 없음은 모든
것이 헛됨이로다 20 다 흙으로
말미암았으므로 다 흙으로 돌아
가나니 다 한 곳으로 가거니와
21 인생들의 혼은 위로 올라가고
짐승의 혼은 아래 곧 땅으로 내
려가는 줄을 누가 알랴 22 그러
므로 나는 사람이 자기 일에 즐
거워하는 것보다 더 나은 것이
없음을 보았나니 이는 그것이 그
의 몫이기 때문이라 아, 그의 뒤
에 일어날 일이 무엇인지를 보게
하려고 그를 도로 데리고 올 자
가 누구이랴

4장

학대, 수고, 동무

1 내가 다시 해 아래에서 행하는
모든 학대를 살펴 보았도다 보라
학대 받는 자들의 눈물이로다 그
들에게 위로자가 없도다 그들을
학대하는 자들의 손에는 권세가
있으나 그들에게는 위로자가 없
도다 2 그러므로 나는 아직 살아
있는 산 자들보다 죽은 지 오랜
죽은 자들을 더 복되다 하였으며
3 이 둘보다도 아직 출생하지 아
니하여 해 아래에서 행하는 악한
일을 보지 못한 자가 더 복되다
하였노라 4 내가 또 본즉 사람이
모든 수고와 모든 재주로 말미암
아 이웃에게 시기를 받으니 이것
도 헛되어 바람을 잡는 것이로다
5 우매자는 팔짱을 끼고 있으면
서 자기의 몸만 축내는도다 6 두
손에 가득하고 수고하며 바람을
잡는 것보다 한 손에만 가득하고
평온함이 더 나으니라 7 내가 또
다시 해 아래에서 헛된 것을 보
았도다 8 어떤 사람은 아들도 없
고 형제도 없이 홀로 있으나 그
의 모든 수고에는 끝이 없도다
또 비록 그의 눈은 부요를 족하

게 여기지 아니하면서 이르기를
내가 누구를 위하여는 이같이 수
고하고 나를 위하여는 행복을 누
리지 못하게 하는가 하여도 이것
도 헛되어 불행한 노고로다 9 두
사람이 한 사람보다 나음은 그들
이 수고함으로 좋은 상을 얻을
것임이라 10 혹시 그들이 넘어지
면 하나가 그 동무를 붙들어 일으
키려니와 홀로 있어 넘어지고 붙
들어 일으킬 자가 없는 자에게는
화가 있으리라 11 또 두 사람이
함께 누우면 따뜻하거니와 한 사
람이면 어찌 따뜻하랴 12 한 사
람이면 패하겠거니와 두 사람이
면 맞설 수 있나니 세 겹 줄은 쉽
게 끊어지지 아니하느니라

가난하게 태어나서 왕이 되어도

13 가난하여도 지혜로운 젊은이
가 늙고 둔하여 경고를 더 받을
줄 모르는 왕보다 나으니 14 그
는 자기의 나라에서 가난하게 태
어났을지라도 감옥에서 나와 왕
이 되었음이니라 15 내가 본즉
해 아래에서 다니는 인생들이 왕
의 다음 자리에 있다가 왕을 대
신하여 일어난 젊은이와 함께 있
고 16 그의 치리를 받는 모든 백
성들이 무수하였을지라도 후에
오는 자들은 그를 기뻐하지 아니
하리니 이것도 헛되어 바람을 잡
는 것이로다

5장

하나님을 경외하라

1 너는 하나님의 집에 들어갈 때
에 네 발을 삼갈지어다 가까이
하여 말씀을 듣는 것이 우매한
자들이 제물 드리는 것보다 나으
니 그들은 악을 행하면서도 깨닫
지 못함이니라 2 너는 하나님 앞
에서 함부로 입을 열지 말며 급
한 마음으로 말을 내지 말라 하
나님은 하늘에 계시고 너는 땅에
있음이니라 그런즉 마땅히 말을
적게 할 것이라 3 걱정이 많으면
꿈이 생기고 말이 많으면 우매한
자의 소리가 나타나느니라 4 네
가 하나님께 서원하였거든 갚기
를 더디게 하지 말라 하나님은
우매한 자들을 기뻐하지 아니하
시나니 서원한 것을 갚으라 5 서
원하고 갚지 아니하는 것보다 서
원하지 아니하는 것이 더 나으니
6 네 입으로 네 육체가 범죄하게
하지 말라 사자 앞에서 내가 서
원한 것이 실수라고 말하지 말라
어찌 하나님께서 네 목소리로 말

미암아 진노하사 네 손으로 한
것을 멸하시게 하랴 7 꿈이 많으
면 헛된 일들이 많아지고 말이
많아도 그러하니 오직 너는 하나
님을 경외할지니라 8 너는 어느
지방에서든지 빈민을 학대하는
것과 정의와 공의를 짓밟는 것을
볼지라도 그것을 이상히 여기지
말라 높은 자는 더 높은 자가 감
찰하고 또 그들보다 더 높은 자
들도 있음이니라 9 땅의 소산물
은 모든 사람을 위하여 있나니
왕도 밭의 소산을 받느니라

재물과 부요와 존귀도 헛되다

10 은을 사랑하는 자는 은으로
만족하지 못하고 풍요를 사랑하
는 자는 소득으로 만족하지 아니
하나니 이것도 헛되도다 11 재
산이 많아지면 먹는 자들도 많아
지나니 그 소유주들은 눈으로 보
는 것 외에 무엇이 유익하랴 12
노동자는 먹는 것이 많든지 적든
지 잠을 달게 자거니와 부자는
그 부요함 때문에 자지 못하느니
라 13 내가 해 아래에서 큰 폐단
되는 일이 있는 것을 보았나니
곧 소유주가 재물을 자기에게 해
가 되도록 소유하는 것이라 14
그 재물이 재난을 당할 때 없어
지나니 비록 아들은 낳았으나 그
손에 아무것도 없느니라 15 그
가 모태에서 벌거벗고 나왔은즉
그가 나온 대로 돌아가고 수고하
여 얻은 것을 아무것도 자기 손
에 가지고 가지 못하리니 16 이
것도 큰 불행이라 어떻게 왔든지
그대로 가리니 바람을 잡는 수고
가 그에게 무엇이 유익하랴 17
일평생을 어두운 데에서 먹으며
많은 근심과 질병과 분노가 그에
게 있느니라 18 사람이 하나님
께서 그에게 주신 바 그 일평생
에 먹고 마시며 해 아래에서 하
는 모든 수고 중에서 낙을 보는
것이 선하고 아름다움을 내가 보
았나니 그것이 그의 몫이로다
19 또한 어떤 사람에게든지 하나
님이 재물과 부요를 그에게 주사
능히 누리게 하시며 제 몫을 받
아 수고함으로 즐거워하게 하신
것은 하나님의 선물이라 20 그
는 자기의 생명의 날을 깊이 생
각하지 아니하리니 이는 하나님
이 그의 마음에 기뻐하는 것으로
응답하심이니라

6장

1 내가 해 아래에서 한 가지 불행
한 일이 있는 것을 보았나니 이
는 사람의 마음을 무겁게 하는
것이라 2 어떤 사람은 그의 영혼
이 바라는 모든 소원에 부족함이
없어 재물과 부요와 존귀를 하나
님께 받았으나 하나님께서 그가
그것을 누리도록 허락하지 아니
하셨으므로 다른 사람이 누리나
니 이것도 헛되어 악한 병이로다
3 사람이 비록 백 명의 자녀를 낳
고 또 장수하여 사는 날이 많을
지라도 그의 영혼은 그러한 행복
으로 만족하지 못하고 또 그가
안장되지 못하면 나는 이르기를
낙태된 자가 그보다는 낫다 하나
니 4 낙태된 자는 헛되이 왔다가
어두운 중에 가매 그의 이름이
어둠에 덮이니 5 햇빛도 보지 못
하고 또 그것을 알지도 못하나
이가 그보다 더 평안함이라 6 그
가 비록 천 년의 갑절을 산다 할

지라도 행복을 보지 못하면 마침
내 다 한 곳으로 돌아가는 것뿐
이 아니냐 7 사람의 수고는 다
자기의 입을 위함이나 그 식욕은
채울 수 없느니라 8 지혜자가 우
매자보다 나은 것이 무엇이냐 살
아 있는 자들 앞에서 행할 줄을
아는 가난한 자에게는 무슨 유익
이 있는가 9 눈으로 보는 것이
마음으로 공상하는 것보다 나으
나 이것도 헛되어 바람을 잡는
것이로다 10 이미 있는 것은 무
엇이든지 오래 전부터 그의 이름
이 이미 불린 바 되었으며 사람
이 무엇인지도 이미 안 바 되었
나니 자기보다 강한 자와는 능히
다툴 수 없느니라 11 헛된 것을
더하게 하는 많은 일들이 있나니
그것들이 사람에게 무슨 유익이
있으랴 12 헛된 생명의 모든 날
을 그림자 같이 보내는 일평생에
사람에게 무엇이 낙인지를 누가
알며 그 후에 해 아래에서 무슨
일이 있을 것을 누가 능히 그에
게 고하리요

7장

지혜자와 우매한 자

1 좋은 이름이 좋은 기름보다 낫
고 죽는 날이 출생하는 날보다
나으며 2 초상집에 가는 것이 잔
칫집에 가는 것보다 나으니 모든
사람의 끝이 이와 같이 됨이라
산 자는 이것을 그의 마음에 둘
지어다 3 슬픔이 웃음보다 나음
은 얼굴에 근심하는 것이 마음에
유익하기 때문이니라 4 지혜자
의 마음은 초상집에 있으되 우매
한 자의 마음은 혼인집에 있느니
라 5 지혜로운 사람의 책망을 듣
는 것이 우매한 자들의 노래를
듣는 것보다 나으니라 6 우매한
자들의 웃음 소리는 솥 밑에서
가시나무가 타는 소리 같으니 이
것도 헛되니라 7 탐욕이 지혜자
를 우매하게 하고 뇌물이 사람의
명철을 망하게 하느니라 8 일의
끝이 시작보다 낫고 참는 마음이
교만한 마음보다 나으니 9 급한
마음으로 노를 발하지 말라 노는
우매한 자들의 품에 머무름이니
라 10 옛날이 오늘보다 나은 것
이 어찜이냐 하지 말라 이렇게
묻는 것은 지혜가 아니니라 11
지혜는 유산 같이 아름답고 햇빛
을 보는 자에게 유익이 되도다
12 지혜의 그늘 아래에 있음은
돈의 그늘 아래에 있음과 같으
나, 지혜에 관한 지식이 더 유익
함은 지혜가 그 지혜 있는 자를
살리기 때문이니라 13 하나님께
서 행하시는 일을 보라 하나님께
서 굽게 하신 것을 누가 능히 곧
게 하겠느냐 14 형통한 날에는
기뻐하고 곤고한 날에는 되돌아
보아라 이 두 가지를 하나님이
병행하게 하사 사람이 그의 장래
일을 능히 헤아려 알지 못하게
하셨느니라 15 내 허무한 날을
사는 동안 내가 그 모든 일을 살
펴 보았더니 자기의 의로움에도
불구하고 멸망하는 의인이 있고
자기의 악행에도 불구하고 장수
하는 악인이 있으니 16 지나치
게 의인이 되지도 말며 지나치게
지혜자도 되지 말라 어찌하여 스
스로 패망하게 하겠느냐 17 지
나치게 악인이 되지도 말며 지나
치게 우매한 자도 되지 말라 어
찌하여 기한 전에 죽으려고 하느
냐 18 너는 이것도 잡으며 저것
에서도 네 손을 놓지 아니하는
것이 좋으니 하나님을 경외하는
자는 이 모든 일에서 벗어날 것
임이니라 19 지혜가 지혜자를
성읍 가운데에 있는 열 명의 권
력자들보다 더 능력이 있게 하느
니라 20 선을 행하고 전혀 죄를
범하지 아니하는 의인은 세상에
없기 때문이로다 21 또한 사람

들이 하는 모든 말에 네 마음을
두지 말라 그리하면 네 종이 너
를 저주하는 것을 듣지 아니하리
라 22 너도 가끔 사람을 저주하
였다는 것을 네 마음도 알고 있
느니라 23 내가 이 모든 것을 지
혜로 시험하며 스스로 이르기를
내가 지혜자가 되리라 하였으나
지혜가 나를 멀리 하였도다 24
이미 있는 것은 멀고 또 깊고 깊
도다 누가 능히 통달하랴 25 내
가 돌이켜 전심으로 지혜와 명철
을 살피고 연구하여 악한 것이
얼마나 어리석은 것이요 어리석
은 것이 얼마나 미친 것인 줄을
알고자 하였더니 26 마음은 올
무와 그물 같고 손은 포승 같은

여인은 사망보다 더 쓰다는 사실
을 내가 알아내었도다 그러므로
하나님을 기쁘게 하는 자는 그
여인을 피하려니와 죄인은 그 여
인에게 붙잡히리로다 27 전도자
가 이르되 보라 내가 낱낱이 살
펴 그 이치를 연구하여 이것을
깨달았노라 28 내 마음이 계속
찾아 보았으나 아직도 찾지 못한
것이 이것이라 천 사람 가운데서
한 사람을 내가 찾았으나 이 모
든 사람들 중에서 여자는 한 사
람도 찾지 못하였느니라 29 내
가 깨달은 것은 오직 이것이라
곧 하나님은 사람을 정직하게 지
으셨으나 사람이 많은 꾀들을 낸
것이니라

8장

1 누가 지혜자와 같으며 누가 사
물의 이치를 아는 자이냐 사람의
지혜는 그의 얼굴에 광채가 나게
하나니 그의 얼굴의 사나운 것이
변하느니라 2 내가 권하노라 왕
의 명령을 지키라 이미 하나님을
가리켜 맹세하였음이니라 3 왕
앞에서 물러가기를 급하게 하지
말며 악한 것을 일삼지 말라 왕
은 자기가 하고자 하는 것을 다
행함이니라 4 왕의 말은 권능이
있나니 누가 그에게 이르기를 왕
께서 무엇을 하시나이까 할 수
있으랴 5 명령을 지키는 자는 불
행을 알지 못하리라 지혜자의 마
음은 때와 판단을 분변하나니 6
무슨 일에든지 때와 판단이 있으
므로 사람에게 임하는 화가 심함
이니라 7 사람이 장래 일을 알지
못하나니 장래 일을 가르칠 자가
누구이랴 8 바람을 주장하여 바
람을 움직이게 할 사람도 없고
죽는 날을 주장할 사람도 없으며
전쟁할 때를 모면할 사람도 없으
니 악이 그의 주민들을 건져낼
수는 없느니라

악인들과 의인들

9 내가 이 모든 것들을 보고 해
아래에서 행하는 모든 일을 마음
에 두고 살핀즉 사람이 사람을
주장하여 해롭게 하는 때가 있도
다 10 그런 후에 내가 본즉 악인
들은 장사지낸 바 되어 거룩한
곳을 떠나 그들이 그렇게 행한
성읍 안에서 잊어버린 바 되었으
니 이것도 헛되도다 11 악한 일
에 관한 징벌이 속히 실행되지
아니하므로 인생들이 악을 행하
는 데에 마음이 담대하도다 12
죄인은 백 번이나 악을 행하고도
장수하거니와 또한 내가 아노니
하나님을 경외하여 그를 경외하
는 자들은 잘 될 것이요 13 악인
은 잘 되지 못하며 장수하지 못
하고 그 날이 그림자와 같으리니
이는 하나님을 경외하지 아니함
이니라 14 세상에서 행해지는
헛된 일이 있나니 곧 악인들의
행위에 따라 벌을 받는 의인들도
있고 의인들의 행위에 따라 상을
받는 악인들도 있다는 것이라 내
가 이르노니 이것도 헛되도다
15 이에 내가 희락을 찬양하노니
이는 사람이 먹고 마시고 즐거워
하는 것보다 더 나은 것이 해 아
래에는 없음이라 하나님이 사람
을 해 아래에서 살게 하신 날 동
안 수고하는 일 중에 그러한 일
이 그와 함께 있을 것이니라 16
내가 마음을 다하여 지혜를 알고
자 하며 세상에서 행해지는 일을
보았는데 밤낮으로 자지 못하는
자도 있도다 17 또 내가 하나님
의 모든 행사를 살펴 보니 해 아
래에서 행해지는 일을 사람이 능
히 알아낼 수 없도다 사람이 아
무리 애써 알아보려고 할지라도
능히 알지 못하나니 비록 지혜자
가 아노라 할지라도 능히 알아내
지 못하리로다

9장

모두 다 하나님의 손 안에 있다

1 이 모든 것을 내가 마음에 두고
이 모든 것을 살펴 본즉 의인들
이나 지혜자들이나 그들의 행위
나 모두 다 하나님의 손 안에 있
으니 사랑을 받을는지 미움을 받
을는지 사람이 알지 못하는 것은
모두 그들의 미래의 일들임이니
라 2 모든 사람에게 임하는 그
모든 것이 일반이라 의인과 악
인, 선한 자와 깨끗한 자와 깨끗
하지 아니한 자, 제사를 드리는
자와 제사를 드리지 아니하는 자
에게 일어나는 일들이 모두 일반
이니 선인과 죄인, 맹세하는 자
와 맹세하기를 무서워하는 자가
일반이로다 3 모든 사람의 결국
은 일반이라 이것은 해 아래에서
행해지는 모든 일 중의 악한 것
이니 곧 인생의 마음에는 악이
가득하여 그들의 평생에 미친 마
음을 품고 있다가 후에는 죽은
자들에게로 돌아가는 것이라 4
모든 산 자들 중에 들어 있는 자
에게는 누구나 소망이 있음은 산
개가 죽은 사자보다 낫기 때문이
니라 5 산 자들은 죽을 줄을 알
되 죽은 자들은 아무것도 모르며
그들이 다시는 상을 받지 못하는
것은 그들의 이름이 잊어버린 바
됨이니라 6 그들의 사랑과 미움
과 시기도 없어진 지 오래이니
해 아래에서 행하는 모든 일 중
에서 그들에게 돌아갈 몫은 영원
히 없느니라 7 너는 가서 기쁨으
로 네 음식물을 먹고 즐거운 마
음으로 네 포도주를 마실지어다
이는 하나님이 네가 하는 일들을
벌써 기쁘게 받으셨음이니라 8
네 의복을 항상 희게 하며 네 머
리에 향 기름을 그치지 아니하도
록 할지니라 9 네 헛된 평생의
모든 날 곧 하나님이 해 아래에
서 네게 주신 모든 헛된 날에 네
가 사랑하는 아내와 함께 즐겁게
살지어다 그것이 네가 평생에 해
아래에서 수고하고 얻은 네 몫이
니라 10 네 손이 일을 얻는 대로
힘을 다하여 할지어다 네가 장차
들어갈 스올에는 일도 없고 계획
도 없고 지식도 없고 지혜도 없음
이니라 11 내가 다시 해 아래에
서 보니 빠른 경주자들이라고 선
착하는 것이 아니며 용사들이라
고 전쟁에 승리하는 것이 아니며
지혜자들이라고 음식물을 얻는
것도 아니며 명철자들이라고 재
물을 얻는 것도 아니며 지식인들
이라고 은총을 입는 것이 아니니
이는 시기와 기회는 그들 모두에
게 임함이니라 12 분명히 사람은
자기의 시기도 알지 못하나니 물
고기들이 재난의 그물에 걸리고
새들이 올무에 걸림 같이 인생들
도 재앙의 날이 그들에게 홀연히
임하면 거기에 걸리느니라

지혜를 보고 크게 여긴 것

13 내가 또 해 아래에서 지혜를
보고 내가 크게 여긴 것이 이러
하니 14 곧 작고 인구가 많지 아
니한 어떤 성읍에 큰 왕이 와서
그것을 에워싸고 큰 흉벽을 쌓고
치고자 할 때에 15 그 성읍 가운
데에 가난한 지혜자가 있어서 그
의 지혜로 그 성읍을 건진 그것
이라 그러나 그 가난한 자를 기
억하는 사람이 없었도다 16 그

러므로 내가 이르기를 지혜가 힘
보다 나으나 가난한 자의 지혜가
멸시를 받고 그의 말들을 사람들
이 듣지 아니한다 하였노라 17
조용히 들리는 지혜자들의 말들
이 우매한 자들을 다스리는 자의
호령보다 나으니라 18 지혜가
무기보다 나으니라 그러나 죄인
한 사람이 많은 선을 무너지게
하느니라

10장

1 죽은 파리들이 향기름을 악취
가 나게 만드는 것 같이 적은 우
매가 지혜와 존귀를 난처하게 만
드느니라 2 지혜자의 마음은 오
른쪽에 있고 우매자의 마음은 왼
쪽에 있느니라 3 우매한 자는 길
을 갈 때에도 지혜가 부족하여
각 사람에게 자기가 우매함을 말
하느니라 4 주권자가 네게 분을
일으키거든 너는 네 자리를 떠나
지 말라 공손함이 큰 허물을 용
서 받게 하느니라 5 내가 해 아
래에서 한 가지 재난을 보았노니
곧 주권자에게서 나오는 허물이
라 6 우매한 자가 크게 높은 지
위들을 얻고 부자들이 낮은 지위
에 앉는도다 7 또 내가 보았노니
종들은 말을 타고 고관들은 종들
처럼 땅에 걸어 다니는도다 8 함
정을 파는 자는 거기에 빠질 것
이요 담을 허는 자는 뱀에게 물
리리라 9 돌들을 떠내는 자는 그
로 말미암아 상할 것이요 나무들
을 쪼개는 자는 그로 말미암아
위험을 당하리라 10 철 연장이
무디어졌는데도 날을 갈지 아니
하면 힘이 더 드느니라 오직 지
혜는 성공하기에 유익하니라 11
주술을 베풀기 전에 뱀에게 물렸
으면 술객은 소용이 없느니라
12 지혜자의 입의 말들은 은혜로
우나 우매자의 입술들은 자기를
삼키나니 13 그의 입의 말들의
시작은 우매요 그의 입의 결말들
은 심히 미친 것이니라 14 우매
한 자는 말을 많이 하거니와 사
람은 장래 일을 알지 못하나니
나중에 일어날 일을 누가 그에게
알리리요 15 우매한 자들의 수
고는 자신을 피곤하게 할 뿐이라
그들은 성읍에 들어갈 줄도 알지
못함이니라 16 왕은 어리고 대
신들은 아침부터 잔치하는 나라
여 네게 화가 있도다 17 왕은 귀
족들의 아들이요 대신들은 취하
지 아니하고 기력을 보하려고 정
한 때에 먹는 나라여 네게 복이
있도다 18 게으른즉 서까래가
내려앉고 손을 놓은즉 집이 새느
니라 19 잔치는 희락을 위하여
베푸는 것이요 포도주는 생명을
기쁘게 하는 것이나 돈은 범사에
이용되느니라 20 심중에라도 왕
을 저주하지 말며 침실에서라도
부자를 저주하지 말라 공중의 새
가 그 소리를 전하고 날짐승이
그 일을 전파할 것임이니라

11장

지혜로운 삶

1 너는 네 떡을 물 위에 던져라•
여러 날 후에 도로 찾으리라 2
일곱에게나 여덟에게 나눠 줄지
어다 무슨 재앙이 땅에 임할는지
네가 알지 못함이니라 3 구름에
비가 가득하면 땅에 쏟아지며 나
무가 남으로나 북으로나 쓰러지
면 그 쓰러진 곳에 그냥 있으리
라 4 풍세를 살펴보는 자는 파종
하지 못할 것이요 구름만 바라보
는 자는 거두지 못하리라 5 바람
의 길이 어떠함과 아이 밴 자의
태에서 뼈가 어떻게 자라는지를
네가 알지 못함 같이 만사를 성
취하시는 하나님의 일을 네가 알
지 못하느니라 6 너는 아침에 씨
를 뿌리고 저녁에도 손을 놓지
말라 이것이 잘 될는지, 저것이
잘 될는지, 혹 둘이 다 잘 될는지
알지 못함이니라 7 빛은 실로 아
름다운 것이라 눈으로 해를 보는
것이 즐거운 일이로다 8 사람이
여러 해를 살면 항상 즐거워할지

11:1 **너는 네 떡을 물 위에 던져라** 이것은 직역이다. "네가 어디로 가든지 선한 일을 행하라"라고 번역될 수도 있다.

로다 그러나 캄캄한 날들이 많으
리니 그 날들을 생각할지로다 다
가올 일은 다 헛되도다

젊은이에게 주는 교훈

9 청년이여 네 어린 때를 즐거워
하며 네 청년의 날들을 마음에
기뻐하여 마음에 원하는 길들과
네 눈이 보는 대로 행하라 그러
나 하나님이 이 모든 일로 말미
암아 너를 심판하실 줄 알라 10
그런즉 근심이 네 마음에서 떠나
게 하며 악이 네 몸에서 물러가
게 하라 어릴 때와 검은 머리의
시절이 다 헛되니라

12장

1 너는 청년의 때에 너의 창조주
를 기억하라 곧 곤고한 날이 이
르기 전에, 나는 아무 낙이 없다
고 할 해들이 가깝기 전에 2 해
와 빛과 달과 별들이 어둡기 전
에, 비 뒤에 구름이 다시 일어나
기 전에 그리하라 3 그런 날에는
집을 지키는 자들이 떨 것이며
힘 있는 자들이 구부러질 것이며
맷돌질 하는 자들이 적으므로 그
칠 것이며 창들로 내다 보는 자
가 어두워질 것이며 4 길거리 문
들이 닫혀질 것이며 맷돌 소리가
적어질 것이며 새의 소리로 말미
암아 일어날 것이며 음악하는 여
자들은 다 쇠하여질 것이며 5 또
한 그런 자들은 높은 곳을 두려
워할 것이며 길에서는 놀랄 것이
며 살구나무가 꽃이 필 것이며
메뚜기도 짐이 될 것이며 정욕이
그치리니 이는 사람이 자기의 영
원한 집으로 돌아가고 조문객들
이 거리로 왕래하게 됨이니라 6
은 줄이 풀리고 금 그릇이 깨지
고 항아리가 샘 곁에서 깨지고
바퀴가 우물 위에서 깨지고 7 흙
은 여전히 땅으로 돌아가고 영은
그것을 주신 하나님께로 돌아가
기 전에 기억하라 8 전도자가 이
르되 헛되고 헛되도다 모든 것이
헛되도다

사람의 본분

9 전도자는 지혜자이어서 여전히
백성에게 지식을 가르쳤고 또 깊
이 생각하고 연구하여 잠언을 많
이 지었으며 10 전도자는 힘써
아름다운 말들을 구하였나니 진
리의 말씀들을 정직하게 기록하
였느니라 11 지혜자들의 말씀들
은 찌르는 채찍들 같고 회중의
스승들의 말씀들은 잘 박힌 못
같으니 다 한 목자가 주신 바이
니라 12 내 아들아 또 이것들로
부터 경계를 받으라 많은 책들을
짓는 것은 끝이 없고 많이 공부
하는 것은 몸을 피곤하게 하느니
라 13 일의 결국을 다 들었으니
하나님을 경외하고 그의 명령들
을 지킬지어다 이것이 모든 사람
의 본분이니라 14 하나님은 모
든 행위와 모든 은밀한 일을 선
악 간에 심판하시리라

아

1장

1 솔로몬의 아가라 2 내게 입맞
추기를 원하니 네 사랑이 포도주
보다 나음이로구나 3 네 기름이
향기로워 아름답고 네 이름이 쏟
은 향기름 같으므로 처녀들이 너
를 사랑하는구나 4 왕이 나를 그
의 방으로 이끌어 들이시니 너는
나를 인도하라 우리가 너를 따라
달려가리라 우리가 너로 말미암
아 기뻐하며 즐거워하니 네 사랑
이 포도주보다 더 진함이라 처녀
들이 너를 사랑함이 마땅하니라
5 예루살렘 딸들아 내가 비록 검
으나 아름다우니 게달의 장막 같
을지라도 솔로몬의 휘장과도 같
구나 6 내가 햇볕에 쬐어서 거무
스름할지라도 흘겨보지 말 것은
내 어머니의 아들들이 나에게 노
하여 포도원지기로 삼았음이라
나의 포도원을 내가 지키지 못하
였구나 7 내 마음으로 사랑하는
자야 네가 양 치는 곳과 정오에
쉬게 하는 곳을 내게 말하라 내
가 네 친구의 양 떼 곁에서 어찌
얼굴을 가린 자• 같이 되랴 8 여
인 중에 어여쁜 자야 네가 알지
못하겠거든 양 떼의 발자취를 따
라 목자들의 장막 곁에서 너의
염소 새끼를 먹일지니라 9 내 사
랑아 내가 너를 바로의 병거의
준마에 비하였구나 10 네 두 뺨
은 땋은 머리털로, 네 목은 구슬
꿰미로 아름답구나 11 우리가
너를 위하여 금 사슬에 은을 박
아 만들리라 12 왕이 침상에 앉
았을 때에 나의 나도 기름이 향
기를 뿜어냈구나 13 나의 사랑
하는 자는 내 품 가운데 몰약 향
주머니요 14 나의 사랑하는 자
는 내게 엔게디 포도원의 고벨
화 송이로구나 15 내 사랑아 너
는 어여쁘고 어여쁘다 네 눈이
비둘기 같구나 16 나의 사랑하
는 자야 너는 어여쁘고 화창하
다 우리의 침상은 푸르고 17 우
리 집은 백향목 들보, 잣나무 서
까래로구나

2장

1 나는 사론의 수선화요 골짜기
의 백합화로다 2 여자들 중에 내
사랑은 가시나무 가운데 백합화
같도다 3 남자들 중에 나의 사랑
하는 자는 수풀 가운데 사과나무
같구나 내가 그 그늘에 앉아서
심히 기뻐하였고 그 열매는 내
입에 달았도다 4 그가 나를 인도
하여 잔칫집에 들어갔으니 그 사
랑은 내 위에 깃발이로구나 5 너
희는 건포도로 내 힘을 돕고 사
과로 나를 시원하게 하라 내가
사랑하므로 병이 생겼음이라 6
그가 왼팔로 내 머리를 고이고
오른팔로 나를 안는구나 7 예루

1:7 **얼굴을 가린 자** 당시 창녀들은 베일로 얼굴을 가리는 것이 보통이었다.

살렘 딸들아 내가 노루와 들사슴
을 두고 너희에게 부탁한다 내
사랑이 원하기 전에는 흔들지 말
고 깨우지 말지니라 8 내 사랑하
는 자의 목소리로구나 보라 그가
산에서 달리고 작은 산을 빨리
넘어오는구나 9 내 사랑하는 자
는 노루와도 같고 어린 사슴과도
같아서 우리 벽 뒤에 서서 창으
로 들여다보며 창살 틈으로 엿보
는구나 10 나의 사랑하는 자가
내게 말하여 이르기를 나의 사
랑, 내 어여쁜 자야 일어나서 함
께 가자 11 겨울도 지나고 비도
그쳤고 12 지면에는 꽃이 피고
새가 노래할 때가 이르렀는데 비
둘기의 소리가 우리 땅에 들리는
구나 13 무화과나무에는 푸른
열매가 익었고 포도나무는 꽃을
피워 향기를 토하는구나 나의 사
랑, 나의 어여쁜 자야 일어나서
함께 가자 14 바위 틈 낭떠러지
은밀한 곳에 있는 나의 비둘기야

내가 네 얼굴을 보게 하라 네 소
리를 듣게 하라 네 소리는 부드
럽고 네 얼굴은 아름답구나 15
우리를 위하여 여우 곧 포도원을
허는 작은 여우를 잡으라 우리의
포도원에 꽃이 피었음이라 16
내 사랑하는 자는 내게 속하였고
나는 그에게 속하였도다 그가 백
합화 가운데에서 양 떼를 먹이는
구나 17 내 사랑하는 자야 날이
저물고 그림자가 사라지기 전에
돌아와서 베데르 산의 노루와 어
린 사슴 같을지라

3장

1 내가 밤에 침상에서 마음으로
사랑하는 자를 찾았노라 찾아도
찾아내지 못하였노라 2 이에 내
가 일어나서 성 안을 돌아다니며
마음에 사랑하는 자를 거리에서
나 큰 길에서나 찾으리라 하고
찾으나 만나지 못하였노라 3 성
안을 순찰하는 자들을 만나서 묻
기를 내 마음으로 사랑하는 자를
너희가 보았느냐 하고 4 그들을
지나치자마자 마음에 사랑하는
자를 만나서 그를 붙잡고 내 어
머니 집으로, 나를 잉태한 이의
방으로 가기까지 놓지 아니하였
노라 5 예루살렘 딸들아 내가 노
루와 들사슴을 두고 너희에게 부
탁한다 사랑하는 자가 원하기 전
에는 흔들지 말고 깨우지 말지니
라 6 몰약과 유향과 상인의 여러
가지 향품으로 향내 풍기며 연기
기둥처럼 거친 들에서 오는 자가
누구인가 7 볼지어다 솔로몬의
가마*라 이스라엘 용사 중 육십
명이 둘러쌌는데 8 다 칼을 잡고
싸움에 익숙한 사람들이라 밤의
두려움으로 말미암아 각기 허리
에 칼을 찼느니라 9 솔로몬 왕이
레바논 나무로 자기의 가마를 만
들었는데 10 그 기둥은 은이요
바닥은 금이요 자리는 자색 깔개
라 그 안에는 예루살렘 딸들의
사랑이 엮어져 있구나 11 시온
의 딸들아 나와서 솔로몬 왕을
보라 혼인날 마음이 기쁠 때에
그의 어머니가 씌운 왕관이 그
머리에 있구나

3:7 가마 왕이 밖으로 다닐 때 그 위에서 앉거나 누울 수 있도록 만든 것으로 종들이 들고 다녔다.

4장

1 내 사랑 너는 어여쁘고도 어여
쁘다 너울 속에 있는 네 눈이 비
둘기 같고 네 머리털은 길르앗
산 기슭에 누운 염소 떼 같구나
2 네 이는 목욕장에서 나오는 털
깎인 암양 곧 새끼 없는 것은 하
나도 없이 각각 쌍태를 낳은 양
같구나 3 네 입술은 홍색 실 같
고 네 입은 어여쁘고 너울 속의
네 뺨은 석류 한 쪽 같구나 4 네
목은 무기를 두려고 건축한 다윗
의 망대 곧 방패 천 개, 용사의 모
든 방패가 달린 망대 같고 5 네
두 유방은 백합화 가운데서 꼴을
먹는 쌍태 어린 사슴 같구나 6
날이 저물고 그림자가 사라지기
전에 내가 몰약 산과 유향의 작
은 산으로 가리라 7 나의 사랑
너는 어여쁘고 아무 흠이 없구나
8 내 신부야 너는 레바논에서부
터 나와 함께 하고 레바논에서부
터 나와 함께 가자 아마나와 스
닐과 헤르몬 꼭대기에서 사자 굴
과 표범 산에서 내려오너라 9 내
누이, 내 신부야 네가 내 마음을
빼앗았구나 네 눈으로 한 번 보
는 것과 네 목의 구슬 한 꿰미로
내 마음을 빼앗았구나 10 내 누
이, 내 신부야 네 사랑이 어찌 그
리 아름다운지 네 사랑은 포도
주보다 진하고 네 기름의 향기
는 각양 향품보다 향기롭구나
11 내 신부야 네 입술에서는 꿀
방울이 떨어지고 네 혀 밑에는
꿀과 젖이 있고 네 의복의 향기
는 레바논의 향기 같구나 12 내
누이, 내 신부는 잠근 동산이요
덮은 우물이요 봉한 샘이로구나
13 네게서 나는 것은 석류나무와
각종 아름다운 과수와 고벨화와
나도풀과 14 나도와 번홍화와
창포와 계수와 각종 유향목과
몰약과 침향과 모든 귀한 향품
이요 15 너는 동산의 샘이요 생
수의 우물이요 레바논에서부터
흐르는 시내로구나 16 북풍아
일어나라 남풍아 오라 나의 동
산에 불어서 향기를 날리라 나
의 사랑하는 자가 그 동산에 들
어가서 그 아름다운 열매 먹기
를 원하노라

5장

1 내 누이, 내 신부야 내가 내 동
산에 들어와서 나의 몰약과 향
재료를 거두고 나의 꿀송이와 꿀
을 먹고 내 포도주와 내 우유를
마셨으니 나의 친구들아 먹으라
나의 사랑하는 사람들아 많이 마
시라 2 내가 잘지라도 마음은 깨
었는데 나의 사랑하는 자의 소리
가 들리는구나 문을 두드려 이르
기를 나의 누이, 나의 사랑, 나의
비둘기, 나의 완전한 자야 문을
열어다오 내 머리에는 이슬이,
내 머리털에는 밤이슬이 가득하
였다 하는구나 3 내가 옷을 벗었
으니 어찌 다시 입겠으며 내가
발을 씻었으니 어찌 다시 더럽히
랴마는 4 내 사랑하는 자가 문틈
으로 손을 들이밀매 내 마음이
움직여서 5 일어나 내 사랑하는
자를 위하여 문을 열 때 몰약이
내 손에서, 몰약의 즙이 내 손가
락에서 문빗장에 떨어지는구나
6 내가 내 사랑하는 자를 위하여
문을 열었으나 그는 벌써 물러갔
네 그가 말할 때에 내 혼이 나갔
구나 내가 그를 찾아도 못 만났
고 불러도 응답이 없었노라 7 성
안을 순찰하는 자들이 나를 만나
매 나를 쳐서 상하게 하였고 성
벽을 파수하는 자들이 나의 겉옷
을 벗겨 가졌도다 8 예루살렘 딸
들아 너희에게 내가 부탁한다 너
희가 내 사랑하는 자를 만나거든
내가 사랑하므로 병이 났다고 하
려무나 9 여자들 가운데에 어여
쁜 자야 너의 사랑하는 자가 남
의 사랑하는 자보다 나은 것이
무엇인가 너의 사랑하는 자가 남

의 사랑하는 자보다 나은 것이
무엇이기에 이같이 우리에게 부
탁하는가 10 내 사랑하는 자는
희고도 붉어 많은 사람 가운데에
뛰어나구나 11 머리는 순금 같
고 머리털은 고불고불하고 까마
귀 같이 검구나 12 눈은 시냇가
의 비둘기 같은데 우유로 씻은
듯하고 아름답게도 박혔구나 13
뺨은 향기로운 꽃밭 같고 향기로
운 풀언덕과도 같고 입술은 백합
화 같고 몰약의 즙이 뚝뚝 떨어
지는구나 14 손은 황옥을 물린
황금 노리개 같고 몸은 아로새긴
상아에 청옥을 입힌 듯하구나
15 다리는 순금 받침에 세운 화
반석 기둥 같고 생김새는 레바논
같으며 백향목처럼 보기 좋고
16 입은 심히 달콤하니 그 전체
가 사랑스럽구나 예루살렘 딸들
아 이는 내 사랑하는 자요 나의
친구로다

6장

1 여자들 가운데에서 어여쁜 자
야 네 사랑하는 자가 어디로 갔
는가 네 사랑하는 자가 어디로
돌아갔는가 우리가 너와 함께 찾
으리라 2 내 사랑하는 자가 자기
동산으로 내려가 향기로운 꽃밭
에 이르러서 동산 가운데에서 양
떼를 먹이며 백합화를 꺾는구나
3 나는 내 사랑하는 자에게 속하
였고 내 사랑하는 자는 내게 속
하였으며 그가 백합화 가운데에
서 그 양 떼를 먹이는도다 4 내
사랑아 너는 디르사 같이 어여쁘
고, 예루살렘 같이 곱고, 깃발을
세운 군대 같이 당당하구나 5 네
눈이 나를 놀라게 하니 돌이켜
나를 보지 말라 네 머리털은 길
르앗 산 기슭에 누운 염소 떼 같
고 6 네 이는 목욕하고 나오는
암양 떼 같으니 쌍태를 가졌으며
새끼 없는 것은 하나도 없구나 7
너울 속의 네 뺨은 석류 한 쪽 같
구나 8 왕비가 육십 명이요 후궁
이 팔십 명이요 시녀가 무수하되
9 내 비둘기, 내 완전한 자는 하
나뿐이로구나 그는 그의 어머니
의 외딸이요 그 낳은 자가 귀중
하게 여기는 자로구나 여자들이
그를 보고 복된 자라 하고 왕비
와 후궁들도 그를 칭찬하는구나
10 아침 빛 같이 뚜렷하고 달 같
이 아름답고 해 같이 맑고 깃발
을 세운 군대 같이 당당한 여자
가 누구인가 11 골짜기의 푸른
초목을 보려고 포도나무가 순이
났는가 석류나무가 꽃이 피었는
가 알려고 내가 호도 동산으로
내려갔을 때에 12 부지중에 내
마음이 나를 내 귀한 백성의 수
레 가운데에 이르게 하였구나
13 돌아오고 돌아오라 술람미 여
자야 돌아오고 돌아오라 우리가
너를 보게 하라 너희가 어찌하여
마하나임에서 춤추는 것을 보는
것처럼 술람미 여자를 보려느냐

7장

1 귀한 자의 딸아 신을 신은 네
발이 어찌 그리 아름다운가 네
넓적다리는 둥글어서 숙련공의
손이 만든 구슬 꿰미 같구나 2
배꼽은 섞은 포도주를 가득히 부
은 둥근 잔 같고 허리는 백합화
로 두른 밀단 같구나 3 두 유방
은 암사슴의 쌍태 새끼 같고 4
목은 상아 망대 같구나 눈은 헤
스본 바드랍빔 문 곁에 있는 연
못 같고 코는 다메섹을 향한 레
바논 망대 같구나 5 머리는 갈멜

산 같고 드리운 머리털은 자주
빛이 있으니 왕이 그 머리카락에
매이었구나 6 사랑아 네가 어찌
그리 아름다운지, 어찌 그리 화
창한지 즐겁게 하는구나 7 네 키
는 종려나무 같고 네 유방은 그
열매송이 같구나 8 내가 말하기
를 종려나무에 올라가서 그 가지
를 잡으리라 하였나니 네 유방은
포도송이 같고 네 콧김은 사과
냄새 같고 9 네 입은 좋은 포도
주 같을 것이니라 이 포도주는
내 사랑하는 자를 위하여 미끄럽
게 흘러내려서 자는 자의 입을
움직이게 하느니라 10 나는 내
사랑하는 자에게 속하였도다 그
가 나를 사모하는구나 11 내 사
랑하는 자야 우리가 함께 들로
가서 동네에서 유숙하자 12 우
리가 일찍이 일어나서 포도원으
로 가서 포도 움이 돋았는지, 꽃
술이 퍼졌는지, 석류 꽃이 피었
는지 보자 거기에서 내가 내 사
랑을 네게 주리라 13 합환채가
향기를 뿜어내고 우리의 문 앞에
는 여러 가지 귀한 열매가 새 것,
묵은 것으로 마련되었구나 내가
내 사랑하는 자 너를 위하여 쌓
아 둔 것이로다

8장

1 네가 내 어머니의 젖을 먹은 오
라비 같았더라면 내가 밖에서 너
를 만날 때에 입을 맞추어도 나
를 업신여길 자가 없었을 것이라
2 내가 너를 이끌어 내 어머니 집
에 들이고 네게서 교훈을 받았으
리라 나는 향기로운 술 곧 석류

즙으로 네게 마시게 하겠고 3 너
는 왼팔로는 내 머리를 고이고
오른손으로는 나를 안았으리라
4 예루살렘 딸들아 내가 너희에
게 부탁한다 내 사랑하는 자가
원하기 전에는 흔들지 말며 깨우
지 말지니라 5 그의 사랑하는 자
를 의지하고 거친 들에서 올라오
는 여자가 누구인가 너로 말미암
아 네 어머니가 고생한 곳 너를
낳은 자가 애쓴 그 곳 사과나무
아래에서 내가 너를 깨웠노라 6
너는 나를 도장 같이 마음에 품
고 도장 같이 팔에 두라 사랑은
죽음 같이 강하고 질투는 스올
같이 잔인하며 불길 같이 일어나
니 그 기세가 여호와의 불과 같
으니라 7 많은 물도 이 사랑을
끄지 못하겠고 홍수라도 삼키지
못하나니 사람이 그의 온 가산을
다 주고 사랑과 바꾸려 할지라도
오히려 멸시를 받으리라 8 우리
에게 있는 작은 누이는 아직도
유방이 없구나 그가 청혼을 받는
날에는 우리가 그를 위하여 무엇
을 할까 9 그가 성벽이라면 우리
는 은 망대를 그 위에 세울 것이
요 그가 문이라면 우리는 백향목
판자로 두르리라 10 나는 성벽
이요 내 유방은 망대 같으니 그
러므로 나는 그가 보기에 화평을
얻은 자 같구나 11 솔로몬이 바
알하몬에 포도원이 있어 지키는
자들에게 맡겨 두고 그들로 각기
그 열매로 말미암아 은 천을 바
치게 하였구나 12 솔로몬 너는
천을 얻겠고 열매를 지키는 자도
이백을 얻으려니와 내게 속한 내
포도원은 내 앞에 있구나 13 너
동산에 거주하는 자야 친구들이
네 소리에 귀를 기울이니 내가
듣게 하려무나 14 내 사랑하는
자야 너는 빨리 달리라 향기로운
산 위에 있는 노루와도 같고 어
린 사슴과도 같아라

이사야

1장

1 유다 왕 웃시야와 요담과 아하
스와 히스기야 시대에 아모스의
아들 이사야가 유다와 예루살렘
에 관하여 본 계시라

여호와의 말씀

2 하늘이여 들으라 땅이여 귀를
기울이라 여호와께서 말씀하시
기를 내가 자식을 양육하였거늘
그들이 나를 거역하였도다 3 소
는 그 임자를 알고 나귀는 그 주
인의 구유를 알건마는 이스라엘
은 알지 못하고 나의 백성은 깨
닫지 못하는도다 하셨도다 4 슬
프다 범죄한 나라요 허물 진 백
성이요 행악의 종자요 행위가 부
패한 자식이로다 그들이 여호와
를 버리며 이스라엘의 거룩하신
이를 만홀히 여겨 멀리하고 물러
갔도다 5 너희가 어찌하여 매를
더 맞으려고 패역을 거듭하느냐
온 머리는 병들었고 온 마음은
피곤하였으며 6 발바닥에서 머
리까지 성한 곳이 없이 상한 것
과 터진 것과 새로 맞은 흔적뿐
이거늘 그것을 짜며 싸매며 기름
으로 부드럽게 함을 받지 못하였
도다 7 너희의 땅은 황폐하였고
너희의 성읍들은 불에 탔고 너희
의 토지는 너희 목전에서 이방인
에게 삼켜졌으며 이방인에게 파
괴됨 같이 황폐하였고 8 딸 시온
은 포도원의 망대 같이, 참외밭
의 원두막 같이, 에워 싸인 성읍
같이 겨우 남았도다 9 만군의 여
호와께서 우리를 위하여 생존자
를 조금 남겨 두지 아니하셨더면
우리가 소돔 같고 고모라 같았으
리로다 10 너희 소돔의 관원들
아 여호와의 말씀을 들을지어다
너희 고모라의 백성아 우리 하나
님의 법에 귀를 기울일지어다
11 여호와께서 말씀하시되 너희
의 무수한 제물이 내게 무엇이
유익하뇨 나는 숫양의 번제와 살

진 짐승의 기름에 배불렀고 나는
수송아지나 어린 양이나 숫염소
의 피를 기뻐하지 아니하노라
12 너희가 내 앞에 보이러 오니
이것을 누가 너희에게 요구하였
느냐 내 마당만 밟을 뿐이니라
13 헛된 제물을 다시 가져오지
말라 분향은 내가 가증히 여기는
바요 월삭과 안식일과 대회로 모
이는 것도 그러하니 성회와 아울
러 악을 행하는 것을 내가 견디
지 못하겠노라 14 내 마음이 너
희의 월삭과 정한 절기를 싫어하
나니 그것이 내게 무거운 짐이라
내가 지기에 곤비하였느니라 15
너희가 손을 펼 때에 내가 내 눈
을 너희에게서 가리고 너희가 많
이 기도할지라도 내가 듣지 아니
하리니 이는 너희의 손에 피가
가득함이라 16 너희는 스스로
씻으며 스스로 깨끗하게 하여 내
목전에서 너희 악한 행실을 버리
며 행악을 그치고 17 선행을 배
우며 정의를 구하며 학대 받는
자를 도와 주며 고아를 위하여
신원하며 과부를 위하여 변호하
라 하셨느니라 18 여호와께서
말씀하시되 오라 우리가 서로 변
론하자 너희의 죄가 주홍 같을지
라도 눈과 같이 희어질 것이요
진홍 같이 붉을지라도 양털 같이
희게 되리라 19 너희가 즐겨 순
종하면 땅의 아름다운 소산을 먹
을 것이요 20 너희가 거절하여
배반하면 칼에 삼켜지리라 여호
와의 입의 말씀이니라

죄로 가득 찬 성읍

21 신실하던 성읍이 어찌하여 창
기가 되었는고 정의가 거기에 충
만하였고 공의가 그 가운데에 거
하였더니 이제는 살인자들뿐이
로다 22 네 은은 찌꺼기가 되었
고 네 포도주에는 물이 섞였도다
23 네 고관들은 패역하여 도둑과
짝하며 다 뇌물을 사랑하며 예물
을 구하며 고아를 위하여 신원하
지 아니하며 과부의 송사를 수리
하지 아니하는도다 24 그러므로
주 만군의 여호와 이스라엘의 전
능자가 말씀하시되 슬프다 내가
장차 내 대적에게 보응하여 내
마음을 편하게 하겠고 내 원수에
게 보복하리라 25 내가 또 내 손
을 네게 돌려 네 찌꺼기를 잿물
로 씻듯이 녹여 청결하게 하며
네 혼잡물을 다 제하여 버리고
26 내가 네 재판관들을 처음과
같이, 네 모사들을 본래와 같이
회복할 것이라 그리한 후에야 네
가 의의 성읍이라, 신실한 고을
이라 불리리라 하셨나니 27 시
온은 정의로 구속함을 받고 그
돌아온 자들은 공의로 구속함을
받으리라 28 그러나 패역한 자
와 죄인은 함께 패망하고 여호와
를 버린 자도 멸망할 것이라 29
너희가 기뻐하던 상수리나무로
말미암아 너희가 부끄러움을 당
할 것이요 너희가 택한 동산으로
말미암아 수치를 당할 것이며
30 너희는 잎사귀 마른 상수리나
무 같을 것이요 물 없는 동산 같
으리니 31 강한 자는 삼오라기
같고 그의 행위는 불티 같아서
함께 탈 것이나 끌 사람이 없으
리라

2장

칼을 쳐서 보습을 만들고

1 아모스의 아들 이사야가 받은
바 유다와 예루살렘에 관한 말씀
이라 2 말일에 여호와의 전의 산
이 모든 산 꼭대기에 굳게 설 것
이요 모든 작은 산 위에 뛰어나
리니 만방이 그리로 모여들 것이
라 3 많은 백성이 가며 이르기를
오라 우리가 여호와의 산에 오르
며 야곱의 하나님의 전에 이르자
그가 그의 길을 우리에게 가르치
실 것이라 우리가 그 길로 행하
리라 하리니 이는 율법이 시온에
서부터 나올 것이요 여호와의 말

사

씀이 예루살렘에서부터 나올 것
임이니라 4 그가 열방 사이에 판
단하시며 많은 백성을 판결하시
리니 무리가 그들의 칼을 쳐서
보습을 만들고 그들의 창을 쳐서
낫을 만들 것이며 이 나라와 저
나라가 다시는 칼을 들고 서로
치지 아니하며 다시는 전쟁을 연
습하지 아니하리라

여호와의 날

5 야곱 족속아 오라 우리가 여호
와의 빛에 행하자 6 주께서 주의
백성 야곱 족속을 버리셨음은 그
들에게 동방 풍속이 가득하며 그
들이 블레셋 사람들 같이 점을
치며 이방인과 더불어 손을 잡아
언약하였음이라 7 그 땅에는 은
금이 가득하고 보화가 무한하며
그 땅에는 마필이 가득하고 병거
가 무수하며 8 그 땅에는 우상도
가득하므로 그들이 자기 손으로
짓고 자기 손가락으로 만든 것을
경배하여 9 천한 자도 절하며 귀
한 자도 굴복하오니 그들을 용서
하지 마옵소서 10 너희는 바위
틈에 들어가며 진토에 숨어 여호
와의 위엄과 그 광대하심의 영광
을 피하라 11 그 날에 눈이 높은
자가 낮아지며 교만한 자가 굴복
되고 여호와께서 홀로 높임을 받
으시리라 12 대저 만군의 여호
와의 날이 모든 교만한 자와 거
만한 자와 자고한 자에게 임하리
니 그들이 낮아지리라 13 또 레
바논의 높고 높은 모든 백향목과
바산의 모든 상수리나무와 14
모든 높은 산과 모든 솟아 오른
작은 언덕과 15 모든 높은 망대
와 모든 견고한 성벽과 16 다시
스의 모든 배와 모든 아름다운
조각물에 임하리니 17 그 날에
자고한 자는 굴복되며 교만한 자
는 낮아지고 여호와께서 홀로 높
임을 받으실 것이요 18 우상들
은 온전히 없어질 것이며 19 사
람들이 암혈과 토굴로 들어가서
여호와께서 땅을 진동시키려고
일어나실 때에 그의 위엄과 그
광대하심의 영광을 피할 것이라
20 사람이 자기를 위하여 경배하
려고 만들었던 은 우상과 금 우
상을 그 날에 두더지와 박쥐에게
던지고 21 암혈과 험악한 바위
틈에 들어가서 여호와께서 땅을
진동시키려고 일어나실 때에 그
의 위엄과 그 광대하심의 영광을
피하리라 22 너희는 인생을 의
지하지 말라 그의 호흡은 코에
있나니 셈할 가치가 어디 있느냐

3장

예루살렘의 멸망

1 보라 주 만군의 여호와께서 예
루살렘과 유다가 의뢰하며 의지
하는 것을 제하여 버리시되 곧
그가 의지하는 모든 양식과 그가
의지하는 모든 물과 2 용사와 전
사와 재판관과 선지자와 복술자
와 장로와 3 오십부장과 귀인과
모사와 정교한 장인과 능란한 요
술자를 그리하실 것이며 4 그가
또 소년들을 그들의 고관으로 삼
으시며 아이들이 그들을 다스리
게 하시리니 5 백성이 서로 학대
하며 각기 이웃을 잔해하며 아이
가 노인에게, 비천한 자가 존귀
한 자에게 교만할 것이며 6 혹시
사람이 자기 아버지 집에서 자기
의 형제를 붙잡고 말하기를 네게
는 겉옷이 있으니 너는 우리의
통치자가 되어 이 폐허를 네 손
아래에 두라 할 것이면 7 그 날
에 그가 소리를 높여 이르기를
나는 고치는 자가 되지 아니하겠
노라 내 집에는 양식도 없고 의
복도 없으니 너희는 나를 백성의
통치자로 삼지 말라 하리라 8 예

루살렘이 멸망하였고 유다가 엎
드러졌음은 그들의 언어와 행위
가 여호와를 거역하여 그의 영광
의 눈을 범하였음이라 9 그들의
안색이 불리하게 증거하며 그들
의 죄를 말해 주고 숨기지 못함
이 소돔과 같으니 그들의 영혼에
화가 있을진저 그들이 재앙을 자
취하였도다 10 너희는 의인에게
복이 있으리라 말하라 그들은 그
들의 행위의 열매를 먹을 것임이
요 11 악인에게는 화가 있으리
니 이는 그의 손으로 행한 대로
그가 보응을 받을 것임이니라
12 내 백성을 학대하는 자는 아
이요 다스리는 자는 여자들이라
내 백성이여 네 인도자들이 너를
유혹하여 네가 다닐 길을 어지럽
히느니라

여호와께서 백성을 심판하시다

13 여호와께서 변론하러 일어나
시며 백성들을 심판하려고 서시
도다 14 여호와께서 자기 백성
의 장로들과 고관들을 심문하러
오시리니 포도원을 삼킨 자는 너
희이며 가난한 자에게서 탈취한
물건이 너희의 집에 있도다 15
어찌하여 너희가 내 백성을 짓밟
으며 가난한 자의 얼굴에 맷돌질
하느냐 주 만군의 여호와 내가
말하였느니라 하시도다

시온의 딸들에게 말씀하시다

16 여호와께서 또 말씀하시되 시
온의 딸들이 교만하여 늘인 목,
정을 통하는 눈으로 다니며 아기
작거려 걸으며 발로는 쟁쟁한 소
리를 낸다 하시도다 17 그러므
로 주께서 시온의 딸들의 정수리

에 딱지가 생기게 하시며 여호와
께서 그들의 하체가 드러나게 하
시리라 18 주께서 그 날에 그들
이 장식한 발목 고리와 머리의
망사와 반달 장식과 19 귀 고리
와 팔목 고리와 얼굴 가리개와
20 화관과 발목 사슬과 띠와 향
합과 호신부와 21 반지와 코 고
리와 22 예복과 겉옷과 목도리
와 손 주머니와 23 손 거울과 세
마포 옷과 머리 수건과 너울을
제하시리니 24 그 때에 썩은 냄
새가 향기를 대신하고 노끈이 띠
를 대신하고 대머리가 숱한 머리
털을 대신하고 굵은 베 옷이 화
려한 옷을 대신하고 수치스러운
흔적이 아름다움을 대신할 것이
며 25 너희의 장정은 칼에, 너희
의 용사는 전란에 망할 것이며
26 그 성문은 슬퍼하며 곡할 것
이요 시온은 황폐하여 땅에 앉으
리라

4장

1 그 날에 일곱 여자가 한 남자를
붙잡고 말하기를 우리가 우리 떡
을 먹으며 우리 옷을 입으리니
다만 당신의 이름으로 우리를 부
르게 하여 우리가 수치를 면하게
하라 하리라

예루살렘을 청결하게 하실 때

2 그 날에 여호와의 싹이 아름답
고 영화로울 것이요 그 땅의 소
산은 이스라엘의 피난한 자를 위
하여 영화롭고 아름다울 것이며
3 시온에 남아 있는 자, 예루살렘
에 머물러 있는 자 곧 예루살렘
안에 생존한 자 중 기록된 모든
사람은 거룩하다 칭함을 얻으리
니 4 이는 주께서 심판하는 영과
소멸하는 영으로 시온의 딸들의
더러움을 씻기시며 예루살렘의
피를 그 중에서 청결하게 하실
때가 됨이라 5 여호와께서 거하
시는 온 시온 산과 모든 집회 위
에 낮이면 구름과 연기, 밤이면
화염의 빛을 만드시고 그 모든
영광 위에 덮개를 두시며 6 또
초막이 있어서 낮에는 더위를 피
하는 그늘을 지으며 또 풍우를
피하여 숨는 곳이 되리라

5장

포도원 노래

1 나는 내가 사랑하는 자를 위하
여 노래하되 내가 사랑하는 자의
포도원을 노래하리라 내가 사랑
하는 자에게 포도원이 있음이여
심히 기름진 산에로다 2 땅을 파
서 돌을 제하고 극상품 포도나무
를 심었도다 그 중에 망대를 세
웠고 또 그 안에 술틀을 팠도다
좋은 포도 맺기를 바랐더니 들포
도를 맺었도다 3 예루살렘 주민
과 유다 사람들아 구하노니 이제
나와 내 포도원 사이에서 사리를

사

판단하라 4 내가 내 포도원을 위
하여 행한 것 외에 무엇을 더할
것이 있으랴 내가 좋은 포도 맺
기를 기다렸거늘 들포도를 맺음
은 어찌 됨인고 5 이제 내가 내
포도원에 어떻게 행할지를 너희
에게 이르리라 내가 그 울타리를
걷어 먹힘을 당하게 하며 그 담
을 헐어 짓밟히게 할 것이요 6
내가 그것을 황폐하게 하리니 다
시는 가지를 자름이나 북을 돋우
지 못하여 찔레와 가시가 날 것
이며 내가 또 구름에게 명하여
그 위에 비를 내리지 못하게 하
리라 하셨으니 7 무릇 만군의 여
호와의 포도원은 이스라엘 족속
이요 그가 기뻐하시는 나무는 유
다 사람이라 그들에게 정의를 바
라셨더니 도리어 포학이요 그들
에게 공의를 바라셨더니 도리어
부르짖음이었도다

사람이 저지르는 악한 일

8 가옥에 가옥을 이으며 전토에
전토를 더하여 빈 틈이 없도록
하고 이 땅 가운데에서 홀로 거
주하려 하는 자들은 화 있을진저
9 만군의 여호와께서 내 귀에 말
씀하시되 정녕히 허다한 가옥이
황폐하리니 크고 아름다울지라
도 거주할 자가 없을 것이며 10
열흘 갈이 포도원에 겨우 포도주
한 바트가 나겠고 한 호멜의 종
자를 뿌려도 간신히 한 에바가
나리라 하시도다 11 아침에 일
찍이 일어나 독주를 마시며 밤이
깊도록 포도주에 취하는 자들은
화 있을진저 12 그들이 연회에
는 수금과 비파와 소고와 피리와
포도주를 갖추었어도 여호와께
서 행하시는 일에 관심을 두지
아니하며 그의 손으로 하신 일을
보지 아니하는도다 13 그러므로
내 백성이 무지함으로 말미암아
사로잡힐 것이요 그들의 귀한 자
는 굶주릴 것이요 무리는 목마를
것이라 14 그러므로 스올이 욕
심을 크게 내어 한량 없이 그 입
을 벌린즉 그들의 호화로움과 그
들의 많은 무리와 그들의 떠드는
것과 그 중에서 즐거워하는 자가
거기에 빠질 것이라 15 여느 사
람은 구푸리고 존귀한 자는 낮아
지고 오만한 자의 눈도 낮아질

것이로되 16 오직 만군의 여호
와는 정의로우시므로 높임을 받
으시며 거룩하신 하나님은 공의
로우시므로 거룩하다 일컬음을
받으시리니 17 그 때에는 어린
양들이 자기 초장에 있는 것 같
이 풀을 먹을 것이요 유리하는
자들이 부자의 버려진 밭에서 먹
으리라 18 거짓으로 끈을 삼아
죄악을 끌며 수레 줄로 함 같이
죄악을 끄는 자는 화 있을진저
19 그들이 이르기를 그는 자기의
일을 속속히 이루어 우리에게 보
게 할 것이며 이스라엘의 거룩한
이는 자기의 계획을 속히 이루어
우리가 알게 할 것이라 하는도다
20 악을 선하다 하며 선을 악하
다 하며 흑암으로 광명을 삼으며
광명으로 흑암을 삼으며 쓴 것으
로 단 것을 삼으며 단 것으로 쓴
것을 삼는 자들은 화 있을진저
21 스스로 지혜롭다 하며 스스로
명철하다 하는 자들은 화 있을진
저 22 포도주를 마시기에 용감
하며 독주를 잘 빚는 자들은 화
있을진저 23 그들은 뇌물로 말
미암아 악인을 의롭다 하고 의인
에게서 그 공의를 빼앗는도다
24 이로 말미암아 불꽃이 그루터
기를 삼킴 같이, 마른 풀이 불 속
에 떨어짐 같이 그들의 뿌리가
썩겠고 꽃이 티끌처럼 날리리니
그들이 만군의 여호와의 율법을
버리며 이스라엘의 거룩하신 이
의 말씀을 멸시하였음이라 25
그러므로 여호와께서 자기 백성
에게 노를 발하시고 그들 위에
손을 들어 그들을 치신지라 산들
은 진동하며 그들의 시체는 거리
가운데에 분토 같이 되었도다 그

렬지라도 그의 노가 돌아서지 아
니하였고 그의 손이 여전히 펼쳐
져 있느니라 26 또 그가 기치를
세우시고 먼 나라들을 불러 땅
끝에서부터 자기에게로 오게 하
실 것이라 보라 그들이 빨리 달
려올 것이로되 27 그 중에 곤핍
하여 넘어지는 자도 없을 것이며
조는 자나 자는 자도 없을 것이
며 그들의 허리띠는 풀리지 아니
하며 그들의 들메끈은 끊어지지
아니하며 28 그들의 화살은 날
카롭고 모든 활은 당겨졌으며 그
들의 말굽은 부싯돌 같고 병거
바퀴는 회오리바람 같을 것이며
29 그들의 부르짖음은 암사자 같
을 것이요 그들의 소리지름은 어
린 사자들과 같을 것이라 그들이
부르짖으며 먹이를 움켜 가져가
버려도 건질 자가 없으리로다
30 그 날에 그들이 바다 물결 소
리 같이 백성을 향하여 부르짖으
리니 사람이 그 땅을 바라보면
흑암과 고난이 있고 빛은 구름에
가려서 어두우리라

6장

이사야를 선지자로 부르시다

1 웃시야 왕이 죽던 해에 내가 본
즉 주께서 높이 들린 보좌에 앉
으셨는데 그의 옷자락은 성전에
가득하였고 2 스랍들이 모시고
섰는데 각기 여섯 날개가 있어
그 둘로는 자기의 얼굴을 가리었
고 그 둘로는 자기의 발을 가리
었고 그 둘로는 날며 3 서로 불
러 이르되 거룩하다 거룩하다 거
룩하다 만군의 여호와여 그의 영
광이 온 땅에 충만하도다 하더라
4 이같이 화답하는 자의 소리로
말미암아 문지방의 터가 요동하
며 성전에 연기가 충만한지라 5
그 때에 내가 말하되 화로다 나
여 망하게 되었도다 나는 입술이
부정한 사람이요 나는 입술이 부
정한 백성 중에 거주하면서 만군
의 여호와이신 왕을 뵈었음이로
다 하였더라 6 그 때에 그 스랍
중의 하나가 부젓가락으로 제단
에서 집은 바 핀 숯을 손에 가지
고 내게로 날아와서 7 그것을 내
입술에 대며 이르되 보라 이것이
네 입에 닿았으니 네 악이 제하
여졌고 네 죄가 사하여졌느니라
하더라 8 내가 또 주의 목소리를
들으니 주께서 이르시되 내가 누
구를 보내며 누가 우리를 위하여
갈꼬 하시니 그 때에 내가 이르
되 내가 여기 있나이다 나를 보
내소서 하였더니 9 여호와께서
이르시되 가서 이 백성에게 이르
기를 너희가 듣기는 들어도 깨닫
지 못할 것이요 보기는 보아도
알지 못하리라 하여 10 이 백성
의 마음을 둔하게 하며 그들의
귀가 막히고 그들의 눈이 감기게
하라 염려하건대 그들이 눈으로
보고 귀로 듣고 마음으로 깨닫고
다시 돌아와 고침을 받을까 하노
라 하시기로 11 내가 이르되 주
여 어느 때까지니이까 하였더니
주께서 대답하시되 성읍들은 황
폐하여 주민이 없으며 가옥들에
는 사람이 없고 이 토지는 황폐
하게 되며 12 여호와께서 사람
들을 멀리 옮기셔서 이 땅 가운
데에 황폐한 곳이 많을 때까지니
라 13 그 중에 십분의 일이 아직
남아 있을지라도 이것도 황폐하
게 될 것이나 밤나무와 상수리나
무가 베임을 당하여도 그 그루터
기는 남아 있는 것 같이 거룩한
씨가 이 땅의 그루터기니라 하시
더라

7장

아하스 왕에게 삼가며 조용하라 하시다

1 웃시야의 손자요 요담의 아들
인 유다의 아하스 왕 때에 아람
의 르신 왕과 르말리야의 아들
이스라엘의 베가 왕이 올라와서
예루살렘을 쳤으나 능히 이기지
못하니라 2 어떤 사람이 다윗의
집에 알려 이르되 아람이 에브라
임•과 동맹하였다 하였으므로
왕의 마음과 그의 백성의 마음이
숲이 바람에 흔들림 같이 흔들렸
더라 3 그 때에 여호와께서 이사
야에게 이르시되 너와 네 아들
스알야숩은 윗못 수도 끝 세탁자
의 밭 큰 길에 나가서 아하스를
만나 4 그에게 이르기를 너는 삼
가며 조용하라 르신과 아람과 르
말리야의 아들이 심히 노할지라
도 이들은 연기 나는 두 부지깽
이 그루터기에 불과하니 두려워
하지 말며 낙심하지 말라 5 아람
과 에브라임과 르말리야의 아들
이 악한 꾀로 너를 대적하여 이
르기를 6 우리가 올라가 유다를
쳐서 그것을 쓰러뜨리고 우리를
위하여 그것을 무너뜨리고 다브
엘의 아들을 그 중에 세워 왕으
로 삼자 하였으나 7 주 여호와의
말씀이 그 일은 서지 못하며 이
루어지지 못하리라 8 대저 아람
의 머리는 다메섹이요 다메섹의
머리는 르신이며 육십오년 내에
에브라임이 패망하여 다시는 나
라를 이루지 못할 것이며 9 에브
라임의 머리는 사마리아요 사마
리아의 머리는 르말리야의 아들
이니라 만일 너희가 굳게 믿지
아니하면 너희는 굳게 서지 못하
리라 하시니라

임마누엘의 징조

10 여호와께서 또 아하스에게 말
씀하여 이르시되 11 너는 네 하
나님 여호와께 한 징조를 구하되
깊은 데에서든지 높은 데에서든
지 구하라 하시니 12 아하스가
이르되 나는 구하지 아니하겠나
이다 나는 여호와를 시험하지 아
니하겠나이다 한지라 13 이사야
가 이르되 다윗의 집이여 원하건
대 들을지어다 너희가 사람을 괴
롭히고서 그것을 작은 일로 여겨
또 나의 하나님을 괴롭히려 하느
냐 14 그러므로 주께서 친히 징
조를 너희에게 주실 것이라 보라
처녀•가 잉태하여 아들을 낳을
것이요 그의 이름을 임마누엘•
이라 하리라 15 그가 악을 버리
며 선을 택할 줄 알 때가 되면 엉
긴 젖과 꿀을 먹을 것이라 16 대
저 이 아이가 악을 버리며 선을
택할 줄 알기 전에 네가 미워하
는 두 왕의 땅이 황폐하게 되리
라 17 여호와께서 에브라임이
유다를 떠날 때부터 당하여 보지
못한 날을 너와 네 백성과 네 아
버지 집에 임하게 하시리니 곧
앗수르 왕이 오는 날이니라 18
그 날에는 여호와께서 애굽 하수
에서 먼 곳의 파리와 앗수르 땅
의 벌을 부르시리니 19 다 와서
거친 골짜기와 바위 틈과 가시나
무 울타리와 모든 초장에 앉으리
라 20 그 날에는 주께서 하수 저
쪽에서 세내어 온 삭도 곧 앗수

르 왕으로 네 백성의 머리 털과
발 털을 미실 것이요 수염도 깎
으시리라 21 그 날에는 사람이
한 어린 암소와 두 양을 기르리
니 22 그것들이 내는 젖이 많으
므로 엉긴 젖을 먹을 것이라 그
땅 가운데에 남아 있는 자는 엉
긴 젖과 꿀을 먹으리라 23 그 날
에는 천 그루에 은 천 개의 가치
가 있는 포도나무가 있던 곳마다
찔레와 가시가 날 것이라 24 온
땅에 찔레와 가시가 있으므로
화살과 활을 가지고 그리로 갈
것이요 25 보습으로 갈던 모든
산에도 찔레와 가시 때문에 두
려워서 그리로 가지 못할 것이
요 그 땅은 소를 풀어 놓으며 양
이 밟는 곳이 되리라

8장

이사야의 아들

1 여호와께서 내게 이르시되 너
는 큰 서판을 가지고 그 위에 통
용 문자로 마헬살랄하스바스•라
쓰라 2 내가 진실한 증인 제사장
우리야와 여베레기야의 아들 스
가랴를 불러 증언하게 하리라 하

7:2 **에브라임** 이것은 직역한 표현이다. '이스라엘'로 번역될 수도 있다. 종종 이사야는 온 이스라엘을 가리키기 위해 '에브라임'이라는 표현을 사용한다.
7:14 **처녀** '처녀'로 번역된 히브리어는 '젊은 여자'라는 뜻이다. 이 말은 종종 미혼으로서 성관계 경험이 없는 여자를 의미했다.
7:14 **임마누엘** 이 이름은 "하나님께서 우리와 함께 계신다"라는 뜻이다.
8:1 **마헬살랄하스바스** 이 이름은 "머지않아 약탈과 도적질이 있을 것이다"라는 뜻이다.

시더니 3 내가 내 아내를 가까이
하매 그가 임신하여 아들을 낳은
지라 여호와께서 내게 이르시되
그의 이름을 마헬살랄하스바스
라 하라 4 이는 이 아이가 내 아
빠, 내 엄마라 부를 줄 알기 전에
다메섹의 재물과 사마리아의 노
략물이 앗수르 왕 앞에 옮겨질
것임이라 하시니라

앗수르 왕의 침략

5 여호와께서 다시 내게 말씀하
여 이르시되 6 이 백성이 천천히
흐르는 실로아 물을 버리고 르신
과 르말리야의 아들을 기뻐하느
니라 7 그러므로 주 내가 흉용하
고 창일한 큰 하수 곧 앗수르 왕
과 그의 모든 위력으로 그들을
뒤덮을 것이라 그 모든 골짜기에
차고 모든 언덕에 넘쳐 8 흘러
유다에 들어와서 가득하여 목에
까지 미치리라 임마누엘이여 그
가 펴는 날개가 네 땅에 가득하
리라 하셨느니라

여호와께서 깨우치시다

9 너희 민족들아 함성을 질러 보
아라 그러나 끝내 패망하리라 너
희 먼 나라 백성들아 들을지니라
너희 허리를 동이라 그러나 끝내
패망하리라 너희 허리에 띠를 띠
라 그러나 끝내 패망하리라 10
너희는 함께 계획하라 그러나 끝
내 이루지 못하리라 말을 해 보
아라 끝내 시행되지 못하리라 이
는 하나님이 우리와 함께 계심이
니라 11 여호와께서 강한 손으
로 내게 알려 주시며 이 백성의
길로 가지 말 것을 내게 깨우쳐
이르시되 12 이 백성이 반역자
가 있다고 말하여도 너희는 그
모든 말을 따라 반역자가 있다고
하지 말며 그들이 두려워하는 것
을 너희는 두려워하지 말며 놀라
지 말고 13 만군의 여호와 그를
너희가 거룩하다 하고 그를 너희
가 두려워하며 무서워할 자로 삼
으라 14 그가 성소가 되시리라
그러나 이스라엘의 두 집에는 걸
림돌과 걸려 넘어지는 반석이 되
실 것이며 예루살렘 주민에게는
함정과 올무가 되시리니 15 많
은 사람들이 그로 말미암아 걸려
넘어질 것이며 부러질 것이며 덫
에 걸려 잡힐 것이니라

율법과 증거의 말씀을 따르라

16 너는 증거의 말씀을 싸매며
율법을 내 제자들 가운데에서 봉
함하라 17 이제 야곱의 집에 대
하여 얼굴을 가리시는 여호와를
나는 기다리며 그를 바라보리라
18 보라 나와 및 여호와께서 내
게 주신 자녀들이 이스라엘 중에
징조와 예표가 되었나니 이는 시
온 산에 계신 만군의 여호와께로
말미암은 것이니라 19 어떤 사
람이 너희에게 말하기를 주절거
리며 속살거리는 신접한 자와 마
술사에게 물으라 하거든 백성이
자기 하나님께 구할 것이 아니냐
산 자를 위하여 죽은 자에게 구
하겠느냐 하라 20 마땅히 율법
과 증거의 말씀을 따를지니 그들
이 말하는 바가 이 말씀에 맞지
아니하면 그들이 정녕 아침 빛을
보지 못하고 21 이 땅으로 헤매
며 곤고하며 굶주릴 것이라 그가
굶주릴 때에 격분하여 자기의 왕
과 자기의 하나님을 저주할 것이
며 위를 쳐다보거나 22 땅을 굽
어보아도 환난과 흑암과 고통의
흑암뿐이리니 그들이 심한 흑암
가운데로 쫓겨 들어가리라

9장

평강의 왕

1 전에 고통 받던 자들에게는 흑
암이 없으리로다 옛적에는 여호
와께서 스불론 땅과 납달리 땅이
멸시를 당하게 하셨더니 후에는
해변 길과 요단 저쪽 이방의 갈
릴리를 영화롭게 하셨느니라 2
흑암에 행하던 백성이 큰 빛을
보고 사망의 그늘진 땅에 거주하

던 자에게 빛이 비치도다 3 주께
서 이 나라를 창성하게 하시며
그 즐거움을 더하게 하셨으므로
추수하는 즐거움과 탈취물을 나
눌 때의 즐거움 같이 그들이 주
앞에서 즐거워하오니 4 이는 그
들이 무겁게 멘 멍에와 그들의
어깨의 채찍과 그 압제자의 막대
기를 주께서 꺾으시되 미디안의
날과 같이 하셨음이니이다 5 어
지러이 싸우는 군인들의 신과 피
묻은 겉옷이 불에 섶 같이 살라
지리니 6 이는 한 아기가 우리에
게 났고 한 아들을 우리에게 주
신 바 되었는데 그의 어깨에는
정사를 메었고 그의 이름은 기묘
자라, 모사라, 전능하신 하나님
이라, 영존하시는 아버지라, 평
강의 왕이라 할 것임이라 7 그
정사와 평강의 더함이 무궁하며
또 다윗의 왕좌와 그의 나라에
군림하여 그 나라를 굳게 세우고
지금 이후로 영원히 정의와 공의
로 그것을 보존하실 것이라 만군
의 여호와의 열심이 이를 이루시
리라

주께서 이스라엘을 벌하시리라

8 주께서 야곱에게 말씀을 보내
시며 그것을 이스라엘에게 임하
게 하셨은즉 9 모든 백성 곧 에
브라임과 사마리아 주민이 알 것
이어늘 그들이 교만하고 완악한
마음으로 말하기를 10 벽돌이
무너졌으나 우리는 다듬은 돌로
쌓고 뽕나무들이 찍혔으나 우리
는 백향목으로 그것을 대신하리
라 하는도다 11 그러므로 여호
와께서 르신의 대적들을 일으켜
그를 치게 하시며 그의 원수들을
격동시키시리니 12 앞에는 아람
사람이요 뒤에는 블레셋 사람이
라 그들이 모두 입을 벌려 이스
라엘을 삼키리라 그럴지라도 여
호와의 진노가 돌아서지 아니하
며 그의 손이 여전히 펴져 있으
리라 13 그리하여도 그 백성이
자기들을 치시는 이에게로 돌아
오지 아니하며 만군의 여호와를
찾지 아니하도다 14 그러므로
여호와께서 하루 사이에 이스라
엘 중에서 머리와 꼬리와 종려나
무 가지와 갈대를 끊으시리니
15 그 머리는 곧 장로와 존귀한
자요 그 꼬리는 곧 거짓말을 가
르치는 선지자라 16 백성을 인
도하는 자가 그들을 미혹하니 인
도를 받는 자들이 멸망을 당하는
도다 17 이 백성이 모두 경건하
지 아니하며 악을 행하며 모든
입으로 망령되이 말하니 그러므
로 주께서 그들의 장정들을 기뻐
하지 아니하시며 그들의 고아와
과부를 긍휼히 여기지 아니하시
리라 그럴지라도 여호와의 진노
가 돌아서지 아니하며 그의 손이
여전히 펴져 있으리라 18 대저
악행은 불 타오르는 것 같으니
곧 찔레와 가시를 삼키며 빽빽한
수풀을 살라 연기가 위로 올라가
게 함과 같은 것이라 19 만군의
여호와의 진노로 말미암아 이 땅
이 불타리니 백성은 불에 섶과
같을 것이라 사람이 자기의 형제
를 아끼지 아니하며 20 오른쪽
으로 움킬지라도 주리고 왼쪽으
로 먹을지라도 배부르지 못하여
각각 자기 팔의 고기를 먹을 것
이며 21 므낫세는 에브라임을,
에브라임은 므낫세를 먹을 것이
요 또 그들이 합하여 유다를 치
리라 그럴지라도 여호와의 진노
가 돌아서지 아니하며 그의 손이
여전히 펴져 있으리라

10장

1 불의한 법령을 만들며 불의한
말을 기록하며 2 가난한 자를 불
공평하게 판결하여 가난한 내 백
성의 권리를 박탈하며 과부에게
토색하고 고아의 것을 약탈하는
자는 화 있을진저 3 벌하시는 날
과 멀리서 오는 환난 때에 너희
가 어떻게 하려느냐 누구에게로
도망하여 도움을 구하겠으며 너
희의 영화를 어느 곳에 두려느냐
4 포로 된 자 아래에 구푸리며 죽
임을 당한 자 아래에 엎드러질
따름이니라 그럴지라도 여호와
의 진노가 돌아서지 아니하며 그
의 손이 여전히 펴져 있으리라

하나님의 도구인 앗수르

5 앗수르 사람은 화 있을진저 그
는 내 진노의 막대기요 그 손의
몽둥이는 내 분노라 6 내가 그를
보내어 경건하지 아니한 나라를
치게 하며 내가 그에게 명령하여
나를 노하게 한 백성을 쳐서 탈
취하며 노략하게 하며 또 그들을
길거리의 진흙 같이 짓밟게 하려
하거니와 7 그의 뜻은 이같지 아
니하며 그의 마음의 생각도 이같
지 아니하고 다만 그의 마음은
허다한 나라를 파괴하며 멸절하
려 하는도다 8 그가 이르기를 내
고관들은 다 왕들이 아니냐 9 갈
로는 갈그미스와 같지 아니하며
하맛은 아르밧과 같지 아니하며
사마리아는 다메섹과 같지 아니
하냐 10 내 손이 이미 우상을 섬
기는 나라들에 미쳤나니 그들이
조각한 신상들이 예루살렘과 사
마리아의 신상들보다 뛰어났느
니라 11 내가 사마리아와 그의
우상들에게 행함 같이 예루살렘
과 그의 우상들에게 행하지 못하
겠느냐 하는도다 12 그러므로
주께서 주의 일을 시온 산과 예
루살렘에 다 행하신 후에 앗수르
왕의 완악한 마음의 열매와 높은
눈의 자랑을 벌하시리라 13 그
의 말에 나는 내 손의 힘과 내 지
혜로 이 일을 행하였나니 나는
총명한 자라 열국의 경계선을 걷
어치웠고 그들의 재물을 약탈하
였으며 또 용감한 자처럼 위에
거주한 자들을 낮추었으며 14
내 손으로 열국의 재물을 얻은
것은 새의 보금자리를 얻음 같고
온 세계를 얻은 것은 내버린 알
을 주움 같았으나 날개를 치거나
입을 벌리거나 지저귀는 것이 하
나도 없었다 하는도다 15 도끼
가 어찌 찍는 자에게 스스로 자
랑하겠으며 톱이 어찌 켜는 자에
게 스스로 큰 체하겠느냐 이는
막대기가 자기를 드는 자를 움직
이려 하며 몽둥이가 나무 아닌
사람을 들려 함과 같음이로다
16 그러므로 주 만군의 여호와께
서 살진 자를 파리하게 하시며
그의 영화 아래에 불이 붙는 것
같이 맹렬히 타게 하실 것이라
17 이스라엘의 빛은 불이 되고
그의 거룩하신 이는 불꽃이 되실
것이니라 하루 사이에 그의 가시
와 찔레가 소멸되며 18 그의 숲
과 기름진 밭의 영광이 전부 소
멸되리니 병자가 점점 쇠약하여
감 같을 것이라 19 그의 숲에 남
은 나무의 수가 희소하여 아이라
도 능히 계수할 수 있으리라

남은 자만 돌아오리라

20 그 날에 이스라엘의 남은 자
와 야곱 족속의 피난한 자들이

다시는 자기를 친 자를 의지하지
아니하고 이스라엘의 거룩하신
이 여호와를 진실하게 의지하리
니 21 남은 자 곧 야곱의 남은 자
가 능하신 하나님께로 돌아올 것
이라 22 이스라엘이여 네 백성
이 바다의 모래 같을지라도 남은
자만 돌아오리니 넘치는 공의로
파멸이 작정되었음이라 23 이미
작정된 파멸을 주 만군의 여호와
께서 온 세계 중에 끝까지 행하
시리라

주께서 앗수르를 멸하시리라

24 그러므로 주 만군의 여호와께
서 이르시되 시온에 거주하는 내
백성들아 앗수르가 애굽이 한 것
처럼 막대기로 너를 때리며 몽둥
이를 들어 너를 칠지라도 그를
두려워하지 말라 25 내가 오래
지 아니하여 네게는 분을 그치고
그들은 내 진노로 멸하리라 하시
도다 26 만군의 여호와께서 채
찍을 들어 그를 치시되 오렙 바
위에서 미디안을 쳐죽이신 것 같
이 하실 것이며 막대기를 드시되
바다를 향하여 애굽에서 하신 것
같이 하실 것이라 27 그 날에 그
의 무거운 짐이 네 어깨에서 떠
나고 그의 멍에가 네 목에서 벗
어지되 기름진 까닭에 멍에가 부
러지리라

침략자들의 공격

28 그가 아얏에 이르러 미그론을
지나 믹마스에 그의 장비를 두고
29 산을 넘어 게바에서 유숙하매
라마는 떨고 사울의 기브아는 도
망하도다 30 딸 갈림아 큰 소리
로 외칠지어다 라이사야 자세히
들을지어다 가련하다 너 아나돗
이여 31 맛메나는 피난하며 게
빔 주민은 도망하도다 32 아직
이 날에 그가 놉에서 쉬고 딸 시
온 산 곧 예루살렘 산을 향하여
그 손을 흔들리로다 33 보라 주
만군의 여호와께서 혁혁한 위력
으로 그 가지를 꺾으시리니 그
장대한 자가 찍힐 것이요 그 높
은 자가 낮아질 것이며 34 쇠로
그 빽빽한 숲을 베시리니 레바논
이 권능 있는 자에게 베임을 당
하리라

11장

평화의 나라

1 이새•의 줄기에서 한 싹이 나
며 그 뿌리에서 한 가지가 나서
결실할 것이요 2 그의 위에 여호
와의 영 곧 지혜와 총명의 영이
요 모략과 재능의 영이요 지식과
여호와를 경외하는 영이 강림하
시리니 3 그가 여호와를 경외함
으로 즐거움을 삼을 것이며 그의
눈에 보이는 대로 심판하지 아니
하며 그의 귀에 들리는 대로 판
단하지 아니하며 4 공의로 가난
한 자를 심판하며 정직으로 세상
의 겸손한 자를 판단할 것이며
그의 입의 막대기로 세상을 치며
그의 입술의 기운으로 악인을 죽
일 것이며 5 공의로 그의 허리띠
를 삼으며 성실로 그의 몸의 띠
를 삼으리라 6 그 때에 이리가
어린 양과 함께 살며 표범이 어
린 염소와 함께 누우며 송아지와
어린 사자와 살진 짐승이 함께
있어 어린 아이에게 끌리며 7 암
소와 곰이 함께 먹으며 그것들의
새끼가 함께 엎드리며 사자가 소
처럼 풀을 먹을 것이며 8 젖 먹
는 아이가 독사의 구멍에서 장난
하며 젖 뗀 어린 아이가 독사의
굴에 손을 넣을 것이라 9 내 거
룩한 산 모든 곳에서 해 됨도 없
고 상함도 없을 것이니 이는 물
이 바다를 덮음 같이 여호와를
아는 지식이 세상에 충만할 것임
이니라

남은 백성이 돌아오리라

10 그 날에 이새의 뿌리에서 한
싹이 나서 만민의 기치로 설 것
이요 열방이 그에게로 돌아오리
니 그가 거한 곳이 영화로우리라
11 그 날에 주께서 다시 그의 손
을 펴사 그의 남은 백성을 앗수
르와 애굽과 바드로스와 구스와
엘람과 시날과 하맛과 바다 섬들
에서 돌아오게 하실 것이라 12
여호와께서 열방을 향하여 기치
를 세우시고 이스라엘의 쫓긴 자
들을 모으시며 땅 사방에서 유다
의 흩어진 자들을 모으시리니
13 에브라임의 질투는 없어지고
유다를 괴롭게 하던 자들은 끊어

11:1 이새 다윗 왕의 아버지

사

지며 에브라임은 유다를 질투하
지 아니하며 유다는 에브라임을
괴롭게 하지 아니할 것이요 14
그들이 서쪽으로 블레셋 사람들
의 어깨에 날아 앉고 함께 동방
백성을 노략하며 에돔과 모압에
손을 대며 암몬 자손을 자기에게
복종시키리라 15 여호와께서 애
굽 해만을 말리시고 그의 손을
유브라데 하수 위에 흔들어 뜨거
운 바람을 일으켜 그 하수를 쳐
일곱 갈래로 나누어 신을 신고
건너가게 하실 것이라 16 그의
남아 있는 백성 곧 앗수르에서
남은 자들을 위하여 큰 길이 있
게 하시되 이스라엘이 애굽 땅에
서 나오던 날과 같게 하시리라

12장

감사 찬송

1 그 날에 네가 말하기를 여호와
여 주께서 전에는 내게 노하셨사
오나 이제는 주의 진노가 돌아섰
고 또 주께서 나를 안위하시오니
내가 주께 감사하겠나이다 할 것
이니라 2 보라 하나님은 나의 구
원이시라 내가 신뢰하고 두려움
이 없으리니 주 여호와는 나의
힘이시며 나의 노래시며 나의 구
원이심이라 3 그러므로 너희가
기쁨으로 구원의 우물들에서 물
을 길으리로다 4 그 날에 너희가
또 말하기를 여호와께 감사하라
그의 이름을 부르며 그의 행하심
을 만국 중에 선포하며 그의 이
름이 높다 하라 5 여호와를 찬송
할 것은 극히 아름다운 일을 하
셨음이니 이를 온 땅에 알게 할
지어다 6 시온의 주민아 소리 높
여 부르라 이스라엘의 거룩하신
이가 너희 중에서 크심이니라 할
것이니라

13장

바벨론에 대한 경고

1 아모스의 아들 이사야가 바벨
론에 대하여 받은 경고라 2 너희
는 민둥산 위에 기치를 세우고
소리를 높여 그들을 부르며 손을
흔들어 그들을 존귀한 자의 문에
들어가게 하라 3 내가 거룩하게
구별한 자들에게 명령하고 나의
위엄을 기뻐하는 용사들을 불러
나의 노여움을 전하게 하였느니
라 4 산에서 무리의 소리가 남이
여 많은 백성의 소리 같으니 곧
열국 민족이 함께 모여 떠드는
소리라 만군의 여호와께서 싸움
을 위하여 군대를 검열하심이로
다 5 무리가 먼 나라에서, 하늘
끝에서 왔음이여 곧 여호와와 그
의 진노의 병기라 온 땅을 멸하
려 함이로다 6 너희는 애곡할지
어다 여호와의 날이 가까웠으니
전능자에게서 멸망이 임할 것임
이로다 7 그러므로 모든 손의 힘
이 풀리고 각 사람의 마음이 녹
을 것이라 8 그들이 놀라며 괴로
움과 슬픔에 사로잡혀 해산이 임
박한 여자 같이 고통하며 서로
보고 놀라며 얼굴이 불꽃 같으리
로다 9 보라 여호와의 날 곧 잔
혹히 분냄과 맹렬히 노하는 날이
이르러 땅을 황폐하게 하며 그
중에서 죄인들을 멸하리니 10
하늘의 별들과 별 무리가 그 빛
을 내지 아니하며 해가 돋아도
어두우며 달이 그 빛을 비추지
아니할 것이로다 11 내가 세상
의 악과 악인의 죄를 벌하며 교
만한 자의 오만을 끊으며 강포한
자의 거만을 낮출 것이며 12 내
가 사람을 순금보다 희소하게 하
며 인생을 오빌의 금보다 희귀하
게 하리로다 13 그러므로 나 만
군의 여호와가 분하여 맹렬히 노
하는 날에 하늘을 진동시키며 땅
을 흔들어 그 자리에서 떠나게
하리니 14 그들이 쫓긴 노루나
모으는 자 없는 양 같이 각기 자
기 동족에게로 돌아가며 각기 본
향으로 도망할 것이나 15 만나
는 자마다 창에 찔리겠고 잡히는
자마다 칼에 엎드러지겠고 16
그들의 어린 아이들은 그들의 목
전에서 메어침을 당하겠고 그들
의 집은 노략을 당하겠고 그들의
아내는 욕을 당하리라 17 보라
은을 돌아보지 아니하며 금을 기
뻐하지 아니하는 메대 사람을 내
가 충동하여 그들을 치게 하리니
18 메대 사람이 활로 청년을 쏘
아 죽이며 태의 열매를 긍휼히
여기지 아니하며 아이를 애석하
게 보지 아니하리라 19 열국의
영광이요 갈대아 사람의 자랑하
는 노리개가 된 바벨론이 하나님
께 멸망 당한 소돔과 고모라 같
이 되리니 20 그 곳에 거주할 자
가 없겠고 거처할 사람이 대대
에 없을 것이며 아라비아 사람
도 거기에 장막을 치지 아니하
며 목자들도 그 곳에 그들의 양
떼를 쉬게 하지 아니할 것이요

21 오직 들짐승들이 거기에 엎드
리고 부르짖는 짐승이 그들의
가옥에 가득하며 타조가 거기에
깃들이며 들양이 거기에서 뛸
것이요 22 그의 궁성에는 승냥
이가 부르짖을 것이요 화려하던
궁전에는 들개가 울 것이라 그
의 때가 가까우며 그의 날이 오
래지 아니하리라

14장

포로에서 돌아오다

1 여호와께서 야곱을 긍휼히 여
기시며 이스라엘을 다시 택하여
그들의 땅에 두시리니 나그네 된
자가 야곱 족속과 연합하여 그들
에게 예속될 것이며 2 민족들이
그들을 데리고 그들의 본토에 돌
아오리니 이스라엘 족속이 여호
와의 땅에서 그들을 얻어 노비로
삼겠고 전에 자기를 사로잡던 자
들을 사로잡고 자기를 압제하던
자들을 주관하리라

스올로 내려간 바벨론 왕

3 여호와께서 너를 슬픔과 곤고
와 및 네가 수고하는 고역에서
놓으시고 안식을 주시는 날에 4
너는 바벨론 왕에 대하여 이 노
래를 지어 이르기를 압제하던 자
가 어찌 그리 그쳤으며 강포한
성이 어찌 그리 폐하였는고 5 여
호와께서 악인의 몽둥이와 통치
자의 규를 꺾으셨도다 6 그들이
분내어 여러 민족을 치되 치기를
마지아니하였고 노하여 열방을
억압하여도 그 억압을 막을 자
없었더니 7 이제는 온 땅이 조용
하고 평온하니 무리가 소리 높여
노래하는도다 8 향나무와 레바
논의 백향목도 너로 말미암아 기
뻐하여 이르기를 네가 넘어져 있
은즉 올라와서 우리를 베어 버릴
자 없다 하는도다 9 아래의 스올
이 너로 말미암아 소동하여 네가
오는 것을 영접하되 그것이 세상
의 모든 영웅을 너로 말미암아
움직이게 하며 열방의 모든 왕을
그들의 왕좌에서 일어서게 하므
로 10 그들은 다 네게 말하여 이
르기를 너도 우리 같이 연약하게
되었느냐 너도 우리 같이 되었느
냐 하리로다 11 네 영화가 스올
에 떨어졌음이여 네 비파 소리까
지로다 구더기가 네 아래에 깔림
이여 지렁이가 너를 덮었도다
12 너 아침의 아들 계명성이여
어찌 그리 하늘에서 떨어졌으며
너 열국을 엎은 자여 어찌 그리

사

땅에 찍혔는고 13 네가 네 마음
에 이르기를 내가 하늘에 올라
하나님의 뭇 별 위에 내 자리를
높이리라 내가 북극 집회의 산
위에 앉으리라 14 가장 높은 구
름에 올라가 지극히 높은 이와
같아지리라 하는도다 15 그러나
이제 네가 스올 곧 구덩이 맨 밑
에 떨어짐을 당하리로다 16 너
를 보는 이가 주목하여 너를 자
세히 살펴 보며 말하기를 이 사
람이 땅을 진동시키며 열국을 놀
라게 하며 17 세계를 황무하게
하며 성읍을 파괴하며 그에게 사
로잡힌 자들을 집으로 놓아 보내
지 아니하던 자가 아니냐 하리로
다 18 열방의 모든 왕들은 모두
각각 자기 집에서 영광 중에 자
건마는 19 오직 너는 자기 무덤
에서 내쫓겼으니 가증한 나무 가
지 같고 칼에 찔려 돌구덩이에
떨어진 주검들에 둘러싸였으니
밟힌 시체와 같도다 20 네가 네
땅을 망하게 하였고 네 백성을
죽였으므로 그들과 함께 안장되
지 못하나니 악을 행하는 자들의
후손은 영원히 이름이 불려지지
아니하리로다 할지니라

여호와께서 바벨론을 멸하시리라

21 너희는 그들의 조상들의 죄악
으로 말미암아 그의 자손 도륙하
기를 준비하여 그들이 일어나 땅
을 차지하여 성읍들로 세상을 가
득하게 하지 못하게 하라 22 만
군의 여호와께서 말씀하시되 내
가 일어나 그들을 쳐서 이름과
남은 자와 아들과 후손을 바벨론
에서 끊으리라 나 여호와의 말이

니라 23 내가 또 그것이 고슴도
치의 굴혈과 물 웅덩이가 되게
하고 또 멸망의 빗자루로 청소하
리라 나 만군의 여호와의 말이니
라 하시니라

여호와께서 앗수르를 파하시리라

24 만군의 여호와께서 맹세하여
이르시되 내가 생각한 것이 반드
시 되며 내가 경영한 것을 반드
시 이루리라 25 내가 앗수르를
나의 땅에서 파하며 나의 산에서
그것을 짓밟으리니 그 때에 그의
멍에가 이스라엘에게서 떠나고
그의 짐이 그들의 어깨에서 벗어
질 것이라 26 이것이 온 세계를
향하여 정한 경영이며 이것이 열
방을 향하여 편 손이라 하셨나니
27 만군의 여호와께서 경영하셨
은즉 누가 능히 그것을 폐하며
그의 손을 펴셨은즉 누가 능히
그것을 돌이키랴

여호와께서 블레셋을 소멸시키시리라

28 아하스 왕이 죽던 해에 이 경
고가 임하니라 29 블레셋 온 땅
이여 너를 치던 막대기가 부러
졌다고 기뻐하지 말라 뱀의 뿌
리에서는 독사가 나겠고 그의
열매는 날아다니는 불뱀이 되리
라 30 가난한 자의 장자는 먹겠
고 궁핍한 자는 평안히 누우려
니와 내가 네 뿌리를 기근으로
죽일 것이요 네게 남은 자는 살
륙을 당하리라 31 성문이여 슬
피 울지어다 성읍이여 부르짖을
지어다 너 블레셋이여 다 소멸
되리로다 대저 연기가 북방에서
오는데 그 대열에서 벗어난 자
가 없느니라 32 그 나라 사신들
에게 어떻게 대답하겠느냐 여호
와께서 시온을 세우셨으니 그의

백성의 곤고한 자들이 그 안에
서 피난하리라 할 것이니라

15장

여호와께서 모압을 황폐하게 하시리라

1 모압에 관한 경고라 하룻밤에
모압 알이 망하여 황폐할 것이며
하룻밤에 모압 기르가 망하여 황
폐할 것이라 2 그들은 바잇과 디
본 산당에 올라가서 울며 모압은
느보와 메드바를 위하여 통곡하
는도다 그들이 각각 머리카락을
밀고 각각 수염을 깎았으며 3 거
리에서는 굵은 베로 몸을 동였으
며 지붕•과 넓은 곳에서는 각기
애통하여 심히 울며 4 헤스본과
엘르알레는 부르짖으며 그들의
소리는 야하스까지 들리니 그러
므로 모압의 군사들이 크게 부르
짖으며 그들의 혼이 속에서 떠는
도다 5 내 마음이 모압을 위하여
부르짖는도다 그 피난민들은 소
알과 에글랏 슬리시야까지 이르
고 울며 루힛 비탈길로 올라가며
호로나임 길에서 패망을 울부짖
으니 6 니므림 물이 마르고 풀이
시들었으며 연한 풀이 말라 청청
한 것이 없음이로다 7 그러므로
그들이 얻은 재물과 쌓았던 것을
가지고 버드나무 시내를 건너리
니 8 이는 곡성이 모압 사방에
둘렸고 슬피 부르짖음이 에글라
임에 이르며 부르짖음이 브엘엘
림에 미치며 9 디몬 물에는 피가
가득함이로다 그럴지라도 내가
디몬에 재앙을 더 내리되 모압에
도피한 자와 그 땅에 남은 자에
게 사자를 보내리라

16장

모압이 통곡하고 근심하리라

1 너희는 이 땅 통치자에게 어린
양들을 드리되 셀라에서부터 광
야를 지나 딸 시온 산으로 보낼
지니라 2 모압의 딸들은 아르논
나루에서 떠다니는 새 같고 보금
자리에서 흩어진 새 새끼 같을
것이라 3 너는 방도를 베풀며 공
의로 판결하며 대낮에 밤 같이
그늘을 지으며 쫓겨난 자들을 숨
기며 도망한 자들을 발각되게 하
지 말며 4 나의 쫓겨난 자들이
너와 함께 있게 하되 너 모압은
멸절하는 자 앞에서 그들에게 피
할 곳이 되라 대저 토색하는 자
가 망하였고 멸절하는 자가 그쳤
고 압제하는 자가 이 땅에서 멸
절하였으며 5 다윗의 장막에 인
자함으로 왕위가 굳게 설 것이요
그 위에 앉을 자는 충실함으로
판결하며 정의를 구하며 공의를
신속히 행하리라 6 우리가 모압
의 교만을 들었나니 심히 교만하
도다 그가 거만하며 교만하며 분
노함도 들었거니와 그의 자랑이
헛되도다 7 그러므로 모압이 모
압을 위하여 통곡하되 다 통곡하
며 길하레셋 건포도 떡을 위하여
그들이 슬퍼하며 심히 근심하리
니 8 이는 헤스본의 밭과 십마의
포도나무가 말랐음이라 전에는
그 가지가 야셀에 미쳐 광야에
이르고 그 싹이 자라서 바다를
건넜더니 이제 열국의 주권자들
이 그 좋은 가지를 꺾었도다 9
그러므로 내가 야셀의 울음처럼
십마의 포도나무를 위하여 울리
라 헤스본이여, 엘르알레여, 내
눈물로 너를 적시리니 너의 여름
실과, 네 농작물에 즐거운 소리
가 그쳤음이라 10 즐거움과 기
쁨이 기름진 밭에서 떠났고 포도
원에는 노래와 즐거운 소리가 없
어지겠고 틀에는 포도를 밟을 사
람이 없으리니 이는 내가 즐거운
소리를 그치게 하였음이라 11
이러므로 내 마음이 모압을 위하
여 수금 같이 소리를 발하며 내
창자가 길하레셋을 위하여 그러

15:3 **지붕** 성경 시대에 집들의 지붕은 평평했다. 당시 지붕은 열매와 아마(亞麻) 같은 것들을 말리는 장소로 사용되었다. 또 임시로 사용하는 방으로, 경배의 장소로, 또는 여름에 잠자는 장소로 사용되었다.

사

하도다 12 모압이 그 산당에서
피곤하도록 봉사하며 자기 성소
에 나아가서 기도할지라도 소용
없으리로다 13 이는 여호와께서
오래 전부터 모압을 들어 하신
말씀이거니와 14 이제 여호와께
서 말씀하여 이르시되 품꾼의 정
한 해와 같이 삼 년 내에 모압의
영화와 그 큰 무리가 능욕을 당
할지라 그 남은 수가 심히 적어
보잘것없이 되리라 하시도다

17장

여호와께서 에브라임과 다메섹을 멸하시리라

1 다메섹에 관한 경고라 보라 다
메섹이 장차 성읍을 이루지 못하
고 무너진 무더기가 될 것이라 2
아로엘의 성읍들이 버림을 당하
리니 양 무리를 치는 곳이 되어
양이 눕되 놀라게 할 자가 없을
것이며 3 에브라임의 요새와 다
메섹 나라와 아람의 남은 자가
멸절하여 이스라엘 자손의 영광
같이 되리라 만군의 여호와의 말
씀이니라 4 그 날에 야곱의 영광
이 쇠하고 그의 살진 몸이 파리
하리니 5 마치 추수하는 자가 곡
식을 거두어 가지고 그의 손으로
이삭을 벤 것 같고 르바임 골짜
기에서 이삭을 주운 것 같으리라
6 그러나 그 안에 주울 것이 남으
리니 감람나무를 흔들 때에 가장
높은 가지 꼭대기에 과일 두세
개가 남음 같겠고 무성한 나무의
가장 먼 가지에 네다섯 개가 남
음 같으리라 이스라엘의 하나님
여호와의 말씀이니라 7 그 날에
사람이 자기를 지으신 이를 바라
보겠으며 그의 눈이 이스라엘의
거룩하신 이를 뵙겠고 8 자기 손
으로 만든 제단을 바라보지 아니
하며 자기 손가락으로 지은 아세
라나 태양상을 보지 아니할 것이
며 9 그 날에 그 견고한 성읍들
이 옛적에 이스라엘 자손 앞에서
버린 바 된 수풀 속의 처소와 작
은 산 꼭대기의 처소 같아서 황
폐하리니 10 이는 네가 네 구원
의 하나님을 잊어버리며 네 능력
의 반석을 마음에 두지 아니한
까닭이라 그러므로 네가 기뻐하
는 나무를 심으며 이방의 나무
가지도 이종하는도다 11 네가
심는 날에 울타리를 두르고 아침
에 네 씨가 잘 발육하도록 하였
으나 근심과 심한 슬픔의 날에
농작물이 없어지리라

주께서 열방을 꾸짖어 흩으시리라

12 슬프다 많은 민족이 소동하였
으되 바다 파도가 치는 소리 같
이 그들이 소동하였고 열방이 충
돌하였으되 큰 물이 몰려옴 같이
그들도 충돌하였도다 13 열방이
충돌하기를 많은 물이 몰려옴과
같이 하나 주께서 그들을 꾸짖으
시리니 그들이 멀리 도망함이 산
에서 겨가 바람 앞에 흩어짐 같
겠고 폭풍 앞에 떠도는 티끌 같
을 것이라 14 보라 저녁에 두려
움을 당하고 아침이 오기 전에
그들이 없어졌나니 이는 우리를
노략한 자들의 몫이요 우리를 강
탈한 자들의 보응이니라

18장

여호와께서 구스를 두고 하신 말씀

1 슬프다 구스의 강 건너편 날개
치는 소리 나는 땅이여 2 갈대
배를 물에 띄우고 그 사자를 수
로로 보내며 이르기를 민첩한 사
절들아 너희는 강들이 흘러 나누
인 나라로 가되 장대하고 준수한
백성 곧 시초부터 두려움이 되며
강성하여 대적을 밟는 백성에게
로 가라 하는도다 3 세상의 모든
거민, 지상에 사는 너희여 산들
위에 기치를 세우거든 너희는 보
고 나팔을 불거든 너희는 들을지
니라 4 여호와께서 내게 이르시
되 내가 나의 처소에서 조용히
감찰함이 쬐이는 일광 같고 가을
더위에 운무 같도다 5 추수하기
전에 꽃이 떨어지고 포도가 맺혀
익어갈 때에 내가 낫으로 그 연
한 가지를 베며 퍼진 가지를 찍
어 버려서 6 산의 독수리들과 땅
의 들짐승들에게 던져 주리니 산
의 독수리들이 그것으로 여름을
지내며 땅의 들짐승들이 다 그것
으로 겨울을 지내리라 하셨음이
라 7 그 때에 강들이 흘러 나누
인 나라의 장대하고 준수한 백성
곧 시초부터 두려움이 되며 강성
하여 대적을 밟는 백성이 만군의
여호와께 드릴 예물을 가지고 만
군의 여호와의 이름을 두신 곳
시온 산에 이르리라

19장

여호와께서 애굽에 임하시리라

1 애굽에 관한 경고라 보라 여호
와께서 빠른 구름을 타고 애굽에
임하시리니 애굽의 우상들이 그
앞에서 떨겠고 애굽인의 마음이
그 속에서 녹으리로다 2 내가 애
굽인을 격동하여 애굽인을 치리
니 그들이 각기 형제를 치며 각
기 이웃을 칠 것이요 성읍이 성
읍을 치며 나라가 나라를 칠 것
이며 3 애굽인의 정신이 그 속에
서 쇠약할 것이요 그의 계획을
내가 깨뜨리리니 그들이 우상과
마술사와 신접한 자와 요술객에
게 물으리로다 4 내가 애굽인을
잔인한 주인의 손에 붙이리니 포
학한 왕이 그들을 다스리리라 주
만군의 여호와의 말씀이니라 5
바닷물이 없어지겠고 강이 잦아
서 마르겠고 6 강들에서는 악취
가 나겠고 애굽의 강물은 줄어들
고 마르므로 갈대와 부들이 시들
겠으며 7 나일 가까운 곳 나일
언덕의 초장과 나일 강 가까운
곡식 밭이 다 말라서 날려가 없
어질 것이며 8 어부들은 탄식하
며 나일 강에 낚시를 던지는 자
마다 슬퍼하며 물 위에 그물을
치는 자는 피곤할 것이며 9 세마
포를 만드는 자와 베 짜는 자들
이 수치를 당할 것이며 10 그의
기둥이 부서지고 품꾼들이 다 마
음에 근심하리라 11 소안의 방
백은 어리석었고 바로의 가장 지
혜로운 모사의 책략은 우둔하여
졌으니 너희가 어떻게 바로에게
이르기를 나는 지혜로운 자들의
자손이라 나는 옛 왕들의 후예라
할 수 있으랴 12 너의 지혜로운
자가 어디 있느냐 그들이 만군의
여호와께서 애굽에 대하여 정하
신 뜻을 알 것이요 곧 네게 말할
것이니라 13 소안의 방백들은
어리석었고 놉의 방백들은 미혹
되었도다 그들은 애굽 종족들의
모퉁잇돌이거늘 애굽을 그릇 가
게 하였도다 14 여호와께서 그
가운데 어지러운 마음을 섞으셨
으므로 그들이 애굽을 매사에 잘
못 가게 함이 취한 자가 토하면
서 비틀거림 같게 하였으니 15
애굽에서 머리나 꼬리며 종려나
무 가지나 갈대가 아무 할 일이
없으리라

애굽 사람이 여호와께 경배하리라

16 그 날에 애굽이 부녀와 같을
것이라 그들이 만군의 여호와께
서 흔드시는 손이 그들 위에 흔
들림으로 말미암아 떨며 두려워
할 것이며 17 유다의 땅은 애굽
의 두려움이 되리니 이는 만군의
여호와께서 애굽에 대하여 정하
신 계획으로 말미암음이라 그 소
문을 듣는 자마다 떨리라 18 그
날에 애굽 땅에 가나안 방언을
말하며 만군의 여호와를 가리켜
맹세하는 다섯 성읍이 있을 것이
며 그 중 하나를 멸망의 성읍이
라 칭하리라 19 그 날에 애굽 땅
중앙에는 여호와를 위하여 제단
이 있겠고 그 변경에는 여호와를
위하여 기둥이 있을 것이요 20
이것이 애굽 땅에서 만군의 여호
와를 위하여 징조와 증거가 되리
니 이는 그들이 그 압박하는 자
들로 말미암아 여호와께 부르짖
겠고 여호와께서는 그들에게 한
구원자이자 보호자를 보내사 그
들을 건지실 것임이라 21 여호
와께서 자기를 애굽에 알게 하시

리니 그 날에 애굽이 여호와를
알고 제물과 예물을 그에게 드리
고 경배할 것이요 여호와께 서원
하고 그대로 행하리라 22 여호
와께서 애굽을 치실지라도 치시
고는 고치실 것이므로 그들이 여
호와께로 돌아올 것이라 여호와
께서 그들의 간구함을 들으시고
그들을 고쳐 주시리라 23 그 날
에 애굽에서 앗수르로 통하는 대
로가 있어 앗수르 사람은 애굽으
로 가겠고 애굽 사람은 앗수르로
갈 것이며 애굽 사람이 앗수르
사람과 함께 경배하리라 24 그
날에 이스라엘이 애굽 및 앗수르
와 더불어 셋이 세계 중에 복이
되리니 25 이는 만군의 여호와
께서 복 주시며 이르시되 내 백
성 애굽이여, 내 손으로 지은 앗
수르여, 나의 기업 이스라엘이
여, 복이 있을지어다 하실 것임
이라

20장

벗은 선지자의 예표

1 앗수르의 사르곤 왕이 다르단
을 아스돗으로 보내매 그가 와서
아스돗을 쳐서 취하던 해니라 2
그 때에 여호와께서 아모스의 아
들 이사야에게 말씀하여 이르시
되 갈지어다 네 허리에서 베를
끄르고 네 발에서 신을 벗을지니
라 하시매 그가 그대로 하여 벗
은 몸과 벗은 발로 다니니라 3
여호와께서 이르시되 나의 종 이
사야가 삼 년 동안 벗은 몸과 벗
은 발로 다니며 애굽과 구스에
대하여 징조와 예표가 되었느니
라 4 이와 같이 애굽의 포로와
구스의 사로잡힌 자가 앗수르 왕
에게 끌려갈 때에 젊은 자나 늙
은 자가 다 벗은 몸과 벗은 발로
볼기까지 드러내어 애굽의 수치
를 보이리니 5 그들이 바라던 구
스와 자랑하던 애굽으로 말미암
아 그들이 놀라고 부끄러워할 것
이라 6 그 날에 이 해변 주민이
말하기를 우리가 믿던 나라 곧
우리가 앗수르 왕에게서 벗어나
기를 바라고 달려가서 도움을 구
하던 나라가 이같이 되었은즉 우
리가 어찌 능히 피하리요 하리라

21장

바벨론 멸망에 관한 묵시

1 해변 광야•에 관한 경고라 적
병이 광야에서, 두려운 땅에서
네겝 회오리바람 같이 몰려왔도
다 2 혹독한 묵시가 내게 보였도
다 속이는 자는 속이고 약탈하는
자는 약탈하도다 엘람이여 올라
가고 메대여 에워싸라 그의 모든
탄식을 내가 그치게 하였노라 하
시도다 3 이러므로 나의 요통이
심하여 해산이 임박한 여인의 고
통 같은 고통이 나를 엄습하였으
므로 내가 괴로워서 듣지 못하며
놀라서 보지 못하도다 4 내 마음
이 어지럽고 두려움이 나를 놀라
게 하며 희망의 서광이 변하여
내게 떨림이 되도다 5 그들이 식
탁을 베풀고 파수꾼을 세우고 먹
고 마시도다 너희 고관들아 일어
나 방패에 기름을 바를지어다 6

주께서 내게 이르시되 가서 파수
꾼을 세우고 그가 보는 것을 보
고하게 하되 7 마병대가 쌍쌍이
오는 것과 나귀 떼와 낙타 떼를
보거든 귀 기울여 자세히 들으라
하셨더니 8 파수꾼이 사자 같이
부르짖기를 주여 내가 낮에 늘
망대에 서 있었고 밤이 새도록
파수하는 곳에 있었더니 9 보소
서 마병대가 쌍쌍이 오나이다 하
니 그가 대답하여 이르시되 함락
되었도다 함락되었도다 바벨론
이여 그들이 조각한 신상들이 다
부서져 땅에 떨어졌도다 하시도
다 10 내가 짓밟은 너여, 내가 타
작한 너여, 내가 이스라엘의 하
나님 만군의 여호와께 들은 대로
너희에게 전하였노라

두마에 관한 경고

11 두마•에 관한 경고라 사람이
세일에서 나를 부르되 파수꾼이
여 밤이 어떻게 되었느냐 파수
꾼이여 밤이 어떻게 되었느냐
12 파수꾼이 이르되 아침이 오나
니 밤도 오리라 네가 물으려거
든 물으라 너희는 돌아올지니라
하더라

아라비아에 관한 경고

13 아라비아에 관한 경고라 드단
대상들이여 너희가 아라비아 수
풀에서 유숙하리라 14 데마 땅

21:1 **해변 광야** 바벨론을 가리키는 말인 것 같다.
21:11 **두마** 에돔의 또 다른 이름

의 주민들아 물을 가져다가 목마
른 자에게 주고 떡을 가지고 도
피하는 자를 영접하라 15 그들
이 칼날을 피하며 뺀 칼과 당긴
활과 전쟁의 어려움에서 도망하
였음이니라 16 주께서 이같이
내게 이르시되 품꾼의 정한 기한
같이 일 년 내에 게달의 영광이
다 쇠멸하리니 17 게달 자손 중
활 가진 용사의 남은 수가 적으
리라 하시니라 이스라엘의 하나
님 여호와의 말씀이니라

22장

환상의 골짜기에 관한 경고

1 환상의 골짜기* 에 관한 경고라
네가 지붕에 올라감은 어찌함인
고 2 소란하며 떠들던 성, 즐거
워하던 고을이여 너의 죽임을 당
한 자들은 칼에 죽은 것도 아니
요 전쟁에 사망한 것도 아니라 3
너의 관원들도 다 함께 도망하였
다가 활을 버리고 결박을 당하였
고 너의 멀리 도망한 자들도 발
견되어 다 함께 결박을 당하였도
다 4 그러므로 내가 말하노니 돌
이켜 나를 보지 말지어다 나는
슬피 통곡하겠노라 내 딸 백성이
패망하였음으로 말미암아 나를
위로하려고 힘쓰지 말지니라 5
환상의 골짜기에 주 만군의 여호
와께로부터 이르는 소란과 밟힘
과 혼란의 날이여 성벽의 무너뜨
림과 산악에 사무쳐 부르짖는 소
리로다 6 엘람 사람은 화살통을
메었고 병거 탄 자와 마병이 함
께 하였고 기르 사람은 방패를
드러냈으니 7 병거는 네 아름다
운 골짜기에 가득하였고 마병은
성문에 정렬되었도다 8 그가 유
다에게 덮였던 것을 벗기매 그
날에야 네가 수풀 곳간의 병기를
바라보았고 9 너희가 다윗 성의
무너진 곳이 많은 것도 보며 너
희가 아랫못의 물도 모으며 10
또 예루살렘의 가옥을 계수하며
그 가옥을 헐어 성벽을 견고하게
도 하며 11 너희가 또 옛 못의 물
을 위하여 두 성벽 사이에 저수지
를 만들었느니라 그러나 너희가
이를 행하신 이를 앙망하지 아니
하였고 이 일을 옛적부터 경영하
신 이를 공경하지 아니하였느니
라 12 그 날에 주 만군의 여호와
께서 명령하사 통곡하며 애곡하
며 머리 털을 뜯으며 굵은 베를
띠라 하셨거늘 13 너희가 기뻐하
며 즐거워하여 소를 죽이고 양을
잡아 고기를 먹고 포도주를 마시
면서 내일 죽으리니 먹고 마시자
하는도다 14 만군의 여호와께서
친히 내 귀에 들려 이르시되 진실
로 이 죄악은 너희가 죽기까지 용
서하지 못하리라 하셨느니라 주
만군의 여호와의 말씀이니라

셉나에게 경고하시다

15 주 만군의 여호와께서 이르시
되 너는 가서 그 국고를 맡고 왕
궁 맡은 자 셉나를 보고 이르기
를 16 네가 여기와 무슨 관계가
있느냐 여기에 누가 있기에 여기
서 너를 위하여 묘실을 팠느냐
높은 곳에 자기를 위하여 묘실을
팠고 반석에 자기를 위하여 처소
를 쪼아내었도다 17 나 여호와
가 너를 단단히 결박하고 장사
같이 세게 던지되 18 반드시 너
를 모질게 감싸서 공 같이 광막
한 곳에 던질 것이라 주인의 집
에 수치를 끼치는 너여 네가 그
곳에서 죽겠고 네 영광의 수레도
거기에 있으리라 19 내가 너를
네 관직에서 쫓아내며 네 지위에
서 낮추리니 20 그 날에 내가 힐
기야의 아들 내 종 엘리아김을
불러 21 네 옷을 그에게 입히며
네 띠를 그에게 띠워 힘 있게 하
고 네 정권을 그의 손에 맡기리
니 그가 예루살렘 주민과 유다의
집의 아버지가 될 것이며 22 내
가 또 다윗의 집의 열쇠를 그의
어깨에 두리니 그가 열면 닫을
자가 없겠고 닫으면 열 자가 없
으리라 23 못이 단단한 곳에 박
힘 같이 그를 견고하게 하리니
그가 그의 아버지 집에 영광의
보좌가 될 것이요 24 그의 아버
지 집의 모든 영광이 그 위에 걸

22:1 **환상의 골짜기** 예루살렘에서 가까운 한 골짜기를 가리키는 말인 것 같다.

리리니 그 후손과 족속 되는 각
작은 그릇 곧 종지로부터 모든
항아리까지니라 25 만군의 여호
와께서 이르시되 그 날에는 단단
한 곳에 박혔던 못이 삭으리니
그 못이 부러져 떨어지므로 그
위에 걸린 물건이 부서지리라 하
셨다 하라 나 여호와의 말이니라

사

23장

두로와 시돈에 대한 경고

1 두로에 관한 경고라 다시스의
배들아 너희는 슬피 부르짖을지
어다 두로가 황무하여 집이 없고
들어갈 곳도 없음이요 이 소식이
깃딤 땅에서부터 그들에게 전파
되었음이라 2 바다에 왕래하는
시돈 상인들로 말미암아 부요하
게 된 너희 해변 주민들아 잠잠
하라 3 시홀의 곡식 곧 나일의
추수를 큰 물로 수송하여 들였으
니 열국의 시장이 되었도다 4 시
돈이여 너는 부끄러워할지어다
대저 바다 곧 바다의 요새가 말
하기를 나는 산고를 겪지 못하였
으며 출산하지 못하였으며 청년
들을 양육하지도 못하였으며 처
녀들을 생육하지도 못하였다 하
였음이라 5 그 소식이 애굽에 이
르면 그들이 두로의 소식으로 말
미암아 고통 받으리로다 6 너희
는 다시스로 건너갈지어다 해변
주민아 너희는 슬피 부르짖을지
어다 7 이것이 옛날에 건설된 너
희 희락의 성 곧 그 백성이 자기
발로 먼 지방까지 가서 머물던
성읍이냐 8 면류관을 씌우던 자
요 그 상인들은 고관들이요 그
무역상들은 세상에 존귀한 자들
이었던 두로에 대하여 누가 이
일을 정하였느냐 9 만군의 여호
와께서 그것을 정하신 것이라 모
든 누리던 영화를 욕되게 하시며
세상의 모든 교만하던 자가 멸시
를 받게 하려 하심이라 10 딸 다
시스여 나일 같이 너희 땅에 넘
칠지어다 너를 속박함이 다시는
없으리라 11 여호와께서 바다
위에 그의 손을 펴사 열방을 흔
드시며 여호와께서 가나안에 대
하여 명령을 내려 그 견고한 성
들을 무너뜨리게 하시고 12 이
르시되 너 학대 받은 처녀 딸 시
돈아 네게 다시는 희락이 없으리
니 일어나 깃딤으로 건너가라 거
기에서도 네가 평안을 얻지 못하
리라 하셨느니라 13 갈대아 사
람의 땅을 보라 그 백성이 없어
졌나니 곧 앗수르 사람이 그 곳
을 들짐승이 사는 곳이 되게 하
였으되 그들이 망대를 세우고 궁
전을 헐어 황무하게 하였느니라
14 다시스의 배들아 너희는 슬피
부르짖으라 너희의 견고한 성이
파괴되었느니라 15 그 날부터
두로가 한 왕의 연한 같이 칠십
년 동안 잊어버린 바 되었다가
칠십 년이 찬 후에 두로는 기생
의 노래 같이 될 것이라 16 잊어
버린 바 되었던 너 음녀여 수금
을 가지고 성읍에 두루 다니며
기묘한 곡조로 많은 노래를 불러
서 너를 다시 기억하게 하라 하
였느니라 17 칠십 년이 찬 후에
여호와께서 두로를 돌보시리니
그가 다시 값을 받고 지면에 있
는 열방과 음란을 행할 것이며
18 그 무역한 것과 이익을 거룩
히 여호와께 돌리고 간직하거나
쌓아 두지 아니하리니 그 무역한
것이 여호와 앞에 사는 자가 배
불리 먹을 양식, 잘 입을 옷감이
되리라

24장

여호와께서 땅을 벌하시리라

1 보라 여호와께서 땅을 공허하
게 하시며 황폐하게 하시며 지면
을 뒤집어엎으시고 그 주민을 흩
으시리니 2 백성과 제사장이 같
을 것이며 종과 상전이 같을 것
이며 여종과 여주인이 같을 것이
며 사는 자와 파는 자가 같을 것
이며 빌려 주는 자와 빌리는 자
가 같을 것이며 이자를 받는 자
와 이자를 내는 자가 같을 것이
라 3 땅이 온전히 공허하게 되고
온전히 황무하게 되리라 여호와
께서 이 말씀을 하셨느니라 4 땅
이 슬퍼하고 쇠잔하며 세계가 쇠
약하고 쇠잔하며 세상 백성 중에
높은 자가 쇠약하며 5 땅이 또한
그 주민 아래서 더럽게 되었으니
이는 그들이 율법을 범하며 율례
를 어기며 영원한 언약을 깨뜨렸
음이라 6 그러므로 저주가 땅을
삼켰고 그 중에 사는 자들이 정
죄함을 당하였고 땅의 주민이 불
타서 남은 자가 적도다 7 새 포
도즙이 슬퍼하고 포도나무가 쇠
잔하며 마음이 즐겁던 자가 다
탄식하며 8 소고 치는 기쁨이 그
치고 즐거워하는 자의 소리가 끊
어지고 수금 타는 기쁨이 그쳤으
며 9 노래하면서 포도주를 마시
지 못하고 독주는 그 마시는 자
에게 쓰게 될 것이라 10 약탈을
당한 성읍이 허물어지고 집마다
닫혀서 들어가는 자가 없으며
11 포도주가 없으므로 거리에서
부르짖으며 모든 즐거움이 사라

졌으며 땅의 기쁨이 소멸되었도
다 12 성읍이 황무하고 성문이
파괴되었느니라 13 세계 민족
중에 이러한 일이 있으리니 곧
감람나무를 흔듦 같고 포도를 거
둔 후에 그 남은 것을 주움 같을
것이니라 14 무리가 소리를 높
여 부를 것이며 여호와의 위엄으
로 말미암아 바다에서부터 크게
외치리니 15 그러므로 너희가
동방에서 여호와를 영화롭게 하
며 바다 모든 섬에서 이스라엘의
하나님 여호와의 이름을 영화롭
게 할 것이라 16 땅 끝에서부터
노래하는 소리가 우리에게 들리
기를 의로우신 이에게 영광을 돌
리세 하도다 그러나 나는 이르기
를 나는 쇠잔하였고 나는 쇠잔하
였으니 내게 화가 있도다 배신자
들은 배신하고 배신자들이 크게
배신하였도다 17 땅의 주민아
두려움과 함정과 올무가 네게 이
르렀나니 18 두려운 소리로 말
미암아 도망하는 자는 함정에 빠
지겠고 함정 속에서 올라오는 자
는 올무에 걸리리니 이는 위에
있는 문이 열리고 땅의 기초가
진동함이라 19 땅이 깨지고 깨
지며 땅이 갈라지고 갈라지며 땅
이 흔들리고 흔들리며 20 땅이
취한 자 같이 비틀비틀하며 원두
막 같이 흔들리며 그 위의 죄악
이 중하므로 떨어져서 다시는 일
어나지 못하리라 21 그 날에 여
호와께서 높은 데에서 높은 군대
를 벌하시며 땅에서 땅의 왕들을
벌하시리니 22 그들이 죄수가
깊은 옥에 모임 같이 모이게 되
고 옥에 갇혔다가 여러 날 후에
형벌을 받을 것이라 23 그 때에
달이 수치를 당하고 해가 부끄러
워하리니 이는 만군의 여호와께
서 시온 산과 예루살렘에서 왕이
되시고 그 장로들 앞에서 영광을
나타내실 것임이라

25장

찬송

1 여호와여 주는 나의 하나님이
시라 내가 주를 높이고 주의 이
름을 찬송하오리니 주는 기사를
옛적에 정하신 뜻대로 성실함과
진실함으로 행하셨음이라 2 주
께서 성읍을 돌무더기로 만드시
며 견고한 성읍을 황폐하게 하시
며 외인의 궁성을 성읍이 되지
못하게 하사 영원히 건설되지 못

하게 하셨으므로 3 강한 민족이
주를 영화롭게 하며 포학한 나라
들의 성읍이 주를 경외하리이다
4 주는 포학자의 기세가 성벽을
치는 폭풍과 같을 때에 빈궁한
자의 요새이시며 환난 당한 가난
한 자의 요새이시며 폭풍 중의
피난처시며 폭양을 피하는 그늘
이 되셨사오니 5 마른 땅에 폭양
을 제함 같이 주께서 이방인의
소란을 그치게 하시며 폭양을 구
름으로 가림 같이 포학한 자의
노래를 낮추시리이다

여호와께서 연회를 베푸시리라

6 만군의 여호와께서 이 산에서
만민을 위하여 기름진 것과 오래
저장하였던 포도주로 연회를 베
푸시리니 곧 골수가 가득한 기름
진 것과 오래 저장하였던 맑은
포도주로 하실 것이며 7 또 이
산에서 모든 민족의 얼굴을 가린
가리개와 열방 위에 덮인 덮개를
제하시며 8 사망을 영원히 멸하
실 것이라 주 여호와께서 모든
얼굴에서 눈물을 씻기시며 자기
백성의 수치를 온 천하에서 제하
시리라 여호와께서 이같이 말씀
하셨느니라

여호와께서 모압을 벌하시리라

9 그 날에 말하기를 이는 우리의
하나님이시라 우리가 그를 기다
렸으니 그가 우리를 구원하시리
로다 이는 여호와시라 우리가 그
를 기다렸으니 우리는 그의 구원
을 기뻐하며 즐거워하리라 할 것
이며 10 여호와의 손이 이 산에
나타나시리니 모압이 거름물 속
에서 초개가 밟힘 같이 자기 처소
에서 밟힐 것인즉 11 그가 헤엄
치는 자가 헤엄치려고 손을 폄 같
이 그 속에서 그의 손을 펼 것이
나 여호와께서 그의 교만으로 인
하여 그 손이 능숙함에도 불구하
고 그를 누르실 것이라 12 네 성
벽의 높은 요새를 헐어 땅에 내리
시되 진토에 미치게 하시리라

26장

여호와께서 백성에게 승리를 주시리라

1 그 날에 유다 땅에서 이 노래를
부르리라 우리에게 견고한 성읍
이 있음이여 여호와께서 구원을
성벽과 외벽으로 삼으시리로다
2 너희는 문들을 열고 신의를 지
키는 의로운 나라가 들어오게 할
지어다 3 주께서 심지가 견고한
자를 평강하고 평강하도록 지키
시리니 이는 그가 주를 신뢰함이
니이다 4 너희는 여호와를 영원
히 신뢰하라 주 여호와는 영원한
반석이심이로다 5 높은 데에 거
주하는 자를 낮추시며 솟은 성을
헐어 땅에 엎으시되 진토에 미치
게 하셨도다 6 발이 그것을 밟으
리니 곧 빈궁한 자의 발과 곤핍
한 자의 걸음이리로다 7 의인의
길은 정직함이여 정직하신 주께
서 의인의 첩경을 평탄하게 하시
도다 8 여호와여 주께서 심판하
시는 길에서 우리가 주를 기다렸
사오며 주의 이름을 위하여 또
주를 기억하려고 우리 영혼이 사
모하나이다 9 밤에 내 영혼이 주
를 사모하였사온즉 내 중심이 주
를 간절히 구하오리니 이는 주께
서 땅에서 심판하시는 때에 세계
의 거민이 의를 배움이니이다
10 악인은 은총을 입을지라도 의
를 배우지 아니하며 정직한 자의
땅에서 불의를 행하고 여호와의
위엄을 돌아보지 아니하는도다
11 여호와여 주의 손이 높이 들
릴지라도 그들이 보지 아니하오

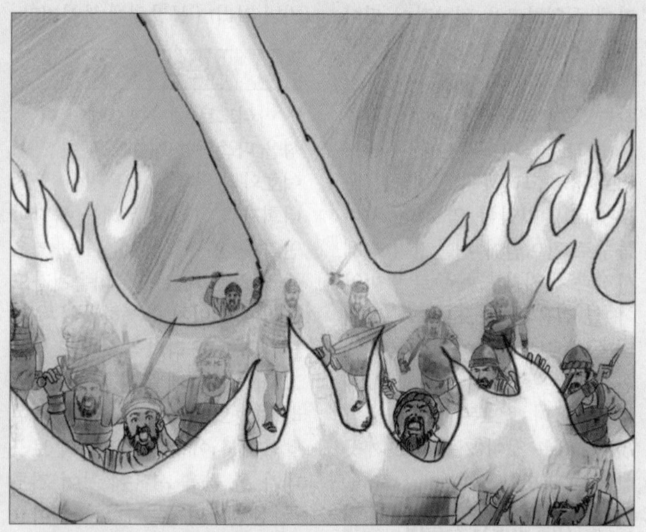

나 백성을 위하시는 주의 열성을
보면 부끄러워할 것이라 불이 주
의 대적들을 사르리이다 12 여
호와여 주께서 우리를 위하여 평
강을 베푸시오리니 주께서 우리
의 모든 일도 우리를 위하여 이
루심이니이다 13 여호와 우리
하나님이시여 주 외에 다른 주들
이 우리를 관할하였사오나 우리
는 주만 의지하고 주의 이름을
부르리이다 14 그들은 죽었은즉
다시 살지 못하겠고 사망하였은
즉 일어나지 못할 것이니 이는
주께서 벌하여 그들을 멸하사 그
들의 모든 기억을 없이하셨음이
니이다 15 여호와여 주께서 이
나라를 더 크게 하셨고 이 나라
를 더 크게 하셨나이다 스스로
영광을 얻으시고 이 땅의 모든
경계를 확장하셨나이다 16 여호
와여 그들이 환난 중에 주를 앙
모하였사오며 주의 징벌이 그들
에게 임할 때에 그들이 간절히
주께 기도하였나이다 17 여호와
여 잉태한 여인이 산기가 임박하
여 산고를 겪으며 부르짖음 같이
우리가 주 앞에서 그와 같으니이
다 18 우리가 잉태하고 산고를
당하였을지라도 바람을 낳은 것
같아서 땅에 구원을 베풀지 못하
였고 세계의 거민을 출산하지 못
하였나이다 19 주의 죽은 자들
은 살아나고 그들의 시체들은 일
어나리이다 티끌에 누운 자들아
너희는 깨어 노래하라 주의 이슬
은 빛난 이슬이니 땅이 죽은 자
들을 내놓으리로다

심판과 회복

20 내 백성아 갈지어다 네 밀실
에 들어가서 네 문을 닫고 분노
가 지나기까지 잠깐 숨을지어다
21 보라 여호와께서 그의 처소에
서 나오사 땅의 거민의 죄악을
벌하실 것이라 땅이 그 위에 잦
았던 피를 드러내고 그 살해 당
한 자를 다시는 덮지 아니하리라

27장

1 그 날에 여호와께서 그의 견고
하고 크고 강한 칼로 날랜 뱀 리
워야단 곧 꼬불꼬불한 뱀 리워야
단을 벌하시며 바다에 있는 용을
죽이시리라 2 그 날에 너희는 아
름다운 포도원을 두고 노래를 부
를지어다 3 나 여호와는 포도원
지기가 됨이여 때때로 물을 주며
밤낮으로 간수하여 아무든지 이
를 해치지 못하게 하리로다 4 나
는 포도원에 대하여 노함이 없나
니 찔레와 가시가 나를 대적하여
싸운다 하자 내가 그것을 밟고
모아 불사르리라 5 그리하지 아
니하면 내 힘을 의지하고 나와
화친하며 나와 화친할 것이니라
6 후일에는 야곱의 뿌리가 박히
며 이스라엘의 움이 돋고 꽃이
필 것이라 그들이 그 결실로 지
면을 채우리로다 7 주께서 그 백
성을 치셨던들 그 백성을 친 자
들을 치심과 같았겠으며 백성이
죽임을 당하였던들 백성을 죽인
자가 죽임을 당함과 같았겠느냐
8 주께서 백성을 적당하게 견책
하사 쫓아내실 때에 동풍 부는
날에 폭풍으로 그들을 옮기셨느
니라 9 야곱의 불의가 속함을 얻
으며 그의 죄 없이함을 받을 결
과는 이로 말미암나니 곧 그가
제단의 모든 돌을 부서진 횟돌
같게 하며 아세라와 태양상이 다
시 서지 못하게 함에 있는 것이
라 10 대저 견고한 성읍은 적막
하고 거처가 황무하며 버림 받아
광야와 같은즉 송아지가 거기에
서 먹고 거기에 누우며 그 나무

가지를 먹어 없이하리라 11 가
지가 마르면 꺾이나니 여인들이
와서 그것을 불사를 것이라 백성
이 지각이 없으므로 그들을 지으
신 이가 불쌍히 여기지 아니하시
며 그들을 조성하신 이가 은혜를
베풀지 아니하시리라 12 너희
이스라엘 자손들아 그 날에 여호
와께서 창일하는 하수에서부터
애굽 시내에까지 과실을 떠는 것
같이 너희를 하나하나 모으시리
라 13 그 날에 큰 나팔을 불리니
앗수르 땅에서 멸망하는 자들과
애굽 땅으로 쫓겨난 자들이 돌아
와서 예루살렘 성산에서 여호와
께 예배하리라

28장

에브라임의 면류관이 밟히리라

1 에브라임의 술취한 자들의 교
만한 면류관은 화 있을진저 술에
빠진 자의 성 곧 영화로운 관 같
이 기름진 골짜기 꼭대기에 세운
성이여 쇠잔해 가는 꽃 같으니
화 있을진저 2 보라 주께 있는
강하고 힘 있는 자가 쏟아지는
우박 같이, 파괴하는 광풍 같이,
큰 물이 넘침 같이 손으로 그 면
류관을 땅에 던지리니 3 에브라
임의 술취한 자들의 교만한 면류
관이 발에 밟힐 것이라 4 그 기
름진 골짜기 꼭대기에 있는 그의
영화가 쇠잔해 가는 꽃이 여름
전에 처음 익은 무화과와 같으리
니 보는 자가 그것을 보고 얼른
따서 먹으리로다 5 그 날에 만군
의 여호와께서 자기 백성의 남은
자에게 영화로운 면류관이 되시
며 아름다운 화관이 되실 것이라
6 재판석에 앉은 자에게는 판결
하는 영이 되시며 성문에서 싸움
을 물리치는 자에게는 힘이 되시
리로다 7 그리하여도 이들은 포
도주로 말미암아 옆 걸음 치며
독주로 말미암아 비틀거리며 제
사장과 선지자도 독주로 말미암
아 옆 걸음 치며 포도주에 빠지
며 독주로 말미암아 비틀거리며
환상을 잘못 풀며 재판할 때에
실수하나니 8 모든 상에는 토한
것, 더러운 것이 가득하고 깨끗
한 곳이 없도다

여호와께서 그들이 붙잡히게 하시리라

9 그들이 이르기를 그가 누구에
게 지식을 가르치며 누구에게 도
를 전하여 깨닫게 하려는가 젖
떨어져 품을 떠난 자들에게 하려
는가 10 대저 경계에 경계를 더
하며 경계에 경계를 더하며 교훈
에 교훈을 더하며 교훈에 교훈을
더하되 여기서도 조금, 저기서도
조금 하는구나 하는도다 11 그
러므로 더듬는 입술과 다른 방언
으로 그가 이 백성에게 말씀하시
리라 12 전에 그들에게 이르시
기를 이것이 너희 안식이요 이것
이 너희 상쾌함이니 너희는 곤비
한 자에게 안식을 주라 하셨으나
그들이 듣지 아니하였으므로 13
여호와께서 그들에게 말씀하시
되 경계에 경계를 더하며 경계에
경계를 더하며 교훈에 교훈을 더
하며 교훈에 교훈을 더하고 여기
서도 조금, 저기서도 조금 하사
그들이 가다가 뒤로 넘어져 부러
지며 걸리며 붙잡히게 하시리라

시온의 기초 돌

14 이러므로 예루살렘에서 이 백
성을 다스리는 너희 오만한 자여
여호와의 말씀을 들을지어다 15
너희가 말하기를 우리는 사망과
언약하였고 스올과 맹약하였은
즉 넘치는 재앙이 밀려올지라도
우리에게 미치지 못하리니 우리
는 거짓을 우리의 피난처로 삼았
고 허위 아래에 우리를 숨겼음이
라 하는도다 16 그러므로 주 여
호와께서 이같이 이르시되 보라
내가 한 돌을 시온에 두어 기초
를 삼았노니 곧 시험한 돌이요
귀하고 견고한 기촛돌이라 그것
을 믿는 이는 다급하게 되지 아
니하리로다 17 나는 정의를 측
량줄로 삼고 공의를 저울추로 삼
으니 우박이 거짓의 피난처를 소
탕하며 물이 그 숨는 곳에 넘칠
것인즉 18 너희가 사망과 더불
어 세운 언약이 폐하며 스올과
더불어 맺은 맹약이 서지 못하여
넘치는 재앙이 밀려올 때에 너희
가 그것에게 밟힘을 당할 것이라
19 그것이 지나갈 때마다 너희를
잡을 것이니 아침마다 지나가며
주야로 지나가리니 소식을 깨닫
는 것이 오직 두려움이라 20 침
상이 짧아서 능히 몸을 펴지 못
하며 이불이 좁아서 능히 몸을
싸지 못함 같으리라 하셨느니라
21 대저 여호와께서 브라심 산에
서와 같이 일어나시며 기브온 골
짜기에서와 같이 진노하사 자기
의 일을 행하시리니 그의 일이
비상할 것이며 자기의 사역을 이
루시리니 그의 사역이 기이할 것

임이라 22 그러므로 너희는 오
만한 자가 되지 말라 너희 결박
이 단단해질까 하노라 대저 온
땅을 멸망시키기로 작정하신 것
을 내가 만군의 주 여호와께로부
터 들었느니라

여호와의 모략과 지혜

23 너희는 귀를 기울여 내 목소
리를 들으라 자세히 내 말을 들
으라 24 파종하려고 가는 자가
어찌 쉬지 않고 갈기만 하겠느냐
자기 땅을 개간하며 고르게만 하
겠느냐 25 지면을 이미 평평히
하였으면 소회향을 뿌리며 대회
향을 뿌리며 소맥을 줄줄이 심으
며 대맥을 정한 곳에 심으며 귀
리를 그 가에 심지 아니하겠느냐
26 이는 그의 하나님이 그에게
적당한 방법을 보이사 가르치셨
음이며 27 소회향은 도리깨로
떨지 아니하며 대회향에는 수레
바퀴를 굴리지 아니하고 소회향
은 작대기로 떨고 대회향은 막대
기로 떨며 28 곡식은 부수는가,
아니라 늘 떨기만 하지 아니하고
그것에 수레바퀴를 굴리고 그것
을 말굽으로 밟게 할지라도 부수
지는 아니하나니 29 이도 만군
의 여호와께로부터 난 것이라 그
의 경영은 기묘하며 지혜는 광대
하니라

29장

아리엘을 괴롭게 하리라

1 슬프다 아리엘이여 아리엘이여
다윗이 진 친 성읍이여 해마다
절기가 돌아오려니와 2 내가 아
리엘을 괴롭게 하리니 그가 슬퍼
하고 애곡하며 내게 아리엘과 같
이 되리라 3 내가 너를 사면으로
둘러 진을 치며 너를 에워 대를
쌓아 너를 치리니 4 네가 낮아져
서 땅에서 말하며 네 말소리가
나직이 티끌에서 날 것이라 네
목소리가 신접한 자의 목소리 같
이 땅에서 나며 네 말소리가 티
끌에서 지껄이리라 5 그럴지라
도 네 대적의 무리는 세미한 티
끌 같겠고 강포한 자의 무리는
날려 가는 겨 같으리니 그 일이
순식간에 갑자기 일어날 것이라
6 만군의 여호와께서 우레와 지
진과 큰 소리와 회오리바람과 폭
풍과 맹렬한 불꽃으로 그들을 징
벌하실 것인즉 7 아리엘을 치는
열방의 무리 곧 아리엘과 그 요
새를 쳐서 그를 곤고하게 하는
모든 자는 꿈 같이, 밤의 환상 같
이 되리니 8 주린 자가 꿈에 먹
었을지라도 깨면 그 속은 여전히
비고 목마른 자가 꿈에 마셨을지
라도 깨면 곤비하며 그 속에 갈
증이 있는 것 같이 시온 산을 치
는 열방의 무리가 그와 같으리라

입술로는 공경하나 마음은 떠났다

9 너희는 놀라고 놀라라 너희는
맹인이 되고 맹인이 되라 그들의
취함이 포도주로 말미암음이 아
니며 그들의 비틀거림이 독주로
말미암음이 아니니라 10 대저
여호와께서 깊이 잠들게 하는 영
을 너희에게 부어 주사 너희의
눈을 감기셨음이니 그가 선지자
들과 너희의 지도자인 선견자들
을 덮으셨음이라 11 그러므로
모든 계시가 너희에게는 봉한 책
의 말처럼 되었으니 그것을 글
아는 자에게 주며 이르기를 그대
에게 청하노니 이를 읽으라 하면
그가 대답하기를 그것이 봉해졌
으니 나는 못 읽겠노라 할 것이
요 12 또 그 책을 글 모르는 자에
게 주며 이르기를 그대에게 청하
노니 이를 읽으라 하면 그가 대

답하기를 나는 글을 모른다 할
것이니라 13 주께서 이르시되
이 백성이 입으로는 나를 가까이
하며 입술로는 나를 공경하나 그
들의 마음은 내게서 멀리 떠났나
니 그들이 나를 경외함은 사람의
계명으로 가르침을 받았을 뿐이
라 14 그러므로 내가 이 백성 중
에 기이한 일 곧 기이하고 가장
기이한 일을 다시 행하리니 그들
중에서 지혜자의 지혜가 없어지
고 명철자의 총명이 가려지리라

이제부터는 교훈을 받으리라

15 자기의 계획을 여호와께 깊이
숨기려 하는 자들은 화 있을진저
그들의 일을 어두운 데에서 행하
며 이르기를 누가 우리를 보랴
누가 우리를 알랴 하니 16 너희
의 패역함이 심하도다 토기장이
를 어찌 진흙 같이 여기겠느냐
지음을 받은 물건이 어찌 자기를
지은 이에게 대하여 이르기를 그
가 나를 짓지 아니하였다 하겠으
며 빚음을 받은 물건이 자기를
빚은 이에게 대하여 이르기를 그
가 총명이 없다 하겠느냐 17 오
래지 아니하여 레바논이 기름진
밭으로 변하지 아니하겠으며 기
름진 밭이 숲으로 여겨지지 아니
하겠느냐 18 그 날에 못 듣는 사
람이 책의 말을 들을 것이며 어
둡고 캄캄한 데에서 맹인의 눈이
볼 것이며 19 겸손한 자에게 여
호와로 말미암아 기쁨이 더하겠
고 사람 중 가난한 자가 이스라
엘의 거룩하신 이로 말미암아 즐
거워하리니 20 이는 강포한 자
가 소멸되었으며 오만한 자가 그
쳤으며 죄악의 기회를 엿보던 자
가 다 끊어졌음이라 21 그들은
송사로 사람에게 죄를 씌우며 성
문에서 판단하는 자를 올무로 잡
듯 하며 헛된 일로 의인을 억울
하게 하느니라 22 그러므로 아
브라함을 구속하신 여호와께서
야곱 족속에 대하여 이같이 말씀
하시되 야곱이 이제는 부끄러워
하지 아니하겠고 그의 얼굴이 이
제는 창백해지지 아니할 것이며
23 그의 자손은 내 손이 그 가운
데에서 행한 것을 볼 때에 내 이
름을 거룩하다 하며 야곱의 거룩
한 이를 거룩하다 하며 이스라엘
의 하나님을 경외할 것이며 24
마음이 혼미하던 자들도 총명하
게 되며 원망하던 자들도 교훈을
받으리라 하셨느니라

30장

애굽과 맺은 맹약이 헛되다

1 여호와께서 이르시되 패역한
자식들은 화 있을진저 그들이 계
교를 베푸나 나로 말미암지 아니
하며 맹약을 맺으나 나의 영으로
말미암지 아니하고 죄에 죄를 더
하도다 2 그들이 바로의 세력 안
에서 스스로 강하려 하며 애굽의
그늘에 피하려 하여 애굽으로 내
려갔으되 나의 입에 묻지 아니하
였도다 3 그러므로 바로의 세력
이 너희의 수치가 되며 애굽의
그늘에 피함이 너희의 수욕이 될
것이라 4 그 고관들이 소안에 있
고 그 사신들이 하네스에 이르렀
으나 5 그들이 다 자기를 유익하
게 하지 못하는 민족으로 말미암
아 수치를 당하리니 그 민족이
돕지도 못하며 유익하게도 못하
고 수치가 되게 하며 수욕이 되
게 할 뿐임이니라 6 네겝 짐승들
에 관한 경고라 사신들이 그들의
재물을 어린 나귀 등에 싣고 그

들의 보물을 낙타 안장에 얹고
암사자와 수사자와 독사와 및 날
아다니는 불뱀이 나오는 위험하
고 곤고한 땅을 지나 자기에게
무익한 민족에게로 갔으나 7 애
굽의 도움은 헛되고 무익하니라
그러므로 내가 애굽을 가만히 앉
은 라합이라 일컬었느니라

패역한 백성

8 이제 가서 백성 앞에서 서판에
기록하며 책에 써서 후세에 영원
히 있게 하라 9 대저 이는 패역
한 백성이요 거짓말 하는 자식들
이요 여호와의 법을 듣기 싫어하
는 자식들이라 10 그들이 선견
자들에게 이르기를 선견하지 말
라 선지자들에게 이르기를 우리
에게 바른 것을 보이지 말라 우
리에게 부드러운 말을 하라 거짓
된 것을 보이라 11 너희는 바른
길을 버리며 첩경에서 돌이키라
이스라엘의 거룩하신 이를 우리
앞에서 떠나시게 하라 하는도다
12 이러므로 이스라엘의 거룩하
신 이가 이같이 말씀하시되 너희
가 이 말을 업신여기고 압박과
허망을 믿어 그것을 의지하니
13 이 죄악이 너희에게 마치 무
너지려고 터진 담이 불쑥 나와
순식간에 무너짐 같게 되리라 하
셨은즉 14 그가 이 나라를 무너
뜨리시되 토기장이가 그릇을 깨
뜨림 같이 아낌이 없이 부수시리
니 그 조각 중에서, 아궁이에서
불을 붙이거나 물 웅덩이에서 물
을 뜰 것도 얻지 못하리라 15 주
여호와 이스라엘의 거룩하신 이
가 이같이 말씀하시되 너희가 돌
이켜 조용히 있어야 구원을 얻을
것이요 잠잠하고 신뢰하여야 힘
을 얻을 것이거늘 너희가 원하지
아니하고 16 이르기를 아니라
우리가 말 타고 도망하리라 하였
으므로 너희가 도망할 것이요 또
이르기를 우리가 빠른 짐승을 타
리라 하였으므로 너희를 쫓는 자
들이 빠르리니 17 한 사람이 꾸
짖은즉 천 사람이 도망하겠고 다
섯이 꾸짖은즉 너희가 다 도망하
고 너희 남은 자는 겨우 산 꼭대
기의 깃대 같겠고 산마루 위의
기치 같으리라 하셨느니라

하나님을 기다리는 자는 복이 있도다

18 그러나 여호와께서 기다리시
나니 이는 너희에게 은혜를 베풀
려 하심이요 일어나시리니 이는
너희를 긍휼히 여기려 하심이라
대저 여호와는 정의의 하나님이
심이라 그를 기다리는 자마다 복
이 있도다 19 시온에 거주하며
예루살렘에 거주하는 백성아 너
는 다시 통곡하지 아니할 것이라
그가 네 부르짖는 소리로 말미암
아 네게 은혜를 베푸시되 그가
들으실 때에 네게 응답하시리라
20 주께서 너희에게 환난의 떡과
고생의 물을 주시나 네 스승은
다시 숨기지 아니하시리니 네 눈
이 네 스승을 볼 것이며 21 너희
가 오른쪽으로 치우치든지 왼쪽
으로 치우치든지 네 뒤에서 말소
리가 네 귀에 들려 이르기를 이
것이 바른 길이니 너희는 이리로
가라 할 것이며 22 또 너희가 너
희 조각한 우상에 입힌 은과 부
어 만든 우상에 올린 금을 더럽
게 하여 불결한 물건을 던짐 같
이 던지며 이르기를 나가라 하리
라 23 네가 땅에 뿌린 종자에 주
께서 비를 주사 땅이 먹을 것을
내며 곡식이 풍성하고 기름지게
하실 것이며 그 날에 네 가축이
광활한 목장에서 먹을 것이요
24 밭 가는 소와 어린 나귀도 키
와 쇠스랑으로 까부르고 맛있게
한 먹이를 먹을 것이며 25 크게
살륙하는 날 망대가 무너질 때에
고산마다 준령마다 그 뒤에 개울
과 시냇물이 흐를 것이며 26 여
호와께서 자기 백성의 상처를 싸
매시며 그들의 맞은 자리를 고치
시는 날에는 달빛은 햇빛 같겠고
햇빛은 일곱 배가 되어 일곱 날
의 빛과 같으리라

여호와께서 앗수르를 치시리라

27 보라 여호와의 이름이 원방에
서부터 오되 그의 진노가 불 붙
듯 하며 빽빽한 연기가 일어나듯
하며 그의 입술에는 분노가 찼으
며 그의 혀는 맹렬한 불 같으며
28 그의 호흡은 마치 창일하여
목에까지 미치는 하수 같은즉 그
가 멸하는 키로 열방을 까부르며
여러 민족의 입에 미혹하는 재갈
을 물리시리니 29 너희가 거룩
한 절기를 지키는 밤에 하듯이
노래할 것이며 피리를 불며 여호
와의 산으로 가서 이스라엘의 반
석에게로 나아가는 자 같이 마음
에 즐거워할 것이라 30 여호와
께서 그의 장엄한 목소리를 듣게
하시며 혁혁한 진노로 그의 팔의
치심을 보이시되 맹렬한 화염과
폭풍과 폭우와 우박으로 하시리
니 31 여호와의 목소리에 앗수
르가 낙담할 것이며 주께서는 막

대기로 치실 것이라 32 여호와
께서 예정하신 몽둥이를 앗수르
위에 더하실 때마다 소고를 치며
수금을 탈 것이며 그는 전쟁 때
에 팔을 들어 그들을 치시리라
33 대저 도벳*은 이미 세워졌고
또 왕을 위하여 예비된 것이라
깊고 넓게 하였고 거기에 불과
많은 나무가 있은즉 여호와의 호
흡이 유황 개천 같아서 이를 사
르시리라

31장

1 도움을 구하러 애굽으로 내려
가는 자들은 화 있을진저 그들은
말을 의지하며 병거의 많음과 마
병의 심히 강함을 의지하고 이스
라엘의 거룩하신 이를 앙모하지
아니하며 여호와를 구하지 아니
하나니 2 여호와께서도 지혜로
우신즉 재앙을 내리실 것이라 그
의 말씀들을 변하게 하지 아니하
시고 일어나사 악행하는 자들의
집을 치시며 행악을 돕는 자들을
치시리니 3 애굽은 사람이요 신
이 아니며 그들의 말들은 육체요
영이 아니라 여호와께서 그의 손
을 펴시면 돕는 자도 넘어지며

도움을 받는 자도 엎드러져서 다
함께 멸망하리라 4 여호와께서
이같이 내게 이르시되 큰 사자나
젊은 사자가 자기의 먹이를 움키
고 으르렁거릴 때에 그것을 치려
고 여러 목자를 불러 왔다 할지
라도 그것이 그들의 소리로 말미
암아 놀라지 아니할 것이요 그들
의 떠듦으로 말미암아 굴복하지
아니할 것이라 이와 같이 나 만
군의 여호와가 강림하여 시온 산
과 그 언덕에서 싸울 것이라 5
새가 날개 치며 그 새끼를 보호
함 같이 나 만군의 여호와가 예
루살렘을 보호할 것이라 그것을
호위하며 건지며 뛰어넘어 구원
하리라 하셨느니라 6 이스라엘
자손들아 너희는 심히 거역하던
자에게로 돌아오라 7 너희가 자
기 손으로 만들어 범죄한 은 우
상, 금 우상을 그 날에는 각 사람
이 던져 버릴 것이며 8 앗수르는
칼에 엎드러질 것이나 사람의 칼
로 말미암음이 아니겠고 칼에 삼
켜질 것이나 사람의 칼로 말미암
음이 아닐 것이며 그는 칼 앞에
서 도망할 것이요 그의 장정들은
복역하는 자가 될 것이라 9 그의
반석은 두려움으로 말미암아 물
러가겠고 그의 고관들은 기치로
말미암아 놀라리라 이는 여호와
의 말씀이라 여호와의 불은 시온
에 있고 여호와의 풀무는 예루살
렘에 있느니라

32장

의로 통치할 왕

1 보라 장차 한 왕이 공의로 통치
할 것이요 방백들이 정의로 다스
릴 것이며 2 또 그 사람은 광풍
을 피하는 곳, 폭우를 가리는 곳
같을 것이며 마른 땅에 냇물 같
을 것이며 곤비한 땅에 큰 바위
그늘 같으리니 3 보는 자의 눈이
감기지 아니할 것이요 듣는 자가
귀를 기울일 것이며 4 조급한 자
의 마음이 지식을 깨닫고 어눌한
자의 혀가 민첩하여 말을 분명히
할 것이라 5 어리석은 자를 다시
존귀하다 부르지 아니하겠고 우

30:33 **도벳** 게헨나, 힌놈의 골짜기. 여기서 사람들은 범죄자의 시체, 짐승의 시체 그리고 쓰레기를 태웠다.

둔한 자를 다시 존귀한 자라 말
하지 아니하리니 6 이는 어리석
은 자는 어리석은 것을 말하며
그 마음에 불의를 품어 간사를
행하며 패역한 말로 여호와를 거
스르며 주린 자의 속을 비게 하
며 목마른 자에게서 마실 것을
없어지게 함이며 7 악한 자는 그
그릇이 악하여 악한 계획을 세워
거짓말로 가련한 자를 멸하며 가
난한 자가 말을 바르게 할지라도
그리함이거니와 8 존귀한 자는
존귀한 일을 계획하나니 그는 항
상 존귀한 일에 서리라

심판과 회복

9 너희 안일한 여인들아 일어나
내 목소리를 들을지어다 너희 염
려 없는 딸들아 내 말에 귀를 기
울일지어다 10 너희 염려 없는
여자들아 일 년 남짓 지나면 너
희가 당황하리니 포도 수확이 없
으며 열매 거두는 일이 이르지
않을 것임이라 11 너희 안일한
여자들아 떨지어다 너희 염려 없
는 자들아 당황할지어다 옷을 벗
어 몸을 드러내고 베로 허리를
동일지어다 12 그들은 좋은 밭
으로 인하여 열매 많은 포도나무
로 인하여 가슴을 치게 될 것이
니라 13 내 백성의 땅에 가시와
찔레가 나며 희락의 성읍, 기뻐
하는 모든 집에 나리니 14 대저
궁전이 폐한 바 되며 인구 많던
성읍이 적막하며 오벨과 망대가
영원히 굴혈이 되며 들나귀가 즐
기는 곳과 양 떼의 초장이 되려
니와 15 마침내 위에서부터 영
을 우리에게 부어 주시리니 광야
가 아름다운 밭이 되며 아름다운
밭을 숲으로 여기게 되리라 16
그 때에 정의가 광야에 거하며
공의가 아름다운 밭에 거하리니
17 공의의 열매는 화평이요 공의
의 결과는 영원한 평안과 안전이
라 18 내 백성이 화평한 집과 안
전한 거처와 조용히 쉬는 곳에
있으려니와 19 그 숲은 우박에
상하고 성읍은 파괴되리라 20
모든 물 가에 씨를 뿌리고 소와
나귀를 그리로 모는 너희는 복이
있느니라

33장

은혜를 구하는 기도

1 너 학대를 당하지 아니하고도
학대하며 속이고도 속임을 당하
지 아니하는 자여 화 있을진저
네가 학대하기를 그치면 네가 학
대를 당할 것이며 네가 속이기를
그치면 사람이 너를 속이리라 2
여호와여 우리에게 은혜를 베푸
소서 우리가 주를 앙망하오니 주
는 아침마다 우리의 팔이 되시며
환난 때에 우리의 구원이 되소서
3 요란한 소리로 말미암아 민족
들이 도망하며 주께서 일어나심
으로 말미암아 나라들이 흩어졌
나이다 4 황충의 떼 같이 사람이
너희의 노략물을 모을 것이며 메
뚜기가 뛰어오름 같이 그들이 그
위로 뛰어오르리라 5 여호와께
서는 지극히 존귀하시니 그는 높
은 곳에 거하심이요 정의와 공의
를 시온에 충만하게 하심이라 6
네 시대에 평안함이 있으며 구원
과 지혜와 지식이 풍성할 것이니
여호와를 경외함이 네 보배니라

높은 곳에 거할 자

7 보라 그들의 용사가 밖에서 부
르짖으며 평화의 사신들이 슬피
곡하며 8 대로가 황폐하여 행인
이 끊어지며 대적이 조약을 파하
고 성읍들을 멸시하며 사람을 생
각하지 아니하며 9 땅이 슬퍼하
고 쇠잔하며 레바논은 부끄러워
하고 마르며 사론은 사막과 같고
바산과 갈멜은 나뭇잎을 떨어뜨
리는도다 10 여호와께서 이르시
되 내가 이제 일어나며 내가 이
제 나를 높이며 내가 이제 지극
히 높아지리니 11 너희가 겨를
잉태하고 짚을 해산할 것이며 너
희의 호흡은 불이 되어 너희를
삼킬 것이며 12 민족들은 불에
굽는 횟돌 같겠고 잘라서 불에
사르는 가시나무 같으리로다 13
너희 먼 데에 있는 자들아 내가
행한 것을 들으라 너희 가까이에
있는 자들아 나의 권능을 알라
14 시온의 죄인들이 두려워하며
경건하지 아니한 자들이 떨며 이
르기를 우리 중에 누가 삼키는
불과 함께 거하겠으며 우리 중에
누가 영영히 타는 것과 함께 거

하리요 하도다 15 오직 공의롭
게 행하는 자, 정직히 말하는 자,
토색한 재물을 가증히 여기는
자, 손을 흔들어 뇌물을 받지 아
니하는 자, 귀를 막아 피 흘리려
는 꾀를 듣지 아니하는 자, 눈을
감아 악을 보지 아니하는 자, 16
그는 높은 곳에 거하리니 견고한
바위가 그의 요새가 되며 그의
양식은 공급되고 그의 물은 끊어
지지 아니하리라

시온 성을 보라

17 네 눈은 왕을 그의 아름다운
가운데에서 보며 광활한 땅을 눈
으로 보겠고 18 네 마음은 두려
워하던 것을 생각해 내리라 계산
하던 자가 어디 있느냐 공세를
계량하던 자가 어디 있느냐 망대
를 계수하던 자가 어디 있느냐
19 네가 강포한 백성을 보지 아
니하리라 그 백성은 방언이 어려
워 네가 알아듣지 못하며 말이
이상하여 네가 깨닫지 못하는 자
니라 20 우리 절기의 시온 성을
보라 네 눈이 안정된 처소인 예
루살렘을 보리니 그것은 옮겨지
지 아니할 장막이라 그 말뚝이
영영히 뽑히지 아니할 것이요 그
줄이 하나도 끊어지지 아니할 것
이며 21 여호와는 거기에 위엄
중에 우리와 함께 계시리니 그
곳에는 여러 강과 큰 호수가 있
으나 노 젓는 배나 큰 배가 통행
하지 못하리라 22 대저 여호와
는 우리 재판장이시요 여호와는
우리에게 율법을 세우신 이요 여
호와는 우리의 왕이시니 그가 우
리를 구원하실 것임이라 23 네
돛대 줄이 풀렸으니 돛대의 밑을
튼튼히 하지 못하였고 돛을 달지
못하였느니라 때가 되면 많은 재
물을 탈취하여 나누리니 저는 자
도 그 재물을 취할 것이며 24 그
거주민은 내가 병들었노라 하지
아니할 것이라 거기에 사는 백성
이 사죄함을 받으리라

34장

여호와께서 원수들을 벌하시리라

1 열국이여 너희는 나아와 들을
지어다 민족들이여 귀를 기울일
지어다 땅과 땅에 충만한 것, 세
계와 세계에서 나는 모든 것이여
들을지어다 2 대저 여호와께서
열방을 향하여 진노하시며 그들
의 만군을 향하여 분내사 그들을
진멸하시며 살륙 당하게 하셨은
즉 3 그 살륙 당한 자는 내던진
바 되며 그 사체의 악취가 솟아
오르고 그 피에 산들이 녹을 것
이며 4 하늘의 만상이 사라지고
하늘들이 두루마리 같이 말리되
그 만상의 쇠잔함이 포도나무 잎
이 마름 같고 무화과나무 잎이
마름 같으리라 5 여호와의 칼이
하늘에서 족하게 마셨은즉 보라
이것이 에돔 위에 내리며 진멸하
시기로 한 백성 위에 내려 그를
심판할 것이라 6 여호와의 칼이
피 곧 어린 양과 염소의 피에 만
족하고 기름 곧 숫양의 콩팥 기
름으로 윤택하니 이는 여호와를
위한 희생이 보스라에 있고 큰
살륙이 에돔 땅에 있음이라 7 들
소와 송아지와 수소가 함께 도살
장에 내려가니 그들의 땅이 피에
취하며 흙이 기름으로 윤택하리
라 8 이것은 여호와께서 보복하
시는 날이요 시온의 송사를 위하
여 신원하시는 해라 9 에돔의 시
내들은 변하여 역청이 되고 그
티끌은 유황이 되고 그 땅은 불

붙는 역청이 되며 10 낮에나 밤
에나 꺼지지 아니하고 그 연기가
끊임없이 떠오를 것이며 세세에
황무하여 그리로 지날 자가 영영
히 없겠고 11 당아새와 고슴도
치가 그 땅을 차지하며 부엉이와
까마귀가 거기에 살 것이라 여호
와께서 그 위에 혼란의 줄과 공
허의 추를 드리우실 것인즉 12
그들이 국가를 이으려 하여 귀인
들을 부르되 아무도 없겠고 그
모든 방백도 없게 될 것이요 13
그 궁궐에는 가시나무가 나며 그
견고한 성에는 엉겅퀴와 새품이
자라서 승냥이의 굴과 타조의 처
소가 될 것이니 14 들짐승이 이
리와 만나며 숫염소가 그 동류를
부르며 올빼미가 거기에 살면서
쉬는 처소로 삼으며 15 부엉이
가 거기에 깃들이고 알을 낳아
까서 그 그늘에 모으며 솔개들도
각각 제 짝과 함께 거기에 모이
리라 16 너희는 여호와의 책에
서 찾아 읽어보라 이것들 가운데
서 빠진 것이 하나도 없고 제 짝
이 없는 것이 없으리니 이는 여
호와의 입이 이를 명령하셨고 그
의 영이 이것들을 모으셨음이라
17 여호와께서 그것들을 위하여
제비를 뽑으시며 그의 손으로 줄
을 띠어 그 땅을 그것들에게 나
누어 주셨으니 그들이 영원히 차
지하며 대대로 거기에 살리라

35장

거룩한 길

1 광야와 메마른 땅이 기뻐하며
사막이 백합화 같이 피어 즐거워
하며 2 무성하게 피어 기쁜 노래
로 즐거워하며 레바논의 영광과
갈멜과 사론의 아름다움을 얻을
것이라 그것들이 여호와의 영광
곧 우리 하나님의 아름다움을 보
리로다 3 너희는 약한 손을 강하
게 하며 떨리는 무릎을 굳게 하
며 4 겁내는 자들에게 이르기를
굳세어라, 두려워하지 말라, 보
라 너희 하나님이 오사 보복하시
며 갚아 주실 것이라 하나님이
오사 너희를 구하시리라 하라 5
그 때에 맹인의 눈이 밝을 것이
며 못 듣는 사람의 귀가 열릴 것
이며 6 그 때에 저는 자는 사슴
같이 뛸 것이며 말 못하는 자의
혀는 노래하리니 이는 광야에서
물이 솟겠고 사막에서 시내가 흐
를 것임이라 7 뜨거운 사막이 변
하여 못이 될 것이며 메마른 땅
이 변하여 원천이 될 것이며 승
냥이의 눕던 곳에 풀과 갈대와
부들이 날 것이며 8 거기에 대로
가 있어 그 길을 거룩한 길이라
일컫는 바 되리니 깨끗하지 못한
자는 지나가지 못하겠고 오직 구
속함을 입은 자들을 위하여 있게
될 것이라 우매한 행인은 그 길
로 다니지 못할 것이며 9 거기에
는 사자가 없고 사나운 짐승이
그리로 올라가지 아니하므로 그
것을 만나지 못하겠고 오직 구속
함을 받은 자만 그리로 행할 것
이며 10 여호와의 속량함을 받
은 자들이 돌아오되 노래하며 시
온에 이르러 그들의 머리 위에
영영한 희락을 띠고 기쁨과 즐거
움을 얻으리니 슬픔과 탄식이 사
라지리로다

36장

앗수르가 예루살렘을 협박하다

1 히스기야 왕 십사년에 앗수르
왕 산헤립이 올라와서 유다의 모
든 견고한 성을 쳐서 취하니라 2
앗수르 왕이 라기스에서부터 랍
사게를 예루살렘으로 보내되 대
군을 거느리고 히스기야 왕에게
로 가게 하매 그가 윗못 수도 곁
세탁자의 밭 큰 길에 서매 3 힐
기야의 아들 왕궁 맡은 자 엘리
아김과 서기관 셉나와 아삽의 아
들 사관 요아가 그에게 나아가니
라 4 랍사게가 그들에게 이르되
이제 히스기야에게 말하라 대왕
앗수르 왕이 이같이 말씀하시기
를 네가 믿는 바 그 믿는 것이 무
엇이냐 5 내가 말하노니 네가 족
히 싸울 계략과 용맹이 있노라
함은 입술에 붙은 말뿐이니라 네
가 이제 누구를 믿고 나를 반역
하느냐 6 보라 네가 애굽을 믿는
도다 그것은 상한 갈대 지팡이와
같은 것이라 사람이 그것을 의지
하면 손이 찔리리니 애굽 왕 바
로는 그를 믿는 모든 자에게 이
와 같으니라 7 혹시 네가 내게
이르기를 우리는 우리 하나님 여
호와를 신뢰하노라 하리라마는

그는 그의 산당과 제단을 히스기
야가 제하여 버리고 유다와 예루
살렘에 명령하기를 너희는 이 제
단 앞에서만 예배하라 하던 그
신이 아니냐 하셨느니라 8 그러
므로 이제 청하노니 내 주 앗수
르 왕과 내기하라 내가 네게 말
이천 필을 주어도 너는 그 탈 자
를 능히 내지 못하리라 9 그런즉
네가 어찌 내 주의 종 가운데 극
히 작은 총독 한 사람인들 물리
칠 수 있으랴 어찌 애굽을 믿고
병거와 기병을 얻으려 하느냐
10 내가 이제 올라와서 이 땅을

멸하는 것이 여호와의 뜻이 없음
이겠느냐 여호와께서 내게 이르
시기를 올라가 그 땅을 쳐서 멸
하라 하셨느니라 하니라 11 이
에 엘리아김과 셉나와 요아가 랍
사게에게 이르되 우리가 아람 방
언을 아오니 청하건대 그 방언으
로 당신의 종들에게 말하고 성
위에 있는 백성이 듣는 데에서
우리에게 유다 방언으로 말하지
마소서 하니 12 랍사게가 이르
되 내 주께서 이 일을 네 주와 네
게만 말하라고 나를 보내신 것이
냐 너희와 함께 자기의 대변을
먹으며 자기의 소변을 마실 성
위에 앉은 사람들에게도 하라고
보내신 것이 아니냐 하더라 13
이에 랍사게가 일어서서 유다 방
언으로 크게 외쳐 이르되 너희는
대왕 앗수르 왕의 말씀을 들으라
14 왕의 말씀에 너희는 히스기야
에게 미혹되지 말라 그가 능히
너희를 건지지 못할 것이니라
15 히스기야가 너희에게 여호와
를 신뢰하게 하려는 것을 따르지
말라 그가 말하기를 여호와께서
반드시 우리를 건지시리니 이 성
이 앗수르 왕의 손에 넘어가지
아니하리라 할지라도 16 히스기
야의 말을 듣지 말라 앗수르 왕
이 또 이같이 말씀하시기를 너희
는 내게 항복하고 내게로 나아오
라 그리하면 너희가 각각 자기의
포도와 자기의 무화과를 먹을 것
이며 각각 자기의 우물 물을 마
실 것이요 17 내가 와서 너희를
너희 본토와 같이 곡식과 포도주
와 떡과 포도원이 있는 땅에 옮
기기까지 하리라 18 혹시 히스
기야가 너희에게 이르기를 여호
와께서 우리를 건지시리라 할지
라도 속지 말라 열국의 신들 중
에 자기의 땅을 앗수르 왕의 손
에서 건진 자가 있느냐 19 하맛
과 아르밧의 신들이 어디 있느냐
스발와임의 신들이 어디 있느냐
그들이 사마리아를 내 손에서 건
졌느냐 20 이 열방의 신들 중에
어떤 신이 자기의 나라를 내 손
에서 건져냈기에 여호와가 능히
예루살렘을 내 손에서 건지겠느
냐 하셨느니라 하니라 21 그러
나 그들이 잠잠하여 한 말도 대
답하지 아니하였으니 이는 왕이
그들에게 명령하여 대답하지 말
라 하였음이었더라 22 그 때에
힐기야의 아들 왕궁 맡은 자 엘
리아김과 서기관 셉나와 아삽의
아들 사관 요아가 자기의 옷을
찢고 히스기야에게 나아가서 랍
사게의 말을 그에게 전하니라

37장

왕이 이사야의 말을 듣고자 하다

1 히스기야 왕이 듣고 자기의 옷
을 찢고 굵은 베 옷을 입고 여호
와의 전으로 갔고 2 왕궁 맡은
자 엘리아김과 서기관 셉나와 제
사장 중 어른들도 굵은 베 옷을
입으니라 왕이 그들을 아모스의

아들 선지자 이사야에게로 보내
매 3 그들이 이사야에게 이르되
히스기야의 말씀에 오늘은 환난
과 책벌과 능욕의 날이라 아이를
낳으려 하나 해산할 힘이 없음
같도다 4 당신의 하나님 여호와
께서 랍사게의 말을 들으셨을 것
이라 그가 그의 상전 앗수르 왕
의 보냄을 받고 살아 계시는 하
나님을 훼방하였은즉 당신의 하
나님 여호와께서 혹시 그 말로
말미암아 견책하실까 하노라 그
런즉 바라건대 당신은 이 남아
있는 자를 위하여 기도하라 하시
더이다 하니라 5 그리하여 히스
기야 왕의 신하들이 이사야에게
나아가매 6 이사야가 그들에게
이르되 너희는 너희 주에게 이렇
게 말하라 여호와께서 이같이 말
씀하시되 너희가 들은 바 앗수르
왕의 종들이 나를 능욕한 말로
말미암아 두려워하지 말라 7 보
라 내가 영을 그의 속에 두리니
그가 소문을 듣고 그의 고국으로
돌아갈 것이며 또 내가 그를 그
의 고국에서 칼에 죽게 하리라
하셨느니라 하니라

앗수르가 또 다른 협박을 하다

8 앗수르 왕이 라기스를 떠났다
함을 듣고 랍사게가 돌아가다가
그 왕을 만나니 립나를 치고 있
더라 9 그 때에 앗수르 왕이 구
스 왕 디르하가의 일에 관하여
들은즉 사람들이 이르기를 그가
나와서 왕과 싸우려 한다 하는지
라 이 말을 듣고 사자들을 히스
기야에게 보내며 이르되 10 너
희는 유다의 히스기야 왕에게 이
같이 말하여 이르기를 너는 네가
신뢰하는 하나님이 예루살렘이
앗수르 왕의 손에 넘어가지 아니
하리라 하는 말에 속지 말라 11
앗수르 왕들이 모든 나라에 어떤
일을 행하였으며 그것을 어떻게
멸절시켰는지 네가 들었으리니
네가 구원을 받겠느냐 12 나의
조상들이 멸하신 열방 고산과 하
란과 레셉과 및 들라살에 있는
에덴 자손을 그 나라들의 신들이
건졌더냐 13 하맛 왕과 아르밧
왕과 스발와임 성의 왕과 헤나
왕과 이와 왕이 어디 있느냐 하
라 하였더라 14 히스기야가 그
사자들의 손에서 글을 받아 보고
여호와의 전에 올라가서 그 글을
여호와 앞에 펴 놓고 15 여호와
께 기도하여 이르되 16 그룹 사
이에 계신 이스라엘 하나님 만군
의 여호와여 주는 천하 만국에
유일하신 하나님이시라 주께서
천지를 만드셨나이다 17 여호와
여 귀를 기울여 들으시옵소서 여
호와여 눈을 뜨고 보시옵소서 산
헤립이 사람을 보내어 살아 계시
는 하나님을 훼방한 모든 말을
들으시옵소서 18 여호와여 앗수
르 왕들이 과연 열국과 그들의
땅을 황폐하게 하였고 19 그들

의 신들을 불에 던졌사오나 그들
은 신이 아니라 사람의 손으로
만든 것일 뿐이요 나무와 돌이라
그러므로 멸망을 당하였나이다
20 우리 하나님 여호와여 이제
우리를 그의 손에서 구원하사 천
하 만국이 주만이 여호와이신 줄
을 알게 하옵소서 하니라

이사야가 왕에게 전한 말

21 아모스의 아들 이사야가 사람
을 보내어 히스기야에게 이르되
이스라엘의 하나님 여호와께서
말씀하시되 네가 앗수르의 산헤
립 왕의 일로 내게 기도하였도다
하시고 22 여호와께서 그에 대
하여 이같이 이르시되 처녀 딸
시온이 너를 멸시하며 조소하였
고 딸 예루살렘이 너를 향하여
머리를 흔들었느니라 23 네가
훼방하며 능욕한 것은 누구에게
냐 네가 소리를 높이며 눈을 높
이 들어 향한 것은 누구에게냐
곧 이스라엘의 거룩하신 이에게
니라 24 네가 네 종을 통해서 주
를 훼방하여 이르기를 내가 나의
허다한 병거를 거느리고 산들의
꼭대기에 올라가며 레바논의 깊
은 곳에 이르렀으니 높은 백향목
과 아름다운 향나무를 베고 또
그 제일 높은 곳에 들어가 살진
땅의 수풀에 이를 것이며 25 내
가 우물을 파서 물을 마셨으니

내 발바닥으로 애굽의 모든 하수
를 말리리라 하였도다 26 네가
어찌하여 듣지 못하였느냐 이 일
들은 내가 태초부터 행한 바요
상고부터 정한 바로서 이제 내가
이루어 네가 견고한 성읍들을 헐
어 돌무더기가 되게 하였노라
27 그러므로 그 주민들이 힘이
약하여 놀라며 수치를 당하여 들
의 풀 같이, 푸른 나물 같이, 지붕
의 풀 같이, 자라지 못한 곡초 같
이 되었느니라 28 네 거처와 네
출입과 네가 나를 거슬러 분노함
을 내가 아노라 29 네가 나를 거
슬러 분노함과 네 오만함이 내
귀에 들렸으므로 내가 갈고리로
네 코를 꿰며 재갈을 네 입에 물
려 너를 오던 길로 돌아가게 하
리라 하셨나이다 30 왕이여 이
것이 왕에게 징조가 되리니 올해
는 스스로 난 것을 먹을 것이요
둘째 해에는 또 거기에서 난 것
을 먹을 것이요 셋째 해에는 심
고 거두며 포도나무를 심고 그
열매를 먹을 것이니이다 31 유
다 족속 중에 피하여 남은 자는
다시 아래로 뿌리를 박고 위로
열매를 맺으리니 32 이는 남은
자가 예루살렘에서 나오며 피하
는 자가 시온 산에서 나올 것임
이라 만군의 여호와의 열심이 이
를 이루시리이다 33 그러므로
여호와께서 앗수르 왕에 대하여
이같이 이르시되 그가 이 성에
이르지 못하며 화살 하나도 이리
로 쏘지 못하며 방패를 가지고
성에 가까이 오지도 못하며 흉벽
을 쌓고 치지도 못할 것이요 34
그가 오던 길 곧 그 길로 돌아가
고 이 성에 이르지 못하리라 나
여호와의 말이니라 35 대저 내
가 나를 위하며 내 종 다윗을 위
하여 이 성을 보호하며 구원하리
라 하셨나이다 하니라 36 여호
와의 사자가 나가서 앗수르 진중
에서 십팔만 오천인을 쳤으므로
아침에 일찍이 일어나 본즉 시체
뿐이라 37 이에 앗수르의 산헤
립 왕이 떠나 돌아가서 니느웨에
거주하더니 38 자기 신 니스록
의 신전에서 경배할 때에 그의
아들 아드람멜렉과 사레셀이 그
를 칼로 죽이고 아라랏 땅으로
도망하였으므로 그의 아들 에살
핫돈이 이어 왕이 되니라

38장

히스기야 왕의 발병과 회복

1 그 때에 히스기야가 병들어 죽
게 되니 아모스의 아들 선지자
이사야가 나아가 그에게 이르되
여호와께서 이같이 말씀하시기
를 너는 네 집에 유언하라 네가
죽고 살지 못하리라 하셨나이다
하니 2 히스기야가 얼굴을 벽으
로 향하고 여호와께 기도하여 3
이르되 여호와여 구하오니 내가
주 앞에서 진실과 전심으로 행하
며 주의 목전에서 선하게 행한
것을 기억하옵소서 하고 히스기
야가 심히 통곡하니 4 이에 여호
와의 말씀이 이사야에게 임하여
이르시되 5 너는 가서 히스기야
에게 이르기를 네 조상 다윗의
하나님 여호와께서 이같이 말씀
하시기를 내가 네 기도를 들었고
네 눈물을 보았노라 내가 네 수
한에 십오 년을 더하고 6 너와
이 성을 앗수르 왕의 손에서 건
져내겠고 내가 또 이 성을 보호
하리라 7 이는 여호와께로 말미
암는 너를 위한 징조이니 곧 여
호와께서 하신 말씀을 그가 이루
신다는 증거이니라 8 보라 아하
스의 해시계에 나아갔던 해 그림
자를 뒤로 십 도를 물러가게 하
리라 하셨다 하라 하시더니 이에

해시계에 나아갔던 해의 그림자
가 십 도를 물러가니라 9 유다
왕 히스기야가 병들었다가 그의
병이 나은 때에 기록한 글이 이
러하니라 10 내가 말하기를 나
의 중년에 스올의 문에 들어가고
나의 여생을 빼앗기게 되리라 하
였도다 11 내가 또 말하기를 내
가 다시는 여호와를 뵈옵지 못하
리니 산 자의 땅에서 다시는 여
호와를 뵈옵지 못하겠고 내가 세
상의 거민 중에서 한 사람도 다
시는 보지 못하리라 하였도다
12 나의 거처는 목자의 장막을
걷음 같이 나를 떠나 옮겨졌고
직공이 베를 걷어 말음 같이 내
가 내 생명을 말았도다 주께서
나를 틀에서 끊으시리니 조석간
에 나를 끝내시리라 13 내가 아
침까지 견디었사오나 주께서 사
자 같이 나의 모든 뼈를 꺾으시
오니 조석간에 나를 끝내시리라
14 나는 제비 같이, 학 같이 지저
귀며 비둘기 같이 슬피 울며 내
눈이 쇠하도록 앙망하나이다 여
호와여 내가 압제를 받사오니 나
의 중보가 되옵소서 15 주께서
내게 말씀하시고 또 친히 이루셨
사오니 내가 무슨 말씀을 하오리
이까 내 영혼의 고통으로 말미암
아 내가 종신토록 방황하리이다
16 주여 사람이 사는 것이 이에
있고 내 심령의 생명도 온전히
거기에 있사오니 원하건대 나를
치료하시며 나를 살려 주옵소서
17 보옵소서 내게 큰 고통을 더
하신 것은 내게 평안을 주려 하
심이라 주께서 내 영혼을 사랑하
사 멸망의 구덩이에서 건지셨고
내 모든 죄를 주의 등 뒤에 던지
셨나이다 18 스올이 주께 감사
하지 못하며 사망이 주를 찬양하
지 못하며 구덩이에 들어간 자가
주의 신실을 바라지 못하되 19
오직 산 자 곧 산 자는 오늘 내가
하는 것과 같이 주께 감사하며
주의 신실을 아버지가 그의 자녀
에게 알게 하리이다 20 여호와
께서 나를 구원하시리니 우리가
종신토록 여호와의 전에서 수금
으로 나의 노래를 노래하리로다
21 이사야가 이르기를 한 뭉치
무화과를 가져다가 종처에 붙이
면 왕이 나으리라 하였고 22 히
스기야도 말하기를 내가 여호와
의 전에 올라갈 징조가 무엇이냐
하였더라•

39장

바벨론에서 온 사자들

1 그 때에 발라단의 아들 바벨론
왕 므로닥발라단이 히스기야가
병 들었다가 나았다 함을 듣고
히스기야에게 글과 예물을 보낸
지라 2 히스기야가 사자들로 말
미암아 기뻐하여 그들에게 보물
창고 곧 은금과 향료와 보배로운
기름과 모든 무기고에 있는 것을
다 보여 주었으니 히스기야가 궁
중의 소유와 전 국내의 소유를
보이지 아니한 것이 없는지라 3
이에 선지자 이사야가 히스기야
왕에게 나아와 묻되 그 사람들이
무슨 말을 하였으며 어디서 왕에
게 왔나이까 하니 히스기야가 이
르되 그들이 원방 곧 바벨론에서
내게 왔나이다 하니라 4 이사야
가 이르되 그들이 왕의 궁전에서
무엇을 보았나이까 하니 히스기
야가 대답하되 그들이 내 궁전에
있는 것을 다 보았나이다 내 창

38:21,22 열왕기하 20장 6-9절에 나오는 동일한 이야기는 사건들이 이 순서대로 일어났다는 것을 말해준다.

고에 있는 것으로 보이지 아니한
보물이 하나도 없나이다 하니라
5 이사야가 히스기야에게 이르되
왕은 만군의 여호와의 말씀을 들
으소서 6 보라 날이 이르리니 네
집에 있는 모든 소유와 네 조상
들이 오늘까지 쌓아 둔 것이 모
두 바벨론으로 옮긴 바 되고 남
을 것이 없으리라 여호와의 말이
니라 7 또 네게서 태어날 자손
중에서 몇이 사로잡혀 바벨론 왕
궁의 환관이 되리라 하셨나이다
하니 8 히스기야가 이사야에게
이르되 당신이 이른 바 여호와의
말씀이 좋소이다 하고 또 이르되
내 생전에는 평안과 견고함이 있
으리로다 하니라

40장

희망의 말씀

1 너희의 하나님이 이르시되 너
희는 위로하라 내 백성을 위로하
라 2 너희는 예루살렘의 마음에
닿도록 말하며 그것에게 외치라
그 노역의 때가 끝났고 그 죄악
이 사함을 받았느니라 그의 모든
죄로 말미암아 여호와의 손에서
벌을 배나 받았느니라 할지니라

하시니라 3 외치는 자의 소리여
이르되 너희는 광야에서 여호와
의 길을 예비하라 사막에서 우리
하나님의 대로를 평탄하게 하라
4 골짜기마다 돋우어지며 산마
다, 언덕마다 낮아지며 고르지
아니한 곳이 평탄하게 되며 험한
곳이 평지가 될 것이요 5 여호와
의 영광이 나타나고 모든 육체가
그것을 함께 보리라 이는 여호와
의 입이 말씀하셨느니라 6 말하
는 자의 소리여 이르되 외치라
대답하되 내가 무엇이라 외치리
이까 하니 이르되 모든 육체는
풀이요 그의 모든 아름다움은 들
의 꽃과 같으니 7 풀은 마르고
꽃이 시듦은 여호와의 기운이 그
위에 붊이라 이 백성은 실로 풀
이로다 8 풀은 마르고 꽃은 시드
나 우리 하나님의 말씀은 영원히
서리라 하라 9 아름다운 소식을
시온에 전하는 자여 너는 높은
산에 오르라 아름다운 소식을 예
루살렘에 전하는 자여 너는 힘써
소리를 높이라 두려워하지 말고
소리를 높여 유다의 성읍들에게
이르기를 너희의 하나님을 보라
하라 10 보라 주 여호와께서 장
차 강한 자로 임하실 것이요 친
히 그의 팔로 다스리실 것이라
보라 상급이 그에게 있고 보응이
그의 앞에 있으며 11 그는 목자
같이 양 떼를 먹이시며 어린 양
을 그 팔로 모아 품에 안으시며
젖먹이는 암컷들을 온순히 인도
하시리로다

비교할 수 없는 하나님

12 누가 손바닥으로 바닷물을 헤
아렸으며 뼘으로 하늘을 쟀으며
땅의 티끌을 되에 담아 보았으며
접시 저울로 산들을, 막대 저울
로 언덕들을 달아 보았으랴 13
누가 여호와의 영을 지도하였으
며 그의 모사가 되어 그를 가르
쳤으랴 14 그가 누구와 더불어
의논하셨으며 누가 그를 교훈하
였으며 그에게 정의의 길로 가르
쳤으며 지식을 가르쳤으며 통달
의 도를 보여 주었느냐 15 보라
그에게는 열방이 통의 한 방울
물과 같고 저울의 작은 티끌 같
으며 섬들은 떠오르는 먼지 같으
리니 16 레바논은 땔감에도 부
족하겠고 그 짐승들은 번제에도
부족할 것이라 17 그의 앞에는
모든 열방이 아무것도 아니라 그
는 그들을 없는 것 같이, 빈 것 같
이 여기시느니라 18 그런즉 너
희가 하나님을 누구와 같다 하겠
으며 무슨 형상을 그에게 비기겠
느냐 19 우상은 장인이 부어 만
들었고 장색이 금으로 입혔고 또
은 사슬을 만든 것이니라 20 궁
핍한 자는 거제를 드릴 때에 썩
지 아니하는 나무를 택하고 지혜
로운 장인을 구하여 우상을 만들
어 흔들리지 아니하도록 세우느
니라 21 너희가 알지 못하였느
냐 너희가 듣지 못하였느냐 태초
부터 너희에게 전하지 아니하였

느냐 땅의 기초가 창조될 때부터
너희가 깨닫지 못하였느냐 22
그는 땅 위 궁창에 앉으시나니
땅에 사는 사람들은 메뚜기 같으
니라 그가 하늘을 차일 같이 펴
셨으며 거주할 천막 같이 치셨고
23 귀인들을 폐하시며 세상의 사
사들을 헛되게 하시나니 24 그
들은 겨우 심기고 겨우 뿌려졌으
며 그 줄기가 겨우 땅에 뿌리를
박자 곧 하나님이 입김을 부시니
그들은 말라 회오리바람에 불려
가는 초개 같도다 25 거룩하신
이가 이르시되 그런즉 너희가 나
를 누구에게 비교하여 나를 그와
동등하게 하겠느냐 하시니라 26
너희는 눈을 높이 들어 누가 이
모든 것을 창조하였나 보라 주께
서는 수효대로 만상을 이끌어 내
시고 그들의 모든 이름을 부르시
나니 그의 권세가 크고 그의 능
력이 강하므로 하나도 빠짐이 없
느니라 27 야곱아 어찌하여 네
가 말하며 이스라엘아 네가 이르
기를 내 길은 여호와께 숨겨졌으
며 내 송사는 내 하나님에게서
벗어난다 하느냐 28 너는 알지
못하였느냐 듣지 못하였느냐 영
원하신 하나님 여호와, 땅 끝까
지 창조하신 이는 피곤하지 않으
시며 곤비하지 않으시며 명철이
한이 없으시며 29 피곤한 자에
게는 능력을 주시며 무능한 자에
게는 힘을 더하시나니 30 소년
이라도 피곤하며 곤비하며 장정
이라도 넘어지며 쓰러지되 31
오직 여호와를 앙망하는 자는 새
힘을 얻으리니 독수리가 날개치
며 올라감 같을 것이요 달음박질
하여도 곤비하지 아니하겠고 걸

어가도 피곤하지 아니하리로다

41장

나 여호와가 응답하리라

1 섬들아 내 앞에 잠잠하라 민족
들아 힘을 새롭게 하라 가까이
나아오라 그리고 말하라 우리가
서로 재판 자리에 가까이 나아가
자 2 누가 동방에서 사람을 일깨
워서 공의로 그를 불러 자기 발
앞에 이르게 하였느냐 열국을 그
의 앞에 넘겨 주며 그가 왕들을
다스리게 하되 그들이 그의 칼에
티끌 같게, 그의 활에 불리는 초
개 같게 하매 3 그가 그들을 쫓
아가서 그의 발로 가 보지 못한
길을 안전히 지났나니 4 이 일을
누가 행하였느냐 누가 이루었느
냐 누가 처음부터 만대를 불러내
었느냐 나 여호와라 처음에도 나
요 나중 있을 자에게도 내가 곧
그니라 5 섬들이 보고 두려워하
며 땅 끝이 무서워 떨며 함께 모
여 와서 6 각기 이웃을 도우며
그 형제에게 이르기를 너는 힘을
내라 하고 7 목공은 금장색을 격
려하며 망치로 고르게 하는 자는
메질꾼을 격려하며 이르되 땜질
이 잘 된다 하니 그가 못을 단단
히 박아 우상을 흔들리지 아니하
게 하는도다 8 그러나 나의 종
너 이스라엘아 내가 택한 야곱아
나의 벗 아브라함의 자손아 9 내
가 땅 끝에서부터 너를 붙들며
땅 모퉁이에서부터 너를 부르고
네게 이르기를 너는 나의 종이라
내가 너를 택하고 싫어하여 버리
지 아니하였다 하였노라 10 두
려워하지 말라 내가 너와 함께
함이라 놀라지 말라 나는 네 하
나님이 됨이라 내가 너를 굳세게
하리라 참으로 너를 도와 주리라
참으로 나의 의로운 오른손으로
너를 붙들리라 11 보라 네게 노
하던 자들이 수치와 욕을 당할
것이요 너와 다투는 자들이 아무
것도 아닌 것 같이 될 것이며 멸
망할 것이라 12 네가 찾아도 너
와 싸우던 자들을 만나지 못할
것이요 너를 치는 자들은 아무것
도 아닌 것 같고 허무한 것 같이
되리니 13 이는 나 여호와 너의
하나님이 네 오른손을 붙들고 네
게 이르기를 두려워하지 말라 내
가 너를 도우리라 할 것임이니라
14 버러지 같은 너 야곱아, 너희
이스라엘 사람들아 두려워하지

말라 나 여호와가 말하노니 내가
너를 도울 것이라 네 구속자는
이스라엘의 거룩한 이이니라 15
보라 내가 너를 이가 날카로운
새 타작기로 삼으리니 네가 산들
을 쳐서 부스러기를 만들 것이며
작은 산들을 겨 같이 만들 것이
라 16 네가 그들을 까부른즉 바
람이 그들을 날리겠고 회오리바
람이 그들을 흩어 버릴 것이로되
너는 여호와로 말미암아 즐거워
하겠고 이스라엘의 거룩한 이로
말미암아 자랑하리라 17 가련하
고 가난한 자가 물을 구하되 물
이 없어서 갈증으로 그들의 혀가
마를 때에 나 여호와가 그들에게
응답하겠고 나 이스라엘의 하나
님이 그들을 버리지 아니할 것이
라 18 내가 헐벗은 산에 강을 내
며 골짜기 가운데에 샘이 나게
하며 광야가 못이 되게 하며 마
른 땅이 샘 근원이 되게 할 것이
며 19 내가 광야에는 백향목과
싯딤 나무와 화석류와 들감람나
무를 심고 사막에는 잣나무와 소
나무와 황양목을 함께 두리니
20 무리가 보고 여호와의 손이
지으신 바요 이스라엘의 거룩한
이가 이것을 창조하신 바인 줄
알며 함께 헤아리며 깨달으리라

여호와께서 거짓 신들에게 말씀하시다

21 나 여호와가 말하노니 너희
우상들은 소송하라 야곱의 왕이
말하노니 너희는 확실한 증거를
보이라 22 장차 당할 일을 우리
에게 진술하라 또 이전 일이 어
떠한 것도 알게 하라 우리가 마
음에 두고 그 결말을 알아보리라
혹 앞으로 올 일을 듣게 하며 23
뒤에 올 일을 알게 하라 그리하
면 너희가 신들인 줄 우리가 알
리라 또 복을 내리든지 재난을
내리든지 하라 우리가 함께 보고
놀라리라 24 보라 너희는 아무
것도 아니며 너희 일은 허망하며
너희를 택한 자는 가증하니라
25 내가 한 사람[•]을 일으켜 북방
에서 오게 하며 내 이름을 부르
는 자를 해 돋는 곳에서 오게 하
였나니 그가 이르러 고관들을 석
회 같이, 토기장이가 진흙을 밟
음 같이 하리니 26 누가 처음부
터 이 일을 알게 하여 우리가 알
았느냐 누가 이전부터 알게 하여
우리가 옳다고 말하게 하였느냐
알게 하는 자도 없고 들려 주는
자도 없고 너희 말을 듣는 자도
없도다 27 내가 비로소 시온에
게 너희는 이제 그들을 보라 하
였노라 내가 기쁜 소식을 전할
자를 예루살렘에 주리라 28 내
가 본즉 한 사람도 없으며 내가
물어도 그들 가운데에 한 말도
대답할 조언자가 없도다 29 보
라 그들은 다 헛되며 그들의 행
사는 허무하며 그들이 부어 만든
우상들은 바람이요 공허한 것뿐
이니라

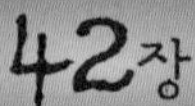

주의 종

1 내가 붙드는 나의 종, 내 마음
에 기뻐하는 자 곧 내가 택한 사
람을 보라 내가 나의 영을 그에
게 주었은즉 그가 이방에 정의를

베풀리라 2 그는 외치지 아니하
며 목소리를 높이지 아니하며 그
소리를 거리에 들리게 하지 아니
하며 3 상한 갈대를 꺾지 아니하
며 꺼져가는 등불을 끄지 아니하
고 진실로 정의를 시행할 것이며
4 그는 쇠하지 아니하며 낙담하
지 아니하고 세상에 정의를 세우
기에 이르리니 섬들이 그 교훈을
앙망하리라 5 하늘을 창조하여
펴시고 땅과 그 소산을 내시며
땅 위의 백성에게 호흡을 주시며
땅에 행하는 자에게 영을 주시는
하나님 여호와께서 이같이 말씀
하시되 6 나 여호와가 의로 너를
불렀은즉 내가 네 손을 잡아 너
를 보호하며 너를 세워 백성의
언약과 이방의 빛이 되게 하리니
7 네가 눈먼 자들의 눈을 밝히며
갇힌 자를 감옥에서 이끌어 내며
흑암에 앉은 자를 감방에서 나오
게 하리라 8 나는 여호와이니 이
는 내 이름이라 나는 내 영광을
다른 자에게, 내 찬송을 우상에
게 주지 아니하리라 9 보라 전에
예언한 일이 이미 이루어졌느니
라 이제 내가 새 일을 알리노라
그 일이 시작되기 전에라도 너희
에게 이르노라

41:25 **한 사람** 이것은 바사의 왕 고레스를 가리키는 것 같다.

새 노래로 찬송하라

10 항해하는 자들과 바다 가운데
의 만물과 섬들과 거기에 사는
사람들아 여호와께 새 노래로 노
래하며 땅 끝에서부터 찬송하라
11 광야와 거기에 있는 성읍들과
게달 사람이 사는 마을들은 소리
를 높이라 셀라의 주민들은 노래
하며 산 꼭대기에서 즐거이 부르
라 12 여호와께 영광을 돌리며
섬들 중에서 그의 찬송을 전할지
어다 13 여호와께서 용사 같이
나가시며 전사 같이 분발하여 외
쳐 크게 부르시며 그 대적을 크
게 치시리로다

구원의 약속

14 내가 오랫동안 조용하며 잠잠
하고 참았으나 내가 해산하는 여
인 같이 부르짖으리니 숨이 차서
심히 헐떡일 것이라 15 내가 산
들과 언덕들을 황폐하게 하며 그
모든 초목들을 마르게 하며 강들
이 섬이 되게 하며 못들을 마르
게 할 것이며 16 내가 맹인들을
그들이 알지 못하는 길로 이끌며
그들이 알지 못하는 지름길로 인
도하며 암흑이 그 앞에서 광명이
되게 하며 굽은 데를 곧게 할 것
이라 내가 이 일을 행하여 그들
을 버리지 아니하리니 17 조각
한 우상을 의지하며 부어 만든
우상을 향하여 너희는 우리의 신
이라 하는 자는 물리침을 받아
크게 수치를 당하리라

백성들이 깨닫지 못하다

18 너희 못 듣는 자들아 들으라
너희 맹인들아 밝히 보라 19 맹
인이 누구냐 내 종이 아니냐 누
가 내가 보내는 내 사자 같이 못
듣는 자겠느냐 누가 내게 충성된
자 같이 맹인이겠느냐 누가 여호
와의 종 같이 맹인이겠느냐 20
네가 많은 것을 볼지라도 유의하
지 아니하며 귀가 열려 있을지라
도 듣지 아니하는도다 21 여호
와께서 그의 의로 말미암아 기쁨
으로 교훈을 크게 하며 존귀하게
하려 하셨으나 22 이 백성이 도
둑 맞으며 탈취를 당하며 다 굴
속에 잡히며 옥에 갇히도다 노략
을 당하되 구할 자가 없고 탈취
를 당하되 되돌려 주라 말할 자
가 없도다 23 너희 중에 누가 이
일에 귀를 기울이겠느냐 누가 뒤
에 올 일을 삼가 듣겠느냐 24 야
곱이 탈취를 당하게 하신 자가
누구냐 이스라엘을 약탈자들에
게 넘기신 자가 누구냐 여호와가
아니시냐 우리가 그에게 범죄하
였도다 그들이 그의 길로 다니기
를 원하지 아니하며 그의 교훈을
순종하지 아니하였도다 25 그러
므로 여호와께서 맹렬한 진노와
전쟁의 위력을 이스라엘에게 쏟
아 부으시매 그 사방에서 불타오
르나 깨닫지 못하며 몸이 타나
마음에 두지 아니하는도다

43장

구원의 약속

1 야곱아 너를 창조하신 여호와
께서 지금 말씀하시느니라 이스
라엘아 너를 지으신 이가 말씀하
시느니라 너는 두려워하지 말라
내가 너를 구속하였고 내가 너를
지명하여 불렀나니 너는 내 것이
라 2 네가 물 가운데로 지날 때
에 내가 너와 함께 할 것이라 강
을 건널 때에 물이 너를 침몰하
지 못할 것이며 네가 불 가운데
로 지날 때에 타지도 아니할 것
이요 불꽃이 너를 사르지도 못하
리니 3 대저 나는 여호와 네 하
나님이요 이스라엘의 거룩한 이
요 네 구원자임이라 내가 애굽을

너의 속량물로, 구스와 스바를
너를 대신하여 주었노라 4 네가
내 눈에 보배롭고 존귀하며 내가
너를 사랑하였은즉 내가 네 대신
사람들을 내어 주며 백성들이 네
생명을 대신하리니 5 두려워하
지 말라 내가 너와 함께 하여 네
자손을 동쪽에서부터 오게 하며
서쪽에서부터 너를 모을 것이며
6 내가 북쪽에게 이르기를 내놓
으라 남쪽에게 이르기를 가두어
두지 말라 내 아들들을 먼 곳에
서 이끌며 내 딸들을 땅 끝에서
오게 하며 7 내 이름으로 불려지
는 모든 자 곧 내가 내 영광을 위
하여 창조한 자를 오게 하라 그
를 내가 지었고 그를 내가 만들
었느니라

이스라엘은 여호와의 증인

8 눈이 있어도 보지 못하고 귀가
있어도 듣지 못하는 백성을 이끌
어 내라 9 열방은 모였으며 민족
들이 회집하였는데 그들 중에 누
가 이 일을 알려 주며 이전 일들
을 우리에게 들려 주겠느냐 그들
이 그들의 증인을 세워서 자기들
의 옳음을 나타내고 듣는 자들이
옳다고 말하게 하여 보라 10 나
여호와가 말하노라 너희는 나의
증인, 나의 종으로 택함을 입었
나니 이는 너희가 나를 알고 믿
으며 내가 그인 줄 깨닫게 하려
함이라 나의 전에 지음을 받은
신이 없었느니라 나의 후에도 없
으리라 11 나 곧 나는 여호와라
나 외에 구원자가 없느니라 12
내가 알려 주었으며 구원하였으
며 보였고 너희 중에 다른 신이
없었나니 그러므로 너희는 나의
증인이요 나는 하나님이니라 여
호와의 말씀이니라 13 과연 태
초로부터 나는 그이니 내 손에서
건질 자가 없도다 내가 행하리니
누가 막으리요

바벨론으로부터 빠져 나오다

14 너희의 구속자요 이스라엘의
거룩한 이 여호와가 말하노라 너
희를 위하여 내가 바벨론에 사람
을 보내어 모든 갈대아 사람에게
자기들이 연락하던 배를 타고 도
망하여 내려가게 하리라 15 나
는 여호와 너희의 거룩한 이요
이스라엘의 창조자요 너희의 왕
이니라 16 나 여호와가 이같이
말하노라 바다 가운데에 길을,
큰 물 가운데에 지름길을 내고
17 병거와 말과 군대의 용사를
이끌어 내어 그들이 일시에 엎드
러져 일어나지 못하고 소멸하기
를 꺼져가는 등불 같게 하였느니
라 18 너희는 이전 일을 기억하
지 말며 옛날 일을 생각하지 말
라 19 보라 내가 새 일을 행하리
니 이제 나타낼 것이라 너희가
그것을 알지 못하겠느냐 반드시
내가 광야에 길을 사막에 강을
내리니 20 장차 들짐승 곧 승냥
이와 타조도 나를 존경할 것은
내가 광야에 물을, 사막에 강들
을 내어 내 백성, 내가 택한 자에
게 마시게 할 것임이라 21 이 백
성은 내가 나를 위하여 지었나니
나를 찬송하게 하려 함이니라

이스라엘의 죄

22 그러나 야곱아 너는 나를 부
르지 아니하였고 이스라엘아 너
는 나를 괴롭게 여겼으며 23 네
번제의 양을 내게로 가져오지 아
니하였고 네 제물로 나를 공경하
지 아니하였느니라 나는 제물로
말미암아 너를 수고롭게 하지 아
니하였고 유향으로 말미암아 너
를 괴롭게 하지 아니하였거늘
24 너는 나를 위하여 돈으로 향
품을 사지 아니하며 희생의 기름
으로 나를 흡족하게 하지 아니하
고 네 죄짐으로 나를 수고롭게
하며 네 죄악으로 나를 괴롭게
하였느니라 25 나 곧 나는 나를
위하여 네 허물을 도말하는 자니
네 죄를 기억하지 아니하리라
26 너는 나에게 기억이 나게 하
라 우리가 함께 변론하자 너는
말하여 네가 의로움을 나타내라
27 네 시조가 범죄하였고 너의
교사들이 나를 배반하였나니 28
그러므로 내가 성소의 어른들을
욕되게 하며 야곱이 진멸 당하도
록 내어 주며 이스라엘이 비방거
리가 되게 하리라

44장

나 외에 다른 신이 없다

1 나의 종 야곱, 내가 택한 이스
라엘아 이제 들으라 2 너를 만들
고 너를 모태에서부터 지어 낸
너를 도와 줄 여호와가 이같이
말하노라 나의 종 야곱, 내가 택
한 여수룬아 두려워하지 말라 3
나는 목마른 자에게 물을 주며
마른 땅에 시내가 흐르게 하며
나의 영을 네 자손에게, 나의 복
을 네 후손에게 부어 주리니 4
그들이 풀 가운데에서 솟아나기
를 시냇가의 버들 같이 할 것이
라 5 한 사람은 이르기를 나는
여호와께 속하였다 할 것이며 또
한 사람은 야곱의 이름으로 자기
를 부를 것이며 또 다른 사람은
자기가 여호와께 속하였음을 그
의 손으로 기록하고 이스라엘의
이름으로 존귀히 여김을 받으리
라 6 이스라엘의 왕인 여호와,
이스라엘의 구원자인 만군의 여
호와가 이같이 말하노라 나는 처
음이요 나는 마지막이라 나 외에
다른 신이 없느니라 7 내가 영원
한 백성을 세운 이후로 나처럼
외치며 알리며 나에게 설명할 자
가 누구냐 있거든 될 일과 장차
올 일을 그들에게 알릴지어다 8
너희는 두려워하지 말며 겁내지
말라 내가 예로부터 너희에게 듣
게 하지 아니하였느냐 알리지 아
니하였느냐 너희는 나의 증인이
라 나 외에 신이 있겠느냐 과연
반석은 없나니 다른 신이 있음을
내가 알지 못하노라

우상은 무익한 것

9 우상을 만드는 자는 다 허망하
도다 그들이 원하는 것들은 무익
한 것이거늘 그것들의 증인들은
보지도 못하며 알지도 못하니 그
러므로 수치를 당하리라 10 신
상을 만들며 무익한 우상을 부어
만든 자가 누구냐 11 보라 그와
같은 무리들이 다 수치를 당할
것이라 그 대장장이들은 사람일
뿐이라 그들이 다 모여 서서 두
려워하며 함께 수치를 당할 것이
니라 12 철공은 철로 연장을 만
들고 숯불로 일하며 망치를 가지
고 그것을 만들며 그의 힘센 팔
로 그 일을 하나 배가 고프면 기
운이 없고 물을 마시지 아니하면
피로하니라 13 목공은 줄을 늘
여 재고 붓으로 긋고 대패로 밀
고 곡선자로 그어 사람의 아름다
움을 따라 사람의 모양을 만들어
집에 두게 하며 14 그는 자기를
위하여 백향목을 베며 디르사 나
무와 상수리나무를 취하며 숲의
나무들 가운데에서 자기를 위하
여 한 나무를 정하며 나무를 심
고 비를 맞고 자라게도 하느니라
15 이 나무는 사람이 땔감을 삼
는 것이거늘 그가 그것을 가지고
자기 몸을 덥게도 하고 불을 피
워 떡을 굽기도 하고 신상을 만
들어 경배하며 우상을 만들고 그
앞에 엎드리기도 하는구나 16
그 중의 절반은 불에 사르고 그
절반으로는 고기를 구워 먹고 배
불리며 또 몸을 덥게 하여 이르
기를 아하 따뜻하다 내가 불을
보았구나 하면서 17 그 나머지
로 신상 곧 자기의 우상을 만들
고 그 앞에 엎드려 경배하며 그
것에게 기도하여 이르기를 너는
나의 신이니 나를 구원하라 하는
도다 18 그들이 알지도 못하고
깨닫지도 못함은 그들의 눈이 가
려서 보지 못하며 그들의 마음이
어두워져서 깨닫지 못함이니라
19 마음에 생각도 없고 지식도
없고 총명도 없으므로 내가 그것
의 절반을 불 사르고 또한 그 숯
불 위에서 떡도 굽고 고기도 구
워 먹었거늘 내가 어찌 그 나머
지로 가증한 물건을 만들겠으며
내가 어찌 그 나무 토막 앞에 굴
복하리요 말하지 아니하니 20
그는 재를 먹고 허탄한 마음에
미혹되어 자기의 영혼을 구원하
지 못하며 나의 오른손에 거짓
것이 있지 아니하냐 하지도 못하
느니라

창조자요 구속자이신 여호와

21 야곱아 이스라엘아 이 일을
기억하라 너는 내 종이니라 내가
너를 지었으니 너는 내 종이니라
이스라엘아 너는 나에게 잊혀지
지 아니하리라 22 내가 네 허물
을 빽빽한 구름 같이, 네 죄를 안
개 같이 없이하였으니 너는 내게
로 돌아오라 내가 너를 구속하였
음이니라 23 여호와께서 이 일
을 행하셨으니 하늘아 노래할지
어다 땅의 깊은 곳들아 높이 부
를지어다 산들아 숲과 그 가운데
의 모든 나무들아 소리내어 노래
할지어다 여호와께서 야곱을 구
속하셨으니 이스라엘 중에 자기
의 영광을 나타내실 것임이로다
24 네 구속자요 모태에서 너를
지은 나 여호와가 이같이 말하노
라 나는 만물을 지은 여호와라
홀로 하늘을 폈으며 나와 함께
한 자 없이 땅을 펼쳤고 25 헛된
말을 하는 자들의 징표를 폐하며
점 치는 자들을 미치게 하며 지
혜로운 자들을 물리쳐 그들의 지
식을 어리석게 하며 26 그의 종
의 말을 세워 주며 그의 사자들
의 계획을 성취하게 하며 예루살
렘에 대하여는 이르기를 거기에
사람이 살리라 하며 유다 성읍들
에 대하여는 중건될 것이라 내가
그 황폐한 곳들을 복구시키리라
하며 27 깊음에 대하여는 이르
기를 마르라 내가 네 강물들을
마르게 하리라 하며 28 고레스*
에 대하여는 이르기를 내 목자라
그가 나의 모든 기쁨을 성취하리
라 하며 예루살렘에 대하여는 이
르기를 중건되리라 하며 성전에
대하여는 네 기초가 놓여지리라
하는 자니라

45장

여호와께서 고레스를 세우시다

1 여호와께서 그의 기름 부음을
받은 고레스에게 이같이 말씀하
시되 내가 그의 오른손을 붙들고
그 앞에 열국을 항복하게 하며
내가 왕들의 허리를 풀어 그 앞
에 문들을 열고 성문들이 닫히지
못하게 하리라 2 내가 너보다 앞
서 가서 험한 곳을 평탄하게 하
며 놋문을 쳐서 부수며 쇠빗장을
꺾고 3 네게 흑암 중의 보화와
은밀한 곳에 숨은 재물을 주어
네 이름을 부르는 자가 나 여호
와 이스라엘의 하나님인 줄을 네
가 알게 하리라 4 내가 나의 종
야곱, 내가 택한 자 이스라엘 곧
너를 위하여 네 이름을 불러 너
는 나를 알지 못하였을지라도 네
게 칭호를 주었노라 5 나는 여호
와라 나 외에 다른 이가 없나니
나밖에 신이 없느니라 너는 나를
알지 못하였을지라도 나는 네 띠
를 동일 것이요 6 해 뜨는 곳에
서든지 지는 곳에서든지 나 밖에
다른 이가 없는 줄을 알게 하리
라 나는 여호와라 다른 이가 없
느니라 7 나는 빛도 짓고 어둠도
창조하며 나는 평안도 짓고 환난
도 창조하나니 나는 여호와라 이
모든 일들을 행하는 자니라 하였
노라 8 하늘이여 위로부터 공의
를 뿌리며 구름이여 의를 부을지
어다 땅이여 열려서 구원을 싹트
게 하고 공의도 함께 움돋게 할
지어다 나 여호와가 이 일을 창
조하였느니라

창조의 주, 역사의 주

9 질그릇 조각 중 한 조각 같은
자가 자기를 지으신 이와 더불어
다툴진대 화 있을진저 진흙이 토
기장이에게 너는 무엇을 만드느
냐 또는 네가 만든 것이 그는 손
이 없다 말할 수 있겠느냐 10 아
버지에게는 무엇을 낳았소 하고
묻고 어머니에게는 무엇을 낳으
려고 해산의 수고를 하였소 하고
묻는 자는 화 있을진저 11 이스
라엘의 거룩하신 이 곧 이스라엘
을 지으신 여호와께서 이같이 이
르시되 너희가 장래 일을 내게
물으며 또 내 아들들과 내 손으
로 한 일에 관하여 내게 명령하
려느냐 12 내가 땅을 만들고 그
위에 사람을 창조하였으며 내가
내 손으로 하늘을 펴고 하늘의
모든 군대에게 명령하였노라 13
내가 공의로 그를 일으킨지라 그
의 모든 길을 곧게 하리니 그가
나의 성읍을 건축할 것이며 사로
잡힌 내 백성을 값이나 값음이
없이 놓으리라 만군의 여호와의
말이니라 하셨느니라 14 여호와

44:28 **고레스** 바사의 왕. 그는 대략 주전 550년부터 530년까지 통치하였다.

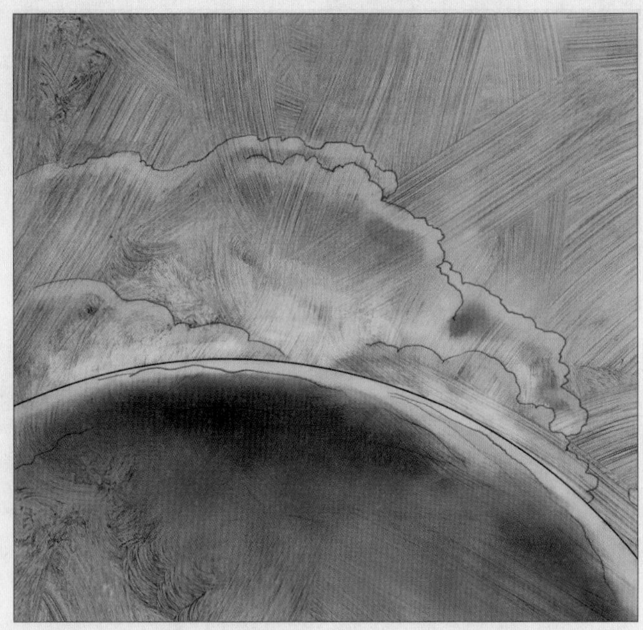

께서 이같이 말씀하시되 애굽의
소득과 구스가 무역한 것과 스바
의 장대한 남자들이 네게로 건너
와서 네게 속할 것이요 그들이
너를 따를 것이라 사슬에 매여
건너와서 네게 굴복하고 간구하
기를 하나님이 과연 네게 계시고
그 외에는 다른 하나님이 없다
하리라 하시니라 15 구원자 이
스라엘의 하나님이여 진실로 주
는 스스로 숨어 계시는 하나님이
시니이다 16 우상을 만드는 자
는 부끄러움을 당하며 욕을 받아
다 함께 수욕 중에 들어갈 것이
로되 17 이스라엘은 여호와께
구원을 받아 영원한 구원을 얻으
리니 너희가 영원히 부끄러움을
당하거나 욕을 받지 아니하리로
다 18 대저 여호와께서 이같이
말씀하시되 하늘을 창조하신 이
그는 하나님이시니 그가 땅을 지
으시고 그것을 만드셨으며 그것
을 견고하게 하시되 혼돈하게 창
조하지 아니하시고 사람이 거주
하게 그것을 지으셨으니 나는 여
호와라 나 외에 다른 이가 없느
니라 19 나는 감추어진 곳과 캄
캄한 땅에서 말하지 아니하였으
며 야곱 자손에게 너희가 나를
혼돈 중에서 찾으라고 이르지 아
니하였노라 나 여호와는 의를 말
하고 정직한 것을 알리느니라

구원을 베푸시는 분은 하나님

20 열방 중에서 피난한 자들아
너희는 모여 오라 함께 가까이
나아오라 나무 우상을 가지고 다
니며 구원하지 못하는 신에게 기
도하는 자들은 무지한 자들이니
라 21 너희는 알리며 진술하고
또 함께 의논하여 보라 이 일을
옛부터 듣게 한 자가 누구냐 이
전부터 그것을 알게 한 자가 누
구냐 나 여호와가 아니냐 나 외
에 다른 신이 없나니 나는 공의
를 행하며 구원을 베푸는 하나님
이라 나 외에 다른 이가 없느니
라 22 땅의 모든 끝이여 내게로
돌이켜 구원을 받으라 나는 하나
님이라 다른 이가 없느니라 23
내가 나를 두고 맹세하기를 내
입에서 공의로운 말이 나갔은즉
돌아오지 아니하나니 내게 모든
무릎이 꿇겠고 모든 혀가 맹세하
리라 하였노라 24 내게 대한 어
떤 자의 말에 공의와 힘은 여호
와께만 있나니 사람들이 그에게
로 나아갈 것이라 무릇 그에게
노하는 자는 부끄러움을 당하리
라 그러나 25 이스라엘 자손은
다 여호와로 말미암아 의롭다 함
을 얻고 자랑하리라 하느니라

46장

1 벨은 엎드러졌고 느보는 구부
러졌도다 그들의 우상들은 짐승
과 가축에게 실렸으니 너희가 떠
메고 다니던 그것들이 피곤한 짐
승의 무거운 짐이 되었도다 2 그
들은 구부러졌고 그들은 일제히
엎드러졌으므로 그 짐을 구하여
내지 못하고 자기들도 잡혀 갔느
니라 3 야곱의 집이여 이스라엘
집에 남은 모든 자여 내게 들을
지어다 배에서 태어남으로부터
내게 안겼고 태에서 남으로부터
내게 업힌 너희여 4 너희가 노년
에 이르기까지 내가 그리하겠고
백발이 되기까지 내가 너희를 품
을 것이라 내가 지었은즉 내가

업을 것이요 내가 품고 구하여
내리라 5 너희가 나를 누구에게
비기며 누구와 짝하며 누구와 비
교하여 서로 같다 하겠느냐 6 사
람들이 주머니에서 금을 쏟아 내
며 은을 저울에 달아 도금장이에
게 주고 그것으로 신을 만들게
하고 그것에게 엎드려 경배하며
7 그것을 들어 어깨에 메어다가
그의 처소에 두면 그것이 서 있
고 거기에서 능히 움직이지 못하
며 그에게 부르짖어도 능히 응답
하지 못하며 고난에서 구하여 내
지도 못하느니라 8 너희 패역한
자들아 이 일을 기억하고 장부가
되라 이 일을 마음에 두라 9 너
희는 옛적 일을 기억하라 나는
하나님이라 나 외에 다른 이가
없느니라 나는 하나님이라 나 같
은 이가 없느니라 10 내가 시초
부터 종말을 알리며 아직 이루지
아니한 일을 옛적부터 보이고 이
르기를 나의 뜻이 설 것이니 내
가 나의 모든 기뻐하는 것을 이
루리라 하였노라 11 내가 동쪽
에서 사나운 날짐승을 부르며 먼
나라에서 나의 뜻을 이룰 사람을
부를 것이라 내가 말하였은즉 반
드시 이룰 것이요 계획하였은즉
반드시 시행하리라 12 마음이
완악하여 공의에서 멀리 떠난 너
희여 내게 들으라 13 내가 나의
공의를 가깝게 할 것인즉 그것이
멀지 아니하나니 나의 구원이 지
체하지 아니할 것이라 내가 나의
영광인 이스라엘을 위하여 구원
을 시온에 베풀리라

47장

바벨론 심판

1 처녀 딸 바벨론이여 내려와서
티끌에 앉으라 딸 갈대아여 보좌
가 없어졌으니 땅에 앉으라 네가
다시는 곱고 아리땁다 일컬음을
받지 못할 것임이라 2 맷돌을 가
지고 가루를 갈고 너울을 벗으며
치마를 걷어 다리를 드러내고 강
을 건너라 3 네 속살이 드러나고
네 부끄러운 것이 보일 것이라
내가 보복하되 사람을 아끼지 아
니하리라 4 우리의 구원자는 그
의 이름이 만군의 여호와 이스라
엘의 거룩한 이시니라 5 딸 갈대
아여 잠잠히 앉으라 흑암으로 들
어가라 네가 다시는 여러 왕국의
여주인이라 일컬음을 받지 못하
리라 6 전에 내가 내 백성에게
노하여 내 기업을 욕되게 하여
그들을 네 손에 넘겨 주었거늘
네가 그들을 긍휼히 여기지 아니
하고 늙은이에게 네 멍에를 심히
무겁게 메우며 7 말하기를 내가
영영히 여주인이 되리라 하고 이
일을 네 마음에 두지도 아니하며
그들의 종말도 생각하지 아니하
였도다 8 그러므로 사치하고 평
안히 지내며 마음에 이르기를 나
뿐이라 나 외에 다른 이가 없도
다 나는 과부로 지내지도 아니하
며 자녀를 잃어버리는 일도 모르
리라 하는 자여 너는 이제 들을
지어다 9 한 날에 갑자기 자녀를
잃으며 과부가 되는 이 두 가지
일이 네게 임할 것이라 네가 무
수한 주술과 많은 주문을 빌릴지
라도 이 일이 온전히 네게 임하
리라 10 네가 네 악을 의지하고
스스로 이르기를 나를 보는 자가
없다 하나니 네 지혜와 네 지식
이 너를 유혹하였음이라 네 마음
에 이르기를 나뿐이라 나 외에
다른 이가 없다 하였으므로 11
재앙이 네게 임하리라 그러나 네
가 그 근원을 알지 못할 것이며
손해가 네게 이르리라 그러나 이
를 물리칠 능력이 없을 것이며
파멸이 홀연히 네게 임하리라 그
러나 네가 알지 못할 것이니라
12 이제 너는 젊어서부터 힘쓰던
주문과 많은 주술을 가지고 맞서
보라 혹시 유익을 얻을 수 있을
는지, 혹시 놀라게 할 수 있을는
지, 13 네가 많은 계략으로 말미
암아 피곤하게 되었도다 하늘을
살피는 자와 별을 보는 자와 초하

룻날에 예고하는 자들에게 일어
나 네게 임할 그 일에서 너를 구
원하게 하여 보라 14 보라 그들
은 초개 같아서 불에 타리니 그
불꽃의 세력에서 스스로 구원하
지 못할 것이라 이 불은 덥게 할
숯불이 아니요 그 앞에 앉을 만한
불도 아니니라 15 네가 같이 힘
쓰던 자들이 네게 이같이 되리니
어려서부터 너와 함께 장사하던
자들이 각기 제 길로 흩어지고 너
를 구원할 자가 없으리라

48장

하나님께서 새 일을 약속하시다

1 야곱의 집이여 이를 들을지어
다 너희는 이스라엘의 이름으로
일컬음을 받으며 유다의 허리에
서 나왔으며 여호와의 이름으로
맹세하며 이스라엘의 하나님을
기념하면서도 진실이 없고 공의
가 없도다 2 그들은 거룩한 성
출신이라고 스스로 부르며 이스
라엘의 하나님을 의지한다 하며
그의 이름이 만군의 여호와라고
하나 3 내가 예로부터 처음 일들
을 알게 하였고 내 입에서 그것
들이 나갔으며 또 내가 그것들을
듣게 하였고 내가 홀연히 행하여
그 일들이 이루어졌느니라 4 내
가 알거니와 너는 완고하며 네
목은 쇠의 힘줄이요 네 이마는
놋이라 5 그러므로 내가 이 일을
예로부터 네게 알게 하였고 일이
이루어지기 전에 그것을 네게 듣
게 하였느니라 그것을 네가 듣게
하여 네가 이것을 내 신이 행한
바요 내가 새긴 신상과 부어 만
든 신상이 명령한 바라 말하지
못하게 하였느니라 6 네가 들었
으니 이 모든 것을 보라 너희가
선전하지 아니하겠느냐 이제부
터 내가 새 일 곧 네가 알지 못하
던 은비한 일을 네게 듣게 하노
니 7 이 일들은 지금 창조된 것
이요 옛 것이 아니라 오늘 이전
에는 네가 듣지 못하였으니 이는
네가 말하기를 내가 이미 알았노
라 하지 못하게 하려 함이라 8
네가 과연 듣지도 못하였고 알지
도 못하였으며 네 귀가 옛적부터
열리지 못하였나니 이는 네가 정
녕 배신하여 모태에서부터 네가
배역한 자라 불린 줄을 내가 알
았음이라 9 내 이름을 위하여 내
가 노하기를 더디 할 것이며 내
영광을 위하여 내가 참고 너를
멸절하지 아니하리라 10 보라
내가 너를 연단하였으나 은처럼
하지 아니하고 너를 고난의 풀무
불에서 택하였노라 11 나는 나
를 위하며 나를 위하여 이를 이
룰 것이라 어찌 내 이름을 욕되
게 하리요 내 영광을 다른 자에
게 주지 아니하리라

처음이요 마지막이신 분

12 야곱아 내가 부른 이스라엘아
내게 들으라 나는 그니 나는 처
음이요 또 나는 마지막이라 13
과연 내 손이 땅의 기초를 정하
였고 내 오른손이 하늘을 폈나니
내가 그들을 부르면 그것들이 일
제히 서느니라 14 너희는 다 모
여 들으라 나 여호와가 사랑하는
자는 나의 기뻐하는 뜻을 바벨론
에 행하리니 그의 팔이 갈대아인
에게 임할 것이라 그들 중에 누
가 이 일들을 알게 하였느냐 15
나 곧 내가 말하였고 또 내가 그
를• 부르며 그를 인도하였나니
그 길이 형통하리라 16 너희는
내게 가까이 나아와 이것을 들으
라 내가 처음부터 비밀히 말하지
아니하였나니 그것이 있을 때부
터 내가 거기에 있었노라 하셨느
니라 이제는 주 여호와께서 나와
그의 영을 보내셨느니라

48:15 **그를** 이것은 바사의 왕 고레스를 가리키는 말인 것 같다.

백성을 인도하시는 하나님

17 너희의 구속자시요 이스라엘
의 거룩하신 이이신 여호와께서
이르시되 나는 네게 유익하도록
가르치고 너를 마땅히 행할 길로
인도하는 네 하나님 여호와라
18 네가 나의 명령에 주의하였더
라면 네 평강이 강과 같았겠고
네 공의가 바다 물결 같았을 것
이며 19 네 자손이 모래 같았겠
고 네 몸의 소생이 모래 알 같아
서 그의 이름이 내 앞에서 끊어
지지 아니하였겠고 없어지지 아
니하였으리라 하셨느니라 20 너
희는 바벨론에서 나와서 갈대아
인을 피하고 즐거운 소리로 이를
알게 하여 들려 주며 땅 끝까지
반포하여 이르기를 여호와께서
그의 종 야곱을 구속하셨다 하라
21 여호와께서 그들을 사막으로
통과하게 하시던 때에 그들이 목
마르지 아니하게 하시되 그들을
위하여 바위에서 물이 흘러나게
하시며 바위를 쪼개사 물이 솟아
나게 하셨느니라 22 여호와께서
말씀하시되 악인에게는 평강이
없다 하셨느니라

49장

이방의 빛 이스라엘

1 섬들아 내게 들으라 먼 곳 백성
들아 귀를 기울이라 여호와께서
태에서부터 나를 부르셨고 내 어
머니의 복중에서부터 내 이름을
기억하셨으며 2 내 입을 날카로
운 칼 같이 만드시고 나를 그의
손 그늘에 숨기시며 나를 갈고
닦은 화살로 만드사 그의 화살통
에 감추시고 3 내게 이르시되 너
는 나의 종이요 내 영광을 네 속
에 나타낼 이스라엘이라 하셨느
니라 4 그러나 나는 말하기를 내
가 헛되이 수고하였으며 무익하
게 공연히 내 힘을 다하였다 하
였도다 참으로 나에 대한 판단이
여호와께 있고 나의 보응이 나의
하나님께 있느니라 5 이제 여호
와께서 말씀하시나니 그는 태에
서부터 나를 그의 종으로 지으신
이시요 야곱을 그에게로 돌아오
게 하시는 이시니 이스라엘이 그
에게로 모이는도다 그러므로 내
가 여호와 보시기에 영화롭게 되
었으며 나의 하나님은 나의 힘이
되셨도다 6 그가 이르시되 네가
나의 종이 되어 야곱의 지파들을
일으키며 이스라엘 중에 보전된
자를 돌아오게 할 것은 매우 쉬
운 일이라 내가 또 너를 이방의
빛으로 삼아 나의 구원을 베풀어
서 땅 끝까지 이르게 하리라 7
이스라엘의 구속자 이스라엘의
거룩한 이이신 여호와께서 사람
에게 멸시를 당하는 자, 백성에
게 미움을 받는 자, 관원들에게
종이 된 자에게 이같이 이르시되
왕들이 보고 일어서며 고관들이
경배하리니 이는 이스라엘의 거
룩하신 이 신실하신 여호와 그가
너를 택하였음이니라

예루살렘의 회복

8 여호와께서 이같이 이르시되
은혜의 때에 내가 네게 응답하였
고 구원의 날에 내가 너를 도왔
도다 내가 장차 너를 보호하여
너를 백성의 언약으로 삼으며 나
라를 일으켜 그들에게 그 황무하
였던 땅을 기업으로 상속하게 하
리라 9 내가 잡혀 있는 자에게
이르기를 나오라 하며 흑암에 있
는 자에게 나타나라 하리라 그들
이 길에서 먹겠고 모든 헐벗은

산에도 그들의 풀밭이 있을 것인
즉 10 그들이 주리거나 목마르
지 아니할 것이며 더위와 볕이
그들을 상하지 아니하리니 이는
그들을 긍휼히 여기는 이가 그들
을 이끌되 샘물 근원으로 인도할
것임이라 11 내가 나의 모든 산
을 길로 삼고 나의 대로를 돋우
리니 12 어떤 사람은 먼 곳에서,
어떤 사람은 북쪽과 서쪽에서,
어떤 사람은 시님 땅에서 오리라
13 하늘이여 노래하라 땅이여 기
뻐하라 산들이여 즐거이 노래하
라 여호와께서 그의 백성을 위로
하셨은즉 그의 고난 당한 자를
긍휼히 여기실 것임이라 14 오
직 시온이 이르기를 여호와께서
나를 버리시며 주께서 나를 잊으
셨다 하였거니와 15 여인이 어
찌 그 젖 먹는 자식을 잊겠으며
자기 태에서 난 아들을 긍휼히
여기지 않겠느냐 그들은 혹시 잊
을지라도 나는 너를 잊지 아니할
것이라 16 내가 너를 내 손바닥
에 새겼고 너의 성벽이 항상 내
앞에 있나니 17 네 자녀들은 빨
리 걸으며 너를 헐며 너를 황폐
하게 하던 자들은 너를 떠나가리
라 18 네 눈을 들어 사방을 보라
그들이 다 모여 네게로 오느니라
나 여호와가 이르노라 내가 나의
삶으로 맹세하노니 네가 반드시
그 모든 무리를 장식처럼 몸에
차며 그것을 띠기를 신부처럼 할
것이라 19 이는 네 황폐하고 적
막한 곳들과 네 파멸을 당하였던
땅이 이제는 주민이 많아 좁게
될 것이며 너를 삼켰던 자들이
멀리 떠날 것이니라 20 자식을
잃었을 때에 낳은 자녀가 후일에
네 귀에 말하기를 이곳이 내게
좁으니 넓혀서 내가 거주하게 하
라 하리니 21 그 때에 네가 네 마
음에 이르기를 누가 나를 위하여
이들을 낳았는고 나는 자녀를 잃
고 외로워졌으며 사로잡혀 유리
하였거늘 이들을 누가 양육하였
는고 나는 홀로 남았거늘 이들은
어디서 생겼는고 하리라 22 주
여호와가 이같이 이르노라 내가
뭇 나라를 향하여 나의 손을 들
고 민족들을 향하여 나의 기치를
세울 것이라 그들이 네 아들들을
품에 안고 네 딸들을 어깨에 메
고 올 것이며 23 왕들은 네 양부
가 되며 왕비들은 네 유모가 될
것이며 그들이 얼굴을 땅에 대고
네게 절하고 네 발의 티끌을 핥
을 것이니 네가 나를 여호와인
줄을 알리라 나를 바라는 자는
수치를 당하지 아니하리라 24
용사가 빼앗은 것을 어떻게 도로
빼앗으며 승리자에게 사로잡힌
자를 어떻게 건져낼 수 있으랴
25 여호와가 이같이 말하노라 용
사의 포로도 빼앗을 것이요 두려
운 자의 빼앗은 것도 건져낼 것
이니 이는 내가 너를 대적하는
자를 대적하고 네 자녀를 내가
구원할 것임이라 26 내가 너를
억압하는 자들에게 자기의 살을
먹게 하며 새 술에 취함 같이 자
기의 피에 취하게 하리니 모든
육체가 나 여호와는 네 구원자요
네 구속자요 야곱의 전능자인 줄
알리라

50장

1 나 여호와가 이같이 말하노라
내가 너희의 어미를 내보낸 이혼
증서가 어디 있느냐 내가 어느
채주에게 너희를 팔았느냐 보라
너희는 너희의 죄악으로 말미암
아 팔렸고 너희의 어미는 너희의
배역함으로 말미암아 내보냄을
받았느니라 2 내가 왔어도 사람
이 없었으며 내가 불러도 대답하
는 자가 없었음은 어찌 됨이냐
내 손이 어찌 짧아 구속하지 못
하겠느냐 내게 어찌 건질 능력이
없겠느냐 보라 내가 꾸짖어 바다
를 마르게 하며 강들을 사막이
되게 하며 물이 없어졌으므로 그
물고기들이 악취를 내며 갈하여
죽으리라 3 내가 흑암으로 하늘
을 입히며 굵은 베로 덮느니라

주를 거역하지 아니하다

4 주 여호와께서 학자들의 혀를
내게 주사 나로 곤고한 자를 말
로 어떻게 도와 줄 줄을 알게 하
시고 아침마다 깨우치시되 나의
귀를 깨우치사 학자들 같이 알아
듣게 하시도다 5 주 여호와께서
나의 귀를 여셨으므로 내가 거역
하지도 아니하며 뒤로 물러가지

도 아니하며 6 나를 때리는 자들
에게 내 등을 맡기며 나의 수염
을 뽑는 자들에게 나의 뺨을 맡
기며 모욕과 침 뱉음을 당하여도
내 얼굴을 가리지 아니하였느니
라 7 주 여호와께서 나를 도우시
므로 내가 부끄러워하지 아니하
고 내 얼굴을 부싯돌 같이 굳게
하였으므로 내가 수치를 당하지
아니할 줄 아노라 8 나를 의롭다
하시는 이가 가까이 계시니 나와
다툴 자가 누구냐 나와 함께 설
지어다 나의 대적이 누구냐 내게
가까이 나아올지어다 9 보라 주
여호와께서 나를 도우시리니 나
를 정죄할 자 누구냐 보라 그들
은 다 옷과 같이 해어지며 좀이
그들을 먹으리라 10 너희 중에
여호와를 경외하며 그의 종의 목
소리를 청종하는 자가 누구냐 흑
암 중에 행하여 빛이 없는 자라
도 여호와의 이름을 의뢰하며 자
기 하나님께 의지할지어다 11
보라 불을 피우고 횃불을 둘러
띤 자여 너희가 다 너희의 불꽃
가운데로 걸어가며 너희가 피운
횃불 가운데로 걸어갈지어다 너
희가 내 손에서 얻을 것이 이것
이라 너희가 고통이 있는 곳에
누우리라

51장

위로의 말씀

1 의를 따르며 여호와를 찾아 구
하는 너희는 내게 들을지어다 너
희를 떠낸 반석과 너희를 파낸
우묵한 구덩이를 생각하여 보라
2 너희의 조상 아브라함과 너희
를 낳은 사라를 생각하여 보라
아브라함이 혼자 있을 때에 내가
그를 부르고 그에게 복을 주어
창성하게 하였느니라 3 나 여호
와가 시온의 모든 황폐한 곳들을
위로하여 그 사막을 에덴 같게,
그 광야를 여호와의 동산 같게
하였나니 그 가운데에 기뻐함과
즐거워함과 감사함과 창화하는
소리가 있으리라 4 내 백성이여
내게 주의하라 내 나라여 내게
귀를 기울이라 이는 율법이 내게
서부터 나갈 것임이라 내가 내
공의를 만민의 빛으로 세우리라
5 내 공의가 가깝고 내 구원이 나
갔은즉 내 팔이 만민을 심판하리
니 섬들이 나를 앙망하여 내 팔
에 의지하리라 6 너희는 하늘로
눈을 들며 그 아래의 땅을 살피
라 하늘이 연기 같이 사라지고
땅이 옷 같이 해어지며 거기에
사는 자들이 하루살이 같이 죽으
려니와 나의 구원은 영원히 있고
나의 공의는 폐하여지지 아니하
리라 7 의를 아는 자들아, 마음
에 내 율법이 있는 백성들아, 너
희는 내게 듣고 그들의 비방을
두려워하지 말라 그들의 비방에
놀라지 말라 8 옷 같이 좀이 그
들을 먹을 것이며 양털 같이 좀
벌레가 그들을 먹을 것이나 나의
공의는 영원히 있겠고 나의 구원
은 세세에 미치리라 9 여호와의
팔이여 깨소서 깨소서 능력을 베
푸소서 옛날 옛시대에 깨신 것
같이 하소서 라합을 저미시고 용
을 찌르신 이가 어찌 주가 아니
시며 10 바다를, 넓고 깊은 물을
말리시고 바다 깊은 곳에 길을
내어 구속 받은 자들을 건너게
하신 이가 어찌 주가 아니시니이
까 11 여호와께 구속 받은 자들
이 돌아와 노래하며 시온으로 돌
아오니 영원한 기쁨이 그들의 머
리 위에 있고 슬픔과 탄식이 달
아나리이다 12 이르시되 너희를
위로하는 자는 나 곧 나이니라
너는 어떠한 자이기에 죽을 사람
을 두려워하며 풀 같이 될 사람
의 아들을 두려워하느냐 13 하
늘을 펴고 땅의 기초를 정하고
너를 지은 자 여호와를 어찌하여
잊어버렸느냐 너를 멸하려고 준
비하는 저 학대자의 분노를 어찌
하여 항상 종일 두려워하느냐 학

대자의 분노가 어디 있느냐 14
결박된 포로가 속히 놓일 것이니
죽지도 아니할 것이요 구덩이로
내려가지도 아니할 것이며 그의
양식이 부족하지도 아니하리라
15 나는 네 하나님 여호와라 바
다를 휘저어서 그 물결을 뒤흔들
게 하는 자이니 그의 이름은 만
군의 여호와니라 16 내가 내 말
을 네 입에 두고 내 손 그늘로 너
를 덮었나니 이는 내가 하늘을
펴며 땅의 기초를 정하며 시온에
게 이르기를 너는 내 백성이라
말하기 위함이니라

비틀걸음 치게 하는 잔을 거두리라

17 여호와의 손에서 그의 분노의
잔을 마신 예루살렘이여 깰지어
다 깰지어다 일어설지어다 네가
이미 비틀걸음 치게 하는 큰 잔을
마셔 다 비웠도다 18 네가 낳은
모든 아들 중에 너를 인도할 자가
없고 네가 양육한 모든 아들 중에
그 손으로 너를 이끌 자도 없도다
19 이 두 가지 일이 네게 닥쳤으
니 누가 너를 위하여 슬퍼하랴 곧
황폐와 멸망이요 기근과 칼이라
누가 너를 위로하랴 20 네 아들
들이 곤비하여 그물에 걸린 영양
같이 온 거리 모퉁이에 누웠으니
그들에게 여호와의 분노와 네 하
나님의 견책이 가득하도다 21 그
러므로 너 곤고하며 포도주가 아
니라도 취한 자여 이 말을 들으라
22 네 주 여호와, 그의 백성의 억
울함을 풀어 주시는 네 하나님이
이같이 말씀하시되 보라 내가 비
틀걸음 치게 하는 잔 곧 나의 분
노의 큰 잔을 네 손에서 거두어서
네가 다시는 마시지 못하게 하고
23 그 잔을 너를 괴롭게 하던 자
들의 손에 두리라 그들은 일찍이
네게 이르기를 엎드리라 우리가
넘어가리라 하던 자들이라 너를
넘어가려는 그들에게 네가 네 허
리를 땅과 같게, 길거리와 같게
하였느니라 하시니라

52장

여호와께서 예루살렘을 구속하시다

1 시온이여 깰지어다 깰지어다
네 힘을 낼지어다 거룩한 성 예
루살렘이여 네 아름다운 옷을 입
을지어다 이제부터 할례 받지 아
니한 자와 부정한 자가 다시는
네게로 들어옴이 없을 것임이라
2 너는 티끌을 털어 버릴지어다
예루살렘이여 일어나 앉을지어
다 사로잡힌 딸 시온이여 네 목
의 줄을 스스로 풀지어다 3 여호
와께서 이와 같이 말씀하시되 너
희가 값 없이 팔렸으니 돈 없이
속량되리라 4 주 여호와께서 이
와 같이 말씀하시되 내 백성이
전에 애굽에 내려가서 거기에 거
류하였고 앗수르인은 공연히 그
들을 압박하였도다 5 그러므로
이제 여호와께서 말씀하시되 내
백성이 까닭 없이 잡혀갔으니 내
가 여기서 어떻게 하랴 여호와께
서 말씀하시되 그들을 관할하는
자들이 떠들며 내 이름을 항상
종일토록 더럽히도다 6 그러므
로 내 백성은 내 이름을 알리라
그러므로 그 날에는 그들이 이
말을 하는 자가 나인 줄을 알리
라 내가 여기 있느니라 7 좋은
소식을 전하며 평화를 공포하며
복된 좋은 소식을 가져오며 구원
을 공포하며 시온을 향하여 이르
기를 네 하나님이 통치하신다 하
는 자의 산을 넘는 발이 어찌 그
리 아름다운가 8 네 파수꾼들의
소리로다 그들이 소리를 높여 일
제히 노래하니 이는 여호와께서
시온으로 돌아오실 때에 그들의
눈이 마주 보리로다 9 너 예루살
렘의 황폐한 곳들아 기쁜 소리를
내어 함께 노래할지어다 이는 여
호와께서 그의 백성을 위로하셨
고 예루살렘을 구속하셨음이라
10 여호와께서 열방의 목전에서
그의 거룩한 팔을 나타내셨으므
로 땅 끝까지도 모두 우리 하나
님의 구원을 보았도다 11 너희
는 떠날지어다 떠날지어다 거기
서 나오고 부정한 것을 만지지
말지어다 그 가운데에서 나올지
어다 여호와의 기구를 메는 자들
이여 스스로 정결하게 할지어다
12 여호와께서 너희 앞에서 행하
시며 이스라엘의 하나님이 너희
뒤에서 호위하시리니 너희가 황
급히 나오지 아니하며 도망하듯
다니지 아니하리라

고난 받는 종

13 보라 내 종이 형통하리니 받
들어 높이 들려서 지극히 존귀하
게 되리라 14 전에는 그의 모양
이 타인보다 상하였고 그의 모습
이 사람들보다 상하였으므로 많
은 사람이 그에 대하여 놀랐거니
와 15 그가 나라들을 놀라게 할
것이며 왕들은 그로 말미암아 그
들의 입을 봉하리니 이는 그들이
아직 그들에게 전파되지 아니한
것을 볼 것이요 아직 듣지 못한
것을 깨달을 것임이라

53장

1 우리가 전한 것을 누가 믿었느
냐 여호와의 팔이 누구에게 나타
났느냐 2 그는 주 앞에서 자라나
기를 연한 순 같고 마른 땅에서

나온 뿌리 같아서 고운 모양도
없고 풍채도 없은즉 우리가 보기
에 흠모할 만한 아름다운 것이
없도다 3 그는 멸시를 받아 사람
들에게 버림 받았으며 간고를 많
이 겪었으며 질고를 아는 자라
마치 사람들이 그에게서 얼굴을
가리는 것 같이 멸시를 당하였고
우리도 그를 귀히 여기지 아니하
였도다 4 그는 실로 우리의 질고
를 지고 우리의 슬픔을 당하였거
늘 우리는 생각하기를 그는 징벌
을 받아 하나님께 맞으며 고난을
당한다 하였노라 5 그가 찔림은
우리의 허물 때문이요 그가 상함
은 우리의 죄악 때문이라 그가
징계를 받으므로 우리는 평화를
누리고 그가 채찍에 맞으므로 우
리는 나음을 받았도다 6 우리는
다 양 같아서 그릇 행하여 각기
제 길로 갔거늘 여호와께서는 우
리 모두의 죄악을 그에게 담당시
키셨도다 7 그가 곤욕을 당하여
괴로울 때에도 그의 입을 열지
아니하였음이여 마치 도수장으
로 끌려 가는 어린 양과 털 깎는
자 앞에서 잠잠한 양 같이 그의
입을 열지 아니하였도다 8 그는
곤욕과 심문을 당하고 끌려 갔으
나 그 세대 중에 누가 생각하기
를 그가 살아 있는 자들의 땅에
서 끊어짐은 마땅히 형벌 받을
내 백성의 허물 때문이라 하였으

리요 9 그는 강포를 행하지 아니
하였고 그의 입에 거짓이 없었으
나 그의 무덤이 악인들과 함께
있었으며 그가 죽은 후에 부자와
함께 있었도다 10 여호와께서 그
에게 상함을 받게 하시기를 원하
사 질고를 당하게 하셨은즉 그의
영혼을 속건제물로 드리기에 이
르면 그가 씨를 보게 되며 그의
날은 길 것이요 또 그의 손으로
여호와께서 기뻐하시는 뜻을 성
취하리로다 11 그가 자기 영혼의
수고한 것을 보고 만족하게 여길
것이라 나의 의로운 종이 자기 지
식으로 많은 사람을 의롭게 하며
또 그들의 죄악을 친히 담당하리
로다 12 그러므로 내가 그에게
존귀한 자와 함께 몫을 받게 하며
강한 자와 함께 탈취한 것을 나누
게 하리니 이는 그가 자기 영혼을
버려 사망에 이르게 하며 범죄자
중 하나로 헤아림을 받았음이니
라 그러나 그가 많은 사람의 죄를
담당하며 범죄자를 위하여 기도
하였느니라

하나님의 영원한 자비

1 잉태하지 못하며 출산하지 못
한 너는 노래할지어다 산고를 겪
지 못한 너는 외쳐 노래할지어다
이는 홀로 된 여인의 자식이 남
편 있는 자의 자식보다 많음이라
여호와께서 말씀하셨느니라 2
네 장막터를 넓히며 네 처소의
휘장을 아끼지 말고 널리 펴되
너의 줄을 길게 하며 너의 말뚝

을 견고히 할지어다 3 이는 네가
좌우로 퍼지며 네 자손은 열방을
얻으며 황폐한 성읍들을 사람 살
곳이 되게 할 것임이라 4 두려워
하지 말라 네가 수치를 당하지
아니하리라 놀라지 말라 네가 부
끄러움을 보지 아니하리라 네가
네 젊었을 때의 수치를 잊겠고
과부 때의 치욕을 다시 기억함이
없으리니 5 이는 너를 지으신 이
가 네 남편이시라 그의 이름은
만군의 여호와이시며 네 구속자
는 이스라엘의 거룩한 이시라 그
는 온 땅의 하나님이라 일컬음을
받으실 것이라 6 여호와께서 너
를 부르시되 마치 버림을 받아
마음에 근심하는 아내 곧 어릴
때에 아내가 되었다가 버림을 받
은 자에게 함과 같이 하실 것임
이라 네 하나님께서 말씀하셨느
니라 7 내가 잠시 너를 버렸으나
큰 긍휼로 너를 모을 것이요 8
내가 넘치는 진노로 내 얼굴을
네게서 잠시 가렸으나 영원한 자
비로 너를 긍휼히 여기리라 네
구속자 여호와께서 말씀하셨느
니라 9 이는 내게 노아의 홍수와
같도다 내가 다시는 노아의 홍수
로 땅 위에 범람하지 못하게 하
리라 맹세한 것 같이 내가 네게
노하지 아니하며 너를 책망하지
아니하기로 맹세하였노니 10 산
들이 떠나며 언덕들은 옮겨질지
라도 나의 자비는 네게서 떠나지
아니하며 나의 화평의 언약은 흔
들리지 아니하리라 너를 긍휼히
여기시는 여호와께서 말씀하셨
느니라

미래의 예루살렘

11 너 곤고하며 광풍에 요동하여
안위를 받지 못한 자여 보라 내
가 화려한 채색으로 네 돌 사이
에 더하며 청옥으로 네 기초를
쌓으며 12 홍보석으로 네 성벽
을 지으며 석류석으로 네 성문을
만들고 네 지경을 다 보석으로
꾸밀 것이며 13 네 모든 자녀는
여호와의 교훈을 받을 것이니 네
자녀에게는 큰 평안이 있을 것이
며 14 너는 공의로 설 것이며 학
대가 네게서 멀어질 것인즉 네가
두려워하지 아니할 것이며 공포
도 네게 가까이하지 못할 것이라
15 보라 그들이 분쟁을 일으킬지
라도 나로 말미암지 아니한 것이
니 누구든지 너와 분쟁을 일으키
는 자는 너로 말미암아 패망하리
라 16 보라 숯불을 불어서 자기
가 쓸 만한 연장을 제조하는 장

인도 내가 창조하였고 파괴하며
진멸하는 자도 내가 창조하였은
즉 17 너를 치려고 제조된 모든
연장이 쓸모가 없을 것이라 일어
나 너를 대적하여 송사하는 모든
혀는 네게 정죄를 당하리니 이는
여호와의 종들의 기업이요 이는
그들이 내게서 얻은 공의니라 여
호와의 말씀이니라

55장

하나님의 긍휼

1 오호라 너희 모든 목마른 자들
아 물로 나아오라 돈 없는 자도
오라 너희는 와서 사 먹되 돈 없
이, 값 없이 와서 포도주와 젖을
사라 2 너희가 어찌하여 양식이
아닌 것을 위하여 은을 달아 주
며 배부르게 하지 못할 것을 위
하여 수고하느냐 내게 듣고 들을
지어다 그리하면 너희가 좋은 것
을 먹을 것이며 너희 자신들이
기름진 것으로 즐거움을 얻으리
라 3 너희는 귀를 기울이고 내게
로 나아와 들으라 그리하면 너희
의 영혼이 살리라 내가 너희를
위하여 영원한 언약을 맺으리니
곧 다윗에게 허락한 확실한 은혜
이니라 4 보라 내가 그를 만민에
게 증인으로 세웠고 만민의 인도
자와 명령자로 삼았나니 5 보라
네가 알지 못하는 나라를 네가
부를 것이며 너를 알지 못하는
나라가 네게로 달려올 것은 여호
와 네 하나님 곧 이스라엘의 거
룩하신 이로 말미암음이니라 이
는 그가 너를 영화롭게 하였느니
라 6 너희는 여호와를 만날 만한
때에 찾으라 가까이 계실 때에
그를 부르라 7 악인은 그의 길
을, 불의한 자는 그의 생각을 버
리고 여호와께로 돌아오라 그리
하면 그가 긍휼히 여기시리라 우
리 하나님께로 돌아오라 그가 너
그럽게 용서하시리라 8 이는 내
생각이 너희의 생각과 다르며 내
길은 너희의 길과 다름이니라 여
호와의 말씀이니라 9 이는 하늘
이 땅보다 높음 같이 내 길은 너
희의 길보다 높으며 내 생각은
너희의 생각보다 높음이니라 10
이는 비와 눈이 하늘로부터 내려
서 그리로 되돌아가지 아니하고
땅을 적셔서 소출이 나게 하며
싹이 나게 하여 파종하는 자에게
는 종자를 주며 먹는 자에게는
양식을 줌과 같이 11 내 입에서
나가는 말도 이와 같이 헛되이
내게로 되돌아오지 아니하고 나
의 기뻐하는 뜻을 이루며 내가
보낸 일에 형통함이니라 12 너
희는 기쁨으로 나아가며 평안히
인도함을 받을 것이요 산들과 언
덕들이 너희 앞에서 노래를 발하
고 들의 모든 나무가 손뼉을 칠
것이며 13 잣나무는 가시나무를
대신하여 나며 화석류는 찔레를
대신하여 날 것이라 이것이 여호
와의 기념이 되며 영영한 표징이
되어 끊어지지 아니하리라

56장

여호와께 연합한 사람

1 여호와께서 이와 같이 말씀하
시기를 너희는 정의를 지키며 의
를 행하라 이는 나의 구원이 가
까이 왔고 나의 공의가 나타날
것임이라 하셨도다 2 안식일을
지켜 더럽히지 아니하며 그의 손
을 금하여 모든 악을 행하지 아
니하여야 하나니 이와 같이 하는
사람, 이와 같이 굳게 잡는 사람
은 복이 있느니라 3 여호와께 연
합한 이방인은 말하기를 여호와

께서 나를 그의 백성 중에서 반
드시 갈라내시리라 하지 말며 고
자도 말하기를 나는 마른 나무라
하지 말라 4 여호와께서 이와 같
이 말씀하시기를 나의 안식일을
지키며 내가 기뻐하는 일을 선택
하며 나의 언약을 굳게 잡는 고
자들에게는 5 내가 내 집에서,
내 성 안에서 아들이나 딸보다
나은 기념물과 이름을 그들에게
주며 영원한 이름을 주어 끊어지
지 아니하게 할 것이며 6 또 여
호와와 연합하여 그를 섬기며 여
호와의 이름을 사랑하며 그의 종
이 되며 안식일을 지켜 더럽히지
아니하며 나의 언약을 굳게 지키
는 이방인마다 7 내가 곧 그들을
나의 성산으로 인도하여 기도하
는 내 집에서 그들을 기쁘게 할
것이며 그들의 번제와 희생을 나
의 제단에서 기꺼이 받게 되리니
이는 내 집은 만민이 기도하는
집이라 일컬음이 될 것임이라 8
이스라엘의 쫓겨난 자를 모으시
는 주 여호와가 말하노니 내가
이미 모은 백성 외에 또 모아 그
에게 속하게 하리라 하셨느니라

몰지각한 목자들

9 들의 모든 짐승들아 숲 가운데
의 모든 짐승들아 와서 먹으라
10 이스라엘의 파수꾼들은 맹인
이요 다 무지하며 벙어리 개들이
라 짖지 못하며 다 꿈꾸는 자들
이요 누워 있는 자들이요 잠자기
를 좋아하는 자들이니 11 이 개
들은 탐욕이 심하여 족한 줄을
알지 못하는 자들이요 그들은 몰
지각한 목자들이라 다 제 길로
돌아가며 사람마다 자기 이익만
추구하며 12 오라 내가 포도주
를 가져오리라 우리가 독주를 잔
뜩 마시자 내일도 오늘 같이 크
게 넘치리라 하느니라

57장

우상 숭배를 규탄하시다

1 의인이 죽을지라도 마음에 두
는 자가 없고 진실한 이들이 거
두어 감을 당할지라도 깨닫는 자
가 없도다 의인들은 악한 자들
앞에서 불리어가도다 2 그들은
평안에 들어갔나니 바른 길로 가
는 자들은 그들의 침상에서 편히
쉬리라 3 무당의 자식, 간음자와
음녀의 자식들아 너희는 가까이
오라 4 너희가 누구를 희롱하느
냐 누구를 향하여 입을 크게 벌
리며 혀를 내미느냐 너희는 패역
의 자식, 거짓의 후손이 아니냐
5 너희가 상수리나무 사이, 모든
푸른 나무 아래에서 음욕을 피우
며 골짜기 가운데 바위 틈에서
자녀를 도살하는도다 6 골짜기
가운데 매끄러운 돌들 중에 네
몫이 있으니 그것들이 곧 네가
제비 뽑아 얻은 것이라 또한 네
가 전제와 예물을 그것들에게 드
리니 내가 어찌 위로를 받겠느냐
7 네가 높고 높은 산 위에 네 침
상을 베풀었고 네가 또 거기에
올라가서 제사를 드렸으며 8 네
가 또 네 기념표를 문과 문설주
뒤에 두었으며 네가 나를 떠나
벗고 올라가서 네 침상을 넓히고
그들과 언약하며 또 네가 그들의
침상을 사랑하여 그 벌거벗은 것
을 보았으며 9 네가 기름을 가지
고 몰렉에게 나아가되 향품을 더
하였으며 네가 또 사신을 먼 곳
에 보내고 스올에까지 내려가게
하였으며 10 네가 길이 멀어서
피곤할지라도 헛되다 말하지 아
니함은 네 힘이 살아났으므로 쇠
약하여지지 아니함이라 11 네가
누구를 두려워하며 누구로 말미
암아 놀랐기에 거짓을 말하며 나
를 생각하지 아니하며 이를 마음
에 두지 아니하였느냐 네가 나를
경외하지 아니함은 내가 오랫동
안 잠잠했기 때문이 아니냐 12
네 공의를 내가 보이리라 네가 행

한 일이 네게 무익하니라 13 네
가 부르짖을 때에 네가 모은 우상
들에게 너를 구원하게 하라 그것
들은 다 바람에 날려 가겠고 기운
에 불려갈 것이로되 나를 의뢰하
는 자는 땅을 차지하겠고 나의 거
룩한 산을 기업으로 얻으리라

인도하고 고치겠다고 하신 약속

14 그가 말하기를 돋우고 돋우어
길을 수축하여 내 백성의 길에서
거치는 것을 제하여 버리라 하리
라 15 지극히 존귀하며 영원히
거하시며 거룩하다 이름하는 이
가 이와 같이 말씀하시되 내가
높고 거룩한 곳에 있으며 또한
통회하고 마음이 겸손한 자와 함
께 있나니 이는 겸손한 자의 영
을 소생시키며 통회하는 자의 마
음을 소생시키려 함이라 16 내
가 영원히 다투지 아니하며 내가
끊임없이 노하지 아니할 것은 내
가 지은 그의 영과 혼이 내 앞에
서 피곤할까 함이라 17 그의 탐
심의 죄악으로 말미암아 내가 노
하여 그를 쳤으며 또 내 얼굴을
가리고 노하였으나 그가 아직도
패역하여 자기 마음의 길로 걸어
가도다 18 내가 그의 길을 보았
은즉 그를 고쳐 줄 것이라 그를
인도하며 그와 그를 슬퍼하는 자
들에게 위로를 다시 얻게 하리라
19 입술의 열매를 창조하는 자
여호와가 말하노라 먼 데 있는
자에게든지 가까운 데 있는 자에
게든지 평강이 있을지어다 평강
이 있을지어다 내가 그를 고치리
라 하셨느니라 20 그러나 악인
은 평온함을 얻지 못하고 그 물
이 진흙과 더러운 것을 늘 솟구
쳐 내는 요동하는 바다와 같으니
라 21 내 하나님의 말씀에 악인
에게는 평강이 없다 하셨느니라

58장

여호와께서 기뻐하시는 금식

1 크게 외치라 목소리를 아끼지
말라 네 목소리를 나팔 같이 높
여 내 백성에게 그들의 허물을,
야곱의 집에 그들의 죄를 알리라
2 그들이 날마다 나를 찾아 나의
길 알기를 즐거워함이 마치 공의
를 행하여 그의 하나님의 규례를
저버리지 아니하는 나라 같아서

의로운 판단을 내게 구하며 하나
님과 가까이 하기를 즐거워하는
도다 3 우리가 금식하되 어찌하
여 주께서 보지 아니하시오며 우
리가 마음을 괴롭게 하되 어찌하
여 주께서 알아 주지 아니하시나
이까 보라 너희가 금식하는 날에
오락을 구하며 온갖 일을 시키는
도다 4 보라 너희가 금식하면서
논쟁하며 다투며 악한 주먹으로
치는도다 너희가 오늘 금식하는
것은 너희의 목소리를 상달하게
하려는 것이 아니니라 5 이것이
어찌 내가 기뻐하는 금식이 되겠
으며 이것이 어찌 사람이 자기의
마음을 괴롭게 하는 날이 되겠느
냐 그의 머리를 갈대 같이 숙이
고 굵은 베와 재를 펴는 것을 어
찌 금식이라 하겠으며 여호와께

열납될 날이라 하겠느냐 6 내가
기뻐하는 금식은 흉악의 결박을
풀어 주며 멍에의 줄을 끌러 주
며 압제 당하는 자를 자유하게
하며 모든 멍에를 꺾는 것이 아
니겠느냐 7 또 주린 자에게 네
양식을 나누어 주며 유리하는 빈
민을 집에 들이며 헐벗은 자를
보면 입히며 또 네 골육을 피하
여 스스로 숨지 아니하는 것이
아니겠느냐 8 그리하면 네 빛이
새벽 같이 비칠 것이며 네 치유
가 급속할 것이며 네 공의가 네
앞에 행하고 여호와의 영광이 네
뒤에 호위하리니 9 네가 부를 때
에는 나 여호와가 응답하겠고 네
가 부르짖을 때에는 내가 여기
있다 하리라 만일 네가 너희 중
에서 멍에와 손가락질과 허망한
말을 제하여 버리고 10 주린 자
에게 네 심정이 동하며 괴로워하
는 자의 심정을 만족하게 하면
네 빛이 흑암 중에서 떠올라 네
어둠이 낮과 같이 될 것이며 11
여호와가 너를 항상 인도하여 메
마른 곳에서도 네 영혼을 만족하
게 하며 네 뼈를 견고하게 하리
니 너는 물 댄 동산 같겠고 물이
끊어지지 아니하는 샘 같을 것이
라 12 네게서 날 자들이 오래 황
폐된 곳들을 다시 세울 것이며
너는 역대의 파괴된 기초를 쌓으
리니 너를 일컬어 무너진 데를
보수하는 자라 할 것이며 길을
수축하여 거할 곳이 되게 하는
자라 하리라

안식일을 지키면

13 만일 안식일에 네 발을 금하여
내 성일에 오락을 행하지 아니하
고 안식일을 일컬어 즐거운 날이
라, 여호와의 성일을 존귀한 날이
라 하여 이를 존귀하게 여기고 네
길로 행하지 아니하며 네 오락을
구하지 아니하며 사사로운 말을
하지 아니하면 14 네가 여호와
안에서 즐거움을 얻을 것이라 내
가 너를 땅의 높은 곳에 올리고
네 조상 야곱의 기업으로 기르리
라 여호와의 입의 말씀이니라

59장

선지자가 백성의 죄악을 규탄하다

1 여호와의 손이 짧아 구원하지
못하심도 아니요 귀가 둔하여 듣
지 못하심도 아니라 2 오직 너희
죄악이 너희와 너희 하나님 사이
를 갈라 놓았고 너희 죄가 그의
얼굴을 가리어서 너희에게서 듣
지 않으시게 함이니라 3 이는 너
희 손이 피에, 너희 손가락이 죄
악에 더러워졌으며 너희 입술은
거짓을 말하며 너희 혀는 악독을
냄이라 4 공의대로 소송하는 자
도 없고 진실하게 판결하는 자도
없으며 허망한 것을 의뢰하며 거
짓을 말하며 악행을 잉태하여 죄
악을 낳으며 5 독사의 알을 품으
며 거미줄을 짜나니 그 알을 먹
는 자는 죽을 것이요 그 알이 밟
힌즉 터져서 독사가 나올 것이니
라 6 그 짠 것으로는 옷을 이룰
수 없을 것이요 그 행위로는 자기
를 가릴 수 없을 것이며 그 행위
는 죄악의 행위라 그 손에는 포악
한 행동이 있으며 7 그 발은 행악
하기에 빠르고 무죄한 피를 흘리
기에 신속하며 그 생각은 악한 생
각이라 황폐와 파멸이 그 길에 있
으며 8 그들은 평강의 길을 알지
못하며 그들이 행하는 곳에는 정
의가 없으며 굽은 길을 스스로 만
드나니 무릇 이 길을 밟는 자는
평강을 알지 못하느니라

백성이 죄악을 자백하다

9 그러므로 정의가 우리에게서
멀고 공의가 우리에게 미치지 못
한즉 우리가 빛을 바라나 어둠뿐
이요 밝은 것을 바라나 캄캄한
가운데에 행하므로 10 우리가
맹인 같이 담을 더듬으며 눈 없
는 자 같이 두루 더듬으며 낮에
도 황혼 때 같이 넘어지니 우리
는 강장한 자 중에서도 죽은 자
같은지라 11 우리가 곰 같이 부
르짖으며 비둘기 같이 슬피 울며
정의를 바라나 없고 구원을 바라
나 우리에게서 멀도다 12 이는
우리의 허물이 주의 앞에 심히
많으며 우리의 죄가 우리를 쳐서
증언하오니 이는 우리의 허물이
우리와 함께 있음이니라 우리의
죄악을 우리가 아나이다 13 우
리가 여호와를 배반하고 속였으
며 우리 하나님을 따르는 데에서

돌이켜 포학과 패역을 말하며 거
짓말을 마음에 잉태하여 낳으니
14 정의가 뒤로 물리침이 되고
공의가 멀리 섰으며 성실이 거리
에 엎드러지고 정직이 나타나지
못하는도다 15 성실이 없어지므
로 악을 떠나는 자가 탈취를 당
하는도다

여호와께서 백성을 구원하려고 하시다

여호와께서 이를 살피시고 그 정
의가 없는 것을 기뻐하지 아니하
시고 16 사람이 없음을 보시며
중재자가 없음을 이상히 여기셨
으므로 자기 팔로 스스로 구원을
베푸시며 자기의 공의를 스스로
의지하사 17 공의를 갑옷으로
삼으시며 구원을 자기의 머리에
써서 투구로 삼으시며 보복을 속
옷으로 삼으시며 열심을 입어 겉
옷으로 삼으시고 18 그들의 행
위대로 갚으시되 그 원수에게 분
노하시며 그 원수에게 보응하시
며 섬들에게 보복하실 것이라
19 서쪽에서 여호와의 이름을 두
려워하겠고 해 돋는 쪽에서 그의
영광을 두려워할 것은 여호와께
서 그 기운에 몰려 급히 흐르는
강물 같이 오실 것임이로다 20
여호와의 말씀이니라 구속자가
시온에 임하며 야곱의 자손 가운
데에서 죄과를 떠나는 자에게 임
하리라 21 여호와께서 이르시되
내가 그들과 세운 나의 언약이
이러하니 곧 네 위에 있는 나의
영과 네 입에 둔 나의 말이 이제
부터 영원하도록 네 입에서와 네
후손의 입에서와 네 후손의 후손
의 입에서 떠나지 아니하리라 하
시니라 여호와의 말씀이니라

60장

예루살렘이 받을 영광

1 일어나라 빛을 발하라 이는 네
빛이 이르렀고 여호와의 영광이
네 위에 임하였음이니라 2 보라
어둠이 땅을 덮을 것이며 캄캄함
이 만민을 가리려니와 오직 여호
와께서 네 위에 임하실 것이며
그의 영광이 네 위에 나타나리니
3 나라들은 네 빛으로, 왕들은 비
치는 네 광명으로 나아오리라 4
네 눈을 들어 사방을 보라 무리
가 다 모여 네게로 오느니라 네
아들들은 먼 곳에서 오겠고 네
딸들은 안기어 올 것이라 5 그
때에 네가 보고 기쁜 빛을 내며
네 마음이 놀라고 또 화창하리니
이는 바다의 부가 네게로 돌아오
며 이방 나라들의 재물이 네게로
옴이라 6 허다한 낙타, 미디안과
에바의 어린 낙타가 네 가운데에
가득할 것이며 스바 사람들은 다
금과 유향을 가지고 와서 여호와
의 찬송을 전파할 것이며 7 게달
의 양 무리는 다 네게로 모일 것
이요 느바욧의 숫양은 네게 공급
되고 내 제단에 올라 기꺼이 받
음이 되리니 내가 내 영광의 집
을 영화롭게 하리라 8 저 구름
같이, 비둘기들이 그 보금자리로
날아가는 것 같이 날아오는 자들
이 누구냐 9 곧 섬들이 나를 앙
망하고 다시스의 배들이 먼저 이
르되 먼 곳에서 네 자손과 그들
의 은금을 아울러 싣고 와서 네
하나님 여호와의 이름에 드리려
하며 이스라엘의 거룩한 이에게
드리려 하는 자들이라 이는 내가
너를 영화롭게 하였음이라 10
내가 노하여 너를 쳤으나 이제는
나의 은혜로 너를 불쌍히 여겼은
즉 이방인들이 네 성벽을 쌓을
것이요 그들의 왕들이 너를 섬길
것이며 11 네 성문이 항상 열려
주야로 닫히지 아니하리니 이는
사람들이 네게로 이방 나라들의
재물을 가져오며 그들의 왕들을
포로로 이끌어 옴이라 12 너를

섬기지 아니하는 백성과 나라는
파멸하리니 그 백성들은 반드시
진멸되리라 13 레바논의 영광
곧 잣나무와 소나무와 황양목이
함께 네게 이르러 내 거룩한 곳
을 아름답게 할 것이며 내가 나
의 발 둘 곳을 영화롭게 할 것이
라 14 너를 괴롭히던 자의 자손
이 몸을 굽혀 네게 나아오며 너
를 멸시하던 모든 자가 네 발 아
래에 엎드려 너를 일컬어 여호와
의 성읍이라, 이스라엘의 거룩한
이의 시온이라 하리라 15 전에
는 네가 버림을 당하며 미움을
당하였으므로 네게로 가는 자가
없었으나 이제는 내가 너를 영원
한 아름다움과 대대의 기쁨이 되
게 하리니 16 네가 이방 나라들
의 젖을 빨며 뭇 왕의 젖을 빨고
나 여호와는 네 구원자, 네 구속
자, 야곱의 전능자인 줄 알리라
17 내가 금을 가지고 놋을 대신
하며 은을 가지고 철을 대신하며
놋으로 나무를 대신하며 철로 돌
을 대신하며 화평을 세워 관원으
로 삼으며 공의를 세워 감독으로
삼으리니 18 다시는 강포한 일
이 네 땅에 들리지 않을 것이요
황폐와 파멸이 네 국경 안에 다
시 없을 것이며 네가 네 성벽을
구원이라, 네 성문을 찬송이라
부를 것이라 19 다시는 낮에 해
가 네 빛이 되지 아니하며 달도
네게 빛을 비추지 않을 것이요
오직 여호와가 네게 영원한 빛이
되며 네 하나님이 네 영광이 되
리니 20 다시는 네 해가 지지 아
니하며 네 달이 물러가지 아니할
것은 여호와가 네 영원한 빛이
되고 네 슬픔의 날이 끝날 것임
이라 21 네 백성이 다 의롭게 되
어 영원히 땅을 차지하리니 그들
은 내가 심은 가지요 내가 손으
로 만든 것으로서 나의 영광을
나타낼 것인즉 22 그 작은 자가
천 명을 이루겠고 그 약한 자가
강국을 이룰 것이라 때가 되면
나 여호와가 속히 이루리라

61장

구원의 아름다운 소식

1 주 여호와의 영이 내게 내리셨
으니 이는 여호와께서 내게 기름
을 부으사 가난한 자에게 아름다
운 소식을 전하게 하려 하심이라
나를 보내사 마음이 상한 자를
고치며 포로된 자에게 자유를,

갇힌 자에게 놓임을 선포하며 2
여호와의 은혜의 해와 우리 하나
님의 보복의 날을 선포하여 모든
슬픈 자를 위로하되 3 무릇 시온
에서 슬퍼하는 자에게 화관을 주
어 그 재를 대신하며 기쁨의 기
름으로 그 슬픔을 대신하며 찬송
의 옷으로 그 근심을 대신하시고
그들이 의의 나무 곧 여호와께서
심으신 그 영광을 나타낼 자라
일컬음을 받게 하려 하심이라 4
그들은 오래 황폐하였던 곳을 다
시 쌓을 것이며 옛부터 무너진
곳을 다시 일으킬 것이며 황폐한
성읍 곧 대대로 무너져 있던 것
들을 중수할 것이며 5 외인은 서
서 너희 양 떼를 칠 것이요 이방
사람은 너희 농부와 포도원지기
가 될 것이나 6 오직 너희는 여
호와의 제사장이라 일컬음을 받
을 것이라 사람들이 너희를 우리
하나님의 봉사자라 할 것이며 너

희가 이방 나라들의 재물을 먹으
며 그들의 영광을 얻어 자랑할
것이니라 7 너희가 수치 대신에
보상을 배나 얻으며 능욕 대신에
몫으로 말미암아 즐거워할 것이
라 그리하여 그들의 땅에서 갑절
이나 얻고 영원한 기쁨이 있으리
라 8 무릇 나 여호와는 정의를
사랑하며 불의의 강탈을 미워하
여 성실히 그들에게 갚아 주고
그들과 영원한 언약을 맺을 것이
라 9 그들의 자손을 뭇 나라 가
운데에, 그들의 후손을 만민 가
운데에 알리리니 무릇 이를 보는
자가 그들은 여호와께 복 받은
자손이라 인정하리라 10 내가
여호와로 말미암아 크게 기뻐하
며 내 영혼이 나의 하나님으로
말미암아 즐거워하리니 이는 그
가 구원의 옷을 내게 입히시며
공의의 겉옷을 내게 더하심이 신
랑이 사모를 쓰며 신부가 자기
보석으로 단장함 같게 하셨음이
라 11 땅이 싹을 내며 동산이 거
기 뿌린 것을 움돋게 함 같이 주
여호와께서 공의와 찬송을 모든
나라 앞에 솟아나게 하시리라

62장

1 나는 시온의 의가 빛 같이, 예
루살렘의 구원이 횃불 같이 나타
나도록 시온을 위하여 잠잠하지
아니하며 예루살렘을 위하여 쉬
지 아니할 것인즉 2 이방 나라들
이 네 공의를, 뭇 왕이 다 네 영광
을 볼 것이요 너는 여호와의 입
으로 정하실 새 이름으로 일컬음
이 될 것이며 3 너는 또 여호와
의 손의 아름다운 관, 네 하나님
의 손의 왕관이 될 것이라 4 다
시는 너를 버림 받은 자라 부르
지 아니하며 다시는 네 땅을 황
무지라 부르지 아니하고 오직 너
를 헵시바라 하며 네 땅을 쁄라
라 하리니 이는 여호와께서 너를
기뻐하실 것이며 네 땅이 결혼한
것처럼 될 것임이라 5 마치 청년
이 처녀와 결혼함 같이 네 아들
들이 너를 취하겠고 신랑이 신부
를 기뻐함 같이 네 하나님이 너
를 기뻐하시리라 6 예루살렘이
여 내가 너의 성벽 위에 파수꾼
을 세우고 그들로 하여금 주야로
계속 잠잠하지 않게 하였느니라
너희 여호와로 기억하시게 하는
자들아 너희는 쉬지 말며 7 또
여호와께서 예루살렘을 세워 세
상에서 찬송을 받게 하시기까지
그로 쉬지 못하시게 하라 8 여호
와께서 그 오른손, 그 능력의 팔
로 맹세하시되 내가 다시는 네
곡식을 네 원수들에게 양식으로
주지 아니하겠고 네가 수고하여
얻은 포도주를 이방인이 마시지
못하게 할 것인즉 9 오직 추수한
자가 그것을 먹고 나 여호와를
찬송할 것이요 거둔 자가 그것을
나의 성소 뜰에서 마시리라 하셨
느니라 10 성문으로 나아가라
나아가라 백성이 올 길을 닦으라
큰 길을 수축하고 수축하라 돌을
제하라 만민을 위하여 기치를 들
라 11 여호와께서 땅 끝까지 선
포하시되 너희는 딸 시온에게 이
르라 보라 네 구원이 이르렀느니
라 보라 상급이 그에게 있고 보
응이 그 앞에 있느니라 하셨느니
라 12 사람들이 너를 일컬어 거
룩한 백성이라 여호와께서 구속
하신 자라 하겠고 또 너를 일컬
어 찾은 바 된 자요 버림 받지 아
니한 성읍이라 하리라

63장

여호와의 승리

1 에돔에서 오는 이 누구며 붉은
옷을 입고 보스라에서 오는 이
누구냐 그의 화려한 의복 큰 능
력으로 걷는 이가 누구냐 그는
나이니 공의를 말하는 이요 구원
하는 능력을 가진 이니라 2 어찌
하여 네 의복이 붉으며 네 옷이
포도즙틀을 밟는 자 같으냐 3 만
민 가운데 나와 함께 한 자가 없
이 내가 홀로 포도즙틀을 밟았는
데 내가 노함으로 말미암아 무리
를 밟았고 분함으로 말미암아 짓
밟았으므로 그들의 선혈이 내 옷
에 튀어 내 의복을 다 더럽혔음

이니 4 이는 내 원수 갚는 날이
내 마음에 있고 내가 구속할 해
가 왔으나 5 내가 본즉 도와 주
는 자도 없고 붙들어 주는 자도
없으므로 이상하게 여겨 내 팔이
나를 구원하며 내 분이 나를 붙
들었음이라 6 내가 노함으로 말
미암아 만민을 밟았으며 내가 분
함으로 말미암아 그들을 취하게
하고 그들의 선혈이 땅에 쏟아지
게 하였느니라

이스라엘에게 베푸신 은총

7 내가 여호와께서 우리에게 베
푸신 모든 자비와 그의 찬송을
말하며 그의 사랑을 따라, 그의
많은 자비를 따라 이스라엘 집에
베푸신 큰 은총을 말하리라 8 그
가 말씀하시되 그들은 실로 나의
백성이요 거짓을 행하지 아니하
는 자녀라 하시고 그들의 구원자
가 되사 9 그들의 모든 환난에
동참하사 자기 앞의 사자로 하여
금 그들을 구원하시며 그의 사랑
과 그의 자비로 그들을 구원하시
고 옛적 모든 날에 그들을 드시
며 안으셨으나 10 그들이 반역
하여 주의 성령을 근심하게 하였
으므로 그가 돌이켜 그들의 대적
이 되사 친히 그들을 치셨더니
11 백성이 옛적 모세의 때를 기
억하여 이르되 백성과 양 떼의
목자를 바다에서 올라오게 하신
이가 이제 어디 계시냐 그들 가
운데에 성령을 두신 이가 이제
어디 계시냐 12 그의 영광의 팔
이 모세의 오른손을 이끄시며 그
의 이름을 영원하게 하려 하사
그들 앞에서 물을 갈라지게 하시
고 13 그들을 깊음으로 인도하
시되 광야에 있는 말 같이 넘어
지지 않게 하신 이가 이제 어디
계시냐 14 여호와의 영이 그들
을 골짜기로 내려가는 가축 같이
편히 쉬게 하셨도다 주께서 이와
같이 주의 백성을 인도하사 이름
을 영화롭게 하셨나이다 하였느
니라

자비와 사랑을 구하는 기도

15 주여 하늘에서 굽어 살피시며
주의 거룩하고 영화로운 처소에
서 보옵소서 주의 열성과 주의
능하신 행동이 이제 어디 있나이
까 주께서 베푸시던 간곡한 자비
와 사랑이 내게 그쳤나이다 16
주는 우리 아버지시라 아브라함
은 우리를 모르고 이스라엘은 우
리를 인정하지 아니할지라도 여
호와여, 주는 우리의 아버지시라
옛날부터 주의 이름을 우리의 구
속자라 하셨거늘 17 여호와여 어
찌하여 우리로 주의 길에서 떠나
게 하시며 우리의 마음을 완고하
게 하사 주를 경외하지 않게 하
시나이까 원하건대 주의 종들 곧
주의 기업인 지파들을 위하사 돌
아오시옵소서 18 주의 거룩한 백
성이 땅을 차지한 지 오래지 아
니하여서 우리의 원수가 주의 성
소를 유린하였사오니 19 우리는
주의 다스림을 받지 못하는 자 같
으며 주의 이름으로 일컬음을 받
지 못하는 자 같이 되었나이다

64장

1 원하건대 주는 하늘을 가르고
강림하시고 주 앞에서 산들이 진
동하기를 2 불이 섶을 사르며 불
이 물을 끓임 같게 하사 주의 원
수들이 주의 이름을 알게 하시며
이방 나라들로 주 앞에서 떨게
하옵소서 3 주께서 강림하사 우
리가 생각하지 못한 두려운 일을
행하시던 그 때에 산들이 주 앞
에서 진동하였사오니 4 주 외에
는 자기를 앙망하는 자를 위하여
이런 일을 행한 신을 옛부터 들
은 자도 없고 귀로 들은 자도 없
고 눈으로 본 자도 없었나이다 5
주께서 기쁘게 공의를 행하는 자
와 주의 길에서 주를 기억하는
자를 선대하시거늘 우리가 범죄
하므로 주께서 진노하셨사오며
이 현상이 이미 오래 되었사오니
우리가 어찌 구원을 얻을 수 있
으리이까 6 무릇 우리는 다 부정
한 자 같아서 우리의 의는 다 더

러운 옷 같으며 우리는 다 잎사
귀 같이 시들므로 우리의 죄악이
바람 같이 우리를 몰아가나이다
7 주의 이름을 부르는 자가 없으
며 스스로 분발하여 주를 붙잡는
자가 없사오니 이는 주께서 우리
에게 얼굴을 숨기시며 우리의 죄
악으로 말미암아 우리가 소멸되
게 하셨음이니이다 8 그러나 여
호와여, 이제 주는 우리 아버지
시니이다 우리는 진흙이요 주는
토기장이시니 우리는 다 주의 손
으로 지으신 것이니이다 9 여호
와여, 너무 분노하지 마시오며
죄악을 영원히 기억하지 마시옵
소서 구하오니 보시옵소서 보시
옵소서 우리는 다 주의 백성이니
이다 10 주의 거룩한 성읍들이
광야가 되었으며 시온이 광야가
되었으며 예루살렘이 황폐하였
나이다 11 우리 조상들이 주를
찬송하던 우리의 거룩하고 아름
다운 성전이 불에 탔으며 우리가
즐거워하던 곳이 다 황폐하였나
이다 12 여호와여 일이 이러하
거늘 주께서 아직도 가만히 계시
려 하시나이까 주께서 아직도 잠
잠하시고 우리에게 심한 괴로움
을 받게 하시려나이까

65장

하나님께서 패역한 백성을 벌하시다

1 나는 나를 구하지 아니하던 자
에게 물음을 받았으며 나를 찾지
아니하던 자에게 찾아냄이 되었
으며 내 이름을 부르지 아니하던
나라에 내가 여기 있노라 내가
여기 있노라 하였노라 2 내가 종
일 손을 펴서 자기 생각을 따라
옳지 않은 길을 걸어가는 패역한
백성들을 불렀나니 3 곧 동산에
서 제사하며 벽돌 위에서 분향하
여 내 앞에서 항상 내 노를 일으
키는 백성이라 4 그들이 무덤 사
이에 앉으며 은밀한 처소에서 밤
을 지내며 돼지고기를 먹으며 가
증한 것들의 국을 그릇에 담으면
서 5 사람에게 이르기를 너는 네
자리에 서 있고 내게 가까이 하
지 말라 나는 너보다 거룩함이라
하나니 이런 자들은 내 코의 연
기요 종일 타는 불이로다 6 보라
이것이 내 앞에 기록되었으니 내
가 잠잠하지 아니하고 반드시 보
응하되 그들의 품에 보응하리라
7 너희의 죄악과 너희 조상들의
죄악은 한 가지니 그들이 산 위
에서 분향하며 작은 산 위에서
나를 능욕하였음이라 그러므로
내가 먼저 그들의 행위를 헤아리
고 그들의 품에 보응하리라 여호
와가 말하였느니라 8 여호와께
서 이와 같이 말씀하시되 포도송
이에는 즙이 있으므로 사람들이
말하기를 그것을 상하지 말라 거
기 복이 있느니라 하나니 나도
내 종들을 위하여 그와 같이 행
하여 다 멸하지 아니하고 9 내가
야곱에게서 씨를 내며 유다에게
서 나의 산들을 기업으로 얻을
자를 내리니 내가 택한 자가 이
를 기업으로 얻을 것이요 나의
종들이 거기에 살 것이라 10 사
론은 양 떼의 우리가 되겠고 아
골 골짜기는 소 떼가 눕는 곳이
되어 나를 찾은 내 백성의 소유
가 되려니와 11 오직 나 여호와

를 버리며 나의 성산을 잊고 갓
에게 상을 베풀며 므니에게 섞은
술을 가득히 붓는 너희여 12 내
가 너희를 칼에 붙일 것인즉 다
구푸리고 죽임을 당하리니 이는
내가 불러도 너희가 대답하지 아
니하며 내가 말하여도 듣지 아니
하고 나의 눈에 악을 행하였으며
내가 즐겨하지 아니하는 일을 택
하였음이니라 13 이러므로 주
여호와께서 이와 같이 말씀하시
니라 보라 나의 종들은 먹을 것
이로되 너희는 주릴 것이니라 보
라 나의 종들은 마실 것이로되
너희는 갈할 것이니라 보라 나의
종들은 기뻐할 것이로되 너희는
수치를 당할 것이니라 14 보라
나의 종들은 마음이 즐거우므로
노래할 것이로되 너희는 마음이
슬프므로 울며 심령이 상하므로
통곡할 것이며 15 또 너희가 남
겨 놓은 이름은 내가 택한 자의
저줏거리가 될 것이니라 주 여호
와 내가 너를 죽이고 내 종들은
다른 이름으로 부르리라 16 이러
므로 땅에서 자기를 위하여 복을
구하는 자는 진리의 하나님을 향
하여 복을 구할 것이요 땅에서 맹
세하는 자는 진리의 하나님으로
맹세하리니 이는 이전 환난이 잊
어졌고 내 눈 앞에 숨겨졌음이라

새 하늘과 새 땅 창조

17 보라 내가 새 하늘과 새 땅을
창조하나니 이전 것은 기억되거
나 마음에 생각나지 아니할 것이
라 18 너희는 내가 창조하는 것
으로 말미암아 영원히 기뻐하며
즐거워할지니라 보라 내가 예루
살렘을 즐거운 성으로 창조하며

그 백성을 기쁨으로 삼고 19 내
가 예루살렘을 즐거워하며 나의
백성을 기뻐하리니 우는 소리와
부르짖는 소리가 그 가운데에서
다시는 들리지 아니할 것이며
20 거기는 날 수가 많지 못하여
죽는 어린이와 수한이 차지 못한
노인이 다시는 없을 것이라 곧
백 세에 죽는 자를 젊은이라 하
겠고 백 세가 못되어 죽는 자는
저주 받은 자이리라 21 그들이
가옥을 건축하고 그 안에 살겠고
포도나무를 심고 열매를 먹을 것
이며 22 그들이 건축한 데에 타
인이 살지 아니할 것이며 그들이
심은 것을 타인이 먹지 아니하리
니 이는 내 백성의 수한이 나무
의 수한과 같겠고 내가 택한 자
가 그 손으로 일한 것을 길이 누
릴 것이며 23 그들의 수고가 헛
되지 않겠고 그들이 생산한 것이
재난을 당하지 아니하리니 그들
은 여호와의 복된 자의 자손이요
그들의 후손도 그들과 같을 것임
이라 24 그들이 부르기 전에 내
가 응답하겠고 그들이 말을 마치
기 전에 내가 들을 것이며 25 이
리와 어린 양이 함께 먹을 것이
며 사자가 소처럼 짚을 먹을 것
이며 뱀은 흙을 양식으로 삼을
것이니 나의 성산에서는 해함도
없겠고 상함도 없으리라 여호와
께서 말씀하시니라

66장

여호와께서 민족들을 심판하시다

1 여호와께서 이와 같이 말씀하
시되 하늘은 나의 보좌요 땅은
나의 발판이니 너희가 나를 위하
여 무슨 집을 지으랴 내가 안식
할 처소가 어디랴 2 나 여호와가
말하노라 내 손이 이 모든 것을
지었으므로 그들이 생겼느니라
무릇 마음이 가난하고 심령에 통
회하며 내 말을 듣고 떠는 자 그
사람은 내가 돌보려니와 3 소를
잡아 드리는 것은 살인함과 다름
이 없이 하고 어린 양으로 제사
드리는 것은 개의 목을 꺾음과
다름이 없이 하며 드리는 예물은
돼지•의 피와 다름이 없이 하고
분향하는 것은 우상을 찬송함과
다름이 없이 행하는 그들은 자기
의 길을 택하며 그들의 마음은
가증한 것을 기뻐한즉 4 나 또한
유혹을 그들에게 택하여 주며 그
들이 무서워하는 것을 그들에게
임하게 하리니 이는 내가 불러도
대답하는 자가 없으며 내가 말하
여도 그들이 듣지 않고 오직 나
의 목전에서 악을 행하며 내가
기뻐하지 아니하는 것을 택하였
음이라 하시니라 5 여호와의 말

66:3 **개 … 돼지** 하나님께서는 자신의 백성이 개와 돼지를 제물로 드리는 것을 원하지 않으셨다. 왜냐하면 그것들이 깨끗하지 못한 동물이었기 때문이다.

씀으로 말미암아 떠는 자들아 그
의 말씀을 들을지어다 이르시되
너희 형제가 너희를 미워하며 내
이름으로 말미암아 너희를 쫓아
내며 이르기를 여호와께서는 영
광을 나타내사 너희 기쁨을 우리
에게 보이시기를 원하노라 하였
으나 그들은 수치를 당하리라 하
셨느니라 6 떠드는 소리가 성읍
에서부터 들려 오며 목소리가 성
전에서부터 들리니 이는 여호와
께서 그의 원수에게 보응하시는
목소리로다 7 시온은 진통을 하
기 전에 해산하며 고통을 당하기
전에 남아를 낳았으니 8 이러한
일을 들은 자가 누구이며 이러한
일을 본 자가 누구이냐 나라가
어찌 하루에 생기겠으며 민족이
어찌 한 순간에 태어나겠느냐 그
러나 시온은 진통하는 즉시 그
아들을 순산하였도다 9 여호와
께서 이르시되 내가 아이를 갖도
록 하였은즉 해산하게 하지 아니
하겠느냐 네 하나님이 이르시되
나는 해산하게 하는 이인즉 어찌
태를 닫겠느냐 하시니라 10 예
루살렘을 사랑하는 자들이여 다
그 성읍과 함께 기뻐하라 다 그
성읍과 함께 즐거워하라 그 성을
위하여 슬퍼하는 자들이여 다 그
성의 기쁨으로 말미암아 그 성과
함께 기뻐하라 11 너희가 젖을
빠는 것 같이 그 위로하는 품에
서 만족하겠고 젖을 넉넉히 빤
것 같이 그 영광의 풍성함으로
말미암아 즐거워하리라 12 여호
와께서 이와 같이 말씀하시되 보
라 내가 그에게 평강을 강 같이,
그에게 뭇 나라의 영광을 넘치는
시내 같이 주리니 너희가 그 성
읍의 젖을 빨 것이며 너희가 옆
에 안기며 그 무릎에서 놀 것이
라 13 어머니가 자식을 위로함
같이 내가 너희를 위로할 것인즉
너희가 예루살렘에서 위로를 받
으리니 14 너희가 이를 보고 마
음이 기뻐서 너희 뼈가 연한 풀
의 무성함 같으리라 여호와의 손
은 그의 종들에게 나타나겠고 그
의 진노는 그의 원수에게 더하리
라 15 보라 여호와께서 불에 둘
러싸여 강림하시리니 그의 수레
들은 회오리바람 같으리로다 그
가 혁혁한 위세로 노여움을 나타
내시며 맹렬한 화염으로 책망하
실 것이라 16 여호와께서 불과
칼로 모든 혈육에게 심판을 베푸
신즉 여호와께 죽임 당할 자가
많으리니 17 스스로 거룩하게
구별하며 스스로 정결하게 하고
동산에 들어가서 그 가운데에 있
는 자를 따라 돼지 고기와 가증
한 물건과 쥐를 먹는 자가 다 함
께 망하리라 여호와의 말씀이니
라 18 내가 그들의 행위와 사상
을 아노라 때가 이르면 뭇 나라
와 언어가 다른 민족들을 모으리
니 그들이 와서 나의 영광을 볼
것이며 19 내가 그들 가운데에
서 징조를 세워서 그들 가운데에
서 도피한 자를 여러 나라 곧 다
시스와 뿔과 활을 당기는 룻과
및 두발과 야완과 또 나의 명성
을 듣지도 못하고 나의 영광을
보지도 못한 먼 섬들로 보내리니
그들이 나의 영광을 뭇 나라에
전파하리라 20 나 여호와가 말
하노라 이스라엘 자손이 예물을
깨끗한 그릇에 담아 여호와의 집
에 드림 같이 그들이 너희 모든
형제를 뭇 나라에서 나의 성산
예루살렘으로 말과 수레와 교자
와 노새와 낙타에 태워다가 여호
와께 예물로 드릴 것이요 21 나
는 그 가운데에서 택하여 제사장
과 레위인을 삼으리라 여호와의
말이니라 22 내가 지을 새 하늘
과 새 땅이 내 앞에 항상 있는 것
같이 너희 자손과 너희 이름이
항상 있으리라 여호와의 말이니
라 23 여호와가 말하노라 매월
초하루와 매 안식일에 모든 혈육
이 내 앞에 나아와 예배하리라
24 그들이 나가서 내게 패역한
자들의 시체들을 볼 것이라 그
벌레가 죽지 아니하며 그 불이
꺼지지 아니하여 모든 혈육에게
가증함이 되리라

예레미야

1장

1 베냐민 땅 아나돗의 제사장들
중 힐기야의 아들 예레미야의 말
이라 2 아몬의 아들 유다 왕 요
시야가 다스린 지 십삼 년에 여
호와의 말씀이 예레미야에게 임
하였고 3 요시야의 아들 유다의
왕 여호야김 시대부터 요시야의
아들 유다의 왕 시드기야의 십일
년 말까지 곧 오월에 예루살렘이
사로잡혀 가기까지 임하니라

여호와의 말씀이 예레미야에게 임하다

4 여호와의 말씀이 내게 임하니
라 이르시되 5 내가 너를 모태에
짓기 전에 너를 알았고 네가 배
에서 나오기 전에 너를 성별하였
고 너를 여러 나라의 선지자로
세웠노라 하시기로 6 내가 이르
되 슬프도소이다 주 여호와여 보
소서 나는 아이라 말할 줄을 알
지 못하나이다 하니 7 여호와께
서 내게 이르시되 너는 아이라
말하지 말고 내가 너를 누구에게
보내든지 너는 가며 내가 네게
무엇을 명령하든지 너는 말할지
니라 8 너는 그들 때문에 두려워
하지 말라 내가 너와 함께 하여
너를 구원하리라 나 여호와의 말
이니라 하시고 9 여호와께서 그
의 손을 내밀어 내 입에 대시며
여호와께서 내게 이르시되 보라
내가 내 말을 네 입에 두었노라
10 보라 내가 오늘 너를 여러 나
라와 여러 왕국 위에 세워 네가
그것들을 뽑고 파괴하며 파멸하
고 넘어뜨리며 건설하고 심게 하
였느니라 하시니라

살구나무 가지와 끓는 가마 환상

11 여호와의 말씀이 또 내게 임
하니라 이르시되 예레미야야 네
가 무엇을 보느냐 하시매 내가
대답하되 내가 살구나무 가지를
보나이다 12 여호와께서 내게
이르시되 네가 잘 보았도다 이는
내가 내 말을 지켜 그대로 이루
려 함이라 하시니라 13 여호와
의 말씀이 다시 내게 임하니라
이르시되 네가 무엇을 보느냐 대
답하되 끓는 가마를 보나이다 그
윗면이 북에서부터 기울어졌나
이다 하니 14 여호와께서 내게
이르시되 재앙이 북방에서 일어
나 이 땅의 모든 주민들에게 부
어지리라 15 내가 북방 왕국들
의 모든 족속들을 부를 것인즉
그들이 와서 예루살렘 성문 어귀
에 각기 자리를 정하고 그 사방
모든 성벽과 유다 모든 성읍들을
치리라 여호와의 말이니라 16
무리가 나를 버리고 다른 신들에
게 분향하며 자기 손으로 만든
것들에 절하였은즉 내가 나의 심
판을 그들에게 선고하여 그들의
모든 죄악을 징계하리라 17 그
러므로 너는 네 허리를 동이고 일
어나 내가 네게 명령한 바를 다
그들에게 말하라 그들 때문에 두
려워하지 말라 네가 그들 앞에서
두려움을 당하지 않게 하리라 18
보라 내가 오늘 너를 그 온 땅과
유다 왕들과 그 지도자들과 그 제
사장들과 그 땅 백성 앞에 견고한
성읍, 쇠기둥, 놋성벽이 되게 하
였은즉 19 그들이 너를 치나 너
를 이기지 못하리니 이는 내가 너
와 함께 하여 너를 구원할 것임이
니라 여호와의 말이니라

2장

여호와께서 기억하시다

1 여호와의 말씀이 내게 임하니
라 이르시되 2 가서 예루살렘의
귀에 외칠지니라 여호와께서 이
와 같이 말씀하시기를 내가 너를
위하여 네 청년 때의 인애와 네
신혼 때의 사랑을 기억하노니 곧
씨 뿌리지 못하는 땅, 그 광야에
서 나를 따랐음이니라 3 이스라
엘은 여호와를 위한 성물 곧 그
의 소산 중 첫 열매이니 그를 삼
키는 자면 모두 벌을 받아 재앙
이 그들에게 닥치리라 여호와의
말씀이니라

조상들이 여호와를 멀리하였다

4 야곱의 집과 이스라엘의 집 모
든 족속들아 여호와의 말씀을 들
으라 5 나 여호와가 이와 같이
말하노라 너희 조상들이 내게서
무슨 불의함을 보았기에 나를 멀
리 하고 가서 헛된 것을 따라 헛
되이 행하였느냐 6 그들이 우리
를 애굽 땅에서 인도하여 내시고
광야 곧 사막과 구덩이 땅, 건조
하고 사망의 그늘진 땅, 사람이
그 곳으로 다니지 아니하고 그
곳에 사람이 거주하지 아니하는
땅을 우리가 통과하게 하시던 여
호와께서 어디 계시냐 하고 말하
지 아니하였도다 7 내가 너희를
기름진 땅에 인도하여 그것의
열매와 그것의 아름다운 것을
먹게 하였거늘 너희가 이리로
들어와서는 내 땅을 더럽히고
내 기업을 역겨운 것으로 만들
었으며 8 제사장들은 여호와께
서 어디 계시냐 말하지 아니하
였으며 율법을 다루는 자들은
나를 알지 못하며 관리들도 나
에게 반역하며 선지자들은 바알
의 이름으로 예언하고 무익한
것들을 따랐느니라

백성이 행한 악

9 그러므로 내가 다시 싸우고 너
희 자손들과도 싸우리라 여호와
의 말씀이니라 10 너희는 깃딤
섬들에 건너가 보며 게달에도 사
람을 보내 이같은 일이 있었는지
를 자세히 살펴보라 11 어느 나

라가 그들의 신들을 신 아닌 것
과 바꾼 일이 있느냐 그러나 나
의 백성은 그의 영광을 무익한
것과 바꾸었도다 12 너 하늘아
이 일로 말미암아 놀랄지어다 심
히 떨지어다 두려워할지어다 여
호와의 말씀이니라 13 내 백성
이 두 가지 악을 행하였나니 곧
그들이 생수의 근원되는 나를 버
린 것과 스스로 웅덩이를 판 것
인데 그것은 그 물을 가두지 못
할 터진 웅덩이들이니라

이스라엘의 악과 반역

14 이스라엘이 종이냐 씨종이냐
어찌하여 포로가 되었느냐 15
어린 사자들이 그를 향하여 부르
짖으며 소리를 질러 그의 땅을
황폐하게 하였으며 그의 성읍들
은 불타서 주민이 없게 되었으며
16 놉과 다바네스의 자손도 네
정수리를 상하였으니 17 네 하
나님 여호와가 너를 길로 인도할
때에 네가 그를 떠남으로 이를
자취함이 아니냐 18 네가 시홀
의 물을 마시려고 애굽으로 가는
길에 있음은 어찌 됨이며 또 네
가 그 강물을 마시려고 앗수르로
가는 길에 있음은 어찌 됨이냐
19 네 악이 너를 징계하겠고 네
반역이 너를 책망할 것이라 그런
즉 네 하나님 여호와를 버림과
네 속에 나를 경외함이 없는 것
이 악이요 고통인 줄 알라 주 만
군의 여호와의 말씀이니라

이방 신을 따라 가는 이스라엘

20 네가 옛적부터 네 멍에를 꺾
고 네 결박을 끊으며 말하기를
나는 순종하지 아니하리라 하고
모든 높은 산 위에서와 모든 푸
른 나무 아래에서 너는 몸을 굽
혀 행음하도다 21 내가 너를 순
전한 참 종자 곧 귀한 포도나무
로 심었거늘 내게 대하여 이방
포도나무의 악한 가지가 됨은 어
찌 됨이냐 22 주 여호와의 말씀
이니라 네가 잿물로 스스로 씻으
며 네가 많은 비누를 쓸지라도
네 죄악이 내 앞에 그대로 있으
리니 23 네가 어찌 말하기를 나
는 더럽혀지지 아니하였다 바알
들의 뒤를 따르지 아니하였다 하
겠느냐 골짜기 속에 있는 네 길
을 보라 네 행한 바를 알 것이니
라 발이 빠른 암낙타가 그의 길
을 어지러이 달리는 것과 같았으
며 24 너는 광야에 익숙한 들암
나귀들이 그들의 성욕이 일어나
므로 헐떡거림 같았도다 그 발정
기에 누가 그것을 막으리요 그것
을 찾는 것들이 수고하지 아니하
고 그 발정기에 만나리라 25 내
가 또 말하기를 네 발을 제어하
여 벗은 발이 되게 하지 말며 목
을 갈하게 하지 말라 하였으나
오직 너는 말하기를 아니라 이는
헛된 말이라 내가 이방 신들을
사랑하였은즉 그를 따라 가겠노
라 하도다

유다를 심판하리라

26 도둑이 붙들리면 수치를 당함
같이 이스라엘 집 곧 그들의 왕
들과 지도자들과 제사장들과 선
지자들이 수치를 당하였느니라
27 그들이 나무를 향하여 너는
나의 아버지라 하며 돌을 향하여
너는 나를 낳았다 하고 그들의
등을 내게로 돌리고 그들의 얼굴
은 내게로 향하지 아니하다가 그
들이 환난을 당할 때에는 이르기
를 일어나 우리를 구원하소서 하
리라 28 너를 위하여 네가 만든
네 신들이 어디 있느냐 그들이
네가 환난을 당할 때에 구원할
수 있으면 일어날 것이니라 유다
여 너의 신들이 너의 성읍 수와
같도다 29 너희가 나에게 대항
함은 어찌 됨이냐 너희가 다 내
게 잘못하였느니라 여호와의 말
씀이니라 30 내가 너희 자녀들
을 때린 것이 무익함은 그들이
징계를 받아들이지 아니함이라
너희 칼이 사나운 사자 같이 너
희 선지자들을 삼켰느니라 31
너희 이 세대여 여호와의 말을
들어 보라 내가 이스라엘에게 광
야가 되었었느냐 캄캄한 땅이 되
었었느냐 무슨 이유로 내 백성이
말하기를 우리는 놓였으니 다시
주께로 가지 아니하겠다 하느냐
32 처녀가 어찌 그의 패물을 잊
겠느냐 신부가 어찌 그의 예복을
잊겠느냐 오직 내 백성은 나를
잊었나니 그 날 수는 셀 수 없거
늘 33 네가 어찌 사랑을 얻으려
고 네 행위를 아름답게 꾸미느냐
그러므로 네 행위를 악한 여자들
에게까지 가르쳤으며 34 또 네
옷단에는 죄 없는 가난한 자를
죽인 피가 묻었나니 그들이 담
구멍을 뚫었기 때문이 아니라 오
직 이 모든 일 때문이니라 35 그
러나 너는 말하기를 나는 무죄하
니 그의 진노가 참으로 내게서
떠났다 하거니와 보라 네 말이
나는 죄를 범하지 아니하였다 하
였으므로 내가 너를 심판하리라
36 네가 어찌하여 네 길을 바꾸

어 부지런히 돌아다니느냐 네가
앗수르로 말미암아 수치를 당함
같이 또한 애굽으로 말미암아 수
치를 당할 것이라 37 네가 두 손
으로 네 머리를 싸고 거기서도
나가리니 이는 네가 의지하는 자
들을 나 여호와가 버렸으므로 네
가 그들로 말미암아 형통하지 못
할 것임이라

렘

3장

유다의 음란과 행악

1 그들이 말하기를 가령 사람이
그의 아내를 버리므로 그가 그에
게서 떠나 타인의 아내가 된다
하자 남편이 그를 다시 받겠느냐
그리하면 그 땅이 크게 더러워지
지 아니하겠느냐 하느니라 네가
많은 무리와 행음하고서도 내게
로 돌아오려느냐 여호와의 말씀
이니라 2 네 눈을 들어 헐벗은
산을 보라 네가 행음하지 아니한
곳이 어디 있느냐 네가 길 가에
앉아 사람들을 기다린 것이 광야
에 있는 아라바 사람 같아서 음
란과 행악으로 이 땅을 더럽혔도
다 3 그러므로 단비가 그쳤고 늦
은 비가 없어졌느니라 그럴지라
도 네가 창녀의 낯을 가졌으므로
수치를 알지 못하느니라 4 네가
이제부터는 내게 부르짖기를 나
의 아버지여 아버지는 나의 청년
시절의 보호자이시오니 5 노여
움을 한없이 계속하시겠으며 끝
까지 품으시겠나이까 하지 아니
하겠느냐 보라 네가 이같이 말하
여도 악을 행하여 네 욕심을 이
루었느니라 하시니라

배역한 이스라엘과 반역한 유다

6 요시야 왕 때에 여호와께서 또
내게 이르시되 너는 배역한 이스
라엘이 행한 바를 보았느냐 그가
모든 높은 산에 오르며 모든 푸
른 나무 아래로 가서 거기서 행
음하였도다 7 그가 이 모든 일들
을 행한 후에 내가 말하기를 그
가 내게로 돌아오리라 하였으나
아직도 내게로 돌아오지 아니하
였고 그의 반역한 자매 유다는
그것을 보았느니라 8 내게 배역
한 이스라엘이 간음을 행하였으
므로 내가 그를 내쫓고 그에게
이혼서까지 주었으되 그의 반역
한 자매 유다가 두려워하지 아니
하고 자기도 가서 행음함을 내가
보았노라 9 그가 돌과 나무와 더
불어 행음함을 가볍게 여기고 행
음하여 이 땅을 더럽혔거늘 10
이 모든 일이 있어도 그의 반역
한 자매 유다가 진심으로 내게
돌아오지 아니하고 거짓으로 할
뿐이니라 여호와의 말씀이니라
11 여호와께서 내게 이르시되 배

역한 이스라엘은 반역한 유다보
다 자신이 더 의로움이 나타났나
니 12 너는 가서 북을 향하여 이
말을 선포하여 이르라 여호와께
서 이르시되 배역한 이스라엘아
돌아오라 나의 노한 얼굴을 너희
에게로 향하지 아니하리라 나는
긍휼이 있는 자라 노를 한없이
품지 아니하느니라 여호와의 말
씀이니라 13 너는 오직 네 죄를
자복하라 이는 네 하나님 여호와
를 배반하고 네 길로 달려 이방
인들에게로 나아가 모든 푸른 나
무 아래로 가서 내 목소리를 듣
지 아니하였음이라 여호와의 말
씀이니라 14 여호와의 말씀이니
라 배역한 자식들아 돌아오라 나
는 너희 남편임이라 내가 너희를
성읍에서 하나와 족속 중에서 둘
을 택하여 너희를 시온으로 데려
오겠고 15 내가 또 내 마음에 합
한 목자들을 너희에게 주리니 그
들이 지식과 명철로 너희를 양육
하리라 16 여호와의 말씀이니라
너희가 이 땅에서 번성하여 많아
질 때에는 사람들이 여호와의 언
약궤를 다시는 말하지 아니할 것
이요 생각하지 아니할 것이요 기
억하지 아니할 것이요 찾지 아니
할 것이요 다시는 만들지 아니할
것이며 17 그 때에 예루살렘이
그들에게 여호와의 보좌라 일컬
음이 되며 모든 백성이 그리로
모이리니 곧 여호와의 이름으로
말미암아 예루살렘에 모이고 다
시는 그들의 악한 마음의 완악한
대로 그들이 행하지 아니할 것이
며 18 그 때에 유다 족속이 이스
라엘 족속과 동행하여 북에서부
터 나와서 내가 너희 조상들에게
기업으로 준 땅에 그들이 함께
이르리라

이스라엘의 배역

19 내가 말하기를 내가 어떻게
하든지 너를 자녀들 중에 두며
허다한 나라들 중에 아름다운 기
업인 이 귀한 땅을 네게 주리라
하였고 내가 다시 말하기를 너희
가 나를 나의 아버지라 하고 나
를 떠나지 말 것이니라 하였노라
20 그런데 이스라엘 족속아 마치
아내가 그의 남편을 속이고 떠나
감 같이 너희가 확실히 나를 속
였느니라 여호와의 말씀이니라
21 소리가 헐벗은 산 위에서 들
리니 곧 이스라엘 자손이 애곡하
며 간구하는 것이라 그들이 그들
의 길을 굽게 하며 자기 하나님
여호와를 잊어버렸음이로다 22
배역한 자식들아 돌아오라 내가
너희의 배역함을 고치리라 하시
니라

진실한 회개

보소서 우리가 주께 왔사오니 주
는 우리 하나님 여호와이심이니
이다 23 작은 산들과 큰 산 위에
서 떠드는 것은 참으로 헛된 일
이라 이스라엘의 구원은 진실로
우리 하나님 여호와께 있나이다
24 부끄러운 그것이 우리가 청년
의 때로부터 우리 조상들의 산업
인 양 떼와 소 떼와 아들들과 딸
들을 삼켰사온즉 25 우리는 수
치 중에 눕겠고 우리의 치욕이
우리를 덮을 것이니 이는 우리와
우리 조상들이 청년의 때로부터
오늘까지 우리 하나님 여호와께
범죄하여 우리 하나님 여호와의
목소리에 순종하지 아니하였음
이니이다

4장

돌아오라고 하시다

1 여호와께서 이르시되 이스라엘
아 네가 돌아오려거든 내게로 돌
아오라 네가 만일 나의 목전에서
가증한 것을 버리고 네가 흔들리
지 아니하며 2 진실과 정의와 공
의로 여호와의 삶을 두고 맹세하
면 나라들이 나로 말미암아 스스
로 복을 빌며 나로 말미암아 자
랑하리라 3 여호와께서 유다와
예루살렘 사람에게 이와 같이 이
르노라 너희 묵은 땅을 갈고 가
시덤불에 파종하지 말라 4 유다
인과 예루살렘 주민들아 너희는
스스로 할례를 행하여 너희 마음
가죽을 베고 나 여호와께 속하라
그리하지 아니하면 너희 악행으
로 말미암아 나의 분노가 불 같
이 일어나 사르리니 그것을 끌
자가 없으리라

나라들을 멸하는 자가 나아오다

5 너희는 유다에 선포하며 예루
살렘에 공포하여 이르기를 이 땅
에서 나팔을 불라 하며 또 크게
외쳐 이르기를 너희는 모이라 우

렘

리가 견고한 성으로 들어가자 하
고 6 시온을 향하여 깃발을 세우
라, 도피하라, 지체하지 말라, 내
가 북방에서 재난과 큰 멸망을
가져오리라 7 사자가 그 수풀에
서 올라왔으며 나라들을 멸하는
자가 나아 왔으되 네 땅을 황폐
하게 하려고 이미 그의 처소를
떠났은즉 네 성읍들이 황폐하여
주민이 없게 되리니 8 이로 말미
암아 너희는 굵은 베를 두르고
애곡하라 이는 여호와의 맹렬한
노가 아직 너희에게서 돌이키지
아니하였음이라 9 여호와의 말
씀이니라 그 날에 왕과 지도자들
은 낙심할 것이며 제사장들은 놀
랄 것이며 선지자들은 깜짝 놀라
리라 10 내가 이르되 슬프도소
이다 주 여호와여 주께서 진실로
이 백성과 예루살렘을 크게 속이
셨나이다 이르시기를 너희에게
평강이 있으리라 하시더니 칼이
생명에 이르렀나이다

백성에게 심판을 행하리라

11 그 때에 이 백성과 예루살렘
에 전할 자가 있어서 뜨거운 바
람이 광야에 있는 헐벗은 산에서
내 딸 백성에게 불어온다 하리라
이는 키질하기 위함도 아니요 정
결하게 하려 함도 아니며 12 이
보다 더 강한 바람이 나를 위하
여 오리니 이제 내가 그들에게
심판을 행할 것이라 13 보라 그
가 구름 같이 올라오나니 그의
병거는 회오리바람 같고 그의 말
들은 독수리보다 빠르도다 우리
에게 화 있도다 우리는 멸망하도
다 하리라 14 예루살렘아 네 마
음의 악을 씻어 버리라 그리하면
구원을 얻으리라 네 악한 생각이
네 속에 얼마나 오래 머물겠느냐
15 단에서 소리를 선포하며 에브
라임 산에서 재앙을 공포하는도
다 16 너희는 여러 나라에 전하
며 또 예루살렘에 알리기를 에워
싸고 치는 자들이 먼 땅에서부터
와서 유다 성읍들을 향하여 소리
를 지른다 하라 17 그들이 밭을
지키는 자 같이 예루살렘을 에워
싸나니 이는 그가 나를 거역했기
때문이니라 여호와의 말씀이니
라 18 네 길과 행위가 이 일들을
부르게 하였나니 이는 네가 악함
이라 그 고통이 네 마음에까지
미치느니라

선지자의 탄식

19 슬프고 아프다 내 마음속이
아프고 내 마음이 답답하여 잠잠
할 수 없으니 이는 나의 심령이
나팔 소리와 전쟁의 경보를 들음
이로다 20 패망에 패망이 연속
하여 온 땅이 탈취를 당하니 나
의 장막과 휘장은 갑자기 파멸되
도다 21 내가 저 깃발을 보며 나
팔 소리 듣기를 어느 때까지 할
꼬 22 내 백성은 나를 알지 못하
는 어리석은 자요 지각이 없는
미련한 자식이라 악을 행하기에
는 지각이 있으나 선을 행하기에
는 무지하도다

혼돈의 환상

23 보라 내가 땅을 본즉 혼돈하
고 공허하며 하늘에는 빛이 없으
며 24 내가 산들을 본즉 다 진동
하며 작은 산들도 요동하며 25

렘

내가 본즉 사람이 없으며 공중의
새가 다 날아갔으며 26 보라 내
가 본즉 좋은 땅이 황무지가 되
었으며 그 모든 성읍이 여호와의
앞 그의 맹렬한 진노 앞에 무너
졌으니 27 여호와께서 이와 같
이 말씀하시길 이 온 땅이 황폐
할 것이나 내가 진멸하지는 아니
할 것이며 28 이로 말미암아 땅
이 슬퍼할 것이며 위의 하늘이
어두울 것이라 내가 이미 말하였
으며 작정하였고 후회하지 아니
하였은즉 또한 거기서 돌이키지
아니하리라 하셨음이로다 29 기
병과 활 쏘는 자의 함성으로 말
미암아 모든 성읍 사람들이 도망
하여 수풀에 들어가고 바위에 기
어오르며 각 성읍이 버림을 당하
여 거기 사는 사람이 없나니 30
멸망을 당한 자여 네가 어떻게
하려느냐 네가 붉은 옷을 입고

금장식으로 단장하고 눈을 그려
꾸밀지라도 네가 화장한 것이 헛
된 일이라 연인들이 너를 멸시하
여 네 생명을 찾느니라 31 내가
소리를 들은즉 여인의 해산하는
소리 같고 초산하는 자의 고통하
는 소리 같으니 이는 시온의 딸
의 소리라 그가 헐떡이며 그의
손을 펴고 이르기를 내게 화가
있도다 죽이는 자로 말미암아 나
의 심령이 피곤하도다 하는도다

5장

예루살렘의 허물과 반역

1 너희는 예루살렘 거리로 빨리
다니며 그 넓은 거리에서 찾아보
고 알라 너희가 만일 정의를 행
하며 진리를 구하는 자를 한 사
람이라도 찾으면 내가 이 성읍을
용서하리라 2 그들이 여호와께
서 살아 계심을 두고 맹세할지라
도 실상은 거짓 맹세니라 3 여호
와여 주의 눈이 진리를 찾지 아
니하시나이까 주께서 그들을 치
셨을지라도 그들이 아픈 줄을 알
지 못하며 그들을 멸하셨을지라
도 그들이 징계를 받지 아니하고
그들의 얼굴을 바위보다 굳게 하
여 돌아오기를 싫어하므로 4 내
가 말하기를 이 무리는 비천하고
어리석은 것뿐이라 여호와의 길,
자기 하나님의 법을 알지 못하니
5 내가 지도자들에게 가서 그들

에게 말하리라 그들은 여호와의
길, 자기 하나님의 법을 안다 하
였더니 그들도 일제히 멍에를 꺾
고 결박을 끊은지라 6 그러므로
수풀에서 나오는 사자가 그들을
죽이며 사막의 이리가 그들을 멸
하며 표범이 성읍들을 엿본즉 그
리로 나오는 자마다 찢기리니 이
는 그들의 허물이 많고 반역이
심함이니이다 7 내가 어찌 너를
용서하겠느냐 네 자녀가 나를 버
리고 신이 아닌 것들로 맹세하였
으며 내가 그들을 배불리 먹인즉
그들이 간음하며 창기의 집에 허
다히 모이며 8 그들은 두루 다니
는 살진 수말 같이 각기 이웃의
아내를 따르며 소리지르는도다
9 여호와의 말씀이니라 내가 어
찌 이 일들에 대하여 벌하지 아
니하겠으며 내 마음이 이런 나라
에 보복하지 않겠느냐

여호와께서 백성을 버리시다

10 너희는 그 성벽에 올라가 무
너뜨리되 다 무너뜨리지 말고 그
가지만 꺾어 버리라 여호와의 것
이 아님이니라 11 여호와의 말
씀이니라 이스라엘의 집과 유다
의 집이 내게 심히 반역하였느니
라 12 그들이 여호와를 인정하
지 아니하며 말하기를 여호와께
서는 계시지 아니하니 재앙이 우
리에게 임하지 아니할 것이요 우
리가 칼과 기근을 보지 아니할
것이며 13 선지자들은 바람이라
말씀이 그들의 속에 있지 아니한
즉 그같이 그들이 당하리라 하느
니라 14 그러므로 만군의 하나
님 여호와께서 이와 같이 말씀하
시니라 너희가 이 말을 하였은즉

볼지어다 내가 네 입에 있는 나
의 말을 불이 되게 하고 이 백성
을 나무가 되게 하여 불사르리라
15 여호와의 말씀이니라 이스라
엘 집이여 보라 내가 한 나라를
먼 곳에서 너희에게로 오게 하리
니 곧 강하고 오랜 민족이라 그
나라 말을 네가 알지 못하며 그
말을 네가 깨닫지 못하느니라
16 그 화살통은 열린 무덤이요
그 사람들은 다 용사라 17 그들
이 네 자녀들이 먹을 추수 곡물
과 양식을 먹으며 네 양 떼와 소
떼를 먹으며 네 포도나무와 무화
과나무 열매를 먹으며 네가 믿는
견고한 성들을 칼로 파멸하리라
18 여호와의 말씀이니라 그 때에
도 내가 너희를 진멸하지는 아니
하리라 19 그들이 만일 이르기
를 우리 하나님 여호와께서 어찌
하여 이 모든 일을 우리에게 행
하셨느냐 하거든 너는 그들에게
이르기를 너희가 여호와를 버리
고 너희 땅에서 이방 신들을 섬
겼은즉 이와 같이 너희 것이 아
닌 땅에서 이방인들을 섬기리라
하라

여호와께서 백성에게 이르시다

20 너는 이를 야곱 집에 선포하
며 유다에 공포하여 이르기를
21 어리석고 지각이 없으며 눈이
있어도 보지 못하며 귀가 있어도
듣지 못하는 백성이여 이를 들을
지어다 22 여호와의 말씀이니라
너희가 나를 두려워하지 아니하
느냐 내 앞에서 떨지 아니하겠느
냐 내가 모래를 두어 바다의 한
계를 삼되 그것으로 영원한 한계
를 삼고 지나치지 못하게 하였으
므로 파도가 거세게 이나 그것을
이기지 못하며 뛰노나 그것을 넘
지 못하느니라 23 그러나 너희
백성은 배반하며 반역하는 마음
이 있어서 이미 배반하고 갔으며
24 또 너희 마음으로 우리에게
이른 비와 늦은 비를 때를 따라
주시며 우리를 위하여 추수 기한
을 정하시는 우리 하나님 여호와
를 경외하자 말하지도 아니하니
25 너희 허물이 이러한 일들을
물리쳤고 너희 죄가 너희로부터
좋은 것을 막았느니라 26 내 백
성 가운데 악인이 있어서 새 사
냥꾼이 매복함 같이 지키며 덫을
놓아 사람을 잡으며 27 새장에
새들이 가득함 같이 너희 집들에
속임이 가득하도다 그러므로 너
희가 번창하고 거부가 되어 28
살지고 윤택하며 또 행위가 심히
악하여 자기 이익을 얻으려고 송
사 곧 고아의 송사를 공정하게
하지 아니하며 빈민의 재판을 공
정하게 판결하지 아니하니 29
내가 이 일들에 대하여 벌하지
아니하겠으며 내 마음이 이같은
나라에 보복하지 아니하겠느냐
여호와의 말씀이니라 30 이 땅
에 무섭고 놀라운 일이 있도다
31 선지자들은 거짓을 예언하며
제사장들은 자기 권력으로 다스
리며 내 백성은 그것을 좋게 여
기니 마지막에는 너희가 어찌하
려느냐

장

벌 받을 성 예루살렘

1 베냐민 자손들아 예루살렘 가
운데로부터 피난하라 드고아에
서 나팔을 불고 벧학게렘에서 깃
발을 들라 재앙과 큰 파멸이 북
방에서 엿보아 옴이니라 2 아름
답고 우아한 시온의 딸을 내가
멸절하리니 3 목자들이 그 양 떼
를 몰고 와서 주위에 자기 장막
을 치고 각기 그 처소에서 먹이
리로다 4 너희는 그를 칠 준비를
하라 일어나라 우리가 정오에 올
라가자 아하 아깝다 날이 기울어
저녁 그늘이 길었구나 5 일어나
라 우리가 밤에 올라가서 그 요
새들을 헐자 하도다 6 만군의 여
호와께서 이와 같이 말하노라 너
희는 나무를 베어서 예루살렘을
향하여 목책을 만들라 이는 벌
받을 성이라 그 중에는 오직 포
학한 것뿐이니라 7 샘이 그 물을
솟구쳐냄 같이 그가 그 악을 드
러내니 폭력과 탈취가 거기에서
들리며 질병과 살상이 내 앞에
계속하느니라 8 예루살렘아 너
는 훈계를 받으라 그리하지 아니
하면 내 마음이 너를 싫어하고
너를 황폐하게 하여 주민이 없는
땅으로 만들리라

벌 받을 백성

9 만군의 여호와께서 이와 같이

말씀하시되 포도를 따듯이 그들
이 이스라엘의 남은 자를 말갛게
주우리라 너는 포도 따는 자처럼
네 손을 광주리에 자주자주 놀리
라 하시나니 10 내가 누구에게
말하며 누구에게 경책하여 듣게
할꼬 보라 그 귀가 할례를 받지
못하였으므로 듣지 못하는도다
보라 여호와의 말씀을 그들이 자
신들에게 욕으로 여기고 이를 즐
겨 하지 아니하니 11 그러므로
여호와의 분노가 내게 가득하여
참기 어렵도다 그것을 거리에 있
는 아이들과 모인 청년들에게 부
으리니 남편과 아내와 나이 든
사람과 늙은이가 다 잡히리로다
12 내가 그 땅 주민에게 내 손을
펼 것인즉 그들의 집과 밭과 아
내가 타인의 소유로 이전되리라
여호와의 말씀이니라 13 이는
그들이 가장 작은 자로부터 큰
자까지 다 탐욕을 부리며 선지자
로부터 제사장까지 다 거짓을 행
함이라 14 그들이 내 백성의 상
처를 가볍게 여기면서 말하기를
평강하다 평강하다 하나 평강이
없도다 15 그들이 가증한 일을
행할 때에 부끄러워하였느냐 아
니라 조금도 부끄러워 하지 않을
뿐 아니라 얼굴도 붉어지지 않았
느니라 그러므로 그들이 엎드러
지는 자와 함께 엎드러질 것이라
내가 그들을 벌하리니 그 때에
그들이 거꾸러지리라 여호와의
말씀이니라

선한 길로 가지 아니하다

16 여호와께서 이와 같이 말씀하
시되 너희는 길에 서서 보며 옛
적 길 곧 선한 길이 어디인지 알

아보고 그리로 가라 너희 심령이
평강을 얻으리라 하나 그들의 대
답이 우리는 그리로 가지 않겠노
라 하였으며 17 내가 또 너희 위
에 파수꾼을 세웠으니 나팔 소리
를 들으라 하나 그들의 대답이
우리는 듣지 않겠노라 하였도다
18 그러므로 너희 나라들아 들으
라 무리들아 그들이 당할 일을
알라 19 땅이여 들으라 내가 이
백성에게 재앙을 내리리니 이것
이 그들의 생각의 결과라 그들이
내 말을 듣지 아니하며 내 율법
을 거절하였음이니라 20 시바에
서 유향과 먼 곳에서 향품을 내
게로 가져옴은 어찌함이냐 나는
그들의 번제를 받지 아니하며 그
들의 희생제물을 달게 여기지 않
노라 21 그러므로 여호와께서
이와 같이 말씀하시니라 보라 내
가 이 백성 앞에 장애물을 두리
니 아버지와 아들들이 함께 거기
에 걸려 넘어지며 이웃과 그의
친구가 함께 멸망하리라

북방에서 쳐들어 오는 민족

22 여호와께서 이와 같이 말씀하
시되 보라 한 민족이 북방에서
오며 큰 나라가 땅 끝에서부터
떨쳐 일어나나니 23 그들은 활
과 창을 잡았고 잔인하여 사랑이
없으며 그 목소리는 바다처럼 포
효하는 소리라 그들이 말을 타고
전사 같이 다 대열을 벌이고 시
온의 딸인 너를 치려 하느니라
하시도다 24 우리가 그 소문을
들었으므로 손이 약하여졌고 고
통이 우리를 잡았으므로 그 아픔
이 해산하는 여인 같도다 25 너
희는 밭에도 나가지 말라 길로도
다니지 말라 원수의 칼이 있고
사방에 두려움이 있음이라 26
딸 내 백성이 굵은 베를 두르고
재에서 구르며 독자를 잃음 같이
슬퍼하며 통곡할지어다 멸망시
킬 자가 갑자기 우리에게 올 것
임이라 27 내가 이미 너를 내 백
성 중에 망대와 요새로 삼아 그
들의 길을 알고 살피게 하였노라
28 그들은 다 심히 반역한 자며
비방하며 돌아다니는 자며 그들
은 놋과 철이며 다 사악한 자라
29 풀무불을 맹렬히 불면 그 불
에 납이 살라져서 단련하는 자의
일이 헛되게 되느니라 이와 같이
악한 자가 제거되지 아니하나니
30 사람들이 그들을 내버린 은이
라 부르게 될 것은 여호와께서
그들을 버렸음이라

렘

7장

여호와의 말씀을 들으라

1 여호와께로부터 예레미야에게
말씀이 임하니라 이르시되 2 너
는 여호와의 집 문에 서서 이 말
을 선포하여 이르기를 여호와께
예배하러 이 문으로 들어가는 유
다 사람들아 여호와의 말씀을 들
으라 3 만군의 여호와 이스라엘
의 하나님께서 이와 같이 말씀하
시되 너희 길과 행위를 바르게
하라 그리하면 내가 너희로 이
곳에 살게 하리라 4 너희는 이것
이 여호와의 성전이라, 여호와의
성전이라, 여호와의 성전이라 하
는 거짓말을 믿지 말라 5 너희가
만일 길과 행위를 참으로 바르게
하여 이웃들 사이에 정의를 행하
며 6 이방인과 고아와 과부를 압
제하지 아니하며 무죄한 자의 피
를 이 곳에서 흘리지 아니하며
다른 신들 뒤를 따라 화를 자초
하지 아니하면 7 내가 너희를 이
곳에 살게 하리니 곧 너희 조상
에게 영원무궁토록 준 땅에니라
8 보라 너희가 무익한 거짓말을
의존하는도다 9 너희가 도둑질
하며 살인하며 간음하며 거짓 맹
세하며 바알에게 분향하며 너희
가 알지 못하는 다른 신들을 따
르면서 10 내 이름으로 일컬음
을 받는 이 집에 들어와서 내 앞
에 서서 말하기를 우리가 구원을
얻었나이다 하느냐 이는 이 모든
가증한 일을 행하려 함이로다
11 내 이름으로 일컬음을 받는
이 집이 너희 눈에는 도둑의 소

굴로 보이느냐 보라 나 곧 내가
그것을 보았노라 여호와의 말씀
이니라 12 너희는 내가 처음으
로 내 이름을 둔 처소 실로에 가
서 내 백성 이스라엘의 악에 대
하여 내가 어떻게 행하였는지를
보라 13 여호와의 말씀이니라
이제 너희가 그 모든 일을 행하
였으며 내가 너희에게 말하되 새
벽부터 부지런히 말하여도 듣지
아니하였고 너희를 불러도 대답
하지 아니하였느니라 14 그러므
로 내가 실로에 행함 같이 너희
가 신뢰하는 바 내 이름으로 일
컬음을 받는 이 집 곧 너희와 너
희 조상들에게 준 이 곳에 행하
겠고 15 내가 너희 모든 형제 곧
에브라임 온 자손을 쫓아낸 것
같이 내 앞에서 너희를 쫓아내리
라 하셨다 할지니라

여호와를 순종하지 아니하는 백성

16 그런즉 너는 이 백성을 위하
여 기도하지 말라 그들을 위하여
부르짖어 구하지 말라 내게 간구
하지 말라 내가 네게서 듣지 아
니하리라 17 너는 그들이 유다
성읍들과 예루살렘 거리에서 행
하는 일을 보지 못하느냐 18 자
식들은 나무를 줍고 아버지들은
불을 피우며 부녀들은 가루를 반
죽하여 하늘의 여왕을 위하여 과
자를 만들며 그들이 또 다른 신
들에게 전제를 부음으로 나의 노
를 일으키느니라 19 여호와의
말씀이니라 그들이 나를 격노하
게 함이냐 자기 얼굴에 부끄러움
을 자취함이 아니냐 20 그러므
로 주 여호와께서 이와 같이 말
씀하시니라 보라 나의 진노와 분
노를 이 곳과 사람과 짐승과 들
나무와 땅의 소산에 부으리니 불
같이 살라지고 꺼지지 아니하리
라 하시니라 21 만군의 여호와
이스라엘의 하나님께서 이와 같
이 말씀하시되 너희 희생제물과
번제물의 고기를 아울러 먹으라
22 사실은 내가 너희 조상들을
애굽 땅에서 인도하여 낸 날에
번제나 희생에 대하여 말하지 아
니하며 명령하지 아니하고 23
오직 내가 이것을 그들에게 명령
하여 이르기를 너희는 내 목소리
를 들으라 그리하면 나는 너희
하나님이 되겠고 너희는 내 백성
이 되리라 너희는 내가 명령한
모든 길로 걸어가라 그리하면 복
을 받으리라 하였으나 24 그들
이 순종하지 아니하며 귀를 기울
이지도 아니하고 자신들의 악한
마음의 꾀와 완악한 대로 행하여
그 등을 내게로 돌리고 그 얼굴
을 향하지 아니하였으며 25 너

희 조상들이 애굽 땅에서 나온
날부터 오늘까지 내가 내 종 선
지자들을 너희에게 보내되 끊임
없이 보내었으나 26 너희가 나
에게 순종하지 아니하며 귀를 기
울이지 아니하고 목을 굳게 하여
너희 조상들보다 악을 더 행하였
느니라 27 네가 그들에게 이 모
든 말을 할지라도 그들이 너에게
순종하지 아니할 것이요 네가 그
들을 불러도 그들이 네게 대답하
지 아니하리니 28 너는 그들에
게 말하기를 너희는 너희 하나님
여호와의 목소리를 순종하지 아
니하며 교훈을 받지 아니하는 민
족이라 진실이 없어져 너희 입에
서 끊어졌다 할지니라

도벳 사당을 건축

29 너의 머리털을 베어 버리고
벗은 산 위에서 통곡할지어다 여
호와께서 그 노하신 바 이 세대
를 끊어 버리셨음이라 30 여호
와께서 말씀하시되 유다 자손이
나의 눈 앞에 악을 행하여 내 이
름으로 일컬음을 받는 집에 그들
의 가증한 것을 두어 집을 더럽
혔으며 31 힌놈의 아들 골짜기
에 도벳 사당을 건축하고 그들의
자녀들을 불에 살랐나니 내가 명
령하지 아니하였고 내 마음에 생
각하지도 아니한 일이니라 32
그러므로 여호와께서 말씀하시
니라 날이 이르면 이 곳을 도벳

이라 하거나 힌놈의 아들의 골짜
기라 말하지 아니하고 죽임의 골
짜기라 말하리니 이는 도벳에 자
리가 없을 만큼 매장했기 때문이
니라 33 이 백성의 시체가 공중
의 새와 땅의 짐승의 밥이 될 것
이나 그것을 쫓을 자가 없을 것
이라 34 그 때에 내가 유다 성읍
들과 예루살렘 거리에 기뻐하는
소리, 즐거워하는 소리, 신랑의
소리, 신부의 소리가 끊어지게
하리니 땅이 황폐하리라

8장

1 여호와의 말씀이니라 그 때에
사람들이 유다 왕들의 뼈와 그의
지도자들의 뼈와 제사장들의 뼈
와 선지자들의 뼈와 예루살렘 주
민의 뼈를 그 무덤에서 끌어내어
2 그들이 사랑하며 섬기며 뒤따
르며 구하며 경배하던 해와 달과
하늘의 뭇 별 아래에서 펼쳐지게
하리니 그 뼈가 거두이거나 묻히
지 못하여 지면에서 분토 같을
것이며 3 이 악한 민족의 남아
있는 자, 무릇 내게 쫓겨나서 각
처에 남아 있는 자들이 사는 것
보다 죽는 것을 원하리라 만군의
여호와의 말씀이니라

죄와 벌

4 너는 또 그들에게 말하기를 여
호와의 말씀에 사람이 엎드러지
면 어찌 일어나지 아니하겠으며
사람이 떠나갔으면 어찌 돌아오
지 아니하겠느냐 5 이 예루살렘
백성이 항상 나를 떠나 물러감은
어찌함이냐 그들이 거짓을 고집
하고 돌아오기를 거절하도다 6
내가 귀를 기울여 들은즉 그들이
정직을 말하지 아니하며 그들의
악을 뉘우쳐서 내가 행한 것이
무엇인고 말하는 자가 없고 전쟁
터로 향하여 달리는 말 같이 각
각 그 길로 행하도다 7 공중의
학은 그 정한 시기를 알고 산비
둘기와 제비와 두루미는 그들이
올 때를 지키거늘 내 백성은 여
호와의 규례를 알지 못하도다 8
너희가 어찌 우리는 지혜가 있고
우리에게는 여호와의 율법이 있
다 말하겠느냐 참으로 서기관의
거짓의 붓이 거짓되게 하였나니
9 지혜롭다 하는 자들은 부끄러
움을 당하며 두려워 떨다가 잡히
리라 보라 그들이 여호와의 말을
버렸으니 그들에게 무슨 지혜가

있으랴 10 그러므로 내가 그들
의 아내를 타인에게 주겠고 그들
의 밭을 그 차지할 자들에게 주
리니 그들은 가장 작은 자로부터
큰 자까지 다 욕심내며 선지자로
부터 제사장까지 다 거짓을 행함
이라 11 그들이 딸 내 백성의 상
처를 가볍게 여기면서 말하기를
평강하다, 평강하다 하나 평강이
없도다 12 그들이 가증한 일을
행할 때에 부끄러워하였느냐 아
니라 조금도 부끄러워 하지 않을
뿐 아니라 얼굴도 붉어지지 아니
하였느니라 그러므로 그들이 엎
드러질 자와 함께 엎드러질 것이
라 내가 그들을 벌할 때에 그들
이 거꾸러지리라 여호와의 말씀
이니라 13 여호와의 말씀이니라
내가 그들을 진멸하리니 포도나
무에 포도가 없을 것이며 무화과
나무에 무화과가 없을 것이며 그
잎사귀가 마를 것이라 내가 그들
에게 준 것이 없어지리라 하셨나
니 14 우리가 어찌 가만히 앉았
으랴 모일지어다 우리가 견고한
성읍들로 들어가서 거기에서 멸
망하자 우리가 여호와께 범죄하
였으므로 우리 하나님 여호와께
서 우리를 멸하시며 우리에게 독
한 물을 마시게 하심이니라 15
우리가 평강을 바라나 좋은 것이
없으며 고침을 입을 때를 바라나
놀라움뿐이로다 16 그 말의 부
르짖음이 단에서부터 들리고 그
준마들이 우는 소리에 온 땅이
진동하며 그들이 이르러 이 땅과
그 소유와 성읍과 그 중의 주민
을 삼켰도다 17 여호와의 말씀
이니라 내가 술법으로도 제어할
수 없는 뱀과 독사를 너희 가운
데 보내리니 그것들이 너희를 물
리라 하시도다

선지자의 번뇌

18 슬프다 나의 근심이여 어떻게
위로를 받을 수 있을까 내 마음
이 병들었도다 19 딸 내 백성의
심히 먼 땅에서 부르짖는 소리로
다 여호와께서 시온에 계시지 아
니한가, 그의 왕이 그 가운데 계
시지 아니한가 그들이 어찌하여
그 조각한 신상과 이방의 헛된
것들로 나를 격노하게 하였는고
하시니 20 추수할 때가 지나고
여름이 다하였으나 우리는 구원
을 얻지 못한다 하는도다 21 딸
내 백성이 상하였으므로 나도 상
하여 슬퍼하며 놀라움에 잡혔도
다 22 길르앗에는 유향이 있지
아니한가 그 곳에는 의사가 있지
아니한가 딸 내 백성이 치료를
받지 못함은 어찌 됨인고

9장

1 어찌하면 내 머리는 물이 되고
내 눈은 눈물 근원이 될꼬 죽임
을 당한 딸 내 백성을 위하여 주
야로 울리로다 2 내가 광야에서
나그네가 머무를 곳을 얻는다면
내 백성을 떠나 가리니 그들은
다 간음하는 자요 반역한 자의
무리가 됨이로다 3 여호와의 말
씀이니라 그들이 활을 당김 같이
그들의 혀를 놀려 거짓을 말하며
그들이 이 땅에서 강성하나 진실
하지 아니하고 악에서 악으로 진
행하며 또 나를 알지 못하느니라
4 너희는 각기 이웃을 조심하며
어떤 형제든지 믿지 말라 형제마
다 완전히 속이며 이웃마다 다니
며 비방함이라 5 그들은 각기 이
웃을 속이며 진실을 말하지 아니
하며 그들의 혀로 거짓말하기를
가르치며 악을 행하기에 지치거
늘 6 네가 사는 곳이 속이는 일
가운데 있도다 그들은 속이는 일
로 말미암아 나를 알기를 싫어하
느니라 여호와의 말씀이니라 7
그러므로 만군의 여호와께서 이
와 같이 말씀하시되 보라 내가
내 딸 백성을 어떻게 처치할꼬
그들을 녹이고 연단하리라 8 그
들의 혀는 죽이는 화살이라 거짓
을 말하며 입으로는 그 이웃에게
평화를 말하나 마음으로는 해를
꾸미는도다 9 내가 이 일들로 말
미암아 그들에게 벌하지 아니하
겠으며 내 마음이 이런 나라에

렘

보복하지 않겠느냐 여호와의 말
씀이니라 10 내가 산들을 위하
여 울며 부르짖으며 광야 목장을
위하여 슬퍼하나니 이는 그것들
이 불에 탔으므로 지나는 자가
없으며 거기서 가축의 소리가 들
리지 아니하며 공중의 새도 짐승
도 다 도망하여 없어졌음이라
11 내가 예루살렘을 무더기로 만
들며 승냥이 굴이 되게 하겠고
유다의 성읍들을 황폐하게 하여
주민이 없게 하리라 12 지혜가
있어서 이 일을 깨달을 만한 자
가 누구며 여호와의 입의 말씀을
받아서 선포할 자가 누구인고 이
땅이 어찌하여 멸망하여 광야 같
이 불타서 지나가는 자가 없게
되었느냐 13 여호와께서 말씀하
시되 이는 그들이 내가 그들의
앞에 세운 나의 율법을 버리고
내 목소리를 순종하지 아니하며
그대로 행하지 아니하고 14 그
마음의 완악함을 따라 그 조상들
이 자기에게 가르친 바알들을 따
랐음이라 15 그러므로 만군의
여호와 이스라엘의 하나님께서
이와 같이 말씀하시니라 보라 내
가 그들 곧 이 백성에게 쑥을 먹
이며 독한 물을 마시게 하고 16
그들과 그들의 조상이 알지 못하
던 여러 나라 가운데에 그들을
흩어 버리고 진멸되기까지 그 뒤
로 칼을 보내리라 하셨느니라

사랑과 정의와 공의를 행하시는 여호와

17 만군의 여호와께서 이와 같이
말씀하시되 너희는 잘 생각해 보
고 곡하는 부녀를 불러오며 또
사람을 보내 지혜로운 부녀를 불

러오되 18 그들로 빨리 와서 우
리를 위하여 애곡하여 우리의 눈
에서 눈물이 떨어지게 하며 우리
눈꺼풀에서 물이 쏟아지게 하라
19 이는 시온에서 통곡하는 소리
가 들리기를 우리가 아주 망하였
구나 우리가 크게 부끄러움을 당
하였구나 우리가 그 땅을 떠난
것은 그들이 우리 거처를 헐었음
이로다 함이로다 20 부녀들이여
여호와의 말씀을 들으라 너희 귀
에 그 입의 말씀을 받으라 너희
딸들에게 애곡하게 하고 각기 이
웃에게 슬픈 노래를 가르치라
21 무릇 사망이 우리 창문을 통
하여 넘어 들어오며 우리 궁실에
들어오며 밖에서는 자녀들을 거
리에서는 청년들을 멸절하려 하
느니라 22 너는 이같이 말하라
여호와의 말씀에 사람의 시체가
분토 같이 들에 떨어질 것이며
추수하는 자의 뒤에 버려져 거두
지 못한 곡식단 같이 되리라 하
셨느니라 23 여호와께서 이와
같이 말씀하시되 지혜로운 자는
그의 지혜를 자랑하지 말라 용사
는 그의 용맹을 자랑하지 말라
부자는 그의 부함을 자랑하지 말
라 24 자랑하는 자는 이것으로
자랑할지니 곧 명철하여 나를 아
는 것과 나 여호와는 사랑과 정
의와 공의를 땅에 행하는 자인
줄 깨닫는 것이라 나는 이 일을
기뻐하노라 여호와의 말씀이니
라 25 여호와의 말씀이니라 보
라 날이 이르면 할례 받은 자와
할례 받지 못한 자를 내가 다 벌
하리니 26 곧 애굽과 유다와 에
돔과 암몬 자손과 모압과 및 광
야에 살면서 살쩍을 깎은 자들에
게라 무릇 모든 민족은 할례를
받지 못하였고 이스라엘은 마음
에 할례를 받지 못하였느니라 하
셨느니라

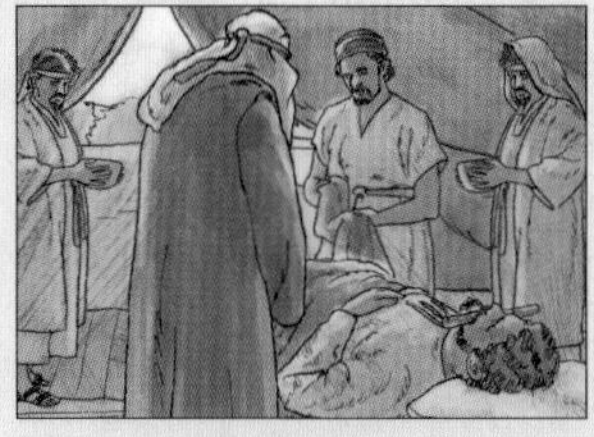

10장

우상의 가르침과 참 하나님 여호와

1 이스라엘 집이여 여호와께서
너희에게 이르시는 말씀을 들을
지어다 2 여호와께서 이와 같이
말씀하시되 여러 나라의 길을 배
우지 말라 이방 사람들은 하늘의
징조를 두려워하거니와 너희는
그것을 두려워하지 말라 3 여러
나라의 풍습은 헛된 것이니 삼림
에서 벤 나무요 기술공의 두 손
이 도끼로 만든 것이라 4 그들이
은과 금으로 그것에 꾸미고 못과
장도리로 그것을 든든히 하여 흔
들리지 않게 하나니 5 그것이 둥
근 기둥 같아서 말도 못하며 걸
어다니지도 못하므로 사람이 메

렘

어야 하느니라 그것이 그들에게
화를 주거나 복을 주지 못하나니
너희는 두려워하지 말라 하셨느
니라 6 여호와여 주와 같은 이
없나이다 주는 크시니 주의 이름
이 그 권능으로 말미암아 크시니
이다 7 이방 사람들의 왕이시여
주를 경외하지 아니할 자가 누구
리이까 이는 주께 당연한 일이라
여러 나라와 여러 왕국들의 지혜
로운 자들 가운데 주와 같은 이
가 없음이니이다 8 그들은 다 무
지하고 어리석은 것이니 우상의
가르침은 나무뿐이라 9 다시스
에서 가져온 은박과 우바스에서
가져온 금으로 꾸미되 기술공과
은장색의 손으로 만들었고 청색
자색 옷을 입었나니 이는 정교한
솜씨로 만든 것이거니와 10 오
직 여호와는 참 하나님이시요 살
아 계신 하나님이시요 영원한 왕
이시라 그 진노하심에 땅이 진동
하며 그 분노하심을 이방이 능히
당하지 못하느니라 11 너희는 이
같이 그들에게 이르기를 천지를
짓지 아니한 신들은 땅 위에서,
이 하늘 아래에서 망하리라 하라

만물의 조성자 만군의 여호와

12 여호와께서 그의 권능으로 땅
을 지으셨고 그의 지혜로 세계를
세우셨고 그의 명철로 하늘을 펴
셨으며 13 그가 목소리를 내신
즉 하늘에 많은 물이 생기나니
그는 땅 끝에서 구름이 오르게
하시며 비를 위하여 번개치게 하
시며 그 곳간에서 바람을 내시거
늘 14 사람마다 어리석고 무식
하도다 은장이마다 자기의 조각
한 신상으로 말미암아 수치를 당
하나니 이는 그가 부어 만든 우
상은 거짓 것이요 그 속에 생기
가 없음이라 15 그것들은 헛 것
이요 망령되이 만든 것인즉 징벌
하실 때에 멸망할 것이나 16 야
곱의 분깃은 이같지 아니하시니
그는 만물의 조성자요 이스라엘
은 그의 기업의 지파라 그 이름
은 만군의 여호와시니라

백성의 탄식

17 에워싸인 가운데에 앉은 자여
네 짐 꾸러미를 이 땅에서 꾸리
라 18 여호와께서 이와 같이 말
씀하시되 보라 내가 이 땅에 사
는 자를 이번에는 내던질 것이라
그들을 괴롭게 하여 깨닫게 하리
라 하셨느니라 19 슬프다 내 상
처여 내가 중상을 당하였도다 그
러나 내가 말하노라 이는 참으로
고난이라 내가 참아야 하리로다
20 내 장막이 무너지고 나의 모
든 줄이 끊어졌으며 내 자녀가
나를 떠나가고 있지 아니하니 내
장막을 세울 자와 내 휘장을 칠
자가 다시 없도다 21 목자들은
어리석어 여호와를 찾지 아니하
므로 형통하지 못하며 그 모든
양 떼는 흩어졌도다 22 들을지
어다 북방에서부터 크게 떠드는
소리가 들리니 유다 성읍들을 황
폐하게 하여 승냥이의 거처가 되
게 하리로다 23 여호와여 내가
알거니와 사람의 길이 자신에게
있지 아니하니 걸음을 지도함이
걷는 자에게 있지 아니하니이다
24 여호와여 나를 징계하옵시되
너그러이 하시고 진노로 하지 마
옵소서 주께서 내가 없어지게 하
실까 두려워하나이다 25 주를
알지 못하는 이방 사람들과 주의
이름으로 기도하지 아니하는 족
속들에게 주의 분노를 부으소서
그들은 야곱을 씹어 삼켜 멸하고
그의 거처를 황폐하게 하였나이
다 하니라

11장

여호와께서 이르신 언약의 말

1 여호와께로부터 예레미야에게
임한 말씀이라 이르시되 2 너희
는 이 언약의 말을 듣고 유다인

렘

과 예루살렘 주민에게 말하라 3
그들에게 이르기를 이스라엘의
하나님 여호와께서 이와 같이 말
씀하시되 이 언약의 말을 따르지
않는 자는 저주를 받을 것이니라
4 이 언약은 내가 너희 조상들을
쇠풀무 애굽 땅에서 이끌어내던
날에 그들에게 명령한 것이라 곧
내가 이르기를 너희는 내 목소리
를 순종하고 나의 모든 명령을
따라 행하라 그리하면 너희는 내
백성이 되겠고 나는 너희의 하나
님이 되리라 5 내가 또 너희 조
상들에게 한 맹세는 그들에게 젖
과 꿀이 흐르는 땅을 주리라 한
언약을 이루리라 한 것인데 오늘
이 그것을 증언하느니라 하라 하
시기로 내가 대답하여 이르되 아
멘 여호와여 하였노라 6 여호와
께서 내게 이르시되 너는 이 모
든 말로 유다 성읍들과 예루살렘
거리에서 선포하여 이르기를 너
희는 이 언약의 말을 듣고 지키
라 7 내가 너희 조상들을 애굽
땅에서 인도하여 낸 날부터 오늘
까지 간절히 경계하며 끊임없이
경계하기를 너희는 내 목소리를
순종하라 하였으나 8 그들이 순
종하지 아니하며 귀를 기울이지
도 아니하고 각각 그 악한 마음
의 완악한 대로 행하였으므로 내
가 그들에게 행하라 명령하였어
도 그들이 행하지 아니한 이 언
약의 모든 규정대로 그들에게 이
루게 하였느니라 하라 9 여호와
께서 또 내게 이르시되 유다인과
예루살렘 주민 중에 반역이 있도
다 10 그들이 내 말 듣기를 거절
한 자기들의 선조의 죄악으로 돌
아가서 다른 신들을 따라 섬겼은
즉 이스라엘 집과 유다 집이 내
가 그들의 조상들과 맺은 언약을
깨뜨렸도다 11 그러므로 나 여
호와가 이와 같이 말하노라 보라
내가 재앙을 그들에게 내리리니
그들이 피할 수 없을 것이라 그
들이 내게 부르짖을지라도 내가
듣지 아니할 것인즉 12 유다 성
읍들과 예루살렘 주민이 그 분향
하는 신들에게 가서 부르짖을지
라도 그 신들이 그 고난 가운데
에서 절대로 그들을 구원하지 못
하리라 13 유다야 네 신들이 네
성읍의 수와 같도다 너희가 예루
살렘 거리의 수대로 그 수치스러
운 물건의 제단 곧 바알에게 분
향하는 제단을 쌓았도다 14 그
러므로 너는 이 백성을 위하여
기도하지 말라 그들을 위하여 부
르짖거나 구하지 말라 그들이 그
고난으로 말미암아 내게 부르짖
을 때에 내가 그들에게서 듣지
아니하리라 15 나의 사랑하는
자가 많은 악한 음모를 꾸미더니
나의 집에서 무엇을 하려느냐 거
룩한 제물 고기로 네 재난을 피
할 수 있겠느냐 그 때에 네가 기
뻐하겠느냐 16 여호와께서는 그
의 이름을 일컬어 좋은 열매 맺

는 아름다운 푸른 감람나무라 하
였었으나 큰 소동 중에 그 위에
불을 피웠고 그 가지는 꺾였도다
17 바알에게 분향함으로 나의 노
여움을 일으킨 이스라엘 집과 유
다 집의 악으로 말미암아 그를
심은 만군의 여호와께서 그에게
재앙을 선언하셨느니라

아나돗 사람들이 예레미야를 죽이려고 꾀하다

18 여호와께서 내게 알게 하셨으
므로 내가 그것을 알았나이다 그
때에 주께서 그들의 행위를 내게
보이셨나이다 19 나는 끌려서
도살 당하러 가는 순한 어린 양
과 같으므로 그들이 나를 해하려
고 꾀하기를 우리가 그 나무와
열매를 함께 박멸하자 그를 살아
있는 자의 땅에서 끊어서 그의
이름이 다시 기억되지 못하게 하
자 함을 내가 알지 못하였나이다
20 공의로 판단하시며 사람의 마
음을 감찰하시는 만군의 여호와
여 나의 원통함을 주께 아뢰었사
오니 그들에게 대한 주의 보복을
내가 보리이다 하였더니 21 여호
와께서 아나돗 사람들에 대하여
이와 같이 말씀하시되 그들이 네
생명을 빼앗으려고 찾아 이르기
를 너는 여호와의 이름으로 예언
하지 말라 두렵건대 우리 손에

죽을까 하노라 하도다 22 그러
므로 만군의 여호와께서 이와 같
이 말씀하시니라 보라 내가 그들
을 벌하리니 청년들은 칼에 죽으
며 자녀들은 기근에 죽고 23 남
는 자가 없으리라 내가 아나돗
사람에게 재앙을 내리리니 곧 그
들을 벌할 해에니라

12장

예레미야의 질문

1 여호와여 내가 주와 변론할 때
에는 주께서 의로우시니이다 그
러나 내가 주께 질문하옵나니 악
한 자의 길이 형통하며 반역한
자가 다 평안함은 무슨 까닭이니
이까 2 주께서 그들을 심으시므
로 그들이 뿌리가 박히고 장성하
여 열매를 맺었거늘 그들의 입은
주께 가까우나 그들의 마음은 머
니이다 3 여호와여 주께서 나를
아시고 나를 보시며 내 마음이
주를 향하여 어떠함을 감찰하시
오니 양을 잡으려고 끌어냄과 같
이 그들을 끌어내시되 죽일 날을
위하여 그들을 구별하옵소서 4
언제까지 이 땅이 슬퍼하며 온
지방의 채소가 마르리이까 짐승
과 새들도 멸절하게 되었사오니
이는 이 땅 주민이 악하여 스스
로 말하기를 그가 우리의 나중
일을 보지 못하리라 함이니이다
5 만일 네가 보행자와 함께 달려
도 피곤하면 어찌 능히 말과 경
주하겠느냐 네가 평안한 땅에서
는 무사하려니와 요단 강 물이
넘칠 때에는 어찌하겠느냐 6 네
형제와 아버지의 집이라도 너를
속이며 네 뒤에서 크게 외치나니
그들이 네게 좋은 말을 할지라도
너는 믿지 말지니라

황무지의 슬픔과 여호와의 분노

7 내가 내 집을 버리며 내 소유를
내던져 내 마음으로 사랑하는 것
을 그 원수의 손에 넘겼나니 8
내 소유가 숲속의 사자 같이 되
어서 나를 향하여 그 소리를 내
므로 내가 그를 미워하였음이로
라 9 내 소유가 내게 대하여는
무늬 있는 매가 아니냐 매들이
그것을 에워싸지 아니하느냐 너
희는 가서 들짐승들을 모아다가
그것을 삼키게 하라 10 많은 목
자가 내 포도원을 헐며 내 몫을
짓밟아서 내가 기뻐하는 땅을 황
무지로 만들었도다 11 그들이
이를 황폐하게 하였으므로 그 황
무지가 나를 향하여 슬퍼하는도
다 온 땅이 황폐함은 이를 마음
에 두는 자가 없음이로다 12 파
괴하는 자들이 광야의 모든 벗은
산 위에 이르렀고 여호와의 칼이
땅 이 끝에서 저 끝까지 삼키니
모든 육체가 평안하지 못하도다
13 무리가 밀을 심어도 가시를
거두며 수고하여도 소득이 없은
즉 그 소산으로 말미암아 스스로
수치를 당하리니 이는 여호와의
분노로 말미암음이니라

여호와의 악한 이웃에 대하여

14 내가 내 백성 이스라엘에게
기업으로 준 소유에 손을 대는
나의 모든 악한 이웃에 대하여
여호와께서 이와 같이 말씀하시
니라 보라 내가 그들을 그 땅에
서 뽑아 버리겠고 유다 집을 그
들 가운데서 뽑아 내리라 15 내
가 그들을 뽑아 낸 후에 내가 돌
이켜 그들을 불쌍히 여겨서 각
사람을 그들의 기업으로, 각 사
람을 그 땅으로 다시 인도하리니
16 그들이 내 백성의 도를 부지
런히 배우며 살아 있는 여호와라
는 내 이름으로 맹세하기를 자기
들이 내 백성을 가리켜 바알로
맹세하게 한 것 같이 하면 그들
이 내 백성 가운데에 세움을 입
으려니와 17 그들이 순종하지

아니하면 내가 반드시 그 나라를
뽑으리라 뽑아 멸하리라 여호와
의 말씀이니라

13장

허리 띠

1 여호와께서 이와 같이 내게 이
르시되 너는 가서 베 띠를 사서
네 허리에 띠고 물에 적시지 말
라 하시기로 2 내가 여호와의 말
씀대로 띠를 사서 내 허리에 띠
니라 3 여호와의 말씀이 다시 내
게 임하여 이르시되 4 너는 사서
네 허리에 띤 띠를 가지고 일어
나 유브라데로 가서 거기서 그것
을 바위 틈에 감추라 하시기로 5
내가 여호와께서 내게 명령하신
대로 가서 그것을 유브라데 물
가에 감추니라 6 여러 날 후에
여호와께서 내게 이르시되 일어
나 유브라데로 가서 내가 네게
명령하여 거기 감추게 한 띠를
가져오라 하시기로 7 내가 유브
라데로 가서 그 감추었던 곳을
파고 띠를 가져오니 띠가 썩어서
쓸 수 없게 되었더라 8 여호와의
말씀이 내게 임하니라 이르시되
9 여호와께서 이와 같이 말씀하
시니라 내가 유다의 교만과 예루
살렘의 큰 교만을 이같이 썩게
하리라 10 이 악한 백성이 내 말
듣기를 거절하고 그 마음의 완악
한 대로 행하며 다른 신들을 따
라 그를 섬기며 그에게 절하니
그들이 이 띠가 쓸 수 없음 같이
되리라 11 여호와의 말씀이니라
띠가 사람의 허리에 속함 같이
내가 이스라엘 온 집과 유다 온
집으로 내게 속하게 하여 그들로
내 백성이 되게 하며 내 이름과
명예와 영광이 되게 하려 하였으
나 그들이 듣지 아니하였느니라

포도주 가죽부대

12 그러므로 너는 이 말로 그들
에게 이르기를 이스라엘의 하나
님 여호와의 말씀에 모든 가죽부
대가 포도주로 차리라 하셨다 하
라 그리하면 그들이 네게 이르기
를 모든 가죽부대가 포도주로 찰
줄을 우리가 어찌 알지 못하리요
하리니 13 너는 다시 그들에게
이르기를 여호와의 말씀에 보라
내가 이 땅의 모든 주민과 다윗
의 왕위에 앉은 왕들과 제사장들
과 선지자들과 예루살렘 모든 주
민으로 잔뜩 취하게 하고 14 또
그들로 피차 충돌하여 상하게 하
되 부자 사이에도 그러하게 할
것이라 내가 그들을 불쌍히 여기
지 아니하며 사랑하지 아니하며
아끼지 아니하고 멸하리라 하셨
다 하라 여호와의 말씀이니라

교만에 대한 경고

15 너희는 들을지어다, 귀를 기
울일지어다, 교만하지 말지어다,
여호와께서 말씀하셨음이라 16
그가 어둠을 일으키시기 전, 너
희 발이 어두운 산에 거치기 전,
너희 바라는 빛이 사망의 그늘로
변하여 침침한 어둠이 되게 하시
기 전에 너희 하나님 여호와께
영광을 돌리라 17 너희가 이를
듣지 아니하면 나의 심령이 너희
교만으로 말미암아 은밀한 곳에
서 울 것이며 여호와의 양 떼가

사로잡힘으로 말미암아 눈물을
흘려 통곡하리라 18 너는 왕과
왕후에게 전하기를 스스로 낮추
어 앉으라 관 곧 영광의 면류관
이 내려졌다 하라 19 네겝의 성
읍들이 봉쇄되어 열 자가 없고
유다가 다 잡혀가되 온전히 잡혀
가도다 20 너는 눈을 들어 북방
에서 오는 자들을 보라 네게 맡
겼던 양 떼, 네 아름다운 양 떼는
어디 있느냐 21 너의 친구 삼았
던 자를 그가 네 위에 우두머리
로 세우실 때에 네가 무슨 말을
하겠느냐 네가 고통에 사로잡힘
이 산고를 겪는 여인 같지 않겠
느냐 22 네가 마음으로 이르기
를 어찌하여 이런 일이 내게 닥
쳤는고 하겠으나 네 죄악이 크므
로 네 치마가 들리고 네 발뒤꿈
치가 상함이니라 23 구스인이
그의 피부를, 표범이 그의 반점
을 변하게 할 수 있느냐 할 수 있
을진대 악에 익숙한 너희도 선을
행할 수 있으리라 24 그러므로
내가 그들을 사막 바람에 불려가
는 검불 같이 흩으리로다 25 여
호와의 말씀이니라 이는 네 몫이
요 내가 헤아려 정하여 네게 준
분깃이니 네가 나를 잊어버리고
거짓을 신뢰하는 까닭이라 26
그러므로 내가 네 치마를 네 얼
굴에까지 들춰서 네 수치를 드러

렘

내리라 27 내가 너의 간음과 사
악한 소리와 들의 작은 산 위에
서 네가 행한 음란과 음행과 가
증한 것을 보았노라 화 있을진저
예루살렘이여 네가 얼마나 오랜
후에야 정결하게 되겠느냐 하시
니라

14장

칼과 기근

1 가뭄에 대하여 예레미야에게
임한 여호와의 말씀이라 2 유다
가 슬퍼하며 성문의 무리가 피곤
하여 땅 위에서 애통하니 예루살
렘의 부르짖음이 위로 오르도다
3 귀인들은 자기 사환들을 보내
어 물을 얻으려 하였으나 그들이
우물에 갔어도 물을 얻지 못하여
빈 그릇으로 돌아오니 부끄럽고
근심하여 그들의 머리를 가리며
4 땅에 비가 없어 지면이 갈라지
니 밭 가는 자가 부끄러워서 그
의 머리를 가리는도다 5 들의 암
사슴은 새끼를 낳아도 풀이 없으
므로 내버리며 6 들 나귀들은 벗
은 산 위에 서서 승냥이 같이 헐
떡이며 풀이 없으므로 눈이 흐려
지는도다 7 여호와여 우리의 죄
악이 우리에게 대하여 증언할지
라도 주는 주의 이름을 위하여
일하소서 우리의 타락함이 많으
니이다 우리가 주께 범죄하였나
이다 8 이스라엘의 소망이시요
고난 당한 때의 구원자시여 어찌
하여 이 땅에서 거류하는 자 같
이, 하룻밤을 유숙하는 나그네
같이 하시나이까 9 어찌하여 놀
란 자 같으시며 구원하지 못하는
용사 같으시니이까 여호와여 주
는 그래도 우리 가운데 계시고
우리는 주의 이름으로 일컬음을
받는 자이오니 우리를 버리지 마
옵소서 10 여호와께서 이 백성
에 대하여 이와 같이 말씀하시되
그들이 어그러진 길을 사랑하여
그들의 발을 멈추지 아니하므로
여호와께서 그들을 받지 아니하
고 이제 그들의 죄를 기억하시고
그 죄를 벌하시리라 하시고 11
여호와께서 또 내게 이르시되 너
는 이 백성을 위하여 복을 구하
지 말라 12 그들이 금식할지라
도 내가 그 부르짖음을 듣지 아
니하겠고 번제와 소제를 드릴지
라도 내가 그것을 받지 아니할
뿐 아니라 칼과 기근과 전염병으
로 내가 그들을 멸하리라 13 이
에 내가 말하되 슬프도소이다 주
여호와여 보시옵소서 선지자들
이 그들에게 이르기를 너희가 칼

렘

을 보지 아니하겠고 기근은 너희
에게 이르지 아니할 것이라 내가
이 곳에서 너희에게 확실한 평강
을 주리라 하나이다 14 여호와
께서 내게 이르시되 선지자들이
내 이름으로 거짓 예언을 하도다
나는 그들을 보내지 아니하였고
그들에게 명령하거나 이르지 아
니하였거늘 그들이 거짓 계시와
점술과 헛된 것과 자기 마음의
거짓으로 너희에게 예언하는도
다 15 그러므로 내가 보내지 아
니하였어도 내 이름으로 예언하
여 이르기를 칼과 기근이 이 땅
에 이르지 아니하리라 하는 선지
자들에 대하여 여호와께서 이와
같이 말씀하셨노라 그 선지자들
은 칼과 기근에 멸망할 것이요
16 그들의 예언을 받은 백성은
기근과 칼로 말미암아 예루살렘
거리에 던짐을 당할 것인즉 그들
을 장사할 자가 없을 것이요 그
들의 아내와 아들과 딸이 그렇게
되리니 이는 내가 그들의 악을
그 위에 부음이니라 17 너는 이
말로 그들에게 이르라 내 눈이
밤낮으로 그치지 아니하고 눈물
을 흘리리니 이는 처녀 딸 내 백
성이 큰 파멸, 중한 상처로 말미
암아 망함이라 18 내가 들에 나
간즉 칼에 죽은 자요 내가 성읍
에 들어간즉 기근으로 병든 자며
선지자나 제사장이나 알지 못하
는 땅으로 두루 다니도다

백성이 주께 간구하다

19 주께서 유다를 온전히 버리시
나이까 주의 심령이 시온을 싫어
하시나이까 어찌하여 우리를 치
시고 치료하지 아니하시나이까
우리가 평강을 바라도 좋은 것이
없고 치료 받기를 기다리나 두려
움만 보나이다 20 여호와여 우
리의 악과 우리 조상의 죄악을
인정하나이다 우리가 주께 범죄
하였나이다 21 주의 이름을 위
하여 우리를 미워하지 마옵소서
주의 영광의 보좌를 욕되게 마옵
소서 주께서 우리와 세우신 언약
을 기억하시고 폐하지 마옵소서
22 이방인의 우상 가운데 능히
비를 내리게 할 자가 있나이까
하늘이 능히 소나기를 내릴 수
있으리이까 우리 하나님 여호와
여 그리하는 자는 주가 아니시니
이까 그러므로 우리가 주를 앙망
하옵는 것은 주께서 이 모든 것
을 만드셨음이니이다 하니라

15장

네 가지로 백성을 벌하리라

1 여호와께서 내게 이르시되 모
세와 사무엘이 내 앞에 섰다 할
지라도 내 마음은 이 백성을 향
할 수 없나니 그들을 내 앞에서
쫓아 내보내라 2 그들이 만일 네
게 말하기를 우리가 어디로 나아
가리요 하거든 너는 그들에게 이
르기를 여호와께서 이와 같이 말
씀하시니라 죽을 자는 죽음으로
나아가고 칼을 받을 자는 칼로
나아가고 기근을 당할 자는 기근
으로 나아가고 포로 될 자는 포
로 됨으로 나아갈지니라 하셨다
하라 3 여호와의 말씀이니라 내
가 그들을 네 가지로 벌하리니
곧 죽이는 칼과 찢는 개와 삼켜
멸하는 공중의 새와 땅의 짐승으
로 할 것이며 4 유다 왕 히스기
야의 아들 므낫세가 예루살렘에
행한 것으로 말미암아 내가 그들
을 세계 여러 민족 가운데에 흩
으리라 5 예루살렘아 너를 불쌍
히 여길 자 누구며 너를 위해 울
자 누구며 돌이켜 네 평안을 물
을 자 누구냐 6 여호와께서 이르
시되 네가 나를 버렸고 내게서
물러갔으므로 네게로 내 손을 펴
서 너를 멸하였노니 이는 내가
뜻을 돌이키기에 지쳤음이로다
7 내가 그들을 그 땅의 여러 성문
에서 키로 까불러 그 자식을 끊
어서 내 백성을 멸하였나니 이는
그들이 자기들의 길에서 돌이키
지 아니하였음이라 8 그들의 과
부가 내 앞에 바다 모래보다 더
많아졌느니라 내가 대낮에 파멸
시킬 자를 그들에게로 데려다가
그들과 청년들의 어미를 쳐서 놀
람과 두려움을 그들에게 갑자기
닥치게 하였으며 9 일곱을 낳은
여인에게는 쇠약하여 기절하게
하며 아직도 대낮에 그의 해가
떨어져서 그에게 수치와 근심을
당하게 하였느니라 그 남은 자는
그들의 대적의 칼에 붙이리라 여
호와의 말씀이니라

예레미야의 기도와 여호와의 말씀

10 내게 재앙이로다 나의 어머니
여 어머니께서 나를 온 세계에
다투는 자와 싸우는 자를 만날
자로 낳으셨도다 내가 꾸어 주지
도 아니하였고 사람이 내게 꾸이
지도 아니하였건마는 다 나를 저
주하는도다 11 여호와께서 이르
시되 내가 진실로 너를 강하게
할 것이요 너에게 복을 받게 할
것이며 내가 진실로 네 원수로
재앙과 환난의 때에 네게 간구하
게 하리라 12 누가 능히 철 곧 북
방의 철과 놋을 꺾으리요 13 그
러나 네 모든 죄로 말미암아 네
국경 안의 모든 재산과 보물로
값 없이 탈취를 당하게 할 것이
며 14 네 원수와 함께 네가 알지
못하는 땅에 이르게 하리니 이는
나의 진노의 맹렬한 불이 너희를
사르려 함이라 15 여호와여 주
께서 아시오니 원하건대 주는 나
를 기억하시며 돌보시사 나를 박
해하는 자에게 보복하시고 주의
오래 참으심으로 말미암아 나로
멸망하지 아니하게 하옵시며 주
를 위하여 내가 부끄러움 당하는
줄을 아시옵소서 16 만군의 하
나님 여호와시여 나는 주의 이름
으로 일컬음을 받는 자라 내가
주의 말씀을 얻어 먹었사오니 주
의 말씀은 내게 기쁨과 내 마음
의 즐거움이오나 17 내가 기뻐
하는 자의 모임 가운데 앉지 아
니하며 즐거워하지도 아니하고
주의 손에 붙들려 홀로 앉았사오
니 이는 주께서 분노로 내게 채
우셨음이니이다 18 나의 고통이
계속하며 상처가 중하여 낫지 아
니함은 어찌 됨이니이까 주께서
는 내게 대하여 물이 말라서 속
이는 시내 같으시리이까 19 여
호와께서 이와 같이 말씀하시되
네가 만일 돌아오면 내가 너를
다시 이끌어 내 앞에 세울 것이
며 네가 만일 헛된 것을 버리고
귀한 것을 말한다면 너는 나의
입이 될 것이라 그들은 네게로
돌아오려니와 너는 그들에게로
돌아가지 말지니라 20 내가 너
로 이 백성 앞에 견고한 놋 성벽
이 되게 하리니 그들이 너를 칠
지라도 이기지 못할 것은 내가
너와 함께 하여 너를 구하여 건
짐이라 여호와의 말씀이니라 21
내가 너를 악한 자의 손에서 건
지며 무서운 자의 손에서 구원하
리라

16장

백성에게 할 말

1 여호와의 말씀이 또 내게 임하
여 이르시되 2 너는 이 땅에서
아내를 맞이하지 말며 자녀를 두
지 말지니라 3 이 곳에서 낳은
자녀와 이 땅에서 그들을 해산한
어머니와 그들을 낳은 아버지에
대하여 여호와께서 이와 같이 말
씀하시오니 4 그들은 독한 병으
로 죽어도 아무도 슬퍼하지 않을
것이며 묻어 주지 않아 지면의
분토와 같을 것이며 칼과 기근에
망하고 그 시체는 공중의 새와
땅의 짐승의 밥이 되리라 5 여호
와께서 이와 같이 말씀하시되 초
상집에 들어가지 말라 가서 통곡
하지 말며 그들을 위하여 애곡하
지 말라 내가 이 백성에게서 나
의 평강을 빼앗으며 인자와 사랑
을 제함이라 여호와의 말씀이니
라 6 큰 자든지 작은 자든지 이
땅에서 죽으리니 그들이 매장되
지 못할 것이며 그들을 위하여
애곡하는 자도 없겠고 자기 몸을
베거나 머리털을 미는 자도 없을
것이며 7 그 죽은 자로 말미암아
슬퍼하는 자와 떡을 떼며 위로하
는 자가 없을 것이며 그들의 아
버지나 어머니의 상사를 위하여
위로의 잔을 그들에게 마시게 할
자가 없으리라 8 너는 잔칫집에
들어가서 그들과 함께 앉아 먹거
나 마시지 말라 9 만군의 여호와
이스라엘의 하나님께서 이와 같
이 말씀하시니라 보라 기뻐하는
소리와 즐거워하는 소리와 신랑
의 소리와 신부의 소리를 내가
네 목전, 네 시대에 이 곳에서 끊
어지게 하리라 10 네가 이 모든
말로 백성에게 말할 때에 그들이
네게 묻기를 여호와께서 우리에
게 이 모든 큰 재앙을 선포하심
은 어찌 됨이며 우리의 죄악은
무엇이며 우리가 우리 하나님 여

렘

호와께 범한 죄는 무엇이냐 하거
든 11 너는 그들에게 대답하기
를 여호와께서 말씀하시되 너희
조상들이 나를 버리고 다른 신들
을 따라서 그들을 섬기며 그들에
게 절하고 나를 버려 내 율법을
지키지 아니하였음이라 12 너희
가 너희 조상들보다 더욱 악을
행하였도다 보라 너희가 각기 악
한 마음의 완악함을 따라 행하고
나에게 순종하지 아니하였으므
로 13 내가 너희를 이 땅에서 쫓
아내어 너희와 너희 조상들이 알
지 못하던 땅에 이르게 할 것이
라 너희가 거기서 주야로 다른
신들을 섬기리니 이는 내가 너희
에게 은혜를 베풀지 아니함이라
하셨다 하라

포로의 귀환

14 여호와의 말씀이니라 그러나
보라 날이 이르리니 다시는 이스
라엘 자손을 애굽 땅에서 인도하
여 내신 여호와께서 살아 계심을
두고 맹세하지 아니하고 15 이
스라엘 자손을 북방 땅과 그 쫓
겨 났던 모든 나라에서 인도하여
내신 여호와께서 살아 계심을 두
고 맹세하리라 내가 그들을 그들
의 조상들에게 준 그들의 땅으로
인도하여 들이리라

악과 죄를 배나 갚을 것이라

16 여호와의 말씀이니라 보라 내
가 많은 어부를 불러다가 그들을
낚게 하며 그 후에 많은 포수를
불러다가 그들을 모든 산과 모든
언덕과 바위 틈에서 사냥하게 하
리니 17 이는 내 눈이 그들의 행
위를 살펴보므로 그들이 내 얼굴
앞에서 숨기지 못하며 그들의 죄
악이 내 목전에서 숨겨지지 못함
이라 18 내가 우선 그들의 악과
죄를 배나 갚을 것은 그들이 그
미운 물건의 시체로 내 땅을 더
럽히며 그들의 가증한 것으로 내
기업에 가득하게 하였음이라

예레미야의 기도

19 여호와 나의 힘, 나의 요새, 환
난날의 피난처시여 민족들이 땅
끝에서 주께 이르러 말하기를 우
리 조상들의 계승한 바는 허망하
고 거짓되고 무익한 것뿐이라
20 사람이 어찌 신 아닌 것을 자
기의 신으로 삼겠나이까 하리이
다 21 여호와께서 이르시되 보
라 이번에 그들에게 내 손과 내
능력을 알려서 그들로 내 이름이
여호와인 줄 알게 하리라

17장

유다의 죄와 벌

1 유다의 죄는 금강석 끝 철필로
기록되되 그들의 마음 판과 그들
의 제단 뿔에 새겨졌거늘 2 그들
의 자녀가 높은 언덕 위 푸른 나
무 곁에 있는 그 제단들과 아세
라들을 생각하도다 3 들에 있는
나의 산아 네 온 영토의 죄로 말
미암아 내가 네 재산과 네 모든
보물과 산당들로 노략을 당하게

하리니 4 내가 네게 준 네 기업
에서 네 손을 뗄 것이며 또 내가
너로 하여금 너의 알지 못하는
땅에서 네 원수를 섬기게 하리니
이는 너희가 내 노를 맹렬하게
하여 영원히 타는 불을 일으켰음
이라 5 여호와께서 이와 같이 말
씀하시니라 무릇 사람을 믿으며
육신으로 그의 힘을 삼고 마음이
여호와에게서 떠난 그 사람은 저
주를 받을 것이라 6 그는 사막의
떨기나무 같아서 좋은 일이 오는
것을 보지 못하고 광야 간조한
곳, 건건한 땅, 사람이 살지 않는
땅에 살리라 7 그러나 무릇 여호
와를 의지하며 여호와를 의뢰하
는 그 사람은 복을 받을 것이라
8 그는 물 가에 심어진 나무가 그
뿌리를 강변에 뻗치고 더위가 올
지라도 두려워하지 아니하며 그
잎이 청청하며 가무는 해에도 걱
정이 없고 결실이 그치지 아니함
같으리라 9 만물보다 거짓되고
심히 부패한 것은 마음이라 누가
능히 이를 알리요마는 10 나 여
호와는 심장을 살피며 폐부를 시
험하고 각각 그의 행위와 그의
행실대로 보응하나니 11 불의로
치부하는 자는 자고새가 낳지 아
니한 알을 품음 같아서 그의 중
년에 그것이 떠나겠고 마침내 어
리석은 자가 되리라

예레미야의 간구

12 영화로우신 보좌여 시작부터
높이 계시며 우리의 성소이시며
13 이스라엘의 소망이신 여호와
여 무릇 주를 버리는 자는 다 수
치를 당할 것이라 무릇 여호와를
떠나는 자는 흙에 기록이 되오리
니 이는 생수의 근원이신 여호와
를 버림이니이다 14 여호와여
주는 나의 찬송이시오니 나를 고
치소서 그리하시면 내가 낫겠나
이다 나를 구원하소서 그리하시
면 내가 구원을 얻으리이다 15
보라 그들이 내게 이르기를 여호
와의 말씀이 어디 있느냐 이제
임하게 할지어다 하나이다 16
나는 목자의 직분에서 물러가지
아니하고 주를 따랐사오며 재앙
의 날도 내가 원하지 아니하였
음을 주께서 아시는 바라 내 입
술에서 나온 것이 주의 목전에
있나이다 17 주는 내게 두려움
이 되지 마옵소서 재앙의 날에
주는 나의 피난처시니이다 18
나를 박해하는 자로 치욕을 당
하게 하시고 나로 치욕을 당하
게 마옵소서 그들은 놀라게 하
시고 나는 놀라게 하지 마시옵
소서 재앙의 날을 그들에게 임
하게 하시며 배나 되는 멸망으
로 그들을 멸하소서

안식일을 거룩하게 하라

19 여호와께서 내게 이와 같이
말씀하시되 너는 가서 유다 왕들
이 출입하는 평민의 문과 예루살
렘 모든 문에 서서 20 무리에게
이르기를 이 문으로 들어오는 유
다 왕들과 유다 모든 백성과 예
루살렘 모든 주민인 너희는 여호
와의 말씀을 들을지어다 21 여
호와께서 이와 같이 말씀하시되
너희는 스스로 삼가서 안식일에
짐을 지고 예루살렘 문으로 들어
오지 말며 22 안식일에 너희 집
에서 짐을 내지 말며 어떤 일이
라도 하지 말고 내가 너희 조상
들에게 명령함 같이 안식일을 거
룩히 할지어다 23 그들은 순종
하지 아니하며 귀를 기울이지 아
니하며 그 목을 곧게 하여 듣지
아니하며 교훈을 받지 아니하였
느니라 24 여호와의 말씀이니라
너희가 만일 삼가 나를 순종하여
안식일에 짐을 지고 이 성문으로
들어오지 아니하며 안식일을 거
룩히 하여 어떤 일이라도 하지
아니하면 25 다윗의 왕위에 앉
아 있는 왕들과 고관들이 병거와
말을 타고 이 성문으로 들어오되
그들과 유다 모든 백성과 예루살
렘 주민들이 함께 그리할 것이요
이 성은 영원히 있을 것이며 26
사람들이 유다 성읍들과 예루살
렘에 둘린 곳들과 베냐민 땅과
평지와 산지와 네겝으로부터 와
서 번제와 희생과 소제와 유향과
감사제물을 여호와의 성전에 가
져오려니와 27 그러나 만일 너
희가 나를 순종하지 아니하고 안
식일을 거룩되게 아니하여 안식
일에 짐을 지고 예루살렘 문으로
들어오면 내가 성문에 불을 놓아
예루살렘 궁전을 삼키게 하리니
그 불이 꺼지지 아니하리라 하셨
다 할지니라 하시니라

18장

토기장이의 비유

1 여호와께로부터 예레미야에게
임한 말씀에 이르시되 2 너는 일
어나 토기장이의 집으로 내려가
라 내가 거기에서 내 말을 네게
들려 주리라 하시기로 3 내가 토
기장이의 집으로 내려가서 본즉
그가 녹로로 일을 하는데 4 진흙
으로 만든 그릇이 토기장이의 손
에서 터지매 그가 그것으로 자기
의견에 좋은 대로 다른 그릇을
만들더라 5 그 때에 여호와의 말
씀이 내게 임하니라 이르시되 6
여호와의 말씀이니라 이스라엘
족속아 이 토기장이가 하는 것
같이 내가 능히 너희에게 행하지
못하겠느냐 이스라엘 족속아 진
흙이 토기장이의 손에 있음 같이
너희가 내 손에 있느니라 7 내가
어느 민족이나 국가를 뽑거나 부
수거나 멸하려 할 때에 8 만일
내가 말한 그 민족이 그의 악에
서 돌이키면 내가 그에게 내리기
로 생각하였던 재앙에 대하여 뜻
을 돌이키겠고 9 내가 어느 민족
이나 국가를 건설하거나 심으려
할 때에 10 만일 그들이 나 보기
에 악한 것을 행하여 내 목소리
를 청종하지 아니하면 내가 그에
게 유익하게 하리라고 한 복에
대하여 뜻을 돌이키리라 11 그
러므로 이제 너는 유다 사람들과
예루살렘 주민들에게 말하여 이
르기를 여호와의 말씀에 보라 내
가 너희에게 재앙을 내리며 계책
을 세워 너희를 치려 하노니 너
희는 각기 악한 길에서 돌이키며
너희의 길과 행위를 아름답게 하
라 하셨다 하라 12 그러나 그들
이 말하기를 이는 헛되니 우리는
우리의 계획대로 행하며 우리는
각기 악한 마음이 완악한 대로
행하리라 하느니라

이스라엘이 가증한 일을 행하다

13 그러므로 여호와께서 이와 같
이 말씀하시니라 너희는 누가 이
러한 일을 들었는지 여러 나라
가운데 물어보라 처녀 이스라엘
이 심히 가증한 일을 행하였도다
14 레바논의 눈이 어찌 들의 바
위를 떠나겠으며 먼 곳에서 흘러
내리는 찬물이 어찌 마르겠느냐
15 무릇 내 백성은 나를 잊고 허
무한 것에게 분향하거니와 이러
한 것들은 그들로 그들의 길 곧
그 옛길에서 넘어지게 하며 곁길
곧 닦지 아니한 길로 행하게 하
여 16 그들의 땅으로 두려움과
영원한 웃음거리가 되게 하리니
그리로 지나는 자마다 놀라서 그
의 머리를 흔들리라 17 내가 그
들을 그들의 원수 앞에서 흩어
버리기를 동풍으로 함 같이 할
것이며 그들의 재난의 날에는 내
가 그들에게 등을 보이고 얼굴을
보이지 아니하리라

예레미야를 죽이려 하다

18 그들이 말하기를 오라 우리가
꾀를 내어 예레미야를 치자 제사
장에게서 율법이, 지혜로운 자에
게서 책략이, 선지자에게서 말씀
이 끊어지지 아니할 것이니 오라
우리가 혀로 그를 치고 그의 어
떤 말에도 주의하지 말자 하나이
다 19 여호와여 나를 돌아보사
나와 더불어 다투는 그들의 목소
리를 들어 보옵소서 20 어찌 악
으로 선을 갚으리이까마는 그들
이 나의 생명을 해하려고 구덩이
를 팠나이다 내가 주의 분노를
그들에게서 돌이키려 하고 주의
앞에 서서 그들을 위하여 유익한
말을 한 것을 기억하옵소서 21
그러하온즉 그들의 자녀를 기근
에 내어 주시며 그들을 칼의 세
력에 넘기시며 그들의 아내들은
자녀를 잃고 과부가 되며 그 장
정은 죽음을 당하며 그 청년은
전장에서 칼을 맞게 하시며 22
주께서 군대로 갑자기 그들에게
이르게 하사 그들의 집에서 부르
짖음이 들리게 하옵소서 이는 그
들이 나를 잡으려고 구덩이를 팠
고 내 발을 빠뜨리려고 올무를
놓았음이니이다 23 여호와여 그
들이 나를 죽이려 하는 계략을
주께서 다 아시오니 그 악을 사
하지 마옵시며 그들의 죄를 주의
목전에서 지우지 마시고 그들을
주 앞에 넘어지게 하시되 주께서
노하시는 때에 이같이 그들에게
행하옵소서 하나이다

19장

깨진 옹기

1 여호와께서 이와 같이 말씀하
시되 가서 토기장이의 옹기를 사
고 백성의 어른들과 제사장의 어
른 몇 사람과 2 하시드 문 어귀
곁에 있는 힌놈의 아들의 골짜기
로 가서 거기에서 내가 네게 이
른 말을 선포하여 3 말하기를 너
희 유다 왕들과 예루살렘 주민아
여호와의 말씀을 들으라 만군의
여호와 이스라엘의 하나님이 이
같이 말씀하시되 보라 내가 이
곳에 재앙을 내릴 것이라 그것을
듣는 모든 자의 귀가 떨리니 4
이는 그들이 나를 버리고 이 곳
을 불결하게 하며 이 곳에서 자
기와 자기 조상들과 유다 왕들이
알지 못하던 다른 신들에게 분향
하며 무죄한 자의 피로 이 곳에
채웠음이며 5 또 그들이 바알을
위하여 산당을 건축하고 자기 아
들들을 바알에게 번제로 불살라
드렸나니 이는 내가 명령하거나
말하거나 뜻한 바가 아니니라 6
그러므로 보라 다시는 이 곳을
도벳이나 힌놈의 아들의 골짜기
라 부르지 아니하고 오직 죽임의
골짜기라 부르는 날이 이를 것이
라 여호와의 말이니라 7 내가 이
곳에서 유다와 예루살렘의 계획
을 무너뜨려 그들로 그 대적 앞
과 생명을 찾는 자의 손의 칼에
엎드러지게 하고 그 시체를 공중
의 새와 땅의 짐승의 밥이 되게
하며 8 이 성읍으로 놀람과 조롱
거리가 되게 하리니 그 모든 재

앙으로 말미암아 지나는 자마다
놀라며 조롱할 것이며 9 그들이
그들의 원수와 그들의 생명을 찾
는 자에게 둘러싸여 곤경에 빠질
때에 내가 그들이 그들의 아들의
살, 딸의 살을 먹게 하고 또 각기
친구의 살을 먹게 하리라 하셨다
하고 10 너는 함께 가는 자의 목
전에서 그 옹기를 깨뜨리고 11
그들에게 이르기를 만군의 여호
와께서 이와 같이 말씀하시되 사
람이 토기장이의 그릇을 한 번
깨뜨리면 다시 완전하게 할 수
없나니 이와 같이 내가 이 백성
과 이 성읍을 무너뜨리리니 도벳
에 매장할 자리가 없을 만큼 매
장하리라 12 여호와의 말씀이니
라 내가 이 곳과 그 가운데 주민
에게 이같이 행하여 이 성읍으로
도벳 같게 할 것이라 13 예루살
렘 집들과 유다 왕들의 집들이
그 집 위에서• 하늘의 만상에 분
향하고 다른 신들에게 전제를 부
음으로 더러워졌은즉 도벳 땅처
럼 되리라 하셨다 하라 하시니
14 예레미야가 여호와께서 자기
를 보내사 예언하게 하신 도벳에
서 돌아와 여호와의 집 뜰에 서
서 모든 백성에게 말하되 15 만
군의 여호와 이스라엘의 하나님
께서 이와 같이 말씀하시되 보라
내가 이 성읍에 대하여 선언한
모든 재앙을 이 성읍과 그 모든
촌락에 내리리니 이는 그들의 목
을 곧게 하여 내 말을 듣지 아니
함이라 하시니라

20장

예레미야와 바스훌

1 임멜의 아들 제사장 바스훌은
여호와의 성전의 총감독이라 그
가 예레미야의 이 일 예언함을
들은지라 2 이에 바스훌이 선지
자 예레미야를 때리고 여호와의
성전에 있는 베냐민 문 위층에
목에 씌우는 나무 고랑으로 채워
두었더니 3 다음날 바스훌이 예
레미야를 목에 씌우는 나무 고랑
에서 풀어 주매 예레미야가 그에
게 이르되 여호와께서 네 이름을
바스훌이라 아니하시고 마골밋
사빕이라 하시느니라 4 여호와
께서 이와 같이 말씀하시되 보라
내가 너로 너와 네 모든 친구에
게 두려움이 되게 하리니 그들이
그들의 원수들의 칼에 엎드러질
것이요 네 눈은 그것을 볼 것이
며 내가 온 유다를 바벨론 왕의
손에 넘기리니 그가 그들을 사로
잡아 바벨론으로 옮겨 칼로 죽이
리라 5 내가 또 이 성읍의 모든
부와 그 모든 소득과 그 모든 귀
중품과 유다 왕들의 모든 보물을

19:13 **집 위에서** '지붕에서'라고 번역될 수도 있다. 성경 시대에 집들의 지붕은 평평했다. 당시 지붕은 열매와 아마(亞麻) 같은 것들을 말리는 장소로 사용되었다. 또 임시로 사용하는 방으로, 경배의 장소로, 또는 여름에 잠자는 장소로 사용되었다.

그 원수의 손에 넘기리니 그들이
그것을 탈취하여 바벨론으로 가
져가리라 6 바스훌아 너와 네 집
에 사는 모든 사람이 포로 되어
옮겨지리니 네가 바벨론에 이르
러 거기서 죽어 거기 묻힐 것이
라 너와 너의 거짓 예언을 들은
네 모든 친구도 그와 같으리라
하셨느니라

예레미야가 여호와께 사정을 아뢰다

7 여호와여 주께서 나를 권유하
시므로 내가 그 권유를 받았사오
며 주께서 나보다 강하사 이기셨
으므로 내가 조롱거리가 되니 사
람마다 종일토록 나를 조롱하나
이다 8 내가 말할 때마다 외치며
파멸과 멸망을 선포하므로 여호
와의 말씀으로 말미암아 내가 종
일토록 치욕과 모욕거리가 됨이
니이다 9 내가 다시는 여호와를
선포하지 아니하며 그의 이름으
로 말하지 아니하리라 하면 나의
마음이 불붙는 것 같아서 골수에
사무치니 답답하여 견딜 수 없나
이다 10 나는 무리의 비방과 사
방이 두려워함을 들었나이다 그
들이 이르기를 고소하라 우리도
고소하리라 하오며 내 친한 벗도
다 내가 실족하기를 기다리며 그
가 혹시 유혹을 받게 되면 우리
가 그를 이기어 우리 원수를 갚
자 하나이다 11 그러하오나 여
호와는 두려운 용사 같으시며 나
와 함께 하시므로 나를 박해하는
자들이 넘어지고 이기지 못할 것
이오며 그들은 지혜롭게 행하지
못하므로 큰 치욕을 당하오리니
그 치욕은 길이 잊지 못할 것이
니이다 12 의인을 시험하사 그
폐부와 심장을 보시는 만군의 여
호와여 나의 사정을 주께 아뢰었
사온즉 주께서 그들에게 보복하
심을 나에게 보게 하옵소서 13
여호와께 노래하라 너희는 여호
와를 찬양하라 가난한 자의 생명
을 행악자의 손에서 구원하셨음
이니라 14 내 생일이 저주를 받
았더면, 나의 어머니가 나를 낳
던 날이 복이 없었더면, 15 나의
아버지에게 소식을 전하여 이르
기를 당신이 득남하였다 하여 아
버지를 즐겁게 하던 자가 저주를
받았더면, 16 그 사람은 여호와
께서 무너뜨리시고 후회하지 아
니하신 성읍 같이 되었더면, 그
가 아침에는 부르짖는 소리, 낮
에는 떠드는 소리를 듣게 하였더
면, 좋을 뻔하였나니 17 이는 그
가 나를 태에서 죽이지 아니하셨
으며 나의 어머니를 내 무덤이
되지 않게 하셨으며 그의 배가
부른 채로 항상 있지 않게 하신
까닭이로다 18 어찌하여 내가
태에서 나와서 고생과 슬픔을 보
며 나의 날을 부끄러움으로 보내
는고 하니라

21장

여호와께서 두신 생명의 길과 사망의 길

1 여호와께로부터 예레미야에게
말씀이 임하니라 시드기야 왕이
말기야의 아들 바스훌과 제사장
마아세야의 아들 스바냐를 예레
미야에게 보내니라 2 바벨론의
느부갓네살 왕이 우리를 치니 청
컨대 너는 우리를 위하여 여호와
께 간구하라 여호와께서 혹시 그
의 모든 기적으로 우리를 도와
행하시면 그가 우리를 떠나리라
하니 3 예레미야가 그들에게 대
답하되 너희는 시드기야에게 이
같이 말하라 4 이스라엘의 하나
님 여호와께서 이와 같이 말씀하
시되 보라 너희가 성 밖에서 바
벨론의 왕과 또 너희를 에워싼
갈대아인과 싸우는 데 쓰는 너희
손의 무기를 내가 뒤로 돌릴 것
이요 그것들을 이 성 가운데 모
아들이리라 5 내가 든 손과 강한
팔 곧 진노와 분노와 대노로 친
히 너희를 칠 것이며 6 내가 또
사람이나 짐승이나 이 성에 있는
것을 다 치리니 그들이 큰 전염
병에 죽으리라 하셨다 하라 7 여
호와의 말씀이니라 그 후에 내가
유다의 왕 시드기야와 그의 신하
들과 백성과 및 이 성읍에서 전
염병과 칼과 기근에서 남은 자를
바벨론의 느부갓네살 왕의 손과
그들의 원수의 손과 그들의 생명

을 찾는 자들의 손에 넘기리니
그가 칼날로 그들을 치되 측은히
여기지 아니하며 긍휼히 여기지
아니하며 불쌍히 여기지 아니하
리라 하셨느니라 8 여호와께서
말씀하시기를 보라 내가 너희 앞
에 생명의 길과 사망의 길을 두
었노라 너는 이 백성에게 전하라
하셨느니라 9 이 성읍에 사는 자
는 칼과 기근과 전염병에 죽으려
니와 너희를 에워싼 갈대아인에
게 나가서 항복하는 자는 살 것
이나 그의 목숨은 전리품 같이
되리라 10 여호와의 말씀이니라
내가 나의 얼굴을 이 성읍으로 향
함은 복을 내리기 위함이 아니요
화를 내리기 위함이라 이 성읍이
바벨론 왕의 손에 넘김이 될 것이
요 그는 그것을 불사르리라

유다 왕의 집에 내린 벌

11 유다 왕의 집에 대한 여호와
의 말을 들으라 12 여호와께서
이와 같이 말씀하시니라 다윗의
집이여 너는 아침마다 정의롭게
판결하여 탈취 당한 자를 압박자
의 손에서 건지라 그리하지 아니
하면 너희의 악행 때문에 내 분
노가 불 같이 일어나서 사르리니
능히 끌 자가 없으리라 13 여호
와의 말씀이니라 골짜기와 평원
바위의 주민아 보라 너희가 말하
기를 누가 내려와서 우리를 치리
요 누가 우리의 거처에 들어오리
요 하거니와 나는 네 대적이라
14 내가 너희 행위대로 너희를
벌할 것이요 내가 또 수풀에 불
을 놓아 그 모든 주위를 사르리
라 여호와의 말씀이니라

22장

유다 왕의 집에 선언하다

1 여호와께서 이와 같이 말씀하
시되 너는 유다 왕의 집에 내려
가서 거기에서 이 말을 선언하여
2 이르기를 다윗의 왕위에 앉은
유다 왕이여 너와 네 신하와 이
문들로 들어오는 네 백성은 여호
와의 말씀을 들을지니라 3 여호
와께서 이와 같이 말씀하시되 너
희가 정의와 공의를 행하여 탈취
당한 자를 압박하는 자의 손에서
건지고 이방인과 고아와 과부를
압제하거나 학대하지 말며 이 곳
에서 무죄한 피를 흘리지 말라 4
너희가 참으로 이 말을 준행하면
다윗의 왕위에 앉을 왕들과 신하
들과 백성이 병거와 말을 타고
이 집 문으로 들어오게 되리라 5
그러나 너희가 이 말을 듣지 아
니하면 내가 나를 두고 맹세하노
니 이 집이 황폐하리라 여호와의
말씀이니라 6 여호와께서 유다
왕의 집에 대하여 이와 같이 말
씀하시니라 네가 내게 길르앗 같
고 레바논의 머리이나 내가 반드
시 너로 광야와 주민이 없는 성
읍을 만들 것이라 7 내가 너를
파멸할 자를 준비하리니 그들이
각기 손에 무기를 가지고 네 아
름다운 백향목을 찍어 불에 던지
리라 8 여러 민족들이 이 성읍으
로 지나가며 서로 말하기를 여호
와가 이 큰 성읍에 이같이 행함
은 어찌 됨인고 하겠고 9 그들이
대답하기는 이는 그들이 자기 하
나님 여호와의 언약을 버리고 다
른 신들에게 절하고 그를 섬긴
까닭이라 하셨다 할지니라

살룸 왕에 대하여 말하다

10 너희는 죽은 자를 위하여 울
지 말며 그를 위하여 애통하지
말고 잡혀 간 자를 위하여 슬피
울라 그는 다시 돌아와 그 고국
을 보지 못할 것임이라 11 여호
와께서 유다 왕 요시야의 아들
곧 그의 아버지 요시야를 이어
왕이 되었다가 이 곳에서 나간
살룸에 대하여 이와 같이 말씀하
시니라 그가 이 곳으로 다시 돌
아오지 못하고 12 잡혀 간 곳에
서 그가 거기서 죽으리니 이 땅
을 다시 보지 못하리라

여호야김 왕에 대하여 말하다

13 불의로 그 집을 세우며 부정

하게 그 다락방을 지으며 자기의
이웃을 고용하고 그의 품삯을 주
지 아니하는 자에게 화 있을진저
14 그가 이르기를 내가 나를 위
하여 큰 집과 넓은 다락방을 지
으리라 하고 자기를 위하여 창문
을 만들고 그것에 백향목으로 입
히고 붉은 빛으로 칠하도다 15
네가 백향목을 많이 사용하여 왕
이 될 수 있겠느냐 네 아버지가
먹거나 마시지 아니하였으며 정
의와 공의를 행하지 아니하였느
냐 그 때에 그가 형통하였었느니
라 16 그는 가난한 자와 궁핍한
자를 변호하고 형통하였나니 이
것이 나를 앎이 아니냐 여호와의
말씀이니라 17 그러나 네 두 눈
과 마음은 탐욕과 무죄한 피를
흘림과 압박과 포악을 행하려 할
뿐이니라 18 그러므로 여호와께
서 유다의 왕 요시야의 아들 여
호야김에게 대하여 이와 같이 말
씀하시니라 무리가 그를 위하여
슬프다 내 형제여, 슬프다 내 자
매여 하며 통곡하지 아니할 것이
며 그를 위하여 슬프다 주여 슬
프다 그 영광이여 하며 통곡하지
도 아니할 것이라 19 그가 끌려
예루살렘 문 밖에 던져지고 나귀
같이 매장함을 당하리라

예루살렘에 대한 탄식

20 너는 레바논에 올라 외치며
바산에서 네 소리를 높이며 아바
림에서 외치라 이는 너를 사랑하
는 자가 다 멸망하였음이라 21
네가 평안할 때에 내가 네게 말
하였으나 네 말이 나는 듣지 아
니하리라 하였나니 네가 어려서
부터 내 목소리를 청종하지 아니
함이 네 습관이라 22 네 목자들
은 다 바람에 삼켜질 것이요 너
를 사랑하는 자들은 사로잡혀 가
리니 그 때에 네가 반드시 네 모
든 악 때문에 수치와 욕을 당하
리라 23 레바논에 살면서 백향
목에 깃들이는 자여 여인이 해산
하는 고통 같은 고통이 네게 임
할 때에 너의 가련함이 얼마나
심하랴

여호와께서 고니야 왕을 심판하시다

24 여호와의 말씀이니라 나의 삶
으로 맹세하노니 유다 왕 여호야
김의 아들 고니야가 나의 오른손
의 인장반지라 할지라도 내가 빼
어 25 네 생명을 찾는 자의 손과
네가 두려워하는 자의 손 곧 바
벨론의 왕 느부갓네살의 손과 갈
대아인의 손에 줄 것이라 26 내
가 너와 너를 낳은 어머니를 너
희가 나지 아니한 다른 지방으로
쫓아내리니 너희가 거기에서 죽
으리라 27 그들이 그들의 마음
에 돌아오기를 사모하는 땅에 돌
아오지 못하리라 28 이 사람 고
니야는 천하고 깨진 그릇이냐 좋
아하지 아니하는 그릇이냐 어찌
하여 그와 그의 자손이 쫓겨나서
알지 못하는 땅에 들어갔는고
29 땅이여, 땅이여, 땅이여, 여호
와의 말을 들을지니라 30 여호
와께서 이와 같이 말씀하시니라
너희는 이 사람이 자식이 없겠고
그의 평생 동안 형통하지 못할
자라 기록하라 이는 그의 자손
중 형통하여 다윗의 왕위에 앉아
유다를 다스릴 사람이 다시는 없
을 것임이라 하시니라

23장

미래의 왕 메시아

1 여호와의 말씀이니라 내 목장
의 양 떼를 멸하며 흩어지게 하
는 목자에게 화 있으리라 2 그러
므로 이스라엘의 하나님 여호와
께서 내 백성을 기르는 목자에게
이와 같이 말씀하시니라 너희가
내 양 떼를 흩으며 그것을 몰아
내고 돌보지 아니하였도다 보라
내가 너희의 악행 때문에 너희에
게 보응하리라 여호와의 말씀이
니라 3 내가 내 양 떼의 남은 것
을 그 몰려 갔던 모든 지방에서
모아 다시 그 우리로 돌아오게
하리니 그들의 생육이 번성할 것
이며 4 내가 그들을 기르는 목자

들을 그들 위에 세우리니 그들이
다시는 두려워하거나 놀라거나
잃어버리지 아니하리라 여호와
의 말씀이니라 5 여호와의 말씀
이니라 보라 때가 이르리니 내가
다윗에게 한 의로운 가지를 일으
킬 것이라 그가 왕이 되어 지혜
롭게 다스리며 세상에서 정의와
공의를 행할 것이며 6 그의 날에
유다는 구원을 받겠고 이스라엘
은 평안히 살 것이며 그의 이름
은 여호와 우리의 공의라 일컬음
을 받으리라 7 그러므로 여호와
의 말씀이니라 보라 날이 이르리
니 그들이 다시는 이스라엘 자손
을 애굽 땅에서 인도하여 내신
여호와의 사심으로 맹세하지 아
니하고 8 이스라엘 집 자손을 북
쪽 땅, 그 모든 쫓겨났던 나라에
서 인도하여 내신 여호와의 사심
으로 맹세할 것이며 그들이 자기
땅에 살리라 하시니라

선지자들에 대한 말씀

9 선지자들에 대한 말씀이라 내
마음이 상하며 내 모든 뼈가 떨
리며 내가 취한 사람 같으며 포
도주에 잡힌 사람 같으니 이는
여호와와 그 거룩한 말씀 때문이
라 10 이 땅에 간음하는 자가 가
득하도다 저주로 말미암아 땅이
슬퍼하며 광야의 초장들이 마르
나니 그들의 행위가 악하고 힘쓰
는 것이 정직하지 못함이로다
11 여호와의 말씀이니라 선지자
와 제사장이 다 사악한지라 내가
내 집에서도 그들의 악을 발견하
였노라 12 그러므로 그들의 길
이 그들에게 어두운 가운데 미끄
러운 곳과 같이 되고 그들이 밀
어냄을 당하여 그 길에 엎드러질
것이라 그들을 벌하는 해에 내가
그들에게 재앙을 내리리라 여호
와의 말씀이니라 13 내가 사마
리아 선지자들 가운데 우매함을
보았나니 그들은 바알을 의지하
고 예언하여 내 백성 이스라엘을
그릇되게 하였고 14 내가 예루
살렘 선지자들 가운데도 가증한
일을 보았나니 그들은 간음을 행
하며 거짓을 말하며 악을 행하는
자의 손을 강하게 하여 사람으로
그 악에서 돌이킴이 없게 하였은
즉 그들은 다 내 앞에서 소돔과
다름이 없고 그 주민은 고모라와
다름이 없느니라 15 그러므로
만군의 여호와께서 선지자에 대
하여 이와 같이 말씀하시니라 보
라 내가 그들에게 쑥을 먹이며
독한 물을 마시게 하리니 이는
사악이 예루살렘 선지자들로부
터 나와서 온 땅에 퍼짐이라 하
시니라 16 만군의 여호와께서
이와 같이 말씀하시되 너희에게
예언하는 선지자들의 말을 듣지
말라 그들은 너희에게 헛된 것을
가르치나니 그들이 말한 묵시는
자기 마음으로 말미암은 것이요
여호와의 입에서 나온 것이 아니
니라 17 항상 그들이 나를 멸시
하는 자에게 이르기를 너희가 평
안하리라 여호와의 말씀이니라
하며 또 자기 마음이 완악한 대
로 행하는 모든 사람에게 이르기
를 재앙이 너희에게 임하지 아니
하리라 하였느니라 18 누가 여
호와의 회의에 참여하여 그 말을
알아들었으며 누가 귀를 기울여
그 말을 들었느냐 19 보라 여호
와의 노여움이 일어나 폭풍과 회
오리바람처럼 악인의 머리를 칠
것이라 20 여호와의 진노가 내
마음의 뜻하는 바를 행하여 이루
기까지는 그치지 아니하나니 너
희가 끝날에 그것을 완전히 깨달
으리라 21 이 선지자들은 내가
보내지 아니하였어도 달음질하
며 내가 그들에게 이르지 아니하
였어도 예언하였은즉 22 그들이
만일 나의 회의에 참여하였더라
면 내 백성에게 내 말을 들려서
그들을 악한 길과 악한 행위에서
돌이키게 하였으리라 23 여호와
의 말씀이니라 나는 가까운 데에
있는 하나님이요 먼 데에 있는
하나님은 아니냐 24 여호와의

말씀이니라 사람이 내게 보이지
아니하려고 누가 자신을 은밀한
곳에 숨길 수 있겠느냐 여호와가
말하노라 나는 천지에 충만하지
아니하냐 25 내 이름으로 거짓
을 예언하는 선지자들의 말에 내
가 꿈을 꾸었다 꿈을 꾸었다고
말하는 것을 내가 들었노라 26
거짓을 예언하는 선지자들이 언
제까지 이 마음을 품겠느냐 그들
은 그 마음의 간교한 것을 예언
하느니라 27 그들이 서로 꿈 꾼
것을 말하니 그 생각인즉 그들의
조상들이 바알로 말미암아 내 이
름을 잊어버린 것 같이 내 백성
으로 내 이름을 잊게 하려 함이
로다 28 여호와의 말씀이니라
꿈을 꾼 선지자는 꿈을 말할 것
이요 내 말을 받은 자는 성실함
으로 내 말을 말할 것이라 겨가
어찌 알곡과 같겠느냐 29 여호
와의 말씀이니라 내 말이 불 같
지 아니하냐 바위를 쳐서 부스러
뜨리는 방망이 같지 아니하냐
30 여호와의 말씀이라 그러므로
보라 서로 내 말을 도둑질하는
선지자들을 내가 치리라 31 여
호와의 말씀이니라 보라 그들이
혀를 놀려 여호와가 말씀하셨다
하는 선지자들을 내가 치리라
32 여호와의 말씀이니라 보라 거
짓 꿈을 예언하여 이르며 거짓과
헛된 자만으로 내 백성을 미혹하
게 하는 자를 내가 치리라 내가
그들을 보내지 아니하였으며 명
령하지 아니하였나니 그들은 이
백성에게 아무 유익이 없느니라
여호와의 말씀이니라

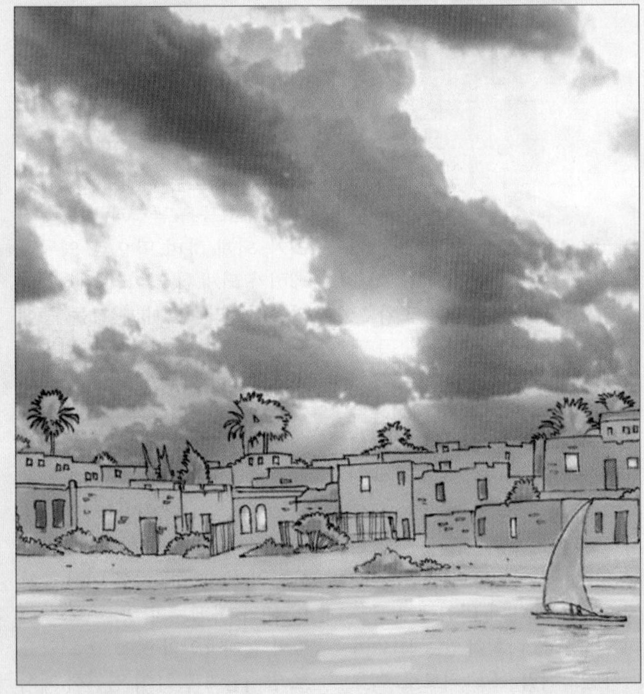

여호와의 엄중한 말씀

33 이 백성이나 선지자나 제사장
이 네게 물어 이르기를 여호와의
엄중한 말씀이 무엇인가 묻거든
너는 그들에게 대답하기를 엄중
한 말씀이 무엇이냐 묻느냐 여호
와의 말씀에 내가 너희를 버리리
라 하셨고 34 또 여호와의 엄중
한 말씀이라 하는 선지자에게나
제사장에게나 백성에게는 내가
그 사람과 그 집안을 벌하리라
하셨다 하고 35 너희는 서로 이
웃과 형제에게 묻기를 여호와께
서 무엇이라 응답하셨으며 여호
와께서 무엇이라 말씀하셨느냐
하고 36 다시는 여호와의 엄중
한 말씀이라 말하지 말라 각 사
람의 말이 자기에게 중벌이 되리
니 이는 너희가 살아 계신 하나
님, 만군의 여호와 우리 하나님
의 말씀을 망령되이 사용함이니
라 하고 37 너는 또 선지자에게
말하기를 여호와께서 네게 무엇
이라 대답하셨으며 여호와께서
무엇이라 말씀하셨느냐 38 너희
는 여호와의 엄중한 말씀이라 말
하도다 그러므로 여호와께서 이
와 같이 말씀하시되 내가 너희에
게 사람을 보내어 이 말씀은 여
호와의 엄중한 말씀이니 너희는
말하지 말라 하였으나 너희가 여
호와의 엄중한 말씀이라 하였은
즉 39 내가 너희를 온전히 잊어
버리며 내가 너희와 너희 조상들
에게 준 이 성읍을 내 앞에서 내
버려 40 너희는 영원한 치욕과
잊지 못할 영구한 수치를 당하게
하리라 하셨느니라

24장

좋은 무화과 나쁜 무화과

1 바벨론의 느부갓네살 왕이 유
다 왕 여호야김의 아들 여고냐와
유다 고관들과 목공들과 철공들
을 예루살렘에서 바벨론으로 옮
긴 후에 여호와께서 여호와의 성
전 앞에 놓인 무화과 두 광주리
를 내게 보이셨는데 2 한 광주리
에는 처음 익은 듯한 극히 좋은
무화과가 있고 한 광주리에는 나
빠서 먹을 수 없는 극히 나쁜 무
화과가 있더라 3 여호와께서 내
게 이르시되 예레미야야 네가 무
엇을 보느냐 하시매 내가 대답하
되 무화과이온데 그 좋은 무화과
는 극히 좋고 그 나쁜 것은 아주
나빠서 먹을 수 없게 나쁘니이다
하니 4 여호와의 말씀이 또 내게
임하니라 이르시되 5 이스라엘
의 하나님 여호와께서 이와 같이
말씀하시니라 내가 이 곳에서 옮
겨 갈대아인의 땅에 이르게 한
유다 포로를 이 좋은 무화과 같
이 잘 돌볼 것이라 6 내가 그들
을 돌아보아 좋게 하여 다시 이
땅으로 인도하여 세우고 헐지 아
니하며 심고 뽑지 아니하겠고 7
내가 여호와인 줄 아는 마음을
그들에게 주어서 그들이 전심으
로 내게 돌아오게 하리니 그들은
내 백성이 되겠고 나는 그들의
하나님이 되리라 8 여호와께서
이와 같이 말씀하시니라 내가 유
다의 왕 시드기야와 그 고관들과
예루살렘의 남은 자로서 이 땅에
남아 있는 자와 애굽 땅에 사는
자들을 나빠서 먹을 수 없는 이
나쁜 무화과 같이 버리되 9 세상
모든 나라 가운데 흩어서 그들에
게 환난을 당하게 할 것이며 또
그들에게 내가 쫓아 보낼 모든
곳에서 부끄러움을 당하게 하며
말거리가 되게 하며 조롱과 저주
를 받게 할 것이며 10 내가 칼과
기근과 전염병을 그들 가운데 보
내 그들이 내가 그들과 그들의
조상들에게 준 땅에서 멸절하기
까지 이르게 하리라 하시니라

25장

칠십 년 동안 바벨론 왕을 섬기리라

1 유다의 왕 요시야의 아들 여호
야김 넷째 해 곧 바벨론의 왕 느
부갓네살 원년에 유다의 모든 백
성에 관한 말씀이 예레미야에게
임하니라 2 선지자 예레미야가
유다의 모든 백성과 예루살렘의
모든 주민에게 말하여 이르되 3
유다의 왕 아몬의 아들 요시야
왕 열셋째 해부터 오늘까지 이십
삼 년 동안 여호와의 말씀이 내
게 임하기로 내가 너희에게 꾸준
히 일렀으나 너희가 순종하지 아
니하였느니라 4 그러므로 여호
와께서 그의 모든 종 선지자를
너희에게 끊임없이 보내셨으나
너희가 순종하지 아니하였으며
귀를 기울여 듣지도 아니하였도
다 5 그가 이르시기를 너희는 각
자의 악한 길과 악행을 버리고
돌아오라 그리하면 나 여호와가
너희와 너희 조상들에게 영원부
터 영원까지 준 그 땅에 살리라
6 너희는 다른 신을 따라다니며
섬기거나 경배하지 말며 너희 손
으로 만든 것으로써 나의 노여움
을 일으키지 말라 그리하면 내가
너희를 해하지 아니하리라 하였
으나 7 너희가 내 말을 순종하지
아니하고 너희 손으로 만든 것으
로써 나의 노여움을 일으켜 스스
로 해하였느니라 여호와의 말씀
이니라 8 그러므로 만군의 여호
와께서 이와 같이 말씀하시니라
너희가 내 말을 듣지 아니하였느
니라 9 보라 내가 북쪽 모든 종
족과 내 종 바벨론의 왕 느부갓
네살을 불러다가 이 땅과 그 주
민과 사방 모든 나라를 쳐서 진
멸하여 그들을 놀램과 비웃음거
리가 되게 하며 땅으로 영원한
폐허가 되게 할 것이라 여호와의
말씀이니라 10 내가 그들 중에
서 기뻐하는 소리와 즐거워하는
소리와 신랑의 소리와 신부의 소
리와 맷돌 소리와 등불 빛이 끊
어지게 하리니 11 이 모든 땅이
폐허가 되어 놀랄 일이 될 것이
며 이 민족들은 칠십 년 동안 바
벨론의 왕을 섬기리라 12 여호
와의 말씀이니라 칠십 년이 끝나
면 내가 바벨론의 왕과 그의 나
라와 갈대아인의 땅을 그 죄악으
로 말미암아 벌하여 영원히 폐허

가 되게 하되 13 내가 그 땅을 향
하여 선언한 바 곧 예레미야가
모든 민족을 향하여 예언하고 이
책에 기록한 나의 모든 말을 그
땅에 임하게 하리라 14 그리하
여 여러 민족과 큰 왕들이 그들
로 자기들을 섬기게 할 것이나
나는 그들의 행위와 그들의 손이
행한 대로 갚으리라

모든 나라에 내리는 진노의 술잔

15 이스라엘의 하나님 여호와께
서 이같이 내게 이르시되 너는
내 손에서 이 진노의 술잔을 받
아가지고 내가 너를 보내는 바
그 모든 나라로 하여금 마시게
하라 16 그들이 마시고 비틀거
리며 미친 듯이 행동하리니 이는
내가 그들 중에 칼을 보냈기 때
문이니라 하시기로 17 내가 여
호와의 손에서 그 잔을 받아서
여호와께서 나를 보내신 바 그
모든 나라로 마시게 하되 18 예
루살렘과 유다 성읍들과 그 왕들
과 그 고관들로 마시게 하였더니
그들이 멸망과 놀램과 비웃음과
저주를 당함이 오늘과 같으니라
19 또 애굽의 왕 바로와 그의 신
하들과 그의 고관들과 그의 모든
백성과 20 모든 섞여 사는 민족
들과 우스 땅의 모든 왕과 블레
셋 사람의 땅 모든 왕과 아스글
론과 가사와 에그론과 아스돗의
나머지 사람들과 21 에돔과 모
압과 암몬 자손과 22 두로의 모
든 왕과 시돈의 모든 왕과 바다
건너쪽 섬의 왕들과 23 드단과
데마와 부스와 살쩍을 깎은 모든
자와 24 아라비아의 모든 왕과
광야에서 섞여 사는 민족들의 모
든 왕과 25 시므리의 모든 왕과
엘람의 모든 왕과 메대의 모든
왕과 26 북쪽 원근의 모든 왕과
지면에 있는 세상의 모든 나라로
마시게 하니라 세삭 왕은 그 후
에 마시리라 27 너는 그들에게
이르기를 만군의 여호와 이스라
엘의 하나님의 말씀에 너희는 내
가 너희 가운데 보내는 칼 앞에
서 마시며 취하여 토하고 엎드러
져 다시는 일어나지 말아라 하셨
느니라 28 그들이 만일 네 손에
서 잔을 받아 마시기를 거절하거
든 너는 그들에게 이르기를 만군
의 여호와께서 말씀하시기를 너
희가 반드시 마셔야 하리라 29
보라 내가 내 이름으로 일컬음을
받는 성에서부터 재앙 내리기를
시작하였은즉 너희가 어찌 능히
형벌을 면할 수 있느냐 면하지
못하리니 이는 내가 칼을 불러
세상의 모든 주민을 칠 것임이라
하셨다 하라 만군의 여호와의 말
씀이니라 30 그러므로 너는 그
들에게 이 모든 말로 예언하여
이르기를 여호와께서 높은 데서
포효하시고 그의 거룩한 처소에
서 소리를 내시며 그의 초장을
향하여 크게 부르시고 세상 모든
주민에 대하여 포도 밟는 자 같
이 흥겹게 노래하시리라 31 요
란한 소리가 땅 끝까지 이름은
여호와께서 뭇 민족과 다투시며
모든 육체를 심판하시며 악인을
칼에 내어 주셨음이라 여호와의
말씀이니라 32 만군의 여호와께
서 이와 같이 말씀하시니라 보라
재앙이 나서 나라에서 나라에 미
칠 것이며 큰 바람이 땅 끝에서

일어날 것이라 33 그 날에 여호
와에게 죽임을 당한 자가 땅 이
끝에서 땅 저 끝에 미칠 것이나
그들을 위하여 애곡하는 자도 없
고 시신을 거두어 주는 자도 없
고 매장하여 주는 자도 없으리니
그들은 지면에서 분토가 되리로
다 34 너희 목자들아 외쳐 애곡
하라 너희 양 떼의 인도자들아
잿더미에서 뒹굴라 이는 너희가
도살 당할 날과 흩음을 당할 기
한이 찼음인즉 너희가 귀한 그릇
이 떨어짐 같이 될 것이라 35 목
자들은 도망할 수 없겠고 양 떼
의 인도자들은 도주할 수 없으리
로다 36 목자들이 부르짖는 소
리와 양 떼의 인도자들이 애곡하
는 소리여 여호와가 그들의 초장
을 황폐하게 함이로다 37 평화
로운 목장들이 여호와의 진노하
시는 열기 앞에서 적막하게 되리
라 38 그가 젊은 사자 같이 그 굴
에서 나오셨으니 그 호통치시는
분의 분노와 그의 극렬한 진노로
말미암아 그들의 땅이 폐허가 되
리로다 하시니라

26장

여호와의 성전 뜰에서 말씀을 전하다

1 유다의 왕 요시야의 아들 여호
야김이 다스리기 시작한 때에 여
호와께로부터 이 말씀이 임하여
이르시되 2 여호와께서 이와 같
이 말씀하시니라 너는 여호와의
성전 뜰에 서서 유다 모든 성읍
에서 여호와의 성전에 와서 예배
하는 자에게 내가 네게 명령하여
이르게 한 모든 말을 전하되 한
마디도 감하지 말라 3 그들이 듣
고 혹시 각각 그 악한 길에서 돌
아오리라 그리하면 내가 그들의
악행으로 말미암아 그들에게 재
앙을 내리려 하던 뜻을 돌이키리
라 4 너는 그들에게 이와 같이
이르라 여호와의 말씀에 너희가
나를 순종하지 아니하며 내가 너
희 앞에 둔 내 율법을 행하지 아
니하며 5 내가 너희에게 나의 종
선지자들을 꾸준히 보내 그들의
말을 순종하라고 하였으나 너희
는 순종하지 아니하였느니라 6
내가 이 성전을 실로 같이 되게
하고 이 성을 세계 모든 민족의
저줏거리가 되게 하리라 하셨느
니라 7 예레미야가 여호와의 성
전에서 이 말을 하매 제사장들과
선지자들과 모든 백성이 듣더라
8 예레미야가 여호와께서 명령하
신 말씀을 모든 백성에게 전하기
를 마치매 제사장들과 선지자들
과 모든 백성이 그를 붙잡고 이
르되 네가 반드시 죽어야 하리라
9 어찌하여 네가 여호와의 이름
을 의지하고 예언하여 이르기를
이 성전이 실로 같이 되겠고 이
성이 황폐하여 주민이 없으리라
하느냐 하며 그 모든 백성이 여
호와의 성전에서 예레미야를 향
하여 모여드니라 10 유다의 고
관들이 이 말을 듣고 왕궁에서
여호와의 성전으로 올라가 여호
와의 성전 새 대문의 입구에 앉
으매 11 제사장들과 선지자들이
고관들과 모든 백성에게 말하여
이르되 이 사람은 죽는 것이 합
당하니 너희 귀로 들음 같이 이
성에 관하여 예언하였음이라 12
예레미야가 모든 고관과 백성에
게 말하여 이르되 여호와께서 나
를 보내사 너희가 들은 바 모든
말로 이 성전과 이 성을 향하여
예언하게 하셨느니라 13 그런즉
너희는 너희 길과 행위를 고치고
너희 하나님 여호와의 목소리를
청종하라 그리하면 여호와께서
너희에게 선언하신 재앙에 대하
여 뜻을 돌이키시리라 14 보라
나는 너희 손에 있으니 너희 의
견에 좋은 대로, 옳은 대로 하려
니와 15 너희는 분명히 알아라
너희가 나를 죽이면 반드시 무죄
한 피를 너희 몸과 이 성과 이 성
주민에게 돌리는 것이니라 이는
여호와께서 진실로 나를 보내사
이 모든 말을 너희 귀에 말하게
하셨음이라 16 고관들과 모든
백성이 제사장들과 선지자들에
게 이르되 이 사람이 우리 하나
님 여호와의 이름으로 우리에게
말하였으니 죽일 만한 이유가 없

느니라 17 그러자 그 지방의 장
로 중 몇 사람이 일어나 백성의
온 회중에게 말하여 이르기를
18 유다의 왕 히스기야 시대에
모레셋 사람 미가가 유다의 모든
백성에게 예언하여 이르되 만군
의 여호와께서 이와 같이 말씀하
셨느니라 시온은 밭 같이 경작지
가 될 것이며 예루살렘은 돌 무
더기가 되며 이 성전의 산은 산
당의 숲과 같이 되리라 하였으나
19 유다의 왕 히스기야와 모든
유다가 그를 죽였느냐 히스기야
가 여호와를 두려워하여 여호와
께 간구하매 여호와께서 그들에
게 선언한 재앙에 대하여 뜻을
돌이키지 아니하셨느냐 우리가
이같이 하면 우리의 생명을 스스
로 심히 해롭게 하는 것이니라
20 또 여호와의 이름으로 예언한
사람이 있었는데 곧 기럇여아림
스마야의 아들 우리야라 그가 예
레미야의 모든 말과 같이 이 성
과 이 땅에 경고하여 예언하매
21 여호야김 왕과 그의 모든 용
사와 모든 고관이 그의 말을 듣
고서 왕이 그를 죽이려 하매 우
리야가 그 말을 듣고 두려워 애
굽으로 도망하여 간지라 22 여
호야김 왕이 사람을 애굽으로 보
내되 곧 악볼의 아들 엘라단과
몇 사람을 함께 애굽으로 보냈더
니 23 그들이 우리야를 애굽에서
연행하여 여호야김 왕에게로 그
를 데려오매 왕이 칼로 그를 죽
이고 그의 시체를 평민의 묘지에
던지게 하니라 24 사반의 아들
아히감의 손이 예레미야를 도와
주어 그를 백성의 손에 내어 주지
아니하여 죽이지 못하게 하니라

27장

거짓 선지자들과 싸우는 예레미야

1 유다의 왕 요시야의 아들 여호
야김이 다스리기 시작할 때에 여
호와께서 말씀으로 예레미야에
게 임하시니라 2 여호와께서 이
와 같이 내게 말씀하시되 너는
줄과 멍에를 만들어 네 목에 걸
고 3 유다의 왕 시드기야를 보러
예루살렘에 온 사신들의 손에도
그것을 주어 에돔의 왕과 모압의
왕과 암몬 자손의 왕과 두로의
왕과 시돈의 왕에게 보내며 4 그
들에게 명령하여 그들의 주에게
말하게 하기를 만군의 여호와 이
스라엘의 하나님께서 이와 같이
말씀하시되 너희는 너희의 주에
게 이같이 전하라 5 나는 내 큰
능력과 나의 쳐든 팔로 땅과 지
상에 있는 사람과 짐승들을 만들
고 내가 보기에 옳은 사람에게
그것을 주었노라 6 이제 내가 이
모든 땅을 내 종 바벨론의 왕 느
부갓네살의 손에 주고 또 들짐승
들을 그에게 주어서 섬기게 하였
나니 7 모든 나라가 그와 그의
아들과 손자를 그 땅의 기한이
이르기까지 섬기리라 또한 많은
나라들과 큰 왕들이 그 자신을
섬기리라 8 여호와의 말씀이니
라 바벨론의 왕 느부갓네살을 섬
기지 아니하며 그 목으로 바벨론
의 왕의 멍에를 메지 아니하는

백성과 나라는 내가 그들이 멸망
하기까지 칼과 기근과 전염병으
로 그 민족을 벌하리라 9 너희는
너희 선지자나 복술가나 꿈꾸는
자나 술사나 요술자가 이르기를
너희가 바벨론의 왕을 섬기게 되
지 아니하리라 하여도 너희는 듣
지 말라 10 그들은 너희에게 거
짓을 예언하여 너희가 너희 땅에
서 멀리 떠나게 하며 또 내가 너
희를 몰아내게 하며 너희를 멸망
하게 하느니라 11 그러나 그 목
으로 바벨론의 왕의 멍에를 메고
그를 섬기는 나라는 내가 그들을
그 땅에 머물러 밭을 갈며 거기
서 살게 하리라 하셨다 하라 여
호와의 말씀이니라 하시니라 12
내가 이 모든 말씀대로 유다의
왕 시드기야에게 전하여 이르되
왕과 백성은 바벨론 왕의 멍에를
목에 메고 그와 그의 백성을 섬
기소서 그리하면 사시리라 13
어찌하여 당신과 당신의 백성이
여호와께서 바벨론의 왕을 섬기
지 아니하는 나라에 대하여 하신
말씀과 같이 칼과 기근과 전염병
에 죽으려 하나이까 14 그러므
로 당신들은 바벨론의 왕을 섬기
게 되지 아니하리라 하는 선지자
의 말을 듣지 마소서 그들은 거
짓을 예언함이니이다 15 이는
여호와의 말씀이니라 내가 그들
을 보내지 아니하였거늘 그들이
내 이름으로 거짓을 예언하니 내
가 너희를 몰아내리니 너희와 너
희에게 예언하는 선지자들이 멸
망하리라 16 내가 또 제사장들
과 그 모든 백성에게 전하여 이
르되 여호와께서 이와 같이 말씀
하시기를 보라 여호와의 성전의

기구를 이제 바벨론에서 속히 돌
려오리라고 너희에게 예언하는
선지자들의 말을 듣지 말라 이는
그들이 거짓을 예언함이니라 하
셨나니 17 너희는 그들의 말을
듣지 말고 바벨론의 왕을 섬기라
그리하면 살리라 어찌하여 이 성
을 황무지가 되게 하려느냐 18
만일 그들이 선지자이고 여호와
의 말씀을 가지고 있다면 그들이
여호와의 성전에와 유다의 왕의
궁전에와 예루살렘에 남아 있는
기구를 바벨론으로 옮겨가지 못
하도록 만군의 여호와께 구하여
야 할 것이니라 19 만군의 여호
와께서 기둥들과 큰 대야와 받침
들과 이 성에 남아 있는 기구에
대하여 이같이 말씀하시나니 20
이것은 바벨론의 왕 느부갓네살
이 유다의 왕 여호야김의 아들
여고니야와 유다와 예루살렘 모
든 귀인을 예루살렘에서 바벨론
으로 사로잡아 옮길 때에 가져가
지 아니하였던 것이라 21 만군
의 여호와 이스라엘의 하나님께
서 여호와의 성전과 유다의 왕의
궁전과 예루살렘에 남아 있는 그
기구에 대하여 이와 같이 말씀하
셨느니라 22 그것들이 바벨론으
로 옮겨지고 내가 이것을 돌보는
날까지 거기에 있을 것이니라 그
후에 내가 그것을 올려 와 이 곳
에 그것들을 되돌려 두리라 여호
와의 말씀이니라

28장

예레미야와 하나냐

1 그 해 곧 유다 왕 시드기야가
다스리기 시작한 지 사 년 다섯
째 달 기브온앗술의 아들 선지자
하나냐가 여호와의 성전에서 제
사장들과 모든 백성이 보는 앞에
서 내게 말하여 이르되 2 만군의
여호와 이스라엘의 하나님이 이
같이 일러 말씀하시기를 내가 바
벨론의 왕의 멍에를 꺾었느니라
3 내가 바벨론의 왕 느부갓네살
이 이 곳에서 빼앗아 바벨론으로
옮겨 간 여호와의 성전 모든 기
구를 이 년 안에 다시 이 곳으로
되돌려 오리라 4 내가 또 유다의
왕 여호야김의 아들 여고니야와
바벨론으로 간 유다 모든 포로를
다시 이 곳으로 돌아오게 하리니
이는 내가 바벨론의 왕의 멍에를
꺾을 것임이라 여호와의 말씀이
니라 하니라 5 선지자 예레미야

가 여호와의 성전에 서 있는 제
사장들과 모든 백성들이 보는 앞
에서 선지자 하나냐에게 말하니
라 6 선지자 예레미야가 말하니
라 아멘, 여호와는 이같이 하옵
소서 여호와께서 네가 예언한 말
대로 이루사 여호와의 성전 기구
와 모든 포로를 바벨론에서 이
곳으로 되돌려 오시기를 원하노
라 7 그러나 너는 내가 네 귀와
모든 백성의 귀에 이르는 이 말
을 잘 들으라 8 나와 너 이전의
선지자들이 예로부터 많은 땅들
과 큰 나라들에 대하여 전쟁과
재앙과 전염병을 예언하였느니
라 9 평화를 예언하는 선지자는
그 예언자의 말이 응한 후에야
그가 진실로 여호와께서 보내신
선지자로 인정 받게 되리라 10
선지자 하나냐가 선지자 예레미
야의 목에서 멍에를 빼앗아 꺾고
11 모든 백성 앞에서 하나냐가
말하여 이르되 여호와께서 이와
같이 말씀하시니라 내가 이 년
안에 모든 민족의 목에서 바벨론
의 왕 느부갓네살의 멍에를 이와
같이 꺾어 버리리라 하셨느니라
하매 선지자 예레미야가 자기의
길을 가니라 12 선지자 하나냐
가 선지자 예레미야의 목에서 멍
에를 꺾어 버린 후에 여호와의
말씀이 예레미야에게 임하니라
이르시기를 13 너는 가서 하나
냐에게 말하여 이르기를 여호와
의 말씀에 네가 나무 멍에들을
꺾었으나 그 대신 쇠 멍에들을
만들었느니라 14 만군의 여호와
이스라엘의 하나님께서 이와 같
이 말씀하시니라 내가 쇠 멍에로
이 모든 나라의 목에 메워 바벨
론의 왕 느부갓네살을 섬기게 하
였으니 그들이 그를 섬기리라 내
가 들짐승도 그에게 주었느니라
하라 15 선지자 예레미야가 선
지자 하나냐에게 이르되 하나냐
여 들으라 여호와께서 너를 보내
지 아니하셨거늘 네가 이 백성에
게 거짓을 믿게 하는도다 16 그
러므로 여호와께서 이와 같이 말
씀하시되 내가 너를 지면에서 제
하리니 네가 여호와께 패역한 말
을 하였음이라 네가 금년에 죽으
리라 하셨느니라 하더니 17 선
지자 하나냐가 그 해 일곱째 달
에 죽었더라

29장

포로에게 보낸 예레미야의 편지

1 선지자 예레미야가 예루살렘에
서 이같은 편지를 느부갓네살이
예루살렘에서 바벨론으로 끌고
간 포로 중 남아 있는 장로들과
제사장들과 선지자들과 모든 백
성에게 보냈는데 2 그 때는 여고
니야 왕과 왕후와 궁중 내시들과
유다와 예루살렘의 고관들과 기
능공과 토공들이 예루살렘에서
떠난 후라 3 유다의 왕 시드기야
가 바벨론으로 보내어 바벨론의
왕 느부갓네살에게로 가게 한 사
반의 아들 엘라사와 힐기야의 아
들 그마랴 편으로 말하되 4 만군
의 여호와 이스라엘의 하나님께
서 예루살렘에서 바벨론으로 사
로잡혀 가게 한 모든 포로에게
이와 같이 말씀하시니라 5 너희
는 집을 짓고 거기에 살며 텃밭
을 만들고 그 열매를 먹으라 6
아내를 맞이하여 자녀를 낳으며
너희 아들이 아내를 맞이하며 너
희 딸이 남편을 맞아 그들로 자
녀를 낳게 하여 너희가 거기에서
번성하고 줄어들지 아니하게 하
라 7 너희는 내가 사로잡혀 가게
한 그 성읍의 평안을 구하고 그
를 위하여 여호와께 기도하라 이
는 그 성읍이 평안함으로 너희도
평안할 것임이라 8 만군의 여호
와 이스라엘의 하나님께서 이와
같이 말씀하시니라 너희 중에 있
는 선지자들에게와 점쟁이에게
미혹되지 말며 너희가 꾼 꿈도
곧이 듣고 믿지 말라 9 내가 그
들을 보내지 아니하였어도 그들
이 내 이름으로 거짓을 예언함이
라 여호와의 말씀이니라 10 여
호와께서 이와 같이 말씀하시니
라 바벨론에서 칠십 년이 차면
내가 너희를 돌보고 나의 선한
말을 너희에게 성취하여 너희를
이 곳으로 돌아오게 하리라 11
여호와의 말씀이니라 너희를 향
한 나의 생각을 내가 아나니 평
안이요 재앙이 아니니라 너희에
게 미래와 희망을 주는 것이니라
12 너희가 내게 부르짖으며 내게
와서 기도하면 내가 너희들의 기

도를 들을 것이요 13 너희가 온
마음으로 나를 구하면 나를 찾을
것이요 나를 만나리라 14 이것
은 여호와의 말씀이니라 나는 너
희들을 만날 것이며 너희를 포로
된 중에서 다시 돌아오게 하되
내가 쫓아 보내었던 나라들과 모
든 곳에서 모아 사로잡혀 떠났던
그 곳으로 돌아오게 하리라 이것
은 여호와의 말씀이니라 15 너
희가 말하기를 여호와께서 우리
를 위하여 바벨론에서 선지자를
일으키셨느니라 16 다윗의 왕좌
에 앉은 왕과 이 성에 사는 모든
백성 곧 너희와 함께 포로 되어
가지 아니한 너희 형제에게 여호
와께서 이와 같이 말씀하셨느니
라 17 만군의 여호와께서 이와
같이 말씀하시되 보라 내가 칼과
기근과 전염병을 그들에게 보내
어 그들에게 상하여 먹을 수 없
는 몹쓸 무화과 같게 하겠고 18
내가 칼과 기근과 전염병으로 그
들을 뒤따르게 하며 그들을 세계
여러 나라 가운데에 흩어 학대를
당하게 할 것이며 내가 그들을
쫓아낸 나라들 가운데에서 저주
와 경악과 조소와 수모의 대상이
되게 하리라 19 여호와의 말씀
이니라 너희들이 내 말을 듣지
않았기 때문이니라 내가 내 종
선지자들을 너희들에게 꾸준히
보냈으나 너희는 그들의 말을 듣
지 않았느니라 여호와의 말씀이
니라 20 그런즉 내가 예루살렘
에서 바벨론으로 보낸 너희 모든
포로여 여호와의 말씀을 들을지
니라 21 만군의 여호와 이스라
엘의 하나님께서 골라야의 아들
아합과 마아세야의 아들 시드기

야에 대하여 이와 같이 말씀하시
니라 그들은 내 이름으로 너희에
게 거짓을 예언한 자라 보라 내
가 그들을 바벨론의 왕 느부갓네
살의 손에 넘기리니 그가 너희
눈 앞에서 그들을 죽일 것이라
22 바벨론에 있는 유다의 모든
포로가 그들을 저줏거리로 삼아
서 이르기를 여호와께서 너를 바
벨론 왕이 불살라 죽인 시드기야
와 아합 같게 하시기를 원하노라
하리니 23 이는 그들이 이스라
엘 중에서 어리석게 행하여 그
이웃의 아내와 간음하며 내가 그
들에게 명령하지 아니한 거짓을
내 이름으로 말함이라 나는 알고
있는 자로서 증인이니라 여호와
의 말씀이니라 하시니라

스마야에게 보낸 편지와 여호와의 말씀

24 너는 느헬람 사람 스마야에게
이같이 말하여 이르라 25 만군
의 여호와 이스라엘의 하나님께
서 이와 같이 말씀하여 이르시되
네가 네 이름으로 예루살렘에 있
는 모든 백성과 제사장 마아세야
의 아들 스바냐와 모든 제사장에
게 글을 보내 이르기를 26 여호
와께서 너를 제사장 여호야다를
대신하여 제사장을 삼아 여호와
의 성전 감독자로 세우심은 모든
미친 자와 선지자 노릇을 하는
자들을 목에 씌우는 나무 고랑과
목에 씌우는 쇠 고랑을 채우게
하심이어늘 27 이제 네가 어찌
하여 너희 중에 선지자 노릇을
하는 아나돗 사람 예레미야를 책
망하지 아니하느냐 28 그가 바
벨론에 있는 우리에게 편지하기
를 오래 지내야 하리니 너희는
집을 짓고 살며 밭을 일구고 그
열매를 먹으라 하셨다 하니라
29 제사장 스바냐가 스마야의 글
을 선지자 예레미야에게 읽어서
들려 줄 때에 30 여호와의 말씀
이 예레미야에게 임하여 이르시
되 31 너는 모든 포로에게 전언
하여 이르기를 여호와께서 느헬
람 사람 스마야를 두고 이같이

말씀하셨느니라 내가 그를 보내
지 아니하였거늘 스마야가 너희
에게 예언하고 너희에게 거짓을
믿게 하였도다 32 그러므로 여
호와께서 이와 같이 말씀하시니
라 보라 내가 느헬람 사람 스마
야와 그의 자손을 벌하리니 그가
나 여호와께 패역한 말을 하였기
때문에 이 백성 중에 살아 남을
그의 자손이 하나도 없을 것이라
내가 내 백성에게 행하려 하는
복된 일을 그가 보지 못하리라
하셨느니라 이것은 여호와의 말
씀이니라

30장

포로를 돌아오게 할 것이라

1 여호와께로부터 말씀이 예레미
야에게 임하여 이르시니라 2 이
스라엘의 하나님 여호와께서 이
와 같이 말씀하여 이르시기를 내
가 네게 일러 준 모든 말을 책에
기록하라 3 여호와의 말씀이니
라 보라 내가 내 백성 이스라엘
과 유다의 포로를 돌아가게 할
날이 오리니 내가 그들을 그 조
상들에게 준 땅으로 돌아오게 할
것이니 그들이 그 땅을 차지하리
라 여호와께서 말씀하시니라 4
여호와께서 이스라엘과 유다에
대하여 하신 말씀이 이러하니라
5 여호와께서 이와 같이 말씀하
시되 우리가 무서워 떠는 자의
소리를 들으니 두려움이요 평안
함이 아니로다 6 너희는 자식을
해산하는 남자가 있는가 물어보
라 어찌하여 모든 남자가 해산하
는 여자 같이 손을 자기 허리에
대고 모든 얼굴이 겁에 질려 새
파래졌는가 7 슬프다 그 날이여
그와 같이 엄청난 날이 없으리라
그 날은 야곱의 환난의 때가 됨
이로다 그러나 그가 환난에서 구
하여 냄을 얻으리로다 8 만군의
여호와의 말씀이라 그 날에 내가
네 목에서 그 멍에를 꺾어 버리
며 네 포박을 끊으리니 다시는
이방인을 섬기지 않으리라 9 그
들은 그들의 하나님 여호와를 섬
기며 내가 그들을 위하여 세울
그들의 왕 다윗을 섬기리라 10

여호와의 말씀이니라 그러므로
나의 종 야곱아 너는 두려워하지
말라 이스라엘아 놀라지 말라 내
가 너를 먼 곳으로부터 구원하고
네 자손을 잡혀가 있는 땅에서
구원하리니 야곱이 돌아와서 태
평과 안락을 누릴 것이며 두렵게
할 자가 없으리라 11 이는 여호
와의 말씀이라 내가 너와 함께
있어 너를 구원할 것이라 너를
흩었던 그 모든 이방을 내가 멸
망시키리라 그럴지라도 너만은
멸망시키지 아니하리라 그러나
내가 법에 따라 너를 징계할 것
이요 결코 무죄한 자로만 여기지
는 아니하리라 12 여호와께서
이와 같이 말씀하시니라 네 상처
는 고칠 수 없고 네 부상은 중하
도다 13 네 송사를 처리할 재판
관이 없고 네 상처에는 약도 없
고 처방도 없도다 14 너를 사랑
하던 자가 다 너를 잊고 찾지 아
니하니 이는 네 악행이 많고 네
죄가 많기 때문에 나는 네 원수
가 당할 고난을 네가 받게 하며
잔인한 징계를 내렸도다 15 너
는 어찌하여 네 상처 때문에 부
르짖느냐 네 고통이 심하도다 네
악행이 많고 네 죄가 허다하므로
내가 이 일을 너에게 행하였느니
라 16 그러므로 너를 먹는 모든
자는 잡아먹힐 것이며 네 모든
대적은 사로잡혀 갈 것이고 너에
게서 탈취해 간 자는 탈취를 당
할 것이며 너에게서 노략질한 모
든 자는 노략물이 되리라 17 여
호와의 말씀이니라 그들이 쫓겨
난 자라 하매 시온을 찾는 자가
없은즉 내가 너의 상처로부터 새
살이 돋아나게 하여 너를 고쳐
주리라 18 여호와께서 말씀하시
니라 보라 내가 야곱 장막의 포
로들을 돌아오게 할 것이고 그
거처들에 사랑을 베풀 것이라 성
읍은 그 폐허가 된 언덕 위에 건
축될 것이요 그 보루는 규정에
따라 사람이 살게 되리라 19 그
들에게서 감사하는 소리가 나오
고 즐거워하는 자들의 소리가 나
오리라 내가 그들을 번성하게 하
리니 그들의 수가 줄어들지 아니
하겠고 내가 그들을 존귀하게 하
리니 그들은 비천하여지지 아니
하리라 20 그의 자손은 예전과
같겠고 그 회중은 내 앞에 굳게
설 것이며 그를 압박하는 모든
사람은 내가 다 벌하리라 21 그
영도자는 그들 중에서 나올 것이

요 그 통치자도 그들 중에서 나
오리라 내가 그를 가까이 오게
하리니 그가 내게 가까이 오리라
참으로 담대한 마음으로 내게 가
까이 올 자가 누구냐 여호와의
말씀이니라 22 너희는 내 백성
이 되겠고 나는 너희들의 하나님
이 되리라 23 보라 여호와의 노
여움이 일어나 폭풍과 회오리바
람처럼 악인의 머리 위에서 회오
리칠 것이라 24 여호와의 진노
는 그의 마음의 뜻한 바를 행하
여 이루기까지는 돌이키지 아니
하나니 너희가 끝날에 그것을 깨
달으리라

31장

이스라엘을 다시 세우고 지키시리라

1 여호와의 말씀이니라 그 때에
내가 이스라엘 모든 종족의 하나
님이 되고 그들은 내 백성이 되
리라 2 여호와께서 이같이 말씀
하시니라 칼에서 벗어난 백성이
광야에서 은혜를 입었나니 곧 내
가 이스라엘로 안식을 얻게 하러
갈 때에라 3 옛적에 여호와께서
나에게 나타나사 내가 영원한 사
랑으로 너를 사랑하기에 인자함
으로 너를 이끌었다 하였노라 4
처녀 이스라엘아 내가 다시 너를
세우리니 네가 세움을 입을 것이
요 네가 다시 소고를 들고 즐거
워하는 자들과 함께 춤추며 나오
리라 5 네가 다시 사마리아 산들
에 포도나무들을 심되 심는 자가
그 열매를 따기 시작하리라 6 에
브라임 산 위에서 파수꾼이 외치
는 날이 있을 것이라 이르기를
너희는 일어나라 우리가 시온에
올라가서 우리 하나님 여호와께
로 나아가자 하리라 7 여호와께
서 이와 같이 말씀하시니라 너희
는 여러 민족의 앞에 서서 야곱
을 위하여 기뻐 외치라 너희는
전파하며 찬양하며 말하라 여호
와여 주의 백성 이스라엘의 남은
자를 구원하소서 하라 8 보라 나
는 그들을 북쪽 땅에서 인도하며
땅 끝에서부터 모으리라 그들 중
에는 맹인과 다리 저는 사람과
잉태한 여인과 해산하는 여인이
함께 있으며 큰 무리를 이루어
이 곳으로 돌아오리라 9 그들이
울며 돌아오리니 나의 인도함을
받고 간구할 때에 내가 그들을
넘어지지 아니하고 물 있는 계곡
의 곧은 길로 가게 하리라 나는
이스라엘의 아버지요 에브라임
은 나의 장자니라 10 이방들이
여 너희는 여호와의 말씀을 듣고
먼 섬에 전파하여 이르기를 이스
라엘을 흩으신 자가 그를 모으시
고 목자가 그 양 떼에게 행함 같
이 그를 지키시리로다 11 여호
와께서 야곱을 구원하시되 그들
보다 강한 자의 손에서 속량하셨
으니 12 그들이 와서 시온의 높
은 곳에서 찬송하며 여호와의 복
곧 곡식과 새 포도주와 기름과
어린 양의 떼와 소의 떼를 얻고
크게 기뻐하리라 그 심령은 물
댄 동산 같겠고 다시는 근심이
없으리로다 할지어다 13 그 때
에 처녀는 춤추며 즐거워하겠고
청년과 노인은 함께 즐거워하리
니 내가 그들의 슬픔을 돌려서
즐겁게 하며 그들을 위로하여 그
들의 근심으로부터 기쁨을 얻게
할 것임이라 14 내가 기름으로
제사장들의 마음을 흡족하게 하
며 내 복으로 내 백성을 만족하
게 하리라 여호와의 말씀이니라

라헬의 애곡과 여호와의 위로

15 여호와께서 이와 같이 말씀하
시니라 라마에서 슬퍼하며 통곡
하는 소리가 들리니 라헬이 그
자식 때문에 애곡하는 것이라 그
가 자식이 없어져서 위로 받기를
거절하는도다 16 여호와께서 이
와 같이 말씀하시니라 네 울음
소리와 네 눈물을 멈추어라 네
일에 삯을 받을 것인즉 그들이
그의 대적의 땅에서 돌아오리라
여호와의 말씀이니라 17 너의
장래에 소망이 있을 것이라 너의
자녀가 자기들의 지경으로 돌아
오리라 여호와의 말씀이니라 18
에브라임이 스스로 탄식함을 내
가 분명히 들었노니 주께서 나를
징벌하시매 멍에에 익숙하지 못
한 송아지 같은 내가 징벌을 받
았나이다 주는 나의 하나님 여호
와이시니 나를 이끌어 돌이키소
서 그리하시면 내가 돌아오겠나
이다 19 내가 돌이킨 후에 뉘우
쳤고 내가 교훈을 받은 후에 내

볼기를 쳤사오니 이는 어렸을 때
의 치욕을 지므로 부끄럽고 욕됨
이니이다 하도다 20 에브라임은
나의 사랑하는 아들 기뻐하는 자
식이 아니냐 내가 그를 책망하여
말할 때마다 깊이 생각하노라 그
러므로 그를 위하여 내 창자가
들끓으니 내가 반드시 그를 불쌍
히 여기리라 여호와의 말씀이니
라 21 처녀 이스라엘아 너의 이
정표를 세우며 너의 푯말을 만들
고 큰 길 곧 네가 전에 가던 길을
마음에 두라 돌아오라 네 성읍들
로 돌아오라 22 반역한 딸아 네
가 어느 때까지 방황하겠느냐 여
호와가 새 일을 세상에 창조하였
나니 곧 여자가 남자를 둘러 싸
리라

사로잡힌 자를 돌아오게 할 때

23 만군의 여호와 이스라엘의 하
나님께서 이와 같이 말씀하시니
라 내가 그 사로잡힌 자를 돌아
오게 할 때에 그들이 유다 땅과
그 성읍들에서 다시 이 말을 쓰
리니 곧 의로운 처소여, 거룩한
산이여, 여호와께서 네게 복 주
시기를 원하노라 할 것이며 24
유다와 그 모든 성읍의 농부와
양 떼를 인도하는 자가 거기에
함께 살리니 25 이는 내가 그 피
곤한 심령을 상쾌하게 하며 모든
연약한 심령을 만족하게 하였음
이라 하시기로 26 내가 깨어 보
니 내 잠이 달았더라 27 여호와
의 말씀이니라 보라 내가 사람의
씨와 짐승의 씨를 이스라엘 집과
유다 집에 뿌릴 날이 이르리니
28 깨어서 그들을 뿌리 뽑으며
무너뜨리며 전복하며 멸망시키
며 괴롭게 하던 것과 같이 내가
깨어서 그들을 세우며 심으리라
여호와의 말씀이니라 29 그 때
에 그들이 말하기를 다시는 아버
지가 신 포도를 먹었으므로 아들
들의 이가 시다 하지 아니하겠고
30 신 포도를 먹는 자마다 그의
이가 신 것 같이 누구나 자기의
죄악으로 말미암아 죽으리라

새 언약

31 여호와의 말씀이니라 보라 날
이 이르리니 내가 이스라엘 집과
유다 집에 새 언약을 맺으리라
32 이 언약은 내가 그들의 조상
들의 손을 잡고 애굽 땅에서 인
도하여 내던 날에 맺은 것과 같
지 아니할 것은 내가 그들의 남
편이 되었어도 그들이 내 언약을
깨뜨렸음이라 여호와의 말씀이
니라 33 그러나 그 날 후에 내가
이스라엘 집과 맺을 언약은 이러
하니 곧 내가 나의 법을 그들의
속에 두며 그들의 마음에 기록하
여 나는 그들의 하나님이 되고
그들은 내 백성이 될 것이라 여
호와의 말씀이니라 34 그들이
다시는 각기 이웃과 형제를 가리
켜 이르기를 너는 여호와를 알라
하지 아니하리니 이는 작은 자로
부터 큰 자까지 다 나를 알기 때
문이라 내가 그들의 악행을 사하
고 다시는 그 죄를 기억하지 아
니하리라 여호와의 말씀이니라
35 여호와께서 이와 같이 말씀하
셨느니라 그는 해를 낮의 빛으로
주셨고 달과 별들을 밤의 빛으로
정하였고 바다를 뒤흔들어 그 파
도로 소리치게 하나니 그의 이름
은 만군의 여호와니라 36 이 법
도가 내 앞에서 폐할진대 이스라
엘 자손도 내 앞에서 끊어져 영
원히 나라가 되지 못하리라 여호
와의 말씀이니라 37 여호와께서
이와 같이 말씀하시니라 위에 있
는 하늘을 측량할 수 있으며 밑
에 있는 땅의 기초를 탐지할 수
있다면 내가 이스라엘 자손이 행
한 모든 일로 말미암아 그들을
다 버리리라 여호와의 말씀이니
라 38 보라, 날이 이르리니 이 성
은 하나넬 망대로부터 모퉁이에
이르기까지 여호와를 위하여 건
축될 것이라 여호와의 말씀이니
라 39 측량줄이 곧게 가렙 언덕
밑에 이르고 고아로 돌아 40 시
체와 재의 모든 골짜기와 기드론
시내에 이르는 모든 고지 곧 동
쪽 마문의 모퉁이에 이르기까지
여호와의 거룩한 곳이니라 영원

히 다시는 뽑거나 전복하지 못할
것이니라

32장

여호와의 말씀대로 아나돗의 밭을 사다

1 유다의 시드기야 왕 열째 해 곧
느부갓네살 열여덟째 해에 여호
와의 말씀이 예레미야에게 임하
니라 2 그 때에 바벨론 군대는
예루살렘을 에워싸고 선지자 예
레미야는 유다의 왕의 궁중에 있
는 시위대 뜰에 갇혔으니 3-5 이
는 그가 예언하기를 여호와의 말
씀에 보라 내가 이 성을 바벨론
왕의 손에 넘기리니 그가 차지할
것이며 유다 왕 시드기야는 갈대
아인의 손에서 벗어나지 못하고
반드시 바벨론 왕의 손에 넘겨진
바 되리니 입이 입을 대하여 말
하고 눈이 서로 볼 것이며 그가
시드기야를 바벨론으로 끌어 가
리니 시드기야는 내가 돌볼 때까
지 거기에 있으리라 여호와께서
이와 같이 말씀하시니라 너희가
갈대아인과 싸울지라도 승리하
지 못하리라 하셨다 하였더니 유
다 왕 시드기야가 이르되 네가
어찌하여 이같이 예언하였느냐
하고 그를 가두었음이었더라 6
예레미야가 이르되 여호와의 말
씀이 내게 임하였느니라 이르시
기를 7 보라 네 숙부 살룸의 아
들 하나멜이 네게 와서 말하기를
너는 아나돗에 있는 내 밭을 사
라 이 기업을 무를 권리가 네게
있느니라 하리라 하시더니 8 여
호와의 말씀과 같이 나의 숙부의
아들 하나멜이 시위대 뜰 안 나
에게 와서 이르되 청하노니 너는
베냐민 땅 아나돗에 있는 나의
밭을 사라 기업의 상속권이 네게
있고 무를 권리가 네게 있으니
너를 위하여 사라 하는지라 내가
이것이 여호와의 말씀인 줄 알았
으므로 9 내 숙부의 아들 하나멜
의 아나돗에 있는 밭을 사는데
은 십칠 세겔을 달아 주되 10 증
서를 써서 봉인하고 증인을 세우
고 은을 저울에 달아 주고 11 법
과 규례대로 봉인하고 봉인하지
아니한 매매 증서를 내가 가지고
12 나의 숙부의 아들 하나멜과
매매 증서에 인 친 증인 앞과 시
위대 뜰에 앉아 있는 유다 모든
사람 앞에서 그 매매 증서를 마
세야의 손자 네리야의 아들 바룩
에게 부치며 13 그들의 앞에서
바룩에게 명령하여 이르되 14
만군의 여호와 이스라엘의 하나
님께서 이와 같이 말씀하시기를
너는 이 증서 곧 봉인하고 봉인
하지 않은 매매 증서를 가지고
토기에 담아 오랫동안 보존하게
하라 15 만군의 여호와 이스라
엘의 하나님께서 이와 같이 말씀
하시니라 사람이 이 땅에서 집과
밭과 포도원을 다시 사게 되리라
하셨다 하니라

예레미야의 기도

16 내가 매매 증서를 네리야의
아들 바룩에게 넘겨 준 뒤에 여
호와께 기도하여 이르되 17 슬
프도소이다 주 여호와여 주께서
큰 능력과 펴신 팔로 천지를 지
으셨사오니 주에게는 할 수 없는
일이 없으시니이다 18 주는 은
혜를 천만인에게 베푸시며 아버
지의 죄악을 그 후손의 품에 갚
으시오니 크고 능력 있으신 하나
님이시요 이름은 만군의 여호와
시니이다 19 주는 책략에 크시
며 하시는 일에 능하시며 인류의
모든 길을 주목하시며 그의 길과
그의 행위의 열매대로 보응하시
나이다 20 주께서 애굽 땅에서
표적과 기사를 행하셨고 오늘까
지도 이스라엘과 인류 가운데 그
와 같이 행하사 주의 이름을 오
늘과 같이 되게 하셨나이다 21
주께서 표적과 기사와 강한 손과
펴신 팔과 큰 두려움으로 주의

백성 이스라엘을 애굽 땅에서 인
도하여 내시고 22 그들에게 주
시기로 그 조상들에게 맹세하신
바 젖과 꿀이 흐르는 땅을 그들
에게 주셨으므로 23 그들이 들
어가서 이를 차지하였거늘 주의
목소리를 순종하지 아니하며 주
의 율법에서 행하지 아니하며 무
릇 주께서 행하라 명령하신 일을
행하지 아니하였으므로 주께서
이 모든 재앙을 그들에게 내리셨
나이다 24 보옵소서 이 성을 빼
앗으려고 만든 참호가 이 성에
이르렀고 칼과 기근과 전염병으
로 말미암아 이 성이 이를 치는
갈대아인의 손에 넘긴 바 되었으
니 주의 말씀대로 되었음을 주께
서 보시나이다 25 주 여호와여
주께서 내게 은으로 밭을 사며
증인을 세우라 하셨으나 이 성은
갈대아인의 손에 넘기신 바 되었
나이다 26 그 때에 여호와의 말
씀이 예레미야에게 임하여 이르
시되 27 나는 여호와요 모든 육
체의 하나님이라 내게 할 수 없
는 일이 있겠느냐 28 그러므로
여호와께서 이와 같이 말씀하시
니라 보라 내가 이 성을 갈대아
인의 손과 바벨론의 느부갓네살
왕의 손에 넘길 것인즉 그가 차
지할 것이라 29 이 성을 치는 갈
대아인이 와서 이 성읍에 불을
놓아 성과 집 곧 그 지붕•에서 바
알에게 분향하며 다른 신들에게
전제를 드려 나를 격노하게 한
집들을 사르리니 30 이는 이스
라엘 자손과 유다 자손이 예로부
터 내 눈 앞에 악을 행하였을 뿐
이라 이스라엘 자손은 그의 손으
로 만든 것을 가지고 나를 격노
하게 한 것뿐이니라 여호와의 말
씀이니라 31 이 성이 건설된 날
부터 오늘까지 나의 노여움과 분
을 일으키므로 내가 내 앞에서
그것을 옮기려 하노니 32 이는
이스라엘 자손과 유다 자손이 모
든 악을 행하여 내 노여움을 일
으켰음이라 그들과 그들의 왕들
과 그의 고관들과 그의 제사장들
과 그의 선지자들과 유다 사람들
과 예루살렘 주민들이 다 그러하
였느니라 33 그들이 등을 내게로
돌리고 얼굴을 내게로 향하지 아
니하며 내가 그들을 가르치되 끊
임없이 가르쳤는데도 그들이 교
훈을 듣지 아니하며 받지 아니하
고 34 내 이름으로 일컫는 집에
자기들의 가증한 물건들을 세워
서 그 집을 더럽게 하며 35 힌놈
의 아들의 골짜기에 바알의 산당
을 건축하였으며 자기들의 아들
들과 딸들을 몰렉 앞으로 지나가
게 하였느니라 그들이 이런 가증
한 일을 행하여 유다로 범죄하게
한 것은 내가 명령한 것도 아니요
내 마음에 둔 것도 아니니라

영원한 언약

36 그러나 이스라엘의 하나님 여
호와께서 너희가 말하는 바 칼과
기근과 전염병으로 말미암아 바
벨론 왕의 손에 넘긴 바 되었다
하는 이 성에 대하여 이와 같이
말씀하시니라 37 보라 내가 노
여움과 분함과 큰 분노로 그들을
쫓아 보내었던 모든 지방에서 그
들을 모아들여 이 곳으로 돌아오
게 하여 안전히 살게 할 것이라
38 그들은 내 백성이 되겠고 나
는 그들의 하나님이 될 것이며
39 내가 그들에게 한 마음과 한
길을 주어 자기들과 자기 후손의
복을 위하여 항상 나를 경외하게
하고 40 내가 그들에게 복을 주
기 위하여 그들을 떠나지 아니하
리라 하는 영원한 언약을 그들에
게 세우고 나를 경외함을 그들의
마음에 두어 나를 떠나지 않게
하고 41 내가 기쁨으로 그들에
게 복을 주되 분명히 나의 마음
과 정성을 다하여 그들을 이 땅
에 심으리라 42 여호와께서 이와
같이 말씀하시니라 내가 이 백성
에게 이 큰 재앙을 내린 것 같이
허락한 모든 복을 그들에게 내리
리라 43 너희가 말하기를 황폐
하여 사람이나 짐승이 없으며 갈
대아인의 손에 넘긴 바 되었다
하는 이 땅에서 사람들이 밭을
사되 44 베냐민 땅과 예루살렘
사방과 유다 성읍들과 산지의 성
읍들과 저지대의 성읍들과 네겝
의 성읍들에 있는 밭을 은으로
사고 증서를 기록하여 봉인하고
증인을 세우리니 이는 내가 그들
의 포로를 돌아오게 함이니라 여

32:29 **지붕** 성경 시대에 집들의 지붕은 평평했다. 당시 지붕은 열매와 아마(亞麻) 같은 것들을 말리는 장소로 사용되었다. 또 임시로 사용하는 방으로, 경배의 장소로, 또는 여름에 잠자는 장소로 사용되었다.

호와의 말씀이니라

33장

이스라엘과 유다의 회복에 대한 언약

1 예레미야가 아직 시위대 뜰에
갇혀 있을 때에 여호와의 말씀이
그에게 두 번째로 임하니라 이르
시되 2 일을 행하시는 여호와,
그것을 만들며 성취하시는 여호
와, 그의 이름을 여호와라 하는
이가 이와 같이 이르시도다 3 너
는 내게 부르짖으라 내가 네게
응답하겠고 네가 알지 못하는 크
고 은밀한 일을 네게 보이리라 4
이스라엘의 하나님 여호와께서
말씀하시니라 무리가 이 성읍의
가옥과 유다 왕궁을 헐어서 갈대
아인의 참호와 칼을 대항하여 5
싸우려 하였으나 내가 나의 노여
움과 분함으로 그들을 죽이고 그
들의 시체로 이 성을 채우게 하
였나니 이는 그들의 모든 악행으
로 말미암아 나의 얼굴을 가리어
이 성을 돌아보지 아니하였음이
라 6 그러나 보라 내가 이 성읍
을 치료하며 고쳐 낫게 하고 평
안과 진실이 풍성함을 그들에게
나타낼 것이며 7 내가 유다의 포
로와 이스라엘의 포로를 돌아오
게 하여 그들을 처음과 같이 세
울 것이며 8 내가 그들을 내게
범한 그 모든 죄악에서 정하게
하며 그들이 내게 범하며 행한
모든 죄악을 사할 것이라 9 이
성읍이 세계 열방 앞에서 나의
기쁜 이름이 될 것이며 찬송과
영광이 될 것이요 그들은 내가
이 백성에게 베푼 모든 복을 들
을 것이요 내가 이 성읍에 베푼
모든 복과 모든 평안으로 말미암
아 두려워하며 떨리라 10-11 여
호와께서 이와 같이 말씀하시니
라 너희가 가리켜 말하기를 황폐
하여 사람도 없고 짐승도 없다
하던 여기 곧 황폐하여 사람도
없고 주민도 없고 짐승도 없던
유다 성읍들과 예루살렘 거리에
서 즐거워하는 소리, 기뻐하는
소리, 신랑의 소리, 신부의 소리
와 및 만군의 여호와께 감사하
라, 여호와는 선하시니 그 인자
하심이 영원하다 하는 소리와 여
호와의 성전에 감사제를 드리는
자들의 소리가 다시 들리리니 이
는 내가 이 땅의 포로를 돌려보
내어 지난 날처럼 되게 할 것임
이라 여호와의 말씀이니라 12
만군의 여호와께서 이와 같이 말
씀하시니라 황폐하여 사람도 없
고 짐승도 없던 이 곳과 그 모든
성읍에 다시 목자가 살 곳이 있
으리니 그의 양 떼를 눕게 할 것
이라 13 산지 성읍들과 평지 성
읍들과 네겝의 성읍들과 베냐민
땅과 예루살렘 사면과 유다 성읍
들에서 양 떼가 다시 계수하는
자의 손 아래로 지나리라 여호와
께서 말씀하시니라 14 여호와의
말씀이니라 보라 내가 이스라엘
집과 유다 집에 대하여 일러 준
선한 말을 성취할 날이 이르리라
15 그 날 그 때에 내가 다윗에게
서 한 공의로운 가지가 나게 하
리니 그가 이 땅에 정의와 공의
를 실행할 것이라 16 그 날에 유
다가 구원을 받겠고 예루살렘이
안전히 살 것이며 이 성은 여호
와는 우리의 의라는 이름을 얻으
리라 17 여호와께서 이와 같이
말씀하시니라 이스라엘 집의 왕
위에 앉을 사람이 다윗에게 영원
히 끊어지지 아니할 것이며 18

내 앞에서 번제를 드리며 소제를
사르며 다른 제사를 항상 드릴
레위 사람 제사장들도 끊어지지
아니하리라 하시니라 19 여호와
의 말씀이 예레미야에게 임하니
라 이르시되 20 여호와께서 이
와 같이 말씀하시니라 너희가 능
히 낮에 대한 나의 언약과 밤에
대한 나의 언약을 깨뜨려 주야로
그 때를 잃게 할 수 있을진대 21
내 종 다윗에게 세운 나의 언약
도 깨뜨려 그에게 그의 자리에
앉아 다스릴 아들이 없게 할 수
있겠으며 내가 나를 섬기는 레위
인 제사장에게 세운 언약도 파할
수 있으리라 22 하늘의 만상은
셀 수 없으며 바다의 모래는 측
량할 수 없나니 내가 그와 같이
내 종 다윗의 자손과 나를 섬기
는 레위인을 번성하게 하리라 하
시니라 23 여호와의 말씀이 예
레미야에게 임하니라 이르시되
24 이 백성이 말하기를 여호와께
서 자기가 택하신 그들 중에 두
가계를 버리셨다 한 것을 네가
생각하지 아니하느냐 그들이 내
백성을 멸시하여 자기들 앞에서
나라로 인정하지 아니하도다 25
여호와께서 이와 같이 말씀하시
니라 내가 주야와 맺은 언약이
없다든지 천지의 법칙을 내가 정
하지 아니하였다면 26 야곱과
내 종 다윗의 자손을 버리고 다
시는 다윗의 자손 중에서 아브라
함과 이삭과 야곱의 자손을 다스
릴 자를 택하지 아니하리라 내가
그 포로된 자를 돌아오게 하고
그를 불쌍히 여기리라

34장

시드기야 왕에 대한 말씀

1 바벨론의 느부갓네살 왕과 그
의 모든 군대와 그의 통치하에
있는 땅의 모든 나라와 모든 백
성이 예루살렘과 그 모든 성읍을
칠 때에 말씀이 여호와께로부터
예레미야에게 임하여 이르시되
2 이스라엘의 하나님 여호와께서
이와 같이 말씀하시니라 너는 가
서 유다의 시드기야 왕에게 아뢰
어 이르기를 여호와의 말씀에 보
라 내가 이 성을 바벨론 왕의 손
에 넘기리니 그가 이 성을 불사
를 것이라 3 네가 그의 손에서
벗어나지 못하고 반드시 사로잡
혀 그의 손에 넘겨져서 네 눈은
바벨론 왕의 눈을 볼 것이며 그
의 입은 네 입을 마주 대하여 말
할 것이요 너는 바벨론으로 가리
라 4 그러나 유다의 시드기야 왕
이여 여호와의 말씀을 들으라 여
호와께서 네게 대하여 이와 같이
말씀하시니라 네가 칼에 죽지 아
니하고 5 평안히 죽을 것이며 사
람이 너보다 먼저 있은 네 조상
들 곧 선왕들에게 분향하던 것
같이 네게 분향하며 너를 위하여
애통하기를 슬프다 주여 하리니
이는 내가 말하였음이라 여호와
의 말씀이니라 하시니라 6 선지
자 예레미야가 이 모든 말씀을
예루살렘에서 유다의 시드기야
왕에게 아뢰니라 7 그 때에 바벨
론의 왕의 군대가 예루살렘과 유
다의 남은 모든 성읍들을 쳤으니
곧 라기스와 아세가라 유다의 견
고한 성읍 중에 이것들만 남았음
이더라

여호와 앞에서 맺은 계약을 어기다

8 시드기야 왕이 예루살렘에 있
는 모든 백성과 한 가지로 하나
님 앞에서 계약을 맺고 자유를
선포한 후에 여호와께로부터 말
씀이 예레미야에게 임하니라 9
그 계약은 사람마다 각기 히브리
남녀 노비를 놓아 자유롭게 하고
그의 동족 유다인을 종으로 삼지
못하게 한 것이라 10 이 계약에
가담한 고관들과 모든 백성이 각
기 노비를 자유롭게 하고 다시는
종을 삼지 말라 함을 듣고 순복
하여 놓았더니 11 후에 그들의
뜻이 변하여 자유를 주었던 노비
를 끌어다가 복종시켜 다시 노비
로 삼았더라 12 그러므로 여호
와의 말씀이 여호와께로부터 예
레미야에게 임하니라 이르시되
13 이스라엘 하나님 여호와께서
이와 같이 말씀하시니라 내가 너
희 선조를 애굽 땅 종의 집에서

인도하여 낼 때에 그들과 언약을
맺으며 이르기를 14 너희 형제
히브리 사람이 네게 팔려 왔거든
너희는 칠 년 되는 해에 그를 놓

아 줄 것이니라 그가 육 년 동안
너를 섬겼은즉 그를 놓아 자유롭
게 할지니라 하였으나 너희 선조
가 내게 순종하지 아니하며 귀를
기울이지도 아니하였느니라 15
그러나 너희는 이제 돌이켜 내
눈 앞에 바른 일을 행하여 각기
이웃에게 자유를 선포하되 내 이
름으로 일컬음을 받는 집에서 내
앞에서 계약을 맺었거늘 16 너
희가 돌이켜 내 이름을 더럽히고
각기 놓아 그들의 마음대로 자유
롭게 하였던 노비를 끌어다가 다
시 너희에게 복종시켜 너희의 노
비로 삼았도다 17 그러므로 여
호와께서 이와 같이 말씀하시니
라 너희가 나에게 순종하지 아니
하고 각기 형제와 이웃에게 자유
를 선포한 것을 실행하지 아니하
였은즉 내가 너희를 대적하여 칼
과 전염병과 기근에게 자유를 주
리라 여호와의 말씀이니라 내가
너희를 세계 여러 나라 가운데에
흩어지게 할 것이며 18 송아지
를 둘로 쪼개고 그 두 조각 사이
로 지나매• 내 앞에 언약을 맺었
으나 그 말을 실행하지 아니하여
내 계약을 어긴 그들을 19 곧 송
아지 두 조각 사이로 지난 유다
고관들과 예루살렘 고관들과 내
시들과 제사장들과 이 땅 모든

백성을 20 내가 그들의 원수의
손과 그들의 생명을 찾는 자의
손에 넘기리니 그들의 시체가 공
중의 새와 땅의 짐승의 먹이가
될 것이며 21 또 내가 유다의 시
드기야 왕과 그의 고관들을 그의
원수의 손과 그의 생명을 찾는
자의 손과 너희에게서 떠나간 바
벨론 왕의 군대의 손에 넘기리라
22 여호와의 말씀이니라 보라 내
가 그들에게 명령하여 이 성읍에
다시 오게 하리니 그들이 이 성
을 쳐서 빼앗아 불사를 것이라
내가 유다의 성읍들을 주민이 없
어 처참한 황무지가 되게 하리라

35장

예레미야와 레갑 사람들

1 유다의 요시야 왕의 아들 여호
야김 때에 여호와께로부터 말씀
이 예레미야에게 임하여 이르시
되 2 너는 레갑 사람들의 집에
가서 그들에게 말하고 그들을 여
호와의 집 한 방으로 데려다가
포도주를 마시게 하라 하시니라
3 이에 내가 하바시냐의 손자요
예레미야•의 아들인 야아사냐와
그의 형제와 그의 모든 아들과
모든 레갑 사람들을 데리고 4 여
호와의 집에 이르러 익다랴의 아
들 하나님의 사람 하난의 아들들
의 방에 들였는데 그 방은 고관
들의 방 곁이요 문을 지키는 살
룸의 아들 마아세야의 방 위더라
5 내가 레갑 사람들의 후손들 앞
에 포도주가 가득한 종지와 술잔
을 놓고 마시라 권하매 6 그들이
이르되 우리는 포도주를 마시지
아니하겠노라 레갑의 아들 우리
선조 요나답이 우리에게 명령하
여 이르기를 너희와 너희 자손은
영원히 포도주를 마시지 말며 7
너희가 집도 짓지 말며 파종도
하지 말며 포도원을 소유하지도
말고 너희는 평생 동안 장막에
살아라 그리하면 너희가 머물러
사는 땅에서 너희 생명이 길리라
하였으므로 8 우리가 레갑의 아
들 우리 선조 요나답이 우리에게
명령한 모든 말을 순종하여 우리
와 우리 아내와 자녀가 평생 동
안 포도주를 마시지 아니하며 9
살 집도 짓지 아니하며 포도원이
나 밭이나 종자도 가지지 아니하
고 10 장막에 살면서 우리 선조
요나답이 우리에게 명령한 대로
다 지켜 행하였노라 11 그러나
바벨론의 느부갓네살 왕이 이 땅
에 올라왔을 때에 우리가 말하기
를 갈대아인의 군대와 수리아인
의 군대를 피하여 예루살렘으로
가자 하고 우리가 예루살렘에 살
았노라 12 그 때에 여호와의 말
씀이 예레미야에게 임하여 이르
시되 13 만군의 여호와 이스라
엘의 하나님께서 이와 같이 말씀
하시니라 너는 가서 유다 사람들
과 예루살렘 주민에게 이르기를
너희가 내 말을 들으며 교훈을
받지 아니하겠느냐 여호와의 말
씀이니라 14 레갑의 아들 요나
답이 그의 자손에게 포도주를 마
시지 말라 한 그 명령은 실행되
도다 그들은 그 선조의 명령을
순종하여 오늘까지 마시지 아니
하거늘 내가 너희에게 말하고 끊
임없이 말하여도 너희는 내게 순

34:18 그 두 조각 사이로 지나매 이것은 약속을 어겼을 때 그 송아지처럼 죽임을 당할 각오를 했다는 것을 보여주는 행동이다.
35:3 예레미야 이 사람은 선지자 예레미야가 아니라 같은 이름을 가진 동명이인이다.

종하지 아니하도다 15 내가 내
종 모든 선지자를 너희에게 보내
고 끊임없이 보내며 이르기를 너
희는 이제 각기 악한 길에서 돌
이켜 행위를 고치고 다른 신을
따라 그를 섬기지 말라 그리하면
너희는 내가 너희와 너희 선조에
게 준 이 땅에 살리라 하여도 너
희가 귀를 기울이지 아니하며 내
게 순종하지 아니하였느니라 16
레갑의 아들 요나답의 자손은 그
의 선조가 그들에게 명령한 그
명령을 지켜 행하나 이 백성은
내게 순종하지 아니하도다 17
그러므로 만군의 여호와 이스라
엘의 하나님께서 이와 같이 말씀
하시니라 보라 내가 유다와 예루
살렘의 모든 주민에게 내가 그들
에게 대하여 선포한 모든 재앙을
내리리니 이는 내가 그들에게 말
하여도 듣지 아니하며 불러도 대
답하지 아니함이니라 하셨다 하
라 18 예레미야가 레갑 사람의
가문에게 이르되 만군의 여호와
이스라엘의 하나님께서 이와 같
이 말씀하시기를 너희가 너희 선
조 요나답의 명령을 순종하여 그
의 모든 규율을 지키며 그가 너희
에게 명령한 것을 행하였도다 19
그러므로 만군의 여호와 이스라
엘의 하나님께서 이와 같이 말씀
하시니라 레갑의 아들 요나답에
게서 내 앞에 설 사람이 영원히
끊어지지 아니하리라 하시니라

36장

바룩이 여호와의 성전에서 두루마리를 낭독하다

1 유다의 요시야 왕의 아들 여호
야김 제사년에 여호와께로부터
예레미야에게 말씀이 임하니라
이르시되 2 너는 두루마리 책을
가져다가 내가 네게 말하던 날
곧 요시야의 날부터 오늘까지 이
스라엘과 유다와 모든 나라에 대
하여 내가 네게 일러 준 모든 말
을 거기에 기록하라 3 유다 가문
이 내가 그들에게 내리려 한 모
든 재난을 듣고 각기 악한 길에
서 돌이키리니 그리하면 내가 그
악과 죄를 용서하리라 하시니라
4 이에 예레미야가 네리야의 아
들 바룩을 부르매 바룩이 예레미
야가 불러 주는 대로 여호와께서
그에게 이르신 모든 말씀을 두루
마리 책에 기록하니라 5 예레미
야가 바룩에게 명령하여 이르되
나는 붙잡혔으므로 여호와의 집
에 들어갈 수 없으니 6 너는 들
어가서 내가 말한 대로 두루마리
에 기록한 여호와의 말씀을 금식
일에 여호와의 성전에 있는 백성
의 귀에 낭독하고 유다 모든 성
읍에서 온 자들의 귀에도 낭독하
라 7 그들이 여호와 앞에 기도를
드리며 각기 악한 길을 떠나리라
여호와께서 이 백성에 대하여 선
포하신 노여움과 분이 크니라 8
네리야의 아들 바룩이 선지자 예
레미야가 자기에게 명령한 대로
하여 여호와의 성전에서 책에 있
는 여호와의 모든 말씀을 낭독하
니라 9 유다의 요시야 왕의 아들
여호야김의 제오년 구월에 예루
살렘 모든 백성과 유다 성읍들에
서 예루살렘에 이른 모든 백성이
여호와 앞에서 금식을 선포한지
라 10 바룩이 여호와의 성전 위
뜰 곧 여호와의 성전에 있는 새
문 어귀 곁에 있는 사반의 아들
서기관 그마랴의 방에서 그 책에
기록된 예레미야의 말을 모든 백
성에게 낭독하니라

바룩이 고관 앞에서 두루마리를 낭독하다

11 사반의 손자요 그마랴의 아들
인 미가야가 그 책에 기록된 여
호와의 말씀을 다 듣고 12 왕궁
에 내려가서 서기관의 방에 들어
가니 모든 고관 곧 서기관 엘리
사마와 스마야의 아들 들라야와
악볼의 아들 엘라단과 사반의 아

들 그마랴와 하나냐의 아들 시드
기야와 모든 고관이 거기에 앉아
있는지라 13 미가야가 바룩이
백성의 귀에 책을 낭독할 때에
들은 모든 말을 그들에게 전하매
14 이에 모든 고관이 구시의 증
손 셀레먀의 손자 느다냐의 아들
여후디를 바룩에게 보내 이르되
너는 백성의 귀에 낭독한 두루마
리를 손에 가지고 오라 네리야의
아들 바룩이 두루마리를 손에 가
지고 그들에게로 오니 15 그들
이 바룩에게 이르되 앉아서 이를
우리 귀에 낭독하라 바룩이 그들
의 귀에 낭독하매 16 그들이 그
모든 말씀을 듣고 놀라 서로 보
며 바룩에게 이르되 우리가 이
모든 말을 왕에게 아뢰리라 17
그들이 또 바룩에게 물어 이르되
너는 그가 불러 주는 이 모든 말
을 어떻게 기록하였느냐 청하노
니 우리에게 알리라 18 바룩이
대답하되 그가 그의 입으로 이
모든 말을 내게 불러 주기로 내
가 먹으로 책에 기록하였노라
19 이에 고관들이 바룩에게 이르
되 너는 가서 예레미야와 함께
숨고 너희가 있는 곳을 사람에게
알리지 말라 하니라

왕이 두루마리를 태우다

20 그들이 두루마리를 서기관 엘
리사마의 방에 두고 뜰에 들어가
왕께 나아가서 이 모든 말을 왕
의 귀에 아뢰니 21 왕이 여후디
를 보내어 두루마리를 가져오게
하매 여후디가 서기관 엘리사마
의 방에서 가져다가 왕과 왕의
곁에 선 모든 고관의 귀에 낭독
하니 22 그 때는 아홉째 달이라
왕이 겨울 궁전에 앉았고 그 앞
에는 불 피운 화로가 있더라 23
여후디가 서너 쪽을 낭독하면 왕
이 칼로 그것을 연하여 베어 화

로 불에 던져서 두루마리를 모두
태웠더라 24 왕과 그의 신하들이
이 모든 말을 듣고도 두려워하거
나 자기들의 옷을 찢지 아니하였
고 25 엘라단과 들라야와 그마랴
가 왕께 두루마리를 불사르지 말
도록 아뢰어도 왕이 듣지 아니하
였으며 26 왕이 왕의 아들 여라
므엘과 아스리엘의 아들 스라야
와 압디엘의 아들 셀레먀에게 명
령하여 서기관 바룩과 선지자 예
레미야를 잡으라 하였으나 여호
와께서 그들을 숨기셨더라

예레미야가 말씀을 다시 쓰다

27 왕이 두루마리와 바룩이 예레
미야의 입을 통해 기록한 말씀을
불사른 후에 여호와의 말씀이 예
레미야에게 임하니라 이르시되
28 너는 다시 다른 두루마리를
가지고 유다의 여호야김 왕이 불
사른 첫 두루마리의 모든 말을
기록하고 29 또 유다의 여호야
김 왕에 대하여 이와 같이 말하
기를 여호와의 말씀에 네가 이
두루마리를 불사르며 말하기를
네가 어찌하여 바벨론의 왕이 반
드시 와서 이 땅을 멸하고 사람
과 짐승을 이 땅에서 없어지게

하리라 하는 말을 이 두루마리에
기록하였느냐 하도다 30 그러므
로 여호와께서 유다의 왕 여호야
김에 대하여 이와 같이 말씀하시
니라 그에게 다윗의 왕위에 앉을
자가 없게 될 것이요 그의 시체
는 버림을 당하여 낮에는 더위,
밤에는 추위를 당하리라 31 또
내가 그와 그의 자손과 신하들을
그들의 죄악으로 말미암아 벌할
것이라 내가 일찍이 그들과 예루
살렘 주민과 유다 사람에게 그
모든 재난을 내리리라 선포하였
으나 그들이 듣지 아니하였느니
라 32 이에 예레미야가 다른 두
루마리를 가져다가 네리야의 아
들 서기관 바룩에게 주매 그가
유다의 여호야김 왕이 불사른 책
의 모든 말을 예레미야가 전하는
대로 기록하고 그 외에도 그 같
은 말을 많이 더 하였더라

37장

느부갓네살이 시드기야를 유다 왕으로 삼다

1 요시야의 아들 시드기야가 여
호야김의 아들 고니야의 뒤를 이
어 왕이 되었으니 이는 바벨론의
느부갓네살 왕이 그를 유다 땅의
왕으로 삼음이었더라 2 그와 그
의 신하와 그의 땅 백성이 여호
와께서 선지자 예레미야에게 하
신 말씀을 듣지 아니하니라 3 시
드기야 왕이 셀레먀의 아들 여후
갈과 마아세야의 아들 제사장 스
바냐를 선지자 예레미야에게 보
내 청하되 너는 우리를 위하여

우리 하나님 여호와께 기도하라
하였으니 4 그 때에 예레미야가
갇히지 아니하였으므로 백성 가
운데 출입하는 중이었더라 5 바
로의 군대가 애굽에서 나오매 예
루살렘을 에워쌌던 갈대아인이
그 소문을 듣고 예루살렘에서 떠
났더라 6 여호와의 말씀이 선지
자 예레미야에게 임하여 이르시
되 7 이스라엘의 하나님 여호와
께서 이와 같이 말씀하시니라 너
희를 보내어 내게 구하게 한 유
다의 왕에게 아뢰라 너희를 도우
려고 나왔던 바로의 군대는 자기
땅 애굽으로 돌아가겠고 8 갈대
아인이 다시 와서 이 성을 쳐서
빼앗아 불사르리라 9 여호와께
서 이와 같이 말씀하시니라 너희
는 스스로 속여 말하기를 갈대아
인이 반드시 우리를 떠나리라 하
지 말라 그들이 떠나지 아니하리
라 10 가령 너희가 너희를 치는
갈대아인의 온 군대를 쳐서 그
중에 부상자만 남긴다 할지라도
그들이 각기 장막에서 일어나 이
성을 불사르리라

예레미야를 붙잡아 가두다

11 갈대아인의 군대가 바로의 군

대를 두려워하여 예루살렘에서
떠나매 12 예레미야가 베냐민
땅에서 백성 가운데 분깃을 받으
려고 예루살렘을 떠나 그리로 가
려 하여 13 베냐민 문에 이른즉
하나냐의 손자요 셀레먀의 아들
인 이리야라 이름하는 문지기의
우두머리가 선지자 예레미야를
붙잡아 이르되 네가 갈대아인에
게 항복하려 하는도다 14 예레
미야가 이르되 거짓이다 나는 갈
대아인에게 항복하려 하지 아니
하노라 이리야가 듣지 아니하고
예레미야를 잡아 고관들에게로
끌어 가매 15 고관들이 노여워
하여 예레미야를 때려서 서기관
요나단의 집에 가두었으니 이는
그들이 이 집을 옥으로 삼았음이
더라 16 예레미야가 뜨끙 씌운
웅덩이에 들어간 지 여러 날 만
에 17 시드기야 왕이 사람을 보

내어 그를 이끌어내고 왕궁에서
그에게 비밀히 물어 이르되 여호
와께로부터 받은 말씀이 있느냐
예레미야가 대답하되 있나이다
또 이르되 왕이 바벨론의 왕의
손에 넘겨지리이다 18 예레미야
가 다시 시드기야 왕에게 이르되
내가 왕에게나 왕의 신하에게나
이 백성에게 무슨 죄를 범하였기
에 나를 옥에 가두었나이까 19
바벨론의 왕이 와서 왕과 이 땅
을 치지 아니하리라고 예언한 왕
의 선지자들이 이제 어디 있나이
까 20 내 주 왕이여 이제 청하건
대 내게 들으시며 나의 탄원을
받으사 나를 서기관 요나단의 집
으로 돌려보내지 마옵소서 내가
거기에서 죽을까 두려워하나이
다 21 이에 시드기야 왕이 명령
하여 예레미야를 감옥 뜰에 두고
떡 만드는 자의 거리에서 매일 떡
한 개씩 그에게 주게 하매 성중에
떡이 떨어질 때까지 이르니라 예
레미야가 감옥 뜰에 머무니라

38장

예레미야가 구덩이에 갇히다

1 맛단의 아들 스바댜와 바스훌
의 아들 그다랴와 셀레먀의 아들
유갈과 말기야의 아들 바스훌이
예레미야가 모든 백성에게 이르
는 말을 들은즉 이르기를 2 여호
와께서 이와 같이 말씀하시되 이
성에 머무는 자는 칼과 기근과
전염병에 죽으리라 그러나 갈대
아인에게 항복하는 자는 살리니
그는 노략물을 얻음 같이 자기의
목숨을 건지리라 3 여호와께서
이와 같이 말씀하시니라 이 성이
반드시 바벨론의 왕의 군대의 손
에 넘어가리니 그가 차지하리라
하셨다 하는지라 4 이에 그 고관
들이 왕께 아뢰되 이 사람이 백
성의 평안을 구하지 아니하고 재
난을 구하오니 청하건대 이 사람
을 죽이소서 그가 이같이 말하여
이 성에 남은 군사의 손과 모든
백성의 손을 약하게 하나이다 5
시드기야 왕이 이르되 보라 그가
너희 손 안에 있느니라 왕은 조
금도 너희를 거스를 수 없느니라
하는지라 6 그들이 예레미야를

끌어다가 감옥 뜰에 있는 왕의
아들 말기야의 구덩이에 던져 넣
을 때에 예레미야를 줄로 달아내
렸는데 그 구덩이에는 물이 없고
진창뿐이므로 예레미야가 진창
속에 빠졌더라 7 왕궁 내시 구스
인 에벳멜렉이 그들이 예레미야
를 구덩이에 던져 넣었음을 들으
니라 그 때에 왕이 베냐민 문에
앉았더니 8 에벳멜렉이 왕궁에
서 나와 왕께 아뢰어 이르되 9
내 주 왕이여 저 사람들이 선지
자 예레미야에게 행한 모든 일은
악하니이다 성 중에 떡이 떨어졌
거늘 그들이 그를 구덩이에 던져
넣었으니 그가 거기에서 굶어 죽
으리이다 하니 10 왕이 구스 사
람 에벳멜렉에게 명령하여 이르
되 너는 여기서 삼십 명을 데리
고 가서 선지자 예레미야가 죽기
전에 그를 구덩이에서 끌어내라
11 에벳멜렉이 사람들을 데리고
왕궁 곳간 밑 방에 들어가서 거기
에서 헝겊과 낡은 옷을 가져다가
그것을 구덩이에 있는 예레미야
에게 밧줄로 내리며 12 구스인
에벳멜렉이 예레미야에게 이르
되 당신은 이 헝겊과 낡은 옷을
당신의 겨드랑이에 대고 줄을 그
아래에 대시오 예레미야가 그대
로 하매 13 그들이 줄로 예레미
야를 구덩이에서 끌어낸지라 예
레미야가 시위대 뜰에 머무니라

시드기야가 예레미야에게 묻다

14 시드기야 왕이 사람을 보내어
선지자 예레미야를 여호와의 성
전 셋째 문으로 데려오게 하고
왕이 예레미야에게 이르되 내가
네게 한 가지 일을 물으리니 한
마디도 내게 숨기지 말라 15 예
레미야가 시드기야에게 이르되
내가 이 일을 왕에게 아시게 하
여도 왕이 결코 나를 죽이지 아
니하시리이까 가령 내가 왕을 권
한다 할지라도 왕이 듣지 아니하
시리이다 16 시드기야 왕이 비
밀히 예레미야에게 맹세하여 이
르되 우리에게 이 영혼을 지으신
여호와께서 살아 계심을 두고 맹
세하노니 내가 너를 죽이지도 아
니하겠으며 네 생명을 찾는 그
사람들의 손에 넘기지도 아니하
리라 하는지라 17 예레미야가
시드기야에게 이르되 만군의 하

나님이신 이스라엘의 하나님 여
호와께서 이와 같이 말씀하시되
네가 만일 바벨론의 왕의 고관들
에게 항복하면 네 생명이 살겠고
이 성이 불사름을 당하지 아니하
겠고 너와 네 가족이 살려니와
18 네가 만일 나가서 바벨론의
왕의 고관들에게 항복하지 아니
하면 이 성이 갈대아인의 손에
넘어가리니 그들이 이 성을 불사
를 것이며 너는 그들의 손을 벗
어나지 못하리라 하셨나이다 19
시드기야 왕이 예레미야에게 이
르되 나는 갈대아인에게 항복한
유다인을 두려워하노라 염려하
건대 갈대아인이 나를 그들의 손
에 넘기면 그들이 나를 조롱할까
하노라 하는지라 20 예레미야가
이르되 그 무리가 왕을 그들에게
넘기지 아니하리이다 원하옵나
니 내가 왕에게 아뢴 바 여호와
의 목소리에 순종하소서 그리하
면 왕이 복을 받아 생명을 보전
하시리이다 21 그러나 만일 항
복하기를 거절하시면 여호와께
서 내게 보이신 말씀대로 되리이
다 22 보라 곧 유다 왕궁에 남아
있는 모든 여자가 바벨론 왕의
고관들에게로 끌려갈 것이요 그
여자들은 네게 말하기를 네 친구
들이 너를 꾀어 이기고 네 발이
진흙에 빠짐을 보고 물러갔도다
하리라 23 네 아내들과 자녀는
갈대아인에게로 끌려가겠고 너
는 그들의 손에서 벗어나지 못하
고 바벨론 왕의 손에 잡히리라
또 네가 이 성읍으로 불사름을
당하게 하리라 하셨나이다 24
시드기야가 예레미야에게 이르
되 너는 이 말을 어느 사람에게
도 알리지 말라 그리하면 네가
죽지 아니하리라 25 만일 고관
들이 내가 너와 말하였다 함을
듣고 와서 네게 말하기를 네가
왕에게 말씀한 것을 우리에게 전
하라 우리에게 숨기지 말라 그리
하면 우리가 너를 죽이지 아니하
리라 또 왕이 네게 말씀한 것을
전하라 하거든 26 그들에게 대
답하되 내가 왕 앞에 간구하기를
나를 요나단의 집으로 되돌려 보
내지 마소서 그리하여 거기서 죽
지 않게 하옵소서 하였다 하라
하니라 27 모든 고관이 예레미
야에게 와서 물으매 그가 왕이
명령한 모든 말대로 대답하였으
므로 일이 탄로되지 아니하였고
그들은 그와 더불어 말하기를 그
쳤더라 28 예레미야가 예루살렘
이 함락되는 날까지 감옥 뜰에
머물렀더라

39장

예루살렘이 함락되다

1 유다의 시드기야 왕의 제구년
열째 달에 바벨론의 느부갓네살
왕과 그의 모든 군대가 와서 예
루살렘을 에워싸고 치더니 2 시
드기야의 제십일년 넷째 달 아홉
째 날에 성이 함락되니라 예루살
렘이 함락되매 3 바벨론의 왕의
모든 고관이 나타나 중문에 앉으
니 곧 네르갈사레셀과 삼갈네부
와 내시장 살스김이니 네르갈사
레셀은 궁중 장관이며 바벨론의
왕의 나머지 고관들도 있더라 4
유다의 시드기야 왕과 모든 군사
가 그들을 보고 도망하되 밤에
왕의 동산 길을 따라 두 담 샛문
을 통하여 성읍을 벗어나서 아라
바로 갔더니 5 갈대아인의 군대
가 그들을 따라 여리고 평원에서
시드기야에게 미쳐 그를 잡아서
데리고 하맛 땅 립나에 있는 바

벨론의 느부갓네살 왕에게로 올
라가매 왕이 그를 심문하였더라
6 바벨론의 왕이 립나에서 시드
기야의 눈 앞에서 그의 아들들을
죽였고 왕이 또 유다의 모든 귀
족을 죽였으며 7 왕이 또 시드기
야의 눈을 빼게 하고 바벨론으로
옮기려고 사슬로 결박하였더라
8 갈대아인들이 왕궁과 백성의
집을 불사르며 예루살렘 성벽을
헐었고 9 사령관 느부사라단이
성중에 남아 있는 백성과 자기에
게 항복한 자와 그 외의 남은 백
성을 잡아 바벨론으로 옮겼으며
10 사령관 느부사라단이 아무 소
유가 없는 빈민을 유다 땅에 남
겨 두고 그 날에 포도원과 밭을
그들에게 주었더라

예레미야가 석방되다

11 바벨론의 느부갓네살 왕이 예
레미야에 대하여 사령관 느부사
라단에게 명령하여 이르되 12
그를 데려다가 선대하고 해하지
말며 그가 네게 말하는 대로 행
하라 13 이에 사령관 느부사라
단과 내시장 느부사스반과 궁중
장관 네르갈사레셀과 바벨론 왕
의 모든 장관이 14 사람을 보내
어 예레미야를 감옥 뜰에서 데리
고 사반의 손자 아히감의 아들
그다랴에게 넘겨서 그를 집으로
데려가게 하매 그가 백성 가운데
에 사니라

여호와께서 에벳멜렉에게 구원을 약속하시다

15 예레미야가 감옥 뜰에 갇혔을
때에 여호와의 말씀이 그에게 임
하니라 이르시되 16 너는 가서
구스인 에벳멜렉에게 말하기를
만군의 여호와 이스라엘의 하나
님의 말씀에 내가 이 성에 재난을
내리고 복을 내리지 아니하리라
한 나의 말이 그 날에 네 눈 앞에
이루리라 17 여호와의 말씀이니
라 내가 그 날에 너를 구원하리니
네가 그 두려워하는 사람들의 손
에 넘겨지지 아니하리라 18 내가
반드시 너를 구원할 것인즉 네가
칼에 죽지 아니하고 네가 노략물
같이 네 목숨을 얻을 것이니 이는
네가 나를 믿었음이라 여호와의
말씀이니라 하시더라

40장

1 사령관 느부사라단이 예루살렘
과 유다의 포로를 바벨론으로 옮
기는 중에 예레미야도 잡혀 사슬
로 결박되어 가다가 라마에서 풀
려난 후에 말씀이 여호와께로부
터 예레미야에게 임하니라 2 사
령관이 예레미야를 불러다가 이
르되 네 하나님 여호와께서 이
곳에 이 재난을 선포하시더니 3
여호와께서 그가 말씀하신 대로
행하셨으니 이는 너희가 여호와
께 범죄하고 그의 목소리에 순종
하지 아니하였으므로 이제 이루
어졌도다 이 일이 너희에게 임한
것이니라 4 보라 내가 오늘 네
손의 사슬을 풀어 너를 풀어 주
노니 만일 네가 나와 함께 바벨
론으로 가는 것을 좋게 여기거든
가자 내가 너를 선대하리라 만일
나와 함께 바벨론으로 가는 것을
좋지 않게 여기거든 그만 두라
보라 온 땅이 네 앞에 있나니 네
가 좋게 여기는 대로 옳게 여기
는 곳으로 갈지니라 하니라 5 예
레미야가 아직 돌이키기 전에 그
가 다시 이르되 너는 바벨론의
왕이 유다 성읍들을 맡도록 세운
사반의 손자 아히감의 아들 그다
랴에게로 돌아가서 그와 함께 백
성 가운데 살거나 네가 옳게 여
기는 곳으로 가거나 할지니라 하
고 그 사령관이 그에게 양식과
선물을 주어 보내매 6 예레미야
가 미스바로 가서 아히감의 아들
그다랴에게로 나아가서 그 땅에
남아 있는 백성 가운데서 그와
함께 사니라

유다 총독 그다랴

7 들에 있는 모든 지휘관과 그 부
하들이 바벨론의 왕이 아히감의
아들 그다랴에게 그 땅을 맡기고
남녀와 유아와 바벨론으로 잡혀
가지 아니한 빈민을 그에게 위임
하였다 함을 듣고 8 그들 곧 느
다냐의 아들 이스마엘과 가레아
의 두 아들 요하난과 요나단과
단후멧의 아들 스라야와 느도바
사람 에배의 아들들과 마아가 사
람의 아들 여사냐와 그들의 사람
들이 미스바로 가서 그다랴에게
이르니 9 사반의 손자 아히감의
아들 그다랴가 그들과 그들의 사
람들에게 맹세하며 이르되 너희
는 갈대아 사람을 섬기기를 두려
워하지 말고 이 땅에 살면서 바
벨론의 왕을 섬기라 그리하면 너
희에게 유익하리라 10 보라 나
는 미스바에 살면서 우리에게로
오는 갈대아 사람을 섬기리니 너
희는 포도주와 여름 과일과 기름
을 모아 그릇에 저장하고 너희가

얻은 성읍들에 살라 하니라 11
모압과 암몬 자손 중과 에돔과
모든 지방에 있는 유다 사람도
바벨론의 왕이 유다에 사람을 남
겨 둔 것과 사반의 손자 아히감
의 아들 그다랴를 그들을 위하여
세웠다 함을 듣고 12 그 모든 유
다 사람이 쫓겨났던 각처에서 돌
아와 유다 땅 미스바에 사는 그
다랴에게 이르러 포도주와 여름
과일을 심히 많이 모으니라

그다랴 총독을 죽이다

13 가레아의 아들 요하난과 들에
있던 모든 군 지휘관들이 미스바
에 사는 그다랴에게 이르러 14
그에게 이르되 암몬 자손의 왕
바알리스가 네 생명을 빼앗으려
하여 느다냐의 아들 이스마엘을
보낸 줄 네가 아느냐 하되 아히
감의 아들 그다랴가 믿지 아니한
지라 15 가레아의 아들 요하난
이 미스바에서 그다랴에게 비밀
히 말하여 이르되 청하노니 내가
가서 사람이 모르게 느다냐의 아
들 이스마엘을 죽이게 하라 어찌
하여 그가 네 생명을 빼앗게 하
여 네게 모인 모든 유다 사람을
흩어지게 하며 유다의 남은 자로
멸망을 당하게 하랴 하니라 16
그러나 아히감의 아들 그다랴가
가레아의 아들 요하난에게 이르
되 네가 이 일을 행하지 말 것이
니라 네가 이스마엘에 대하여 한
말은 진정이 아니니라 하니라

41장

1 일곱째 달에 왕의 종친 엘리사
마의 손자요 느다냐의 아들로서
왕의 장관인 이스마엘이 열 사람
과 함께 미스바로 가서 아히감의
아들 그다랴에게 이르러 미스바
에서 함께 떡을 먹다가 2 느다냐
의 아들 이스마엘과 그와 함께
있던 열 사람이 일어나서 바벨론
의 왕의 그 땅을 위임했던 사반
의 손자 아히감의 아들 그다랴를
칼로 쳐죽였고 3 이스마엘이 또
미스바에서 그다랴와 함께 있던
모든 유다 사람과 거기에 있는
갈대아 군사를 죽였더라 4 그가
그다랴를 죽인 지 이틀이 되었어
도 이를 아는 사람이 없었더라 5
그 때에 사람 팔십 명이 자기들
의 수염을 깎고 옷을 찢고 몸에
상처를 내고• 손에 소제물과 유
향을 가지고 세겜과 실로와 사마
리아로부터 와서 여호와의 성전
으로 나아가려 한지라 6 느다냐
의 아들 이스마엘이 그들을 영접
하러 미스바에서 나와 울면서 가
다가 그들을 만나 아히감의 아들
그다랴에게로 가자 하더라 7 그
들이 성읍 중앙에 이를 때에 느
다냐의 아들 이스마엘이 자기와
함께 있던 사람들과 더불어 그들
을 죽여 구덩이 가운데에 던지니
라 8 그 중의 열 사람은 이스마
엘에게 이르기를 우리가 밀과 보
리와 기름과 꿀을 밭에 감추었으
니 우리를 죽이지 말라 하니 그
가 그치고 그들을 그의 형제와
마찬가지로 죽이지 아니하였더
라 9 이스마엘이 그다랴에게 속
한 사람들을 죽이고 그 시체를
던진 구덩이는 아사 왕이 이스라
엘의 바아사 왕을 두려워하여 팠
던 것이라 느다냐의 아들 이스마
엘이 그가 쳐죽인 사람들의 시체
를 거기에 채우고 10 미스바에
남아 있는 왕의 딸들과 모든 백
성 곧 사령관 느부사라단이 아히
감의 아들 그다랴에게 위임하였
던 바 미스바에 남아 있는 모든

41:5 자기들의 수염을 깎고 … 상처를 내고 이런 행동은 예루살렘 성전이 파괴되고 있는 것을 슬퍼한다는 표시였다.

백성을 이스마엘이 사로잡되 곧
느다냐의 아들 이스마엘이 그들
을 사로잡고 암몬 자손에게로 가
려고 떠나니라 11 가레아의 아
들 요하난과 그와 함께 있는 모
든 군 지휘관이 느다냐의 아들
이스마엘이 행한 모든 악을 듣고
12 모든 사람을 데리고 느다냐의
아들 이스마엘과 싸우러 가다가
기브온 큰 물 가에서 그를 만나
매 13 이스마엘과 함께 있던 모
든 백성이 가레아의 아들 요하난
과 그와 함께 있던 모든 군 지휘
관을 보고 기뻐한지라 14 이에
미스바에서 이스마엘이 사로잡
은 그 모든 백성이 돌이켜 가레
아의 아들 요하난에게로 돌아가
니 15 느다냐의 아들 이스마엘
이 여덟 사람과 함께 요하난을
피하여 암몬 자손에게로 가니라
16 가레아의 아들 요하난과 그와
함께 있던 모든 군 지휘관이 느
다냐의 아들 이스마엘이 아히감
의 아들 그다랴를 죽이고 미스바
에서 잡아간 모든 남은 백성 곧
군사와 여자와 유아와 내시를 기
브온에서 빼앗아 가지고 돌아와
서 17 애굽으로 가려고 떠나 베
들레헴 근처에 있는 게롯김함에
머물렀으니 18 이는 느다냐의
아들 이스마엘이 바벨론의 왕이
그 땅을 위임한 아히감의 아들
그다랴를 죽였으므로 그들이 갈
대아 사람을 두려워함이었더라

42장

백성이 예레미야에게 기도를 간구하다

1 이에 모든 군대의 지휘관과 가
레아의 아들 요하난과 호사야의
아들 여사냐와 백성의 낮은 자로
부터 높은 자까지 다 나아와 2
선지자 예레미야에게 이르되 당
신은 우리의 탄원을 듣고 이 남
아 있는 모든 자를 위하여 당신
의 하나님 여호와께 기도해 주소
서 당신이 보는 바와 같이 우리
는 많은 사람 중에서 남은 적은
무리이니 3 당신의 하나님 여호
와께서 우리가 마땅히 갈 길과
할 일을 보이시기를 원하나이다
4 선지자 예레미야가 그들에게
이르되 내가 너희 말을 들었은즉
너희 말대로 너희 하나님 여호와
께 기도하고 무릇 여호와께서 너
희에게 응답하시는 것을 숨김이
없이 너희에게 말하리라 5 그들
이 예레미야에게 이르되 우리가
당신의 하나님 여호와께서 당신
을 보내사 우리에게 이르시는 모
든 말씀대로 행하리이다 여호와
께서는 우리 가운데에 진실하고
성실한 증인이 되시옵소서 6 우
리가 당신을 우리 하나님 여호와
께 보냄은 그의 목소리가 우리에
게 좋든지 좋지 않든지를 막론하
고 순종하려 함이라 우리가 우리
하나님 여호와의 목소리를 순종
하면 우리에게 복이 있으리이다
하니라

여호와의 말씀

7 십일 후에 여호와의 말씀이 예
레미야에게 임하니 8 그가 가레
아의 아들 요하난과 그와 함께
있는 모든 군 지휘관과 백성의
낮은 자로부터 높은 자까지 다
부르고 9 그들에게 이르되 너희
가 나를 보내어 너희의 간구를
이스라엘의 하나님 여호와께 드
리게 하지 아니하였느냐 그가 이
렇게 이르니라 10 너희가 이 땅
에 눌러 앉아 산다면 내가 너희
를 세우고 헐지 아니하며 너희를
심고 뽑지 아니하리니 이는 내가
너희에게 내린 재난에 대하여 뜻
을 돌이킴이라 11 여호와의 말
씀이니라 너희는 너희가 두려워
하는 바벨론의 왕을 겁내지 말라
내가 너희와 함께 있어 너희를

구원하며 그의 손에서 너희를 건
지리니 두려워하지 말라 12 내
가 너희를 불쌍히 여기리니 그도
너희를 불쌍히 여겨 너희를 너희
본향으로 돌려보내리라 하셨느
니라 13 그러나 만일 너희가 너
희 하나님 여호와의 말씀을 복종
하지 아니하고 말하기를 우리는
이 땅에 살지 아니하리라 하며
14 또 너희가 말하기를 아니라
우리는 전쟁도 보이지 아니하며
나팔 소리도 들리지 아니하며 양
식의 궁핍도 당하지 아니하는 애
굽 땅으로 들어가 살리라 하면
잘못되리라 15 너희 유다의 남
은 자여 이제 여호와의 말씀을
들으라 만군의 여호와 이스라엘
의 하나님께서 이와 같이 말씀하
시되 너희가 만일 애굽에 들어가
서 거기에 살기로 고집하면 16
너희가 두려워하는 칼이 애굽 땅
으로 따라가서 너희에게 미칠 것
이요 너희가 두려워하는 기근이
애굽으로 급히 따라가서 너희에
게 임하리니 너희가 거기에서 죽
을 것이라 17 무릇 애굽으로 들
어가서 거기에 머물러 살기로 고
집하는 모든 사람은 이와 같이
되리니 곧 칼과 기근과 전염병에
죽을 것인즉 내가 그들에게 내리
는 재난을 벗어나서 남을 자 없
으리라 18 만군의 여호와 이스
라엘의 하나님께서 이와 같이 말
씀하시되 나의 노여움과 분을 예
루살렘 주민에게 부은 것 같이
너희가 애굽에 이를 때에 나의
분을 너희에게 부으리니 너희가
가증함과 놀램과 저주와 치욕거
리가 될 것이라 너희가 다시는
이 땅을 보지 못하리라 하시도다
19 유다의 남은 자들아 여호와께
서 너희를 두고 하신 말씀에 너
희는 애굽으로 가지 말라 하셨고
나도 오늘 너희에게 경고한 것을
너희는 분명히 알라 20 너희가
나를 너희 하나님 여호와께 보내
며 이르기를 우리를 위하여 우리
하나님 여호와께 기도하고 우리
하나님 여호와께서 말씀하신 대
로 우리에게 전하라 우리가 그대
로 행하리라 하여 너희 마음을
속였느니라 21 너희 하나님 여
호와께서 나를 보내사 너희에게
명하신 말씀을 내가 오늘 너희에
게 전하였어도 너희가 너희 하나
님 여호와의 목소리를 도무지 순
종하지 아니하였은즉 22 너희가
가서 머물려고 하는 곳에서 칼과
기근과 전염병에 죽을 줄 분명히
알지니라

43장

예레미야가 애굽으로 가다

1 예레미야가 모든 백성에게 그
들의 하나님 여호와의 말씀 곧
그들의 하나님 여호와께서 자기
를 보내사 그들에게 이르신 이
모든 말씀을 말하기를 마치니 2
호사야의 아들 아사랴와 가레아
의 아들 요하난과 모든 오만한
자가 예레미야에게 말하기를 네
가 거짓을 말하는도다 우리 하나
님 여호와께서 너희는 애굽에서
살려고 그리로 가지 말라고 너를
보내어 말하게 하지 아니하셨느
니라 3 이는 네리야의 아들 바룩
이 너를 부추겨서 우리를 대적하

여 갈대아 사람의 손에 넘겨 죽
이며 바벨론으로 붙잡아가게 하
려 함이라 4 이에 가레아의 아들
요하난과 모든 군 지휘관과 모든
백성이 유다 땅에 살라 하시는
여호와의 목소리를 순종하지 아
니하고 5 가레아의 아들 요하난
과 모든 군 지휘관이 유다의 남
은 자 곧 쫓겨났던 여러 나라 가
운데에서 유다 땅에 살려 하여
돌아온 자 6 곧 남자와 여자와
유아와 왕의 딸들과 사령관 느부
사라단이 사반의 손자 아히감의
아들 그다랴에게 맡겨 둔 모든
사람과 선지자 예레미야와 네리
야의 아들 바룩을 거느리고 7 애
굽 땅에 들어가 다바네스에 이르
렀으니 그들이 여호와의 목소리
를 순종하지 아니함이러라 8 다
바네스에서 여호와의 말씀이 예
레미야에게 임하여 이르시되 9
너는 유다 사람의 눈 앞에서 네
손으로 큰 돌 여러 개를 가져다
가 다바네스에 있는 바로의 궁전
대문의 벽돌로 쌓은 축대에 진흙
으로 감추라 10 그리고 너는 그
들에게 말하기를 만군의 여호와

이스라엘의 하나님께서 이와 같
이 말씀하시되 보라 내가 내 종
바벨론의 느부갓네살 왕을 불러
오리니 그가 그의 왕좌를 내가
감추게 한 이 돌들 위에 놓고 또
그 화려한 큰 장막을 그 위에 치
리라 11 그가 와서 애굽 땅을 치
고 죽일 자는 죽이고 사로잡을
자는 사로잡고 칼로 칠 자는 칼
로 칠 것이라 12 내가 애굽 신들
의 신당들을 불지르리라 느부갓
네살이 그들을 불사르며 그들을
사로잡을 것이요 목자가 그의 몸
에 옷을 두름 같이 애굽 땅을 자
기 몸에 두르고 평안히 그 곳을
떠날 것이며 13 그가 또 애굽 땅
벧세메스의 석상들을 깨뜨리고
애굽 신들의 신당들을 불사르리
라 하셨다 할지니라 하시니라

44장

애굽의 유다 사람에게 하신 말씀

1 애굽 땅에 사는 모든 유다 사람
곧 믹돌과 다바네스와 놉과 바드
로스 지방에 사는 자에 대하여
말씀이 예레미야에게 임하니라
이르시되 2 만군의 여호와 이스
라엘의 하나님께서 이와 같이 말
씀하시니라 너희가 예루살렘과
유다 모든 성읍에 내린 나의 모
든 재난을 보았느니라 보라 오늘
그것들이 황무지가 되었고 사는
사람이 없나니 3 이는 그들이 자
기나 너희나 너희 조상들이 알지
못하는 다른 신들에게 나아가 분
향하여 섬겨서 나의 노여움을 일
으킨 악행으로 말미암음이라 4
내가 나의 모든 종 선지자들을
너희에게 보내되 끊임없이 보내
어 이르기를 너희는 내가 미워하
는 이 가증한 일을 행하지 말라
하였으나 5 그들이 듣지 아니하
며 귀를 기울이지 아니하고 다른
신들에게 여전히 분향하여 그들
의 악에서 돌이키지 아니하였으
므로 6 나의 분과 나의 노여움을
쏟아서 유다 성읍들과 예루살렘
거리를 불살랐더니 그것들이 오
늘과 같이 폐허와 황무지가 되었
느니라 7 만군의 하나님 이스라
엘의 하나님 여호와께서 이와 같
이 말씀하셨느니라 너희가 어찌
하여 큰 악을 행하여 자기 영혼
을 해하며 유다 가운데에서 너희
의 남자와 여자와 아이와 젖 먹
는 자를 멸절하여 남은 자가 없
게 하려느냐 8 어찌하여 너희가
너희 손이 만든 것으로 나의 노
여움을 일으켜 너희가 가서 머물
러 사는 애굽 땅에서 다른 신들
에게 분향함으로 끊어 버림을 당
하여 세계 여러 나라 가운데에서
저주와 수치거리가 되고자 하느
냐 9 너희가 유다 땅과 예루살렘
거리에서 행한 너희 조상들의 악
행과 유다 왕들의 악행과 왕비들
의 악행과 너희의 악행과 너희
아내들의 악행을 잊었느냐 10
그들이 오늘까지 겸손하지 아니
하며 두려워하지도 아니하고 내
가 너희와 너희 조상들 앞에 세
운 나의 율법과 나의 법규를 지
켜 행하지 아니하느니라 11 그
러므로 만군의 여호와 이스라엘
의 하나님께서 이와 같이 말씀하
시니라 보라 내가 얼굴을 너희에
게로 향하여 환난을 내리고 온
유다를 끊어 버릴 것이며 12 내
가 또 애굽 땅에 머물러 살기로
고집하고 그리로 들어간 유다의
남은 자들을 처단하리니 그들이
다 멸망하여 애굽 땅에서 엎드러
질 것이라 그들이 칼과 기근에
망하되 낮은 자로부터 높은 자까
지 칼과 기근에 죽어서 저주와
놀램과 조롱과 수치의 대상이 되
리라 13 내가 예루살렘을 벌한
것 같이 애굽 땅에 사는 자들을
칼과 기근과 전염병으로 벌하리
니 14 애굽 땅에 들어가서 거기
에 머물러 살려는 유다의 남은
자 중에 피하거나 살아 남아 소
원대로 돌아와서 살고자 하여 유
다 땅에 돌아올 자가 없을 것이
라 도망치는 자들 외에는 돌아올
자가 없으리라 하셨느니라 15
그리하여 자기 아내들이 다른 신
들에게 분향하는 줄을 아는 모든
남자와 곁에 섰던 모든 여인 곧
애굽 땅 바드로스에 사는 모든
백성의 큰 무리가 예레미야에게
대답하여 이르되 16 네가 여호
와의 이름으로 우리에게 하는 말
을 우리가 듣지 아니하고 17 우

리 입에서 낸 모든 말을 반드시
실행하여 우리가 본래 하던 것
곧 우리와 우리 선조와 우리 왕
들과 우리 고관들이 유다 성읍들
과 예루살렘 거리에서 하던 대로
하늘의 여왕에게 분향하고 그 앞
에 전제를 드리리라 그 때에는
우리가 먹을 것이 풍부하며 복을
받고 재난을 당하지 아니하였더
니 18 우리가 하늘의 여왕에게
분향하고 그 앞에 전제 드리던
것을 폐한 후부터는 모든 것이
궁핍하고 칼과 기근에 멸망을 당
하였느니라 하며 19 여인들은
이르되 우리가 하늘의 여왕에게
분향하고 그 앞에 전제를 드릴
때에 어찌 우리 남편의 허락이
없이 그의 형상과 같은 과자를
만들어 놓고 전제를 드렸느냐 하
는지라 20 예레미야가 남녀 모
든 무리 곧 이 말로 대답하는 모
든 백성에게 일러 이르되 21 너
희가 너희 선조와 너희 왕들과
고관들과 유다 땅 백성이 유다
성읍들과 예루살렘 거리에서 분
향한 일을 여호와께서 기억하셨
고 그의 마음에 떠오른 것이 아
닌가 22 여호와께서 너희 악행
과 가증한 행위를 더 참을 수 없
으셨으므로 너희 땅이 오늘과 같
이 황폐하며 놀램과 저줏거리가
되어 주민이 없게 되었나니 23
너희가 분향하여 여호와께 범죄
하였으며 여호와의 목소리를 순
종하지 아니하고 여호와의 율법
과 법규와 여러 증거대로 행하지
아니하였으므로 이 재난이 오늘
과 같이 너희에게 일어났느니라
24 예레미야가 다시 모든 백성과
모든 여인에게 말하되 애굽 땅에
서 사는 모든 유다 사람이여 여
호와의 말씀을 들으라 25 만군
의 여호와 이스라엘의 하나님께
서 이와 같이 말씀하시되 너희와
너희 아내들이 입으로 말하고 손
으로 이루려 하여 이르기를 우리
가 서원한 대로 반드시 이행하여
하늘의 여왕에게 분향하고 전제
를 드리리라 하였은즉 너희 서원
을 성취하며 너희 서원을 이행하
라 하시느니라 26 그러므로 애
굽 땅에서 사는 모든 유다 사람
이여 여호와의 말씀을 들으라 여
호와께서 말씀하시되 보라 내가
나의 큰 이름으로 맹세하였은즉
애굽 온 땅에 사는 유다 사람들
의 입에서 다시는 내 이름을 부
르며 주 여호와의 살아 계심을
두고 맹세하노라 하는 자가 없으
리라 27 보라 내가 깨어 있어 그
들에게 재난을 내리고 복을 내리
지 아니하리니 애굽 땅에 있는
유다 모든 사람이 칼과 기근에
망하여 멸절되리라 28 그런즉
칼을 피한 소수의 사람이 애굽
땅에서 나와 유다 땅으로 돌아오
리니 애굽 땅에 들어가서 거기에
머물러 사는 유다의 모든 남은
자가 내 말과 그들의 말 가운데
서 누구의 말이 진리인지 알리라
29 여호와의 말씀이니라 내가 이
곳에서 너희를 벌할 표징이 이것
이라 내가 너희에게 재난을 내리
리라 한 말이 반드시 이루어질
것을 그것으로 알게 하리라 30
보라 내가 유다의 시드기야 왕을
그의 원수 곧 그의 생명을 찾는
바벨론의 느부갓네살 왕의 손에
넘긴 것 같이 애굽의 바로 호브
라 왕을 그의 원수들 곧 그의 생
명을 찾는 자들의 손에 넘겨 주
리라 여호와께서 이와 같이 말씀
하셨느니라

45장

여호와께서 바룩에게 구원을 약속하시다

1 유다의 요시야 왕의 아들 여호
야김 넷째 해에 네리야의 아들
바룩이 예레미야가 불러 주는 대
로 이 모든 말을 책에 기록하니
라 그 때에 선지자 예레미야가
그에게 말하여 이르되 2 바룩아

이스라엘의 하나님 여호와께서
네게 이같이 말씀하셨느니라 3
네가 일찍이 말하기를 화로다 여
호와께서 나의 고통에 슬픔을 더
하셨으니 나는 나의 탄식으로 피
곤하여 평안을 찾지 못하도다 4
너는 그에게 이르라 여호와께서
이와 같이 말씀하시기를 보라 나
는 내가 세운 것을 헐기도 하며
내가 심은 것을 뽑기도 하나니
온 땅에 그리하겠거늘 5 네가 너
를 위하여 큰 일을 찾느냐 그것
을 찾지 말라 보라 내가 모든 육
체에 재난을 내리리라 그러나 네
가 가는 모든 곳에서는 내가 너
에게 네 생명을 노략물 주듯 하
리라 여호와의 말씀이니라

46장

애굽에 관한 여호와의 말씀

1 이방 나라들에 대하여 선지자
예레미야에게 임한 여호와의 말
씀이라 2 애굽에 관한 것이라 곧
유다의 요시야 왕의 아들 여호야
김 넷째 해에 유브라데 강 가 갈
그미스에서 바벨론의 느부갓네
살 왕에게 패한 애굽의 왕 바로
느고의 군대에 대한 말씀이라 3
너희는 작은 방패와 큰 방패를
예비하고 나가서 싸우라 4 너희
기병이여 말에 안장을 지워 타며
투구를 쓰고 나서며 창을 갈며
갑옷을 입으라 5 여호와의 말씀
이니라 내가 본즉 그들이 놀라
물러가며 그들의 용사는 패하여
황급히 도망하며 뒤를 돌아보지
아니함은 어찌이냐 두려움이 그
들의 사방에 있음이로다 6 발이
빠른 자도 도망하지 못하며 용사
도 피하지 못하고 그들이 다 북
쪽에서 유브라데 강 가에 넘어지
며 엎드러지는도다 7 강의 물이
출렁임 같고 나일 강이 불어남
같은 자가 누구냐 8 애굽은 나일
강이 불어남 같고 강물이 출렁임
같도다 그가 이르되 내가 일어나
땅을 덮어 성읍들과 그 주민을
멸할 것이라 9 말들아 달려라 병
거들아 정신 없이 달려라 용사여
나오라 방패 잡은 구스 사람과
붓 사람과 활을 당기는 루딤 사
람이여 나올지니라 하거니와 10
그 날은 주 만군의 여호와께서
그의 대적에게 원수 갚는 보복일
이라 칼이 배부르게 삼키며 그들
의 피를 넘치도록 마시리니 주
만군의 여호와께서 북쪽 유브라
데 강 가에서 희생제물을 받으실
것임이로다 11 처녀 딸 애굽이
여 길르앗으로 올라가서 유향을
취하라 네가 치료를 많이 받아도
효력이 없어 낫지 못하리라 12
네 수치가 나라들에 들렸고 네
부르짖음은 땅에 가득하였나니
용사가 용사에게 걸려 넘어져 둘
이 함께 엎드러졌음이라

느부갓네살이 애굽을 치리라

13 바벨론의 느부갓네살 왕이 와
서 애굽 땅을 칠 일에 대하여 선
지자 예레미야에게 이르신 여호
와의 말씀이라 14 너희는 애굽
에 선포하며 믹돌과 놉과 다바네
스에 선포하여 말하기를 너희는
굳건히 서서 준비하라 네 사방이
칼에 삼키웠느니라 15 너희 장
사들이 쓰러짐은 어찌함이냐 그
들이 서지 못함은 여호와께서 그
들을 몰아내신 까닭이니라 16
그가 많은 사람을 넘어지게 하시
매 사람이 사람 위에 엎드러지며
이르되 일어나라 우리가 포악한
칼을 피하여 우리 민족에게로,
우리 고향으로 돌아가자 하도다

17 그들이 그 곳에서 부르짖기를
애굽의 바로 왕이 망하였도다 그
가 기회를 놓쳤도다 18 만군의
여호와라 일컫는 왕이 이르시되
나의 삶으로 맹세하노니 그가 과
연 산들 중의 다볼 같이, 해변의
갈멜 같이 오리라 19 애굽에 사
는 딸이여 너는 너를 위하여 포
로의 짐을 꾸리라 놉이 황무하며
불에 타서 주민이 없을 것임이라
20 애굽은 심히 아름다운 암송아
지일지라도 북으로부터 쇠파리
떼가 줄곧 오리라 21 또 그 중의
고용꾼은 살진 수송아지 같아서
돌이켜 함께 도망하고 서지 못하
였나니 재난의 날이 이르렀고 벌
받는 때가 왔음이라 22 애굽의
소리가 뱀의 소리 같으리니 이는
그들의 군대가 벌목하는 자 같이
도끼를 가지고 올 것임이라 23
여호와의 말씀이니라 그들이 황
충보다 많아서 셀 수 없으므로
조사할 수 없는 그의 수풀을 찍
을 것이라 24 딸 애굽이 수치를
당하여 북쪽 백성의 손에 붙임을
당하리로다 25 만군의 여호와
이스라엘의 하나님께서 말씀하
시니라 보라 내가 노의 아몬과
바로와 애굽과 애굽 신들과 왕들
곧 바로와 및 그를 의지하는 자
들을 벌할 것이라 26 내가 그들
의 생명을 노리는 자의 손 곧 바
벨론의 느부갓네살 왕의 손과 그
종들의 손에 넘기리라 그럴지라
도 그 후에는 그 땅이 이전 같이
사람 살 곳이 되리라 여호와의
말씀이니라

이스라엘을 구원하리라

27 내 종 야곱아 두려워하지 말라
이스라엘아 놀라지 말라 보라 내
가 너를 먼 곳에서 구원하며 네
자손을 포로된 땅에서 구원하리
니 야곱이 돌아와서 평안하며 걱
정 없이 살게 될 것이라 그를 두
렵게 할 자 없으리라 28 여호와
의 말씀이니라 내 종 야곱아 내가
너와 함께 있나니 두려워하지 말
라 내가 너를 흩었던 그 나라들은
다 멸할지라도 너는 사라지지 아
니하리라 내가 너를 법도대로 징
계할 것이요 결코 무죄한 자로 여
기지 아니하리라 하시니라

47장

블레셋 사람을 유린하시는 날

1 바로가 가사를 치기 전에 블레
셋 사람에 대하여 선지자 예레미
야에게 임한 여호와의 말씀이라
2 여호와께서 이와 같이 말씀하
시되 보라 물이 북쪽에서 일어나
물결치는 시내를 이루어 그 땅과
그 중에 있는 모든 것과 그 성읍
과 거기에 사는 자들을 휩쓸리니
사람들이 부르짖으며 그 땅 모든
주민이 울부짖으리라 3 군마의
발굽 소리와 달리는 병거 바퀴가
진동하는 소리 때문에 아버지의
손맥이 풀려서 자기의 자녀를 돌
보지 못하리니 4 이는 블레셋 사
람을 유린하시며 두로와 시돈에
남아 있는 바 도와 줄 자를 다 끊
어 버리시는 날이 올 것임이라
여호와께서 갑돌 섬에 남아 있는
블레셋 사람을 유린하시리라 5
가사는 대머리가 되었고 아스글
론과 그들에게 남아 있는 평지가

잠잠하게 되었나니 네가 네 몸
베기를• 어느 때까지 하겠느냐
6 오호라 여호와의 칼이여 네가
언제까지 쉬지 않겠느냐 네 칼집
에 들어가서 가만히 쉴지어다 7
여호와께서 이를 명령하셨은즉
어떻게 잠잠하며 쉬겠느냐 아스
글론과 해변을 치려 하여 그가
정하셨느니라 하니라

48장

모압의 멸망

1 모압에 관한 것이라 만군의 여
호와 이스라엘의 하나님께서 이
와 같이 말씀하시되 오호라 느보
여 그가 유린 당하였도다 기랴다
임이 수치를 당하여 점령되었고
미스갑이 수치를 당하여 파괴되
었으니 2 모압의 찬송 소리가 없
어졌도다 헤스본에서 무리가 그
를 해하려고 악을 도모하고 이르
기를 와서 그를 끊어서 나라를
이루지 못하게 하자 하는도다 맛
멘이여 너도 조용하게 되리니 칼
이 너를 뒤쫓아 가리라 3 호로나
임에서 부르짖는 소리여 황폐와
큰 파멸이로다 4 모압이 멸망을
당하여 그 어린이들의 부르짖음
이 들리는도다 5 그들이 루힛 언

47:5 **대머리가 되었고 … 잠잠하게 되었나니 … 몸 베기를** 그들의 슬픔을 표현하기 위해 이런 행동을 했다.

덕으로 올라가면서 울고 호로나
임 내리막 길에서 파멸의 고통스
런 울부짖음을 듣는도다 6 도망
하여 네 생명을 구원하여 광야의
노간주나무 같이 될지어다 7 네
가 네 업적과 보물을 의뢰하므로
너도 정복을 당할 것이요 그모스
는 그의 제사장들과 고관들과 함
께 포로되어 갈 것이라 8 파멸하
는 자가 각 성읍에 이를 것인즉
한 성읍도 면하지 못할 것이며
골짜기가 멸망하였으며 평지는
파멸되어 여호와의 말씀과 같으
리로다 9 모압에 날개를 주어 날
아 피하게 하라 그 성읍들이 황
폐하여 거기에 사는 자가 없으리
로다 10 여호와의 일을 게을리
하는 자는 저주를 받을 것이요
자기 칼을 금하여 피를 흘리지
아니하는 자도 저주를 받을 것이
로다

모압이 황폐하였다

11 모압은 젊은 시절부터 평안하
고 포로도 되지 아니하였으므로
마치 술이 그 찌끼 위에 있고 이
그릇에서 저 그릇으로 옮기지 않
음 같아서 그 맛이 남아 있고 냄
새가 변하지 아니하였도다 12
그러므로 여호와께서 말씀하시
니라 날이 이르리니 내가 술을
옮겨 담는 사람을 보낼 것이라
그들이 기울여서 그 그릇을 비게
하고 그 병들을 부수리니 13 이
스라엘 집이 벧엘을 의뢰하므로
수치를 당한 것 같이 모압이 그
모스로 말미암아 수치를 당하리
로다 14 너희가 어찌하여 말하
기를 우리는 용사요 능란한 전사
라 하느냐 15 만군의 여호와라
일컫는 왕께서 이와 같이 말하노
라 모압이 황폐하였도다 그 성읍
들은 사라졌고 그 선택 받은 장
정들은 내려가서 죽임을 당하니
16 모압의 재난이 가까웠고 그
고난이 속히 닥치리로다 17 그
의 사면에 있는 모든 자여, 그의
이름을 아는 모든 자여, 그를 위
로하며 말하기를 어찌하여 강한
막대기, 아름다운 지팡이가 부러
졌는고 할지니라 18 디본에 사
는 딸아 네 영화에서 내려와 메
마른 데 앉으라 모압을 파멸하는
자가 올라와서 너를 쳐서 네 요
새를 깨뜨렸음이로다 19 아로엘
에 사는 여인이여 길 곁에 서서
지키며 도망하는 자와 피하는 자
에게 무슨 일이 생겼는지 물을지
어다 20 모압이 패하여 수치를
받나니 너희는 울면서 부르짖으
며 아르논 가에서 이르기를 모압
이 황폐하였다 할지어다 21 심
판이 평지에 이르렀나니 곧 홀론
과 야사와 메바앗과 22 디본과
느보와 벧디블라다임과 23 기랴
다임과 벧가물과 벧므온과 24
그리욧과 보스라와 모압 땅 원근
모든 성읍에로다 25 모압의 뿔
이 잘렸고 그 팔이 부러졌도다
여호와의 말씀이니라

모압이 조롱거리가 되리라

26 모압으로 취하게 할지어다 이
는 그가 여호와에 대하여 교만함
이라 그가 그 토한 것에서 뒹굴
므로 조롱거리가 되리로다 27
네가 이스라엘을 조롱하지 아니
하였느냐 그가 도둑 가운데에서
발견되었느냐 네가 그를 말할 때
마다 네 머리를 흔드는도다 28
모압 주민들아 너희는 성읍을 떠
나 바위 사이에 살지어다 출입문
어귀 가장자리에 깃들이는 비둘
기 같이 할지어다 29 우리가 모
압의 교만을 들었나니 심한 교만
곧 그의 자고와 오만과 자랑과
그 마음의 거만이로다 30 여호와
의 말씀이니라 내가 그의 노여워
함의 허탄함을 아노니 그가 자랑
하여도 아무 것도 성취하지 못하
였도다 31 그러므로 내가 모압을
위하여 울며 온 모압을 위하여 부
르짖으리니 무리가 길헤레스 사
람을 위하여 신음하리로다 32 십
마의 포도나무여 너의 가지가 바
다를 넘어 야셀 바다까지 뻗었더
니 너의 여름 과일과 포도 수확을
탈취하는 자가 나타났으니 내가
너를 위하여 울기를 야셀이 우는
것보다 더하리로다 33 기쁨과 환
희가 옥토와 모압 땅에서 빼앗겼
도다 내가 포도주 틀에 포도주가
끊어지게 하리니 외치며 밟는 자

가 없을 것이라 그 외침은 즐거운
외침이 되지 못하리로다 34 헤스
본에서 엘르알레를 지나 야하스
까지와 소알에서 호로나임을 지
나 에글랏 셀리시야에 이르는 지
역에 사는 사람들이 소리를 내어
부르짖음은 니므림의 물도 황폐
하였음이로다 35 여호와의 말씀
이라 모압 산당에서 제사하며 그
신들에게 분향하는 자를 내가 끊
어버리리라

모압이 벌 받을 해

36 그러므로 나의 마음이 모압을
위하여 피리 같이 소리 내며 나
의 마음이 길헤레스 사람들을 위
하여 피리 같이 소리 내나니 이
는 그가 모은 재물이 없어졌음이
라 37 모든 사람이 대머리가 되
었고 모든 사람이 수염을 밀었으
며 손에 칼자국이 있고 허리에
굵은 베가 둘렸고• 38 모압의 모
든 지붕과 거리 각처에서 슬피
우는 소리가 들리니 내가 모압을
마음에 들지 않는 그릇 같이 깨
뜨렸음이라 여호와의 말씀이니
라 39 어찌하여 모압이 파괴되
었으며 어찌하여 그들이 애곡하
는가 모압이 부끄러워서 등을 돌
렸도다 그런즉 모압이 그 사방
모든 사람의 조롱거리와 공포의
대상이 되리로다 40 이는 여호
와의 말씀이니라 보라 그가 독수
리 같이 날아와서 모압 위에 그
의 날개를 펴리라 41 성읍들이
점령을 당하며 요새가 함락되는
날에 모압 용사의 마음이 산고를
당하는 여인 같을 것이라 42 모
압이 여호와를 거슬러 자만하였
으므로 멸망하고 다시 나라를 이
루지 못하리로다 43 여호와의
말씀이니라 모압 주민아 두려움
과 함정과 올무가 네게 닥치나니
44 두려움에서 도망하는 자는 함
정에 떨어지겠고 함정에서 나오
는 자는 올무에 걸리리니 이는
내가 모압이 벌 받을 해가 임하
게 할 것임이라 여호와의 말씀이
니라 45 도망하는 자들이 기진
하여 헤스본 그늘 아래에 서니
이는 불이 헤스본에서 나며 불길
이 시혼 가운데 나서 모압의 살
쩍과 떠드는 자들의 정수리를 사
름이로다 46 모압이여 네게 화
가 있도다 그모스의 백성이 망하
였도다 네 아들들은 사로잡혀 갔
고 네 딸들은 포로가 되었도다
47 그러나 내가 마지막 날에 모
압의 포로를 돌려보내리라 여호
와의 말씀이니라 모압의 심판이
여기까지니라

49장

암몬이 받을 심판

1 암몬 자손에 대한 말씀이라 여
호와께서 이와 같이 말씀하시되
이스라엘이 자식이 없느냐 상속
자가 없느냐 말감이 갓을 점령하
며 그 백성이 그 성읍들에 사는
것은 어찌 됨이냐 2 여호와의 말
씀이니라 그러므로 보라 날이 이
르리니 내가 전쟁 소리로 암몬
자손의 랍바에 들리게 할 것이라
랍바는 폐허더미 언덕이 되겠고
그 마을들은 불에 탈 것이며 그
때에 이스라엘은 자기를 점령하
였던 자를 점령하리라 여호와의
말씀이니라 3 헤스본아 슬피 울
지어다 아이가 황폐하였도다 너
희 랍바의 딸들아 부르짖을지어
다 굵은 베를 감고 애통하며 울
타리 가운데에서 허둥지둥할지
어다 말감과 그 제사장들과 그
고관들이 다 사로잡혀 가리로다
4 패역한 딸아 어찌하여 골짜기
곧 네 흐르는 골짜기를 자랑하느
냐 네가 어찌하여 재물을 의뢰하
여 말하기를 누가 내게 대적하여
오리요 하느냐 5 주 만군의 여호
와의 말씀이니라 보라 내가 두려
움을 네 사방에서 네게 오게 하
리니 너희 각 사람이 앞으로 쫓
겨 나갈 것이요 도망하는 자들을
모을 자가 없으리라 6 그러나 그
후에 내가 암몬 자손의 포로를
돌아가게 하리라 여호와의 말씀
이니라

에돔이 받을 심판

7 에돔에 대한 말씀이라 만군의
여호와께서 이와 같이 말씀하시
되 데만에 다시는 지혜가 없게
되었느냐 명철한 자에게 책략이
끊어졌느냐 그들의 지혜가 없어
졌느냐 8 드단 주민아 돌이켜 도

48:37 **대머리가 되었고 … 베가 둘렸고** 이런 행동은 죽은 사람들에 대한 슬픔을 표현하는 것이었다.

망할지어다 깊은 곳에 숨을지어
다 내가 에서의 재난을 그에게
닥치게 하여 그를 벌할 때가 이
르게 하리로다 9 포도를 거두는
자들이 네게 이르면 약간의 열매
도 남기지 아니하겠고 밤에 도둑
이 오면 그 욕심이 차기까지 멸
하느니라 10 그러나 내가 에서
의 옷을 벗겨 그 숨은 곳이 드러
나게 하였나니 그가 그 몸을 숨
길 수 없을 것이라 그 자손과 형
제와 이웃이 멸망하였은즉 그가
없어졌느니라 11 네 고아들을
버려도 내가 그들을 살리리라 네
과부들은 나를 의지할 것이니라
12 여호와께서 이와 같이 말씀하
시니라 보라 술잔을 마시는 습관
이 없는 자도 반드시 마시겠거든
네가 형벌을 온전히 면하겠느냐
면하지 못하리니 너는 반드시 마
시리라 13 여호와의 말씀이니라
내가 나를 두고 맹세하노니 보스
라가 놀램과 치욕거리와 황폐함
과 저줏거리가 될 것이요 그 모
든 성읍이 영원히 황폐하리라 하
시니라 14 내가 여호와에게서부
터 오는 소식을 들었노라 사절을
여러 나라 가운데 보내어 이르시
되 너희는 모여와서 그를 치며
일어나서 싸우라 15 보라 내가
너를 여러 나라 가운데에서 작아
지게 하였고 사람들 가운데에서
멸시를 받게 하였느니라 16 바
위 틈에 살며 산꼭대기를 점령한
자여 스스로 두려운 자인 줄로
여김과 네 마음의 교만이 너를
속였도다 네가 독수리 같이 보금
자리를 높은 데에 지었을지라도
내가 그리로부터 너를 끌어내리
리라 이는 여호와의 말씀이니라
17 에돔이 공포의 대상이 되리니
그리로 지나는 자마다 놀라며 그
모든 재앙으로 말미암아 탄식하
리로다 18 여호와께서 말씀하시
니라 소돔과 고모라와 그 이웃
성읍들이 멸망한 것 같이 거기에
사는 사람이 없으며 그 가운데에
머물러 살 사람이 아무도 없으리
라 19 보라 사자가 요단 강의 깊
은 숲에서 나타나듯이 그가 와서
견고한 처소를 칠 것이라 내가
즉시 그들을 거기에서 쫓아내고
택한 자를 내가 그 위에 세우리
니 나와 같은 자 누구며 나와 더
불어 다툴 자 누구며 내 앞에 설
목자가 누구냐 20 그런즉 에돔
에 대한 여호와의 의도와 데만
주민에 대하여 결심하신 여호와
의 계획을 들으라 양 떼의 어린
것들을 그들이 반드시 끌고 다니
며 괴롭히고 그 처소로 황폐하게
하지 않으랴 21 그들이 넘어지
는 소리에 땅이 진동하며 그가
부르짖는 소리는 홍해에 들리리
라 22 보라 원수가 독수리 같이
날아와서 그의 날개를 보스라 위
에 펴는 그 날에 에돔 용사의 마
음이 진동하는 여인 같이 되리라
하시니라

다메섹이 받을 심판

23 다메섹에 대한 말씀이라 하맛
과 아르밧이 수치를 당하리니 이
는 흉한 소문을 듣고 낙담함이니
라 바닷가에서 비틀거리며 평안

이 없도다 24 다메섹이 피곤하
여 몸을 돌이켜 달아나려 하니
떨림이 그를 움켜잡고 해산하는
여인 같이 고통과 슬픔이 그를
사로잡았도다 25 어찌하여 찬송
의 성읍, 나의 즐거운 성읍이 버
린 것이 되었느냐 26 이는 만군
의 여호와의 말씀이니라 그런즉
그 날에 그의 장정들은 그 거리
에 엎드러지겠고 모든 군사는 멸
절될 것이며 27 내가 다메섹의
성벽에 불을 지르리니 벤하닷의
궁전이 불타리라

게달과 하솔이 받을 심판

28 바벨론의 느부갓네살 왕에게
공격을 받은 게달과 하솔 나라들
에 대한 말씀이라 여호와께서 이
와 같이 말씀하시되 너희는 일어
나 게달로 올라가서 동방 자손들
을 황폐하게 하라 29 너희는 그
들의 장막과 양 떼를 빼앗으며
휘장과 모든 기구와 낙타를 빼앗
아다가 소유로 삼고 그들을 향하
여 외치기를 두려움이 사방에 있
다 할지니라 30 여호와의 말씀
이니라 하솔 주민아 도망하라 멀
리 가서 깊은 곳에 살라 이는 바
벨론의 느부갓네살 왕이 너를 칠
모략과 너를 칠 계책을 세웠음이
라 31 여호와의 말씀이니라 너
는 일어나 고요하고도 평안히 사
는 백성 곧 성문이나 문빗장이
없이 홀로 사는 국민을 치라 32
그들의 낙타들은 노략물이 되겠
고 그들의 많은 가축은 탈취를
당할 것이라 내가 그 살쩍을 깎
는 자들을 사면에 흩고 그 재난
을 여러 곳에서 오게 하리라 여
호와의 말씀이니라 33 하솔은
큰 뱀의 거처가 되어 영원히 황
폐하리니 거기 사는 사람이나 그
가운데에 머물러 사는 사람이 아
무도 없게 되리라 하시니라

엘람이 받을 심판

34 유다 왕 시드기야가 즉위한
지 오래지 아니하여서 엘람에 대
한 여호와의 말씀이 선지자 예레
미야에게 임하여 이르시되 35
만군의 여호와가 이같이 말하노
라 보라 내가 엘람의 힘의 으뜸
가는 활을 꺾을 것이요 36 하늘
의 사방에서부터 사방 바람을 엘
람에 오게 하여 그들을 사방으로
흩으리니 엘람에서 쫓겨난 자가
가지 않는 나라가 없으리라 37
여호와의 말씀이니라 내가 엘람
으로 그의 원수의 앞, 그의 생명
을 노리는 자의 앞에서 놀라게 할
것이며 내가 재앙 곧 나의 진노를
그들 위에 내릴 것이며 내가 또
그 뒤로 칼을 보내어 그들을 멸망
시키리라 38 내가 나의 보좌를
엘람에 주고 왕과 고관들을 그 곳
에서 멸하리라 여호와의 말씀이
니라 39 그러나 말일에 이르러
내가 엘람의 포로를 돌아가게 하
리라 여호와의 말씀이니라

50장

바벨론이 받을 심판

1 여호와께서 선지자 예레미야에
게 바벨론과 갈대아 사람의 땅에
대하여 하신 말씀이라 2 너희는
나라들 가운데에 전파하라 공포
하라 깃발을 세우라 숨김이 없이
공포하여 이르라 바벨론이 함락
되고 벨이 수치를 당하며 므로닥
이 부스러지며 그 신상들은 수치
를 당하며 우상들은 부스러진다
하라 3 이는 한 나라가 북쪽에서
나와서 그를 쳐서 그 땅으로 황
폐하게 하여 그 가운데에 사는
자가 없게 할 것임이라 사람이나
짐승이 다 도망할 것임이니라 4
여호와의 말씀이니라 그 날 그
때에 이스라엘 자손이 돌아오며
유다 자손도 함께 돌아오되 그들
이 울면서 그 길을 가며 그의 하
나님 여호와께 구할 것이며 5 그
들이 그 얼굴을 시온으로 향하여
그 길을 물으며 말하기를 너희는
오라 잊을 수 없는 영원한 언약
으로 여호와와 연합하라 하리라

바벨론에서 도망하라 갈대아 땅에서 나오라

6 내 백성은 잃어버린 양 떼로다
그 목자들이 그들을 곁길로 가게
하여 산으로 돌이키게 하였으므
로 그들이 산에서 언덕으로 돌아
다니며 쉴 곳을 잊었도다 7 그들
을 만나는 자들은 그들을 삼키며
그의 대적은 말하기를 그들이 여
호와 곧 의로운 처소시며 그의
조상들의 소망이신 여호와께 범
죄하였음인즉 우리는 무죄하다
하였느니라 8 너희는 바벨론 가
운데에서 도망하라 갈대아 사람
의 땅에서 나오라 양 떼에 앞서
가는 숫염소 같이 하라 9 보라
내가 큰 민족의 무리를 북쪽에서
올라오게 하여 바벨론을 대항하
게 하리니 그들이 대열을 벌이고
쳐서 정복할 것이라 그들의 화살
은 노련한 용사의 화살 같아서

허공을 치지 아니하리라 10 갈
대아가 약탈을 당할 것이라 그를
약탈하는 자마다 만족하리라 여
호와의 말씀이니라

바벨론의 멸망

11 나의 소유를 노략하는 자여
너희가 즐거워하며 기뻐하고 타
작하는 송아지 같이 발굽을 구르
며 군마 같이 우는도다 12 그러
므로 너희의 어머니가 큰 수치를
당하리라 너희를 낳은 자가 치욕
을 당하리라 보라 그가 나라들
가운데의 마지막과 광야와 마른
땅과 거친 계곡이 될 것이며 13
여호와의 진노로 말미암아 주민
이 없어 완전히 황무지가 될 것
이라 바벨론을 지나가는 자마다
그 모든 재난에 놀라며 탄식하리
로다 14 바벨론을 둘러 대열을
벌이고 활을 당기는 모든 자여
화살을 아끼지 말고 쏘라 그가
여호와께 범죄하였음이라 15 그
주위에서 고함을 지르리로다 그
가 항복하였고 그 요새는 무너졌
고 그 성벽은 허물어졌으니 이는
여호와께서 그가 행한 대로 그에
게 내리시는 보복이라 그가 행한
대로 그에게 갚으시는도다 16
파종하는 자와 추수 때에 낫을
잡은 자를 바벨론에서 끊어 버리
라 사람들이 그 압박하는 칼을
두려워하여 각기 동족에게로 돌
아가며 고향으로 도망하리라

이스라엘을 돌아오게 하리라

17 이스라엘은 흩어진 양이라 사
자들이 그를 따르도다 처음에는
앗수르 왕이 먹었고 다음에는 바
벨론의 느부갓네살 왕이 그의 뼈
를 꺾도다 18 그러므로 만군의
여호와 이스라엘의 하나님이 이
와 같이 말하노라 보라 내가 앗
수르의 왕을 벌한 것 같이 바벨
론의 왕과 그 땅을 벌하고 19 이
스라엘을 다시 그의 목장으로 돌
아가게 하리니 그가 갈멜과 바산
에서 양을 기를 것이며 그의 마
음이 에브라임과 길르앗 산에서
만족하리라 20 여호와의 말씀이
니라 그 날 그 때에는 이스라엘
의 죄악을 찾을지라도 없겠고 유
다의 죄를 찾을지라도 찾아내지
못하리니 이는 내가 남긴 자를
용서할 것임이라

여호와께서 바벨론을 심판하시다

21 이는 여호와의 말씀이니라 너
희는 올라가서 므라다임의 땅을
치며 브곳의 주민을 쳐서 진멸하
되 내가 너희에게 명령한 대로
다하라 22 그 땅에 싸움의 소리
와 큰 파멸이 있으리라 23 온 세
계의 망치가 어찌 그리 꺾여 부
서졌는고 바벨론이 어찌 그리 나
라들 가운데에 황무지가 되었는
고 24 바벨론아 내가 너를 잡으
려고 올무를 놓았더니 네가 깨닫
지 못하여 걸렸고 네가 여호와와
싸웠으므로 발각되어 잡혔도다
25 여호와께서 그의 병기창을 열
고 분노의 무기를 꺼냄은 주 만
군의 여호와께서 갈대아 사람의
땅에 행할 일이 있음이라 26 먼
곳에 있는 너희는 와서 그를 치
고 그의 곳간을 열고 그것을 곡
식더미처럼 쌓아 올려라 그를 진
멸하고 남기지 말라 27 그의 황
소를 다 죽이라 그를 도살하려
내려 보내라 그들에게 화 있도다
그들의 날, 그 벌 받는 때가 이르
렀음이로다 28 바벨론 땅에서
도피한 자의 소리여 시온에서 우
리 하나님 여호와의 보복하시는
것, 그의 성전의 보복하시는 것
을 선포하는 소리로다 29 활 쏘
는 자를 바벨론에 소집하라 활을
당기는 자여 그 사면으로 진을
쳐서 피하는 자가 없게 하라 그
가 일한 대로 갚고 그가 행한 대
로 그에게 갚으라 그가 이스라엘
의 거룩한 자 여호와를 향하여
교만하였음이라 30 그러므로 그
날에 장정들이 그 거리에 엎드러
지겠고 군사들이 멸절되리라 여
호와의 말씀이니라 31 주 만군
의 여호와의 말씀이니라 교만한
자여 보라 내가 너를 대적하나니
너의 날 곧 내가 너를 벌할 때가
이르렀음이라 32 교만한 자가
걸려 넘어지겠고 그를 일으킬 자
가 없을 것이며 내가 그의 성읍
들에 불을 지르리니 그의 주위에
있는 것을 다 삼키리라 33 만군

의 여호와께서 이와 같이 말씀하
시니라 이스라엘 자손과 유다 자
손이 함께 학대를 받는도다 그들
을 사로잡은 자는 다 그들을 붙
들고 놓아 주지 아니하리라 34
그들의 구원자는 강하니 그의 이
름은 만군의 여호와라 반드시 그
들 때문에 싸우시리니 그 땅에

평안함을 주고 바벨론 주민은 불
안하게 하리라 35 여호와의 말
씀이니라 칼이 갈대아인의 위에
와 바벨론 주민의 위에와 그 고
관들과 지혜로운 자의 위에 떨어
지리라 36 칼이 자랑하는 자의
위에 떨어지리니 그들이 어리석
게 될 것이며 칼이 용사의 위에
떨어지리니 그들이 놀랄 것이며
37 칼이 그들의 말들과 병거들과
그들 중에 있는 여러 민족의 위
에 떨어지리니 그들이 여인들 같
이 될 것이며 칼이 보물 위에 떨
어지리니 그것이 약탈되리라 38
가뭄이 물 위에 내리어 그것을
말리리니 이는 그 땅이 조각한
신상의 땅이요 그들은 무서운 것
을 보고 실성하였음이니라 39
그러므로 사막의 들짐승이 승냥
이와 함께 거기에 살겠고 타조도
그 가운데에 살 것이요 영원히
주민이 없으며 대대에 살 자가
없으리라 40 여호와의 말씀이니
라 하나님께서 소돔과 고모라와
그 이웃 성읍들을 뒤엎었듯이 거
기에 사는 사람이 없게 하며 그
가운데에 머물러 사는 사람이 아
무도 없게 하시리라 41 보라 한
민족이 북쪽에서 오고 큰 나라와
여러 왕이 충동을 받아 땅 끝에
서 일어나리니 42 그들은 활과
투창을 가진 자라 잔인하여 불쌍
히 여기지 아니하며 그들의 목소
리는 바다가 설레임 같도다 딸
바벨론아 그들이 말을 타고 무사
같이 각기 네 앞에서 대열을 갖
추었도다 43 바벨론의 왕이 그
소문을 듣고 손이 약하여지며 고
통에 사로잡혀 해산하는 여인처
럼 진통하는도다 44 보라 사자
가 요단의 깊은 숲에서 나타나듯
이 그가 와서 견고한 처소를 칠
것이라 내가 즉시 그들을 거기에
서 쫓아내고 택한 자를 내가 그
자리에 세우리니 나와 같은 자
누구며 출두하라고 나에게 명령
할 자가 누구며 내 앞에 설 목자
가 누구냐 45 그런즉 바벨론에
대한 여호와의 계획과 갈대아 사
람의 땅에 대하여 품은 여호와의
생각을 들으라 양 떼의 어린 것들
을 그들이 반드시 끌어 가고 그들
의 초장을 황폐하게 하리니 46
바벨론이 약탈 당하는 소리에 땅
이 진동하며 그 부르짖음이 나라
들 가운데에 들리리라 하시도다

51장

바벨론을 멸하시는 여호와

1 여호와께서 이와 같이 말씀하
시되 보라 내가 멸망시키는 자의
심령을 부추겨 바벨론을 치고 또
나를 대적하는 자 중에 있는 자
를 치되 2 내가 타국인을 바벨론
에 보내어 키질하여 그의 땅을
비게 하리니 재난의 날에 그를
에워싸고 치리로다 3 활을 당기
는 자를 향하며 갑옷을 입고 일
어선 자를 향하여 쏘는 자는 그
의 활을 당길 것이라 그의 장정
들을 불쌍히 여기지 말며 그의
군대를 전멸시켜라 4 무리가 갈
대아 사람의 땅에서 죽임을 당하
여 엎드러질 것이요 관통상을 당
한 자가 거리에 있으리라 5 이스
라엘과 유다가 이스라엘의 거룩
하신 이를 거역하므로 죄과가 땅
에 가득하나 그의 하나님 만군의
여호와에게 버림 받은 홀아비는
아니니라 6 바벨론 가운데서 도
망하여 나와서 각기 생명을 구원
하고 그의 죄악으로 말미암아 끊
어짐을 보지 말지어다 이는 여호
와의 보복의 때니 그에게 보복하
시리라 7 바벨론은 여호와의 손
에 잡혀 있어 온 세계가 취하게
하는 금잔이라 뭇 민족이 그 포

도주를 마심으로 미쳤도다 8 바
벨론이 갑자기 넘어져 파멸되니
이로 말미암아 울라 그 상처를
위하여 유향을 구하라 혹 나으리
로다 9 우리가 바벨론을 치료하
려 하여도 낫지 아니한즉 버리고
각기 고향으로 돌아가자 그 화가
하늘에 미쳤고 궁창에 달하였음
이로다 10 여호와께서 우리 공
의를 드러내셨으니 오라 시온에
서 우리 하나님 여호와의 일을
선포하자 11 화살을 갈며 둥근
방패를 준비하라 여호와께서 메
대 왕들의 마음을 부추기사 바벨
론을 멸하기로 뜻하시나니 이는
여호와께서 보복하시는 것 곧 그
의 성전을 위하여 보복하시는 것
이라 12 바벨론 성벽을 향하여
깃발을 세우고 튼튼히 지키며 파
수꾼을 세우며 복병을 매복시켜
방비하라 이는 여호와께서 바벨
론 주민에 대하여 말씀하신 대로
계획하시고 행하심이로다 13 많
은 물 가에 살면서 재물이 많은
자여 네 재물의 한계 곧 네 끝이
왔도다 14 만군의 여호와께서
자기의 목숨을 두고 맹세하시되
내가 진실로 사람을 메뚜기 같이
네게 가득하게 하리니 그들이 너
를 향하여 환성을 높이리라 하시
도다

여호와를 찬양하다

15 여호와께서 그의 능력으로 땅
을 지으셨고 그의 지혜로 세계를
세우셨고 그의 명철로 하늘들을
펴셨으며 16 그가 목소리를 내
신즉 하늘에 많은 물이 생기나니
그는 땅 끝에서 구름이 오르게
하시며 비를 위하여 번개를 치게
하시며 그의 곳간에서 바람을 내
시거늘 17 사람마다 어리석고
무식하도다 금장색마다 자기가
만든 신상으로 말미암아 수치를
당하나니 이는 그 부어 만든 우
상은 거짓이요 그 속에 생기가
없음이라 18 그것들은 헛된 것
이요 조롱거리이니 징벌하시는
때에 멸망할 것이나 19 야곱의
분깃은 그와 같지 아니하시니 그
는 만물을 지으신 분이요 이스라
엘은 그의 소유인 지파라 그의
이름은 만군의 여호와시니라

바벨론은 여호와의 철퇴

20 여호와께서 이르시되 너는 나
의 철퇴 곧 무기라 나는 네가 나
라들을 분쇄하며 네가 국가들을
멸하며 21 네가 말과 기마병을
분쇄하며 네가 병거와 병거대를
부수며 22 네가 남자와 여자를
분쇄하며 네가 노년과 유년을 분
쇄하며 네가 청년과 처녀를 분쇄
하며 23 네가 목자와 그 양 떼를
분쇄하며 네가 농부와 그 멍엣소
를 분쇄하며 네가 도백과 태수들
을 분쇄하도록 하리로다 24 너
희 눈 앞에서 그들이 시온에서
모든 악을 행한 대로 내가 바벨
론과 갈대아 모든 주민에게 갚으
리라 여호와의 말씀이니라

바벨론이 황무지가 되리라

25 여호와의 말씀이니라 온 세계
를 멸하는 멸망의 산아 보라 나
는 네 원수라 나의 손을 네 위에
펴서 너를 바위에서 굴리고 너로
불 탄 산이 되게 할 것이니 26 사
람이 네게서 집 모퉁잇돌이나 기
촛돌을 취하지 아니할 것이요 너
는 영원히 황무지가 될 것이니라
여호와의 말씀이니라 27 땅에
깃발을 세우며 나라들 가운데에
나팔을 불어서 나라들을 동원시
켜 그를 치며 아라랏과 민니와
아스그나스 나라를 불러 모아 그
를 치며 사무관을 세우고 그를
치되 극성스런 메뚜기 같이 그
말들을 몰아오게 하라 28 뭇 백
성 곧 메대 사람의 왕들과 그 도
백들과 그 모든 태수와 그 관할
하는 모든 땅을 준비시켜 그를
치게 하라 29 땅이 진동하며 소
용돌이치나니 이는 여호와께서
바벨론을 쳐서 그 땅으로 황폐하
여 주민이 없게 할 계획이 섰음
이라 30 바벨론의 용사는 싸움
을 그치고 그들의 요새에 머무르
나 기력이 쇠하여 여인 같이 되
며 그들의 거처는 불타고 그 문
빗장은 부러졌으며 31 보발꾼은
보발꾼을 맞으려고 달리며 전령
은 전령을 맞으려고 달려가 바벨
론의 왕에게 전하기를 그 성읍
사방이 함락되었으며 32 모든
나루는 빼앗겼으며 갈대밭이 불
탔으며 군사들이 겁에 질렸더이
다 하리라

여호와께서 이스라엘을 위하여 보복하시다

33 만군의 여호와 이스라엘의 하
나님께서 이와 같이 말씀하시되
딸 바벨론은 때가 이른 타작 마
당과 같은지라 멀지 않아 추수
때가 이르리라 하시도다 34 바
벨론의 느부갓네살 왕이 나를 먹
으며 나를 멸하며 나를 빈 그릇
이 되게 하며 큰 뱀 같이 나를 삼
키며 나의 좋은 음식으로 그 배
를 채우고 나를 쫓아내었으니
35 내가 받은 폭행과 내 육체에
대한 학대가 바벨론에 돌아가기
를 원한다고 시온 주민이 말할
것이요 내 피 흘린 죄가 갈대아
주민에게로 돌아가기를 원한다
고 예루살렘이 말하리라 36 그
러므로 여호와께서 이와 같이 말
씀하시되 보라 내가 네 송사를
듣고 너를 위하여 보복하여 그의
바다를 말리며 그의 샘을 말리리
니 37 바벨론이 돌무더기가 되
어서 승냥이의 거처와 혐오의 대
상과 탄식거리가 되고 주민이 없
으리라 38 그들이 다 젊은 사자
같이 소리지르며 새끼 사자 같이
으르렁거리며 39 열정이 일어날
때에 내가 연회를 베풀고 그들이
취하여 기뻐하다가 영원히 잠들
어 깨지 못하게 하리라 여호와의
말씀이니라 40 내가 그들을 끌
어내려서 어린 양과 숫양과 숫염
소가 도살장으로 가는 것 같게
하리라

바벨론의 파멸을 노래하다

41 슬프다 세삭이 함락되었도다
온 세상의 칭찬 받는 성읍이 빼
앗겼도다 슬프다 바벨론이 나라
들 가운데에 황폐하였도다 42
바다가 바벨론에 넘침이여 그 노

도 소리가 그 땅을 뒤덮었도다
43 그 성읍들은 황폐하여 마른
땅과 사막과 사람이 살지 않는
땅이 되었으니 그리로 지나가는
사람이 없도다 44 내가 벨을 바
벨론에서 벌하고 그가 삼킨 것을
그의 입에서 끌어내리니 민족들
이 다시는 그에게로 몰려가지 아
니하겠고 바벨론 성벽은 무너졌
도다 45 나의 백성아 너희는 그
중에서 나와 각기 여호와의 진노
를 피하라 46 너희 마음을 나약
하게 말며 이 땅에서 들리는 소
문으로 말미암아 두려워하지 말
라 소문은 이 해에도 있겠고 저
해에도 있으리라 그 땅에는 강포
함이 있어 다스리는 자가 다스리
는 자를 서로 치리라 47 그러므
로 보라 날이 이르리니 내가 바
벨론의 우상들을 벌할 것이라 그
온 땅이 치욕을 당하겠고 그 죽
임 당할 자가 모두 그 가운데에
엎드러질 것이며 48 하늘과 땅
과 그 안에 있는 모든 것이 바벨
론으로 말미암아 기뻐 노래하리
니 이는 파멸시키는 자가 북쪽에
서 그에게 옴이라 여호와의 말씀
이니라 49 바벨론이 이스라엘을
죽여 엎드러뜨림 같이 온 세상이
바벨론에서 죽임을 당하여 엎드
러지리라

여호와께서 바벨론에 보복하시다

50 칼을 피한 자들이여 멈추지
말고 걸어가라 먼 곳에서 여호와
를 생각하며 예루살렘을 너희 마
음에 두라 51 외국인이 여호와
의 거룩한 성전에 들어가므로 우
리가 책망을 들으며 수치를 당하
여 모욕이 우리 얼굴을 덮었느니
라 52 보라 날이 이르리니 내가
그 우상들을 벌할 것이라 부상자
들이 그 땅에서 한숨을 지으리라
여호와의 말씀이니라 53 가령
바벨론이 하늘까지 솟아오른다
하자 높은 곳에 있는 피난처를
요새로 삼더라도 멸망시킬 자가
내게로부터 그들에게 임하리라
여호와의 말씀이니라

바벨론이 황폐하리라

54 바벨론으로부터 부르짖는 소
리가 들리도다 갈대아 사람의 땅
에 큰 파멸의 소리가 들리도다
55 이는 여호와께서 바벨론을 황
폐하게 하사 그 큰 소리를 끊으
심이로다 원수는 많은 물 같이
그 파도가 사나우며 그 물결은
요란한 소리를 내는도다 56 곧
멸망시키는 자가 바벨론에 이르
렀음이라 그 용사들이 사로잡히
고 그들의 활이 꺾이도다 여호와
는 보복의 하나님이시니 반드시
보응하시리로다 57 만군의 여호
와라 일컫는 왕이 이와 같이 말
씀하시되 내가 그 고관들과 지혜
있는 자들과 도백들과 태수들과
용사들을 취하게 하리니 그들이
영원히 잠들어 깨어나지 못하리
라 58 만군의 여호와께서 이와

같이 말씀하시니라 바벨론의 성
벽은 훼파되겠고 그 높은 문들은
불에 탈 것이며 백성들의 수고는
헛될 것이요 민족들의 수고는 불
탈 것인즉 그들이 쇠잔하리라

예레미야가 바벨론에 예언을 전하다

59 유다의 시드기야 왕 제사년에
마세야의 손자 네리야의 아들 스
라야가 그 왕과 함께 바벨론으로
갈 때에 선지자 예레미야가 그에
게 말씀을 명령하니 스라야는 병
참감이더라 60 예레미야가 바벨
론에 닥칠 모든 재난 곧 바벨론
에 대하여 기록한 이 모든 말씀
을 한 책에 기록하고 61 스라야
에게 말하기를 너는 바벨론에 이
르거든 삼가 이 모든 말씀을 읽
고 62 말하기를 여호와여 주께
서 이 곳에 대하여 말씀하시기를
이 땅을 멸하여 사람이나 짐승이
거기에 살지 못하게 하고 영원한
폐허가 되리라 하셨나이다 하라
하니라 63 너는 이 책 읽기를 다
한 후에 책에 돌을 매어 유브라
데 강 속에 던지며 64 말하기를
바벨론이 나의 재난 때문에 이같
이 몰락하여 다시 일어서지 못하
리니 그들이 피폐하리라 하라 하
니라 예레미야의 말이 이에 끝나
니라

52장

시드기야의 배반과 죽음

1 시드기야가 왕위에 오를 때에
나이가 이십일 세라 예루살렘에
서 십일 년 동안 다스리니라 그
의 어머니의 이름은 하무달이라
립나인 예레미야•의 딸이더라 2
그가 여호야김의 모든 행위를 본
받아 여호와 보시기에 악을 행한
지라 3 여호와께서 예루살렘과
유다에게 진노하심이 그들을 자
기 앞에서 쫓아내시기까지 이르
렀더라 시드기야가 바벨론 왕을
배반하니라 4 시드기야 제구년
열째 달 열째 날에 바벨론 왕 느
부갓네살이 그의 모든 군대를 거
느리고 예루살렘을 치러 올라와
서 그 성에 대하여 진을 치고 주
위에 토성을 쌓으매 5 그 성이
시드기야 왕 제십일년까지 포위
되었더라 6 그 해 넷째 달 구일
에 성중에 기근이 심하여 그 땅
백성의 양식이 떨어졌더라 7 그
성벽이 파괴되매 모든 군사가 밤
중에 그 성에서 나가 두 성벽 사
이 왕의 동산 곁문 길로 도망하
여 갈대아인들이 그 성읍을 에워
쌌으므로 그들이 아라바 길로 가
더니 8 갈대아 군대가 그 왕을
뒤쫓아 가서 여리고 평지에서 시
드기야를 따라 잡으매 왕의 모든
군대가 그를 떠나 흩어진지라 9
그들이 왕을 사로잡아 그를 하맛
땅 리블라에 있는 바벨론 왕에게
로 끌고 가매 그가 시드기야를
심문하니라 10 바벨론 왕이 시
드기야의 아들들을 그의 눈 앞에
서 죽이고 또 리블라에서 유다의
모든 고관을 죽이며 11 시드기
야의 두 눈을 빼고 놋사슬로 그
를 결박하여 바벨론 왕이 그를
바벨론으로 끌고 가서 그가 죽는
날까지 옥에 가두었더라

여호와의 성전이 헐리다

12 바벨론의 느부갓네살 왕의 열
아홉째 해 다섯째 달 열째 날에
바벨론 왕의 어전 사령관 느부사
라단이 예루살렘에 이르러 13
여호와의 성전과 왕궁을 불사르
고 예루살렘의 모든 집과 고관들
의 집까지 불살랐으며 14 사령
관을 따르는 갈대아 사람의 모든
군대가 예루살렘 사면 성벽을 헐
었더라 15 사령관 느부사라단이
백성 중 가난한 자와 성중에 남
아 있는 백성과 바벨론 왕에게
항복한 자와 무리의 남은 자를
사로잡아 갔고 16 가난한 백성
은 남겨 두어 포도원을 관리하는
자와 농부가 되게 하였더라 17
갈대아 사람은 또 여호와의 성전
의 두 놋기둥과 받침들과 여호와
의 성전의 놋대야를 깨뜨려 그
놋을 바벨론으로 가져갔고 18
가마들과 부삽들과 부집게들과
주발들과 숟가락들과 섬길 때에
쓰는 모든 놋그릇을 다 가져갔고
19 사령관은 잔들과 화로들과 주
발들과 솥들과 촛대들과 숟가락
들과 바리들 곧 금으로 만든 물
건의 금과 은으로 만든 물건의
은을 가져갔더라 20 솔로몬 왕
이 여호와의 성전을 위하여 만든
두 기둥과 한 바다와 그 받침 아
래에 있는 열두 놋 소 곧 이 모든
기구의 놋 무게는 헤아릴 수 없
었더라 21 그 기둥은 한 기둥의
높이가 십팔 규빗이요 그 둘레는
십이 규빗이며 그 속이 비었고
그 두께는 네 손가락 두께이며
22 기둥 위에 놋머리가 있어 그
높이가 다섯 규빗이요 머리 사면

52:1 예레미야 이 사람은 선지자 예레미야가 아니라 같은 이름을 가진 동명이인이다.

으로 돌아가며 꾸민 망사와 석류
가 다 놋이며 또 다른 기둥에도
이런 모든 것과 석류가 있었더라
23 그 사면에 있는 석류는 아흔
여섯 개요 그 기둥에 둘린 그물
위에 있는 석류는 도합이 백 개
이었더라

유다 백성이 바벨론으로 사로잡혀 가다

24 사령관이 대제사장 스라야와
부제사장 스바냐와 성전 문지기
세 사람을 사로잡고 25 또 성 안
에서 사람을 사로잡았으니 곧 군
사를 거느린 지휘관 한 사람과
또 성중에서 만난 왕의 내시 칠
명과 군인을 감독하는 군 지휘관
의 서기관 하나와 성 안에서 만
난 평민 육십 명이라 26 사령관
느부사라단은 그들을 사로잡아
립나에 있는 바벨론의 왕에게 나
아가매 27 바벨론의 왕이 하맛
땅 립나에서 다 쳐 죽였더라 이
와 같이 유다가 사로잡혀 본국에
서 떠났더라 28 느부갓네살이
사로잡아 간 백성은 이러하니라
제칠년에 유다인이 삼천이십삼
명이요 29 느부갓네살의 열여덟
째 해에 예루살렘에서 사로잡아
간 자가 팔백삼십이 명이요 30
느부갓네살의 제이십삼년에 사
령관 느부사라단이 사로잡아 간
유다 사람이 칠백사십오 명이니
그 총수가 사천육백 명이더라
31 유다 왕 여호야긴이 사로잡혀
간 지 삼십칠 년 곧 바벨론의 에
윌므로닥 왕의 즉위 원년 열두째
달 스물다섯째 날 그가 유다의
여호야긴 왕의 머리를 들어 주었
고 감옥에서 풀어 주었더라 32
그에게 친절하게 말하고 그의 자
리를 그와 함께 바벨론에 있는
왕들의 자리보다 높이고 33 그
죄수의 의복을 갈아 입혔고 그의
평생 동안 항상 왕의 앞에서 먹
게 하였으며 34 그가 날마다 쓸
것을 바벨론의 왕에게서 받는 정
량이 있었고 죽는 날까지 곧 종
신토록 받았더라

예레미야애가

1장

예루살렘의 슬픔

1 슬프다 이 성이여 전에는 사람
들이 많더니 이제는 어찌 그리
적막하게 앉았는고 전에는 열국
중에 크던 자가 이제는 과부 같
이 되었고 전에는 열방 중에 공
주•였던 자가 이제는 강제 노동
을 하는 자가 되었도다 2 밤에는
슬피 우니 눈물이 뺨에 흐름이여
사랑하던 자들 중에 그에게 위로
하는 자가 없고 친구들도 다 배
반하여 원수들이 되었도다 3 유
다는 환난과 많은 고난 가운데에
사로잡혀 갔도다 그가 열국 가운
데에 거주하면서 쉴 곳을 얻지
못함이여 그를 핍박하는 모든 자
들이 궁지에서 그를 뒤따라 잡았
도다 4 시온의 도로들이 슬퍼함
이여 절기를 지키려 나아가는 사
람이 없음이로다 모든 성문들이
적막하며 제사장들이 탄식하며
처녀들이 근심하며 시온도 곤고
를 받았도다 5 그의 대적들이 머
리가 되고 그의 원수들이 형통함
은 그의 죄가 많으므로 여호와께
서 그를 곤고하게 하셨음이라 어
린 자녀들이 대적에게 사로잡혔
도다 6 딸 시온의 모든 영광이
떠나감이여 그의 지도자들은 꼴
을 찾지 못한 사슴들처럼 뒤쫓는
자 앞에서 힘없이 달아났도다 7
예루살렘이 환난과 유리하는 고
통을 당하는 날에 옛날의 모든
즐거움을 기억하였음이여 그의
백성이 대적의 손에 넘어졌으나
그를 돕는 자가 없었고 대적들은
그의 멸망을 비웃는도다 8 예루
살렘이 크게 범죄함으로 조소거
리가 되었으니 전에 그에게 영광
을 돌리던 모든 사람이 그의 벗
었음을 보고 업신여김이여 그는
탄식하며 물러가는도다 9 그의
더러운 것이 그의 옷깃에 묻어
있으나 그의 나중을 생각하지 아
니함이여 그러므로 놀랍도록 낮
아져도 그를 위로할 자가 없도다
여호와여 원수가 스스로 큰 체하
오니 나의 환난을 감찰하소서
10 대적이 손을 펴서 그의 모든
보물들을 빼앗았나이다 주께서

1:1 **과부 … 공주** 예레미야애가에서 예루살렘 성은 여성으로 표현된다.

이미 이방인들을 막아 주의 성회
에 들어오지 못하도록 명령하신
그 성소에 그들이 들어간 것을
예루살렘이 보았나이다 11 그
모든 백성이 생명을 이으려고 보
물로 먹을 것들을 바꾸었더니 지
금도 탄식하며 양식을 구하나이
다 나는 비천하오니 여호와여 나
를 돌보시옵소서 12 지나가는
모든 사람들이여 너희에게는 관
계가 없는가 나의 고통과 같은
고통이 있는가 볼지어다 여호와
께서 그의 진노하신 날에 나를
괴롭게 하신 것이로다 13 높은
곳에서 나의 골수에 불을 보내어
이기게 하시고 내 발 앞에 그물
을 치사 나로 물러가게 하셨음이
여 종일토록 나를 피곤하게 하여
황폐하게 하셨도다 14 내 죄악
의 멍에를 그의 손으로 묶고 얽
어 내 목에 올리사 내 힘을 피곤
하게 하셨음이여 내가 감당할 수
없는 자의 손에 주께서 나를 넘
기셨도다 15 주께서 내 영토 안
나의 모든 용사들을 없는 것 같
이 여기시고 성회를 모아 내 청
년들을 부수심이여 처녀 딸 유다
를 내 주께서 술틀에 밟으셨도다
16 이로 말미암아 내가 우니 내
눈에 눈물이 물 같이 흘러내림이
여 나를 위로하여 내 생명을 회
복시켜 줄 자가 멀리 떠났음이로
다 원수들이 이기매 내 자녀들이
외롭도다 17 시온이 두 손을 폈
으나 그를 위로할 자가 없도다
여호와께서 야곱의 사방에 있는
자들에게 명령하여 야곱의 대적
들이 되게 하셨으니 예루살렘은
그들 가운데에 있는 불결한 자가
되었도다 18 여호와는 의로우시
도다 그러나 내가 그의 명령을
거역하였도다 너희 모든 백성들
아 내 말을 듣고 내 고통을 볼지
어다 나의 처녀들과 나의 청년들
이 사로잡혀 갔도다 19 내가 내
사랑하는 자들을 불렀으나 그들
은 나를 속였으며 나의 제사장들
과 장로들은 그들의 목숨을 회복
시킬 그들의 양식을 구하다가 성
가운데에서 기절하였도다 20 여
호와여 보시옵소서 내가 환난을
당하여 나의 애를 다 태우고 나
의 마음이 상하오니 나의 반역이
심히 큼이니이다 밖에서는 칼이
내 아들을 빼앗아 가고 집 안에
서는 죽음 같은 것이 있나이다
21 그들이 내가 탄식하는 것을
들었으나 나를 위로하는 자가 없
으며 나의 모든 원수들은 내가
재난 당하는 것을 듣고 주께서
이렇게 행하신 것을 기뻐하나이
다 그러나 주께서 그 선포하신
날을 이르게 하셔서 그들이 나와
같이 되게 하소서 22 그들의 모
든 악을 주 앞에 가지고 오게 하
시고 나의 모든 죄악들로 말미암
아 내게 행하신 것 같이 그들에
게 행하옵소서 나의 탄식이 많고
나의 마음이 병들었나이다

2장

예루살렘에 대한 여호와의 진노

1 슬프다 주께서 어찌 그리 진노
하사 딸 시온을 구름으로 덮으셨
는가 이스라엘의 아름다움을 하
늘에서 땅에 던지셨음이여 그의
진노의 날에 그의 발판을 기억하

지 아니하셨도다 2 주께서 야곱
의 모든 거처들을 삼키시고 긍휼
히 여기지 아니하셨음이여 노하
사 딸 유다의 견고한 성채들을
허물어 땅에 엎으시고 나라와 그
지도자들을 욕되게 하셨도다 3
맹렬한 진노로 이스라엘의 모든
뿔을 자르셨음이여 원수 앞에서
그의 오른손을 뒤로 거두어 들이
시고 맹렬한 불이 사방으로 불사
름 같이 야곱을 불사르셨도다 4
원수 같이 그의 활을 당기고 대
적처럼 그의 오른손을 들고 서서
눈에 드는 아름다운 모든 사람을
죽이셨음이여 딸 시온의 장막에
그의 노를 불처럼 쏟으셨도다 5
주께서 원수 같이 되어 이스라엘
을 삼키셨음이여 그 모든 궁궐들
을 삼키셨고 견고한 성들을 무너
뜨리사 딸 유다에 근심과 애통을
더하셨도다 6 주께서 그의 초막
을 동산처럼 헐어 버리시며 그의
절기를 폐하셨도다 여호와께서
시온에서 절기와 안식일을 잊어
버리게 하시며 그가 진노하사 왕
과 제사장을 멸시하셨도다 7 여
호와께서 또 자기 제단을 버리시
며 자기 성소를 미워하시며 궁전
의 성벽들을 원수의 손에 넘기셨
으매 그들이 여호와의 전에서 떠
들기를 절기의 날과 같이 하였도

애

다 8 여호와께서 딸 시온의 성벽
을 헐기로 결심하시고 줄을 띠고
무너뜨리는 일에서 손을 거두지
아니하사 성벽과 성곽으로 통곡
하게 하셨으매 그들이 함께 쇠하
였도다 9 성문이 땅에 묻히며 빗
장이 부서져 파괴되고 왕과 지도
자들이 율법 없는 이방인들 가운
데에 있으며 그 성의 선지자들은
여호와의 묵시를 받지 못하는도
다 10 딸 시온의 장로들이 땅에
앉아 잠잠하고 티끌을 머리에 덮
어쓰고 굵은 베를 허리에 둘렀음
이여 예루살렘 처녀들은 머리를
땅에 숙였도다 11 내 눈이 눈물
에 상하며 내 창자가 끓어지며

내 간이 땅에 쏟아졌으니 이는
딸 내 백성이 패망하여 어린 자
녀와 젖 먹는 아이들이 성읍 길
거리에 기절함이로다 12 그들이
성읍 길거리에서 상한 자처럼 기
절하여 그의 어머니들의 품에서
혼이 떠날 때에 어머니들에게 이
르기를 곡식과 포도주가 어디 있
느냐 하도다 13 딸 예루살렘이
여 내가 무엇으로 네게 증거하며
무엇으로 네게 비유할까 처녀 딸
시온이여 내가 무엇으로 네게 비
교하여 너를 위로할까 너의 파괴
됨이 바다 같이 크니 누가 너를
고쳐 줄소냐 14 네 선지자들이
네게 대하여 헛되고 어리석은 묵
시를 보았으므로 네 죄악을 드러
내어서 네가 사로잡힌 것을 돌이
키지 못하였도다 그들이 거짓 경
고와 미혹하게 할 것만 보았도다
15 모든 지나가는 자들이 다 너
를 향하여 박수치며 딸 예루살렘
을 향하여 비웃고 머리를 흔들며
말하기를 온전한 영광이라, 모든
세상 사람들의 기쁨이라 일컫던
성이 이 성이냐 하며 16 네 모든
원수들은 너를 향하여 그들의 입
을 벌리며 비웃고 이를 갈며 말
하기를 우리가 그를 삼켰도다 우
리가 바라던 날이 과연 이 날이
라 우리가 얻기도 하고 보기도
하였다 하도다 17 여호와께서
이미 정하신 일을 행하시고 옛날
에 명령하신 말씀을 다 이루셨음
이여 긍휼히 여기지 아니하시고
무너뜨리사 원수가 너로 말미암
아 즐거워하게 하며 네 대적자들
의 뿔로 높이 들리게 하셨도다
18 그들의 마음이 주를 향하여
부르짖기를 딸 시온의 성벽아 너
는 밤낮으로 눈물을 강처럼 흘릴
지어다 스스로 쉬지 말고 네 눈
동자를 쉬게 하지 말지어다 19
초저녁에 일어나 부르짖을지어
다 네 마음을 주의 얼굴 앞에 물
쏟듯 할지어다 각 길 어귀에서
주려 기진한 네 어린 자녀들의
생명을 위하여 주를 향하여 손을
들지어다 하였도다 20 여호와여
보시옵소서 주께서 누구에게 이
같이 행하셨는지요 여인들이 어
찌 자기 열매 곧 그들이 낳은 아
이들을 먹으오며 제사장들과 선
지자들이 어찌 주의 성소에서 죽
임을 당하오리이까 21 늙은이와
젊은이가 다 길바닥에 엎드러졌
사오며 내 처녀들과 내 청년들이
칼에 쓰러졌나이다 주께서 주의
진노의 날에 죽이시되 긍휼히 여
기지 아니하시고 도륙하셨나이
다 22 주께서 내 두려운 일들을
사방에서 부르시기를 절기 때 무
리를 부름 같이 하셨나이다 여호
와께서 진노하시는 날에는 피하
거나 남은 자가 없나이다 내가
낳아 기르는 아이들을 내 원수가
다 멸하였나이다

3장

진노, 회개, 소망

1 여호와의 분노의 매로 말미암
아 고난 당한 자는 나로다 2 나
를 이끌어 어둠 안에서 걸어가게
하시고 빛 안에서 걸어가지 못하
게 하셨으며 3 종일토록 손을 들
어 자주자주 나를 치시는도다 4
나의 살과 가죽을 쇠하게 하시며
나의 뼈들을 꺾으셨고 5 고통과
수고를 쌓아 나를 에우셨으며 6
나를 어둠 속에 살게 하시기를
죽은 지 오랜 자 같게 하셨도다
7 나를 둘러싸서 나가지 못하게
하시고 내 사슬을 무겁게 하셨으
며 8 내가 부르짖어 도움을 구하
나 내 기도를 물리치시며 9 다듬
은 돌을 쌓아 내 길들을 막으사
내 길들을 굽게 하셨도다 10 그
는 내게 대하여 엎드려 기다리는
곰과 은밀한 곳에 있는 사자 같
으사 11 나의 길들로 치우치게
하시며 내 몸을 찢으시며 나를
적막하게 하셨도다 12 활을 당
겨 나를 화살의 과녁으로 삼으심

이여 13 화살통의 화살들로 내
허리를 맞추셨도다 14 나는 내
모든 백성에게 조롱거리 곧 종일
토록 그들의 노랫거리가 되었도
다 15 나를 쓴 것들로 배불리시
고 쑥으로 취하게 하셨으며 16
조약돌로 내 이들을 꺾으시고 재

로 나를 덮으셨도다 17 주께서
내 심령이 평강에서 멀리 떠나게
하시니 내가 복을 내어버렸음이
여 18 스스로 이르기를 나의 힘
과 여호와께 대한 내 소망이 끊
어졌다 하였도다 19 내 고초와
재난 곧 쑥과 담즙을 기억하소서
20 내 마음이 그것을 기억하고
내가 낙심이 되오나 21 이것을
내가 내 마음에 담아 두었더니
그것이 오히려 나의 소망이 되었
사옴은 22 여호와의 인자와 긍
휼이 무궁하시므로 우리가 진멸
되지 아니함이니이다 23 이것들
이 아침마다 새로우니 주의 성실
하심이 크시도소이다 24 내 심
령에 이르기를 여호와는 나의 기
업이시니 그러므로 내가 그를 바
라리라 하도다 25 기다리는 자
들에게나 구하는 영혼들에게 여
호와는 선하시도다 26 사람이
여호와의 구원을 바라고 잠잠히
기다림이 좋도다 27 사람은 젊
었을 때에 멍에를 메는 것이 좋
으니 28 혼자 앉아서 잠잠할 것
은 주께서 그것을 그에게 메우셨
음이라 29 그대의 입을 땅의 티
끌에 댈지어다 혹시 소망이 있을
지로다 30 자기를 치는 자에게
뺨을 돌려대어 치욕으로 배불릴
지어다 31 이는 주께서 영원하
도록 버리지 아니하실 것임이며
32 그가 비록 근심하게 하시나
그의 풍부한 인자하심에 따라 긍
휼히 여기실 것임이라 33 주께
서 인생으로 고생하게 하시며 근
심하게 하심은 본심이 아니시로
다 34 세상에 있는 모든 갇힌 자
들을 발로 밟는 것과 35 지존자
의 얼굴 앞에서 사람의 재판을
굽게 하는 것과 36 사람의 송사
를 억울하게 하는 것은 다 주께
서 기쁘게 보시는 것이 아니로다
37 주의 명령이 아니면 누가 이
것을 능히 말하여 이루게 할 수
있으랴 38 화와 복이 지존자의
입으로부터 나오지 아니하느냐
39 살아 있는 사람은 자기 죄들
때문에 벌을 받나니 어찌 원망하
랴 40 우리가 스스로 우리의 행
위들을 조사하고 여호와께로 돌
아가자 41 우리의 마음과 손을
아울러 하늘에 계신 하나님께 들
자 42 우리의 범죄함과 우리의
반역함을 주께서 사하지 아니하
시고 43 진노로 자신을 가리시
고 우리를 추격하시며 죽이시고
긍휼을 베풀지 아니하셨나이다
44 주께서 구름으로 자신을 가리
사 기도가 상달되지 못하게 하시
고 45 우리를 뭇 나라 가운데에
서 쓰레기와 폐물로 삼으셨으므
로 46 우리의 모든 원수들이 우
리를 향하여 그들의 입을 크게
벌렸나이다 47 두려움과 함정과
파멸과 멸망이 우리에게 임하였
도다 48 딸 내 백성의 파멸로 말
미암아 내 눈에는 눈물이 시내처
럼 흐르도다 49 내 눈에 흐르는
눈물이 그치지 아니하고 쉬지 아
니함이여 50 여호와께서 하늘에
서 살피시고 돌아보실 때까지니
라 51 나의 성읍의 모든 여자들
을 내 눈으로 보니 내 심령이 상
하는도다 52 나의 원수들이 이
유없이 나를 새처럼 사냥하는도
다 53 그들이 내 생명을 끊으려
고 나를 구덩이에 넣고 그 위에

돌을 던짐이여 54 물이 내 머리
위로 넘치니 내가 스스로 이르기
를 이제는 멸절되었다 하도다
55 여호와여 내가 심히 깊은 구
덩이에서 주의 이름을 불렀나이
다 56 주께서 이미 나의 음성을
들으셨사오니 이제 나의 탄식과
부르짖음에 주의 귀를 가리지 마
옵소서 57 내가 주께 아뢴 날에
주께서 내게 가까이 하여 이르시
되 두려워하지 말라 하셨나이다
58 주여 주께서 내 심령의 원통
함을 풀어 주셨고 내 생명을 속
량하셨나이다 59 여호와여 나의
억울함을 보셨사오니 나를 위하
여 원통함을 풀어주옵소서 60
그들이 내게 보복하며 나를 모해
함을 주께서 다 보셨나이다 61
여호와여 그들이 나를 비방하며
나를 모해하는 모든 것 62 곧 일
어나 나를 치는 자들의 입술에서
나오는 것들과 종일 나를 모해하
는 것들을 들으셨나이다 63 그
들이 앉으나 서나 나를 조롱하여
노래하는 것을 주목하여 보옵소
서 64 여호와여 주께서 그들의
손이 행한 대로 그들에게 보응하
사 65 그들에게 거만한 마음을
주시고 그들에게 저주를 내리소
서 66 주께서 진노로 그들을 뒤
쫓으사 여호와의 하늘 아래에서
멸하소서

장

멸망 후의 예루살렘

1 슬프다 어찌 그리 금이 빛을 잃
고 순금이 변질하였으며 성소의

돌들이 거리 어귀마다 쏟아졌는
고 2 순금에 비할 만큼 보배로운
시온의 아들들이 어찌 그리 토기
장이가 만든 질항아리 같이 여김
이 되었는고 3 들개들도 젖을 주
어 그들의 새끼를 먹이나 딸 내
백성은 잔인하여 마치 광야의 타
조 같도다 4 젖먹이가 목말라서
혀가 입천장에 붙음이여 어린 아
이들이 떡을 구하나 떼어 줄 사
람이 없도다 5 맛있는 음식을 먹
던 자들이 외롭게 거리 거리에
있으며 이전에는 붉은 옷을 입고
자라난 자들이 이제는 거름더미
를 안았도다 6 전에 소돔이 사람
의 손을 대지 아니하였는데도 순
식간에 무너지더니 이제는 딸 내
백성의 죄가 소돔의 죄악보다 무
겁도다 7 전에는 존귀한 자들의
몸이 눈보다 깨끗하고 젖보다 희
며 산호들보다 붉어 그들의 윤택
함이 갈아서 빛낸 청옥 같더니 8
이제는 그들의 얼굴이 숯보다 검
고 그들의 가죽이 뼈들에 붙어
막대기 같이 말랐으니 어느 거리
에서든지 알아볼 사람이 없도다
9 칼에 죽은 자들이 주려 죽은 자
들보다 나음은 토지 소산이 끊어
지므로 그들은 찔림 받은 자들처
럼 점점 쇠약하여 감이로다 10
딸 내 백성이 멸망할 때에 자비
로운 부녀들이 자기들의 손으로
자기들의 자녀들을 삶아 먹었도
다 11 여호와께서 그의 분을 내
시며 그의 맹렬한 진노를 쏟으심
이여 시온에 불을 지르사 그 터
를 사르셨도다 12 대적과 원수
가 예루살렘 성문으로 들어갈 줄
은 세상의 모든 왕들과 천하 모
든 백성이 믿지 못하였었도다
13 그의 선지자들의 죄들과 제사
장들의 죄악들 때문이니 그들이
성읍 안에서 의인들의 피를 흘렸
도다 14 그들이 거리 거리에서
맹인 같이 방황함이여 그들의 옷
들이 피에 더러워졌으므로 그들
이 만질 수 없도다 15 사람들이
그들에게 외쳐 이르기를 저리 가

라 부정하다, 저리 가라, 저리 가
라, 만지지 말라 하였음이여 그
들이 도망하여 방황할 때에 이방
인들이 말하기를 그들이 다시는
여기서 살지 못하리라 하였도다
16 여호와께서 노하여 그들을 흩
으시고 다시는 돌보지 아니하시
리니 그들이 제사장들을 높이지
아니하였으며 장로들을 대접하
지 아니하였음이로다 17 우리가
헛되이 도움을 바라므로 우리의
눈이 상함이여 우리를 구원하지
못할 나라를 바라보고 바라보았
도다 18 그들이 우리의 걸음을
엿보니 우리가 거리마다 다 다닐
수 없음이여 우리의 끝이 가깝고
우리의 날들이 다하였으며 우리

의 종말이 이르렀도다 19 우리
를 뒤쫓는 자들이 하늘의 독수리
들보다 빠름이여 산 꼭대기까지
도 뒤쫓으며 광야에서도 우리를
잡으려고 매복하였도다 20 우리
의 콧김 곧 여호와께서 기름 부
으신 자가 그들의 함정에 빠졌음
이여 우리가 그를 가리키며 전에
이르기를 우리가 그의 그늘 아래
에서 이방인들 중에 살겠다 하던
자로다 21 우스 땅에 사는 딸 에
돔아 즐거워하며 기뻐하라 잔이
네게도 이를지니 네가 취하여 벌
거벗으리라 22 딸 시온아 네 죄
악의 형벌이 다하였으니 주께서
다시는 너로 사로잡혀 가지 아니
하게 하시리로다 딸 에돔아 주께
서 네 죄악을 벌하시며 네 허물
을 드러내시리로다

5장

긍휼을 위한 기도

1 여호와여 우리가 당한 것을 기
억하시고 우리가 받은 치욕을 살
펴보옵소서 2 우리의 기업이 외
인들에게, 우리의 집들도 이방인
들에게 돌아갔나이다 3 우리는
아버지 없는 고아들이오며 우리
의 어머니는 과부들 같으니 4 우
리가 은을 주고 물을 마시며 값
을 주고 나무들을 가져오며 5 우
리를 뒤쫓는 자들이 우리의 목을
눌렀사오니 우리가 기진하여 쉴
수 없나이다 6 우리가 애굽 사람
과 앗수르 사람과 악수하고 양식
을 얻어 배불리고자 하였나이다
7 우리의 조상들은 범죄하고 없
어졌으며 우리는 그들의 죄악을
담당하였나이다 8 종들이 우리
를 지배함이여 그들의 손에서 건
져낼 자가 없나이다 9 광야에는
칼이 있으므로 죽기를 무릅써야
양식을 얻사오니 10 굶주림의
열기로 말미암아 우리의 피부가
아궁이처럼 검으니이다 11 대적
들이 시온에서 부녀들을, 유다
각 성읍에서 처녀들을 욕보였나
이다 12 지도자들은 그들의 손
에 매달리고 장로들의 얼굴도 존
경을 받지 못하나이다 13 청년
들이 맷돌을 지며 아이들이 나무
를 지다가 엎드러지오며 14 노
인들은 다시 성문에 앉지 못하며
청년들은 다시 노래하지 못하나
이다 15 우리의 마음에는 기쁨
이 그쳤고 우리의 춤은 변하여
슬픔이 되었사오며 16 우리의
머리에서는 면류관이 떨어졌사
오니 오호라 우리의 범죄 때문이
니이다 17 이러므로 우리의 마
음이 피곤하고 이러므로 우리 눈
들이 어두우며 18 시온 산이 황
폐하여 여우가 그 안에서 노나이
다 19 여호와여 주는 영원히 계
시오며 주의 보좌는 대대에 이르
나이다 20 주께서 어찌하여 우
리를 영원히 잊으시오며 우리를
이같이 오래 버리시나이까 21
여호와여 우리를 주께로 돌이키
소서 그리하시면 우리가 주께로
돌아가겠사오니 우리의 날들을
다시 새롭게 하사 옛적 같게 하
옵소서 22 주께서 우리를 아주
버리셨사오며 우리에게 진노하
심이 참으로 크시니이다

에스겔

1장

여호와의 보좌

1 서른째 해 넷째 달 초닷새에 내
가 그발 강 가 사로잡힌 자 중에
있을 때에 하늘이 열리며 하나님
의 모습이 내게 보이니 2 여호야
긴 왕이 사로잡힌 지 오 년 그 달
초닷새라 3 갈대아 땅 그발 강
가에서 여호와의 말씀이 부시의
아들 제사장 나 에스겔에게 특별
히 임하고 여호와의 권능이 내
위에 있으니라 4 내가 보니 북쪽
에서부터 폭풍과 큰 구름이 오는
데 그 속에서 불이 번쩍번쩍하여
빛이 그 사방에 비치며 그 불 가
운데 단 쇠 같은 것이 나타나 보
이고 5 그 속에서 네 생물의 형
상이 나타나는데 그들의 모양이
이러하니 그들에게 사람의 형상
이 있더라 6 그들에게 각각 네
얼굴과 네 날개가 있고 7 그들의
다리는 곧은 다리요 그들의 발바
닥은 송아지 발바닥 같고 광낸
구리 같이 빛나며 8 그 사방 날
개 밑에는 각각 사람의 손이 있
더라 그 네 생물의 얼굴과 날개
가 이러하니 9 날개는 다 서로
연하였으며 갈 때에는 돌이키지
아니하고 일제히 앞으로 곧게 행
하며 10 그 얼굴들의 모양은 넷
의 앞은 사람의 얼굴이요 넷의
오른쪽은 사자의 얼굴이요 넷의
왼쪽은 소의 얼굴이요 넷의 뒤는
독수리의 얼굴이니 11 그 얼굴
은 그러하며 그 날개는 들어 펴
서 각기 둘씩 서로 연하였고 또
둘은 몸을 가렸으며 12 영이 어
떤 쪽으로 가면 그 생물들도 그
대로 가되 돌이키지 아니하고 일
제히 앞으로 곧게 행하며 13 또
생물들의 모양은 타는 숯불과 횃
불 모양 같은데 그 불이 그 생물

사이에서 오르락내리락 하며 그
불은 광채가 있고 그 가운데에서
는 번개가 나며 14 그 생물들은
번개 모양 같이 왕래하더라 15
내가 그 생물들을 보니 그 생물
들 곁에 있는 땅 위에는 바퀴가
있는데 그 네 얼굴을 따라 하나
씩 있고 16 그 바퀴의 모양과 그
구조는 황옥 같이 보이는데 그
넷은 똑같은 모양을 가지고 있으
며 그들의 모양과 구조는 바퀴
안에 바퀴가 있는 것 같으며 17
그들이 갈 때에는 사방으로 향한
대로 돌이키지 아니하고 가며
18 그 둘레는 높고 무서우며 그
네 둘레로 돌아가면서 눈이 가득
하며 19 그 생물들이 갈 때에 바
퀴들도 그 곁에서 가고 그 생물
들이 땅에서 들릴 때에 바퀴들도
들려서 20 영이 어떤 쪽으로 가
면 생물들도 영이 가려 하는 곳
으로 가고 바퀴들도 그 곁에서
들리니 이는 생물의 영이 그 바
퀴들 가운데에 있음이니라 21
그들이 가면 이들도 가고 그들이
서면 이들도 서고 그들이 땅에서
들릴 때에는 이들도 그 곁에서
들리니 이는 생물의 영이 그 바
퀴들 가운데에 있음이더라 22
그 생물의 머리 위에는 수정 같
은 궁창의 형상이 있어 보기에
두려운데 그들의 머리 위에 펼쳐
져 있고 23 그 궁창 밑에 생물들
의 날개가 서로 향하여 펴 있는
데 이 생물은 두 날개로 몸을 가
렸고 저 생물도 두 날개로 몸을
가렸더라 24 생물들이 갈 때에
내가 그 날개 소리를 들으니 많
은 물 소리와도 같으며 전능자의
음성과도 같으며 떠드는 소리 곧
군대의 소리와도 같더니 그 생물
이 설 때에 그 날개를 내렸더라
25 그 머리 위에 있는 궁창 위에
서부터 음성이 나더라 그 생물이
설 때에 그 날개를 내렸더라 26
그 머리 위에 있는 궁창 위에 보
좌의 형상이 있는데 그 모양이
남보석 같고 그 보좌의 형상 위

에 한 형상이 있어 사람의 모양
같더라 27 내가 보니 그 허리 위
의 모양은 단 쇠 같아서 그 속과
주위가 불 같고 내가 보니 그 허
리 아래의 모양도 불 같아서 사
방으로 광채가 나며 28 그 사방
광채의 모양은 비 오는 날 구름
에 있는 무지개 같으니 이는 여
호와의 영광의 형상의 모양이라
내가 보고 엎드려 말씀하시는 이
의 음성을 들으니라

2장

에스겔을 선지자로 부르시다

1 그가 내게 이르시되 인자야 네
발로 일어서라 내가 네게 말하리
라 하시며 2 그가 내게 말씀하실
때에 그 영이 내게 임하사 나를
일으켜 내 발로 세우시기로 내가
그 말씀하시는 자의 소리를 들으
니 3 내게 이르시되 인자야 내가
너를 이스라엘 자손 곧 패역한
백성, 나를 배반하는 자에게 보
내노라 그들과 그 조상들이 내게
범죄하여 오늘까지 이르렀나니
4 이 자손은 얼굴이 뻔뻔하고 마
음이 굳은 자니라 내가 너를 그
들에게 보내노니 너는 그들에게
이르기를 주 여호와의 말씀이 이
러하시다 하라 5 그들은 패역한
족속이라 그들이 듣든지 아니 듣
든지 그들 가운데에 선지자가 있
음을 알지니라 6 인자야 너는 비
록 가시와 찔레와 함께 있으며
전갈 가운데에 거주할지라도 그
들을 두려워하지 말고 그들의 말
을 두려워하지 말지어다 그들은
패역한 족속이라도 그 말을 두려
워하지 말며 그 얼굴을 무서워하
지 말지어다 7 그들은 심히 패역
한 자라 그들이 듣든지 아니 듣
든지 너는 내 말로 고할지어다 8
너 인자야 내가 네게 이르는 말
을 듣고 그 패역한 족속 같이 패
역하지 말고 네 입을 벌리고 내
가 네게 주는 것을 먹으라 하시
기로 9 내가 보니 보라 한 손이
나를 향하여 펴지고 보라 그 안에
두루마리 책이 있더라 10 그가
그것을 내 앞에 펴시니 그 안팎에
글이 있는데 그 위에 애가와 애곡
과 재앙의 말이 기록되었더라

3장

1 또 그가 내게 이르시되 인자야
너는 발견한 것을 먹으라 너는
이 두루마리를 먹고 가서 이스라
엘 족속에게 말하라 하시기로 2
내가 입을 벌리니 그가 그 두루
마리를 내게 먹이시며 3 내게 이

르시되 인자야 내가 네게 주는
이 두루마리를 네 배에 넣으며
네 창자에 채우라 하시기에 내가
먹으니 그것이 내 입에서 달기가
꿀 같더라 4 그가 또 내게 이르
시되 인자야 이스라엘 족속에게
가서 내 말로 그들에게 고하라 5
너를 언어가 다르거나 말이 어려
운 백성에게 보내는 것이 아니요
이스라엘 족속에게 보내는 것이
라 6 너를 언어가 다르거나 말이
어려워 네가 그들의 말을 알아
듣지 못할 나라들에게 보내는 것
이 아니니라 내가 너를 그들에게
보냈다면 그들은 정녕 네 말을
들었으리라 7 그러나 이스라엘
족속은 이마가 굳고 마음이 굳어
네 말을 듣고자 아니하리니 이는
내 말을 듣고자 아니함이니라 8
보라 내가 그들의 얼굴을 마주보
도록 네 얼굴을 굳게 하였고 그
들의 이마를 마주보도록 네 이마
를 굳게 하였으되 9 네 이마를
화석보다 굳은 금강석 같이 하였
으니 그들이 비록 반역하는 족속
이라도 두려워하지 말며 그들의
얼굴을 무서워하지 말라 하시니
라 10 또 내게 이르시되 인자야
내가 네게 이를 모든 말을 너는
마음으로 받으며 귀로 듣고 11
사로잡힌 네 민족에게로 가서 그
들이 듣든지 아니 듣든지 그들에
게 고하여 이르기를 주 여호와의
말씀이 이러하시다 하라 12 때
에 주의 영이 나를 들어올리시는
데 내가 내 뒤에서 크게 울리는
소리를 들으니 찬송할지어다 여
호와의 영광이 그의 처소로부터
나오는도다 하니 13 이는 생물
들의 날개가 서로 부딪치는 소리
와 생물 곁의 바퀴 소리라 크게
울리는 소리더라 14 주의 영이
나를 들어올려 데리고 가시는데
내가 근심하고 분한 마음으로 가
니 여호와의 권능이 힘 있게 나
를 감동시키시더라 15 이에 내
가 델아빕에 이르러 그 사로잡힌
백성 곧 그발 강 가에 거주하는
자들에게 나아가 그 중에서 두려
워 떨며 칠 일을 지내니라

파수꾼 에스겔

16 칠 일 후에 여호와의 말씀이
내게 임하여 이르시되 17 인자
야 내가 너를 이스라엘 족속의
파수꾼으로 세웠으니 너는 내 입
의 말을 듣고 나를 대신하여 그
들을 깨우치라 18 가령 내가 악
인에게 말하기를 너는 꼭 죽으리
라 할 때에 네가 깨우치지 아니
하거나 말로 악인에게 일러서 그
의 악한 길을 떠나 생명을 구원
하게 하지 아니하면 그 악인은
그의 죄악 중에서 죽으려니와 내
가 그의 피 값을 네 손에서 찾을
것이고 19 네가 악인을 깨우치
되 그가 그의 악한 마음과 악한
행위에서 돌이키지 아니하면 그
는 그의 죄악 중에서 죽으려니와
너는 네 생명을 보존하리라 20
또 의인이 그의 공의에서 돌이켜
악을 행할 때에는 이미 행한 그
의 공의는 기억할 바 아니라 내
가 그 앞에 거치는 것을 두면 그
가 죽을지니 이는 네가 그를 깨
우치지 않음이니라 그는 그의 죄
중에서 죽으려니와 그의 피 값은
내가 네 손에서 찾으리라 21 그
러나 네가 그 의인을 깨우쳐 범
죄하지 아니하게 함으로 그가 범
죄하지 아니하면 정녕 살리니 이
는 깨우침을 받음이며 너도 네
영혼을 보존하리라

에스겔이 말 못하는 자가 되다

22 여호와께서 권능으로 거기서
내게 임하시고 또 내게 이르시되
일어나 들로 나아가라 내가 거기
서 너와 말하리라 하시기로 23
내가 일어나 들로 나아가니 여호
와의 영광이 거기에 머물렀는데
내가 전에 그발 강 가에서 보던
영광과 같은지라 내가 곧 엎드리
니 24 주의 영이 내게 임하사 나
를 일으켜 내 발로 세우시고 내
게 말씀하여 이르시되 너는 가서
네 집에 들어가 문을 닫으라 25
너 인자야 보라 무리가 네 위에
줄을 놓아 너를 동여매리니 네가
그들 가운데에서 나오지 못할 것
이라 26 내가 네 혀를 네 입천장
에 붙게 하여 네가 말 못하는 자
가 되어 그들을 꾸짖는 자가 되
지 못하게 하리니 그들은 패역한
족속임이니라 27 그러나 내가
너와 말할 때에 네 입을 열리니
너는 그들에게 이르기를 주 여호
와의 말씀이 이러하시다 하라 들
을 자는 들을 것이요 듣기 싫은
자는 듣지 아니하리니 그들은 반
역하는 족속임이니라

4장

예루살렘을 그리고 에워싸라

1 너 인자야 토판을 가져다가 그
것을 네 앞에 놓고 한 성읍 곧 예
루살렘을 그 위에 그리고 2 그

성읍을 에워싸되 그것을 향하여
사다리를 세우고 그것을 향하여
흙으로 언덕을 쌓고 그것을 향하
여 진을 치고 그것을 향하여 공
성퇴를 둘러 세우고 3 또 철판을
가져다가 너와 성읍 사이에 두어
철벽을 삼고 성을 포위하는 것처
럼 에워싸라 이것이 이스라엘 족
속에게 징조가 되리라 4 너는 또
왼쪽으로 누워 이스라엘 족속의
죄악을 짊어지되 네가 눕는 날수
대로 그 죄악을 담당할지니라 5
내가 그들의 범죄한 햇수대로 네
게 날수를 정하였나니 곧 삼백구
십 일이니라 너는 이렇게 이스라
엘 족속의 죄악을 담당하고 6 그
수가 차거든 너는 오른쪽으로 누
워 유다 족속의 죄악을 담당하라
내가 네게 사십 일로 정하였나니
하루가 일 년이니라 7 너는 또
네 얼굴을 에워싸인 예루살렘 쪽
으로 향하고 팔을 걷어 올리고
예언하라 8 내가 줄로 너를 동이
리니 네가 에워싸는 날이 끝나기
까지 몸을 이리 저리 돌리지 못
하리라 9 너는 밀과 보리와 콩과
팥과 조와 귀리를 가져다가 한
그릇에 담고 너를 위하여 떡을
만들어 네가 옆으로 눕는 날수
곧 삼백구십 일 동안 먹되 10 너
는 음식물을 달아서 하루 이십
세겔씩 때를 따라 먹고 11 물도
육분의 일 힌씩 되어서 때를 따
라 마시라 12 너는 그것을 보리
떡처럼 만들어 먹되 그들의 목전
에서 인분 불을 피워 구울지니라
13 또 여호와께서 이르시되 내가
여러 나라들로 쫓아내어 흩어 버
릴 이스라엘 자손이 거기서 이같
이 부정한 떡을 먹으리라 하시기
로 14 내가 말하되 아하 주 여호
와여 나는 영혼을 더럽힌 일이
없었나이다 어려서부터 지금까
지 스스로 죽은 것이나 짐승에게
찢긴 것을 먹지 아니하였고 가증
한 고기를 입에 넣지 아니하였나
이다 15 여호와께서 내게 이르
시되 보라 쇠똥으로 인분을 대신

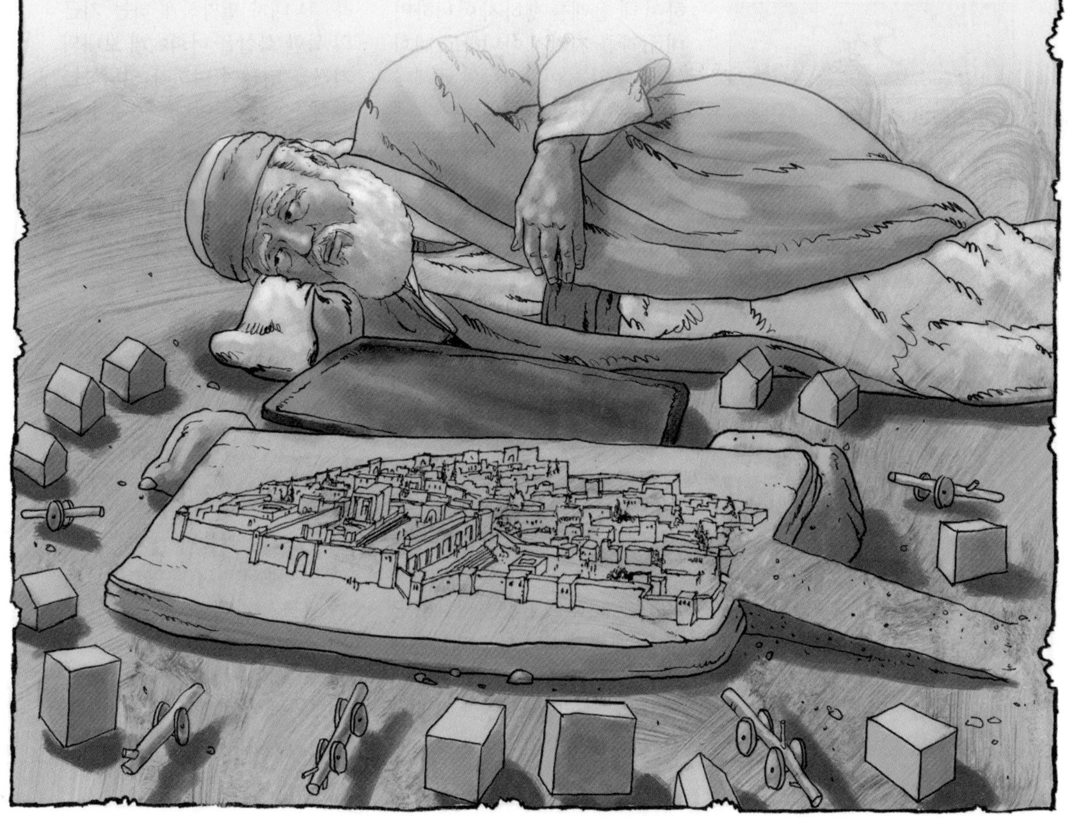

하기를 허락하노니 너는 그것으
로 떡을 구울지니라 16 또 내게
이르시되 인자야 내가 예루살렘
에서 의뢰하는 양식을 끊으리니
백성이 근심 중에 떡을 달아 먹
고 두려워 떨며 물을 되어 마시
다가 17 떡과 물이 부족하여 피
차에 두려워 하여 떨며 그 죄악
중에서 쇠패하리라

5장

머리털과 수염을 깎는 상징

1 너 인자야 너는 날카로운 칼을
가져다가 삭도로 삼아 네 머리털
과 수염을 깎아서 저울로 달아
나누어 두라 2 그 성읍을 에워싸
는 날이 차거든 너는 터럭 삼분
의 일은 성읍 안에서 불사르고
삼분의 일은 성읍 사방에서 칼로
치고 또 삼분의 일은 바람에 흩
으라 내가 그 뒤를 따라 칼을 빼
리라 3 너는 터럭 중에서 조금을
네 옷자락에 싸고 4 또 그 가운
데에서 얼마를 불에 던져 사르라
그 속에서 불이 이스라엘 온 족
속에게로 나오리라 5 주 여호와
께서 이와 같이 이르시되 이것이
곧 예루살렘이라 내가 그를 이방
인 가운데에 두어 나라들이 둘러
있게 하였거늘 6 그가 내 규례를
거슬러서 이방인보다 악을 더 행
하며 내 율례도 그리함이 그를
둘러 있는 나라들보다 더하니 이
는 그들이 내 규례를 버리고 내
율례를 행하지 아니하였음이니
라 7 그러므로 나 주 여호와가
말하노라 너희 요란함이 너희를
둘러싸고 있는 이방인들보다 더
하여 내 율례를 행하지 아니하며
내 규례를 지키지 아니하고 너희
를 둘러 있는 이방인들의 규례대
로도 행하지 아니하였느니라 8
그러므로 나 주 여호와가 말하노
라 나 곧 내가 너를 치며 이방인
의 목전에서 너에게 벌을 내리되
9 네 모든 가증한 일로 말미암아
내가 전무후무하게 네게 내릴지
라 10 그리한즉 네 가운데에서
아버지가 아들을 잡아먹고 아들
이 그 아버지를 잡아먹으리라 내
가 벌을 네게 내리고 너희 중에
남은 자를 다 사방에 흩으리라
11 그러므로 나 주 여호와가 말하
노라 내가 나의 삶을 두고 맹세하
노니 네가 모든 미운 물건과 모든
가증한 일로 내 성소를 더럽혔은
즉 나도 너를 아끼지 아니하며 긍
휼을 베풀지 아니하고 미약하게
하리니 12 너희 가운데에서 삼분
의 일은 전염병으로 죽으며 기근
으로 멸망할 것이요 삼분의 일은
너의 사방에서 칼에 엎드러질 것
이며 삼분의 일은 내가 사방에 흩
어 버리고 또 그 뒤를 따라 가며
칼을 빼리라 13 이와 같이 내 노
가 다한즉 그들을 향한 분이 풀려
서 내 마음이 가라앉으리라 내 분
이 그들에게 다한즉 나 여호와가
열심으로 말한 줄을 그들이 알리
라 14 내가 이르되 또 너를 황무
하게 하고 너를 둘러싸고 있는 이
방인들 중에서 모든 지나가는 자
의 목전에 모욕거리가 되게 하리
니 15 내 노와 분과 중한 책망으
로 네게 벌을 내린즉 너를 둘러싸
고 있는 이방인들에게 네가 수치
와 조롱거리가 되고 두려움과 경
고가 되리라 나 여호와의 말이니
라 16 내가 멸망하게 하는 기근
의 독한 화살을 너희에게 보내되
기근을 더하여 너희가 의뢰하는
양식을 끊을 것이라 17 내가 기
근과 사나운 짐승을 너희에게 보
내 외롭게 하고 너희 가운데에 전
염병과 살륙이 일어나게 하고 또
칼이 너희에게 임하게 하리라 나
여호와의 말이니라

6장

여호와께서 우상 숭배를 심판하시다

1 여호와의 말씀이 내게 임하여
이르시되 2 인자야 너는 이스라
엘 산을 향하여 그들에게 예언하
여 3 이르기를 이스라엘 산들아
주 여호와의 말씀을 들으라 주
여호와께서 산과 언덕과 시내와
골짜기를 향하여 이같이 말씀하

시기를 나 곧 내가 칼이 너희에
게 임하게 하여 너희 산당을 멸
하리니 4 너희 제단들이 황폐하
고 분향제단들이 깨뜨려질 것이
며 너희가 죽임을 당하여 너희
우상 앞에 엎드러지게 할 것이라
5 이스라엘 자손의 시체를 그 우
상 앞에 두며 너희 해골을 너희
제단 사방에 흩으리라 6 내가 너
희가 거주하는 모든 성읍이 사막
이 되게 하며 산당을 황폐하게
하리니 이는 너희 제단이 깨어지
고 황폐하며 너희 우상들이 깨어
져 없어지며 너희 분향제단들이
찍히며 너희가 만든 것이 폐하여
지며 7 또 너희가 죽임을 당하여
엎드러지게 하여 내가 여호와인
줄을 너희가 알게 하려 함이라 8
그러나 너희가 여러 나라에 흩어
질 때에 내가 너희 중에서 칼을
피하여 이방인들 중에 살아 남은
자가 있게 할지라 9 너희 중에서
살아 남은 자가 사로잡혀 이방인
들 중에 있어서 나를 기억하되
그들이 음란한 마음으로 나를 떠
나고 음란한 눈으로 우상을 섬겨
나를 근심하게 한 것을 기억하고
스스로 한탄하리니 이는 그 모든
가증한 일로 악을 행하였음이라

10 그 때에야 그들이 나를 여호
와인 줄 알리라 내가 이런 재앙
을 그들에게 내리겠다 한 말이
헛되지 아니하니라 11 주 여호
와께서 이같이 이르시되 너는 손
뼉을 치고 발을 구르며 말할지어
다 오호라 이스라엘 족속이 모든
가증한 악을 행하므로 마침내 칼
과 기근과 전염병에 망하되 12
먼 데 있는 자는 전염병에 죽고
가까운 데 있는 자는 칼에 엎드
러지고 남아 있어 에워싸인 자는
기근에 죽으리라 이같이 내 진노
를 그들에게 이룬즉 13 그 죽임
당한 시체들이 그 우상들 사이
에, 제단 사방에, 각 높은 고개 위
에, 모든 산 꼭대기에, 모든 푸른
나무 아래에, 무성한 상수리나무
아래 곧 그 우상에게 분향하던
곳에 있으리니 내가 여호와인 줄
을 너희가 알리라 14 내가 내 손
을 그들의 위에 펴서 그가 사는
온 땅 곧 광야에서부터 디블라까
지 황량하고 황폐하게 하리니 내
가 여호와인 줄을 그들이 알리라

7장

이스라엘의 끝이 다가오다

1 또 여호와의 말씀이 내게 임하
여 이르시되 2 너 인자야 주 여
호와께서 이스라엘 땅에 관하여
이같이 말씀하셨느니라 끝났도
다 이 땅 사방의 일이 끝났도다
3 이제는 네게 끝이 이르렀나니
내가 내 진노를 네게 나타내어
네 행위를 심판하고 네 모든 가
증한 일을 보응하리라 4 내가 너
를 불쌍히 여기지 아니하며 긍휼
히 여기지도 아니하고 네 행위대
로 너를 벌하여 네 가증한 일이
너희 중에 나타나게 하리니 내가
여호와인 줄을 너희가 알리라 5
주 여호와께서 이같이 이르시되
재앙이로다, 비상한 재앙이로다
볼지어다 그것이 왔도다 6 끝이
왔도다, 끝이 왔도다 끝이 너에
게 왔도다 볼지어다 그것이 왔도
다 7 이 땅 주민아 정한 재앙이
네게 임하도다 때가 이르렀고 날
이 가까웠으니 요란한 날이요 산
에서 즐거이 부르는 날이 아니로
다 8 이제 내가 속히 분을 네게
쏟고 내 진노를 네게 이루어서
네 행위대로 너를 심판하여 네
모든 가증한 일을 네게 보응하되
9 내가 너를 불쌍히 여기지 아니
하며 긍휼히 여기지도 아니하고
네 행위대로 너를 벌하여 너의
가증한 일이 너희 중에 나타나게
하리니 나 여호와가 때리는 이임
을 네가 알리라 10 볼지어다 그
날이로다 볼지어다 임박하도다
정한 재앙이 이르렀으니 몽둥이
가 꽃이 피며 교만이 싹이 났도
다 11 포학이 일어나서 죄악의
몽둥이가 되었은즉 그들도, 그

무리도, 그 재물도 하나도 남지
아니하며 그 중의 아름다운 것도
없어지리로다 12 때가 이르렀고
날이 가까웠으니 사는 자도 기뻐
하지 말고 파는 자도 근심하지
말 것은 진노가 그 모든 무리에
게 임함이로다 13 파는 자가 살
아 있다 할지라도 다시 돌아가서
그 판 것을 얻지 못하리니 이는
묵시가 그 모든 무리에게 돌아오
지 아니하고, 사람이 그 죄악으
로 말미암아 자기의 목숨을 유지
할 수 없으리라 하였음이로다

이스라엘이 받는 벌

14 그들이 나팔을 불어 온갖 것
을 준비하였을지라도 전쟁에 나
갈 사람이 없나니 이는 내 진노
가 그 모든 무리에게 이르렀음이
라 15 밖에는 칼이 있고 안에는
전염병과 기근이 있어서 밭에 있
는 자는 칼에 죽을 것이요 성읍
에 있는 자는 기근과 전염병에
망할 것이며 16 도망하는 자는
산 위로 피하여 다 각기 자기 죄
악 때문에 골짜기의 비둘기들처
럼 슬피 울 것이며 17 모든 손은
피곤하고 모든 무릎은 물과 같이
약할 것이라 18 그들이 굵은 베
로 허리를 묶을 것이요 두려움이
그들을 덮을 것이요 모든 얼굴에
는 수치가 있고 모든 머리는 대
머리가 될 것이며 19 그들이 그
은을 거리에 던지며 그 금을 오
물 같이 여기리니 이는 여호와
내가 진노를 내리는 날에 그들의
은과 금이 능히 그들을 건지지
못하며 능히 그 심령을 족하게
하거나 그 창자를 채우지 못하고
오직 죄악의 걸림돌이 됨이로다
20 그들이 그 화려한 장식으로
말미암아 교만을 품었고 또 그것
으로 가증한 우상과 미운 물건을
만들었은즉 내가 그것을 그들에
게 오물이 되게 하여 21 타국인
의 손에 넘겨 노략하게 하며 세
상 악인에게 넘겨 그들이 약탈하
여 더럽히게 하고 22 내가 또 내
얼굴을 그들에게서 돌이키리니
그들이 내 은밀한 처소를 더럽히
고 포악한 자도 거기 들어와서
더럽히리라 23 너는 쇠사슬을
만들라 이는 피 흘리는 죄가 그
땅에 가득하고 포악이 그 성읍에
찼음이라 24 내가 극히 악한 이
방인들을 데려와서 그들이 그 집
들을 점령하게 하고 강한 자의
교만을 그치게 하리니 그들의 성
소가 더럽힘을 당하리라 25 패
망이 이르리니 그들이 평강을 구
하여도 없을 것이라 26 환난에
환난이 더하고 소문에 소문이 더
할 때에 그들이 선지자에게서 묵
시를 구하나 헛될 것이며 제사장
에게는 율법이 없어질 것이요 장
로에게는 책략이 없어질 것이며
27 왕은 애통하고 고관은 놀람을
옷 입듯 하며 주민의 손은 떨리
리라 내가 그 행위대로 그들에게
갚고 그 죄악대로 그들을 심판하
리니 내가 여호와인 줄을 그들이
알리라

8장

예루살렘의 우상 숭배

1 여섯째 해 여섯째 달 초닷새에
나는 집에 앉았고 유다의 장로들
은 내 앞에 앉아 있는데 주 여호
와의 권능이 거기에서 내게 내리
기로 2 내가 보니 불 같은 형상
이 있더라 그 허리 아래의 모양
은 불 같고 허리 위에는 광채가
나서 단 쇠 같은데 3 그가 손 같
은 것을 펴서 내 머리털 한 모숨
을 잡으며 주의 영이 나를 들어
천지 사이로 올리시고 하나님의
환상 가운데에 나를 이끌어 예루

겔

살렘으로 가서 안뜰로 들어가는
북향한 문에 이르시니 거기에는
질투의 우상 곧 질투를 일어나게
하는 우상의 자리가 있는 곳이라
4 이스라엘 하나님의 영광이 거
기에 있는데 내가 들에서 본 모
습과 같더라 5 그가 내게 이르시
되 인자야 이제 너는 눈을 들어
북쪽을 바라보라 하시기로 내가
눈을 들어 북쪽을 바라보니 제단
문 어귀 북쪽에 그 질투의 우상
이 있더라 6 그가 또 내게 이르
시되 인자야 이스라엘 족속이 행
하는 일을 보느냐 그들이 여기에
서 크게 가증한 일을 행하여 나
로 내 성소를 멀리 떠나게 하느
니라 너는 다시 다른 큰 가증한
일을 보리라 하시더라 7 그가 나
를 이끌고 뜰 문에 이르시기로
내가 본즉 담에 구멍이 있더라 8
그가 내게 이르시되 인자야 너는
이 담을 헐라 하시기로 내가 그
담을 허니 한 문이 있더라 9 또
내게 이르시되 들어가서 그들이
거기에서 행하는 가증하고 악한
일을 보라 하시기로 10 내가 들
어가 보니 각양 곤충과 가증한
짐승과 이스라엘 족속의 모든 우
상을 그 사방 벽에 그렸고 11 이
스라엘 족속의 장로 중 칠십 명
이 그 앞에 섰으며 사반의 아들
야아사냐도 그 가운데에 섰고 각
기 손에 향로를 들었는데 향연이
구름 같이 오르더라 12 또 내게
이르시되 인자야 이스라엘 족속
의 장로들이 각각 그 우상의 방
안 어두운 가운데에서 행하는 것
을 네가 보았느냐 그들이 이르기
를 여호와께서 우리를 보지 아니
하시며 여호와께서 이 땅을 버리
셨다 하느니라 13 또 내게 이르
시되 너는 다시 그들이 행하는
바 다른 큰 가증한 일을 보리라
하시더라 14 그가 또 나를 데리
고 여호와의 전으로 들어가는 북
문에 이르시기로 보니 거기에 여
인들이 앉아 담무스•를 위하여
애곡하더라 15 그가 또 내게 이
르시되 인자야 네가 그것을 보았
느냐 너는 또 이보다 더 큰 가증
한 일을 보리라 하시더라 16 그
가 또 나를 데리고 여호와의 성
전 안뜰에 들어가시니라 보라 여
호와의 성전 문 곧 현관과 제단
사이에서 약 스물다섯 명이 여호
와의 성전을 등지고 낯을 동쪽으
로 향하여 동쪽 태양에게 예배하
더라 17 또 내게 이르시되 인자
야 네가 보았느냐 유다 족속이
여기에서 행한 가증한 일을 적다
하겠느냐 그들이 그 땅을 폭행으
로 채우고 또 다시 내 노여움을
일으키며 심지어 나뭇가지를 그
코에 두었느니라 18 그러므로
나도 분노로 갚아 불쌍히 여기지
아니하며 긍휼을 베풀지도 아니
하리니 그들이 큰 소리로 내 귀
에 부르짖을지라도 내가 듣지 아
니하리라

9장

예루살렘을 향하여 분노를 쏟으시다

1 또 그가 큰 소리로 내 귀에 외
쳐 이르시되 이 성읍을 관할하는
자들이 각기 죽이는 무기를 손에
들고 나아오게 하라 하시더라 2
내가 보니 여섯 사람이 북향한
윗문 길로부터 오는데 각 사람의
손에 죽이는 무기를 잡았고 그
중의 한 사람은 가는 베 옷을 입
고 허리에 서기관의 먹 그릇을
찼더라 그들이 들어와서 놋 제단
곁에 서더라 3 그룹에 머물러 있
던 이스라엘 하나님의 영광이 성
전 문지방에 이르더니 여호와께
서 그 가는 베 옷을 입고 서기관
의 먹 그릇을 찬 사람을 불러 4
여호와께서 이르시되 너는 예루
살렘 성읍 중에 순행하여 그 가
운데에서 행하는 모든 가증한 일
로 말미암아 탄식하며 우는 자의
이마에 표를 그리라 하시고 5 그
들에 대하여 내 귀에 이르시되
너희는 그를 따라 성읍 중에 다
니며 불쌍히 여기지 말며 긍휼을
베풀지 말고 쳐서 6 늙은 자와
젊은 자와 처녀와 어린이와 여자
를 다 죽이되 이마에 표 있는 자
에게는 가까이 하지 말라 내 성
소에서 시작할지니라 하시매 그
들이 성전 앞에 있는 늙은 자들

로부터 시작하더라 7 그가 또 그
들에게 이르시되 너희는 성전을
더럽혀 시체로 모든 뜰에 채우라
너희는 나가라 하시매 그들이 나
가서 성읍 중에서 치더라 8 그들
이 칠 때에 내가 홀로 있었는지
라 엎드려 부르짖어 이르되 아하

겔

8:14 **담무스** 바벨론의 우상. 매년 사람들은 식물들이 죽을 때 이 신도 죽는다고 믿었다. 하지만 사람들이 그를 위해 애곡하면 그 후에 그가 다시 살아나고 식물들도 다시 살아난다고 믿었다.

주 여호와여 예루살렘을 향하여
분노를 쏟으시오니 이스라엘의
남은 자를 모두 멸하려 하시나이
까 9 그가 내게 이르시되 이스라
엘과 유다 족속의 죄악이 심히
중하여 그 땅에 피가 가득하며
그 성읍에 불법이 찼나니 이는
그들이 이르기를 여호와께서 이
땅을 버리셨으며 여호와께서 보
지 아니하신다 함이라 10 그러
므로 내가 그들을 불쌍히 여기지
아니하며 긍휼을 베풀지 아니하
고 그들의 행위대로 그들의 머리
에 갚으리라 하시더라 11 보라
가는 베 옷을 입고 허리에 먹 그
릇을 찬 사람이 복명하여 이르되
주께서 내게 명령하신 대로 내가
준행하였나이다 하더라

10장

여호와의 영광이 성전을 떠나시다

1 이에 내가 보니 그룹들 머리 위
궁창에 남보석 같은 것이 나타나
는데 그들 위에 보좌의 형상이
있는 것 같더라 2 하나님이 가는
베 옷을 입은 사람에게 말씀하여
이르시되 너는 그룹 밑에 있는
바퀴 사이로 들어가 그 속에서
숯불을 두 손에 가득히 움켜 가
지고 성읍 위에 흩으라 하시매
그가 내 목전에서 들어가더라 3
그 사람이 들어갈 때에 그룹들은
성전 오른쪽에 서 있고 구름은
안뜰에 가득하며 4 여호와의 영
광이 그룹에서 올라와 성전 문지
방에 이르니 구름이 성전에 가득
하며 여호와의 영화로운 광채가
뜰에 가득하였고 5 그룹들의 날
개 소리는 바깥뜰까지 들리는데
전능하신 하나님이 말씀하시는
음성 같더라 6 하나님이 가는 베
옷을 입은 자에게 명령하시기를
바퀴 사이 곧 그룹들 사이에서
불을 가져 가라 하셨으므로 그가
들어가 바퀴 옆에 서매 7 그 그
룹이 그룹들 사이에서 손을 내밀
어 그 그룹들 사이에 있는 불을
집어 가는 베 옷을 입은 자의 손
에 주매 그가 받아 가지고 나가
는데 8 그룹들의 날개 밑에 사람
의 손 같은 것이 나타나더라 9
내가 보니 그룹들 곁에 네 바퀴
가 있는데 이 그룹 곁에도 한 바
퀴가 있고 저 그룹 곁에도 한 바
퀴가 있으며 그 바퀴 모양은 황
옥 같으며 10 그 모양은 넷이 꼭
같은데 마치 바퀴 안에 바퀴가
있는 것 같으며 11 그룹들이 나
아갈 때에는 사방으로 몸을 돌리
지 아니하고 나아가되 몸을 돌리
지 아니하고 그 머리 향한 곳으
로 나아가며 12 그 온 몸과 등과
손과 날개와 바퀴 곧 네 그룹의
바퀴의 둘레에 다 눈이 가득하더
라 13 내가 들으니 그 바퀴들을
도는 것이라 부르며 14 그룹들
에게는 각기 네 면이 있는데 첫
째 면은 그룹의 얼굴이요 둘째
면은 사람의 얼굴이요 셋째는 사
자의 얼굴이요 넷째는 독수리의
얼굴이더라 15 그룹들이 올라가
니 그들은 내가 그발 강 가에서
보던 생물이라 16 그룹들이 나아
갈 때에는 바퀴도 그 곁에서 나아
가고 그룹들이 날개를 들고 땅에
서 올라가려 할 때에도 바퀴가 그
곁을 떠나지 아니하며 17 그들이
서면 이들도 서고 그들이 올라가
면 이들도 함께 올라가니 이는 생
물의 영이 바퀴 가운데에 있음이
더라 18 여호와의 영광이 성전
문지방을 떠나서 그룹들 위에 머
무르니 19 그룹들이 날개를 들고
내 눈 앞의 땅에서 올라가는데 그
들이 나갈 때에 바퀴도 그 곁에서
함께 하더라 그들이 여호와의 전

으로 들어가는 동문에 머물고 이
스라엘 하나님의 영광이 그 위에
덮였더라 20 그것은 내가 그발
강 가에서 보던 이스라엘의 하나
님 아래에 있던 생물이라 그들이
그룹인 줄을 내가 아니라 21 각
기 네 얼굴과 네 날개가 있으며
날개 밑에는 사람의 손 형상이 있
으니 22 그 얼굴의 형상은 내가
그발 강 가에서 보던 얼굴이며 그
모양과 그 몸도 그러하며 각기 곧
게 앞으로 가더라

11장

예루살렘이 심판을 받다

1 그 때에 주의 영이 나를 들어올
려서 여호와의 전 동문 곧 동향
한 문에 이르시기로 보니 그 문
에 사람이 스물다섯 명이 있는데
내가 그 중에서 앗술의 아들 야
아사냐와 브나야의 아들 블라댜
를 보았으니 그들은 백성의 고관
이라 2 그가 내게 이르시되 인자
야 이 사람들은 불의를 품고 이
성 중에서 악한 꾀를 꾸미는 자
니라 3 그들의 말이 집 건축할
때가 가깝지 아니한즉 이 성읍은
가마가 되고 우리는 고기가 된다
하나니 4 그러므로 인자야 너는
그들을 쳐서 예언하고 예언할지
니라 5 여호와의 영이 내게 임하
여 이르시되 너는 말하기를 여호
와의 말씀에 이스라엘 족속아 너
희가 이렇게 말하였도다 너희 마
음에서 일어나는 것을 내가 다
아노라 6 너희가 이 성읍에서 많
이 죽여 그 거리를 시체로 채웠
도다 7 그러므로 주 여호와께서
이같이 말씀하셨느니라 이 성읍
중에서 너희가 죽인 시체는 그
고기요 이 성읍은 그 가마인데
너희는 그 가운데에서 끌려 나오
리라 8 나 주 여호와가 말하노라
너희가 칼을 두려워하니 내가 칼
로 너희에게 이르게 하고 9 너희

를 그 성읍 가운데에서 끌어내어
타국인의 손에 넘겨 너희에게 벌
을 내리리니 10 너희가 칼에 엎
드러질 것이라 내가 이스라엘 변
경에서 너희를 심판하리니 너희
는 내가 여호와인 줄을 알리라
11 이 성읍은 너희 가마가 되지
아니하고 너희는 그 가운데에 고
기가 되지 아니할지라 내가 너희
를 이스라엘 변경에서 심판하리
니 12 너희는 내가 여호와인 줄
을 알리라 너희가 내 율례를 행
하지 아니하며 규례를 지키지 아
니하고 너희 사방에 있는 이방인
의 규례대로 행하였느니라 하셨
다 하라 13 이에 내가 예언할 때
에 브나야의 아들 블라댜가 죽기
로 내가 엎드려 큰 소리로 부르
짖어 이르되 오호라 주 여호와여
이스라엘의 남은 자를 다 멸절하
고자 하시나이까 하니라

이스라엘의 회복을 이르시다

14 여호와의 말씀이 내게 임하여
이르시되 15 인자야 예루살렘
주민이 네 형제 곧 네 형제와 친
척과 온 이스라엘 족속을 향하여
이르기를 너희는 여호와에게서
멀리 떠나라 이 땅은 우리에게
주어 기업이 되게 하신 것이라
하였나니 16 그런즉 너는 말하
기를 주 여호와의 말씀에 내가
비록 그들을 멀리 이방인 가운데
로 쫓아내어 여러 나라에 흩었으
나 그들이 도달한 나라들에서 내
가 잠깐 그들에게 성소가 되리라
하셨다 하고 17 너는 또 말하기
를 주 여호와의 말씀에 내가 너
희를 만민 가운데에서 모으며 너
희를 흩은 여러 나라 가운데에서
모아 내고 이스라엘 땅을 너희에
게 주리라 하셨다 하라 18 그들
이 그리로 가서 그 가운데의 모
든 미운 물건과 모든 가증한 것
을 제거하여 버릴지라 19 내가
그들에게 한 마음을 주고 그 속
에 새 영을 주며 그 몸에서 돌 같
은 마음을 제거하고 살처럼 부드
러운 마음을 주어 20 내 율례를
따르며 내 규례를 지켜 행하게
하리니 그들은 내 백성이 되고
나는 그들의 하나님이 되리라
21 그러나 미운 것과 가증한 것
을 마음으로 따르는 자는 내가
그 행위대로 그 머리에 갚으리라
나 주 여호와의 말이니라

여호와의 영광이 떠나시다

22 그 때에 그룹들이 날개를 드
는데 바퀴도 그 곁에 있고 이스
라엘 하나님의 영광도 그 위에

덮였더니 23 여호와의 영광이
성읍 가운데에서부터 올라가 성
읍 동쪽 산에 머무르고 24 주의
영이 나를 들어 하나님의 영의
환상 중에 데리고 갈대아에 있는
사로잡힌 자 중에 이르시더니 내
가 본 환상이 나를 떠나 올라간
지라 25 내가 사로잡힌 자에게
여호와께서 내게 보이신 모든 일
을 말하니라

12장

포로가 될 것을 나타내는 상징행위

1 또 여호와의 말씀이 내게 임하
여 이르시되 2 인자야 네가 반역
하는 족속 중에 거주하는도다 그
들은 볼 눈이 있어도 보지 아니
하고 들을 귀가 있어도 듣지 아
니하나니 그들은 반역하는 족속
임이라 3 인자야 너는 포로의 행
장을 꾸리고 낮에 그들의 목전에
서 끌려가라 네가 네 처소를 다
른 곳으로 옮기는 것을 그들이
보면 비록 반역하는 족속이라도
혹 생각이 있으리라 4 너는 낮에
그들의 목전에서 네 포로의 행장
을 밖에 내놓기를 끌려가는 포로
의 행장 같이 하고 저물 때에 너
는 그들의 목전에서 밖으로 나가
기를 포로되어 가는 자 같이 하
라 5 너는 그들의 목전에서 성벽
을 뚫고 그리로 따라 옮기되 6
캄캄할 때에 그들의 목전에서 어
깨에 메고 나가며 얼굴을 가리고
땅을 보지 말지어다 이는 내가
너를 세워 이스라엘 족속에게 징

조가 되게 함이라 하시기로 7 내
가 그 명령대로 행하여 낮에 나
의 행장을 끌려가는 포로의 행장
같이 내놓고 저물 때에 내 손으
로 성벽을 뚫고 캄캄할 때에 행
장을 내다가 그들의 목전에서 어
깨에 메고 나가니라 8 이튿날 아
침에 여호와의 말씀이 또 내게
임하여 이르시되 9 인자야 이스
라엘 족속 곧 그 반역하는 족속
이 네게 묻기를 무엇을 하느냐
하지 아니하더냐 10 너는 그들
에게 말하기를 주 여호와의 말씀
에 이것은 예루살렘 왕과 그 가
운데에 있는 이스라엘 온 족속에
대한 묵시라 하셨다 하고 11 또
말하기를 나는 너희 징조라 내가
행한 대로 그들도 포로로 사로잡
혀 가리라 12 무리가 성벽을 뚫
고 행장을 그리로 가지고 나가고
그 중에 왕은 어두울 때에 어깨
에 행장을 메고 나가며 눈으로
땅을 보지 아니하려고 자기 얼굴
을 가리리라 하라 13 내가 또 내
그물을 그의 위에 치고 내 올무
에 걸리게 하여 그를 끌고 갈대
아 땅 바벨론에 이르리니 그가
거기에서 죽으려니와 그 땅을 보
지 못하리라 14 내가 그 호위하
는 자와 부대들을 다 사방으로
흩고 또 그 뒤를 따라 칼을 빼리
라 15 내가 그들을 이방인 가운
데로 흩으며 여러 나라 가운데에
헤친 후에야 내가 여호와인 줄을
그들이 알리라 16 그러나 내가
그 중 몇 사람을 남겨 칼과 기근
과 전염병에서 벗어나게 하여 그
들이 이르는 이방인 가운데에서
자기의 모든 가증한 일을 자백하
게 하리니 내가 여호와인 줄을
그들이 알리라

떨면서 먹고 마시며 보이는 징조

17 여호와의 말씀이 또 내게 임
하여 이르시되 18 인자야 너는
떨면서 네 음식을 먹고 놀라고
근심하면서 네 물을 마시며 19
이 땅 백성에게 말하되 주 여호
와께서 예루살렘 주민과 이스라
엘 땅에 대하여 이르시기를 그들
이 근심하면서 그 음식을 먹으며
놀라면서 그 물을 마실 것은 이
땅 모든 주민의 포악으로 말미암
아 땅에 가득한 것이 황폐하게
됨이라 20 사람이 거주하는 성
읍들이 황폐하며 땅이 적막하리
니 내가 여호와인 줄을 너희가
알리라 하셨다 하라

속담과 묵시

21 여호와의 말씀이 또 내게 임
하여 이르시되 22 인자야 이스
라엘 땅에서 이르기를 날이 더디
고 모든 묵시가 사라지리라 하는
너희의 이 속담이 어찌 됨이냐
23 그러므로 너는 그들에게 이르
기를 주 여호와께서 이같이 말씀
하시기를 내가 이 속담을 그치게
하리니 사람이 다시는 이스라엘
가운데에서 이 속담을 사용하지
못하리라 하셨다 하고 또 그들에
게 이르기를 날과 모든 묵시의
응함이 가까우니 24 이스라엘
족속 중에 허탄한 묵시나 아첨하
는 복술이 다시 있지 못하리라
하라 25 나는 여호와라 내가 말
하리니 내가 하는 말이 다시는
더디지 아니하고 응하리라 반역
하는 족속이여 내가 너희 생전에
말하고 이루리라 나 주 여호와의
말이니라 하셨다 하라 26 여호
와의 말씀이 또 내게 임하여 이
르시되 27 인자야 이스라엘 족
속의 말이 그가 보는 묵시는 여
러 날 후의 일이라 그가 멀리 있
는 때에 대하여 예언하였다 하느
니라 28 그러므로 너는 그들에
게 이르기를 주 여호와의 말씀에
나의 말이 하나도 다시 더디지
아니할지니 내가 한 말이 이루어
지리라 나 주 여호와의 말이니라
하셨다 하라

13장

거짓 선지자의 종말

1 여호와의 말씀이 내게 임하여
이르시되 2 인자야 너는 이스라
엘의 예언하는 선지자들에게 경
고하여 예언하되 자기 마음대로
예언하는 자에게 말하기를 너희
는 여호와의 말씀을 들으라 3 주
여호와의 말씀에 본 것이 없이
자기 심령을 따라 예언하는 어리
석은 선지자에게 화가 있을진저
4 이스라엘아 너의 선지자들은
황무지에 있는 여우 같으니라 5
너희 선지자들이 성 무너진 곳에
올라가지도 아니하였으며 이스
라엘 족속을 위하여 여호와의 날
에 전쟁에서 견디게 하려고 성벽
을 수축하지도 아니하였느니라
6 여호와께서 말씀하셨다고 하는
자들이 허탄한 것과 거짓된 점괘
를 보며 사람들에게 그 말이 확
실히 이루어지기를 바라게 하거
니와 그들은 여호와가 보낸 자가
아니라 7 너희가 말하기는 여호
와의 말씀이라 하여도 내가 말한
것이 아닌즉 어찌 허탄한 묵시를
보며 거짓된 점괘를 말한 것이
아니냐 8 그러므로 주 여호와께
서 이같이 말씀하셨느니라 너희
가 허탄한 것을 말하며 거짓된
것을 보았은즉 내가 너희를 치리
라 주 여호와의 말씀이니라 9 그
선지자들이 허탄한 묵시를 보며
거짓 것을 점쳤으니 내 손이 그
들을 쳐서 내 백성의 공회에 들
어오지 못하게 하며 이스라엘 족
속의 호적에도 기록되지 못하게
하며 이스라엘 땅에도 들어가지
못하게 하리니 너희가 나를 여호
와인 줄 알리라 10 이렇게 칠 것
은 그들이 내 백성을 유혹하여
평강이 없으나 평강이 있다 함이
라 어떤 사람이 담을 쌓을 때에
그들이 회칠을 하는도다 11 그
러므로 너는 회칠하는 자에게 이
르기를 그것이 무너지리라 폭우
가 내리며 큰 우박덩이가 떨어지
며 폭풍이 몰아치리니 12 그 담
이 무너진즉 어떤 사람이 너희에
게 말하기를 그것에 칠한 회가
어디 있느냐 하지 아니하겠느냐
13 그러므로 나 주 여호와가 말
하노라 내가 분노하여 폭풍을 퍼
붓고 내가 진노하여 폭우를 내리

고 분노하여 큰 우박덩어리로 무
너뜨리리라 14 회칠한 담을 내
가 이렇게 허물어서 땅에 넘어뜨
리고 그 기초를 드러낼 것이라
담이 무너진즉 너희가 그 가운데
에서 망하리니 나를 여호와인 줄
알리라 15 이와 같이 내가 내 노
를 담과 회칠한 자에게 모두 이
루고 또 너희에게 말하기를 담도
없어지고 칠한 자들도 없어졌다
하리니 16 이들은 예루살렘에
대하여 예언하기를 평강이 없으
나 평강의 묵시를 보았다고 하는
이스라엘의 선지자들이니라 주
여호와의 말씀이니라

거짓말로 예언하는 여자들

17 너 인자야 너의 백성 중 자기
마음대로 예언하는 여자들에게
경고하며 예언하여 18 이르기를
주 여호와의 말씀에 사람의 영혼
을 사냥하려고 손목마다 부적을
꿰어 매고 키가 큰 자나 작은 자
의 머리를 위하여 수건을 만드는
여자들에게 화 있을진저 너희가
어찌하여 내 백성의 영혼은 사냥
하면서 자기를 위하여는 영혼을
살리려 하느냐 19 너희가 두어
움큼 보리와 두어 조각 떡을 위
하여 나를 내 백성 가운데에서
욕되게 하여 거짓말을 곧이 듣는
내 백성에게 너희가 거짓말을 지
어내어 죽지 아니할 영혼을 죽이
고 살지 못할 영혼을 살리는도다
20 그러므로 나 주 여호와가 이
같이 말하노라 너희가 새를 사냥
하듯 영혼들을 사냥하는 그 부적
을 내가 너희 팔에서 떼어 버리
고 너희가 새처럼 사냥한 그 영
혼들을 놓아 주며 21 또 너희 수
건을 찢고 내 백성을 너희 손에
서 건지고 다시는 너희 손에 사
냥물이 되지 아니하게 하리니 내
가 여호와인 줄을 너희가 알리라
22 내가 슬프게 하지 아니한 의
인의 마음을 너희가 거짓말로 근
심하게 하며 너희가 또 악인의
손을 굳게 하여 그 악한 길에서
돌이켜 떠나 삶을 얻지 못하게
하였은즉 23 너희가 다시는 허
탄한 묵시를 보지 못하고 점복도
못할지라 내가 내 백성을 너희
손에서 건져내리니 내가 여호와
인 줄을 너희가 알리라 하라

14장

여호와께서 우상 숭배를 심판하시다

1 이스라엘 장로 두어 사람이 나
아와 내 앞에 앉으니 2 여호와의
말씀이 내게 임하여 이르시되 3
인자야 이 사람들이 자기 우상을
마음에 들이며 죄악의 걸림돌을
자기 앞에 두었으니 그들이 내게
묻기를 내가 조금인들 용납하랴
4 그런즉 너는 그들에게 말하여
이르라 나 주 여호와가 말하노라
이스라엘 족속 중에 그 우상을
마음에 들이며 죄악의 걸림돌을
자기 앞에 두고 선지자에게로 가
는 모든 자에게 나 여호와가 그
우상의 수효대로 보응하리니 5
이는 이스라엘 족속이 다 그 우
상으로 말미암아 나를 배반하였
으므로 내가 그들이 마음먹은 대
로 그들을 잡으려 함이라 6 그런
즉 너는 이스라엘 족속에게 이르
기를 주 여호와의 말씀에 너희는
마음을 돌이켜 우상을 떠나고 얼
굴을 돌려 모든 가증한 것을 떠
나라 7 이스라엘 족속과 이스라
엘 가운데에 거류하는 외국인 중
에 누구든지 나를 떠나고 자기
우상을 마음에 들이며 죄악의 걸
림돌을 자기 앞에 두고 자기를
위하여 내게 묻고자 하여 선지자
에게 가는 모든 자에게는 나 여
호와가 친히 응답하여 8 그 사람
을 대적하여 그들을 놀라움과 표
징과 속담거리가 되게 하여 내
백성 가운데에서 끊으리니 내가
여호와인 줄을 너희가 알리라 9
만일 선지자가 유혹을 받고 말을
하면 나 여호와가 그 선지자를
유혹을 받게 하였음이거니와 내
가 손을 펴서 내 백성 이스라엘
가운데에서 그를 멸할 것이라
10 선지자의 죄악과 그에게 묻는
자의 죄악이 같은즉 각각 자기의
죄악을 담당하리니 11 이는 이
스라엘 족속이 다시는 미혹되어
나를 떠나지 아니하게 하며 다시
는 모든 죄로 스스로 더럽히지
아니하게 하여 그들을 내 백성으
로 삼고 나는 그들의 하나님이
되려 함이라 주 여호와의 말씀이
니라

의인도 자기의 생명만 건지리라

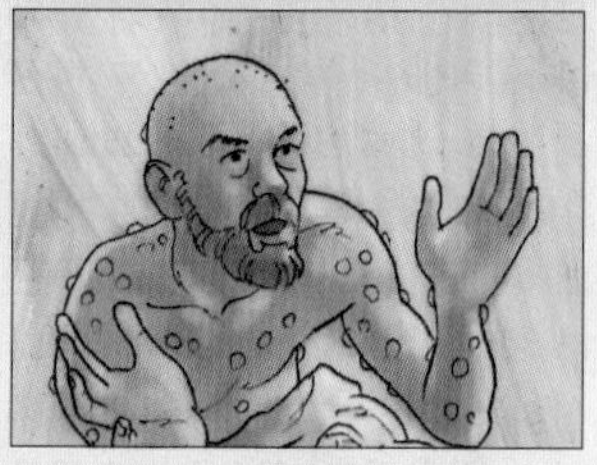

12 여호와의 말씀이 또 내게 임
하여 이르시되 13 인자야 가령
어떤 나라가 불법을 행하여 내게
범죄하므로 내가 손을 그 위에
펴서 그 의지하는 양식을 끊어
기근을 내려 사람과 짐승을 그
나라에서 끊는다 하자 14 비록
노아, 다니엘, 욥, 이 세 사람이
거기에 있을지라도 그들은 자기
의 공의로 자기의 생명만 건지리
라 나 주 여호와의 말이니라 15
가령 내가 사나운 짐승을 그 땅
에 다니게 하여 그 땅을 황폐하
게 하여 사람이 그 짐승 때문에
능히 다니지 못하게 한다 하자
16 비록 이 세 사람이 거기에 있
을지라도 나의 삶을 두고 맹세하
노니 그들도 자녀는 건지지 못하
고 자기만 건지겠고 그 땅은 황
폐하리라 주 여호와의 말씀이니
라 17 가령 내가 칼이 그 땅에 임
하게 하고 명령하기를 칼아 그
땅에 돌아다니라 하고 내가 사람
과 짐승을 거기에서 끊는다 하자
18 비록 이 세 사람이 거기에 있
을지라도 나의 삶을 두고 맹세하
노니 그들도 자녀는 건지지 못하
고 자기만 건지리라 나 주 여호
와의 말이니라 19 가령 내가 그
땅에 전염병을 내려 죽임으로 내
분노를 그 위에 쏟아 사람과 짐
승을 거기에서 끊는다 하자 20
비록 노아, 다니엘, 욥이 거기에
있을지라도 나의 삶을 두고 맹세
하노니 그들도 자녀는 건지지 못
하고 자기의 공의로 자기의 생명
만 건지리라 주 여호와의 말씀이
니라 21 주 여호와께서 이같이
이르시되 내가 나의 네 가지 중
한 벌 곧 칼과 기근과 사나운 짐
승과 전염병을 예루살렘에 함께
내려 사람과 짐승을 그 중에서
끊으리니 그 해가 더욱 심하지
아니하겠느냐 22 그러나 그 가
운데에 피하는 자가 남아 있어
끌려 나오리니 곧 자녀들이라 그
들이 너희에게로 나아오리니 너
희가 그 행동과 소행을 보면 내
가 예루살렘에 내린 재앙 곧 그
내린 모든 일에 대하여 너희가
위로를 받을 것이라 23 너희가
그 행동과 소행을 볼 때에 그들
에 의해 위로를 받고 내가 예루
살렘에서 행한 모든 일이 이유
없이 한 것이 아닌 줄을 알리라
주 여호와의 말씀이니라

15장

불에 던질 땔감 같은 예루살렘 주민

1 여호와의 말씀이 내게 임하여
이르시되 2 인자야 포도나무가
모든 나무보다 나은 것이 무엇이
랴 숲속의 여러 나무 가운데에
있는 그 포도나무 가지가 나은
것이 무엇이랴 3 그 나무를 가지
고 무엇을 제조할 수 있겠느냐
그것으로 무슨 그릇을 걸 못을
만들 수 있겠느냐 4 불에 던질
땔감이 될 뿐이라 불이 그 두 끝
을 사르고 그 가운데도 태웠으면
제조에 무슨 소용이 있겠느냐 5
그것이 온전할 때에도 아무 제조
에 합당하지 아니하였거든 하물
며 불에 살라지고 탄 후에 어찌
제조에 합당하겠느냐 6 그러므
로 주 여호와께서 이같이 말씀하
셨느니라 내가 수풀 가운데에 있
는 포도나무를 불에 던질 땔감이
되게 한 것 같이 내가 예루살렘
주민도 그같이 할지라 7 내가 그
들을 대적한즉 그들이 그 불에서
나와도 불이 그들을 사르리니 내
가 그들을 대적할 때에 내가 여
호와인 줄 너희가 알리라 8 내가
그 땅을 황폐하게 하리니 이는
그들이 범법함이니라 나 주 여호
와의 말이니라 하시니라

16장

가증한 예루살렘

1 또 여호와의 말씀이 내게 임하
여 이르시되 2 인자야 예루살렘
으로 그 가증한 일을 알게 하여
3 이르기를 주 여호와께서 예루
살렘에 관하여 이같이 말씀하시
되 네 근본과 난 땅은 가나안이
요 네 아버지는 아모리 사람이요
네 어머니는 헷 사람이라 4 네가
난 것을 말하건대 네가 날 때에
네 배꼽 줄•을 자르지 아니하였
고 너를 물로 씻어 정결하게 하
지 아니하였고 네게 소금을 뿌리
지 아니하였고 너를 강보로 싸지
도 아니하였나니 5 아무도 너를
돌보아 이 중에 한 가지라도 네
게 행하여 너를 불쌍히 여긴 자
가 없었으므로 네가 나던 날에
네 몸이 천하게 여겨져 네가 들
에 버려졌느니라 6 내가 네 곁으
로 지나갈 때에 네가 피투성이가
되어 발짓하는 것을 보고 네게
이르기를 너는 피투성이라도 살
아 있으라 다시 이르기를 너는
피투성이라도 살아 있으라 하고
7 내가 너를 들의 풀 같이 많게
하였더니 네가 크게 자라고 심히
아름다우며 유방이 뚜렷하고 네
머리털이 자랐으나 네가 여전히
벌거벗은 알몸이더라 8 내가 네
곁으로 지나며 보니 네 때가 사
랑을 할 만한 때라 내 옷으로 너
를 덮어 벌거벗은 것을 가리고
네게 맹세하고 언약하여 너를 내
게 속하게 하였느니라 나 주 여
호와의 말이니라 9 내가 물로 네
피를 씻어 없애고 네게 기름을
바르고 10 수 놓은 옷을 입히고
물돼지 가죽신을 신기고 가는 베
로 두르고 모시로 덧입히고 11
패물을 채우고 팔고리를 손목에
끼우고 목걸이를 목에 걸고 12
코고리를 코에 달고 귀고리를 귀
에 달고 화려한 왕관을 머리에
씌웠나니 13 이와 같이 네가 금,
은으로 장식하고 가는 베와 모시
와 수 놓은 것을 입으며 또 고운
밀가루와 꿀과 기름을 먹음으로
극히 곱고 형통하여 왕후의 지위
에 올랐느니라 14 네 화려함으
로 말미암아 네 명성이 이방인
중에 퍼졌음은 내가 네게 입힌
영화로 네 화려함이 온전함이라
나 주 여호와의 말이니라 15 그
러나 네가 네 화려함을 믿고 네
명성을 가지고 행음하되 지나가
는 모든 자와 더불어 음란을 많
이 행하므로 네 몸이 그들의 것
이 되도다 16 네가 네 의복을 가
지고 너를 위하여 각색으로 산당
을 꾸미고 거기에서 행음하였나
니 이런 일은 전무후무하니라
17 네가 또 내가 준 금, 은 장식품

으로 너를 위하여 남자 우상을
만들어 행음하며 18 또 네 수 놓
은 옷을 그 우상에게 입히고 나
의 기름과 향을 그 앞에 베풀며
19 또 내가 네게 주어 먹게 한 내
음식물 곧 고운 밀가루와 기름과
꿀을 네가 그 앞에 베풀어 향기
를 삼았나니 과연 그렇게 하였느
니라 주 여호와의 말씀이니라
20 또 네가 나를 위하여 낳은 네
자녀를 그들에게 데리고 가서 드
려 제물로 삼아 불살랐느니라 네
가 네 음행을 작은 일로 여겨서
21 나의 자녀들을 죽여 우상에게
넘겨 불 가운데로 지나가게 하였
느냐 22 네가 어렸을 때에 벌거
벗은 몸이었으며 피투성이가 되
어서 발짓하던 것을 기억하지 아
니하고 네가 모든 가증한 일과
음란을 행하였느니라

방자한 음녀 예루살렘

23 주 여호와의 말씀이니라 너는
화 있을진저 화 있을진저 네가
모든 악을 행한 후에 24 너를 위
하여 누각을 건축하며 모든 거리
에 높은 대를 쌓았도다 25 네가
높은 대를 모든 길 어귀에 쌓고
네 아름다움을 가증하게 하여 모
든 지나가는 자에게 다리를 벌려
심히 음행하고 26 하체가 큰 네
이웃 나라 애굽 사람과도 음행하
되 심히 음란히 하여 내 진노를
샀도다 27 그러므로 내가 내 손
을 네 위에 펴서 네 일용할 양식
을 감하고 너를 미워하는 블레셋
여자 곧 네 더러운 행실을 부끄
러워하는 자에게 너를 넘겨 임의
로 하게 하였거늘 28 네가 음욕
이 차지 아니하여 또 앗수르 사
람과 행음하고 그들과 행음하고
도 아직도 부족하게 여겨 29 장
사하는 땅 갈대아에까지 심히 행
음하되 아직도 족한 줄을 알지
못하였느니라 30 주 여호와의 말
씀이니라 네가 이 모든 일을 행하
니 이는 방자한 음녀의 행위라 네
마음이 어찌 그리 약한지 31 네
가 누각을 모든 길 어귀에 건축하

16:4 **배꼽 줄** 임신부의 뱃속에 있는 아기에게 영양과 공기를 공급해주는 탯줄

며 높은 대를 모든 거리에 쌓고도
값을 싫어하니 창기 같지도 아니
하도다 32 그 남편 대신에 다른
남자들과 내통하여 간음하는 아
내로다 33 사람들은 모든 창기에
게 선물을 주거늘 오직 너는 네
모든 정든 자에게 선물을 주며 값
을 주어서 사방에서 와서 너와 행
음하게 하니 34 네 음란함이 다
른 여인과 같지 아니함은 행음하
려고 너를 따르는 자가 없음이며
또 네가 값을 받지 아니하고 도리
어 값을 줌이라 그런즉 다른 여인
과 같지 아니하니라

예루살렘을 벌하시다

35 그러므로 너 음녀야 여호와의
말씀을 들을지어다 36 주 여호
와께서 이같이 말씀하셨느니라
네가 네 누추한 것을 쏟으며 네
정든 자와 행음함으로 벗은 몸을
드러내며 또 가증한 우상을 위하
며 네 자녀의 피를 그 우상에게
드렸은즉 37 내가 너의 즐거워
하는 정든 자와 사랑하던 모든
자와 미워하던 모든 자를 모으되
사방에서 모아 너를 대적하게 할
것이요 또 네 벗은 몸을 그 앞에
드러내 그들이 그것을 다 보게
할 것이며 38 내가 또 간음하고
사람의 피를 흘리는 여인을 심판
함 같이 너를 심판하여 진노의
피와 질투의 피를 네게 돌리고
39 내가 또 너를 그들의 손에 넘
기리니 그들이 네 누각을 헐며
네 높은 대를 부수며 네 의복을
벗기고 네 장식품을 빼앗고 네
몸을 벌거벗겨 버려 두며 40 무
리를 데리고 와서 너를 돌로 치며
칼로 찌르며 41 불로 네 집들을
사르고 여러 여인의 목전에서 너
를 벌할지라 내가 너에게 곧 음행
을 그치게 하리니 네가 다시는 값
을 주지 아니하리라 42 그리한즉
나는 네게 대한 내 분노가 그치며
내 질투가 네게서 떠나고 마음이
평안하여 다시는 노하지 아니하
리라 43 네가 어렸을 때를 기억
하지 아니하고 이 모든 일로 나를
분노하게 하였은즉 내가 네 행위
대로 네 머리에 보응하리니 네가
이 음란과 네 모든 가증한 일을
다시는 행하지 아니하리라 주 여
호와의 말씀이니라

그 어머니에 그 딸

44 속담을 말하는 자마다 네게
대하여 속담을 말하기를 어머니
가 그러하면 딸도 그러하다 하리
라 45 너는 그 남편과 자녀를 싫
어한 어머니의 딸이요 너는 그
남편과 자녀를 싫어한 형의 동생
이로다 네 어머니는 헷 사람이요
네 아버지는 아모리 사람이며
46 네 형은 그 딸들과 함께 네 왼
쪽에 거주하는 사마리아요 네 아
우는 그 딸들과 함께 네 오른쪽
에 거주하는 소돔이라 47 네가
그들의 행위대로만 행하지 아니
하며 그 가증한 대로만 행하지
아니하고 그것을 적게 여겨서 네
모든 행위가 그보다 더욱 부패하
였도다 48 주 여호와의 말씀이
니라 내가 나의 삶을 두고 맹세
하노니 네 아우 소돔 곧 그와 그
의 딸들은 너와 네 딸들의 행위
같이 행하지 아니하였느니라 49
네 아우 소돔의 죄악은 이러하니
그와 그의 딸들에게 교만함과 음
식물의 풍족함과 태평함이 있음
이며 또 그가 가난하고 궁핍한
자를 도와 주지 아니하며 50 거
만하여 가증한 일을 내 앞에서 행
하였음이라 그러므로 내가 보고
곧 그들을 없이 하였느니라 51
사마리아는 네 죄의 절반도 범하
지 아니하였느니라 네가 그들보
다 가증한 일을 심히 행하였으므
로 네 모든 가증한 행위로 네 형
과 아우를 의롭게 하였느니라 52

네가 네 형과 아우를 유리하게 판
단하였은즉 너도 네 수치를 담당
할지니라 네가 그들보다 더욱 가
증한 죄를 범하므로 그들이 너보
다 의롭게 되었나니 네가 네 형과
아우를 의롭게 하였은즉 너는 놀
라며 네 수치를 담당할지니라

소돔과 사마리아도 회복되리라

53 내가 그들의 사로잡힘 곧 소
돔과 그의 딸들의 사로잡힘과 사
마리아와 그의 딸들의 사로잡힘
과 그들 중에 너의 사로잡힌 자
의 사로잡힘을 풀어 주어 54 네
가 네 수욕을 담당하고 네가 행
한 모든 일로 말미암아 부끄럽게
하리니 이는 네가 그들에게 위로
가 됨이라 55 네 아우 소돔과 그
의 딸들이 옛 지위를 회복할 것이
요 사마리아와 그의 딸들도 그의
옛 지위를 회복할 것이며 너와 네
딸들도 너희 옛 지위를 회복할 것
이니라 56 네가 교만하던 때에
네 아우 소돔을 네 입으로 말하지
도 아니하였나니 57 곧 네 악이
드러나기 전이며 아람의 딸들이
너를 능욕하기 전이며 너의 사방
에 둘러 있는 블레셋의 딸들이 너
를 멸시하기 전이니라 58 네 음
란과 네 가증한 일을 네가 담당하
였느니라 나 여호와의 말이니라
59 나 주 여호와가 이같이 말하노
라 네가 맹세를 멸시하여 언약을
배반하였은즉 내가 네 행한 대로
네게 행하리라

영원한 언약

60 그러나 내가 너의 어렸을 때
에 너와 세운 언약을 기억하고
너와 영원한 언약을 세우리라
61 네가 네 형과 아우를 접대할
때에 네 행위를 기억하고 부끄러
워할 것이라 내가 그들을 네게
딸로 주려니와 네 언약으로 말미
암음이 아니니라 62 내가 네게
내 언약을 세워 내가 여호와인
줄 네가 알게 하리니 63 이는 내
가 네 모든 행한 일을 용서한 후
에 네가 기억하고 놀라고 부끄러
워서 다시는 입을 열지 못하게
하려 함이니라 주 여호와의 말씀
이니라

17장

독수리와 포도나무의 비유

1 여호와의 말씀이 내게 임하여
이르시되 2 인자야 너는 이스라
엘 족속에게 수수께끼와 비유를
말하라 3 여호와께서 이같이 말
씀하여 이르시되 색깔이 화려하
고 날개가 크고 깃이 길고 털이
숱한 큰 독수리가 레바논에 이르
러 백향목 높은 가지를 꺾되 4
그 연한 가지 끝을 꺾어 가지고
장사하는 땅에 이르러 상인의 성
읍에 두고 5 또 그 땅의 종자를
꺾어 옥토에 심되 수양버들 가지
처럼 큰 물 가에 심더니 6 그것
이 자라며 퍼져서 높지 아니한
포도나무 곧 굵은 가지와 가는
가지가 난 포도나무가 되어 그
가지는 독수리를 향하였고 그 뿌
리는 독수리 아래에 있었더라 7
또 날개가 크고 털이 많은 큰 독
수리 하나가 있었는데 그 포도나
무가 이 독수리에게 물을 받으려
고 그 심어진 두둑에서 그를 향
하여 뿌리가 뻗고 가지가 퍼졌도
다 8 그 포도나무를 큰 물 가 옥
토에 심은 것은 가지를 내고 열
매를 맺어서 아름다운 포도나무
를 이루게 하려 하였음이라 9 너
는 이르기를 주 여호와의 말씀에
그 나무가 능히 번성하겠느냐 이
독수리가 어찌 그 뿌리를 빼고
열매를 따며 그 나무가 시들게
하지 아니하겠으며 그 연한 잎사
귀가 마르게 하지 아니하겠느냐
많은 백성이나 강한 팔이 아니라
도 그 뿌리를 뽑으리라 10 볼지
어다 그것이 심어졌으나 번성하
겠느냐 동풍에 부딪힐 때에 아주
마르지 아니하겠느냐 그 자라던

겔

두둑에서 마르리라 하셨다 하라

비유의 해석

11 여호와의 말씀이 또 내게 임
하여 이르시되 12 너는 반역하
는 족속에게 묻기를 너희가 이
비유를 깨닫지 못하겠느냐 하고
그들에게 말하기를 바벨론 왕이
예루살렘에 이르러 왕과 고관을
사로잡아 바벨론 자기에게로 끌
어 가고 13 그 왕족 중에서 하나
를 택하여 언약을 세우고 그에게
맹세하게 하고 또 그 땅의 능한
자들을 옮겨 갔나니 14 이는 나
라를 낮추어 스스로 서지 못하고
그 언약을 지켜야 능히 서게 하
려 하였음이거늘 15 그가 사절
을 애굽에 보내 말과 군대를 구
함으로 바벨론 왕을 배반하였으
니 형통하겠느냐 이런 일을 행한
자가 피하겠느냐 언약을 배반하
고야 피하겠느냐 16 주 여호와
의 말씀이니라 내가 나의 삶을
두고 맹세하노니 바벨론 왕이 그
를 왕으로 세웠거늘 그가 맹세를
저버리고 언약을 배반하였은즉
그 왕이 거주하는 곳 바벨론에서
왕과 함께 있다가 죽을 것이라
17 대적이 토성을 쌓고 사다리를
세우고 많은 사람을 멸절하려 할
때에 바로가 그 큰 군대와 많은
무리로도 그 전쟁에 그를 도와
주지 못하리라 18 그가 이미 손
을 내밀어 언약하였거늘 맹세를
업신여겨 언약을 배반하고 이 모
든 일을 행하였으니 피하지 못하
리라 19 그러므로 주 여호와의
말씀이니라 내가 나의 삶을 두고
맹세하노니 그가 내 맹세를 업신
여기고 내 언약을 배반하였은즉
내가 그 죄를 그 머리에 돌리되
20 그 위에 내 그물을 치며 내 올
무에 걸리게 하여 끌고 바벨론으
로 가서 나를 반역한 그 반역을
거기에서 심판할지며 21 그 모
든 군대에서 도망한 자들은 다
칼에 엎드러질 것이요 그 남은
자는 사방으로 흩어지리니 나 여
호와가 이것을 말한 줄을 너희가
알리라

높은 나무를 낮추고

22 주 여호와께서 이같이 말씀하
시되 내가 백향목 꼭대기에서 높
은 가지를 꺾어다가 심으리라 내
가 그 높은 새 가지 끝에서 연한
가지를 꺾어 높고 우뚝 솟은 산
에 심되 23 이스라엘 높은 산에
심으리니 그 가지가 무성하고 열
매를 맺어서 아름다운 백향목이
될 것이요 각종 새가 그 아래에
깃들이며 그 가지 그늘에 살리라
24 들의 모든 나무가 나 여호와
는 높은 나무를 낮추고 낮은 나
무를 높이며 푸른 나무를 말리고
마른 나무를 무성하게 하는 줄
알리라 나 여호와는 말하고 이루
느니라 하라

18장

아버지의 죄악과 아들의 의

1 또 여호와의 말씀이 내게 임하
여 이르시되 2 너희가 이스라엘
땅에 관한 속담에 이르기를 아버
지가 신 포도를 먹었으므로 그의
아들의 이가 시다고 함은 어찌
됨이냐 3 주 여호와의 말씀이니

라 내가 나의 삶을 두고 맹세하
노니 너희가 이스라엘 가운데에
서 다시는 이 속담을 쓰지 못하
게 되리라 4 모든 영혼이 다 내
게 속한지라 아버지의 영혼이 내
게 속함 같이 그의 아들의 영혼
도 내게 속하였나니 범죄하는 그
영혼은 죽으리라 5 사람이 만일
의로워서 정의와 공의를 따라 행
하며 6 산 위에서 제물을 먹지
아니하며 이스라엘 족속의 우상
에게 눈을 들지 아니하며 이웃의
아내를 더럽히지 아니하며 월경
중에 있는 여인을 가까이 하지
아니하며 7 사람을 학대하지 아
니하며 빚진 자의 저당물을 돌려
주며 강탈하지 아니하며 주린 자
에게 음식물을 주며 벗은 자에게
옷을 입히며 8 변리를 위하여 꾸
어 주지 아니하며 이자를 받지
아니하며 스스로 손을 금하여 죄
를 짓지 아니하며 사람과 사람
사이에 진실하게 판단하며 9 내
율례를 따르며 내 규례를 지켜
진실하게 행할진대 그는 의인이
니 반드시 살리라 주 여호와의
말씀이니라 10 가령 그가 아들
을 낳았다 하자 그 아들이 이 모
든 선은 하나도 행하지 아니하고
이 죄악 중 하나를 범하여 강포

하거나 살인하거나 11 산 위에
서 제물을 먹거나 이웃의 아내를
더럽히거나 12 가난하고 궁핍한
자를 학대하거나 강탈하거나 빚
진 자의 저당물을 돌려 주지 아
니하거나 우상에게 눈을 들거나
가증한 일을 행하거나 13 변리
를 위하여 꾸어 주거나 이자를
받거나 할진대 그가 살겠느냐 결
코 살지 못하리니 이 모든 가증
한 일을 행하였은즉 반드시 죽을
지라 자기의 피가 자기에게로 돌
아가리라 14 또 가령 그가 아들
을 낳았다 하자 그 아들이 그 아
버지가 행한 모든 죄를 보고 두
려워하여 그대로 행하지 아니하
고 15 산 위에서 제물을 먹지도
아니하며 이스라엘 족속의 우상
에게 눈을 들지도 아니하며 이웃
의 아내를 더럽히지도 아니하며
16 사람을 학대하지도 아니하며
저당을 잡지도 아니하며 강탈하
지도 아니하고 주린 자에게 음식
물을 주며 벗은 자에게 옷을 입
히며 17 손을 금하여 가난한 자
를 압제하지 아니하며 변리나 이
자를 받지 아니하여 내 규례를
지키며 내 율례를 행할진대 이
사람은 그의 아버지의 죄악으로
죽지 아니하고 반드시 살겠고
18 그의 아버지는 심히 포학하여
그 동족을 강탈하고 백성들 중에
서 선을 행하지 아니하였으므로
그는 그의 죄악으로 죽으리라
19 그런데 너희는 이르기를 아들
이 어찌 아버지의 죄를 담당하지
아니하겠느냐 하는도다 아들이
정의와 공의를 행하며 내 모든
율례를 지켜 행하였으면 그는 반
드시 살려니와 20 범죄하는 그
영혼은 죽을지라 아들은 아버지
의 죄악을 담당하지 아니할 것이
요 아버지는 아들의 죄악을 담당
하지 아니하리니 의인의 공의도
자기에게로 돌아가고 악인의 악
도 자기에게로 돌아가리라 21
그러나 악인이 만일 그가 행한
모든 죄에서 돌이켜 떠나 내 모
든 율례를 지키고 정의와 공의를
행하면 반드시 살고 죽지 아니할
것이라 22 그 범죄한 것이 하나
도 기억함이 되지 아니하리니 그
가 행한 공의로 살리라 23 주 여
호와의 말씀이니라 내가 어찌 악
인이 죽는 것을 조금인들 기뻐하
랴 그가 돌이켜 그 길에서 떠나
사는 것을 어찌 기뻐하지 아니하
겠느냐 24 만일 의인이 돌이켜
그 공의에서 떠나 범죄하고 악인
이 행하는 모든 가증한 일대로
행하면 살겠느냐 그가 행한 공의
로운 일은 하나도 기억함이 되지
아니하리니 그가 그 범한 허물과
그 지은 죄로 죽으리라 25 그런
데 너희는 이르기를 주의 길이
공평하지 아니하다 하는도다 이
스라엘 족속아 들을지어다 내 길
이 어찌 공평하지 아니하냐 너희
길이 공평하지 아니한 것이 아니
냐 26 만일 의인이 그 공의를 떠
나 죄악을 행하고 그로 말미암아
죽으면 그 행한 죄악으로 말미암
아 죽는 것이요 27 만일 악인이
그 행한 악을 떠나 정의와 공의
를 행하면 그 영혼을 보전하리라
28 그가 스스로 헤아리고 그 행
한 모든 죄악에서 돌이켜 떠났으
니 반드시 살고 죽지 아니하리라
29 그런데 이스라엘 족속은 이르
기를 주의 길이 공평하지 아니하
다 하는도다 이스라엘 족속아 나
의 길이 어찌 공평하지 아니하냐
너희 길이 공평하지 아니한 것
아니냐 30 주 여호와의 말씀이
니라 이스라엘 족속아 내가 너희
각 사람이 행한 대로 심판할지라
너희는 돌이켜 회개하고 모든 죄
에서 떠날지어다 그리한즉 그것
이 너희에게 죄악의 걸림돌이 되
지 아니하리라 31 너희는 너희
가 범한 모든 죄악을 버리고 마
음과 영을 새롭게 할지어다 이스
라엘 족속아 너희가 어찌하여 죽
고자 하느냐 32 주 여호와의 말
씀이니라 죽을 자가 죽는 것도
내가 기뻐하지 아니하노니 너희
는 스스로 돌이키고 살지니라

19장

애가

1 너는 이스라엘 고관들을 위하
여 애가를 지어 2 부르라 네 어
머니는 무엇이냐 암사자라 그가
사자들 가운데에 엎드려 젊은 사

자 중에서 그 새끼를 기르는데 3
그 새끼 하나를 키우매 젊은 사
자가 되어 먹이 물어뜯기를 배워
사람을 삼키매 4 이방이 듣고 함
정으로 그를 잡아 갈고리로 꿰어
끌고 애굽 땅으로 간지라 5 암사
자가 기다리다가 소망이 끊어진
줄을 알고 그 새끼 하나를 또 골
라 젊은 사자로 키웠더니 6 젊은
사자가 되매 여러 사자 가운데에
왕래하며 먹이 물어뜯기를 배워
사람을 삼키며 7 그의 궁궐들을
헐고 성읍들을 부수니 그 우는
소리로 말미암아 땅과 그 안에
가득한 것이 황폐한지라 8 이방
이 포위하고 있는 지방에서 그를
치러 와서 그의 위에 그물을 치
고 함정에 잡아 9 우리에 넣고
갈고리를 꿰어 끌고 바벨론 왕에
게 이르렀나니 그를 옥에 가두어
그 소리가 다시 이스라엘 산에
들리지 아니하게 하려 함이라
10 네 피의 어머니는 물 가에 심
겨진 포도나무 같아서 물이 많으
므로 열매가 많고 가지가 무성하
며 11 그 가지들은 강하여 권세
잡은 자의 규가 될 만한데 그 하
나의 키가 굵은 가지 가운데에서
높았으며 많은 가지 가운데에서
뛰어나 보이다가 12 분노 중에
뽑혀서 땅에 던짐을 당하매 그
열매는 동풍에 마르고 그 강한
가지들은 꺾이고 말라 불에 탔더
니 13 이제는 광야, 메마르고 가
물이 든 땅에 심어진 바 되고 14
불이 그 가지 중 하나에서부터
나와 그 열매를 태우니 권세 잡
은 자의 규가 될 만한 강한 가지
가 없도다 하라 이것이 애가라
후에도 애가가 되리라

20장

하나님의 뜻, 이스라엘의 반역

1 일곱째 해 다섯째 달 열째 날에
이스라엘 장로 여러 사람이 여호
와께 물으려고 와서 내 앞에 앉
으니 2 여호와의 말씀이 내게 임
하여 이르시되 3 인자야 이스라
엘 장로들에게 말하여 이르라 주
여호와께서 이렇게 말씀하셨느
니라 너희가 내게 물으려고 왔느
냐 내가 나의 목숨을 걸고 맹세
하거니와 너희가 내게 묻기를 내
가 용납하지 아니하리라 주 여호
와의 말씀이니라 4 인자야 네가
그들을 심판하려느냐 네가 그들
을 심판하려느냐 너는 그들에게
그들의 조상들의 가증한 일을 알
게 하여 5 이르라 주 여호와께서
이같이 말씀하셨느니라 옛날에
내가 이스라엘을 택하고 야곱 집
의 후예를 향하여 내 손을 들어
맹세하고 애굽 땅에서 그들에게

나타나 맹세하여 이르기를 나는
여호와 너희 하나님이라 하였노
라 6 그 날에 내가 내 손을 들어
그들에게 맹세하기를 애굽 땅에
서 인도하여 내어 그들을 위하여
찾아 두었던 땅 곧 젖과 꿀이 흐
르는 땅이요 모든 땅 중의 아름
다운 곳에 이르게 하리라 하고 7
또 그들에게 이르기를 너희는 눈
을 끄는 바 가증한 것을 각기 버
리고 애굽의 우상들로 말미암아
스스로 더럽히지 말라 나는 여호
와 너희 하나님이니라 하였으나
8 그들이 내게 반역하여 내 말을
즐겨 듣지 아니하고 그들의 눈을
끄는 바 가증한 것을 각기 버리
지 아니하며 애굽의 우상들을 떠
나지 아니하므로 내가 말하기를
내가 애굽 땅에서 그들에게 나의
분노를 쏟으며 그들에게 진노를
이루리라 하였노라 9 그러나 내
가 그들이 거주하는 이방인의 눈
앞에서 그들에게 나타나 그들을
애굽 땅에서 인도하여 내었나니
이는 내 이름을 위함이라 내 이
름을 그 이방인의 눈 앞에서 더

럽히지 아니하려고 행하였음이
라 10 그러므로 내가 그들을 애
굽 땅에서 나와서 광야에 이르게
하고 11 사람이 준행하면 그로
말미암아 삶을 얻을 내 율례를
주며 내 규례를 알게 하였고 12
또 내가 그들을 거룩하게 하는
여호와인 줄 알게 하려고 내 안
식일을 주어 그들과 나 사이에
표징을 삼았노라 13 그러나 이
스라엘 족속이 광야에서 내게 반
역하여 사람이 준행하면 그로 말
미암아 삶을 얻을 나의 율례를
준행하지 아니하며 나의 규례를
멸시하였고 나의 안식일을 크게
더럽혔으므로 내가 이르기를 내
가 내 분노를 광야에서 그들에게
쏟아 멸하리라 하였으나 14 내
가 내 이름을 위하여 달리 행하
였었나니 내가 그들을 인도하여
내는 것을 본 나라들 앞에서 내
이름을 더럽히지 아니하려 하였
음이로라 15 또 내가 내 손을 들
어 광야에서 그들에게 맹세하기
를 내가 그들에게 허락한 땅 곧
젖과 꿀이 흐르는 땅이요 모든
땅 중의 아름다운 곳으로 그들을
인도하여 들이지 아니하리라 한
것은 16 그들이 마음으로 우상
을 따라 나의 규례를 업신여기며
나의 율례를 행하지 아니하며 나
의 안식일을 더럽혔음이라 17
그러나 내가 그들을 아껴서 광야
에서 멸하여 아주 없이하지 아니
하였었노라 18 내가 광야에서
그들의 자손에게 이르기를 너희
조상들의 율례를 따르지 말며 그
규례를 지키지 말며 그 우상들로
말미암아 스스로 더럽히지 말라
19 나는 여호와 너희 하나님이라
너희는 나의 율례를 따르며 나의
규례를 지켜 행하고 20 또 나의
안식일을 거룩하게 할지어다 이
것이 나와 너희 사이에 표징이
되어 내가 여호와 너희 하나님인
줄을 너희가 알게 하리라 하였노
라 21 그러나 그들의 자손이 내
게 반역하여 사람이 지켜 행하면
그로 말미암아 삶을 얻을 나의
율례를 따르지 아니하며 나의 규
례를 지켜 행하지 아니하였고 나
의 안식일을 더럽힌지라 이에 내
가 이르기를 내가 광야에서 그들
에게 내 분노를 쏟으며 그들에게
내 진노를 이루리라 하였으나
22 내가 내 이름을 위하여 내 손
을 막아 달리 행하였나니 내가
그들을 인도하여 내는 것을 본
여러 나라 앞에서 내 이름을 더
럽히지 아니하려 하였음이로라
23 또 내가 내 손을 들어 광야에
서 그들에게 맹세하기를 내가 그
들을 이방인 중에 흩으며 여러
민족 가운데에 헤치리라 하였나
니 24 이는 그들이 나의 규례를
행하지 아니하며 나의 율례를 멸
시하며 내 안식일을 더럽히고 눈
으로 그들의 조상들의 우상들을
사모함이며 25 또 내가 그들에
게 선하지 못한 율례와 능히 지
키지 못할 규례를 주었고 26 그
들이 장자를 다 화제로 드리는
그 예물로 내가 그들을 더럽혔음
은 그들을 멸망하게 하여 나를
여호와인 줄 알게 하려 하였음이
라 27 그런즉 인자야 이스라엘
족속에게 말하여 이르라 주 여호
와께서 이같이 말씀하셨느니라
너희 조상들이 또 내게 범죄하여
나를 욕되게 하였느니라 28 내
가 내 손을 들어 그들에게 주기
로 맹세한 땅으로 그들을 인도하
여 들였더니 그들이 모든 높은
산과 모든 무성한 나무를 보고

거기에서 제사를 드리고 분노하
게 하는 제물을 올리며 거기서
또 분향하고 전제물을 부어 드린
지라 29 이에 내가 그들에게 이
르기를 너희가 다니는 산당이 무
엇이냐 하였노라 (그것을 오늘날
까지 바마라 일컫느니라) 30 그
러므로 너는 이스라엘 족속에게
이르라 주 여호와께서 이같이 말
씀하셨느니라 너희가 조상들의
풍속을 따라 너희 자신을 더럽히
며 그 모든 가증한 것을 따라 행
음하느냐 31 너희가 또 너희 아
들을 화제로 삼아 불 가운데로
지나게 하며 오늘까지 너희 자신
을 우상들로 말미암아 더럽히느
냐 이스라엘 족속아 너희가 내게
묻기를 내가 용납하겠느냐 주 여
호와의 말씀이니라 내가 나의 삶
을 두고 맹세하노니 너희가 내게
묻기를 내가 용납하지 아니하리
라 32 너희가 스스로 이르기를
우리가 이방인 곧 여러 나라 족
속 같이 되어서 목석을 경배하리
라 하거니와 너희 마음에 품은
것을 결코 이루지 못하리라

맹세한 땅으로 이스라엘을 인도하리라

33 주 여호와의 말씀이니라 내가
나의 삶을 두고 맹세하노니 내가
능한 손과 편 팔로 분노를 쏟아
너희를 반드시 다스릴지라 34
능한 손과 편 팔로 분노를 쏟아
너희를 여러 나라에서 나오게 하
며 너희의 흩어진 여러 지방에서
모아내고 35 너희를 인도하여
여러 나라 광야에 이르러 거기에
서 너희를 대면하여 심판하되
36 내가 애굽 땅 광야에서 너희

조상들을 심판한 것 같이 너희를
심판하리라 주 여호와의 말씀이
니라 37 내가 너희를 막대기 아
래로 지나가게 하며 언약의 줄로
매려니와 38 너희 가운데에서
반역하는 자와 내게 범죄하는 자
를 모두 제하여 버릴지라 그들을
그 머물러 살던 땅에서는 나오게
하여도 이스라엘 땅에는 들어가
지 못하게 하리니 너희가 나는
여호와인 줄을 알리라 39 주 여
호와께서 이같이 말씀하셨느니
라 이스라엘 족속아 너희가 내
말을 듣지 아니하려거든 가서 각
각 그 우상을 섬기라 그렇게 하
려거든 이 후에 다시는 너희 예
물과 너희 우상들로 내 거룩한
이름을 더럽히지 말지니라 40
주 여호와의 말씀이니라 이스라
엘 온 족속이 그 땅에 있어서 내
거룩한 산 곧 이스라엘의 높은
산에서 다 나를 섬기리니 거기에
서 내가 그들을 기쁘게 받을지라
거기에서 너희 예물과 너희가 드
리는 첫 열매와 너희 모든 성물
을 요구하리라 41 내가 너희를
인도하여 여러 나라 가운데에서
나오게 하고 너희가 흩어진 여러
민족 가운데에서 모아 낼 때에
내가 너희를 향기로 받고 내가
또 너희로 말미암아 내 거룩함을
여러 나라의 목전에서 나타낼 것
이며 42 내가 내 손을 들어 너희
조상들에게 주기로 맹세한 땅 곧
이스라엘 땅으로 너희를 인도하
여 들일 때에 너희는 내가 여호
와인 줄 알고 43 거기에서 너희
의 길과 스스로 더럽힌 모든 행
위를 기억하고 이미 행한 모든
악으로 말미암아 스스로 미워하
리라 44 이스라엘 족속아 내가
너희의 악한 길과 더러운 행위대
로 하지 아니하고 내 이름을 위
하여 행한 후에야 내가 여호와인
줄 너희가 알리라 주 여호와의
말씀이니라

불타는 숲의 비유

45 여호와의 말씀이 또 내게 임
하여 이르시되 46 인자야 너는
얼굴을 남으로 향하라 남으로 향
하여 소리내어 남쪽의 숲을 쳐서
예언하라 47 남쪽의 숲에게 이
르기를 여호와의 말씀을 들을지
어다 주 여호와께서 이같이 말씀

하셨느니라 내가 너의 가운데에
불을 일으켜 모든 푸른 나무와
모든 마른 나무를 없애리니 맹렬
한 불꽃이 꺼지지 아니하고 남에
서 북까지 모든 얼굴이 그슬릴지
라 48 혈기 있는 모든 자는 나 여
호와가 그 불을 일으킨 줄을 알
리니 그것이 꺼지지 아니하리라
하셨다 하라 하시기로 49 내가
이르되 아하 주 여호와여 그들이
나를 가리켜 말하기를 그는 비유
로 말하는 자가 아니냐 하나이다
하니라

21장

여호와의 칼

1 또 여호와의 말씀이 내게 임하
여 이르시되 2 인자야 너는 얼굴
을 예루살렘으로 향하며 성소를
향하여 소리내어 이스라엘 땅에
게 예언하라 3 이스라엘 땅에게
이르기를 여호와의 말씀에 내가
너를 대적하여 내 칼을 칼집에서
빼어 의인과 악인을 네게서 끊을
지라 4 내가 의인과 악인을 네게
서 끊을 터이므로 내 칼을 칼집
에서 빼어 모든 육체를 남에서
북까지 치리니 5 모든 육체는 나
여호와가 내 칼을 칼집에서 빼낸
줄을 알지라 칼이 다시 꽂히지
아니하리라 하셨다 하라 6 인자
야 탄식하되 너는 허리가 끊어지
듯 탄식하라 그들의 목전에서 슬
피 탄식하라 7 그들이 네게 묻기
를 네가 어찌하여 탄식하느냐 하
거든 대답하기를 재앙이 다가온
다는 소문 때문이니 각 마음이
녹으며 모든 손이 약하여지며 각
영이 쇠하며 모든 무릎이 물과
같이 약해지리라 보라 재앙이 오
나니 반드시 이루어지리라 주 여
호와의 말씀이니라 하라 8 여호
와의 말씀이 또 내게 임하여 이
르시되 9 인자야 너는 예언하여
여호와의 말씀을 이같이 말하라
칼이여 칼이여 날카롭고도 빛나
도다 10 그 칼이 날카로움은 죽
임을 위함이요 빛남은 번개 같이
되기 위함이니 우리가 즐거워하
겠느냐 내 아들의 규가 모든 나
무를 업신여기는도다 11 그 칼
을 손에 잡아 쓸 만하도록 빛나
게 하되 죽이는 자의 손에 넘기
기 위하여 날카롭고도 빛나게 하
였도다 하셨다 하라 12 인자야
너는 부르짖어 슬피 울지어다 이
것이 내 백성에게 임하며 이스라
엘 모든 고관에게 임함이로다 그
들과 내 백성이 함께 칼에 넘긴
바 되었으니 너는 네 넓적다리를
칠지어다 13 이것이 시험이라
만일 업신여기는 규가 없어지면
어찌할까 주 여호와의 말씀이니
라 14 그러므로 인자야 너는 예
언하며 손뼉을 쳐서 칼로 두세
번 거듭 쓰이게 하라 이 칼은 죽
이는 칼이라 사람들을 둘러싸고
죽이는 큰 칼이로다 15 내가 그
들이 낙담하여 많이 엎드러지게
하려고 그 모든 성문을 향하여
번쩍번쩍하는 칼을 세워 놓았도
다 오호라 그 칼이 번개 같고 죽
이기 위하여 날카로웠도다 16
칼아 모이라 오른쪽을 치라 대열
을 맞추라 왼쪽을 치라 향한 대
로 가라 17 나도 내 손뼉을 치며
내 분노를 다 풀리로다 나 여호
와가 말하였노라 18 여호와의
말씀이 내게 임하여 이르시되
19 인자야 너는 바벨론 왕의 칼
이 올 두 길을 한 땅에서 나오도
록 그리되 곧 성으로 들어가는
길 어귀에다가 길이 나뉘는 지시
표를 하여 20 칼이 암몬 족속의

랍바에 이르는 길과 유다의 견고
한 성 예루살렘에 이르는 길을
그리라 21 바벨론 왕이 갈랫길
곧 두 길 어귀에 서서 점을 치되
화살들을 흔들어 우상에게 묻고
희생제물의 간을 살펴서 22 오
른손에 예루살렘으로 갈 점괘를
얻었으므로 공성퇴를 설치하며
입을 벌리고 죽이며 소리를 높여
외치며 성문을 향하여 공성퇴를
설치하고 토성을 쌓고 사다리를
세우게 되었나니 23 전에 그들
에게 맹약한 자들은 그것을 거짓
점괘로 여길 것이나 바벨론 왕은
그 죄악을 기억하고 그 무리를
잡으리라 24 그러므로 주 여호
와께서 이같이 말씀하셨느니라
너희의 악이 기억을 되살리며 너
희의 허물이 드러나며 너희 모든
행위의 죄가 나타났도다 너희가
기억한 바 되었은즉 그 손에 잡
히리라 25 너 극악하여 중상을
당할 이스라엘 왕아 네 날이 이르
렀나니 곧 죄악의 마지막 때이니
라 26 주 여호와께서 이같이 말
씀하셨느니라 관을 제거하며 왕
관을 벗길지라 그대로 두지 못하
리니 낮은 자를 높이고 높은 자를
낮출 것이니라 27 내가 엎드러뜨
리고 엎드러뜨리고 엎드러뜨리
려니와 이것도 다시 있지 못하리
라 마땅히 얻을 자가 이르면 그에
게 주리라 28 인자야 너는 주 여
호와께서 암몬 족속과 그의 능욕
에 대하여 이같이 말씀하셨다고
예언하라 너는 이르기를 칼이 뽑
히도다 칼이 뽑히도다 죽이며 멸
절하며 번개 같이 되기 위하여 빛
났도다 29 네게 대하여 허무한
것을 보며 네게 대하여 거짓 복술
을 하는 자가 너를 중상 당한 악
인의 목 위에 두리니 이는 그의
날 곧 죄악의 마지막 때가 이름이
로다 30 그러나 칼을 그 칼집에
꽂을지어다 네가 지음을 받은 곳
에서, 네가 출생한 땅에서 내가
너를 심판하리로다 31 내가 내
분노를 네게 쏟으며 내 진노의 불
을 네게 내뿜고 너를 짐승 같은
자 곧 멸하기에 익숙한 자의 손에
넘기리로다 32 네가 불에 섶과
같이 될 것이며 네 피가 나라 가
운데에 있을 것이며 네가 다시 기
억되지 못할 것이니 나 여호와가
말하였음이라 하라

22장

벌 받을 예루살렘

1 또 여호와의 말씀이 내게 임하
여 이르시되 2 인자야 네가 심판
하려느냐 이 피흘린 성읍을 심판
하려느냐 그리하려거든 자기의
모든 가증한 일을 그들이 알게
하라 3 너는 말하라 주 여호와께
서 이같이 말씀하셨느니라 자기
가운데에 피를 흘려 벌 받을 때
가 이르게 하며 우상을 만들어
스스로 더럽히는 성아 4 네가 흘
린 피로 말미암아 죄가 있고 네
가 만든 우상으로 말미암아 스스
로 더럽혔으니 네 날이 가까웠고
네 연한이 찼도다 그러므로 내가
너로 이방의 능욕을 받으며 만국
의 조롱거리가 되게 하였노라 5
너 이름이 더럽고 어지러움이 많
은 자여 가까운 자나 먼 자나 다
너를 조롱하리라 6 이스라엘 모

든 고관은 각기 권세대로 피를
흘리려고 네 가운데에 있었도다
7 그들이 네 가운데에서 부모를
업신여겼으며 네 가운데에서 나
그네를 학대하였으며 네 가운데
에서 고아와 과부를 해하였도다
8 너는 나의 성물들을 업신여겼
으며 나의 안식일을 더럽혔으며
9 네 가운데에 피를 흘리려고 이
간을 붙이는 자도 있었으며 네
가운데에 산 위에서 제물을 먹는
자도 있었으며 네 가운데에 음행
하는 자도 있었으며 10 네 가운
데에 자기 아버지의 하체를 드러
내는 자도 있었으며 네 가운데에
월경하는 부정한 여인과 관계하
는 자도 있었으며 11 어떤 사람
은 그 이웃의 아내와 가증한 일
을 행하였으며 어떤 사람은 그의
며느리를 더럽혀 음행하였으며
네 가운데에 어떤 사람은 그 자
매 곧 아버지의 딸과 관계하였으
며 12 네 가운데에 피를 흘리려
고 뇌물을 받는 자도 있었으며
네가 변돈과 이자를 받았으며 이
익을 탐하여 이웃을 속여 빼앗았
으며 나를 잊어버렸도다 주 여호
와의 말씀이니라 13 네가 불의
를 행하여 이익을 얻은 일과 네

가운데에 피 흘린 일로 말미암아
내가 손뼉을 쳤나니 14 내가 네
게 보응하는 날에 네 마음이 견
디겠느냐 네 손이 힘이 있겠느냐
나 여호와가 말하였으니 내가 이
루리라 15 내가 너를 뭇 나라 가
운데에 흩으며 각 나라에 헤치고
너의 더러운 것을 네 가운데에서
멸하리라 16 네가 자신 때문에
나라들의 목전에서 수치를 당하
리니 내가 여호와인 줄 알리라
하셨다 하라

풀무 불에 들어간 이스라엘

17 여호와의 말씀이 내게 임하여
이르시되 18 인자야 이스라엘 족
속이 내게 찌꺼기가 되었나니 곧
풀무 불 가운데에 있는 놋이나 주
석이나 쇠나 납이며 은의 찌꺼기
로다 19 그러므로 주 여호와께서
이와 같이 말씀하셨느니라 너희
가 다 찌꺼기가 되었은즉 내가 너
희를 예루살렘 가운데로 모으고
20 사람이 은이나 놋이나 쇠나 납
이나 주석이나 모아서 풀무 불 속
에 넣고 불을 불어 녹이는 것 같
이 내가 노여움과 분으로 너희를
모아 거기에 두고 녹이리라 21
내가 너희를 모으고 내 분노의 불
을 너희에게 불면 너희가 그 가운
데에서 녹되 22 은이 풀무 불 가
운데에서 녹는 것 같이 너희가 그
가운데에서 녹으리니 나 여호와
가 분노를 너희 위에 쏟은 줄을
너희가 알리라

선지자 제사장 고관들의 죄

23 여호와의 말씀이 내게 임하여
이르시되 24 인자야 너는 그에
게 이르기를 너는 정결함을 얻지
못한 땅이요 진노의 날에 비를
얻지 못한 땅이로다 하라 25 그
가운데에서 선지자들의 반역함
이 우는 사자가 음식물을 움킴
같았도다 그들이 사람의 영혼을
삼켰으며 재산과 보물을 탈취하
며 과부를 그 가운데에 많게 하
였으며 26 그 제사장들은 내 율
법을 범하였으며 나의 성물을 더
럽혔으며 거룩함과 속된 것을 구
별하지 아니하였으며 부정함과
정한 것을 사람이 구별하게 하지
아니하였으며 그의 눈을 가리어
나의 안식일을 보지 아니하였으
므로 내가 그들 가운데에서 더럽
힘을 받았느니라 27 그 가운데
에 그 고관들은 음식물을 삼키는
이리 같아서 불의한 이익을 얻으
려고 피를 흘려 영혼을 멸하거늘
28 그 선지자들이 그들을 위하여
회를 칠하고 스스로 허탄한 이상
을 보며 거짓 복술을 행하며 여
호와가 말하지 아니하였어도 주
여호와께서 이같이 말씀하셨느
니라 하였으며 29 이 땅 백성은
포악하고 강탈을 일삼고 가난하
고 궁핍한 자를 압제하고 나그네
를 부당하게 학대하였으므로 30
이 땅을 위하여 성을 쌓으며 성
무너진 데를 막아 서서 나로 하

여금 멸하지 못하게 할 사람을
내가 그 가운데에서 찾다가 찾지
못하였으므로 31 내가 내 분노
를 그들 위에 쏟으며 내 진노의
불로 멸하여 그들 행위대로 그들
머리에 보응하였느니라 주 여호
와의 말씀이니라

23장

오홀라와 오홀리바의 행음

1 또 여호와의 말씀이 내게 임하
여 이르시되 2 인자야 두 여인이
있었으니 한 어머니의 딸이라 3
그들이 애굽에서 행음하되 어렸
을 때에 행음하여 그들의 유방이
눌리며 그 처녀의 가슴이 어루만
져졌나니 4 그 이름이 형은 오홀
라요 아우는 오홀리바라 그들이
내게 속하여 자녀를 낳았나니 그
이름으로 말하면 오홀라는 사마
리아요 오홀리바는 예루살렘이
니라 5 오홀라가 내게 속하였을
때에 행음하여 그가 연애하는 자
곧 그의 이웃 앗수르 사람을 사
모하였나니 6 그들은 다 자색 옷
을 입은 고관과 감독이요 준수한
청년이요 말 타는 자들이라 7 그
가 앗수르 사람들 가운데에 잘
생긴 그 모든 자들과 행음하고

누구를 연애하든지 그들의 모든
우상으로 자신을 더럽혔으며 8
그가 젊었을 때에 애굽 사람과
동침하매 그 처녀의 가슴이 어루
만져졌으며 그의 몸에 음란을 쏟
음을 당한 바 되었더니 그가 그
때부터 행음함을 마지아니하였
느니라 9 그러므로 내가 그를 그
의 정든 자 곧 그가 연애하는 앗
수르 사람의 손에 넘겼더니 10
그들이 그의 하체를 드러내고 그
의 자녀를 빼앗으며 칼로 그를
죽여 여인들에게 이야깃거리가
되게 하였나니 이는 그들이 그에
게 심판을 행함이니라 11 그 아
우 오홀리바가 이것을 보고도 그
의 형보다 음욕을 더하며 그의
형의 간음함보다 그 간음이 더
심하므로 그의 형보다 더 부패하
여졌느니라 12 그가 그의 이웃
앗수르 사람을 연애하였나니 그
들은 화려한 의복을 입은 고관과
감독이요 말 타는 자들과 준수한
청년이었느니라 13 그 두 여인
이 한 길로 행하므로 그도 더러
워졌음을 내가 보았노라 14 그
가 음행을 더하였음은 붉은 색으
로 벽에 그린 사람의 형상 곧 갈
대아 사람의 형상을 보았음이니
15 그 형상은 허리를 띠로 동이
고 머리를 긴 수건으로 쌌으며
그의 용모는 다 준수한 자 곧 그
의 고향 갈대아 바벨론 사람 같
은 것이라 16 그가 보고 곧 사랑
하게 되어 사절을 갈대아 그들에
게로 보내매 17 바벨론 사람이
나아와 연애하는 침상에 올라 음
행으로 그를 더럽히매 그가 더럽
힘을 입은 후에 그들을 싫어하는
마음이 생겼느니라 18 그가 이
같이 그의 음행을 나타내며 그가
하체를 드러내므로 내 마음이 그
의 형을 싫어한 것 같이 그를 싫
어하였으나 19 그가 그의 음행
을 더하여 젊었을 때 곧 애굽 땅
에서 행음하던 때를 생각하고
20 그의 하체는 나귀 같고 그의
정수는 말 같은 음란한 간부를
사랑하였도다 21 네가 젊었을
때에 행음하여 애굽 사람에게 네
가슴과 유방이 어루만져졌던 것
을 아직도 생각하도다

오홀리바가 받은 재판

22 그러므로 오홀리바야 주 여호
와께서 이같이 말씀하셨느니라
나는 네가 사랑하다가 싫어하던
자들을 충동하여 그들이 사방에
서 와서 너를 치게 하리니 23 그
들은 바벨론 사람과 갈대아 모든
무리 브곳과 소아와 고아 사람과
또 그와 함께 한 모든 앗수르 사
람 곧 준수한 청년이며 다 고관
과 감독이며 귀인과 유명한 자요
다 말 타는 자들이라 24 그들이
무기와 병거와 수레와 크고 작은
방패를 이끌고 투구 쓴 군대를
거느리고 치러 와서 너를 에워싸
리라 내가 재판을 그들에게 맡긴
즉 그들이 그들의 법대로 너를
재판하리라 25 내가 너를 향하
여 질투하리니 그들이 분내어 네
코와 귀를 깎아 버리고 남은 자
를 칼로 엎드러뜨리며 네 자녀를
빼앗고 그 남은 자를 불에 사르
며 26 또 네 옷을 벗기며 네 장식
품을 빼앗을지라 27 이와 같이
내가 네 음란과 애굽 땅에서부터
행음하던 것을 그치게 하여 너로
그들을 향하여 눈을 들지도 못하
게 하며 다시는 애굽을 기억하지
도 못하게 하리라 28 주 여호와
께서 이같이 말씀하셨느니라 나
는 네가 미워하는 자와 네 마음

에 싫어하는 자의 손에 너를 붙
이리니 29 그들이 미워하는 마
음으로 네게 행하여 네 모든 수
고한 것을 빼앗고 너를 벌거벗은
몸으로 두어서 네 음행의 벗은
몸 곧 네 음란하며 행음하던 것
을 드러낼 것이라 30 네가 이같
이 당할 것은 네가 음란하게 이
방을 따르고 그 우상들로 더럽혔
기 때문이로다 31 네가 네 형의
길로 행하였은즉 내가 그의 잔을
네 손에 주리라 32 주 여호와께
서 이같이 말씀하셨느니라 깊고
크고 가득히 담긴 네 형의 잔을
네가 마시고 코웃음과 조롱을 당
하리라 33 네가 네 형 사마리아
의 잔 곧 놀람과 패망의 잔에 넘
치게 취하고 근심할지라 34 네
가 그 잔을 다 기울여 마시고 그
깨어진 조각을 씹으며 네 유방을
꼬집을 것은 내가 이렇게 말하였
음이라 주 여호와의 말씀이니라
35 그러므로 주 여호와께서 이같
이 말씀하셨느니라 네가 나를 잊
었고 또 나를 네 등 뒤에 버렸은
즉 너는 네 음란과 네 음행의 죄
를 담당할지니라 하시니라

오홀라와 오홀리바가 받은 재판

36 여호와께서 또 내게 이르시되
인자야 네가 오홀라와 오홀리바
를 심판하려느냐 그러면 그 가증
한 일을 그들에게 말하라 37 그
들이 행음하였으며 피를 손에 묻
혔으며 또 그 우상과 행음하며
내게 낳아 준 자식들을 우상을
위하여 화제로 살랐으며 38 이
외에도 그들이 내게 행한 것이
있나니 당일에 내 성소를 더럽히
며 내 안식일을 범하였도다 39
그들이 자녀를 죽여 그 우상에게
드린 그 날에 내 성소에 들어와
서 더럽혔으되 그들이 내 성전
가운데에서 그렇게 행하였으며
40 또 사절을 먼 곳에 보내 사람
을 불러오게 하고 그들이 오매
그들을 위하여 목욕하며 눈썹을
그리며 스스로 단장하고 41 화
려한 자리에 앉아 앞에 상을 차
리고 내 향과 기름을 그 위에 놓
고 42 그 무리와 편히 지껄이고
즐겼으며 또 광야에서 잡류와 술
취한 사람을 청하여 오매 그들이
팔찌를 그 손목에 끼우고 아름다
운 관을 그 머리에 씌웠도다 43
내가 음행으로 쇠한 여인을 가리
켜 말하노라 그가 그래도 그들과
피차 행음하는도다 44 그들이
그에게 나오기를 기생에게 나옴
같이 음란한 여인 오홀라와 오홀
리바에게 나왔은즉 45 의인이
간통한 여자들을 재판함 같이 재
판하며 피를 흘린 여인을 재판함
같이 재판하리니 그들은 간통한
여자들이요 또 피가 그 손에 묻
었음이라 46 주 여호와께서 이
같이 말씀하셨느니라 그들에게
무리를 올려 보내 그들이 공포와
약탈을 당하게 하라 47 무리가
그들을 돌로 치며 칼로 죽이고
그 자녀도 죽이며 그 집들을 불
사르리라 48 이같이 내가 이 땅
에서 음란을 그치게 한즉 모든
여인이 정신이 깨어 너희 음행을
본받지 아니하리라 49 그들이
너희 음란으로 너희에게 보응한
즉 너희가 모든 우상을 위하던
죄를 담당할지라 내가 주 여호와
인 줄을 너희가 알리라 하시니라

24장

녹슨 가마 예루살렘

1 아홉째 해 열째 달 열째 날에
여호와의 말씀이 내게 임하여 이
르시되 2 인자야 너는 날짜 곧
오늘의 이름을 기록하라 바벨론
왕이 오늘 예루살렘에 가까이 왔
느니라 3 너는 이 반역하는 족속
에게 비유를 베풀어 이르기를 주
여호와께서 이같이 말씀하시기
를 가마 하나를 걸라 4-5 건 후에

물을 붓고 양 떼에서 한 마리를
골라 각을 뜨고 그 넓적다리와
어깨 고기의 모든 좋은 덩이를
그 가운데에 모아 넣으며 고른
뼈를 가득히 담고 그 뼈를 위하
여 가마 밑에 나무를 쌓아 넣고
잘 삶되 가마 속의 뼈가 무르도
록 삶을지어다 6 그러므로 주 여
호와께서 이같이 말씀하셨느니
라 피를 흘린 성읍, 녹슨 가마 곧
그 속의 녹을 없이하지 아니한
가마여 화 있을진저 제비 뽑을
것도 없이 그 덩이를 하나하나
꺼낼지어다 7 그 피가 그 가운데
에 있음이여 피를 땅에 쏟아 티
끌이 덮이게 하지 않고 맨 바위
위에 두었도다 8 내가 그 피를
맨 바위 위에 두고 덮이지 아니
하게 함은 분노를 나타내어 보응
하려 함이로라 9 그러므로 주 여
호와께서 이같이 말씀하셨느니
라 화 있을진저 피를 흘린 성읍
이여 내가 또 나무 무더기를 크
게 하리라 10 나무를 많이 쌓고
불을 피워 그 고기를 삶아 녹이
고 국물을 졸이고 그 뼈를 태우
고 11 가마가 빈 후에는 숯불 위
에 놓아 뜨겁게 하며 그 가마의
놋을 달궈서 그 속에 더러운 것
을 녹게 하며 녹이 소멸되게 하
라 12 이 성읍이 수고하므로 스
스로 피곤하나 많은 녹이 그 속
에서 벗겨지지 아니하며 불에서
도 없어지지 아니하는도다 13
너의 더러운 것들 중에 음란이
그 하나이니라 내가 너를 깨끗하
게 하나 네가 깨끗하여지지 아니
하니 내가 네게 향한 분노를 풀
기 전에는 네 더러움이 다시 깨
끗하여지지 아니하리라 14 나

여호와가 말하였은즉 그 일이 이
루어질지라 내가 돌이키지도 아
니하고 아끼지도 아니하며 뉘우
치지도 아니하고 행하리니 그들
이 네 모든 행위대로 너를 재판
하리라 주 여호와의 말씀이니라

에스겔의 아내가 죽다

15 여호와의 말씀이 또 내게 임
하여 이르시되 16 인자야 내가
네 눈에 기뻐하는 것을 한 번 쳐
서 빼앗으리니 너는 슬퍼하거나
울거나 눈물을 흘리거나 하지 말
며 17 죽은 자들을 위하여 슬퍼
하지 말고 조용히 탄식하며 수건
으로 머리를 동이고 발에 신을
신고 입술을 가리지 말고 사람이
초상집에서 먹는 음식물을 먹지
말라 하신지라 18 내가 아침에
백성에게 말하였더니 저녁에 내
아내가 죽었으므로 아침에 내가
받은 명령대로 행하매 19 백성
이 내게 이르되 네가 행하는 이
일이 우리와 무슨 상관이 있는지
너는 우리에게 말하지 아니하겠

느냐 하므로 20 내가 그들에게
대답하기를 여호와의 말씀이 내
게 임하여 이르시되 21 너는 이
스라엘 족속에게 이르기를 주 여
호와의 말씀에 내 성소는 너희
세력의 영광이요 너희 눈의 기쁨
이요 너희 마음에 아낌이 되거니
와 내가 더럽힐 것이며 너희의
버려 둔 자녀를 칼에 엎드러지게
할지라 22 너희가 에스겔이 행
한 바와 같이 행하여 입술을 가
리지 아니하며 사람의 음식물을
먹지 아니하며 23 수건으로 머
리를 동인 채, 발에 신을 신은 채
로 두고 슬퍼하지도 아니하며 울
지도 아니하되 죄악 중에 패망하
여 피차 바라보고 탄식하리라
24 이같이 에스겔이 너희에게 표
징이 되리니 그가 행한 대로 너
희가 다 행할지라 이 일이 이루
어지면 내가 주 여호와인 줄을
너희가 알리라 하라 하셨느니라
25 인자야 내가 그 힘과 그 즐거
워하는 영광과 그 눈이 기뻐하는
것과 그 마음이 간절하게 생각하
는 자녀를 데려가는 날 26 곧 그
날에 도피한 자가 네게 나와서
네 귀에 그 일을 들려 주지 아니
하겠느냐 27 그 날에 네 입이 열
려서 도피한 자에게 말하고 다시
는 잠잠하지 아니하리라 이같이
너는 그들에게 표징이 되고 그들
은 내가 여호와인 줄 알리라

25장

암몬이 받을 심판

1 여호와의 말씀이 또 내게 임하

여 이르시되 2 인자야 네 얼굴을
암몬 족속에게 돌리고 그들에게
예언하라 3 너는 암몬 족속에게
이르기를 너희는 주 여호와의 말
씀을 들을지어다 주 여호와께서
이같이 말씀하셨느니라 내 성소
가 더럽힘을 받을 때에 네가 그
것에 관하여, 이스라엘 땅이 황
폐할 때에 네가 그것에 관하여,
유다 족속이 사로잡힐 때에 네가
그들에 대하여 이르기를 아하 좋
다 하였도다 4 그러므로 내가 너
를 동방 사람에게 기업으로 넘겨
주리니 그들이 네 가운데에 진을
치며 네 가운데에 그 거처를 베
풀며 네 열매를 먹으며 네 젖을
마실지라 5 내가 랍바를 낙타의
우리로 만들며 암몬 족속의 땅을
양 떼가 눕는 곳으로 삼은즉 내
가 주 여호와인 줄을 너희가 알
리라 6 주 여호와께서 이같이 말
씀하셨느니라 네가 이스라엘 땅
에 대하여 손뼉을 치며 발을 구
르며 마음을 다하여 멸시하며 즐
거워하였나니 7 그런즉 내가 손
을 네 위에 펴서 너를 다른 민족
에게 넘겨 주어 노략을 당하게
하며 너를 만민 중에서 끊어 버
리며 너를 여러 나라 가운데에서
패망하게 하여 멸하리니 내가 주
여호와인 줄을 너희가 알리라 하
셨다 하라

모압과 세일이 받을 심판

8 주 여호와께서 이같이 말씀하
셨느니라 모압과 세일이 이르기
를 유다 족속은 모든 이방과 다
름이 없다 하도다 9 그러므로 내
가 모압의 한편 곧 그 나라 국경
에 있는 영화로운 성읍들 벧여시
못과 바알므온과 기랴다임을 열
고 10 암몬 족속과 더불어 동방
사람에게 넘겨 주어 기업을 삼게
할 것이라 암몬 족속이 다시는
이방 가운데에서 기억되지 아니
하게 하려니와 11 내가 모압에
벌을 내리리니 내가 주 여호와인
줄을 너희가 알리라

에돔과 블레셋이 받을 심판

12 주 여호와께서 이같이 말씀하
셨느니라 에돔이 유다 족속을 쳐
서 원수를 갚았고 원수를 갚음으
로 심히 범죄하였도다 13 그러
므로 주 여호와께서 이같이 말씀
하셨느니라 내가 내 손을 에돔
위에 펴서 사람과 짐승을 그 가
운데에서 끊어 데만에서부터 황
폐하게 하리니 드단까지 칼에 엎
드러지리라 14 내가 내 백성 이
스라엘의 손으로 내 원수를 에돔
에게 갚으리니 그들이 내 진노와
분노를 따라 에돔에 행한즉 내가
원수를 갚음인 줄을 에돔이 알리
라 주 여호와의 말씀이니라 15
주 여호와께서 이같이 말씀하셨
느니라 블레셋 사람이 옛날부터
미워하여 멸시하는 마음으로 원
수를 갚아 진멸하고자 하였도다
16 그러므로 주 여호와께서 이같
이 말씀하셨느니라 내가 블레셋
사람 위에 손을 펴서 그렛 사람
을 끊으며 해변에 남은 자를 진
멸하되 17 분노의 책벌로 내 원
수를 그들에게 크게 갚으리라 내
가 그들에게 원수를 갚은즉 내가
여호와인 줄을 그들이 알리라 하
시니라

26장

두로가 받을 심판

1 열한째 해 어느 달 초하루에 여
호와의 말씀이 내게 임하여 이르
시되 2 인자야 두로가 예루살렘

에 관하여 이르기를 아하 만민의
문이 깨져서 내게로 돌아왔도다
그가 황폐하였으니 내가 충만함
을 얻으리라 하였도다 3 그러므
로 주 여호와께서 이같이 말씀하
셨느니라 두로야 내가 너를 대적
하여 바다가 그 파도를 굽이치게
함 같이 여러 민족들이 와서 너
를 치게 하리니 4 그들이 두로의
성벽을 무너뜨리며 그 망대를 헐
것이요 나도 티끌을 그 위에서
쓸어 버려 맨 바위가 되게 하며
5 바다 가운데에 그물 치는 곳이
되게 하리니 내가 말하였음이라
주 여호와의 말씀이니라 그가 이
방의 노략거리가 될 것이요 6 들
에 있는 그의 딸들은 칼에 죽으
리니 그들이 나를 여호와인 줄을
알리라 7 주 여호와께서 이같이
말씀하셨느니라 내가 왕들 중의
왕 곧 바벨론의 느부갓네살 왕으
로 하여금 북쪽에서 말과 병거와
기병과 군대와 백성의 큰 무리를
거느리고 와서 두로를 치게 할
때에 8 그가 들에 있는 너의 딸
들을 칼로 죽이고 너를 치려고
사다리를 세우며 토성을 쌓으며
방패를 갖출 것이며 9 공성퇴를
가지고 네 성을 치며 도끼로 망
대를 찍을 것이며 10 말이 많으
므로 그 티끌이 너를 가릴 것이
며 사람이 무너진 성 구멍으로
들어가는 것 같이 그가 네 성문
으로 들어갈 때에 그 기병과 수
레와 병거의 소리로 말미암아 네
성곽이 진동할 것이며 11 그가
그 말굽으로 네 모든 거리를 밟
을 것이며 칼로 네 백성을 죽일
것이며 네 견고한 석상을 땅에
엎드러뜨릴 것이며 12 네 재물

을 빼앗을 것이며 네가 무역한
것을 노략할 것이며 네 성을 헐
것이며 네가 기뻐하는 집을 무너
뜨릴 것이며 또 네 돌들과 네 재
목과 네 흙을 다 물 가운데에 던
질 것이라 13 내가 네 노래 소리
를 그치게 하며 네 수금 소리를
다시 들리지 않게 하고 14 너를
맨 바위가 되게 한즉 네가 그물
말리는 곳이 되고 다시는 건축되
지 못하리니 나 여호와가 말하였
음이니라 주 여호와의 말씀이니
라 15 주 여호와께서 이같이 두
로에 대하여 말씀하시되 네가 엎
드러지는 소리에 모든 섬이 진동
하지 아니하겠느냐 곧 너희 가운
데에 상한 자가 부르짖으며 죽임
을 당할 때에라 16 그 때에 바다
의 모든 왕이 그 보좌에서 내려
조복을 벗으며 수 놓은 옷을 버
리고 떨림을 입듯 하고 땅에 앉
아서 너로 말미암아 무시로 떨며
놀랄 것이며 17 그들이 너를 위
하여 슬픈 노래를 불러 이르기를
항해자가 살았던 유명한 성읍이
여 너와 너의 주민이 바다 가운
데에 있어 견고하였도다 해변의
모든 주민을 두렵게 하였더니 어
찌 그리 멸망하였는고 18 네가
무너지는 그날에 섬들이 진동할
것임이여 바다 가운데의 섬들이
네 결국을 보고 놀라리로다 하리
라 19 주 여호와께서 이같이 말
씀하셨느니라 내가 너를 주민이
없는 성읍과 같이 황폐한 성읍이
되게 하고 깊은 바다가 네 위에
오르게 하며 큰 물이 너를 덮게
할 때에 20 내가 너를 구덩이에
내려가는 자와 함께 내려가서 옛
적 사람에게로 나아가게 하고 너
를 그 구덩이에 내려간 자와 함
께 땅 깊은 곳 예로부터 황폐한
곳에 살게 하리라 네가 다시는
사람이 거주하는 곳이 되지 못하
리니 살아 있는 자의 땅에서 영
광을 얻지 못하리라 21 내가 너
를 패망하게 하여 다시 있지 못
하게 하리니 사람이 비록 너를
찾으나 다시는 영원히 만나지 못
하리라 주 여호와의 말씀이니라

27장

두로에 대한 애가

1 여호와의 말씀이 내게 임하여
이르시되 2 인자야 너는 두로를

위하여 슬픈 노래를 지으라 3 너
는 두로를 향하여 이르기를 바다
어귀에 거주하면서 여러 섬 백성
과 거래하는 자여 주 여호와께서
이같이 말씀하시되 두로야 네가
말하기를 나는 온전히 아름답다
하였도다 4 네 땅이 바다 가운데
에 있음이여 너를 지은 자가 네
아름다움을 온전하게 하였도다
5 스닐의 잣나무로 네 판자를 만
들었음이여 너를 위하여 레바논
의 백향목을 가져다 돛대를 만들
었도다 6 바산의 상수리나무로
네 노를 만들었음이여 깃딤 섬
황양목에 상아로 꾸며 갑판을 만
들었도다 7 애굽의 수 놓은 가는
베로 돛을 만들어 깃발을 삼았음
이여 엘리사 섬의 청색 자색 베
로 차일을 만들었도다 8 시돈과
아르왓 주민들이 네 사공이 되었
음이여 두로야 네 가운데에 있는
지혜자들이 네 선장이 되었도다
9 그발의 노인들과 지혜자들이
네 가운데에서 배의 틈을 막는
자*가 되었음이여 바다의 모든
배와 그 사공들은 네 가운데에서
무역하였도다 10 바사와 룻과
붓이 네 군대 가운데에서 병정이
되었음이여 네 가운데에서 방패
와 투구를 달아 네 영광을 나타
냈도다 11 아르왓 사람과 네 군
대는 네 사방 성 위에 있었고 용
사들은 네 여러 망대에 있었음이
여 네 사방 성 위에 방패를 달아
네 아름다움을 온전하게 하였도
다 12 다시스는 각종 보화가 풍
부하므로 너와 거래하였음이여
은과 철과 주석과 납을 네 물품
과 바꾸어 갔도다 13 야완과 두
발과 메섹은 네 상인이 되었음이
여 사람과 놋그릇을 가지고 네
상품을 바꾸어 갔도다 14 도갈
마 족속은 말과 군마와 노새를
네 물품과 바꾸었으며 15 드단
사람은 네 상인이 되었음이여 여
러 섬이 너와 거래하여 상아와
박달나무를 네 물품과 바꾸어 갔
도다 16 너의 제품이 풍부하므
로 아람은 너와 거래하였음이여
남보석과 자색 베와 수 놓은 것
과 가는 베와 산호와 홍보석을
네 물품과 바꾸어 갔도다 17 유
다와 이스라엘 땅 사람이 네 상
인이 되었음이여 민닛 밀과 과자
와 꿀과 기름과 유향을 네 물품
과 바꾸어 갔도다 18 너의 제품
이 많고 각종 보화가 풍부하므로
다메섹이 너와 거래하였음이여
헬본 포도주와 흰 양털을 너와
거래하였도다 19 워단과 야완은
길쌈하는 실로 네 물품을 거래하
였음이여 가공한 쇠와 계피와 대
나무 제품이 네 상품 중에 있었
도다 20 드단은 네 상인이 되었
음이여 말을 탈 때 까는 천을 너
와 거래하였도다 21 아라비아와
게달의 모든 고관은 네 손아래
상인이 되어 어린 양과 숫양과
염소들, 그것으로 너와 거래하였
도다 22 스바와 라아마의 상인
들도 너의 상인들이 됨이여 각종
극상품 향 재료와 각종 보석과
황금으로 네 물품을 바꾸어 갔도
다 23 하란과 간네와 에덴과 스
바와 앗수르와 길맛의 장사꾼들
도 너의 상인들이라 24 이들이
아름다운 물품 곧 청색 옷과 수
놓은 물품과 빛난 옷을 백향목
상자에 담고 노끈으로 묶어 가지
고 너와 거래하여 네 물품을 바
꾸어 갔도다 25 다시스의 배는
떼를 지어 네 화물을 나르니 네
가 바다 중심에서 풍부하여 영화
가 매우 크도다 26 네 사공이 너
를 인도하여 큰 물에 이르게 함
이여 동풍이 바다 한가운데에서
너를 무찔렀도다 27 네 재물과
상품과 바꾼 물건과 네 사공과
선장과 네 배의 틈을 막는 자와
네 상인과 네 가운데에 있는 모
든 용사와 네 가운데에 있는 모
든 무리가 네가 패망하는 날에
다 바다 한가운데에 빠질 것임이
여 28 네 선장이 부르짖는 소리

에 물결이 흔들리리로다 29 노
를 잡은 모든 자와 사공과 바다
의 선장들이 다 배에서 내려 언
덕에 서서 30 너를 위하여 크게
소리 질러 통곡하고 티끌을 머리
에 덮어쓰며 재 가운데에 뒹굴며
31 그들이 다 너를 위하여 머리
털을 밀고 굵은 베로 띠를 띠고
마음이 아프게 슬피 통곡하리로
다 32 그들이 통곡할 때에 너를
위하여 슬픈 노래를 불러 애도하
여 말하기를 두로와 같이 바다
가운데에서 적막한 자 누구인고
33 네 물품을 바다로 실어 낼 때
에 네가 여러 백성을 풍족하게
하였음이여 네 재물과 무역품이
많으므로 세상 왕들을 풍부하게

27:9 **배의 틈을 막는 자** 배 안으로 물이 들어와 배를 침몰시키는 일이 없도록 하기 위해 배의 판자들 사이의 틈을 타르 같은 물질로 메우는 일을 한 사람

하였었도다 34 네가 바다 깊은
데에서 파선한 때에 네 무역품과
네 승객이 다 빠졌음이여 35 섬
의 주민들이 너로 말미암아 놀라
고 왕들이 심히 두려워하여 얼굴
에 근심이 가득하도다 36 많은
민족의 상인들이 다 너를 비웃음
이여 네가 공포의 대상이 되고
네가 영원히 다시 있지 못하리라
하셨느니라

28장

두로 왕이 받을 심판

1 또 여호와의 말씀이 내게 임하
여 이르시되 2 인자야 너는 두로
왕에게 이르기를 주 여호와께서
이같이 말씀하시되 네 마음이 교
만하여 말하기를 나는 신이라 내
가 하나님의 자리 곧 바다 가운
데에 앉아 있다 하도다 네 마음
이 하나님의 마음 같은 체할지라
도 너는 사람이요 신이 아니거늘
3 네가 다니엘보다 지혜로워서
은밀한 것을 깨닫지 못할 것이
없다 하고 4 네 지혜와 총명으로
재물을 얻었으며 금과 은을 곳간
에 저축하였으며 5 네 큰 지혜와
네 무역으로 재물을 더하고 그
재물로 말미암아 네 마음이 교만
하였도다 6 그러므로 주 여호와
께서 이같이 말씀하셨느니라 네
마음이 하나님의 마음 같은 체하
였으니 7 그런즉 내가 이방인 곧
여러 나라의 강포한 자를 거느리
고 와서 너를 치리니 그들이 칼
을 빼어 네 지혜의 아름다운 것
을 치며 네 영화를 더럽히며 8
또 너를 구덩이에 빠뜨려서 너를
바다 가운데에서 죽임을 당한 자
의 죽음 같이 바다 가운데에서
죽게 할지라 9 네가 너를 죽이는
자 앞에서도 내가 하나님이라고
말하겠느냐 너를 치는 자들 앞에
서 사람일 뿐이요 신이 아니라
10 네가 이방인의 손에서 죽기를
할례 받지 않은 자의 죽음 같이
하리니 내가 말하였음이니라 주
여호와의 말씀이니라 하셨다 하
라 11 여호와의 말씀이 또 내게
임하여 이르시되 12 인자야 두
로 왕을 위하여 슬픈 노래를 지
어 그에게 이르기를 주 여호와의
말씀에 너는 완전한 도장이었고
지혜가 충족하며 온전히 아름다
웠도다 13 네가 옛적에 하나님
의 동산 에덴에 있어서 각종 보
석 곧 홍보석과 황보석과 금강석
과 황옥과 홍마노와 창옥과 청보
석과 남보석과 홍옥과 황금으로
단장하였음이여 네가 지음을 받
던 날에 너를 위하여 소고와 비
파가 준비되었도다 14 너는 기
름 부음을 받고 지키는 그룹임이
여 내가 너를 세우매 네가 하나
님의 성산에 있어서 불타는 돌들
사이에 왕래하였도다 15 네가
지음을 받던 날로부터 네 모든
길에 완전하더니 마침내 네게서
불의가 드러났도다 16 네 무역
이 많으므로 네 가운데에 강포가
가득하여 네가 범죄하였도다 너
지키는 그룹아 그러므로 내가 너
를 더럽게 여겨 하나님의 산에서
쫓아냈고 불타는 돌들 사이에서
멸하였도다 17 네가 아름다우므

로 마음이 교만하였으며 네가 영
화로우므로 네 지혜를 더럽혔음
이여 내가 너를 땅에 던져 왕들
앞에 두어 그들의 구경거리가 되
게 하였도다 18 네가 죄악이 많
고 무역이 불의하므로 네 모든
성소를 더럽혔음이여 내가 네 가
운데에서 불을 내어 너를 사르게
하고 너를 보고 있는 모든 자 앞
에서 너를 땅 위에 재가 되게 하
였도다 19 만민 중에 너를 아는
자가 너로 말미암아 다 놀랄 것
임이여 네가 공포의 대상이 되고
네가 영원히 다시 있지 못하리로
다 하셨다 하라

시돈이 받을 심판

20 여호와의 말씀이 또 내게 임
하여 이르시되 21 인자야 너는
얼굴을 시돈으로 향하고 그에게
예언하라 22 너는 이르기를 주
여호와께서 이같이 말씀하시되
시돈아 내가 너를 대적하나니 네
가운데에서 내 영광이 나타나리
라 하셨다 하라 내가 그 가운데
에서 심판을 행하여 내 거룩함을
나타낼 때에 무리가 나를 여호와
인 줄을 알지라 23 내가 그에게
전염병을 보내며 그의 거리에 피
가 흐르게 하리니 사방에서 오는
칼에 상한 자가 그 가운데에 엎
드러질 것인즉 무리가 나를 여호
와인 줄을 알겠고 24 이스라엘
족속에게는 그 사방에서 그들을
멸시하는 자 중에 찌르는 가시와
아프게 하는 가시가 다시는 없으
리니 내가 주 여호와인 줄을 그
들이 알리라

이스라엘이 복을 받으리라

25 주 여호와께서 이같이 말씀하
셨느니라 내가 여러 민족 가운데
에 흩어져 있는 이스라엘 족속을
모으고 그들로 말미암아 여러 나
라의 눈 앞에서 내 거룩함을 나타
낼 때에 그들이 고국 땅 곧 내 종
야곱에게 준 땅에 거주할지라 26
그들이 그 가운데에 평안히 살면
서 집을 건축하며 포도원을 만들
고 그들의 사방에서 멸시하던 모
든 자를 내가 심판할 때에 그들이
평안히 살며 내가 그 하나님 여호
와인 줄을 그들이 알리라

29장

애굽이 받을 심판

1 열째 해 열째 달 열두째 날에
여호와의 말씀이 내게 임하여 이
르시되 2 인자야 너는 애굽의 바
로 왕과 온 애굽으로 얼굴을 향
하고 예언하라 3 너는 말하여 이
르기를 주 여호와께서 이같이 말
씀하시되 애굽의 바로 왕이여 내
가 너를 대적하노라 너는 자기의
강들 가운데에 누운 큰 악어라
스스로 이르기를 나의 이 강은
내 것이라 내가 나를 위하여 만
들었다 하는도다 4 내가 갈고리
로 네 아가미를 꿰고 너의 강의
고기가 네 비늘에 붙게 하고 네
비늘에 붙은 강의 모든 고기와
함께 너를 너의 강들 가운데에서
끌어내고 5 너와 너의 강의 모든
고기를 들에 던지리니 네가 지면
에 떨어지고 다시는 거두거나 모
으지 못할 것은 내가 너를 들짐
승과 공중의 새의 먹이로 주었음
이라 6 애굽의 모든 주민이 내가
여호와인 줄을 알리라 애굽은 본
래 이스라엘 족속에게 갈대 지팡
이라 7 그들이 너를 손으로 잡은
즉 네가 부러져서 그들의 모든
어깨를 찢었고 그들이 너를 의지
한즉 네가 부러져서 그들의 모든
허리가 흔들리게 하였느니라 8
그러므로 주 여호와께서 이같이
말씀하셨느니라 내가 칼이 네게
임하게 하여 네게서 사람과 짐승
을 끊은즉 9 애굽 땅이 사막과
황무지가 되리니 내가 여호와인
줄을 그들이 알리라 네가 스스로
이르기를 이 강은 내 것이라 내
가 만들었다 하도다 10 그러므
로 내가 너와 네 강들을 쳐서 애
굽 땅 믹돌에서부터 수에네 곧
구스 지경까지 황폐한 황무지 곧
사막이 되게 하리니 11 그 가운
데로 사람의 발도 지나가지 아니
하며 짐승의 발도 지나가지 아니
하고 거주하는 사람이 없이 사십
년이 지날지라 12 내가 애굽 땅
을 황폐한 나라들 같이 황폐하게
하며 애굽 성읍도 사막이 된 나
라들의 성읍 같이 사십 년 동안
황폐하게 하고 애굽 사람들은 각
국 가운데로 흩으며 여러 민족
가운데로 헤치리라 13 주 여호
와께서 이같이 말씀하셨느니라
사십 년 끝에 내가 만민 중에 흩

은 애굽 사람을 다시 모아 내되
14 애굽의 사로잡힌 자들을 돌이
켜 바드로스 땅 곧 그 고국 땅으
로 돌아가게 할 것이라 그들이
거기에서 미약한 나라가 되되
15 나라 가운데에 지극히 미약한
나라가 되어 다시는 나라들 위에
스스로 높이지 못하리니 내가 그
들을 감하여 다시는 나라들을 다
스리지 못하게 할 것임이라 16
그들이 다시는 이스라엘 족속의
의지가 되지 못할 것이요 이스라
엘 족속은 돌이켜 그들을 바라보
지 아니하므로 그 죄악이 기억되
지 아니하리니 내가 여호와인 줄
을 그들이 알리라 하셨다 하라

느부갓네살이 애굽을 정복하리라

17 스물일곱째 해 첫째 달 초하
루에 여호와의 말씀이 내게 임하
여 이르시되 18 인자야 바벨론
의 느부갓네살 왕이 그의 군대로
두로를 치게 할 때에 크게 수고
하여 모든 머리털이 무지러졌고
모든 어깨가 벗어졌으나 그와 군
대가 그 수고한 대가를 두로에서
얻지 못하였느니라 19 그러므로
주 여호와께서 이같이 말씀하셨
느니라 내가 애굽 땅을 바벨론의
느부갓네살 왕에게 넘기리니 그
가 그 무리를 잡아가며 물건을
노략하며 빼앗아 갈 것이라 이것
이 그 군대의 보상이 되리라 20
그들의 수고는 나를 위하여 함인
즉 그 대가로 내가 애굽 땅을 그
에게 주었느니라 주 여호와의 말
씀이니라 21 그 날에 나는 이스
라엘 족속에게 한 뿔이 돋아나게
하고 나는 또 네가 그들 가운데
에서 입을 열게 하리니 내가 여
호와인 줄을 그들이 알리라

30장

여호와께서 애굽을 심판하시다

1 또 여호와의 말씀이 내게 임하
여 이르시되 2 인자야 너는 예언
하여 이르라 주 여호와께서 이와
같이 말씀하시되 너희는 통곡하
며 이르기를 슬프다 이 날이여
하라 3 그 날이 가깝도다 여호와
의 날이 가깝도다 구름의 날일
것이요 여러 나라들의 때이리로
다 4 애굽에 칼이 임할 것이라
애굽에서 죽임 당한 자들이 엎드
러질 때에 구스에 심한 근심이
있을 것이며 애굽의 무리가 잡혀
가며 그 터가 헐릴 것이요 5 구
스와 붓과 룻과 모든 섞인 백성
과 굽과 및 동맹한 땅의 백성들
이 그들과 함께 칼에 엎드러지리
라 6 여호와께서 이같이 말씀하
셨느니라 애굽을 붙들어 주는 자
도 엎드러질 것이요 애굽의 교만
한 권세도 낮아질 것이라 믹돌에
서부터 수에네까지 무리가 그 가
운데에서 칼에 엎드러지리라 주
여호와의 말씀이니라 7 황폐한
나라들 같이 그들도 황폐할 것이
며 사막이 된 성읍들 같이 그 성
읍들도 사막이 될 것이라 8 내가
애굽에 불을 일으키며 그 모든
돕는 자를 멸할 때에 그들이 나
를 여호와인 줄 알리라 9 그 날
에 사절들이 내 앞에서 배로 나
아가서 염려 없는 구스 사람을
두렵게 하리니 애굽의 재앙의 날
과 같이 그들에게도 심한 근심이
있으리라 이것이 오리로다 10
주 여호와께서 이같이 말씀하셨
느니라 내가 또 바벨론의 느부갓
네살 왕의 손으로 애굽의 무리들
을 끊으리니 11 그가 여러 나라
가운데에 강포한 자기 군대를 거
느리고 와서 그 땅을 멸망시킬
때에 칼을 빼어 애굽을 쳐서 죽
임 당한 자로 땅에 가득하게 하
리라 12 내가 그 모든 강을 마르
게 하고 그 땅을 악인의 손에 팔
겠으며 타국 사람의 손으로 그

땅과 그 가운데에 있는 모든 것
을 황폐하게 하리라 나 여호와의
말이니라 13 주 여호와께서 이
같이 말씀하셨느니라 내가 그 우
상들을 없애며 신상들을 놉 가운
데에서 부수며 애굽 땅에서 왕이
다시 나지 못하게 하고 그 땅에
두려움이 있게 하리라 14 내가
바드로스를 황폐하게 하며 소안
에 불을 지르며 노 나라를 심판
하며 15 내 분노를 애굽의 견고
한 성읍 신에 쏟고 또 노 나라의
무리를 끊을 것이라 16 내가 애
굽에 불을 일으키리니 신 나라가
심히 근심할 것이며 노 나라는
찢겨 나누일 것이며 놉 나라가
날로 대적이 있을 것이며 17 아
웬과 비베셋의 장정들은 칼에 엎
드러질 것이며 그 성읍 주민들은
포로가 될 것이라 18 내가 애굽
의 멍에를 꺾으며 그 교만한 권
세를 그 가운데에서 그치게 할
때에 드합느헤스에서는 날이 어
둡겠고 그 성읍에는 구름이 덮일
것이며 그 딸들은 포로가 될 것
이라 19 이같이 내가 애굽을 심
판하리니 내가 여호와인 줄을 그
들이 알리라 하셨다 하라

애굽 왕의 꺾인 팔

20 열한째 해 첫째 달 일곱째 날
에 여호와의 말씀이 내게 임하여
이르시되 21 인자야 내가 애굽
의 바로 왕의 팔을 꺾었더니 칼
을 잡을 힘이 있도록 그것을 아
주 싸매지도 못하였고 약을 붙여
싸매지도 못하였느니라 22 그러
므로 주 여호와께서 이같이 말씀
하셨느니라 내가 애굽의 바로 왕
을 대적하여 그 두 팔 곧 성한 팔
과 이미 꺾인 팔을 꺾어서 칼이
그 손에서 떨어지게 하고 23 애
굽 사람을 뭇 나라 가운데로 흩
으며 뭇 백성 가운데로 헤칠지라
24 내가 바벨론 왕의 팔을 견고
하게 하고 내 칼을 그 손에 넘겨
주려니와 내가 바로의 팔을 꺾으
리니 그가 바벨론 왕 앞에서 고
통하기를 죽게 상한 자의 고통하
듯 하리라 25 내가 바벨론 왕의
팔은 들어 주고 바로의 팔은 내
려뜨릴 것이라 내가 내 칼을 바
벨론 왕의 손에 넘기고 그를 들
어 애굽 땅을 치게 하리니 내가
여호와인 줄을 그들이 알리라
26 내가 애굽 사람을 나라들 가
운데로 흩으며 백성들 가운데로
헤치리니 내가 여호와인 줄을 그
들이 알리라

31장

한때 백향목 같았던 애굽

1 열한째 해 셋째 달 초하루에 여
호와의 말씀이 내게 임하여 이르
시되 2 인자야 너는 애굽의 바로
왕과 그 무리에게 이르기를 네
큰 위엄을 누구에게 비하랴 3 볼
지어다 앗수르 사람은 가지가 아
름답고 그늘은 숲의 그늘 같으며
키가 크고 꼭대기가 구름에 닿은
레바논 백향목이었느니라 4 물
들이 그것을 기르며 깊은 물이
그것을 자라게 하며 강들이 그
심어진 곳을 둘러 흐르며 둑의
물이 들의 모든 나무에까지 미치
매 5 그 나무가 물이 많으므로
키가 들의 모든 나무보다 크며
굵은 가지가 번성하며 가는 가지
가 길게 뻗어 나갔고 6 공중의
모든 새가 그 큰 가지에 깃들이
며 들의 모든 짐승이 그 가는 가
지 밑에 새끼를 낳으며 모든 큰
나라가 그 그늘 아래에 거주하였
느니라 7 그 뿌리가 큰 물 가에
있으므로 그 나무가 크고 가지가
길어 모양이 아름다우매 8 하나
님의 동산의 백향목이 능히 그를
가리지 못하며 잣나무가 그 굵은
가지만 못하며 단풍나무가 그 가
는 가지만 못하며 하나님의 동산
의 어떤 나무도 그 아름다운 모
양과 같지 못하였도다 9 내가 그
가지를 많게 하여 모양이 아름답
게 하였더니 하나님의 동산 에덴
에 있는 모든 나무가 다 시기하
였느니라 10 그러므로 주 여호
와께서 이같이 말씀하셨느니라
그의 키가 크고 꼭대기가 구름에
닿아서 높이 솟아났으므로 마음
이 교만하였은즉 11 내가 여러
나라의 능한 자의 손에 넘겨 줄
지라 그가 임의로 대우할 것은
내가 그의 악으로 말미암아 쫓아
내었음이라 12 여러 나라의 포
악한 다른 민족이 그를 찍어 버
렸으므로 그 가는 가지가 산과
모든 골짜기에 떨어졌고 그 굵은
가지가 그 땅 모든 물 가에 꺾어
졌으며 세상 모든 백성이 그를
버리고 그 그늘 아래에서 떠나매
13 공중의 모든 새가 그 넘어진
나무에 거주하며 들의 모든 짐승
이 그 가지에 있으리니 14 이는
물 가에 있는 모든 나무는 키가
크다고 교만하지 못하게 하며 그
꼭대기가 구름에 닿지 못하게 하
며 또 물을 마시는 모든 나무가

스스로 높아 서지 못하게 함이니
그들을 다 죽음에 넘겨 주어 사
람들 가운데에서 구덩이로 내려
가는 자와 함께 지하로 내려가게
하였음이라 15 주 여호와께서
이같이 말씀하셨느니라 그가 스
올에 내려가던 날에 내가 그를
위하여 슬프게 울게 하며 깊은
바다를 덮으며 모든 강을 쉬게
하며 큰 물을 그치게 하고 레바
논이 그를 위하여 슬프게 울게
하며 들의 모든 나무를 그로 말
미암아 쇠잔하게 하였느니라 16
내가 그를 구덩이에 내려가는 자
와 함께 스올에 떨어뜨리던 때에
백성들이 그 떨어지는 소리로 말
미암아 진동하게 하였고 물을 마
시는 에덴의 모든 나무 곧 레바
논의 뛰어나고 아름다운 나무들
이 지하에서 위로를 받게 하였느
니라 17 그러나 그들도 그와 함
께 스올에 내려 칼에 죽임을 당
한 자에게 이르렀나니 그들은 옛
적에 그의 팔이 된 자요 나라들
가운데에서 그 그늘 아래에 거주
하던 자니라 18 너의 영광과 위
대함이 에덴의 나무들 중에서 어
떤 것과 같은고 그러나 네가 에
덴의 나무들과 함께 지하에 내려
갈 것이요 거기에서 할례를 받지
못하고 칼에 죽임을 당한 자 가
운데에 누우리라 이들은 바로와
그의 모든 군대니라 주 여호와의
말씀이니라 하라

32장

큰 악어 애굽 왕

1 열두째 해 열두째 달 초하루에
여호와의 말씀이 내게 임하여 이
르시되 2 인자야 너는 애굽의 바
로 왕에 대하여 슬픈 노래를 불
러 그에게 이르라 너를 여러 나
라에서 사자로 생각하였더니 실
상은 바다 가운데의 큰 악어라
강에서 튀어 일어나 발로 물을
휘저어 그 강을 더럽혔도다 3 주
여호와께서 이같이 말씀하셨느
니라 내가 많은 백성의 무리를
거느리고 내 그물을 네 위에 치
고 그 그물로 너를 끌어오리로다
4 내가 너를 뭍에 버리며 들에 던
져 공중의 새들이 네 위에 앉게
할 것임이여 온 땅의 짐승이 너
를 먹어 배부르게 하리로다 5 내
가 네 살점을 여러 산에 두며 네
시체를 여러 골짜기에 채울 것임
이여 6 네 피로 네 헤엄치는 땅
에 물 대듯 하여 산에 미치게 하
며 그 모든 개천을 채우리로다 7
내가 너를 불 끄듯 할 때에 하늘
을 가리어 별을 어둡게 하며 해
를 구름으로 가리며 달이 빛을
내지 못하게 할 것임이여 8 하늘
의 모든 밝은 빛을 내가 네 위에
서 어둡게 하여 어둠을 네 땅에
베풀리로다 주 여호와의 말씀이
니라 9 내가 네 패망의 소문이
여러 나라 곧 네가 알지 못하는
나라들에 이르게 할 때에 많은
백성의 마음을 번뇌하게 할 것임
이여 10 내가 그 많은 백성을 너
로 말미암아 놀라게 할 것이며
내가 내 칼이 그들의 왕 앞에서
춤추게 할 때에 그 왕이 너로 말
미암아 심히 두려워할 것이며 네
가 엎드러지는 날에 그들이 각각
자기 생명을 위하여 무시로 떨리
로다 11 주 여호와께서 이같이
말씀하셨느니라 바벨론 왕의 칼
이 네게 오리로다 12 나는 네 무
리가 용사 곧 모든 나라의 무서
운 자들의 칼에 엎드러지게 할
것임이여 그들이 애굽의 교만을
폐하며 그 모든 무리를 멸하리로

다 13 내가 또 그 모든 짐승을 큰
물 가에서 멸하리니 사람의 발이
나 짐승의 굽이 다시는 그 물을
흐리지 못할 것임이여 14 그 때
에 내가 그 물을 맑게 하여 그 강
이 기름 같이 흐르게 하리로다
주 여호와의 말씀이니라 15 내
가 애굽 땅이 황폐하여 사막이
되게 하여 거기에 풍성한 것이
없게 할 것임이여 그 가운데의
모든 주민을 치리니 내가 여호와
인 줄을 그들이 알리라 16 이는
슬피 부를 노래이니 여러 나라
여자들이 이것을 슬피 부름이여
애굽과 그 모든 무리를 위하여
이것을 슬피 부르리로다 주 여호
와의 말씀이니라

죽은 자들의 세계

17 열두째 해 어느 달 열다섯째
날에 여호와의 말씀이 내게 임하
여 이르시되 18 인자야 애굽의
무리를 위하여 슬피 울고 그와
유명한 나라의 여자들을 구덩이
에 내려가는 자와 함께 지하에
던지며 19 이르라 너의 아름다
움이 어떤 사람들보다도 뛰어나
도다 너는 내려가서 할례를 받지
아니한 자와 함께 누울지어다
20 그들이 죽임을 당한 자 가운
데에 엎드러질 것임이여 그는 칼
에 넘겨진 바 되었은즉 그와 그
모든 무리를 끌지어다 21 용사
가운데에 강한 자가 그를 돕는
자와 함께 스올 가운데에서 그에
게 말함이여 할례를 받지 아니한
자 곧 칼에 죽임을 당한 자들이
내려와서 가만히 누웠다 하리로
다 22 거기에 앗수르와 그 온 무
리가 있음이여 다 죽임을 당하여
칼에 엎드러진 자라 그 무덤이
그 사방에 있도다 23 그 무덤이
구덩이 깊은 곳에 만들어졌고 그
무리가 그 무덤 사방에 있음이여
그들은 다 죽임을 당하여 칼에
엎드러진 자 곧 생존하는 사람들
의 세상에서 사람을 두렵게 하던
자로다 24 거기에 엘람이 있고
그 모든 무리가 그 무덤 사방에
있음이여 그들은 다 할례를 받지
못하고 죽임을 당하여 칼에 엎드
러져 지하에 내려간 자로다 그들
이 생존하는 사람들의 세상에서
두렵게 하였으나 이제는 구덩이
에 내려가는 자와 함께 수치를
당하였도다 25 그와 그 모든 무
리를 위하여 죽임을 당한 자 가
운데에 침상을 놓았고 그 여러
무덤은 사방에 있음이여 그들은
다 할례를 받지 못하고 칼에 죽
임을 당한 자로다 그들이 생존하
는 사람들의 세상에서 두렵게 하
였으나 이제는 구덩이에 내려가
는 자와 함께 수치를 당하고 죽
임을 당한 자 가운데에 뉘었도다
26 거기에 메섹과 두발과 그 모
든 무리가 있고 그 여러 무덤은
사방에 있음이여 그들은 다 할례
를 받지 못하고 칼에 죽임을 당
한 자로다 그들이 생존하는 사람
들의 세상에서 두렵게 하였으나
27 그들이 할례를 받지 못한 자
가운데에 이미 엎드러진 용사와
함께 누운 것이 마땅하지 아니하
냐 이 용사들은 다 무기를 가지
고 스올에 내려가서 자기의 칼을
베개로 삼았으니 그 백골이 자기
죄악을 졌음이여 생존하는 사람
들의 세상에서 용사의 두려움이
있던 자로다 28 오직 너는 할례
를 받지 못한 자와 함께 패망할
것임이여 칼에 죽임을 당한 자와
함께 누우리로다 29 거기에 에
돔 곧 그 왕들과 그 모든 고관이
있음이여 그들이 강성하였었으
나 칼에 죽임을 당한 자와 함께
있겠고 할례를 받지 못하고 구덩
이에 내려간 자와 함께 누우리로
다 30 거기에 죽임을 당한 자와
함께 내려간 북쪽 모든 방백과
모든 시돈 사람이 있음이여 그들
이 본래는 강성하였으므로 두렵
게 하였으나 이제는 부끄러움을

품고 할례를 받지 못하고 칼에
죽임을 당한 자와 함께 누웠고
구덩이에 내려가는 자와 함께 수
치를 당하였도다 31 바로가 그
들을 보고 그 모든 무리로 말미
암아 위로를 받을 것임이여 칼에
죽임을 당한 바로와 그 온 군대
가 그러하리로다 주 여호와의 말
씀이니라 32 내가 바로로 하여
금 생존하는 사람들의 세상에서
사람을 두렵게 하게 하였으나 이
제는 그가 그 모든 무리와 더불
어 할례를 받지 못한 자 곧 칼에
죽임을 당한 자와 함께 누이리로
다 주 여호와의 말씀이니라

33장

여호와께서 에스겔을 파수꾼으로 삼으시다

1 여호와의 말씀이 내게 임하여
이르시되 2 인자야 너는 네 민족
에게 말하여 이르라 가령 내가
칼을 한 땅에 임하게 한다 하자
그 땅 백성이 자기들 가운데의
하나를 택하여 파수꾼을 삼은 3
그 사람이 그 땅에 칼이 임함을
보고 나팔을 불어 백성에게 경고
하되 4 그들이 나팔 소리를 듣고
도 정신차리지 아니하므로 그 임
하는 칼에 제거함을 당하면 그
피가 자기의 머리로 돌아갈 것이
라 5 그가 경고를 받았던들 자기
생명을 보전하였을 것이나 나팔
소리를 듣고도 경고를 받지 아니
하였으니 그 피가 자기에게로 돌
아가리라 6 그러나 칼이 임함을
파수꾼이 보고도 나팔을 불지 아

니하여 백성에게 경고하지 아니
하므로 그 중의 한 사람이 그 임
하는 칼에 제거 당하면 그는 자
기 죄악으로 말미암아 제거되려
니와 그 죄는 내가 파수꾼의 손
에서 찾으리라 7 인자야 내가 너
를 이스라엘 족속의 파수꾼으로
삼음이 이와 같으니라 그런즉 너
는 내 입의 말을 듣고 나를 대신
하여 그들에게 경고할지어다 8
가령 내가 악인에게 이르기를 악
인아 너는 반드시 죽으리라 하였
다 하자 네가 그 악인에게 말로
경고하여 그의 길에서 떠나게 하
지 아니하면 그 악인은 자기 죄
악으로 말미암아 죽으려니와 내
가 그의 피를 네 손에서 찾으리
라 9 그러나 너는 악인에게 경고
하여 돌이켜 그의 길에서 떠나라
고 하되 그가 돌이켜 그의 길에
서 떠나지 아니하면 그는 자기
죄악으로 말미암아 죽으려니와
너는 네 생명을 보전하리라

의인의 범죄와 악인의 회개

10 그런즉 인자야 너는 이스라엘
족속에게 이르기를 너희가 말하
여 이르되 우리의 허물과 죄가
이미 우리에게 있어 우리로 그
가운데에서 쇠퇴하게 하니 어찌
능히 살리요 하거니와 11 너는
그들에게 말하라 주 여호와의 말
씀이니라 나의 삶을 두고 맹세하
노니 나는 악인이 죽는 것을 기
뻐하지 아니하고 악인이 그의 길
에서 돌이켜 떠나 사는 것을 기
뻐하노라 이스라엘 족속아 돌이
키고 돌이키라 너희 악한 길에서
떠나라 어찌 죽고자 하느냐 하셨
다 하라 12 인자야 너는 네 민족
에게 이르기를 의인이 범죄하는
날에는 그 공의가 구원하지 못할
것이요 악인이 돌이켜 그 악에서
떠나는 날에는 그 악이 그를 엎
드러뜨리지 못할 것인즉 의인이
범죄하는 날에는 그 의로 말미암
아 살지 못하리라 13 가령 내가
의인에게 말하기를 너는 살리라
하였다 하자 그가 그 공의를 스
스로 믿고 죄악을 행하면 그 모
든 의로운 행위가 하나도 기억되
지 아니하리니 그가 그 지은 죄
악으로 말미암아 곧 그 안에서
죽으리라 14 가령 내가 악인에
게 말하기를 너는 죽으리라 하였
다 하자 그가 돌이켜 자기의 죄
에서 떠나서 정의와 공의로 행하
여 15 저당물을 도로 주며 강탈
한 물건을 돌려 보내고 생명의
율례를 지켜 행하여 죄악을 범하
지 아니하면 그가 반드시 살고
죽지 아니할지라 16 그가 본래
범한 모든 죄가 기억되지 아니하
리니 그가 반드시 살리라 이는
정의와 공의를 행하였음이라 하
라 17 그래도 네 민족은 말하기
를 주의 길이 바르지 아니하다
하는도다 그러나 실상은 그들의
길이 바르지 아니하니라 18 만
일 의인이 돌이켜 그 공의에서
떠나 죄악을 범하면 그가 그 가
운데에서 죽을 것이고 19 만일

악인이 돌이켜 그 악에서 떠나
정의와 공의대로 행하면 그가 그
로 말미암아 살리라 20 그러나
너희가 이르기를 주의 길이 바르
지 아니하다 하는도다 이스라엘
족속아 나는 너희가 각기 행한
대로 심판하리라 하시니라

예루살렘의 함락 소식

21 우리가 사로잡힌 지 열두째
해 열째 달 다섯째 날에 예루살
렘에서부터 도망하여 온 자가 내
게 나아와 말하기를 그 성이 함
락되었다 하였는데 22 그 도망
한 자가 내게 나아오기 전날 저
녁에 여호와의 손이 내게 임하여
내 입을 여시더니 다음 아침 그
사람이 내게 나아올 그 때에 내
입이 열리기로 내가 다시는 잠잠
하지 아니하였노라

백성의 죄와 여호와의 맹세

23 여호와의 말씀이 내게 임하여
이르시되 24 인자야 이 이스라
엘의 이 황폐한 땅에 거주하는
자들이 말하여 이르기를 아브라
함은 오직 한 사람이라도 이 땅
을 기업으로 얻었나니 우리가 많
은즉 더욱 이 땅을 우리에게 기
업으로 주신 것이 되느니라 하는
도다 25 그러므로 너는 그들에
게 이르기를 주 여호와께서 이같
이 말씀하시되 너희가 고기를 피
째 먹으며 너희 우상들에게 눈을
들며 피를 흘리니 그 땅이 너희
의 기업이 될까보냐 26 너희가
칼을 믿어 가증한 일을 행하며
각기 이웃의 아내를 더럽히니 그
땅이 너희의 기업이 될까보냐 하
고 27 너는 그들에게 이르기를
주 여호와께서 이같이 말씀하시
되 내가 나의 삶을 두고 맹세하
노니 황무지에 있는 자는 칼에
엎드러뜨리고 들에 있는 자는 들
짐승에게 넘겨 먹히게 하고 산성
과 굴에 있는 자는 전염병에 죽
게 하리라 28 내가 그 땅이 황무
지와 공포의 대상이 되게 하고 그
권능의 교만을 그치게 하리니 이
스라엘의 산들이 황폐하여 지나
갈 사람이 없으리라 29 내가 그
들이 행한 모든 가증한 일로 말미
암아 그 땅을 황무지와 공포의 대
상이 되게 하면 그 때에 내가 여
호와인 줄을 그들이 알리라 하라

선지자의 말과 백성

30 인자야 네 민족이 담 곁에서
와 집 문에서 너에 대하여 말하
며 각각 그 형제와 더불어 말하
여 이르기를 자, 가서 여호와께
로부터 무슨 말씀이 나오는가 들
어 보자 하고 31 백성이 모이는
것 같이 네게 나아오며 내 백성
처럼 네 앞에 앉아서 네 말을 들
으나 그대로 행하지 아니하니 이
는 그 입으로는 사랑을 나타내어
도 마음으로는 이익을 따름이라
32 그들은 네가 고운 음성으로
사랑의 노래를 하며 음악을 잘하
는 자 같이 여겼나니 네 말을 듣
고도 행하지 아니하거니와 33
그 말이 응하리니 응할 때에는
그들이 한 선지자가 자기 가운데
에 있었음을 알리라

34장

자기만 먹는 이스라엘 목자들

1 여호와의 말씀이 내게 임하여
이르시되 2 인자야 너는 이스라
엘 목자들에게 예언하라 그들 곧
목자들에게 예언하여 이르기를
주 여호와께서 이같이 말씀하시
되 자기만 먹는 이스라엘 목자들
은 화 있을진저 목자들이 양 떼
를 먹이는 것이 마땅하지 아니하
냐 3 너희가 살진 양을 잡아 그
기름을 먹으며 그 털을 입되 양
떼는 먹이지 아니하는도다 4 너
희가 그 연약한 자를 강하게 아
니하며 병든 자를 고치지 아니하
며 상한 자를 싸매 주지 아니하
며 쫓기는 자를 돌아오게 하지
아니하며 잃어버린 자를 찾지 아
니하고 다만 포악으로 그것들을
다스렸도다 5 목자가 없으므로
그것들이 흩어지고 흩어져서 모
든 들짐승의 밥이 되었도다 6 내
양 떼가 모든 산과 높은 멧부리
에마다 유리되었고 내 양 떼가
온 지면에 흩어졌으되 찾고 찾는
자가 없었도다

여호와께서 양 떼를 구원하시리라

7 그러므로 목자들아 여호와의
말씀을 들을지어다 8 주 여호와
의 말씀에 내가 나의 삶을 두고
맹세하노라 내 양 떼가 노략거리
가 되고 모든 들짐승의 밥이 된
것은 목자가 없기 때문이라 내
목자들이 내 양을 찾지 아니하고
자기만 먹이고 내 양 떼를 먹이
지 아니하였도다 9 그러므로 너
희 목자들아 여호와의 말씀을 들
을지어다 10 주 여호와께서 이
같이 말씀하시되 내가 목자들을
대적하여 내 양 떼를 그들의 손
에서 찾으리니 목자들이 양을 먹
이지 못할 뿐 아니라 그들이 다
시는 자기도 먹이지 못할지라 내
가 내 양을 그들의 입에서 건져
내어서 다시는 그 먹이가 되지
아니하게 하리라 11 주 여호와
께서 이같이 말씀하셨느니라 나
곧 내가 내 양을 찾고 찾되 12 목
자가 양 가운데에 있는 날에 양
이 흩어졌으면 그 떼를 찾는 것
같이 내가 내 양을 찾아서 흐리
고 캄캄한 날에 그 흩어진 모든
곳에서 그것들을 건져낼지라 13
내가 그것들을 만민 가운데에서
끌어내며 여러 백성 가운데에서
모아 그 본토로 데리고 가서 이
스라엘 산 위에와 시냇가에와 그
땅 모든 거주지에서 먹이되 14
좋은 꼴을 먹이고 그 우리를 이
스라엘 높은 산에 두리니 그것들
이 그 곳에 있는 좋은 우리에 누
워 있으며 이스라엘 산에서 살진
꼴을 먹으리라 15 내가 친히 내
양의 목자가 되어 그것들을 누워
있게 할지라 주 여호와의 말씀이
니라 16 그 잃어버린 자를 내가
찾으며 쫓기는 자를 내가 돌아오
게 하며 상한 자를 내가 싸매 주
며 병든 자를 내가 강하게 하려
니와 살진 자와 강한 자는 내가
없애고 정의대로 그것들을 먹이
리라 17 주 여호와께서 이같이
말씀하셨느니라 나의 양 떼 너희
여 내가 양과 양 사이와 숫양과
숫염소 사이에서 심판하노라 18
너희가 좋은 꼴을 먹는 것을 작
은 일로 여기느냐 어찌하여 남은
꼴을 발로 밟았느냐 너희가 맑은
물을 마시는 것을 작은 일로 여
기느냐 어찌하여 남은 물을 발로
더럽혔느냐 19 나의 양은 너희
발로 밟은 것을 먹으며 너희 발
로 더럽힌 것을 마시는도다 하셨
느니라 20 그러므로 주 여호와
께서 그들에게 이같이 말씀하시
되 나 곧 내가 살진 양과 파리한
양 사이에서 심판하리라 21 너
희가 옆구리와 어깨로 밀어뜨리
고 모든 병든 자를 뿔로 받아 무
리를 밖으로 흩어지게 하는도다
22 그러므로 내가 내 양 떼를 구
원하여 그들로 다시는 노략거리
가 되지 아니하게 하고 양과 양
사이에 심판하리라 23 내가 한

목자를 그들 위에 세워 먹이게
하리니 그는 내 종 다윗이라 그
가 그들을 먹이고 그들의 목자가
될지라 24 나 여호와는 그들의
하나님이 되고 내 종 다윗은 그
들 중에 왕이 되리라 나 여호와
의 말이니라 25 내가 또 그들과
화평의 언약을 맺고 악한 짐승을
그 땅에서 그치게 하리니 그들이
빈 들에 평안히 거하며 수풀 가
운데에서 잘지라 26 내가 그들
에게 복을 내리고 내 산 사방에
복을 내리며 때를 따라 소낙비를
내리되 복된 소낙비를 내리리라
27 그리한즉 밭에 나무가 열매를
맺으며 땅이 그 소산을 내리니
그들이 그 땅에서 평안할지라 내
가 그들의 멍에의 나무를 꺾고
그들을 종으로 삼은 자의 손에서
그들을 건져낸 후에 내가 여호와
인 줄을 그들이 알겠고 28 그들
이 다시는 이방의 노략거리가 되
지 아니하며 땅의 짐승들에게 잡
아먹히지도 아니하고 평안히 거
주하리니 놀랠 사람이 없으리라
29 내가 그들을 위하여 파종할
좋은 땅을 일으키리니 그들이 다
시는 그 땅에서 기근으로 멸망하
지 아니할지며 다시는 여러 나라
의 수치를 받지 아니할지라 30
그들이 내가 여호와 그들의 하나
님이며 그들과 함께 있는 줄을
알고 그들 곧 이스라엘 족속이
내 백성인 줄 알리라 주 여호와
의 말씀이라 31 내 양 곧 내 초장
의 양 너희는 사람이요 나는 너
희 하나님이라 주 여호와의 말씀
이니라

35장

세일 산과 에돔이 황무하리라

1 또 여호와의 말씀이 내게 임하
여 이르시되 2 인자야 네 얼굴을
세일 산으로 향하고 그에게 예언
하여 3 이르기를 주 여호와께서
이같이 말씀하시되 세일 산아 내
가 너를 대적하여 내 손을 네 위
에 펴서 네가 황무지와 공포의
대상이 되게 할지라 4 내가 네
성읍들을 무너뜨리며 네가 황폐
하게 되리니 네가 나를 여호와인
줄을 알리라 5 네가 옛날부터 한
을 품고 이스라엘 족속의 환난
때 곧 죄악의 마지막 때에 칼의
위력에 그들을 넘겼도다 6 그러
므로 주 여호와의 말씀이니라 내
가 나의 삶을 두고 맹세하노니
내가 너에게 피를 만나게 한즉
피가 너를 따르리라 네가 피를
미워하지 아니하였은즉 피가 너
를 따르리라 7 내가 세일 산이
황무지와 폐허가 되게 하여 그
위에 왕래하는 자를 다 끊을지라
8 내가 그 죽임 당한 자를 그 여
러 산에 채우되 칼에 죽임 당한
자를 네 여러 멧부리와, 골짜기
와, 모든 시내에 엎드러지게 하
고 9 너를 영원히 황폐하게 하여
네 성읍들에 다시는 거주하는 자
가 없게 하리니 내가 여호와인
줄을 너희가 알리라 10 네가 말
하기를 이 두 민족과 두 땅은 다
내 것이며 내 기업이 되리라 하
였도다 그러나 여호와께서 거기
에 계셨느니라 11 그러므로 주
여호와의 말씀이니라 내가 나의
삶을 두고 맹세하노니 네가 그들
을 미워하여 노하며 질투한 대로
내가 네게 행하여 너를 심판할
때에 그들이 나를 알게 하리라
12 네가 이스라엘 산들을 가리켜
말하기를 저 산들이 황폐하였으
므로 우리에게 넘겨 주어서 삼키
게 되었다 하여 욕하는 모든 말
을 나 여호와가 들은 줄을 네가
알리로다 13 너희가 나를 대적
하여 입으로 자랑하며 나를 대적

하여 여러 가지로 말한 것을 내
가 들었노라 14 주 여호와께서
이같이 말씀하셨느니라 온 땅이
즐거워할 때에 내가 너를 황폐하
게 하되 15 이스라엘 족속의 기
업이 황폐하므로 네가 즐거워한
것 같이 내가 너를 황폐하게 하
리라 세일 산아 너와 에돔 온 땅
이 황폐하리니 내가 여호와인 줄
을 무리가 알리라 하셨다 하라

36장

이스라엘이 받을 복

1 인자야 너는 이스라엘 산들에
게 예언하여 이르기를 이스라엘
산들아 여호와의 말씀을 들으라
2 주 여호와께서 이같이 말씀하
시기를 원수들이 네게 대하여 말
하기를 아하 옛적 높은 곳이 우
리의 기업이 되었도다 하였느니
라 3 그러므로 너는 예언하여 이
르기를 주 여호와께서 이같이 말
씀하시기를 그들이 너희를 황폐
하게 하고 너희 사방을 삼켜 너
희가 남은 이방인의 기업이 되게
하여 사람의 말거리와 백성의 비
방거리가 되게 하였도다 4 그러
므로 이스라엘 산들아 주 여호와
의 말씀을 들을지어다 산들과 멧
부리들과 시내들과 골짜기들과
황폐한 사막들과 사방에 남아 있
는 이방인의 노략거리와 조롱거
리가 된 버린 성읍들에게 주 여
호와께서 이같이 말씀하셨느니
라 5 주 여호와께서 이같이 말씀
하시기를 내가 진실로 내 맹렬한
질투로 남아 있는 이방인과 에돔
온 땅을 쳐서 말하였노니 이는
그들이 심히 즐거워하는 마음과
멸시하는 심령으로 내 땅을 빼앗
아 노략하여 자기 소유를 삼았음
이라 6 그러므로 너는 이스라엘
땅에 대하여 예언하되 그 산들과
멧부리들과 시내들과 골짜기들
에 관하여 이르기를 주 여호와께
서 이같이 말씀하시기를 내가 내
질투와 내 분노로 말하였나니 이
는 너희가 이방의 수치를 당하였
음이라 7 그러므로 주 여호와께
서 이같이 말씀하시기를 내가 맹
세하였은즉 너희 사방에 있는 이
방인이 자신들의 수치를 반드시
당하리라 8 그러나 너희 이스라
엘 산들아 너희는 가지를 내고
내 백성 이스라엘을 위하여 열매
를 맺으리니 그들이 올 때가 가
까이 이르렀음이라 9 내가 돌이
켜 너희와 함께 하리니 사람이
너희를 갈고 심을 것이며 10 내
가 또 사람을 너희 위에 많게 하
리니 이들은 이스라엘 온 족속이
라 그들을 성읍들에 거주하게 하
며 빈 땅에 건축하게 하리라 11
내가 너희 위에 사람과 짐승을
많게 하되 그들의 수가 많고 번
성하게 할 것이라 너희 전 지위
대로 사람이 거주하게 하여 너희
를 처음보다 낫게 대우하리니 내
가 여호와인 줄을 너희가 알리라
12 내가 사람을 너희 위에 다니
게 하리니 그들은 내 백성 이스
라엘이라 그들은 너를 얻고 너는
그 기업이 되어 다시는 그들이
자식들을 잃어버리지 않게 하리
라 13 주 여호와께서 이같이 말
씀하셨느니라 그들이 너희에게
이르기를 너는 사람을 삼키는 자
요 네 나라 백성을 제거한 자라
하거니와 14 네가 다시는 사람
을 삼키지 아니하며 다시는 네
나라 백성을 제거하지 아니하리
라 주 여호와의 말씀이니라 15
내가 또 너를 여러 나라의 수치
를 듣지 아니하게 하며 만민의
비방을 다시 받지 아니하게 하며
네 나라 백성을 다시 넘어뜨리지
아니하게 하리라 주 여호와의 말
씀이니라 하셨다 하라

이스라엘을 정결하게 하시다

16 여호와의 말씀이 또 내게 임
하여 이르시되 17 인자야 이스
라엘 족속이 그들의 고국 땅에
거주할 때에 그들의 행위로 그
땅을 더럽혔나니 나 보기에 그
행위가 월경 중에 있는 여인의
부정함과 같았느니라 18 그들이
땅 위에 피를 쏟았으며 그 우상
들로 말미암아 자신들을 더럽혔
으므로 내가 분노를 그들 위에
쏟아 19 그들을 그 행위대로 심
판하여 각국에 흩으며 여러 나라
에 헤쳤더니 20 그들이 이른바
그 여러 나라에서 내 거룩한 이
름이 그들로 말미암아 더러워졌
나니 곧 사람들이 그들을 가리켜
이르기를 이들은 여호와의 백성
이라도 여호와의 땅에서 떠난 자
라 하였음이라 21 그러나 이스
라엘 족속이 들어간 그 여러 나
라에서 더럽힌 내 거룩한 이름을
내가 아꼈노라 22 그러므로 너
는 이스라엘 족속에게 이르기를
주 여호와께서 이같이 말씀하시
기를 이스라엘 족속아 내가 이렇
게 행함은 너희를 위함이 아니요
너희가 들어간 그 여러 나라에서
더럽힌 나의 거룩한 이름을 위함
이라 23 여러 나라 가운데에서
더럽혀진 이름 곧 너희가 그들
가운데에서 더럽힌 나의 큰 이름
을 내가 거룩하게 할지라 내가
그들의 눈 앞에서 너희로 말미암
아 나의 거룩함을 나타내리니 내
가 여호와인 줄을 여러 나라 사
람이 알리라 주 여호와의 말씀이
니라 24 내가 너희를 여러 나라
가운데에서 인도하여 내고 여러
민족 가운데에서 모아 데리고 고
국 땅에 들어가서 25 맑은 물을
너희에게 뿌려서 너희로 정결하
게 하되 곧 너희 모든 더러운 것
에서와 모든 우상 숭배에서 너희
를 정결하게 할 것이며 26 또 새
영을 너희 속에 두고 새 마음을
너희에게 주되 너희 육신에서 굳
은 마음을 제거하고 부드러운 마
음을 줄 것이며 27 또 내 영을 너
희 속에 두어 너희로 내 율례를
행하게 하리니 너희가 내 규례를
지켜 행할지라 28 내가 너희 조
상들에게 준 땅에서 너희가 거주
하면서 내 백성이 되고 나는 너
희 하나님이 되리라 29 내가 너
희를 모든 더러운 데에서 구원하
고 곡식이 풍성하게 하여 기근이
너희에게 닥치지 아니하게 할 것
이며 30 또 나무의 열매와 밭의
소산을 풍성하게 하여 너희가 다
시는 기근의 욕을 여러 나라에게
당하지 아니하게 하리니 31 그
때에 너희가 너희 악한 길과 너
희 좋지 못한 행위를 기억하고
너희 모든 죄악과 가증한 일로
말미암아 스스로 밉게 보리라
32 주 여호와의 말씀이니라 내가
이렇게 행함은 너희를 위함이 아
닌 줄을 너희가 알리라 이스라엘
족속아 너희 행위로 말미암아 부
끄러워하고 한탄할지어다 33 주
여호와께서 이같이 말씀하셨느
니라 내가 너희를 모든 죄악에서
정결하게 하는 날에 성읍들에 사
람이 거주하게 하며 황폐한 것이
건축되게 할 것인즉 34 전에는
지나가는 자의 눈에 황폐하게 보
이던 그 황폐한 땅이 장차 경작
이 될지라 35 사람이 이르기를
이 땅이 황폐하더니 이제는 에덴
동산 같이 되었고 황량하고 적막
하고 무너진 성읍들에 성벽과 주
민이 있다 하리니 36 너희 사방
에 남은 이방 사람이 나 여호와
가 무너진 곳을 건축하며 황폐한

자리에 심은 줄을 알리라 나 여
호와가 말하였으니 이루리라 37
주 여호와께서 이같이 말씀하셨
느니라 그래도 이스라엘 족속이
이같이 자기들에게 이루어 주기
를 내게 구하여야 할지라 내가
그들의 수효를 양 떼 같이 많아
지게 하되 38 제사 드릴 양 떼 곧
예루살렘이 정한 절기의 양 무리
같이 황폐한 성읍을 사람의 떼로
채우리라 그리한즉 그들이 나를
여호와인 줄 알리라 하셨느니라

37장

마른 뼈들이 살아나다

1 여호와께서 권능으로 내게 임
재하시고 그의 영으로 나를 데리
고 가서 골짜기 가운데 두셨는데
거기 뼈가 가득하더라 2 나를 그
뼈 사방으로 지나가게 하시기로
본즉 그 골짜기 지면에 뼈가 심
히 많고 아주 말랐더라 3 그가
내게 이르시되 인자야 이 뼈들이
능히 살 수 있겠느냐 하시기로
내가 대답하되 주 여호와여 주께
서 아시나이다 4 또 내게 이르시
되 너는 이 모든 뼈에게 대언하
여 이르기를 너희 마른 뼈들아
여호와의 말씀을 들을지어다 5
주 여호와께서 이 뼈들에게 이같
이 말씀하시기를 내가 생기를 너
희에게 들어가게 하리니 너희가
살아나리라 6 너희 위에 힘줄을
두고 살을 입히고 가죽으로 덮고

너희 속에 생기를 넣으리니 너희
가 살아나리라 또 내가 여호와인
줄 너희가 알리라 하셨다 하라 **7**
이에 내가 명령을 따라 대언하니
대언할 때에 소리가 나고 움직이
며 이 뼈, 저 뼈가 들어 맞아 뼈들
이 서로 연결되더라 **8** 내가 또
보니 그 뼈에 힘줄이 생기고 살이
오르며 그 위에 가죽이 덮이나 그
속에 생기는 없더라 **9** 또 내게 이
르시되 인자야 너는 생기*를 향
하여 대언하라 생기에게 대언하
여 이르기를 주 여호와께서 이같
이 말씀하시기를 생기야 사방에
서부터 와서 이 죽음을 당한 자
에게 불어서 살아나게 하라 하셨
다 하라 **10** 이에 내가 그 명령대
로 대언하였더니 생기가 그들에
게 들어가매 그들이 곧 살아나서
일어나 서는데 극히 큰 군대더라
11 또 내게 이르시되 인자야 이
뼈들은 이스라엘 온 족속이라 그
들이 이르기를 우리의 뼈들이 말
랐고 우리의 소망이 없어졌으니
우리는 다 멸절되었다 하느니라
12 그러므로 너는 대언하여 그들
에게 이르기를 주 여호와께서 이
같이 말씀하시기를 내 백성들아
내가 너희 무덤을 열고 너희로
거기에서 나오게 하고 이스라엘
땅으로 들어가게 하리라 **13** 내
백성들아 내가 너희 무덤을 열고
너희로 거기에서 나오게 한즉 너
희는 내가 여호와인 줄을 알리라
14 내가 또 내 영을 너희 속에 두
어 너희가 살아나게 하고 내가
또 너희를 너희 고국 땅에 두리
니 나 여호와가 이 일을 말하고
이룬 줄을 너희가 알리라 여호와
의 말씀이니라

유다와 이스라엘의 통일

15 여호와의 말씀이 또 내게 임
하여 이르시되 **16** 인자야 너는
막대기 하나를 가져다가 그 위에
유다와 그 짝 이스라엘 자손이라
쓰고 또 다른 막대기 하나를 가
지고 그 위에 에브라임의 막대기
곧 요셉과 그 짝 이스라엘 온 족
속이라 쓰고 **17** 그 막대기들을
서로 합하여 하나가 되게 하라
네 손에서 둘이 하나가 되리라
18 네 민족이 네게 말하여 이르
기를 이것이 무슨 뜻인지 우리에
게 말하지 아니하겠느냐 하거든
19 너는 곧 이르기를 주 여호와
께서 이같이 말씀하시기를 내가
에브라임의 손에 있는 바 요셉과
그 짝 이스라엘 지파들의 막대기
를 가져다가 유다의 막대기에 붙
여서 한 막대기가 되게 한즉 내
손에서 하나가 되리라 하셨다 하
고 **20** 너는 그 글 쓴 막대기들을
무리의 눈 앞에서 손에 잡고 **21**
그들에게 이르기를 주 여호와께
서 이같이 말씀하시기를 내가 이
스라엘 자손을 잡혀 간 여러 나
라에서 인도하며 그 사방에서 모
아서 그 고국 땅으로 돌아가게
하고 **22** 그 땅 이스라엘 모든 산
에서 그들이 한 나라를 이루어서
한 임금이 모두 다스리게 하리니
그들이 다시는 두 민족이 되지
아니하며 두 나라로 나누이지 아
니할지라 **23** 그들이 그 우상들
과 가증한 물건과 그 모든 죄악
으로 더 이상 자신들을 더럽히지
아니하리라 내가 그들을 그 범죄
한 모든 처소에서 구원하여 정결
하게 한즉 그들은 내 백성이 되
고 나는 그들의 하나님이 되리라
24 내 종 다윗이 그들의 왕이 되
리니 그들 모두에게 한 목자가
있을 것이라 그들이 내 규례를

37:9 **생기** ‘생기’로 번역된 히브리어는 ‘영’이나 ‘바람’으로 번역될 수 있다.

준수하고 내 율례를 지켜 행하며
25 내가 내 종 야곱에게 준 땅 곧
그의 조상들이 거주하던 땅에 그
들이 거주하되 그들과 그들의 자
자 손손이 영원히 거기에 거주할
것이요 내 종 다윗이 영원히 그
들의 왕이 되리라 26 내가 그들
과 화평의 언약을 세워서 영원한
언약이 되게 하고 또 그들을 견
고하고 번성하게 하며 내 성소를
그 가운데에 세워서 영원히 이르
게 하리니 27 내 처소가 그들 가
운데에 있을 것이며 나는 그들의
하나님이 되고 그들은 내 백성이
되리라 28 내 성소가 영원토록
그들 가운데에 있으리니 내가 이
스라엘을 거룩하게 하는 여호와
인 줄을 열국이 알리라 하셨다
하라

38장

하나님의 도구 곡

1 여호와의 말씀이 내게 임하여
이르시되 2 인자야 너는 마곡 땅
에 있는 로스와 메섹과 두발 왕
곧 곡에게로 얼굴을 향하고 그에
게 예언하여 3 이르기를 주 여호
와께서 이같이 말씀하시기를 로
스와 메섹과 두발 왕 곡아 내가
너를 대적하여 4 너를 돌이켜 갈
고리로 네 아가리를 꿰고 너와
말과 기마병 곧 네 온 군대를 끌
어내되 완전한 갑옷을 입고 큰
방패와 작은 방패를 가지며 칼을
잡은 큰 무리와 5 그들과 함께
한 방패와 투구를 갖춘 바사와
구스와 붓과 6 고멜과 그 모든
떼와 북쪽 끝의 도갈마 족속과
그 모든 떼 곧 많은 백성의 무리
를 너와 함께 끌어내리라 7 너는
스스로 예비하되 너와 네게 모인
무리들이 다 스스로 예비하고 너
는 그들의 우두머리가 될지어다
8 여러 날 후 곧 말년에 네가 명
령을 받고 그 땅 곧 오래 황폐하
였던 이스라엘 산에 이르리니 그
땅 백성은 칼을 벗어나서 여러
나라에서 모여 들어오며 이방에
서 나와 다 평안히 거주하는 중
이라 9 네가 올라오되 너와 네
모든 떼와 너와 함께 한 많은 백
성이 광풍 같이 이르고 구름 같
이 땅을 덮으리라 10 주 여호와
께서 이같이 말씀하셨느니라 그
날에 네 마음에서 여러 가지 생
각이 나서 악한 꾀를 내어 11 말
하기를 내가 평원의 고을들로 올
라 가리라 성벽도 없고 문이나
빗장이 없어도 염려 없이 다 평
안히 거주하는 백성에게 나아가
서 12 물건을 겁탈하며 노략하
리라 하고 네 손을 들어서 황폐
하였다가 지금 사람이 거주하는
땅과 여러 나라에서 모여서 짐승
과 재물을 얻고 세상 중앙에 거
주하는 백성을 치고자 할 때에
13 스바와 드단과 다시스의 상인
과 그 부자들이 네게 이르기를
네가 탈취하러 왔느냐 네가 네
무리를 모아 노략하고자 하느냐
은과 금을 빼앗으며 짐승과 재물
을 빼앗으며 물건을 크게 약탈하
여 가고자 하느냐 하리라 14 인
자야 너는 또 예언하여 곡에게
이르기를 주 여호와께서 이같이
말씀하시기를 내 백성 이스라엘
이 평안히 거주하는 날에 네가
어찌 그것을 알지 못하겠느냐
15 네가 네 고국 땅 북쪽 끝에서
많은 백성 곧 다 말을 탄 큰 무리
와 능한 군대와 함께 오되 16 구
름이 땅을 덮음 같이 내 백성 이
스라엘을 치러 오리라 곡아 끝
날에 내가 너를 이끌어다가 내
땅을 치게 하리니 이는 내가 너
로 말미암아 이방 사람의 눈 앞
에서 내 거룩함을 나타내어 그들
이 다 나를 알게 하려 함이라

곡의 심판

17 주 여호와께서 이같이 말씀하
셨느니라 내가 옛적에 내 종 이
스라엘 선지자들을 통하여 말한
사람이 네가 아니냐 그들이 그
때에 여러 해 동안 예언하기를
내가 너를 이끌어다가 그들을
치게 하리라 18 그 날에 곡이 이
스라엘 땅을 치러 오면 내 노여
움이 내 얼굴에 나타나리라 주
여호와의 말씀이니라 19 내가
질투와 맹렬한 노여움으로 말하
였거니와 그 날에 큰 지진이 이
스라엘 땅에 일어나서 20 바다
의 고기들과 공중의 새들과 들
의 짐승들과 땅에 기는 모든 벌
레와 지면에 있는 모든 사람이
내 앞에서 떨 것이며 모든 산이
무너지며 절벽이 떨어지며 모든
성벽이 땅에 무너지리라 21 주
여호와의 말씀이니라 내가 내 모
든 산 중에서 그를 칠 칼을 부르
리니 각 사람이 칼로 그 형제를
칠 것이며 22 내가 또 전염병과
피로 그를 심판하며 쏟아지는 폭
우와 큰 우박덩이와 불과 유황으
로 그와 그 모든 무리와 그와 함
께 있는 많은 백성에게 비를 내

리듯 하리라 23 이같이 내가 여
러 나라의 눈에 내 위대함과 내
거룩함을 나타내어 나를 알게 하
리니 내가 여호와인 줄을 그들이
알리라

39장

침략자 곡의 멸망

1 그러므로 인자야 너는 곡에게
예언하여 이르기를 주 여호와께
서 이같이 말씀하시되 로스와 메
섹과 두발 왕 곡아 내가 너를 대
적하여 2 너를 돌이켜서 이끌고
북쪽 끝에서부터 나와서 이스라
엘 산 위에 이르러 3 네 활을 쳐
서 네 왼손에서 떨어뜨리고 네
화살을 네 오른손에서 떨어뜨리
리니 4 너와 네 모든 무리와 너
와 함께 있는 백성이 다 이스라
엘 산 위에 엎드러지리라 내가
너를 각종 사나운 새와 들짐승에
게 넘겨 먹게 하리니 5 네가 빈
들에 엎드러지리라 이는 내가 말
하였음이니라 주 여호와의 말씀
이니라 6 내가 또 불을 마곡과
및 섬에 평안히 거주하는 자에게
내리리니 내가 여호와인 줄을 그
들이 알리라 7 내가 내 거룩한
이름을 내 백성 이스라엘 가운데
에 알게 하여 다시는 내 거룩한
이름을 더럽히지 아니하게 하리
니 내가 여호와 곧 이스라엘의
거룩한 자인 줄을 민족들이 알리
라 하라 8 주 여호와의 말씀이니
라 볼지어다 그 날이 와서 이루
어지리니 내가 말한 그 날이 이
날이라 9 이스라엘 성읍들에 거
주하는 자가 나가서 그들의 무기
를 불태워 사르되 큰 방패와 작
은 방패와 활과 화살과 몽둥이와
창을 가지고 일곱 해 동안 불태
우리라 10 이같이 그 무기로 불
을 피울 것이므로 그들이 들에서
나무를 주워 오지 아니하며 숲에
서 벌목하지 아니하겠고 전에 자
기에게서 약탈하던 자의 것을 약
탈하며 전에 자기에게서 늑탈하
던 자의 것을 늑탈하리라 주 여
호와의 말씀이니라 11 그 날에
내가 곡을 위하여 이스라엘 땅
곧 바다 동쪽 사람이 통행하는
골짜기를 매장지로 주리니 통행
하던 길이 막힐 것이라 사람이
거기에서 곡과 그 모든 무리를
매장하고 그 이름을 하몬곡의 골
짜기라 일컬으리라 12 이스라엘
족속이 일곱 달 동안에 그들을
매장하여 그 땅을 정결하게 할
것이라 13 그 땅 모든 백성이 그
들을 매장하고 그로 말미암아 이
름을 얻으리니 이는 나의 영광이
나타나는 날이니라 주 여호와의
말씀이니라 14 그들이 사람을
택하여 그 땅에 늘 순행하며 매
장할 사람과 더불어 지면에 남아
있는 시체를 매장하여 그 땅을
정결하게 할 것이라 일곱 달 후
에 그들이 살펴 보되 15 지나가
는 사람들이 그 땅으로 지나가다
가 사람의 뼈를 보면 그 곁에 푯
말을 세워 매장하는 사람에게 가
서 하몬곡 골짜기에 매장하게 할
것이요 16 성읍의 이름도 하모
나라 하리라 그들이 이같이 그
땅을 정결하게 하리라 17 주 여
호와께서 이같이 말씀하셨느니
라 너 인자야 너는 각종 새와 들

의 각종 짐승에게 이르기를 너희
는 모여 오라 내가 너희를 위한
잔치 곧 이스라엘 산 위에 예비
한 큰 잔치로 너희는 사방에서
모여 살을 먹으며 피를 마실지어
다 18 너희가 용사의 살을 먹으
며 세상 왕들의 피를 마시기를
바산의 살진 짐승 곧 숫양이나
어린 양이나 염소나 수송아지를
먹듯 할지라 19 내가 너희를 위
하여 예비한 잔치의 기름을 너희
가 배불리 먹으며 그 피를 취하
도록 마시되 20 내 상에서 말과
기병과 용사와 모든 군사를 배부
르게 먹일지니라 하라 주 여호와
의 말씀이니라

이스라엘의 회복

21 내가 내 영광을 여러 민족 가
운데에 나타내어 모든 민족이 내
가 행한 심판과 내가 그 위에 나
타낸 권능을 보게 하리니 22 그
날 이후에 이스라엘 족속은 내가
여호와 자기들의 하나님인 줄을
알겠고 23 여러 민족은 이스라
엘 족속이 그 죄악으로 말미암아
사로잡혀 갔던 줄을 알지라 그들
이 내게 범죄하였으므로 내 얼굴
을 그들에게 가리고 그들을 그
원수의 손에 넘겨 다 칼에 엎드
러지게 하였으되 24 내가 그들
의 더러움과 그들의 범죄한 대로
행하여 그들에게 내 얼굴을 가리
었었느니라 25 그러므로 주 여
호와께서 이같이 말씀하셨느니
라 내가 이제 내 거룩한 이름을
위하여 열심을 내어 야곱의 사로
잡힌 자를 돌아오게 하며 이스라
엘 온 족속에게 사랑을 베풀지라
26 그들이 그 땅에 평안히 거주
하고 두렵게 할 자가 없게 될 때
에 부끄러움을 품고 내게 범한
죄를 뉘우치리니 27 내가 그들
을 만민 중에서 돌아오게 하고
적국 중에서 모아 내어 많은 민
족이 보는 데에서 그들로 말미암
아 나의 거룩함을 나타낼 때라
28 전에는 내가 그들이 사로잡혀
여러 나라에 이르게 하였거니와
후에는 내가 그들을 모아 고국
땅으로 돌아오게 하고 그 한 사
람도 이방에 남기지 아니하리니
그들이 내가 여호와 자기들의 하
나님인 줄을 알리라 29 내가 다
시는 내 얼굴을 그들에게 가리지
아니하리니 이는 내가 내 영을
이스라엘 족속에게 쏟았음이라
주 여호와의 말씀이니라

40장

이상 중에 본 성읍

1 우리가 사로잡힌 지 스물다섯
째 해, 성이 함락된 후 열넷째 해
첫째 달 열째 날에 곧 그 날에 여
호와의 권능이 내게 임하여 나를
데리고 이스라엘 땅으로 가시되
2 하나님의 이상 중에 나를 데리
고 이스라엘 땅에 이르러 나를
매우 높은 산 위에 내려놓으시는
데 거기에서 남으로 향하여 성읍
형상 같은 것이 있더라 3 나를
데리시고 거기에 이르시니 모양
이 놋 같이 빛난 사람 하나가 손
에 삼줄과 측량하는 장대를 가지
고 문에 서 있더니 4 그 사람이
내게 이르되 인자야 내가 네게
보이는 그것을 눈으로 보고 귀로
들으며 네 마음으로 생각할지어
다 내가 이것을 네게 보이려고
이리로 데리고 왔나니 너는 본
것을 다 이스라엘 족속에게 전할
지어다 하더라

동쪽을 향한 문

5 내가 본즉 집 바깥 사방으로 담
이 있더라 그 사람의 손에 측량
하는 장대를 잡았는데 그 길이가
팔꿈치에서 손가락에 이르고 한
손바닥 너비가 더한 자로 여섯
척이라 그 담을 측량하니 두께가
한 장대요 높이도 한 장대며 6
그가 동쪽을 향한 문에 이르러
층계에 올라 그 문의 통로를 측
량하니 길이가 한 장대요 그 문
안쪽 통로의 길이도 한 장대며 7
그 문간에 문지기 방들이 있는데
각기 길이가 한 장대요 너비가
한 장대요 각방 사이 벽이 다섯
척이며 안쪽 문 통로의 길이가
한 장대요 그 앞에 현관이 있고
그 앞에 안 문이 있으며 8 그가
또 안 문의 현관을 측량하니 한
장대며 9 안 문의 현관을 또 측
량하니 여덟 척이요 그 문 벽은
두 척이라 그 문의 현관이 안으
로 향하였으며 10 그 동문간의

문지기 방은 왼쪽에 셋이 있고
오른쪽에 셋이 있으니 그 셋이
각각 같은 크기요 그 좌우편 벽
도 다 같은 크기며 11 또 그 문
통로를 측량하니 너비가 열 척이
요 길이가 열세 척이며 12 방 앞
에 간막이 벽이 있는데 이쪽 간
막이 벽도 한 척이요 저쪽 간막
이 벽도 한 척이며 그 방은 이쪽
도 여섯 척이요 저쪽도 여섯 척
이며 13 그가 그 문간을 측량하
니 이 방 지붕 가에서 저 방 지붕
가까지 너비가 스물다섯 척인데
방문은 서로 반대되었으며 14
그가 또 현관을 측량하니 너비가
스무 척이요 현관 사방에 뜰이
있으며 15 바깥 문 통로에서부
터 안 문 현관 앞까지 쉰 척이며
16 문지기 방에는 각각 닫힌 창
이 있고 문 안 좌우편에 있는 벽
사이에도 창이 있고 그 현관도
그러하고 그 창은 안 좌우편으로
벌여 있으며 각 문 벽 위에는 종
려나무를 새겼더라

바깥뜰

17 그가 나를 데리고 바깥뜰에
들어가니 뜰 삼면에 박석 깔린
땅이 있고 그 박석 깔린 땅 위에
여러 방이 있는데 모두 서른이며
18 그 박석 깔린 땅의 위치는 각
문간의 좌우편인데 그 너비가 문
간 길이와 같으니 이는 아래 박
석 땅이며 19 그가 아래 문간 앞
에서부터 안뜰 바깥 문간 앞까지
측량하니 그 너비가 백 척이며
동쪽과 북쪽이 같더라

북쪽을 향한 문

20 그가 바깥뜰 북쪽을 향한 문
간의 길이와 너비를 측량하니
21 길이는 쉰 척이요 너비는 스
물다섯 척이며 문지기 방이 이쪽
에도 셋이요 저쪽에도 셋이요 그
벽과 그 현관도 먼저 측량한 문
간과 같으며 22 그 창과 현관의
길이와 너비와 종려나무가 다 동
쪽을 향한 문간과 같으며 그 문
간으로 올라가는 일곱 층계가 있
고 그 안에 현관이 있으며 23 안
뜰에도 북쪽 문간과 동쪽 문간과
마주 대한 문간들이 있는데 그가
이 문간에서 맞은쪽 문간까지 측
량하니 백 척이더라

남쪽을 향한 문

24 그가 또 나를 이끌고 남으로
간즉 남쪽을 향한 문간이 있는데
그 벽과 현관을 측량하니 먼저
측량한 것과 같고 25 그 문간과
현관 좌우에 있는 창도 먼저 말
한 창과 같더라 그 문간의 길이
는 쉰 척이요 너비는 스물다섯
척이며 26 또 그리로 올라가는
일곱 층계가 있고 그 안에 현관
이 있으며 또 이쪽 저쪽 문 벽 위
에 종려나무를 새겼으며 27 안
뜰에도 남쪽을 향한 문간이 있는
데 그가 남쪽을 향한 그 문간에
서 맞은쪽 문간까지 측량하니 백
척이더라

안뜰 남쪽 문

28 그가 나를 데리고 그 남문을
통하여 안뜰에 들어가서 그 남문
의 너비를 측량하니 크기는 29
길이가 쉰 척이요 너비가 스물다
섯 척이며 그 문지기 방과 벽과
현관도 먼저 측량한 것과 같고
그 문간과 그 현관 좌우에도 창
이 있으며 30 그 사방 현관의 길
이는 스물다섯 척이요 너비는 다
섯 척이며 31 현관이 바깥뜰로
향하였고 그 문 벽 위에도 종려
나무를 새겼으며 그 문간으로 올
라가는 여덟 층계가 있더라

안뜰 동쪽 문

32 그가 나를 데리고 안뜰 동쪽
으로 가서 그 문간을 측량하니
크기는 33 길이가 쉰 척이요 너
비가 스물다섯 척이며 그 문지기
방과 벽과 현관이 먼저 측량한
것과 같고 그 문간과 그 현관 좌
우에도 창이 있으며 34 그 현관
이 바깥뜰로 향하였고 그 이쪽,
저쪽 문 벽 위에도 종려나무를
새겼으며 그 문간으로 올라가는
여덟 층계가 있더라

안뜰 북쪽 문

35 그가 또 나를 데리고 북문에
이르러 측량하니 크기는 36 길
이가 쉰 척이요 너비가 스물다섯
척이며 그 문지기 방과 벽과 현
관이 다 그러하여 그 좌우에도
창이 있으며 37 그 현관이 바깥
뜰로 향하였고 그 이쪽, 저쪽 문
벽 위에도 종려나무를 새겼으며
그 문간으로 올라가는 여덟 층계
가 있더라

안뜰 북쪽 문의 부속 건물들

38 그 문 벽 곁에 문이 있는 방이
있는데 그것은 번제물을 씻는 방
이며 39 그 문의 현관 이쪽에 상
둘이 있고 저쪽에 상 둘이 있으
니 그 위에서 번제와 속죄제와
속건제의 희생제물을 잡게 한 것
이며 40 그 북문 바깥 곧 입구로
올라가는 곳 이쪽에 상 둘이 있
고 문의 현관 저쪽에 상 둘이 있
으니 41 문 곁 이쪽에 상이 넷이
있고 저쪽에 상이 넷이 있어 상
이 모두 여덟 개라 그 위에서 희
생제물을 잡았더라 42 또 다듬
은 돌로 만들어 번제에 쓰는 상
넷이 있는데 그 길이는 한 척 반
이요 너비는 한 척 반이요 높이
는 한 척이라 번제의 희생제물을
잡을 때에 쓰는 기구가 그 위에
놓였으며 43 현관 안에는 길이
가 손바닥 넓이만한 갈고리가 사
방에 박혔으며 상들에는 희생제
물의 고기가 있더라 44 안문 밖
에 있는 안뜰에는 노래하는 자의
방 둘이 있는데 북문 곁에 있는
방은 남쪽으로 향하였고 남문 곁
에 있는 방은 북쪽으로 향하였더
라 45 그가 내게 이르되 남쪽을
향한 이 방은 성전을 지키는 제
사장들이 쓸 것이요 46 북쪽을
향한 방은 제단을 지키는 제사장
들이 쓸 것이라 이들은 레위의
후손 중 사독의 자손으로서 여호
와께 가까이 나아가 수종드는 자
니라 하고 47 그가 또 그 뜰을 측
량하니 길이는 백 척이요 너비는
백 척이라 네모 반듯하며 제단은
성전 앞에 있더라

성전 문 현관

48 그가 나를 데리고 성전 문 현
관에 이르러 그 문의 좌우 벽을
측량하니 너비는 이쪽도 다섯 척
이요 저쪽도 다섯 척이며 두께는
문 이쪽도 세 척이요 문 저쪽도
세 척이며 49 그 현관의 너비는
스무 척이요 길이는 열한 척이며
문간으로 올라가는 층계가 있고
문 벽 곁에는 기둥이 있는데 하
나는 이쪽에 있고 다른 하나는
저쪽에 있더라

41장

성소와 지성소와 골방들

1 그가 나를 데리고 성전에 이르

러 그 문 벽을 측량하니 이쪽 두
께도 여섯 척이요 저쪽 두께도
여섯 척이라 두께가 그와 같으며
2 그 문 통로의 너비는 열 척이요
문 통로 이쪽 벽의 너비는 다섯
척이요 저쪽 벽의 너비는 다섯
척이며 그가 성소를 측량하니 그
길이는 마흔 척이요 그 너비는
스무 척이며 3 그가 안으로 들어
가서 내전 문 통로의 벽을 측량
하니 두께는 두 척이요 문 통로
가 여섯 척이요 문 통로의 벽의
너비는 각기 일곱 척이며 4 그가
내전을 측량하니 길이는 스무 척
이요 너비는 스무 척이라 그가
내게 이르되 이는 지성소니라 하
고 5 성전의 벽을 측량하니 두께
가 여섯 척이며 성전 삼면에 골
방이 있는데 너비는 각기 네 척
이며 6 골방은 삼 층인데 골방
위에 골방이 있어 모두 서른이라
그 삼면 골방이 성전 벽 밖으로
그 벽에 붙어 있는데 성전 벽 속
을 뚫지는 아니하였으며 7 이 두
루 있는 골방은 그 층이 높아질
수록 넓으므로 성전에 둘린 이
골방이 높아질수록 성전에 가까
워졌으나 성전의 넓이는 아래 위
가 같으며 골방은 아래층에서 중
층으로 위층에 올라가게 되었더
라 8 내가 보니 성전 삼면의 지
대 곧 모든 골방 밑 지대의 높이
는 한 장대 곧 큰 자로 여섯 척인
데 9 성전에 붙어 있는 그 골방
바깥 벽 두께는 다섯 척이요 그
외에 빈 터가 남았으며 10 성전
골방 삼면에 너비가 스무 척 되
는 뜰이 둘려 있으며 11 그 골방
문은 다 빈 터로 향하였는데 한
문은 북쪽으로 향하였고 한 문
은 남쪽으로 향하였으며 그 둘
려 있는 빈 터의 너비는 다섯 척
이더라

서쪽 건물과 성전의 넓이

12 서쪽 뜰 뒤에 건물이 있는데
너비는 일흔 척이요 길이는 아흔
척이며 그 사방 벽의 두께는 다
섯 척이더라 13 그가 성전을 측
량하니 길이는 백 척이요 또 서
쪽 뜰과 그 건물과 그 벽을 합하
여 길이는 백 척이요 14 성전 앞
면의 너비는 백 척이요 그 앞 동
쪽을 향한 뜰의 너비도 그러하며
15 그가 뒤뜰 너머 있는 건물을
측량하니 그 좌우편 회랑까지 백
척이더라 내전과 외전과 그 뜰의

현관과 16 문 통로 벽과 닫힌 창
과 삼면에 둘려 있는 회랑은 문
통로 안쪽에서부터 땅에서 창까
지 널판자로 가렸고 (창은 이미
닫혔더라) 17 문 통로 위와 내전
과 외전의 사방 벽도 다 그러하
니 곧 측량한 크기대로며 18 널
판자에는 그룹들과 종려나무를
새겼는데 두 그룹 사이에 종려나
무 한 그루가 있으며 각 그룹에
두 얼굴이 있으니 19 하나는 사
람의 얼굴이라 이쪽 종려나무를
향하였고 하나는 어린 사자의 얼
굴이라 저쪽 종려나무를 향하였
으며 온 성전 사방이 다 그러하
여 20 땅에서부터 문 통로 위에
까지 그룹들과 종려나무들을 새
겼으니 성전 벽이 다 그러하더라

나무 제단과 성전의 문들

21 외전 문설주는 네모졌고 내전
전면에 있는 양식은 이러하니 22
곧 나무 제단의 높이는 세 척이요
길이는 두 척이며 그 모퉁이와 옆
과 면을 다 나무로 만들었더라 그
가 내게 이르되 이는 여호와의 앞
의 상이라 하더라 23 내전과 외
전에 각기 문이 있는데 24 문마
다 각기 두 문짝 곧 접는 두 문짝
이 있어 이 문에 두 짝이요 저 문
에 두 짝이며 25 이 성전 문에 그
룹과 종려나무를 새겼는데 벽에
있는 것과 같고 현관 앞에는 나무
디딤판이 있으며 26 현관 좌우편
에는 닫힌 창도 있고 종려나무도
새겨져 있고 성전의 골방과 디딤
판도 그러하더라

42장

제사장 방

1 그가 나를 데리고 밖으로 나가
북쪽 뜰로 가서 두 방에 이르니
그 두 방의 하나는 골방 앞 뜰을
향하였고 다른 하나는 북쪽 건물
을 향하였는데 2 그 방들의 자리
의 길이는 백 척이요 너비는 쉰
척이며 그 문은 북쪽을 향하였고
3 그 방 삼층에 회랑들이 있는데
한 방의 회랑은 스무 척 되는 안
뜰과 마주 대하였고 다른 한 방
의 회랑은 바깥뜰 박석 깔린 곳
과 마주 대하였으며 4 그 두 방
사이에 통한 길이 있어 너비는
열 척이요 길이는 백 척이며 그
문들은 북쪽을 향하였으며 5 그
위층의 방은 가장 좁으니 이는
회랑들로 말미암아 아래층과 가
운데 층보다 위층이 더 줄어짐이
라 6 그 방은 삼층인데도 뜰의
기둥 같은 기둥이 없으므로 그
위층이 아래층과 가운데 층보다
더욱 좁아짐이더라 7 그 한 방의
바깥 담 곧 뜰의 담과 마주 대한
담의 길이는 쉰 척이니 8 바깥뜰
로 향한 방의 길이는 쉰 척이며
성전 앞을 향한 방은 백 척이며
9 이 방들 아래에 동쪽에서 들어
가는 통행구가 있으니 곧 바깥뜰
에서 들어가는 통행구더라 10
남쪽 골방 뜰 맞은쪽과 남쪽 건
물 맞은쪽에도 방 둘이 있는데
11 그 두 방 사이에 길이 있고 그
방들의 모양은 북쪽 방 같고 그
길이와 너비도 같으며 그 출입구
와 문도 그와 같으며 12 이 남쪽
방에 출입하는 문이 있는데 담
동쪽 길 어귀에 있더라 13 그가
내게 이르되 좌우 골방 뜰 앞 곧
북쪽과 남쪽에 있는 방들은 거룩
한 방이라 여호와를 가까이 하는
제사장들이 지성물을 거기에서
먹을 것이며 지성물 곧 소제와
속죄제와 속건제의 제물을 거기
둘 것이니 이는 거룩한 곳이라
14 제사장의 의복은 거룩하므로
제사장이 성소에 들어갔다가 나
올 때에 바로 바깥뜰로 가지 못
하고 수종드는 그 의복을 그 방
에 두고 다른 옷을 입고 백성의
뜰로 나갈 것이니라 하더라

성전의 사면 담을 측량하다

15 그가 안에 있는 성전 측량하
기를 마친 후에 나를 데리고 동
쪽을 향한 문의 길로 나가서 사
방 담을 측량하는데 16 그가 측
량하는 장대 곧 그 장대로 동쪽
을 측량하니 오백 척이요 17 그
장대로 북쪽을 측량하니 오백 척
이요 18 그 장대로 남쪽을 측량
하니 오백 척이요 19 서쪽으로
돌이켜 그 장대로 측량하니 오백
척이라 20 그가 이같이 그 사방
을 측량하니 그 사방 담 안 마당
의 길이가 오백 척이며 너비가
오백 척이라 그 담은 거룩한 것
과 속된 것을 구별하는 것이더라

43장

여호와께서 성전에 들어가시다

1 그 후에 그가 나를 데리고 문에
이르니 곧 동쪽을 향한 문이라 2
이스라엘 하나님의 영광이 동쪽
에서부터 오는데 하나님의 음성
이 많은 물 소리 같고 땅은 그 영
광으로 말미암아 빛나니 3 그 모
양이 내가 본 환상 곧 전에 성읍
을 멸하러 올 때에 보던 환상 같
고 그발 강 가에서 보던 환상과
도 같기로 내가 곧 얼굴을 땅에
대고 엎드렸더니 4 여호와의 영
광이 동문을 통하여 성전으로 들
어가고 5 영이 나를 들어 데리고
안뜰에 들어가시기로 내가 보니
여호와의 영광이 성전에 가득하
더라 6 성전에서 내게 하는 말을
내가 듣고 있을 때에 어떤 사람
이 내 곁에 서 있더라 7 그가 내
게 이르시되 인자야 이는 내 보
좌의 처소, 내 발을 두는 처소, 내
가 이스라엘 족속 가운데에 영원
히 있을 곳이라 이스라엘 족속
곧 그들과 그들의 왕들이 음행하
며 그 죽은 왕들의 시체로 다시
는 내 거룩한 이름을 더럽히지
아니하리라 8 그들이 그 문지방
을 내 문지방 곁에 두며 그 문설
주를 내 문설주 곁에 두어서 그
들과 나 사이에 겨우 한 담이 막
히게 하였고 또 그 행하는 가증
한 일로 내 거룩한 이름을 더럽
혔으므로 내가 노하여 멸망시켰
거니와 9 이제는 그들이 그 음란
과 그 왕들의 시체를 내게서 멀
리 제거하여 버려야 할 것이라
그리하면 내가 그들 가운데에 영
원히 살리라 10 인자야 너는 이
성전을 이스라엘 족속에게 보여
서 그들이 자기의 죄악을 부끄러
워하고 그 형상을 측량하게 하라
11 만일 그들이 자기들이 행한
모든 일을 부끄러워하거든 너는
이 성전의 제도와 구조와 그 출
입하는 곳과 그 모든 형상을 보
이며 또 그 모든 규례와 그 모든
법도와 그 모든 율례를 알게 하
고 그 목전에 그것을 써서 그들
로 그 모든 법도와 그 모든 규례
를 지켜 행하게 하라 12 성전의
법은 이러하니라 산 꼭대기 지점
의 주위는 지극히 거룩하리라 성
전의 법은 이러하니라

번제단의 모양과 크기

13 제단의 크기는 이러하니라 한
자는 팔꿈치에서부터 손가락에
이르고 한 손바닥 넓이가 더한
것이라 제단 밑받침의 높이는 한
척이요 그 사방 가장자리의 너비
는 한 척이며 그 가로 둘린 턱의
너비는 한 뼘이니 이는 제단 밑
받침이요 14 이 땅에 닿은 밑받
침 면에서 아래층의 높이는 두
척이요 그 가장자리의 너비는 한
척이며 이 아래층 면에서 이 층
의 높이는 네 척이요 그 가장자
리의 너비는 한 척이며 15 그 번
제단 위층의 높이는 네 척이며
그 번제하는 바닥에서 솟은 뿔이
넷이며 16 그 번제하는 바닥의
길이는 열두 척이요 너비도 열두
척이니 네모 반듯하고 17 그 아
래층의 길이는 열네 척이요 너비
는 열네 척이니 네모 반듯하고
그 밑받침에 둘린 턱의 너비는
반 척이며 그 가장자리의 너비는
한 척이니라 그 층계는 동쪽을
향하게 할지니라

번제단의 봉헌

18 그가 내게 이르시되 인자야
주 여호와께서 이같이 말씀하셨
느니라 이 제단을 만드는 날에
그 위에 번제를 드리며 피를 뿌
리는 규례는 이러하니라 19 주
여호와의 말씀이니라 나를 가까
이 하여 내게 수종드는 사독의
자손 레위 사람 제사장에게 너는
어린 수송아지 한 마리를 주어
속죄제물을 삼되 20 네가 그 피
를 가져다가 제단의 네 뿔과 아

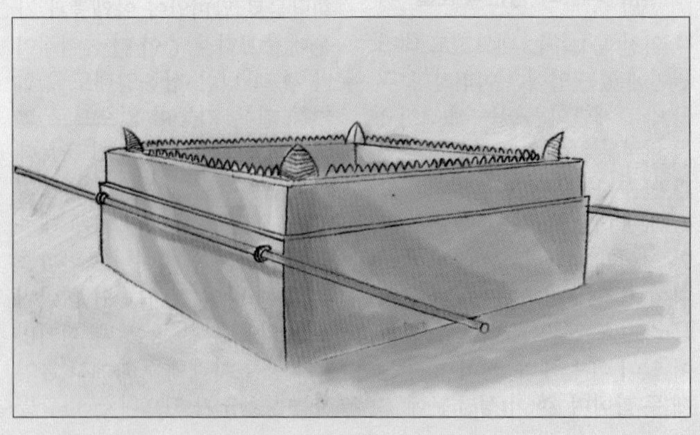

래층 네 모퉁이와 사방 가장자리
에 발라 속죄하여 제단을 정결하
게 하고 21 그 속죄제물의 수송
아지를 가져다가 성전의 정한 처
소 곧 성소 밖에서 불사를지며
22 다음 날에는 흠 없는 숫염소
한 마리를 속죄제물로 삼아 드려
서 그 제단을 정결하게 하기를
수송아지로 정결하게 함과 같이
하고 23 정결하게 하기를 마친
후에는 흠 없는 수송아지 한 마
리와 떼 가운데에서 흠 없는 숫
양 한 마리를 드리되 24 나 여호
와 앞에 받들어다가 제사장은 그
위에 소금을 쳐서 나 여호와께
번제로 드릴 것이며 25 칠 일 동
안은 매일 염소 한 마리를 갖추어
속죄제물을 삼고 또 어린 수송아
지 한 마리와 떼 가운데에서 숫양
한 마리를 흠 없는 것으로 갖출
것이며 26 이같이 칠 일 동안 제
단을 위하여 속죄제를 드려 정결
하게 하며 드릴 것이요 27 이 모
든 날이 찬 후 제팔일과 그 다음
에는 제사장이 제단 위에서 너희
번제와 감사제를 드릴 것이라 그
리하면 내가 너희를 즐겁게 받으
리라 주 여호와의 말씀이니라

44장

성전 동쪽 문은 닫아 두라

1 그가 나를 데리고 성소의 동쪽
을 향한 바깥 문에 돌아오시니
그 문이 닫혔더라 2 여호와께서
내게 이르시되 이 문은 닫고 다
시 열지 못할지니 아무도 그리로
들어오지 못할 것은 이스라엘 하
나님 나 여호와가 그리로 들어왔
음이라 그러므로 닫아 둘지니라
3 왕은 왕인 까닭에 안 길로 이
문 현관으로 들어와서 거기에 앉
아서 나 여호와 앞에서 음식을
먹고 그 길로 나갈 것이니라

여호와의 영광이 성전에 가득하다

4 그가 또 나를 데리고 북문을 통
하여 성전 앞에 이르시기로 내가
보니 여호와의 영광이 여호와의
성전에 가득한지라 내가 얼굴을
땅에 대고 엎드리니 5 여호와께
서 내게 이르시되 인자야 너는
전심으로 주목하여 내가 네게 말
하는 바 여호와의 성전의 모든
규례와 모든 율례를 귀로 듣고
또 성전의 입구와 성소의 출구를
전심으로 주목하고 6 너는 반역
하는 자 곧 이스라엘 족속에게
이르기를 주 여호와께서 이같이
말씀하시기를 이스라엘 족속아
너희의 모든 가증한 일이 족하니
라 7 너희가 마음과 몸에 할례
받지 아니한 이방인을 데려오고
내 떡과 기름과 피를 드릴 때에
그들로 내 성소 안에 있게 하여
내 성전을 더럽히므로 너희의 모
든 가증한 일 외에 그들이 내 언
약을 위반하게 하는 것이 되었으
며 8 너희가 내 성물의 직분을
지키지 아니하고 내 성소에 사람
을 두어 너희 직분을 대신 지키
게 하였느니라

레위 사람들의 제사장 직분을 박탈하다

9 주 여호와께서 이같이 말씀하
셨느니라 이스라엘 족속 중에 있
는 이방인 중에 마음과 몸에 할
례를 받지 아니한 이방인은 내
성소에 들어오지 못하리라 10
이스라엘 족속이 그릇 행하여 나
를 떠날 때에 레위 사람도 그릇
행하여 그 우상을 따라 나를 멀
리 떠났으니 그 죄악을 담당하리
라 11 그러나 그들이 내 성소에
서 수종들어 성전 문을 맡을 것
이며 성전에서 수종들어 백성의
번제의 희생물과 다른 희생물을
잡아 백성 앞에 서서 수종들게
되리라 12 그들이 전에 백성을
위하여 그 우상 앞에서 수종들어

이스라엘 족속이 죄악에 걸려 넘
어지게 하였으므로 내가 내 손을
들어 쳐서 그들이 그 죄악을 담
당하였느니라 주 여호와의 말씀
이니라 13 그들이 내게 가까이
나아와 제사장의 직분을 행하지
못하며 또 내 성물 곧 지성물에
가까이 오지 못하리니 그들이 자
기의 수치와 그 행한 바 가증한
일을 담당하리라 14 그러나 내
가 그들을 세워 성전을 지키게
하고 성전에 모든 수종드는 일과
그 가운데에서 행하는 모든 일을
맡기리라

제사장들

15 이스라엘 족속이 그릇 행하여
나를 떠날 때에 사독의 자손 레
위 사람 제사장들은 내 성소의
직분을 지켰은즉 그들은 내게 가
까이 나아와 수종을 들되 내 앞
에 서서 기름과 피를 내게 드릴
지니라 주 여호와의 말씀이니라
16 그들이 내 성소에 들어오며
또 내 상에 가까이 나아와 내게
수종들어 내가 맡긴 직분을 지키
되 17 그들이 안뜰 문에 들어올
때에나 안뜰 문과 성전 안에서
수종들 때에는 양털 옷을 입지
말고 가는 베 옷을 입을 것이니
18 가는 베 관을 머리에 쓰며 가
는 베 바지를 입고 땀이 나게 하
는 것으로 허리를 동이지 말 것
이며 19 그들이 바깥뜰 백성에
게로 나갈 때에는 수종드는 옷을
벗어 거룩한 방에 두고 다른 옷
을 입을지니 이는 그 옷으로 백
성을 거룩하게 할까 함이라 20
그들은 또 머리털을 밀지도 말며
머리털을 길게 자라게도 말고 그

머리털을 깎기만 할 것이며 21
아무 제사장이든지 안뜰에 들어
갈 때에는 포도주를 마시지 말
것이며 22 과부나 이혼한 여인
에게 장가 들지 말고 오직 이스
라엘 족속의 처녀나 혹시 제사장
의 과부에게 장가 들 것이며 23
내 백성에게 거룩한 것과 속된
것의 구별을 가르치며 부정한 것

과 정한 것을 분별하게 할 것이
며 24 송사하는 일을 재판하되
내 규례대로 재판할 것이며 내
모든 정한 절기에는 내 법도와
율례를 지킬 것이며 또 내 안식
일을 거룩하게 하며 25 시체를
가까이 하여 스스로 더럽히지 못
할 것이로되 부모나 자녀나 형제
나 시집 가지 아니한 자매를 위
하여는 더럽힐 수 있으며 26 이
런 자는 스스로 정결하게 한 후
에 칠 일을 더 지낼 것이요 27 성
소에서 수종들기 위해 안뜰과 성
소에 들어갈 때에는 속죄제를 드
릴지니라 주 여호와의 말씀이니
라 28 그들에게는 기업이 있으
리니 내가 곧 그 기업이라 너희
는 이스라엘 가운데에서 그들에
게 산업을 주지 말라 내가 그 산
업이 됨이라 29 그들은 소제와
속죄제와 속건제의 제물을 먹을
지니 이스라엘 중에서 구별하여
드리는 물건을 다 그들에게 돌리
며 30 또 각종 처음 익은 열매와
너희 모든 예물 중에 각종 거제
제물을 다 제사장에게 돌리고 너
희가 또 첫 밀가루를 제사장에게
주어 그들에게 네 집에 복이 내
리도록 하게 하라 31 새나 가축
이 저절로 죽은 것이나 찢겨서
죽은 것은 다 제사장이 먹지 말
것이니라

45장

거룩한 구역

1 너희는 제비 뽑아 땅을 나누어
기업으로 삼을 때에 한 구역을
거룩한 땅으로 삼아 여호와께 예
물로 드릴지니 그 길이는 이만
오천 척이요 너비는 만 척이라

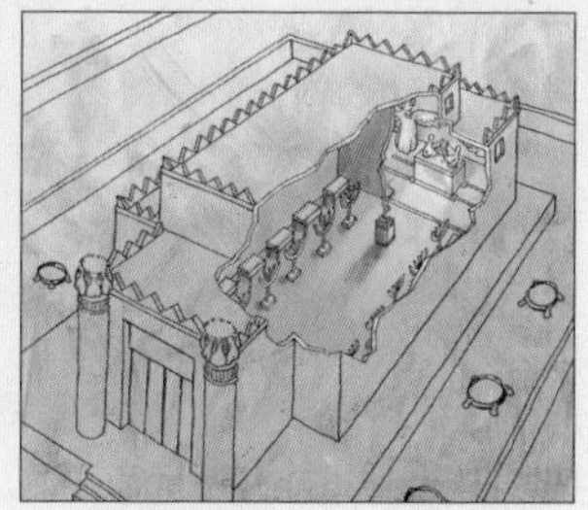

그 구역 안 전부가 거룩하리라 2
그 중에서 성소에 속할 땅은 길
이가 오백 척이요 너비가 오백
척이니 네모가 반듯하며 그 외에
사방 쉰 척으로 전원이 되게 하
되 3 이 측량한 가운데에서 길이
는 이만 오천 척을 너비는 만 척
을 측량하고 그 안에 성소를 둘
지니 지극히 거룩한 곳이요 4 그
곳은 성소에서 수종드는 제사장
들 곧 하나님께 가까이 나아가서
수종드는 자들에게 주는 거룩한
땅이니 그들이 집을 지을 땅이며
성소를 위한 거룩한 곳이라 5 또
길이는 이만 오천 척을 너비는
만 척을 측량하여 성전에서 수종
드는 레위 사람에게 돌려 그들의
거주지를 삼아 마을 스물을 세우
게 하고 6 구별한 거룩한 구역
옆에 너비는 오천 척을 길이는
이만 오천 척을 측량하여 성읍의
기지로 삼아 이스라엘 온 족속에
게 돌리고 7 드린 거룩한 구역과
성읍의 기지 된 땅의 좌우편 곧
드린 거룩한 구역의 옆과 성읍의
기지 옆의 땅을 왕에게 돌리되
서쪽으로 향하여 서쪽 국경까지
와 동쪽으로 향하여 동쪽 국경까
지니 그 길이가 구역 하나와 서
로 같을지니라 8 이 땅을 왕에게
돌려 이스라엘 가운데에 기업으
로 삼게 하면 나의 왕들이 다시
는 내 백성을 압제하지 아니하리
라 그 나머지 땅은 이스라엘 족
속에게 그 지파대로 줄지니라

통치자들의 통치 법칙

9 주 여호와께서 이같이 말씀하
셨느니라 이스라엘의 통치자들
아 너희에게 만족하니라 너희는
포악과 겁탈을 제거하여 버리고
정의와 공의를 행하여 내 백성에
게 속여 빼앗는 것을 그칠지니라
주 여호와의 말씀이니라 10 너
희는 공정한 저울과 공정한 에바
와 공정한 밧을 쓸지니 11 에바
와 밧은 그 용량을 동일하게 하
되 호멜의 용량을 따라 밧은 십
분의 일 호멜을 담게 하고 에바
도 십분의 일 호멜을 담게 할 것
이며 12 세겔은 이십 게라니 이
십 세겔과 이십오 세겔과 십오
세겔로 너희 마네가 되게 하라
13 너희가 마땅히 드릴 예물은
이러하니 밀 한 호멜에서는 육분
의 일 에바를 드리고 보리 한 호
멜에서도 육분의 일 에바를 드리
며 14 기름은 정한 규례대로 한
고르에서 십분의 일 밧을 드릴지
니 기름의 밧으로 말하면 한 고
르는 십 밧 곧 한 호멜이며 (십
밧은 한 호멜이라) 15 또 이스라
엘의 윤택한 초장의 가축 떼 이
백 마리에서는 어린 양 한 마리
를 드릴 것이라 백성을 속죄하기
위하여 이것들을 소제와 번제와
감사 제물로 삼을지니라 주 여호
와의 말씀이니라 16 이 땅 모든
백성은 이 예물을 이스라엘의 군
주에게 드리고 17 군주의 본분
은 번제와 소제와 전제를 명절과
초하루와 안식일과 이스라엘 족
속의 모든 정한 명절에 갖추는
것이니 이스라엘 족속을 속죄하
기 위하여 이 속죄제와 소제와
번제와 감사 제물을 갖출지니라

유월절과 일곱째 달 열다섯째 날

18 여호와께서 이같이 말씀하셨
느니라 첫째 달 초하룻날에 흠
없는 수송아지 한 마리를 가져다
가 성소를 정결하게 하되 19 제
사장이 그 속죄제 희생제물의 피
를 가져다가 성전 문설주와 제단
아래층 네 모퉁이와 안뜰 문설주
에 바를 것이요 20 그 달 칠일에
도 모든 과실범과 모르고 범죄한
자를 위하여 역시 그렇게 하여
성전을 속죄할지니라 21 첫째
달 열나흗날에는 유월절을 칠 일
동안 명절로 지키며 누룩 없는

떡을 먹을 것이라 22 그 날에 왕
은 자기와 이 땅 모든 백성을 위
하여 송아지 한 마리를 갖추어
속죄제를 드릴 것이요 23 또 명
절 칠 일 동안에는 그가 나 여호
와를 위하여 번제를 준비하되 곧
이레 동안에 매일 흠 없는 수송
아지 일곱 마리와 숫양 일곱 마
리이며 또 매일 숫염소 한 마리
를 갖추어 속죄제를 드릴 것이며
24 또 소제를 갖추되 수송아지
한 마리에는 밀가루 한 에바요
숫양 한 마리에도 한 에바며 밀
가루 한 에바에는 기름 한 힌 씩
이며 25 일곱째 달 열다섯째 날
에 칠 일 동안 명절을 지켜 속죄
제와 번제며 그 밀가루와 기름을
드릴지니라

46장

안식일과 초하루

1 주 여호와께서 이같이 말씀하
셨느니라 안뜰 동쪽을 향한 문은
일하는 엿새 동안에는 닫되 안식
일에는 열며 초하루에도 열고 2
군주는 바깥 문 현관을 통하여
들어와서 문 벽 곁에 서고 제사
장은 그를 위하여 번제와 감사제
를 드릴 것이요 군주는 문 통로
에서 예배한 후에 밖으로 나가고
그 문은 저녁까지 닫지 말 것이
며 3 이 땅 백성도 안식일과 초
하루에 이 문 입구에서 나 여호
와 앞에 예배할 것이며 4 안식일
에 군주가 여호와께 드릴 번제는
흠 없는 어린 양 여섯 마리와 흠
없는 숫양 한 마리라 5 그 소제
는 숫양 하나에는 밀가루 한 에
바요 모든 어린 양에는 그 힘대
로 할 것이며 밀가루 한 에바에
는 기름 한 힌씩이니라 6 초하루
에는 흠 없는 수송아지 한 마리
와 어린 양 여섯 마리와 숫양 한
마리를 드리되 모두 흠 없는 것
으로 할 것이며 7 또 소제를 준
비하되 수송아지에는 밀가루 한
에바요 숫양에도 밀가루 한 에바
며 모든 어린 양에는 그 힘대로
할 것이요 밀가루 한 에바에는
기름 한 힌씩이며 8 군주가 올
때에는 이 문 현관을 통하여 들
어오고 나갈 때에도 그리할지니
라 9 그러나 모든 정한 절기에
이 땅 백성이 나 여호와 앞에 나
아올 때에는 북문으로 들어와서
경배하는 자는 남문으로 나가고
남문으로 들어오는 자는 북문으
로 나갈지라 들어온 문으로 도로
나가지 말고 그 몸이 앞으로 향
한 대로 나갈지며 10 군주가 무
리 가운데에 있어서 그들이 들어
올 때에 들어오고 그들이 나갈
때에 나갈지니라 11 명절과 성
회 때에 그 소제는 수송아지 한
마리에 밀가루 한 에바요 숫양
한 마리에도 한 에바요 모든 어
린 양에는 그 힘대로 할 것이며
밀가루 한 에바에는 기름 한 힌
씩이며 12 만일 군주가 자원하
여 번제를 준비하거나 혹은 자원
하여 감사제를 준비하여 나 여호
와께 드릴 때에는 그를 위하여
동쪽을 향한 문을 열고 그가 번
제와 감사제를 안식일에 드림 같
이 드리고 밖으로 나갈지며 나간
후에 문을 닫을지니라

매일 드리는 제사

13 아침마다 일년 되고 흠 없는
어린 양 한 마리를 번제를 갖추
어 나 여호와께 드리고 14 또 아
침마다 그것과 함께 드릴 소제를
갖추되 곧 밀가루 육분의 일 에
바와 기름 삼분의 일 힌을 섞을
것이니 이는 영원한 규례로 삼아
항상 나 여호와께 드릴 소제라
15 이같이 아침마다 그 어린 양

과 밀가루와 기름을 준비하여 항
상 드리는 번제물로 삼을지니라

군주와 그의 기업

16 주 여호와께서 이같이 말씀하
셨느니라 군주가 만일 한 아들에
게 선물을 준즉 그의 기업이 되
어 그 자손에게 속하나니 이는
그 기업을 이어 받음이어니와
17 군주가 만일 그 기업을 한 종
에게 선물로 준즉 그 종에게 속
하여 희년까지 이르고 그 후에는
군주에게로 돌아갈 것이니 군주
의 기업은 그 아들이 이어 받을
것임이라 18 군주는 백성의 기
업을 빼앗아 그 산업에서 쫓아내
지 못할지니 군주가 자기 아들에
게 기업으로 줄 것은 자기 산업
으로만 할 것임이라 백성이 각각
그 산업을 떠나 흩어지지 않게
할 것이니라

성전 부엌

19 그 후에 그가 나를 데리고 문
곁 통행구를 통하여 북쪽을 향한
제사장의 거룩한 방에 들어가시
니 그 방 뒤 서쪽에 한 처소가 있
더라 20 그가 내게 이르시되 이
는 제사장이 속건제와 속죄제 희
생제물을 삶으며 소제 제물을 구
울 처소니 그들이 이 성물을 가
지고 바깥뜰에 나가면 백성을 거
룩하게 할까 함이니라 하시고
21 나를 데리고 바깥뜰로 나가서
나를 뜰 네 구석을 지나가게 하
시는데 본즉 그 뜰 매 구석에 또
뜰이 있는데 22 뜰의 네 구석 안
에는 집이 있으니 길이는 마흔
척이요 너비는 서른 척이라 구석
의 네 뜰이 같은 크기며 23 그 작
은 네 뜰 사방으로 돌아가며 부
엌이 있고 그 사방 부엌에 삶는
기구가 설비되었는데 24 그가
내게 이르시되 이는 삶는 부엌이
니 성전에서 수종드는 자가 백성
의 제물을 여기서 삶을 것이니라
하시더라

47장

성전에서 나오는 물

1 그가 나를 데리고 성전 문에 이
르시니 성전의 앞면이 동쪽을 향
하였는데 그 문지방 밑에서 물이
나와 동쪽으로 흐르다가 성전 오
른쪽 제단 남쪽으로 흘러 내리더
라 2 그가 또 나를 데리고 북문
으로 나가서 바깥 길로 꺾여 동
쪽을 향한 바깥 문에 이르시기로
본즉 물이 그 오른쪽에서 스며
나오더라 3 그 사람이 손에 줄을
잡고 동쪽으로 나아가며 천 척을
측량한 후에 내게 그 물을 건너
게 하시니 물이 발목에 오르더니
4 다시 천 척을 측량하고 내게 물
을 건너게 하시니 물이 무릎에
오르고 다시 천 척을 측량하고
내게 물을 건너게 하시니 물이
허리에 오르고 5 다시 천 척을
측량하시니 물이 내가 건너지 못

할 강이 된지라 그 물이 가득하
여 헤엄칠 만한 물이요 사람이
능히 건너지 못할 강이더라 6 그
가 내게 이르시되 인자야 네가
이것을 보았느냐 하시고 나를 인
도하여 강 가로 돌아가게 하시기
로 7 내가 돌아가니 강 좌우편에
나무가 심히 많더라 8 그가 내게
이르시되 이 물이 동쪽으로 향하
여 흘러 아라바로 내려가서 바다
에 이르리니 이 흘러 내리는 물
로 그 바다의 물이 되살아나리라
9 이 강물이 이르는 곳마다 번성
하는 모든 생물이 살고 또 고기
가 심히 많으리니 이 물이 흘러
들어가므로 바닷물이 되살아나
겠고 이 강이 이르는 각처에 모
든 것이 살 것이며 10 또 이 강
가에 어부가 설 것이니 엔게디에
서부터 에네글라임까지 그물 치
는 곳이 될 것이라 그 고기가 각
기 종류를 따라 큰 바다의 고기
같이 심히 많으려니와 11 그 진
펄과 개펄은 되살아나지 못하고
소금 땅이 될 것이며 12 강 좌우
가에는 각종 먹을 과실나무가 자
라서 그 잎이 시들지 아니하며
열매가 끊이지 아니하고 달마다
새 열매를 맺으리니 그 물이 성
소를 통하여 나옴이라 그 열매는
먹을 만하고 그 잎사귀는 약 재
료가 되리라

땅의 경계선과 분배

13 주 여호와께서 이같이 말씀하
셨느니라 너희는 이 경계선대로
이스라엘 열두 지파에게 이 땅을
나누어 기업이 되게 하되 요셉에
게는 두 몫이니라 14 내가 옛적
에 내 손을 들어 맹세하여 이 땅
을 너희 조상들에게 주겠다고 하
였나니 너희는 공평하게 나누어
기업을 삼으라 이 땅이 너희의
기업이 되리라 15 이 땅 경계선
은 이러하니라 북쪽은 대해에서
헤들론 길을 거쳐 스닷 어귀까지
니 16 곧 하맛과 브로다며 다메
섹 경계선과 하맛 경계선 사이에
있는 시브라임과 하우란 경계선
곁에 있는 하셀핫디곤이라 17
그 경계선이 바닷가에서부터 다
메섹 경계선에 있는 하살에논까
지요 그 경계선이 또 북쪽 끝에
있는 하맛 경계선에 이르렀나니
이는 그 북쪽이요 18 동쪽은 하
우란과 다메섹과 및 길르앗과 이
스라엘 땅 사이에 있는 요단 강
이니 북쪽 경계선에서부터 동쪽
바다까지 측량하라 이는 그 동쪽
이요 19 남쪽은 다말에서부터
므리봇 가데스 물에 이르고 애굽
시내를 따라 대해에 이르나니 이
는 그 남쪽이요 20 서쪽은 대해
라 남쪽 경계선에서부터 맞은쪽
하맛 어귀까지 이르나니 이는 그
서쪽이니라 21 그런즉 너희가
이스라엘 모든 지파대로 이 땅을
나누어 차지하라 22 너희는 이
땅을 나누되 제비 뽑아 너희와
너희 가운데에 머물러 사는 타국
인 곧 너희 가운데에서 자녀를
낳은 자의 기업이 되게 할지니
너희는 그 타국인을 본토에서 난
이스라엘 족속 같이 여기고 그들
도 이스라엘 지파 중에서 너희와
함께 기업을 얻게 하되 23 타국
인이 머물러 사는 그 지파에서
그 기업을 줄지니라 주 여호와의
말씀이니라

48장

각 지파의 몫과 거룩한 땅

1 모든 지파의 이름은 이와 같으
니라 북쪽 끝에서부터 헤들론 길
을 거쳐 하맛 어귀를 지나서 다
메섹 경계선에 있는 하살에논까
지 곧 북쪽으로 하맛 경계선에
미치는 땅 동쪽에서 서쪽까지는
단의 몫이요 2 단 경계선 다음으
로 동쪽에서 서쪽까지는 아셀의
몫이요 3 아셀 경계선 다음으로

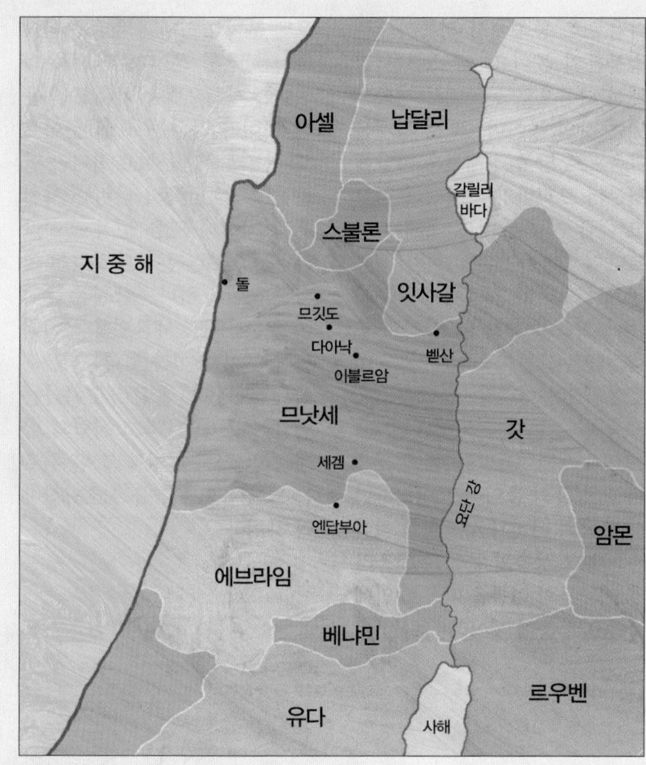

동쪽에서 서쪽까지는 납달리의
몫이요 4 납달리 경계선 다음으
로 동쪽에서 서쪽까지는 므낫세
의 몫이요 5 므낫세 경계선 다음
으로 동쪽에서 서쪽까지는 에브
라임의 몫이요 6 에브라임 경계
선 다음으로 동쪽에서 서쪽까지
는 르우벤의 몫이요 7 르우벤 경
계선 다음으로 동쪽에서 서쪽까
지는 유다의 몫이요 8 유다 경계
선 다음으로 동쪽에서 서쪽까지
는 너희가 예물로 드릴 땅이라
너비는 이만 오천 척이요 길이는
다른 몫의 동쪽에서 서쪽까지와
같고 성소는 그 중앙에 있을지니
9 곧 너희가 여호와께 드려 예물
로 삼을 땅의 길이는 이만 오천
척이요 너비는 만 척이라 10 이
드리는 거룩한 땅은 제사장에게
돌릴지니 북쪽으로 길이가 이만
오천 척이요 서쪽으로 너비는 만
척이요 동쪽으로 너비가 만 척이
요 남쪽으로 길이가 이만 오천
척이라 그 중앙에 여호와의 성소
가 있게 하고 11 이 땅을 사독의
자손 중에서 거룩하게 구별한 제
사장에게 돌릴지어다 그들은 직
분을 지키고 이스라엘 족속이 그
릇될 때에 레위 사람이 그릇된
것처럼 그릇되지 아니하였느니
라 12 땅의 예물 중에서 그들이
예물을 받을지니 레위인의 접경
지에 관한 가장 거룩한 예물이니
라 13 제사장의 경계선을 따라
레위 사람의 몫을 주되 길이는
이만 오천 척이요 너비는 만 척
으로 할지니 이 구역의 길이가
이만 오천 척이요 너비가 각기
만 척이라 14 그들이 그 땅을 팔
지도 못하며 바꾸지도 못하며 그
땅의 처음 익은 열매를 남에게
주지도 못하리니 이는 여호와께
거룩히 구별한 것임이라 15 이
이만 오천 척 다음으로 너비 오
천 척은 속된 땅으로 구분하여
성읍을 세우며 거주하는 곳과 전
원을 삼되 성읍이 그 중앙에 있
게 할지니 16 그 크기는 북쪽도
사천오백 척이요 남쪽도 사천오
백 척이요 동쪽도 사천오백 척이
요 서쪽도 사천오백 척이며 17
그 성읍의 들은 북쪽으로 이백오
십 척이요 남쪽으로 이백오십 척
이요 동쪽으로 이백오십 척이요
서쪽으로 이백오십 척이며 18
예물을 삼아 거룩히 구별할 땅과
연접하여 남아 있는 땅의 길이는
동쪽으로 만 척이요 서쪽으로 만
척이라 곧 예물을 삼아 거룩하게
구별할 땅과 연접하였으며 그 땅
의 소산을 성읍에서 일하는 자의
양식을 삼을지라 19 이스라엘
모든 지파 가운데에 그 성읍에서
일하는 자는 그 땅을 경작할지니
라 20 그런즉 예물로 드리는 땅
의 합계는 길이도 이만 오천 척
이요 너비도 이만 오천 척이라
너희가 거룩히 구별하여 드릴 땅
은 성읍의 기지와 합하여 네모
반듯할 것이니라 21 거룩하게
구별할 땅과 성읍의 기지 좌우편
에 남은 땅은 군주에게 돌릴지니
곧 거룩하게 구별할 땅의 동쪽을
향한 그 경계선 앞 이만 오천 척

과 서쪽을 향한 그 경계선 앞 이
만 오천 척이라 다른 몫들과 연
접한 땅이니 이것을 군주에게 돌
릴 것이며 거룩하게 구별할 땅과
성전의 성소가 그 중앙에 있으리
라 22 그런즉 군주에게 돌려 그
에게 속할 땅은 레위 사람의 기
업 좌우편과 성읍의 기지 좌우편
이며 유다 지경과 베냐민 지경
사이에 있을지니라

나머지 지파들의 몫

23 그 나머지 모든 지파는 동쪽
에서 서쪽까지는 베냐민의 몫이
요 24 베냐민 경계선 다음으로
동쪽에서 서쪽까지는 시므온의
몫이요 25 시므온 경계선 다음
으로 동쪽에서 서쪽까지는 잇사
갈의 몫이요 26 잇사갈 경계선
다음으로 동쪽에서 서쪽까지는
스불론의 몫이요 27 스불론 경
계선 다음으로 동쪽에서 서쪽까
지는 갓의 몫이며 28 갓 경계선
다음으로 남쪽 경계선은 다말에
서부터 므리바가데스 샘에 이르
고 애굽 시내를 따라 대해에 이
르나니 29 이것은 너희가 제비
뽑아 이스라엘 지파에게 나누어
주어 기업이 되게 할 땅이요 또
이것들은 그들의 몫이니라 주 여
호와의 말씀이니라

예루살렘 성읍의 문들

30 그 성읍의 출입구는 이러하니
라 북쪽의 너비가 사천오백 척이
라 31 그 성읍의 문들은 이스라
엘 지파들의 이름을 따를 것인데
북쪽으로 문이 셋이라 하나는 르
우벤 문이요 하나는 유다 문이요
하나는 레위 문이며 32 동쪽의
너비는 사천오백 척이니 또한 문
이 셋이라 하나는 요셉 문이요
하나는 베냐민 문이요 하나는 단
문이며 33 남쪽의 너비는 사천
오백 척이니 또한 문이 셋이라
하나는 시므온 문이요 하나는 잇
사갈 문이요 하나는 스불론 문이
며 34 서쪽도 사천오백 척이니
또한 문이 셋이라 하나는 갓 문
이요 하나는 아셀 문이요 하나는
납달리 문이며 35 그 사방의 합
계는 만 팔천 척이라 그 날 후로
는 그 성읍의 이름을 여호와삼마
라 하리라

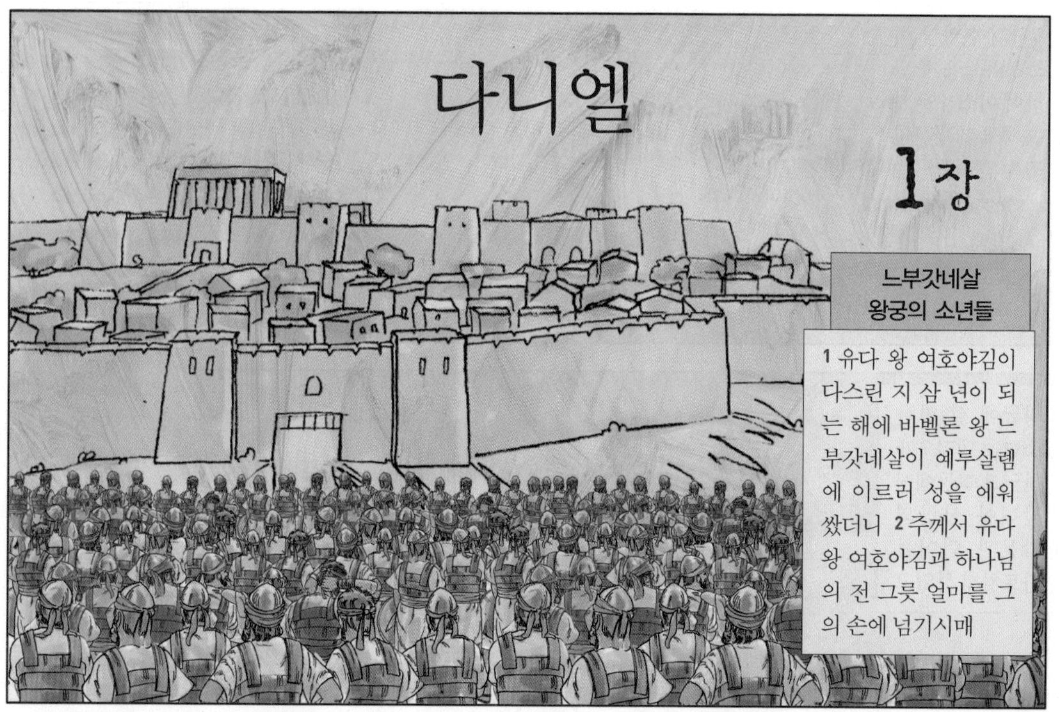
다니엘
1장
느부갓네살
왕궁의 소년들
1 유다 왕 여호야김이
다스린 지 삼 년이 되
는 해에 바벨론 왕 느
부갓네살이 예루살렘
에 이르러 성을 에워
쌌더니 2 주께서 유다
왕 여호야김과 하나님
의 전 그릇 얼마를 그
의 손에 넘기시매

그가 그것을 가지고
시날 땅 자기 신들
의 신전에 가져다가
그 신들의 보물 창
고에 두었더라

3 왕이 환관장 아스부나스에게 말하여 이스라엘 자손 중에서 왕족과 귀족 몇 사람

4 곧 흠이 없고 용모가 아름다우며 모든 지혜를 통찰하며 지식에 통달하며 학문에 익숙하여

왕궁에 설 만한 소년을 데려오게 하였고 그들에게 갈대아 사람의 학문과 언어를 가르치게 하였고

5 또 왕이 지정하여 그들에게 왕의 음식과 그가 마시는 포도주에서 날마다 쓸 것을 주어 삼 년을 기르게 하였으니 그 후에 그들은 왕 앞에 서게 될 것이더라

6 그들 가운데는 유다 자손 곧 다니엘과 하나냐와 미사엘과 아사랴가 있었더니 7 환관장이 그들의 이름을 고쳐

다니엘은 벨드사살이라 하고

하나냐는 사드락이라 하고

미사엘은 메삭이라 하고

아사랴는 아벳느고라 하였더라

8 다니엘은 뜻을 정하여 왕의 음식과 그가 마시는 포도주로 자기를 더럽히지 아니하리라 하고

자기를 더럽히지 아니하도록 환관장에게 구하니

9 하나님이 다니엘로 하여금 환관장에게 은혜와 긍휼을 얻게 하신지라 10 환관장이 다니엘에게 이르되
내가 내 주 왕을 두려워하노라 그가 너희 먹을 것과 너희 마실 것을 지정하셨거늘 너희의 얼굴이 초췌하여 같은 또래의 소년들만 못한 것을 그가 보게 할 것이 무엇이냐 그렇게 되면 너희 때문에 내 머리가 왕 앞에서 위태롭게 되리라 하니라
11 환관장이 다니엘과 하나냐와 미사엘과 아사랴를 감독하게 한 자에게

다니엘이 말하되
12 청하오니 당신의 종들을 열흘 동안 시험하여 채식을 주어 먹게 하고 물을 주어 마시게 한 후에 13 당신 앞에서 우리의 얼굴과 왕의 음식을 먹는 소년들의 얼굴을 비교하여 보아서 당신이 보는 대로 종들에게 행하소서 하매
14 그가 그들의 말을 따라 열흘 동안 시험하더니

15 열흘 후에 그들의 얼굴이 더욱 아름답고 살이 더욱 윤택하여 왕의 음식을 먹는 다른 소년들보다 더 좋아 보인지라 16 그리하여 감독하는 자가 그들에게 지정된 음식과 마실 포도주를 제하고 채식을 주니라
17 하나님이 이 네 소년에게 학문을 주시고 모든 서적을 깨닫게 하시고 지혜를 주셨으니 다니엘은 또 모든 환상과 꿈을 깨달아 알더라

18 왕이 말한 대로 그들을 불러들일 기한이 찼으므로 환관장이 그들을 느부갓네살 앞으로 데리고 가니
19 왕이 그들과 말하여 보매 무리 중에 다니엘과 하나냐와 미사엘과 아사랴와 같은 자가 없으므로 그들을 왕 앞에 서게 하고

단

20 왕이 그들에게 모든 일을 묻는 중에 그 지혜와 총명이 온 나라 박수와 술객보다 십 배나 나은 줄을 아니라 21 다니엘은 고레스 왕 원년까지 있으니라

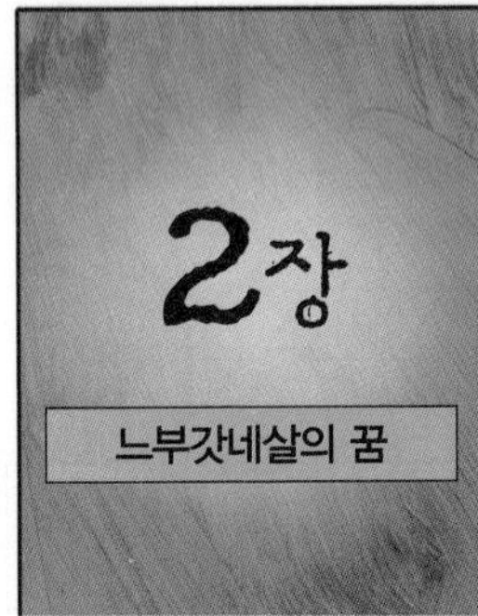
2장
느부갓네살의 꿈

1 느부갓네살이 다스린 지 이 년이 되는 해에 느부갓네살이 꿈을 꾸고 그로 말미암아 마음이 번민하여 잠을 이루지 못한지라
2 왕이 그의 꿈을 자기에게 알려 주도록

박수와 술객과 점쟁이와 갈대아 술사를 부르라 말하매 그들이 들어가서 왕의 앞에 선지라 3 왕이 그들에게 이르되
내가 꿈을 꾸고 그 꿈을 알고자 하여 마음이 번민하도다 하니
4 갈대아 술사들이 아람 말로 왕에게 말하되
왕이여 만수무강하옵소서 왕께서 그 꿈을 종들에게 이르시면 우리가 해석하여 드리겠나이다 하는지라

5 왕이 갈대아인들에게 대답하여 이르되
내가 명령을 내렸나니 너희가 만일 꿈과 그 해석을 내게 알게 하지 아니하면 너희 몸을 쪼갤 것이며 너희의 집을 거름더미로 만들 것이요 6 너희가 만일 꿈과 그 해석을 보이면 너희가 선물과 상과 큰 영광을 내게서 얻으리라 그런즉 꿈과 그 해석을 내게 보이라 하니

7 그들이 다시 대답하여 이르되
원하건대 왕은 꿈을 종들에게 이르소서 그리하시면 우리가 해석하여 드리겠나이다 하니

8 왕이 대답하여 이르되
내가 분명히 아노라 너희가 나의 명령이 내렸음을 보았으므로 시간을 지연하려 함이로다 9 너희가 만일 이 꿈을 내게 알게 하지 아니하면 너희를 처치할 법이 오직 하나이니 이는 너희가 거짓말과 망령된 말을 내 앞에서 꾸며 말하여 때가 변하기를 기다리려 함이라 이제 그 꿈을 내게 알게 하라 그리하면 너희가 그 해석도 보일 줄을 내가 알리라 하더라

10 갈대아인들이 왕 앞에 대답하여 이르되
세상에는 왕의 그 일을 보일 자가 한 사람도 없으므로 어떤 크고 권력 있는 왕이라도 이런 것으로 박수에게나 술객에게나 갈대아인들에게 물은 자가 없었나이다 11 왕께서 물으신 것은 어려운 일이라 육체와 함께 살지 아니하는 신들 외에는 왕 앞에 그것을 보일 자가 없나이다 한지라

12 왕이 이로 말미암아 진노하고 통분하여 바벨론의 모든 지혜자들을 다 죽이라 명령하니라

13 왕의 명령이 내리매 지혜자들은 죽게 되었고

다니엘과 그의 친구들도 죽이려고 찾았더라

다니엘에게 은밀한 것을 보이시다

14 그 때에 왕의 근위대장 아리옥이 바벨론 지혜자들을 죽이러 나가매

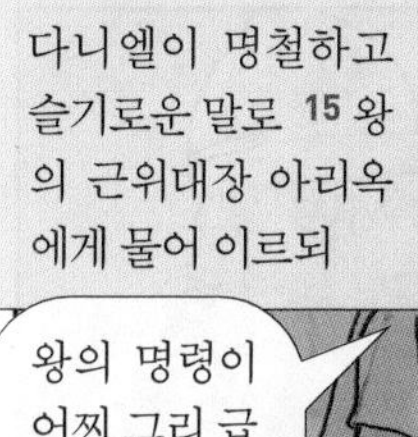

다니엘이 명철하고 슬기로운 말로 15 왕의 근위대장 아리옥에게 물어 이르되

왕의 명령이 어찌 그리 급하냐 하니

아리옥이 그 일을 다니엘에게 알리매

16 다니엘이 들어가서 왕께 구하기를

시간을 주시면 왕에게 그 해석을 알려 드리리이다 하니라

17 이에 다니엘이 자기 집으로 돌아가서 그 친구 하나냐와 미사엘과 아사랴에게 그 일을 알리고 18 하늘에 계신 하나님이
이 은밀한 일에 대하여 불쌍히 여기사 다니엘과 친구들이 바벨론의 다른 지혜자들과 함께 죽임을 당하지 않게 하시기를 그들로 하여금 구하게 하니라

19 이에 이 은밀한 것이 밤에 환상으로 다니엘에게 나타나 보이매

다니엘이 하늘에 계신 하나님을 찬송하니라 20 다니엘이 말하여 이르되
영원부터 영원까지 하나님의 이름을 찬송할 것은 지혜와 능력이 그에게 있음이로다

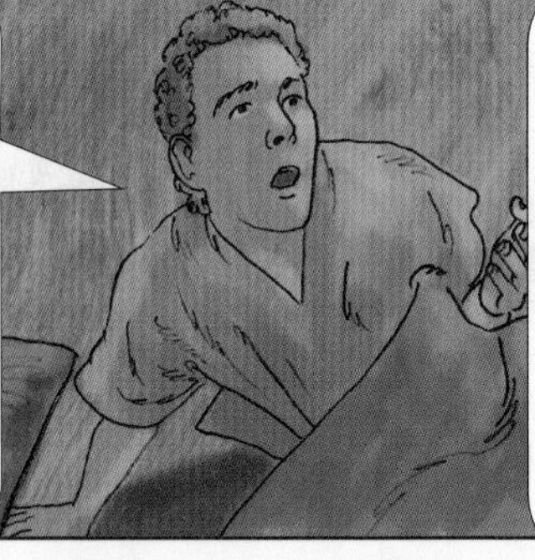
21 그는 때와 계절을 바꾸시며 왕들을 폐하시고 왕들을 세우시며 지혜자에게 지혜를 주시고 총명한 자에게 지식을 주시는도다 22 그는 깊고 은밀한 일을 나타내시고 어두운 데에 있는 것을 아시며 또 빛이 그와 함께 있도다

23 나의 조상들의 하나님이여 주께서 이제 내게 지혜와 능력을 주시고 우리가 주께 구한 것을 내게 알게 하셨사오니 내가 주께 감사하고 주를 찬양하나이다

곧 주께서 왕의 그 일을 내게 보이셨나이다 하니라

24 이에 다니엘은 왕이 바벨론 지혜자들을 죽이라 명령한 아리옥에게로 가서 그에게 이같이 이르되
바벨론 지혜자들을 죽이지 말고 나를 왕의 앞으로 인도하라 그리하면 내가 그 해석을 왕께 알려 드리리라 하니

단

다니엘이 꿈을 해석하다

25 이에 아리옥이
다니엘을 데리고
급히 왕 앞에 들
어가서 아뢰되

내가 사로잡혀 온 유다 자손 중에서 한 사람을 찾아내었나이다 그가 그 해석을 왕께 알려 드리리이다 하니라

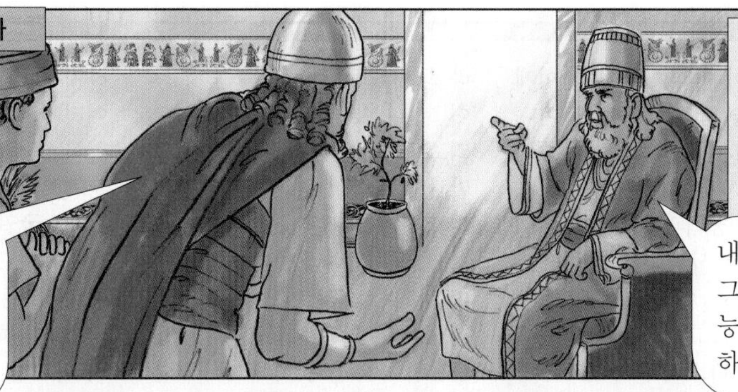

26 왕이 대
답하여 벨드
사살이라 이
름한 다니엘
에게 이르되

내가 꾼 꿈과 그 해석을 네가 능히 내게 알게 하겠느냐 하니

27 다니엘이 왕 앞에 대답하여 이르되

왕이 물으신 바 은밀한 것은 지
혜자나 술객이나 박수나 점쟁
이가 능히 왕께 보일 수 없으되
28 오직 은밀한 것을 나타내실
이는 하늘에 계신 하나님이시
라 그가 느부갓네살 왕에게 후
일에 될 일을 알게 하셨나이다
왕의 꿈 곧 왕이 침상에서 머리
속으로 받은 환상은 이러하니
이다 29 왕이여 왕이 침상에서
장래 일을 생각하실 때에 은밀
한 것을 나타내시는 이가 장래
일을 왕에게 알게 하셨사오며
30 내게 이 은밀한 것을 나타내
심은 내 지혜가 모든 사람보다
낫기 때문이 아니라 오직 그 해
석을 왕에게 알려서 왕이 마음
으로 생각하던 것을 왕에게 알
려 주려 하심이니이다 31 왕이
여 왕이 한 큰 신상을 보셨나이
다 그 신상이 왕의 앞에 섰는데
크고 광채가 매우 찬란하며 그
모양이 심히 두려우니 32 그 우
상의 머리는 순금이요 가슴과
두 팔은 은이요 배와 넓적다리
는 놋이요 33 그 종아리는 쇠요
그 발은 얼마는 쇠요 얼마는 진
흙이었나이다 34 또 왕이 보신
즉 손대지 아니한 돌이 나와서
신상의 쇠와 진흙의 발을 쳐서
부서뜨리매 35 그 때에 쇠와 진
흙과 놋과 은과 금이 다 부서져
여름 타작 마당의 겨 같이 되어
바람에 불려 간 곳이 없었고 우
상을 친 돌은 태산을 이루어 온
세계에 가득하였나이다

단

36 그 꿈이 이러한즉 내가 이제
그 해석을 왕 앞에 아뢰리이다
37 왕이여 왕은 여러 왕들 중의
왕이시라 하늘의 하나님이 나라
와 권세와 능력과 영광을 왕에게
주셨고 38 사람들과 들짐승과
공중의 새들, 어느 곳에 있는 것
을 막론하고 그것들을 왕의 손에
넘기사 다 다스리게 하셨으니 왕
은 곧 그 금 머리니이다 39 왕을
뒤이어 왕보다 못한 다른 나라가
일어날 것이요 셋째로 또 놋 같
은 나라가 일어나서 온 세계를
다스릴 것이며 40 넷째 나라는
강하기가 쇠 같으리니 쇠는 모든
물건을 부서뜨리고 이기는 것이
라 쇠가 모든 것을 부수는 것 같
이 그 나라가 뭇 나라를 부서뜨
리고 찧을 것이며 41 왕께서 그
발과 발가락이 얼마는 토기장이
의 진흙이요 얼마는 쇠인 것을
보셨은즉 그 나라가 나누일 것이
며 왕께서 쇠와 진흙이 섞인 것
을 보셨은즉 그 나라가 쇠 같은
든든함이 있을 것이나 42 그 발
가락이 얼마는 쇠요 얼마는 진흙
인즉 그 나라가 얼마는 든든하고
얼마는 부서질 만할 것이며 43
왕께서 쇠와 진흙이 섞인 것을
보셨은즉 그들이 다른 민족과 서
로 섞일 것이나 그들이 피차에
합하지 아니함이 쇠와 진흙이 합
하지 않음과 같으리이다 44 이
여러 왕들의 시대에 하늘의 하나
님이 한 나라를 세우시리니 이것
은 영원히 망하지도 아니할 것이
요 그 국권이 다른 백성에게로
돌아가지도 아니할 것이요 도리
어 이 모든 나라를 쳐서 멸망시
키고 영원히 설 것이라 45 손대
지 아니한 돌이 산에서 나와서
쇠와 놋과 진흙과 은과 금을 부
서뜨린 것을 왕께서 보신 것은
크신 하나님이 장래 일을 왕께
알게 하신 것이라 이 꿈은 참되
고 이 해석은 확실하니이다 하니

왕이 다니엘을 높이다
46 이에 느부갓네
살 왕이 엎드려
다니엘에게 절하
고 명하여 예물
과 향품을 그에
게 주게 하니라

단

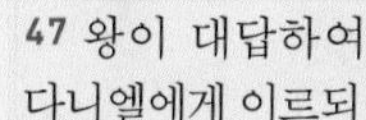

47 왕이 대답하여
다니엘에게 이르되

너희 하나님은 참으로
모든 신들의 신이시요
모든 왕의 주재시로다
네가 능히 이 은밀한 것
을 나타내었으니 네 하
나님은 또 은밀한 것을
나타내시는 이시로다

48 왕이 이에 다니
엘을 높여 귀한 선
물을 많이 주며 그
를 세워 바벨론 온
지방을 다스리게
하며 또 바벨론 모
든 지혜자의 어른
을 삼았으며

49 왕이 또 다니
엘의 요구대로
사드락과 메삭과
아벳느고를 세워
바벨론 지방의
일을 다스리게
하였고 다니엘은
왕궁에 있었더라

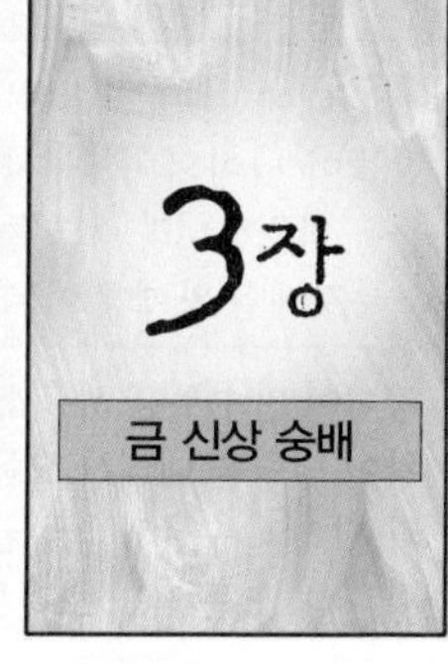

3장

금 신상 숭배

1 느부갓네살 왕이 금으로 신상을 만들었으니 높
이는 육십 규빗이요 너비는 여섯 규빗이라 그것을
바벨론 지방의 두라 평지에 세웠더라 2 느부갓네
살 왕이 사람을 보내어 총독과 수령과 행정관과 모
사와 재무관과 재판관과 법률사와 각 지방 모든 관
원을 느부갓네살 왕이 세운 신상의 낙성식에 참석
하게 하매 3 이에 총독과 수령과 행정관과 모사와
재무관과 재판관과 법률사와 각 지방 모든 관원이
느부갓네살 왕이 세운 신상의 낙성식에 참석하여

느부갓네살 왕이 세
운 신상 앞에 서니
라 4 선포하는 자가
크게 외쳐 이르되

백성들과 나라들과 각 언어로 말하는
자들아 왕이 너희 무리에게 명하시나니
5 너희는 나팔과 피리와 수금과 삼현금
과 양금과 생황과 및 모든 악기 소리를
들을 때에 엎드리어 느부갓네살 왕이 세
운 금 신상에게 절하라 6 누구든지 엎드
려 절하지 아니하는 자는 즉시 맹렬히
타는 풀무불에 던져 넣으리라 하였더라

단

7 모든 백성과 나라
들과 각 언어를 말하
는 자들이 나팔과 피
리와 수금과 삼현금
과 양금과 및 모든
악기 소리를 듣자 곧
느부갓네살 왕이 세
운 금 신상에게 엎드
려 절하니라

다니엘의 세 친구

8 그 때에 어떤 갈대아 사
람들이 나아와 유다 사람
들을 참소하니라 9 그들이
느부갓네살 왕에게 이르되

왕이여 만수무강 하옵소서 10 왕이여
왕이 명령을 내리사 모든 사람이 나팔
과 피리와 수금과 삼현금과 양금과 생
황과 및 모든 악기 소리를 듣거든

엎드려 금 신상에게 절할 것이라 11 누
구든지 엎드려 절하지 아니하는 자는
맹렬히 타는 풀무불 가운데에 던져 넣
음을 당하리라 하지 아니하셨나이까

12 이제 몇 유다 사람 사드
락과 메삭과 아벳느고는
왕이 세워 바벨론 지방을
다스리게 하신 자이거늘

왕이여 이 사람들이 왕을 높이
지 아니하며 왕의 신들을 섬기
지 아니하며 왕이 세우신 금 신
상에게 절하지 아니하나이다

13 느부갓네살
왕이 노하고 분
하여 사드락과
메삭과 아벳느
고를 끌어오라
말하매 드디어
그 사람들을 왕
의 앞으로 끌어
온지라

14 느부갓네살이 그들에게 물어 이르되

사드락, 메삭, 아벳느고야 너희
가 내 신을 섬기지 아니하며 내
가 세운 금 신상에게 절하지 아
니한다 하니 사실이냐 15 이제
라도 너희가 준비하였다가 나
팔과 피리와 수금과 삼현금과
양금과 생황과 및 모든 악기 소
리를 들을 때 내가 만든 신상
앞에 엎드려 절하면 좋거니와

너희가 만일 절하지 아니하면
즉시 너희를 맹렬히 타는 풀무
불 가운데에 던져 넣을 것이니
능히 너희를 내 손에서 건져낼
신이 누구이겠느냐 하니

16 사드락과 메삭과 아벳느고
가 왕에게 대답하여 이르되

느부갓네살이여 우리가 이 일에 대
하여 왕에게 대답할 필요가 없나이
다 17 왕이여 우리가 섬기는 하나님
이 계시다면 우리를 맹렬히 타는 풀
무불 가운데에서 능히 건져내시겠
고 왕의 손에서도 건져내시리이다
18 그렇게 하지 아니하실지라도 왕
이여 우리가 왕의 신들을 섬기지도
아니하고 왕이 세우신 금 신상에게
절하지도 아니할 줄을 아옵소서

세 친구를 풀무불에 던지다

19 느부갓네살이 분이 가득하
여 사드락과 메삭과 아벳느고
를 향하여 얼굴빛을 바꾸고 명
령하여 이르되 그 풀무불을 뜨
겁게 하기를 평소보다 칠 배나
뜨겁게 하라 하고 20 군대 중
용사 몇 사람에게 명령하여 사
드락과 메삭과 아벳느고를 결
박하여 극렬히 타는 풀무불 가
운데에 던지라 하니라

21 그러자 그 사람들을 겉옷과 속옷과
모자와 다른 옷을 입은 채 결박하여

맹렬히 타는 풀무불 가운
데에 던졌더라 22 왕의 명
령이 엄하고 풀무불이 심
히 뜨거우므로 불꽃이 사
드락과 메삭과 아벳느고를
붙든 사람을 태워 죽였고

23 이 세 사람
사드락과 메삭
과 아벳느고는
결박된 채 맹
렬히 타는 풀
무불 가운데에
떨어졌더라

왕이 세 친구를 높이다

24 그 때에 느
부갓네살 왕
이 놀라 급히
일어나서 모
사들에게 물
어 이르되

우리가 결박하여 불 가
운데에 던진 자는 세 사
람이 아니었느냐 하니

그들이 왕에게 대답하여 이르되

왕이여 옳소
이다 하더라

25 왕이 또 말하여 이르되
내가 보니 결박되지 아니한 네 사람이 불 가운데로 다니는데 상하지도 아니하였고 그 넷째의 모양은 신들의 아들과 같도다 하고

26 느부갓네살이 맹렬히 타는 풀무불 아귀 가까이 가서 불러 이르되
지극히 높으신 하나님의 종 사드락, 메삭, 아벳느고야 나와서 이리로 오라 하매
사드락과 메삭과 아벳느고가 불 가운데에서 나온지라

27 총독과 지사와 행정관과 왕의 모사들이 모여 이 사람들을 본즉 불이 능히 그들의 몸을 해하지 못하였고 머리털도 그을리지 아니하였고 겉옷 빛도 변하지 아니하였고 불탄 냄새도 없었더라

28 느부갓네살이 말하여 이르되
사드락과 메삭과 아벳느고의 하나님을 찬송할지로다 그가 그의 천사를 보내사 자기를 의뢰하고 그들의 몸을 바쳐 왕의 명령을 거역하고 그 하나님밖에는 다른 신을 섬기지 아니하며 그에게 절하지 아니한 종들을 구원하셨도다
29 그러므로 내가 이제 조서를 내리노니 각 백성과 각 나라와 각 언어를 말하는 자가 모두 사드락과 메삭과 아벳느고의 하나님께 경솔히 말하거든 그 몸을 쪼개고 그 집을 거름터로 삼을지니

단

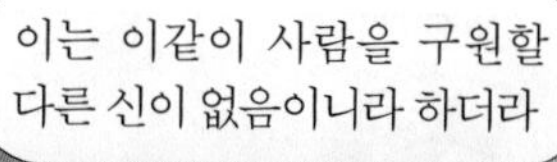

이는 이같이 사람을 구원할
다른 신이 없음이니라 하더라

30 왕이 드디어 사드락과 메삭과 아벳
느고를 바벨론 지방에서 더욱 높이니라

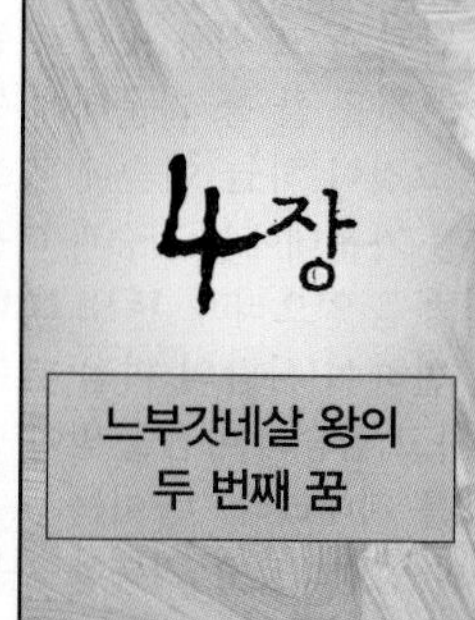

4장

느부갓네살 왕의 두 번째 꿈

1 느부갓네살 왕은 천하에 거주하는
모든 백성들과 나라들과 각 언어를
말하는 자들에게 조서를 내리노라

원하노니 너희에게 큰 평강이
있을지어다 2 지극히 높으신 하
나님이 내게 행하신 이적과 놀
라운 일을 내가 알게 하기를 즐
겨 하노라 3 참으로 크도다 그의
이적이여, 참으로 능하도다 그의
놀라운 일이여, 그의 나라는 영
원한 나라요 그의 통치는 대대
에 이르리로다 4 나 느부갓네살
이 내 집에 편히 있으며 내 궁에
서 평강할 때에 5 한 꿈을 꾸고
그로 말미암아 두려워하였으니
곧 내 침상에서 생각하는 것과
머리 속으로 받은 환상으로 말
미암아 번민하였었노라 6 이러
므로 내가 명령을 내려 바벨론
의 모든 지혜자들을 내 앞으로
불러다가 그 꿈의 해석을 내게
알게 하라 하였더라 7 그 때에
박수와 술객과 갈대아 술사와
점쟁이가 들어왔으므로 내가 그
꿈을 그들에게 말하였으나 그들
이 그 해석을 내게 알려 주지 못
하였느니라 8 그 후에 다니엘이
내 앞에 들어왔으니 그는 내 신
의 이름을 따라 벨드사살이라
이름한 자요 그의 안에는 거룩
한 신들의 영이 있는 자라 내가
그에게 꿈을 말하여 이르되 9
박수장 벨드사살아 네 안에는
거룩한 신들의 영이 있은즉 어
떤 은밀한 것이라도 네게는 어
려울 것이 없는 줄을 내가 아노
니 내 꿈에 본 환상의 해석을 내
게 말하라 10 내가 침상에서 나
의 머리 속으로 받은 환상이 이
러하니라 내가 본즉 땅의 중앙
에 한 나무가 있는 것을 보았는
데 높이가 높더니 11 그 나무가

자라서 견고하여지고 그 높이는
하늘에 닿았으니 그 모양이 땅
끝에서도 보이겠고

단

12 그 잎사귀는 아름답고 그 열
매는 많아서 만민의 먹을 것이
될 만하고 들짐승이 그 그늘에
있으며 공중에 나는 새는 그 가
지에 깃들이고 육체를 가진 모든
것이 거기에서 먹을 것을 얻더라
13 내가 침상에서 머리 속으로
받은 환상 가운데에 또 본즉 한
순찰자, 한 거룩한 자가 하늘에
서 내려왔는데 14 그가 소리 질
러 이처럼 이르기를 그 나무를
베고 그 가지를 자르고 그 잎사
귀를 떨고 그 열매를 헤치고 짐
승들을 그 아래에서 떠나게 하고
새들을 그 가지에서 쫓아내라
15 그러나 그 뿌리의 그루터기를
땅에 남겨 두고 쇠와 놋줄로 동
이고 그것을 들 풀 가운데에 두
어라 그것이 하늘 이슬에 젖고
땅의 풀 가운데에서 짐승과 더불
어 제 몫을 얻으리라 16 또 그 마
음은 변하여 사람의 마음 같지
아니하고 짐승의 마음을 받아 일
곱 때를 지내리라 17 이는 순찰
자들의 명령대로요 거룩한 자들
의 말대로이니 지극히 높으신 이
가 사람의 나라를 다스리시며 자
기의 뜻대로 그것을 누구에게든
지 주시며 또 지극히 천한 자를
그 위에 세우시는 줄을 사람들이
알게 하려 함이라 하였느니라
18 나 느부갓네살 왕이 이 꿈을

꾸었나니 너 벨드사살아 그 해석
을 밝히 말하라 내 나라 모든 지
혜자가 능히 내게 그 해석을 알
게 하지 못하였으나 오직 너는
능히 하리니 이는 거룩한 신들의
영이 네 안에 있음이라

다니엘의 꿈 해석

19 벨드사살이라 이름한 다
니엘이 한동안 놀라며 마음
으로 번민하는지라 왕이 그
에게 말하여 이르기를

벨드사살아 너는 이 꿈과
그 해석으로 말미암아 번
민할 것이 아니니라

벨드사살이 대답하여 이르되

내 주여 그 꿈은 왕을 미워하는 자에게
응하며 그 해석은 왕의 대적에게 응하
기를 원하나이다 20 왕께서 보신 그
나무가 자라서 견고하여지고 그 높이
는 하늘에 닿았으니 땅 끝에서도 보이
겠고 21 그 잎사귀는 아름답고 그 열
매는 많아서 만민의 먹을 것이 될 만하
고 들짐승은 그 아래에 살며 공중에 나
는 새는 그 가지에 깃들었나이다 22
왕이여 이 나무는 곧 왕이시라 이는 왕
이 자라서 견고하여지고 창대하사

하늘에 닿으시며 권세는 땅 끝까
지 미치심이니이다 23 왕이 보
신즉 한 순찰자, 한 거룩한 자가
하늘에서 내려와서 이르기를 그
나무를 베어 없애라 그러나 그
뿌리의 그루터기는 땅에 남겨 두
고 쇠와 놋줄로 동이고 그것을
들 풀 가운데에 두라 그것이 하
늘 이슬에 젖고 또 들짐승들과
더불어 제 몫을 얻으며 일곱 때
를 지내리라 하였나이다 24 왕
이여 그 해석은 이러하니이다 곧
지극히 높으신 이가 명령하신 것
이 내 주 왕에게 미칠 것이라 25
왕이 사람에게서 쫓겨나서 들짐
승과 함께 살며 소처럼 풀을 먹
으며 하늘 이슬에 젖을 것이요
이와 같이 일곱 때를 지낼 것이
라 그 때에 지극히 높으신 이가
사람의 나라를 다스리시며 자기
의 뜻대로 그것을 누구에게든지
주시는 줄을 아시리이다 26 또
그들이 그 나무뿌리의 그루터기
를 남겨 두라 하였은즉 하나님이
다스리시는 줄을 왕이 깨달은 후
에야 왕의 나라가 견고하리이다
27 그런즉 왕이여 내가 아뢰는
것을 받으시고 공의를 행함으로
죄를 사하고 가난한 자를 긍휼히
여김으로 죄악을 사하소서 그리
하시면 왕의 평안함이 혹시 장구
하리이다 하니라

28 이 모든 일이 다 나 느부갓
네살 왕에게 임하였느니라
29 열두 달이 지난 후에 내가
바벨론 왕궁 지붕에서 거닐
새 30 나 왕이 말하여 이르되

이 큰 바벨론은 내가 능력과 권
세로 건설하여 나의 도성으로 삼
고 이것으로 내 위엄의 영광을
나타낸 것이 아니냐 하였더니

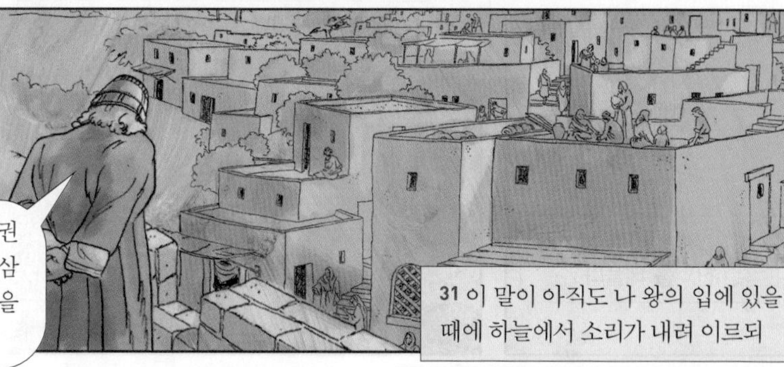

31 이 말이 아직도 나 왕의 입에 있을
때에 하늘에서 소리가 내려 이르되

느부갓네살 왕아 네게 말하노니 나
라의 왕위가 네게서 떠났느니라
32 네가 사람에게서 쫓겨나서 들짐
승과 함께 살면서 소처럼 풀을 먹
을 것이요 이와 같이 일곱 때를 지
내서 지극히 높으신 이가 사람의
나라를 다스리시며 자기의 뜻대로
그것을 누구에게든지 주시는 줄을
알기까지 이르리라 하더라

33 바로 그 때에 이 일이 나 느부갓네살
에게 응하므로 내가 사람에게 쫓겨나
서 소처럼 풀을 먹으며 몸이 하늘 이슬
에 젖고 머리털이 독수리 털과 같이 자
랐고 손톱은 새 발톱과 같이 되었더라

느부갓네살 왕의 하나님 찬양

34 그 기한이 차매 나 느부갓네
살이 하늘을 우러러 보았더니 내
총명이 다시 내게로 돌아온지라
이에 내가 지극히 높으신 이에게
감사하며 영생하시는 이를 찬양
하고 경배하였나니 그 권세는 영
원한 권세요 그 나라는 대대에
이르리로다 35 땅의 모든 사람
들을 없는 것 같이 여기시며 하
늘의 군대에게든지 땅의 사람에
게든지 그는 자기 뜻대로 행하시
나니 그의 손을 금하든지 혹시
이르기를 네가 무엇을 하느냐고
할 자가 아무도 없도다 36 그 때
에 내 총명이 내게로 돌아왔고
또 내 나라의 영광에 대하여도
내 위엄과 광명이 내게로 돌아왔
고 또 나의 모사들과 관원들이
내게 찾아오니 내가 내 나라에서
다시 세움을 받고 또 지극한 위
세가 내게 더하였느니라 37 그
러므로 지금 나 느부갓네살은 하
늘의 왕을 찬양하며 칭송하며 경
배하노니 그의 일이 다 진실하고
그의 행하심이 의로우시므로 교
만하게 행하는 자를 그가 능히
낮추심이라

5장

벨사살 왕이 잔치를 베풀다

1 벨사살 왕이 그의 귀족 천 명을 위하여 큰 잔
치를 베풀고 그 천 명 앞에서 술을 마시니라

2 벨사살이 술을 마실 때에 명하여 그의 부친 느부갓네살이 예루살렘 성전에서 탈취하여 온 금, 은 그릇을 가져오라고 명하였으니

이는 왕과 귀족들과 왕후들과 후궁들이 다 그것으로 마시려 함이었더라

3 이에 예루살렘 하나님의 전 성소 중
에서 탈취하여 온 금 그릇을 가져오매

왕이 그 귀족들과 왕후들과 후궁
들과 더불어 그것으로 마시더라

4 그들이 술을 마시고는 그
금, 은, 구리, 쇠, 나무, 돌로
만든 신들을 찬양하니라

5 그 때에 사람의 손가락들이 나타나서

왕궁 촛대 맞
은편 석회벽에
글자를 쓰는데
왕이 그 글자 쓰는 손가락을 본지라

6 이에 왕의
즐기던 얼굴
빛이 변하고
그 생각이 번
민하여 넓적
다리 마디가
녹는 듯하고
그의 무릎이
서로 부딪친
지라

7 왕이 크게 소리 질러 술객과 갈대아 술사와 점쟁이를 불러오게 하고 바벨론의 지혜자들에게 말하되
누구를 막론하고 이 글자를 읽고 그 해석을 내게 보이면 자주색 옷을 입히고 금사슬을 그의 목에 걸어 주리니

그를 나라의 셋째 통치자로 삼으리라 하니라

8 그 때에 왕의 지혜자가 다 들어왔으나 능히 그 글자를 읽지 못하며 그 해석을 왕께 알려 주지 못하는지라

9 그러므로 벨사살 왕이 크게 번민하여 그의 얼굴빛이 변하였고

귀족들도 다 놀라니라

10 왕비가 왕과 그 귀족들의 말로 말미암아 잔치하는 궁에 들어왔더니 이에 말하여 이르되
왕이여 만수무강 하옵소서 왕의 생각을 번민하게 하지 말며 얼굴빛을 변할 것도 아니니이다

11 왕의 나라에 거룩한 신들의 영이 있는 사람이 있으니 곧 왕의 부친 때에 있던 자로서 명철과 총명과 지혜가 신들의 지혜와 같은 자니이다

왕의 부친 느부갓네살 왕이 그를 세워 박수와 술객과 갈대아 술사와 점쟁이의 어른을 삼으셨으니

단

12 왕이 벨드사살이라 이름하는 이 다니엘은 마음이 민첩하고 지식과 총명이 있어 능히 꿈을 해석하며 은밀한 말을 밝히며 의문을 풀 수 있었나이다 이제 다니엘을 부르소서 그리하시면 그가 그 해석을 알려 드리리이다 하니라

다니엘이 글을 해석하다

13 이에 다니엘이 부름을 받아 왕의 앞에 나오매 왕이 다니엘에게 말하되
네가 나의 부왕이 유다에서 사로잡아 온 유다 자손 중의 그 다니엘이냐

14 내가 네게 대하여 들은즉 네 안에는 신들의 영이 있으므로

네가 명철과 총명과 비상한 지혜가 있다 하도다 15 지금 여러 지혜자와 술객을 내 앞에 불러다가 그들에게 이 글을 읽고 그 해석을 내게 알게 하라 하였으나

그들이 다 그 해석을 내게 보이지 못하였느니라

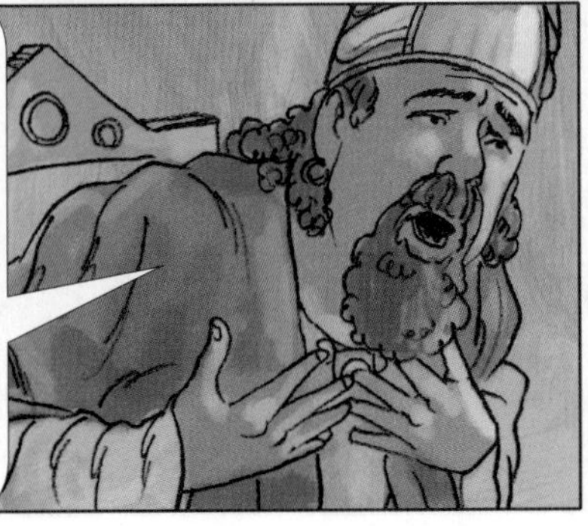
16 내가 네게 대하여 들은즉 너는 해석을 잘하고 의문을 푼다 하도다 그런즉 이제 네가 이 글을 읽고 그 해석을 내게 알려 주면 네게 자주색 옷을 입히고 금 사슬을 네 목에 걸어 주어 너를 나라의 셋째 통치자로 삼으리라 하니

17 다니엘이 왕에게 대답하여 이르되
왕의 예물은 왕이 친히 가지시며 왕의 상급은 다른 사람에게 주옵소서 그럴지라도 내가 왕을 위하여 이 글을 읽으며 그 해석을 아뢰리이다

18 왕이여 지극히 높으신 하나님
이 왕의 부친 느부갓네살에게 나
라와 큰 권세와 영광과 위엄을
주셨고 19 그에게 큰 권세를 주
셨으므로 백성들과 나라들과 언
어가 다른 모든 사람들이 그의
앞에서 떨며 두려워하였으며 그
는 임의로 죽이며 임의로 살리며
임의로 높이며 임의로 낮추었더
니 20 그가 마음이 높아지며 뜻
이 완악하여 교만을 행하므로 그
의 왕위가 폐한 바 되며 그의 영
광을 빼앗기고 21 사람 중에서
쫓겨나서 그의 마음이 들짐승의
마음과 같았고 또 들나귀와 함께
살며 또 소처럼 풀을 먹으며 그
의 몸이 하늘 이슬에 젖었으며
지극히 높으신 하나님이 사람 나
라를 다스리시며 자기의 뜻대로
누구든지 그 자리에 세우시는 줄
을 알기에 이르렀나이다 22 벨
사살이여 왕은 그의 아들이 되어
서 이것을 다 알고도 아직도 마
음을 낮추지 아니하고 23 도리
어 자신을 하늘의 주재보다 높이
며 그의 성전 그릇을 왕 앞으로
가져다가 왕과 귀족들과 왕후들
과 후궁들이 다 그것으로 술을
마시고 왕이 또 보지도 듣지도
알지도 못하는 금, 은, 구리, 쇠와
나무, 돌로 만든 신상들을 찬양
하고 도리어 왕의 호흡을 주장하
시고 왕의 모든 길을 작정하시는
하나님께는 영광을 돌리지 아니
한지라 24 이러므로 그의 앞에
서 이 손가락이 나와서 이 글을
기록하였나이다 25 기록된 글자
는 이것이니 곧 메네 메네 데겔
우바르신이라 26 그 글을 해석
하건대 메네는 하나님이 이미 왕
의 나라의 시대를 세어서 그것을
끝나게 하셨다 함이요 27 데겔
은 왕을 저울에 달아 보니 부족
함이 보였다 함이요 28 베레스
는 왕의 나라가 나뉘어서 메대와
바사 사람에게 준 바 되었다 함
이니이다 하니

29 이에 벨사살이
명하여 그들이 다
니엘에게 자주색
옷을 입히게 하며
금 사슬을 그의 목
에 걸어 주고 그를
위하여 조서를 내
려 나라의 셋째 통
치자로 삼으니라

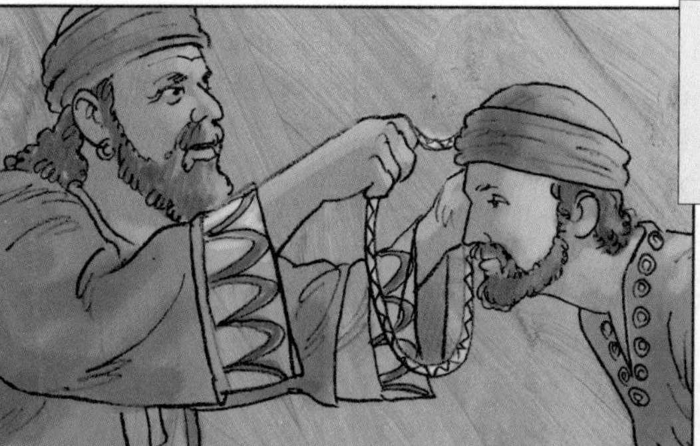

30 그 날 밤에 갈대아 왕 벨사살이
죽임을 당하였고 31 메대 사람 다
리오가 나라를 얻었는데 그 때에
다리오는 육십이 세였더라

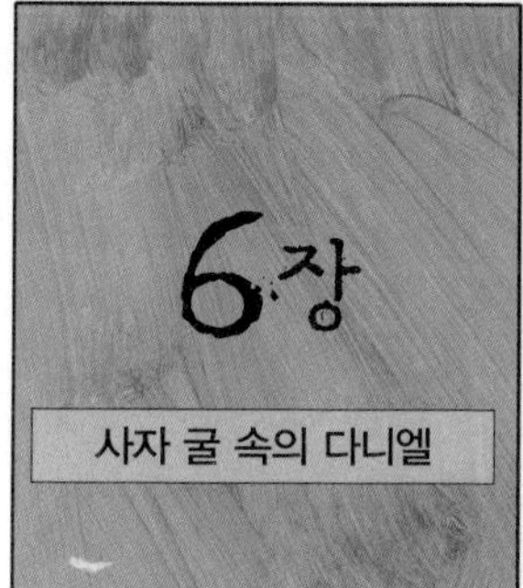

6장

사자 굴 속의 다니엘

1 다리오가 자기의
뜻대로 고관 백이십
명을 세워 전국을
통치하게 하고 2 또
그들 위에 총리 셋
을 두었으니 다니엘
이 그 중의 하나이
라 이는 고관들로
총리에게 자기의 직
무를 보고하게 하여

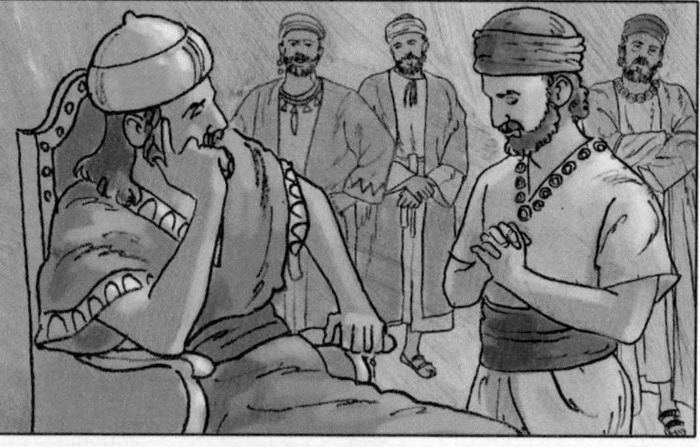

왕에게 손해가 없
게 하려 함이었더
라 3 다니엘은 마
음이 민첩하여 총
리들과 고관들 위
에 뛰어나므로 왕
이 그를 세워 전
국을 다스리게 하
고자 한지라

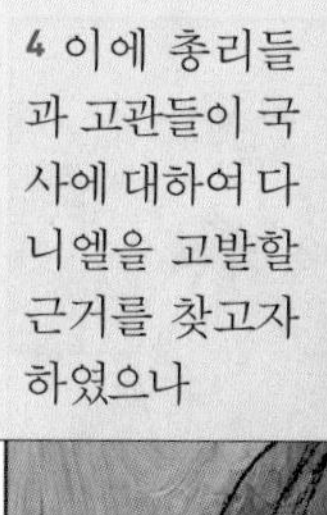

4 이에 총리들
과 고관들이 국
사에 대하여 다
니엘을 고발할
근거를 찾고자
하였으나

아무 근거,
아무 허물도
찾지 못하였
으니 이는 그
가 충성되어
아무 그릇됨
도 없고 아무
허물도 없음
이었더라

단

5 그들이 이르되
이 다니엘은 그 하나님의 율법에서 근거를 찾지 못하면 그를 고발할 수 없으리라 하고

6 이에 총리들과 고관들이 모여 왕에게 나아가서

그에게 말하되
다리오 왕이여 만수무강 하옵소서 7 나라의 모든 총리와 지사와 총독과 법관과 관원이 의논하고 왕에게 한 법률을 세우며

한 금령을 정하실 것을 구하나이다 왕이여 그것은 곧 이제부터 삼십일 동안에 누구든지 왕 외의 어떤 신에게나 사람에게 무엇을 구하면
사자 굴에 던져 넣기로 한 것이니이다

8 그런즉 왕이여 원하건대 금령을 세우시고 그 조서에 왕의 도장을 찍어 메대와 바사의 고치지 아니하는 규례를 따라 그것을 다시 고치지 못하게 하옵소서 하매

9 이에 다리오 왕이 조서에 왕의 도장을 찍어 금령을 내니라

10 다니엘이 이 조서에 왕의 도장이 찍힌 것을 알고도 자기 집에 돌아가서는 윗방에 올라가

예루살렘으로 향한 창문
을 열고 전에 하던 대로

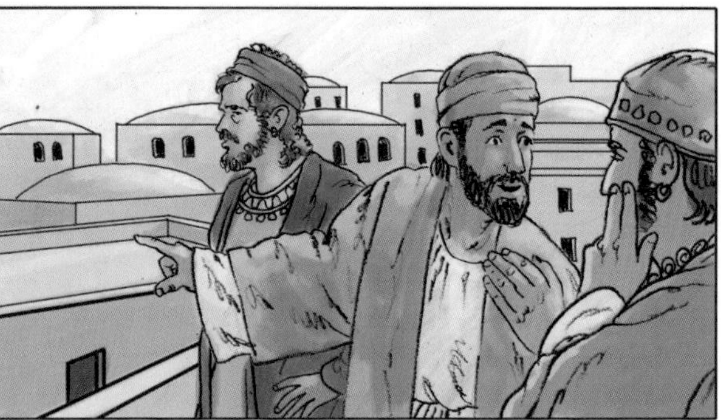
하루 세 번씩 무
릎을 꿇고 기도
하며 그의 하나
님께 감사하였더
라 11 그 무리들
이 모여서 다니
엘이 자기 하나
님 앞에 기도하
며 간구하는 것
을 발견하고

12 이에 그들이
나아가서 왕의
금령에 관하여
왕께 아뢰되
왕이여 왕이 이미
금령에 왕의 도장
을 찍어서 이제부
터 삼십 일 동안
에는 누구든지

왕 외의 어떤 신에게나 사람에
게 구하면 사자 굴에 던져 넣기
로 하지 아니하였나이까 하니

왕이 대답하여 이르되
이 일이 확
실하니 메
대와 바사
의 고치지
못하는 규
례니라 하
는지라

13 그들이 왕 앞에
서 말하여 이르되
왕이여 사로잡혀 온
유다 자손 중에 다
니엘이 왕과 왕의
도장이 찍힌 금령을
존중하지 아니하고
하루 세 번씩 기도
하나이다 하니
14 왕이 이 말을 듣고 그로
말미암아 심히 근심하여

다니엘을 구원
하려고 마음을
쓰며 그를 건
져내려고 힘을
다하다가 해가
질 때에 이르
렀더라 15 그
무리들이 또
모여 왕에게로
나아와서

왕께 말하되
왕이여 메대와 바사의 규례를 아시
거니와 왕께서 세우신 금령과 법도
는 고치지 못할 것이니이다 하니

16 이에 왕이
명령하매 다
니엘을 끌어
다가 사자 굴
에 던져 넣는
지라

왕이 다니엘에게 이르되

네가 항상 섬기는 너
의 하나님이 너를 구
원하시리라 하니라

17 이에 돌을 굴려다
가 굴 어귀를 막으매

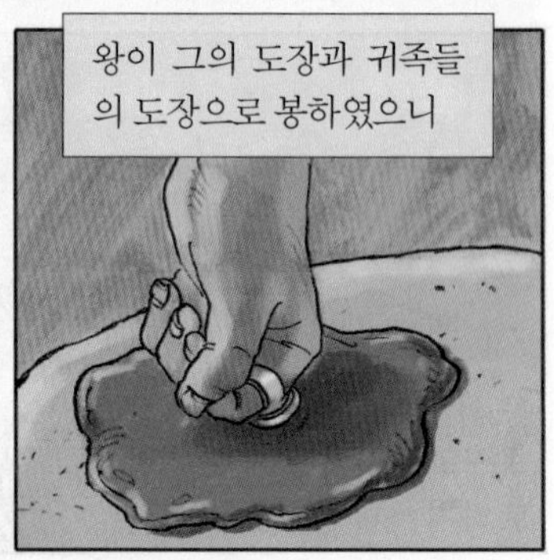

왕이 그의 도장과 귀족들
의 도장으로 봉하였으니

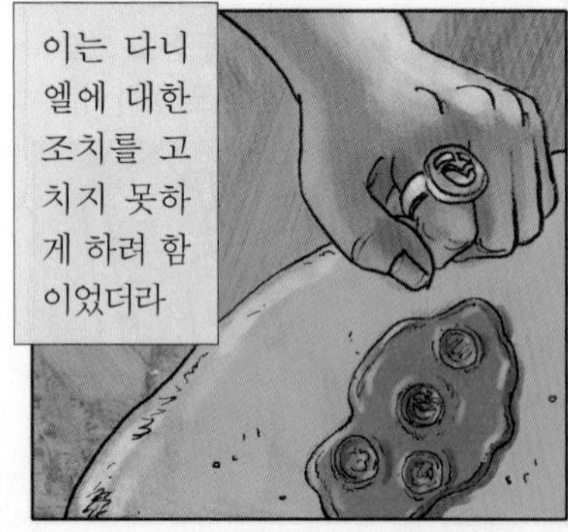

이는 다니
엘에 대한
조치를 고
치지 못하
게 하려 함
이었더라

18 왕이 궁에
돌아가서는 밤
이 새도록 금
식하고 그 앞
에 오락을 그
치고 잠자기를
마다하니라

19 이튿날에 왕이 새벽에 일어나 급히 사자 굴로 가서 20 다니엘이 든 굴에 가까이 이르러서 슬피 소리 질러 다니엘에게 묻되
살아 계시는 하나님의 종 다니엘아 네가 항상 섬기는 네 하나님이 사자들에게서 능히 너를 구원하셨느냐 하니라

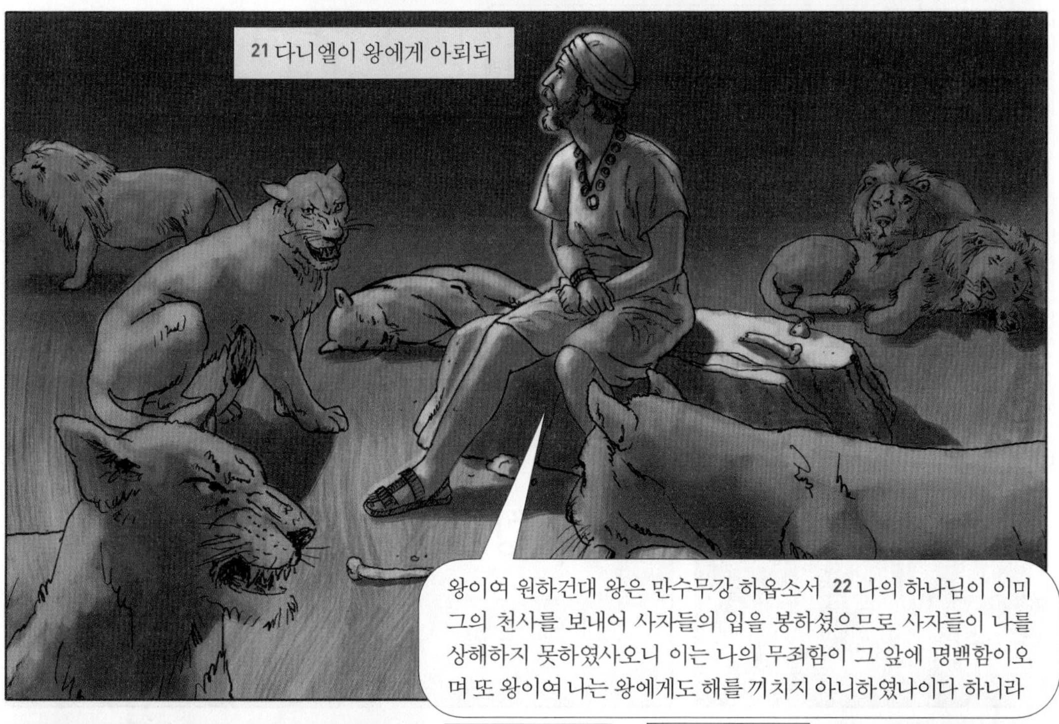
21 다니엘이 왕에게 아뢰되
왕이여 원하건대 왕은 만수무강 하옵소서 22 나의 하나님이 이미 그의 천사를 보내어 사자들의 입을 봉하셨으므로 사자들이 나를 상해하지 못하였사오니 이는 나의 무죄함이 그 앞에 명백함이오며 또 왕이여 나는 왕에게도 해를 끼치지 아니하였나이다 하니라

23 왕이 심히 기뻐서 명하여
다니엘을 굴에서 올리라 하매

그들이 다니엘을 굴에서 올린즉 그의 몸이 조금도 상하지 아니하였으니 이는 그가 자기의 하나님을 믿음이었더라

24 왕이 말하여
다니엘을 참소
한 사람들을 끌
어오게 하고 그
들을 그들의 처
자들과 함께 사
자 굴에 던져
넣게 하였더니

그들이 굴 바
닥에 닿기도
전에 사자들
이 곧 그들을
움켜서 그 뼈
까지도 부서
뜨렸더라

25 이에 다
리오 왕이
온 땅에 있
는 모든 백
성과 나라들
과 언어가
다른 모든
사람들에게
조서를 내려
이르되

원하건대 너희에게 큰 평강이 있을지어다 26
내가 이제 조서를 내리노라 내 나라 관할 아래
에 있는 사람들은 다 다니엘의 하나님 앞에서
떨며 두려워할지니 그는 살아 계시는 하나님
이시요 영원히 변하지 않으실 이시며 그의 나
라는 멸망하지 아니할 것이요 그의 권세는 무
궁할 것이며 27 그는 구원도 하시며 건져내기
도 하시며 하늘에서든지 땅에서든지 이적과
기사를 행하시는 이로서 다니엘을 구원하여
사자의 입에서 벗어나게 하셨음이라 하였더라

28 이 다니엘이 다리오 왕의 시대와 바사
사람 고레스 왕의 시대에 형통하였더라

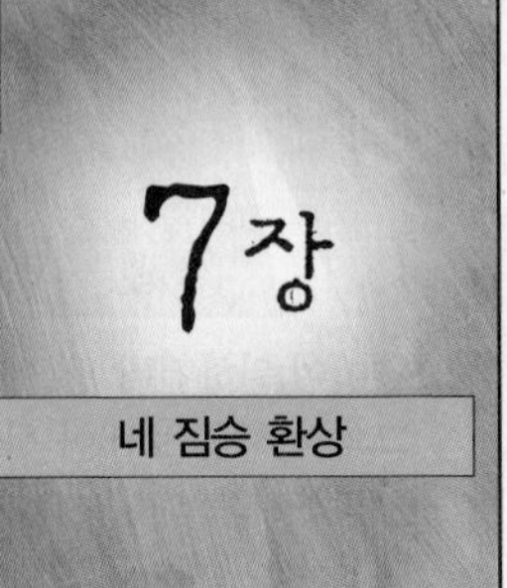

7장

네 짐승 환상

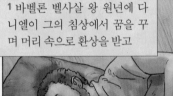

1 바벨론 벨사살 왕 원년에 다
니엘이 그의 침상에서 꿈을 꾸
며 머리 속으로 환상을 받고

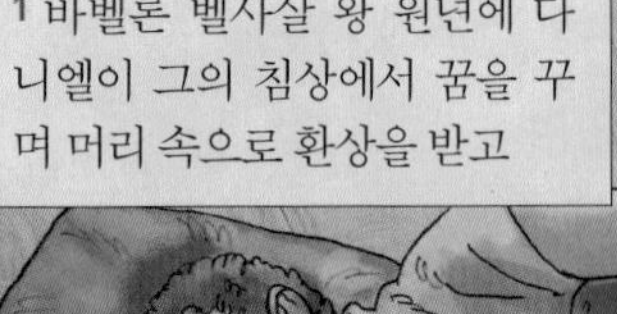

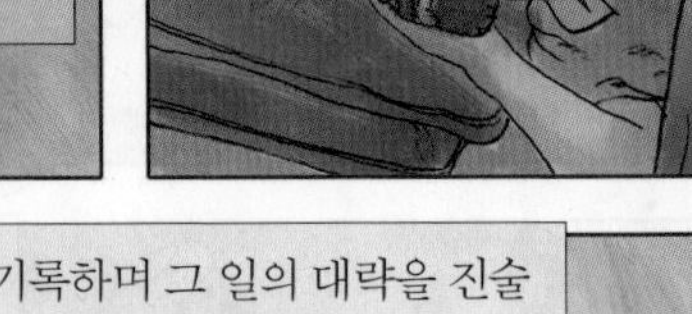

그 꿈을 기록하며 그 일의 대략을 진술
하니라 2 다니엘이 진술하여 이르되

내가 밤에 환상을 보았는데 하늘의 네 바람이 큰 바
다로 몰려 불더니 3 큰 짐승 넷이 바다에서 나왔는
데 그 모양이 각각 다르더라 4 첫째는 사자와 같은
데 독수리의 날개가 있더니 내가 보는 중에 그 날개
가 뽑혔고 또 땅에서 들려서 사람처럼 두 발로 서게
함을 받았으며 또 사람의 마음을 받았더라 또 보니

5 다른 짐승 곧 둘째는 곰과 같은
데 그것이 몸 한쪽을 들었고 그
입의 잇사이에는 세 갈빗대가 물
렸는데 그것에게 말하는 자들이
있어 이르기를 일어나서 많은 고
기를 먹으라 하였더라 6 그 후에
내가 또 본즉 다른 짐승 곧 표범
과 같은 것이 있는데 그 등에는
새의 날개 넷이 있고 그 짐승에
게 또 머리 넷이 있으며 권세를
받았더라 7 내가 밤 환상 가운데
에 그 다음에 본 넷째 짐승은 무
섭고 놀라우며 또 매우 강하며
또 쇠로 된 큰 이가 있어서 먹고
부서뜨리고 그 나머지를 발로 밟
았으며 이 짐승은 전의 모든 짐
승과 다르고 또 열 뿔이 있더라
8 내가 그 뿔을 유심히 보는 중에
다른 작은 뿔이 그 사이에서 나
더니 첫 번째 뿔 중의 셋이 그 앞
에서 뿌리까지 뽑혔으며 이 작은
뿔에는 사람의 눈 같은 눈들이
있고 또 입이 있어 큰 말을 하였
더라

옛적부터 항상 계신 자

9 내가 보니 왕좌가 놓이고 옛적
부터 항상 계신 이가 좌정하셨는
데 그의 옷은 희기가 눈 같고 그
의 머리털은 깨끗한 양의 털 같
고 그의 보좌는 불꽃이요 그의
바퀴는 타오르는 불이며 10 불
이 강처럼 흘러 그의 앞에서 나
오며 그를 섬기는 자는 천천이요
그 앞에서 모셔 선 자는 만만이
며 심판을 베푸는데 책들이 펴
놓였더라 11 그 때에 내가 작은
뿔이 말하는 큰 목소리로 말미암
아 주목하여 보는 사이에 짐승이
죽임을 당하고 그의 시체가 상한
바 되어 타오르는 불에 던져졌으
며 12 그 남은 짐승들은 그의 권
세를 빼앗겼으나 그 생명은 보존
되어 정한 시기가 이르기를 기다
리게 되었더라 13 내가 또 밤 환
상 중에 보니 인자 같은 이가 하
늘 구름을 타고 와서 옛적부터
항상 계신 이에게 나아가 그 앞
으로 인도되매 14 그에게 권세
와 영광과 나라를 주고 모든 백
성과 나라들과 다른 언어를 말하
는 모든 자들이 그를 섬기게 하
였으니 그의 권세는 소멸되지 아
니하는 영원한 권세요 그의 나라
는 멸망하지 아니할 것이니라

환상 해석

15 나 다니엘이 중심에 근심하며
내 머리 속의 환상이 나를 번민
하게 한지라 16 내가 그 곁에 모
셔 선 자들 중 하나에게 나아가
서 이 모든 일의 진상을 물으매
그가 내게 말하여 그 일의 해석
을 알려 주며 이르되 17 그 네 큰
짐승은 세상에 일어날 네 왕이라
18 지극히 높으신 이의 성도들이
나라를 얻으리니 그 누림이 영원
하고 영원하고 영원하리라 19
이에 내가 넷째 짐승에 관하여
확실히 알고자 하였으니 곧 그것
은 모든 짐승과 달라서 심히 무
섭더라 그 이는 쇠요 그 발톱은
놋이니 먹고 부서뜨리고 나머지
는 발로 밟았으며 20 또 그것의
머리에는 열 뿔이 있고 그 외에
또 다른 뿔이 나오매 세 뿔이 그
앞에서 빠졌으며 그 뿔에는 눈도
있고 큰 말을 하는 입도 있고 그
모양이 그의 동류보다 커 보이더
라 21 내가 본즉 이 뿔이 성도들
과 더불어 싸워 그들에게 이겼더

니 22 옛적부터 항상 계신 이가
와서 지극히 높으신 이의 성도들
을 위하여 원한을 풀어 주셨고
때가 이르매 성도들이 나라를 얻
었더라 23 모신 자가 이처럼 이
르되 넷째 짐승은 곧 땅의 넷째
나라인데 이는 다른 나라들과는
달라서 온 천하를 삼키고 밟아
부서뜨릴 것이며 24 그 열 뿔은
그 나라에서 일어날 열 왕이요
그 후에 또 하나가 일어나리니
그는 먼저 있던 자들과 다르고
또 세 왕을 복종시킬 것이며 25
그가 장차 지극히 높으신 이를
말로 대적하며 또 지극히 높으신
이의 성도를 괴롭게 할 것이며
그가 또 때와 법을 고치고자 할
것이며 성도들은 그의 손에 붙인
바 되어 한 때와 두 때와 반 때를
지내리라 26 그러나 심판이 시
작되면 그는 권세를 빼앗기고 완
전히 멸망할 것이요 27 나라와
권세와 온 천하 나라들의 위세가
지극히 높으신 이의 거룩한 백성
에게 붙인 바 되리니 그의 나라
는 영원한 나라이라 모든 권세
있는 자들이 다 그를 섬기며 복
종하리라 28 그 말이 이에 그친
지라 나 다니엘은 중심에 번민하
였으며 내 얼굴빛이 변하였으나
내가 이 일을 마음에 간직하였느
니라

8장

숫양과 숫염소의 환상

1 나 다니엘에게 처음에 나타난
환상 후 벨사살 왕 제삼년에 다
시 한 환상이 나타나니라 2 내가
환상을 보았는데 내가 그것을 볼
때에 내 몸은 엘람 지방 수산 성
에 있었고 내가 환상을 보기는
을래 강변에서이니라 3 내가 눈
을 들어 본즉 강 가에 두 뿔 가진
숫양이 섰는데 그 두 뿔이 다 길
었으며 그 중 한 뿔은 다른 뿔보
다 길었고 그 긴 것은 나중에 난
것이더라 4 내가 본즉 그 숫양이
서쪽과 북쪽과 남쪽을 향하여 받
으나 그것을 당할 짐승이 하나도
없고 그 손에서 구할 자가 없으
므로 그것이 원하는 대로 행하고
강하여졌더라 5 내가 생각할 때
에 한 숫염소가 서쪽에서부터 와
서 온 지면에 두루 다니되 땅에
닿지 아니하며 그 염소의 두 눈
사이에는 현저한 뿔이 있더라 6
그것이 두 뿔 가진 숫양 곧 내가
본 바 강 가에 섰던 양에게로 나
아가되 분노한 힘으로 그것에게
로 달려가더니 7 내가 본즉 그것
이 숫양에게로 가까이 나아가서
는 더욱 성내어 그 숫양을 쳐서
그 두 뿔을 꺾으나 숫양에게는
그것을 대적할 힘이 없으므로 그
것이 숫양을 땅에 엎드러뜨리고
짓밟았으나 숫양을 그 손에서 벗
어나게 할 자가 없었더라 8 숫염
소가 스스로 심히 강대하여 가더
니 강성할 때에 그 큰 뿔이 꺾이
고 그 대신에 현저한 뿔 넷이 하
늘 사방을 향하여 났더라 9 그
중 한 뿔에서 또 작은 뿔 하나가
나서 남쪽과 동쪽과 또 영화로운
땅을 향하여 심히 커지더니 10
그것이 하늘 군대에 미칠 만큼
커져서 그 군대와 별들 중의 몇
을 땅에 떨어뜨리고 그것들을 짓
밟고 11 또 스스로 높아져서 군
대의 주재를 대적하며 그에게 매
일 드리는 제사를 없애 버렸고
그의 성소를 헐었으며 12 그의
악으로 말미암아 백성이 매일 드
리는 제사가 넘긴 바 되었고 그
것이 또 진리를 땅에 던지며 자
의로 행하여 형통하였더라 13
내가 들은즉 한 거룩한 이가 말
하더니 다른 거룩한 이가 그 말
하는 이에게 묻되 환상에 나타난
바 매일 드리는 제사와 망하게
하는 죄악에 대한 일과 성소와
백성이 내준 바 되며 짓밟힐 일
이 어느 때까지 이를꼬 하매 14
그가 내게 이르되 이천삼백 주야
까지니 그 때에 성소가 정결하게
되리라 하였느니라

가브리엘 천사가 환상을 깨닫게 하다

15 나 다니엘이 이 환상을 보고
그 뜻을 알고자 할 때에 사람 모
양 같은 것이 내 앞에 섰고 16 내
가 들은즉 울래 강 두 언덕 사이
에서 사람의 목소리가 있어 외쳐
이르되 가브리엘아 이 환상을 이
사람에게 깨닫게 하라 하더니
17 그가 내가 선 곳으로 나왔는
데 그가 나올 때에 내가 두려워
서 얼굴을 땅에 대고 엎드리매
그가 내게 이르되 인자야 깨달아
알라 이 환상은 정한 때 끝에 관
한 것이니라 18 그가 내게 말할
때에 내가 얼굴을 땅에 대고 엎
드리어 깊이 잠들매 그가 나를
어루만져서 일으켜 세우며 19
이르되 진노하시는 때가 마친 후
에 될 일을 내가 네게 알게 하리
니 이 환상은 정한 때 끝에 관한
것임이라 20 네가 본 바 두 뿔 가
진 숫양은 곧 메대와 바사 왕들
이요 21 털이 많은 숫염소는 곧
헬라 왕이요 그의 두 눈 사이에
있는 큰 뿔은 곧 그 첫째 왕이요
22 이 뿔이 꺾이고 그 대신에 네
뿔이 났은즉 그 나라 가운데에서
네 나라가 일어나되 그의 권세만
못하리라 23 이 네 나라 마지막
때에 반역자들이 가득할 즈음에
한 왕이 일어나리니 그 얼굴은
뻔뻔하며 속임수에 능하며 24
그 권세가 강할 것이나 자기의
힘으로 말미암은 것이 아니며 그
가 장차 놀랍게 파괴 행위를 하
고 자의로 행하여 형통하며 강한
자들과 거룩한 백성을 멸하리라
25 그가 꾀를 베풀어 제 손으로
속임수를 행하고 마음에 스스로
큰 체하며 또 평화로운 때에 많
은 무리를 멸하며 또 스스로 서
서 만왕의 왕을 대적할 것이나
그가 사람의 손으로 말미암지 아
니하고 깨지리라 26 이미 말한
바 주야에 대한 환상은 확실하니
너는 그 환상을 간직하라 이는
여러 날 후의 일임이라 하더라
27 이에 나 다니엘이 지쳐서 여
러 날 앓다가 일어나서 왕의 일
을 보았느니라 내가 그 환상으로
말미암아 놀랐고 그 뜻을 깨닫는
사람도 없었느니라

9장

다니엘의 기도

1 메대 족속 아하수에로의 아들
다리오가 갈대아 나라 왕으로 세
움을 받던 첫 해 2 곧 그 통치 원
년에 나 다니엘이 책을 통해 여
호와께서 말씀으로 선지자 예레
미야에게 알려 주신 그 연수를
깨달았나니 곧 예루살렘의 황폐
함이 칠십 년만에 그치리라 하신
것이니라 3 내가 금식하며 베옷
을 입고 재를 덮어쓰고 주 하나
님께 기도하며 간구하기를 결심
하고 4 내 하나님 여호와께 기도
하며 자복하여 이르기를 크시고
두려워할 주 하나님, 주를 사랑
하고 주의 계명을 지키는 자를
위하여 언약을 지키시고 그에게
인자를 베푸시는 이시여 5 우리
는 이미 범죄하여 패역하며 행악
하며 반역하여 주의 법도와 규례
를 떠났사오며 6 우리가 또 주의
종 선지자들이 주의 이름으로 우
리의 왕들과 우리의 고관과 조상
들과 온 국민에게 말씀한 것을
듣지 아니하였나이다 7 주여 공
의는 주께로 돌아가고 수치는 우
리 얼굴로 돌아옴이 오늘과 같아
서 유다 사람들과 예루살렘 거민
들과 이스라엘이 가까운 곳에 있
는 자들이나 먼 곳에 있는 자들
이 다 주께서 쫓아내신 각국에서
수치를 당하였사오니 이는 그들
이 주께 죄를 범하였음이니이다
8 주여 수치가 우리에게 돌아오
고 우리의 왕들과 우리의 고관과
조상들에게 돌아온 것은 우리가

주께 범죄하였음이니이다 마는
9 주 우리 하나님께는 긍휼과 용
서하심이 있사오니 이는 우리가
주께 패역하였음이오며 10 우리
하나님 여호와의 목소리를 듣지
아니하며 여호와께서 그의 종 선
지자들에게 부탁하여 우리 앞에
세우신 율법을 행하지 아니하였
음이니이다 11 온 이스라엘이
주의 율법을 범하고 치우쳐 가서
주의 목소리를 듣지 아니하였으
므로 이 저주가 우리에게 내렸으
되 곧 하나님의 종 모세의 율법
에 기록된 맹세대로 되었사오니
이는 우리가 주께 범죄하였음이
니이다 12 주께서 큰 재앙을 우
리에게 내리사 우리와 및 우리를
재판하던 재판관을 쳐서 하신 말
씀을 이루셨사오니 온 천하에 예
루살렘에서 일어난 일 같은 것이
없나이다 13 모세의 율법에 기
록된 대로 이 모든 재앙이 이미
우리에게 내렸사오나 우리는 우
리의 죄악을 떠나고 주의 진리를
깨달아 우리 하나님 여호와의 얼
굴을 기쁘게 하지 아니하였나이
다 14 그러므로 여호와께서 이
재앙을 간직하여 두셨다가 우리
에게 내리게 하셨사오니 우리의
하나님 여호와께서 행하시는 모
든 일이 공의로우시나 우리가 그
목소리를 듣지 아니하였음이니
이다 15 강한 손으로 주의 백성
을 애굽 땅에서 인도하여 내시고
오늘과 같이 명성을 얻으신 우리
주 하나님이여 우리는 범죄하였
고 악을 행하였나이다 16 주여
구하옵나니 주는 주의 공의를 따
라 주의 분노를 주의 성 예루살
렘, 주의 거룩한 산에서 떠나게
하옵소서 이는 우리의 죄와 우리
조상들의 죄악으로 말미암아 예
루살렘과 주의 백성이 사면에 있
는 자들에게 수치를 당함이니이
다 17 그러하온즉 우리 하나님
이여 지금 주의 종의 기도와 간
구를 들으시고 주를 위하여 주의
얼굴 빛을 주의 황폐한 성소에
비추시옵소서 18 나의 하나님이
여 귀를 기울여 들으시며 눈을
떠서 우리의 황폐한 상황과 주의
이름으로 일컫는 성을 보옵소서
우리가 주 앞에 간구하옵는 것은
우리의 공의를 의지하여 하는 것
이 아니요 주의 큰 긍휼을 의지
하여 함이니이다 19 주여 들으
소서 주여 용서하소서 주여 귀를
기울이시고 행하소서 지체하지
마옵소서 나의 하나님이여 주 자
신을 위하여 하시옵소서 이는 주
의 성과 주의 백성이 주의 이름
으로 일컫는 바 됨이니이다

가브리엘이 환상을 설명하다

20 내가 이같이 말하여 기도하며
내 죄와 내 백성 이스라엘의 죄
를 자복하고 내 하나님의 거룩한
산을 위하여 내 하나님 여호와
앞에 간구할 때 21 곧 내가 기도
할 때에 이전에 환상 중에 본 그
사람 가브리엘이 빨리 날아서 저
녁 제사를 드릴 때 즈음에 내게
이르더니 22 내게 가르치며 내
게 말하여 이르되 다니엘아 내가
이제 네게 지혜와 총명을 주려고
왔느니라 23 곧 네가 기도를 시
작할 즈음에 명령이 내렸으므로
이제 네게 알리러 왔느니라 너는
크게 은총을 입은 자라 그런즉
너는 이 일을 생각하고 그 환상
을 깨달을지니라 24 네 백성과
네 거룩한 성을 위하여 일흔 이
레를 기한으로 정하였나니 허물
이 그치며 죄가 끝나며 죄악이
용서되며 영원한 의가 드러나며
환상과 예언이 응하며 또 지극히
거룩한 이가 기름 부음을 받으리
라 25 그러므로 너는 깨달아 알
지니라 예루살렘을 중건하라는
영이 날 때부터 기름 부음을 받
은 자 곧 왕이 일어나기까지 일
곱 이레와 예순두 이레가 지날
것이요 그 곤란한 동안에 성이
중건되어 광장과 거리가 세워질
것이며 26 예순두 이레 후에 기
름 부음을 받은 자가 끊어져 없
어질 것이며 장차 한 왕의 백성
이 와서 그 성읍과 성소를 무너
뜨리려니와 그의 마지막은 홍수
에 휩쓸림 같을 것이며 또 끝까
지 전쟁이 있으리니 황폐할 것이
작정되었느니라 27 그가 장차
많은 사람들과 더불어 한 이레
동안의 언약을 굳게 맺고 그가
그 이레의 절반에 제사와 예물을
금지할 것이며 또 포악하여 가증
한 것이 날개를 의지하여 설 것
이며 또 이미 정한 종말까지 진
노가 황폐하게 하는 자에게 쏟아
지리라 하였느니라 하니라

10장

힛데겔 강 가에서 본 환상

1 바사 왕 고레스 제삼 년에 한
일이 벨드사살이라 이름한 다니
엘에게 나타났는데 그 일이 참되
니 곧 큰 전쟁에 관한 것이라 다
니엘이 그 일을 분명히 알았고

그 환상을 깨달으니라 2 그 때에
나 다니엘이 세 이레 동안을 슬퍼
하며 3 세 이레가 차기까지 좋은
떡을 먹지 아니하며 고기와 포도
주를 입에 대지 아니하며 또 기름
을 바르지 아니하니라 4 첫째 달
이십사일에 내가 힛데겔이라 하
는 큰 강 가에 있었는데 5 그 때
에 내가 눈을 들어 바라본즉 한
사람이 세마포 옷을 입었고 허리
에는 우바스 순금 띠를 띠었더라
6 또 그의 몸은 황옥 같고 그의 얼
굴은 번갯빛 같고 그의 눈은 횃불
같고 그의 팔과 발은 빛난 놋과
같고 그의 말소리는 무리의 소리
와 같더라 7 이 환상을 나 다니엘
이 홀로 보았고 나와 함께 한 사
람들은 이 환상은 보지 못하였어
도 그들이 크게 떨며 도망하여 숨
었느니라 8 그러므로 나만 홀로
있어서 이 큰 환상을 볼 때에 내
몸에 힘이 빠졌고 나의 아름다운
빛이 변하여 썩은 듯하였고 나의
힘이 다 없어졌으나 9 내가 그의
음성을 들었는데 그의 음성을 들
을 때에 내가 얼굴을 땅에 대고
깊이 잠들었느니라 10 한 손이
있어 나를 어루만지기로 내가 떨
었더니 그가 내 무릎과 손바닥이
땅에 닿게 일으키고 11 내게 이
르되 큰 은총을 받은 사람 다니엘
아 내가 네게 이르는 말을 깨닫고
일어서라 내가 네게 보내심을 받
았느니라 하더라 그가 내게 이 말
을 한 후에 내가 떨며 일어서니
12 그가 내게 이르되 다니엘아 두
려워하지 말라 네가 깨달으려 하
여 네 하나님 앞에 스스로 겸비하
게 하기로 결심하던 첫날부터 네
말이 응답 받았으므로 내가 네 말
로 말미암아 왔느니라 13 그런데
바사 왕국의 군주가 이십일 일 동
안 나를 막았으므로 내가 거기 바
사 왕국의 왕들과 함께 머물러 있
더니 가장 높은 군주 중 하나인
미가엘이 와서 나를 도와주므로
14 이제 내가 마지막 날에 네 백
성이 당할 일을 네게 깨닫게 하러
왔노라 이는 이 환상이 오랜 후의
일임이라 하더라 15 그가 이런
말로 내게 이를 때에 내가 곧 얼
굴을 땅에 향하고 말문이 막혔더
니 16 인자와 같은 이가 있어 내
입술을 만진지라 내가 곧 입을 열
어 내 앞에 서 있는 자에게 말하
여 이르되 내 주여 이 환상으로
말미암아 근심이 내게 더하므로
내가 힘이 없어졌나이다 17 내
몸에 힘이 없어졌고 호흡이 남지
아니하였사오니 내 주의 이 종이
어찌 능히 내 주와 더불어 말씀할
수 있으리이까 하니 18 또 사람
의 모양 같은 것 하나가 나를 만
지며 나를 강건하게 하여 19 이
르되 큰 은총을 받은 사람이여
두려워하지 말라 평안하라 강건
하라 강건하라 그가 이같이 내게
말하매 내가 곧 힘이 나서 이르
되 내 주께서 나를 강건하게 하
셨사오니 말씀하옵소서 20 그가
이르되 내가 어찌하여 네게 왔는
지 네가 아느냐 이제 내가 돌아
가서 바사 군주와 싸우려니와 내
가 나간 후에는 헬라의 군주가
이를 것이라 21 오직 내가 먼저
진리의 글에 기록된 것으로 네게
보이리라 나를 도와서 그들을 대
항할 자는 너희의 군주 미가엘뿐
이니라

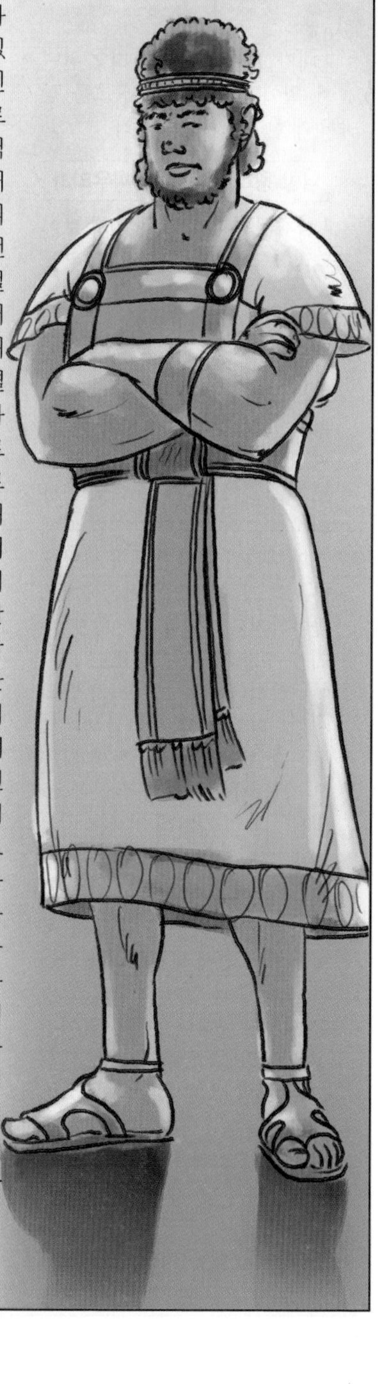

11장

1 내가 또 메대 사람 다리오 원년
에 일어나 그를 도와서 그를 강
하게 한 일이 있었느니라

남방 왕과 북방 왕이 싸우리라

2 이제 내가 참된 것을 네게 보이
리라 보라 바사에서 또 세 왕들
이 일어날 것이요 그 후의 넷째
는 그들보다 심히 부요할 것이며
그가 그 부요함으로 강하여진 후
에는 모든 사람을 충동하여 헬라
왕국을 칠 것이며 3 장차 한 능
력 있는 왕이 일어나서 큰 권세
로 다스리며 자기 마음대로 행하
리라 4 그러나 그가 강성할 때에
그의 나라가 갈라져 천하 사방에
나누일 것이나 그의 자손에게로
돌아가지도 아니할 것이요 또 자
기가 주장하던 권세대로도 되지
아니하리니 이는 그 나라가 뽑혀
서 그 외의 다른 사람들에게로
돌아갈 것임이라 5 남방의 왕들
은 강할 것이나 그 군주들 중 하
나는 그보다 강하여 권세를 떨치
리니 그의 권세가 심히 클 것이
요 6 몇 해 후에 그들이 서로 단
합하리니 곧 남방 왕의 딸이 북
방 왕에게 가서 화친하리라 그러
나 그 공주의 힘이 쇠하고 그 왕
은 서지도 못하며 권세가 없어질
뿐 아니라 그 공주와 그를 데리
고 온 자와 그를 낳은 자와 그 때
에 도와 주던 자가 다 버림을 당
하리라 7 그러나 그 공주의 본
족속에게서 난 자 중의 한 사람
이 왕위를 이어 권세를 받아 북
방 왕의 군대를 치러 와서 그의
성에 들어가서 그들을 쳐서 이기
고 8 그 신들과 부어 만든 우상
들과 은과 금의 아름다운 그릇들
은 다 노략하여 애굽으로 가져갈
것이요 몇 해 동안은 그가 북방
왕을 치지 아니하리라 9 북방 왕
이 남방 왕의 왕국으로 쳐들어갈
것이나 자기 본국으로 물러가리
라 10 그러나 그의 아들들이 전
쟁을 준비하고 심히 많은 군대를
모아서 물이 넘침 같이 나아올
것이며 그가 또 와서 남방 왕의
견고한 성까지 칠 것이요 11 남
방 왕은 크게 노하여 나와서 북
방 왕과 싸울 것이라 북방 왕이
큰 무리를 일으킬 것이나 그 무
리는 그의 손에 넘겨 준 바 되리
라 12 그가 큰 무리를 사로잡은
후에 그의 마음이 스스로 높아져
서 수만 명을 엎드러뜨릴 것이나
그 세력은 더하지 못할 것이요
13 북방 왕은 돌아가서 다시 군
대를 전보다 더 많이 준비하였다
가 몇 때 곧 몇 해 후에 대군과 많
은 물건을 거느리고 오리라 14
그 때에 여러 사람이 일어나서
남방 왕을 칠 것이요 네 백성 중
에서도 포악한 자가 스스로 높아
져서 환상을 이루려 할 것이나
그들이 도리어 걸려 넘어지리라
15 이에 북방 왕은 와서 토성을
쌓고 견고한 성읍을 점령할 것이
요 남방 군대는 그를 당할 수 없
으며 또 그가 택한 군대라도 그
를 당할 힘이 없을 것이므로 16
오직 와서 치는 자가 자기 마음
대로 행하리니 그를 당할 사람이
없겠고 그는 영화로운 땅에 설
것이요 그의 손에는 멸망이 있으
리라 17 그가 결심하고 전국의
힘을 다하여 이르렀다가 그와 화
친할 것이요 또 여자의 딸을 그
에게 주어 그의 나라를 망하게
하려 할 것이나 이루지 못하리니
그에게 무익하리라 18 그 후에
그가 그의 얼굴을 바닷가로 돌려
많이 점령할 것이나 한 장군이
나타나 그의 정복을 그치게 하고
그 수치를 그에게로 돌릴 것이므
로 19 그가 드디어 그 얼굴을 돌
려 자기 땅 산성들로 향할 것이
나 거쳐 넘어지고 다시는 보이지
아니하리라

비천한 북방 왕

20 그 왕위를 이을 자가 압제자
를 그 나라의 아름다운 곳으로
두루 다니게 할 것이나 그는 분
노함이나 싸움이 없이 몇 날이
못 되어 망할 것이요 21 또 그의
왕위를 이을 자는 한 비천한 사
람이라 나라의 영광을 그에게 주
지 아니할 것이나 그가 평안한
때를 타서 속임수로 그 나라를
얻을 것이며 22 넘치는 물 같은
군대가 그에게 넘침으로 말미암
아 패할 것이요 동맹한 왕도 그
렇게 될 것이며 23 그와 약조한
후에 그는 거짓을 행하여 올라올
것이요 소수의 백성을 가지고 세
력을 얻을 것이며 24 그가 평안
한 때에 그 지방의 가장 기름진
곳에 들어와서 그의 조상들과 조
상들의 조상이 행하지 못하던 것
을 행할 것이요 그는 노략하고
탈취한 재물을 무리에게 흩어 주
며 계략을 세워 얼마 동안 산성
들을 칠 것인데 때가 이르기까지
그리하리라 25 그가 그의 힘을
떨치며 용기를 다하여 큰 군대를

거느리고 남방 왕을 칠 것이요
남방 왕도 심히 크고 강한 군대
를 거느리고 맞아 싸울 것이나
능히 당하지 못하리니 이는 그들
이 계략을 세워 그를 침이니라
26 그의 음식을 먹는 자들이 그
를 멸하리니 그의 군대가 흩어질
것이요 많은 사람이 엎드러져 죽
으리라 27 이 두 왕이 마음에 서
로 해하고자 하여 한 밥상에 앉
았을 때에 거짓말을 할 것이라
일이 형통하지 못하리니 이는 아
직 때가 이르지 아니하였으므로
그 일이 이루어지지 아니할 것임
이니라 28 북방 왕은 많은 재물
을 가지고 본국으로 돌아가리니
그는 마음으로 거룩한 언약을 거
스르며 자기 마음대로 행하고 본
토로 돌아갈 것이며 29 작정된
기한에 그가 다시 나와서 남방에
이를 것이나 이번이 그 전번만
못하리니 30 이는 깃딤의 배들
이 이르러 그를 칠 것임이라 그
가 낙심하고 돌아가면서 맺은 거
룩한 언약에 분노하였고 자기 땅
에 돌아가서는 맺은 거룩한 언약
을 배반하는 자들을 살필 것이며
31 군대는 그의 편에 서서 성소
곧 견고한 곳을 더럽히며 매일
드리는 제사를 폐하며 멸망하게
하는 가증한 것을 세울 것이며
32 그가 또 언약을 배반하고 악
행하는 자를 속임수로 타락시킬
것이나 오직 자기의 하나님을 아
는 백성은 강하여 용맹을 떨치리
라 33 백성 중에 지혜로운 자들
이 많은 사람을 가르칠 것이나
그들이 칼날과 불꽃과 사로잡힘
과 약탈을 당하여 여러 날 동안
몰락하리라 34 그들이 몰락할
때에 도움을 조금 얻을 것이나
많은 사람들이 속임수로 그들과
결합할 것이며 35 또 그들 중 지
혜로운 자 몇 사람이 몰락하여
무리 중에서 연단을 받아 정결하
게 되며 희게 되어 마지막 때까
지 이르게 하리니 이는 아직 정
한 기한이 남았음이라 36 그 왕
은 자기 마음대로 행하며 스스로
높여 모든 신보다 크다 하며 비
상한 말로 신들의 신을 대적하며
형통하기를 분노하심이 그칠 때
까지 하리니 이는 그 작정된 일
을 반드시 이룰 것임이라 37 그
가 모든 것보다 스스로 크다 하
고 그의 조상들의 신들과 여자들
이 흠모하는 것을 돌아보지 아니
하며 어떤 신도 돌아보지 아니하
고 38 그 대신에 강한 신을 공경
할 것이요 또 그의 조상들이 알
지 못하던 신에게 금 은 보석과
보물을 드려 공경할 것이며 39
그는 이방신을 힘입어 크게 견고
한 산성들을 점령할 것이요 무릇
그를 안다 하는 자에게는 영광을
더하여 여러 백성을 다스리게도
하며 그에게서 뇌물을 받고 땅을
나눠 주기도 하리라 40 마지막
때에 남방 왕이 그와 힘을 겨룰
것이나 북방 왕이 병거와 마병과
많은 배로 회오리바람처럼 그에
게로 마주 와서 그 여러 나라에

침공하여 물이 넘침 같이 지나갈
것이요 41 그가 또 영화로운 땅
에 들어갈 것이요 많은 나라를
패망하게 할 것이나 오직 에돔과
모압과 암몬 자손의 지도자들은
그의 손에서 벗어나리라 42 그
가 여러 나라들에 그의 손을 펴
리니 애굽 땅도 면하지 못할 것
이니 43 그가 권세로 애굽의 금
은과 모든 보물을 차지할 것이요
리비아 사람과 구스 사람이 그의
시종이 되리라 44 그러나 동북
에서부터 소문이 이르러 그를 번
민하게 하므로 그가 분노하여 나
가서 많은 무리를 다 죽이며 멸
망시키고자 할 것이요 45 그가
장막 궁전을 바다와 영화롭고 거
룩한 산 사이에 세울 것이나 그
의 종말이 이르리니 도와 줄 자
가 없으리라

12장

끝날

1 그 때에 네 민족을 호위하는 큰
군주 미가엘이 일어날 것이요 또
환난이 있으리니 이는 개국 이래
로 그 때까지 없던 환난일 것이
며 그 때에 네 백성 중 책에 기록
된 모든 자가 구원을 받을 것이
라 2 땅의 티끌 가운데에서 자는
자 중에서 많은 사람이 깨어나
영생을 받는 자도 있겠고 수치를
당하여서 영원히 부끄러움을 당
할 자도 있을 것이며 3 지혜 있
는 자는 궁창의 빛과 같이 빛날
것이요 많은 사람을 옳은 데로
돌아오게 한 자는 별과 같이 영

원토록 빛나리라 4 다니엘아 마
지막 때까지 이 말을 간수하고
이 글을 봉함하라 많은 사람이
빨리 왕래하며 지식이 더하리라
5 나 다니엘이 본즉 다른 두 사람
이 있어 하나는 강 이쪽 언덕에
섰고 하나는 강 저쪽 언덕에 섰
더니 6 그 중에 하나가 세마포
옷을 입은 자 곧 강물 위쪽에 있
는 자에게 이르되 이 놀라운 일
의 끝이 어느 때까지냐 하더라 7
내가 들은즉 그 세마포 옷을 입
고 강물 위쪽에 있는 자가 자기
의 좌우 손을 들어 하늘을 향하
여 영원히 살아 계시는 이를 가
리켜 맹세하여 이르되 반드시 한
때 두 때 반 때를 지나서 성도의
권세가 다 깨지기까지이니 그렇
게 되면 이 모든 일이 다 끝나리
라 하더라 8 내가 듣고도 깨닫지
못한지라 내가 이르되 내 주여
이 모든 일의 결국이 어떠하겠나
이까 하니 9 그가 이르되 다니엘
아 갈지어다 이 말은 마지막 때
까지 간수하고 봉함할 것임이니
라 10 많은 사람이 연단을 받아
스스로 정결하게 하며 희게 할
것이나 악한 사람은 악을 행하리
니 악한 자는 아무것도 깨닫지
못하되 오직 지혜 있는 자는 깨
달으리라 11 매일 드리는 제사
를 폐하며 멸망하게 할 가증한
것을 세울 때부터 천이백구십 일
을 지낼 것이요 12 기다려서 천
삼백삼십오 일까지 이르는 그 사
람은 복이 있으리라 13 너는 가
서 마지막을 기다리라 이는 네가
평안히 쉬다가 끝날에는 네 몫을
누릴 것임이라

호세아

1장

1 웃시야와 요담과 아하스와 히
스기야가 이어 유다 왕이 된 시
대 곧 요아스의 아들 여로보암이
이스라엘 왕이 된 시대에 브에리
의 아들 호세아에게 임한 여호와
의 말씀이라

호세아의 아내와 자식들

2 여호와께서 처음 호세아에게
말씀하실 때 여호와께서 호세아
에게 이르시되 너는 가서 음란한
여자를 맞이하여 음란한 자식들
을 낳으라 이 나라가 여호와를
떠나 크게 음란함이니라 하시니
3 이에 그가 가서 디블라임의 딸
고멜을 맞이하였더니 고멜이 임
신하여 아들을 낳으매 4 여호와
께서 호세아에게 이르시되 그의
이름을 이스르엘이라 하라 조금
후에 내가 이스르엘의 피를 예후
의 집에 갚으며 이스라엘 족속의
나라를 폐할 것임이니라 5 그 날
에 내가 이스르엘 골짜기에서 이
스라엘의 활을 꺾으리라 하시니
라 6 고멜이 또 임신하여 딸을
낳으매 여호와께서 호세아에게
이르시되 그의 이름을 로루하마
라 하라 내가 다시는 이스라엘
족속을 긍휼히 여겨서 용서하지
않을 것임이니라 7 그러나 내가
유다 족속을 긍휼히 여겨 그들의
하나님 여호와로 구원하겠고 활
과 칼이나 전쟁이나 말과 마병으

로 구원하지 아니하리라 하시니
라 8 고멜이 로루하마를 젖뗀 후
에 또 임신하여 아들을 낳으매 9
여호와께서 이르시되 그의 이름
을 로암미라 하라 너희는 내 백
성이 아니요 나는 너희 하나님이
되지 아니할 것임이니라

이스라엘이 회복되리라

10 그러나 이스라엘 자손의 수가
바닷가의 모래 같이 되어서 헤아
릴 수도 없고 셀 수도 없을 것이
며 전에 그들에게 이르기를 너희
는 내 백성이 아니라 한 그 곳에
서 그들에게 이르기를 너희는 살
아 계신 하나님의 아들들이라 할
것이라 11 이에 유다 자손과 이
스라엘 자손이 함께 모여 한 우
두머리를 세우고 그 땅에서부터
올라오리니 이스르엘의 날이 클
것임이로다

2장

1 너희 형제에게는 암미라 하고
너희 자매에게는 루하마라 하라

음란을 제거할지라

2 너희 어머니와 논쟁하고 논쟁
하라 그는 내 아내가 아니요 나
는 그의 남편이 아니라 그가 그
의 얼굴에서 음란을 제하게 하고
그 유방 사이에서 음행을 제하게
하라 3 그렇지 아니하면 내가 그
를 벌거벗겨서 그 나던 날과 같
게 할 것이요 그로 광야 같이 되
게 하며 마른 땅 같이 되게 하여
목말라 죽게 할 것이며 4 내가
그의 자녀를 긍휼히 여기지 아니
하리니 이는 그들이 음란한 자식
들임이니라 5 그들의 어머니는
음행하였고 그들을 임신했던 자
는 부끄러운 일을 행하였나니 이
는 그가 이르기를 나는 나를 사
랑하는 자들을 따르리니 그들이
내 떡과 내 물과 내 양털과 내 삼
과 내 기름과 내 술들을 내게 준
다 하였음이라 6 그러므로 내가
가시로 그 길을 막으며 담을 쌓
아 그로 그 길을 찾지 못하게 하
리니 7 그가 그 사랑하는 자를
따라갈지라도 미치지 못하며 그
들을 찾을지라도 만나지 못할 것
이라 그제야 그가 이르기를 내가
본 남편에게로 돌아가리니 그 때
의 내 형편이 지금보다 나았음이
라 하리라 8 곡식과 새 포도주와
기름은 내가 그에게 준 것이요
그들이 바알을 위하여 쓴 은과
금도 내가 그에게 더하여 준 것
이거늘 그가 알지 못하도다 9 그
러므로 내가 내 곡식을 그것이
익을 계절에 도로 찾으며 내가
내 새 포도주를 그것이 맛 들 시
기에 도로 찾으며 또 그들의 벌
거벗은 몸을 가릴 내 양털과 내
삼을 빼앗으리라 10 이제 내가
그 수치를 그 사랑하는 자의 눈
앞에 드러내리니 그를 내 손에서
건져낼 사람이 없으리라 11 내
가 그의 모든 희락과 절기와 월
삭과 안식일과 모든 명절을 폐하
겠고 12 그가 전에 이르기를 이
것은 나를 사랑하는 자들이 내게
준 값이라 하던 그 포도나무와
무화과나무를 거칠게 하여 수풀
이 되게 하며 들짐승들에게 먹게
하리라 13 그가 귀고리와 패물
로 장식하고 그가 사랑하는 자를

따라가서 나를 잊어버리고 향을
살라 바알들을 섬긴 시일대로 내
가 그에게 벌을 주리라 여호와의
말씀이니라

백성을 향한 여호와의 사랑

14 그러므로 보라 내가 그를 타
일러 거친 들로 데리고 가서 말
로 위로하고 15 거기서 비로소
그의 포도원을 그에게 주고 아골
골짜기로 소망의 문을 삼아 주리
니 그가 거기서 응대하기를 어렸
을 때와 애굽 땅에서 올라오던
날과 같이 하리라 16 여호와께
서 이르시되 그 날에 네가 나를
내 남편이라 일컫고 다시는 내
바알이라 일컫지 아니하리라 17
내가 바알들의 이름을 그의 입에
서 제거하여 다시는 그의 이름을
기억하여 부르는 일이 없게 하리
라 18 그 날에는 내가 그들을 위
하여 들짐승과 공중의 새와 땅의
곤충과 더불어 언약을 맺으며 또
이 땅에서 활과 칼을 꺾어 전쟁을
없이하고 그들로 평안히 눕게 하
리라 19 내가 네게 장가 들어 영
원히 살되 공의와 정의와 은총과
긍휼히 여김으로 네게 장가 들며
20 진실함으로 네게 장가 들리니
네가 여호와를 알리라 21 여호와
께서 이르시되 그 날에 내가 응답

호

하리라 나는 하늘에 응답하고 하
늘은 땅에 응답하고 22 땅은 곡
식과 포도주와 기름에 응답하고
또 이것들은 이스르엘에 응답하
리라 23 내가 나를 위하여 그를
이 땅에 심고 긍휼히 여김을 받지
못하였던 자를 긍휼히 여기며 내
백성 아니었던 자에게 향하여 이
르기를 너는 내 백성이라 하리니
그들은 이르기를 주는 내 하나님
이시라 하리라 하시니라

3장

호세아와 음녀가 된 여인

1 여호와께서 내게 이르시되 이
스라엘 자손이 다른 신을 섬기고
건포도 과자를 즐길지라도 여호
와가 그들을 사랑하나니 너는 또
가서 타인의 사랑을 받아 음녀가
된 그 여자를 사랑하라 하시기로
2 내가 은 열다섯 개와 보리 한
호멜 반으로 나를 위하여 그를
사고 3 그에게 이르기를 너는 많
은 날 동안 나와 함께 지내고 음
행하지 말며 다른 남자를 따르지
말라 나도 네게 그리하리라 하였
노라 4 이스라엘 자손들이 많은
날 동안 왕도 없고 지도자도 없
고 제사도 없고 주상도 없고 에
봇도 없고 드라빔도 없이 지내다
가 5 그 후에 이스라엘 자손이
돌아와서 그들의 하나님 여호와
와 그들의 왕 다윗을 찾고 마지
막 날에는 여호와를 경외하므로
여호와와 그의 은총으로 나아가
리라

4장

어머니를 멸하리라

1 이스라엘 자손들아 여호와의
말씀을 들으라 여호와께서 이 땅
주민과 논쟁하시나니 이 땅에는
진실도 없고 인애도 없고 하나님
을 아는 지식도 없고 2 오직 저
주와 속임과 살인과 도둑질과 간
음뿐이요 포악하여 피가 피를 뒤
이음이라 3 그러므로 이 땅이 슬
퍼하며 거기 사는 자와 들짐승과
공중에 나는 새가 다 쇠잔할 것
이요 바다의 고기도 없어지리라
4 그러나 어떤 사람이든지 다투
지도 말며 책망하지도 말라 네
백성들이 제사장과 다투는 자처
럼 되었음이니라 5 너는 낮에 넘
어지겠고 너와 함께 있는 선지자
는 밤에 넘어지리라 내가 네 어
머니를 멸하리라

여호와께서 백성과 제사장을 심판하시다

6 내 백성이 지식이 없으므로 망
하는도다 네가 지식을 버렸으니
나도 너를 버려 내 제사장이 되
지 못하게 할 것이요 네가 네 하
나님의 율법을 잊었으니 나도 네
자녀들을 잊어버리리라 7 그들
은 번성할수록 내게 범죄하니 내
가 그들의 영화를 변하여 욕이
되게 하리라 8 그들이 내 백성의
속죄제물을 먹고 그 마음을 그들
의 죄악에 두는도다 9 장차는 백
성이나 제사장이나 동일함이라
내가 그들의 행실대로 벌하며 그
들의 행위대로 갚으리라 10 그
들이 먹어도 배부르지 아니하며

음행하여도 수효가 늘지 못하니
이는 여호와를 버리고 따르지 아
니하였음이니라

이교 예배를 책망하시다

11 음행과 묵은 포도주와 새 포
도주가 마음을 빼앗느니라 12
내 백성이 나무에게 묻고 그 막
대기는 그들에게 고하나니 이는
그들이 음란한 마음에 미혹되어
하나님을 버리고 음행하였음이
니라 13 그들이 산 꼭대기에서
제사를 드리며 작은 산 위에서
분향하되 참나무와 버드나무와
상수리나무 아래에서 하니 이는
그 나무 그늘이 좋음이라 이러므
로 너희 딸들은 음행하며 너희
며느리들은 간음을 행하는도다
14 너희 딸들이 음행하며 너희
며느리들이 간음하여도 내가 벌
하지 아니하리니 이는 남자들도
창기와 함께 나가며 음부와 함께
희생을 드림이니라 깨닫지 못하
는 백성은 망하리라 15 이스라
엘아 너는 음행하여도 유다는 죄
를 범하지 못하게 할 것이라 너
희는 길갈로 가지 말며 벧아웬으
로 올라가지 말며 여호와의 사심
을 두고 맹세하지 말지어다 16
이스라엘은 완강한 암소처럼 완
강하니 이제 여호와께서 어린 양
을 넓은 들에서 먹임 같이 그들
을 먹이시겠느냐 17 에브라임이
우상과 연합하였으니 버려 두라
18 그들이 마시기를 다 하고는
이어서 음행하였으며 그들은 부
끄러운 일을 좋아하느니라 19
바람이 그 날개로 그를 쌌나니
그들이 그 제물로 말미암아 부끄
러운 일을 당하리라

5장

우상 숭배를 경고하다

1 제사장들아 이를 들으라 이스
라엘 족속들아 깨달으라 왕족들
아 귀를 기울이라 너희에게 심판
이 있나니 너희가 미스바에 대하
여 올무가 되며 다볼 위에 친 그
물이 됨이라 2 패역자가 살육죄
에 깊이 빠졌으매 내가 그들을
다 벌하노라 3 에브라임은 내가
알고 이스라엘은 내게 숨기지 못
하나니 에브라임아 이제 네가 음

행하였고 이스라엘이 더러워졌
느니라 4 그들의 행위가 그들로
자기 하나님에게 돌아가지 못하
게 하나니 이는 음란한 마음이
그 속에 있어 여호와를 알지 못
하는 까닭이라 5 이스라엘의 교
만이 그 얼굴에 드러났나니 그
죄악으로 말미암아 이스라엘과
에브라임이 넘어지고 유다도 그
들과 함께 넘어지리라 6 그들이
양 떼와 소 떼를 끌고 여호와를
찾으러 갈지라도 만나지 못할 것
은 이미 그들에게서 떠나셨음이
라 7 그들이 여호와께 정조를 지
키지 아니하고 사생아를 낳았으
니 그러므로 새 달이 그들과 그
기업을 함께 삼키리로다

유다와 이스라엘 사이의 전쟁

8 너희가 기브아에서 뿔나팔을
불며 라마에서 나팔을 불며 벧아
웬에서 외치기를 베냐민아 네 뒤
를 쫓는다 할지어다 9 벌하는 날
에 에브라임이 황폐할 것이라 내
가 이스라엘 지파 중에서 반드시
있을 일을 보였노라 10 유다 지
도자들은 경계표를 옮기는 자 같
으니 내가 나의 진노를 그들에게
물 같이 부으리라 11 에브라임
은 사람의 명령 뒤따르기를 좋아
하므로 학대를 받고 재판의 압제
를 받는도다 12 그러므로 내가
에브라임에게는 좀 같으며 유다
족속에게는 썩이는 것 같도다
13 에브라임이 자기의 병을 깨달
으며 유다가 자기의 상처를 깨달
았고 에브라임은 앗수르로 가서
야렙 왕에게 사람을 보내었으나
그가 능히 너희를 고치지 못하겠

고 너희 상처를 낫게 하지 못하
리라 14 내가 에브라임에게는
사자 같고 유다 족속에게는 젊은
사자 같으니 바로 내가 움켜갈지
라 내가 탈취하여 갈지라도 건져
낼 자가 없으리라 15 그들이 그
죄를 뉘우치고 내 얼굴을 구하기
까지 내가 내 곳으로 돌아가리라
그들이 고난 받을 때에 나를 간
절히 구하리라

6장

백성들의 불성실한 회개

1 오라 우리가 여호와께로 돌아
가자 여호와께서 우리를 찢으셨
으나 도로 낫게 하실 것이요 우
리를 치셨으나 싸매어 주실 것임
이라 2 여호와께서 이틀 후에 우
리를 살리시며 셋째 날에 우리를
일으키시리니 우리가 그의 앞에
서 살리라 3 그러므로 우리가 여
호와를 알자 힘써 여호와를 알자
그의 나타나심은 새벽 빛 같이
어김없나니 비와 같이, 땅을 적
시는 늦은 비와 같이 우리에게
임하시리라 하니라 4 에브라임
아 내가 네게 어떻게 하랴 유다
야 내가 네게 어떻게 하랴 너희
의 인애가 아침 구름이나 쉬 없
어지는 이슬 같도다 5 그러므로
내가 선지자들로 그들을 치고 내
입의 말로 그들을 죽였노니 내
심판은 빛처럼 나오느니라 6 나
는 인애를 원하고 제사를 원하지
아니하며 번제보다 하나님을 아
는 것을 원하노라 7 그들은 아담
처럼 언약을 어기고 거기에서 나
를 반역하였느니라 8 길르앗은
악을 행하는 자의 고을이라 피
발자국으로 가득 찼도다 9 강도
떼가 사람을 기다림 같이 제사장
의 무리가 세겜 길에서 살인하니
그들이 사악을 행하였느니라 10
내가 이스라엘 집에서 가증한 일
을 보았나니 거기서 에브라임은
음행하였고 이스라엘은 더럽혀
졌느니라 11 또한 유다여 내가
내 백성의 사로잡힘을 돌이킬 때
에 네게도 추수할 일을 정하였느
니라

7장

왕궁 안의 반란

1 내가 이스라엘을 치료하려 할
때에 에브라임의 죄와 사마리아
의 악이 드러나도다 그들은 거짓
을 행하며 안으로 들어가 도둑질
하고 밖으로 떼 지어 노략질하며
2 내가 모든 악을 기억하였음을
그들이 마음에 생각하지 아니하
거니와 이제 그들의 행위가 그들
을 에워싸고 내 얼굴 앞에 있도
다 3 그들이 그 악으로 왕을, 그
거짓말로 지도자들을 기쁘게 하
도다 4 그들은 다 간음하는 자라
과자 만드는 자에 의해 달궈진
화덕과 같도다 그가 반죽을 뭉침
으로 발효되기까지만 불 일으키
기를 그칠 뿐이니라 5 우리 왕의
날에 지도자들은 술의 뜨거움으
로 병이 나며 왕은 오만한 자들
과 더불어 악수하는도다 6 그들
이 가까이 올 때에 그들의 마음
은 간교하여 화덕 같으니 그들의
분노는 밤새도록 자고 아침에 피
우는 불꽃 같도다 7 그들이 다
화덕 같이 뜨거워져서 그 재판장
들을 삼키며 그들의 왕들을 다
엎드러지게 하며 그들 중에는 내
게 부르짖는 자가 하나도 없도다

이스라엘과 여러 민족

8 에브라임이 여러 민족 가운데
에 혼합되니 그는 곧 뒤집지 않
은 전병이로다 9 이방인들이 그
의 힘을 삼켰으나 알지 못하고
백발이 무성할지라도 알지 못하
는도다 10 이스라엘의 교만은
그 얼굴에 드러났나니 그들이 이
모든 일을 당하여도 그들의 하나
님 여호와께로 돌아오지 아니하
며 구하지 아니하도다 11 에브
라임은 어리석은 비둘기 같이 지
혜가 없어서 애굽을 향하여 부르
짖으며 앗수르로 가는도다 12
그들이 갈 때에 내가 나의 그물
을 그 위에 쳐서 공중의 새처럼
떨어뜨리고 전에 그 회중에 들려
준 대로 그들을 징계하리라 13
화 있을진저 그들이 나를 떠나
그릇 갔음이니라 패망할진저 그
들이 내게 범죄하였음이니라 내
가 그들을 건져 주려 하나 그들
이 나를 거슬러 거짓을 말하고
14 성심으로 나를 부르지 아니하
였으며 오직 침상에서 슬피 부르
짖으며 곡식과 새 포도주로 말미

암아 모이며 나를 거역하는도다
15 내가 그들 팔을 연습시켜 힘
있게 하였으나 그들은 내게 대하
여 악을 꾀하는도다 16 그들은
돌아오나 높으신 자에게로 돌아
오지 아니하니 속이는 활과 같으
며 그들의 지도자들은 그 혀의
거친 말로 말미암아 칼에 엎드러
지리니 이것이 애굽 땅에서 조롱
거리가 되리라

8장

우상 숭배를 책망하시다

1 나팔을 네 입에 댈지어다 원수
가 독수리처럼 여호와의 집에 덮
치리니 이는 그들이 내 언약을
어기며 내 율법을 범함이로다 2
그들이 장차 내게 부르짖기를 나
의 하나님이여 우리 이스라엘이
주를 아나이다 하리라 3 이스라
엘이 이미 선을 버렸으니 원수가
그를 따를 것이라 4 그들이 왕들
을 세웠으나 내게서 난 것이 아
니며 그들이 지도자들을 세웠으
나 내가 모르는 바이며 그들이
또 그 은, 금으로 자기를 위하여
우상을 만들었나니 결국은 파괴
되고 말리라 5 사마리아여 네 송
아지는 버려졌느니라 내 진노가
무리를 향하여 타오르나니 그들
이 어느 때에야 무죄하겠느냐 6
이것은 이스라엘에서 나고 장인
이 만든 것이라 참 신이 아니니
사마리아의 송아지가 산산조각
이 나리라 7 그들이 바람을 심고
광풍을 거둘 것이라 심은 것이
줄기가 없으며 이삭은 열매를 맺
지 못할 것이요 혹시 맺을지라도
이방 사람이 삼키리라 8 이스라
엘은 이미 삼켜졌은즉 이제 여러
나라 가운데에 있는 것이 즐겨
쓰지 아니하는 그릇 같도다 9 그
들이 홀로 떨어진 들나귀처럼 앗
수르로 갔고 에브라임이 값 주고
사랑하는 자들을 얻었도다 10
그들이 여러 나라에게 값을 주었
을지라도 이제 내가 그들을 모으
리니 그들은 지도자의 임금이 지
워 준 짐으로 말미암아 쇠하기
시작하리라 11 에브라임은 죄를
위하여 제단을 많이 만들더니 그
제단이 그에게 범죄하게 하는 것
이 되었도다 12 내가 그를 위하
여 내 율법을 만 가지로 기록하
였으나 그들은 이상한 것으로 여
기도다 13 그들이 내게 고기를

제물로 드리고 먹을지라도 여호
와는 그것을 기뻐하지 아니하고
이제 그들의 죄악을 기억하여 그
죄를 벌하리니 그들은 애굽으로
다시 가리라 14 이스라엘은 자
기를 지으신 이를 잊어버리고 왕
궁들을 세웠으며 유다는 견고한
성읍을 많이 쌓았으나 내가 그
성읍들에 불을 보내어 그 성들을
삼키게 하리라

9장

형벌의 날 보응의 날

1 이스라엘아 너는 이방 사람처
럼 기뻐 뛰놀지 말라 네가 음행
하여 네 하나님을 떠나고 각 타
작 마당에서 음행의 값을 좋아하
였느니라 2 타작 마당이나 술틀
이 그들을 기르지 못할 것이며
새 포도주도 떨어질 것이요 3 그
들은 여호와의 땅에 거주하지 못
하며 에브라임은 애굽으로 다시
가고 앗수르에서 더러운 것을 먹
을 것이니라 4 그들은 여호와께
포도주를 부어 드리지 못하며 여
호와께서 기뻐하시는 바도 되지
못할 것이라 그들의 제물은 애곡
하는 자의 떡과 같아서 그것을
먹는 자는 더러워지나니 그들의
떡은 자기의 먹기에만 소용될 뿐

이라 여호와의 집에 드릴 것이
아님이니라 5 너희는 명절 날과
여호와의 절기의 날에 무엇을 하
겠느냐 6 보라 그들이 멸망을 피
하여 갈지라도 애굽은 그들을 모
으고 놉은 그들을 장사하리니 그
들의 은은 귀한 것이나 찔레가
덮을 것이요 그들의 장막 안에는
가시덩굴이 퍼지리라 7 형벌의
날이 이르렀고 보응의 날이 온
것을 이스라엘이 알지라 선지자
가 어리석었고 신에 감동하는 자
가 미쳤나니 이는 네 죄악이 많
고 네 원한이 큼이니라 8 에브라
임은 나의 하나님과 함께 한 파
수꾼이며 선지자는 모든 길에 친
새 잡는 자의 그물과 같고 그의
하나님의 전에는 원한이 있도다
9 그들은 기브아의 시대와 같이
심히 부패한지라 여호와께서 그
악을 기억하시고 그 죄를 벌하시
리라

이스라엘의 죄와 하나님의 심판

10 옛적에 내가 이스라엘을 만나
기를 광야에서 포도를 만남 같이
하였으며 너희 조상들을 보기를
무화과나무에서 처음 맺힌 첫 열
매를 봄 같이 하였거늘 그들이
바알브올에 가서 부끄러운 우상
에게 몸을 드림으로 저희가 사랑
하는 우상 같이 가증하여졌도다
11 에브라임의 영광이 새 같이
날아 가리니 해산하는 것이나 아
이 배는 것이나 임신하는 것이
없으리라 12 혹 그들이 자식을
기를지라도 내가 그 자식을 없이
하여 한 사람도 남기지 아니할
것이라 내가 그들을 떠나는 때에
는 그들에게 화가 미치리로다
13 내가 보건대 에브라임은 아름
다운 곳에 심긴 두로와 같으나 그
자식들을 살인하는 자에게로 끌
어내리로다 14 여호와여 그들에
게 주소서 무엇을 주시려 하나이
까 아이 배지 못하는 태와 젖 없
는 유방을 주시옵소서 15 그들의
모든 악이 길갈에 있으므로 내가
거기에서 그들을 미워하였노라
그들의 행위가 악하므로 내 집에
서 그들을 쫓아내고 다시는 사랑
하지 아니하리라 그들의 지도자
들은 다 반역한 자니라 16 에브
라임은 매를 맞아 그 뿌리가 말라
열매를 맺지 못하나니 비록 아이
를 낳을지라도 내가 그 사랑하는
태의 열매를 죽이리라 17 그들이
듣지 아니하므로 내 하나님이 그
들을 버리시리니 그들이 여러 나
라 가운데에 떠도는 자가 되리라

10장

하나님의 심판에 대한 선지자의 경고

1 이스라엘은 열매 맺는 무성한
포도나무라 그 열매가 많을수록
제단을 많게 하며 그 땅이 번영
할수록 주상을 아름답게 하도다
2 그들이 두 마음을 품었으니 이
제 벌을 받을 것이라 하나님이
그 제단을 쳐서 깨뜨리시며 그
주상을 허시리라 3 그들이 이제
이르기를 우리가 여호와를 두려
워하지 아니하므로 우리에게 왕
이 없거니와 왕이 우리를 위하여
무엇을 하리요 하리로다 4 그들
이 헛된 말을 내며 거짓 맹세로
언약을 세우니 그 재판이 밭이랑
에 돋는 독초 같으리로다 5 사마
리아 주민이 벧아웬의 송아지로
말미암아 두려워할 것이라 그 백
성이 슬퍼하며 그것을 기뻐하던
제사장들도 슬퍼하리니 이는 그
의 영광이 떠나감이며 6 그 송아
지는 앗수르로 옮겨다가 예물로
야렙 왕에게 드리리니 에브라임
은 수치를 받을 것이요 이스라엘
은 자기들의 계책을 부끄러워할
것이며 7 사마리아 왕은 물 위에
있는 거품 같이 멸망할 것이며 8
이스라엘의 죄 곧 아웬의 산당은
파괴되어 가시와 찔레가 그 제단
위에 날 것이니 그 때에 그들이

산더러 우리를 가리라 할 것이요
작은 산더러 우리 위에 무너지라
하리라

이스라엘에게 징계를 선언하시다

9 이스라엘아 네가 기브아 시대
로부터 범죄하더니 지금까지 죄
를 짓는구나 그러니 범죄한 자손
들에 대한 전쟁이 어찌 기브아에
서 일어나지 않겠느냐 10 내가
원하는 때에 그들을 징계하리니
그들이 두 가지 죄에 걸릴 때에
만민이 모여서 그들을 치리라
11 에브라임은 마치 길들인 암소
같아서 곡식 밟기를 좋아하나 내
가 그의 아름다운 목에 멍에를
메우고 에브라임 위에 사람을 태
우리니 유다가 밭을 갈고 야곱이
흙덩이를 깨뜨리리라 12 너희가
자기를 위하여 공의를 심고 인애
를 거두라 너희 묵은 땅을 기경
하라 지금이 곧 여호와를 찾을
때니 마침내 여호와께서 오사 공
의를 비처럼 너희에게 내리시리
라 13 너희는 악을 밭 갈아 죄를
거두고 거짓 열매를 먹었나니 이
는 네가 네 길과 네 용사의 많음
을 의뢰하였음이라 14 그러므로
너희 백성 중에 요란함이 일어나
며 네 산성들이 다 무너지되 살
만이 전쟁의 날에 벧아벨을 무너
뜨린 것 같이 될 것이라 그 때에
어머니와 자식이 함께 부서졌도
다 15 너희의 큰 악으로 말미암
아 벧엘이 이같이 너희에게 행하
리니 이스라엘 왕이 새벽에 정녕
망하리로다

11장

백성을 버리지 않으시는 하나님

1 이스라엘이 어렸을 때에 내가
사랑하여 내 아들을 애굽에서 불
러냈거늘 2 선지자들이 그들을
부를수록 그들은 점점 멀리하고
바알들에게 제사하며 아로새긴
우상 앞에서 분향하였느니라 3
그러나 내가 에브라임에게 걸음
을 가르치고 내 팔로 안았음에도
내가 그들을 고치는 줄을 그들은
알지 못하였도다 4 내가 사람의
줄 곧 사랑의 줄로 그들을 이끌
었고 그들에게 대하여 그 목에서
멍에를 벗기는 자 같이 되었으며
그들 앞에 먹을 것을 두었노라 5
그들은 애굽 땅으로 되돌아 가지
못하겠거늘 내게 돌아오기를 싫
어하니 앗수르 사람이 그 임금이
될 것이라 6 칼이 그들의 성읍들
을 치며 빗장을 깨뜨려 없이하리
니 이는 그들의 계책으로 말미암
음이니라 7 내 백성이 끝끝내 내
게서 물러가나니 비록 그들을 불
러 위에 계신 이에게로 돌아오라
할지라도 일어나는 자가 하나도
없도다 8 에브라임이여 내가 어
찌 너를 놓겠느냐 이스라엘이여
내가 어찌 너를 버리겠느냐 내가
어찌 너를 아드마 같이 놓겠느냐
어찌 너를 스보임 같이 두겠느냐
내 마음이 내 속에서 돌이키어
나의 긍휼이 온전히 불붙듯 하도
다 9 내가 나의 맹렬한 진노를
나타내지 아니하며 내가 다시는
에브라임을 멸하지 아니하리니
이는 내가 하나님이요 사람이 아
님이라 네 가운데 있는 거룩한
이니 진노함으로 네게 임하지 아
니하리라 10 그들은 사자처럼
소리를 내시는 여호와를 따를 것
이라 여호와께서 소리를 내시면
자손들이 서쪽에서부터 떨며 오
되 11 그들은 애굽에서부터 새
같이, 앗수르에서부터 비둘기 같
이 떨며 오리니 내가 그들을 그
들의 집에 머물게 하리라 나 여
호와의 말이니라

하나님께로 돌아오라

12 에브라임은 거짓으로, 이스라
엘 족속은 속임수로 나를 에워쌌
고 유다는 하나님 곧 신실하시고

거룩하신 자에게 대하여 정함이
없도다

12장

1 에브라임은 바람을 먹으며 동
풍을 따라가서 종일토록 거짓과
포학을 더하여 앗수르와 계약을
맺고 기름을 애굽에 보내도다 2
여호와께서 유다와 논쟁하시고
야곱을 그 행실대로 벌하시며 그
의 행위대로 그에게 보응하시리
라 3 야곱은 모태에서 그의 형의
발뒤꿈치를 잡았고 또 힘으로는
하나님과 겨루되 4 천사와 겨루

어 이기고 울며 그에게 간구하였
으며 하나님은 벧엘에서 그를 만
나셨고 거기에서 우리에게 말씀
하셨나니 5 여호와는 만군의 하
나님이시라 여호와는 그를 기억
하게 하는 이름이니라 6 그런즉
너의 하나님께로 돌아와서 인애
와 정의를 지키며 항상 너의 하
나님을 바랄지니라

거짓 저울을 쓰는 에브라임

7 그는 상인이라 손에 거짓 저울
을 가지고 속이기를 좋아하는도
다 8 에브라임이 말하기를 나는
실로 부자라 내가 재물을 얻었는
데 내가 수고한 모든 것 중에서
죄라 할 만한 불의를 내게서 찾
아 낼 자 없으리라 하거니와 9
네가 애굽 땅에 있을 때부터 나
는 네 하나님 여호와니라 내가
너로 다시 장막에 거주하게 하기
를 명절날에 하던 것 같게 하리
라 10 내가 여러 선지자에게 말
하였고 이상을 많이 보였으며 선
지자들을 통하여 비유를 베풀었
노라 11 길르앗은 불의한 것이
냐 과연 그러하다 그들은 거짓되
도다 길갈에서는 무리가 수송아
지로 제사를 드리며 그 제단은
밭이랑에 쌓인 돌무더기 같도다
12 야곱이 아람의 들로 도망하였
으며 이스라엘이 아내를 얻기 위
하여 사람을 섬기며 아내를 얻기
위하여 양을 쳤고 13 여호와께서
는 한 선지자로 이스라엘을 애굽
에서 인도하여 내셨고 이스라엘
이 한 선지자로 보호 받았거늘
14 에브라임이 격노하게 함이 극
심하였으니 그의 주께서 그의 피
로 그의 위에 머물러 있게 하시며
그의 수치를 그에게 돌리시리라

13장

바알로 말미암아 범죄한 에브라임

1 에브라임이 말을 하면 사람들
이 떨었도다 그가 이스라엘 중에
서 자기를 높이더니 바알로 말미
암아 범죄하므로 망하였거늘 2
이제도 그들은 더욱 범죄하여 그
은으로 자기를 위하여 우상을 부
어 만들되 자기의 정교함을 따라
우상을 만들었으며 그것은 다 은
장색이 만든 것이거늘 그들은 그
것에 대하여 말하기를 제사를 드
리는 자는 송아지와 입을 맞출
것이라 하도다 3 이러므로 그들
은 아침 구름 같으며 쉬 사라지
는 이슬 같으며 타작 마당에서
광풍에 날리는 쭉정이 같으며 굴
뚝에서 나가는 연기 같으리라 4
그러나 애굽 땅에 있을 때부터
나는 네 하나님 여호와라 나밖에
네가 다른 신을 알지 말 것이라
나 외에는 구원자가 없느니라 5
내가 광야 마른 땅에서 너를 알
았거늘 6 그들이 먹여 준 대로
배가 불렀고 배가 부르니 그들의
마음이 교만하여 이로 말미암아
나를 잊었느니라 7 그러므로 내
가 그들에게 사자 같고 길 가에
서 기다리는 표범 같으니라 8 내
가 새끼 잃은 곰 같이 그들을 만

나 그의 염통 꺼풀을 찢고 거기
서 암사자 같이 그들을 삼키리라
들짐승이 그들을 찢으리라 9 이
스라엘아 네가 패망하였나니 이
는 너를 도와 주는 나를 대적함
이니라 10 전에 네가 이르기를
내게 왕과 지도자들을 주소서 하
였느니라 네 모든 성읍에서 너를
구원할 자 곧 네 왕이 이제 어디
있으며 네 재판장들이 어디 있느
냐 11 내가 분노하므로 네게 왕
을 주고 진노하므로 폐하였노라
12 에브라임의 불의가 봉함되었
고 그 죄가 저장되었나니 13 해

산하는 여인의 어려움이 그에게
임하리라 그는 지혜 없는 자식이
로다 해산할 때가 되어도 그가
나오지 못하느니라 14 내가 그
들을 스올의 권세에서 속량하며
사망에서 구속하리니 사망아 네
재앙이 어디 있느냐 스올아 네
멸망이 어디 있느냐 뉘우침이 내
눈 앞에서 숨으리라 15 그가 비
록 형제 중에서 결실하나 동풍이
오리니 곧 광야에서 일어나는 여
호와의 바람이라 그의 근원이 마
르며 그의 샘이 마르고 그 쌓아
둔 바 모든 보배의 그릇이 약탈
되리로다 16 사마리아가 그들의
하나님을 배반하였으므로 형벌
을 당하여 칼에 엎드러질 것이요
그 어린 아이는 부서뜨려지며 아
이 밴 여인은 배가 갈라지리라

14장

이스라엘을 향한 호세아의 호소

1 이스라엘아 네 하나님 여호와
께로 돌아오라 네가 불의함으로
말미암아 엎드러졌느니라 2 너

는 말씀을 가지고 여호와께로 돌
아와서 아뢰기를 모든 불의를 제
거하시고 선한 바를 받으소서 우
리가 수송아지를 대신하여 입술
의 열매를 주께 드리리이다 3 우
리가 앗수르의 구원을 의지하지
아니하며 말을 타지 아니하며 다
시는 우리의 손으로 만든 것을
향하여 너희는 우리의 신이라 하
지 아니하오리니 이는 고아가 주
로 말미암아 긍휼을 얻음이니이
다 할지니라

여호와의 진노가 떠나다

4 내가 그들의 반역을 고치고 기
쁘게 그들을 사랑하리니 나의 진
노가 그에게서 떠났음이니라 5
내가 이스라엘에게 이슬과 같으
리니 그가 백합화 같이 피겠고
레바논 백향목 같이 뿌리가 박힐
것이라 6 그의 가지는 퍼지며 그
의 아름다움은 감람나무와 같고
그의 향기는 레바논 백향목 같으
리니 7 그 그늘 아래에 거주하는
자가 돌아올지라 그들은 곡식 같
이 풍성할 것이며 포도나무 같이
꽃이 필 것이며 그 향기는 레바
논의 포도주 같이 되리라 8 에브
라임의 말이 내가 다시 우상과
무슨 상관이 있으리요 할지라 내
가 그를 돌아보아 대답하기를 나
는 푸른 잣나무 같으니 네가 나
로 말미암아 열매를 얻으리라 하
리라

여호와의 도

9 누가 지혜가 있어 이런 일을 깨
달으며 누가 총명이 있어 이런
일을 알겠느냐 여호와의 도는 정
직하니 의인은 그 길로 다니거니
와 그러나 죄인은 그 길에 걸려
넘어지리라

요엘

1장

1 브두엘의 아들 요엘에게 임한
여호와의 말씀이라

농사를 망친 농부들의 애곡

2 늙은 자들아 너희는 이것을 들
을지어다 땅의 모든 주민들아 너
희는 귀를 기울일지어다 너희의
날에나 너희 조상들의 날에 이런
일이 있었느냐 3 너희는 이 일을
너희 자녀에게 말하고 너희 자녀
는 자기 자녀에게 말하고 그 자
녀는 후세에 말할 것이니라 4 팥
중이가 남긴 것을 메뚜기가 먹고
메뚜기가 남긴 것을 느치가 먹고
느치가 남긴 것을 황충•이 먹었
도다 5 취하는 자들아 너희는 깨
어 울지어다 포도주를 마시는 자
들아 너희는 울지어다 이는 단
포도주가 너희 입에서 끊어졌음
이니 6 다른 한 민족이 내 땅에
올라왔음이로다 그들은 강하고
수가 많으며 그 이빨은 사자의
이빨 같고 그 어금니는 암사자의
어금니 같도다 7 그들이 내 포도
나무를 멸하며 내 무화과나무를
긁어 말갛게 벗겨서 버리니 그
모든 가지가 하얗게 되었도다 8
너희는 처녀가 어렸을 때에 약혼
한 남자로 말미암아 굵은 베로
동이고 애곡함 같이 할지어다 9
소제와 전제가 여호와의 성전에
서 끊어졌고 여호와께 수종드는
제사장은 슬퍼하도다 10 밭이
황무하고 토지가 마르니 곡식이
떨어지며 새 포도주가 말랐고 기
름이 다하였도다 11 농부들아
너희는 부끄러워할지어다 포도
원을 가꾸는 자들아 곡할지어다
이는 밀과 보리 때문이라 밭의
소산이 다 없어졌음이로다 12
포도나무가 시들었고 무화과나
무가 말랐으며 석류나무와 대추
나무와 사과나무와 밭의 모든 나
무가 다 시들었으니 이러므로 사
람의 즐거움이 말랐도다 13 제
사장들아 너희는 굵은 베로 동이
고 슬피 울지어다 제단에 수종드
는 자들아 너희는 울지어다 내
하나님께 수종드는 자들아 너희
는 와서 굵은 베 옷을 입고 밤이
새도록 누울지어다 이는 소제와
전제를 너희 하나님의 성전에 드
리지 못함이로다 14 너희는 금
식일을 정하고 성회를 소집하여
장로들과 이 땅의 모든 주민들을
너희 하나님 여호와의 성전으로
모으고 여호와께 부르짖을지어
다 15 슬프다 그 날이여 여호와
의 날이 가까웠나니 곧 멸망 같
이 전능자에게로부터 이르리로
다 16 먹을 것이 우리 눈 앞에 끊
어지지 아니하였느냐 기쁨과 즐
거움이 우리 하나님의 성전에서

1:4 팥중이… 메뚜기… 느치… 황충 이것은 메뚜기와 같은 곤충을 가리키는 서로 다른 이름들이다. 메뚜기 떼는 모든 나무와 토지 소산을 순식간에 먹어버린다. 이 메뚜기 떼에 의한 파괴에서 요엘은 경고를 보았다. 하나님께서 자신의 백성에게 벌을 내리실 때에도 이런 식의 파괴를 일으키실 수 있다.

끊어지지 아니하였느냐 17 씨가
흙덩이 아래에서 썩어졌고 창고
가 비었고 곳간이 무너졌으니 이
는 곡식이 시들었음이로다 18
가축이 울부짖고 소 떼가 소란하
니 이는 꼴이 없음이라 양 떼도
피곤하도다 19 여호와여 내가
주께 부르짖으오니 불이 목장의
풀을 살랐고 불꽃이 들의 모든
나무를 살랐음이니이다 20 들짐
승도 주를 향하여 헐떡거리오니
시내가 다 말랐고 들의 풀이 불
에 탔음이니이다

2장

여호와의 날을 경고하는 메뚜기 떼

1 시온에서 나팔을 불며 나의 거
룩한 산에서 경고의 소리를 질러
이 땅 주민들로 다 떨게 할지니
이는 여호와의 날이 이르게 됨이
니라 이제 임박하였으니 2 곧 어
둡고 캄캄한 날이요 짙은 구름이
덮인 날이라 새벽 빛이 산 꼭대
기에 덮인 것과 같으니 이는 많
고 강한 백성이 이르렀음이라 이
와 같은 것이 옛날에도 없었고
이후에도 대대에 없으리로다 3
불이 그들의 앞을 사르며 불꽃이
그들의 뒤를 태우니 그들의 예전
의 땅은 에덴 동산 같았으나 그
들의 나중의 땅은 황폐한 들 같
으니 그것을 피한 자가 없도다 4
그의 모양은 말 같고 그 달리는
것은 기병 같으며 5 그들이 산
꼭대기에서 뛰는 소리는 병거 소
리와도 같고 불꽃이 검불을 사르
는 소리와도 같으며 강한 군사가
줄을 벌이고 싸우는 것 같으니 6
그 앞에서 백성들이 질리고, 무
리의 낯빛이 하얘졌도다 7 그들
이 용사 같이 달리며 무사 같이
성을 기어 오르며 각기 자기의
길로 나아가되 그 줄을 이탈하지
아니하며 8 피차에 부딪치지 아
니하고 각기 자기의 길로 나아가
며 무기를 돌파하고 나아가나 상
하지 아니하며 9 성중에 뛰어 들
어가며 성 위에 달리며 집에 기어
오르며 도둑 같이 창으로 들어가
니 10 그 앞에서 땅이 진동하며
하늘이 떨며 해와 달이 캄캄하며
별들이 빛을 거두도다 11 여호와
께서 그의 군대 앞에서 소리를 지
르시고 그의 진영은 심히 크고 그
의 명령을 행하는 자는 강하니 여
호와의 날이 크고 심히 두렵도다
당할 자가 누구이랴

여호와께로 돌아올지어다

12 여호와의 말씀에 너희는 이제
라도 금식하고 울며 애통하고 마
음을 다하여 내게로 돌아오라 하
셨나니 13 너희는 옷을 찢지 말
고 마음을 찢고 너희 하나님 여
호와께로 돌아올지어다 그는 은
혜로우시며 자비로우시며 노하
기를 더디 하시며 인애가 크시사
뜻을 돌이켜 재앙을 내리지 아니
하시나니 14 주께서 혹시 마음
과 뜻을 돌이키시고 그 뒤에 복
을 내리사 너희 하나님 여호와께
소제와 전제를 드리게 하지 아니
하실는지 누가 알겠느냐 15 너
희는 시온에서 나팔을 불어 거룩
한 금식일을 정하고 성회를 소집
하라 16 백성을 모아 그 모임을
거룩하게 하고 장로들을 모으며
어린이와 젖 먹는 자를 모으며 신

랑을 그 방에서 나오게 하며 신부
도 그 신방에서 나오게 하고 17
여호와를 섬기는 제사장들은 낭
실과 제단 사이에서 울며 이르기
를 여호와여 주의 백성을 불쌍히
여기소서 주의 기업을 욕되게 하
여 나라들로 그들을 관할하지 못
하게 하옵소서 어찌하여 이방인
으로 그들의 하나님이 어디 있느
냐 말하게 하겠나이까 할지어다

이른 비와 늦은 비를 적당하게 주시다

18 그 때에 여호와께서 자기의
땅을 극진히 사랑하시어 그의 백
성을 불쌍히 여기실 것이라 19
여호와께서 그들에게 응답하여
이르시기를 내가 너희에게 곡식
과 새 포도주와 기름을 주리니
너희가 이로 말미암아 흡족하리
라 내가 다시는 너희가 나라들
가운데에서 욕을 당하지 않게 할
것이며 20 내가 북쪽 군대를 너
희에게서 멀리 떠나게 하여 메마
르고 적막한 땅으로 쫓아내리니
그 앞의 부대는 동해로, 그 뒤의
부대는 서해로 들어갈 것이라 상
한 냄새가 일어나고 악취가 오르
리니 이는 큰 일을 행하였음이니
라 하시리라 21 땅이여 두려워
하지 말고 기뻐하며 즐거워할지
어다 여호와께서 큰 일을 행하셨
음이로다 22 들짐승들아 두려워
하지 말지어다 들의 풀이 싹이
나며 나무가 열매를 맺으며 무화
과나무와 포도나무가 다 힘을 내
는도다 23 시온의 자녀들아 너
희는 너희 하나님 여호와로 말미
암아 기뻐하며 즐거워할지어다
그가 너희를 위하여 비를 내리시
되 이른 비를 너희에게 적당하게
주시리니 이른 비와 늦은 비가
예전과 같을 것이라 24 마당에
는 밀이 가득하고 독에는 새 포
도주와 기름이 넘치리로다 25
내가 전에 너희에게 보낸 큰 군
대 곧 메뚜기와 느치와 황충과
팥중이가 먹은 햇수대로 너희에
게 갚아 주리니 26 너희는 먹되
풍족히 먹고 너희에게 놀라운 일
을 행하신 너희 하나님 여호와의
이름을 찬송할 것이라 내 백성이
영원히 수치를 당하지 아니하리
로다 27 그런즉 내가 이스라엘
가운데에 있어 너희 하나님 여호
와가 되고 다른 이가 없는 줄을
너희가 알 것이라 내 백성이 영원
히 수치를 당하지 아니하리로다

내 영을 만민에게 부어 주리니

28 그 후에 내가 내 영을 만민에
게 부어 주리니 너희 자녀들이
장래 일을 말할 것이며 너희 늙
은이는 꿈을 꾸며 너희 젊은이는
이상을 볼 것이며 29 그 때에 내
가 또 내 영을 남종과 여종에게
부어 줄 것이며 30 내가 이적을
하늘과 땅에 베풀리니 곧 피와
불과 연기 기둥이라 31 여호와
의 크고 두려운 날이 이르기 전
에 해가 어두워지고 달이 핏빛
같이 변하려니와 32 누구든지
여호와의 이름을 부르는 자는 구
원을 얻으리니 이는 나 여호와의
말대로 시온 산과 예루살렘에서
피할 자가 있을 것임이요 남은
자 중에 나 여호와의 부름을 받
을 자가 있을 것임이니라

3장

여호와께서 민족들을 심판하시다

1 보라 그 날 곧 내가 유다와 예
루살렘 가운데에서 사로잡힌 자
를 돌아오게 할 그 때에 2 내가
만국을 모아 데리고 여호사밧 골
짜기에 내려가서 내 백성 곧 내
기업인 이스라엘을 위하여 거기
에서 그들을 심문하리니 이는 그
들이 이스라엘을 나라들 가운데
에 흩어 버리고 나의 땅을 나누
었음이며 3 또 제비 뽑아 내 백
성을 끌어 가서 소년을 기생과
바꾸며 소녀를 술과 바꾸어 마셨
음이니라 4 두로와 시돈과 블레
셋 사방아 너희가 나와 무슨 상
관이 있느냐 너희가 내게 보복하
겠느냐 만일 내게 보복하면 너희
가 보복하는 것을 내가 신속히
너희 머리에 돌리리니 5 곧 너희
가 내 은과 금을 빼앗고 나의 진
기한 보물을 너희 신전으로 가져
갔으며 6 또 유다 자손과 예루살
렘 자손들을 헬라 족속에게 팔아
서 그들의 영토에서 멀리 떠나게

하였음이니라 7 보라 내가 그들
을 너희가 팔아 이르게 한 곳에
서 일으켜 나오게 하고 너희가
행한 것을 너희 머리에 돌려서 8
너희 자녀를 유다 자손의 손에
팔리니 그들은 다시 먼 나라 스
바 사람에게 팔리라 여호와께서
말씀하셨느니라 9 너희는 모든
민족에게 이렇게 널리 선포할지
어다 너희는 전쟁을 준비하고 용
사를 격려하고 병사로 다 가까이
나아와서 올라오게 할지어다 10
너희는 보습을 쳐서 칼을 만들지
어다 낫을 쳐서 창을 만들지어다
약한 자도 이르기를 나는 강하다
할지어다 11 사면의 민족들아
너희는 속히 와서 모일지어다 여
호와여 주의 용사들로 그리로 내
려오게 하옵소서 12 민족들은
일어나서 여호사밧 골짜기로 올
라올지어다 내가 거기에 앉아서
사면의 민족들을 다 심판하리로
다 13 너희는 낫을 쓰라 곡식이
익었도다 와서 밟을지어다 포도
주 틀이 가득히 차고 포도주 독
이 넘치니 그들의 악이 큼이로다

여호와께서 백성들에게 복을 주시다

14 사람이 많음이여, 심판의 골
짜기*에 사람이 많음이여, 심판
의 골짜기에 여호와의 날이 가까
움이로다 15 해와 달이 캄캄하
며 별들이 그 빛을 거두도다 16
여호와께서 시온에서 부르짖고
예루살렘에서 목소리를 내시리
니 하늘과 땅이 진동하리로다 그
러나 여호와께서 그의 백성의 피
난처, 이스라엘 자손의 산성이
되시리로다 17 그런즉 너희가
나는 내 성산 시온에 사는 너희
하나님 여호와인 줄 알 것이라
예루살렘이 거룩하리니 다시는
이방 사람이 그 가운데로 통행하
지 못하리로다 18 그 날에 산들
이 단 포도주를 떨어뜨릴 것이며
작은 산들이 젖을 흘릴 것이며
유다 모든 시내가 물을 흘릴 것
이며 여호와의 성전에서 샘이 흘
러 나와서 싯딤 골짜기에 대리라
19 그러나 애굽은 황무지가 되겠
고 에돔은 황무한 들이 되리니
이는 그들이 유다 자손에게 포악
을 행하여 무죄한 피를 그 땅에
서 흘렸음이니라 20 유다는 영
원히 있겠고 예루살렘은 대대로
있으리라 21 내가 전에는 그들
의 피흘림 당한 것을 갚아 주지
아니하였거니와 이제는 갚아 주
리니 이는 여호와께서 시온에 거
하심이니라

3:14 심판의 골짜기 '판결 골짜기'라고 번역될 수도 있다. 이것은 '여호와의 심판의 골짜기'라는 이름과 같은 것이다(욜 3:2,12 참조).

아모스

1장

1 유다 왕 웃시야의 시대 곧 이스
라엘 왕 요아스의 아들 여로보암
의 시대 지진 전 이년에 드고아
목자 중 아모스가 이스라엘에 대
하여 이상으로 받은 말씀이라 2
그가 이르되 여호와께서 시온에
서부터 부르짖으시며 예루살렘
에서부터 소리를 내시리니 목자
의 초장이 마르고 갈멜 산 꼭대
기가 마르리로다

이스라엘 이웃 나라들에 내리신 벌

3 여호와께서 이와 같이 말씀하
시되 다메섹의 서너 가지 죄로
말미암아 내가 그 벌을 돌이키지
아니하리니 이는 그들이 철 타작
기로 타작하듯 길르앗을 압박하
였음이라 4 내가 하사엘의 집에
불을 보내리니 벤하닷의 궁궐들
을 사르리라 5 내가 다메섹의 빗
장을 꺾으며 아웬 골짜기에서 그
주민들을 끊으며 벧에덴에서 규
잡은 자를 끊으리니 아람 백성이
사로잡혀 기르에 이르리라 여호
와께서 말씀하셨느니라 6 여호
와께서 이와 같이 말씀하시되 가
사의 서너 가지 죄로 말미암아
내가 그 벌을 돌이키지 아니하리
니 이는 그들이 모든 사로잡은
자를 끌어 에돔에 넘겼음이라 7
내가 가사 성에 불을 보내리니
그 궁궐들을 사르리라 8 내가 또
아스돗에서 그 주민들과 아스글
론에서 규를 잡은 자를 끊고 또
손을 돌이켜 에그론을 치리니 블
레셋의 남아 있는 자가 멸망하리
라 주 여호와께서 말씀하셨느니
라 9 여호와께서 이와 같이 말씀
하시되 두로의 서너 가지 죄로
말미암아 내가 그 벌을 돌이키지
아니하리니 이는 그들이 그 형제
의 계약을 기억하지 아니하고 모
든 사로잡은 자를 에돔에 넘겼음
이라 10 내가 두로 성에 불을 보
내리니 그 궁궐들을 사르리라
11 여호와께서 이와 같이 말씀하
시되 에돔의 서너 가지 죄로 말
미암아 내가 그 벌을 돌이키지
아니하리니 이는 그가 칼로 그의
형제를 쫓아가며 긍휼을 버리며
항상 맹렬히 화를 내며 분을 끝
없이 품었음이라 12 내가 데만
에 불을 보내리니 보스라•의 궁

1:12 **데만… 보스라** 데만은 에돔의 북부 지방에, 보스라는 데만의 남부 지방에 있었다. 그러므로 이 말씀은 온 나라가 파괴될 것임을 의미하는 말씀이다.

궐들을 사르리라 13 여호와께서
이와 같이 말씀하시되 암몬 자손
의 서너 가지 죄로 말미암아 내
가 그 벌을 돌이키지 아니하리니
이는 그들이 자기 지경을 넓히고
자 하여 길르앗의 아이 밴 여인
의 배를 갈랐음이니라 14 내가
랍바 성에 불을 놓아 그 궁궐들
을 사르되 전쟁의 날에 외침과
회오리바람의 날에 폭풍으로 할
것이며 15 그들의 왕은 그 지도
자들과 함께 사로잡혀 가리라 여
호와께서 말씀하셨느니라

2장

1 여호와께서 이와 같이 말씀하
시되 모압의 서너 가지 죄로 말
미암아 내가 그 벌을 돌이키지
아니하리니 이는 그가 에돔 왕의
뼈를 불살라 재를 만들었음이라
2 내가 모압에 불을 보내리니 그
리욧 궁궐들을 사르리라 모압이
요란함과 외침과 나팔 소리 중에
서 죽을 것이라 3 내가 그 중에
서 재판장을 멸하며 지도자들을
그와 함께 죽이리라 여호와께서
말씀하시니라

유다에 내리신 벌

4 여호와께서 이와 같이 말씀하
시되 유다의 서너 가지 죄로 말미
암아 내가 그 벌을 돌이키지 아니
하리니 이는 그들이 여호와의 율
법을 멸시하며 그 율례를 지키지
아니하고 그의 조상들이 따라가
던 거짓 것에 미혹되었음이라 5
내가 유다에 불을 보내리니 예루
살렘의 궁궐들을 사르리라

이스라엘에 내리신 벌

6 여호와께서 이와 같이 말씀하
시되 이스라엘의 서너 가지 죄로
말미암아 내가 그 벌을 돌이키지
아니하리니 이는 그들이 은을 받
고 의인을 팔며 신 한 켤레를 받
고 가난한 자를 팔며 7 힘 없는
자의 머리를 티끌 먼지 속에 발
로 밟고 연약한 자의 길을 굽게
하며 아버지와 아들이 한 젊은
여인에게 다녀서 내 거룩한 이름
을 더럽히며 8 모든 제단 옆에서
전당 잡은 옷 위에 누우며 그들
의 신전에서 벌금으로 얻은 포도
주를 마심이니라 9 내가 아모리
사람을 그들 앞에서 멸하였나니
그 키는 백향목 높이와 같고 강
하기는 상수리나무 같으나 내가
그 위의 열매와 그 아래의 뿌리
를 진멸하였느니라 10 내가 너
희를 애굽 땅에서 이끌어 내어
사십 년 동안 광야에서 인도하고
아모리 사람의 땅을 너희가 차지
하게 하였고 11 또 너희 아들 중
에서 선지자를, 너희 청년 중에
서 나실인을 일으켰나니 이스라
엘 자손들아 과연 그렇지 아니하
냐 이는 여호와의 말씀이니라
12 그러나 너희가 나실 사람으로
포도주를 마시게 하며 또 선지자
에게 명령하여 예언하지 말라 하
였느니라 13 보라 곡식 단을 가
득히 실은 수레가 흙을 누름 같
이 내가 너희를 누르리니 14 빨
리 달음박질하는 자도 도망할 수
없으며 강한 자도 자기 힘을 낼
수 없으며 용사도 자기 목숨을
구할 수 없으며 15 활을 가진 자
도 설 수 없으며 발이 빠른 자도
피할 수 없으며 말 타는 자도 자
기 목숨을 구할 수 없고 16 용사
가운데 그 마음이 굳센 자도 그
날에는 벌거벗고 도망하리라 여
호와의 말씀이니라

3장

여호와의 말씀을 받은 선지자

1 이스라엘 자손들아 여호와께서
너희에 대하여 이르시는 이 말씀
을 들으라 애굽 땅에서 인도하여
올리신 모든 족속에 대하여 이르
시기를 2 내가 땅의 모든 족속
가운데 너희만을 알았나니 그러
므로 내가 너희 모든 죄악을 너
희에게 보응하리라 하셨나니 3
두 사람이 뜻이 같지 않은데 어
찌 동행하겠으며 4 사자가 움킨
것이 없는데 어찌 수풀에서 부르
짖겠으며 젊은 사자가 잡은 것이
없는데 어찌 굴에서 소리를 내겠
느냐 5 덫을 땅에 놓지 않았는데
새가 어찌 거기 치이겠으며 잡힌
것이 없는데 덫이 어찌 땅에서 튀
겠느냐 6 성읍에서 나팔이 울리
는데 백성이 어찌 두려워하지 아
니하겠으며 여호와의 행하심이

없는데 재앙이 어찌 성읍에 임하
겠느냐 7 주 여호와께서는 자기
의 비밀을 그 종 선지자들에게 보
이지 아니하시고는 결코 행하심
이 없으시리라 8 사자가 부르짖

은즉 누가 두려워하지 아니하겠
느냐 주 여호와께서 말씀하신즉
누가 예언하지 아니하겠느냐

사마리아에 내리신 벌

9 아스돗의 궁궐들과 애굽 땅의
궁궐들에 선포하여 이르기를 너
희는 사마리아 산들에 모여 그
성 중에서 얼마나 큰 요란함과
학대함이 있나 보라 하라 10 자
기 궁궐에서 포학과 겁탈을 쌓는
자들이 바른 일 행할 줄을 모르
느니라 여호와의 말씀이니라 11
그러므로 주 여호와께서 이와 같
이 말씀하시되 이 땅 사면에 대
적이 있어 네 힘을 쇠하게 하며
네 궁궐을 약탈하리라 12 여호
와께서 이와 같이 말씀하시되 목
자가 사자 입에서 양의 두 다리
나 귀 조각을 건져냄과 같이 사
마리아에서 침상 모서리에나 걸
상의 방석에 앉은 이스라엘 자손
도 건져냄을 입으리라 13 주 여
호와 만군의 하나님의 말씀이니
라 너희는 듣고 야곱의 족속에게
증언하라 14 내가 이스라엘의
모든 죄를 보응하는 날에 벧엘의
제단들을 벌하여 그 제단의 뿔들
을 꺾어 땅에 떨어뜨리고 15 겨
울 궁과 여름 궁을 치리니 상아
궁들이 파괴되며 큰 궁들이 무너
지리라 여호와의 말씀이니라

4장

1 사마리아의 산에 있는 바산의
암소들아 이 말을 들으라 너희는
힘 없는 자를 학대하며 가난한
자를 압제하며 가장에게 이르기
를 술을 가져다가 우리로 마시게
하라 하는도다 2 주 여호와께서
자기의 거룩함을 두고 맹세하시
되 때가 너희에게 이를지라 사람
이 갈고리로 너희를 끌어 가며
낚시로 너희의 남은 자들도 그리
하리라 3 너희가 성 무너진 데를
통하여 각기 앞으로 바로 나가서
하르몬에 던져지리라 여호와의
말씀이니라

돌아오지 아니하는 백성 이스라엘

4 너희는 벧엘에 가서 범죄하며
길갈에 가서 죄를 더하며 아침마
다 너희 희생을, 삼일마다 너희
십일조를 드리며 5 누룩 넣은 것
을 불살라 수은제로 드리며 낙헌
제를 소리내어 선포하려무나 이
스라엘 자손들아 이것이 너희가
기뻐하는 바니라 주 여호와의 말
씀이니라 6 또 내가 너희 모든
성읍에서 너희 이를 깨끗하게 하
며 너희의 각 처소에서 양식이
떨어지게 하였으나 너희가 내게
로 돌아오지 아니하였느니라 여
호와의 말씀이니라 7 또 추수하
기 석 달 전에 내가 너희에게 비
를 멈추게 하여 어떤 성읍에는
내리고 어떤 성읍에는 내리지 않
게 하였더니 땅 한 부분은 비를
얻고 한 부분은 비를 얻지 못하
여 말랐으매 8 두세 성읍 사람이
어떤 성읍으로 비틀거리며 물을
마시러 가서 만족하게 마시지 못
하였으나 너희가 내게로 돌아오
지 아니하였느니라 여호와의 말
씀이니라 9 내가 곡식을 마르게
하는 재앙과 깜부기 재앙으로 너
희를 쳤으며 팥중이로 너희의 많

은 동산과 포도원과 무화과나무
와 감람나무를 다 먹게 하였으나
너희가 내게로 돌아오지 아니하
였느니라 여호와의 말씀이니라
10 내가 너희 중에 전염병 보내
기를 애굽에서 한 것처럼 하였으
며 칼로 너희 청년들을 죽였으며
너희 말들을 노략하게 하며 너희
진영의 악취로 코를 찌르게 하였
으나 너희가 내게로 돌아오지 아
니하였느니라 여호와의 말씀이
니라 11 내가 너희 중의 성읍 무
너뜨리기를 하나님인 내가 소돔
과 고모라를 무너뜨림 같이 하였
으므로 너희가 불붙는 가운데서
빼낸 나무 조각 같이 되었으나
너희가 내게로 돌아오지 아니하
였느니라 여호와의 말씀이니라
12 그러므로 이스라엘아 내가 이
와 같이 네게 행하리라 내가 이
것을 네게 행하리니 이스라엘아
네 하나님 만나기를 준비하라
13 보라 산들을 지으며 바람을
창조하며 자기 뜻을 사람에게 보
이며 아침을 어둡게 하며 땅의
높은 데를 밟는 이는 그의 이름
이 만군의 하나님 여호와시니라

5장

애가

1 이스라엘 족속아 내가 너희에
게 대하여 애가로 지은 이 말을
들으라 2 처녀 이스라엘이 엎드
러졌음이여 다시 일어나지 못하
리로다 자기 땅에 던지움이여 일
으킬 자 없으리로다 3 주 여호와
께서 이와 같이 말씀하시되 이스
라엘 중에서 천 명이 행군해 나
가던 성읍에는 백 명만 남고 백
명이 행군해 나가던 성읍에는 열
명만 남으리라 하셨느니라

여호와를 찾으라

4 여호와께서 이스라엘 족속에게
이와 같이 말씀하시기를 너희는
나를 찾으라 그리하면 살리라 5
벧엘을 찾지 말며 길갈로 들어가
지 말며 브엘세바로도 나아가지
말라 길갈은 반드시 사로잡히겠
고 벧엘은 비참하게 될 것임이라
하셨나니 6 너희는 여호와를 찾
으라 그리하면 살리라 그렇지 않
으면 그가 불 같이 요셉의 집에
임하여 멸하시리니 벧엘에서 그
불들을 끌 자가 없으리라 7 정의
를 쓴 쑥으로 바꾸며 공의를 땅
에 던지는 자들아 8 묘성과 삼성
을 만드시며 사망의 그늘을 아침
으로 바꾸시고 낮을 어두운 밤으
로 바꾸시며 바닷물을 불러 지면
에 쏟으시는 이를 찾으라 그의
이름은 여호와시니라 9 그가 강
한 자에게 갑자기 패망이 이르게
하신즉 그 패망이 산성에 미치느
니라 10 무리가 성문에서 책망
하는 자를 미워하며 정직히 말하
는 자를 싫어하는도다 11 너희
가 힘없는 자를 밟고 그에게서
밀의 부당한 세를 거두었은즉 너
희가 비록 다듬은 돌로 집을 건
축하였으나 거기 거주하지 못할
것이요 아름다운 포도원을 가꾸
었으나 그 포도주를 마시지 못하

암

리라 12 너희의 허물이 많고 죄
악이 무거움을 내가 아노라 너희
는 의인을 학대하며 뇌물을 받고
성문에서 가난한 자를 억울하게
하는 자로다 13 그러므로 이런
때에 지혜자가 잠잠하나니 이는
악한 때임이니라 14 너희는 살
려면 선을 구하고 악을 구하지
말지어다 만군의 하나님 여호와
께서 너희의 말과 같이 너희와
함께 하시리라 15 너희는 악을
미워하고 선을 사랑하며 성문에
서 정의를 세울지어다 만군의 하
나님 여호와께서 혹시 요셉의 남
은 자를 불쌍히 여기시리라 16
그러므로 주 만군의 하나님 여호
와께서 이와 같이 말씀하시기를
사람이 모든 광장에서 울겠고 모
든 거리에서 슬프도다 슬프도다
하겠으며 농부를 불러다가 애곡
하게 하며 울음꾼을 불러다가 울
게 할 것이며 17 모든 포도원에
서도 울리니 이는 내가 너희 가
운데로 지나갈 것임이라 여호와
의 말씀이니라 18 화 있을진저
여호와의 날을 사모하는 자여 너
희가 어찌하여 여호와의 날을 사
모하느냐 그 날은 어둠이요 빛이
아니라 19 마치 사람이 사자를
피하다가 곰을 만나거나 혹은 집
에 들어가서 손을 벽에 대었다가
뱀에게 물림 같도다 20 여호와
의 날은 빛 없는 어둠이 아니며
빛남 없는 캄캄함이 아니냐 21
내가 너희 절기들을 미워하여 멸
시하며 너희 성회들을 기뻐하지
아니하나니 22 너희가 내게 번
제나 소제를 드릴지라도 내가 받
지 아니할 것이요 너희의 살진
희생의 화목제도 내가 돌아보지

아니하리라 23 네 노랫소리를
내 앞에서 그칠지어다 네 비파
소리도 내가 듣지 아니하리라
24 오직 정의를 물 같이, 공의를
마르지 않는 강 같이 흐르게 할
지어다 25 이스라엘 족속아 너
희가 사십 년 동안 광야에서 희
생과 소제물을 내게 드렸느냐
26 너희가 너희 왕 식굿과 기윤
과 너희 우상들과 너희가 너희를
위하여 만든 신들의 별 형상을
지고 가리라 27 내가 너희를 다
메섹 밖으로 사로잡혀 가게 하리
라 그의 이름이 만군의 하나님이
라 불리우는 여호와께서 말씀하
셨느니라

6장

이스라엘의 멸망

1 화 있을진저 시온에서 교만한
자와 사마리아 산에서 마음이 든
든한 자 곧 백성들의 머리인 지
도자들이여 이스라엘 집이 그들
을 따르는도다 2 너희는 갈레로
건너가 보고 거기에서 큰 하맛으
로 가고 또 블레셋 사람의 가드
로 내려가라 너희가 이 나라들보
다 나으냐 그 영토가 너희 영토
보다 넓으냐 3 너희는 흉한 날이
멀다 하여 포악한 자리로 가까워
지게 하고 4 상아 상에 누우며
침상에서 기지개 켜며 양 떼에서
어린 양과 우리에서 송아지를 잡
아서 먹고 5 비파 소리에 맞추어
노래를 지절거리며 다윗처럼 자
기를 위하여 악기를 제조하며 6
대접으로 포도주를 마시며 귀한
기름을 몸에 바르면서 요셉의 환
난에 대하여는 근심하지 아니하
는 자로다 7 그러므로 그들이 이
제는 사로잡히는 자 중에 앞서
사로잡히리니 기지개 켜는 자의
떠드는 소리가 그치리라 8 만군
의 하나님 여호와의 말씀이니라
주 여호와가 당신을 두고 맹세하
셨노라 내가 야곱의 영광을 싫어
하며 그 궁궐들을 미워하므로 이
성읍과 거기에 가득한 것을 원수
에게 넘기리라 하셨느니라 9 한
집에 열 사람이 남는다 하여도
다 죽을 것이라 10 죽은 사람의
친척 곧 그 시체를 불사를 자가
그 뼈를 집 밖으로 가져갈 때에
그 집 깊숙한 곳에 있는 자에게
묻기를 아직 더 있느냐 하면 대
답하기를 없다 하리니 그가 또
말하기를 잠잠하라 우리가 여호
와의 이름을 부르지 못할 것이라
하리라 11 보라 여호와께서 명
령하시므로 타격을 받아 큰 집은
갈라지고 작은 집은 터지리라
12 말들이 어찌 바위 위에서 달
리겠으며 소가 어찌 거기서 밭
갈겠느냐 그런데 너희는 정의를
쓸개로 바꾸며 공의의 열매를 쓴
쑥으로 바꾸며 13 허무한 것을
기뻐하며 이르기를 우리는 우리
의 힘으로 뿔들•을 취하지 아니

6:13 **뿔들** '가르나임'이라고 번역될 수도 있다. '가르나임'이라는 이름은 '뿔들'이라는 뜻이다. 뿔들은 힘을 상징한다.

하였느냐 하는도다 14 만군의 하
나님 여호와의 말씀이니라 이스
라엘 족속아 내가 한 나라를 일
으켜 너희를 치리니 그들이 하맛
어귀에서부터 아라바 시내까지
너희를 학대하리라 하셨느니라

7장

첫째, 메뚜기 재앙

1 주 여호와께서 내게 보이신 것
이 이러하니라 왕이 풀을 벤 후
풀이 다시 움돋기 시작할 때에
주께서 메뚜기를 지으시매 2 메
뚜기가 땅의 풀을 다 먹은지라
내가 이르되 주 여호와여 청하건
대 사하소서 야곱이 미약하오니
어떻게 서리이까 하매 3 여호와
께서 이에 대하여 뜻을 돌이키셨
으므로 이것이 이루어지지 아니
하리라 여호와께서 말씀하셨느
니라

둘째, 불

4 주 여호와께서 또 내게 보이신
것이 이러하니라 주 여호와께서
명령하여 불로 징벌하게 하시니
불이 큰 바다를 삼키고 육지까지
먹으려 하는지라 5 이에 내가 이
르되 주 여호와여 청하건대 그치
소서 야곱이 미약하오니 어떻게
서리이까 하매 6 주 여호와께서
이에 대하여 뜻을 돌이켜 주 여
호와께서 이르시되 이것도 이루
지 아니하리라 하시니라

셋째, 다림줄

7 또 내게 보이신 것이 이러하니
라 다림줄을 가지고 쌓은 담 곁
에 주께서 손에 다림줄을 잡고
서셨더니 8 여호와께서 내게 이
르시되 아모스야 네가 무엇을 보
느냐 내가 대답하되 다림줄이니
이다 주께서 이르시되 내가 다림
줄을 내 백성 이스라엘 가운데
두고 다시는 용서하지 아니하리
니 9 이삭의 산당들이 황폐되며
이스라엘의 성소들이 파괴될 것
이라 내가 일어나 칼로 여로보암
의 집을 치리라 하시니라

아모스와 아마샤의 대결

10 때에 벧엘의 제사장 아마샤가
이스라엘의 왕 여로보암에게 보
내어 이르되 이스라엘 족속 중에
아모스가 왕을 모반하나니 그 모
든 말을 이 땅이 견딜 수 없나이
다 11 아모스가 말하기를 여로
보암은 칼에 죽겠고 이스라엘은
반드시 사로잡혀 그 땅에서 떠나
겠다 하나이다 12 아마샤가 또
아모스에게 이르되 선견자야 너
는 유다 땅으로 도망하여 가서
거기에서나 떡을 먹으며 거기에
서나 예언하고 13 다시는 벧엘
에서 예언하지 말라 이는 왕의
성소요 나라의 궁궐임이니라 14
아모스가 아마샤에게 대답하여
이르되 나는 선지자가 아니며 선
지자의 아들도 아니라 나는 목자
요 뽕나무를 재배하는 자로서
15 양 떼를 따를 때에 여호와께
서 나를 데려다가 여호와께서 내
게 이르시기를 가서 내 백성 이
스라엘에게 예언하라 하셨나니
16 이제 너는 여호와의 말씀을
들을지니라 네가 이르기를 이스
라엘에 대하여 예언하지 말며 이
삭의 집을 향하여 경고하지 말라
하므로 17 여호와께서 이와 같
이 말씀하시기를 네 아내는 성읍
가운데서 창녀가 될 것이요 네
자녀들은 칼에 엎드러지며 네 땅
은 측량하여 나누어질 것이며 너
는 더러운 땅에서 죽을 것이요
이스라엘은 반드시 사로잡혀 그

암

의 땅에서 떠나리라 하셨느니라

8장

넷째, 여름 과일 한 광주리

1 주 여호와께서 내게 이와 같이
보이셨느니라 보라 여름 과일 한
광주리이니라 2 그가 말씀하시
되 아모스야 네가 무엇을 보느냐
내가 이르되 여름 과일 한 광주
리니이다 하매 여호와께서 내게
이르시되 내 백성 이스라엘의 끝
이 이르렀은즉 내가 다시는 그를
용서하지 아니하리니 3 그 날에
궁전의 노래가 애곡으로 변할 것
이며 곳곳에 시체가 많아서 사람
이 잠잠히 그 시체들을 내어버리
리라 주 여호와의 말씀이니라 4
가난한 자를 삼키며 땅의 힘없는
자를 망하게 하려는 자들아 이
말을 들으라 5 너희가 이르기를
월삭이 언제 지나서 우리가 곡식
을 팔며 안식일이 언제 지나서
우리가 밀을 내게 할꼬 에바를
작게 하고 세겔을 크게 하여 거
짓 저울로 속이며 6 은으로 힘없
는 자를 사며 신 한 켤레로 가난
한 자를 사며 찌꺼기 밀을 팔자
하는도다 7 여호와께서 야곱의
영광을 두고 맹세하시되 내가 그
들의 모든 행위를 절대로 잊지
아니하리라 하셨나니 8 이로 말
미암아 땅이 떨지 않겠으며 그
가운데 모든 주민이 애통하지 않
겠느냐 온 땅이 강의 넘침 같이
솟아오르며 애굽 강 같이 뛰놀다
가 낮아지리라 9 주 여호와의 말
씀이니라 그 날에 내가 해를 대
낮에 지게 하여 백주에 땅을 캄
캄하게 하며 10 너희 절기를 애
통으로, 너희 모든 노래를 애곡
으로 변하게 하며 모든 사람에게
굵은 베로 허리를 동이게 하며
모든 머리를 대머리가 되게 하며
독자의 죽음으로 말미암아 애통
하듯 하게 하며 결국은 곤고한
날과 같게 하리라 11 주 여호와
의 말씀이니라 보라 날이 이를지
라 내가 기근을 땅에 보내리니
양식이 없어 주림이 아니며 물이
없어 갈함이 아니요 여호와의 말
씀을 듣지 못한 기갈이라 12 사
람이 이 바다에서 저 바다까지,
북쪽에서 동쪽까지 비틀거리며
여호와의 말씀을 구하려고 돌아
다녀도 얻지 못하리니 13 그 날
에 아름다운 처녀와 젊은 남자가
다 갈하여 쓰러지리라 14 사마
리아의 죄된 우상을 두고 맹세하
여 이르기를 단아 네 신들이 살
아 있음을 두고 맹세하노라 하거
나 브엘세바•가 위하는 것이 살
아 있음을 두고 맹세하노라 하는
사람은 엎드러지고 다시 일어나
지 못하리라

9장

다섯째, 범죄한 나라를 멸하리라

1 내가 보니 주께서 제단 곁에 서
서 이르시되 기둥 머리를 쳐서
문지방이 움직이게 하며 그것으
로 부서져서 무리의 머리에 떨어
지게 하라 내가 그 남은 자를 칼
로 죽이리니 그 중에서 한 사람
도 도망하지 못하며 그 중에서
한 사람도 피하지 못하리라 2 그
들이 파고 스올로 들어갈지라도
내 손이 거기에서 붙잡아 낼 것
이요 하늘로 올라갈지라도 내가
거기에서 붙잡아 내릴 것이며 3
갈멜 산 꼭대기에 숨을지라도 내
가 거기에서 찾아낼 것이요 내
눈을 피하여 바다 밑에 숨을지라
도 내가 거기에서 뱀을 명령하여
물게 할 것이요 4 그 원수 앞에
사로잡혀 갈지라도 내가 거기에
서 칼을 명령하여 죽이게 할 것
이라 내가 그들에게 주목하여 화
를 내리고 복을 내리지 아니하리
라 하시니라 5 주 만군의 여호와
는 땅을 만져 녹게 하사 거기 거
주하는 자가 애통하게 하시며 그
온 땅이 강의 넘침 같이 솟아 오
르며 애굽 강 같이 낮아지게 하
시는 이요 6 그의 궁전을 하늘에
세우시며 그 궁창의 기초를 땅에
두시며 바닷물을 불러 지면에 쏟
으시는 이니 그 이름은 여호와시
니라 7 여호와의 말씀이니라 이
스라엘 자손들아 너희는 내게 구
스 족속 같지 아니하냐 내가 이
스라엘을 애굽 땅에서, 블레셋
사람을 갑돌에서, 아람 사람을
기르에서 올라오게 하지 아니하
였느냐 8 보라 주 여호와의 눈이
범죄한 나라를 주목하노니 내가
그것을 지면에서 멸하리라 그러
나 야곱의 집은 온전히 멸하지는
아니하리라 여호와의 말씀이니
라 9 보라 내가 명령하여 이스라
엘 족속을 만국 중에서 체질하기
를 체로 체질함 같이 하려니와
그 한 알갱이도 땅에 떨어지지
아니하리라 10 내 백성 중에서
말하기를 화가 우리에게 미치지

8:14 단… 브엘세바 단은 이스라엘의 가장 북쪽에 있는 도시였고 브엘세바는 이스라엘의 가장 남쪽에 있는 도시였다.

아니하며 이르지 아니하리라 하
는 모든 죄인은 칼에 죽으리라

이스라엘의 회복

11 그 날에 내가 다윗의 무너진
장막을 일으키고 그것들의 틈을
막으며 그 허물어진 것을 일으켜
서 옛적과 같이 세우고 12 그들
이 에돔의 남은 자와 내 이름으
로 일컫는 만국을 기업으로 얻게
하리라 이 일을 행하시는 여호와
의 말씀이니라 13 여호와의 말
씀이니라 보라 날이 이를지라 그
때에 파종하는 자가 곡식 추수하
는 자의 뒤를 이으며 포도를 밟
는 자가 씨 뿌리는 자의 뒤를 이
으며 산들은 단 포도주를 흘리며
작은 산들은 녹으리라 14 내가
내 백성 이스라엘이 사로잡힌 것
을 돌이키리니 그들이 황폐한 성
읍을 건축하여 거주하며 포도원
들을 가꾸고 그 포도주를 마시며
과원들을 만들고 그 열매를 먹으
리라 15 내가 그들을 그들의 땅
에 심으리니 그들이 내가 준 땅
에서 다시 뽑히지 아니하리라 네
하나님 여호와의 말씀이니라

오바다

1장

1 오바댜의 묵시라

여호와께서 에돔을 심판하시다

주 여호와께서 에돔•에 대하여
이와 같이 말씀하시니라 우리가
여호와께로 말미암아 소식을 들
었나니 곧 사자가 나라들 가운데
에 보내심을 받고 이르기를 너희
는 일어날지어다 우리가 일어나
서 그와 싸우자 하는 것이니라 2
보라 내가 너를 나라들 가운데에
매우 작게 하였으므로 네가 크게
멸시를 받느니라 3 너의 마음의
교만이 너를 속였도다 바위 틈에
거주하며 높은 곳에 사는 자여
네가 마음에 이르기를 누가 능히
나를 땅에 끌어내리겠느냐 하니
4 네가 독수리처럼 높이 오르며
별 사이에 깃들일지라도 내가 거
기에서 너를 끌어내리리라 여호
와의 말씀이니라 5 혹시 도둑이
네게 이르렀으며 강도가 밤중에
네게 이르렀을지라도 만족할 만
큼 훔치면 그치지 아니하였겠느
냐 혹시 포도를 따는 자가 네게
이르렀을지라도 그것을 얼마쯤
남기지 아니하였겠느냐 네가 어
찌 그리 망하였는고 6 에서가 어
찌 그리 수탈되었으며 그 감춘
보물이 어찌 그리 빼앗겼는고 7
너와 약조한 모든 자들이 다 너
를 쫓아 변경에 이르게 하며 너
와 화목하던 자들이 너를 속여
이기며 네 먹을 것을 먹는 자들
이 네 아래에 함정을 파니 네 마
음에 지각이 없음이로다 8 여호
와의 말씀이니라 그 날에 내가
에돔에서 지혜 있는 자를 멸하며
에서의 산에서 지각 있는 자를
멸하지 아니하겠느냐 9 드만아
네 용사들이 놀랄 것이라 이로
말미암아 에서의 산에 있는 사람
은 다 죽임을 당하여 멸절되리라

에돔의 죄

10 네가 네 형제 야곱에게 행한
포학으로 말미암아 부끄러움을
당하고 영원히 멸절되리라 11
네가 멀리 섰던 날 곧 이방인이
그의 재물을 빼앗아 가며 외국인
이 그의 성문에 들어가서 예루살

1:1 **에돔** 에돔은 야곱의 쌍둥이 형 에서로부터 유래한 민족이었다. 그들은 이스라엘 민족의 원수가 되었다.

렘을 얻기 위하여 제비 뽑던 날
에 너도 그들 중 한 사람 같았느
니라 12 네가 형제의 날 곧 그 재
앙의 날에 방관할 것이 아니며
유다 자손이 패망하는 날에 기뻐
할 것이 아니며 그 고난의 날에
네가 입을 크게 벌릴 것이 아니
며 13 내 백성이 환난을 당하는
날에 네가 그 성문에 들어가지
않을 것이며 환난을 당하는 날에
네가 그 고난을 방관하지 않을
것이며 환난을 당하는 날에 네가
그 재물에 손을 대지 않을 것이
며 14 네거리에 서서 그 도망하
는 자를 막지 않을 것이며 고난
의 날에 그 남은 자를 원수에게
넘기지 않을 것이니라

여호와께서 만국을 벌하실 날

15 여호와께서 만국을 벌할 날이
가까웠나니 네가 행한 대로 너도
받을 것인즉 네가 행한 것이 네
머리로 돌아갈 것이라 16 너희가
내 성산에서 마신 것 같이 만국인
이 항상 마시리니 곧 마시고 삼켜
서 본래 없던 것 같이 되리라

여호와께 속할 나라

17 오직 시온 산에서 피할 자가
있으리니 그 산이 거룩할 것이요
야곱 족속은 자기 기업을 누릴
것이며 18 야곱 족속은 불이 될

것이며 요셉 족속은 불꽃이 될
것이요 에서 족속은 지푸라기가
될 것이라 그들이 그들 위에 붙
어서 그들을 불사를 것인즉 에서
족속에 남은 자가 없으리니 여호
와께서 말씀하셨음이라 19 그들
이 네겝과 에서의 산과 평지와
블레셋을 얻을 것이요 또 그들이
에브라임의 들과 사마리아의 들
을 얻을 것이며 베냐민은 길르앗
을 얻을 것이며 20 사로잡혔던
이스라엘의 많은 자손은 가나안
사람에게 속한 이 땅을 사르밧까
지 얻을 것이며 예루살렘에서 사
로잡혔던 자들 곧 스바랏에 있는
자들은 네겝의 성읍들을 얻을 것
이니라 21 구원 받은 자들이 시
온 산에 올라와서 에서의 산을
심판하리니 나라가 여호와께 속
하리라

요나

1장

요나가 여호와를 피하여 달아나다

1 여호와의 말씀이 아밋대의 아들 요나에게 임하니라 이르시되

2 너는 일어나 저 큰 성읍 니느웨로 가서 그것을 향하여 외치라 그 악독이 내 앞에 상달되었음이니라 하시니라

3 그러나 요나가 여호와의 얼굴을 피하려고 일어나 다시스로 도망하려 하여 욥바로 내려갔더니 마침 다시스로 가는 배를 만난지라

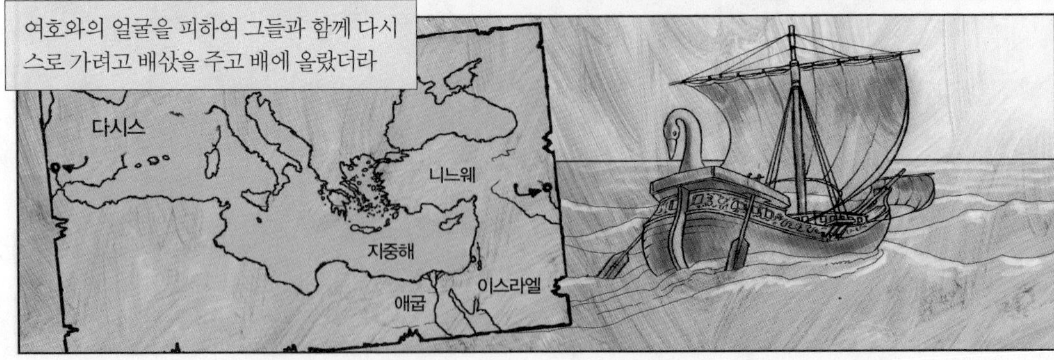
여호와의 얼굴을 피하여 그들과 함께 다시스로 가려고 배삯을 주고 배에 올랐더라
다시스
니느웨
지중해
이스라엘
애굽

4 여호와께서 큰 바람을 바다 위에
내리시매 바다 가운데에 큰 폭풍이
일어나 배가 거의 깨지게 된지라

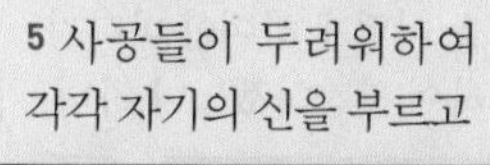
5 사공들이 두려워하여
각각 자기의 신을 부르고

또 배를 가볍게 하려고 그 가운
데 물건들을 바다에 던지니라

그러나 요나는 배 밑층에 내려
가서 누워 깊이 잠이 든지라

6 선장이 그에게 가서 이르되
자는 자여 어찌함이냐 일어나서 네 하나
님께 구하라 혹시 하나님이 우리를 생각
하사 망하지 아니하게 하시리라 하니라

7 그들이 서
로 이르되,
자 우리가 제비를 뽑아 이 재
앙이 누구로 말미암아 우리에
게 임하였나 알아 보자 하고

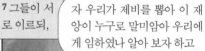

곧 제비를 뽑으니 제비
가 요나에게 뽑힌지라

8 무리가 그
에게 이르되
청하건대 이 재앙이 누구 때문에 우리에게 임하였
는가 말하라 네 생업이 무엇이며 네가 어디서 왔으
며 네 나라가 어디며 어느 민족에 속하였느냐 하니

9 그가 대답하되
나는 히브리 사람이
요 바다와 육지를
지으신 하늘의 하나
님 여호와를 경외하
는 자로라 하고

10 자기가 여호와의 얼굴을 피함인
줄을 그들에게 말하였으므로 무리
가 알고 심히 두려워하여 이르되
네가 어찌하여 그렇게
행하였느냐 하니라

무리가 그에게 이르되
우리가 너를 어떻게 하여야 바다가
우리를 위하여 잔잔하겠느냐 하니

12 그가 대
답하되
나를 들어 바다에 던지라 그리하면 바다가 너
희를 위하여 잔잔하리라 너희가 이 큰 폭풍을
만난 것이 나 때문인 줄을 내가 아노라 하니라

13 그러나 그 사람들이 힘써 노를 저어 배
를 육지로 돌리고자 하다가 바다가 그들을
향하여 점점 더 흉용하므로 능히 못한지라

욘

14 무리가 여호와께 부르짖어 이르되
여호와여 구하고 구하오니 이 사람의 생명 때문에 우리를 멸망시키지 마옵소서 무죄한 피를 우리에게 돌리지 마옵소서 주 여호와께서는 주의 뜻대로 행하심이니이다 하고

15 요나를 들어

바다에 던지매

바다가 뛰노는 것이 곧 그친지라 16 그 사람들이 여호와를 크게 두려워하여 여호와께 제물을 드리고 서원을 하였더라

요나의 기도
17 여호와께서 이미 큰 물고기를 예비하사 요나를 삼키게 하셨으므로 요나가 밤낮 삼 일을 물고기 뱃속에 있으니라

2장

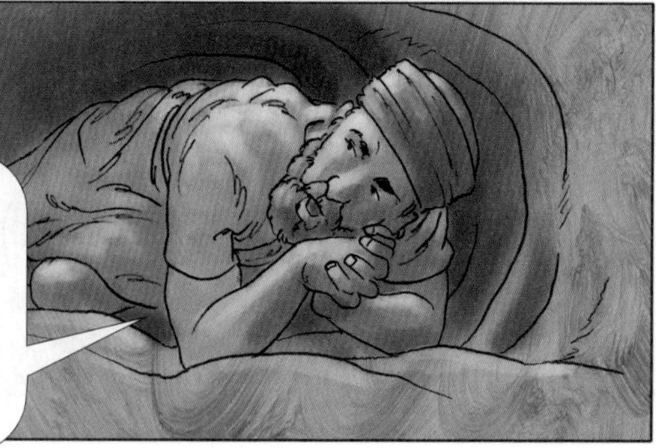
1 요나가 물고기 뱃속에서 그의 하나님 여호와께 기도하여 2 이르되
내가 받는 고난으로 말미암아 여호와께 불러 아뢰었더니 주께서 내게 대답하셨고 내가 스올의 뱃속에서 부르짖었더니 주께서 내 음성을 들으셨나이다

욘

3 주께서 나를 깊음 속 바다 가운데에 던지셨으므로 큰 물이 나를 둘렀고 주의 파도와 큰 물결이 다 내 위에 넘쳤나이다 4 내가 말하기를 내가 주의 목전에서 쫓겨났을지라도 다시 주의 성전을 바라보겠다 하였나이다 5 물이 나를 영혼까지 둘렀사오며 깊음이 나를 에워싸고 바다 풀이 내 머리를 감쌌나이다 6 내가 산의 뿌리까지 내려갔사오며 땅이 그 빗장으로 나를 오래도록 막았사오나 나의 하나님 여호와여 주께서 내 생명을 구덩이에서 건지셨나이다 7 내 영혼이 내 속에서 피곤할 때에 내가 여호와를 생각하였더니 내 기도가 주께 이르렀사오며 주의 성전에 미쳤나이다 8 거짓되고 헛된 것을 숭상하는 모든 자는 자기에게 베푸신 은혜를 버렸사오나 9 나는 감사하는 목소리로 주께 제사를 드리며 나의 서원을 주께 갚겠나이다 구원은 여호와께 속하였나이다 하니라

10 여호와께서 그 물고기에게 말씀하시매 요나를 육지에 토하니라

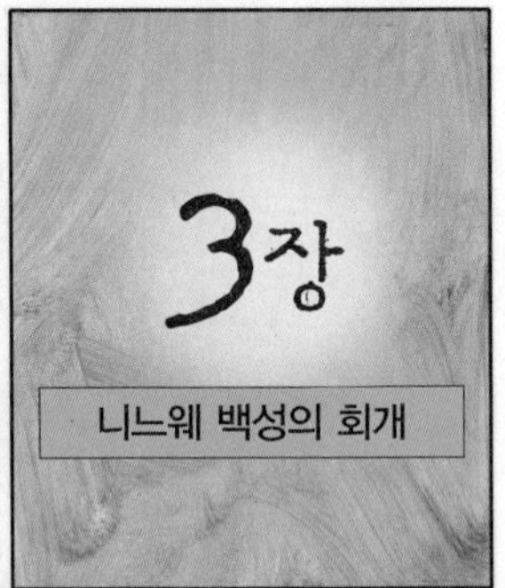
3장
니느웨 백성의 회개

1 여호와의 말씀이 두 번째로 요나에게 임하니라 이르시되
2 일어나 저 큰 성읍 니느웨로 가서 내가 네게 명한 바를 그들에게 선포하라 하신지라

3 요나가 여호와의 말씀대로 일어나서 니느웨로 가니라 니느웨는 사흘 동안 걸을 만큼 하나님 앞에 큰 성읍이더라

욘

4 요나가 그 성읍에 들어가서 하루 동안 다니며 외쳐 이르되

사십 일이 지나면 니느웨
가 무너지리라 하였더니

5 니느웨 사람
들이 하나님
을 믿고 금식
을 선포하고
높고 낮은 자
를 막론하고
굵은 베 옷을
입은지라

6 그 일이 니느웨 왕에게 들
리매 왕이 보좌에서 일어나

왕복을 벗
고 굵은 베
옷을 입고
재 위에 앉
으니라

7 왕과 그의 대신들이 조서를 내
려 니느웨에 선포하여 이르되

사람이나 짐승이나 소 떼나 양 떼나 아무
것도 입에 대지 말지니 곧 먹지도 말 것이
요 물도 마시지 말 것이며 8 사람이든지
짐승이든지 다 굵은 베 옷을 입을 것이요
힘써 하나님께 부르짖을 것이며 각기 악한
길과 손으로 행한 강포에서 떠날 것이라 9
하나님이 뜻을 돌이키시고 그 진노를 그치
사 우리가 멸망하지 않게 하시리라 그렇지
않을 줄을 누가 알겠느냐 한지라

10 하나님이 그들이 행한 것 곧 그 악한 길에서 돌이켜 떠난 것을 보시고 하나님이 뜻을 돌이키사 그들에게 내리리라고 말씀하신 재앙을 내리지 아니하시니라

4장

요나의 분노와 하나님의 자비

1 요나가 매우 싫어하고 성내며

2 여호와께 기도하여 이르되
여호와여 내가 고국에 있을 때에 이러하겠다고 말씀하지 아니하였나이까 그러므로 내가 빨리 다시스로 도망하였사오니 주께서는 은혜로우시며 자비로우시며

노하기를 더디 하시며 인애가 크시사 뜻을 돌이켜 재앙을 내리지 아니하시는 하나님이신 줄을 내가 알았음이니이다

3 여호와여 원하건대 이제 내 생명을 거두어 가소서 사는 것보다 죽는 것이 내게 나음이니이다 하니

4 여호와께서 이르시되
네가 성내는 것이 옳으냐 하시니라

5 요나가 성읍에서 나가서 그 성읍 동쪽에 앉아 거기서 자기를 위하여 초막을 짓고 그 성읍에 무슨 일이 일어나는가를 보려고 그 그늘 아래에 앉았더라

6 하나님 여호와께서 박넝쿨을 예비하사 요나를 가리게 하셨으니

이는 그의 머리를 위하여 그늘이 지게 하며 그의 괴로움을 면하게 하려 하심이었더라

요나가 박넝쿨로 말미암아 크게 기뻐하였더니

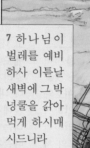

7 하나님이 벌레를 예비하사 이튿날 새벽에 그 박넝쿨을 갉아 먹게 하시매 시드니라

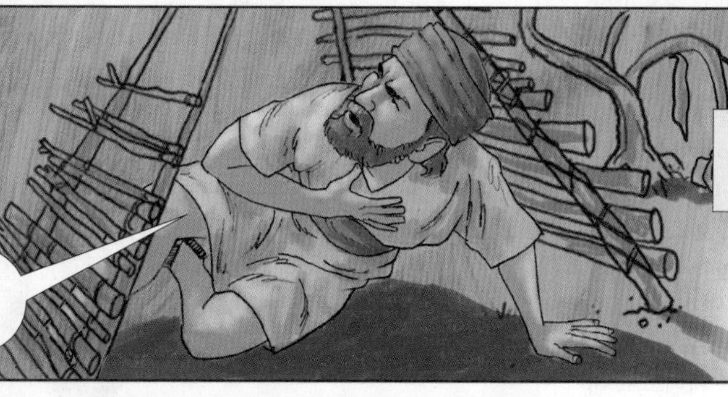
8 해가 뜰 때에 하나님이 뜨거운 동풍을 예비하셨고 해는 요나의 머리에 쪼이매 요나가 혼미하여 스스로 죽기를 구하여 이르되
사는 것보다 죽는 것이 내게 나으니이다 하니라
9 하나님이 요나에게 이르시되
네가 이 박넝쿨로 말미암아 성내는 것이 어찌 옳으냐 하시니

그가 대답하되
내가 성내어 죽기까지 할지라도 옳으니이다 하니라

10 여호와께서 이르시되
네가 수고도 아니하였고 재배도 아니하였고 하룻밤에 났다가 하룻밤에 말라 버린 이 박넝쿨을 아꼈거든 11 하물며 이 큰 성읍 니느웨에는 좌우를 분변하지 못하는 자가 십이만여 명이요 가축도 많이 있나니 내가 어찌 아끼지 아니하겠느냐 하시니라

미가

1장

1 유다의 왕들 요담과 아하스와 히
스기야 시대에 모레셋 사람 미가
에게 임한 여호와의 말씀 곧 사마
리아와 예루살렘에 관한 묵시라

야곱의 허물 이스라엘의 죄

2 백성들아 너희는 다 들을지어
다 땅과 거기에 있는 모든 것들
아 자세히 들을지어다 주 여호와
께서 너희에게 대하여 증언하시
되 곧 주께서 성전에서 그리하실
것이니라 3 여호와께서 그의 처
소에서 나오시고 강림하사 땅의
높은 곳을 밟으실 것이라 4 그
아래에서 산들이 녹고 골짜기들
이 갈라지기를 불 앞의 밀초 같
고 비탈로 쏟아지는 물 같을 것
이니 5 이는 다 야곱의 허물로
말미암음이요 이스라엘 족속의
죄로 말미암음이라 야곱의 허물
이 무엇이냐 사마리아가 아니냐
유다의 산당이 무엇이냐 예루살
렘이 아니냐 6 이러므로 내가 사
마리아를 들의 무더기 같게 하고
포도 심을 동산 같게 하며 또 그
돌들을 골짜기에 쏟아내리고 그
기초를 드러내며 7 그 새긴 우상
들은 다 부서지고 그 음행의 값
은 다 불살라지며 내가 그 목상
들을 다 깨뜨리리니 그가 기생의
값으로 모았은즉 그것이 기생의
값으로 돌아가리라

상처가 유다와 예루살렘에도 미치다

8 이러므로 내가 애통하며 애곡
하고 벌거벗은 몸으로 행하며 들
개 같이 애곡하고 타조 같이 애
통하리니 9 이는 그 상처는 고칠
수 없고 그것이 유다까지도 이르
고 내 백성의 성문 곧 예루살렘
에도 미쳤음이니라 10 가드에
알리지 말며 도무지 울지 말지어
다 내가 베들레아브라•에서 티
끌에 굴렀도다 11 사빌• 주민아
너는 벗은 몸에 수치를 무릅쓰고
나갈지어다 사아난 주민은 나오
지 못하고 벧에셀•이 애곡하여
너희에게 의지할 곳이 없게 하리
라 12 마롯 주민이 근심 중에 복
을 바라니 이는 재앙이 여호와께
로 말미암아 예루살렘 성문에 임
함이니라 13 라기스 주민아 너
는 준마에 병거를 메울지어다 라
기스는 딸 시온의 죄의 근본이니
이는 이스라엘의 허물이 네게서
보였음이니라 14 이러므로 너는
가드모레셋에 작별하는 예물을
줄지어다 악십•의 집들이 이스
라엘 왕들을 속이리라 15 마레
사 주민아 내가 장차 너를 소유
할 자로 네게 이르게 하리니 이
스라엘의 영광이 아둘람까지 이
를 것이라 16 너는 네 기뻐하는
자식으로 인하여 네 머리털을 깎
아 대머리 같게 할지어다 네 머
리가 크게 벗어지게 하기를 독수
리 같게 할지어다 이는 그들이
사로잡혀 너를 떠났음이라

1:10 베들레아브라 이 이름은 '티끌의 집'이라는 뜻이다.
1:11 사빌 이 이름은 '아름다운'이라는 뜻
1:11 벧에셀 이 이름은 '다른 사람 곁에 있는 집'이라는 뜻을 가지고 있는데 이는 도움이나 지지를 암시한다.
1:14 악십 이 이름은 '거짓말' 또는 '속임수'라는 뜻

2장

멸망할 자들

1 그들이 침상에서 죄를 꾀하며
악을 꾸미고 날이 밝으면 그 손
에 힘이 있으므로 그것을 행하는
자는 화 있을진저 2 밭들을 탐하
여 빼앗고 집들을 탐하여 차지하
니 그들이 남자와 그의 집과 사
람과 그의 산업을 강탈하도다 3
그러므로 여호와의 말씀에 내가
이 족속에게 재앙을 계획하나니
너희의 목이 이에서 벗어나지 못
할 것이요 또한 교만하게 다니지
못할 것이라 이는 재앙의 때임이
라 하셨느니라 4 그 때에 너희를
조롱하는 시를 지으며 슬픈 노래
를 불러 이르기를 우리가 온전히
망하게 되었도다 그가 내 백성의
산업을 옮겨 내게서 떠나게 하시
며 우리 밭을 나누어 패역자에게
주시는도다 하리니 5 그러므로
여호와의 회중에서 분깃에 줄을
댈 자가 너희 중에 하나도 없으
리라 6 그들이 말하기를 너희는
예언하지 말라 이것은 예언할 것
이 아니거늘 욕하는 말을 그치지
아니한다 하는도다 7 너희 야곱
의 족속아 어찌 이르기를 여호와
의 영이 성급하시다 하겠느냐 그
의 행위가 이러하시다 하겠느냐
나의 말이 정직하게 행하는 자에
게 유익하지 아니하냐 8 근래에
내 백성이 원수 같이 일어나서
전쟁을 피하여 평안히 지나가는
자들의 의복에서 겉옷을 벗기며
9 내 백성의 부녀들을 그들의 즐
거운 집에서 쫓아내고 그들의 어
린 자녀에게서 나의 영광을 영원
히 빼앗는도다 10 이것은 너희
가 쉴 곳이 아니니 일어나 떠날
지어다 이는 그것이 이미 더러워
졌음이니라 그런즉 반드시 멸하
리니 그 멸망이 크리라 11 사람
이 만일 허망하게 행하며 거짓말
로 이르기를 내가 포도주와 독주
에 대하여 네게 예언하리라 할
것 같으면 그 사람이 이 백성의
선지자가 되리로다 12 야곱아
내가 반드시 너희 무리를 다 모
으며 내가 반드시 이스라엘의 남
은 자를 모으고 그들을 한 처소
에 두기를 보스라의 양 떼 같이
하며 초장의 양 떼 같이 하리니
사람들이 크게 떠들 것이며 13
길을 여는 자가 그들 앞에 올라
가고 그들은 길을 열어 성문에
이르러서는 그리로 나갈 것이며
그들의 왕이 앞서 가며 여호와께
서는 선두로 가시리라

3장

미가가 이스라엘 통치자들을 고발하다

1 내가 또 이르노니 야곱의 우두
머리들과 이스라엘 족속의 통치
자들아 들으라 정의를 아는 것이
너희의 본분이 아니냐 2 너희가
선을 미워하고 악을 기뻐하여 내
백성의 가죽을 벗기고 그 뼈에서
살을 뜯어 3 그들의 살을 먹으며
그 가죽을 벗기며 그 뼈를 꺾어
다지기를 냄비와 솥 가운데에 담
을 고기처럼 하는도다 4 그 때에
그들이 여호와께 부르짖을지라
도 응답하지 아니하시고 그들의
행위가 악했던 만큼 그들 앞에
얼굴을 가리시리라 5 내 백성을
유혹하는 선지자들은 이에 물 것
이 있으면 평강을 외치나 그 입
에 무엇을 채워 주지 아니하는
자에게는 전쟁을 준비하는도다
이런 선지자에 대하여 여호와께
서 이르시되 6 그러므로 너희가
밤을 만나리니 이상을 보지 못할
것이요 어둠을 만나리니 점 치지
못하리라 하셨나니 이 선지자 위
에는 해가 져서 낮이 캄캄할 것
이라 7 선견자가 부끄러워하며
술객이 수치를 당하여 다 입술을
가릴 것은 하나님이 응답하지 아
니하심이거니와 8 오직 나는 여
호와의 영으로 말미암아 능력과
정의와 용기로 충만해져서 야곱
의 허물과 이스라엘의 죄를 그들
에게 보이리라 9 야곱 족속의 우
두머리들과 이스라엘 족속의 통
치자들 곧 정의를 미워하고 정직
한 것을 굽게 하는 자들아 원하
노니 이 말을 들을지어다 10 시
온을 피로, 예루살렘을 죄악으로
건축하는도다 11 그들의 우두머
리들은 뇌물을 위하여 재판하며
그들의 제사장은 삯을 위하여 교
훈하며 그들의 선지자는 돈을 위
하여 점을 치면서도 여호와를 의
뢰하여 이르기를 여호와께서 우
리 중에 계시지 아니하냐 재앙이

우리에게 임하지 아니하리라 하
는도다 12 이러므로 너희로 말
미암아 시온은 갈아엎은 밭이 되
고 예루살렘은 무더기가 되고 성
전의 산은 수풀의 높은 곳이 되
리라

4장

여호와께서 이루실 평화

1 끝날에 이르러는 여호와의 전
의 산이 산들의 꼭대기에 굳게
서며 작은 산들 위에 뛰어나고
민족들이 그리로 몰려갈 것이라
2 곧 많은 이방 사람들이 가며 이
르기를 오라 우리가 여호와의 산
에 올라가서 야곱의 하나님의 전
에 이르자 그가 그의 도를 가지
고 우리에게 가르치실 것이니라
우리가 그의 길로 행하리라 하리
니 이는 율법이 시온에서부터 나
올 것이요 여호와의 말씀이 예루
살렘에서부터 나올 것임이라 3
그가 많은 민족들 사이의 일을
심판하시며 먼 곳 강한 이방 사
람을 판결하시리니 무리가 그 칼
을 쳐서 보습을 만들고 창을 쳐
서 낫을 만들 것이며 이 나라와
저 나라가 다시는 칼을 들고 서
로 치지 아니하며 다시는 전쟁을
연습하지 아니하고 4 각 사람이
자기 포도나무 아래와 자기 무화
과나무 아래에 앉을 것이라 그들
을 두렵게 할 자가 없으리니 이
는 만군의 여호와의 입이 이같이
말씀하셨음이라 5 만민이 각각
자기의 신의 이름을 의지하여 행
하되 오직 우리는 우리 하나님
여호와의 이름을 의지하여 영원
히 행하리로다

이스라엘이 포로에서 돌아오리라

6 여호와께서 말씀하시되 그 날
에는 내가 저는 자를 모으며 쫓
겨난 자와 내가 환난 받게 한 자
를 모아 7 발을 저는 자는 남은
백성이 되게 하며 멀리 쫓겨났던
자들이 강한 나라가 되게 하고
나 여호와가 시온 산에서 이제부
터 영원까지 그들을 다스리리라
하셨나니 8 너 양 떼의 망대• 요
딸 시온의 산이여 이전 권능 곧
딸 예루살렘의 나라가 네게로 돌
아오리라 9 이제 네가 어찌하여
부르짖느냐 너희 중에 왕이 없어
졌고 네 모사가 죽었으므로 네가
해산하는 여인처럼 고통함이냐
10 딸 시온이여 해산하는 여인처
럼 힘들여 낳을지어다 이제 네가
성읍에서 나가서 들에 거주하며
또 바벨론까지 이르러 거기서 구
원을 얻으리니 여호와께서 거기
서 너를 네 원수들의 손에서 속
량하여 내시리라 11 이제 많은
이방 사람들이 모여서 너를 치며
이르기를 시온이 더럽게 되며 그
것을 우리 눈으로 바라보기를 원
하노라 하거니와 12 그들이 여
호와의 뜻을 알지 못하며 그의
계획을 깨닫지 못한 것이라 여호
와께서 곡식 단을 타작 마당에
모음 같이 그들을 모으셨나니
13 딸 시온이여 일어나서 칠지어
다 내가 네 뿔을 무쇠 같게 하며
네 굽을 놋 같게 하리니 네가 여
러 백성을 쳐서 깨뜨릴 것이라
네가 그들의 탈취물을 구별하여

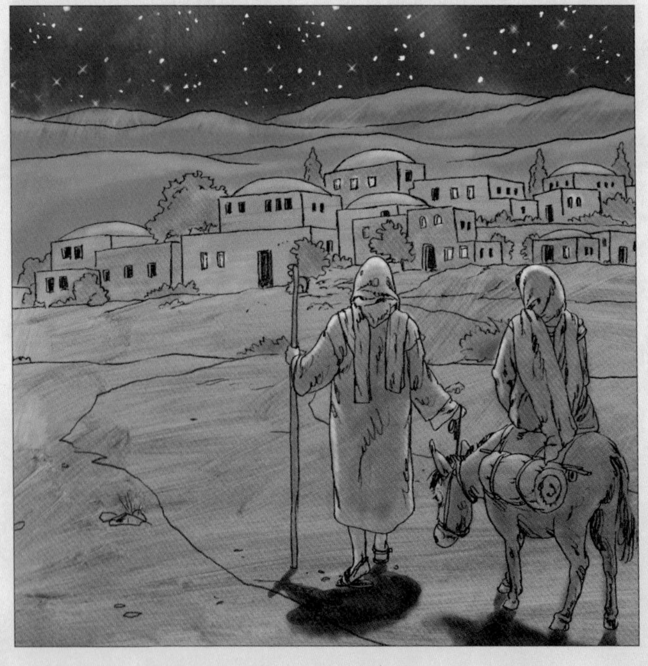

4:8 **양 떼의 망대** 이것은 예루살렘의 일부를 의미하는 것 같다. 예루살렘의 지도자들은 망대에서 양 떼를 지켜보는 목자들처럼 될 것이었다.

여호와께 드리며 그들의 재물을
온 땅의 주께 돌리리라

5장

1 딸 군대여 너는 떼를 모을지어
다 그들이 우리를 에워쌌으니 막
대기로 이스라엘 재판자의 뺨을
치리로다

베들레헴에서 다스릴 자가 나오리라

2 베들레헴 에브라다야 너는 유
다 족속 중에 작을지라도 이스라
엘을 다스릴 자가 네게서 내게로
나올 것이라 그의 근본은 상고
에, 영원에 있느니라 3 그러므로
여인이 해산하기까지 그들을 붙
여 두시겠고 그 후에는 그의 형
제 가운데에 남은 자가 이스라엘
자손에게로 돌아오리니 4 그가
여호와의 능력과 그의 하나님 여
호와의 이름의 위엄을 의지하고
서서 목축하니 그들이 거주할 것
이라 이제 그가 창대하여 땅 끝
까지 미치리라 5 이 사람은 평강
이 될 것이라 앗수르 사람이 우
리 땅에 들어와서 우리 궁들을
밟을 때에는 우리가 일곱 목자와
여덟 군왕을 일으켜 그를 치리니
6 그들이 칼로 앗수르 땅을 황폐
하게 하며 니므롯 땅 어귀를 황
폐하게 하리라 앗수르 사람이 우
리 땅에 들어와서 우리 지경을
밟을 때에는 그가 우리를 그에게
서 건져내리라 7 야곱의 남은 자
는 많은 백성 가운데 있으리니
그들은 여호와께로부터 내리는
이슬 같고 풀 위에 내리는 단비
같아서 사람을 기다리지 아니하
며 인생을 기다리지 아니할 것이
며 8 야곱의 남은 자는 여러 나
라 가운데와 많은 백성 가운데에
있으리니 그들은 수풀의 짐승들
중의 사자 같고 양 떼 중의 젊은
사자 같아서 만일 그가 지나간즉
밟고 찢으리니 능히 구원할 자가
없을 것이라 9 네 손이 네 대적
들 위에 들려서 네 모든 원수를
진멸하기를 바라노라

심판

10 여호와께서 이르시되 그 날에
이르러는 내가 네 군마를 네 가
운데에서 멸절하며 네 병거를 부
수며 11 네 땅의 성읍들을 멸하
며 네 모든 견고한 성을 무너뜨
릴 것이며 12 내가 또 복술을 네
손에서 끊으리니 네게 다시는 점
쟁이가 없게 될 것이며 13 내가
네가 새긴 우상과 주상을 너희
가운데에서 멸절하리니 네가 네
손으로 만든 것을 다시는 섬기지
아니하리라 14 내가 또 네 아세
라 목상을 너희 가운데에서 빼버
리고 네 성읍들을 멸할 것이며
15 내가 또 진노와 분노로 순종
하지 아니한 나라에 갚으리라 하
셨느니라

6장

여호와께서 이스라엘과 변론하시다

1 너희는 여호와의 말씀을 들을
지어다 너는 일어나서 산을 향하
여 변론하여 작은 산들이 네 목
소리를 듣게 하라 하셨나니 2 너
희 산들과 땅의 견고한 지대들아
너희는 여호와의 변론을 들으라
여호와께서 자기 백성과 변론하
시며 이스라엘과 변론하실 것이
라 3 이르시기를 내 백성아 내가
무엇을 네게 행하였으며 무슨 일
로 너를 괴롭게 하였느냐 너는
내게 증언하라 4 내가 너를 애굽
땅에서 인도해 내어 종 노릇 하
는 집에서 속량하였고 모세와 아
론과 미리암을 네 앞에 보냈느니
라 5 내 백성아 너는 모압 왕 발
락이 꾀한 것과 브올의 아들 발
람이 그에게 대답한 것을 기억하
며 싯딤에서부터 길갈까지의 일
을 기억하라 그리하면 나 여호와
가 공의롭게 행한 일을 알리라
하실 것이니라

여호와께서 구하시는 것

6 내가 무엇을 가지고 여호와 앞
에 나아가며 높으신 하나님께 경
배할까 내가 번제물로 일 년 된
송아지를 가지고 그 앞에 나아갈
까 7 여호와께서 천천의 숫양이
나 만만의 강물 같은 기름을 기
뻐하실까 내 허물을 위하여 내
맏아들을, 내 영혼의 죄로 말미
암아 내 몸의 열매를 드릴까 8
사람아 주께서 선한 것이 무엇임

을 네게 보이셨나니 여호와께서
네게 구하시는 것은 오직 정의를
행하며 인자를 사랑하며 겸손하
게 네 하나님과 함께 행하는 것
이 아니냐 9 여호와께서 성읍을
향하여 외쳐 부르시나니 지혜는
주의 이름을 경외함이니라 너희
는 매가 예비되었나니 그것을 정
하신 이가 누구인지 들을지니라
10 악인의 집에 아직도 불의한
재물이 있느냐 축소시킨 가증한
에바가 있느냐 11 내가 만일 부
정한 저울을 썼거나 주머니에 거
짓 저울추를 두었으면 깨끗하겠
느냐 12 그 부자들은 강포가 가
득하였고 그 주민들은 거짓을 말
하니 그 혀가 입에서 거짓되도다
13 그러므로 나도 너를 쳐서 병
들게 하였으며 네 죄로 말미암아
너를 황폐하게 하였나니 14 네
가 먹어도 배부르지 못하고 항상
속이 빌 것이며 네가 감추어도
보존되지 못하겠고 보존된 것은
내가 칼에 붙일 것이며 15 네가
씨를 뿌려도 추수하지 못할 것이
며 감람 열매를 밟아도 기름을 네
몸에 바르지 못할 것이며 포도를
밟아도 술을 마시지 못하리라 16
너희가 오므리의 율례와 아합 집
의 모든 예법을 지키고 그들의 전
통을 따르니 내가 너희를 황폐하
게 하며 그의 주민을 사람의 조소
거리로 만들리라 너희가 내 백성
의 수욕을 담당하리라

7장

이스라엘의 부패

1 재앙이로다 나여 나는 여름 과
일을 딴 후와 포도를 거둔 후 같
아서 먹을 포도송이가 없으며 내
마음에 사모하는 처음 익은 무화
과가 없도다 2 경건한 자가 세상
에서 끊어졌고 정직한 자가 사람
들 가운데 없도다 무리가 다 피
를 흘리려고 매복하며 각기 그물
로 형제를 잡으려 하고 3 두 손
으로 악을 부지런히 행하는도다
그 지도자와 재판관은 뇌물을 구
하며 권세자는 자기 마음의 욕심
을 말하며 그들이 서로 결합하니
4 그들의 가장 선한 자라도 가시
같고 가장 정직한 자라도 찔레
울타리보다 더하도다 그들의 파
수꾼들*의 날 곧 그들 가운데에
형벌의 날이 임하였으니 이제는
그들이 요란하리로다 5 너희는
이웃을 믿지 말며 친구를 의지하
지 말며 네 품에 누운 여인에게라
도 네 입의 문을 지킬지어다 6 아
들이 아버지를 멸시하며 딸이 어
머니를 대적하며 며느리가 시어
머니를 대적하리니 사람의 원수
가 곧 자기의 집안 사람이리로다

구원하시는 하나님

7 오직 나는 여호와를 우러러보
며 나를 구원하시는 하나님을 바
라보나니 나의 하나님이 나에게
귀를 기울이시리로다 8 나의 대
적이여 나로 말미암아 기뻐하지
말지어다 나는 엎드러질지라도
일어날 것이요 어두운 데에 앉을
지라도 여호와께서 나의 빛이 되
실 것임이로다 9 내가 여호와께
범죄하였으니 그의 진노를 당하
려니와 마침내 주께서 나를 위하
여 논쟁하시고 심판하시며 주께

7:4 **파수꾼들** 선지자들을 가리키는 또 다른 말. 선지자들은 성벽 위에 서 있는 파수꾼들 같았다. 그들은 먼 곳으로부터 재앙이 다가오는지 알기 위해 살폈다.

서 나를 인도하사 광명에 이르게
하시리니 내가 그의 공의를 보리
로다 10 나의 대적이 이것을 보
고 부끄러워하리니 그는 전에 내
게 말하기를 네 하나님 여호와가
어디 있느냐 하던 자라 그가 거
리의 진흙 같이 밟히리니 그것을
내가 보리로다 11 네 성벽을 건
축하는 날 곧 그 날에는 지경이
넓혀질 것이라 12 그 날에는 앗
수르에서 애굽 성읍들에까지, 애
굽에서 강까지, 이 바다에서 저
바다까지, 이 산에서 저 산까지
의 사람들이 네게로 돌아올 것이
나 13 그 땅은 그 주민의 행위의
열매로 말미암아 황폐하리로다

기도와 찬양

14 원하건대 주는 주의 지팡이로
주의 백성 곧 갈멜 속 삼림에 홀
로 거주하는 주의 기업의 양 떼
를 먹이시되 그들을 옛날 같이
바산과 길르앗에서 먹이시옵소
서 15 이르시되 네가 애굽 땅에
서 나오던 날과 같이 내가 그들
에게 이적을 보이리라 하셨느니
라 16 이르되 여러 나라가 보고
자기의 세력을 부끄러워하여 손
으로 그 입을 막을 것이요 귀는
막힐 것이며 17 그들이 뱀처럼
티끌을 핥으며 땅에 기는 벌레처
럼 떨며 그 좁은 구멍에서 나와
서 두려워하며 우리 하나님 여호
와께로 돌아와서 주로 말미암아
두려워하리이다 18 주와 같은
신이 어디 있으리이까 주께서는
죄악과 그 기업에 남은 자의 허
물을 사유하시며 인애를 기뻐하
시므로 진노를 오래 품지 아니하
시나이다 19 다시 우리를 불쌍
히 여기셔서 우리의 죄악을 발로
밟으시고 우리의 모든 죄를 깊은
바다에 던지시리이다 20 주께서
옛적에 우리 조상들에게 맹세하
신 대로 야곱에게 성실을 베푸시
며 아브라함에게 인애를 더하시
리이다

미

나훔

1장

1 니느웨•에 대한 경고 곧 엘고
스 사람 나훔의 묵시의 글이라

니느웨에 대한 여호와의 진노

2 여호와는 질투하시며 보복하시
는 하나님이시니라 여호와는 보
복하시며 진노하시되 자기를 거
스르는 자에게 여호와는 보복하
시며 자기를 대적하는 자에게 진
노를 품으시며 3 여호와는 노하
기를 더디 하시며 권능이 크시며
벌 받을 자를 결코 내버려두지
아니하시느니라 여호와의 길은
회오리바람과 광풍에 있고 구름
은 그의 발의 티끌이로다 4 그는
바다를 꾸짖어 그것을 말리시며
모든 강을 말리시나니 바산과 갈
멜이 쇠하며 레바논의 꽃이 시드
는도다 5 그로 말미암아 산들이
진동하며 작은 산들이 녹고 그
앞에서는 땅 곧 세계와 그 가운
데에 있는 모든 것들이 솟아오르
는도다 6 누가 능히 그의 분노
앞에 서며 누가 능히 그의 진노
를 감당하랴 그의 진노가 불처럼
쏟아지니 그로 말미암아 바위들
이 깨지는도다 7 여호와는 선하
시며 환난 날에 산성이시라 그는
자기에게 피하는 자들을 아시느
니라 8 그가 범람하는 물로 그
곳을 진멸하시고 자기 대적들을
흑암으로 쫓아내시리라 9 너희
는 여호와께 대하여 무엇을 꾀하
느냐 그가 온전히 멸하시리니 재
난이 다시 일어나지 아니하리라
10 가시덤불 같이 엉크러졌고 술
을 마신 것 같이 취한 그들은 마
른 지푸라기 같이 모두 탈 것이
거늘 11 여호와께 악을 꾀하는
한 사람이 너희 중에서 나와서
사악한 것을 권하는도다 12 여
호와께서 이같이 말씀하시기를
그들이 비록 강하고 많을지라도
반드시 멸절을 당하리니 그가 없
어지리라 내가 전에는 너를 괴롭

1:1 **니느웨** 앗수르의 수도. 여기서 니느웨는 앗수르 전체를 대표하는 의미로 사용되고 있다.

나

혔으나 다시는 너를 괴롭히지 아
니할 것이라 13 이제 네게 지운
그의 멍에를 내가 깨뜨리고 네
결박을 끊으리라 14 나 여호와
가 네게 대하여 명령하였나니 네
이름이 다시는 전파되지 않을 것
이라 내가 네 신들의 집에서 새
긴 우상과 부은 우상을 멸절하며
네 무덤을 준비하리니 이는 네가
쓸모 없게 되었음이라 15 볼지
어다 아름다운 소식을 알리고 화
평을 전하는 자의 발이 산 위에
있도다 유다야 네 절기를 지키고
네 서원을 갚을지어다 악인이 진
멸되었으니 그가 다시는 네 가운
데로 통행하지 아니하리로다 하
시니라

2장

니느웨의 멸망

1 파괴하는 자•가 너를 치러 올
라왔나니 너는 산성을 지키며 길
을 파수하며 네 허리를 견고히
묶고 네 힘을 크게 굳게 할지어
다 2 여호와께서 야곱의 영광을
회복하시되 이스라엘의 영광 같
게 하시나니 이는 약탈자들이 약
탈하였고 또 그들의 포도나무 가
지를 없이 하였음이라 3 그의 용
사들의 방패는 붉고 그의 무사들
의 옷도 붉으며 그 항오를 벌이
는 날에 병거의 쇠가 번쩍이고
노송나무 창이 요동하는도다 4
그 병거는 미친 듯이 거리를 달
리며 대로에서 이리저리 빨리 달
리니 그 모양이 횃불 같고 빠르
기가 번개 같도다 5 그가• 그의

존귀한 자들을 생각해 내니 그들
이 엎드러질 듯이 달려서 급히
성에 이르러 막을 것을 준비하도
다 6 강들의 수문이 열리고 왕궁
이 소멸되며 7 정한 대로 왕후가
벌거벗은 몸으로 끌려가니 그 모
든 시녀들이 가슴을 치며 비둘기
같이 슬피 우는도다 8 니느웨는
예로부터 물이 모인 못 같더니
이제 모두 도망하니 서라 서라
하나 돌아보는 자가 없도다 9 은
을 노략하라 금을 노략하라 그
저축한 것이 무한하고 아름다운
기구가 풍부함이니라 10 니느웨
가 공허하였고 황폐하였도다 주
민이 낙담하여 그 무릎이 서로
부딪히며 모든 허리가 아프게 되
며 모든 낯이 빛을 잃도다 11 이
제 사자의 굴이 어디냐 젊은 사
자•가 먹을 곳이 어디냐 전에는
수사자 암사자가 그 새끼 사자와
함께 거기서 다니되 그것들을 두
렵게 할 자가 없었으며 12 수사
자가 그 새끼를 위하여 먹이를
충분히 찢고 그의 암사자들을 위
하여 움켜 사냥한 것으로 그 굴
을 채웠고 찢은 것으로 그 구멍
을 채웠었도다 13 만군의 여호
와의 말씀에 내가 네 대적이 되
어 네 병거들을 불살라 연기가
되게 하고 네 젊은 사자들을 칼
로 멸할 것이며 내가 또 네 노략
한 것을 땅에서 끊으리니 네 파
견자의 목소리가 다시는 들리지
아니하리라 하셨느니라

3장

1 화 있을진저 피의 성이여 그 안
에는 거짓이 가득하고 포악이 가
득하며 탈취가 떠나지 아니하는
도다 2 휙휙 하는 채찍 소리, 윙
윙 하는 병거 바퀴 소리, 뛰는 말,
달리는 병거, 3 충돌하는 기병,
번쩍이는 칼, 번개 같은 창, 죽임

나

2:1 **파괴하는 자** 바벨론 사람들, 스구디아 사람들 그리고 메대 사람들이 니느웨를 파괴했다.
2:5 **그가** 아마 앗수르 왕을 가리키는 것 같다.
2:11 **사자** 사자는 앗수르의 상징이었다.

당한 자의 떼, 주검의 큰 무더기,
무수한 시체여 사람이 그 시체에
걸려 넘어지니 4 이는 마술에 능
숙한 미모의 음녀가 많은 음행을
함이라 그가 그의 음행으로 여러
나라를 미혹하고 그의 마술로 여
러 족속을 미혹하느니라 5 보라
내가 네게 말하노니 만군의 여호
와의 말씀에 네 치마를 걷어 올
려 네 얼굴에 이르게 하고 네 벌
거벗은 것을 나라들에게 보이며
네 부끄러운 곳을 뭇 민족에게
보일 것이요 6 내가 또 가증하고
더러운 것들을 네 위에 던져 능
욕하여 너를 구경거리가 되게 하
리니 7 그 때에 너를 보는 자가
다 네게서 도망하며 이르기를 니
느웨가 황폐하였도다 누가 그것

을 위하여 애곡하며 내가 어디서
너를 위로할 자를 구하리요 하리
라 8 네가 어찌 노아몬•보다 낫
겠느냐 그는 강들 사이에 있으므
로 물이 둘렸으니 바다가 성루가
되었고 바다가 방어벽이 되었으
며 9 구스와 애굽은 그의 힘이
강하여 끝이 없었고 붓과 루빔이
그를 돕는 자가 되었으나 10 그
가 포로가 되어 사로잡혀 갔고
그의 어린 아이들은 길 모퉁이
모퉁이에 메어침을 당하여 부서
졌으며 그의 존귀한 자들은 제비
뽑혀 나뉘었고 그의 모든 권세자
들은 사슬에 결박되었나니 11
너도 술에 취하여 숨으리라 너도
원수들 때문에 피난처를 찾으리
라 12 네 모든 산성은 무화과나
무의 처음 익은 열매가 흔들기만
하면 먹는 자의 입에 떨어짐과
같으리라 13 네 가운데 장정들
은 여인 같고 네 땅의 성문들은
네 원수 앞에 넓게 열리고 빗장
들은 불에 타도다 14 너는 물을
길어 에워싸일 것을 대비하며 너
의 산성들을 견고하게 하며 진흙
에 들어가서 흙을 밟아 벽돌 가
마를 수리하라 15 거기서 불이
너를 삼키며 칼이 너를 베기를
느치가 먹는 것 같이 하리라 네
가 느치 같이 스스로 많게 할지

어다 네가 메뚜기 같이 스스로
많게 할지어다 16 네가 네 상인
을 하늘의 별보다 많게 하였으나
느치가 날개를 펴서 날아감과 같
고 17 네 방백은 메뚜기 같고 너
의 장수들은 큰 메뚜기 떼가 추
운 날에는 울타리에 깃들였다가
해가 뜨면 날아감과 같으니 그
있는 곳을 알 수 없도다 18 앗수
르 왕이여 네 목자가 자고 네 귀
족은 누워 쉬며 네 백성은 산들
에 흩어지나 그들을 모을 사람이
없도다 19 네 상처는 고칠 수 없
고 네 부상은 중하도다 네 소식
을 듣는 자가 다 너를 보고 손뼉
을 치나니 이는 그들이 항상 네
게 행패를 당하였음이 아니더냐
하시니라

3:8 노아몬 '더베'(Thebes)로 번역될 수도 있다. 애굽의 큰 도시 데베스를 가리킨다.

하박국

1장

1 선지자 하박국이 묵시로 받은
경고라

하박국의 호소

2 여호와여 내가 부르짖어도 주
께서 듣지 아니하시니 어느 때까
지리이까 내가 강포로 말미암아
외쳐도 주께서 구원하지 아니하
시나이다 3 어찌하여 내게 죄악
을 보게 하시며 패역을 눈으로
보게 하시나이까 겁탈과 강포가
내 앞에 있고 변론과 분쟁이 일
어났나이다 4 이러므로 율법이
해이하고 정의가 전혀 시행되지
못하오니 이는 악인이 의인을 에
워쌌으므로 정의가 굽게 행하여
짐이니이다

여호와의 응답

5 여호와께서 이르시되 너희는
여러 나라를 보고 또 보고 놀라
고 또 놀랄지어다 너희의 생전에
내가 한 가지 일을 행할 것이라
누가 너희에게 말할지라도 너희
가 믿지 아니하리라 6 보라 내가
사납고 성급한 백성 곧 땅이 넓
은 곳으로 다니며 자기의 소유가
아닌 거처들을 점령하는 갈대아
사람을 일으켰나니 7 그들은 두
렵고 무서우며 당당함과 위엄이
자기들에게서 나오며 8 그들의
군마는 표범보다 빠르고 저녁 이
리보다 사나우며 그들의 마병은
먼 곳에서부터 빨리 달려오는 마
병이라 마치 먹이를 움키려 하는
독수리의 날음과 같으니라 9 그
들은 다 강포를 행하러 오는데 앞
을 향하여 나아가며 사람을 사로
잡아 모으기를 모래 같이 많이 할
것이요 10 왕들을 멸시하며 방백
을 조소하며 모든 견고한 성들을
비웃고 흉벽을 쌓아 그것을 점령
할 것이라 11 그들은 자기들의
힘을 자기들의 신으로 삼는 자들
이라 이에 바람 같이 급히 몰아
지나치게 행하여 범죄하리라

하박국이 다시 호소하다

12 선지자가 이르되 여호와 나의
하나님, 나의 거룩한 이시여 주
께서는 만세 전부터 계시지 아니

합

하시니이까 우리가 사망에 이르지 아니하리이다 여호와여 주께서 심판하기 위하여 그들을 두셨나이다 반석이시여 주께서 경계하기 위하여 그들을 세우셨나이다
13 주께서는 눈이 정결하시므로 악을 차마 보지 못하시며 패역을 차마 보지 못하시거늘 어찌하여 거짓된 자들을 방관하시며 악인이 자기보다 의로운 사람을 삼키는데도 잠잠하시나이까
14 주께서 어찌하여 사람을 바다의 고기 같게 하시며 다스리는 자 없는 벌레 같게 하시나이까
15 그가 낚시로 모두 낚으며 그물로 잡으며 투망으로 모으고 그리고는 기뻐하고 즐거워하여
16 그물에 제사하며 투망 앞에 분향하오니 이는 그것을 힘입어 소득이 풍부하고 먹을 것이 풍성하게 됨이니이다
17 그가 그물을 떨고는 계속하여 여러 나라를 무자비하게 멸망시키는 것이 옳으니이까

2장

여호와의 응답

1 내가 내 파수하는 곳에 서며 성루에 서리라 그가 내게 무엇이라 말씀하실는지 기다리고 바라보며 나의 질문에 대하여 어떻게 대답하실는지 보리라 하였더니
2 여호와께서 내게 대답하여 이르시되 너는 이 묵시를 기록하여 판에 명백히 새기되 달려가면서도 읽을 수 있게 하라
3 이 묵시는 정한 때가 있나니 그 종말이 속히 이르겠고 결코 거짓되지 아니하리라 비록 더딜지라도 기다리라 지체되지 않고 반드시 응하리라
4 보라 그의 마음은 교만하며 그 속에서 정직하지 못하나 의인은 그의 믿음으로 말미암아 살리라
5 그는 술을 즐기며 거짓되고 교만하여 가만히 있지 아니하고 스올처럼 자기의 욕심을 넓히며 또 그는 사망 같아서 족한 줄을 모르고 자기에게로 여러 나라를 모으며 여러 백성을 모으나니
6 그 무리가 다 속담으로 그를 평론하며 조롱하는 시로 그를 풍자하지 않겠느냐 곧 이르기를 화 있을진저 자기 소유 아닌 것을 모으는 자여 언제까지 이르겠느냐 볼모 잡은 것으로 무겁게 짐진 자여
7 너를 억누를 자들이 갑자기 일어나지 않겠느냐 너를 괴롭힐 자들이 깨어나지 않겠느냐 네가 그들에게 노략을 당하지 않겠느냐
8 네가 여러 나라를 노략하였으므로 그 모든 민족의 남은 자가 너를 노략하리니 이는 네가 사람의 피를 흘렸음이요 또 땅과 성읍과 그 안의 모든 주민에게 강포를 행하였음이니라
9 재앙을 피하기 위하여 높은 데 깃들이려 하며 자기 집을 위하여 부당한 이익을 취하는 자에게 화 있을진저
10 네가 많은 민족을 멸한 것이 네 집에 욕을 부르며 네 영혼에게 죄를 범하게 하는 것이 되었도다
11 담에서 돌이 부르짖고 집에서 들보가 응답하리라
12 피로 성읍을 건설하며 불의로 성을 건축하는 자에게 화 있을진저
13 민족들이 불탈 것으로 수고하는 것과 나라들이 헛된 일로 피곤하게 되는 것이 만군의 여호와께로 말미암음이 아니냐
14 이는 물이 바다를 덮음 같이 여호와의 영광을 인정하는 것이 세상에 가득함이니라
15 이웃에게 술을 마시게 하되 자기의 분노를 더하여 그에게 취하게 하고 그 하체를 드러내려 하는 자에게 화 있을진저
16 네게 영광이 아니요 수치가 가득한즉 너도 마시고 너의 할례 받지 아니

한 것을 드러내라 여호와의 오른
손의 잔이 네게로 돌아올 것이라
더러운 욕이 네 영광을 가리리라
17 이는 네가 레바논에 강포를
행한 것과 짐승을 죽인 것 곧 사
람의 피를 흘리며 땅과 성읍과
그 안의 모든 주민에게 강포를
행한 것이 네게로 돌아오리라
18 새긴 우상은 그 새겨 만든 자
에게 무엇이 유익하겠느냐 부어
만든 우상은 거짓 스승이라 만든
자가 이 말하지 못하는 우상을
의지하니 무엇이 유익하겠느냐
19 나무에게 깨라 하며 말하지
못하는 돌에게 일어나라 하는 자
에게 화 있을진저 그것이 교훈을
베풀겠느냐 보라 이는 금과 은으

로 입힌 것인즉 그 속에는 생기
가 도무지 없느니라 20 오직 여
호와는 그 성전에 계시니 온 땅
은 그 앞에서 잠잠할지니라 하시
니라

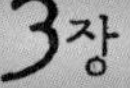

3장

하박국의 기도

1 시기오놋에 맞춘 선지자 하박
국의 기도라 2 여호와여 내가 주
께 대한 소문을 듣고 놀랐나이다
여호와여 주는 주의 일을 이 수
년 내에 부흥하게 하옵소서 이
수년 내에 나타내시옵소서 진노
중에라도 긍휼을 잊지 마옵소서
3 하나님이 데만에서부터 오시며
거룩한 자가 바란 산에서부터 오
시는도다• (셀라) 그의 영광이
하늘을 덮었고 그의 찬송이 세계
에 가득하도다 4 그의 광명이 햇
빛 같고 광선이 그의 손에서 나
오니 그의 권능이 그 속에 감추
어졌도다 5 역병이 그 앞에서 행
하며 불덩이가 그의 발 밑에서
나오는도다 6 그가 서신즉 땅이
진동하며 그가 보신즉 여러 나라
가 전율하며 영원한 산이 무너지
며 무궁한 작은 산이 엎드러지나
니 그의 행하심이 예로부터 그러
하시도다 7 내가 본즉 구산의 장
막이 환난을 당하고 미디안 땅의
휘장이 흔들리는도다 8 여호와
여 주께서 말을 타시며 구원의
병거를 모시오니 강들을 분히 여
기심이니이까 강들을 노여워하
심이니이까 바다를 향하여 성내
심이니이까• 9 주께서 활을 꺼
내시고 화살을 바로 쏘셨나이다
(셀라) 주께서 강들로 땅을 쪼개
셨나이다 10 산들이 주를 보고
흔들리며 창수가 넘치고 바다가
소리를 지르며 손을 높이 들었나
이다 11 날아가는 주의 화살의
빛과 번쩍이는 주의 창의 광채로
말미암아 해와 달이 그 처소에
멈추었나이다 12 주께서 노를
발하사 땅을 두르셨으며 분을 내
사 여러 나라를 밟으셨나이다
13 주께서 주의 백성을 구원하시
려고, 기름 부음 받은 자를 구원
하시려고 나오사 악인의 집의 머

리를 치시며 그 기초를 바닥까지
드러내셨나이다 (셀라) 14 그들
이 회오리바람처럼 이르러 나를
흩으려 하며 가만히 가난한 자
삼키기를 즐거워하나 오직 주께
서 그들의 전사의 머리를 그들의
창으로 찌르셨나이다 15 주께서
말을 타시고 바다 곧 큰 물의 파
도를 밟으셨나이다 16 내가 들
었으므로 내 창자가 흔들렸고 그
목소리로 말미암아 내 입술이 떨
렸도다 무리가 우리를 치러 올라
오는 환난 날을 내가 기다리므로
썩이는 것이 내 뼈에 들어왔으며
내 몸은 내 처소에서 떨리는도다
17 비록 무화과나무가 무성하지
못하며 포도나무에 열매가 없으
며 감람나무에 소출이 없으며 밭
에 먹을 것이 없으며 우리에 양
이 없으며 외양간에 소가 없을지
라도 18 나는 여호와로 말미암
아 즐거워하며 나의 구원의 하나
님으로 말미암아 기뻐하리로다
19 주 여호와는 나의 힘이시라
나의 발을 사슴과 같게 하사 나
를 나의 높은 곳으로 다니게 하
시리로다 이 노래는 지휘하는 사
람을 위하여 내 수금에 맞춘 것
이니라

3:3 하나님이… 오시는도다 하나님께서 다시 시내 산 방향으로부터 오시는 것으로 묘사된다. 하나님께서 자신의 백성을 애굽으로부터 구원하실 때 하나님은 시내 산으로부터 오셨다.

3:8 주께서 말을 타시며… 바다를 향하여 성내심이니이까 이것은 아마 이스라엘 민족이 홍해를 건넌 사건을 가리키는 말 같다.

스바냐

1장

1 아몬의 아들 유다 왕 요시야의
시대에 스바냐에게 임한 여호와
의 말씀이라 스바냐는 히스기야
의 현손이요 아마랴의 증손이요
그다랴의 손자요 구시의 아들이
었더라

여호와의 날

2 여호와께서 이르시되 내가 땅
위에서 모든 것을 진멸하리라 3
내가 사람과 짐승을 진멸하고 공
중의 새와 바다의 고기와 거치게
하는 것과 악인들을 아울러 진멸
할 것이라 내가 사람을 땅 위에
서 멸절하리라 나 여호와의 말이
니라 4 내가 유다와 예루살렘의
모든 주민들 위에 손을 펴서 남
아 있는 바알을 그 곳에서 멸절
하며 그마림이란 이름과 및 그
제사장들을 아울러 멸절하며 5
또 지붕•에서 하늘의 뭇 별에게
경배하는 자들과 경배하며 여호
와께 맹세하면서 말감을 가리켜
맹세하는 자들과 6 여호와를 배
반하고 따르지 아니한 자들과 여
호와를 찾지도 아니하며 구하지
도 아니한 자들을 멸절하리라 7
주 여호와 앞에서 잠잠할지어다
이는 여호와의 날이 가까웠으므
로 여호와께서 희생을 준비하고
그가 청할 자들을 구별하셨음이
니라 8 여호와의 희생의 날에 내
가 방백들과 왕자들과 이방인의
옷을 입은 자들을 벌할 것이며 9
그 날에 문턱을 뛰어넘어서 포악
과 거짓을 자기 주인의 집에 채
운 자들을 내가 벌하리라 10 나
여호와가 말하노라 그 날에 어문
에서는 부르짖는 소리가, 제 이

1:5 **지붕** 성경 시대 집들의 지붕은 평평했다. 당시 지붕은 열매와 아마(亞麻) 같은 것들을 말리는 장소로 사용되었다. 또 임시로 사용하는 방으로, 경배의 장소로 또는 여름에 잠자는 장소로 사용되었다.

구역에서는 울음 소리가, 작은
산들에서는 무너지는 소리가 일
어나리라 11 막데스 주민들아
너희는 슬피 울라 가나안 백성이
다 패망하고 은을 거래하는 자들
이 끊어졌음이라 12 그 때에 내
가 예루살렘에서 찌꺼기 같이 가
라앉아서 마음속에 스스로 이르
기를 여호와께서는 복도 내리지
아니하시며 화도 내리지 아니하
시리라 하는 자를 등불로 두루
찾아 벌하리니 13 그들의 재물
이 노략되며 그들의 집이 황폐할
것이라 그들이 집을 건축하나 거
기에 살지 못하며 포도원을 가꾸
나 그 포도주를 마시지 못하리라
14 여호와의 큰 날이 가깝도다
가깝고도 빠르도다 여호와의 날
의 소리로다 용사가 거기서 심히
슬피 우는도다 15 그날은 분노
의 날이요 환난과 고통의 날이요
황폐와 패망의 날이요 캄캄하고
어두운 날이요 구름과 흑암의 날
이요 16 나팔을 불어 경고하며
견고한 성읍들을 치며 높은 망대
를 치는 날이로다 17 내가 사람
들에게 고난을 내려 맹인 같이
행하게 하리니 이는 그들이 나
여호와께 범죄하였음이라 또 그
들의 피는 쏟아져서 티끌 같이
되며 그들의 살은 분토 같이 될
지라 18 그들의 은과 금이 여호

와의 분노의 날에 능히 그들을
건지지 못할 것이며 이 온 땅이
여호와의 질투의 불에 삼켜지리
니 이는 여호와가 이 땅 모든 주
민을 멸절하되 놀랍게 멸절할 것
임이라

2장

공의와 겸손을 구하라

1 수치를 모르는 백성아 모일지
어다 모일지어다 2 명령이 시행
되어 날이 겨 같이 지나가기 전,
여호와의 진노가 너희에게 내리
기 전, 여호와의 분노의 날이 너
희에게 이르기 전에 그리할지어
다 3 여호와의 규례를 지키는 세
상의 모든 겸손한 자들아 너희는
여호와를 찾으며 공의와 겸손을
구하라 너희가 혹시 여호와의 분
노의 날에 숨김을 얻으리라

이스라엘 이웃 나라들이 받을 벌

4 가사는 버림을 당하며 아스글
론은 폐허가 되며 아스돗은 대낮
에 쫓겨나며 에그론은 뽑히리라
5 해변 주민 그렛 족속에게 화 있
을진저 블레셋 사람의 땅 가나안
아 여호와의 말씀이 너희를 치나
니 내가 너를 멸하여 주민이 없
게 하리라 6 해변은 풀밭이 되어
목자의 움막과 양 떼의 우리가
거기에 있을 것이며 7 그 지경은
유다 족속의 남은 자에게로 돌아
갈지라 그들이 거기에서 양 떼를
먹이고 저녁에는 아스글론 집들
에 누우리니 이는 그들의 하나님
여호와가 그들을 보살피사 그들
이 사로잡힘을 돌이킬 것임이라
8 내가 모압의 비방과 암몬 자손
이 조롱하는 말을 들었나니 그들
이 내 백성을 비방하고 자기들의
경계에 대하여 교만하였느니라
9 그러므로 만군의 여호와 이스
라엘의 하나님이 말하노라 내가
나의 삶을 두고 맹세하노니 장차
모압은 소돔 같으며 암몬 자손은
고모라* 같을 것이라 찔레가 나
며 소금 구덩이가 되어 영원히
황폐하리니 내 백성의 남은 자들
이 그들을 노략하며 나의 남은
백성이 그것을 기업으로 얻을 것
이라 10 그들이 이런 일을 당할
것은 그들이 만군의 여호와의 백
성에 대하여 교만하여졌음이라

2:9 소돔… 고모라 너무나 악했기 때문에 하나님께서 멸하신 두 도시

11 여호와가 그들에게 두렵게 되
어서 세상의 모든 신을 쇠약하게
하리니 이방의 모든 해변 사람들
이 각각 자기 처소에서 여호와께
경배하리라 12 구스 사람들아
너희도 내 칼에 죽임을 당하리라
13 여호와가 북쪽을 향하여 손을
펴서 앗수르를 멸하며 니느웨를
황폐하게 하여 사막 같이 메마르
게 하리니 14 각종 짐승이 그 가
운데에 떼로 누울 것이며 당아와
고슴도치가 그 기둥 꼭대기에 깃
들이고 그것들이 창에서 울 것이
며 문턱이 적막하리니 백향목으
로 지은 것이 벗겨졌음이라 15
이는 기쁜 성이라 염려 없이 거
주하며 마음속에 이르기를 오직
나만 있고 나 외에는 다른 이가
없다 하더니 어찌 이와 같이 황
폐하여 들짐승이 엎드릴 곳이 되
었는고 지나가는 자마다 비웃으
며 손을 흔들리로다

3장

예루살렘이 받을 형벌과 보호

1 패역하고 더러운 곳, 포학한 그
성읍이 화 있을진저 2 그가 명령
을 듣지 아니하며 교훈을 받지
아니하며 여호와를 의뢰하지 아
니하며 자기 하나님에게 가까이
나아가지 아니하였도다 3 그 가
운데 방백들은 부르짖는 사자요
그의 재판장들은 이튿날까지 남
겨 두는 것이 없는 저녁 이리요
4 그의 선지자들은 경솔하고 간
사한 사람들이요 그의 제사장들
은 성소를 더럽히고 율법을 범하
였도다 5 그 가운데에 계시는 여
호와는 의로우사 불의를 행하지
아니하시고 아침마다 빠짐없이
자기의 공의를 비추시거늘 불의
한 자는 수치를 알지 못하는도다
6 내가 여러 나라를 끊어 버렸으
므로 그들의 망대가 파괴되었고
내가 그들의 거리를 비게 하여
지나는 자가 없게 하였으므로 그
들의 모든 성읍이 황폐하며 사람
이 없으며 거주할 자가 없게 되
었느니라 7 내가 이르기를 너는
오직 나를 경외하고 교훈을 받으
라 그리하면 내가 형벌을 내리기
로 정하기는 하였지만 너의 거처
가 끊어지지 아니하리라 하였으
나 그들이 부지런히 그들의 모든
행위를 더럽게 하였느니라 8 나
여호와가 말하노라 그러므로 내
가 일어나 벌할 날까지 너희는
나를 기다리라 내가 뜻을 정하고
나의 분노와 모든 진노를 쏟으려
고 여러 나라를 소집하며 왕국들
을 모으리라 온 땅이 나의 질투
의 불에 소멸되리라 9 그 때에
내가 여러 백성의 입술을 깨끗하
게 하여 그들이 다 여호와의 이
름을 부르며 한 가지로 나를 섬
기게 하리니 10 내게 구하는 백
성들 곧 내가 흩은 자의 딸이 구
스 강 건너편에서부터 예물을 가
지고 와서 내게 바칠지라 11 그

날에 네가 내게 범죄한 모든 행
위로 말미암아 수치를 당하지 아
니할 것은 그 때에 내가 네 가운
데서 교만하여 자랑하는 자들을
제거하여 네가 나의 성산에서 다
시는 교만하지 않게 할 것임이라
12 내가 곤고하고 가난한 백성을
네 가운데에 남겨 두리니 그들이
여호와의 이름을 의탁하여 보호
를 받을지라 13 이스라엘의 남
은 자는 악을 행하지 아니하며
거짓을 말하지 아니하며 입에 거
짓된 혀가 없으며 먹고 누울지라
도 그들을 두렵게 할 자가 없으
리라

기뻐하며 부를 노래

14 시온의 딸아 노래할지어다 이
스라엘아 기쁘게 부를지어다 예
루살렘 딸아 전심으로 기뻐하며
즐거워할지어다 15 여호와가 네
형벌을 제거하였고 네 원수를 쫓
아냈으며 이스라엘 왕 여호와가
네 가운데 계시니 네가 다시는
화를 당할까 두려워하지 아니할
것이라 16 그 날에 사람이 예루
살렘에 이르기를 두려워하지 말
라 시온아 네 손을 늘어뜨리지
말라 17 너의 하나님 여호와가
너의 가운데에 계시니 그는 구원
을 베푸실 전능자이시라 그가 너
로 말미암아 기쁨을 이기지 못하
시며 너를 잠잠히 사랑하시며 너
로 말미암아 즐거이 부르며 기뻐
하시리라 하리라 18 내가 절기
로 말미암아 근심하는 자들을 모
으리니 그들은 네게 속한 자라
그들에게 지워진 짐이 치욕이 되
었느니라 19 그 때에 내가 너를
괴롭게 하는 자를 다 벌하고 저
는 자를 구원하며 쫓겨난 자를
모으며 온 세상에서 수욕 받는
자에게 칭찬과 명성을 얻게 하리
라 20 내가 그 때에 너희를 이끌
고 그 때에 너희를 모을지라 내
가 너희 목전에서 너희의 사로잡
힘을 돌이킬 때에 너희에게 천하
만민 가운데서 명성과 칭찬을 얻
게 하리라 여호와의 말이니라

학개

1장

성전을 건축하라는 여호와의 말씀

1 다리오 왕 제이년 여섯째 달 곧
그 달 초하루에 여호와의 말씀이
선지자 학개로 말미암아 스알디
엘의 아들 유다 총독 스룹바벨과
여호사닥의 아들 대제사장 여호
수아에게 임하니라 이르시되 2
만군의 여호와가 이같이 말하여
이르노라 이 백성이 말하기를 여
호와의 전을 건축할 시기가 이르
지 아니하였다 하느니라 3 여호
와의 말씀이 선지자 학개에게 임
하여 이르시되 4 이 성전이 황폐
하였거늘 너희가 이 때에 판벽한
집에 거주하는 것이 옳으냐 5 그
러므로 이제 만군의 여호와가 이
같이 말하노니 너희는 너희의 행
위를 살필지니라 6 너희가 많이
뿌릴지라도 수확이 적으며 먹을
지라도 배부르지 못하며 마실지
라도 흡족하지 못하며 입어도 따
뜻하지 못하며 일꾼이 삯을 받아
도 그것을 구멍 뚫어진 전대에
넣음이 되느니라 7 만군의 여호
와가 말하노니 너희는 자기의 행
위를 살필지니라 8 너희는 산에
올라가서 나무를 가져다가 성전
을 건축하라 그리하면 내가 그것

으로 말미암아 기뻐하고 또 영광
을 얻으리라 여호와가 말하였느
니라 9 너희가 많은 것을 바랐으
나 도리어 적었고 너희가 그것을
집으로 가져갔으나 내가 불어 버
렸느니라 나 만군의 여호와가 말
하노라 이것이 무슨 까닭이냐 내
집은 황폐하였으되 너희는 각각
자기의 집을 짓기 위하여 빨랐음
이라 10 그러므로 너희로 말미
암아 하늘은 이슬을 그쳤고 땅은
산물을 그쳤으며 11 내가 이 땅
과 산과 곡물과 새 포도주와 기
름과 땅의 모든 소산과 사람과
가축과 손으로 수고하는 모든 일
에 한재를 들게 하였느니라

성전 건축을 격려하다

12 스알디엘의 아들 스룹바벨과
여호사닥의 아들 대제사장 여호
수아와 남은 모든 백성이 그들의
하나님 여호와의 목소리와 선지
자 학개의 말을 들었으니 이는
그들의 하나님 여호와께서 그를
보내셨음이라 백성이 다 여호와
를 경외하매 13 그 때에 여호와
의 사자 학개가 여호와의 위임을
받아 백성에게 말하여 이르되 여
호와가 말하노니 내가 너희와 함
께 하노라 하니라 14 여호와께
서 스알디엘의 아들 유다 총독
스룹바벨의 마음과 여호사닥의
아들 대제사장 여호수아의 마음
과 남은 모든 백성의 마음을 감
동시키시매 그들이 와서 만군의
여호와 그들의 하나님의 전 공사
를 하였으니 15 그 때는 다리오
왕 제이년 여섯째 달 이십사일이
었더라

2장

1 일곱째 달 곧 그 달 이십일일에
여호와의 말씀이 선지자 학개에
게 임하니라 이르시되 2 너는 스
알디엘의 아들 유다 총독 스룹바
벨과 여호사닥의 아들 대제사장
여호수아와 남은 백성에게 말하
여 이르라 3 너희 가운데에 남아
있는 자 중에서 이 성전의 이전
영광을 본 자가 누구냐 이제 이
것이 너희에게 어떻게 보이느냐
이것이 너희 눈에 보잘것없지 아
니하냐 4 그러나 여호와가 이르
노라 스룹바벨아 스스로 굳세게
할지어다 여호사닥의 아들 대제
사장 여호수아야 스스로 굳세게
할지어다 여호와의 말이니라 이
땅 모든 백성아 스스로 굳세게
하여 일할지어다 내가 너희와 함
께 하노라 만군의 여호와의 말이
니라 5 너희가 애굽에서 나올 때
에 내가 너희와 언약한 말과 나
의 영이 계속하여 너희 가운데에
머물러 있나니 너희는 두려워하
지 말지어다 6 만군의 여호와가
이같이 말하노라 조금 있으면 내
가 하늘과 땅과 바다와 육지를
진동시킬 것이요 7 또한 모든 나
라를 진동시킬 것이며 모든 나라
의 보배가 이르리니 내가 이 성
전에 영광이 충만하게 하리라 만
군의 여호와의 말이니라 8 은도
내 것이요 금도 내 것이니라 만
군의 여호와의 말이니라 9 이 성
전의 나중 영광이 이전 영광보다
크리라 만군의 여호와의 말이니
라 내가 이 곳에 평강을 주리라
만군의 여호와의 말이니라 10
다리오 왕 제이년 아홉째 달 이
십사일에 여호와의 말씀이 선지
자 학개에게 임하니라 이르시되
11 만군의 여호와가 말하노니 너
는 제사장에게 율법에 대하여 물
어 이르기를 12 사람이 옷자락
에 거룩한 고기를 쌌는데 그 옷
자락이 만일 떡에나 국에나 포도
주에나 기름에나 다른 음식물에
닿았으면 그것이 성물이 되겠느
냐 하라 학개가 물으매 제사장들
이 대답하여 이르되 아니니라 하
는지라 13 학개가 이르되 시체
를 만져서 부정하여진 자가 만일
그것들 가운데 하나를 만지면 그
것이 부정하겠느냐 하니 제사장
들이 대답하여 이르되 부정하리
라 하더라 14 이에 학개가 대답
하여 이르되 여호와의 말씀에 내
앞에서 이 백성이 그러하고 이
나라가 그러하고 그들의 손의 모
든 일도 그러하고 그들이 거기에

서 드리는 것도 부정하니라 15
이제 원하건대 너희는 오늘부터
이전 곧 여호와의 전에 돌이 돌
위에 놓이지 아니하였던 때를 기
억하라 16 그 때에는 이십 고르
곡식 더미에 이른즉 십 고르뿐이
었고 포도즙 틀에 오십 고르를
길으러 이른즉 이십 고르뿐이었
었느니라 17 만군의 여호와가
말하노라 내가 너희 손으로 지은
모든 일에 곡식을 마르게 하는
재앙과 깜부기 재앙과 우박으로
쳤으나 너희가 내게로 돌이키지
아니하였느니라 18 너희는 오늘
이전을 기억하라 아홉째 달 이십
사일 곧 여호와의 성전 지대를

쌓던 날부터 기억하여 보라 19
곡식 종자가 아직도 창고에 있느
냐 포도나무, 무화과나무, 석류
나무, 감람나무에 열매가 맺지
못하였느니라 그러나 오늘부터
는 내가 너희에게 복을 주리라
20 그 달 이십사일에 여호와의
말씀이 다시 학개에게 임하니라
이르시되 21 너는 유다 총독 스
룹바벨에게 말하여 이르라 내가
하늘과 땅을 진동시킬 것이요
22 여러 왕국들의 보좌를 엎을
것이요 여러 나라의 세력을 멸할
것이요 그 병거들과 그 탄 자를
엎드러뜨리리니 말과 그 탄 자가
각각 그의 동료의 칼에 엎드러지
리라 23 만군의 여호와가 말하
노라 스알디엘의 아들 내 종 스
룹바벨아 여호와가 말하노라 그
날에 내가 너를 세우고 너를 인
장으로 삼으리니 이는 내가 너를
택하였음이니라 만군의 여호와
의 말이니라 하시니라

학

스가랴

1장

악한 길에서 돌아오라고 명령하시다

1 다리오 왕 제이년 여덟째 달에
여호와의 말씀이 잇도의 손자 베
레갸의 아들 선지자 스가랴에게
임하니라 이르시되 2 여호와가
너희의 조상들에게 심히 진노하
였느니라 3 그러므로 너는 그들
에게 말하기를 만군의 여호와께
서 이처럼 이르시되 너희는 내게
로 돌아오라 만군의 여호와의 말
이니라 그리하면 내가 너희에게
로 돌아가리라 만군의 여호와의
말이니라 4 너희 조상들을 본받
지 말라 옛적 선지자들이 그들에
게 외쳐 이르되 만군의 여호와께
서 이같이 말씀하시기를 너희가
악한 길, 악한 행위를 떠나서 돌
아오라 하셨다 하나 그들이 듣지
아니하고 내게 귀를 기울이지 아
니하였느니라 여호와의 말이니
라 5 너희 조상들이 어디 있느냐
또 선지자들이 영원히 살겠느냐
6 내가 나의 종 선지자들에게 명
령한 내 말과 내 법도들이 어찌
너희 조상들에게 임하지 아니하
였느냐 그러므로 그들이 돌이켜
이르기를 만군의 여호와께서 우
리 길대로, 우리 행위대로 우리
에게 행하시려고 뜻하신 것을 우
리에게 행하셨도다 하였느니라

화석류나무 사이에 선 자

7 다리오 왕 제이년 열한째 달 곧
스밧월 이십사일에 잇도의 손자
베레갸의 아들 선지자 스가랴에
게 여호와의 말씀이 임하니라 8
내가 밤에 보니 한 사람이 붉은
말을 타고 골짜기 속 화석류나무
사이에 섰고 그 뒤에는 붉은 말
과 자줏빛 말과 백마가 있기로 9
내가 말하되 내 주여 이들이 무
엇이니이까 하니 내게 말하는 천
사가 내게 이르되 이들이 무엇인
지 내가 네게 보이리라 하니 10
화석류나무 사이에 선 자가 대답
하여 이르되 이는 여호와께서 땅
에 두루 다니라고 보내신 자들이
니라 11 그들이 화석류나무 사
이에 선 여호와의 천사에게 말하
되 우리가 땅에 두루 다녀 보니
온 땅이 평안하고 조용하더이다
하더라 12 여호와의 천사가 대
답하여 이르되 만군의 여호와여
여호와께서 언제까지 예루살렘
과 유다 성읍들을 불쌍히 여기지
아니하시려 하나이까 이를 노하
신 지 칠십 년이 되었나이다 하
매 13 여호와께서 내게 말하는
천사에게 선한 말씀, 위로하는
말씀으로 대답하시더라 14 내게
말하는 천사가 내게 이르되 너는
외쳐 이르기를 만군의 여호와의
말씀에 내가 예루살렘을 위하며
시온을 위하여 크게 질투하며

15 안일한 여러 나라들 때문에
심히 진노하나니 나는 조금 노하
였거늘 그들은 힘을 내어 고난을
더하였음이라 16 그러므로 여호
와가 이처럼 말하노라 내가 불쌍
히 여기므로 예루살렘에 돌아왔
은즉 내 집이 그 가운데에 건축
되리니 예루살렘 위에 먹줄이 쳐
지리라 만군의 여호와의 말이니
라 17 그가 다시 외쳐 이르기를
만군의 여호와의 말씀에 나의 성
읍들이 넘치도록 다시 풍부할 것
이라 여호와가 다시 시온을 위로
하며 다시 예루살렘을 택하리라
하라 하니라

네 뿔과 대장장이 네 명

18 내가 눈을 들어 본즉 네 개의
뿔이 보이기로 19 이에 내게 말
하는 천사에게 묻되 이들이 무엇
이니이까 하니 내게 대답하되 이
들은 유다와 이스라엘과 예루살
렘을 흩뜨린 뿔이니라 20 그 때
에 여호와께서 대장장이 네 명을
내게 보이시기로 21 내가 말하되
그들이 무엇하러 왔나이까 하니
대답하여 이르시되 그 뿔들이 유
다를 흩뜨려서 사람들이 능히 머
리를 들지 못하게 하니 이 대장
장이들이 와서 그것들을 두렵게
하고 이전의 뿔들을 들어 유다
땅을 흩뜨린 여러 나라의 뿔들을
떨어뜨리려 하느니라 하시더라

2장

측량줄을 잡은 사람

1 내가 또 눈을 들어 본즉 한 사
람이 측량줄을 그의 손에 잡았기
로 2 네가 어디로 가느냐 물은즉
그가 내게 대답하되 예루살렘을
측량하여 그 너비와 길이를 보고
자 하노라 하고 말할 때에 3 내
게 말하는 천사가 나가고 다른

천사가 나와서 그를 맞으며 4 이
르되 너는 달려가서 그 소년에게
말하여 이르기를 예루살렘은 그
가운데 사람과 가축이 많으므로
성곽 없는 성읍이 될 것이라 하
라 5 여호와의 말씀에 내가 불로
둘러싼 성곽이 되며 그 가운데에
서 영광이 되리라 6 오호라 너희
는 북방 땅에서 도피할지어다 여
호와의 말씀이니라 이는 내가 너
희를 하늘 사방에 바람 같이 흩
어지게 하였음이니라 여호와의
말씀이니라 7 바벨론 성에 거주
하는 시온아 이제 너는 피할지니
라 8 만군의 여호와께서 이같이
말씀하시되 영광을 위하여 나를
너희를 노략한 여러 나라로 보내
셨나니 너희를 범하는 자는 그의
눈동자를 범하는 것이라 9 내가
손을 그들 위에 움직인즉 그들이
자기를 섬기던 자들에게 노략거
리가 되리라 하셨나니 너희가 만
군의 여호와께서 나를 보내신 줄
알리라 10 여호와의 말씀에 시
온의 딸아 노래하고 기뻐하라 이
는 내가 와서 네 가운데에 머물
것임이라 11 그 날에 많은 나라
가 여호와께 속하여 내 백성이
될 것이요 나는 네 가운데에 머
물리라 네가 만군의 여호와께서
나를 네게 보내신 줄 알리라 12
여호와께서 장차 유다를 거룩한
땅에서 자기 소유를 삼으시고 다
시 예루살렘을 택하시리니 13
모든 육체가 여호와 앞에서 잠잠
할 것은 여호와께서 그의 거룩한
처소에서 일어나심이니라 하라
하더라

3장

여호와의 천사 앞에 선 여호수아

1 대제사장 여호수아는 여호와의
천사 앞에 섰고 사탄은 그의 오

른쪽에 서서 그를 대적하는 것을
여호와께서 내게 보이시니라 2
여호와께서 사탄에게 이르시되
사탄아 여호와께서 너를 책망하
노라 예루살렘을 택한 여호와께
서 너를 책망하노라 이는 불에서
꺼낸 그슬린 나무가 아니냐 하실
때에 3 여호수아가 더러운 옷을
입고 천사 앞에 서 있는지라 4
여호와께서 자기 앞에 선 자들에
게 명령하사 그 더러운 옷을 벗
기라 하시고 또 여호수아에게 이
르시되 내가 네 죄악을 제거하여
버렸으니 네게 아름다운 옷을 입
히리라 하시기로 5 내가 말하되
정결한 관을 그의 머리에 씌우
소서 하매 곧 정결한 관을 그 머
리에 씌우며 옷을 입히고 여호
와의 천사는 곁에 섰더라 6 여
호와의 천사가 여호수아에게 증
언하여 이르되 7 만군의 여호와
의 말씀에 네가 만일 내 도를 행
하며 내 규례를 지키면 네가 내
집을 다스릴 것이요 내 뜰을 지
킬 것이며 내가 또 너로 여기 섰
는 자들 가운데에 왕래하게 하
리라 8 대제사장 여호수아야 너
와 네 앞에 앉은 네 동료들은 내
말을 들을 것이니라 이들은 예
표의 사람들이라 내가 내 종 싹
을 나게 하리라 9 만군의 여호
와가 말하노라 내가 너 여호수
아 앞에 세운 돌을 보라 한 돌에
일곱 눈이 있느니라 내가 거기
에 새길 것을 새기며 이 땅의 죄
악을 하루에 제거하리라 10 만
군의 여호와가 말하노라 그 날
에 너희가 각각 포도나무와 무
화과나무 아래로 서로 초대하리
라 하셨느니라

4장

순금 등잔대와 두 감람나무

1 내게 말하던 천사가 다시 와서
나를 깨우니 마치 자는 사람이
잠에서 깨어난 것 같더라 2 그가
내게 묻되 네가 무엇을 보느냐
내가 대답하되 내가 보니 순금
등잔대가 있는데 그 위에는 기름
그릇이 있고 또 그 기름 그릇 위
에 일곱 등잔이 있으며 그 기름
그릇 위에 있는 등잔을 위해서
일곱 관이 있고 3 그 등잔대 곁
에 두 감람나무가 있는데 하나는
그 기름 그릇 오른쪽에 있고 하
나는 그 왼쪽에 있나이다 하고 4
내게 말하는 천사에게 물어 이르
되 내 주여 이것들이 무엇이니이
까 하니 5 내게 말하는 천사가
대답하여 이르되 네가 이것들이
무엇인지 알지 못하느냐 하므로
내가 대답하되 내 주여 내가 알
지 못하나이다 하니 6 그가 내게
대답하여 이르되 여호와께서 스
룹바벨에게 하신 말씀이 이러하
니라 만군의 여호와께서 말씀하
시되 이는 힘으로 되지 아니하며
능력으로 되지 아니하고 오직 나
의 영으로 되느니라 7 큰 산아
네가 무엇이냐 네가 스룹바벨 앞
에서 평지가 되리라 그가 머릿돌
을 내놓을 때에 무리가 외치기를
은총, 은총이 그에게 있을지어다
하리라 하셨고 8 여호와의 말씀
이 또 내게 임하여 이르시되 9
스룹바벨의 손이 이 성전의 기초
를 놓았은즉 그의 손이 또한 그
일을 마치리라 하셨나니 만군의
여호와께서 나를 너희에게 보내
신 줄을 네가 알리라 하셨느니라
10 작은 일의 날이라고 멸시하는
자가 누구냐 사람들이 스룹바벨
의 손에 다림줄이 있음을 보고
기뻐하리라 이 일곱은 온 세상에
두루 다니는 여호와의 눈이라 하
니라 11 내가 그에게 물어 이르
되 등잔대 좌우의 두 감람나무는
무슨 뜻이니이까 하고 12 다시
그에게 물어 이르되 금 기름을
흘리는 두 금관 옆에 있는 이 감

람나무 두 가지는 무슨 뜻이니이
까 하니 13 그가 내게 대답하여
이르되 네가 이것이 무엇인지 알
지 못하느냐 하는지라 내가 대답
하되 내 주여 알지 못하나이다
하니 14 이르되 이는 기름 부음
받은 자 둘이니 온 세상의 주 앞
에 서 있는 자니라 하더라

5장

날아가는 두루마리

1 내가 다시 눈을 들어 본즉 날아
가는 두루마리가 있더라 2 그가
내게 묻되 네가 무엇을 보느냐
하기로 내가 대답하되 날아가는
두루마리를 보나이다 그 길이가
이십 규빗이요 너비가 십 규빗이
니이다 3 그가 내게 이르되 이는
온 땅 위에 내리는 저주라 도둑
질하는 자는 그 이쪽 글대로 끊

어지고 맹세하는 자는 그 저쪽
글대로 끊어지리라 하니 4 만군
의 여호와께서 이르시되 내가 이
것을 보냈나니 도둑의 집에도 들
어가며 내 이름을 가리켜 망령되
이 맹세하는 자의 집에도 들어가
서 그의 집에 머무르며 그 집을
나무와 돌과 아울러 사르리라 하
셨느니라 하니라

에바 속의 여인

5 내게 말하던 천사가 나아와서
내게 이르되 너는 눈을 들어 나
오는 이것이 무엇인가 보라 하기
로 6 내가 묻되 이것이 무엇이니
이까 하니 그가 이르되 나오는
이것이 에바이니라 하시고 또 이
르되 온 땅에서 그들의 모양이
이러하니라 7 이 에바 가운데에
는 한 여인이 앉았느니라 하니
그 때에 둥근 납 한 조각이 들리
더라 8 그가 이르되 이는 악이라
하고 그 여인을 에바 속으로 던
져 넣고 납 조각을 에바 아귀 위
에 던져 덮더라 9 내가 또 눈을
들어 본즉 두 여인이 나오는데
학의 날개 같은 날개가 있고 그
날개에 바람이 있더라 그들이 그
에바를 천지 사이에 들었기로
10 내가 내게 말하는 천사에게
묻되 그들이 에바를 어디로 옮겨
가나이까 하니 11 그가 내게 이
르되 그들이 시날 땅으로 가서
그것을 위하여 집을 지으려 함이
니라 준공되면 그것이 제 처소에
머물게 되리라 하더라

6장

네 병거

1 내가 또 눈을 들어 본즉 네 병
거가 두 산 사이에서 나오는데
그 산은 구리 산이더라 2 첫째
병거는 붉은 말들이, 둘째 병거
는 검은 말들이, 3 셋째 병거는
흰 말들이, 넷째 병거는 어룽지
고 건장한 말들이 메었는지라 4
내가 내게 말하는 천사에게 물어
이르되 내 주여 이것들이 무엇이
니이까 하니 5 천사가 대답하여
이르되 이는 하늘의 네 바람인데
온 세상의 주 앞에 서 있다가 나
가는 것이라 하더라 6 검은 말은
북쪽 땅으로 나가고 흰 말은 그
뒤를 따르고 어룽진 말은 남쪽
땅으로 나가고 7 건장한 말은 나
가서 땅에 두루 다니고자 하니
그가 이르되 너희는 여기서 나가
서 땅에 두루 다니라 하매 곧 땅
에 두루 다니더라 8 그가 내게
외쳐 말하여 이르되 북쪽으로 나
간 자들이 북쪽에서 내 영을 쉬
게 하였느니라 하더라

면류관을 여호수아의 머리에 씌우다

9 여호와의 말씀이 내게 임하여
이르시되 10 사로잡힌 자 가운
데 바벨론에서부터 돌아온 헬대

와 도비야와 여다야가 스바냐의
아들 요시아의 집에 들어갔나니
너는 이 날에 그 집에 들어가서
그들에게서 받되 11 은과 금을
받아 면류관을 만들어 여호사닥
의 아들 대제사장 여호수아의 머
리에 씌우고 12 말하여 이르기
를 만군의 여호와께서 이같이 말
씀하시되 보라 싹이라 이름하는
사람이 자기 곳에서 돋아나서 여
호와의 전을 건축하리라 13 그
가 여호와의 전을 건축하고 영광

도 얻고 그 자리에 앉아서 다스
릴 것이요 또 제사장이 자기 자
리에 있으리니 이 둘 사이에 평
화의 의논이 있으리라 하셨다 하
고 14 그 면류관은 헬렘과 도비
야와 여다야와 스바냐의 아들 헨
을 기념하기 위하여 여호와의 전
안에 두라 하시니라 15 먼 데 사
람들이 와서 여호와의 전을 건축
하리니 만군의 여호와께서 나를
너희에게 보내신 줄을 너희가 알
리라 너희가 만일 너희의 하나님
여호와의 말씀을 들을진대 이같
이 되리라

7장

여호와께서는 금식보다 청종을 원하신다

1 다리오 왕 제사년 아홉째 달 곧
기슬래월 사일에 여호와의 말씀
이 스가랴에게 임하니라 2 그 때
에 벧엘 사람이 사레셀과 레겜멜
렉과 그의 부하들을 보내어 여호
와께 은혜를 구하고 3 만군의 여
호와의 전에 있는 제사장들과 선
지자들에게 물어 이르되 내가 여
러 해 동안 행한 대로 오월 중에
울며 근신하리이까 하매 4 만군
의 여호와의 말씀이 내게 임하여
이르시되 5 온 땅의 백성과 제사
장들에게 이르라 너희가 칠십 년
동안 다섯째 달과 일곱째 달에
금식하고 애통하였거니와 그 금
식이 나를 위하여, 나를 위하여
한 것이냐 6 너희가 먹고 마실
때에 그것은 너희를 위하여 먹고
너희를 위하여 마시는 것이 아니
냐 7 예루살렘과 사면 성읍에 백
성이 평온히 거주하며 남방과 평
원에 사람이 거주할 때에 여호와
가 옛 선지자들을 통하여 외친
말씀이 있지 않으냐 하시니라

사로잡혀 가는 까닭

8 여호와의 말씀이 스가랴에게
임하여 이르시되 9 만군의 여호
와가 이같이 말하여 이르시기를
너희는 진실한 재판을 행하며 서
로 인애와 긍휼을 베풀며 10 과
부와 고아와 나그네와 궁핍한 자
를 압제하지 말며 서로 해하려고
마음에 도모하지 말라 하였으나
11 그들이 듣기를 싫어하여 등을
돌리며 듣지 아니하려고 귀를 막
으며 12 그 마음을 금강석 같게
하여 율법과 만군의 여호와가 그
의 영으로 옛 선지자들을 통하여
전한 말을 듣지 아니하므로 큰
진노가 만군의 여호와께로부터
나왔도다 13 내가 불러도 그들
이 듣지 아니한 것처럼 그들이
불러도 내가 듣지 아니하리라 만
군의 여호와가 말하였느니라 14
내가 그들을 바람으로 불어 알지
못하던 여러 나라에 흩었느니라
그 후에 이 땅이 황폐하여 오고
가는 사람이 없었나니 이는 그들
이 아름다운 땅을 황폐하게 하였
음이니라 하시니라

8장

예루살렘 회복에 대한 약속

1 만군의 여호와의 말씀이 임하
여 이르시되 2 만군의 여호와가
이같이 말하노라 내가 시온을 위
하여 크게 질투하며 그를 위하여
크게 분노함으로 질투하노라 3
여호와가 이같이 말하노라 내가
시온에 돌아와 예루살렘 가운데
에 거하리니 예루살렘은 진리의
성읍이라 일컫겠고 만군의 여호
와의 산은 성산이라 일컫게 되리
라 4 만군의 여호와가 이같이 말
하노라 예루살렘 길거리에 늙은
남자들과 늙은 여자들이 다시 앉
을 것이라 다 나이가 많으므로
저마다 손에 지팡이를 잡을 것이
요 5 그 성읍 거리에 소년과 소
녀들이 가득하여 거기에서 뛰놀
리라 6 만군의 여호와가 이같이
말하노라 이 일이 그 날에 남은
백성의 눈에는 기이하려니와 내
눈에야 어찌 기이하겠느냐 만군
의 여호와의 말이니라 7 만군의
여호와가 이같이 말하노라 보라,

내가 내 백성을 해가 뜨는 땅과
해가 지는 땅에서부터 구원하여
내고 8 인도하여다가 예루살렘
가운데에 거주하게 하리니 그들
은 내 백성이 되고 나는 진리와
공의로 그들의 하나님이 되리라
9 만군의 여호와가 이같이 말하
노라 만군의 여호와의 집 곧 성
전을 건축하려고 그 지대를 쌓던
날에 있었던 선지자들의 입의 말
을 이 날에 듣는 너희는 손을 견
고히 할지어다 10 이 날 전에는
사람도 삯을 얻지 못하였고 짐승
도 삯을 받지 못하였으며 사람이
원수로 말미암아 평안히 출입하
지 못하였으나 내가 모든 사람을
서로 풀어 주게 하였느니라 11
만군의 여호와의 말씀이니라 이
제는 내가 이 남은 백성을 대하
기를 옛날과 같이 아니할 것인즉
12 곧 평강의 씨앗을 얻을 것이
라 포도나무가 열매를 맺으며 땅
이 산물을 내며 하늘은 이슬을
내리리니 내가 이 남은 백성으로
이 모든 것을 누리게 하리라 13
유다 족속아, 이스라엘 족속아,
너희가 이방인 가운데에서 저주
가 되었었으나 이제는 내가 너희

를 구원하여 너희가 복이 되게
하리니 두려워하지 말지니라 손
을 견고히 할지니라 14 만군의
여호와가 이같이 말하노라 너희
조상들이 나를 격노하게 하였을
때에 내가 그들에게 재앙을 내리
기로 뜻하고 뉘우치지 아니하였
으나 15 이제 내가 다시 예루살
렘과 유다 족속에게 은혜를 베풀
기로 뜻하였나니 너희는 두려워
하지 말지니라 16 너희가 행할
일은 이러하니라 너희는 이웃과
더불어 진리를 말하며 너희 성문
에서 진실하고 화평한 재판을 베
풀고 17 마음에 서로 해하기를
도모하지 말며 거짓 맹세를 좋아
하지 말라 이 모든 일은 내가 미
워하는 것이니라 여호와의 말이
니라

금식에 관하여 말씀하시다

18 만군의 여호와의 말씀이 내게
임하여 이르시되 19 만군의 여
호와가 이같이 말하노라 넷째 달
의 금식과 다섯째 달의 금식과
일곱째 달의 금식과 열째 달의
금식이 변하여 유다 족속에게 기
쁨과 즐거움과 희락의 절기들이
되리니 오직 너희는 진리와 화평
을 사랑할지니라 20 만군의 여
호와가 이와 같이 말하노라 다시
여러 백성과 많은 성읍의 주민이
올 것이라 21 이 성읍 주민이 저
성읍에 가서 이르기를 우리가 속
히 가서 만군의 여호와를 찾고
여호와께 은혜를 구하자 하면 나
도 가겠노라 하겠으며 22 많은
백성과 강대한 나라들이 예루살
렘으로 와서 만군의 여호와를 찾
고 여호와께 은혜를 구하리라
23 만군의 여호와가 이와 같이
말하노라 그 날에는 말이 다른
이방 백성 열 명이 유다 사람 하
나의 옷자락을 잡을 것이라 곧
잡고 말하기를 하나님이 너희와
함께 하심을 들었나니 우리가 너
희와 함께 가려 하노라 하리라
하시니라

9장

이스라엘 이웃 나라들에 대한 하나님의 말씀

1 여호와의 말씀이 하드락 땅에
내리며 다메섹에 머물리니 사람
들과 이스라엘 모든 지파의 눈이
여호와를 우러러봄이니라 2 그
접경한 하맛에도 임하겠고 두로
와 시돈에도 임하리니 그들이 매
우 지혜로움이니라 3 두로는 자
기를 위하여 요새를 건축하며 은
을 티끌 같이, 금을 거리의 진흙
같이 쌓았도다 4 주께서 그를 정
복하시며 그의 권세를 바다에 쳐
넣으시리니 그가 불에 삼켜질지
라 5 아스글론이 보고 무서워하
며 가사도 심히 아파할 것이며
에그론은 그 소망이 수치가 되므
로 역시 그러하리라 가사에는 임
금이 끊어질 것이며 아스글론에
는 주민이 없을 것이며 6 아스돗
에는 잡족이 거주하리라 내가 블
레셋 사람의 교만을 끊고 7 그의
입에서 그의 피를, 그의 잇사이
에서 그 가증한 것을 제거하리니
그들도 남아서 우리 하나님께로
돌아와서 유다의 한 지도자 같이
되겠고 에그론은 여부스 사람 같
이 되리라 8 내가 내 집을 둘러
진을 쳐서 적군을 막아 거기 왕
래하지 못하게 할 것이라 포학한
자가 다시는 그 지경으로 지나가

지 못하리니 이는 내가 눈으로 친히 봄이니라

구원을 베풀 왕

9 시온의 딸아 크게 기뻐할지어
다 예루살렘의 딸아 즐거이 부를
지어다 보라 네 왕이 네게 임하
시나니 그는 공의로우시며 구원
을 베푸시며 겸손하여서 나귀를
타시나니 나귀의 작은 것 곧 나
귀 새끼니라 10 내가 에브라임
의 병거와 예루살렘의 말을 끊겠
고 전쟁하는 활도 끊으리니 그가
이방 사람에게 화평을 전할 것이
요 그의 통치는 바다에서 바다까
지 이르고 유브라데 강에서 땅
끝까지 이르리라 11 또 너로 말
할진대 네 언약의 피로 말미암아
내가 네 갇힌 자들을 물 없는 구
덩이에서 놓았나니 12 갇혀 있
으나 소망을 품은 자들아 너희는
요새로 돌아올지니라 내가 오늘
도 이르노라 내가 네게 갑절이나
갚을 것이라 13 내가 유다를 당
긴 활로 삼고 에브라임을 끼운
화살로 삼았으니 시온아 내가 네
자식들을 일으켜 헬라 자식들을
치게 하며 너를 용사의 칼과 같
게 하리라 14 여호와께서 그들
위에 나타나서 그들의 화살을 번
개 같이 쏘아내실 것이며 주 여
호와께서 나팔을 불게 하시며 남
방 회오리바람을 타고 가실 것이
라 15 만군의 여호와께서 그들
을 호위하시리니 그들이 원수를
삼키며 물맷돌을 밟을 것이며 그
들이 피를 마시고 즐거이 부르기
를 술취한 것 같이 할 것인즉 피
가 가득한 동이와도 같고 피 묻
은 제단 모퉁이와도 같을 것이라
16 이 날에 그들의 하나님 여호
와께서 그들을 자기 백성의 양
떼 같이 구원하시리니 그들이 왕
관의 보석 같이 여호와의 땅에
빛나리로다 17 그의 형통함과
그의 아름다움이 어찌 그리 큰지
곡식은 청년을, 새 포도주는 처
녀를 강건하게 하리라

10장

여호와께서 구원을 약속하시다

1 봄비가 올 때에 여호와 곧 구름
을 일게 하시는 여호와께 비를
구하라 무리에게 소낙비를 내려
서 밭의 채소를 각 사람에게 주
시리라 2 드라빔들은 허탄한 것
을 말하며 복술자는 진실하지 않
은 것을 보고 거짓 꿈을 말한즉
그 위로가 헛되므로 백성들이 양
같이 유리하며 목자가 없으므로

곤고를 당하나니 3 내가 목자들
에게 노를 발하며 내가 숫염소들
을 벌하리라 만군의 여호와가 그
무리 곧 유다 족속을 돌보아 그
들을 전쟁의 준마와 같게 하리니
4 모퉁잇돌이 그에게서, 말뚝이
그에게서, 싸우는 활이 그에게
서, 권세 잡은 자가 다 일제히 그
에게서 나와서 5 싸울 때에 용사
같이 거리의 진흙 중에 원수를
밟을 것이라 여호와가 그들과 함
께 한즉 그들이 싸워 말 탄 자들
을 부끄럽게 하리라 6 내가 유다
족속을 견고하게 하며 요셉 족속
을 구원할지라 내가 그들을 긍휼
히 여김으로 그들이 돌아오게 하
리니 그들은 내가 내버린 일이
없었음 같이 되리라 나는 그들의
하나님 여호와라 내가 그들에게
들으리라 7 에브라임이 용사 같
아서 포도주를 마심 같이 마음이
즐거울 것이요 그들의 자손은 보
고 기뻐하며 여호와로 말미암아
마음에 즐거워하리라 8 내가 그
들을 향하여 휘파람을 불어 그들
을 모을 것은 내가 그들을 구속
하였음이라 그들이 전에 번성하
던 것 같이 번성하리라 9 내가
그들을 여러 백성들 가운데 흩으
려니와 그들이 먼 곳에서 나를
기억하고 그들이 살아서 그들의
자녀들과 함께 돌아올지라 10
내가 그들을 애굽 땅에서 돌아오
게 하며 그들을 앗수르에서부터
모으며 길르앗 땅과 레바논으로
그들을 이끌어 가리니 그들이 거
할 곳이 부족하리라 11 내가 그
들이 고난의 바다를 지나갈 때에
바다 물결을 치리니 나일의 깊은
곳이 다 마르겠고 앗수르의 교만
이 낮아지겠고 애굽의 규가 없어
지리라 12 내가 그들로 나 여호
와를 의지하여 견고하게 하리니
그들이 내 이름으로 행하리라 나
여호와의 말이니라

11장

요단의 자랑이 쓰러지다

1 레바논아 네 문을 열고 불이 네
백향목•을 사르게 하라 2 너 잣
나무여 곡할지어다 백향목이 넘
어졌고 아름다운 나무들이 쓰러
졌음이로다 바산의 상수리나무
들아 곡할지어다 무성한 숲이 엎
드러졌도다 3 목자들의 곡하는
소리가 남이여 그들의 영화로운
것이 쓰러졌음이로다 어린 사자
의 부르짖는 소리가 남이여 이는
요단의 자랑이 쓰러졌음이로다

두 목자

4 여호와 나의 하나님이 이르시
되 너는 잡혀 죽을 양 떼를 먹이
라 5 사들인 자들은 그들을 잡아
도 죄가 없다 하고 판 자들은 말
하기를 내가 부요하게 되었은즉
여호와께 찬송하리라 하고 그들
의 목자들은 그들을 불쌍히 여기
지 아니하는도다 6 여호와가 말
하노라 내가 다시는 이 땅 주민
을 불쌍히 여기지 아니하고 그
사람들을 각각 그 이웃의 손과
임금의 손에 넘기리니 그들이 이
땅을 칠지라도 내가 그들의 손에
서 건져내지 아니하리라 하시기
로 7 내가 잡혀 죽을 양 떼를 먹
이니 참으로 가련한 양들이라 내
가 막대기 둘을 취하여 하나는
은총이라 하며 하나는 연합이라
하고 양 떼를 먹일새 8 한 달 동
안에 내가 그 세 목자를 제거하
였으니 이는 내 마음에 그들을
싫어하였고 그들의 마음에도 나
를 미워하였음이라 9 내가 이르
되 내가 너희를 먹이지 아니하리
라 죽는 자는 죽는 대로, 망하는
자는 망하는 대로, 나머지는 서
로 살을 먹는 대로 두리라 하고
10 이에 은총이라 하는 막대기를
취하여 꺾었으니 이는 모든 백성
들과 세운 언약을 폐하려 하였음
이라 11 당일에 곧 폐하매 내 말
을 지키던 가련한 양들은 이것이
여호와의 말씀이었던 줄 안지라
12 내가 그들에게 이르되 너희가

11:1 **백향목** 이 시(詩)에서 나무, 떨기나무 그리고 동물은 유다 주변 나라들의 지도자들을 상징한다.

좋게 여기거든 내 품삯을 내게
주고 그렇지 아니하거든 그만두
라 그들이 곧 은 삼십 개를 달아
서 내 품삯을 삼은지라 13 여호
와께서 내게 이르시되 그들이 나
를 헤아린 바 그 삯을 토기장이
에게 던지라 하시기로 내가 곧
그 은 삼십 개*를 여호와의 전에
서 토기장이에게 던지고 14 내
가 또 연합이라 하는 둘째 막대
기를 꺾었으니 이는 유다와 이스
라엘 형제의 의리를 끊으려 함이
었느니라 15 여호와께서 내게
이르시되 너는 또 어리석은 목자
의 기구들을 빼앗을지니라 16
보라 내가 한 목자를 이 땅에 일
으키리니 그가 없어진 자를 마음
에 두지 아니하며 흩어진 자를
찾지 아니하며 상한 자를 고치지
아니하며 강건한 자를 먹이지 아
니하고 오히려 살진 자의 고기를
먹으며 또 그 굽을 찢으리라 17
화 있을진저 양 떼를 버린 못된
목자여 칼이 그의 팔과 오른쪽
눈에 내리리니 그의 팔이 아주
마르고 그의 오른쪽 눈이 아주
멀어 버릴 것이라 하시니라

12장

예루살렘의 구원

1 이스라엘에 관한 여호와의 경
고의 말씀이라 여호와 곧 하늘을
펴시며 땅의 터를 세우시며 사람
안에 심령을 지으신 이가 이르시
되 2 보라 내가 예루살렘으로 그
사면 모든 민족에게 취하게 하는
잔이 되게 할 것이라 예루살렘이
에워싸일 때에 유다에까지 이르
리라 3 그 날에는 내가 예루살렘
을 모든 민족에게 무거운 돌이
되게 하리니 그것을 드는 모든
자는 크게 상할 것이라 천하 만
국이 그것을 치려고 모이리라 4
여호와가 말하노라 그 날에 내가
모든 말을 쳐서 놀라게 하며 그
탄 자를 쳐서 미치게 하되 유다
족속은 내가 돌보고 모든 민족의
말을 쳐서 눈이 멀게 하리니 5
유다의 우두머리들이 마음속에
이르기를 예루살렘 주민이 그들
의 하나님 만군의 여호와로 말미
암아 힘을 얻었다 할지라 6 그
날에 내가 유다 지도자들을 나무
가운데에 화로 같게 하며 곡식단
사이에 횃불 같게 하리니 그들이
그 좌우에 에워싼 모든 민족들을
불사를 것이요 예루살렘 사람들

11:13 **은 삼십 개** 이것은 적은 금액이었다. 대략 노예 한 명을 사기 위해 치러야 할 금액에 해당했다.

은 다시 그 본 곳 예루살렘에 살
게 되리라 7 여호와가 먼저 유다
장막을 구원하리니 이는 다윗의
집의 영광과 예루살렘 주민의 영
광이 유다보다 더하지 못하게 하
려 함이니라 8 그 날에 여호와가
예루살렘 주민을 보호하리니 그
중에 약한 자가 그 날에는 다윗
같겠고 다윗의 족속은 하나님 같
고 무리 앞에 있는 여호와의 사
자 같을 것이라 9 예루살렘을 치
러 오는 이방 나라들을 그 날에
내가 멸하기를 힘쓰리라 10 내
가 다윗의 집과 예루살렘 주민에
게 은총과 간구하는 심령을 부어
주리니 그들이 그 찌른 바 그를
바라보고 그를 위하여 애통하기
를 독자를 위하여 애통하듯 하며
그를 위하여 통곡하기를 장자를
위하여 통곡하듯 하리로다 11
그 날에 예루살렘에 큰 애통이
있으리니 므깃도 골짜기 하다드
림몬에 있던 애통과 같을 것이라
12 온 땅 각 족속이 따로 애통하
되 다윗의 족속이 따로 하고 그
들의 아내들이 따로 하며 나단의
족속이 따로 하고 그들의 아내들
이 따로 하며 13 레위의 족속이
따로 하고 그들의 아내들이 따로
하며 시므이의 족속이 따로 하고
그들의 아내들이 따로 하며 14
모든 남은 족속도 각기 따로 하
고 그들의 아내들이 따로 하리라

13장

1 그 날에 죄와 더러움을 씻는 샘
이 다윗의 족속과 예루살렘 주민

을 위하여 열리리라 2 만군의 여
호와가 말하노라 그 날에 내가
우상의 이름을 이 땅에서 끊어서
기억도 되지 못하게 할 것이며
거짓 선지자와 더러운 귀신을 이
땅에서 떠나게 할 것이라 3 사람
이 아직도 예언할 것 같으면 그
낳은 부모가 그에게 이르기를 네
가 여호와의 이름을 빙자하여 거
짓말을 하니 살지 못하리라 하고
낳은 부모가 그가 예언할 때에
칼로 그를 찌르리라 4 그 날에
선지자들이 예언할 때에 그 환상
을 각기 부끄러워할 것이며 사람
을 속이려고 털옷도 입지 아니할
것이며 5 말하기를 나는 선지자
가 아니요 나는 농부라 내가 어
려서부터 사람의 종이 되었노라
할 것이요 6 어떤 사람이 그에게
묻기를 네 두 팔 사이에 있는 상
처는 어찌 됨이냐 하면 대답하기
를 이는 나의 친구의 집에서 받
은 상처라 하리라

목자를 치라는 명령

7 만군의 여호와가 말하노라 칼
아 깨어서 내 목자, 내 짝 된 자를
치라 목자를 치면 양이 흩어지려
니와 작은 자들 위에는 내가 내
손을 드리우리라 8 여호와가 말
하노라 이 온 땅에서 삼분의 이
는 멸망하고 삼분의 일은 거기
남으리니 9 내가 그 삼분의 일을
불 가운데에 던져 은 같이 연단
하며 금 같이 시험할 것이라 그
들이 내 이름을 부르리니 내가
들을 것이며 나는 말하기를 이는
내 백성이라 할 것이요 그들은
말하기를 여호와는 내 하나님이
시라 하리라

14장

예루살렘과 이방 나라들

1 여호와의 날이 이르리라 그 날
에 네 재물이 약탈되어 네 가운
데에서 나누이리라 2 내가 이방
나라들을 모아 예루살렘과 싸우
게 하리니 성읍이 함락되며 가옥
이 약탈되며 부녀가 욕을 당하며
성읍 백성이 절반이나 사로잡혀
가려니와 남은 백성은 성읍에서
끊어지지 아니하리라 3 그 때에
여호와께서 나가사 그 이방 나라
들을 치시되 이왕의 전쟁 날에
싸운 것 같이 하시리라 4 그 날
에 그의 발이 예루살렘 앞 곧 동
쪽 감람 산에 서실 것이요 감람
산은 그 한 가운데가 동서로 갈
라져 매우 큰 골짜기가 되어서
산 절반은 북으로, 절반은 남으
로 옮기고 5 그 산 골짜기는 아
셀까지 이를지라 너희가 그 산
골짜기로 도망하되 유다 왕 웃시
야 때에 지진을 피하여 도망하던
것 같이 하리라 나의 하나님 여
호와께서 임하실 것이요 모든 거
룩한 자들이 주와 함께 하리라 6
그 날에는 빛이 없겠고 광명한
것들이 떠날 것이라 7 여호와께
서 아시는 한 날이 있으리니 낮
도 아니요 밤도 아니라 어두워
갈 때에 빛이 있으리로다 8 그
날에 생수가 예루살렘에서 솟아
나서 절반은 동해로, 절반은 서
해로 흐를 것이라 여름에도 겨울
에도 그러하리라 9 여호와께서
천하의 왕이 되시리니 그 날에는
여호와께서 홀로 한 분이실 것이
요 그의 이름이 홀로 하나이실
것이라 10 온 땅이 아라바 같이
되되 게바에서 예루살렘 남쪽 림
몬까지 이를 것이며 예루살렘이
높이 들려 그 본처에 있으리니
베냐민 문에서부터 첫 문 자리와
성 모퉁이 문까지 또 하나넬 망
대에서부터 왕의 포도주 짜는 곳
까지라 11 사람이 그 가운데에
살며 다시는 저주가 있지 아니하
리니 예루살렘이 평안히 서리로
다 12 예루살렘을 친 모든 백성
에게 여호와께서 내리실 재앙은
이러하니 곧 섰을 때에 그들의
살이 썩으며 그들의 눈동자가 눈
구멍 속에서 썩으며 그들의 혀가
입 속에서 썩을 것이요 13 그 날
에 여호와께서 그들을 크게 요란
하게 하시리니 피차 손으로 붙잡
으며 피차 손을 들어 칠 것이며

14 유다도 예루살렘에서 싸우리
니 이 때에 사방에 있는 이방 나
라들의 보화 곧 금 은과 의복이
심히 많이 모여질 것이요 15 또
말과 노새와 낙타와 나귀와 그
진에 있는 모든 가축에게 미칠
재앙도 그 재앙과 같으리라 16
예루살렘을 치러 왔던 이방 나라
들 중에 남은 자가 해마다 올라
와서 그 왕 만군의 여호와께 경
배하며 초막절을 지킬 것이라
17 땅에 있는 족속들 중에 그 왕
만군의 여호와께 경배하러 예루
살렘에 올라오지 아니하는 자들
에게는 비를 내리지 아니하실 것
인즉 18 만일 애굽 족속이 올라
오지 아니할 때에는 비 내림이
있지 아니하리니 여호와께서 초
막절을 지키러 올라오지 아니하
는 이방 나라들의 사람을 치시는
재앙을 그에게 내리실 것이라
19 애굽 사람이나 이방 나라 사
람이나 초막절을 지키러 올라오
지 아니하는 자가 받을 벌이 그
러하니라 20 그 날에는 말 방울
에까지 여호와께 성결이라 기록
될 것이라 여호와의 전에 있는
모든 솥이 제단 앞 주발과 다름
이 없을 것이니 21 예루살렘과
유다의 모든 솥이 만군의 여호와
의 성물이 될 것인즉 제사 드리
는 자가 와서 이 솥을 가져다가
그것으로 고기를 삶으리라 그 날
에는 만군의 여호와의 전에 가나
안 사람이 다시 있지 아니하리라

말라기

1장

1 여호와께서 말라기를 통하여
이스라엘에게 말씀하신 경고라

여호와께서 이스라엘을 사랑하시다

2 여호와께서 이르시되 내가 너
희를 사랑하였노라 하나 너희는
이르기를 주께서 어떻게 우리를
사랑하셨나이까 하는도다 나 여
호와가 말하노라 에서는 야곱의
형이 아니냐 그러나 내가 야곱을
사랑하였고 3 에서는 미워하였
으며 그의 산들을 황폐하게 하였
고 그의 산업을 광야의 이리들에
게 넘겼느니라 4 에돔은 말하기
를 우리가 무너뜨림을 당하였으
나 황폐된 곳을 다시 쌓으리라
하거니와 나 만군의 여호와는 이
르노라 그들은 쌓을지라도 나는
헐리라 사람들이 그들을 일컬어
악한 지역이라 할 것이요 여호와
의 영원한 진노를 받은 백성이라
할 것이며 5 너희는 눈으로 보고
이르기를 여호와께서는 이스라
엘 지역 밖에서도 크시다 하리라

제사장과 백성들의 죄

6 내 이름을 멸시하는 제사장들
아 나 만군의 여호와가 너희에게
이르기를 아들은 그 아버지를,

종은 그 주인을 공경하나니 내가
아버지일진대 나를 공경함이 어
디 있느냐 내가 주인일진대 나를
두려워함이 어디 있느냐 하나 너
희는 이르기를 우리가 어떻게 주
의 이름을 멸시하였나이까 하는
도다 **7** 너희가 더러운 떡을 나의
제단에 드리고도 말하기를 우리
가 어떻게 주를 더럽게 하였나이
까 하는도다 이는 너희가 여호와
의 식탁은 경멸히 여길 것이라
말하기 때문이라 **8** 만군의 여호
와가 이르노라 너희가 눈 먼 희
생제물을 바치는 것이 어찌 악하
지 아니하며 저는 것, 병든 것을
드리는 것이 어찌 악하지 아니하
냐 이제 그것을 너희 총독에게
드려 보라 그가 너를 기뻐하겠으
며 너를 받아 주겠느냐 **9** 만군의
여호와가 이르노라 너희는 나 하
나님께 은혜를 구하면서 우리를
불쌍히 여기소서 하여 보라 너희
가 이같이 행하였으니 내가 너희
중 하나인들 받겠느냐 **10** 만군의
여호와가 이르노라 너희가 내 제
단 위에 헛되이 불사르지 못하게
하기 위하여 너희 중에 성전 문을
닫을 자가 있었으면 좋겠도다 내
가 너희를 기뻐하지 아니하며 너
희가 손으로 드리는 것을 받지도
아니하리라 **11** 만군의 여호와가
이르노라 해 뜨는 곳에서부터 해
지는 곳까지의 이방 민족 중에서
내 이름이 크게 될 것이라 각처에
서 내 이름을 위하여 분향하며 깨
끗한 제물을 드리리니 이는 내 이
름이 이방 민족 중에서 크게 될
것임이니라 **12** 그러나 너희는 말
하기를 여호와의 식탁은 더러워
졌고 그 위에 있는 과일 곧 먹을
것은 경멸히 여길 것이라 하여 내
이름을 더럽히는도다 **13** 만군의
여호와가 이르노라 너희가 또 말
하기를 이 일이 얼마나 번거로운
고 하며 코웃음치고 훔친 물건과
저는 것, 병든 것을 가져왔느니라
너희가 이같이 봉헌물을 가져오
니 내가 그것을 너희 손에서 받겠
느냐 이는 여호와의 말이니라 **14**
짐승 떼 가운데에 수컷이 있거늘
그 서원하는 일에 흠 있는 것으로
속여 내게 드리는 자는 저주를 받
으리니 나는 큰 임금이요 내 이름
은 이방 민족 중에서 두려워하는
것이 됨이니라 만군의 여호와의
말이니라

2장

제사장들에 대한 명령

1 너희 제사장들아 이제 너희에
게 이같이 명령하노라 **2** 만군의
여호와가 이르노라 너희가 만일
듣지 아니하며 마음에 두지 아니
하여 내 이름을 영화롭게 하지
아니하면 내가 너희에게 저주를
내려 너희의 복을 저주하리라 내
가 이미 저주하였나니 이는 너희
가 그것을 마음에 두지 아니하였
음이라 **3** 보라 내가 너희의 자손
을 꾸짖을 것이요 똥 곧 너희 절
기의 희생의 똥을 너희 얼굴에
바를 것이라 너희가 그것과 함께
제하여 버림을 당하리라 **4** 만군
의 여호와가 이르노라 내가 이
명령을 너희에게 내린 것은 레위
와 세운 나의 언약이 항상 있게
하려 함인 줄을 너희가 알리라 **5**
레위와 세운 나의 언약은 생명과
평강의 언약이라 내가 이것을 그
에게 준 것은 그로 경외하게 하
려 함이라 그가 나를 경외하고
내 이름을 두려워하였으며 **6** 그
의 입에는 진리의 법이 있었고
그의 입술에는 불의함이 없었으
며 그가 화평함과 정직함으로 나
와 동행하며 많은 사람을 돌이켜
죄악에서 떠나게 하였느니라 **7**
제사장의 입술은 지식을 지켜야
하겠고 사람들은 그의 입에서 율

법을 구하게 되어야 할 것이니
제사장은 만군의 여호와의 사자
가 됨이거늘 8 너희는 옳은 길에
서 떠나 많은 사람을 율법에 거
스르게 하는도다 나 만군의 여호
와가 이르노니 너희가 레위의 언
약을 깨뜨렸느니라 9 너희가 내
길을 지키지 아니하고 율법을 행
할 때에 사람에게 치우치게 하였
으므로 나도 너희로 하여금 모든
백성 앞에서 멸시와 천대를 당하
게 하였느니라 하시니라

거짓을 행하는 유다

10 우리는 한 아버지를 가지지
아니하였느냐 한 하나님께서 지
으신 바가 아니냐 어찌하여 우리
각 사람이 자기 형제에게 거짓을
행하여 우리 조상들의 언약을 욕
되게 하느냐 11 유다는 거짓을
행하였고 이스라엘과 예루살렘
중에서는 가증한 일을 행하였으
며 유다는 여호와께서 사랑하시
는 그 성결을 욕되게 하여 이방
신의 딸과 결혼하였으니 12 이
일을 행하는 사람에게 속한 자는
깨는 자나 응답하는 자는 물론이
요 만군의 여호와께 제사를 드리
는 자도 여호와께서 야곱의 장막
가운데에서 끊어 버리시리라 13
너희가 이런 일도 행하나니 곧
눈물과 울음과 탄식으로 여호와
의 제단을 가리게 하는도다 그러
므로 여호와께서 다시는 너희의
봉헌물을 돌아보지도 아니하시
며 그것을 너희 손에서 기꺼이
받지도 아니하시거늘 14 너희는
이르기를 어찌 됨이니이까 하는
도다 이는 너와 네가 어려서 맞
이한 아내 사이에 여호와께서 증
인이 되시기 때문이라 그는 네
짝이요 너와 서약한 아내로되 네
가 그에게 거짓을 행하였도다
15 그에게는 영이 충만하였으나
오직 하나를 만들지 아니하셨느
냐 어찌하여 하나만 만드셨느냐
이는 경건한 자손을 얻고자 하심
이라 그러므로 네 심령을 삼가
지켜 어려서 맞이한 아내에게 거
짓을 행하지 말지니라 16 이스
라엘의 하나님 여호와가 이르노
니 나는 이혼하는 것과 옷으로
학대를 가리는 자를 미워하노라
만군의 여호와의 말이니라 그러
므로 너희 심령을 삼가 지켜 거
짓을 행하지 말지니라

주께서 임하시는 날

17 너희가 말로 여호와를 괴롭게
하고도 이르기를 우리가 어떻게
여호와를 괴롭혀 드렸나이까 하
는도다 이는 너희가 말하기를 모
든 악을 행하는 자는 여호와의
눈에 좋게 보이며 그에게 기쁨이
된다 하며 또 말하기를 정의의
하나님이 어디 계시냐 함이니라

3장

1 만군의 여호와가 이르노라 보
라 내가 내 사자를 보내리니 그
가 내 앞에서 길을 준비할 것이
요 또 너희가 구하는 바 주가 갑
자기 그의 성전에 임하시리니 곧
너희가 사모하는 바 언약의 사자
가 임하실 것이라 2 그가 임하시
는 날을 누가 능히 당하며 그가
나타나는 때에 누가 능히 서리요
그는 금을 연단하는 자의 불과
표백하는 자의 잿물과 같을 것이
라 3 그가 은을 연단하여 깨끗하
게 하는 자 같이 앉아서 레위 자
손을 깨끗하게 하되 금, 은 같이
그들을 연단하리니 그들이 공의
로운 제물을 나 여호와께 바칠
것이라 4 그 때에 유다와 예루살
렘의 봉헌물이 옛날과 고대와 같

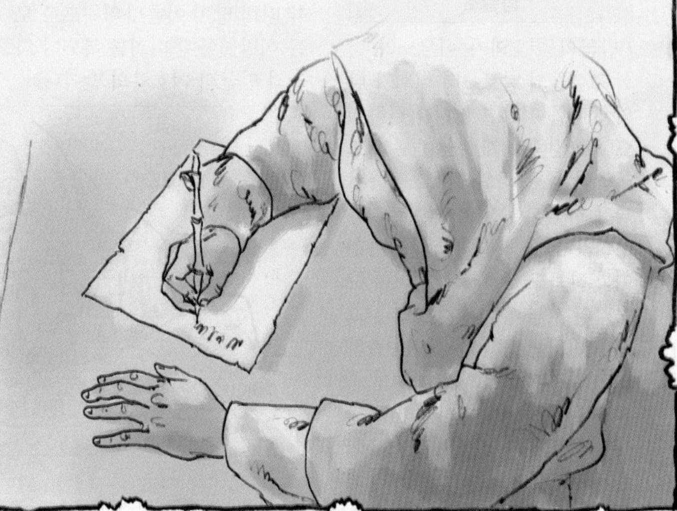

이 나 여호와께 기쁨이 되려니와
5 내가 심판하러 너희에게 임할
것이라 점치는 자에게와 간음하
는 자에게와 거짓 맹세하는 자에
게와 품꾼의 삯에 대하여 억울하
게 하며 과부와 고아를 압제하며
나그네를 억울하게 하며 나를 경
외하지 아니하는 자들에게 속히
증언하리라 만군의 여호와가 말
하였느니라 6 나 여호와는 변하
지 아니하나니 그러므로 야곱의
자손들아 너희가 소멸되지 아니
하느니라

십일조

7 만군의 여호와가 이르노라 너
희 조상들의 날로부터 너희가 나
의 규례를 떠나 지키지 아니하였
도다 그런즉 내게로 돌아오라 그
리하면 나도 너희에게로 돌아가
리라 하였더니 너희가 이르기를
우리가 어떻게 하여야 돌아가리
이까 하는도다 8 사람이 어찌 하
나님의 것을 도둑질하겠느냐 그
러나 너희는 나의 것을 도둑질하
고도 말하기를 우리가 어떻게 주
의 것을 도둑질하였나이까 하는
도다 이는 곧 십일조와 봉헌물이
라 9 너희 곧 온 나라가 나의 것
을 도둑질하였으므로 너희가 저
주를 받았느니라 10 만군의 여
호와가 이르노라 너희의 온전한
십일조를 창고에 들여 나의 집에
양식이 있게 하고 그것으로 나를
시험하여 내가 하늘 문을 열고
너희에게 복을 쌓을 곳이 없도록
붓지 아니하나 보라 11 만군의
여호와가 이르노라 내가 너희를
위하여 메뚜기를 금하여 너희 토
지 소산을 먹어 없애지 못하게
하며 너희 밭의 포도나무 열매가
기한 전에 떨어지지 않게 하리니
12 너희 땅이 아름다워지므로 모
든 이방인들이 너희를 복되다 하
리라 만군의 여호와의 말이니라

여호와를 경외하는 자들

13 여호와가 이르노라 너희가 완
악한 말로 나를 대적하고도 이르
기를 우리가 무슨 말로 주를 대
적하였나이까 하는도다 14 이는
너희가 말하기를 하나님을 섬기
는 것이 헛되니 만군의 여호와
앞에서 그 명령을 지키며 슬프게
행하는 것이 무엇이 유익하리요
15 지금 우리는 교만한 자가 복
되다 하며 악을 행하는 자가 번
성하며 하나님을 시험하는 자가
화를 면한다 하노라 함이라 16
그 때에 여호와를 경외하는 자들
이 피차에 말하매 여호와께서 그
것을 분명히 들으시고 여호와를
경외하는 자와 그 이름을 존중히
여기는 자를 위하여 여호와 앞에
있는 기념책에 기록하셨느니라
17 만군의 여호와가 이르노라 나
는 내가 정한 날에 그들을 나의
특별한 소유로 삼을 것이요 또
사람이 자기를 섬기는 아들을 아
낌 같이 내가 그들을 아끼리니
18 그 때에 너희가 돌아와서 의
인과 악인을 분별하고 하나님을
섬기는 자와 섬기지 아니하는 자
를 분별하리라

4장

여호와께서 정하신 날

1 만군의 여호와가 이르노라 보
라 용광로 불 같은 날이 이르리
니 교만한 자와 악을 행하는 자
는 다 지푸라기 같을 것이라 그
이르는 날에 그들을 살라 그 뿌
리와 가지를 남기지 아니할 것이
로되 2 내 이름을 경외하는 너희
에게는 공의로운 해가 떠올라서
치료하는 광선을 비추리니 너희
가 나가서 외양간에서 나온 송아
지 같이 뛰리라 3 또 너희가 악
인을 밟을 것이니 그들이 내가
정한 날에 너희 발바닥 밑에 재
와 같으리라 만군의 여호와의 말
이니라 4 너희는 내가 호렙에서
온 이스라엘을 위하여 내 종 모
세에게 명령한 법 곧 율례와 법
도를 기억하라 5 보라 여호와의
크고 두려운 날이 이르기 전에
내가 선지자 엘리야를 너희에게
보내리니 6 그가 아버지의 마음
을 자녀에게로 돌이키게 하고 자
녀들의 마음을 그들의 아버지에
게로 돌이키게 하리라 돌이키지
아니하면 두렵건대 내가 와서 저
주로 그 땅을 칠까 하노라 하시
니라

초판 1쇄 발행 2012년 4월 27일
초판 7쇄 발행 2023년 2월 24일

그린이 키이스 닐리 · 데이비드 마일즈

펴낸이 여진구
책임편집 안수경
편집 이영주 박소영 최현수 김도연 김아진 정아혜
책임디자인 마영애 노지현 조은혜 이하은
홍보 · 외서 진효지
마케팅 김상순 강성민
마케팅지원 최영배 정나영
제작 조영석
경영지원 김혜경 김경희 이지수

303비전성경암송학교 박정숙
이슬비전도학교 / 303비전성경암송학교 / 303비전꿈나무장학회

펴낸곳 규장

주소 06770 서울시 서초구 매헌로 16길 20(양재2동) 규장선교센터
전화 02)578-0003 팩스 02)578-7332
이메일 kyujang0691@gmail.com
홈페이지 www.kyujang.com
페이스북 facebook.com/kyujangbook
인스타그램 instagram.com/kyujang_com
카카오스토리 story.kakao.com/kyujangbook
등록일 1978.8.14. 제1-22

책값 뒤표지에 있습니다.
ISBN 978-89-6097-232-2 04230
978-89-6097-239-1 (세트)

규 | 장 | 수 | 칙

1. 기도로 기획하고 기도로 제작한다.
2. 오직 그리스도의 성품을 사모하는 독자가 원하고 필요로 하는 책만을 출판한다.
3. 한 활자 한 문장에 온 정성을 쏟는다.
4. 성실과 정확을 생명으로 삼고 일한다.
5. 긍정적이며 적극적인 신앙과 신행일치에의 안내자의 사명을 다한다.
6. 충고와 조언을 항상 감사로 경청한다.
7. 지상목표는 문서선교에 있다.

하나님을 사랑하는 자 곧 그의 뜻대로 부르심을 입은 자들에게는 모든 것이 合力하여 善을 이루느니라(롬 8:28)

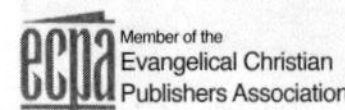

규장은 문서를 통해 복음전파와 신앙교육에 주력하는 국제적 출판사들의 협의체인 복음주의출판협회(E.C.P.A:Evangelical Christian Publishers Association)의 출판정신에 동참하는 회원(Associate Member)입니다.